French Phrasebook

for
Tourism,
Friendship
& Fun

Seattle, Washington
2010

French Phrasebook
for Tourism, Friendship and Fun

Authors: Mathieu Herman, Ariane Nouchi,
Delphine Pham, Robert Powers
& Orlane Videlier

Editors: Mathieu Herman & Chantal Herman

*Technical
assistants:* Zak Hale, Ogi Juwana, Olga Kravtsova,
Marvin Powers & Thu Hien Powers

Published by

Rodnik Publishing Company
P.O. Box 46956
Seattle, WA 98146-0956
www.phrase-books.com

Copyright ©2010 by Rodnik Publishing Company.
Cover design and illustration by Alisha Harris
Cover photo by Eduardo Comesaña, *www.comesana.com (See p. 4)*

All rights reserved under International and Pan-American Copyright Conventions. No part of this book may be reproduced in any form, by xerography, microfilm, photostat, or any other means, without written permission from the publisher.

All brand names and product names used in this book are trademarks, registered trademarks or trade names of their respective holders.

Library of Congress Control Number: 2008938989

ISBN 978-1-929482-20-7

Printed in India

Table of Contents

Photo Credit	4
Introduction	5
How to Use the Phrasebook	6
Abbreviations Used in the Dictionary	8
English-French Phrasebook	9
Appendix 1: French Alphabet & Pronunciation	510
Appendix 2: French Grammar	512
Appendix 3: Cardinal Numbers	519
Appendix 4: Ordinal Numbers	520
Appendix 5: Clock & Calendar Time	521
Appendix 6: Metric Measurements	523
Appendix 7: Common Adult Heights	524
Appendix 8: Common Adult Weights	525
Appendix 9: Common Occupations	526
Appendix 10: Food and Drink; English-French Glossary	534
Appendix 11: Food and Drink; French-English Glossary	538
Appendix 12: Common French Signs & Labels	547
Phrasebook Order Form	552

PHOTO CREDIT

Front Cover
Wet streets of Montmartre with Sacre Coeur in Paris at night.
Photo taken by Eduardo Comesaña, Buenos Aires, Argentina,
www.comesana.com

INTRODUCTION

The main goal of this phrasebook is to help you make new acquaintances -- hopefully leading to friendships -- with people in France and French speaking countries, such as Belgium, Switzerland, Algeria, Morocco, Tunisia, Togo, Ivory Coast, and others. Whereas most phrasebooks set their sights (and yours) on brief, to-the-point exchanges with customs officials, taxi drivers, hotel employees, store clerks, waiters, and mechanics, this phrasebook equips you with the phrases and vocabulary to meet people, learn about them, carry on conversations, have fun, and even pursue romance. However, just in case you need it, we've included generous helpings of vocabulary and expressions for tourism and day-to-day living.

Something else we think you'll like about this phrasebook is that it's quick and easy to find what you want to say. Phrases and terms are grouped under their key words, and the key words are in alphabetical order (not in categories that often leave you guessing what's where). Got a phrase or term in mind? Go to it's key word, the same as you would in a dictionary, and chances are good that it'll be there. Total elapsed time: about six seconds.

Because the phrases and vocabulary in this book cover a wide spectrum of interests, activities and situations, there is a rich supply of friendship material for people of all ages, male or female, married or single. We sincerely hope that, whoever you are, whatever your age, you'll be able to put this phrasebook to the purpose for which it's intended -- making friends among the wonderful French and French-speaking people.

How to Use the Phrasebook

Main words
All phrases and terms in the phrasebook are grouped under the **main words**, which they contain. For example, the phrase "**We'll call you later.**" is listed under the main word "**call**."

Some phrases appear in the dictionary more than once, because they contain more than one important main word. For example, the phrase "**Could you show me around the city?**" is listed once under the main word "**city**" and a second time under "**show**."

Parts of speech
Each listed main word is followed by its abbreviated part of speech, such as *n* for "noun," *vt* for "verb transitive," etc. (See "**Abbreviations Used in the Dictionary**" on page 8.)

Diamonds ♦
Throughout the text, blue diamonds are used to signal entries of related words and of different parts of speech of the main word of the group. For example, under the main word **about** *adv* there will be a ♦ followed by the entry *prep*. This means **about** as a preposition. The word itself is not repeated (in order to economize on space).

Tilde substituting main word
For all terms, a **tilde** ~ substitutes for the main word of the term. For example, under the main word **cake**, "**wedding cake**" is listed as **wedding** ~. Similarly, "**call back**" under the main word "**call**" is given as ~ **back**.

Slash = or
Throughout the phrasebook a **slash** / is used to mean "**or**," i.e., that you can choose one or the other. The choices are numbered, in parentheses, both on the English side and the French side. Hence, the term "*(1,2)* **curly hair** cheveux *(1)* bouclés / *(2)* ondulés shuh-vuh *(1)* boo-klay / *(2)* on-dew-lay can be said as either "**shuh-vuh boo-klay** or "**shuh-vuh on-dew-lay**". Sometimes the choices differ slightly in meaning, but mostly they are synonyms.

The same is true of parts of phrases that are numbered and separated by a **slash** /. These will sometimes be preceded or followed -- or both -- by three dots. For example, in the phrase " **I didn't mean to hurt** *(1)* **you.** / *(2)* **your feelings.** Je ne voulais pas *vous (Fam: te)*... *(1)* faire du mal. / *(2)*

faire mal au cœur. **Zhuh nuh voo-lay pa** *voo (Fam: tuh)*... *(1)* **fer dew mal.** / *(2)* **fer mal_o kur.**", you can choose to say **"I didn't mean to hurt you. Zhuh nuh voo-lay pa** *voo (Fam: tuh)* **fer dew mal.**" or **"I didn't mean to hurt your feelings. Zhuh nuh voo-lay pa** *voo (Fam: tuh)* **fer mal_o kur.**"

Parentheses = optional

Words or parts of phrases (not italicized in English) in **parentheses** are **optional**. In the phrase **"No one can match you (in any way).** Personne ne *vous (Fam: t')* arrive à la cheville (quoique l'on en dise). **Per-son nuh voo_z_*(Fam: t')*_a-reev_a la shuh-veey(uh) (kwa-kuh l'on_an deez).** , you could include or omit the words **(in any way)** in both English and French. In a very few cases, an English word in parentheses is optional in English, but has no counterpart in French: the sentence in French will be the same either way.

Feminine and plural forms of words

For French adjectives, which have masculine and feminine forms, only the endings of the latter are given, preceded by a hyphen.

In phrases, the feminine form of a word appears in italics in parentheses following the italicized masculine form. The same is true for masculine plural and feminine plural words.

For more explanation of the various forms, see **Appendix 2: French Grammar** on page 512.

Polite and familiar forms of words

In phrases, the polite form of pronouns and verbs appears in the open, italicized, and the familiar form that can replace it is given in parentheses, in italics. For more explanation of polite and familiar forms, see **Appendix 2: French Grammar** on page 512.

French pronunciation

The pronunciation of French words and phrases is given in blue font throughout the book. A chart of the phonetic system used may be found in the **Alphabet** appendix on page 510.

French Usage

In using this phrasebook, please bear in mind that the French phrases in many cases represent the best translation we could provide of the English phrases and, although they will be easily understood by a French person, they are not necessarily what French men or women themselves would think of to say for those particular ideas.

Abbreviations Used in the Dictionary

abbrev	abbreviation	*org.*	organization; organized
adj	adjective		
adv	adverb	*o.s.*	oneself
advert.	advertising	*pers.pron*	personal pronoun
anat.	anatomy	*pharm.*	pharmaceutical
automot.	automotive	*photog.*	photography
aux v	auxiliary verb	*phr prep*	phrasal preposition
Brit.	British	*phys.*	physical
colloq.	colloquial	*pl*	plural
comm.	communications	*Pol:*	polite
comp.	computers	*polit.*	political
conj	conjunction	*poss.*	possessive
dem.	demonstrative	*pp*	past participle
elec.	electrical	*prep*	preposition, -al
etc	etcetera	*pron*	pronoun
exclam	exclamation	*relig.*	religion
f, F	feminine	*sing.*	singular
fpl	feminine plural	*s.o.*	someone
Fam:.	familiar	*s.th.*	something
fig.	figurative	*transp.*	transportation
ft	feet	*univ.*	university
gen.	general	*veh.*	vehicle
gram.	grammar	*vi*	verb intransitive
imp.	imperative	*vt*	verb transitive
interj.	interjection		
km	kilometer(s)		
lang.	language		
lit.	literally		
m, M	masculine		
m&f	masculine & feminine		
mech.	mechanical		
med.	medical		
mil.	military		
mpl	masculine plural		
n	noun		
naut.	nautical		

A a

able: be ~ pouvoir **poo-vwar**, être capable (de) **etr ka-pabl (duh)**
(1,2) **Will you be able to…** *(1)* Pourrez-vous *(Fam: Pourras-tu)…* *Pooray-voo (Fam: Poo-ra-tew)…* / *(2)* Serez-vous *(Fam: Seras-tu)* capable de… *Suh- ray-voo (Fam: Suh-ra-tew)* **ka-pabl duh…**
    …change it? …le changer? **…luh shan-zhay?**
    …come? …venir? **…vuh-neer?**
    …do it? …le faire? **…luh fer?**
    …fix it? …l'arranger? **…l'a-ran-zhay?**
    …get it? …l'avoir? **…l'a-vwar?**, …l'obtenir? **…l'ob-tuh-neer?**
    …get off work? …vous *(Fam: te)* libérer du *travail (Fam: boulot)*?
    …voo *(Fam: tuh)* lee-bay-ray dew *tra-vaee (Fam: boo- lo)*?
    …go? …y aller? **…ee_y_a-lay?**
    …meet me? …me rencontrer? **…muh ran-kon-tray?**
    …meet us? …nous rencontrer? **…noo ran-kon-tray?**
(1,2) **I wasn't able to…** *(1)* Je n'ai pas pu… **Zhuh n'ay pa pew…** / *(2)* Je n'ai pas été capable de… **Zhuh n'ay pa_z_ay-tay ka-pabl duh…**
    …call you. …vous *(Fam: t')* appeler. *…voo_z_(Fam: t')_a-play.*
    …change it. …le changer. **…luh shan-zhay.**
    …come. …venir. **…vuh-neer.**
    …do it. …le faire. **…luh fer.**
    …find it. …le trouver. **…luh troo-vay.**
    …get it. *(1)* …l'avoir. **…l'a-vwar.** / *(2)* …l'obtenir. **l'ob-tuh-neer.**
    …get off work. …me libérer du *travail (Fam: boulot)*. **…muh lee-bay-ray dew** *tra-vaee (Fam: boo-lo).*

about *adv (approximately)* environ **an-vee-ron**, plus ou moins **plew_z_oo mwuhn** **~ an hour** environ une heure **an-vee-ron ewn_uhr** **~ a kilometer** environ un kilomètre **an-vee-ron uhn kee-lo-metr** **~ a week** environ une semaine **an-vee-ron ewn suh-men** **~ a month** environ un mois **an-vee-ron uhn mwa** **~ a year** environ un an **an-vee-ron uhn_an** ♦ *prep* de **duh** **What are you talking about?** De quoi *êtes-vous (Fam: es-tu)* en train de parler? *Duh kwa et-voo (Fam: ay-tew)* **an truhn duh par-lay?** **What is the** *(1)* **book** / *(2)* **movie about?** De quoi parle… *(1)* le livre? / *(2)* le film? **Duh kwa parl…** *(1)* **luh leevr?** / *(2)* **luh feelm?**

abscess *n* abcès *m* **ab-se**

absent *adj* absent, -e *m&f* **ab-san, -sant**

absolutely *adv* absolument **ab-so-lew-man**, vraiment **vray-man**, complètement **kon-plet-man**

A slash always means "or"

accent *n* accent **ak-sa<u>n</u> My accent is terrible.** Mon accent est terrible. **Mo<u>n</u>_ak-sa<u>n</u> ay tay-reebl. I love your accent.** J'adore *votre (Fam: ton)* accent. **Zh'a-dor** *votr_(Fam: ton)*_ak-sa<u>n</u>.

accept *vt* accepter **ak-sep-tay** *(1)* **I** / *(2)* **We accept your invitation.** *(1)* J'accepte… / *(2)* Nous acceptons… *votre (Fam: ton)* invitation. *(1)* **Zh'ak-sept…** / *(2)* **Noo_z_ak-sep-to<u>n</u>…** *votr_(Fam: ton)*_uh<u>n</u>-vee-ta-syo<u>n</u>.

access *n* accès *m* **ak-se internet** ~ accès internet **ak-se uh<u>n</u>-ter-net**

accessories *npl* accessoires *mpl* **ak-say-swar**

accident *n* accident *m* **ak-see-da<u>n</u> car** ~ accident de voiture **ak-see-da<u>n</u> duh vwa-tewr** *(1)* **I** / *(2)* **We had an accident.** *(1)* J'ai… / *(2)* Nous avons… eu un accident. *(1)* **Zh'ay…** / *(2)* **Noo_z_a-vo<u>n</u>… ew uh<u>n</u>_ak-see-da<u>n</u>.**

accommodations *npl* logement *m* **lozh-ma<u>n</u> Can** *(1)* **I** / *(2)* **we get accommodations there?** *(1)* Puis-je… / *(2)* Pouvons-nous… loger à cet endroit? *(1)* **Pwee-zh_…** / *(2)* **Poo-vo<u>n</u>-noo_z_… lo-zhay a set a<u>n</u>-drwa?**

accompany *vt* accompagner **a-ko<u>n</u>-pa-nyay May I accompany you?** Puis-je *vous (Fam: t')* accompagner? **Pwee-zh voo_z_(Fam: t')_a-ko<u>n</u>-pa-nyay?**

according to selon **suh-lo<u>n</u> According to the schedule the train arrives at 4 PM.** Selon les horaires d'arrivée, le train arrive à quatre heures de l'après-midi. **Suh-lo<u>n</u> lay_z_o-rer d'a-ree-vay, luh truh<u>n</u> a-reev_a katr_uhr duh l'a-pray-mee-dee.**

accordion *n* accordéon *m* **a-kor-day-o<u>n</u>**

account *n* compte *m* **ko<u>n</u>t You have to take into account…** *Vous devez (Fam: Tu dois)* prendre en compte… *Voo duh-vay (Fam: Tew dwa)* **pra<u>n</u>dr_a<u>n</u> ko<u>n</u>t… Do you have a bank account?** *Avez-vous (Fam: As-tu)* un compte bancaire? *A-vay-voo (Fam: A-tew)* **uh<u>n</u> ko<u>n</u>t ba<u>n</u>-ker?**

accurate *adj* exact, -e *m&f* **eg-zakt**, précis, -e *m&f* **pray-see, -seez**, correct, -e *m&f* **ko-rekt**

ace *n (cards)* as *m* **as**

ache *vi* faire mal **fer mal It aches (terribly).** Ça fait (terriblement) mal. **Sa fay (tay-ree-bluh-ma<u>n</u>) mal. I have a stomach ache.** J'ai mal à l'estomac. **Zh'ay mal_a l'es-to-ma.**

acquaintance *n (person)* connaissance *f* **ko-nay-sa<u>n</u>s** *(1)* **He** / *(2)* **She is an (old) acquaintance of mine.** *(1,2)* C'est une (vieille) connaissance à moi. **S'ay_t_ewn (vyey) ko-nay-sa<u>n</u>s_a mwa.**

acquainted *pp* au courant **o koo-ra<u>n</u> We're (already) acquainted.** Nous sommes (déjà) au courant. **Noo som (day-zha) o koo-ra<u>n</u>.**

acrobat *n* acrobate *m* **a-kro-bat** ♦ **acrobatic** *adj* acrobatique **a-kro-ba-teek**

across *prep* à travers **a tra-ver**, de l'autre côté de **duh l'otr ko-tay duh** ~ **the river** de l'autre côté de la rivière **duh l'otr ko-tay duh la ree-vyer** ~ **the street** de l'autre côté de la rue **duh l'otr ko-tay duh la rew** ♦ *adv:* **go** ~ *(on foot)* traverser **tra-ver-say swim** ~ traverser à la nage **tra-ver-say a la nazh**

act *vi* 1. *(behave)* agir **a-zheer**; 2. *(drama: perform)* se produire **suh pro-dweer I'm sorry I acted the way I did.** Je suis *désolé (-e)* d'avoir agi de cette façon. **Zhuh**

In the pronunciation **<u>n</u>** *stands for a nasalized n.*

swee day-zo-lay d'a-vwar a-zhee duh set fa-son. ♦ **act** *n (of a play)* jouer **zhoo-ay in the** *(1)* **first** / *(2)* **second** / *(3)* **last** ~ dans le *(1)* premier / *(2)* second / *(3)* dernier acte **dan luh** *(1)* **pruh-myay** / *(2)* **suh-gon** / *(3)* **der-nyay_r_akt**
active *adj* actif, active *m&f* **ak-teef, -teev You're (really) an active person.** *Vous êtes (Fam: Tu es)* une personne (très) active. **Voo_z_et (Fam: Tew ay) ewn per-son_ (tre_z_) ak-teev.**
activity *n* activité *f* **ak-tee-vee-tay What sort of activities do they have here?** Quel type d'activité exercent-ils ici? **Kel teep d'ak-tee-vee-tay eg-zer-suh_t-eel_z_ee-see?**
actor *n* acteur *m* **ak-tuhr** ♦ **actress** *n* actrice *f* **ak-trees**
actually *adv* réellement **ray-el-man**, vraiment **vray-man**, en réalité **an ray-a-lee-tay**, en fait **an fay Actually, I'm not working right now.** En fait, je ne travaille pas en ce moment. **An fay, zhuh nuh tra-vaee pa an suh mo-man. Do you actually believe that?** Y croyez-vous *(Fam: crois-tu)* vraiment? **Ee krwa-yay-voo (Fam: krwa-tew) vray-man?**
ad *(advertisement) n* annonce *f* **a-nons personal** ~ annonce personnelle **a-nons per-so-nel want** ~ petite annonce **puh-teet_a-nons I read your ad** *(1)* **in the paper.** / *(2)* **in a magazine.** / *(3)* **on the Internet.** J'ai lu *votre (Fam: ton)* annonce *(1)* dans le journal. / *(2)* dans un magazine. / *(3)* sur internet. **Zh'ay lew** *votr_(Fam: ton)_***a-nons** *(1)* **dan luh zhoor-nal.** / *(2)* **dan_z_uhn ma-ga-zeen.** / *(3)* **sewr_ uhn-ter-net. Your ad was very interesting.** *Votre (Fam: Ton)* annonce était très intéressante. **Votr_(Fam: Ton)_a-nons_ay-tay tre_z_uhn-tay-ray-sant.**
adapter *n* adaptateur *m* **a-dap-ta-tuhr**
add *v* ajouter **a-zhoo-tay Add it to** *(1)* **my** / *(2)* **our (room) bill.** *Mettez (Fam: Mets)-*le *(1)* sur ma / *(2)* notre note. **May-tay (Fam: May)-luh sewr** *(1)* **ma** / *(2)* **notr not.**
addict *n* accro *m&f* **a-kro coffee** ~ accro *m&f* au café **a-kro o ka-fay drug** ~ toxicomane *m&f* **tok-see-ko-man sex** ~ accro *m&f* au sexe **a-kro o seks** ♦ **addicted** *pp* accro *m&f* **a-kro I'm addicted to you.** Je suis *fou (F: folle)* de vous *(Fam: toi)*. **Zhuh swee foo (F: fol) duh voo (Fam: twa).**
address *n* adresse *f* **a-dres business** ~ adresse du bureau **a-dres duh bew-ro correct** ~ adresse correcte **a-dres ko-rekt e-mail** ~ email **ee-mayl**, adresse électronique **a-dres_ay-lek-tro-neek friend's** ~ adresse *(1)* d'un ami *m* / *(2)* d'une amie *f* **a-dres** *(1)* **d'uhn_a-mee** / *(2)* **d'ewn_a-mee home** ~ adresse de domicile **a-dres duh do-mee-seel hotel** ~ adresse de l'hôtel **a-dres duh l'o-tel office** ~ adresse de bureau **a-dres duh bew-ro old** ~ ancienne adresse **an-syen_a-dres our** ~ notre adresse **notr_a-dres parents'** ~ adresse des parents **a-dres day pa-ran permanent** ~ adresse permanente **a-dres per-ma-nant return** ~ adresse de retour **a-dres duh ruh-toor right** ~ adresse exacte **a-dres_eg-zakt temporary** ~ adresse temporaire **a-dres tan-po-rer work** ~ adresse de travail **a-dres duh tra-vaee wrong** ~ mauvaise adresse **mo-vez_a-dres your** ~ *votre (Fam: ton)* adresse *votr_(Fam: ton)_***a-dres What's your address?** Quelle est *votre (Fam: ton)* adresse? **Kel_ay** *votr_(Fam: ton)_***a-dres? My (new) address is *(address)*.** Ma nouvelle adresse est *(___)*. **Ma noo-vel_a-dres_ay *(___)*. Please write (down)**

Time expressions are given on pages 521-522.

your address for me. *S'il vous plaît, pouvez-vous m'écrire votre (Fam: S'il te plaît, peux-tu m'écrire ton) adresse.* **S'eel voo play, poo-vay-voo m'ay-kreer votr_(Fam: S'eel tuh play, puh-tew m'ay-kreer ton) a-dres.** **Let me write down your address.** *Je vais prendre votre (Fam: ton) adresse.* **Zhuh vay prandr votr_(Fam: ton) a-dres.** **Write to me at this address.** *Ecrivez (Fam: Ecris)-moi à cette adresse.* **Ay-kree-vay (Fam: Ay-kree)-mwa a set_a-dres.** **I (1) forgot / (2) lost your address.** *J'ai (1) oublié / (2) perdu votre (Fam: ton) adresse.* **Zh'ay (1) oo-blee-yay / (2) per-dew votr_(Fam: ton) a-dres.**

adjacent / adjoining *adj* adjacent,-e *m&f* **a-ja-sa<u>n</u>, -sa<u>nt</u>** ~ **rooms** *pièces adjacentes* **pyes_a-ja-sa<u>nt</u>**

admire *vt* admirer **ad-mee-ray** ♦ **admirer** *n* admirateur, admiratrice *m&f* **ad-mee-ra-tuhr, -trees**

admit *vt* admettre **ad-metr** **I admit...** *J'avoue…* **Zh'a-voo…**

adopt *vt* adopter **a-dop-tay** **I was adopted (when I was [*age*]).** *J'ai été adopté (-e) (à l'âge de [___] ans).* **Zh'ay ay-tay a-dop-tay (a l'azh duh [___] a<u>n</u>).**
♦ **adoption** *n* adoption *f* **a-dop-syo<u>n</u>**

adorable *adj* adorable *m&f* **a-do-rabl** **You are (absolutely) adorable.** *Tu es (tellement) adorable.* **Tew ay (tel-ma<u>n</u>) a-do-rabl.** **(1) He's / (2) She's adorable!** *(babies) (1) Il / (2) Elle est adorable!* **(1) Eel_ / (2) El _ay_t_a-do-rabl!**
♦ **adore** *vt* adorer **a-do-ray** **I adore you.** *Je t'adore.* **Zhuh t'a-dor.**

adult *adj* pour adulte **poor_a-dewlt** ~ **movie** *film m pour adultes* **feelm poor_a-dewlt** ♦ *n* adulte *m&f* **a-dewlt** **Two adults and one child, please.** *Deux adultes et un enfant, s'il vous plaît.* **Duh_z_a-dewlt ay uh<u>n</u>_a<u>n</u>-fa<u>n</u>, s'eel voo play.**

advantage *n* avantage *m* **a-va<u>n</u>-tazh** **I would never try to take advantage of you.** *Jamais, je n'essaierais de profiter de vous (Fam: toi).* **Zha-may, zhuh n'ay-say-ray duh pro-fee-tay duh voo (Fam: twa).**

adventure *adj* d'aventures **d'a-va<u>n</u>-tewr** **I like adventure (1) movies. (2) novels. / (3) stories.** *J'aime… (1) les films… / (2) les romans… / (3) les histoires… d'aventures.* **Zh'em… (1) lay feelm… / (2) lay ro-ma<u>n</u>… / (3) lay_z_ees-twar… d'a-va<u>n</u>-tewr.** ♦ *n* aventure *f* **a-va<u>n</u>-tewr** ♦ **adventurous** *adj* aventureux, -reuse *m&f* **a-va<u>n</u>-tew-ruh, -ruhz** **You're an adventurous soul.** *Vous avez (Fam: Tu as) l'âme d'un aventurier (F: une aventurière).* **Voo_z_a-vay (Fam: Tew a) l'am d'uh<u>n</u>_a-va<u>n</u>-tew-ryay (F: ewn_a-va<u>n</u>-tew-ryer).**

adverb *n* adverbe *m* **ad-verb**

advertise *vt & vi* faire de la publicité **fer duh la pew-blee-see-tay**, publier une annonce **pew-blee-yay ewn_a-no<u>n</u>s** ♦ **advertisement** *n* annonce *f* publicitaire **a-no<u>n</u>s pew-blee-see-ter** *(See phrases under* **ad***)*

advice *n* conseil *m* **ko<u>n</u>-sey** **follow** ~ *suivre un conseil* **sweevr_uh<u>n</u> ko<u>n</u>-sey** **(1) I / (2) We need your advice.** *(1) J'ai… / (2) Nous avons… besoin de votre (Fam: ton) conseil.* **(1) Zh'ay… / (2) Noo_z_a-vo<u>n</u>… buh-zwuh<u>n</u> duh votr_(Fam: ton) ko<u>n</u>-sey.** **May I give you some advice?** *Je peux vous (Fam: te) donner un conseil?* **Zhuh puh voo (Fam: tuh) do-nay uh<u>n</u> ko<u>n</u>-sey?** **Thank you for the advice.** *Merci pour le conseil.* **Mer-see poor luh ko<u>n</u>-sey.** ♦ **advise**

French q always sounds like k.

vt conseiller **kon-say-yay** **What would you advise?** Que me *conseillez-vous (Fam: conseilles-tu)?* **Kuh muh** *kon-say-yay-voo (Fam: kon-sey-tew)?* **I advise you not to** *(1)* **do it.** / *(2,3)* **go there.** / *(4)* **try it.** Je *vous (Fam: te)* conseille de ne pas *(1)* le faire. / *(2,3)* y aller. / *(4)* essayer. **Zhuh** *voo (Fam: tuh)* **kon-sey duh nuh pa** *(1)* **luh fer.** / *(2,3)* **_z_ee_y_a-lay.** / *(4)* **_z_ay-say-yay.**

aerobic *adj* d'aérobic **d'a-ay-ro-beek** ~ **class** cours d'aérobic **koor d'a-ay-ro-beek** ~ **dance** danse aérobic **dans_a-ay-ro-beek** ♦ **aerobics** *n* aérobic *f* **a-ay-ro-beek** **I do aerobics (3 or 4 times a week).** Je fais de l'aérobic (trois à quatre fois par semaine). **Zhuh fay duh l'a-ay-ro-beek (trwa a katr fwa par suh-men).**

affair *n* 1. *(matter)* affaire *f* **a-fer**; 2. *(love)* liaison *f* **lee-ay-zon**, aventure *f* **a-van-tewr** **business ~s** affaires *fpl* **a-fer** **love ~** liaison *f* **lee-ay-zon**, aventure *f* **a-van-tewr** **I don't want just an affair.** Je ne veux pas d'une aventure sans lendemain. **Zhuh nuh vuh pa d'ewn_a-van-tewr san land-muhn.**

affect *vt* 1. *(concern)* toucher **too-shay**, affecter **a-fek-tay**; 2. *(harm)* nuire **nweer**; 3. *(influence)* influer (sur) **uhn-flew-an-say (sewr)** *(1,2)* **It affects (what).** *(1)* Ça affecte ( ). / *(2)* Ça a des conséquences sur ( ). *(1)* **Sa a-fekt ( ).** / *(2)* **Sa a day kon-say-kans sewr ( ).**

affection *n* affection *f* **a-fek-syon** ♦ **affectionate** *adj* affectueux, -tueuse *m&f* **a-fek-tew-uh, -uhz** *(1)* **I'm** / *(2)* **You're very affectionate.** *(1)* Je suis... / *(2)* Tu es... très *affectueux (F: affectueuse)* *(1)* **Zhuh swee...** / *(2)* **Tew ay... tre_z_a-fek-tew-uh (F: _a-fek-tew-uhz).**

affidavit *n* attestation *f* **a-tes-ta-syon**

afford *vt* se permettre **suh per-metr** *(1)* **I** / *(2)* **We can't afford it.** *(1)* Je ne peux pas me… / *(2)* Nous ne pouvons pas nous… le permettre. *(1)* **Zhuh nuh puh pa muh…** / *(2)* **Noo nuh poo-von pa noo… luh per-metr.** **I'm not sure (I don t think) I can afford it.** Je ne pense pas pouvoir me le permettre. **Zhuh nuh pans pa poo-vwar muh luh per-metr.**

afraid *adj* effrayé, -e *m&f* **ay-fray-yay** **be ~** avoir peur **a-vwar puhr** **Are you afraid?** *Avez-vous (Fam: As-tu)* peur? *A-vay-voo (Fam: A-tew)* **puhr?** **I'm (not) afraid.** J'(-e n')ai (pas) peur. **Zh'(-uh n')ay (pa) puhr.** **What are you afraid of?** De quoi *avez-vous (Fam: as-tu)* peur? **Duh kwa** *a-vay-voo (Fam: a-tew)* **puhr?** **Don't be afraid.** N'*ayez (Fam: aie)* pas peur. **N'*ay-yay (Fam: ay)* pa puhr.**

African *adj* africain, -e *m&f* **a-free-kuhn, -ken** ♦ *n* Africain, -e *m&f* **A-free-kuhn, -ken**

after *prep* après **a-pre**, ensuite **an-sweet** ~ *(number)* **o'clock** après ( ) heures **a-pre ( )_uhr** ~ **all** après tout **a-pre too** ~ **dinner** après dîner **a-pre dee-nay** **day ~ day** jour après jour **zhoor_a-pre zhoor** **the day ~ tomorrow** après-demain **a-pre-duh-muhn** **the week ~ next** la semaine après la semaine prochaine **la suh-men a-pre la suh-men pro-shen** **I'll meet you after you get off work.** Je *vous (Fam: te)* rencontrerai après le travail. **Zhuh** *voo (Fam: tuh)* **ran-kon-tray a-pre luh tra-vaee.** **After that,** *(1)* **I...** / *(2)* **we...** Ensuite, *(1)* je…. / *(2)* nous… **An-sweet**, *(1)* **zhuh…** / *(2)* **noo… It's ten minutes after six.** Il est six heures dix. **Eel_ay see_z_uhr dees.**

Words in parentheses (not italicized) are optional.

afternoon *n* après-midi *m* **a-pre-mee-dee every** ~ chaque après-midi **shak_a-pre-mee-dee in the** ~ dans l'après-midi **dan l'a-pre-mee-dee Saturday** ~ samedi après-midi **sam-dee a-pre-mee-dee this** ~ cet après-midi **set_a-pre-mee-dee tomorrow** ~ demain après-midi **duh-muhn a-pre-mee-dee yesterday** ~ hier après-midi **ee-yer_a-pre-mee-dee**

afterward(s) *adv* après **a-pre**, tout de suite après **too d'sweet_a-pre**, plus tard **plew tar**

again *adv* encore **an-kor**, de nouveau **duh noo-vo Not again!** Pas encore! **Pa_z_ an-kor! Never again!** Jamais plus! **Zha-may plew!**

against *prep* contre **kontr The two of us will play against you two.** Nous allons jouer deux contre deux. **Noo_z_a-lon zhoo-ay duh kontr duh. That's against the law.** C'est contre la loi. **S'ay kontr la lwa. Put it against the wall.** Mets-le au pied du mur. **May-luh o pyay dew mewr.**

age *n* âge *m* **azh old** ~ vieux, vieille *m&f* **vyuh, vyey the same** ~ du même âge **dew mem_azh You look (much) younger than your age.** *Vous faites (Fam: Tu fais)* (beaucoup) plus jeune que *votre (Fam: ton)* âge. *Voo fet (Fam: Tew fay)* **(bo-koo) plew zhuhn kuh** *votr_(Fam: ton)_azh. (1)* **Your age... /** *(2)* **Our age difference... doesn't matter to me.** *(1) Votre (Fam: Ton) âge... / (2)* Notre différence d'âge... m'est égal. *(1) Votr_(Fam: Ton)_azh… / (2)* **Notr dee-fay-rans d'azh… m'ay_t_ay-gal. Do you know someone (around) my age?** *Connaissez-vous (Fam: Connais-tu)* quelqu'un (qui soit plus ou moins) de mon âge? *Ko-nay-say-voo (Fam: Ko-nay-tew)* **kel-kuhn (kee swa plew_z_oo mwuhn) duh mon_azh?**

agency *n* agence *f* **a-zhans introduction** ~ agence de rencontre **a-zhans duh ran-kontr travel** ~ agence de voyages **a-zhans duh vwa-yazh**

agenda *n* ordre *m* du jour **odr dew zhoor**

agent *n* agent *m* **a-zhan real estate** ~ immobilier **a-zhan ee-mo-bee-lyay secret** ~ agent secret **a-zhan suh-kray travel** ~ agent *m* de voyages **a-zhan duh vwa-yazh**

aggressive *adj* agressif, -sive *m&f* **a-gray-seef, -seev**

ago *adv* ça fait **sa fay**, il y a **eel_ee_y_a an hour** ~ ça fait une heure **sa fay ewn_uhr a week** ~ ça fait une semaine **sa fay ewn suh-men ten minutes** ~ ça fait dix minutes **sa fay dee mee-newt two days** ~ ça fait deux jours **sa fay duh zhoor How long ago did you come here?** Ça fait combien de temps que *vous êtes (Fam: tu es)* arrivé *(-e)* ici? **Sa fay kon-byuhn duh tan kuh** *voo_z_et (Fam: tew ay)* **a-ree-vay ee-see? I arrived here three weeks ago.** Ça fait trois semaines que je suis *arrivé (-e)* ici. **Sa fay trwa suh-men kuh zhuh swee_z_a-ree-vay ee-see. It was just a short while ago.** C'était il n'y a pas si longtemps que ça. **S'ay-tay eel n'ee_y_a pa see lon-tan kuh sa. That was a long time ago.** C'était il y a longtemps. **S'ay-tay eel_ee_y_a lon-tan.**

agree *vi* être d'accord **etr d'a-kor Do you agree?** *Êtes-vous (Fam: Es-tu)* d'accord? *Et-voo (Fam: Ay-tew)* **d'a-kor? I (don't) agree.** Je (ne) suis (pas) d'accord. **Zhuh (nuh) swee (pa) d'a-kor. Did he agree?** Etait-il d'accord?

In French ch is pronounced like **sh** *in "sheep".*

Ay-tay_t-eel d'a-kor? He agreed. Il était d'accord. **Eel_ay-tay d'a-kor. Did she agree?** Etait-elle d'accord? **Ay-tay_t-el d'a-kor? She agreed.** Elle était d'accord. **El_ay-tay d'a-kor. Did you agree (to it)?** *Etiez-vous (Fam: Etais-tu)* d'accord (avec ça)? *Ay-chyay-voo (Fam: Ay-tay-tew)* **d'a-kor (_a-vek sa)? I agreed.** J'étais d'accord. **Zh'ay-tay d'a-kor**. **Did they agree?** Etaient-*ils (Fpl: elles)* d'accord? **Ay-tay_t-eel *(Fpl: el)* d'a-kor? They agreed.** *Ils (Fpl: Elles)* étaient d'accord. *Eel_(Fpl: El)_z_ay-tay d'a-kor?*

ahead *adv* devant **duh-van You go ahead.** *Allez (Fam: Va)* devant. *A-lay (Fam: Va)* **duh-van. Go ahead. (Do it.)** *Allez-y (Fam: Vas-y)*! *(Faites-le. [Fam: Fais-le.])* *A-lay_z_ee (Fam: Va_z_ee)! (Fet-luh. [Fam: Fay-luh.])* **Who's ahead?** *(game)* Qui gagne? **Kee ganyuh? (1) I'm / (2) He's / (3) She's / (4) We're / (5) You're / (6) They're ahead.** *(game)* (1) J'ai… / (2) Il a… / (3) Elle a… / (4) Nous avons… / (5) Vous avez *(Fam : Tu as)*… / (6) Ils *(Fpl: Elles)* ont… l'avantage. *(1) Zh'ay… / (2) Eel_a… / (3) El_a… / (4) Noo_z_a-von … / (5) Voo_z_a-vay (Fam: Tew a)… / (6) Eel (Fpl: El) _z_on… l'a-van-tazh.*

aid *n* 1. *(assistance)* aide *f* **ed**, secours *mpl* **suh-koor**; 2. *(device)* appareil *m* **a-pa-rey**, accessoire *m* **ak-say-swar first** ~ premiers secours **pruh-myay suh-koor first ~ kit** trousse *f* de premiers secours **troos duh pruh-myay suh-koor I wear a hearing aid.** Je porte un appareil auditif. **Zhuh port_uhn_n_a-pa-rey_o-dee-teef.**

AIDS *abbrev* SIDA **See-da**

air *n* air *m* **er Let's get some fresh air.** Allons prendre l'air. **A-lon prandr l'er. I need to put some air in my tires.** J'ai besoin de gonfler mes pneus. **Zh'ay buh-zwuhn duh gon-flay may pnuh.**

air-conditioned *adj* climatisé, -e *m&f* **klee-ma-tee-zay (1) I / (2) We want an air-conditioned room.** *(1)* Je veux… / *(2)* Nous voulons… une chambre climatisée. *(1) Zhuh vuh… / (2) Noo voo-lon… ewn shanbr klee-ma-tee-zay.* ♦ **air conditioning** *n* climatisation *f* **klee-mah-tee-za-syon Does the room have air conditioning?** La chambre est-elle climatisée? **La shanbr_ay_t-el klee-ma-tee-zay?**

aircraft *n* avion *m* **a-vyon**, aéronef *m* **a-ay-ro-nef** *(See also* **airplane***)* **hire an ~** *(with a pilot)* louer un avion avec équipage **loo-ay uhn_a-vyon a-vek_ay-kee-pazh rent an ~** *(without a pilot)* louer un avion **loo-ay uhn_a-vyon small ~** petit avion **puh-tee_t_a-vyon utility ~** avion utilitaire **a-vyon ew-tee-lee-ter**

air force *n* Armée de l'Air *f* **Ar-may d'l'Er**, **I'm in the Air Force.** Je suis dans l'Armée de l'Air. **Zhuh swee dan l'Ar-may d'l'Er. I'm a** *(1)* **Sergeant /** *(2)* **Lieutenant /** *(3)* *(rank)* **in the Air Force.** Je suis *(1)* Sergent / *(2)* Lieutenant / *(3)* (___) dans l'Armée de l'Air. **Zhuh swee *(1)* Ser-zhan / *(2)* Lyuht-nan / *(3)* (___) dan l'Ar-may d'l'Er. I served four years in the Air Force.** J'ai servi quatre ans dans l'Armée de l'Air. **Zh'ay ser-vee katr_an dan l'Ar-may d'l'Er.**

airline *n* compagnie *f* aérienne **kon-pa-nee a-ay-ryen I think the best airline is** *(name)***.** Je pense que la meilleure compagnie aérienne est (___). **Zhuh pans kuh la may-yuhr kon-pa-nee a-ay-ryen_ay (___).**

Familiar "tu" ("tew") forms in parentheses can replace italicized polite forms.

airmail *n* poste *f* aérienne **post a-ay-ryen** by ~ par avion **par_a-vyon**

airplane *n* avion *m* **a-vyon**

airport *n* aéroport **a-ay-ro-por** *(1)* **I'll** / *(2)* **We'll meet** *(3)* **you at the airport.** *(1)* Je *vous (Fam: te)* verrai… / *(2)* Nous *vous (Fam: te)* verrons… à l'aéroport. *(1)* **Zhuh** *voo (Fam: tuh)* **vay-ray…** / *(2)* **Noo** *voo (Fam: tuh)* **vay-ron… a l'a-ay-ro-por. Can you come with** *(1)* **me** / *(2)* **us to the airport?** *Pouvez-vous (Fam: Peux-tu)* venir avec *(1)* moi / *(2)* nous à l'aéroport? *Poo-vay-voo (Fam: Puh-tew)* **vuh-neer_a-vek** *(1)* **mwa** / *(2)* **noo a l'a-ay-ro-por?** *(1)* **I'll** / *(2)* **We'll go with you to the airport.** *(1)* Je viendrai… / *(2)* Nous viendrons… avec *vous (Fam: toi)* à l'aéroport. *(1)* **Zhuh vyuhn-dray…** / *(2)* **Noo vyuhn-dron… a-vek** *voo (Fam: twa)* **a l'a-ay-ro-por.** *(1)* **I'll** / *(2)* **We'll take** *(3)* **a bus** / *(4)* **a taxi** / *(5)* **the train to the airport.** *(1)* Je prendrai… / *(2)* Nous prendrons… *(3)* le bus / *(4)* le taxi / *(5)* le train pour (aller à) l'aéroport. *(1)* **Zhuh pran-dray…** / *(2)* **Noo pran-dron…** / *(3)* **luh bews** / *(4)* **luh tak-see** / *(5)* **luh truhn poor (_a-lay a) l'a-ay-ro-por.**

alarm *n* 1. *(emergency signal)* alarme *f* **a-larm**, alerte *f* **a-lert**; 2. *(clocks)* alarme *f* **a-larm False alarm!** Fausse alerte! **Fos_a-lert! Did you set the alarm?** *Avez-vous (Fam: As-tu)* réglé l'alarme? *A-vay-voo (Fam: A-tew)* **ray-glay l'a-larm? I set the alarm (for** *[time]***).** J'ai réglé l'alarme (pour *[___]*). **Zh'ay ray-glay l'a-larm (poor *[___]*). The alarm didn't go off.** L'alarme ne s'est pas arrêtée. **L'a-larm nuh s'ay pa_z_a-ray-tay. I forgot to set the alarm.** J'ai oublié de programmer l'alarme. **Zh'ay oo-blee-yay duh pro-gra-may l'a-larm.** ♦ **alarmed** *pp* alarmé, -e *m&f* **a-lar-may**, effrayé, -e *m&f* **ay-fray-yay Don't be alarmed.** Ne *vous alarmez (Fam: t'alarme)* pas. **Nuh** *voo_z_a-lar-may (Fam: t'a-larm)* **pa.**

album *n* album *m* **al-bom**

alcohol *n* alcool *m* **al-kol** *(1)* **I** / *(2)* **We don't drink alcohol.** *(1)* Je ne bois pas… / *(2)* Nous ne buvons pas … d'alcool. *(1)* **Zhuh nuh bwa pa…** / *(2)* **Noo nuh bew-von pa… d'al-kol. I can't drink any alcohol. Doctor's orders.** Je ne peux pas boire d'alcool. Ordre du docteur. **Zhuh nuh puh pa bwar d'al-kol. Ordr dew dok-tuhr. No alcohol for me. I'm driving.** Pas d'alcool pour moi. Je conduis. **Pa d'al-kol poor mwa. Zhuh kon-dwee.** ♦ **alcoholic** *adj* alcoolique *m&f* **al-ko-leek** ♦ *n* alcoolique *m&f* **al-ko-leek**

Algerian *adj* algérien, -ne *m&f* **al-zhay-ryuhn, -ryen** ♦ *n* Algérien, -ne *m&f* **Al-zhay-ryuhn, -ryen**

alibi *n* alibi *m* **a-lee-bee No alibis!** Aucun alibi! **O-kuhn_a-lee-bee!**

alike *adj* semblable *m&f* **san-blabl**, ressemblant, -e *m&f* **ruh-san-blan, -blant You and I are as alike as two drops of water.** *Vous (Fam: Toi)* et moi, on se ressemble comme deux gouttes d'eau. *Voo (Fam: Twa)* **ay mwa, on suh ruh-sanbl kom duh goot d'o.**

alive *adj* vivant, -e *m&f* **vee-van, -vant You make me feel (so) alive.** Je me sens tellement bien grâce à *vous (Fam: toi)*. **Zhuh muh san tel-man byuhn gras_a** *voo (Fam: twa)*.

The letter h in French is always silent.

all *adj* tout, -e *m&f* **too, toot** ~ **day** toute la journée **toot la zhoor-nay** ~ **month** tous les mois **too lay mwa** ~ **night** toute la nuit **toot la nwee** ~ **the time** tout le temps **too luh tan** ~ **week** toute la semaine **toot la suh-men** ~ **year** toute l'année **toot l'a-nay** ♦ *pron s* tout, -e *m&f* **too, toot** (tous *mpl* **toos**, toutes *fpl* **toot**) ~ **of us** nous tous **noo toos Is that all?** C'est tout? **S'ay too? That's all.** C'est tout. **S'ay too. That's not all.** Ce n'est pas tout. **Suh n'ay pa too. Tell me all about it.** *Racontez (Fam: Raconte)-moi tout. Ra-kon-tay (Fam: Ra-kont)-mwa too.* ♦ *adv* totalement **to-tal-man**, complètement **kon-plet-man Are you all alone?** *Etes-vous (Fam: Es-tu) tout (-e) seul (-e)? Et-voo (Fam: Ay-tew) too (F: toot) suhl?* **I'm all worn out.** Je suis complètement *épuisé (-e).* **Zhuh swee kon-plet-man ay-pwee-zay.**

allergic *adj* allergique *m&f* **a-ler-zheek I'm allergic to** *(1)* **cats.** / *(2)* **dogs.** / *(3)* **smoke.** Je suis allergique *(1)* aux chats. / *(2)* aux chiens. / *(3)* à la fumée. **Zhuh swee_z_a-ler-zheek_** *(1)* o sha. / *(2)* o shyuhn. / *(3)* a la few-may. ♦ **allergy** *n* allergie *f* **a-ler-zhee**

alley *n* ruelle *f* **rew-el**, piste *f* **peest bowling** ~ piste *f* de bowling **peest duh boo-leeng Is there a bowling alley around here?** Y a-t-il un bowling dans le coin? **Ee_y_a-t-eel_uhn boo-leeng dan luh kwuhn?**

all right *(idiom)* très bien **tre byuhn**, d'accord **d'a-kor**, ok **o-kay All right!** *(Exclamation of praise or pleasure.)* D'accord! **D'a-kor!** Parfait! **Par-fay! All right, we'll walk there.** D'accord, nous y irons à pied. **D'a-kor, noo_z_ee ee-ron a pyay. Is that all right (with you)?** Ca *vous (Fam: te)* va? **Sa** *voo (Fam: tuh)* **va? It's all right (with** *[1]* **me /** *[2]* **us).** (Pour *[1]* moi / *[2]* nous), c'est d'accord. **(Poor** *[1]* **mwa, /** *[2]* **noo,) s'ay d'a-kor. That's all right, don't worry about it.** C'est bon, ne *vous inquiétez (Fam: t'inquiète)* pas. **S'ay bon, nuh** *voo_z_uhn-kyay-tay (Fam: t'uhn-kyet)* **pa. Are you all right?** Est-ce que ça va? **Es kuh sa va? I'm all right.** Ca va. **Sa va.**

almost *adv* presque **presk I almost left.** J'ai failli partir. **Zh'ay fa-yee par-teer. It's almost time (to** *[1]* **go /** *[2]* **leave).** C'est presque l'heure (*[1]* d'y aller / *[2]* de partir). **S'ay presk l'uhr (***[1]* **d'ee_y_a-lay /** *[2]* **duh par-teer).**

alone *adj* seul, -e *m&f* **suhl Are you (here) alone?** *Etes-vous (Fam: Es-tu) seul (-e) (ici)? Et-voo (Fam: Ay-tew)* **suhl (_ee-see)? I'm (here) alone.** Je suis *seul (-e) (ici).* **Zhuh swee suhl (_ee-see). Do you live alone?** *Vivez-vous (Fam: Vis-tu) seul (-e)? Vee-vay-voo (Fam: Vee-tew)* **suhl? I live alone.** Je vis *seul (-e).* **Zhuh vee suhl. Leave me alone!** *Laissez (Fam: Laisse)-moi* tranquille! *Lay-say (Fam: Les)-***mwa tran-keel!**

along *adv* avec **a-vek**, à côté de **a ko-tay duh Can I come along?** Est-ce que je peux venir avec *vous (Fam: toi)?* **Es kuh zhuh puh vuh-neer_a-vek** *voo (Fam: twa)?* **You can come along (if you want to).** *Vous pouvez (Fam: Tu peux)* venir avec moi (*si vous voulez [Fam: tu veux])*. *Voo poo-vay (Fam: Tew puh)* **vuh-neer_a-vek mwa (see** *voo voo-lay (Fam: tew vuh])*. **You'd better take along** *(1)* **a coat.** / *(2)* **a sweater.** / *(3)* **an umbrella.** / *(4)* **your passport.** *Vous devriez (Fam: Tu devrais)* prendre *(1)* un manteau / *(2)* un pull / *(3)* un parapluie / *(4)*

Common occupations are listed on pages 526-533.

votre (Fam: ton) passeport avec *vous (Fam: toi)*. *Voo duh-vree-yay (Fam: Tew duh-vray)* pra<u>n</u>dr *(1)* uh<u>n</u> ma<u>n</u>-to */ (2)* uh<u>n</u> pewl */ (3)* uh<u>n</u> pa-ra-plwee */ (4) votr (Fam: to<u>n</u>)* pas-por a-vek *voo (Fam: twa)*. ♦ **along** *prep* le long de **luh lo<u>n</u> duh** Let's walk along the beach. Marchons le long de la plage. **Mar-sho<u>n</u> luh lo<u>n</u> duh la plazh.**

alphabet *n* alphabet *m* **al-fa-be**

already *adv* déjà **day-zha** We're already acquainted. Nous nous connaissons déjà. **Noo noo ko-nay-so<u>n</u> day-zha.** I've already *(1)* finished it. */ (2)* graduated (from the university). */ (3)* read it. */ (4)* seen the movie. *(1)* Je l'ai déjà fini. */ (2)* J'ai déjà eu mon diplôme (universitaire). */ (3)* Je l'ai déjà lu. */ (4)* J'ai déjà vu le film. *(1)* **Zhuh l'ay day-zha fee-nee.** */ (2)* **Zh'ay day-zha ew mo<u>n</u> dee-plom (ew-nee-ver-see-ter).** */ (3)* **Zhuh l'ay day-zha lew.** */ (4)* **Zh'ay day-zha vew luh feelm.**

also *adv* aussi **o-see**

altogether *adv* au total **o to-tal**, complètement **ko<u>n</u>-plet-ma<u>n</u>** How much will it cost altogether? Combien ça coûtera au total? **Ko<u>n</u>-byuh<u>n</u> sa koo-tra o to-tal?** Altogether it will cost *(amount)*. Au total, ça fera *(___)*. **O to-tal, sa fuh-ra *(___)*.**

always *adv* toujours **too-zhoor** *(1)* I */ (2)* We will always remember *(3)* you. */ (4)* your kindness. */ (5)* your wonderful hospitality. *(1)* Je me souviendrai… */ (2)* Nous nous souviendrons… toujours de *(3) vous (Fam: toi)*. */ (4) votre (Fam: ta)* gentillesse. */ (5) votre (Fam: ta)* merveilleuse hospitalité. *(1)* **Zhuh muh soo-vyuh<u>n</u>-dray…** */ (2)* **Noo noo soo-vyuh<u>n</u>-dro<u>n</u>… too-zhoor duh** *(3) voo (Fam: twa)*. */ (4) votr (Fam: ta)* zha<u>n</u>-tee-yes. */ (5) votr (Fam: ta)* **mer-vay-yuhz os-pee-ta-lee-tay.**

amateur *n* amateur, amatrice *m&f* **a-ma-tuhr, -trees** I'm an amateur photographer. Je suis photographe amateur. **Zhuh swee fo-to-graf a-ma-tuhr.**

amaze *vt* surprendre **sewr-pra<u>n</u>dr** You (constantly) amaze me. Vous me surprenez *(Fam: Tu me surprends)* (toujours). *Voo muh sewr-pruh-nay (Fam: Tew muh sewr-pra<u>n</u>)* **(too-zhoor).** ♦ **amazing** *adj* extraordinaire **eks-tra-or-dee-ner** That's amazing! C'est extraordinaire! **S'ay_t_eks-tra-or-dee-ner!** *(1)* He's */ (2)* She's */ (3)* It's */ (4)* You're */ (5)* They're (so) amazing! *(1)* Il est (trop) génial! */ (2)* Elle est (trop) géniale! */ (3)* C'est (trop) génial! */ (4)* Vous êtes *(Fam: Tu es)* (trop) génial *(-e)*! */ (5)* Ils *(Elles)* sont (trop) génial*(e)*s! *(1)* **Eel_ay (tro) zhay-nyal!** */ (2)* **El_ay (tro) zhay-nyal!** */ (3)* **S'ay (tro) zhay-nyal!** */ (4)* **Voo_z_et *(Fam: Tew ay)* (tro) zhay-nyal!** */ (5)* **Eel (Fpl: El) so<u>n</u> (tro) zhay-nyal!**

ambition *n* ambition *f* **a<u>n</u>-bee-syo<u>n</u>** My ambition in life is to become *(1)* a cosmonaut. */ (2)* obscenely rich. */ (3)* your husband. Mon ambition dans la vie, c'est de devenir… *(1)* cosmonaute. */ (2)* terriblement riche. */ (3)* ton mari. **Mo<u>n</u>_a<u>n</u>-bee-syo<u>n</u> da<u>n</u> la vee, s'ay duh duhv-neer…** *(1)* **kos-mo-not.** */ (2)* **te-ree-bluh-ma<u>n</u> reesh.** */ (3)* **to<u>n</u> ma-ree.** ♦ **ambitious** *adj* ambitieux, ambitieuse *m&f* **a<u>n</u>-bee-syuh, -syuhz** You're very ambitious. Vous êtes *(Fam: Tu es)* très ambitieux *(F: ambitieuse)*. *Voo_z_et (Fam: Tew ay)* **tre_z_a<u>n</u>-bee-syuh *(F: a<u>n</u>-***

At the end of a word, s, d, t and x are generally silent.

bee-syuhz).

ambulance *n* ambulance *f* **an-bew-lans Call an ambulance.** *Appelez (Fam: Appelle)* une ambulance. **A-play (Fam: A-pel) ewn_an-bew-lans.**

America *n* Amérique *f* **A-may-reek** from ~ d'Amérique **d'A-may-reek** in ~ en Amérique **an_A-may-reek** to ~ en Amérique **an_A-may-reek** ♦ **American** *adj* américain, -e *n* Américain, -e **A-may-ree-kuhn, -ken**

ammunition *n* munitions *fpl* **mew-nee-syon**

among(st) *prep* parmi **par-mee**

amuse *vt* se divertir **suh dee-ver-teer**, s'amuser **s'a-mew-zay** ♦ **amusing** *adj* divertissant, -e *m&f* **dee-ver-tee-san, -sant**, amusant, -e *m&f* **a-mew-zan, -zant That's very amusing.** C'est très amusant. **S'ay tre_z_a-mew-zan.**

angel *n* ange *m* **anzh** beautiful ~ bel ange **bel_anzh You have the face of an angel.** *Vous avez (Fam: Tu as)* un visage d'ange. **Voo_z_a-vay (Fam: Tew a) uhn vee-zazh d'anzh.** ♦ **angelic** *adj* angélique *m&f* **an-zhay-leek**

angry *adj* fâché, -e *m&f* **fa-shay**, en colère **an ko-ler Are you angry?** *Etes-vous (Fam: Es-tu) fâché (-e)?* **Et-voo (Fam: Ay-tew) fa-shay?** **I'm (not) angry.** Je (ne) suis (pas) en colère. **Zhuh (nuh) swee (pa_z_) an ko-ler.** **I hope you're not angry.** J'espère que *vous n'êtes (Fam: tu n'es)* pas *fâché (-e)*. **Zh'es-per kuh voo n'et (Fam: tew n'ay) pa fa-shay.** **Please don't get angry.** S'il *vous (Fam: te)* plaît, ne *vous fâchez (Fam: te fâche)* pas. **S'eel voo (Fam: tuh) play, nuh voo fa-shay (Fam: tuh fash) pa.** **Why are you angry?** Pourquoi *êtes-vous (Fam: es-tu) fâché (-e)?* **Poor-kwa et-voo (Fam: ay-tew) fa-shay?** **That makes me angry.** Ca me met en colère. **Sa muh may an ko-ler.**

animal *n* animal *m* **a-nee-mal stuffed** ~ (animal *m* en) peluche *f* **(a-nee-mal_an) plewsh**

ankle *n* cheville *f* **shuh-veeyuh broken** ~ cheville cassée **shuh-veeyuh ka-say sprained** ~ entorse *f* **an-tors**

anniversary *n* anniversaire *m* **a-nee-ver-ser When is your wedding anniversary?** Quel est la date de *votre (Fam: ton)* anniversaire de mariage? **Kel_ay la dat duh votr_(Fam: ton)_a-nee-ver-ser duh ma-ryazh? Our wedding anniversary is** *(1)* **today.** / *(2)* **tomorrow.** / *(3)* **on** *(date)*. Notre anniversaire de mariage est *(1)* aujourd'hui. / *(2)* demain. / *(3)* le *(___)*. **Notr_a-nee-ver-ser duh ma-ryazh_ay** *(1)* **_t_o-zhoor-d'wee.** / *(2)* **duh-muhn.** / *(3)* **luh** *(___)*.

announcement *n* annonce *f* **a-nons What was that announcement?** Qu'est-ce que c'était que cette annonce? **K'es kuh s'ay-tay kuh set_a-nons?**

annoying *adj* agaçant, -e *m&f* **a-ga-san, -sant**, pesant, -e *m&f* **puh-zan, -zant That's** *(1,2)* **annoying.** C'est *(1)* agaçant. / *(2)* pesant. **S'ay tre_z_ (1) a-ga-san.** / *(2)* **puh-zan.**

another *adj & pron* un autre, une autre *m&f* **uhn_ohtr, ewn_otr Perhaps another time.** Peut-être une autre fois. **Puh_t-etr_ewn_otr fwa. Would you care for another one?** *(drink)* En *voudriez-vous (Fam: voudrais-tu)* une autre? **An voo-dree-yay-voo (Fam: voo-dray-tew) ewn_otr? There's another** *(1)* **bus** / *(2)* **flight** / *(3)* **train at** *(time)*. Il y a un autre *(1)* bus / *(2)* vol / *(3)* train à *(___)*.… **Eel**

Feminine forms of words in phrases are usually given in parentheses (italicized).

ee_y_a uhn_otr… (1) bews / (2) vol / (3) truhn a (___).
answer *vt* répondre **ray-pondr** Answer me. *Répondez (Fam: Réponds)-moi. Ray-pon-day (Fam: Ray-pon)-mwa.* I can't answer (the question). Je ne peux pas répondre (à la question). **Zhuh nuh puh pa ray-pondr (a la kes-chyon).**
♦ *n* réponse *f* **ray-pons** What's the answer? Quelle est la réponse? **Kel_ay la ray-pons?**
ant(s) *n(pl)* fourmi(s) *f(pl)* **foor-mee**
antacid *n* alcalin *m* **al-ka-luhn**, anti-acide *m* **an-tee-a-seed**
antifreeze *n (automot.)* antigel *m* **an-tee-zhel**
antique *n* antiquité *f* **an-tee-kee-tay** *(1)* I'm / *(2)* We're interested in antiques. Les antiquités *(1)* m'intéressent. / *(2)* nous intéressent. **Lay_z_an-tee-kee-tay** *(1)* **m'uhn-tay-res. / (2) noo_z_uhn-tay-res.** ♦ **antiquing** *n* collection *m* d'antiquités **ko-lek-syon d'an-tee-kee-tay**
anxious *adj* 1. *(worried)* préoccupé, -e *m&f* **pray-o-kew-pay**; 2. *(eager)* désireux, désireuse *m&f* **day-zee-ruh, -ruhz**, impatient, -e *m&f* **uhn-pa-syan, -syant** You must be very anxious (about *[1]* her / *[2]* him / *[3]* it / *[4]* them). Vous devez *(Fam: Tu dois)* être très préoccupé *(-e)* (par *[1]* elle / *[2]* lui / *[3]* ça / *[4]* eux). *Voo duh-vay (Fam: Tew dwa)_z_etr tre pray-oh-kew-pay (par [1] el / [2] lwee / [3] sa / [4] uh).* *(1)* I'm / *(2)* We're anxious to meet *(3)* her. / *(4)* him. / *(5)* them. *(1)* Je suis *impatient (-e)* de… / *(2)* Nous sommes *impatients (-es)* de… *(3)* la… / *(4)* le… / *(5)* les… rencontrer. *(1)* **Zhuh swee** *uhn-pa-syan (F: uhn-pa-syant)* **duh… / (2) Noo sohm_z_**uhn-pa-syan *(Fpl: uhn-pa-syant)* **duh… / (3) la… / (4) luh… / (5) lay… ran-kon-tray.**
any *adj & pron* un *m* **uhn**, une *f* **ewn**, des *pl* **day**
  Do you have any… Avez-vous *(Fam: As-tu)*… *A-vay-voo (Fam: A-tew)*…
    …playing cards? …un jeu de cartes? **…uhn zhuh duh kart?**
    …coins? …de la monnaie? **…duh la mo-nay?**
    …matches? …des allumettes? **…day_z_a-lew-met?**
    …money? …de l'argent? **…duh l'ar-zhan?**
    …stamps? …des timbres? **…day tuhnbr?**
    …tissues? …des mouchoirs en papier? **…day moo-shwar an pa-pyay?**
  I'm sorry, I don't have any. Désolé, je n'en ai pas. **Day-so-lay, zhuh n'an_ay pa.** Do any of you speak English? Est-ce que l'un d'entre vous parle anglais? **Es kuh l'uhn d'antr voo parl an-glay?** Does any bus go downtown? Y a-t-il des bus pour aller en centre-ville? **Ee_y_a-t-eel day bews poor_a-lay an santr-veel?** Are there any *(1)* flights / *(2)* trains tomorrow? Y a-t-il des *(1)* vols / *(2)* trains demain? **Ee_y_a-t-eel day (1) vol / (2) truhn duh-muhn?** Any time is okay with me. C'est quand *vous voulez (Fam: tu veux).* **S'ay kan** *voo voo-lay (Fam: tew vuh).* ♦ **anybody** *pron* quelqu'un **kel-kuhn**, personne **per-son**, n'importe qui **n'uhn-port kee** (See phrases under **anyone**) ♦ **anyhow** *adv* de toute manière **duh toot ma-nyer**, de toute façon **duh toot fa-son** (See phrases under **anyway**) ♦ **anymore** *adv* ne… plus **nuh… plew** *(1)* I / *(2)* We don't need it anymore. *(1)* Je n'en ai plus besoin. / *(2)* Nous n'en avons plus besoin.

Before a, o, u or a consonant, c is pronounced like k.

(1) **Zhuh n'an_ay plew buh-zwuhn.** / *(2)* **Noo n'an_a-von plew buh-zwuhn.**
♦ **anyone** *pron (questions)* quelqu'un **kel-kuhn**; *(negative sentences)* personne **per-son**

Do you know anyone who can… *Connaissez-vous (Fam: Connais-tu) quelqu'un qui puisse…* **Ko-nay-say-voo (Fam: Ko-nay-tew) kel-kuhn kee pwees…**

…**do it?** …le faire? **…luh fer?**
…**help me?** …m'aider? **…m'ay-day?**
…**help us?** …nous aider? **…noo_z_ay-day?**
…**take me there?** …m'amener à cet endroit? **…m'a-muh-nay a set_an-drwa?**
…**take us there?** …nous amener à cet endroit?? **…noo_z_a-muh-nay a set_an-drwa?**

Are you with anyone? *Etes-vous (Fam: Es-tu) avec quelqu'un?* **Et-voo (Fam: Ay-tew) a-vek kel-kuhn?** ♦ **anyplace** *adv* n'importe où **n'uhn-por_t_oo**, partout **par-too**, nulle part **newl par** *(See phrases under* **anywhere***)* ♦ **anything** *pron (questions)* quelque chose **kel-kuh shoz**, tout **too**; *(negative sentences)* rien **ryuhn**; *(whatever)* quoique ce soit **kwa-kuh suh swa**; peu importe **puh uhn-port**, n'importe quoi **n'uhn-port kwa** **Do you want anything (to** *[1]* **drink /** *[2]* **eat)?** *Voulez-vous (Fam: Veux-tu) quelque chose ([1] à boire / [2] à manger)?* **Voo-lay-voo (Fam: Vuh-tew) kel-kuh shoz *([1]* a bwar / *[2]* a man-zhay)?** **I don't want anything.** *Je ne veux rien.* **Zhuh nuh vuh ryuhn. Anything is** *(1)* **okay.** / *(2)* **fine with me.** *(1,2) Tout va bien.* **Too va byuhn. Is there anything I can do?** *Y a-t-il quelque chose que je puisse faire?* **Ee_y_a-t-eel kel-kuh shoz kuh zhuh pwees fer? I didn't do anything.** *Je n'ai rien fait.* **Zhuh n'ay ryuhn fay.** ♦ **anytime** *adv* n'importe quand **n'uhn-port kan** **Call me anytime.** *Appelez (Fam: Appelle)-moi n'importe quand.* **A-play (Fam: A-pel)-mwa n'uhn-port kan.** ♦ **anyway** *adv* en tout cas **an too ka**, en tous les cas **an too lay ka**, de toute façon **duh toot fa-son**, de toute manière **duh toot ma-nyer**, quoi qu'il en soit **kwa k'eel_an swa**, mais **may** **I don't feel like going anywhere. It's raining anyway.** *Je n'ai envie d'aller nulle part. De toute façon, il pleut.* **Zhuh n'ay an-vee d'a-lay newl par. Duh toot fa-son, eel pluh. Anyway, to make a long story short, …** *Quoi qu'il en soit, pour résumer, …* **Kwa k'eel_an swa, poor ray-zew-may, … Where did you get that, anyway?** *Mais où l'avez-vous (Fam: as-tu) eu (-e)?* **May oo l'a-vay-voo (Fam: a-tew) ew?** ♦ **anywhere** *adv (questions)* partout **par-too**, quelque part **kel-kuh par**, un endroit **uhn_an-drwa**; *(negative sentences)* nulle part **newl par**; *(wherever)* n'importe où **n'uhn-por_t_oo** **We can go anywhere you want.** *Nous pouvons aller (partout) où vous voulez (Fam: tu veux).* **Noo poo-von_z_a-lay (par-too) oo voo voo-lay (Fam: tew vuh). Is there anywhere around here where we can use a computer?** *Y a-t-il un endroit dans le coin où l'on puisse utiliser un ordinateur?* **Ee_y_a-t-eel uhn_an-drwa dan luh kwuhn oo l'on pwess_ew-tee-lee-zay uhn_or-dee-na-tuhr? I can't find it anywhere.** *Je ne le trouve nulle part.* **Zhuh nuh luh troov newl par.**

Before e, i, or y, c is pronounced like s

apart *adv* à part **a par**, d'une part **d'ewn par**, séparément **say-pa-ray-man** live ~ vivre *seul (-e)* **veevr suhl** **I don't want to be apart from you.** Je ne veux pas me séparer de toi. **Zhuh nuh vuh pa muh say-pa-ray duh twa.**

apartment *n (See also phrases under* **come** *and* **go**.*)* appartement *m* **a-par-tuh-man** **This is a** *(1)* **beautiful /** *(2)* **big /** *(3)* **nice apartment.** C'est un *(1)* bel appartement. / *(2)* grand appartement. / *(3)* appartement sympa. **S'ay̱_ṯ_uhn** *(1)* **beḻ_a-par-tuh-maṉ.** / *(2)* **graṉ_ṯ_a-par-tuh-maṉ.** / *(3)* **a-par-tuh-maṉ suhṉ-pa.**

apologize *vi* s'excuser **s'es-kew-zay**, demander pardon **duh-maṉ-day par-doṉ** **I apologize for** *(1)* **what I did. /** *(2)* **what I said. /** *(3)* **being late. /** *(4)* **not calling.** Je m'excuse *(1)* pour ce que j'ai fait. / *(2)* pour ce que j'ai dit. / *(3)* d'être en retard. / *(4)* de ne pas avoir appelé. **Zhuh m'es-kewz** *(1)* **poor suh kuh zh'ay fay.** / *(2)* **poor suh kuh zh'ay dee.** / *(3)* **d'etr_aṉ ruh-tar.** / *(4)* **duh nuh pa_ẕ_a-vwar a-play.** ♦ **apology** *n* excuse *f* **es-kewz** **Please accept my (humble) apologies.** S'il *vous (Fam: te)* plaît, *acceptez (Fam: accepte)* mes (humbles) excuses. **S'eel voo** *(Fam: tuh)* **play,** **ak-sep-tay** *(Fam: ak-sept)* **may_ẕ_(uhṉbl_ẕ_) es-kewz.** **I accept your apology.** J'accepte *vos (Fam: tes)* excuses. **Zh'ak-sept vo** *(Fam: tay)_ẕ_es-kewz.**

appeal *n:* **sex** ~ sex-appeal *m* **seks-a-peel**

appendicitis *n* appendicite *f* **a-puhṉ-dee-seet**

appetite *n* appétit *m* **a-pay-tee** **Good appetite!** Bon appétit! **Boṉ_a-pay-tee!**

application *n* candidature *f* **kaṉ-dee-da-tewr**, demande *f* **duh-maṉd** **submit an** ~ soumettre une candidature **soo-metr_ewn kaṉ-dee-da-tewr** ♦ **apply for** *vi* poser sa candidature **po-zay sa kaṉ-dee-da-tewr**, faire une demande **fer_ewn duh-maṉd**, demander **duh-maṉ-day** ~ **a job** poser sa candidature pour un emploi **po-zay sa kaṉ-dee-da-tewr poor_uhṉ_aṉ-plwa** ~ **a marriage license** demander un permis de mariage **duh-maṉ-day uhṉ per-mee duh ma-ryazh** ~ **a visa** faire une demande de visa **fer_ewn duh-maṉd duh vee-za** ~ **a visa extension** demander une prolongation de visa **duh-maṉ-day ewn pro-loṉ-ga-syoṉ duh vee-za** ~ **admission into a university** faire une demande d'admission à l'université **fer_ewn duh-maṉd d'ad-mee-syoṉ a l'ew-nee-ver-see-tay**

appointment *n* rendez-vous *m* **raṉ-day-voo** ~ **dental** ~ rendez-vous chez le dentiste **raṉ-day-voo shay luh daṉ-teest** **I'd like to make an appointment for** *(1)* **this afternoon. /** *(2)* **tomorrow. /** *(3)* **next** *(day)*. Je voudrais prendre un rendez-vous pour *(1)* cet après-midi. / *(2)* demain. / *(3)* (___) prochain. **Zhuh voo-dray praṉdr_uhṉ raṉ-day-voo poor** *(1)* **set_a-pre mee-dee.** / *(2)* **duh-muhṉ.** / *(3)* **(___) pro-shuhṉ.**

appreciate *vt* apprécier **a-pray-syay** **I really appreciate it.** J'apprécie beaucoup. **Zh'a-pray-see bo-koo. I really appreciate** *(1)* **everything you did for me. /** *(2)* **your hospitality. /** *(3)* **your giving me a ride.** J'apprécie vraiment… *(1)* tout ce que *vous avez (Fam: tu as)* fait pour moi. / *(2)* votre *(Fam: ton)* hospitalité. / *(3)* de m'avoir raccompagné. **Zh'a-pray-see vray-maṉ…** *(1)* **too suh kuh voo_ẕ_a-vay** *(Fam: tew a)* **fay poor mwa.** / *(2)* **votr_(Fam: toṉ)_os-pee-ta-lee-tay.** / *(3)*

Numbers in French are given on pages 519-520.

duh m'a-vwar ra-ko̱n-pa-nyay. ♦ **appreciation** *n* gratitude *f* gra-tee-tewd, appréciation *f* a-pray-sya-syo̱n
approximately *adv* approximativement a-prok-see-ma-teev-man
April *n* avril *m* a-vreel **in** ~ en avril a̱n_a-vreel **on** ~ **first** le premier avril **luh pruh-myay a-vreel.**
aquamarine *adj* bleu-vert **bluh-ver**
aquarium *n* aquarium *m* a-kwa-ryom **freshwater** ~ aquarium d'eau douce a-kwa-ryom d'o doos **saltwater** ~ aquarium d'eau de mer a-kwa-ryom d'o duh mer
Aquarius *(Jan. 20 - Feb. 18)* Verseau **Ver-so**
Arab *n* Arabe *m&f* A-rab ♦ **Arabic** *adj* arabique a-rab ♦ *n (language)* Arabe A-rab
archery *n* tir *m* à l'arc teer_a l'ark
architecture *n* architecture *f* ar-shee-tek-tewr
area *n* endroit *m* a̱n-drwa **main shopping** ~ endroit *m* où l'on peut faire du shopping a̱n-drwa oo l'o̱n puh fer duh sho-peeng **Do you know this area?** Est-ce que *vous connaissez (Fam: tu connais)* cet endroit? **Es kuh** *voo ko-nay-say (Fam: tew ko-nay)* **set_a̱n-drwa? I (don't) know this area (well).** Je (ne) connais (pas) (bien) cet endroit. **Zhuh (nuh) ko-nay (pa) (byun) set_a̱n-drwa.**
argue *vi (matter)* discuter **dees-kew-tay**; *(quarrel)* se disputer **suh dees-pew-tay I don't *(1)* like / *(2)* want to argue (with you).** Je *(1)* n'aime pas… / *(2)* ne veux pas… me disputer (avec *vous [Fam: toi]*). **Zhuh *(1)* n'em pa… / *(2)* nuh vuh pa… muh dees-pew-tay (a-vek** *voo [Fam: twa]*). **Let's not argue.** Ne nous disputons pas. **Nuh noo dees-pew-to̱n pa.** ♦ **argument** *n* dispute *f* **dees-pewt big** ~ grosse dispute **gros dees-pewt get into an** ~ s'embarquer dans une dispute **s'a̱n-bar-kay da̱n_z_ewn dees-pewt small** ~ petite dispute **puh-teet dees-pewt start an** ~ déclencher une dispute **day-kla̱n-shay ewn dees-pewt I hate arguments.** Je déteste les disputes. **Zhuh day-test lay dees-pewt.**
Aries *(Mar. 21 - Apr. 19)* Bélier **Bay-lyay**
arm *n* bras *m* **bra** ~ **in** ~ bras dessus, bras dessous **bra d'sew, bra d'soo I *(1)* broke / *(2)* hurt my arm.** *(1)* Je me suis *cassé (-e)* le bras. / *(2)* Je me suis *blessé (-e)* au bras. *(1)* **Zhuh muh swee ka-say luh bra.** / *(2)* **Zhuh muh swee blay-say o bra.**
army *n* armée *f* **ar-may I'm in the Army.** Je suis dans l'armée. **Zhuh swee da̱n l'ar-may. I'm a *(1)* Sergeant / *(2)* Lieutenant / *(3)* (rank) in the Army.** Je suis *(1)* sergent / *(2)* lieutenant / *(3)* (___) dans l'armée. **Zhuh swee *(1)* ser-zhan / *(2)* lyuht-na̱n / *(3)* (___) da̱n l'ar-may. I served three years in the Army.** J'ai servi trois ans dans l'armée. **Zh'ay ser-vee trwa_z_a̱n da̱n l'ar-may.**
aroma *n* arôme *m* a-rom **delicious** ~ arôme délicieux a-rom day-lee-syuh **wonderful** ~ arôme extraordinaire a-rom eks-tra-or-dee-ner
around *prep* 1. *(surrounding)* dans le coin *m* da̱n luh kwuhn, autour o-toor; 2. *(by turning)* autour de o-toor duh; 3. *(approximately)* aux alentours de o_z_a-la̱n-toor duh, environ a̱n-vee-ro̱n ~ **here** dans le coin *m* da̱n luh kwuhn, près d'ici pre d'ee-see **look** ~ regarde autour ruh-gard_o-toor **turn** ~ retourne-toi

---

*Learn a new French phrase every day! Subscribe to the free **Daily Dose of French**, www.phrase-books.com.*

arouse   **arrive**

ruh-toorn-twa **Do you live around here?** *Vivez-vous (Fam: Vis-tu)* près d'ici? *Vee-vay-voo (Fam: Vee-tew)* **pre d'ee-see?**

Is there a… Y a-t-il… **Ee_y_a-t-eel…**
  …**bank…** …une banque… **…ewn bank…**
  …**bus stop…** …un arrêt de bus… **…un_a-re duh bews…**
  …**coffee shop…** …un café… **…un ka-fay…**
  …**copy shop…** …un magasin de photocopies… **…un ma-ga-zuhn duh fo-to-ko-pee…**
  …**Internet café…** …un cyber café… **…un see-ber ka-fay…**
  …**money exchange…** …une agence de change… **…ewn_a-zhans duh shanzh…**
   …**around here?** …dans le coin? **…dan luh kwuhn?**

(1) **I** / *(2)* **We walked all around the town.** *(1)* Je me suis *promené (-e)*… / *(2)* Nous nous sommes *promené(e)s*… en ville. *(1)* **Zhuh muh swee prom-nay…** / *(2)* **Noo noo som prom-nay… an veel.** **I looked all around.** J'ai cherché partout. **Zh'ay sher-shay par-too.** **There's no one around.** Il n'y a personne dans les environs. **Eel n'ee_y_a per-son dan lay_z_an-vee-ron.** **It costs around 5 euro.** Ça coûte environ cinq euros. **Sa koot_an-vee-ron suhnk_uh-ro.**

arouse *vt* éveiller **ay-vay-yay**, susciter **sew-see-tay**, exciter **ek-see-tay**

arrange *vt* organiser **or-ga-nee-zay** ~ **a meeting** organiser une réunion **or-ga-nee-zay ewn ray-ew-nyon** **I'll arrange everything.** Je vais me charger de tout. **Zhuh vay muh shar-zhay duh too.** ♦ **arrangement** *n* accord *m* **a-kor**, arrangement *m* **a-ranzh-man** **That sounds like a good arrangement.** Ça me semble être un bon arrangement. **Sa muh sanbl_etr_uhn bon_a-ranzh-man.** **Can you make the arrangements?** *Pouvez-vous vous occuper (Fam: Peux-tu t'occuper)* des préparatifs? *Poo-vay-voo voo_z_o-kew-pay (Fam: Puh-tew t'o-kew-pay)* **day pray-pa-ra-teef?**

  I'll make…. Je me chargerai… **Zhuh muh zharzh-ray…**
  I made… Je me suis chargé… **Zhuh muh swee zhar-zhay…**
  We'll make… Nous nous chargerons… **Noo noo zharzh-ron…**
  We made… Nous nous sommes chargés… **Noo noo som zhar-zhay…**
   …**the arrangements**. …des préparatifs. **…day pray-pa-ra-teef.**

arrival *n* arrivée *f* **a-ree-vay** **date of** ~ date *f* d'arrivée **dat d'a-ree-vay** **time of** ~ heure *f* d'arrivée **uhr d'a-ree-vay** ♦ **arrive** *vi* arriver **a-ree-vay** **What time will the** *(1)* **bus** / *(2)* **train** / *(3)* **flight arrive?** A quelle heure arrive *(1)* le bus? / *(2)* le train? / *(3)* l'avion? **A kel_uhr a-reev** *(1)* **luh bews?** / *(2)* **luh truhn?** / *(3)* **l'a-vyon?** **The** *(1)* **bus** / *(2)* **train** / *(3)* **flight will arrive at** *(time)*. *(1)* Le bus… / *(2)* Le train… / *(3)* L'avion… arrive à *(___)*. *(1)* **Luh bews…** / *(2)* **Luh truhn…** / *(3)* **L'a-vyon… a-reev_a (___).** **When** *(1)* **I** / *(2)* **we arrive…** Quand *(1)* j'arriverai… / *(2)* nous arriverons… **Kan** *(1)* **zh'a-ree-vuh-ray…** / *(2)* **noo_z_a-ree-vuh-ron…** **When did you arrive?** Quand *êtes-vous (Fam: es-tu) arrivé(es)?* **Kan** *et-voo (Fam: ay-tew)* **a-ree-vay?** *(1)*

  I arrived… Je suis *arrivé (-e)*… **Zhuh swee_z_a-ree-vay…**

Final consonants of words are often not pronounced, but usually run together with next words that start with vowels.

We arrived… Nous sommes *arrivé(e)s*… **Noo som_z_a-ree-vay…**
  …today. …aujourd'hui. **…o-zhoor-d'wee.**
  …yesterday. …hier. **…ee-yer.**
  …two days ago. …il y a deux jours. **…eel_ee_y_a duh zhoor.**
  …last week. …la semaine dernière. **…la suh-men der-nyer.**
arrow *n* flèche *f* **flesh shoot an** ~ tirer une flèche **tee-ray ewn flesh**
art *n* art *m* **ar fine ~s** les beaux-arts **lay Bo_z_Ar martial ~s** arts martiaux **ar mar-syo Are you interested in art?** Êtes-vous *(Fam: Es-tu)* intéressé par l'art? *Et-voo (Fam: Ay-tew)* **uhn-tay-ray-say par l'ar? What kind of art do you like?** Quel type d'art *aimez-vous (Fam: aimes-tu)*? **Kel teep d'ar** *ay-may-voo (Fam: em-tew)***? I like** *(1) (adjective)* **art.** / *(2) (type of art)*. J'aime *(1)* l'art *(__)*. / *(2)* *(__)*. **Zh'em** *(1)* **l'ar** *(__)***.** / *(2)* *(__)***.**
  I'm interested in… *(French at the end)*
    …abstract art. L'art abstrait… **L'ar_ab-stray…**
    …Baroque art. L'art baroque… **L'ar ba-rok…**
    …Cubism. Le cubisme… **Luh kew-beezm…**
    …Egyptian art. L'art égyptien… **L'ar ay-zheep-syuhn…**
    …Expressionism. L'expressionnisme… **L'eks-pray-syo-neezm…**
    …Gothic art. L'art t gothique… **L'ar go-teek…**
    …Impressionism. L'impressionnisme… **L'uhn-pray-syo-neezm…**
    …medieval art. L'art médiéval… **L'ar may-jay-val…**
    …modern art. L'art moderne… **L'ar mo-dern…**
    …neoclassical art. L'art néo-classique… **L'ar nay-o-kla-seek…**
    …postimpressionist art. L'art post-impressionniste… **L'ar post-uhn-pray-so-neest…**
    …Realism. Le réalisme… **Luh ray-a-leezm…**
    …Renaissance art. L'art de la Renaissance… **L'ar duh la ruh-nay-sans…**
    …Rococo art. L'art Rococo… **L'ar Ro-ko-ko…**
    …romantic painting. La peinture romantique… **La puhn-tewr ro-man-teek…**
    …Surrealism. Le surréalisme… **Luh sew-ray-a-leezm…**
          …m'intéresse. **…m'uhn-tay-res.**
arthritis *n* arthrose **ar-troz**
artist *n* artiste *m&f* **ar-teest con** ~ escroc *m&f* **es-kro Who's your favorite artist?** Qui est *votre (Fam: ton)* artiste favori? **Kee ay** *votr_(Fam: ton)_* **ar-teest fa-vo-ree? My favorite artist is** *(name)*. Mon artiste *favori (F: favorite)* est *(__)*. **Mon_ar-teest** *fa-vo-ree (F: fa-vo-reet_)* **ay** *(__)***.** ♦ **artistic** *adj* artistique **ar-tees-teek You're very artistic.** Vous êtes *(Fam: Tu es)* très artistique. **Voo_z_et** *(Fam: Tew ay)* **tre_z_ar-tees-teek.**
as *conj* 1. *(like)* comme **kom**; 2. *(in the capacity)* comme **kom**; 3. *(when) (at the same time as)* alors que **a-lor kuh I've never known anyone as** *(1)* **gentle** / *(2)* **good-natured** / *(3)* **nice** / *(4)* **sweet** / *(5)* **wonderful as you.** Je n'ai jamais connu

---

All syllables of a French word have equal stress.
The last word in a group has a little more.

quelqu'un d'aussi *(1,3)* gentil / *(2)* bon / *(4)* doux / *(5)* merveilleux que *vous (Fam: toi)*. **Zhuh n'ay zha-may ko-new kel-kuh̲n d'o-see** *(1,3)* **zhan̲-tee** / *(2)* **bon̲** / *(4)* **doo** / *(5)* **mer-vay-yuh kuh** *voo (Fam: twa)*. **I'm as hungry as a wolf.** *(expression)* J'ai une faim de loup. **Zh'ay ewn fuh̲n duh loo. As I was walking down the street...** Alors que je marchais dans la rue,... **A-lor kuh zhuh mar-shay dan̲ la rew,... As you know, I have to return soon.** Comme *vous le savez (Fam: tu le sais)*, je dois repartir bientôt. **Kom** *voo luh sa-vay (Fam: tew luh say)*, **zhuh dwa ruh-par-teer byuh̲n-to. As far as I know...** Autant que je sache... **O-tan̲ kuh zhuh sash...**

ashamed *adj* honteux, honteuse *m&f* **on̲-tuh, -tuhz I'm (really) ashamed (to tell you).** J'ai (vraiment) honte (de *vous (Fam: te)* raconter). **Zh'ay (vray-man̲) ont (duh** *voo (Fam: tuh)***) ra-kon̲-tay**. **You should be ashamed.** *Vous devriez (Fam: Tu devrais)* avoir honte. *Voo duh-vree-yay (Fam: Tew duh-vray)* **a-vwar_ont.**

ashore *adv* à terre **a ter Are you going ashore?** *Allez-vous (Fam: Vas-tu)* sur la terre ferme? *A-lay-voo (Fam: Va-tew)* **sewr la ter ferm?** *(1)* **I'm** / *(2)* **We're going ashore.** *(1)* Je vais... / *(2)* Nous allons... sur la terre ferme. *(1)* **Zhuh vay...** / *(2)* **Noo_z_a-lon̲... sewr la ter ferm. Let's go ashore.** Allons sur la terre ferme. **A-lon̲ sewr la ter ferm.**

ask *vt* demander **duh-man̲-day ~ a question** poser une question **po-zay ewn kes-chyon ~ to get off work** demander à quitter le travail **duh-man̲-day a kee-tay luh tra-vaee Ask** *(1)* **her.** / *(2)* **him.** / *(3)* **them.** Demande *(1,2)* lui. / *(3)* leur. **Duh-man̲d** *(1,2)* **lwee.** / *(3)* **luhr. I'll go ask.** Je vais demander. **Zhuh vay duh-man̲-day. Could you ask them for me?** *Pourriez-vous (Fam: Pourrais-tu)* leur demander pour moi? *Poo-ryay-voo (Fam: Poo-ray-tew)* **luhr duh-man̲-day poor mwa? May I ask you a question?** Puis-je *vous (Fam: te)* poser une question? **Pwee-zh** *voo (Fam: tuh)* **po-zay ewn kes-chyon? Feel free to ask me anything.** N'hésitez *(Fam: N'hésite)* pas à me demander ce que *vous voulez (Fam: tu veux)*. *N'ay-zee-tay (Fam: N'ay-zeet)* **pa a_muh duh-man̲-day suh kuh** *voo voo-lay (Fam: tew vuh)*.

ask for *vi* demander **duh-man̲-day**

asleep *adj* endormi, -e *m&f* **an̲-dor-mee be ~** être *endormi (-e)* **etr_an̲-dor-mee fall ~** s'endormir **s'an̲-dor-meer** *(1)* **He's** / *(2)* **She's asleep.** *(1)* Il *(2)* Elle dort. *(1)* **Eel** / *(2)* **El dor. They're asleep.** Ils *(Fpl: Elles)* dorment. *Eel (Fpl: El)* **dorm. Are you asleep?** Etes-vous *(Fam: Es-tu)* en train de dormir? *Et-voo (Fam: Ay-tew)* **an̲ truh̲n duh dor-meer? I fell asleep.** Je me suis *endormi (-e)*. **Zhuh muh swee_z_an̲-dor-mee.**

aspirin *n* aspirine *f* **as-pee-reen**

assure *vt* assurer **a-sew-ray I assure you.** Je *vous (Fam: t')* assure. **Zhuh** *voo_z_ (Fam: t')* **a-sewr.**

asthma *n* asthme *f* **asm I have asthma.** Je fais de l'asthme. **Zhuh fay duh l'asm.**

astounded *adj* stupéfait, -e *m&f* **stew-pay-fay, -fet**, abasourdi, -e *m&f* **a-ba-soor-dee I'm (truly) astounded.** Je suis (vraiment) *abasourdi (-e)*. **Zhuh swee (vray-man̲) a-ba-soor-dee.**

---

ew sounds similar to the "ew" in "pew"

astrology *n* astrologie *f* as-tro-lo-zhee **Do you believe in astrology?** *Croyez-vous (Fam: Crois-tu)* en l'astrologie? *Krwa-yay-voo (Fam: Krwa-tew)* **an l'as-tro-lo-zhee? I (don't) believe in astrology.** Je (ne) crois (pas) en l'astrologie. **Zhuh (nuh) krwa (pa_z_) an l'as-tro-lo-zhee.**

at *prep:* ~ *(number)* **o'clock** à *(___)* heures **a (___) uhr**

at all *adv* du tout **dew too**, en aucune façon **an_o-kewn fa-son** *(1,2)* **Not at all.** *(1)* Pas du tout. **Pa dew too.** / *(2)* Absolument pas. **Ab-so-lew-man pa. I don't mind at all.** Ça ne me dérange pas du tout. **Sa nuh muh day-ranzh pa dew too. If at all possible, I'll be there.** Si jamais c'est possible, je serai là. **See zha-may s'ay po-seebl, zhuh suh-ray la.**

athlete *n* athlète *m&f* **at-let** ♦ **athletic** *adj* athlétique *m&f* **at-lay-teek**, sportif, sportive *m&f* **spor-teef, -teev You're very athletic.** *Vous êtes (Fam: Tu es)* très athlétique. *Voo_z_et (Fam: Tew ay)* **tre_z_at-lay-teek.** ♦ **athletics** *n pl* athlétisme *m* **at-lay-teezm**

atmosphere *n* atmosphère *f* **at-mos-fer**, ambiance *f* **an-byans cozy** ~ ambiance agréable **an-byans_a-gray-abl pleasant** ~ atmosphère plaisante **at-mos-fer play-zant quiet** ~ ambiance feutrée **an-byans fuh-tray romantic** ~ ambiance romantique **an-byans ro-man-teek**

at once *adv* subitement **sew-beet-man**, d'un (seul) coup **d'uhn (suhl) koo**

attach *vt* 1. *(connect)* être attaché *(-e)* à **etr_a-ta-shay a**; 2. *(tie, bind)* être lié *(-e)* à **etr lee-ay a**; 3. *(e-mail)* joindre **zhwuhndr** ♦ **attached** *adj* 1. *(connected)* attaché, -e *m&f* **a-ta-shay**; 2. *(tied, bound)* lié, -e *m&f* **lee-ay**; 3. *(e-mail)* joint, -e *m&f* **zhwuhn, zhwuhnt** *(1,2)* **Are you attached?** *(1)* Est-ce que *vous avez (Fam: tu as)* quelqu'un? / *(2)* Etes-vous *(Fam: Es-tu)* pris *(-e)*? *(1)* **Es kuh** *voo_z_a-vay (Fam: tew a)* **kel-kuhn?** / *(2)* **Et-voo** *(Fam: Ay-tew) pree (F: preez)*? **I'm not attached to anyone.** Non, je n'ai personne. **Non, zhuh n'ay per-son.**

attend *vt (meeting, conference, performance, etc)* assister à **a-sees-tay a**
   I'm attending… Je vais assister à… **Zhuh vay_z_a-sees-tay a…**
     We're attending… Nous allons assister à… **Noo_z_a-lon_z_a-sees-tay a…**
      …**a conference.** …une conférence. …**ewn kon-fay-rans.**
      …**a meeting.** …une réunion. …**ewn ray-ew-nyon.**
      …**a seminar.** …un séminaire. …**uhn say-mee-ner.**
      …**a trade fair.** …un salon. …**uhn sa-lon.**

attention *n* attention *f* **a-tan-syon pay** ~ faire attention **fer_a-tan-syon I'm glad I caught your attention.** Je suis *heureux (F: heureuse)* d'avoir attiré *votre (Fam: ton)* attention. **Zhuh swee_z_***uh-ruh (F: uh-ruhz)* **d'a-vwar_a-tee-ray** *votr_ (Fam: ton)_***a-tan-syon**.

attitude *n* attitude *f* **a-tee-tewd** comportement *m* **kon-por-tuh-man bad** ~ mauvaise attitude **mo-vez_a-tee-tewd casual** ~ *(unconcerned)* attitude désinvolte **a-tee-tewd day-zuhn-volt cheerful** ~ attitude joyeuse **a-tee-tewd zhwa-yuhz friendly** ~ comportement amical **kon-por-tuh-man_a-mee-kal good** ~ bonne attitude **bon_a-tee-tewd**

attract *vt* attirer **a-tee-ray What first attracted me to you was your beautiful** *(1)*

Numbers in parentheses always signal choices.

eyes. / *(2)* **smile.** Ce qui m'a d'abord attiré chez toi, c'était… *(1)* tes beaux yeux. / *(2)* ton joli sourire. **Suh kee m'a d'a-bor_a-tee-ray shay twa, s'ay-tay…** *(1)* **tay bo_z_yuh.** / *(2)* **ton zho-lee soo-reer.** ♦ **attraction** *n* attirance *f* **a-tee-rans** ♦ **attractive** *adj* attirant, -e *m&f* **a-tee-ran, -rant**, beau *m* **bo**, bel *m* **bel**, belle *f* **bel You're** *(1)* **very** / *(2)* **extremely attractive.** Vous êtes *(Fam: Tu es)* *(1)* très / *(2)* extrêmement *attirant (-e)*. *Voo_z_et (Fam: Tew ay)* *(1)* **tre** / *(2)* **eks-trem-man** *a-tee-ran (F: a-tee-rant).*

August *n* août *m* **oot in** ~ en août **an_oot on** ~ **first** le premier août **luh pruh-myay oot since** ~ depuis le mois d'août **duh-pwee luh mwa d'oot**

aunt *n* tante *f* **tant**

Australian *adj* australien, -ne *m&f* **os-tra-lyuhn, -lyen** ♦ *n* Australien, -ne *m&f* **Os-tra-lyuhn, -lyen**

Austrian *adj* autrichien, -ne *m&f* **o-tree-shyuhn, -shyen** ♦ *n* Autrichien, -ne *m&f* **O-tree-shyuhn, -shyen**

author *n* auteur *m&f* **o-tuhr Who's the author?** Qui est l'auteur? **Kee ay l'o-tuhr?**

automatic *adj* automatique *m&f* **o-to-ma-teek** ♦ **automatically** *adv* automatiquement **o-to-ma-teek-man**

autumn *n* automne *m* **o-ton in the** ~ en automne **an_o-ton last** ~ l'automne dernier **l'o-ton der-nyay next** ~ l'automne prochain **l'o-ton pro-shuhn**

available *adj* disponible *m&f* **dees-po-neebl**, libre *m&f* **leebr Is there a room available?** Y a-t-il une chambre libre? **Ee_y_a-t-eel_ewn shanbr leebr? Nothing is available.** Rien n'est disponible. **Ryuhn n'ay dees-po-neebl.**

avenue *n* avenue *f* **av-new**

average *adj* & *n* moyen, -ne *m&f* **mwa-yuhn, -yen on the** ~ en moyenne **an mwa-yen bowling** ~ score *m* moyen au bowling **skor mwa-yuhn o boo-leeng**

avoid *vt* éviter **ay-vee-tay**

away *adj* absent, -e *m&f* **ab-san, -sant**, parti, -e *m&f* **par-tee How long will you be away?** Combien de temps *serez-vous (Fam: seras-tu) parti (-e)*? **Kon-byuhn duh tan** *suh-ray-voo (Fam: suh-ra-tew)* **par-tee?** *(1)* **I'll** / *(2)* **We'll be away for** *(amount of time)*. *(1)* Je serai… / *(2)* Nous serons… *absent(e)s* pendant *(___)*. *(1)* **Zhuh suh-ray…** / *(2)* **Noo suh-ron…** *ab-san (F[pl]: ab-sant)* **pan-dan** *(___)*. ♦ *adv* loin **lwuhn** *(1,2)* **Go away!** *Allez-vous-en! (Fam: Vas-t-en!)* **A-lay-voo_z-an** *(Fam: Va-t-an)*! **I don't want you to go away.** Je ne veux pas que *vous vous en alliez (Fam: tu t'en ailles).* **Zhuh nuh vuh pa kuh** *voo voo_z_an_a-lyay (Fam: tew t'an aee).*

awesome *adj* 1. *(inspiring awe) (impressive)* grandiose *m&f* **gran-joz**, *(frightening)* effrayant, -e *m&f* **ay-fray-yan, -yant**; 2. *(terrific)* super *m&f* **sew-per**; *(incredible)* incroyable *m&f* **uhn-krwa-yabl**; 3. *(wonderful)* génial *m&f* **zhay-nyal**; *(delightful)* charmant, -e *m&f* **shar-man, -mant totally** ~ trop cool **tro cool The movie was awesome!** Le film était génial! **Luh feelm ay-tay zhay-nyal! Did you see him kick that goal? That was awesome!** Est-ce que vous l'avez vu tirer dans la balle? C'était génial! **Es kuh voo l'a-vay vew tee-ray dan la bal? S'ay-tay zhay-nyal! We had an awesome time.** Nous avons passé un excellent

---

A phrasebook makes a great gift!
See order information on page 552.

moment. **Noo_z_a-vo<u>n</u> pa-say uh<u>n</u>_eks-say-la<u>n</u> mo-ma<u>n</u>.**
awful *adj* terrible *m&f* **tay-reebl**, horrible *m&f* **o-reebl**, épouvantable *m&f* **ay-poo-va<u>n</u>-tabl** ♦ **awfully** *adv* 1. *(very)* très **tre**; 2. *(terribly)* terriblement **tay-ree-bluh-ma<u>n</u>**
awhile *adv* un moment **uh<u>n</u> mo-ma<u>n</u>**
awkward *adj (clumsy)* maladroit, -e *m&f* **ma-la-drwa, -drwat**, gauche *m&f* **gosh**; *(silence)* gênant,-e *m&f* **zhay-na<u>n</u>, -na<u>n</u>t**
axe *n* hache *f* **ash** **ice** ~ piolet *m* **pyo-lay**
axle *n* essieu *m* **ay-syuh** **front** ~ essieu avant **ay-syuh a-va<u>n</u>** **rear** ~ essieu arrière **ay-syuh a-ryer**

B b

baby *adj* du bébé **dew bay-bay**, pour bébé **poor bay-bay** ~ **bottle** biberon *m* **bee-bro<u>n</u>** ~ **carriage / stroller** poussette *f* **poo-set** ~ **carrier** porte-bébé *m* **port-bay-bay** ~ **crib** berceau *m* **ber-so** ~ **food** nourriture *f* pour bébé **noo-ree-tewr poor bay-bay** ~ **seat** siège *m* pour bébé **syezh poor bay-bay** ~ **walker** trotteur *m* **tro-tuhr** ♦ *n* nouveau-né *m* **noo-vo-nay**, bébé *m* **bay-bay** **change the baby's diaper** changer la couche du bébé **sha<u>n</u>-zhay la koosh dew bay-bay** **feed the** ~ donner à manger au bébé **do-nay_r_a ma<u>n</u>-zhay o bay-bay** **hold the** ~ tenir le bébé **tuh-neer luh bay-bay** **put the** ~ **to bed** mettre le bébé au lit **metr luh bay-bay o lee** **take care of the** ~ prendre soin du bébé **pra<u>n</u>dr swuh<u>n</u> dew bay-bay** ♦ **baby-foot** *n (table soccer)* baby-foot *m* **ba-bee-foot** ♦ **babysit** *vi* faire du babysitting **fer dew bay-bee-see-teeng**, garder des enfants **gar-day day_z_a<u>n</u>-fa<u>n</u>** **Do you know someone who could babysit for us?** *Connaissez-vous (Fam: Connais-tu)* quelqu'un qui pourrait faire du babysitting pour nous? *Ko-nay-say-voo (Fam: Ko-nay-tew)* **kel-k'uh<u>n</u> kee poo-ray fer dew bay-bee-see-teeng poor noo?** **Could you babysit for us (for a couple hours)?** *Pourriez-vous (Fam: Pourrais-tu)* faire du babysitting pour nous (pendant deux heures)? *Poo-ryay-voo (Fam: Poo-ray-tew)* **fer dew bay-bee-see-teeng poor noo (pa<u>n</u>-da<u>n</u> duh_z_uhr)?** ♦ **babysitter** *n* baby-sitter *f & m* **bay-bee-see-tuhr**
bachelor *n* célibataire *m* **say-lee-ba-ter**
back *adv* 1. *(backward)* en arrière **a<u>n</u>_a-ryer**; 2. *(returned)* de retour **duh ruh-toor** **get** ~ *(return home)* rentrer à la maison **ra<u>n</u>-tray_r_a la may-zo<u>n</u>** **give** ~ rendre **ra<u>n</u>dr**, restituer **res-tee-tew-ay** **go** ~ retourner **ruh-toor-nay**, repartir **ruh-par-teer** **Step back (a little).** Reculez (un peu). **Ruh-kew-lay (uh<u>n</u> puh).** **Please give it back.** S'il vous plaît, rendez-le (Fam: S'il te plaît, rends-le)-moi. *S'eel voo play, ra<u>n</u>-day-luh (Fam: S'eel tuh play, ra<u>n</u>-luh)*-**mwa**. **When do you have to go back?** Quand *devez-vous (Fam: dois-tu)* repartir? **Ka<u>n</u>** *duh-vay-voo (Fam: dwa-tew)* **ruh-par-teer?** **When will *(1)* he / *(2)* she be back?** Quand sera *(1)* -t-il

---

Articles: m = le, f = la, mpl = les, fpl = les

/ *(2)* -t-elle de retour? **Kan suh-ra *(1)* -t-eel / *(2)* -t-el duh ruh-toor?** *(1)* **I** / *(2)* **We have to go back at** *(time)*. *(1)* Je dois… / *(2)* Nous devons… revenir à (___) *(1)* **Zhuh dwa… / *(2)* Noo duh-von… ruh-vuh-neer_a (___).** **When I get back, I'll** *(1)* **call** / *(2)* **e-mail** / *(3)* **write you.** Quand je serai de retour, je *vous (Fam: t')* *(1)* appellerai. / *(2)* enverrai un e-mail. / *(3)* écrirai. **Kan zhuh suh-ray duh ruh-toor, zhuh *voo_z_(Fam: t')* *(1)* a-pel-ray. / *(2)* an-vay-ray uhn_ee-mayl. / *(3)* ay-kree-ray.** **When we call** / *(2)* **call** / *(3)* **write you.** Quand nous serons de retour, nous *vous (Fam: t')* *(1)* appellerons. / *(2)* enverrons un e-mail. / *(3)* écrirons. **Kan noo suh-ron duh ruh-toor, noo *voo_z_(Fam: t')* *(1)* a-pel-ron. / *(2)* an-vay-ron uhn_ee-mayl. / *(3)* ay-kree-ron.** ♦ *n* 1. *(body part)* dos *m* **do**; 2. *(rear)* derrière *m* **der-ryer**, postérieur *m* **pos-tay-ryuhr**, fond *m* **fon** **in back** *(hair)* derrière **de-ryer** **little** ~ petit dos **puh-tee do** **smooth** ~ dos lisse **do lees** **Let me rub your back.** *Laissez-moi vous (Fam: Laisse-moi te)* frotter le dos. **Lay-say-mwa voo *(Fam: Les-mwa tuh)* fro-tay luh do.**

backgammon *n* backgammon *m* **ba-ga-mon**

backpack *n* sac à dos *m* **sak_a do** ♦ **backpacking** *n* voyage *f* en sac à dos **vwa-yazh_an sak_a do** **go** ~ voyager en sac à dos **vwa-ya-zhay an sak_a do**

backward(s) *adv* 1. *(rearward)* à reculons **a ruh-kew-lon**; 2. *(back to front)* en sens inverse **an sans_uhn-vers**

bad *adj* mauvais, -e *m&f* **mo-vay, mo-vez** **worse** pire *m&f* **peer** **worst** le (F: la) pire *luh (F: la)* **peer** ♦ **cold** mauvais rhume *m* **mo-vay rewm** *(1)* **Is / *(2)* Was it bad?** *(1)* C'est… / *(2)* C'était… mauvais. *(1)* **S'ay… / *(2)* S'ay-tay… mo-vay?** **It's (not) bad.** Ce (n') est (pas) mauvais. **Suh (n') ay (pa) mo-vay.** **Something (bad) happened.** Il s'est passé quelque chose (de grave). **Eel s'ay pa-say kel-kuh shoz (duh grav).** **That's too bad.** C'est dommage. **S'ay do-mazh.** **Not bad!** Pas mal! **Pa mal!** **Not too bad.** Pas trop mal. **Pa tro mal.** **That's really bad.** C'est vraiment pas bien. **S'ay vray-man pa byuhn.** ♦ **badly** *adv* mal **mal** ♦ **badly-written** *adj* mal-écrit, -e *m&f* **mal_ay-kree, -kreet**

badminton *n* badminton *m* **bad-meen-ton** *(See phrases under* **like, love & play***)*

bag *n* 1. *(suitcase)* valise *f* **va-leez**; 2. *(purse)* porte-monnaie *m* **port-mo-nay**, sac *m* **sak** 3. *(sack)* sac *m* **sak** **beach** ~ sac *m* de plage **sak duh plazh** **overnight** ~ sac de couchage **sak duh koo-shazh** **plastic** ~ *n* sac *m* plastique **sak plas-teek** **shopping** ~ *n* sac (de course) **sak (duh koors)** **sleeping** ~ sac *m* de couchage **sak duh koo-shazh** **Can I help you carry your bag?** *(suitcase)* Je peux *vous (Fam: t')* aider à porter *votre (Fam: ta)* valise? **Zhuh puh *voo_z_(Fam: t')_ay-day a por-tay *votr (Fam: ta)* va-leez?**

baggage *n* bagage *m* **ba-gazh**

bake *vt* cuire **kweer** ♦ **bakery** *n* boulangerie *f* **boo-lan-zhree**

balcony *n* balcon *m* **bal-kon**

bald *adj* chauve **shov**

ball *n* 1. *(tennis)* balle *f* **bal**, *(soccer)* ballon *m* **ba-lon**, boule *f* **bool**; 2. *(dance)* bal *m* **bal** **beach** ~ ballon de plage **ba-lon duh plazh** **billiard** ~ boule *f* de

---

In the pronunciation **n** *stands for a nasalized n.*

ballad   31   **barely**

billard **bool duh bee-yar bowling** ~ boule *f* de bowling **bool duh boo-leeng golf** ~ balle *f* de golf **bal duh golf have a** ~ s'amuser **s'a-mew-zay ping-pong** ~ ping-pong *m* **peeng-pong soccer** ~ football *m* **foot-bol tennis** ~ tennis *m* **tay-nees throw the ~ around** lancer la balle **lan-say la bal You're on the ball!** (= *You're alert.; You're doing things right.; You're quick.*) Vous êtes (Fam: Tu es) dans *(1)* la cadence! / *(2)* le rythme! *Voo_z_et (Fam: Tew ay)* **dan** *(1)* **la ka-dans!** / *(2)* **luh reetm!**
ballad *n* ballade *f* **ba-lad**
ballet *n* ballet *m* **ba-lay** *(See phrases under* **go, like** *and* **love**.*)* **watch** ~ voir un ballet **vwar_uhn ba-lay**
balloon *n* ballon *m* **ba-lon blow up the ~s** exploser les ballons **eks-plo-zay lay ba-lon hot-air** ~ montgolfière *f* **mon-gol-fyer party ~s** ballons pour faire la fête **ba-lon poor fer la fet ride in a hot-air** ~ faire un tour en montgolfière **fer_uhn toor an mon-gol-fyer**
band *n* 1. *(ribbon; tie)* ruban *m* **rew-ban**, bande *f* **band**; 2. *(orchestra)* bande *f* **band**, troupe *f* **troop wedding** ~ ~ bague *f* de mariage **bag duh ma-ryazh**
bandage *n* pansement *m* **pans-man You'd better put a bandage on it.** Il vaudrait mieux mettre un pansement dessus. **Eel vo-dray myuh metr_uhn pans-man duh-sew. I'll put a bandage on it for you.** Je vais *vous (Fam: te)* mettre un pansement dessus. **Zhuh vay voo (Fam: tuh) metr_uhn pans-man duh-sew**
Band-Aid *n (trd nm)* pansement *m* (adhésif) **pans-man (a-day-zeef) Do you have any Band-Aids?** *Avez-vous (Fam: As-tu)* un pansement? *A-vay-voo (Fam: A-tew)* **uhn pans-man (a-day-zeef)? Just a Band-Aid is enough.** Un pansement (adhésif) suffira. **Uhn pans-man (a-day-zeef) sew-fee-ra.**
bangs *n pl (hair on forehead)* frange *f* **franzh**
bank *adj* bancaire **ban-ker** ~ **account** compte *m* bancaire **kont ban-ker** ~ **card** carte *f* bancaire **kart ban-ker** ♦ *n* banque *f* **bank** *(1)* **I** / *(2)* **We need to go to the bank.** *(1)* Je dois… / *(2)* Nous devons… aller à la banque. *(1)* **Zhuh dwa…** / *(2)* **Noo duh-von… a-lay a la bank. Where's the nearest bank?** Où est la banque la plus proche? **Oo_w_ay la bank la plew prosh?**
banquet *n* banquet *m* **ban-ke**
bar *n* bar *m* **bar I don't like bars.** Je n'aime pas les bars. **Zhuh n'em pa lay bar.** *(1)* **I** / *(2)* **We stay out of bars.** *(1)* Je reste… / *(2)* Nous restons… loin des bars. *(1)* **Zhuh rest…** / *(2)* **Noo res-ton… lwuhn day bar.**
barbecue *n* **bar-buh-kyoo** 1. *(meat)* viande *f* grillée **vyand gree-yay**; 2. *(activity)* barbecue *m* **bar-buh-kyoo**
bare *adj* nu, -e *m&f* **new** ~ **arms** bras *mpl* nus **bra new** ~ **breasts** seins *mpl* nus **suhn new** ~ **feet** pieds *mpl* nus **pyay new** ~ **hands** mains nues **muhn new** ~ **legs** jambes *fpl* nues **zhanb new** ♦ **bare-breasted** *adj* seins nus *mpl* **suhn new** ♦ **bare-chested** *adj* torse-nu **tor-suh-new** ♦ **barefoot** *adj & adv* pieds nus **pyay new go around** ~ marcher pieds nus **mar-shay pyay new** ♦ **barely** *adv* à peine **a pen I barely know you.** Je *vous (Fam: te)* connais à peine. **Zhuh voo**

A tilde ~ in terms stands for the main entry word.

(Fam: tuh) **ko-nay a pen.**
barn *n* grange *f* **gra<u>n</u>zh**
barracks *n pl* caserne *f* **ka-zern**
barrier *n* barrière *f* **ba-ryer** **language** ~ barrière de la langue **ba-ryer duh la la<u>n</u>g.**
base *n* 1. base *f* **baz**, fondement *m* **fo<u>n</u>d-ma<u>n</u>**; 2. *(mil.)* base *f* **baz**; 3. *(baseball)* base *f* **baz** **air force** ~ base aérienne **baz_a-ay-ryen** **army** ~ base militaire **baz mee-lee-ter** **navy** ~ base navale **baz na-val** **I live on base.** *(mil.)* J'habite dans une base militaire. **Zh'a-beet da<u>n</u>_z_ewn baz mee-lee-ter.**
baseball *n* baseball *m* **bayz-bol** *(See phrases under* **like, love** *and* **play**.*)*
based *past part*: **be** ~ *(mil.)* être basé (-e) **etr ba-zay** **I'm based at** *(name of [1] base / [2] city*). Je suis basé (-e) à *([1,2] ___)*. **Zhuh swee ba-zay a (___).**
bashful *adj* timide *m&f* **tee-meed**, modeste *m&f* **mo-dest** **Don't be (so) bashful.** Ne *soyez (Fam: sois)* pas (si) timide. **Nuh swa-yay (Fam: swa) pa (see) tee-meed.** ♦ **bashfulness** *n* timidité *f* **tee-mee-dee-tay**
basically *adv* en fait **a<u>n</u> fay**, fondamentalement, **fo<u>n</u>-da-ma<u>n</u>-tal-ma<u>n</u>**
basket *n* 1. *(for carrying)* panier *m* **pa-nyay**, corbeille *f* **kor-bey**; 2. *(basketball)* panier (de basket) **pa-nyay (duh bas-ket)** **make a** ~ *(basketball)* marquer un panier **mar-kay_r_uh<u>n</u> pa-nyay** **Let's shoot some baskets.** Allons faire des paniers. **A-lo<u>n</u> fer day pa-nyay.** ♦ **basketball** *n* basket-ball *m* **bas-ket-bol** *(See phrases under* **like, love** *and* **play**.*)*
bath *n* bain *m* **buh<u>n</u>** **take a** ~ **(together)** prendre un bain (ensemble) **pra<u>n</u>dr_uh<u>n</u> buh<u>n</u> (a<u>n</u>-sa<u>n</u>bl)** ♦ **bathrobe** *n* robe *f* de bain **rob duh buh<u>n</u>**, peignoir *m* **pe-nwar** ♦ **bathroom** *n* salle *f* de bain **sal duh buh<u>n</u>**, toilettes *fpl* **twa-let** **I have to go to the bathroom.** Je dois aller aux toilettes. **Zhuh dwa_z_a-lay_r_o twa-let.** **May I use your bathroom?** Puis-je utiliser *votre (Fam: ta)* salle de bain? **Pwee-zh_ew-tee-lee-zay** *votr (Fam: ta)* **sal duh buh<u>n</u>?**
battery *n (radio, flashlight, etc)* batterie *f* **ba-tree**, pile *f* **peel**; *(car)* batterie *f* **ba-tree** **camera** ~ *n* baterie d'appareil photo **ba-tree d'a-pa-rey fo-to** **car** ~ *n* baterie de voiture **ba-tree duh vwa-tewr** **cell phone** ~ baterie de telephone portable **ba-tree duh tay-lay-fon por-tabl** **charge the** ~ *vt* recharger la baterie **ruh-shar-zhay la ba-tree** **flashlight** ~ *n* baterie de torche électrique **ba-tree duh torsh ay-lek-treek** **hearing aid** ~ *n* baterie d'appareil pour malentendant **ba-tree d'a-pa-rey poor mal-a<u>n</u>-ta<u>n</u>-da<u>n</u>** **laptop** ~ *n* baterie d'ordinateur portable **ba-tree d'or-dee-na-tuhr por-tabl** **The battery is** *(1,2)* **dead.** */ (3)* **low.** La baterie est *(1)* morte. */ (2)* déchargée. */ (3)* faible. **La ba-tree_ay** *(1)* **mort.** */ (2)* **day-shar-zhay.** */ (3)* **faybl.** **I need to (re)charge the battery.** Je dois (re)charger la batterie. **Zhuh dwa (ruh)shar-zhay la ba-tree.** **Do you have any batteries?** *Avez vous (Fam: As-tu)* des piles? *A-vay-voo (Fam: A-tew)* **day peel?**
battlefield *n* champ *m* de bataille **sha<u>n</u> duh ba-taee** **World War I** ~ champ de bataille de la première Guerre Mondiale **sha<u>n</u> duh ba-taee duh la pruh-myer Ger Mo<u>n</u>-jal** **World War II** ~ champ de bataille de la seconde Guerre Mondiale **sha<u>n</u> duh ba-taee duh la suh-go<u>n</u>d Ger Mo<u>n</u>-jal**

---

uh *sounds like the "u" in "but"*

be   **33**   **be**

be *vi* être **etr**
   Present tense:
      I am. Je suis. **Zhuh swee.**
      You *(Fam.)* **are.** Tu es. **Tew ay.**
      He is. Il est. **Eel_ay.**
      She is. Elle est. **El̄_ay.**
      It is. C'est. **S'ay.**
      We are. Nous sommes. **Noo som.**
      You *(Pol., pl)* **are.** Vous êtes. **Voo_z_et.**
      They are. *Ils (Fpl: Elles)* sont. **Eel̄ (F̄pl: El) son.**
   Past tense:
      I was. J'étais. **Zh'ay-tay.**
      You *(Fam.)* **were.** Tu étais. **Tew ay-tay.**
      He was. Il était. **Eel_ay-tay.**
      She was. Elle était. **El ay-tay**
      We were. Nous étions. **Noo_z_ay-chyon.**
      You *(Pol., pl)* **were.** Vous étiez. **Voo_z_ay-chyay.**
      They were. *Ils (Fpl: Elles)* étaient. **Eel̄ (F̄pl: El)_z_ay-tay.**
   Future tense:
      I will be. Je serai. **Zhuh suh-ray.**
      You *(Fam.)* **will be.** Tu seras. **Tew suh-ra.**
      He will be. Il sera. **Eel suh-ra.**
      She will be. Elle sera. **El suh-ra.**
      It will be. Ca sera. **Sa suh-ra.**
      We will be. Nous serons. **Noo suh-ron.**
      You *(Pol., pl)* **will be.** Vous serez. **Voo suh-ray.**
      They will be. *Ils (Fpl: Elles)* seront. **Eel (Fpl: El) suh-ron.**
   Present perfect tense:
      I've (never) been there. Je (n')y suis (jamais) *allé (-e)*. **Zhuh (n')ee swee (zha-may)_z_a-lay.**
      You've *(Fam.)* **(never) been there.** Tu (n')y es (jamais) *allé (-e)*. **Tew (n')ee ay (zha-may_z_) a-lay.**
      He's (never) been there. Il (n')y est (jamais) allé. **Eel (n')ee ay (zha-may_z_) a-lay.**
      She's (never) been there. Elle (n')y est (jamais) allée. **El (n')ee ay (zha-may_z_) a-lay.**
      We've (never) been there. Nous (n)'y sommes (jamais) *allé(e)s*. **Noo (n')ee som (zha-may_z_) a-lay.**
      You've *(pol., pl)* **(never) been there.** Vous (n')y êtes (jamais) *allé(e)s*. **Voo (n') ee et (zha-may_z_) a-lay.**
      They've (never) been there. *Ils (Fpl: Elles)* (n')y sont (jamais) *allé(e)s*. **Eel (Fpl: El) (n')ee son (zha-may_z_) a-lay.**
   I'm a *(job title)*. Je suis (___). **Zhuh swee (___).** **Will you be there?** *Serez-*

Common French signs and labels are on pages 547-551.

vous (Fam: Seras-tu) là? Suh-ray voo (Fam: Suh-ra tew) la? **I'll be there in 15 minutes.** Je serai là dans quinze minutes. **Zhuh suh-ray la da<u>n</u> kuh<u>nz</u> mee-newt. Where have you been?** *(travel)* Où *avez-vous (Fam: as-tu)* été? Oo *a-vay-voo (Fam: a-tew)* ay-tay? **What countries have you been to?** Dans quels pays *avez-vous (Fam: as-tu)* été? Da<u>n</u> kel pay-ee *a-vay-voo (Fam: a-tew)* ay-tay? **Have you ever been** *(1)* **there?** / *(2)* **in** *(place)*? / *(3)* **to** *(someone's place)*? Êtes-vous *(Fam: Es-tu)* déjà allé *(1)* là-bas? / *(2)* à (___)? / *(3)* chez (___)? Et-voo *(Fam: Ay-tew)* day-zha a-lay *(1)* la-ba? / *(2)* a (___)? / *(3)* shay (___)?

♦ **be over** *idiom* 1. *(come over)* venir **vuh-neer**, rendre visite **ra<u>n</u>dr vee-zeet**; 2. *(be finished)* avoir terminé **a-vwar ter-mee-nay Wait, I'll be right over.** *Attendez (Fam: Attends)*, je reviens tout de suite. *A-ta<u>n</u>-day (Fam: A-ta<u>n</u>),* **zhuh ruh-vyuh<u>n</u> too duh sweet. What time will it be over?** A quelle heure ça sera fini? **A kel_uhr sa suh-ra fee-nee?**

beach *n* plage *f* **plazh along the ~** le long de la plage **luh lo<u>n</u> duh la plazh nude ~** plage nudiste **plazh new-deest Let's go lie on the beach.** Allons nous étendre sur la plage. **A-lo<u>n</u> noo_z_ay-ta<u>n</u>dr sewr la plazh. I love to take long walks on the beach.** J'aime faire de longues promenades sur la plage. **Zh'em fer duh lo<u>n</u>g prom-nad sewr la plazh.**

bear *vt* supporter **sew-por-tay**, **I can't bear the thought of leaving you**. Je ne peux supporter l'idée de *vous (Fam: te)* quitter. **Zhuh nuh puh sew-por-tay** *(1)* **etr say-pa-ray duh** *voo (Fam: twa)*. / *(2)* **l'ee-day duh** *voo (Fam: tuh)* **kee-tay.**

beard *n* barbe *f* **barb You look (very)** *(1)* **good** / *(2)* **distinguished** / *(3)* **handsome with a beard.** *Vous êtes (Fam: Tu es)* (très) *(1,3)* beau / *(2)* distingué avec la barbe. *Voo_z_et (Fam: Tew ay)* (tre) *(1,3)* bo / *(2)* dees-tuh<u>n</u>-gay a-vek la barb.

beautiful *adj* beau, belle *m&f* **bo, bel**, magnifique *m&f* **ma-nee-feek**, merveilleux, merveilleuse *m&f* **mer-vay-yuh, -yuhz You are (*[1]* exceptionally** / *[2]* **incredibly** / *[3]* **so** / *[4]* **very) beautiful.** *Vous êtes (Fam: Tu es)* (*[1]* exceptionnellement / *[2]* incroyablement / *[3]* si / *[4]* très) belle. *Voo_z_et (Fam: Tew ay)* (*[1]* eks-sep-syo-nel-ma<u>n</u> / *[2]* uh<u>n</u>-krwa-ya-bluh-ma<u>n</u> / *[3]* see / *[4]* tre) bel. **You're the most beautiful** *(1)* **girl** / *(2)* **woman** *(3)* **here.** / *(4)* **I've ever met (in all my life).** *Vous êtes (Fam: Tu es)* la plus belle *(1)* fille / *(2)* femme *(3)* ici. / *(4)* qu'il m'ait été de rencontrer (dans ma vie). *Voo_z_et (Fam: Tew ay)* la plew bel *(1)* feey(uh) / *(2)* fam *(3)* ee-see. / *(4)* k'eel m'ay_t_ay-tay duh ra<u>n</u>-ko<u>n</u>-tray (da<u>n</u> ma vee). **You are beautiful beyond words.** Les mots ne peuvent décrire *votre (Fam: ta)* beauté. **Lay mo nuh puhv day-kreer** *votr (Fam: ta)* **bo-tay. How beautiful you are!** Qu'est-ce que tu es belle! **K'es kuh tew ay bel! How beautiful you look!** Qu'est-ce que *vous êtes (Fam: tu es)* belle! **K'es kuh** *voo_z_et (Fam: tew ay)* **bel! You have such a beautiful** *(1)* **body.** / *(2)* **face.** / *(3)* **smile.** *Vous avez (Fam: Tu as)* un si beau *(1)* corps / *(2)* visage / *(3)* sourire. *Voo_z_a-vay (Fam: Tew a)* **uh<u>n</u> see bo** *(1)* **kor** / *(2)* **vee-zazh** / *(3)* **soo-reer**. **You have such beautiful hair.** *Vous avez (Fam: Tu as)* de si beaux cheveux. *Voo_z_a-vay (Fam: Tew a)* **duh see bo shuh-vuh. You have such beautiful** *(1)* **legs.** / *(2)* **lips.** *Vous avez (Fam: Tu as)* de jolies *(1)* jambes / *(2)* lèvres. *Voo_z_a-vay*

To learn more about French verbs, go to the Grammar appendix on page 512.

(Fam: Tew a) **duh zho-lee** *(1)* **zhanb** / *(2)* **levr**. **You have such beautiful eyes.** *Vous avez (Fam: Tu as)* de si beaux yeux. *Voo_z_a-vay (Fam: Tew a)* **duh see bo_z_yuh**. **What (a) beautiful** *(1)* **hair** / *(2)* **earrings** / *(3)* **necklace** / *(4)* **outfit (you have)!** *(1)* Quels beaux cheveux / *(2)* Quelles belles boucles d'oreilles / *(3)* Quel beau collier / *(4)* Quel bel ensemble *(vous avez [Fam: tu as])*! *(1)* **Kel bo shuh-vuh…** / *(2)* **Kel bel boo-kluh d'o-rey…** / *(3)* **Kel bo ko-lyay…** / *(4)* **Kel bel_an-sanbl…** *voo_z_a-vay (Fam: tew a)*!

    That's a (very) beautiful… C'est *un (F: une)* (très) *joli(e)…* **S'ay_t_uhn** *(F: ewn)* **(tre) zho-lee…**

        …blouse. …chemisier *m.* **…shuh-mee-zyay.**
        …dress. / …gown. …robe *f.* **…rob.**
        …necktie …cravate *f.* **…kra-vat.**
        …outfit. …ensemble *m.* **…an-sanbl.**
        …skirt. …jupe *f.* **…zhewp.**
        …suit. …*(men:)* costume *m*; *(women:)* tailleur *m.* **…*(men:)* kos-tewm;** *(women:)* **taee-yuhr.**
        …sweater. …pullover *m.* **…pewl-o-ver.**
        …swimsuit. …maillot *m* de bain. **…maee-yo duh buhn.**

♦ **beautifully** *adv* joliment **zho-lee-man**, parfaitement **par-fet-man**, très bien **tre byuhn** **Your hair is so beautifully done.** *Vos (Fam: Tes)* cheveux sont très stylés. *Vo (Fam: Tay)* **shuh-vuh son tre stee-lay.** **You** *(1)* **play** / *(2)* **sing beautifully.** *Vous (Fam: Tu)* (1) *jouez (Fam: joues)* / *(2) chantez (Fam: chantes)* admirablement bien. *Voo (Fam: Tew)* (1) **zhoo-ay** *(Fam: zhoo)* / *(2)* **shan-tay** *(Fam: shant)* **ad-mee-ra-bluh-man byuhn.** ♦ **beauty** *n* 1. *(quality)* beauté *f* **bo-tay**; 2. *(woman)* beauté *f* **bo-tay** **Your beauty is like something out of** *(1)* **paradise.** / *(2)* **a dream.** / *(3)* **a fairytale.** *Votre (Fam: Ta)* beauté est comme venue *(1)* du ciel. / *(2)* d'un rêve. / *(3)* d'un conte de fées. *Votr (Fam: Ta)* **bo-tay ay kom vuh-new** *(1)* **dew syel.** / *(2)* **d'uhn rev.** / *(3)* **d'uhn kont duh fay.**

because *conj* parce que **par-suh kuh**

become *vi* devenir **duh-vuh-neer** **What do you want to become?** Que *voulez-vous (Fam: veux-tu)* devenir? **Kuh** *voo-lay-voo (Fam: vuh-tew)* **duh-vuh-neer?** **I want to become a** *(profession)*. Je veux devenir (___). **Zhuh vuh duh-vuh-neer (___).**

bed *n* lit *m* **lee** **double ~** lit double **lee doobl** **get in ~** aller au lit **a-lay o lee** **single ~** lit une personne **lee ewn per-son**, lits jumeaux **lee zhew-mo** **water ~** lit à eau **lee a o** ♦ **bedding** *n* couchage *m* **koo-shazh**, literie *f* **lee-tree** ♦ **bedroom** *n* chambre *f* **shanbr** **Which window is your bedroom?** Quelle fenêtre est celle de *votre (Fam: ta)* chambre? **Kel fuh-netr_ay sel duh** *votr (Fam: ta)* **shanbr?** ♦ **bedtime** *n* heure *f* du coucher **uhr dew koo-shay** **It's bedtime.** C'est l'heure d'aller au lit. **S'ay l'uhr d'a-lay o lee.** **It's** *(1)* **her** / *(2)* **his** / *(3)* **my** / *(4)* **our** / *(5)* **their bedtime.** C'est l'heure de dormir pour *(1)* elle. / *(2)* lui. / *(3)* moi. / *(4)* nous. / *(5)* eux. **S'ay l'uhr duh dor-meer poor_** *(1)* **el.** / *(2)* **lwee.** / *(3)* **mwa.** / *(4)* **noo.** / *(5)* **uh.**

Some adjectives follow nouns, some precede them.
You'll need to memorize these case by case.

beer *n* bière *f* **byer bottle of** ~ bouteille *f* de bière **boo-tey duh byer case of** ~ pack de bière **pak duh byer glass of** ~ verre de bière **ver duh byer keg of** ~ tonnelet de bière **to-nuh-le duh byer Would you like a beer?** *Voulez-vous (Fam: Veux-tu) une bière?* **Voo-lay-voo (Fam: Vuh-tew) ewn byer?**

before *adv* avant **a-van What kind of job did you have before?** *Quel type de travail faisiez-vous (Fam: faisais-tu) avant?* **Kel teep duh tra-vaee fuh-zyay-voo (Fam: fuh-zay-tew) a-van?** ♦ *prep* avant **a-van** ~ *(number)* **o'clock** avant *(___)* heures **a-van (___)_uhr Before that, I worked as a** *(position)*. *Avant ça, je travaillais comme (___).* **A-van sa, zhuh tra-vaee-yay kom (___).**

beg *vt* prier **pree-yay,** supplier **sew-plee-yay**
 I beg you to... *Je vous (Fam: te) prie de...* **Zhuh voo (Fam: tuh) pree duh...**
  ...forgive me. ...me pardonner. **...muh par-do-nay.**
  ...give me one more chance. ...me donner une autre chance. **...muh do-nay ewn_otr shans.**
  ...stay. ...rester. **...res-tay.**
  ...let me see you *([1]* **tonight** */ [2]* **tomorrow).** ...me laisser *vous (Fam: te)* voir *([1]* ce soir */ [2]* demain). **...muh lay-say voo (Fam: tuh) vwar ([1] suh swar / [2] duh-muhn).**

begin *vi* commencer **ko-man-say What time does it begin?** *À quelle heure ça commence?* **A kel_uhr sa ko-mans? It begins at** *(time).* Ca commence à *(___)* heure. **Sa ko-mans a (___)_uhr.**

behave *vi* se comporter **suh kon-por-tay,** se conduire **suh kon-dweer,** se tenir **suh tuh-neer I'm sorry for the way I behaved.** *Je suis désolé (-e) de la manière dont je me suis conduit (-e).* **Zhuh swee day-zo-lay duh la ma-nyer don zhuh muh swee kon-dwee (F: kon-dweet). Behave yourself!** *Tenez-vous (Fam: Tiens-toi) bien!* **Tuh-nay-voo (Fam: Chyuhn-twa) byuhn!**

behind *adv* derrière **der-ryer** *(1)* **I'm** */ (2)* **You're behind by 10 points.** *(1) Je suis... / (2) Vous êtes (Fam: Tu es)... en retard de dix points.* **(1) Zhuh swee... / (2) Voo_z_et (Fam: Tew ay)... an ruh-tar duh dee pwuhn.** ♦ *prep* derrière **der-ryer I'm right behind you.** *Je suis juste derrière vous (Fam: toi).* **Zhuh swee zhewst der-ryer voo (Fam: twa).**

being *adj:* **for the time** ~ pour le moment **poor luh mo-man** ♦ *n* être *m* **etr,** créature *f* **kray-a-tewr fellow human** ~ prochain *m* **pro-shuhn human** ~ être humain **etr_ew-muhn**

Belgian *adj* belge *m&f* **belzh** ♦ *n* belge *m&f* **belzh**

belief *n* croyance *f* **kwa-yans,** conviction *f* **kon-veek-syon,** foi *f* **fwa** ~ **in God** foi en Dieu **fwa an Juh beyond** ~ incroyable **uhn-krwa-yabl** ~ **conviction kon-veek-syon religious** ~**s** croyances religieuses **krwa-yans ruh-lee-zhyuhz sincere** ~ foi sincère **fwa suhn-ser** ♦ **believe** *vt* croire **krwar Please believe me.** *Croyez-moi s'il vous plaît (Fam: Crois-moi s'il te plaît).* **Krwa-yay-mwa s'eel voo play (Fam: Krwa-mwa s'eel tuh play). Don't you believe me?** *Ne me croyez-vous (Fam: crois-tu) pas?* **Nuh muh krwa-yay-voo (Fam: krwa-tew) pa? I (don't) believe** *(1)* **that.** */ (2)* **you.** *J'(e n') y (1) crois (pas). / (2) vous*

A blue diamond ♦ *signals a different word or a different form of a word.*

(Fam: te) crois (pas). **Zh'(uh n') ee** *(1)* **krwa (pa).** / *(2)* **(nuh)** *voo (Fam: tuh)* **krwa (pa). I can't believe** *(1)* **it.** / *(2)* **that...** Je n'arrive pas *(1)* à y croire. / *(2)* à croire que… **Zhuh n'a-reev pa_** *(1)* **z_a ee krwar.** / *(2)* **a krwar kuh… It's hard to believe (that you're not married).** C'est difficile à croire (que *vous* n'êtes [*Fam: tu n'es*] pas *marié [-e]*). **S'ay dee-fee-seel a krwar** *(kuh voo n'et [Fam: tew n'ay])* **pa ma-ryay.)**

Do you believe in… Croyez-vous (Fam: Crois-tu)… **Krwa-yay-voo** *(Fam: Krwa-tew)*…
  …**astrology?** …à l'astrologie? …**a l'as-tro-lo-zhee?**
  …**ESP?** …à la perception extrasensorielle? …**a la per-sep-syon eks-tra-san-so-ryel?**
  …**extraterrestials?** …aux extraterrestres? …**o_z_ek-stra-tay-restr?**
  …**flying saucers?** …aux soucoupes volantes? …**o suh-koop vo-lant?**
  …**ghosts?** …aux fantômes? …**o fan-tom?**
  …**reincarnation?** …à la réincarnation? …**a la ray-uhn-kar-na-syon?**
  …**Satan?** …au Diable? …**o Jabl?**

belly *n* ventre *m* **vantr pot** ~ bidon *m* **bee-don** ♦ **bellybutton** *n* nombril *m* **non-breel** ♦ **bellydance** *n* danse *f* du ventre **dans dew vantr**

belong *vi* appartenir **a-par-tuh-neer**, faire parti **fer par-tee Does this belong to you?** C'est à *vous (Fam: toi)*? **S'ay_t_a voo** *(Fam: twa)*? **That belongs to me.** C'est à moi. **S'ay_t_a mwa. It doesn't belong to me.** Ce n'est pas à moi. **Suh n'ay pa_z_a mwa. We belong together.** Nous appartenons l'un à l'autre. **Noo_z_a-par-tuh-non l'uhn_a l'otr.**

beloved *adj* bien-aimé, -e *m&f* **byuhn_ay-may**, chéri, -e *m&f* **shay-ree**, cher, chère *m&f* **sher My beloved darling.** *Mon chéri (F: Ma chérie).* **Mon shay-ree (F: Ma shay-ree). My beloved** *(name)* *Mon cher (F: Ma chère) (___).* **Mon sher (F: Ma sher) (___).**

belt *n* ceinture *f* **suhn-tewr fan** ~ *(automot.)* courroie *f* de ventilateur **koo-rwa duh van-tee-la-tuhr seat** ~ *(automot.)* ceinture *f* (de sécurité) **suhn-tewr (duh say-kew-ree-tay)**

bench *n* banc *m* **ban weight** ~ *(weightlifting)* altérophilie *f* **al-tay-ro-fee-lee**

berth *n (train)* couchette *f* **koo-shet lower** ~ couchette du bas **koo-shet dew ba upper** ~ couchette supérieure **koo-shet sew-pay-ryuhr**

beside *prep* à côté de **a ko-tay duh**, près de **pre duh I like having you beside me.** J'aime *vous (Fam: t')* avoir près de moi. **Zh'em voo_z_** *(Fam: t')* **a-vwar pre duh mwa.** ♦ **besides** *adv* de plus **duh plews**, en outre, **an_ootr Besides, the walk will do us good.** De plus, la promenade nous fera du bien. **Duh plews, la prom-nad noo fuh-ra dew byuhn.**

best *adj* le (F: la) meilleur (-e) **luh (F: la) may-yuhr** ~ **man** *(wedding)* témoin *m* du marié **tay-mwuhn dew ma-ryay Which one is best?** Quel est le meilleur? **Kel_ay luh may-yuhr That one is the best one.** Celui-là, c'est le meilleur. **Suh-lwee-la, s'ay luh may-yuhr. They have the best pastries.** Ils ont les meilleures pâtisseries. **Eel_z_on lay may-yuhr pa-tees-ree. Let's see who's the best** *(1)*

Familiar "tu" ("tew") forms in parentheses can replace italicized polite forms.

bet   **better**

swimmer. / *(2)* **tennis player.** Voyons qui est le meilleur *(1)* nageur. / *(2)* joueur de tennis. **Vwa-yon kee_y_ay luh may-yuhr** *(1)* **na-zhuhr.** / *(2)* **zhoo-uhr duh tay-nees. You're the best.** *Vous êtes (Fam. Tu es) le (F: la) meilleur (-e).* **Vwa-yon kee ay luh (F: la) may-yuhr.** *(1, 2)* **All the best!** 1. *(Good luck!)* Bonne chance! **Bon shans!** / 2. *(Cheers!)* À ta santé! **A ta san-tay!**

bet *vt* parier **pa-ryay**, miser **mee-zay** **Let's bet** (*amount*) **on horse number four.** Parions (___) sur le cheval numéro quatre. **Par-ryon (___) sewr luh shuh-val new-may-ro katr. I'll bet you must be tired.** Je parie que *vous devez (Fam: tu dois)* être *fatigué (-e).* **Zhuh pa-ree kuh voo duh-vay (Fam: tew dwa)_z_etr fa-tee-gay.** *(1, 2)* **You bet!** 1. *(of course)* Bien sur! **Byuhn sewr!** / 2. *(you're welcome)* Pas de problème. **Pa duh pro-blem.** ♦ *n* pari *m* **pa-ree place a** ~ faire un pari **fer_uhn pa-ree**

betray *vt* trahir **tra-eer**, dénoncer **day-non-say**

better *adj* meilleur, -e *m&f* **may-yuhr Is it better?** Est-ce que c'est mieux? **Es kuh s'ay myuh? It's better.** C'est mieux. **S'ay myuh. Which one is better?** Lequel est mieux? **Luh-kel ay myuh? That one is better.** Celui-là est meilleur. **Suh-lwee-la ay may-yuhr.** ♦ *adv* mieux **myuh do** ~ faire mieux **fer myuh get** ~ s'améliorer **s'a-me-yo-ray**, guérir **gay-reer**, aller mieux **a-lay myuh I want to get to know you better.** Je veux apprendre à *vous (Fam: te)* connaître mieux. **Zhuh vuh a-prandr_a voo (Fam: tuh) ko-netr myuh. I should have known better.** J'aurai dû savoir. **Zh'o-ray dew sa-vwar. Do you feel better?** *Vous sentez-vous (Fam. Te sens-tu)* mieux? **Voo san-tay-voo (Fam: Tuh san-tew) myuh? I feel better (now).** Je me sens mieux (maintenant). **Zhuh muh san myuh (muhnt-nan).**

   I'd better… Il vaudrait mieux que je… **Eel voo-dray myuh kuh zhuh…**
      …ask (them). …(leur) demande. **…(luhr) duh-mand.**
      …do it (now). …le fasse (maintenant). **…luh fas (muhnt-nan).**
      …find out (what is going on). …découvre (ce qui se passe). **…day-koovr (suh kee suh pas).**
      …get it. …l'obtienne. **…l'ob-chyen.**
      …go. …parte. **…part.**
      …hurry. …me dépêche. **…muh day-pesh.**
      …make reservations. …réserve. **…ray-zerv.**
   We'd better… Nous ferions mieux de… **Noo fuh-ryon myuh duh…**
      …ask (them). …(leur) demander. **…(luhr) duh-man-day.**
      …do it (now). …le faire (maintenant). **…luh fer (muhnt-nan).**
      …find it. …le trouver. **…luh troo-vay.**
      …get it. …l'obtenir. **…l'ob-tuh-neer.**
      …go. …partir. **…par-teer.**
      …hurry. …nous dépêcher. **…noo day-pay-shay.**
      …make reservations. …réservers. **…ray-zer-vay.**
   You'd better… Il vaudrait mieux que tu… **Eel vo-dray myuh kuh tew…**
      …ask (them). …(leur) demandes. **… (luhr) duh-mand.**
      …do it (now). …le fasses (maintenant). **…luh fas (muhnt-nan).**

---

*Learn a new French phrase every day! Subscribe to the free **Daily Dose of French**, www.phrase-books.com.*

between / **bicycle/bike**

…**find out.** …trouves. …troov.
…**get it.** …l'obtiennes. …l'ob-chyen.
…**go.** …partes. …part.
…**hurry.** …te dépêches. …tuh day-pesh.
…**make reservations.** …réserves. …ray-zerv.

between *prep* entre an-tr(uh) **between** *(number)* **and** *(number)* **o'clock** entre (___) et (___) heures an-truh (___) ay (___) _uhr **It's between Paris and Lyon.** C'est entre Paris et Lyon. S'ay t an-truh Pa-ree ay Lyon.

beverage *n* boisson *f* bwa-son

beyond *prep* outre ootr, au-delà o duh-la **It's beyond that.** *(location)* C'est plus loin que ça. S'ay plew lwuhn kuh sa.

bib *n (for a baby)* bavoir *m* ba-vwar

Bible *n* Bible *f* Beebl **in the** ~ dans la Bible dan la Beebl **read the** ~ lire la Bible leer la Beebl

bicycle / bike *adj* de vélo duh vay-lo, pour vélo poor vay-lo ~ **baby seat** siège *m* bébé pour vélo syezh bay-bay poor vay-lo ~ **backpack** sac *m* à dos pour vélo sak_a do poor vay-lo ~ **basket** panier *m* pour vélo pa-nyay poor vay-lo ~ **bearing** roulement *m* de roue pour vélo rool-man duh roo poor vay-lo ~ **bell** sonnette *f* de vélo so-net duh vay-lo ~ **brake** frein *m* de vélo fruhn duh vay-lo ~ **brake cable** câble *m* de frein de vélo kabl duh fruhn duh vay-lo ~ **brake lever** frein *m* de vélo fruhn duh vay-lo ~ **carrier** *(for a car)* porte-vélos *m* port-vay-lo ~ **chain** chaîne *f* de vélo shen duh vay-lo ~ **chainring** pédalier *m* de vélo pay-da-lyay duh vay-lo ~ **derailleur** dérailleur *m* pour vélo day-ra-yuhr poor vay-lo ~ **frame** cadre *m* de vélo kadr duh vay-lo ~ **gear cable** câble *m* de vitesse pour vélo kabl duh vee-tes poor vay-lo ~ **handlebar** guidon *m* de vélo ghee-don duh vay-lo ~ **headlight** phare *m* avant de vélo far duh vay-lo ~ **helmet** casque *m* de vélo kask duh vay-lo ~ **horn** klaxon *m* de vélo kla-son poor velo ~ **lane** *(on a road)* voie *f* cyclable vwa see-klabl ~ **mirror** rétroviseur *m* pour vélo ray-tro-vee-zuhr poor vay-lo ~ **parts** pièces *fpl* détachées pour vélo pyes day-ta-shay poor vay-lo ~ **pedal** pédale *f* de vélo pay-dal duh vay-lo ~ **rack** *(for a car)* porte-vélos *m* port-vay-lo ~ **rental (shop)** boutique *f* de location de vélo boo-teek duh lo-ka-syon duh vay-lo ~ **repair shop** boutique *f* de réparation de vélo boo-teek duh ray-pa-ra-syon duh vay-lo ~ **ride** tour *m* en vélo toor_an vay-lo ~ **rim** jante *f* de vélo zhant duh vay-lo ~ **route** voie *f* cyclable vwa see-klabl ~ **saddlebag** sacoche *f* de vélo sa-kosh duh vay-lo ~ **seat** selle *f* de vélo sel duh vay-lo ~ **shifter** embrayeur *m* de vélo an-bray-yuhr duh vay-lo ~ **spokes** rayons *mpl* de roue de vélo ray-yon duh roo duh vay-lo ~ **taillight** feu *m* arrière de vélo fuh a-ryer duh vay-lo ~ **tire** pneu *m* de vélo pnuh duh vay-lo ~ **tire pump** pompe *f* pour gonfler les pneus de vélo ponp poor gon-flay lay pnuh duh vay-lo ~ **tool pack** kit *m* à outils pour vélo keet_a oo-tee poor vay-lo ~ **tools** outils *mpl* pour vélo oo-tee poor vay-lo ~ **tour** circuit *m* en vélo seer-kwee an vay-lo ~ **trail** piste *f* cyclable peest see-klabl ~ **valve tube** amortisseur *m* de vélo a-mor-tee-suhr duh vay-lo ~ **wheel** roue *f* de vélo roo duh vay-lo

---

Underlines between letters indicate that the sounds are joined together.

♦ **bicycle / bike** *n* bicyclette *f* **bee-see-klet**, vélo *f* **vay-lo exercise** ~ vélo *m* d'entraîne-ment **vay-lo d' an-tren-man mountain** ~ vélo de montagne **vay-lo duh mon-tany(uh) Do you have a bicycle?** Avez-vous *(Fam. As-tu)* un vélo? *A-vay-voo (Fam: A-tew)* **uhn vay-lo? I (don't) have a bicycle.** J(e n')ai (pas) de vélo. **Zh(uh n')ay (pa) duh vay-lo. Where can I rent a bicycle?** Où puis-je louer un vélo? **Oo pwee-zh looay uhn vay-lo? Where can we rent bicycles?** Où pouvons-nous louer des vélos? **Oo poo-von-noo looay day vay-lo? How much does it cost to rent a bicycle?** Combien coûte la location de vélo? **Kon-byuhn koot la lo-ka-syon duh vay-lo? Where can I get my bicycle repaired?** Où puis-je faire réparer mon vélo? **Oo pwee-zh fer ray-pa-ray mon vay-lo? Where can I** *(1)* **park /** *(2)* **put my bicycle?** Où puis-je *(1)* garer / *(2)* mettre mon vélo? **Oo pwee-zh** *(1)* **ga-ray /** *(2)* **metr mon vay-lo?** ♦ **bicycling** *n* faire du vélo **fer dew vay-lo Would you like to go bicycling?** Voulez-vous *(Fam: Veux-tu)* faire du vélo? **Voo-lay-voo** *(Fam: Vuh-tew)* **fer dew vay-lo? Let's go bicycling.** Allons faire du vélo. **A-lon fer dew vay-lo.**

big *adj (tall)* grand, -e *m&f* **gran, grand,** *(fat)* gros, -se *m&f* **gro, gros bigger** plus grand (-e) **plew gran (F: grand) biggest** le (F: la) plus grand (-e) **luh (F: la) plew gran (F: grand) This is a big vacation for** *(1)* **me. /** *(2)* **us.** Ce sont de longues vacances pour *(1)* moi. / *(2)* nous. **Suh son duh long va-kans poor** *(1)* **mwa. /** *(2)* **noo. That's a big** *(1)* **pack. /** *(2)* **suitcase.** C'est *(1)* un grand paquet. / *(2)* une grande valise. **S'ay t** *(1)* **uhn gran pa-ke. /** *(2)* **ewn grand va-leez. This is the biggest trip** *(1)* **I've /** *(2)* **we've ever taken.** Ce sont les plus longues vacances que *(1)* j'ai… / *(2)* nous avons… jamais prises. **Suh son lay plew grand va-kans kuh** *(1)* **zh'ay… /** *(2)* **noo_z_a-von… zha-may preez**

bike *vi* 1. *(bicycle)* faire du vélo **fer dew vay-lo**; 2. *(motorcycle)* faire de la moto **fer duh la mo-to** *(See phrases under* **like** *and* **love)** ♦ *n* 1. *(bicycle)* bicyclette *f* **bee-see-klet**, vélo *m* **vay-lo** *(See phrases under* **bicycle)**; 2. *(motorcycle)* motocyclette *f* **mo-to-see-klet**, moto *f* **mo-to**

bikini *n* bikini *m* **bee-kee-nee**

bill *n* facture *f* **fak-tewr** *(1)* **I'll /** *(2)* **We'll take care of the bill.** *(1)* Je m'occupe… / *(2)* Nous nous occupons… de la facture. *(1)* **Zhuh m'o-kewp… /** *(2)* **Noo noo_z_o-kew-pon … duh la fak-tewr. How much is the bill?** A combien s'élève la facture? **A kon-byuhn s'ay-lev la fak-tewr?**

billfold *n* portefeuille *m* **por-tuh-fuhy**

billiards *n* billard *m* **bee-yar I'll show you how to play billiards.** Je te montrerai comment jouer au billard. **Zhuh tuh mon-truh-ray ko-man zhooay o bee-yar.**

bind *vt* attacher **a-ta-shay**, relier **ruh-lee-yay**

bindings *n pl (skis)* fixations **feek-sa-syon** *fpl*, attaches *fpl* **a-tash**

binoculars *n pl* jumelles *fpl* **zhew-mel**

bird *n* oiseau **wa-zo** *m* **What kind of bird is that?** C'est quel type d'oiseau? **S'ay kel teep d'wa-zo?** ♦ **birding, birdwatching** *n* observation des oiseaux **ob-ser-va-syon day_wa-zo,** observer les oiseaux **obser-vay lay_z_wa-so One of** *(1)* **my /** *(2)* **our favorite pastimes is birdwatching.** L'un de *(1)* mes / *(2)* nos

---

Like English, French has both regular and irregular verbs. Learn more about them on page 514.

passe-temps préférés est d'observer les oiseaux. **L'u**h**n duh** *(1)* **may** / *(2)* **no pas ta**n **pray-fay-ray ay d'ob-ser-vay lay_z_wa-zo.**

birth *n* naissance *f* **nay-sa**n**s at** ~ à la naissance **a la nay-sa**n**s give ~ to** donner naissance à **do-nay nay-sa**n**s a,** donner jour à **do-nay zhoor a,** accoucher **a-koo-shay ♦ birthday** *n* anniversaire *m* **a-nee-ver-ser** ~ **party** fête *f* d'anniversaire **fet d'a-nee-ver-ser** ~ **present** cadeau *m* d'anniversaire **ka-do d'a-nee-ver-ser Happy birthday!** Bon anniversaire! **Bo**n **a-nee-ver-ser! This is for your birthday.** *(gift)* C'est pour *votre (Fam: ton)* anniversaire. **S'ay poor** *votr_(Fam: ton)*_**a-nee-ver-ser**. **When is your birthday?** C'est quand *votre (Fam: ton)* anniversaire? **S'ay ka**n *votr_(Fam: ton)*_**a-nee-ver-ser? My birthday is (on)** *(date).* Mon anniversaire est le (___). **Mo**n_**a-nee-ver-ser ay luh** (___). *(1)* **Today** / *(2)* **Tomorrow is my birthday.** *(1)* Aujourd'hui, / *(2)* Demain, c'est mon anniversaire. *(1)* **O-zhoor-d'wee,** / *(2)* **Duh-muh**n**, s'ay mo**n_**a-nee-ver-ser. We have to celebrate your birthday.** Nous devons célébrer *votre (Fam: ton)* anniversaire. **Noo duh-vo**n **say-lay-bray** *votr_(Fam: ton)*_**a-nee-ver-ser. What do you want for your birthday?** Que *voulez-vous (Fam : veux-tu)* pour *votre (Fam: ton)* anniversaire? **Kuh** *voo-lay-voo (Fam: vuh-tew)* **poor** *votr_(Fam: ton)*_**a-nee-ver-ser? ♦ birthmark** *n* tache *f* de naissance **tash duh nay-sa**n**s**

bisexual *adj* bisexuel, -le *m&f* **bee-sek-sew-el**

bit *n* peu *m* **puh a little** ~ un petit peu **uh**n **puh-tee puh**

bite *vt* mordre **mordr I'm not going to bite you.** Je ne vais pas *vous (Fam: te)* mordre. **Zhuh nuh vay pa** *voo (Fam: tuh)* **mordr. Are the fish biting?** Les poissons mordent-ils à l'hameçon? **Lay pwa-so**n **mord_t-eel a l'am-so**n**? ♦** *n* bout *m* **boo,** morceau *m* **mor-so Let's get a bite to eat.** Allons manger un morceau. **A-lo**n **ma**n**-zhay uh**n **mor-so.**

bitter *adj* amer, amère *m&f* **a-mer**

black *adj* noir, -e *m&f* **nwar ♦** *n (person)* noir, -e *m&f* **nwar ♦ blackmail** *n* chantage *m* **sha**n**-tazh That's blackmail!** C'est du chantage ! **S'ay dew sha**n**-tazh!**

blade *n* lame *f* **lam razor** ~**s** lames de razoir **lam duh ra-zwar**

blame *vt* blâmer **bla-may,** faire des reproches **fer day ruh-prosh I don't blame you.** Je ne *vous (Fam: te)* fais pas de reproches. **Zhuh nuh** *voo (Fam: tuh)* **fay pa duh ruh-prosh. Don't blame me!** Ne me *faites (Fam: fais)* pas de reproches! **Nuh muh** *fet (Fam: fay)* **pa duh ruh-prosh!**

blanket *n* couverture *f* **koo-ver-tewr I need another blanket.** J'ai besoin d'une autre couverture. **Zh'ay buh-zwuh**n **d'ewn_otr koo-ver-tewr.**

bleed *vi* saigner **say-nyay** *(1)* **He** / *(2)* **It** / *(3)* **She is bleeding.** *(1)* Il / *(2)* Ça / *(3)* Elle saigne. *(1)* **Eel** / *(2)* **Sa** / *(3)* **El senyuh.**

bless *vt* bénir **bay-neer Bless you!** *(When someone sneezes)* A *vos (Fam: tes)* souhaits! **A** *vo (Fam: tay)* **soo-ay! ♦ blessing** *n* bénédiction *f* **bay-nay-deek-syo**n **What a blessing to have met you.** Quelle bénédiction de *vous (Fam : t')* avoir rencontré. **Kel bay-nay-deek-syo**n **duh** *voo_z_(Fam: t')*_**a-vwar ra**n**-ko**n**-tray.**

---

a always sounds like the "a" in "father"

blind *adj* aveugle *m&f* **a-vuhgl partially** ~ partiellement aveugle **par-syel-man a-vuhgl They say love is blind.** On dit que l'amour est aveugle. **On dee kuh l'a-moor_ay_t_a-vuhgl.**
bliss *n* béatitude *f* **bay-a-tee-tewd**, félicité *f* **fay-lee-see-tay** ♦ **blissful** *adj* heureux, heureuse *m&f* **uh-ruh, uh-ruhz**
block *vt* bloquer **blo-kay**
blond *n* blond, blonde *m&f* **blon, blond** ♦ **blonde** *adj* blond, -e *m&f* **blon, blond**
blood *adj* sang **san** ~ **transfusion** transfusion sanguine **trans-few-zyon san-gheen high** ~ **sugar** taux de glucose élevé dans le sang **to duh glew-koz el-vay dan luh san My blood type is** *(what)*. Mon sang est de type (___). **Mon san ay duh teep (___).** ♦ *n* sang *m* **san**
blouse *n* chemisier **shuh-mee-zyay** *m*
blow *vt* exploser **eks-plo-zay Blow on it.** *(flame)* Eteignez (Fam: Eteins)-la. *Ay-tay-nyay (Fam: Ay-tuhn)-la.* **The wind is blowing too hard.** Le vent souffle trop fort. **Luh van sooﬂ tro for.**
 ♦ **blow out** *idiom* souffler **soo-flay Make a wish and blow out all the candle (in one breath).** Fais un souhait et souffle toutes les bougies (d'un coup)**Fay uhn sway ay sooﬂ toot lay boo-zhee (d'uhn koo).**
 ♦ **blow up** *(idiom) (inflate)* gonfler **gon-flay** ~ **a balloon** gonfler un ballon **gon-flay uhn ba-lon**
blue *adj* 1. *(color)* bleu, -e *m&f* **bluh**; 2. *(sad)* triste *m&f* **treest** *(See phrases under sad)* ~ **eyes** yeux bleus, **z_yuh bluh** (sad) yeux tristes **z_yuh treest** ♦ **blue-green** *adj* bleu-vert **bluh-ver** ♦ **blues** *n pl* 1. *(music)* blues *m* **blooz**; 2. *(sadness)* tristesse *f* **trees-tes have the** ~ avoir le cafard **a-vwar luh ka-far** .
bluff *vi* tromper **tron-pay**, bluffer **bluh-fay** ♦ *n* bluff *m* **bluhf**
blush *vi* rougir **roo-zheer You make me blush.** Vous me faites (Fam: Tu me fais) rougir. *Voo muh fet (Fam : Tew muh fay)* **roo-zheer. You're blushing.** Vous rougissez (Fam: Tu rougis). *Voo roo-zhee-say (Fam: Tew roo-zhee).*
board *vt* embarquer **an-bar-kay It's time to board (the** *[1]* **plane /** *[2]* **ship /** *[3]* **train).** Il est l'heure de monter à bord (*[1]* de l'avion / *[2]* du bateau / *[3]* du train). **Eel_ay l'uhr duh mon-tay a bor** *([1]* **duh l'a-vyon** */ [2]* **dew ba-to** */ [3]* **dew truhn).** ♦ *n* 1. *(announcements)* panneau *m* d'affichage **pa-no d'a-fee-shazh**; 2. *(games)* socle (du jeu) *m* **sokl (dew zhuh)**; *(chess)* échiquier *m* **ay-shee-kyay**; 3. *(surfing)* planche *f* de surf **plansh duh suhrf**; 4. *(plank)* planche *f* **plansh boogy** ~ **bodyboard** *m* **bo-dee-bord diving** ~ plongeoir *m* **plon-zhwar emery** ~**s** limes *fpl* à ongles **leem_a ongl ironing** ~ planche à repasser **plansh_a ruh-pa-say on** ~ à bord **a bor Is there a bulletin board around here?** Y a-t-il un tableau d'affichage par ici? **Ee_y_a-t'eel_uhn ta-blo d'a-fee-shazh par_ee-see? Let's check the bulletin board.** Vérifions le tableau d'affichage. **Vay-ree-fyon luh ta-blo d'a-fee-shazh. Let's dive off the board.** Allons sauter du plongeoir. **A-lon so-tay dew plon-zhwar. It's time to get on board.** Il est l'heure de monter à bord. **Eel_ay l'uhr duh mon-tay a bor.**
boat *n* barque *f* **bark**, bateau *m* **ba-to launch a** ~ mettre à l'eau un bateau **metr_**

French pronunciation and phonetics are on pages 510-511.

a l'o uhn ba-to **motor** ~ bateau à moteur **ba-to a mo-tuhr pedal** ~ bateau à pédales **ba-to a pay-dal tour** ~ bateau d'excursion **ba-to d'ek-kewr-syon Let's rent a boat.** Louons un bateau. **Loo-on uhn ba-to. How much does it cost to rent a boat?** Combien ça coûte de louer un bateau? **Kon-byuhn sa koot duh loo-ay uhn ba-to?** ♦ **boating** *n* faire un tour en bateau **fer_uhn toor an ba-to Would you like to go boating?** *Voudriez-vous (Fam: Voudrais-tu)* faire un tour en bateau? *Voo-dreevay-voo (Fam: Voo-dray-tew)* **fer_uhn toor_an ba-to?**

body *n* corps *m* **kor little** ~ corps minuscule **kor mee-news-kewl lovely** ~ beau corps **bo kor perfect** ~ corps parfait **kor par-fay sexy** ~ corps sexy **kor sek-see slender** ~ corps svelte **kor svelt small** ~ petit corps **puh-tee kor terrific** ~ corps magnifique **kor ma-nee-feek whole** ~ corps entier **kor_an-chyay You have a (really)** *(1)* **beautiful** / *(2)* **great** / *(3)* **nice body.** Tu as (vraiment) un *(1)* beau / *(2)* superbe / *(3)* joli corps. **Tew a (vray-man) uhn** *(1)* **bo** / *(2)* **sew-perb** / *(3)* **jo-lee kor.** ♦ **bodyboard** *n* bodyboard *m* **bo-dee-bord**

boil *vt* bouillir **boo-yeer** ~ **some water** faire bouillir de l'eau **fer boo-yeer duh l'o** ♦ *vi* bouillir **boo-yeer The water is boiling.** L'eau est en train de bouillir. **L'o ay_t_an truhn duh boo-yeer.** ♦ *n (med.)* furoncle *m* **few-ronkl**

bolt *n* boulon *m* **boo-lon**

book *vt* réserver **ray-zer-vay** ~ **in advance** réserver à l'avance **ray-zer-vay a l'a-vans** *(1)* **I'll book...** / *(2)* **I booked... a** *(3)* **room** / *(4)* **flight (for us).** *(1)* Je réserverai... / *(2)* J'ai réservé… *(3)* une chambre / *(4)* un vol (pour nous). *(1) Zhuh ray-zer-vray… (2) Zh'ay ray-zer-vay… (3)* **ewn shanbr** / *(4)* **vol (poor noo).** ♦ *n* livre *m* **leevr address** ~ carnet *m* d'adresse **kar-ne d'a-dres antiquarian** ~**s** livres *mpl* anciens **leevr_z_an-syuhn art** ~**s** livres *mpl* d'art **leevr d'ar children's** ~**s** livres pour enfants **leevr poor_an-fan history** ~**s** livres *mpl* d'histoire **leevr d'ees-twar language** ~**s** livres *mpl* de langue **leevr duh lang medical** ~**s** livres *mpl* médicaux **leevr may-dee-ko phone** ~ répertoire *m* téléphonique **ray-per-twar tay-lay-fo-neek souvenir** ~**s** livres *mpl* de souvenirs **leevr duh soov-neer travel** ~**s** livres *mpl* de voyage **leevr duh vwa-yazh used** ~**s** livres *mpl* d'occasion **leevr d'o-ka-zyon The** *(1)* **author** / *(2)* **title of the book is** *(title)*. *(1)* L'auteur / *(2)* Le titre du livre est (___). *(1)* **L'o-tuhr** / *(2)* **Luh teetr dew leevr_ay (___). What book are you reading?** Quel livre *êtes-vous (Fam: es-tu)* en train de lire? **Kel leevr_et-voo (Fam: ay-tew) an truhn duh leer? I'm reading** *(what)*. Je lis (___). **Zhuh lee (___).** ♦ **bookshop, bookstore** *n* librairie *f* **lee-bray-ree** ♦ **bookworm** *n* rat *m* de bibliothèque **ra duh bee-blee-o-tek**

boot(s) *n* botte(s) *f* **bot**, chaussure(s) *f* **sho-sewr high** ~**s** bottes hautes **bot ot hiking** ~**s** chaussures de montagne **sho-sewr duh mon-tany(uh) hip** ~**s** *(fishing)* bottes hautes **bot_ot rubber** ~**s** bottes en caoutchouc **bot_an ka-oot-shoo ski** ~**s** chaussures de ski **sho-sewr duh skee women's** ~**s** bottes de femmes **bot duh fam**

border *n* frontière *f* **fron-chyer**, bord *m* **bor at the** ~ au bord de **o bor duh**

bore *vt* ennuyer **an-nwee-yay**, embêter **an-bay-tay I hope** *(1)* **…I'm not boring...** / *(2)* **...I don't bore...** / *(3)* **...I didn't bore... you.** J'espère *(1/2)* …ne pas *vous (Fam: t')* ennuyer. / *(3)* ...ne pas *vous (Fam : t')* avoir ennuyé. **Zh'es-per** *(1,2)*

---

*Learn a new French phrase every day! Subscribe to the free **Daily Dose of French**, www.phrase-books.com.*

bore 44 **borrow**

...nuh pa *voo_z_(Fam: t')_* **a<u>n</u>-nwee-yay**. / (3) ...nuh pa *voo_z_(Fam: t')_a-vwar_a<u>n</u>-nwee-yay.* **I'm sorry, I must be boring you.** Je suis *désolé (-e)*, je dois *vous (Fam: t')* ennuyer. **Zhuh swee day-zo-lay, zhuh dwa** *voo_z_ (Fam: t')* **a<u>n</u>-nwee-yay.** **You're not boring me (at all).** *Vous ne m'ennuyez (Fam: Tu ne m'ennuies) pas (du tout).* **Voo nuh m'a<u>n</u>-nwee-yay (Fam:** *Tew nuh m'a<u>n</u>-nwee)* **pa (dew too).** ♦ **bore** *n* raseur *m* **ra-zuhr**, ennuyeuse *f* **a<u>n</u>-new-ee-yuhz**, casse-pieds *m&f* **kas-pyay** **Forgive me for being such a bore.** *Excusez (Fam. Excuse)-moi d'être aussi casse-pieds.* *Eks-kew-zay (Fam: Eks-kewz)-mwa d'etr_o-see kas-pyay.* ♦ **bored** *adj* ennuyé, -e *m&f* **a<u>n</u>-nwee-yay** **Are you bored?** *Vous vous ennuyez (Fam: Tu t'ennuies)?* **Voo voo_z_ a<u>n</u>-nwee-yay** *(Fam: Tew t'a<u>n</u>-nwee)?* **I'm (not) bored.** *Je (ne) m'ennuie (pas).* **Zhuh (nuh) m'a<u>n</u>-nwee (pa).** **Are you bored with this?** *Cela vous (Fam: t') ennuie?* **Suh-la voo_z_(Fam: t')_a<u>n</u>-nwee?** **I'm (really) bored with this.** *Cela m'ennuie (vraiment).* **Suh-la m'a<u>n</u>-nwee (vray-ma<u>n</u>).** **It's impossible to be bored around you.** *C'est impossible de s'ennuyer avec vous (Fam: toi).* **S'ay_t_uh<u>n</u>-po-seebl duh s'a<u>n</u>-nwee-yay a-vek voo** *(Fam: twa).* **You look bored.** *Vous avez (Fam: Tu as)* l'air de *vous (Fam: t')* ennuyer. **Voo_z_a-vay (Fam:** *Tew a)* **l'er duh voo_z_(Fam: t')_ a<u>n</u>-nwee-yay.** ♦ **boredom** *n* ennui *m* **a<u>n</u>-nwee** **I know a way to relieve the boredom.** *Je connais un moyen pour chasser l'ennui.* **Zhuh ko-nay uh<u>n</u> mwa-yuh<u>n</u> poor sha-say l'a<u>n</u>-nwee.** ♦ **boring** *adj* ennuyeux, ennuyeuse **a<u>n</u>-nwee-yuh, -yuhz**

    This is... Ceci est... **Suh-see ay...**
    It is... C'est... **S'ay...**
    That is... Cela est... **Suh-la ay...**
    It was... C'était... **S'ay-tay...**
    I found it... J'ai trouvé ça... **Zh'ay troo-vay sa...**
        ...kind of... ...en quelque sorte... **...a<u>n</u> kel-kuh sort...**
        ...rather... ...plutôt... **...plew-to...**
        ...really... ...vraiment... **...vray-ma<u>n</u>...**
        ...terribly... ...terriblement... **...tay-ree-bluh-ma<u>n</u>...**
        ...very... très **...tre_z_...**
            ...boring. ...ennuyeux. **...a<u>n</u>_nwee-yuh.**

born: be ~ naître **netr** **Where were you born?** *Où êtes-vous (Fam: es-tu) né (-e)?* **Oo** *et-voo (Fam: ay-tew)* **nay?** **I was born in** *(place).* Je suis *né (-e)* à (___). **Zhuh swee nay a (___).**

borrow *vt* emprunter **a<u>n</u>-pruh<u>n</u>-tay**
    Could I borrow... Puis-je emprunter... **Pwee-zh a<u>n</u>-pruh<u>n</u>-tay...**
        ...your dictionary? ...*votre (Fam: ton)* dictionnaire? **...***votr (Fam: to<u>n</u>)* **deek-syo-ner?**
        ...your pen? ...*votre (Fam: ton)* stylo? **...***votr (Fam: to<u>n</u>)* **stee-lo?**
        ...10 euro until tomorrow? ...dix euros jusqu'à demain? **...dee_z_uh-ro zhus-k'a duh-muh<u>n</u>?**
        ...your phone card? ...*votre (Fam: ta)* carte de téléphone? **...***votr (Fam:*

---

oo sounds like the "oo" in "shoot".

ta) **kart duh tay-lay-fon?**
boss *n* patron, patronne *m&f* **pa-tron, -tron**, chef *m* **shef**
both *adj* les deux **lay duh**, l'un (-e) et l'autre *l'uhn (F: ewn)* **ay l'otr**, ensemble **an-sanbl** Use both hands. Utilise les deux mains. **Ew-tee-leez lay duh muhn.**
 ♦ *pron* tous les deux **too lay duh**, l'un et l'autre **l'uhn ay l'otr** ~ **of them** eux deux **uh duh** ~ **of us** nous deux **noo duh** ~ **of you** vous deux **voo duh**
bother *vt* embêter **an-be-tay**, déranger **day-ran-zhay**
   I'm sorry... Je m'excuse... **Zhuh m'eks-kewz...**
   I don't want... Je ne veux pas... **Zhuh nuh vuh pa...**
   I didn't mean... Je ne voulais pas... **Zhuh nuh voo-lay pa...**
      ...to bother you. *...vous (Fam: te) déranger.* **...voo (Fam: tuh) day-ran-zhay.**
   You're (not) bothering me. *Vous (ne) me dérangez (pas) (Fam: Tu [ne] me déranges [pas]).* **Voo (nuh) muh day-ran-zhay (pa) (Fam: Tew [nuh] muh day-ranzh [pa]).** **Stop bothering me!** *Laissez (Fam: Laisse)-moi tranquille!* **Lay-say (Fam: Les)-mwa tran-keel!** **Please don't bother (1) me / (2) us anymore.** *S'il vous (Fam: te) plaît, ne (1) me (2) nous dérangez (Fam: dérange) plus.* **S'eel voo (Fam: tuh) play, nuh (1) muh (2) noo day-ran-zhay (Fam: day-ranzh) plew.** **It bothers me.** *Ça m'embête.* **Sa m'an-bet.**
bottle *n* bouteille *f* **boo-tey** half ~ demie bouteille **duh-mee boo-tey** water ~ bouteille d'eau **boo-tey d'o**; *(canteen)* gourde *f* **goord**
bottom *n* 1. fond **fon**; 2. *(buttocks)* derrière *m* **der-ryer**, fesses *fpl* **fes** **Bottoms up!** Cul sec! **Kew sek!**
boudoir n boudoir m **boo-dwar**
boules *n, pl (French game)* boules *fpl* **bool**, pétanque *f* **pay-tank** **How do you play boules?** Comment joue-t-on aux boules? **Ko-man zhoo-t-on o bool?** **Can you teach me to play boules?** *Pouvez-vous (Fam: Peux-tu)* m'apprendre à jouer aux boules? **Poo-vay-voo (Fam: Puh-tew) m'a-prandr_a zhoo-ay o bool?**
bouquet *n* bouquet *m* **boo-ke** ~ **of flowers** bouquet de fleurs **boo-ke duh fluhr**
bow *n* 1. *(archery)* arc *m* **ark**; 2. *(ribbon)* nœud *m* **nuh**
bowl *vi* faire du bowling **fer dew boo-leeng** **I'll teach you how to bowl.** Je *vous (Fam: t')* apprendrai à jouer au bowling. **Zhuh voo_z_(Fam: t')_a-pran-dray a zhooay o boo-leeng** ♦ *n* bol *m* **bol**
bow-legged *adj* à jambes arquées **zhanb ar-kay**
bowling *adj* de bowling **duh boo-leeng** ~ **alley** piste de bowling **peest duh boo-leeng** ~ **ball** boule *f* de bowling **bool duh boo-leeng** ♦ *n* bowling **boo-leeng** **Would you like to go bowling?** *Voulez-vous (Fam: Veux-tu)* aller faire un bowling? **Voo-lay-voo (Fam: Vuh-tew) a-lay fer_uhn boo-leeng ?**
box *n* boîte *f* **bwat** ~ **of candy** boîte à bonbons **bwat_a bon-bon** ~ **office** box-office *m* **boks-o-fees** cardboard ~ boîte en carton **bwat_an kar-ton** post office ~ boîte aux lettres **bwat_o letr**
boxing *adj* de boxe **duh boks** ~ **match** match *m* de boxe **match duh boks**
 ♦ **boxing** *n* boxe *f* **boks**

English-French and French-English glossaries of food and drink are on pages 534-546.

boy *n* garçon *m* gar-son, fils *m* fees *(1)* **I / (2) We have *(3)* a boy. / *(4)* two boys.** *(1)* J'ai… / *(2)* Nous avons… *(3)* un fils. / *(4)* deux fils. *(1)* Zh'ay… / *(2)* Noo_z_a-von… *(3)* uhn fees. / *(4)* duh fees. ♦ **boyfriend** *n* (petit-)copain *m* (puh-tee-)ko-puhn, petit-ami *m* puh-tee_t-a-mee **ex- / former boyfriend** ex / ancien petit-ami *m* eks / an-syuhn puh-tee_t-a-mee **This is my boyfriend *(name)*.** C'est mon (petit-)copain (___). S'ay mon (puh-tee-)ko-puhn (___). **Do you have a boyfriend?** *Avez-vous (Fam: As-tu)* un petit-ami? *A-vay-voo (Fam: A-tew)* uhn puh-tee_t-a-mee? **I have a boyfriend.** J'ai un petit-ami. Zh'ay uhn puh-tee_t-a-mee. **I don't have a boyfriend.** Je n'ai pas de petit ami. Zhuh n'ay pa duh puh-tee_t-a-mee. **I have a lot of friends, but no boyfriend.** J'ai plein d'amis, mais pas de petit-ami. Zh'ay pluhn d'a-mee, may pa duh puh-tee_t-a-mee. **I'm here with my boyfriend.** Je suis là avec mon petit-ami. Zhuh swee la a-vek mon puh-tee_t-a-mee.

bra *n* soutien-gorge *m* soo-chyuhn-gorzh

bracelet *n* bracelet *m* bras-lay **ankle ~** bracelet de cheville. bras-lay duh shuh-veey(uh).

brag *vi* se vanter suh van-tay

braid *n* tresse *f* tres, natte *f* nat ♦ **braided** *adj* tressé, -e *m&f* tre-say *(for hair)* **~ hair** cheveux *mpl* tressés shuh-vuh tre-say

brain *n* cerveau *m* ser-vo, tête *f* tet ♦ **brainwaves** *n pl* ondes *fpl* cérébrales ond say-ray-bral; *(brilliant ideas)* idées de génie ee-day duh zhay-nee

brakes *n, pl (automot.)* freins fruhn

brand-new *adj* tout neuf, toute neuve *m&f* too nuhf, toot nuhv

brass *adj* en laiton *m* an lay-ton ♦ *n* laiton *m* lay-ton

brave *adj* courageux, courageuse *m&f* koo-ra-zhuh, -zhuhz **You're really brave.** *Vous êtes (Fam: Tu es)* vraiment *courageux (F: courageuse).* Voo_z_et *(Fam: Tew ay)* vray-man koo-ra-zhuh *(F: koo-ra-zhuhz).*

break *vt* casser ka-say **I'm sorry I broke it. (Please let me pay for it.)** Je suis *désolé (-e)* de l'avoir cassé. *(Laissez-moi vous [Fam : Laisse-moi te]* rembourser.) Zhuh swee day-zo-lay duh l'a-vwar ka-say. *(Lay-say-mwa voo [Fam: Les-mwa tuh]* ran-boor-say.) **How did you break it?** Comment l'*avez-vous (Fam: as-tu)* cassé? Ko-man l'*a-vay-voo (Fam: a-tew)* ka-say? **I think I broke it.** Je pense que je l'ai cassé. Zhuh pans kuh zhuh l'ay ka-say.

  I broke my… Je me suis *cassé (-e)*… Zhuh muh swee ka-say…
  …arm. …le bras. **…luh bra.**
  …finger. …le doigt. **…luh dwa.**
  …leg. …la jambe. **…la zhanb.**
  …nose. …le nez. **…luh ne.**
  …toe. …un orteil. **…uhn_or-tey.**

You've broken my heart. *Vous avez (Fam: Tu as)* brisé mon cœur. Voo_z_a-vay *(Fam: Tew a)* bree-zay mon kuhr. **I'm glad you broke the ice.** Je suis *content (-e)* que *vous ayez (Fam: tu aies)* rompu la glace. Zhuh swee kon-tan *(F: kon-tant)* kuh voo ay-yay *(Fam: tew ay)* ron-pew la glas. ♦ *n* 1. *(rest period)*

Questions about the metric system? See page 523.

pause *f* **poz**; 2. *(school vacation)* vacances *fpl* **va-kans** go on ~ *(work)* faire une pause **fer_ewn poz** spring ~ vacances de printemps **va-kans duh pruhn-tan,** vacances *fpl* de Pâques **va-kans duh Pak** winter ~ vacances d'hiver **va-kans d'ee-ver** Let's take a break. Faisons une pause. **Fuh-zon ewn poz.** What time do you go on break? A quelle heure *allez-vous (Fam: vas-tu)* faire une pause? **A kel_uhr** *a-lay-voo (Fam: va-tew)* **fer_ewn poz?** How long is your break? Combien de temps dure *votre (Fam: ta)* pause? **Kon-byuhn duh tan dewr** *votr (Fam: ta)* **poz?** (1) I'm / (2) We're on spring break right now. (1) Je suis / (2) Nous sommes en vacances de Pâques en ce moment. *(1)* **Zhuh swee… / (2) Noo som…_z_an va-kans duh Pak_an suh mo-man.** That was a lucky break! Quel coup de chance! **Kel koo duh shans!** (1.2) Give me a break! *(1)* Laissez *(Fam: Laisse)*-moi tranquille! **Lay-say** *(Fam: Les)*-**mwa tran-keel!** / *(2)* Fichez *(Fam: Fiche)*-moi la paix! **Fee-shay** *(Fam: Feesh)*-**mwa la pay!**
- **break up** *idiom (relationships)* casser **ka-say**, rompre **ronpr** (1) When / (2) Why did you break up (with [3] her / [4] him)? *(1)* Quand / *(2)* Pourquoi est-ce que *vous avez (Fam: tu as)* rompu (avec [3] elle / [4] lui)? *(1)* **Kan_t / (2) Poor-kwa es kuh** *voo_z_a-vay (Fam: tew a)* **ron-pew (a-vek [3]_el / [4] lwee)?** We broke up *(number)* (1) months / (2) years ago. Nous avons rompu il y a (__) (1) mois. / (2) ans. **Noo_z_a-von ron-pew eel_ee_y_a (__) (1) mwa. / (2)_an.**

breakfast *n* petit-déjeuner *m* **puh-tee-day-zhuh-nay** eat / have ~ prendre le petit-dejeuner **prandr son puh-tee-day-zhuh-nay**

breast(s) *n* poitrine *m* **pwa-treen**, seins *mpl* **suhn** beautiful ~s belle poitrine **bel pwa-treen** big ~s forte poitrine **for-tuh pwa-treen**

breath *n* haleine *f* **a-len**, souffle *m* **soofl** Your beauty takes my breath away. Votre *(Fam: Ta)* beauté est à couper le souffle. *Votr (Fam: Ta)* **bo-tay ay_t_a koo-pay luh soofl.** Does my breath smell bad? Est-ce que j'ai mauvaise haleine? **Es kuh zh'ay mo-vez_a-len?** ♦ **breath-taking** *adj* impressionnant, -e *m&f* **uhn-pray-syo-nan, -nant** invraisemblable *m&f* **uhn-vray-san-blabl**, à couper le souffle **a boo duh soofl**

bribe *n* pot-de-vin *m* **po-duh-vuhn** That's what's called a bribe. (I'll take it.) C'est ce que l'on appelle un pot-de-vin. (Je prends.) **S'ay suh kuh l'on a-pel_ uhn po-duh-vuhn. (Zhuh pran.)**

bride *n* épouse *f* **ay-pooz** ♦ **bridegroom** *n* jeune-marié *m* **zhuhn-ma-ryay** ♦ **bridesmaid** *n* demoiselle *f* d'honneur **duh-mwa-zel d'o-nuhr**

bridge *n* 1. *(span)* pont *m* **pon**; 2. *(card game)* bridge *m* **breedzh**

brief *adj* bref, brève *m&f* **bref, brev** ~ **message** message *m* bref **may-sazh bref**

briefcase *n* serviette *f* **ser-vyet** porte-documents *m* **por-tuh-do-kew-man**, valise *f* **va-leez** I lost my briefcase. J'ai perdu ma valise. **Zh'ay per-dew va-leez.**

briefly *adv* brièvement **breeyev-man** To put it briefly, ... En bref, … **An bref,…**

bright *adj* 1. *(luminous)* brillant, -e *m&f* **bree-yan, -yant**, éclairé, -e *m&f* **ay-klay ray,** lumineux, lumineuse *m&f* **lew-mee-nuh, -nuhz**; 2. *(smart, clever)* éveillé, -e *m&f* **ay-vay-yay**, brillant, -e *m&f* **bree-yan, -yant** ♦ **brighten** *vt (weather)*

Articles, adjectives and nouns must agree in gender and number (singular or plural).

s'améliorer **s'a-may-lyo-ray**, s'éclaircir **s'ay-kler-seer**; *(person)* illuminer **ee-lew-mee-nay**, s'éclairer **s'ay-klay-ray**, égayer **ay-gay-yay You brighten my life with your sweet smile and loving ways.** Tu égayes ma vie avec ton beau sourire et ta tendresse. **Tew ay-gey ma vee a-vek ton bo soo-reer_ay ta tan-dres.**

brilliant *adj (very smart)* brillant, -e *m&f* **bree-yan, -yant**, génial, -e *m&f* **zhay-nyal**

bring *vt (something)* apporter **a-por-tay**, *(someone)* amener **a-muh-nay Did you bring *(item)*?** Avez-vous *(Fam: As-tu)* apporté *(___)*? *A-vay-voo (Fam: A-tew) a-por-tay (___)*? **(1) I / (2) We brought *(item)*.** (1) J'ai… / (2) Nous avons… apporté *(___)*. *(1)* **Zh'ay… /** *(2)* **Noo_z_a-von… a-por-tay *(___)*. I'll bring *(1)* some wine. / *(2)* a picnic lunch.** J'apporterai *(1)* du vin. / *(2)* quelque chose pour le pique-nique. **Zh'a-por-tuh-ray *(1)* dew vuhn. / *(2)* kel-kuh shoz poor luh peek-neek. Bring back a lemonade for me.** Apportez *(Fam: Apporte)*-moi une limonade. *A-por-tay (Fam: A-port)-mwa ewn lee-mo-nad.*

  Don't forget to bring… N'*oubliez (Fam: oublie)* pas d'apporter… **N'*oo-bleeyay (Fam: oo-blee)* pa d'a-por-tay…**
    …your camera. …l'appareil photo. **…l'a-pa-rey fo-to.**
    …an umbrella. …un parapluie. **…uhn pa-ra-plwee.**
    …your passport. …*votre (Fam: ton)* passeport. **…*votr (Fam: ton)* pas-por.**
    …a swimsuit. …un maillot de bain. **…uhn ma-yo duh buhn.**
  Could you please bring me… S'il *vous (Fam: te)* plaît, *pourriez-vous (Fam: pourrais-tu)* apporter… **S'eel *voo (Fam: tuh)* play, *poo-ryay-voo (Fam: poo-ray-tew)* a-por-tay…**
    …a fork? …une fourchette? **…ewn foor-shet?**
    …a knife? …un couteau? **…uhn koo-to?**
    …a napkin? …une serviette? **…ewn ser-vyet?**
    …a spoon? …une cuillère? **…ewn kwee-lyer?**
    …some bread? …du pain? **…dew puhn?**
    …some butter? …du beurre? **…dew buhr?**
    …some pepper? …du poivre? **…dew pwavr?**
    …some salt? …du sel? **…dew sel?**
    …some sugar? …du sucre? **…dew sewkr?**
    …some water? …de l'eau? **…duh l'o?**
    …the check? …l'addition? **…l'a-dee-syon?**
  Bring a friend. Amenez *(Fam: Amène)* un ami *(F: une amie)*. *Am-nay (Fam: A-men)* **uhn_*(F: ewn_)*_a-mee. May I bring a friend?** Je peux amener *un ami (une amie)*? **Zhuh puh a-muh-nay *uhn_(F: ewn_)*_a-mee?**
  ♦ **bring up** *idiom (raise, rear)* élever **el-vay I was brought up in *(___)*.** J'ai été *élevé (-e)* à *(___)*. **Zh'ay ay-tay el-vay a *(___)*.**

British *adj* britannique *m&f* **bree-ta-neek**
broad-minded *adj* large d'esprit **larzh d'es-pree**, tolérant, -e *m&f* **to-lay-ran, -rant**
broke *adj (without money)* fauché, -e *m&f* **fo-shay**, à sec **a sek I'm (just about) broke.** Je suis (quasiment) fauché. **Zhuh swee (ka-zee-man) fo-shay.**

A phrasebook makes a great gift!
See order information on page 552.

♦ **broken** *adj* cassé, -e *m&f* **ka-say**, brisé, -e *m&f* **bree-zay** **It's broken.** C'est cassé. **S'ay ka-say.** **I think the bone is broken.** Je crois que l'os est fracturé. **Zhuh krwa kuh l'os_ay frak-tew-ray.** ♦ **broken-hearted** *adj* coeur *m* brisé **kuhr bree-zay**
bronchitis *n* bronchite *f* **bron-sheet**
brother *n* frère *m* **frer** older ~ frère aîné **frer_ay-nay**, grand frère **gran frer** oldest ~ le plus grand frère **luh plew gran frer** younger ~ frère cadet **frer ka-day** youngest ~ le plus jeune frère **luh plew zhuhn frer** **This is my brother** *(name)*. C'est mon frère (___). **S'ay mon frer (___).** **Do you have any brothers and sisters?** *Avez-vous (Fam: As-tu)* des frères et soeurs? *A-vay-voo (Fam: A-tew)* **day frer_ay suhr?** ♦ **brother-in-law** *n* beau-frère *m* **bo-frer**
brown *adj* marron *m* **ma-ron**, châtain *m* **sha-tuhn**
bruise *n* bleu *m* **bluh** **It's just a bruise.** Ce n'est qu'un bleu. **Suh n'ay k'uhn bluh.**
brunette *n* brune, brunette *f* **brewn, brew-net**
brush *n* brosse *f* **bros** **paint** ~ pinceau *m* **puhn-so**
Buddhist *adj* bouddhiste **boo-deest** ♦ *n* bouddhiste **Boo-deest**
buddy *n (colloq: friend)* ami, -e *m&f* **a-mee**, pote *m&f* **pot**
buff *adj (strong, well-built)* baraqué, -e *m&f* **ba-ra-kay**, musclé, -e *m&f* **mews-klay** ♦ *n (fan, enthusiast)* passionné, -e *m&f* **pa-syo-nay**, fana *m&f* **fa-na** fitness ~ fana d'exercice physique **fa-na d'ek-ser-sees fee-zeek** movie ~ cinéphile **see-nay-feel**
buffet *n (meal)* buffet *m* **bew-fay**
build *vt* construire **kons-trweer** **I hope we can build a strong friendship together.** J'espère que nous pourrons construire une amitié sincère tous les deux. **Zh'es-per kuh noo poo-ron kons-trweer ewn_a-mee-chyay too lay duh.** ♦ *n* carrure *f* **ka-rewr** athletic ~ carrure athlétique **ka-rewr at-lay-teek** **You have a nice build.** *Vous avez (Fam: Tu as)* une belle carrure. *Voo_z_a-vay (Fam: Tew a)* **ewn bel ka-rewr.** ♦ **builder** *n* constructeur, constructrice *m&f* **kons-trewk-tuhr, -trees**, fondateur, fondatrice *m&f* **fon-da-tuhr, -trees**, body ~ culturiste *m&f* **kewl-tew-reest** ♦ **building** *n (structure)* bâtiment *m* **ba-tee-man**, immeuble *m*, **ee-muhbl** body ~ culturisme *m* **kewl-tew-reezm**
Bulgarian *adj* bulgare *m&f* **bewl-gar** ♦ *n* Bulgare *m&f* **Bewl-gar**
bull *n (slang: nonsense)* bêtises *fpl* **bay-teez**, conneries *fpl* **kon-ree** **That's a lot of bull.** Ce ne sont que des conneries. **Suh nuh son kuh day kon-ree.**
bullet *n* balle *f* **bal**
bum *n (loafer, idler)* clochard, -e *m&f* **klo-shar, -shard**, *(slang)* clodo *m&f*, **klo-do** beach ~ mordu de plages **mor-dew duh plazh** ♦ **bum around** *(slang)* vagabonder **va-ga-bon-day**, prendre son temps **prandr son tan**, se balader **suh ba-la-day** **I'm just bumming around the country.** J'erre à travers le pays. **Zh'er_a tra-ver luh pay-ee.**
bummer *n (slang: unlucky / bad experience / situation)* poisse *f* **pwas**, fiasco *m* **fyas-ko**
bumper *n (automot.)* pare-choc *m* **par-shok**
bump into *idiom (meet)* tomber sur **ton-bay sewr**, rencontrer par hasard **ran-kon-**

A slash always means "or".

tray par_a-zar I bumped into *(name)*. Je suis *tombé (-e)* sur (___). **Zhuh swee ton-bay sewr (___).**

bun *n* 1. *(pastry)* petit pain *m* **puh-tee puhn**, couronne *f* **koo-ron**; 2. *pl*: *(slang: buttocks)* fesses *fpl* **fes** nice ~s jolies fesses **zho-lee fes**

bunch *n (people)* bande *f* **band**, groupe *m* **groop**, *(things and people)* tas *m* **ta** ~ **of junk** tas de bricoles **ta duh bree-kol** ~ **of papers** tas de papiers **ta duh pa-pyay** ~ **of people** groupe de personnes **groop duh per-son** ~ **of stuff** tas de trucs **ta duh trewk**

bungalow *n* bungalow *m* **buhn-ga-lo**

burgundy *adj* bordeaux **bor-do**

burn *vt* brûler **brew-lay I burned myself.** Je me suis *brûlé (-e)*. **Zhuh muh swee brew-lay.** ♦ *vi* brûler **brew-lay Something is burning!** Quelque chose est en train de brûler! **Kel-kuh shoz_ay an truhn duh brew-lay!** ♦ *n (med.)* brûlure *f* **brew-lewr** bad ~ brûlure grave **brew-lewr grav**

bus *adj* de bus **duh bews** ~ **driver** conducteur, -trice *m&f* de bews **kon-dewk-tuhr, -trees duh bews** ~ **pass** carte *f* pour prendre le bus **kart poor prandr luh bews** ~ **route** itinéraire *m* de bus **ee-tee-nay-rer duh bews** ~ **schedule** horaire *m* de bus **o-rer duh bews** ~ **station** station *f* de bus **sta-syon duh bews** ~ **stop** arrêt *m* de bus **a-re duh bews** ~ **terminal** gare *f* routière **gar roo-chyer** ~ **ticket** ticket *m* de bus **tee-kay duh bews How much is the bus fare (to** *[place]*)? Combien coûte le ticket (pour *[___]*)? **Kon-byuhn koot luh tee-kay (poor [___])? Where can I buy** *(1)* **a bus pass?** / *(2)* **bus tickets?** Où puis-je acheter *(1)* une carte… / *(2)* des tickets… de bus? **Oo pwee-zh_ash-tay** *(1)* **ewn kart…** / *(2)* **day tee-kay… duh bews?** ♦ *n* autobus *m* **o-to-bews**, bus *m* **bews city** ~ bus municipal **bews mew-nee-see-pal long-distance** ~ bus de voyage **bews duh vwa-yazh shuttle** ~ navette *f* **na-vet tour** ~ bus de circuit **bews duh seer-kwee What time will the bus** *(1)* **arrive?** / *(2)* **depart?** A quelle heure *(1)* arrive… / *(2)* part… le bus? **A kel_uhr** *(1)* **a-reev…** / *(2)* **par… luh bews? The bus will** *(1)* **arrive** / *(2)* **depart at** *(time)*. Le bus *(1)* arrivera / *(2)* partira à (___). **Luh bews** *(1)* **a-reev-ra** / *(2)* **par-tee-ra a (___). Which bus is this?** C'est quel bus? **S'ay kel bews? Is this the bus to** *(place)*? Est-ce que c'est le bus pour (___)? **Es kuh s'ay luh bews poor (___)? Which bus goes to** *(place)*? Quel bus va à (___)? **Kel bews va a (___)? Is there another bus to** *(place)* **today?** Y a-t-il un autre bus pour (___) aujourd'hui? **Ee_y_a-t-eel uhn_o-truh bews poor (___) o-zhoor-d'wee? Does this bus stop at** *(place)*? Est-ce que ce bus s'arrête à (___)? **Es kuh suh bews s'a-ret_a (___)? Does the bus (to** *[place]*) **stop here?** Est-ce que le bus (pour *[___]*) s'arrête ici? **Es kuh luh bews (poor [___]) s'a-ret_ee-see? How often does the bus run?** Est-ce que ce bus passe souvent? **Es kuh suh bews pas soo-van? What time is the** *(1)* **first** / *(2)* **last bus?** A quelle heure passe le *(1)* premier / *(2)* dernier bus? **A kel_uhr pas luh** *(1)* **pruh-myay** / *(2)* **der-nyay bews? Do** *(1)* **I** / *(2)* **we have to change buses?** Est-ce que *(1)* je dois / *(2)* nous devons changer de bus? **Es kuh** *(1)* **zhuh dwa** / *(2)* **noo duh-von shan-zhay duh bews?**

In the pronunciation **n** *stands for a nasalized* **n**.

business *adj* d'affaires **d'a-fer** ~ **trip** voyage *m* d'affaires **vwa-yazh d'a-fer** ♦ *n* affaire *f*, affaires *fpl* **a-fer** travail *m* **tra-vaee**, activité *f* **ak-tee-vee-tay** **company** ~ business de la compagnie **beez-nes duh la kon-pa-nee establish a** ~ établir une affaire **ay-ta-bleer_ewn_a-fer manage a** ~ gérer une affaire **zhay-ray_r_ewn_ a-fer open a** ~ créer une boîte **kray-ay_r_ewn bwat operate a** ~ faire marcher un business **fer mar-shay_r_uhn beez-nes personal** ~ affaire personnelle **a-fer per-so-nel run a** ~ diriger une affaire **dee-ree-zhay_r_ewn_a-fer start up a** ~ démarrer une compagnie **day-ma-ray ewn kon-pa-nee urgent** ~ affaire urgente **a-fer_ewr-zhant I'm here on business.** Je suis ici pour affaires. **Zhuh swee_z_ee-see poor_a-fer.** *(1)* **I** / *(2)* **We have some business to attend to (***[3]* **first** / *[4]* **today** / *[5]* **tomorrow**). *(1)* J'ai… / *(2)* Nous avons… quelques affaires à suivre (*[3]* en premier. / *[4]* aujourd'hui. / *[5]* demain.). *(1)* **Zh'ay…** / *(2)* **Noo_z_a-von… kel-kuh_z_a-fer_a sweevr** (*[3]* **an pruh-myay.** / *[4]* **o-zhoor-d'wee.** / *[5]* **duh-muhn.**) ♦ **businessman** *n* homme *m* d'affaire **om d-a-fer** ♦ **businesswoman** *n* femme *f* d'affaire **fam d'a-fer**

busy *adj* occupé, -e *m&f* **o-kew-pay**, pris, -e *m&f* **pree, preez Are you busy?** Êtes-vous (Fam: Es-tu) occupé (-e)? **Et-voo (Fam: Ay-tew) o-kew-pay? I'm (***[1]* **not** / *[2]* **very) busy**. Je (*[1]* ne) suis (pas) (*[2]* très) *occupé (-e)*. **Zhuh (***[1]* **nuh swee pa_z_)** / *[2]* **tre_z_) o-kew-pay.**

   Are you busy… Êtes-vous (Fam: Es-tu) pris (-e)… **Et-voo (Fam: Ay-tew) pree (F: preez_)…**

      …after work? après le travail? **…a-pre luh tra-vaee?**
      …tonight? …ce soir? **…suh swar?**
      …tomorrow? …demain? **…duh-muhn_?**
      …tomorrow morning? …demain matin? **…duh-muhn ma-tuhn?**
      …tomorrow afternoon? …demain après-midi? **…duh-muhn a-pre-mee-dee?**
      …tomorrow evening? …demain soir? **…duh-muhn swar?**
      …on Saturday? …samedi? **…sam-dee?**
      …right now? …maintenant? **…muhnt-nan?**

   I'm busy... *(See choices above.)* Je suis pris (-e)… **Zhuh swee pree (F: preez_)…**
I won't be busy. Je ne serai pas *débordé (-e)*. **Zhuh nuh suh-ray pa day-bor-day.**

but *conj* mais **may**
butt(ocks) *n pl* fesses *mpl* **fes**
button *n* bouton *m* **boo-ton There's a button missing.** Il y a un bouton qui manque. **Eel_ee_y_a uhn boo-ton kee mank.**
buy *vt* acheter **ash-tay What do you need to buy?** Que *devez-vous (Fam: dois-tu)* acheter? **Kuh** *duh-vay-voo (Fam: dwa-tew)* **ash-tay?**
   I need to buy… Je dois acheter… **Zhuh dwa ash-tay…**
   I'd like to buy… Je voudrais acheter… **Zhuh voo-dray ash-tay…**
   We need to buy… Nous devons acheter… **Noo duh-von ash-tay…**
   We'd like to buy… Nous voudrions acheter… **Noo voo-dreeyon ash-tay…**

Time expressions are given on pages 521-522.

...**a few things**. ...quelques trucs. **...kel-kuh trewk.**
...**some batteries**. ...des batteries. **...day ba-tree.**
...**some film**. ...des pellicules photos. **...day pay-lee-kewl fo-to.**
...**some gifts for...** ...des cadeaux pour... **...day ka-do poor...**
   ...**my friends**. ...mes *ami(e)s*. **...may_z_a-mee.**
   ...**my relatives**. ...mes parents. **...may pa-ra**n**.**
   ...**our friends**. ...nos *ami(e)s*. **...no_z_a-mee.**
   ...**our relatives**. ...nos *(*parents. **...may pa-ra**n**.**
...**some souvenirs**. ...des souvenirs. **...day soo-vuh-neer.**
...**some stamps**. ...des timbres. **...day tuh**n**br.**
...**something**. ...quelque chose. **...kel-kuh shoz.**
Where can *(1)* **I** / *(2)* **we buy** *(item)*? Où *(1)* puis-je... / *(2)* pouvons-nous... acheter *(___)*? **Oo** *(1)* **pwee-zh...** / *(2)* **poo-vo**n**-noo... ash-tay (___)?** **What did you buy?** Qu'est que *vous avez (Fam: tu as)* acheté? **Kes kuh** *voo_z_a-vay (Fam: tew a)* **ash-tay?** **Where did you buy that?** Où *avez-vous (Fam: as-tu)* acheté cela? **Oo** *a-vay-voo (Fam: a-tew)* **ash-tay suh-la?***(1)* **I** / *(2)* **We bought it** *(3)* **at** / *(4)* **in** *(place)*. *(1)* Je l'ai... / *(2)* Nous l'avons... acheté *(3/4)* à *(___)*. *(1)* **Zhuh l'ay...** / *(2)* **Noo l'a-vo**n**... ash-tay *(3/4)* a (___).** **I'll buy it (from you).** Je l'achèterai (chez *vous [Fam: toi]*). **Zhuh l'a-shuh-tray** (*shay voo [Fam: twa]*) *(1)* **I** / *(2)* **We want to buy** *(3)* **it** / *(4)* **them for you.** *(1)* Je veux / *(2)* Nous voulons *(3)* l'... / *(4)* les... acheter pour *vous (Fam: toi)*. *(1)* **Zhuh vuh** / *(2)* **Noo voo-lo**n *(3)* **l'... /** *(4)* **lay_z_... ash-tay poor** *voo (Fam: twa)*. **I'll buy** *(1)* **it** / *(2)* **one** / *(3)* **them for you.** *(1)* Je l'achèterai... / *(2)* J'en achèterai *un (F: une)*... / *(3)* Je les achèterai... pour *vous (Fam: toi)*. *(1)* **Zhuh l'a-shay-tray...** / *(2)* **Zh'a**n**_a-shay-tray_r_uh**n *(F: ewn)*... / *(3)* **Zhuh lay_z_a-shay-tray... poor** *voo (Fam: twa)*. **We'll buy** *(1)* **it** / *(2)* **one** / *(3)* **them for you.** *(1)* Nous l'achèterons... / *(2)* Nous en achèterons... *un (-e)* / *(3)* Nous les achèterons... pour *vous (Fam: toi)*. *(1)* **Noo l'a-shay-tro**n **...** / *(2)* **Noo_z_a**n **a-shay-tro**n**... uh**n *(ewn)* / *(3)* **Noo lay_z_a-shay-tro**n**... poor** *voo (Fam: twa)*. *(1)* **I** / *(2)* **We bought** *(3)* **this** / *(4)* **these for you.** *(1)* J'ai acheté / *(2)* Nous avons acheté *(3/4)* ça pour *vous (Fam: toi)*. *(1)* **Zh'ay ash-tay** / *(2)* **Noo_z_a-vo**n **ash-tay *(3/4)* sa poor** *voo (Fam: twa)*. **Let's buy** *(1)* **it.** / *(2)* **one.** / *(3)* **them.** *(1)* Achetons-le. / *(2)* Achetons-en *un (-e)*. / *(3)* Achetons-les. *(1)* **Ash-to**n**-luh** / *(2)* **Ash-to**n **_z_a**n **uh**n *(F: ewn)*. / *(3)* **Ash-to**n**-lay.**
by *prep* 1. *(result; via)* par **par;** 2. *(near, beside)* à côté de **a kotay duh**, près de **pre duh**; 3. *(not later than)* d'ici **d'ee-see**; 4. *(measurements)* sur **sewr** ~ *(number)* **o'clock** d'ici (___) heures **d'ee-see (___)_uhr** ~ **the bed** / **door** près... du lit / de la porte **pre... dew lee / duh la port** ~ **the sea** au bord de la mer **o bor duh la mer 6 meters ~ 4 meters** six mètres sur quatre (mètres) **see metr sewr katr (metr)** *(1)* **I** / *(2)* **We have to be there by** *(number)* **o'clock.** *(1)* Je dois / *(2)* Nous devons y être d'ici (___) heures *(1)* **Zhuh dwa...** / *(2)* **Noo duh-vo**n**..._z_ee_y_etr d'ee-see (___)_uhr.**
Bye!, Bye-bye ! *interj* Bye! **Bye!**, Ciao! **Cha-o!**, Salut! **Sa-lew!**

French q always sounds like **k**.

C c

cabin *n* cabane *f* **ka-been**, cabine *f* **ka-ban**
cable *n* câble *m* **kabl** **audio** ~ câble audio **kabl_o-jo** **battery** ~ *(automot.)* câble de batterie (d'auto) **kabl duh ba-tree (d'o-to)** **jumper** ~ *(automot.)* câble de démarrage **kabl duh day-ma-razh** **printer** ~ câble m d'imprimante **kabl d'uhn-pree-mant** **video** ~ câble vidéo **kabl vee-day-o**
caddy *n (golf)* caddie *m* **ka-dee**
café *n* café *m* **ka-fay** *(1)* **cyber** / *(2)* **Internet** ~ *(1,2)* cyber café **see-ber ka-fay** **sidewalk** ~ terrasse *f* de café **tay-ras duh ka-fay**
cafeteria *n* cafétéria *f* **ka-fay-tay-rya**
cake *n* gâteau *m* **ga-to** **birthday** ~ gâteau d'anniversaire **ga-to d'a-nee-ver-ser** **piece of** ~ part *f* de gâteau **par duh ga-to** **wedding** ~ gâteau de mariage **ga-to duh ma-ryazh**
calendar *n* calendrier *m* **ka-lan-dreeyay**
calf *n* (calves *pl*) *(of the leg)* mollet *m* (mollets *mpl*) **mo-le**
call *vt* appeler **a-play** ~ **a taxi** appeler un taxi **a-play_r_uhn tak-see** ~ **back** rappeler **ra-play** ~ **each other** s'appeler **s'a-play** **Could I call you?** Pourrais-je *vous (Fam: t')* appeler? **Poo-ray-zh voo_z_(Fam: t')_a-play?** **Would it be okay for me to call you tonight?** Est-ce que ça *vous (Fam: te)* va si je *vous (Fam: t')* appelle ce soir? **Es kuh sa voo (Fam: tuh) va see zhuh voo_z_(Fam: t')_a-pel suh swar?** **What time shall I call (you)?** A quelle heure puis-je *vous (Fam: t')* appeler? **A kel_uhr pwee-zh voo_z_(Fam: t')_a-play?**
  I'll... Je… **Zhuh…**
    ...call you... …*vous (Fam: t')* appellerai… **…voo_z_(Fam: t')_a-pel-ray…**
    ...call her... …l'appellerai… **…l'a-pel-ray…**
    ...call him... …l'appellerai… **…l'a-pel-ray…**
    ...call them... …les appellerai… **…lay_z_a-pel-ray…**
  We'll... Nous… **Noo…**
    ...call you... …*vous (Fam: t')* appellerons… **…voo_z_(Fam: t')_a-pel-ron…**
    ...call her... …l'appellerons… **…l'a-pel-ron…**
    ...call him... …l'appellerons… **…l'a-pel-ron…**
    ...call them... …les appellerons… **…lay_z_a-pel-ron…**
      ...at *(time)*. …à (___) heures. **…a (___)_uhr.**
      ...later. …plus tard. **…plew tar.**
      ...tomorrow. …demain. **…duh-muhn.**
      ...tomorrow morning. …demain matin. **…duh-muhn ma-tuhn.**
      ...tomorrow afternoon. …demain après-midi. **duh-muhn a-pre-mee-dee.**
      ...tomorrow evening. … demain soir. **…duh-muhn swar.**
      ...tonight. …ce soir. **…suh swar.**

Words in parentheses (not italicized) are optional.

Please call me... S'il *vous (Fam: te)* plaît, *appelez (Fam: appelle)*-moi... S'eel voo (Fam: tuh) play, a-play (Fam: a-pel)-mwa...
  ...**anytime**. ...à n'importe quelle heure. ...a n'uhn-port kel_uhr.
  ...**at home**. ...à la maison. ...a la may-zon.
  ...**at my office**. ...au bureau. ...o bew-ro.
  ...**at this number,** (___). ...à ce numéro, (___). ...a suh new-may-ro, (___)
  ...**at work**. ...au *travail (Fam: boulot)*. ...o tra-vaee (Fam: boo-lo).
  ...**whenever you have time**. ...quand *vous aurez (Fam: tu auras)* le temps. ...kan voo_z_o-ray (Fam: tew o-ra) luh tan.
Please don't call me... S'il *vous (Fam: te)* plaît, ne m'*appelez (Fam: appelle)* pas... S'eel voo (Fam: tuh) play, nuh m'a-play (Fam: a-pel) pa...
  ...**at home**. ...à la maison. ...a la may-zon.
  ...**at my office**. ...au bureau. ...o bew-ro.
  ...**at work**. ...au travail. ...o tra-vaee.
  ...**before 9:00 AM**. ...avant neuf heures du matin. ...a-van nuhv_uhr dew ma-tuhn.
  ...**after 10 PM**. ...après dix heures du soir. ...a-pre dee_z_uhr dew swar.
I'll call back *(1)* **in ten minutes.** / *(2)* **in an hour.** / *(3)* **later.** Je te rappellerai *(1)* dans dix minutes. / *(2)* dans une heure. / *(3)* plus tard. Zhuh tuh ra-pel-ray *(1)* dan dee mee-newt. / *(2)* dan_z_ewn_uhr. / *(3)* plew tar. **Can you call me back** *(1)* **in ten minutes?** / *(2)* **in an hour?** / *(3)* **later?** *Pouvez-vous (Fam: Peux-tu)* me rappeler *(1)* dans dix minutes. / *(2)* dans une heure. / *(3)* plus tard. Poo-vay-voo (Fam: Puh-tew) muh ra-play *(1)* dan dee mee-newt. / *(2)* dan_z_ewn_uhr. / *(3)* plew tar. **If you call and I'm not there** *(1)*, **please try again later.** / *(2)* **leave a message.** Si *vous m'appelez (Fam: tu m'appelles)* et que je ne suis pas là, *(1)* réessayer *(Fam: réessaie)* plus tard. / *(2)* *laissez (Fam: laisse)*-moi un message. See voo m'a-play (Fam: tew m'a-pel) ay kuh zhuh swee pa la, *(1)* ray-ay-say-yay (Fam: ray-ay-say) plew tar. / *(2)* lay-say (Fam: les)-mwa uhn may-sazh. **Please ask** *(1)* **her** / *(2)* **him to call me (at this number:).** S'il *vous (Fam: te)* plaît, *dites (Fam: dis) (1,2)* -lui de m'appeler (au:). S'eel voo (Fam: tuh) play, deet (Fam: dee) (1,2) -lwee duh m'a-play (o:). **I'm really glad you called.** Je suis très *content (-e)* que *vous m'ayez (Fam: tu m'aies)* appelé. Zhuh swee tre kon-tan (F: kon-tant) kuh voo m'ay-yay (Fam: tew m'ay) a-play. **Did you call me?** *M'avez-vous (Fam: as-tu)* appelé? M'a-vay-voo (Fam: a-tew) a-play? **I waited for you to call me (but you didn't).** J'ai attendu *votre (Fam: ton)* coup de fil, (mais *vous ne m'avez [Fam: tu ne m'as]* pas appelé). Zh'ay a-tan-dew votr (Fam: ton) koo duh feel, (may voo nuh m'a-vay [Fam: tew nuh m'a] pa_z_a-play). *(1)* **I** / *(2)* **We called you, but you weren't there.** *(1)* Je *vous (Fam: t')* ai appelé, / *(2)* Nous *vous (Fam: t')* avons appelé, mais *vous n'étiez (Fam: tu n'étais)* pas là. *(1)* Zhuh voo_z_(Fam: t')_ay a-play, / *(2)* Noo voo_z_(Fam: t')_a-von a-play, may voo n'ay-chyay (Fam: tew n'ay-tay) pa la. *(1)* **I** / *(2)* **We tried many times to call you.** *(1)* J'ai... / *(2)* Nous avons... essayé plusieurs fois de *vous (Fam: t')* appeler. *(1)* Zh'ay... / *(2)* Noo_z_a-von... ay-say-yay plew-

---

In French ch is pronounced like sh in "sheep".

zyuhr fwa duh *voo_z (Fam: t') _a-play*. **I (1) didn't / (2) couldn't call you, because** (reason). *(1)* Je ne *vous (Fam: t')* ai pas appelé, parce que (___). **Zhuh nuh *voo_z (Fam: t')* ay pa_z_a-play, par-suh kuh (___). / (2)** Je n'ai pas pu *vous (Fam: t')* appeler, parce que (___). **Zhuh n'ay pa pew *voo_z (Fam: t')* _a-play, par-suh kuh (___).** **I'm sorry I didn't call you. (I lost your number.)** Je suis *désolé (-e)* de ne pas *vous (Fam: t')* avoir appelé. (J'ai perdu *votre [Fam: ton]* numéro). **Zhuh swee day-zo-lay duh nuh pa *voo_z (Fam: t')* _a-vwar a-play. (Zh'ay per-dew *votr [Fam: ton]* new-may-ro).** **I intended to call you.** J'avais l'intention de *vous (Fam: t')* appeler. **Zh'a-vay l'uhn-tan-syon duh *voo_z (Fam: t')* _a-play.** **Why didn't you call me?** Pourquoi ne m'*avez-vous (Fam: as-tu)* pas appelé? **Poor-kwa nuh m'*a-vay-voo (Fam: a-tew)* pa_z_a-play?** **Could you please call a taxi?** Pourriez-vous, s'il vous *(Fam: Pourrais-tu, s'il te)* plaît, appeler un taxi? *Poo-ryay-voo, s'eel voo (Fam: Poo-ray-tew, s'eel tuh)* **play, a-play uhn tak-see?** **Let's call a taxi.** Appelons un taxi. **A-plon uhn tak-see.** **I'll call a taxi.** J'appellerai un taxi. **Zh'a-pel-ray uhn tak-see.** **I called a taxi.** J'ai appelé un taxi. **Zh'ay a-play uhn tak-see. (1) My friends call... / (2) Everybody calls... / (3) You can call... / (4) Please call...** me (name). *(1)* Mes *ami(e)s* m'appellent… / *(2)* Tout le monde m'appelle... / *(3)* Vous pouvez *(Fam: Tu peux)* m'appeler... / *(4)* *Appelez (Fam: Appelle)*-moi... (___). **(1) May_z_a-mee m'a-pel… / (2) Too luh mond m'a-pel… / (3) *Voo poo-vay (Fam: Tew puh)* m'a-play… / (4) A-play *(Fam: A-pel)*-mwa… (___).** **What do you call (1) this / (2) that in French?** Comment *(1,2)* ça s'appelle en français? **Ko-man *(1,2)* sa s'a-pel an fran-say?** **In English we call (1) this / (2) that** (name). En anglais, nous appelons *(1,2)* ça (___). **An_an-glay, noo_z_a-plon *(1,2)* sa (___).** ♦ **call** n appel m **a-pel**, coup m de fil **koo duh feel** **I'll give you a call (1) tomorrow. / (2) on Friday. / (3) on Saturday. / (4) on Sunday.** Je *vous (Fam: te)* passerai un coup de fil *(1)* demain. / *(2)* vendredi. / *(3)* samedi. / *(4)* dimanche. **Zhuh *voo (Fam: tuh)* pas-ray uhn koo duh feel (1) duh-muhn. / (2) van-druh-dee. / (3) sam-dee. / (4) dee-mansh.** **Please give me a call ([1] anytime / [2] sometime).** Je *vous (Fam: t')* en prie, *passez (Fam: Passe)*-moi un coup de fil (*[1]* à n'importe quelle heure. / *[2]* n'importe quand). **Zhuh *voo_z (Fam: t')_an* pree, *pa-say (Fam: pas)*-mwa uhn koo duh feel ([1] a n'uhn-port kel_uhr. / [2] n'uhn-por-tuh kan)?** **I need to make a long-distance call.** Je dois passer un coup de fil longue distance. **Zhuh dwa pa-say uhn koo du feel long dees-tans.** **How do I make a long distance call?** Comment dois-je faire pour passer un coup de fil longue distance? **Ko-man dwa-zh fer poor pa-say uhn koo duh feel long dees-tans?** **Were there any calls?** Y a-t-il eu des appels? **Ee_y_a-t-eel_ew day_z_a-pel?** **Did I get any calls?** Est-ce que j'ai reçu des appels? **Es kuh zh'ay ruh-sew day_z_a-pel?**

♦ **call off** idiom (cancel) annuler **a-new-lay**

calm adj tranquille m&f **tran-keel**, calme m&f **kalm** **Just (1) keep / (2) stay calm.** *(1,2)* Restez *(Fam: Reste)* calme. **(1,2) Res-tay *(Fam: Res-tuh)* kalm.**

camera n appareil m photo **a-pa-rey fo-to** **digital** ~ appareil photo numérique **a-**

Familiar "tu" ("tew") forms in parentheses can replace italicized polite forms.

pa-rey fo-to new-may-reek video ~ caméscope *m* ka-mes-kop **Do you have a camera?** *Avez-vous (Fam: As-tu) un appareil photo?* *A-vay-voo (Fam: A-tew)* **uhn_a-pa-rey fo-to? Yes, I have a camera.** Oui, j'ai un appareil photo. **Wee, zh'ay uhn_a-pa-rey fo-to. No, I don't have a camera.** Non, je n'ai pas d'appareil photo. **Non, zhuh n'ay pa d'a-pa-rey fo-to.**

camp *vi* camper **kan-pay Where can we camp?** Où pouvons-nous camper? **Oo poo-von-noo kan-pay? We can camp at** *(place).* Nous pouvons camper à (___). **Noo poo-von kan-pay a (___). Can *(1)* I / *(2)* we camp here for the night?** Est-ce *(1)* que je peux / *(2)* qu'on peut camper ici pour la nuit? **Es *(1)* kuh zhuh puh / *(2)* k'on puh kan-pay ee-see poor la nwee?** ♦ *n* camp *m* **kan**, campement *m* **kanp-man base ~ camp** *m* de base **kan duh baz Let's make camp *(1)* here. / *(2)* there.** Etablissons un campement *(1)* ici. / *(2)* là. **Ay-ta-blee-son uhn kanp-man *(1)* ee-see. / *(2)* la. Our camp is about** *(number)* **kilometers from here.** Notre campement est à environ (___) kilomètres d'ici. **Notr kanp-man ay_t_a an-vee-ron (___) kee-lo-metr d'ee-see.** ♦ **campfire** *n* feu *m* de camp **fuh duh kan put out the ~** éteindre le feu de camp **ay-tandr luh fuh duh kan roast over a ~** rôtir sur le feu de camp **ro-teer sewr luh fuh duh kan start a ~** faire un feu de camp **fer_uhn fuh duh kan Let's make a campfire.** Faisons un feu de camp. **Fuh-zon uhn fuh duh kan.** ♦ **campground** *n* camping *m* **kan-peeng**, terrain *m* de camping **tay-ruhn duh kan-peeng private ~** camping privé **kan-peeng pree-vay Is there a campground around here?** Y a-t-il un camping dans le coin? **Ee_y a-t-eel uhn kan-peeng dan luh kwuhn?** ♦ **camping** *n* camping *m* **kan-peeng** *(See phrases under* **go, like** *and* **love.)* **go ~ (overnight)** aller camper (de nuit) **a-lay kan-pay (duh nwee).** ♦ **campsite** *n* terrain *m* de camping **tay-ruhn duh kan-peeng**

can *v aux:*
Can you? *Pouvez-vous (Fam: Peux-tu)?* *Poo-vay-voo (Fam: Puh-tew)?*
I can(not). Je (ne) peux (pas). **Zhuh (nuh) puh (pa).**
You *(Fam.)* can(not). Tu (ne) peux (pas). **Tew (nuh) puh (pa).**
He can(not). Il (ne) peut (pas). **Eel (nuh) puh (pa).**
She can(not). Elle (ne) peut (pas). **El (nuh) puh (pa).**
It can(not). Ca (ne) se peut (pas). **Sa (nuh) suh puh (pa).**
We can(not). Nous (ne) pouvons (pas). **Noo (nuh) poo-von (pa).**
You *(Pol. & pl)* can(not). Vous (ne) pouvez (pas). **Voo (nuh) poo-vay (pa).**
They can(not). *Ils (Fpl: Elles)* (ne) peuvent (pas). *Eel (Fpl: El)* **(nuh) puhv (pa).**
  Past tense:
Could you? *Pouviez-vous (Fam: Pouvais-tu)?* *Poo-vyay-voo (Fam: Poo-vay-tew)?*
I could (not). Je (ne) pouvais (pas). **Zhuh (nuh) poo-vay (pa).**
You *(fam.)* could (not). Tu (ne) pouvais (pas). **Tew (nuh) poo-vay (pa).**
He could (not). Il (ne) pouvait (pas). **Eel (nuh) poo-vay (pa).**
She could (not). Elle (ne) pouvait (pas). **El (nuh) poo-vay (pa).**
It could (not). Ca (ne) pouvait (pas). **Sa (nuh) poo-vay (pa).**

The letter h in French is always silent.

We could (not). Nous (ne) pouvions (pas). Noo (nuh) poo-vyon (pa).
You *(pol. & pl.)* **could (not).** Vous (ne) pouviez (pas). Voo (nuh) poo-vyay (pa).
They could (not). Ils *(Fpl: Elles)* (ne) pouvaient (pas). *Eel (Fpl: El)* **(nuh) poo-vay (pa).**
   Conditional
Could you? *Pourriez-vous (Fam: Pourrais-tu)? Poo-ryay-voo (Fam: Poo-ray-tew)?*
I could (not). Je (ne) pourrais (pas). Zhuh (nuh) poo-ray (pa)
You *(fam.)* **could (not).** Tu (ne) pourrais (pas). Tew (nuh) poo-ray (pa).
He could (not). Il (ne) pourrait (pas). Eel (nuh) poo-ray (pa).
She could (not). Elle (ne) pourrait (pas). El (nuh) poo-ray (pa).
It could (not). Ca (ne) pourrait (pas). Sa (nuh) poo-ray (pa).
We could (not). Nous (ne) pourrions (pas). Noo (nuh) poo-ryon (pa).
You *(pol. & pl.)* **could (not).** Vous (ne) pourriez (pas). Voo (nuh) poo-ryay (pa).
They could (not). Ils *(Fpl: Elles)* (ne) pourraient (pas). *Eel (Fpl: El)* **(nuh) poo-ray (pa).**

can *n* boîte *f* bwat, conserve *f* kon-serv ~ **opener** ouvre-boîte *m* oo-vruh-bwat
Canada *n* Canada *m* Ka-na-da **from** ~ du Canada dew Ka-na-da **in** ~ au Canada o Ka-na-da **to** ~ au Canada o Ka-na-da ♦ **Canadian** *adj* canadien, -ne *m&f* ka-na-juhn, ka-na-jen ♦ *n* Canadien, -ne *m&f* ka-na-juhn, ka-na-jen
cancel *vt* annuler a-new-lay **It's been cancelled.** Ca a été annulé. Sa a ay-tay a-new-lay.
Cancer *n (zodiac) (Jun. 21 - Jul. 22)* Cancer Kan-ser
cancer *n (med.)* cancer *m* kan-ser
candle *n* bougie *f* boo-zhee ♦ **candlelight** *n* chandelle *f* shan-del **Let's have dinner by candlelight.** Faisons un dîner aux chandelles. Fuh-zon uhn dee-nay o shan-del.
candy *n* bonbon *m* bon-bon, confiserie *f* kon-feez-ree
cane *n (walking)* canne *f* kan
canoe *vi* faire du canoë fer dew ka-no-ay **I'll teach you how to canoe.** Je *vous (Fam: t')* apprendrai à faire du canoë. Zhuh voo_z_(Fam: t')_a-pran-dray a fer dew ka-no-ay. ♦ *n* canoë *m* ka-no-ay **Let's rent a canoe.** Louons un canoë. Loo-on uhn ka-no-ay. ♦ **canoeing** *n* canoë *m* ka-no-ay **Let's go canoeing!** Faisons du canoë! Fuh-zon dew ka-no-ay!
canopy *n* auvent *m* o-van, baldaquin *m* bal-da-kuhn
canteen *n* gourde *f* goord
canvas *adj* en toile an twal ♦ *n* toile *f* twal
canyon *n* canyon *m* ka-nyon
cap *n* bonnet *m* bo-ne, casquette *f* kas-ket **gas (tank)** ~ *(automot.)* bouchon *m* de réservoir (pour l'essence) boo-shon duh ray-zer-vwar (poor l'ay-sans) **swim(ming)** ~ bonnet *m* de bain bo-nay duh buhn **You'd better wear a cap. (The sun is strong.)** *Vous devriez (Fam: Tu devrais)* porter une casquette. (Le soleil tape fort.) Voo duh-vreeyay *(Fam: Tew duh-vray)* por-tay ewn kas-ket. (Luh so-ley tap for.)

Common occupations are listed on pages 526-533.

capacity *n* capacité *f* **ka-pa-see-tay**
Capricorn *n (zodiac) (Dec. 22 - Jan. 19)* Capricorne *m* **Ka-pree-korn**
car *n* 1. *(auto)* voiture *f* **vwa-tewr**, auto(mobile) *f* **o-to(mo-beel)**; 2. *(train)* wagon *m* **va-gon** **by** ~ en voiture **an vwa-tewr** **cable** ~ téléphérique *m* **tay-lay-fay-reek** ~ **with compartments** *(train)* wagon **va-gon** **dining** ~ *(train)* wagon-restaurant **va-gon-res-to-ran** **drive a** ~ conduire une voiture **kon-dweer_ewn vwa-tewr** **fill up the** ~ *(gas)* faire le plein **fer luh pluhn** **first-class** ~ *(train)* wagon première classe **va-gon pruh-myer klas** **fix / repair the** ~ réparer la voiture **ray-pa-ray la vwa-tewr** **lock the** ~ fermer la voiture **fer-may la vwa-tewr** **park the** ~ garer la voiture **ga-ray la vwa-tewr** **rent a** ~ louer une voiture **looay ewn vwa-tewr** **rental** ~ voiture de location **vwa-tewr duh lo-ka-syon** **second-class** ~ *(train)* wagon seconde classe **va-gon suh-gond klas** **sleeping** ~ *(train)* wagon avec couchettes **va-gon a-vek koo-shet,** wagon-lit **va-gon-lee** **Do you have a car?** *Avez-vous (Fam: As-tu)* une voiture? *A-vay-voo (Fam: A-tew)* **ewn vwa-tewr?** *(1)* **I** */ (2)* **We have a car.** *(1)* J'ai… */ (2)* Nous avons… une voiture. *(1)* **Zh'ay…** */ (2)* **Noo_z_a-von… ewn vwa-tewr.** *(1)* **I** */ (2)* **We don't have a car.** *(1)* Je n'ai… */ (2)* Nous n'avons… pas de voiture. *(1)* **Zhuh n'ay…** */ (2)* **Noo n'a-von pa… duh vwa-tewr.** **Can you drive a car?** *Savez-vous (Fam: Sais-tu)* conduire (une voiture)? *Sa-vay-voo (Fam: Say-tew)* **kon-dweer(_ewn vwa-tewr)?** **I can (not) drive a car.** Je (ne) sais (pas) conduire (une voiture*). Zhuh (nuh) say (pa) kon-dweer (ewn vwa-tewr).* **Does someone in your family have a car?** Est-ce que quelqu'un dans *votre (Fam: ta)* famille a une voiture? **Es kuh kel-kuhn dan** *votr (Fam: ta)* **fa-meey(uh) a ewn vwa-tewr?** **Do you know someone with a car?** *Connaissez-vous (Fam: Connais-tu)* quelqu'un qui a une voiture? *Ko-nay-say-voo (Fam: Ko-nay-tew)* **kel-kuhn kee a ewn vwa-tewr?** **We can go there in** *(1)* **my** */ (2)* **our car.** On peut s'y rendre avec *(1)* ma */ (2)* notre voiture. **On puh s'ee randr a-vek** *(1)* **ma** */ (2)* **notr vwa-tewr.** **Where can** *(1)* **I** */ (2)* **we rent a car?** Où *(1)* puis-je… */ (2)* pouvons-nous… louer une voiture? **Oo** *(1)* **pwee-zh…** */ (2)* **poo-von-noo… looay ewn vwa-tewr?** **Let's take the cable car up!** Prenons le téléphérique! **Pruh-non luh tay-lay-fay-reek!**
carafe *n* carafe *f* **ka-raf**
carburetor *n (automot.)* carburateur *m* **kar-bew-ra-tuhr**
card *n* carte *f* **kart**, ticket *m* **tee-kay** **ATM / cash machine** ~ carte de retrait **kart duh ruh-tray,** carte bancaire **kart ban-ker** **business** ~ carte de visite **kart duh vee-zeet** **credit** ~ carte de crédit **kart duh kray-dee** **ID / identification** ~ carte d'identité **kart d'ee-dan-tee-tay** **Green Card** *(U.S. immigration document)* Carte verte **Kart vert** **key** ~ *(room)* clef *f* électronique **klay ay-lek-tro-neek** **membership** ~ carte *f* de membre **kart duh manbr** **memory** ~ carte mémoire **kart may-mwar** **playing** ~s cartes (de jeu) **kart (duh zhuh)** **telephone** ~ carte téléphonique **kart tay-lay-fo-neek** **Do you take credit cards?** Acceptez-vous les cartes de crédit? **Ak-sep-tay-voo lay kart duh kray-dee?** **Where can I buy a telephone card?** Où puis-je acheter une carte téléphonique? **Oo pwee-zh ash-tay ewn kart tay-lay-fo-neek?** ♦ **cards** *n pl* cartes (de jeu) *fpl* **kart (duh zhuh)**

At the end of a word, s, d, t and x are generally silent.

*(See also phrases under **like, love** and **play**.)*

care *vi* 1. *(be interested)* importer **uhn-por-tay**; 2. *(have feelings for)* avoir des sentiments (pour) **a-vwar day san-tee-man (poor)**, faire attention **fer_a-tan-syon,** donner de l'importance (à) **do-nay duh l'uhn-por-tans (a) I don't care.** Ca m'est égal. **Sa m'ay_t_ay-gal. I care about you very much.** Je tiens beaucoup à *vous (Fam : toi).* **Zhuh chyuhn bo-koo a** *voo (Fam: twa).* ♦ *n* attention *f* **a-tan-syon,** soin *m* **swuhn take ~ of** faire attention (à) **fer_a-tan-syon (a) take ~ of a child** s'occuper d'un enfant **s'o-kew-pay d'uhn_an-fan Could you take care of this (for a few minutes)?** *Pourriez-vous (Fam: Pourrais-tu)* y faire attention (quelques minutes)? *Poo-ryay-voo (Fam: Poo-ray-tew)* **ee fer_a-tan-syon (kel-kuh mee-newt). (1) I'll / (2) We'll take care of it for you.** *(watch over) (1)* J'y ferai... / *(2)* Nous y ferons... attention pour *vous (Fam: toi).* **(1) Zh'ee fuh-ray... / (2) Noo_z_ee fuh-ron... a-tan-syon poor** *voo (Fam: twa).* **Thanks for taking care of it for me.** Merci d'en prendre soin pour moi. **Mer-see d'an prandr swuhn poor mwa. I'll take care of it.** *(pay the bill) (1)* Je m'en occupe. **Zhuh m'an_o-kewp. We'll take care of it.** Nous nous en occupons. **Noo noo_z_an_o-kew-pon. I promise to take very good care of you.** Je promets de prendre grand soin de *vous (Fam: toi).* **Zhuh pro-me duh prandr gran swuhn duh** *voo (Fam: twa).*

♦ **care for** *idiom (like)* aimer **ay-may,** avoir de l'affection pour **a-vwar duh l'a-fek-syon poor**

    Would you care for a... *Aimeriez-vous (Fam: Aimerais-tu)... Ay-muh-ryay-voo (Fam: Em-ray-tew)...*

        ...cup of coffee? ...un café? **...uhn ka-fay?**
        ...glass of wine? ...un verre de vin? **...uhn ver duh vuhn?**
        ...beer? ...une bière? **...ewn byer?**
        ...coke? ...un coca? **...uhn ko-ka?**

career *n* carrière *f* **ka-ryer What kind of career do you want?** Quel type de carrière *voulez-vous (Fam: veux-tu)?* **Kel teep duh ka-ryer** *voo-lay-voo (Fam: vuh-tew)?*

carefree *adj* insouciant, -e *m&f* **uhn-soo-syan, -syant,** sans bile **san beel**

careful *n* attentif, attentive *m&f* **a-tan-teef, -teev,** prudent, -e *m&f* **prew-dan, -dant Please be careful.** S'il *vous (Fam: te)* plaît, *faites (Fam: fais)* attention. **S'eel** *voo (Fam: tuh)* **play,** *fet (Fam: fay)* **a-tan-syon. We have to be careful.** Nous devons faire attention. **Noo duh-von fer_a-tan-syon. I promise I'll be careful.** Je promets de faire attention. **Zhuh pro-me duh fer_a-tan-syon.** ♦ **carefully** *adv* prudemment **prew-da-man** ♦ **careless** *adj* imprudent, -e *m&f* **uhn-prew-dan, -dant,** négligeant, -e *m&f* **nay-glee-zhan, -zhant**

caress *vt* caresser **ka-ray-say gently** ~ caresser tendrement **ka-ray-say tan-druh-man I love to caress you.** J'aime *vous (Fam: te)* caresser. **Zh'em** *voo (Fam: tuh)* **ka-ray-say.** ♦ *n* caresse *f* **ka-res I love your caresses.** J'aime *vos (Fam: tes)* caresses. **Zh'em** *vo (Fam: tay)* **ka-res.**

caring *adj* attentionné, -e *m&f* **a-tan-syo-nay You're such a good, sweet, caring**

Feminine forms of words in phrases are usually given in parentheses (italicized).

person. *Vous êtes (Fam: Tu es)* une personne si généreuse, si douce et tellement attentionnée. *Voo_z_et (Fam: Tew ay)* ewn per-son see zhay-nay-ruhz, see doos ay tel-ma̱n_t_a-ta̱n-syo-nay.

carnival *n* carnaval *m* kar-na-val **Let's go to the carnival!** Allons au carnaval! A-lo̱n_z_o kar-na-val!

carrier, baby *n* porte-bébé *m* port-bay-bay ♦ **carry** *vt* porter por-tay *(1)* **I'll...** / *(2)* **Let me... carry it (for you).** *(1)* Je vais... / *(2)* Laissez *(Fam: Laisse)*-moi... *(vous [Fam: te])* le porter. *(1) Zhuh vay... / (2) Lay-say (Fam: Les)-mwa... (voo [Fam: tuh])* luh por-tay.

case *n* 1. *(large box)* caisse *f* kes; 2. *(small box)* boîte *f* bwat; 3. *(event)* cas *m* ka; 4. *(grammar)* cas *m* ka **in ~** au cas où **o ka oo just in ~** juste au cas où **zhewst_o ka oo**

cash *vt* encaisser a̱n-kay-say **Where can I cash traveler's checks?** Où puis-je encaisser des traveler chèques? **Oo pwee-zh_ a̱n-kay-say day tra-vluhr shek?** ♦ *n* liquide *m* lee-keed, espèces *fpl* es-pes **~ machine** distributeur *m* de billets **dees-tree-bew-tuhr duh bee-ye I don't have enough cash.** Je n'ai pas assez de liquide. **Zhuh n'ay pa_z_a-say duh lee-keed.** ♦ **cashier** *n* caissier, -ière *m&f* kay-syay, -syer

cassette *n* cassette *f* ka-set **~ player** lecteur *m* cassette lek-tuhr ka-set **~ tape** cassette audio ka-set_o-jo **video ~** cassette vidéo ka-set vee-day-o

castle *n* château *m* sha-to **sand ~** château de sable sha-to duh sabl **When is the castle open?** Quand le château est-il ouvert? **Ka̱n luh sha-to ay_t-eel oo-ver?**

casual *adj* décontracté, -e *m&f* day-ko̱n-trak-tay, informel, -le *m&f* uẖn-for-mel **~ clothes** vêtements *mpl* décontractés vet-ma̱n day-ko̱n-trak-tay ♦ **casually** *adv* de manière décontractée duh ma-nyer day-ko̱n-trak-tay, de manière informelle duh ma-nyer uẖn-for-mel

cat *n* chat, -te *m&f* sha, shat **What's the cat's name?** Comment s'appelle le chat? **Ko-ma̱n s'a-pel luh sha? The cat's name is _(name)_.** Le chat s'appelle (___). **Luh sha s'a-pel (___). It's a beautiful cat.** Quel beau chat. **Kel bo sha. Is the cat a he or a she?** Votre chat est un male ou une femelle? **Votr sha ay_t_uẖn mal_oo ewn fuh-mel?**

catch *vt* 1. *(ball, objects)* attraper a-tra-pay, prendre pra̱ndr; 2. *(capture, trap)* capturer kap-tew-ray; 3. *(fish)* attraper a-tra-pay; 4. *(become infected)* attraper a-tra-pay; 5. *(buses, trains)* prendre pra̱ndr **Catch!** Attrapez *(Fam: Attrape)*! *A-tra-pay (Fam: A-trap)!* **I think I caught a cold.** Je pense avoir attraper un rhume. **Zhuh pa̱ns_a-vwar a-tra-pay uẖn rewm. Where can I catch the bus to _(place)_?** Où puis-je prendre le bus pour (___)? **Oo pwee-zh pra̱ndr luh bews poor (___)?** ♦ *n* *(game)* catch *m* katch **Let's play catch.** Jouons a la balle. **Zhoo-o̱n a la bal.**

cathedral *n* cathédrale *f* ka-tay-dral

Catholic *adj* catholique *m&f* ka-to-leek ♦ *n adj* catholique *m&f* ka-to-leek

cause *vt* causer ko-zay, produire pro-dweer, provoquer pro-vo-kay **What caused it?** Quelle en est la source? **Kel_a̱n_ay la soors?** *(1)* **I** / *(2)* **We don't want to cause you any** *(3)* **inconvenience.** / *(4)* **trouble.** *(1)* Je ne veux... / *(2)* Nous

---

Before a, o, u or a consonant, c is pronounced like **k**.

ne voulons… pas *vous (Fam: te)* causer le moindre *(3)* souci. / *(4)* problème. *(1)* **Zhuh nuh vuh… / *(2)* Noo nuh voo-lo<u>n</u>… pa** *voo (Fam: tuh)* **ko-zay luh mwuh<u>n</u>dr *(3)* soo-see. / *(4)* pro-blem.** ♦ **cause** *n* cause *f* **koz**

caution *n* prudence *f* **prew-dra<u>n</u>s** ♦ **cautious** *adj* prudent, -e *m&f* **prew-da<u>n</u>, -da<u>n</u>t**

cave *n* grotte *f* **grot**, caverne *f* **ka-vern**

ceiling *n* plafond *m* **pla-fo<u>n</u>**

celebrate *vt* célébrer **say-lay-bray**, fêter **fe-tay**
    Let's celebrate… Célébrons… **Say-lay-bro<u>n</u>…**
        …the holiday. …cette fête. **…set fet.**
        …the occasion. …cette occasion. **…set_o-ka-zyo<u>n</u>.**
        …being together. …le fait d'être ensemble. **…luh fay d'etr_a<u>n</u>-sa<u>n</u>bl.**
 We're going to celebrate your birthday. Nous allons fêter *votre (Fam: ton)* anniversaire. **Noo_z_a-lo<u>n</u> fe-tay** *votr (Fam: ton)*_**a-nee-ver-ser.** ♦ **celebration** *n* festivité *f* **fes-tee-vee-tay**, célébration *f* **say-lay-bra-syo<u>n</u> This calls for a celebration.** C'est le moment de passer aux festivités. **S'ay luh mo-ma<u>n</u> duh pa-say o fes-tee-vee-tay.** ♦ **celebrity** *n* célébrité *f* **say-lay-bree-tay**

celibate *adj* célibataire *m&f* **say-lee-ba-ter**

cello *n* violoncelle *m* **vyo-lo<u>n</u>-sel**

cellphone *n* (téléphone) *m* portable *m* **(tay-lay-fon) por-tabl Could I use your cellphone?** Puis-je utiliser *votre (Fam: ton)* portable? **Pwee-zh ew-tee-lee-zay** *votr (Fam: ton)* **por-tabl?**

cemetery *n* cimetière *m* **seem-chyer American military** ~ cimetière militaire américain **seem-chyer mee-lee-ter_a-may-ree-kuh<u>n</u> World War I** ~ cimetière de la Première Guerre Mondiale **seem-chyer duh la Pruh-myer Ger Mo<u>n</u>-jal World War II** ~ cimetière de la Seconde Guerre Mondiale **seem-chyer duh la Suh-go<u>n</u>d Ger Mo<u>n</u>-jal**

center *n* centre *m* **sa<u>n</u>tr amusement** ~ parc d'attraction **park d'a-trak-syo<u>n</u> city** ~ centre-ville *m* **sa<u>n</u>-truh-veel fitness** ~ centre de remise en forme **sa<u>n</u>tr duh ruh-meez_a<u>n</u> form shopping** ~ centre commercial **sa<u>n</u>tr ko-mer-syal**

ceramic *adj* en céramique **a<u>n</u> say-ra-meek** ♦ *n* céramique *f* **say-ra-meek**

ceremony *n* cérémonie *f* **say-ray-mo-nee civil** ~ *(wedding)* cérémonie civile **say-ray-mo-nee see-veel**, mariage civil **ma-ryazh see-veel graduation** ~ cérémonie de remise des diplômes **say-ray-mo-nee duh ruh-meez day dee-plom religious** ~ *(wedding)* cérémonie religieuse **say-ray-mo-nee ruh-lee-zhyuhz wedding** ~ cérémonie de mariage **say-ray-mo-nee duh ma-ryazh**

certain *adj* sûr, -e *m&f* **sewr Are you certain?** *Etes-vous (Fam: Es-tu)* sûr *(-e)?* *Et-voo (Fam: Ay-tew)* **sewr?** *(1)* **I'm /** *(2)* **We're (not) certain.** *(1)* Je (ne) suis (pas) sûr *(-e)*. / *(2)* Nous (ne) sommes (pas) *sûr(e)s*. **Zhuh (nuh) swee (pa) sewr. /** *(2)* **Noo (nuh) som (pa) sewr.** ♦ **certainly** *adv* certainement **ser-ten-ma<u>n</u>**, sans doute **sa<u>n</u> doot Certainly!** Bien sûr! **Byuh<u>n</u> sewr! Certainly not.** Sûrement pas. **Sewr-ma<u>n</u> pa.**

certificate *n* certificat *m* **ser-tee-fee-ka birth** ~ certificat de naissance **ser-tee-fee-ka duh nay-sa<u>n</u>s**, acte de naissance **akt duh nay-sa<u>n</u>s marriage** ~ certificat de

---

Before e, i, or y, c is pronounced like **s**.

mariage ser-tee-fee-ka duh ma-ryazh
chain *n* chaîne *f* shen **gold** ~ chaîne en or shen_an_or **silver** ~ chaîne en argent shen_an_ar-zhan.
chair *n* chaise *f* shez **beach** ~ chaise *f* longue shez long, transat *m* tran-zat **deck** ~ transat *m* tran-zat **easy** ~ fauteuil fo-tuhy **folding** ~ chaise pliante shez plee-yant **high** ~ chaise de bébé shez duh bay-bay **lounge** ~ fauteuil fo-tuhy **We need *(1)* another chair. / *(2)* more chairs.** Nous avons besoin *(1)* d'une autre chaise. / *(2)* de chaises supplémentaires. Noo_z_a-von buh-zuhn *(1)* d'ewn_otr shez. / *(2)* duh shez sew-play-man-ter. **Get another chair!** Va chercher une autre chaise! Va sher-shay ewn_otr shez!
challenge *vt* défier day-fyay **I challenge you to a game of *(1)* backgammon. / *(2)* chess. / *(3)* tennis.** Je te défie de faire une partie *(1)* de backgammon... / *(2)* d'échecs... / *(3)* de tennis... contre moi. Zhuh tuh day-fee duh fer ewn par-tee *(1)* duh bak-ga-mon… / *(2)* d'ay-shek… / *(3)* duh tay-nees… kon-truh mwa. ♦ *n* challenge *m* sha-lanzh, défi *m* day-fee *(1)* **I / *(2)* We accept the challenge.** *(1)* Je relève... / *(2)* Nous relevons... le défi. *(1)* Zhuh ruh-lev… / *(2)* Noo ruh-luh-von… luh day-fee. ♦ **challenging** *adj* stimulant, -e *m&f* stee-mew-lan, -lant **Your *(1)* job / *(2)* profession sounds very challenging.** *(1)* Votre (Fam: Ton) job *m* / *(2)* Votre (Fam: Ta) profession *f* semble très *stimulant(-e)*. *(1)* Votr (Fam: Ton) **job** / *(2)* Votr (Fam: Ta) pro-fay-syon sanbl tre *stee-mew-lan(-t)*.
champagne *n* champagne *m* shan-pany(uh) **This calls for some champagne.** C'est le moment de sortir le champagne. S'ay luh mo-man duh sor-teer luh shan-pany(uh).
champion *n* champion, championne *m&f* shan-pyon, -pyon **new** ~ *nouveau champion (F: nouvelle championne) noo-vo shan-pyon (F: noo-vel shan-pyon)* **world** ~ *champion (F: championne) du monde. shan-pyon (F: shan-pyon) dew mond.* ♦ **championship** *n* championnat *m* shan-pyo-na
chance *n* chance *f* shans, opportunité *f* o-por-tew-nee-tay, risque *m* reesk, hasard *m* a-zar **another** ~ une autre occasion ewn_otr_o-ka-zyon **big** ~ grande opportunité grand_o-po-tew-nee-tay **give *(1)* you / *(2)* me a** ~ *(1)* vous (Fam: te)… / *(2)* me… donner une chance *(1)* voo (Fam: tuh)… / *(2)* muh… do-nay ewn shans **last** ~ dernière chance der-nyer shans **miss the** ~ manquer de chance man-kay duh shans **only** ~ seule chance suhl shans **second** ~ seconde chance suh-gond shans **take a** ~ courir le risque koo-reer luh reesk **I'm so glad I had the chance to meet you.** Je suis si *content (-e)* d'avoir eu la chance de *vous (Fam: te)* rencontrer. Zhuh swee see *kon-tan (F: kon-tant)* d'a-vwar_ew la shans duh *voo (Fam: tuh)* ran-kon-tray. **We're so glad we had the chance to meet you.** Nous sommes si *content(e)s* d'avoir eu la chance de *vous (Fam: te)* rencontrer. Noo som see *kon-tan (Fpl: kon-tant)* d'a-vwar ew la shans duh *voo (Fam: tuh)* ran-kon-tray.

    Is there any chance ... Y a-t-il une chance... Ee_y_a-t-eel_ewn shans…
       ...I can see you... ...que je puisse *vous (Fam: te)* voir... **…kuh zhuh pwees** *voo (Fam: tuh)* **vwar…**
        ...tonight? ...ce soir? **…suh swar?**

Numbers in French are given on pages 519-520.

...**tomorrow?** ...demain? **...duh-muhn?**
...**this weekend?** ...ce week-end? **...suh wee-kend?**
...**you can get off work...** ...que *vous n'alliez* (Fam: *tu n'ailles*) pas au travail... **...kuh** *voo n'a-lyay* (Fam: *tew n'aee*) **pa_z_o tra-vaee....**
...**today?** ...aujourd'hui? **...o-zhoor-d'wee?**
...**tomorrow?** ...demain? **...duh-muhn?**
...**you can take vacation?** ...que *vous puissiez* (Fam: *tu puisses*) prendre des vacances? **...kuh** *voo pwee-syay* (Fam: *tew pwees*) **prandr day va-kans?**
...**you can come with me?** ...que *vous puissiez* (Fam: *tu puisses*) venir avec moi? **...kuh** *voo pwee-syay* (Fam: *tew pwees*) **vuh-neer a-vek mwa?**

If you have the chance (*[1]* tonight / *[2]* tomorrow), call *(3)* me. / *(4)* us. Si *vous pouvez* (Fam: *tu peux*) (*[1]* ce soir / *[2]* demain), *(3)* appelez (Fam: *appelle*)-moi. / *(4)* appelez (Fam: *appelle*)-nous. **See** *voo poo-vay* (Fam: *tew puh*) (*[1]* **suh swar** / *[2]* **duh-muhn**), *(3)* **a-play** (Fam: **a-pel**)-**mwa.** / *(4)* **a-play** (Fam: **a-pel**)-**noo**. **Please give me another chance.** S'il *vous* (Fam: *te*) plaît, *donnez* (Fam: *donne*)-moi une autre chance. **S'eel** *voo* (Fam: *tuh*) **play, do-nay** (Fam: **don**)-**mwa ewn_otr shans**. **Okay, I'll take a chance.** D'accord, je prendrai le risque. **D'a-kor, zhuh pran-dray luh reesk**

change *vt* changer **shan-zhay** ~ **channels** *(TV)* changer de chaînes **shan-zhay duh shen** ~ **partners** *(games)* changer de partenaires **shan-zhay duh par-tuh-ner** ~ **places** *(seats)* changer de place **shan-zhay duh plas** **Do we have to change trains?** Devons-nous changer de train? **Duh-von-noo shan-zhay duh truhn?** **We (don't) have to change trains.** Nous (ne) devons (pas) changer de train. **Noo (nuh) duh-von (pa) shan-zhay duh truhn.** *(1)* **I** / *(2)* **We need to change *(3)* clothes.** / *(4)* **some money.** *(1)* J'ai... / *(2)* Nous avons... besoin de changer de *(3)* vêtements. / *(4)* l'argent. *(1)* **Zh'ay...** / *(2)* **Noo_z_a-von... buh-zwuhn duh shan-zhay duh *(3)* vet-man.** / *(4)* **l'ar-zhan.** **Where can *(1)* I / *(2)* we change money?** Où *(1)* puis-je... / *(2)* pouvons-nous... changer de l'argent? **Oo *(1)* pwee-zh...** / *(2)* **poo-von-noo... shan-zhay duh l'ar-zhan?** ♦ *vi* changer **shan-zhay** *(1)* **Everything** / *(2)* **It changed.** *(1)* Tout... / *(2)* Ça... a changé. *(1)* **Too...** / *(2)* **Sa... a shan-zhay.** **It's going to change.** Ça va changer. **Sa va shan-zhay.** ♦ *n* 1. *(alteration)* changement *m* **shanzh-man**; 2. *(small money)* monnaie *f* **mo-nay**, pièces *fpl* **pyes** small ~ petite monnaie **puh-teet mo-nay** **Could you give me some change?** Pourriez-vous (Fam: Pourrais-tu) me donner de la monnaie? *Poo-ryay-voo* (Fam: *Poo-ray-tew*) **muh do-nay duh la mo-nay?**

channel *n (TV)* chaîne *f* **shen**
chapel *n* chapelle *f* **sha-pel**
chaperon(e) *n* chaperon *m* **sha-pron**
character *n* 1. *(nature)* caractère *m* **ka-rak-ter**; 2. *(movie, novel)* personnage *m* **per-so-nazh** fine ~ caractère agréable **ka-rak-ter a-gray-abl** good ~ bon caractère **bon ka-rak-ter**
charge *vt* 1. *(ask a price)* faire payer **fer pay-yay**; 2. *(apply to credit)* facturer **fak-**

charge tew-ray; 3. *(battery)* charger **shar-zhay**, recharger **ruh-shar-zhay How much do *(1)* you / *(2)* they charge (per *[3]* hour / *[4]* day)?** Combien *(1)* faites-vous *(Fam: fais-tu)*... / *(2)* font-ils... payer (*[3]* de l'heure / *[4]* par jour)? **Kon-byuhn *(1)* fet-voo *(Fam: fay-tew)*... / *(2)* fon̲ t-eel... pay-yay *[3]* duh l'uhr / *[4]* par zhoor)? Can I charge it (to my credit card)?** Puis-je le faire facturer (sur ma carte de crédit)? **Pwee-zh luh fer fak-tew-ray (sewr ma kart duh kray-dee)? The battery needs to be charged.** La batterie a besoin d'être rechargée. **La ba-tree a buh-zwuhn̲ d'etr ruh-shar-zhay.** ♦ *n* 1. *(price, fee)* coût *m* **koo,** tarif *m* **ta-reef,** charge *f* **sharzh;** 2. *(command, leadership)* responsabilité *f* **res-pon̲-sa-bee-lee-tay be in ~ (of)** être chargé *(-e)* (de) **etr shar-zhay (duh) take ~ (of)** se charger (de) **suh shar-zhay (duh) What is this charge?** A quoi correspond cette charge? **A kwa ko-res-pon̲ set sharzh? Is there a door charge?** *(clubs)* Y a-t-il un prix d'entrée? **Ee̲ y̲ a-t-eel uhn̲ pree d'an̲-tray?** ♦ **charger** *n (elec.)* chargeur *m* **shar-zhuhr battery ~** chargeur de batterie **shar-zhuhr duh ba-tree (digital) camera ~** chargeur d'appareil photo (numérique) **shar-zhuhr d'a-pa-rey fo-to (new-may-reek) cell phone ~** chargeur de téléphone portable **shar-zhuhr duh tay-lay-fon por-tabl**

charm *vt* charmer **shar-may** ♦ *n* charme *m* **sharm** ♦ **charming** *adj* charmant, -e *m&f* **shar-man̲, -man̲t**

chase *vt* chasser **sha-say,** poursuivre *poor-sweevr*

chat *vi* bavarder **ba-var-day,** papoter **pa-po-tay,** chatter **cha-tay ~ on the Internet** chatter sur Internet, **cha-tay sewr uhn̲-ter-net** ♦ *n* conversation *f* **kon̲-ver-sa-syon̲ long ~** longue conversation **long̲ kon̲-ver-sa-syon̲**

chatterbox *n* bavard, -e *m&f* **ba-var, -vard,** moulin *m* à paroles **moo-luhn̲ a pa-rol**

cheap *adj (inexpensive)* bon marché **bon̲ mar-shay,** économique *m&f* **ay-ko-no-meek,** pas cher, pas chère *m&f* **pa sher cheaper** plus économique **plew̲ z̲ ay-ko-no-meek cheapest** le *(F: la)* plus économique *luh (F: la)* **plew̲ z̲ ay-ko-no-meek** ♦ **cheaply** *adv* pour pas cher **poor pa sher** ♦ **cheapskate** *n* radin, -e *m&f* **ra-duhn̲, -deen**

cheat *vt* tromper **tron̲-pay,** tricher **tree-shay That's not fair! You cheated!** Ce n'est pas juste! Vous avez *(Fam: tu as)* triché! **Suh n'ay pa zhewst! Voo̲ z̲ a-vay *(Fam: Tew a)* tree-shay! I would never cheat on you.** Je ne vous *(Fam: te)* tromperais jamais. **Zhuh nuh voo *(Fam: tuh)* tron̲-pray zha-may.** ♦ **cheating** *n* tricherie *f* **tree-shree,** triche *f* **treesh No cheating!** Pas de tricherie! **Pa duh tree-shree!**

check *vt* vérifier **vay-ree-fyay,** contrôler **kon̲-tro-lay Please check the *(1)* brakes. / *(2)* engine. / *(3)* oil. / *(4)* transmission.** S'il vous plaît, vérifiez *(1)* les freins. / *(2)* le moteur. / *(3)* l'huile. / *(4)* la trasmission. **S'eel voo play, vay-ree-fyay *(1)* lay fruhn̲. / *(2)* luh mo-tuhr. / *(3)* l'weel. / *(4)* la tran̲s-mee-syon̲. I want to check my e-mail.** Je veux jeter un coup d'œil à mes emails. **Zhuh vuh zhuh-tay uhn̲ koo d'uhy a may̲ z̲ ee-mayl.** ♦ *vi* vérifier **vay-ree-fyay I'll go check.** J'irai vérifier. **Zh'ee-ray vay-ree-fyay. Check and see if...** Vérifie et vois si… **Vay-**

Final consonants of words are often not pronounced, but usually run together with next words that start with vowels.

ree-fee ay vwa see... ♦ **check** *n* 1. *(bill)* addition *f* **a-dee-syon**, facture *f* **fak-tewr**; 2. *(payment)* chèque *m* **shek traveler's ~(s)** traveler's cheque(s) **tra-vluhr chek**, chèque(s) de voyage **shek duh vwa-yazh The check, please.** L'addition, s'il *vous (Fam: te)* plaît. **L'a-dee-syon, s'eel voo** *(Fam: tuh)* **play.** *(1)* **I'll** / *(2)* **We'll take care of the check.** *(1)* Je m'occuperai... / *(2)* Nous nous occuperons... de l'addition. *(1)* **Zhuh m'o-kew-pray...** / *(2)* **Noo noo_z_o-kew-pron... duh l'a-dee-syon. Do** *(1)* **you** / *(2)* **they accept traveler's checks?** Est-ce que *(1)* vous acceptez *(Fam: tu acceptes)*... / *(2)* ils acceptent... les chèques de voyage? **Es kuh** *(1)* **voo_z_ak-sep-tay** *(Fam: tew ak-sept)*... / *(2)* **eel_z_ak-sept... lay shek duh vwa-yazh?**
- ♦ **check in** *idiom* enregistrer **an-ruh-zhees-tray**
- ♦ **check out** *idiom* régler la note **ray-glay la not**, libérer la chambre **lee-bay ray la shanbr What time do we have to check out?** A quelle heure devons-nous libérer la chambre? **A kel_uhr duh-von-noo lee-bay-ray la shanbr?**

checkers *n pl* (jeu *m* de) dames **(zhuh duh) dam**,
cheek *n* joue *f* **zhoo**
cheerful *adj* plein (-e) d'entrain **pluhn** (F: **plen**) **d'an-truhn I like your cheerful nature.** J'aime *votre (Fam: ta)* joie de vivre. **Zh'em** *votr (Fam: ta)* **zhwa duh veevr. You're such a cheerful person.** Vous êtes *(Fam: Tu es)* une personne pleine d'entrain. *Voo_z_et (Fam: Tew ay)* **ewn per-son plen d'an-truhn**. ♦ **cheerfulness** *n* gaieté *f* **gay-tay**
Cheers! *(toasting expression)* *(1)* A votre santé! **A votr san-tay!** / *(2)* Chin chin! **Cheen cheen!**
cheer up *vt* encourager **an-koo-ra-zhay**, animer **a-nee-may** *(1)* **I** / *(2)* **We want to cheer you up.** *(1)* Je veux... / *(2)* Nous voulons... *vous (Fam: t')* encourager. *(1)* **Zhuh vuh...** / *(2)* **Noo voo-lon... voo_z_***(Fam: t')*_ **an-koo-ra-zhay. Maybe this will help cheer you up.** Peut-être que cela *vous (Fam: t')* encouragera. **Puh_t-etr kuh suh-la voo_z_***(Fam: t')*_ **an-koo-ra-zhra.** ♦ *vi* se motiver **suh mo-tee-vay Cheer up, everything will be okay.** Courage, tout ira bien. **Koo-razh, too_t_ee-ra byuhn.**
chemical *adj* chimique **shee-meek** ♦ **chemist** *n (Brit.)* pharmacie *f* **far-ma-see** ♦ **chemistry** *n* 1. *(science)* chimie *f* **shee-mee**; 2. *(attraction)* chimie *m* **shee-mee**, attirance *f* **a-tee-rans**
cherish *vt* chérir **shay-reer**, aimer **ay-may**, apprécier **a-pray-syay I cherish your love.** J'apporte de l'importance á *votre (Fam: ton)* amour. **Zh'a-port duh l'uhn-por-tans a** *votr (Fam: ton)*_**a-moor**. **I will always cherish the memory of** *(1)* **these days...** / *(2)* **this time... (with you).** Je porterai toujours dans mon cœur le souvenir de... *(1)* ces jours... / *(2)* ces moments... (passés avec toi). **Zhuh por-tuh-ray too-zhoor dan mon kuhr luh soov-neer duh...** *(1)* **say zhoor...** / *(2)* **say mo-man... (pa-say a-vek twa).**
chess *n* échecs *mpl* **ay-shek ~ set** jeu *m* d'échecs **zhuh d'ay-shek Do you know how to play chess?** Savez-vous *(Fam: Sais-tu)* jouer aux échecs? **Sa-vay-voo** *(Fam: Say-tew)* **zhooay o_z_ay-shek? I'll teach you how to play chess.** Je *vous*

All syllables of a French word have equal stress.
The last word in a group has a little more.

(Fam: t') apprendrai à jouer aux échecs. **Zhuh** *voo_z_(Fam: t')_***a-pran-dray a zhooay o_z_ay-shek.** **Let's play a game of chess.** Faisons une partie d'échecs. **Fuh-zon ewn par-tee d'ay-shek.** ♦ **chessboard** *n* échiquier *m* **ay-shee-kyay**

chest *n* 1. *(breast)* torse *m* **tors**, poitrine *f* **pwa-treen**; 2. *(box, trunk)* coffre *m* **kofr** **bare** ~ torse nu **tors new beautiful** ~ belle poitrine **bel pwa-treen big** ~ poitrine imposante **pwa-treen_uhn-po-zant broad** ~ large poitrine **larzh pwa-treen hairy** ~ poitrine poilue **pwa-treen pwa-lew ice** ~ glacière *f* **gla-syer You are a treasure chest of** *(1)* **fun.** / *(2)* **clever ideas.** Tu regorges *(1)* de joie. / *(2)* d'idées intelligentes. **Tew ruh-gorzh** *(1)* **duh zhwa.** / *(2)* **d'ee-day_z_uhn-tay-lee-zhant.**

chewing gum *n* chewing-gum *m* **shweeng-gom**

chic *adj* chic *m&f* **sheek**, élégant, -e *m&f* **ay-lay-gan, -gant You look very chic.** *Vous êtes (Fam: Tu es)* très *élégant (-e).* **Voo_z_et (Fam: Tew ay) tre_z_ay-lay-gan (F: ay-lay-gant).**

child *n* enfant *m* **an-fan**

    Do you have any children? *Avez-vous (Fam: As-tu)* des enfants? **A-vay-voo (Fam: A-tew) day_z_an-fan?**

    I have… J'ai… **Zh'ay…**

    We have… Nous avons… **Noo_z_a-von…**

        …one child. …un enfant. **…uhn_an-fan.**

        …two children. …deux enfants. **…duh_z_an-fan.**

        …three children. …trois enfants. **…trwa_z_an-fan.**

        …four children. …quatre enfants. **…katr_an-fan.**

    I don't have any children. Je n'ai pas d'enfants. **Zhuh n'ay pa d'an-fan.**

    We don't have any children. Nous n'avons pas d'enfants. **Noo n'a-von pa d'an-fan.**

(1) **My** / *(2)* **Our children are grown.** *(1)* Mes / *(2)* Nos enfants sont grands. *(1)* **May_z_** / *(2)* **No_z_an-fan son gran. How old are your children?** Quel âge ont *vos (Fam: tes)* enfants? **Kel_azh on vo (Fam: tay)_z_an-fan? I love children.** J'adore les enfants. **Zh'a-dor lay_z_an-fan.** ♦ **childhood** *n* enfance *f* **an-fans in my** ~ dans mon enfance **dan mon_an-fans** ♦ **childish** *adj* enfantin, -e *m&f* **an-fan-tuhn, -teen**; puéril, -e *(péjoratif) m&f* **pew-ay-reel**; gamin, -e *(colloq.) m&f* **ga-muhn, -meen**

chills *n, pl* frissons *mpl* **free-son I have the chills.** J'ai des frissons. **Zh'ay day free-son.** ♦ **chilly** *adj* frisqué, -e *m&f* **frees-kay**, froid, -e *m&f* **frwa, frwad It's chilly!** Il fait frisqué! **Eel fay frees-kay!**

chin *n* menton *m* **man-ton**

Chinese *adj* chinois, -e *m&f* **shee-nwa, -nwaz** ~ **food** nouriture *f* chinoise **noo-ree-tewr shee-nwaz** ~ **goods** / **products** produits *mpl* chinois **pro-dwee shee-nwa** ~ **restaurant** restaurant *m* chinois **res-to-ran shee-nwa** ♦ *n* Chinois, -e *m&f* **Shee-nwa, -nwaz**

chip *n (comp.)* puce *f* **pews**; 2. *pl (snack)* chips *fpl* **cheeps computer** ~ puce d'ordinateur **pews d'or-dee-na-tuhr digital** ~ puce digitale **pews dee-zhee-tal**

---

ew sounds similar to the "ew" in "pew"

chocolate 67 **church**

potato ~ chips **cheeps**

chocolate *n* chocolat *m* **sho-ko-la** box of ~s boîte *f* de chocolat **bwat duh sho-ko-la** hot ~ chocolat chaud **sho-ko-la sho** **Do you like chocolates?** *Aimez-vous (Fam: Aimes-tu)* le chocolat? *Ay-may-voo (Fam: Em-tew)* **luh sho-ko-la?**

choice *n* choix *m* **shwa**, décision *f* **day-see-zyon** bad ~ mauvais choix **mo-vay shwa** first ~ premier choix **pruh-myay shwa** good ~ bon choix **bon shwa** lucky ~ coup de chance **koo duh shans** make a ~ prendre une décision **prandr ewn day-see-zyon**, choisir **shwa-zeer**, faire son choix **fer son shwa** second ~ second choix **suh-kon shwa**

choir *n (singers / music)* chœur *m* **kuhr**; *(refrain)* refrain *m* **ruh-fruhn** church ~ chœur d'église **kuhr d'ay-gleez** **I sing in a choir.** Je chante dans un chœur. **Zhuh shant dan z ewn kuhr.**

cholesterol *n* cholestérol *m* **ko-les-tay-rol** ~ level taux de cholestérol **to duh ko-les-tay-rol** **I have to watch my cholesterol.** Je dois faire attention à mon cholestérol. **Zhuh dwa fer a-tan-syon a mon ko-les-tay-rol.**

choose *vt* choisir **shwa-zeer**, élir **ay-leer** **I'll let you choose.** Je *vous (Fam: te)* laisse choisir. **Zhuh voo (Fam: tuh) les shwa-zeer.** **Go ahead and choose one.** *Allez (Fam: Vas)*-y et *choisissez (Fam: choisis)*-en un. *A-lay (Fam: Va) z ee ay shwa-zee-say (Fam: shwa-zee) z an uhn.* **I chose (what).** J'ai choisi (___). **Zh'ay shwa-zee (___).** ♦ **choosy** *adj* exigent, -e *m&f* **ek-zee-zhan, -zhant**, difficile *m&f* **dee-fee-seel**

chord *n (music)* accord *m* **a-kor** play a few ~s faire des accords **fer day z a-kor**

chorus *n* 1. *(singers; music)* chœur *m* **kuhr**; 2. *(refrain)* refrain *m* **ruh-fruhn**

Christian *adj* chrétien, -ne *m&f* **kray-chyuhn, -chyen** ♦ *n* chrétien, -ne *m&f* **kray-chyuhn, -chyen** ♦ **Christianity** *n* christianisme *m* **krees-chya-neezm** ♦ **Christmas** *adj* de Noël **duh No-el** ~ card carte *f* de Noël **kart duh No-el** ~ carol chant *m* de Noël **shan duh No-el** ~ **Day** jour *m* de Noël **zhoor duh No-el** ~ **Eve** Veille *f* de Noël **Vey(ee) duh No-el** ~ gift cadeau *m* de Noël **ka-do duh No-el** ~ lights lumières *fpl* de Noël **lew-myer duh No-el** ~ shopping achats *mpl* de Noël **a-sha duh No-el** ~ stocking chaussette *f* pour mettre les cadeaux de Noël **sho-set poor mete lay ka-doh duh No-el** ~ tree arbre *m* de Noël **abr duh No-el** ~ vacation vacances *fpl* de Noël **va-kans duh No-el** hang up ~ lights suspendre les lumières *fpl* de Noël **sews-pandr lay lew-myer duh No-el** **Let's sing Christmas carols.** Chantons des chants de Noël. **Shan-ton day shan duh No-el.** ♦ *n* Noël *m* **No-el** at ~ à Noël **a No-el** **Merry Christmas!** Joyeux Noël! **Zhwa-yuh No-el!** **I want to spend Christmas together with you.** Je veux passer Noël avec *vous (Fam: toi)*. **Zhuh vuh pa-say No-el a-vek voo (Fam: twa).** ♦ **Christmastime** *n* période *f* de Noël **pay-ryod duh No-el**

chubby *adj* rond, -e *m&f* **ron, rond**

church *n* église *f* **ay-gleez** **Do you go to church (often)?** *Allez-vous (Fam: Vas-tu)* (souvent) à l'église? *A-lay-voo (Fam: Va-tew)* **(soo-van) a l'ay-gleez?** *(1)* **I** / *(2)* **We (don't) go to church (**[3] **often /** [4] **regularly /** [5] **every Sunday).** *(1)* Je (ne) vais... / *(2)* Nous (n') allons... (pas) à l'église [3] souvent / [4] régulièrement

---

Numbers in parentheses always signal choices.

/ *[5] tous les dimanches). (1) Zhuh (nuh) vay… / (2) Noo (n') a-lo<u>n</u>… (pa) a l'ay-gleez ([3] soo-va<u>n</u> / [4] ray-gew-lyer-ma<u>n</u> / [5] too lay dee-ma<u>n</u>sh).* **Let's go to church together on Sunday.** Allons à l'église ensemble ce dimanche. **A-lo<u>n</u> a l'ay-gleez a<u>n</u>-sa<u>n</u>bl suh dee-ma<u>n</u>zh.**

cigarette *adj* de cigarette **duh see-ga-ret** ~ **smoke** fumée de cigarette **few-may duh see-ga-ret** ♦ *n* cigarette *f* **see-ga-ret pack of ~s** paquet de cigarettes **pa-kay duh see-ga-ret**

circle *n* cercle *m* **serkl** ~ **of friends** cercle d'amis **serkl d'a-mee traffic** ~ rond-point **ro<u>n</u>-pwuh<u>n</u>**

circulation *n* circulation *f* **seer-kew-la-syo<u>n</u>**

circumstance *n* circonstance *f* **seer-ko<u>n</u>s-ta<u>n</u>s difficult** ~**s** conditions *f* difficiles **ko<u>n</u>-dee-syo<u>n</u> dee-fee-seel financial** ~**s** conjonctures *fpl* financières **ko<u>n</u>-zhonk-tewr fee-na<u>n</u>-syer unfortunate** ~**s** circonstances malencontreuses **seer-ko<u>n</u>s-ta<u>n</u>s ma-la<u>n</u>-ko<u>n</u>-truhz**

circus *n* cirque *m* **seerk**

citizen *n* citoyen, -ne *m&f* **see-twa-yuh<u>n</u>, -yen become a** ~ devenir *citoyen (-ne)* **duh-vuh-neer** *see-twa-yuh<u>n</u>* (F: *see-twa-yen*) **senior** ~ personne âgée **per-son_a-zhay**

 I'm a(n)… Je suis *un citoyen (F: une citoyenne)*… **Zhuh swee** *uh<u>n</u> see-twa-yuh<u>n</u>* (F: *ewn see-twa-yen*)…

 …**American citizen**. …*américain (-e)*. …*a-may-ree-kuh<u>n</u>* (F: *a-may-ree ken).*
 …**Australian citizen**. …*australien (-ne)*. …*os-tra-lyuh<u>n</u>* (F: *os-tra-lyen).*
 …**British citizen**. …britannique. …**bree-ta-neek***.*
 …**Canadian citizen**. …*canadien (-ne)*. …*ka-na-juh<u>n</u>* (F: *ka-na-jen).*
 …**Irish citizen**. …*irlandais (-e)*. …*eer-la<u>n</u>-day* (F: *eer-la<u>n</u>-dez).*
 …**New Zealand citizen**. …*néo-zélandais (-e)*. …*nayo-zay-la<u>n</u>-day* (F: *nayo-zay-la<u>n</u>-dez).*

♦ **citizenship** *n* citoyenneté *f* **see-twa-yen-tay apply for** ~ faire la demande de citoyenneté **fer la duh-ma<u>n</u>d duh see-twa-yen-tay get** ~ obtenir la citoyenneté **ob-tuh-neer la see-twa-yen-tay,** devenir citoyen **duhv-neer see-twa-yuh<u>n</u>**

city *adj* de la ville **duh la veel** ~ **administration** administration municipale **ad-mee-nees-tra-syo<u>n</u> mew-nee-see-pal** ~ **map** plan *m* de la ville **pla<u>n</u> duh la veel** ♦ *n* ville *f* **veel What city are you from?** De quelle ville *venez-vous (Fam: viens-tu)*? **Duh kel veel** *vuh-nay-voo (Fam: vyuh<u>n</u>-tew)?* **Do you know this city well?** *Connaissez-vous (Fam: Connais-tu)* bien cette ville? *Ko-nay-say-voo (Fam: Ko-nay-tew)* **byuh<u>n</u> set veel?** *(1)* **I /** *(2)* **We (don't) know this city (very) well.** *(1)* Je (ne) connais… / *(2)* Nous (ne) connaissons… (pas) (très) bien cette ville. *(1) Zhuh (nuh) ko-nay… / (2) Noo (nuh) ko-nay-so<u>n</u>… (pa) (tre) byuh<u>n</u> set veel.* **Could you show** *(1)* **me /** *(2)* **us around the city?** *Pourriez-vous (Fam: Pourrais-tu) (1)* me / *(2)* nous faire visiter la ville? *Poo-ryay-voo (Fam: Poo-ray-tew) (1)* **muh… /** *(2)* **noo… fer vee-zee-tay la veel?**

class *n* 1. *(school group)* classe *f* **klas**; 2. *(category)* classe *f* **klas**, catégorie *f* **ka-tay-go-ree**; 3. *(style)* classe *f* **klas business** ~ classe affaire **klas_a-fer economy**

A phrasebook makes a great gift!
See order information on page 552.

~ classe économique **klas_ay-ko-no-meek** **first ~** première classe **pruh-myer klas** **graduating ~** classe des lauréats **klas day lo-ray-a** **second ~** seconde classe **suh-gond klas** **tourist ~** classe touriste **klas too-reest** **What classes do you have?** Quels cours suis-tu? **Kel koor swee-tew?** ♦ **classics** *n, pl (lit.)* classiques *mpl* **kla-seek** **I like the classics.** J'aime les classiques. **Zh'em lay kla-seek.** ♦ **classmate** *n* camarade *m&f* de classe **ka-ma-rad duh klas** ♦ **classy** *adj* (de) classe *m&f* **klas**, élégant, -e *m&f* **ay-lay-gan, -gant**

clean *adj* propre *m&f* **prop** ♦ *vt* nettoyer **nay-twa-yay** **I'll clean it.** Je le nettoierai. **Zhuh luh nay-twa-ray.** **We have to clean it.** Nous devons le nettoyer. **Noo duh-von luh nay-twa-yay.** **Can you clean it?** *Pouvez-vous (Fam: Peux-tu) le (F: la) laver?* **Poo-vay-voo (Fam: Puh-tew) luh (F: la) la-vay?** **I'd like to have (1) this / (2) these cleaned.** J'aimerais qu' *(1)* il soit / *(2)* ils soient *lavé (-s).* **Zh'em-ray k' *(1,2)* eel swa la-vay.** ♦ **cleaner, vacuum** *n* aspirateur *m* **as-pee-ra-tuhr** ♦ **cleanser, skin** *n (cosmetic)* démaquillant *m* **day-ma-kee-yan**
 ♦ **clean up** *idiom* nettoyer **nay-twa-yay** *(1)* **I'm /** *(2)* **We're going to go clean up.** *(1)* Je vais… / *(2)* Nous allons… nettoyer. *(1)* **Zhuh vay… /** *(2)* **Noo_z_a-lon… nay-twa-yay.**

clear *adj* 1. *(easily visible)* clair, -e *m&f* **kler**; 2. *(easily understandable)* clair, -e *m&f* **kler** ♦ **clearly** *adv* 1. *(easily visible)* clairement **kler-man**; 2. *(undoubtedly)* clairement **kler-man**

cleats *n, pl (soccer)* crampon *m* **kran-pon**

clerk *n* employé, -e *m&f* **an-plwa-yay** **office ~** *employé (-e)* de bureau **an-plwa-yay duh bew-ro** **store ~** *employé (-e)* de boutique **an-plwa-yay duh boo-teek**

clever *adj* intelligent, -e *m&f* **uhn-tay-lee-zhan, -zhant**, rusé, -e *m&f* **rew-zay** **How clever!** Que c'est intelligent! **Kuh s'ay_t_uhn-tay-lee-zhan!** **Oh, you are a clever one!** Tu es vraiment quelqu'un d'intelligent! **Tew ay vray-man kel-kuhn d'uhn-tay-lee-zhan!**

client *n* client, -e *m&f* **klyan, klyant** **I have to meet with a client.** Je dois rencontrer *un(e) client(-e).* **Zhuh dwa ran-kon-tray** *uhn klyan* (F: *ewn klyant).*

climb *vt* escalader **es-ka-la-day**, grimper **gruhn-pay** **I like to climb mountains.** J'aime escalader les montagnes. **Zh'em es-ka-la-day lay mon-tany(uh).** **Have you ever climbed a mountain?** *Avez-vous (Fam: As-tu)* déjà escaladé une montagne? *A-vay-voo (Fam: A-tew)* **day-zha es-ka-la-day ewn mon-tany(uh)?**
 ♦ **climbing** *n* alpinisme **al-pee-neezm**, escalade *f* **es-ka-lad**, ascension *f* **a-san-syon** **(mountain) ~ equipment** équipement de montagne **ay-keep-man duh mon-tany(uh)** **go mountain ~** aller faire de l'alpinisme **a-lay fer duh l'al-pee-neezm**

clippers *n, pl (hair)* tondeuse *f* **ton-duhz** **(finger)nail ~** coupe-ongles *m* **koop-ongl**

clock *n* horloge *f* **or-lozh** **alarm ~** réveil *m* **ray-vey** **Don't forget to set the alarm clock.** N'*oubliez (Fam: oublie)* pas de régler le réveil. **N'***oo-blyay (Fam: oo-blee)* **pa duh ray-glay luh ray-vey.** **Is that clock right?** Est-ce que cette horloge fonctionne? **Es kuh set_or-lozh fonk-syon?** **The clock is** *(1)* **fast. /** *(2)* **slow. /** *(3)* **right.** L'horloge *(1)* avance. / *(2)* retarde. / *(3)* est juste. **L'or-lozh** *(1)* **a-vans. /** *(2)* **ruh-tard. /** *(3)* **ay zhewst.**

Articles: m = le, f = la, mpl = les, fpl = les

close *adj* proche *m&f* **prosh**, près *m&f* **pre**, voisin, -e *m&f* **vwa-zuhn, -zeen closer** plus proche **plew prosh closest** le (F: la) plus proche *luh (F: la)* **plew prosh** ~ **resemblance** ressemblance proche. **ruh-san-blans prosh**. ♦ *adv* près **pre I like to have you close to me.** J'aime *vous (Fam: t')* avoir près de moi. **Zh'em voo_z_(Fam: t')_a-vwar pre duh mwa. Come (a little) closer.** Venez *(Fam: Viens)* (un peu) plus près. *Vuh-nay (Fam: Vyuhn)* **(uhn puh) plew pre.**

close *vt* fermer **fer-may Close your eyes (and hold out your hands).** Fermez *(Fam: Ferme)* les yeux (et *serrez [Fam: serre]* les mains). **Fer-may (Fam: Ferm) lay_z_yuh** *(ay say-ray [Fam: ser]* **lay muhn)**. ♦ *vi* fermer **fer-may What time does it close?** A quelle heure ça ferme? **A kel_uhr sa ferm? It closes at** *(time)*. Ça ferme à (___). **Sa ferm_a (___).**

closet *n* placard *m* **pla-kar**, armoire *f* **ar-mwar**, cagibi *m* **ka-zhee-bee**

clothes / clothing *n* vêtements *mpl* **vet-man**, habits *mpl* **a-bee baby / infant** ~ vêtements pour bébés **vet-man poor bay-bay boys'** ~ vêtements pour garçons **vet-man poor gar-son change** ~ changer d'habits **shan-zhay d'a-bee children's** ~ vêtements pour enfants **vet-man poor_an-fan comfortable** ~ vêtements confortables **vet-man konon-for-tabl dirty** ~ vêtements sales **vet-man sal girls'** ~ vêtements pour filles **vet-man poor feey(uh) men's** ~ vêtements pour hommes **vet-man poor_om put** ~ **on** mettre ses vêtements **metr say vet-man**, s'habiller **s'a-bee-yay take** ~ **off** enlever ses vêtements **anl-vay say vet-man warm** ~ vêtements chauds **vet-man sho wash** ~ laver les vêtements **la-vay lay vet-man women's** ~ vêtements pour femmes **vet-man poor fam**

cloud *n* nuage *m* **new-azh**

clown *n* clown *m* **kloon**

club *n* club *m* **klub**, centre *m* **santr dance** ~ club *m* **kluhb**, boite *f* **bwat** *(1)* **fitness / (2) health** ~ *(1)* centre de fitness **santr duh feet-nes** / *(2)* centre de remise en forme **santr duh ruh-meez_an form golf** ~ 1. *(place)* club *m* de golf **kluhb duh golf**; 2. *(stick)* club *m* de golf **kluhb duh golf Do you know any clubs?** Connaissez-vous *(Fam: Connais-tu)* ces clubs? **Ko-nay-say-voo** *(Fam: Ko-nay-tew)* **say kluhb?** ♦ **clubs** *n pl (card suit)* trèfle *mpl* **trefl**

clumsy *adj* maladroit, -e *m&f* **mal-a-drwa, -drwat**, gauche *m&f* **gosh**

coach *n (sports)* entraîneur, entraîneuse *m&f* **an-tray-nuhr, -nuhz**, coach *m* **koch**

coast *n* côte *f* **kot East Coast** *(USA)* côte est **kot_est West Coast** *(USA)* côte ouest **kot_(oo)west**

coat *n* manteau *m* **man-to**, veste *f* **vest sport** ~ veste décontractée **vest day-kon-trak-tay suit** ~ veste de costume **vest duh kos-tewm warm** ~ manteau chaud **man-to sho winter** ~ manteau d'hiver **man-to d'ee-ver**

cocoa *n (drink)* chocolat *m* **sho-ko-la**

code *n* code *m* **kod area** ~ *(tel.)* indicatif *m* régional **uhn-dee-ka-teef ray-zhyo-nal postal** ~ code *m* postal **kod pos-tal**

coffee *n* café *m* **ka-fay** ~ **shop** 1. *(sold in cups)* café **ka-fay**; 2. *(sold as beans & ground)* café en grains **ka-fay an gruhn**, café non moulu **ka-fay non moo-lew**

In the pronunciation **n** *stands for a nasalized* **n**.

How about a cup of coffee? Ca *vous (Fam: te) dit de prendre un café ensemble?* **Sa voo (Fam: tuh) dee duh prandr_uhn ka-fay an-sanbl? Let's go somewhere and have a cup of coffee.** Allons quelque part prendre un café. **A-lon kel-kuh par prandr_uhn ka-fay.** ♦ **coffeemaker** *n* cafetière *f* **kaf-chyer**

coin *n* pièce *f* **pyes collect ~s** collectionner les pièces **ko-lek-syo-nay lay pyes**. **Do you have any coins?** *Avez-vous (Fam: As-tu) des pièces?* **A-vay-voo (Fam: A-tew) day pyes?**

cold *adj* froid, -e *m&f* **frwa, frwad colder** plus *froid (-e)* **plew** *frwa (F: frwad)* **coldest** *le (F: la) plus froid (-e)* **luh (F: la) plew** *frwa (F: frwad)* **~ heart** cœur de pierre **kuhr duh pyer get ~ feet** reconsidérer une décision par peur **ruh-kon-see-day-ray ewn day-see-zyon par puhr**, reculer **ruh-kew-lay**, se rétracter **suh ray-trak-tay Are you cold?** *Avez-vous (Fam: As-tu)* froid? *A-vay-voo (Fam: A-tew)* **frwa?** *(1)* **I'm** / *(2)* **We're (not) cold**. *(1)* Je (n') ai… / *(2)* Nous (n') avons… (pas) froid. *(1) Zhuh (n') ay… / (2) Noo (n') a-von… (pa) frwa.* **It's (too) cold.** Il fait (trop) froid. **Eel fay (tro) frwa.** ♦ *n (ailment)* rhume *m* **rewm catch a (bad) ~** attraper un (mauvais) rhume **a-tra-pay uhn (mo-vay) rewm I have a (slight) cold.** J'ai un (léger) rhume. **Zh'ay uhn lay-zhay rewm.** ♦ **cold-hearted** *adj* froid, -e *m&f* **frwa, frwad**, insensible *m&f* **uhn-san-seebl**

colleague *n* collègue *m&f* **ko-leg**

collect *vt* collectionner **ko-lek-syo-nay Do you collect anything?** *Collectionnez-vous (Fam: Collectionnes-tu)* quelque chose? *Ko-lek-syo-nay-voo (Fam: Ko-lek-syon-tew)* **kel-kuh shoz?**

    I collect… Je collectionne… **Zhuh ko-lek-syon…**
        …banknotes. …les billets de banque. **…lay bye duh bank.**
        …coins. …les pièces. **…lay pyes**.
        …dolls. …les poupées. **…lay poo-pay**.
        …postcards. …les cartes postales. **…lay kart pos-tal**.
        …stamps. …les timbres. **…lay tuhnbr**.

♦ **collection** *n* collection *f* **ko-lek-syon coin ~** collection de pièces **ko-lek-syon duh pyes doll ~** collection de poupées **ko-lek-syon duh poo-pay stamp ~** collection de timbres **ko-lek-syon duh tuhnbr** ♦ **collector** *n* collectionneur, -neuse *m&f* **ko-lek-syo-nuhr, -nuhz coin ~** *collectionneur (F: collectionneuse)* de pièces *ko-lek-syo-nuhr (F: ko-lek-syo-nuhz)* **duh pyes doll ~** *collectionneur (F: collectionneuse)* de poupées *ko-lek-syo-nuhr (F: ko-lek-syo-nuhz)* **duh poo-pay stamp ~** *collectionneur (F: collectionneuse)* de timbres *ko-lek-syo-nuhr (F: ko-lek-syo-nuhz)* **duh tuhnbr**

college *adj* universitaire **ew-nee-ver-see-ter ~ education** enseignement universitaire **an-se-nyuh-man ew-nee-ver-see-ter ~ tuition** frais de scolarité **fray duh sko-la-ree-tay** ♦ *n* université *m* **ew-nee-ver-see-tay**, institut *m* universitaire **uhns-tee-tew ew-nee-ver-see-ter,** premières années après le baccalauréat **pruh-myer_z_a-nay a-pre luh bak-ka-lo-ray-a Do you go to college?** *Etes-vous (Fam: Es-tu)* à l'université? *Et-voo (Fam: Ay-tew)* **a l'ew-nee-ver-see-tay? I go to college.** Je suis à l'université. **Zhuh swee a l'ew-nee-ver-see-tay. I graduated**

A tilde ~ in terms stands for the main entry word.

from college (in *[year]*). J'ai été *diplômé (e)* (en *[___]*). **Zh'ay ay-tay dee-plo-may** *(an [___])*. **I'm going to graduate from college** *(1)* **this** / *(2)* **next year.** Je vais être diplômé *(1)* cette année. / *(2)* l'année prochaine. **Zhuh vay_z_etr dee-plo-may** *(1)* **set_a-nay.** / *(2)* **l'a-nay pro-shen.**

color *n* couleur *f* **koo-luhr** **hair ~** 1. *(color)* couleur *f* de cheveux **koo-luhr duh shuh-vuh**; 2. *(hair dye)* teinture *f* pour les cheveux **tuhn-tewr poor lay shuh-vuh**
 What color is it? C'est de quelle couleur? **S'ay duh kel koo-luhr?**
 It's *([1]* **dark** / *[2]* **light)**... C'est... **S'ay...** *(dark/light at end)*
   ...**black**. ...noir. ...**nwar.**
   ...**blue**. ...bleu... ...**bluh...**
   ...**brown**. ...marron... ...**ma-ro<u>n</u>...**
   ...**green**. ...vert... ...**ver...**
   ...**grey**. ...gris... ...**gree...**
   ...**maroon**. ...bordeaux... ...**bor-do...**
   ...**orange**. ...orange... ...**o-ra<u>n</u>zh...**
   ...**pink**. ...rose... ...**roz...**
   ...**purple**. ...violet... ...**vyo-lay...**
   ...**red**. ...rouge... ...**roozh...**
   ...**white**. blanc. ...**bla<u>n</u>.**
   ...**yellow**. ...jaune... ...**zhon...**
   ...*([1]* foncé. **fo<u>n</u>-say.** / *[2]* clair. **kler.**)
 What's your favorite color? Quelle est *votre (Fam: ta)* couleur préférée? **Kel_ay votr *(Fam: ta)* koo-luhr pray-fay-ray? My favorite color is** *(name)*. Ma couleur préférée est le *(___)*. **Ma koo-luhr pray-fay-ray ay luh *(___)*.** ♦ **colorful** *adj* coloré, -e *m&f* **ko-lo-ray**, riche en couleur **reesh_a<u>n</u> koo-luhr**

column *n (newspapers)* rubrique *f* **rew-breek** **personal ad ~** rubrique pour les annonces personnelles **rew-breek poor lay a-no<u>n</u>s per-so-nel**

comb *vt* peigner **pay-nyay** **I have to comb my hair.** Je dois peigner mes cheveux. **Zhuh dwa pay-nyay may shuh-vuh.** ♦ *n* peigne *m* **peny(uh)**

combination *n* 1. *(combining)* combinaison *f* **ko<u>n</u>-bee-nay-zo<u>n</u>**; 2. *(lock)* combinaison *f* **ko<u>n</u>-bee-nay-zo<u>n</u>** **I forgot the** *(1,2)* **combination.** J'ai oublié... *(1)* la combinaison / *(2)* le code. **Zh'ay oo-blyay...** *(1)* **la ko<u>n</u>-bee-nay-zo<u>n</u>.** / *(2)* **luh kod.** ♦ **combine** *vt* combiner **ko<u>n</u>-bee-nay**, mélanger **may-la<u>n</u>-zhay** *(1)* **I'm** / *(2)* **We're combining business with pleasure.** *(1)* Je mélange... / *(2)* Nous mélangeons... affaires et plaisirs. *(1)* **Zhuh may-la<u>n</u>zh...** / *(2)* **Noo may-la<u>n</u>-zho<u>n</u>... a-fer_z_ay play-zeer.**

come *vi* venir **vuh-neer** **Can you come?** Pouvez-vous *(Fam: Peux-tu)* venir? *Poo-vay-voo (Fam: Puh-tew)* **vuh-neer?** *(1)* **I'd** / *(2)* **We'd love to come.** *(1)* J'adorerais / *(2)* Nous adorerions... venir. *(1)* **Zh'a-do-ray...** / *(2)* **Noo_z_a-do-ryo<u>n</u>... vuh-neer. Can I come (with you)?** Puis-je venir avec *(vous [Fam: toi])*? **Pwee-zh vuh-neer a-vek *(voo [Fam: twa])*? Yes, you can come (with me).** Oui, *vous pouvez (Fam: tu peux)* venir (avec moi). **Wee, voo poo-vay *(Fam: tew puh)* vuh-neer (a-vek mwa). No, you can't come (with me).** Non, vous ne

---

uh sounds like the "u" in "but"

pouvez (Fam: tu ne peux) pas venir (avec moi). **Non**, *voo nuh poo-vay (Fam: tew nuh puh)* **pa vuh-neer_(a-vek mwa). I'll come with you.** Je viendrai avec *vous (Fam: toi)*. **Zhuh vyuhn-dray a-vek** *voo (Fam: twa)*. **Would it be possible for you to come** *(1)* **with me?** / *(2)* (*[3]* **here...** / *[4]* **to my hotel...) after work?** Serait-il possible que *vous veniez (Fam: tu viennes) (1)* avec moi? / *(2)* (*[3]* ici... / *[4]* à mon hôtel...) après le travail? **Suh-ray-t-eel po-seebl kuh** *voo vuh-nyay (Fam: tew vyen) (1)* **a-vek mwa?** / *(2)* (*[3]* **ee-see…** / *[4]* **a mon_o-tel…) a-pre luh tra-vaee?**

    Come with me to my… *Venez (Fam: Viens)* avec moi… *Vuh-nay (Fam: Vyuhn)* **avek mwa…**
        …apartment. …à mon appartement. **…a mon_a-par-tuh-man.**
        …hotel. …à mon hôtel. **…a mon_o-tel.**
        …house. …à la maison. **…a la may-zon.**
        …place. …chez moi. **…shay mwa.**
        …room. …dans ma chambre. **…dan ma shanbr.**

What time will you come? A quelle heure *arriverez-vous* (*Fam: arriveras-tu*)? **A kel_uhr** *a-reev-ray-voo (Fam: a-reev-ra-tew)*? **I'll come at** *(time)*. Je viendrai à (___). **Zhuh vyuhn-dray a (___). What time** *(1)* **shall** / *(2)* **should I come?** A quelle heure *(1)* dois-je... / *(2)* devrais-je... venir? **A kel_uhr** *(1)* **dwa-zh…** / *(2)* **duh-vray-zh… vuh-neer? Come at** *(time)*. *Venez (Fam: Viens)* à (___). *Vuh-nay (Fam: Vyuhn)* **a (___). I'll come (here) again** *(1)* **this year.** / *(2)* **next year.** / *(3)* **in** *(month)*. Je reviendrai (ici) *(1)* cette année. / *(2)* l'année prochaine. / *(3)* en (___). **Zhuh ruh-vyuhn-dray (ee-see)** *(1)* **set_a-nay.** / *(2)* **l'a-nay pro-shen.** / *(3)* **an (___).** *(1)* **I** / *(2)* **We came** *(3)* **yesterday.** / *(4)* **last week.** / *(5)* **by car.** *(1)* Je suis venu … / *(2)* Nous sommes venus... *(3)* hier. / *(4)* la semaine dernière. / *(5)* en voiture. *(1)* **Zhuh swee vuh-new…** / *(2)* **Noo som vuh-new… (3)* **ee-yer.** / *(4)* **la suh-men der-nyer.** / *(5)* **an vwa-tewr. Come here.** *Venez (Fam: Viens)* ici. *Vuh-nay (Fam: Vyuhn)* **ee-see. Come (a little) closer.** *Venez (Fam: Viens)* (un peu) plus près. *Vuh-nay (Fam: Vyuhn)* **(uhn puh) plew pre. Come (here) to me.** *Venez (Fam: Viens)* (ici). *Vuh-nay (Fam: Vyuhn)* **(ee-see). Come on!** Allez! **A-lay! Come over to** *(1)* **my** / *(2)* **our table.** *Venez* (*Fam: Viens*) à *(1)* ma / *(2)* notre table. *Vuh-nay (Fam: Vyuhn)* **a** *(1)* **ma** / *(2)* **notr tabl. Would you like to come to my place?** *Aimeriez-vous (Fam: Aimerais-tu)* venir chez moi? **Ay-muh-ryay-voo** *(Fam: Em-ray-tew)* **vuh-neer shay mwa?** *(1)* **I'll** / *(2)* **We'll come over (to your place)** *(3)* **at about** *(time)*. / *(4)* **right away.** *(1)* Je viendrai… / *(2)* Nous viendrons… (chez *vous [Fam: toi]*) *(3)* à environ (___). / *(4)* de suite. *(1)* **Zhuh vyuhn-dray…** / *(2)* **Noo vyuhn-dron… (shay** *voo [Fam: twa]*) **a an-vee-ron (___).** / *(4)* **duh sweet. Come off it!** Et puis quoi encore? **Ay pwee kwa an-kor?**

♦ **come back** *idiom* revenir **ruh-vuh-neer Come back!** Reviens! **Ruh-vyuhn! When will you come back?** Quand reviendras-tu? **Kan ruh-vyuhn-dra tew? I'll come back** *(1)* **in** *(number)* **minutes.** / *(2)* **soon.** / *(3)* **tomorrow.** Je reviendrai *(1)* dans (___) minutes. / *(2)* bientot. / *(3)* demain. **Zhuh ruh vyuhn-dray** *(1)* **dan (___) mee-newt.** / *(2)* **byuhn-to.** / *(3)* **duh-muhn.** *(1)*

Common French signs and labels are on pages 547-551.

I / (2) We want to come back here. *(1)* Je veux… / *(2)* Nous voulons… revenir ici. *(1)* **Zhuh vuh…** / *(2)* **Noo voo-lon… ruh-vuh-neer ee-see.**

♦ **come in** *idiom* entrer **an-tray Can I come in?** Puis-je entrer? **Pwee-zh an-tray? Please come in.** *Entrez s'il vous plaît. (Fam: Entre s'il te plaît).* **An-tray s'eel voo play.** *(Fam:* **Antr s'eel tuh play).**

comedian *n* comédien *m* **ko-may-juhn** ♦ **comedienne** *n* comédienne *f* **ko-may-jen** ♦ **comedy** *n* comédie *f* **ko-may-dee**

comfortable *adj* confortable *m&f* **kon-for-tabl**, commode *m&f* **ko-mod**, à l'aise **a l'ez Are you comfortable?** *Etes-vous (Fam: Es-tu)* à l'aise? *Et-voo (Fam: Ay-tew)* **a l'ez?** *(1)* **I'm** / *(2)* **We're (quite) comfortable.** *(1)* Je suis… / *(2)* Nous sommes… (plutôt) à l'aise. *(1)* **Zhuh swee…** / *(2)* **Noo som… (plew-to) a l'ez. Make yourself comfortable.** *Mettez-vous (Fam: Mets-toi)* à l'aise. *May-tay-voo (Fam: May-twa)* **a l'ez. I don't feel comfortable with that.** Je ne me sens pas à l'aise. **Zhuh nuh muh san pa_z_a l'ez.**

comical *adj* comique *m&f* **ko-meek**

comment *n* remarque *f* **ruh-mark**, commentaire *m* **ko-man-ter I didn't understand your (last) comment.** Je n'ai pas compris *votre (Fam: ton)* (dernière) remarque. **Zhuh n'ay pa kon-pree** *votr (Fam: ta)* **(der-nyer) ruh-mar.**

commitment *n* engagement *m* **an-gazh-man make a ~** s'engager **s'an-ga-zhay**

common *adj* courant, -e *m&f* **koo-ran, -rant**, fréquent, -e *m&f* **fray-kan, -kant**, commun, -e *m&f* **ko-muhn, -mewn ~ sense** logique *f* **lo-zheek We have common interests.** Nous avons des intérêts communs. **Noo_z_a-von day_z_uhn-tay-re ko-muhn.** ♦ *n* commun *m* **ko-muhn You and I have a lot in common.** *Vous (Fam: Toi)* et moi avons beaucoup de points en commun. *Voo_z_ (Fam: Twa)_ay mwa a-von bo-koo duh pwuhn_z_an ko-muhn.*

communicate *vi* communiquer **ko-mew-nee-kay** *(1,2)* **You and I communicate well together.** *(1) Vous (Fam: Toi)* et moi… / *(2)* Nous… n'avons aucun problème de communication. *(1) Voo_z_(Fam: Twa)_ay mwa…* / *(2)* **Noo… n'a-von o-kuhn pro-blem duh ko-mew-nee-ka-syon.** ♦ **communication** *n* communication *f* **ko-mew-nee-ka-syon**

communion *n* communion *f* **ko-mew-nyon receive / take ~** recevoir la communion **ruh-suh-vwar la ko-mew-nyon**

community *n (neighborhood)* communauté *f* **ko-mew-no-tay**

companion *n* compagnon, compagne *m&f* **kon-pa-nyon, -ny(uh) constant ~** *compagnon (F: compagne)* fidèle *kon-pa-nyon (F: kon-pa-ny[uh])* **fee-del travel ~** *compagnon (F: compagne)* de voyage *kon-pa-nyon (F: kon-pa-ny[uh])* **duh vwa-yazh You're such a good companion.** *Vous êtes (Fam: Tu es)* un très bon *compagnon (F: une très bonne compagne). Voo_z_et (Fam: Tew ay) uhn tre bon kon-pa-nyon (F: ewn tre bon kon-pa-ny[uh]).* ♦ **companionship** *n* compagnie *f* **kon-pa-nee I enjoy your companionship.** J'aime *votre (Fam: ta)* compagnie. **Zh'em** *votr (Fam: ta)* **kon-pa-nee.**

company *n* 1. *(companionship)* compagnie *f* **kon-pa-nee**; 2. *(firm)* compagnie *f* **kon-pa-nee**; 3. *(guests)* compagnie *f* **kon-pa-nee I (really) enjoy your**

To learn more about French verbs, go to the Grammar appendix on page 512.

company. J'apprécie (vraiment) *votre (Fam: ta)* compagnie. **Zh'a-pray-see (vray-ma**n**)** *votr (Fam: ta)* **ko**n**-pa-nee.**

compare *vi* comparer **ko**n**-pa-ray Nobody can compare to you.** Personne ne vous *(Fam: t')* égale. **Per-son nuh** *voo_z_(Fam: t')_* **ay-gal.** ♦ **comparison** *n* comparaison *f* **ko**n**-pa-ray-zo**n **There's no comparison.** Il n'y a pas de comparaison possible. **Eel n'ee_y_a pa duh ko**n**-pa-ray-zo**n **po-seebl.**

compass *n* boussole *f* **boo-sol**

compassion *n* compassion *f* **ko**n**-pa-syo**n ♦ **compassionate** *adj* compatissant **ko**n**-pa-tee-sa**n, **-sa**n**t**

compatible *adj* compatible *m&f* **ko**n**-pa-teebl You and I are really compatible.** Toi et moi, on est vraiment compatible. **Twa ay mwa, o**n**_ay vray-ma**n **ko**n**-pa-teebl.**

compete *vi* entrer en compétition **a**n**-tray_r_a**n **ko**n**-pay-tee-syo**n, être en compétition **etr_a**n **ko**n**-pay-tee-syo**n, rencontrer **ra**n**-ko**n**-tray We're going to compete for** *(what)*. Nous allons être en compétition pour (___). **Noo_z_a-lo**n **etr_a**n **ko**n**-pay-tee-syo**n **poor (___).** ♦ **competition** *n* competition *f* **ko**n**-pay-tee-syo**n, concours *m* **ko**n**-koor**, rencontre *f* **ra**n**-ko**n**tr**

complain *vi* se plaindre **suh pluh**n**dr**, se lamenter **suh la-ma**n**-tay** *(1)* **I'm** / *(2)* **We're going to complain about it.** *(1)* Je vais me… / *(2)* Nous allons nous… plaindre. *(1)* **Zhuh vay muh…** / *(2)* **Noo_z_a-lo**n **noo… pluh**n**dr. I'm not complaining.** Je ne me plains pas. **Zhuh nuh muh pluh**n **pa.** ♦ **complaint** *n* plainte *f* **pluh**n**t** make a ~ se plaindre **suh pluh**n**dr**

complete *adj* complet, complète *m&f* **ko**n**-play, -plet**, total, -e *m&f* **to-tal** ♦ **completely** *adv* complètement **ko**n**-plet-ma**n, totalement **to-tal-ma**n

complexion *n* complexe *m* **ko**n**-pleks You have a lovely complexion.** Vous avez *(Fam: Tu as)* un complexe adorable. *Voo_z_a-vay (Fam: Tew a)* **uh**n **ko**n**-pleks_a-do-rabl.**

complicated *adj* compliqué, -e *m&f* **ko**n**-plee-kay It's a complicated situation.** C'est une situation compliquée. **S'ay_t_ewn see-tew-a-syo**n **ko**n**-plee-kay.**

compliment *n* compliment *m* **ko**n**-plee-ma**n **Thank you for the (nice) compliment.** Merci pour le (gentil) compliment. **Mer-see poor luh (zha**n**-tee) ko**n**-plee-ma**n. **That's the nicest compliment anyone has ever made to me.** C'est le compliment le plus gentil qu'il ne m'ait jamais été fait. **S'ay luh ko**n**-plee-ma**n **luh plew zha**n**-tee k'eel nuh m'ay zha-may ay-tay fay.**

compose *vt* composer **ko**n**-po-zay** ♦ **composer** *n* compositeur *m*, -trice *f* **ko**n**-po-zee-tuhr, -trees**

compromise *vi* compromettre **ko**n**-pro-metr Let's compromise.** Faisons un compromis. **Fuh-zo**n **uh**n **ko**n**-pro-mee.** ♦ *n* compromis *m* **ko**n**-pro-mee**

computer *n* ordinateur *m* **or-dee-na-tuhr laptop / portable ~** (ordinateur *m*) portable **(or-dee-na-tuhr) por-tabl personal ~ (PC)** PC **PeSay use a ~** utiliser un ordinateur **ew-tee-lee-zay uh**n**_or-dee-na-tuhr Where can I find a computer (for e-mail)?** Où puis-je trouver un ordinateur (pour envoyer mes e-mails)? **Oo pwee-zh troo-vay uh**n**_or-dee-na-tuhr (poor a**n**-vwa-yay may_z_ee-mayl)?**

conceited *adj* arrogant, -e *m&f* **a-ro-ga**n, **-ga**n**t**, vaniteux, vaniteuse *m&f* **va-nee-**

Some adjectives follow nouns, some precede them.
You'll need to memorize these case by case.

concentrate tuh, -tuhz
concentrate *vi* se concentrer suh kon-san-tray
concern *vt* concerner kon-ser-nay, regarder ruh-gar-day **What does it concern?** En quoi ça concerne? An kwa sa kon-sern? **It concerns *(what)*** Ça concerne en *(___)*. Sa kon-sern an *(___)*. **As concerns me, …** En ce que me concerne, … An suh kee muh kon-sern, … ♦ *n* inquiétude *f* uhn-kwyay-tewd **I appreciate your concern.** J'apprécie que *vous vous faites (Fam: tu te fasses)* du souci pour moi. Zh'a-pray-see kuh *voo voo fet (Fam: tew tuh fas)* dew soo-see poor mwa. ♦ **concerned** *adj (worried)* préoccupé, -e *m&f* pray-o-kew-pay **(1) I'm / (2) We're (very) concerned about it.** *(1)* Je suis (très) *préoccupé (-e)*… / *(2)* Nous sommes (très) *préoccupé(e)s*. *(1)* Zhuh swee (tre) pray-o-kew-pay… / *(2)* Noo som (tre) pray-o-kew-pay…

concert *n* concert kon-ser **classical music ~** concert de musique classique kon-ser duh mew-seek kla-seek **have / put on a ~** organiser à un concert or-ga-nee-zay uhn kon-ser **rock ~** concert de rock kon-ser duh rok **I love concerts.** J'adore les concerts. Zh'a-dor lay kon-ser. **Are there any concerts *(1)* this weekend? / *(2)* tonight?** Y a-t-il des concerts *(1)* ce week-end? / *(2)* ce soir? Ee_y_a-t-eel day kon-ser *(1)* suh wee-kend? / *(2)* suh swar? **Do you know of any good concerts in town?** Savez-vous *(Fam: Sais-tu)* s'il y a de bons concerts en ville? *Sa-vay-voo (Fam: Say-tew)* s'eel_y_a duh bon kon-ser_an veel? **Do you want to go to a concert *(1)* tonight? / *(2)* tomorrow night? / *(3)* Saturday night?** Voulez-vous *(Fam: Veux-tu)* aller à un concert *(1)* ce soir? / *(2)* demain soir? / *(3)* samedi soir? *Voo-lay-voo (Fam: Vuh-tew)* a-lay a uhn kon-ser *(1)* suh swar? / *(2)* duh-muhn swar? / *(3)* sam-dee swar? **What time does the concert start?** A quelle heure commence le concert? A kel_uhr ko-mans luh kon-ser? **Where's the concert at?** Où a lieu le concert? Oo a lyuh luh kon-ser? **Where can we get tickets to the concert?** Où peut-on acheter des tickets pour le concert? Oo puh_t-on ash-tay day tee-kay poor luh kon-ser? **What a(n) *(1)* awesome / *(2)* crummy / *(3)* fantastic / *(4)* great / *(5)* lousy concert (that was)!** Quel concert **Kel** kon-ser *(1)* génial zhay-nyal! / *(2)* minable mee-nabl! / *(3)* fantastique fan-tas-teek! / *(4)* super sew-per! / *(5)* nul newl! **Have you been to any good concerts lately?** Avez-vous *(Fam: As-tu)* été à un bon concert récemment? *A-vay-voo (Fam: A-tew)* ay-tay a uhn bon kon-ser ray-sa-man?

condition *n* 1. *(state)* condition *f* kon-dee-syon, état *m* ay-ta; 2. *(provision)* clause *f* kloz; 3. *(physical)* état *m* ay-ta **It's in *(1)* bad / *(2)* excellent / *(3)* good condition.** C'est en *(1)* mauvais / *(2)* excellent / *(3)* bon état. S'ay_t_an *(1)* mo-vez / *(2)* ek-say-lant / *(3)* bon ay-ta. **Okay, on one condition…** D'accord, mais à une seule condition… D'a-kor, may_z_a ewn suhl kon-dee-syon… **You're in (very) good condition.** Vous êtes *(Fam: Tu es)* en (pleine) forme. *Voo_z_et (Fam: Tew ay)_z_an* (plen) form. **I try to keep in condition.** J'essaie de rester en forme. Zh'ay-say duh res-tay_r_an form. **I have a heart condition.** J'ai un problème chronique au cœur. Zh'ay uhn pro-blem kro-neek_o kuhr. ♦ **conditioner** *n*

A blue diamond ♦ signals a different word or a different form of a word.

(hair) après-shampooing *m* **a-pre-shan-pwuhn**, démêlant *m* **day-me-lan**

condom *n* préservatif *m* **pray-ser-va-teef** **Do you have a condom?** *Avez-vous (Fam: As-tu)* un préservatif? *A-vay-voo (Fam: A-tew)* **uhn pray-ser-va-teef? Please use a condom.** Je *vous (Fam: t')* en prie, *utilisez (Fam: utilise)* un préservatif. **Zhuh voo_z_(Fam: t')_an pree, ew-tee-lee-zay (Fam: ew-tee-leez) uhn pray-zer-va-teef. I want you to use a condom.** Je veux que *vous utilisiez (Fam: tu utilises)* un préservatif. **Zhuh vuh kuh voo_z_ew-tee-lee-zyay (Fam: tew ew-tee-leez_) uhn pray-ser-va-teef.**

condo(minium) *n* copropriété *f* **ko-pro-pryay-tay**, condominium *m* **kon-do-mee-nyom**

cone *n* cône *m* **kon** ice cream ~ cornet *m* de glace **kor-ne duh glas**

confess *vi* se confesser **kon-fay-say**, avouer **a-vooay** **Confess! You're dying to kiss me.** Avoue! Tu meurs d'envie de m'embrasser. **A-voo! Tew muhr d'an-vee duh m'an-bra-say.** ♦ **confession** *n* confession *f* **kon-fay-syon** **I have a (small) confession to make. (I'm crazy about you.)** J'ai une (petite) confession à te faire. (Je suis *fou [F: folle]* de toi.) **Zh'ay ewn (puh-teet) kon-fay-syon a tuh fer. (Zhuh swee foo [F: fol] duh twa.)**

confide *vi* confier **kon-fyay** **You can confide in me.** *Vous pouvez vous (Fam: Tu peux te)* confier à moi. *Voo poo-vay voo (Fam: Tew puh tuh)* **kon-fyay a mwa.**

confidence *n* confiance *f* **kon-fyans** **You have to have more confidence in yourself**. *Vous devez (Fam: tu dois)* apprendre à avoir plus confiance en *vous (Fam: toi)*. *Voo duh-vay (Fam: Tew dwa)* **a-prandr_a a-vwar plews kon-fyans_an voo (Fam: twa).** ♦ **confident** *adj* confiant, -e *m&f* **kon-fyan, -fyant**, sûr *(-e)* de soi **sewr duh swa** **I feel confident** *(1)* **I /** *(2)* **we can do it**. Je sens que *(1)* je peux... / *(2)* nous pouvons... le faire. **Zhuh san kuh *(1)* zhuh puh... / *(2)* noo poo-von... luh fer.**

confirm *vt* confirmer **kon-feer-may** *(1)* **I /** *(2)* **We have to confirm** *(3)* **my /** *(4)* **our flight.** *(1)* Je dois… / *(2)* Nous devons… confirmer *(3)* mon / *(4)* notre vol. *(1)* **Zhuh dwa… /** *(2)* **Noo duh-von… kon-feer-may** *(3)* **mon /** *(4)* **no-truh vol.** ♦ **confirmation** *n* confirmation *f* **kon-feer-ma-syon** ~ **number** numéro de confirmation **new-may-ro duh kon-feer-ma-syon** **flight** ~ confirmation de vol **kon-for-ma-syon duh vol** **I have the confirmation (right here).** J'ai la confirmation (avec moi). **Zh'ay la kon-feer-ma-syon (a-vek mwa).**

confuse *vt* désorienter **day-zo-ryan-tay**, déconcerter **day-kon-ser-tay**, perturber **per-tewr-bay** **I'm sorry if I confused you**. Je suis *désolé (-e)* si je *vous (Fam: t')* ai déconcerté. **Zhuh swee day-zo-lay see zhuh voo_z_(Fam: t')_ay day-kon-ser-tay.** ♦ **confused** *past part* confus, -e *m&f* **kon-few, -fewz**, désorienté, -e *m&f* **day-zo-ryan-tay**, perturbé, -e *m&f* **per-tewr-bay** **become / get** ~ être confus *(-e)* etr **kon-few** **Are you confused?** Etes-vous *(Fam: Es-tu)* confus *(-e)*? *Et-voo (Fam: Ay-tew)* **kon-few? I'm confused**. Je suis confus (-e). **Zhuh swee kon-few.** ♦ **confusing** *adj* désorientant **day-zo-ryan-tan**, perturbant **per-tewr-ban** **It's confusing, isn't it?** C'est désorientant, n'est-ce pas? **S'ay day-zo-ryan-tan, n'es pa?**

Familiar "tu" ("tew") forms in parentheses can replace italicized polite forms.

congratulate *vt* féliciter **fay-lee-see-tay**
 I congratulate you… Je *vous (Fam: te)* félicite… **Zhuh** *voo (Fam: tuh)* **fay lee-seet…**
 We congratulate you… Nous *vous (Fam: te)* félicitons… **Noo** *voo (Fam: tuh)* **fay-lee-see-ton…**
  …on your graduation. …pour le diplôme que *vous avez (Fam: tu as)* reçu. **…poor luh dee-plom kuh** *voo_z_a-vay (Fam: tew a)* **ruh-sew.**
  …on your promotion. …pour *votre (Fam: ta)* promotion. **…poor votr** *(Fam: ta)* **pro-mo-syon**.
  …on your success. …pour *votre (Fam: ta)* réussite). **…poor votr** *(Fam: ta)* **ray-ew-seet**.
 ♦ **congratulation** *n* félicitations *fpl* **fay-lee-see-ta-syon** **Congratulations!** Félicitations! **Fay-lee-see-ta-syon!**
conjugate *vt* conjuguer **kon-zhew-gay** **How do you conjugate this verb (in the [1] future / [2] past / [3] present tense)?** Comment *conjuguez-vous (Fam: conjugues-tu)* ce verbe (au *[1]* futur / *[2]* passé / *[3]* présent)? **Ko-man kon-zhew-gay-voo** *(Fam: kon-zhewg-tew)* **suh verb_ (o** *[1]* **few-tewr /** *[2]* **pa-say /** *[3]* **pray-zan)?**
connect *vt* connecter **ko-nek-tay** **Where can I connect this?** Où puis-je connecter cela? **Oo pwee-zh ko-nek-tay suh-la?** ♦ *vi* se connecter **suh ko-nek-tay** **~ to the internet** se connecter à internet **suh ko-nek-tay a uhn-ter-net** ♦ **connection** *n* connexion *f* **ko-nek-syon**
connoisseur *n* connaisseur, -seuse *m&f* **ko-nay-suhr, -suhz** **I'm no connoisseur of wine, but this is great.** Je ne m'y connais pas en vin, mais ce vin est excellent. **Zhuh nuh m'ee ko-nay pa_z_an vuhn, may suh vuhn ay_t_ek-say-lan.**
conscience *n* conscience *f* **kon-syans** **clear ~** conscience pour soi **kon-syans poor swa** **guilty ~** mauvaise conscience **mo-vez kon-syans** ♦ **conscientious** *adj* conscient, -e *m&f* **kon-syan, -syant**, perspicace *m&f* **pers-pee-kas**
consent *n* consentement *m* **kon-sant-man** **~ to get married** accord pour se marrier **a-kor poor suh ma-ryay** **father's ~** consentement du père **kon-sant-man dew per** **give ~** donner son consentement **do-nay son kon-sant-man** **mother's ~** consentement de la mère **kon-sant-man duh la mer** **parents' ~** consentement des parents **kon-sant-man day pa-ran**
consequently *adv* par conséquent **par kon-say-kan**
conservative *adj* conservateur, conservatrice *m&f* **kon-ser-va-tuhr, kon-ser-va-trees**
consider *vt* considérer **kon-see-day-ray** **Please consider it.** Je *vous (Fam: t')* en prie, réfléchissez *(Fam: réfléchis)*-y. **Zhuh** *voo_z_(Fam: t')_* **an pree, ray-flay-shee-say** *(Fam: ray-flay-shee)_z_ee*. **(1) I'll / (2) We'll certainly consider it.** *(1)* J'y réfléchirai… / *(2)* Nous y réfléchirons… certainement. *(1)* **Zh'ee ray-flay-shee-ray… /** *(2)* **Noo_z_ee ray-flay-shee-ron… ser-ten-man**.
 ♦ **considerate** *adj* respectueux, respectueuse *m&f* **res-pek-tew-uh, -uhz** **You're very considerate.** *Vous êtes (Fam: Tu es)* très respectueux *(F: respectueuse)*. *Voo_z_et (Fam: Tew ay)* **tre res-pek-tew-uh (F: res-pez-tew-uhz)**. **That (1) is / (2)**

---

*Learn a new French phrase every day! Subscribe to the free **Daily Dose of French**, www.phrase-books.com.*

was very considerate of you. *(1)* C'est... / *(2)* C'était... très respectueux de *votre (Fam: ta)* part. *(1)* **S'ay...** / *(2)* **s'ay-tay... tre res-pek-tew-uh duh** *votr (Fam: ta)* **par.**

consolation *n* consolation *f* **kon-so-la-syon** ~ **prize** prix de consolation **pree duh kon-so-la-syon**

constantly *adv* constamment **kons-ta-man I think about you constantly.** Je pense à *vous (Fam: toi)* constamment. **Zhuh pans_a voo *(Fam: twa)* kons-ta-man.**

constipated *adj* constipé, -e *m&f* **kons-tee-pay I'm constipated.** Je suis *constipé (-e)*. **Zhuh swee kons-tee-pay.**

consulate *n* consulat *m* **kon-sew-la** *(See* **embassy** *for countries)*

contact *vt* contacter **kon-tak-tay How can I contact you?** Comment puis-je *vous (Fam: te)* contacter? **Ko-man pwee-zh voo *(Fam: tuh)* kon-tak-tay? You can contact** *(1)* **me** / *(2)* **us at this** *(3)* **address.** / *(4)* **hotel.** / *(5)* **number.** *Vous pouvez (Fam: Tu peux) (1)* me / *(2)* nous contacter à *(3)* cette adresse. / *(4)* cet hôtel. / *(5)* ce numéro. **Voo poo-vay *(Fam: Tew puh)* *(1)* muh / *(2)* noo kon-tak-tay a *(3)* set_a-dres.** / *(4)* **set_o-tel.** / *(5)* **suh new-may-ro.**

contest *n* concours *m* **kon-koor Let's have a contest.** Faisons un concours. **Fuh-zon uhn kon-koor.**

continue *vt* continuer **kon-tee-new-ay I want to continue our conversation. (When can we meet again?)** Je veux continuer notre conversation. (Quand pouvons-nous nous revoir?) **Zhuh vuh kon-tee-new-ay notr kon-ver-sa-syon. (Kan poo-von-noo noo ruh-vwar?)** ♦ **continuous** *adj* continu, -e *m&f* **kon-tee-new** ♦ **continuously** *adv* en continuité **an kon-tee-nwee-tay**

control *vt* dominer **do-mee-nay**, contrôler **kon-tro-lay**; *(discipline)* maîtriser **may-tree-zay**; *(regulate)* contrôler **kon-tro-lay**, régler **ray-glay Control yourself!** *Contrôlez-vous (Fam: Contrôle toi)!* **Kon-tro-lay-voo *(Fam: Kon-trol-twa)!*** ♦ **control** *n* contrôle *m* **kon-trol**; *(discipline)* maîtrise *f* **may-treez birth** ~ *(by a couple)* contraception *f* **kon-tra-sep-syon**

convenient *adj* qui vous arrange **kee voo_z_a-ranzh**, qui vous convient **kee voo kon-vyuhn Is that convenient for you?** Ça *vous (Fam: te)* va? **Sa voo *(Fam: tuh)* va? That's (not very) convenient for** *(1)* **me.** / *(2)* **us.** Ce n'est pas (vraiment) pratique pour *(1)* moi. / *(2)* nous. **Suh n'ay pa (vray-man) pra-teek poor** *(1)* **mwa.** / *(2)* **noo.**

conversation *n* conversation *f* **kon-ver-sa-syon heart-to-heart** ~ conversation à cœur ouvert **kon-ver-sa-syon a kuhr_oo-ver**, conversation intime **kon-ver-sa-syon uhn-teem interesting** ~ conversation intéressante **kon-ver-sa-syon uhn-tay-ray-sant nice** ~ conversation agréable **kon-ver-sa-syon a-gray-abl I enjoyed our conversation.** J'ai apprécié notre conversation. **Zh'ay a-pray-syay notr kon-ver-sa-syon.**

cook *vt* cuisiner **kwee-zee-nay You cook very well.** *Vous cuisinez (Fam: Tu cuisines)* très bien. **Voo kwee-zee-nay *(Fam: Tew kwee-zeen)* tre byuhn. I like to cook.** J'aime cuisiner. **Zh'em kwee-zee-nay.** ♦ *n* cuisinier, cuisinière *m&f* **kwee-zee-nyay, kwee-zee-nyer You're a (very) good cook.** *Vous êtes (Fam : Tu*

Underlines between letters indicate that the sounds are joined together.

es) un (très) bon cuisinier (F: une [très] bonne cuisinière). Voo_z_et *(Fam: Tew ay)_ uhn (tre) bon kwee-zee-nyay (F: _ewn [tre] bon kwee-zee-nyer).* **I'm (not) a good cook.** *Je (ne) suis (pas) un bon cuisinier (F: une bonne cuisinière).* **Zhuh (nuh) swee (pa_z_)** *uhn bon kwee-zee-nyay (F: ewn bon kwee-zee-neeyrhr).*
♦ **cookbook** *n livre m de cuisine* **leevr duh kwee-zeen**

cool *adj* 1. *(in temperature) frais, fraîche m&f* **fray**, **fresh**, *froid, -e m&f* **frwa, frwad**; 2. *(unfriendly, unresponsive) froid, -e m&f* **frwa, frwad**; 3. *(calm, composed) calme m&f* **kalm**; 4. *slang (nice, good; great, wonderful) cool m&f* **kool**, *sympa m&f* **suhn-pa** ~ **music** *musique sympa* **mew-zeek suhn-pa** ~ **shirt** *chemise cool* **shuh-meez kool** **That's a cool jacket you've got.** *Elle est cool ta veste.* **El_ay kool ta vest**.

   He's (so) cool! *Il est (trop) sympa!* **Eel_ay (tro) suhn-pa!**
   She's (so) cool! *Elle est (trop) sympa!* **El_ay (tro) suhn-pa!**
   It's (so) cool! *C'est (trop) sympa!* **S'ay (tro) suhn-pa!**
   You're (so) cool! *Vous êtes (Fam: Tu es) (trop) sympa(s)!* Voo_z_et *(Fam: Tew ay)* **(tro) suhn-pa!**
   They're (so) cool! *Ils (Fpl: Elles) sont (trop) sympas!* **Eel (Fpl: El) son (tro) suhn-pa!**

   Stay cool. *(= Take it easy.) Relaxe.* **Ruh-laks**. **Cool!** *exclamation (Great!) Cool!* **Kool!** ♦ **coolant** *n (automot.) refroidisseur m* **ruh-frwa-dee-suhr** **Please check the coolant level.** *Vérifiez (Fam: Vérifie) le niveau du refroidisseur, s'il vous (Fam: te) plaît.* **Vay-ree-fyay** *(Fam: Vay-ree-fee)* **luh nee-vo dew ruh-frwa-dee-suhr, s'eel** *voo (Fam: tuh)* **play.** ♦ **cooler** *n (ice chest) glacière f* **gla-syer**

cooperate *vi coopérer* **ko-o-pay-ray** ♦ **cooperation** *n coopération f* **ko-o-pay-ra-syon**

cope *vi gérer* **zhay-ray**, *affronter* **a-fron-tay**, *faire face* **fer fas** **I don't know how you cope with it.** *Je ne sais pas comment vous faites (Fam: tu fais) pour faire face.* **Zhuh nuh say pa ko-man** *voo fet (Fam: tew fay)* **poor fer fas. I can't cope with this.** *Ceci m'est insupportable.* **Suh-see m'ay_t_uhn-sew-por-tabl.**

copier *n photocopieuse f* **fo-to-ko-pyuhz**

copper *adj en cuivre* **an kweevr** ♦ *n cuivre m* **kweevr**

copy *vt photocopier* **fo-to-ko-pyay** **Where can I copy this?** *Où puis-je photocopier cela?* **Oo pwee-zh fo-to-ko-pyay suh-la?** ♦ *n copie f* **ko-pee** ~ **shop** *centre pour photocopies* **santr poor fo-to-ko-pee** **make a** ~ *faire une copie* **fer ewn ko-pee** *(1)* **I** / *(2)* **We need** *(3)* **a copy** / *(4)* (*number*) **copies of this.** *(1) J'ai… / (2) Nous avons… besoin (3) d'une copie… / (4) de (___) copies... de ceci. (1) Zh'ay… / (2)* **Noo_z_a-von… buh-zwuhn** *(3)* **d'ewn kopee… /** *(4)* **duh (___) ko-pee… duh suh-see.**

corkscrew *n tire-bouchon m* **teer-boo-shon**

corn *n (on foot) corne f* **korn**

corner *n coin m* **kwuhn** **at the next** ~ *au prochain croisement* **o pro-shuhn krwaz-man** **in the** ~ *dans le coin* **dan luh kwuhn** **Wait for** *(1)* **me** / *(2)* **us on the corner.** *(1) Attendez (Fam: Attends)-moi… / (2) Attendez (Fam: Attends)-nous... au coin.*

---

*Like English, French has both regular and irregular verbs.
Learn more about them on page 514.*

(1) A-tan-day (Fam: A-tan)-**mwa…** / *(2) A-tan-day (Fam: A-tan)*-**noo o kwuhn**. **(1) I'll / (2) We'll meet you on the corner.** *(1)* Je *vous (Fam: te)* rencontrerai… / *(2)* Nous *vous (Fam: te)* rencontrerons;;; au coin. *(1)* **Zhuh** *voo (Fam: tuh)* **ran-kon-tray…** / *(2)* **Noo** *voo (Fam: tuh)* **ran-kon-tron… o kwuhn**. **Stop at the next corner, please.** Arrêtez-vous *(Fam: Arrête toi)* au prochain coin de rue, s'il vous *(Fam: te)* plaît. **A-ray-tay-voo** *(Fam: A-ret-twa)* **o pro-shuhn kwuhn duh rew, s'eel** *voo (Fam: tuh)* **play**.

correct *adj* correct, -e *m&f* **ko-rekt Is** *(1)* **this** / *(2)* **that correct?** Est-ce que c'est correct? **Es kuh s'ay ko-rekt? It's (not) correct.** C(e)(n') est (pas) correct. **S(uh)(n') ay (pa) ko-rekt.** ♦ *vt* corriger **ko-ree-zhay Please correct my mistakes.** S'il vous *(Fam: te)* plaît, *corrigez (Fam: corrige)* mes fautes. **S'eel** *voo (Fam: tuh)* **play**, **ko-ree-zhay** *(Fam: ko-reezh)* **may fot.** ♦ **correctly** *adv* correctement **ko-rek-tuh-man Do I say it correctly?** Est-ce que je l'ai dit correctement? **Es kuh zhuh l'ay dee ko-rek-tuh-man?**

correspond *vi* correspondre **ko-res-pondr**, écrire **ay-kreer I'd like to correspond with you (after I return home).** J'aimerais correspondre avec *vous (Fam: toi)* (après être *retourné [-e]* chez moi). **Zh'em-ray ko-res-pondr a-vek** *voo (Fam: twa)* **(a-pre_z_etr ruh-toor-nay shay mwa)**. **We can correspond by e-mail.** Nous pouvons correspondre par e-mail. **Noo poo-von ko-res-pondr par_ee-mayl.** ♦ **correspondence** *n* correspondance *f* **ko-res-pon-dans** carry on a ~ maintenir une correspondance **muhnt-neer_ewn ko-res-pon-dans** start a ~ engager une correspondance **an-ga-zhay ewn ko-res-pon-dans**

cosmic *adj* cosmique *m&f* **kos-meek** ♦ **cosmos** *n* cosmos *m* **kos-mos**

cost *vt* coûter **koo-tay**
  How much… Combien… **Kon-byuhn…**
    …does it cost? …ça coûte? **…sa koot?**
    …does *(1)* **this** / *(2)* **that cost?** …*(1,2)* cela coûte? **…*(1,2)* suh-la koot?**
    …do they cost? …coûtent-ils? **…koot_eel?**
    …do *(1)* **these** / *(2)* **those cost?** …coûtent *(1,2)* ceux-ci? **…koot *(1,2)* suh-see?**
  (1) **It** / *(2)* **This** / *(3)* **That costs** *(price)*. *(1)* Ça… / *(2,3)* Cela… coûte (___). *(1)* **Sa…** / *(2,3)* **Suh-la… koot (___)**.
  (1) **They** / *(2)* **These** / *(3)* **Those cost** *(price)*. *(1)* Ils… / *(2,3)* Ceux-ci… coûtent (___). *(1)* **Eel…** / *(2,3)* **Suh-see… koot (___)**.
  How much… Combien… **Kon-byuhn…**
    … did it cost? …ça a coûté? **…sa a koo-tay?**
    … did *(1)* **this** /*(2)* **that cost?** …*(1,2)* cela a-t-il coûté? **…*(1,2)* suh-la a-t-eel koo-tay?**
    … did they cost? …ont-ils coûté? **….on_t-eel koo-tay?**
    … did *(1)* **these** / *(2)* **those cost?** …*(1,2)* ceux-ci ont-ils coûté? **…*(1,2)* suh-see on_t-eel koo-tay?**
  It cost *(price)*. Ça a coûté (___). **Sa a koo-tay (___)**.
  (1) **This** / *(2)* **That cost** *(price)*. *(1,2)* Cela a coûté (___). **Suh-la a koo-tay (___)**.
  They cost *(price)*. Ils ont coûté (___). **Eel_z_on koo-tay (___)**.

---

a always sounds like the "a" in "father"

(1) **These** / *(2)* **Those cost** *(price)*. *(1,2)* Ceux-ci ont coûté (___). **Suh-see on koo-tay (___).**
  ♦ **cost** *n* coût *m* **koo** **high** ~ **of living** coût élevé de la vie **koo el-vay duh la vee**
costume *n* costume *m* **kos-tewm**
cottage *n* maisonnette *f* **may-zo-net**
cotton *adj* en coton **an ko-ton** ♦ *n* coton *m* **ko-ton**
couch *n* divan *m* **dee-van**, canapé *m* **ka-na-pay** ~ **potato** pantouflard, -e *m&f* **pan-too-flar, -flard**
couchette *n (train compartment)* wagon-lit *m* **va-gon-lee**, couchette *f* **koo-shet** **first-class** ~ *(4-berth compartment)* wagon-lit *m* de première classe **va-gon-lee duh pruh-myer klas** **standard-class** ~ *(6-berth compartment)* wagon-lit *m* de seconde classe **va-gon-lee duh suh-gond klas** **women-only** ~ couchette *f* pour femmes **koo-shet poor fam**
could *aux v (conditional)* **Could you?** *Pourriez-vous (Fam: Pourrais-tu)? Poo-ryay-voo (Fam: Poo-ray-tew)?* *(1)* **I** / *(2)* **We could(n't).** *(1)* Je (ne) pourrais (pas). / *(2)* Nous (ne) pourrions (pas). *(1)* **Zhuh (nuh) poo-ray (pa).** / *(2)* **Noo (nuh) poo-ryon (pa). If you could.** Si *vous pouviez (Fam: tu pouvais).* See *voo poo-vyay (Fam: tew poo-vay).*
count *vi* compter **kon-tay To me, that counts a lot.** Pour moi, ça compte énormément. **Poor mwa, sa kont ay-nor-may-man.**
  ♦ **count on** *idiom* compter sur **kon-tay sewr You can (always) count on me.** *Vous pouvez (Fam: Tu peux)* compter sur moi (toujours). *Voo poo-vay (Fam: Tew puh)* **kon-tay sewr mwa (too-zhoor).**
country *n* 1. *(nation)* pays *m* **pay-ee**; 2. *(rural area)* campagne *f* **kan-pany(uh) In** *(1)* **my** / *(2)* **our** / *(3)* **your country...** Dans *(1)* mon / *(2)* notre / *(3)* votre *(Fam: ton)* pays… **Dan** *(1)* **mon** / *(2)* **notr** / *(3)* **votr** *(Fam: ton)* **pay-ee… Do you live in the city or the country?** *Vivez-vous (Fam: Vis-tu)* en ville ou à la campagne? *Vee-vay-voo (Fam: Vee-tew)* **an veel oo a la kan-pany(uh)?** *(1)* **I** / *(2)* **We live in the country.** *(1)* Je vis… / *(2)* Nous vivons… à la campagne. *(1)* **Zhuh vee…** / *(2)* **Noo vee-von… a la kan-pany(uh).**
couple *n* couple *m* **koopl happy** ~ couple heureux **koopl_uh-ruh married** ~ couple marié **koopl ma-ryay nice** ~ joli couple **zho-lee koopl You and I make the perfect couple.** Toi et moi, nous formons le couple parfait. **Twa ay mwa, noo for-mon luh koopl par-fay.**
courage *n* courage *m* **koo-razh You have a lot of courage.** *Vous avez (Fam: Tu as)* beaucoup de courage. *Voo_z_a-vay (Fam: Tew a)* **bo-koo duh koo-razh.**
course *n (educ)* cours *m* **koor golf** ~ golf *m* **golf**, terrain *m* de golf **tay-ruhn duh golf ski** ~ piste de ski **peest duh skee** *(1-3)* **Of course.** *(1)* Bien sûr. **Byuhn sewr.** / *(2)* Bien entendu. **Byuhn_an-tan-dew.** / *(3)* Certainement. **Ser-ten-man.** **What courses are you taking?** Quels cours *suivez-vous (Fam: suis-tu)?* **Kel koor** *swee-vay-voo (Fam: swee-tew)?* *(1)* **I'm taking...** / *(2)* **I took... a course in** *(subject)*. *(1)* Je vais prendre... / *(2)* J'ai pris … un cours de (___). *(1)* **Zhuh vay prandr…** / *(2)* **Zh'ay pree… uhn koor duh (___).** ♦ **of course** *adv* bien sûr

---

French pronunciation and phonetics are on pages 510-511.

byuhn sewr **Of course.** Bien sûr. **Byuhn sewr. Of course I do.** Bien sûr que oui. **Byuhn sewr kuh wee. Of course not.** Mais non, voyons. **May non, vwa-yon.**

court *n* 1. *(law)* tribunal *m* **tree-bew-nal;** 2. *(sports)* court *m* **koor,** terrain *m* **tay-ruhn go to** ~ aller au tribunal **a-lay_r_o tree-bew-nal squash** ~ court de squash **koor duh skwash** tennis ~ court de tennis **koor duh tay-nees** volleyball ~ terrain de volleyball **tay-ruhn duh vo-lay-bol**

courteous *adj* courtois, -e *m&f* **koor-twa, -twaz That's very courteous of you.** C'est très courtois de *votre (Fam: ta)* part. **S'ay tre koor-twa duh** *votr (Fam: ta)* **par.**

cousin *n* cousin, -e *m&f* **koo-zuhn, -zeen**

cover *vt* couvrir **koo-vreer** *(1)* **I want to... /** *(2)* **I'm going to... cover you with kisses.** *(1)* Je veux... / *(2)* Je vais… te couvrir de baisers. *(1)* **Zhuh vuh… /** *(2)* **Zhuh vay… tuh koo-vreer duh bay-zay.**

coward *n* lâche *m&f* **lash,** peureux, peureuse *m&f* **puh-ruh, -ruhz Don't be a coward.** Ne soyez *(Fam: sois)* pas lâche. **Nuh** *swa-yay (Fam: swa)* **pa lash.**

cowboy *n* cow-boy *m* **ko-boy**

co-worker *n* collègue **ko-leg**

cozy *adj* confortable *m&f* **kon-for-tabl,** douillet **doo-yay,** chaleureux, chaleureuse *m&f* **sha-luh-ruh, -ruhz,** intime *m&f* **uhn-teem You have a cozy apartment.** *Vous avez (Fam: Tu as)* un appartement douillet. *Voo_z_a-vay (Fam: Tew a)* **uhn_a-par-tuh-man doo-yay.**

crabbing *n (catching crabs)* pêche *f* au crabe **pesh_o krab go** ~ aller à la pêche au crabe **a-lay a la pesh_o krab ♦ crabs** *n, pl (lice)* morpions *mpl* **mor-pyon**

crack up *(slang: laugh one's head off)* se marrer **suh ma-ray I cracked up.** Je me marrais. **Zhuh muh ma-ray.**

craft *n* art *m* **ar,** métier *m* **may-chyay arts and ~s** artisanat *m* **ar-tee-za-naI like to do various crafts.** J'aime faire un grand nombre de choses différentes. **Zh'em fer_uhn gran nonbr duh shoz dee-fay-rant.**

cramp *n* crampe *f* **kranp I have cramps.** J'ai des crampes. **Zh'ay day kranp.**

crampons *n, pl* crampons *mpl* **kran-pon**

crave *vt* avoir une forte envie **a-vwar ewn fort_an-vee,** avoir besoin **a-vwar buh-zuhn I crave affection.** J'ai un besoin énorme d'affection. **Zh'ay uhn buh-zwuhn ay-norm d'a-fek-syon.**

crazy *adj* fou, folle *m&f* **foo, fol act** ~ faire *le fou (F: la folle)* **fer** *luh foo (F: la fol)* **You're a crazy** *(1)* **girl /** *(2)* **guy.** Tu es *(1)* folle. / *(2)* fou. **Tew ay** *(1)* **fol. /** *(2)* **foo**. **Am I crazy?** Suis-je *fou (F: folle)*? **Swee-zh** *foo (F: fol)***? That's crazy.** C'est fou. **S'ay foo.** *(1)* **He's /** *(2)* **She's /** *(3)* **It's /** *(4)* **You're /** *(5)* **They're crazy!** *(1)* Il est fou. **Eel_ay foo.** / *(2)* Elle est folle. **El_ay fol.** / *(3)* C'est fou. **S'ay foo.** / *(4)* Vous êtes *(Fam: Tu es)* fou *(F: folle)*. *Voo_z_et (Fam: Tew ay)* foo *(F: fol)***.** / *(5)* Ils *(Fpl:* Elles*)* sont *fous (Fpl: folles)*. *Eel (Fpl: El)* **son** *foo (Fpl: fol)***. I'm crazy about you.** Je suis *fou (F: folle)* de toi. **Zhuh swee** *foo (F: fol)* **duh twa**. **You drive me crazy.** Tu me rends *fou (F: folle)*. **Tew muh ran** *foo (F: fol)*.

cream *n (milk; lotion)* crème *f* **krem cleansing** ~ *n* crème *f* démaquillante **krem day-ma-kee-yant moisturizing ~ (moisturizer)** crème *f* hydratante **krem_ee-**

---

*Learn a new French phrase every day! Subscribe to the free **Daily Dose of French**, www.phrase-books.com.*

create   84   **cuddly**

dra-ta**nt** shaving ~ crème de rasage **krem duh ra-zazh** sunburn ~ crème contre les coups de soleil **krem ko**n**tr lay koo duh so-ley**

create *vt* créer **kray-ay** ~ **a disturbance** créer une divergence **kray-ay ewn dee-ver-zha**n**s** ~ **a family** fonder une famille **fo**n**-day ewn fa-meey(uh)**. ♦ **creative** *adj* créatif, créative *m&f* **kray-a-teef, -teev**, inventif, inventive *m&f* **uh**n**-va**n**-teef, -teev You're very creative**. Vous êtes *(Fam: Tu es)* très *créatif (F: créative)*. *Voo_z_et (Fam: Tew ay)* tre *kray-a-teef (F: kray-a-teev)*.

creature *n* créature *f* **kray-a-tewr You're the most beautiful creature I've ever** *(1)* **met.** / *(2)* **laid eyes on.** *(1,2)* Tu es la plus belle chose qui me soit arrivée. *(1,2)* **Tew ay la plew bel shoz kee muh swa_t_a-ree-vay.**

cricket *n* 1. *(sport)* cricket *m* **kree-kay**; 2. *(insect)* criquet *m* **kree-kay**

crime *n* délit *m* **day-lee**, crime *m* **kreem commit a** ~ commettre un crime **ko-metr_uh**n **kreem** ♦ **criminal** *n* criminel, -le *m&f* **kree-mee-nel**

crippled *adj* invalide *m&f* **uh**n**-va-leed**, infirme *m&f* **uh**n**-feerm**

critical *adj* critique *m&f* **kree-teek** ♦ **criticism** *n* critique *f* **kree-teek (un)fair** ~ critique (in)juste **kree-teek (uh**n**-)zhuhst** ♦ **criticize** *vt* critiquer **kree-tee-kay I'm not criticizing you**. Je ne *vous (Fam: te)* critique pas. **Zhuh nuh voo** *(Fam: tuh)* **kree-teek pa.**

Croat *n* Croate *m&f* **kro-at** ♦ **Croatian** *adj* croate *m&f* **kro-at**

crochet *vt & vi* crocheter **krosh-tay**, faire du crochet **fer dew kro-shay**

crops *n, pl* récoltes *fpl* **ray-kolt**

cross-country *adj, adv* de course à pied **duh koors_a_pyay run** ~ faire de la course à pied **fer duh la koors a pyay**

crossroads *n, pl* carrefour *m* **kar-foor**

crowd *n* foule *f* **fool** ♦ **crowded** *adj* bondé, -e **bo**n**-day It's crowded in here.** C'est bondé (de monde) ici. **S'ay bo**n**-day (duh mond) ee-see.**

cruel *adj* cruel, -le *m&f* **krew, -el You're so cruel (to me).** Vous êtes *(Fam: Tu es)* tellement *cruel (-le)* (avec moi). *Voo_z_et (Fam: Tew ay)* **tel-ma**n **krew-el (a-vek mwa).**

cruise *n* croisière *f* **krwa-zyer** ~ **ship** navire de croisière **na-veer duh krwa-zyer**, bateau de croisière **ba-to duh krwa-zyer ocean** ~ croisière à travers l'océan **krwa-zyher a tra-ver l'o-say-a**n **river** ~ croisière fluviale **krwa-zyer flew-vyal Let's go on a cruise!** Partons en croisière! **Par-to**n **a**n **krwa-zyer!**

crutches *n pl* béquilles *fpl* **bay-kee-yuh walk on** ~ marcher avec des béquilles **mar-shay a-vek day bay-kee-yuh**

cry *vi* pleurer **Why are you crying?** Pourquoi *pleurez-vous (Fam: pleures-tu)*? **Poor-kwa** *pluh-ray-voo (Fam: pluhr-tew)*? **Please don't cry.** S'il *vous (Fam: te)* plaît, ne *pleurez (Fam: pleure)* pas. **S'eel voo** *(Fam: tuh)* **play, nuh pluh-ray** *(Fam: pluhr)* **pa.**

cuddle *vi* câliner **ka-lee-nay**, cajoler **ka-zho-lay**, s'enlacer **s'a**n**-la-say I want to cuddle up with you.** Je veux *(1) vous (Fam: t')* enlacer… / *(2) vous (Fam: te)* prendre… dans mes bras. **Zhuh vuh** *(1)* **voo_z_** *(Fam: t')* **a**n**-la-say…** / *(2)* **voo_z_** *(Fam: tuh)* **pra**n**dr… da**n **may bra.** ♦ **cuddlesome, cuddly** *adj* craquant, -e

---

oo sounds like the "oo" in "shoot".

m&f **kra-kan, -kant** You're so (warm and) cuddly. Tu es si (*chaleureux [F: chaleureuse]* et) craquant (*-e*). *Tew ay see (sha-luh-ruh [F: sha-luh-ruhz] ay) kra-kan (F: kra-kant).*

cuisine *n* cuisine *f* **kwee-zeen excellent** ~ cuisine excellente **kwee-zeen_ek-say-lant exotic** ~ cuisine exotique **kwee-zeen_eg-zo-teek**

cultivated *adj (cultured)* cultivé, *-e m&f* **kewl-tee-vay**; *(refined)* raffiné, *-e m&f* **ra-fee-nay**

cultural *adj* culturel, *-le m&f* **kewl-tew-rel** ~ **wonders** merveilles culturelles **mer-vey kewl-tew-rel** ♦ **culture** *n* culture *f* **kewl-tewr fascinating** ~ culture fascinante **kewl-tewr fa-see-nant French** ~ la culture française **la kewl-tewr fran-sez**

cup *n* tasse *f* **tas** ~ **of** *(1)* **coffee** / *(2)* **tea** tasse de *(1)* café / *(2)* thé **tas duh *(1)* ka-fay** / *(2)* **tay**

Cupid *n* Cupidon **Kew-pee-don**

curiosity *n* curiosité *f* **kew-ryo-zee-tay** You have aroused my curiosity. Vous avez *(Fam: Tu as)* éveillé ma curiosité. *Voo_z_a-vay (Fam: Tew a)* **ay-vay-yay ma kew-ryo-zee-tay. Curiosity killed a cat.** La curiosité est un vilain défaut. **La kew-ryo-zee-tay ay_t_uhn vee-luhn day-fo.** ♦ **curious** *adj* curieux, curieuse *m&f* **kew-ryuh, -ryuhz** I'm curious. Where did you study English? Je suis *curieux (F: curieuse)*. Où *avez-vous (Fam: as-tu)* étudié l'anglais? **Zhuh swee kew-ryuh (F: kew-ryuhz). Oo** *a-vay-voo (Fam: a-tew)* **ay-tew-jay l'an-glay?**

curlers *n, pl (hair)* bigoudis *mpl* **bee-goo-dee**

curling *n (game)* curling *m* **kuhr-leeng**

curl up *idiom* s'enrouler **s'an-roo-lay**, s'enlacer **s'an-la-say** *(See phrases under* **cuddle.***)*

currency *n* monnaie *f* **mo-nay**, devise *f* **duh-veez exchange** ~ devise d'échange **duh-veez d'ay-shanzh**

current *adj* actuel, *-le m&f* **ak-tew-el** ♦ *n (1. river, sea; 2. elec.)* courant *m* **koo-ran 50-herz / 60-herz** ~ courant (à fréquence) de cinquante / soixante Hertz **koo-ran (a fray-kans) duh suhn-kant / swa-sant Ertz How's the current here?** *(river, sea)* Comment est le courant dans le coin? **Ko-man ay luh koo-ran dan luh kwuhn? Is the current strong here?** *(river, sea)* Est-ce que le courant est fort dans le coin? **Es kuh luh koo-ran ay for dan luh kwuhn?** ♦ **currently** *adv* actuellement **ak-tew-el-man**

curtain *n* rideau *m* **shower** ~ rideau de douche **ree-do duh doosh**

curve *n* courbe *f* **koorb**, formes *fpl* **form supple** ~**s** décharné (*-e*) **day-shar-nay**

custom *n* coutume *f* **koo-tewm**, tradition *f* **tra-dee-syon**, usage *m* **ew-zazh**, habitude **a-bee-tewd French** ~ coutume française **koo-tewm fran-sez old** ~ vieille tradition **vyey tra-dee-syon** I want to learn more about your customs. Je veux apprendre plus sur *vos (Fam: tes)* traditions. **Zhuh vuh a-prandr plews sewr** *vo (Fam: tay)* **tra-dee-syon. Is that a custom in your country?** Est-ce que c'est une coutume dans *votre (Fam: ton)* pays? **Es kuh s'ay_t_ewn koo-tewm dan** *votr (Fam: ton)* **pay-ee?** It's (not) a custom in *(1)* my / *(2)* our country. *C'est (Ce n'est pas)* une coutume dans *(1)* mon / *(2)* notre pays. *S'ay (Suh n'ay*

English-French and French-English glossaries of food and drink are on pages 534-546.

pa_z_)_ewn koo-tewm da<u>n</u> (1) mo<u>n</u> / (2) notr pay-ee.
customs *n pl* douanes *fpl* **dooa<u>n</u> go through** ~ passer les douanes **pa-say lay dooa<u>n</u>**
cut *vt* couper **koo-pay I cut myself.** Je me suis *coupé (-e).* **Zhuh muh swee koo-pay. I cut my finger.** Je me suis *coupé (-e)* le doigt. **Zhuh muh swee koo-pay luh dwa. Cut the cards.** Sépare les cartes. **Say-par lay kart.** ♦ *n (med.)* coupure *f* **koo-pewr bad** ~ mauvaise coupure **mo-vez koo-pewr small** ~ petite coupure **puh-teet koo-pewr**
cute *adj* mignon, -ne *m&f* **mee-nyo<u>n</u>, -nyo<u>n</u>**, adorable *m&f* **a-do-rabl kind of cute** plutôt *mignon (-ne)* **plew-to** *mee-nyo<u>n</u> (F: mee-nyo<u>n</u>)* **What a cute (1) baby! / (2) little boy! / (3) little girl!** C'est *(1)* un bébé */ (2)* un petit garçon */ (3)* une petite fille si… *mignon (-ne)!* **S'ay (1) uh<u>n</u> bay-bay / (2) uh<u>n</u> puh-teet gar-so<u>n</u> / (3) ewn puh-teet feeyuh see…** *mee-nyo<u>n</u> (F: mee-nyo<u>n</u>)!* **What a cute (1) face / (2) mouth / (3) nose you have.** *(1)* Quel joli visage… */ (2)* Quelle jolie bouche *f* */ (3)* Quel joli nez… *vous avez (Fam: tu as)!* **(1) Kel zho-lee vee-zazh… / (2) Kel zho-lee boosh / (3) Kel zho-lee ne…** *voo_z_a-vay (Fam: tew a)!*
cycling *n* cyclisme *m* **see-kleezm**
cynical *adj* cynique *m&f* **see-neek**
Czech *adj* tchèque *m&f* **chek** ♦ *n* Tchèque *m&f* **chek**

D d

damage *n* dégât *m* **day-ga (1) Is / (2) Was there any damage?** *(1)* Y a-t-il… */ (2)* Y avait-il… des dégâts? *(1) Ee_y_a-t-eel… / (2) Ee_y_a-vay-t-eel…* **day day-ga? There (1) is / (2) was some damage.** Il y *(1)* a */ (2)* avait des dégâts. **Eel_ee_y_ (1) a / (2) a-vay day day-ga. There (1) is / (2) was no damage.** Il n'y *(1)* a */ (2)* avait pas de dégâts. **Eel n'ee_y_ (1) a / (2) a-vay pa duh day-ga.** ♦ **damaged** *past part* endommagé, -e *m&f* **a<u>n</u>-do-ma-zhay Is it damaged?** Est-ce que c'est *endommagé (-e)?* **Es kuh s'ay_t_a<u>n</u>-do-ma-zhay? It's (not) damaged.** C(e n')est (pas) *endommagé (-e).* **S(uh n')ay (pa_z_) a<u>n</u>-do-ma-zhay.**
dance *adj* de danse **duh da<u>n</u>s** ~ **band** groupe *m* de danse **groop duh da<u>n</u>s** ~ **hall** salle *f* de danse **sal duh da<u>n</u>s** ♦ *vt & vi* danser **da<u>n</u>-say** ~ **a waltz** danser la valse **da<u>n</u>-say la vals** ~ **fast** danser vite **da<u>n</u>-say veet** ~ **slow** danser lentement **da<u>n</u>-say la<u>n</u>t-ma<u>n</u>** ~ **(the) tango** danser le tango **da<u>n</u>-say luh ta<u>n</u>-go place to** ~ endroit où danser **a<u>n</u>-drwa oo da<u>n</u>-say Do you like to dance?** *Aimez-vous (Fam: Aimes-tu)* danser? *Ay-may-voo (Fam: Em-tew)* **da<u>n</u>-say? I (1) like / (2) love to dance.** *(1)* J'aime bien… */ (2)* J'adore… danser. *(1)* **Zh'em byuh<u>n</u>… / (2) Zh'a-dor… da<u>n</u>-say. Would you care to dance?** *Voudriez-vous (Fam: Voudrais-tu)* danser? *Voo-dree-yay-voo (Fam: Voo-dray tew)* **da<u>n</u>-say? Let's dance.** Dansons! **Da<u>n</u>-so<u>n</u>! You dance (1) very well. / (2) beautifully.** Vous

Questions about the metric system? See page 523.

dance dansez *(Fam: Tu danses) (1)* très bien. / *(2)* merveilleusement. *Voo dan-say (Fam: Tew dans) (1)* tre byuhn. / *(2)* mer-vay-yuhz-man. **I don't know how to dance.** Je ne sais pas danser. **Zhuh nuh say pa dan-say. I'll teach you how to dance.** Je *vous (Fam: t')* apprendrai à danser. **Zhuh voo_z_(Fam: t')_a-pran-dray a dan-say.** ♦ *n* danse *f* **dans,** soirée *f* dansante **swa-ray dan-sant** every ~ chaque danse **shak dans** next ~ la prochaine danse **la pro-shen dans May I have this dance?** M'*accordez-vous (Fam: accordes-tu)* cette danse? **M'a-kor-day-voo (Fam: a-kor-duh-tew) set dans? They're having a dance at** *(place)*. **(Would you like to go?)** Ils font une soirée dansante à *(___)*. (*Aimeriez-vous [Fam: Aimerais-tu]* venir?) **Eel fon_t_ewn swa-ray dan-sant_a (___).** (*Ay-muh-ryay-voo [Fam: Em-ray-tew]* **vuh-neer?) There's a big dance (tonight) at** *(place)*. Il y a un grand bal (ce soir) à *(___)*. **Eel_ee_y_a uhn gran bal (suh swar) a (___).** ♦ **dancer** *n* danseur, danseuse *m&f* **dan-suhr, -suhz You're a good dancer.** *Vous êtes (Fam: Tu es)* un bon danseur (F: une bonne danseuse). *Voo_z_et (Fam: Tew ay)* uhn bon dan-suhr (F: ewn bon dan-suhz). **I'm not a very good dancer.** Je ne suis pas *un bon danseur (F: une bonne danseuse)*. **Zhuh nuh swee pa** *uhn bon dan-suhr (F: ewn bon dan-suhz)*. ♦ **dancing** *n* soirée *f* dansante **swa-ray dan-sant,** danse *f* **dans** *(See phrases under* **go, like** *and* **love**.*)*
Dane / Danish *n / adj* Danois, -e *m&f* **Da-nwa, -nwaz**
danger *n* danger *m* **dan-zhay** ♦ **dangerous** *adj* dangereux, -reuse *m&f* **dan-zhuh-ruh, -ruhz**
dare *vt* défier **day-fyay,** oser **o-zay I dare you (to do it).** Je *vous (Fam: te)* défie (de le faire). **Zhuh** *voo (Fam: tuh)* **day-fee (duh luh fer). How dare you!** Comment *osez-vous (Fam: oses-tu)*! **Ko-man** *o-zay-voo (Fam: oz-tew)!*
dark *adj* sombre *m&f* **sonbr It's too dark.** Il fait trop sombre. **Eel fay tro sonbr.**
darling *n* chéri, -e *m&f* **shay-ree,** bien-aimé, -e *m&f* **byuhn-ay-may,** amour *m* **a-moor** little ~ *petit (-e) chéri (-e)* **puh-tee (F: puh-teet) shay-ree, You're my darling.** *Vous êtes (Fam: Tu es)* mon bien-aimé (F: ma bien-aimée). *Voo_z_et (Fam: Tew ay)* mon byuhn-ay-may (F: ma byuhn-ay-may).
dart(s) *n (pl)* fléchettes *fpl* **flay-shet** play ~s jouer aux fléchettes **zhoo-ay o flay-shet** ♦ **dartboard** *n* cible *f* du jeu de fléchettes **seebl dew zhuh duh flay-shet**
date *n* 1. *(of the month)* date *f* **dat**; 2. *(appointment)* rendez-vous *m* **ran-day-voo** go on a ~ together aller à un rendez-vous ensemble **a-lay a uhn ran-day-voo an-sanbl** wedding ~ date de mariage **dat duh ma-ryazh What's the date today?** Quelle est la date d'aujourd'hui? **Kel_ay la dat d'o-zhoor-d'wee?** **The date today is** *(date)*. La date d'aujourd'hui est *(___)*. **La dat d'o-zhoor-d'wee ay (___). It's out of date.** *(fashion)* C'est démodé. **S'ay day-mo-day**.
daughter *n* fille *f* **feey(uh)** older ~ fille plus âgée **feey(uh) plew_z_a-zhay** oldest ~ aînée **ay-nay** middle ~ la deuxième (de mes aînés) **la duh-zyem (duh may_z_ay-nay)** younger ~ cadette *f* **ka-det** youngest ~ benjamine *f* **buhn-zha-meen** *(1)* **I** / *(2)* **We have** *(3)* **a daughter** / *(4)* **two daughters**. *(1)* J'ai… / *(2)* Nous avons… *(3)* une fille. / *(4)* deux filles. *(1)* **Zh'ay…** / *(2)* **Noo_z_a-von…** *(3)* **ewn feey(uh).** / *(4)* **duh feey(uh). I'm here with my daughter.** Je suis avec

---

Articles, adjectives and nouns must agree in gender and number (singular or plural).

ma fille. **Zhuh swee_z_a-vek ma feey(uh). This is** *(1)* **my /** *(2)* **our daughter** *(name)*. C'est *(1)* ma / *(2)* notre fille (___). **S'ay** *(1)* **ma /** *(2)* **notr feey(uh) (___). How old is your ([1] older / [2] younger) daughter?** Quel âge a *votre (Fam: ta) fille ([1] fille aînée / [2] benjamine)*? **Kel_azh a** *votr (Fam: ta) feey(uh) ([1] feey[uh] ay-nay / [2] buhn-zha-meen)*? *(1)* **My /** *(2)* **Our (/[3] older / [4] younger) daughter is** *(number)* **years old.** *(1)* Ma... / *(2)* Notre... fille *([3] fille aînée / [4] benjamine)* a (___) ans. *(1)* **Ma… /** *(2)* **Notr…** *feey(uh) ([1] feey[uh] ay-nay / [2] buhn-zha-meen)* **a (___) an.** *(1)* **Here /** *(2)* **This is a picture of** *(3)* **my /** *(4)* **our daughter.** *(1)* Voici… / *(2)* C'est… une photo de *(3)* ma / *(4)* notre fille. *(1)* **Vwa-see… /** *(2)* **S'ay_t_… ewn fo-to duh** *(3)* **ma /** *(4)* **notr feey(uh).** ♦ **daughter-in-law** *n* belle-fille *f* **bel-feey(uh)**

day *n* jour *m* **zhoor**, journée *f* **zhoor-nay all** ~ toute la journée **toot la zhoor-nay any** ~ n'importe quel jour **n'uhn-port kel zhoor beautiful** ~ belle journée **bel zhoor-nay** ~ **after** ~ jour après jour **zhoor_a-pre zhoor** ~ **after tomorrow** après-demain **a-pre-duh-muhn** ~ **and night** jour et nuit **zhoor_ay nwee** ~ **before yesterday** avant-hier **a-van_ch_yer** ~ **off** jour de congé **zhoor duh kon-zhay during the** ~ pendant la journée **pan-dan la zhoor-nay each** ~ chaque jour **shak zhoor every** ~ tous les jours **too lay zhoor for a** ~ pour un jour **poor_uhn zhoor for** *(1)* **two /** *(2)* **three /** *(3)* **four ~s** pour *(1)* deux / *(2)* trois / *(3)* quatre jours **poor** *(1)* **duh /** *(2)* **trwa /** *(3)* **katr zhoor for** *(1)* **five /** *(2)* **six ~s** pour *(1)* cinq / *(2)* six jours **poor** *(1)* **suhnk /** *(2)* **see zhoor in a** ~ *(after)* dans un jour **dan_z_uhn zhoor in** *(1)* **a /** *(2)* **one** ~ *(within)* en *(1,2)* un jour **an_** *(1,2)* **uhn zhoor in** *(1)* **two /** *(2)* **three /** *(3)* **four ~s** 1. *(within)* d'ici *(1)* deux / *(2)* trois / *(3)* quatre jours **d'ee-see** *(1)* **duh /** *(2)* **trwa /** *(3)* **katr zhoor**; 2. *(after)* dans *(1)* deux / *(2)* trois / *(3)* quatre jours **dan** *(1)* **duh /** *(2)* **trwa /** *(3)* **katr zhoor New Year's** ~ Jour de l'An **Zhoor duh l'An nice** ~ belle journée **bel zhoor-nay (on) any** ~ n'importe quel jour **n'uhn-port kel zhoor once a** ~ une fois par jour **ewn fwa par zhoor one of these ~s** un de ces jours **uhn duh say zhoor perfect** ~ journée parfaite **zhoor-nay par-fet rainy** ~ jour pluvieux **zhoor plew-vyuh sunny** ~ journée ensoleillée **zhoor-nay an-so-lay-yay the next** ~ le prochain jour **luh pro-shuhn zhoor the other** ~ l'autre jour **l'otr zhoor the same** ~ le même jour **luh mem zhoor Valentine's Day** la Saint Valentin **la Suhn Va-lan-tuhn warm** ~ journée chaude **zhoor-nay shod wedding** ~ jour du mariage **zhoor dew ma-ryazh the whole** ~ toute la journée **toot la zhoor-nay wonderful** ~ merveilleuse journée **mer-vay-yuhz zhoor-nay (On) what day?** Quel jour? **Kel zhoor? Have a** *(1)* **nice /** *(2)* **great day!** *(1,2)* Passez *(Fam: Passe)* une bonne journée! *(1,2)* **Pa-say** *(Fam: Pas_)* **ewn bon zhoor-nay! Can you take the day off?** Pouvez-vous *(Fam: Peux-tu)* prendre un jour de congé? **Poo-vay-voo** *(Fam: Puh-tew)* **prandr_uhn zhoor duh kon-zhay? I can(not) take the day off.** Je (ne) peux (pas) prendre un jour de congé. **Zhuh (nuh) puh (pa) prandr_uhn zhoor duh kon-zhay. What are your days off?** Quels sont *vos (Fam: tes)* jours de congé? **Kel son** *vo (Fam: tay)* **zhoor duh kon-zhay? You have a hard day ahead of you.** Vous avez *(Fam: Tu as)* une journée chargée devant *vous (Fam: toi)*. **Voo_**

A phrasebook makes a great gift!
See order information on page 552.

daydream — *z_a-vay (Fam: Tew a)* **ewn zhoor-nay shar-zhay duh-va**n *voo (Fam: twa)*. **How did your (work)day go?** Comment s'est déroulée *votre (Fam: ta)* journée (au travail)? **Ko-ma**n **s'ay day-roo-lay** *votr (Fam: ta)* **zhoor-nay (o tra-vaee)?**
♦ **daydream** *vi* rêvasser **re-va-say** **I hope I'm not just daydreaming.** J'espère que je ne suis pas juste en train de rêvasser. **Zh'es-per kuh zhuh nuh swee pa_z_a**n **truh**n **duh re-va-say.** ♦ *n* rêverie *f* **rev-ree** **beautiful ~** rêve *m* merveilleux en pleine journée **rev mer-vay-yuh a**n **plen zhoor-nay**
♦ **daylight** *n* lumière *f* du jour *m* **lew-myer dew zhoor** **in broad ~** au grand jour **o gra**n **zhoor** ♦ **daytime** *n* journée *m* **zhoor-nay** **in the ~** dans la journée **da**n **la zhoor-nay**

dazzling *adj* radieux, radieuse *m&f* **ra-juh, -juhz** **~ smile** sourire *m* radieux **soo-reer ra-juh**

dead *adj* mort, -e *m&f* **mor, mort**, défunt, -e *m&f* **day-fuh**n**, -fuh**n**t** **~ end** impasse *f* **uh**n**-pas**, cul-de-sac **kew-d-sak** **My** *(1)* **mother** / *(2)* **father is dead.** *(1)* Ma mère est morte. **Ma mer_ay mort.** / *(2)* Mon père est mort. **Mon per_ay mor.** **My parents are dead.** Mes parents sont morts. **May pa-ra**n **so**n **mor.** **The engine is dead.** Le moteur a rendu l'âme. **Luh mo-tuhr_a ra**n**-dew l'am.** **The line is dead.** La ligne de téléphone est morte. **La leenyuh duh tay-lay-fo**n **ay mort.** **This place is dead. Let's go someplace else.** Cet endroit est triste à mourir. Allons quelque part d'autre. **Set_a**n**-drwa ay treest_a moo-reer. A-lo**n **kel-kuh par d'otr.** **I'm dead tired.** Je suis *mort (-e)* de fatigue. **Zhuh swee** *mor (F: mort)* **duh fa-teeg.**

deaf *adj* sourd, -e *m&f* **soor, -d** **I'm deaf in my** *(1)* **left** / *(2)* **right ear.** Je suis *sourd (-e)* de mon oreille *(1)* gauche. / *(2)* droite. **Zhuh swee** *soor (F: soord)* **duh mo**n**_o-rey** *(1)* **gosh.** / *(2)* **drwat.**

deal *vt (cards)* distribuer **dees-tree-bew-ay** ♦ *vi* régler **ray-glay**, s'occuper **s'o-kew-pay** **I'll deal with it.** Je vais m'en occuper. **Zhuh vay m'a**n**_o-kew-pay.** **I don't know how to deal with it.** Je ne sais pas comment régler ça. **Zhuh nuh say pa ko-ma**n **ray-glay sa.** ♦ *n* 1. *(arrangement, transaction)* affaire *f* **a-fer**, accord *m* **a-kor**; 2. *(cards)* donne *f* **don** **That sounds like a good deal**. Ça semble être une bonne affaire. **Sa sa**n**-bl_etr_ewn bon_a-fer.** **What a bum deal**! Quelle mauvaise donne! **Kel mo-vez don!** **It's a deal!** Marché conclu! **Mar-shay ko**n**-klew!**

dear *adj* cher, chère *m&f* **sher** *(1,2)* **You are so dear to me.** Vous m'êtes *(Fam: Tu m'es)* si *cher (F: chère)*! **Voo m'et** *(Fam: Tew m'ay)* **see sher!** **Dear Maria...** Chère Maria... **Sher Ma-rya…** **Dear Thomas...** Cher Thomas... **Sher To-ma…**

debt *n* dette *f* **det** **many ~s** beaucoup de dettes **bo-koo duh det**

deceit *n* dissimulation *f* **dee-see-mew-la-syo**n, tromperie *f* **tronp-ree** **I can't stand deceit.** Je ne peux pas supporter la tromperie. **Zhuh nuh puh pa sew-por-tay la tronp-ree.** ♦ **deceive** *vt* tromper **tron-pay** **I would never deceive you.** Je ne *vous (Fam: te)* tromperais jamais. **Zhuh nuh voo** *(Fam: tuh)* **tronp-ray zha-may.**

December *n* décembre *m* **day-sa**n**br** **in ~** en décembre **a**n **day-sa**n**br** **last ~** l'année dernière en septembre **l'a-nay der-nyer_a**n **day-sa**n**br** **next ~** l'année prochaine

---

A slash always means "or".

en septembre **l'a-nay pro-shen̲_a̲n day-sa̲n̲br** on ~ **first** le premier décembre **luh pruh-myay day-sa̲n̲br since** ~ depuis décembre **duh-pwee day-sa̲n̲br**

decent *adj* décent, -e *m&f* **day-sa̲n̲, -sa̲n̲t**

decide *vi* décider **day-see-day** ~ **right away** décider tout de suite **day-see-day too duh sweet just (now)** ~ venir de décider (à l'instant) **vuh-neer duh day-see-day (_r_a l'uh̲n̲s-ta̲n̲) suddenly** ~ décider soudainement **day-see-day soo-den-ma̲n̲ Have you decided?** *Avez-vous (Fam: As-tu) décidé?* *A-vay-voo (Fam: A-tew)* **day-see-day? What have you decided?** Qu'*avez-vous (Fam: as-tu) décidé?* K'*a-vay-voo (Fam: a-tew)* **day-see-day?** *(1)* **I** / *(2)* **We haven't decided.** *(1) Je n'ai… / (2) Nous n'avons… pas décidé. (1)* **Zhuh n'ay… /** *(2)* **Noo n'a-vo̲n̲… pa day-see-day.**

    I've decided… J'ai décidé… **Zh'ay day-see-day…**

    We've decided… Nous avons décidé… **Noo_z_a-vo̲n̲ day-see-day…**

        …to do it. …de le faire. **…duh luh fer.**

        …to go (home). …de rentrer (à la maison). **…duh ra̲n̲-tray (a la may-zo̲n̲).**

        …not to go. …de ne pas y aller. **…duh nuh pa ee_y_a-lay.**

        …to stay (longer). …de rester (plus longtemps). **…duh res-tay (plew lo̲n̲-ta̲n̲).**

        …to wait. …d'attendre. **…d'a-ta̲n̲dr.**

        …to leave… …de partir… **…duh par-teer…**

            …tomorrow …demain. **…duh-muh̲n̲.**

            …on *[day]*. …le *[jour]*. **…luh [___].**

♦ **decision** *n* décision *f* **day-see-zyo̲n̲ What is your decision?** Quelle est *votre (Fam: ta)* décision? **Kel_ay** *votr (Fam: ta)* **day-see-zyo̲n̲? I've come to a decision.** J'ai pris une décision. **Zh'ay pree ewn day-see-zyo̲n̲.**

deck *n (ship)* pont *m* **po̲n̲ Let's go out on deck.** Sortons sur le pont. **Sor-to̲n̲ sewr luh po̲n̲.**

decorated *pp* décoré, -e *m&f* **day-ko-ray It's (very)** *(1)* **beautifully** / *(2)* **nicely decorated.** C'est (vraiment) *(1,2)* bien décoré. **S'ay vray-ma̲n̲** *(1,2)* **byuh̲n̲ day-ko-ray.** ♦ **decoration** *n* décoration *f* **day-ko-ra-syo̲n̲ Christmas ~s** décorations de Noël **day-ko-ra-syo̲n̲ duh No-el party ~s** décorations de fête **day-ko-ra-syo̲n̲ duh fet What beautiful decorations!** Quelles belles décorations! **Kel bel day-ko-ra-syo̲n̲!**

deep *adj* profond, -e *m&f* **pro-fo̲n̲, -fo̲n̲d** ~ **subject** sujet *m* profond **sew-zhay pro-fo̲n̲** ~ **thoughts** pensées *fpl* profondes **pa̲n̲-say pro-fo̲n̲d How deep is it?** Combien y-a-t-il de pronfondeur? **Ko̲n̲-byuh̲n̲ ee_y_a-teel duh pro-fo̲n̲-duhr? The water is deep** *(1)* **here.** / *(2)* **there.** Les eaux sont profonde.s *(1)* ici. / *(2)* là. **Lay_z_o so̲n̲ pro-fo̲n̲d** *(1)* **ee-see.** / *(2)* **la.** ♦ **deeply** *adv* profondément **pro-fo̲n̲-day-ma̲n̲,**

definite *adj* définitif, définitive *m&f* **day-fee-nee-teef, -teev** ♦ **definitely** *adv* certainement **ser-ten-ma̲n̲,** sans aucun doute **sa̲n̲_z_o-kuh̲n̲ doot**

definition *n* définition *f* **day-fee-nee-syo̲n̲**

degree *n* 1. *(temperature)* degré *m* **duh-gray**; 2. *(university)* diplôme **dee-plom ~s Centigrade** degrés centigrades **duh-gray sa̲n̲-tee-grad ~s Fahrenheit** degrés

In the pronunciation **n** *stands for a nasalized* **n**.

delay 91 **delivery**

fahrenheits **duh-gray fa-ruh-naeet** What's your degree in? Dans quelle discipline *êtes-votre (Fam: es-tu) diplômé (-e)*? **Dan kel dee-see-pleen _et-voo (Fam: _ay-tew) dee-plo-may?** *(1)* **I have...** */ (2)* **I want to get... a(n)** *(3)* **BA** */ (4)* **BS** */ (5)* **MA** */ (6)* **MS degree in** *(field)*. *(1)* J'ai... */ (2)* Je veux avoir... *(3)* une licence de lettres... */ (4)* une licence en sciences... */ (5)* une master de lettres... */ (6)* un master en sciences... dans le domaine de *(___)*. *(1)* **Zh'ay…** */ (2)* **Zhuh vuh a-vwar…** *(3)* **ewn lee-sans duh letr...** */ (4)* **ewn lee-sans an syans...** */ (5)* **uhn mas-tuhr duh letr...** */ (6)* **uhn mas-tuhr_an syans... dan luh do-men duh (___).**

delay *vt* retarder **ruh-tar-day** *(1)* **I** */ (2)* **We may be delayed. (Please wait.)** Il se peut que *(1)* je sois… */ (2)* nous soyons… *retardé (-es).* (*Attendez [Fam: Attends]* s'il vous *[Fam: te]* plaît.) **Eel suh puh kuh** *(1)* **zhuh swa…** */ (2)* **noo swa-yon… ruh-tar-day.** (*A-tan-day [Fam: A-tan]* s'eel voo *[Fam: tuh]* play.) *(1)* **I was** */ (2)* **We were delayed by** *(what)*. *(1)* J'ai été *retardé (-e)*... */ (2)* Nous avons été *retardé (-es)*... par *(___).* *(1)* **Zh'ay ay-tay ruh-tar-day…** */ (2)* **Noo_z_a-von ay-tay ruh-tar-day… par (___).** **Has the** *(1)* **bus** */ (2)* **flight** */ (3)* **train been delayed?** Est-ce que le *(1)* bus */ (2)* vol */ (3)* train a été retardé? **Es kuh luh** *(1)* **bews** */ (2)* **vol** */ (3)* **truhn a ay-tay ruh-tar-day?** **How long is it delayed?** De combien est le retard? **Duh kon-byuhn ay luh ruh-tar?** ♦ *n* retard *m* **ruh-tar** *(1)* **I'm** */ (2)* **We're sorry for the delay.** *(1)* Je suis */ (2)* Nous sommes *désolé (-es)* du retard. *(1)* **Zhuh swee** */ (2)* **Noo som day-zo-lay dew ruh-tar.** **Is there a delay?** Y a-t-il du retard? **Ee_y_a-t-eel dew ruh-tar?** **How long is the delay?** Combien y a-t-il de retard? **Kon-byuhn y_a-t-eel duh ruh-tar?**

deliberate *adj* exprès *m&f* **eks-pre** That was deliberate! C'était fait exprès! **S'ay-tay fay eks-pre!** **It wasn't deliberate.** Ce n'était pas fait exprès. **Suh n'ay-tay pa fay eks-pre.** ♦ **deliberately** *adv* délibérément **day-lee-bay-ray-man**, intentionnellement **uhn-tan-syo-nel-man**

delicious *adj* délicieux, délicieuse *m&f* **day-lee-syuh, -syuhz** **This is delicious!** C'est délicieux! **S'ay day-lee-syuh!** **That was delicious!** C'était délicieux! **S'ay-tay day-lee-syuh!** **That smells delicious!** Ça sent très bon! **Sa san tre bon!**

delight *n* joie *f* **zhwa**, plaisir *m* **play-zeer** ♦ **delighted** *adj* ravi, -e *m&f* **ra-vee**, enchanté, -e *m&f* **an-shan-tay** *(1)* **I'd** */ (2)* **We'd be delighted.** *(1)* Je serai *ravi (-e)*. */ (2)* Nous serions *ravi(e)s*. *(1)* **Zhuh suh-ray ra-vee.** */ (2)* **Noo suh-ryon ra-vee.** *(1)* **I'm** */ (2)* **We're delighted to see you.** *(1)* Je suis *enchanté (-e)*... */ (2)* Nous sommes *enchanté(e)s*... de *vous (Fam: te)* voir. *(1)* **Zhuh swee_z_an-shan-tay…** */ (2)* **Noo som_z_an-shan-tay... duh** *voo (Fam: tuh)* **vwar.** ♦ **delightful** *adj* charmant, -e *m&f* **shar-man, -mant,** ravissant, -e *m&f* **ra-vee-san, -sant,** *(1)* **I** */ (2)* **We had a delightful time.** *(1)* J'ai... */ (2)* Nous avons... passé un moment exquis. *(1)* **Zh'ay...** */ (2)* **Noo_z_a-von… pa-say uhn mo-man eks-kee.**

deliver *vt* livrer **lee-vray** **Could you deliver this to** *(1)* **her?** */ (2)* **him?** */ (3)* **them?** *Pourriez-vous (Fam: Pourrais-tu)* le *(1,2)* lui… */ (3)* leur… livrer? *Poo-ryay-voo (Fam: Poo-ray-tew)* **luh** *(1,2)* **lwee…** */ (3)* **luhr… lee-vray?** ♦ **delivery** *n* livraison *f* **lee-vray-zon**; distribution *f* **dees-tree-bew-syon** **general ~** *(postal)* poste restante **post re-stant**

Time expressions are given on pages 521-522.

democracy *n* démocratie *f* **day-mo-kra-see** ♦ **democratic** *adj* démocratique *m&f* **day-mo-kra-teek**

demonstrate *vt* faire une démonstration **fer̲_ewn day-mon̲s-tra-syon̲** **Let me demonstrate**. *Laissez (Fam: Laisse)-moi faire une démonstration. Lay-say (Fam: Les)*-**mwa fer̲_ewn day-mon̲s-tra-syon̲. Perhaps you could demonstrate (for *[1]* me / *[2]* us)**. Peut-être *pourriez-vous (Fam: pourrais-tu)* (*[1]* me / *[2]* nous) faire une démonstration. **Puh̲_t-etr** *poo-ryay-voo (Fam: poo-ray-tew)* (*[1]* **muh / *[2]* noo) fer̲_ewn day-mon̲s-tra-syon̲.**

depart *vi* partir **par-teer** **What time will the *(1)* bus / *(2)* train / *(3)* flight depart?** A quelle heure est-ce que *(1)* le bus… / *(2)* le train… / *(3)* l'avion… va partir? **A kel_uhr es kuh *(1)* luh bews… / *(2)* luh truhn̲… / *(3)* l'a-vyon̲… va par-teer?** **The *(1)* bus / *(2)* train / *(3)* flight will depart at *(time)*.** *(1)* Le bus / *(2)* Le train / *(3)* L'avion va partir à (___). ***(1)* Luh bews / *(2)* Luh truhn̲ / *(3)* L'a-vyon̲ va par-teer_a (___).** **When do you depart?** Quand est-ce que *vous partez (Fam: tu pars)*? **Kan̲_t_es kuh** *voo par-tay (Fam: tew par)*? ***(1)* I / *(2)* We depart *(3)* today. / *(4)* tomorrow. / *(5)* two days from now. / *(6)* next week.** *(1)* Je pars... / *(2)* Nous partons... *(3)* aujourd'hui. / *(4)* demain. / *(5)* dans deux jours. / *(6)* la semaine prochaine. ***(1)* Zhuh par... / *(2)* Noo par-ton̲... / *(3)* o-zhoor-d'wee. / *(4)* duh-muhn̲. / *(5)* dan̲ duh zhoor. / *(6)* la suh-men pro-shen.** **When *(1)* I / *(2)* we depart ...** Quand *(1)* je pars… / *(2)* nous partons… **Kan̲ *(1)* zhuh par… / *(2)* noo par-ton̲…**

department store *n* grand magasin *m* **gran̲ ma-ga-zuhn̲**

departure *adj* de départ **duh day-par** ~ **date** date *f* de départ **dat duh day-par** ~ **time** heure *f* de départ **uhr duh day-par** ♦ *n* départ *m* **day-par** **before *(1)* my / *(2)* our ~** avant *(1)* mon / *(2)* notre départ **a-van̲ *(1)* mon̲ / *(2)* notr day-par**

depend (on) *vi* dépendre (de) **day-pan̲dr (duh)**, compter (sur) **kon̲-tay (sewr)** **You can (always) depend on me**. Vous pouvez (Fam: Tu peux) toujours compter sur moi. *Voo poo-vay (Fam: Tew puh)* **too-zhoor kon̲-tay sewr mwa. It depends on *(1)* you. / *(2)* my work schedule. / *(3)* the weather.** Ça dépend de *(1)* vous *(Fam: toi)*. / *(2)* mon emploi du temps au travail. / *(3)* du temps. **Sa day-pan̲ duh *(1)* voo *(Fam: twa)*. / *(2)* mon̲_an̲-plwa dew tan̲ o tra-vaee. / *(3)* dew tan̲.**

depress *vt* déprimer **day-pree-may** **Don't let it depress you.** Ne *vous laissez (Fam: te laisse)* pas abattre. **Nuh *voo lay-say (Fam: tuh les)* pa a-batr.** ♦ **depressed** *adj* déprimé, -e *m&f* **day-pree-may** **I feel depressed.** Je me sens *déprimé (-e)*. **Zhuh muh san̲ day-pree-may.** ♦ **depressing** *adj* déprimant, -e *m&f* **day-pree-man̲, -man̲t**

describe *vt* décrire **day-kreer** **Can you describe it?** Pouvez-vous *(Fam: Peux-tu)* le décrire? *Poo-vay-voo (Fam: Puh-ew)* **luh day-kreer?** **It's hard for me to describe (in French).** C'est difficile pour moi d'expliquer (en français). **S'ay dee-fee-seel poor mwa d'eks-plee-kay (an̲ fran̲-say). I can't describe it.** Je ne peux pas le décrire. **Zhuh nuh puh pa luh day-kreer.** ♦ **description** *n* description *f* **des-kreep-syon̲** **beyond ~** *adj* indescriptible *m&f* **uhn̲-des-kreep-teebl** **Your description of it sounds *(1)* beautiful. / *(2)* exciting. / *(3)* like fun.**

French q always sounds like **k**.

/ *(4)* **lovely.** / *(5)* **nice.** / *(6)* **terrible.** Votre *(Fam: Ta)* description de ça semble *(1)* belle. / *(2)* excitante. / *(3)* drôle. / *(4)* charmante. / *(5)* belle. / *(6)* terrible. *Votr (Fam: Ta)* **des-kreep-syon duh sa sanbl** *(1)* **bel.** / *(2)* **ek-see-tant.** / *(3)* **drol.** / *(4)* **shar-mant.** / *(5)* **bel.** / *(6)* **te-reebl.**

desert *n* désert *m* **day-zer**

deserve *vt* mériter **may-ree-tay You deserve a lot better.** *Vous méritez (Fam: Tu mérites)* beaucoup mieux. *Voo may-ree-tay (Fam : Tew may-reet)* **bo-koo myuh.**

desirable *adj* désirable *m&f* **day-zee-rabl You're very desirable.** *Vous êtes (Fam: Tu es)* très attirante. *Voo_z_et (Fam: Tew ay)* **tre_z_a-tee-rant.** ♦ **desire** *vt* désirer **day-zee-ray I desire only you.** Je ne désire que *vous (Fam : toi)*. **Zhuh nuh day-zeer kuh** *voo (Fam: twa)*. **What do you desire in life?** Que *désirez-vous (Fam: désires-tu)* dans la vie? **Kuh** *day-zee-ray-voo (Fam: day-zeer-tew)* **dan la vee? What I desire the most in life is** *(what)*. Ce que je désire le plus au monde est (___). **Suh kuh zhuh day-zeer luh plew_s_o mond_ay (___).** ♦ *n* désir *m* **day-zeer You fill me with desire.** *Vous m'emplissez (Fam: Tu m'emplis)* de désir. *Voo m'an-plee-say (Fam: Tew m'an-plee)* **duh day-zeer.**

desk *n* 1. *(school or work table)* pupitre *m* **pew-peetr**, bureau *m* **bew-ro**; 2. *(hotel reception)* réception *f* **ray-sep-syon front** ~ *(hotel)* réception *f* **ray-sep-syon**

desperate *adj* désespéré, -e *m&f* **day-zes-pay-ray I'm desperate.** Je suis *désespéré (-e)*. **Zhuh swee day-zes-pay-ray.** ♦ **desperately** *adv* désespérément **day-zes-pay-ray-man**, éperdument **ay-per-dew-man**

destination *n* destination *f* **des-tee-na-syon**

destined *pp* destiné, -e *m&f* **des-tee-nay** ♦ **destiny** *n* destinée *f* **des-tee-nay**, destin *m* **des-tuhn It was destiny that brought us together.** Le destin nous a fait rencontrer. **Luh des-tuhn noo_z_a fay ran-kon-tray.**

destroy *vt* détruire **day-trweer** *(1)* **It** / *(2)* **Everything was destroyed**. *(1)* Ça / *(2)* Tout a été détruit. *(1) Sa / (2)* **Too_t_a ay-tay day-trwee.**

detail *n* détail *m* **day-taee Tell me** *(1)* **in detail**. / *(2)* **all the details**. *Racontez (Fam: Raconte)*-moi *(1)* en détail. / *(2)* tous les détails. *Ra-kon-tay (Fam: Ra-kont)*-**mwa** *(1)* **an day-taee.** / *(2)* **too lay day-taee.**

determined *adj* déterminé, -e *m&f* **day-ter-mee-nay**, décidé, -e *m&f* **day-see-day I'm determined to do it.** Je suis *déterminé (-e)* à le faire. **Zhuh swee day-ter-mee-nay a luh fer.**

developed *adj* développé, -e *m&f* **day-vlo-pay have the film** ~ faire développer la pellicule **fer day-vlo-pay la pay-lee-kewl** ♦ **developing** *n (film)* à développer **a day-vlo-pay for** ~ à développer **a day-vlo-pay**

devil *n* diable *m* **jabl silver-tongued** ~ baratineur *m*, -neuse *f* **ba-ra-tee-nuhr, -nuhz You little devil!** Petit diable! **Puh-tee jabl! What a devil you are!** Quel diable *vous êtes (Fam: tu es)*! **Kel jabl** *voo_z_et (Fam: tew ay)*!

devote *vt* consacrer **kon-sa-kray**, vouer **voo-ay** ~ **my life** vouer ma vie **voo-ay ma vee** ~ **my time** consacrer mon temps **kon-sa-kray mon tan** ♦ **devoted** *adj* dévoué, -e *m&f* **day-voo-ay** ~ **husband** mari *m* dévoué **ma-ree day-voo-ay** ~ **wife** femme *f* dévouée **fam day-voo-ay** ♦ **devotion** *n* dévouement *m* **day-voo-**

Words in parentheses (not italicized) are optional.

man
devour vt dévorer **day-vo-ray**
devout adj fervent, -e m&f **fer-van, -vant** I'm a devout (1) Catholic / (2) Christian / (3)(religion). Je suis un (-e) dévot (-e) (1) catholique / (2) chrétien (-ne) / (3) (___). **Zhuh swee uhn fer-van** (F: **ewn fer-vant**) (1) **ka-to-leek** / (2) **kray-chyuhn (-chyen)** / (3) (___).
diabetes n diabète m **ja-bet** type II ~ diabète de type deux **ja-bet duh teep duh** I have diabetes. J'ai le diabète. **Zh'ay luh ja-bet.** ♦ **diabetic** adj diabétique m&f **ja-bay-teek** ~ **diet** régime m pour diabétiques **ray-zheem poor ja-bay-teek**
dialect n dialecte m **ja-lekt**
diamond n 1. (gem) diamant m **ja-man**; 2. pl (card suit) carreau m **ka-ro** Meeting you is like finding a diamond on a gravel road. Vous (Fam: Te) rencontrer est comparable à avoir trouvé un diamant sur une route de gravier. **Voo (Fam: Tuh) ran-kon-tray ay kon-pa-rabl_a a-vwar troo-vay uhn ja-man sewr_ewn root duh gra-vyay.**
diaper n couche f **koosh** change the baby's ~ changer la couche du bébé **shan-zhay la koosh dew bay-bay** package of ~s paquet m de couches **pa-kay duh koosh**
diary n journal m (intime) **zhoor-nal (uhn-teem)** keep a ~ tenir un journal **tuh-neer_uhn zhoor-nal**
dice n pl dés mpl **day** throw the ~ jeter les dés **zhuh-tay lay day**
dictionary n dictionnaire m **deek-syo-ner** English-French ~ dictionnaire Anglais-Français **deek-syo-ner An-glay-Fran-say** French-English ~ dictionnaire Français-Anglais **deek-syo-ner Fran-say-An-glay** (See also look up [a word])
die vi mourir **moo-reer** (1) He / (2) She is dying. (1) Il / (2) Elle est en train de mourir. (1) **Eel_** / (2) **El_ay an truhn duh moo-reer.** My (1) father / (2) mother / (3) parents died (4) in (year). / (5) when I was (age). (1) Mon père est mort... / (2) Ma mère est morte... / (3) Mes parents sont morts... (4) en (___). / (5) quand j'avais (___) ans. (1) **Mon per_ay mor...** / (2) **Ma mer_ay mort...** / (3) **May pa-ran son mor...** (4) **an (___).** / (5) **kan zh'a-vay (___)_an.** (1) He / (2) She died (in [year]). (1) Il est mort / (2) Elle est morte (en [___]). (1) **Eel_ay mor** / (2) **El_ay mort (_an [___]).**
diet n régime m **ray-zheem** I'm on a diet. Je suis au régime. **Zhuh swee_z_o ray-zheem.** I need to go on a diet. J'ai besoin de faire un régime. **Zh'ay buh-zwuhn duh fer_uhn ray-zheem.**
differ vi différer **dee-fay-ray**, ne pas être d'accord **nuh pa_z_etr d'a-kor** I beg to differ with you. Je ne suis pas d'accord. **Zhuh nuh swee pa d'a-kor.** ♦ **difference** n différence f **dee-fay-rans** age ~ différence d'âge **dee-fay-rans d'azh** big ~ grande différence **grand dee-fay-rans** ~ **of opinion** différence d'opinion **dee-fay-rans d'o-pee-nyon** main ~ grande divergence **grand dee-ver-zhans** only ~ seule différence **suhl dee-fay-rans** small ~ petite différence **puh-teet dee-fay-rans** time ~ différence de temps **dee-fay-rans duh tan**, décalage m horaire **day-ka-lazh_o-rer** tremendous ~ immense différence **ee-mans dee-fay-rans** What's the difference? Quelle est la différence? **Kel_ay**

In French ch is pronounced like **sh** *in "sheep".*

different 95 **dinner**

la dee-fay-ra**ns**? **It doesn't make any difference**. Ça ne fait aucune différence. **Sa nuh fay o-kewn dee-fay-ra**ns**.** ♦ **different** *adj* différent, -e *m&f* **dee-fay-ra**n**, -ra**nt**** divers, -e *m&f* **dee-ver, -vers** **That's different.** C'est différent. **S'ay dee-fay-ra**n**.** **I've got a different idea.** J'ai une autre idée. **Zh'ay ewn_otr_ee-day.** **Would you like something different?** *Aimeriez-vous (Fam: Aimerais-tu)* quelque chose de différent? *Ay-muh-ryay-voo (Fam: Em-ray-tew)* **kel-kuh shoz duh dee-fay-ra**n**?** **You're different than other** *(1)* **men** / *(2)* **women I've met. (And I like the difference.)** *Vous êtes (Fam: Tu es) différent (-e)* des autres *(1)* hommes / *(2)* femmes que j'ai *rencontré(e)s*. (Et j'aime la différence.) *Voo_z_et (Fam: Tew ay) dee-fay-ra**n** (-ra**nt**)* **day_z_otr** *(1)* **_om** / *(2)* **fam kuh zh'ay ra**n**-ko**n**-tray. (Ay zh'em la dee-fay-ra**ns**.)** ♦ **differently** *adv* différemment **dee-fay-ra-ma**n**,** autrement **o-truh-ma**n

difficult *adj* difficile *m&f* **dee-fee-seel** **Is it difficult?** Est-ce difficile? **Es dee-fee-seel?** **It is(n't) (very) difficult**. C(e n)'est (pas) (très) difficile. **S(uh n)'ay (pa) (tre) dee-fee-seel.** **Was it difficult?** Etait-ce difficile? **Ay-tes dee-fee-seel?** **It was(n't) (very) difficult**. C(e n)'était (pas) (très) difficile. **S(uh n)'ay-tay (pa) (tre) dee-fee-seel.** **Will it be difficult?** Est-ce que ça sera difficile? **Es kuh sa suh-ra dee-fee-seel?** **It will (not) be (very) difficult**. Ça (ne) sera (pas) (très) difficile. **Sa (nuh) suh-ra (pa) (tre) dee-fee-seel.** ♦ **difficulty** *n* difficulté *f* **dee-fee-kewl-tay** **The difficulty is (that)...** La difficulté est (que)... **La dee-fee-kewl-tay ay (kuh)...**

dimple *n* fossette *f* **fo-set** **I love the dimple on your chin.** J'aime la fossette sur *votre (Fam: ton)* menton. **Zh'em la fo-set sewr** *votr (Fam: ton)* **ma**n**-to**n**.**

dine *vi* dîner **dee-nay** **I like to dine out.** J'aime dîner dehors. **Zh'em dee-nay duh-or.** **Shall we dine out tonight?** Devrions-nous dîner dehors ce soir? **Duh-vryo**n**-noo dee-nay duh-or suh swar?**

dinner *n* dîner *m* **dee-nay** ~ **by candlelight** dîner aux chandelles **dee-nay o sha**n**-del** **Would you like to go (with** *[1]* **me** / *[2]* **us) to dinner?** *Voudriez-vous (Fam: Voudrais-tu)* aller dîner (avec *[1]* moi / *[2]* nous)? *Voo-dree-yay-voo (Fam: Voo-dray-tew)* **a-lay dee-nay (a-vek** *[1]* **mwa /** *[2]* **noo)?**

  (1) **I'd** / *(2)* **We'd like to invite you to dinner...** *(1)* J'aimerais... / *(2)* Nous aimerions... *vous (Fam: t')* inviter à dîner... *(1)* **Zh'em-ray...** / *(2)* **Noo_z_ay-muh-ryo**n**...** *voo_z_(Fam: t')*_**uh**n**-vee-tay a dee-nay...**

  Let's have dinner (together)... Dînons (ensemble)... **Dee-no**n **(a**n**-sa**n**bl)...**
  Let's go to dinner (together)... Allons dîner (ensemble)... **A-lo**n **dee-nay (a**n**-sa**n**bl)...**

    ...this afternoon. ...cet après-midi. **...set_a-pre-mee-dee.**
    ...this evening. ...ce soir. **...suh swar.**
    ...tomorrow (evening). ...demain (soir). **...duh-muh**n **(swar).**
    ...on Friday... ...vendredi... **...va**n**-druh-dee...**
    ...on Saturday... ...samedi... **...sam-dee...**
    ...on Sunday... ...dimanche... **...dee-ma**n**sh...**
        ...afternoon. ...après-midi. **...a-pre-mee-dee.**
        ...evening. ...soir. **...swar.**

---

*Familiar "tu" ("tew") forms in parentheses
can replace italicized polite forms.*

Where's a good place to have dinner? Y a-t-il un bon endroit pour dîner? **Ee_y_a-t-eel_uhn bon_an-drwa poor dee-nay? I know a *(1)* good / *(2)* great place where we can have dinner.** Je connais un *(1)* bon / *(2)* super endroit où nous pouvons dîner. **Zhuh ko-nay uhn *(1)* bon_ / *(2)* sew-per an-drwa oo noo poo-von dee-nay. That was a *(1)* good / *(2)* wonderful dinner.** C'était un *(1)* bon / *(2)* merveilleux dîner. **S'ay-tay_t_uhn *(1)* bon / *(2)* mer-vay-yuh dee-nay.**

diploma *n* diplôme *m* **dee-plom**

direction *n* 1. *(course)* direction *f* **dee-rek-syon**; 2. *pl (instructions)* instructions *fpl* **uhns-trewk-syon Which direction is it?** Dans quelle direction est-ce? **Dan kel dee-rek-syon es? Could you give me directions to *(place)*?** Pourriez-vous *(Fam: Pourrais-tu)* m'indiquer la direction pour aller à (___)? *Poo-ryay-voo (Fam: Poo-ray-tew)* **m'uhn-dee-kay la dee-rek-syon poor_a-lay a (___)?**

dirt *n* saleté *f* **sal-tay** ♦ **dirty** 1. *(unclean)* sale *m&f* **sal**; 2. *(foul, obscene)* cochon, -ne *m&f* **ko-shon, -shon**, grossier, grossière *m&f* **gro-syay, -syer**, vulgaire *m&f* **vewl-ger**; 3. *(low, mean)* sale *m&f* **sal** ~ **language** langage vulgaire **lan-gazh vewl-ger** ~ **mind** esprit *m* dégoutant **es-pree day-goo-tan** ~ **mouth** language vulgaire **lan-gazh vewl-ger** ~ **story** histoire *f* cochonne **ees-twar ko-shon** ~ **words** gros mots *mpl* **gro mo It's all dirty!** C'est tout sale! **S'ay too sal!**

disability *n* handicap *m* **an-dee-kap** ♦ **disabled** *adj* handicapé, -e *m&f* **an-dee-ka-pay partially** ~ partiellement *handicapé (-e)* **par-syel-man an-dee-ka-pay**

disadvantage *n* désavantage *m* **day-za-van-tazh**, inconvénience *f* **uhn-kon-vay-nyans You have me at a disadvantage.** Vous me défavorisez *(Fam: Tu me défavorises)* pas. *Voo muh day-fa-vo-ree-zay (Fam: Tew muh day-fa-vo-reez)* **pa.**

disagree *vi* être en désaccord **etr_an day-za-kor**, ne pas être d'accord **nuh pa_ z_etr d'a-kor *(1,2)* I disagree (with you).** Je ne suis pas d'accord (avec *vous [Fam: toi]*). **Zhuh nuh swee pa d'a-kor (a-vek voo [Fam: twa]).**

disappear *vi* disparaître **dees-pa-retr Suddenly you disappeared.** Soudainement, vous avez *(Fam: tu as)* disparu. **Soo-den-man,** *voo_z_a-vay (Fam: tew a)* **dees-pa-rew.**

disappoint *vt* décevoir **day-suh-vwar I'm sorry I disappointed you.** Je suis désolé *(-e)* de *vous (Fam: t')* avoir déçu *(-e)*. **Zhuh swee day-zo-lay duh** *voo_ z_ (Fam: t')*_**a-vwar day-sew. You disappointed me (terribly).** Vous m'avez *(Fam: Tu m'as)* (terriblement) déçu *(-e)*. *Voo m'a-vay (Fam: Tew m'a)* **(te-ree-bluh-man) day-sew. Please don't disappoint me.** S'il *vous (Fam: te)* plaît, ne me décevez *(Fam: déçois)* pas. **S'eel voo *(Fam: tuh)* play, nuh muh** *day-suh-vay (Fam: day-swa)* **pa.** ♦ **disappointed** *adj* déçu, -e *m&f* **day-sew I'm (very) disappointed.** Je suis (vraiment) déçu *(-e)*. **Zhuh swee (vray-man) day-sew. We're (very) disappointed.** Nous sommes (vraiment) déçus. **Noo som (vray-man) day-sew.** ♦ **disappointing** *adj* décevant, -e *m&f* **day-suh-van, -vant** ♦ **disappointment** *n* déception *f* **day-sep-syon big** ~ grande déception **grand day-sep-syon terrible** ~ déception terrible **day-sep-syon tay-reebl**

disaster *n* désastre *m* **day-zastr**

discharge *vt (mil.)* remercier **ruh-mer-syay**, congédier **kon-zhay-jay I was discharged from the *(1)* Air Force / *(2)* Army / *(3)* Navy in *(year)*.** J'ai été

The letter h in French is always silent.

congédié (-e) par *(1)* l'armée de l'air / *(2)* l'armée / *(3)* la marine en *(___)*. **Zh'ay ay-tay kon-zhay-jay par** *(1)* **l'ar-may duh l'er…** / *(2)* **l'ar-may…** / *(3)* **la ma-reen… an** *(___)*.
discount *n* réduction *f* **ray-dewk-syon**
discouraged *adj* découragé, -e *m&f* **day-koo-ra-zhay Don't be discouraged.** Ne soyez *(Fam:* sois*)* pas *découragé (-e)*. **Nuh** *swa-yay (Fam: swa)* **pa day-koo-ra-zhay.**
discover *vt* découvrir **day-koo-vreer** *(1)* **I've** / *(2)* **We've discovered a great little restaurant.** *(1)* J'ai / *(2)* Nous avons découvert un super petit restaurant. *(1)* **Zh'ay…** / *(2)* **Noo_z_a-von… day-koo-ver_uhn sew-per puh-tee res-to-ran.**
discreet *adj* discret, discrète *m&f* **dees-kray, -kret I'll be (very) discreet.** Je serai (très) *discret (discrète)*. **Zhuh suh-ray tre** *dees-kray (F: dees-kret)*. ♦ **discretion** *n* discrétion *f* **dees-kray-syon**
discriminate *vi* distinguer **dees-tuhn-gay It's wrong to discriminate (against people of other** *[1]* **nationalities** / *[2]* **races** / *[3]* **religions).** C'est mal d'instituer une discrimination (contre les gens d'une autre *[1]* nationalité / *[2]* race / *[3]* religion). **S'ay mal d'uhns-tee-tew-ay ewn dees-kree-mee-na-syon (kon-truh lay zhan d'ewn otr** *[1]* **na-syo-na-lee-tay** / *[2]* **ras** / *[3]* **ruh-lee-zhyon).** ♦ **discrimination** *n* discrimination *f* **dees-kree-mee-na-syon That's discrimination (and it's wrong).** C'est de la discrimination (et c'est mal). **S'ay duh la dees-kree-mee-na-syon (ay s'ay mal).**
discuss *vt* discuter **dees-kew-tay There's something I want to discuss with you**. Il y a quelque chose dont je voudrais discuter avec *vous (Fam: toi)*. **Eel_ee_y_a kel-kuh-shoz don zhuh voo-dray dees-kew-tay a-vek** *voo (Fam: twa)*. **Could we discuss it in private?** Pourrions-nous en discuter en privé? **Poo-ryon-noo an dees-kew-tay an pree-vay?**
disease *n* maladie *f* **ma-la-dee contagious** ~ maladie *f* contagieuse **ma-la-dee kon-ta-zhyuhz venereal** ~ maladie vénérienne **ma-la-dee vay-nay-ryen**
disgrace *n* disgrâce *f* **dees-gras** ♦ **disgraceful** *adj* honteux, honteuse *m&f* **on-tuh, -tuhz**, scandaleux, scandaleuse *m&f* **skan-da-luh, -luhz That's (utterly) disgraceful.** C'est (absolument) scandaleux. **S'ay (_t_ab-so-lew-man) skan-da-luh.**
disgusted *adj* dégoûté, -e *m&f* **day-goo-tay I'm disgusted with** *(what)*. Je suis *dégoûté (-e)* de *(___)*. **Zhuh swee day-goo-tay duh** *(___)*. ♦ **disgusting** *adj* dégoûtant, -e *m&f* **day-goo-tan, -tant**, repugnant, -e *m&f* **ray-pew-nyan, -nyant That's disgusting!** C'est répugnant! **S'ay ray-pew-nyan!**
dish *n* 1. *(plate)* plat *m* **pla**; 2. *pl (collectively)* vaiselle *fpl* **vay-sel**; 3. *(cooked food)* plat *m* **pla**, mets *m* **me What's your favorite dish?** Quel est *votre (Fam: ton)* plat préféré? **Kel_ay** *votr (Fam: ton)* **pla pray-fay-ray? My favorite dish is** *(name)*. Mon plat préféré est *(___)*. **Mon pla pray-fay-ray ay** *(___)*.
dishonest *adj* malhonnête *m&f* **ma-lo-net**
disk *n (comp.)* disque *m* **deesk compact** ~ **(CD)** CD *m* **say-day floppy** ~ disquette *f* **dees-ket**
display *n* exposition *f* **eks-po-zee-syon fireworks** ~ spectacle *m* de feux d'artifice

---

Common occupations are listed on pages 526-533.

dispose spek-takl duh fuh d'ar-tee-fees

dispose *vi (of)* jeter **zhuh-tay** **Where can I dispose of this?** Où est-ce que je peux jeter ça? **Oo es kuh zhuh puh zhuh-tay sa?**

disposition *n* tendance *f* **tan-dans**, disposition *f* **dees-po-zee-syon** **cheerful** ~ disposition joyeuse **dees-po-zee-syon zha-yuhz** **happy-go-lucky** ~ disposition insouciante **dees-po-zee-syon uhn-soo-syant** **nice** ~ bonne disposition *f* **bon dees-po-zee-syon** **sweet** ~ gentille disposition **zhan-teey(uh) dees-po-zee-syon**

distance *n* distance *f* **dees-tans** **Is it in walking distance?** Est-ce qu'on peut s'y rendre à pied? **Es k'on puh s'ee randr_a pyay?** **It's in walking distance.** On peut s'y rendre à pied. **On puh s'ee randr_a pyay.** ♦ **distant** *adj* lointain, -e *m&f* **lwuhn-tuhn, lwuhn-ten** ~ **relative** parent *m* éloigné **pa-ran ay-lwa-nyay** **She's a distant relative.** Elle est une parente éloignée. **El_ay t_ewn pa-rant_ay-lwa-nyay.**

disturb *vt* déranger **day-ran-zhay**, perturber **per-tewr-bay** *(1)* **I'm** / *(2)* **We're sorry to disturb you.** *(1)* Je suis *désolé (-e)*… / *(2)* Nous sommes *désolé(e)s*… de *vous (Fam: te)* déranger. *(1)* **Zhuh swee day-zo-lay…** / *(2)* **Noo som day-zo-lay… duh** *voo (Fam: tuh)* **day-ran-zhay.** **I hope** *(1)* **I'm** / *(2)* **we're not disturbing you.** J'espère que *(1)* je ne *vous (Fam: te)* dérange pas. / *(2)* nous ne *vous (Fam: te)* dérangeons pas. **Zh'es-per kuh** *(1)* **zhuh nuh** *voo (Fam: tuh)* **day-ranzh pa.** / *(2)* **noo nuh** *voo (Fam: tuh)* **day-ran-zhon pa.** ♦ **disturbance** *n* perturbation *f* **per-tewr-ba-syon** **There's some sort of disturbance.** Il y a quelques perturbations. **Eel_ee_y a kel-kuh per-tewr-ba-syon.**

dive *vi* plonger **plon-zhay**

divine *adj* divin, -e *m&f* **dee-vuhn, -veen**

diving *n* plongée *f* **plon-zhay** ~ **board** plongeoir *m* **plon-zhwar** **scuba** ~ plongée sous-marine **plon-zhay soo-ma-reen**

divorce *adj* de divorce **duh dee-vors** ~ **decree** décret *m* de divorce **day-kray duh dee-vors** ♦ *n* divorce *m* **dee-vors** **ask** *(1)* **her** / *(2)* **him for a** ~ demander le divorce **duh-man-day luh dee-vors** **file for a** ~ faire une demande de divorce **fer_ewn duh-mand duh dee-vors** **get a** ~ divorcer **dee-vor-say** **go through a** ~ être en plein divorce **etr_an pluhn dee-vors** **I plan to get a divorce (from *[1]* her / *[2]* him).** J'ai l'intention de divorcer (*[1]* de lui / *[2]* d'elle). **Zh'ay l'uhn-tan-syon duh dee-vor-say** (*[1]* **duh luh** / *[2]* **d'el**). **Have you filed for a divorce yet?** Avez-vous *(Fam: As-tu)* déjà fait *votre (Fam: ta)* demande de divorce? *A-vay-voo (Fam: A-tew)* **day-zha fay** *votr (Fam: ta)* **duh-mand duh dee-vors?** **I've already filed for a divorce.** J'ai déjà fait ma demande de divorce. **Zh'ay day-zha fay ma duh-mand duh dee-vors.** **How long will the divorce take?** Combien de temps est-ce que le divorce prendra? **Kon-byuhn duh tan es kuh luh dee-vors pran-dra?** **The divorce will (probably) take (about) three months.** Le divorce prendra (probablement) (à peu près) trois mois. **Luh dee-vors pran-dra (pro-ba-bluh-man) (a puh pre) trwa mwa.** ♦ **divorced** *adj* divorcé, -e *m&f* **dee-vor-say** **I'm divorced.** Je suis *divorcé (-e)*. **Zhuh swee dee-vor-say.** **How long have you been divorced?** Depuis combien de temps êtes-

---

At the end of a word, s, d, t and x are generally silent.

vous (Fam: es-tu) divorcé (-e)? **Duh-pwee ko**n**-byuh**n **duh ta**n *et-voo (Fam: ay-tew)* **dee-vor-say? I've been divorced for *(number)* years.** Je suis *divorcé (-e)* depuis (___) ans. **Zhuh swee dee-vor-say duh-pwee (___) a**n**. Why did you get divorced?** Pourquoi *avez-vous (Fam: as-tu)* divorcé? **Poor-kwa** *a-vay-voo (Fam: a-tew)* **dee-vor-say? I got divorced because...** J'ai divorcé parce que… **Zh'ay dee-vor-say par-suh kuh…**

dizzy *adj* étourdi, -e *m&f* **ay-toor-dee I feel dizzy.** Je me sens *étourdi (-e).* **Zhuh muh sa**n **ay-toor-dee.**

do *vt* faire **fer How're you doing?** Comment ça va? **Ko-ma**n **sa va? What do you do?** *(What is your job/profession/work?)* Que *faites-vous (Fam: fais-tu)* dans la vie? **Kuh** *fet-voo (Fam: fay-tew)* **da**n **la vee?** *(Answer:* **I'm a** *[job title]*. Je suis [___]. **Zhuh swee ([___]**.*)* **What are you doing?** Que *faites-vous (Fam: fais-tu)*? **Kuh** *fet-voo (Fam: fay-tew)*? **I'm not doing anything.** Je ne fais rien. **Zhuh nuh fay ryuh**n**. Will you do it?** *Allez-vous (Fam: Vas-tu)* le faire? *A-lay-voo (Fam: Va-tew)* **luh fer?** *(1)* **I** / *(2)* **We will (not) do it.** *(1)* Je (ne) le ferai (pas). / *(2)* Nous (ne) le ferons (pas). *(1)* **Zhuh (nuh) luh fuh-ray (pa).** / *(2)* **Noo (nuh) luh fuh-ro**n **(pa). What are you going to do?** Qu'est-ce que *vous allez (Fam: tu vas)* faire? **K'es kuh** *voo_z_a-lay (Fam: tew va)* **fer? Did you do it?** L'*avez-vous (Fam: as-tu)* fait? L'*a-vay-voo (Fam: a-tew)* **fay?** *(1)* **I** / *(2)* **We did it.** *(1)* Je l'ai… / *(2)* Nous l'avons… fait. *(1)* **Zhuh l'ay…** / *(2)* **Noo l'a-vo**n**… fay.** *(1)* **I** / *(2)* **We didn't do it.** *(1)* Je ne l'ai… / *(2)* Nous ne l'avons… pas fait. *(1)* **Zhuh nuh l'ay…** / *(2)* **Noo nuh l'a-vo**n**… pa fay. What did** *(1)* **you** / *(2)* **he** / *(3)* **she** / *(4)* **they do (then)?** Qu'est-ce *(1)* que *vous avez (Fam: tu as)*… / *(2)* qu' il a… / *(3)* qu'elle a… / *(4)* qu'ils ont… fait (alors)? **K'es** *(1)* **kuh** *voo_z_a-vay (Fam: tew a)*… / *(2)* **k'eel_a…** / *(3)* **k'el_a…** / *(4)* **k'eel_z_o**n**… fay (a-lor)?**

    How did… Comment est-ce… **Ko-ma**n **es…**
    Why did… Pourquoi est-ce… **Poor-kwa es…**
        …you do it? que *vous avez (Fam: tu as)* fait ça? **…kuh** *voo_z_a-vay (Fam: tew a)* **fay sa?**
        …he do it? …qu'il a fait ça? **…k'eel_a fay sa?**
        …she do it? …qu'elle a fait ça? **…k'el_a fay sa?**
        …they do it? …qu'ils ont fait ça? **…k'eel_z_o**n **fay sa?**
    I did it because… Je l'ai fait parce que… **Zhuh l'ay fay par-suh kuh…**
    We did it because… Nous l'avons fait parce que… **Noo l'a-vo**n **fay par-suh kuh…**
    He did it because… Il l'a fait parce que… **Eel l'a fay par-suh kuh…**
    She did it because… Elle l'a fait parce que… **El l'a fay par-suh kuh…**
    They did it because… *Ils (Fpl: Elles)* l'ont fait parce que… *Eel (Fpl: El)* **l'o**n **fay par-suh kuh...**
  You shouldn't have done that. *Vous n'auriez (Fam: Tu n'aurais)* pas dû le faire. *Voo n'o-ryay (Fam: Tew n'o-ray)* **pa dew luh fer.**
    What are you doing… Que *faites-vous (Fam: fais-tu)*… **Kuh** *fet-voo (Fam: fay-tew)*…

Feminine forms of words in phrases are usually given in parentheses (italicized).

...**this evening?** ...ce soir? ***...suh swar?***
...**tomorrow?** ...demain? ***...duh-muhn?***
...**tomorrow morning?** ...demain matin? ***...duh-muhn ma-tuhn?***
...**tomorrow afternoon?** ...demain après-midi? ***...duh-muhn a-pre-mee-dee?***
...**tomorrow evening?** ...demain soir? ***...duh-muhn swar?***
...**on Friday?** ...vendredi? ***...van-druh-dee?***
What would you like to do? Qu'*aimeriez-vous (Fam: aimerais-tu)* faire? **K'***ay-muh-ryay-voo (Fam: em-ray-tew)* **fer?** **I don't want to do it.** Je ne veux pas le faire. **Zhuh nuh vuh pa luh fer. Don't!** Ne *faites (Fam: fais)* pas ça! **Nuh** *fet (Fam: fay)* **pa sa! Let's do it again.** On le refait. **On luh ruh-fay. Do it again.** Refais-le. **Ruh-fay-luh. I want to do it again.** Je veux le refaire. **Zhuh vuh luh ruh-fer. I love the way you do it.** J'adore *votre (Fam: ta)* façon de faire. **Zh'a-dor** *votr (Fam: ta)* **fa-son duh fer. What do you do to me?!** Que me *faites-vous (Fam: fais-tu)*?! **Kuh muh** *fet-voo (Fam: fay-tew)***?! Tell me what to do.** Dites *(Fam: Dis)*-moi quoi faire. *Deet (Fam: Dee)*-**mwa kwa fer.** *(1)* **What...** / *(2)* **What kind of things... do you like to do (in your spare time)?** *(For answers, see under* **like**.*)* *(1)* Qu'... / *(2)* Quel genre de choses... aimez-vous *(Fam: aimes-tu)* faire (pendant *votre [Fam: ton]* temps libre)? *(1)* **K'...** / *(2)* **Kel zhanr duh shoz...** *ay-may-voo (Fam: em-tew)* **fer (pan-dan** *votr [Fam: ton]* **tan leebr)?**

dock *vt & vi* garer **ga-ray** ♦ **dock** *n* dock *m* **dok ferry** ~ dock *m* (pour ferry) **dok (poor fay-ry) private** ~ dock privé **dok pree-vay public** ~ dock publique **dok pew-bleek**

doctor *n* docteur *m*, doctoresse, docteure *f* **dok-tuhr** *m*, **-to-res, -tuhr** *f* **Call a doctor.** Appelez *(Fam: Appelle)* un docteur. *A-play (Fam: A-pel)* **uhn dok-tuhr. You'd better see a doctor.** Vous devriez *(Fam: Tu devrais)* voir un docteur. *Voo duh-vryay (Fam: Tew duh-vray)* **vwar uhn dok-tuhr. I need to see a doctor.** J'ai besoin de voir un docteur. **Zh'ay buh-zwuhn duh vwar_uhn dok-tuhr. Is there a doctor around here?** Y a-t-il un docteur dans le coin? **Ee_y_a-t-eel uhn dok-tuhr dan luh kwuhn?** ♦ **doctorate** *n* doctorat *m* **dok-to-ra**

document *n* document *m* **do-kew-man necessary** ~s documents nécessaires **do-kew-man nay-say-ser**

dog *adj* pour chien **poor shyuhn** ~ **food** nourriture *f* pour chien **noo-ree-tewr poor shyuhn** ~ **snack** snack pour les chiens **snak poor lay shyuhn** ♦ *n* chien *m* **shyuhn feed the** ~ donner à manger au chien **do-nay a man-zhay o shyuhn take the** ~ **for a walk** promener le chien **prom-nay luh shyuhn I have a dog.** J'ai un chien. **Zh'ay uhn shyuhn. What's the dog's name**? Comment s'appelle le chien? **Ko-man s'a-pel luh shyuhn? The dog's name is** *(name)*. Le chien s'appelle *(___)*. **Luh shyuhn s'a-pel (___).** *(1)* **I'm** / *(2)* **You're** / *(3)* **He's a lucky dog.** *(1)* Je suis... / *(2)* Vous êtes *(Fam: Tu es)*... / *(3)* C'est... un (-e) veinard (-e). *(1)* **Zhuh swee_z_...** / *(2)* **Voo_z_et** *(Fam: Tew ay)***...** / *(3)* **S'ay_t_...** *uhn vay-nar (F: ewn vay-nard)*.

doll *n* poupée *f* **poo-pay I collect dolls.** Je collectionne les poupées. **Zhuh ko-lek-**

Before a, o, u or a consonant, c is pronounced like **k**.

syon lay poo-pay.

domineering *adj* autoritaire **o-to-ree-ter**

domino *n* domino *m* **do-mee-no** *(See phrase under* **play**.*)*

doo-doo *n (slang: excrement)* merde *f* **merd** **bird** ~ merde d'oiseau **merd d'wa-zo** **dog** ~ merde de chien **merd duh shyuhn**

doomed *adj* condamné, -e *m&f* **kon-da-nay**

door *n* porte *f* **port** **back** ~ porte *f* de derrière **port duh der-ryer** ♦ **door** porte de devant **port duh duh-van** **next** ~ la porte à côté **la port_a ko-tay** **out of** ~**s** dehors **duh-or** *(1)* **Close** */ (2)* **Open the door!** *(1) Fermez (Fam: Ferme) / (2) Ouvrez (Fam: Ouvre) la porte!* *(1) Fer-may (Fam: Fehrm) / (2) Oo-vray (Fam: Oovr) la port!* **Leave the door open.** *Laissez (Fam: Laisse) la porte ouverte. Lay-say (Fam: Les) la port_oo-vert.* **Lock the door.** *Fermez (Fam: Ferme)* la porte à clef. *Fer-may (Fam: Ferm) la port_a klay.*

dorm(itory) *n* dortoir *m* **dor-twar**

double *adj* double *m&f* **doobl** ~ **bed** lit *m* double **lee doobl** ~ **room** chambre *f* double **shanbr doobl**

doubt *vt* douter **doo-tay** ~ **very much** beaucoup douter **bo-koo doo-tay** **begin to** ~ commencer à douter **ko-man-say a doo-tay** **I doubt it.** J'en doute. **Zh'an doot**. ♦ *n* doute *m* **doot**, incertitude *f* **uhn-ser-tee-tewd** **be in** ~ être dans le doute **etr dan luh doot** **beyond any** ~ sans aucun doute **san_z_o-kuhn doot** **have** ~**s** avoir des doutes **a-vwar day doot** **no** ~ aucun doute **o-kuhn doot** **serious** ~**s** sérieux doutes **say-ryuh doot** **slightest** ~ moindre doute **mwuhndr doot** **without a** ~ sans doute **san doot** ♦ **doubtful** *adj* douteux, douteuse *m&f* **doo-tuh, -tuhz** **It's very doubtful.** C'est vraiment douteux. *S'ay vray-man doo-tuh.*

down *adj (sad, depressed)* triste *m&f* **treest**, déprimé, -e *m&f* **day-pree-may** **I (1) am / (2) feel kind of down.** Je *(1)* suis… */ (2)* me sens… un peu *déprimé (-e)*. *Zhuh (1) swee… / (2) muh san… _z_uhn puh day-pree-may.* **Why are you so down (in the dumps)?** Pourquoi *êtes-vous (Fam: es-tu)* si *déprimé (-e)?* **Poor-kwa** *et-voo (Fam: ay-tew)* **see day-pree-may?** ♦ *adv* bas **ba** **come** ~ descendre **day-sandr** **fall** ~ tomber **ton-bay** **lie** ~ s'allonger **s'a-lon-zhay** **sit** ~ s'asseoir **s'a-swar** **Come down to the** *(1)* **lobby.** */ (2)* **lounge.** *Descendez (Fam: Descends) (1)* à l'acceuil. */ (2)* au salon. *Day-san-day (Day-san) (1) a l'a-kuhyuh. / (2) o sa-lon.* **Do you want to lie down?** *Voulez-vous vous (Fam: Veux-tu t')* allonger? *Voo-lay-voo voo_z_ (Vuh-tew t'_) a-lon-zhay?* **Please sit down.** *Asseyez-vous (Fam: Assieds-toi)* s'il *vous (Fam: te)* plaît. *A-say-yay-voo (Fam: A-sye-twa)* **s'eel** *voo (Fam: tuh)* **play.** **Let's sit down over there.** Allons nous asseoir là-bas. *A-lon-noo_z_a-swar la-ba.* ♦ *prep* en bas **an ba** ~ **the stairs** en bas de l'escalier **an ba duh l'es-ka-lyay** ♦ **downhill** *adv* en pente **an pant** ♦ **downstairs** *adv* en bas **an ba** **go** ~ aller en bas **a-lay an ba**, descendre l'escalier **day-sandr l'es-ka-lyay** ♦ **downstream** *adv* en aval **an_n_a-val** ♦ **down-to-earth** *adj* terre-à-terre *m&f* **ter-a-ter**, qui a la tête sur les épaules **kee a la tet sewr lay_z_ay-pol** ♦ **downtown** *adv* centre-ville *m* **san-truh-veel** **Let's go downtown.** Allons en centre ville. *A-lon an san-truh-veel.*

Before e, i, or y, c is pronounced like **s**.

drain *n* égout *m* ay-goo **It all went down the drain.** Tout est foutu. Too_t_ay foo-tew.
drama *n* drame *m* dram ♦ **dramatic** *adj* dramatique *m&f* dra-ma-teek
draw *vt* 1. *(illustrate)* dessiner day-see-nay; 2. *(cards: take)* piocher pyo-shay **You draw very well.** Vous dessinez (Fam: Tu dessines) très bien. *Voo day-see-nay (Fam: Tew day-seen) tre byuhn*. **I like to draw.** J'aime dessiner. Zh'em day-see-nay. **Draw a card.** Piochez (Fam: Pioche) une carte. *Pyo-shay (Fam: Pyosh_) ewn kart.*
drawer *n* tiroir *m* tee-rwar
drawing *n (illustration)* dessin *m* day-suhn
dread *vt* redouter ruh-doo-tay **I dread (1) leaving you. / (2) saying goodbye.** Je redoute de (1) vous (Fam: te) quitter. / (2) vous (Fam: te) dire au revoir. Zhuh ruh-doot duh (1) voo (Fam: tuh) kee-tay. / (2) voo (Fam: tuh) deer_o ruh-vwar.
dream *vi* rêver re-vay **I've always dreamt of (1) meeting someone like you. / (2) coming here.** J'ai toujours rêvé de (1) rencontrer quelqu'un comme *vous (Fam: toi)*. / (2) venir ici. Zh'ay too-zhoor re-vay duh (1) ran-kon-tray kel-kuhn kom voo (Fam: twa). / (2) vuh-neer ee-see. ♦ *n* rêve *m* rev **bad** ~ mauvais rêve mo-vay rev **beautiful** ~ beau rêve bo rev **heavenly** ~ rêve merveilleux rev mer-vay-yuh **my** ~ **come true** mon rêve est devenu réalité mon rev_ay duh-vuh-new ray-a-lee-tay **pipe** ~ utopie *f* ew-to-pee **strange** ~ rêve étrange rev_ay-tranzh **wonderful** ~ rêve magnifique rev ma-nee-feek **My (big) dream is to…** Mon (grand) rêve est de… Mon (gran) rev_ay duh… **You are my dream come true.** Vous êtes (Fam: Tu es) mon rêve devenu réalité. *Voo_z_et (Fam: Tew ay)* mon rev duh-vuh-new ray-a-lee-tay. **If this is a dream, I don't want to wake up.** Si c'est un rêve, je ne veux pas me réveiller. See s'ay_t_uhn rev, zhuh nuh vuh pa muh ray-ve-yay. **In your dreams!** Dans *vos (Fam: tes)* rêves! Dan_ vo (Fam: tay) rev! ♦ **dreamer** *n* rêveur, rêveuse *m&f* re-vuhr, -vuhz **beautiful** ~ *beau rêveur (F: belle rêveuse)* bo re-vuhr (F: bel re-vuhz) **hopeless** ~ *rêveur (F: rêveuse) sans espoir* re-vuhr (F: re-vuhz) san_z_es-pwar ♦ **dreamy** *adj* rêveur, rêveuse *m&f* re-vuhr, -vuhz ~ **face** visage *m* rêveur vee-zazh re-vuhr
dress *vi* s'habiller s'a-bee-yay **You dress very (1) well. / (2) nicely.** Vous vous habillez (Fam: Tu t'habilles) (1) bien. / (2) avec élégance. *Voo voo_z_ a-bee-yay (Fam: Tew t_'a-beeyuh)* (1) byuhn. / (2) a-vek_ay-lay-gans. ♦ *n* robe *f* rob **That's a (very) beautiful dress.** C'est une robe (tellement) magnifique. S'ay_t_ewn rob (tel-man) ma-nee-feek. ♦ **dressed** *pp*: **(1) I / (2) We have to get dressed.** (1) Je dois m'… / (2) Nous devons nous… habiller. *(1) Zhuh dwa m'… / (2) Noo duh-von_ noo_z_... a-bee-yay.* **You'd better get dressed.** Vous feriez mieux de vous (Fam: Tu ferais mieux de t') habiller. *Voo fuh-ryay myuh duh voo_z_ (Fam: Tew fuh-ray myuh duh t')_ a-bee-yay.*
drink *vt* boire bwar **Would you like to have something (cold) to drink?** Voudriez-vous (Fam: Voudrais-tu) quelque chose (de frais) à boire? *Voo-dryay-voo (Fam: Voo-dray-tew)* kel-kuh shoz (duh fray) a bwar? **I'll get us something (cold) to drink.** Je vais nous chercher quelque chose (de frais) à boire. Zhuh vay noo

---

Numbers in French are given on pages 519-520.

sher-shay kel-kuh shoz (duh fray) a bwar.** Do you drink?** Est-ce que *vous buvez (Fam: tu bois)?* **Es kuh** *voo bew-vay (Fam: tew bwa)?* **I don't drink (alcohol).** Je ne bois pas (d'alcool). **Zhuh nuh bwa pa (d'al-kol).**
    I drink… Je bois… **Zhuh bwa...**
        …a little. …un peu. **…uhn puh.**
        …very little. …très peu. **…tre puh.**
        …very seldom. …rarement. **…rar-man.**
        …occasionally. …occasionnellement. **…o-ka-zyo-nel-man.**
        …socially. …socialement. **…so-syal-man.**
Do you drink *(1)* **beer?** / *(2)* **wine?** *Buvez-vous (Fam: Bois-tu) (1)* de la bière? / *(2)* du vin? **Bew-vay-voo** *(Fam: Bwa-tew)* **(1) duh la byer? /** *(2)* **dew vuhn?** **I drink a beer every now and then.** Je bois une bière de temps à autre. **Zhuh bwa ewn byer duh tan_z_a otr. I quit drinking (a long time ago).** J'ai arrêté l'alcool (il y a longtemps). **Zh'ay a-ray-tay l'al-kol (eel_ee_y a lon-tan).**
♦ **drink** *n* boisson *f* **bwa-son** **soft ~** boisson non alcoolisée **bwa-son non_al-ko-lee-zay Would you like to have a drink (with me)?** *Voudriez-vous (Fam: Voudrais-tu)* prendre un verre (avec moi)? **Voo-dryay-voo** *(Fam: Voo-dray-tew)* **prandr_uhn ver (a-vek mwa)? Let me** *(1)* **get** *(buy)* **/** *(2)* **buy you a drink.** *(1,2)* Laissez-moi vous *(Fam: Laisse-moi t')* offrir un verre. **Lay-say-mwa voo_z_** *(Fam: Les mwa t')_***o-freer uhn ver. (1) I'll fix... /** *(2)* **Let me fix... you a drink.** *(1)* Je vais *vous (Fam: te)*… / *(2)* Laissez-moi vous *(Fam: Laisse-moi te)*… préparer quelque chose à boire. *(1)* **Zhuh vay voo** *(Fam: tuh)***… /** *(2)* **Lay-say-mwa voo** *(Fam: Les-mwa tuh)* **pray-pa-ray kel-kuh shoz_a bwar. Let's have a drink (together).** Prenons un verre (ensemble). **Pruh-non uhn ver (_an-sanbl). What's your favorite drink?** Quelle est *votre (Fam: ta)* boisson préférée? **Kel_ay** *votr (Fam: ta)* **bwa-son pray-fay-ray? My favorite drink is *(name)*.** Ma boisson préférée est *(___)*. **Ma bwa-son pray-fay-ray ay (___).**
♦ **drinker** *n* buveur, -euse *m&f* **bew-vuhr, -vuhz non-drinker** non-buveur, -euse *m&f* **non-bew-vuhr, -vuhz I'm a** *(1)* **coffee** / *(2)* **tea drinker.** Je bois du *(1)* café. / *(2)* thé. **Zhuh bwa dew** *(1)* **ka-fay. /** *(2)* **tay.**
drive *vt* 1. *(operate a veh.)* conduire **kon-dweer**; 2. *(transport)* transporter **trans-por-tay**; 3. *(make)* rendre **randr** *(1)* **I'll /** *(2)* **We'll drive you there.** *(1)* Je vais... / *(2)* Nous allons... vous *(Fam: t')* y conduire. *(1)* **Zhuh vay... /** *(2)* **Noo_z_a-lon... voo_z_** *(Fam: t')_***ee kon-dweer. You drive me (absolutely) crazy.** *Vous me rendez (Fam: Tu me rends)* (complètement) *fou (F: folle)*. **Voo muh ran-day** *(Fam: Tew muh ran)* **(kon-ple-tuh-man)** *foo (F: fol)*. ♦ *vi* 1. *(operate a veh.)* conduire **kon-dweer**; 2. *(go)* conduire **kon-dweer Do you know how to drive?** *Savez-vous (Fam: Sais-tu)* conduire? **Sa-vay-voo** *(Fam: Say-tew)* **kon-dweer? I can drive.** Je peux conduire. **Zhuh puh kon-dweer. I can't drive.** Je ne peux pas conduire. **Zhuh nuh puh pa kon-dweer. Let's drive over there.** Conduisons là-bas. **Kon-dwee-zon la ba.** ♦ *n* 1. *(pleasure trip)* tour *m* en voiture **toor_an vwa-tewr**; 2. *(automot.)* conduite *f* **kon-dweet 4-wheel ~** quatre-quatre **kat(r)-kat(r) Do we need 4-wheel drive?** Avons-nous besoin d'un quatre-quatre? **A-von-noo**

---

*Learn a new French phrase every day! Subscribe to the free **Daily Dose of French**, www.phrase-books.com.*

buh-zwuhn d'uhn kat(r)-kat(r)? **Would you like to go for a drive?** *Voudriez-vous (Fam: Voudrais-tu)* faire un tour en voiture? *Voo-dree-yay-voo (Fam: Voo-dray-tew)* **fer_uhn toor_an vwa-tewr?** **Let's go for a drive**. Allons faire un tour en voiture. **A-lon fer_uhn toor_an vwa-tewr.** ♦ **driver** *n* chauffeur **sho-fuhr** **Let's hire a driver.** Engageons un chauffeur. **An-ga-zhon uhn sho-fuhr.**

drop *vt* faire tomber **fer ton-bay** **You dropped this?** *Vous l'avez (Fam: Tu l'as)* fait tombé? *Voo l'a-vay (Fam: Tew l'a)* **fay ton-bay?** **Can you drop me there?** *Pouvez-vous (Fam: Peux-tu)* me déposer la-bas? *Poo-vay-voo (Fam: Puh-tew)* **muh day-po-zay la-ba?** ♦ **drop by / in** *idiom* rendre visite **randr vee-zeet**

drugs *n pl* drogue *f* **drog** **I don't do / use drugs.** Je ne prends pas de drogue. **Zhuh nuh pran pa duh drog.**

drunk *adj* ivre *m&f* **eevr**, soûl, -e *m&f* **soo** be ~ être *soûl (-e)* **etr soo** get ~ s'enivrer **s'an-nee-vray** **I don't want to get drunk.** Je ne veux pas me soûler. **Zhuh nuh vuh pa muh soo-lay.** **I think you're drunk.** Je pense que *vous êtes (Fam: tu es)* ivre. **Zhuh pans kuh** *voo_z_et (Fam: tew ay)* **eevr.** **You must be drunk.** *Vous devez (Fam: Tu dois)* être ivre. *Voo duh-vay (Fam: Tew dwa)_z_* **etr_eevr.** **You're too drunk to drive.** *Vous êtes (Fam: Tu es)* trop *soûl (-e)* pour conduire. *Voo_z_et (Fam: Tew ay)* **tro soo poor kon-dweer.** **He's drunk.** Il est soûl. **Eel_ay soo.** **She's drunk.** Elle est soûle. **El_ay soo.**

dry *adj* sec, sèche *m&f* **sek, sesh** ♦ *vt* sécher **say-shay** **Let me dry you off.** *Laissez (Fam: Laisse)*-moi *vous (Fam: te)* sécher. *Lay-say (Fam: Les)*-**mwa** *voo (Fam: tuh)* **say-shay.** **I have to dry my hair.** Je dois me sécher les cheveux. **Zhuh dwa muh say-shay lay shuh-vuh.** ♦ **dryer** 1. *(clothes)* séche-linge *m* **sesh-luhnzh**; 2. *(hair)* séche-cheveux *m* **sesh-shuh-vuh** **hair** ~ séche-cheveux *m* **sesh-shuh-vuh**

dull *adj (boring)* ennuyeux, ennuyeuse *m&f* **an-nwee-yuh, -yuhz**

dumb *adj* bête *m&f* **bet** **How dumb (of me)!** Que c'est bête (de ma part)! **Kuh s'ay bet (duh ma par)!** ♦ **dummy** *n (bantering)* idiot, -e *m&f* **ee-jo, -jot**

dune *n* dune *f* **dewn** **sand** ~ dune de sable **dewn duh sabl**

during *prep* pendant **pan-dan** ~ *(1)* **my** / *(2)* **our flight** pendant *(1)* mon / *(2)* notre vol **pan-dan** *(1)* **mon** / *(2)* **notr vol** ~ *(1)* **my** / *(2)* **our stay** pendant *(1)* mon / *(2)* notre séjour **pan-dan** *(1)* **mon** / *(2)* **notr say-zhoor** ~ *(1)* **my** / *(2)* **our trip** pendant *(1)* mon / *(2)* notre voyage **pan-dan** *(1)* **mon** / *(2)* **notr vwa-yazh** ~ *(1)* **my** / *(2)* **our visit** pendant *(1)* ma / *(2)* notre visite **pan-dan** *(1)* **ma** / *(2)* **notr vee-zeet** ~ **the war** pendant la guerre **pan-dan la ger**

dust *n* poussière *f* **poo-syer** ♦ **dusty** *adj* poussiéreux, poussiéreuse *m&f* **poo-syay-ruh, -ruhz**

Dutch *adj* hollandais, -e *m&f* **o-lan-day, o-lan-dez** ♦ *n pl* Hollandais, -es **O-lan-day, -dez** ♦ **Dutchman** *n* Hollandais *m* **O-lan-day** ♦ **Dutchwoman** *n* Hollandaise *f* **O-lan-dez**

duty *n* devoir *m* **duh-vwar**, responsabilité *f* **res-pon-sa-bee-lee-tay** **off** ~ hors service **or ser-vees** **on** ~ de service **duh ser-vees**

Final consonants of words are often not pronounced, but usually run together with next words that start with vowels.

E e

each *adj* chacun, -e *m&f* **sha-kuhn, sha-kewn,** chaque *m&f* **shak** ~ **of us** chacun (-e) d'entre nous *sha-kuhn (F: sha-kewn)* **d'an-truh noo** ~ **of you** chacun (-e) d'entre vous *sha-kuhn (F: sha-kewn)* **d'an-truh voo** ~ **other** l'un l'autre **l'uhn l'otr** ~ **person** chaque personne **shak per-son** ~ **time** chaque fois **shak fwa**

eager *adj* enthousiaste *m&f* **an-too-zyast**, anxieux, anxieuse *m&f* **ank-syuh, ank-syuhz** ♦ **eagerly** *adv* impatiemment **uhn-pa-sya-man**

ear *n* oreille *f* **o-rey big** ~**s** grandes oreilles **grand_z_o-rey both** ~**s** les deux oreilles **lay duh_z_o-rey left** ~ oreille gauche **o-rey gosh little** ~ petite oreille **puh-teet_o-rey pierced** ~**s** oreilles percées **o-rey per-say play it by** ~ improviser **uhn-pro-vee-zay right** ~ oreille droite **o-rey drwat I have a bad** *(1)* **left** / *(2)* **right ear.** J'ai une mauvaise oreille *(1)* gauche / *(2)* droite. **Zh'ay ewn mo-vez o-rey *(1)* gosh / *(2)* drwat.** *(1)* **I'll** / *(2)* **We'll play it by ear.** *(1)* J'… / *(2)* Nous… improviserons. *(1) Zh'… / (2) Noo_z_… uhn-pro-veez-ron.* ♦ **earache** *n* mal *m* d'oreilles **mal d'o-rey**; otite *f* **o-teet**

early *adj, adv* tôt **to earlier** plus tôt **plew to earliest** le plus tôt **luh plew to It's too early.** C'est trop tôt. **S'ay tro to.** ♦ *adv* tôt **to**, en avance **an_a-vans Come as early as possible.** *Venez (Fam: Viens)* aussi tôt que possible. *Vuh-nay (Fam: Vyuhn)* **o-see to kuh po-seebl. We should try to be there early.** Nous devrions essayer d'y être tôt. **Noo duh-vree-yon ay-say-yay d'ee_y etr to. I always get up early.** Je me lève toujours tôt. **Zhuh muh lev too-zhoor to.**

earn *vt* gagner **ga-nyay**, toucher **too-shay How much do you earn (a** *[1]* **month /** *[2]* **year)?** Combien *gagnez-vous (Fam: gagnes-tu)* ([*1*] par mois / [*2*] par an)? **Kon-byuhn ga-nyay-voo (Fam : ga-nyuh-tew) ([*1*] par mwa / [*2*] par_an)? I earn (*amount*) (a** *[1]* **month /** *[2]* **year).** Je suis payé (___) ([*1*] par mois / [*2*] par an). **Zhuh swee pay-yay (___) ([*1*] par mwa / [*2*] par_an).**

earphones *n* oreillettes *fp* **o-re-yet**

earring *n* boucle d'oreille *f* **boo-kluh d'orey What** *(1)* **beautiful /** *(2)* **fascinating earrings!** *Vos (Fam: Tes)* boucles d'oreille sont *(1)* superbes / *(2)* magnifiques! *Vo (Fam: Tay)* **boo-kluh d'orey son *(1)* su-perb /** *(2)* **ma-nee-feek!**

earth *n* terre *f* **ter on the face of the** ~ sur la surface de la terre **sewr la sewr-fas duh la ter**

earthquake *n* tremblement *m* de terre **tran-bluh-man duh ter**

ease *n* soulagement *m* **soo-la-zhuh-man**, aises *fpl* **ez I feel so at ease with you.** Je me sens tellement à l'aise avec *vous (Fam: toi)*. **Zhuh muh san tel-man a l'ez a-vek voo (Fam: twa).**

easily *adv* facilement **fa-seel-man We can make it easily.** *(get there)* Nous pouvons y arriver facilement. **Noo poo-von ee_y_a-ree-vay fa-seel-man.** *(1)* **I /** *(2)* **We can do it easily.** *(1)* Je peux… / *(2)* Nous pouvons… le faire facilement. *(1)*

All syllables of a French word have equal stress.
The last word in a group has a little more.

Zhuh puh… / *(2)* Noo nuh poo-vo<u>n</u>… luh fer fa-seel-ma<u>n</u>.
east *n* est *m* **est in the ~** dans l'est da<u>n</u> l'est **to the ~** à l'est a l'est
Easter *adj* de Pâques duh Pak ♦ **Easter** *n* Pâques *f* Pak
eastern *adj* oriental, -e *m&f* o-rya<u>n</u>-tal, d'est d'est
easy *adj* facile *m&f* fa-seel, simple *m&f* suh<u>n</u>pl **easier** plus facile *m&f* plew fa-seel
easiest le plus facile *m* luh plew fa-seel, la plus facile *f* la plew fa-seel **~ climb** *(mountain climbing)* montée facile *f* mo<u>n</u>-tay fa-seel **~ hike** randonnée *f* facile ra<u>n</u>-do-nay fa-seel **~ trail** piste facile *f* peest fa-seel **That's (very) easy.** C'est (très) facile. S'ay tre fa-seel. **Swimming is easy. I'll show you.** Nager, c'est facile. Je vais *vous (Fam: te)* montrer. Na-zhay, s'ay fa-sel. Zhuh vay voo *(Fam: tuh)* mon-tray. **It must not be easy.** Ça ne doit pas être facile. Sa nuh dwa pa z_etr fa-seel. **That's easier said than done.** C'est plus facile à dire qu'à faire. S'ay plew fa-seel_a deer k'a fer. **It's so easy to talk with you.** C'est tellement facile de parler avec *vous (Fam: toi)*. S'ay tel-ma<u>n</u> fa-seel duh par-lay a-vek voo *(Fam: twa)*. **You're (very) easy to get along with.** Vous êtes *(Fam: Tu es)* (très) facile à vivre. Voo z_et *(Fam: Tew ay)* (tre) fa-seel_a veevr. **Take it easy.** Du calme. Dew kalm. **Easy come, easy go.** Vite gagné, vite dépensé. Veet ga-nyay, veet day-pa<u>n</u>-say.
♦ **easygoing** *adj* facile à vivre fa-seel_a veevr, décontracté, -e *m&f* day-ko<u>n</u>-trak-tay accomodant, -e *m&f* a-ko-mo-da<u>n</u>, -da<u>n</u>t
eat *vt* manger ma<u>n</u>-zhay **~ breakfast** (prendre un) petit-déjeuner (pra<u>n</u>dr_uh<u>n</u>) puh-tee-day-zhuh-nay **~ dinner** dîner dee-nay **~ lunch** déjeuner day-zhuh-nay **~ supper** souper soo-pay **Have you eaten yet?** Avez-vous *(Fam: As-tu)* déjà mangé? A-vay-voo *(Fam: A-tew)* day-zha ma<u>n</u>-zhay. **(1) I've / (2) We've already eaten.** *(1)* J'ai… / *(2)* Nous avons… déjà mangé *(1)* Zh'ay… / *(2)* Noo_ z_a-vo<u>n</u>… day-zha ma<u>n</u>-zhay. **Let's get something to eat.** Allons chercher quelque chose à manger. A-lo<u>n</u> sher-shay kel-kuh shoz_a ma<u>n</u>-zhay. **Would you like something to eat?** Voudriez-vous *(Fam: Voudrais-tu)* quelque chose à manger? Voo-dree-yay-voo *(Fam: Voo-dray-tew)* kel-kuh shoz_a ma<u>n</u>-zhay? **Where's a good place to eat** *(1)* **dinner?** / *(2)* **supper?** Connaissez-vous *(Fam: Connais-tu)* un bon endroit pour *(1)* dîner? *(2)* souper? Ko-nay-say-voo *(Fam: Ko-nay-tew)* uh<u>n</u> bon_a<u>n</u>-drwa poor *(1)* dee-nay? *(2)* soo-pay? **I can't eat (*what*).** Je ne peux pas manger de (___). Zhuh nuh puh pa ma<u>n</u>-zhay duh (___).
eavesdrop *vi* écouter de façon indiscrète ay-koo-tay duh fa-so<u>n</u> uh<u>n</u>-dees-kret, épier ay-pyay **I didn't mean to eavesdrop.** Je n'avais pas l'intention de *vous (Fam: t')* épier. Zhuh n'a-vay pa l'uh<u>n</u>-ta<u>n</u>-syo<u>n</u> duh voo_z_ *(Fam: t')* ay-pyay.
eccentric *adj* excentrique *m&f* ek-sa<u>n</u>-treek ♦ *n* excentrique *m&f* ek-sa<u>n</u>-treek
ecological *adj* écologique *m&f* ay-ko-lo-zheek ♦ **ecology** *n* écologie *f* ay-ko-lo-zhee
economic *adj* économique *m&f* ay-ko-no-meek **~ situation** situation économique see-tew-a-syo<u>n</u> ay-ko-no-meek ♦ **economize** *vi* économiser ay-ko-no-mee-zay *(1)* **I /** *(2)* **We have to economize.** *(1)* Je dois… / *(2)* Nous devons… économiser. *(1)* Zhuh dwa… / *(2)* Noo duh-vo<u>n</u>… ay-ko-no-mee-zay.
♦ **economy** *n* économie *f* ay-ko-no-mee

---

ew sounds similar to the "ew" in "pew"

ecstasy *n* extase *f* **eks-taz**

educated *adj* éduqué, -e *m&f* **ay-dew-kay**, instruit, -e *m&f* **uhns-trwee, -trweet college** ~ qui a fait des études supérieures **kee a fay day_z_ay-tewd sew-pay-ryuhr well** ~ bien éduqué, -e *m&f* **byuhn_ay-dew-kay** ♦ **education** *n* études *fpl* **ay-tewd**, éducation *f* **ay-dew-ka-syon college / university** ~ études universitaires **ay-tewd ew-nee-ver-see-ter higher** ~ études supérieures **ay-tewd sew-pay-ryuhr high school** ~ études au lycée **ay-tewd_o lee-say musical** ~ études de musique **ay-tewd duh mew-zeek I have a college education.** J'ai une formation universitaire. **Zh'ay ewn for-ma-syon_ew-nee-ver-see-ter. Where did you get your education?** Où *avez-vous (Fam: as-tu)* fait *vos (Fam: tes)* études? **Oo** *a-vay-voo (Fam: a-tew)* **fay** *vo_(Fam: tay)_***z_ay-tewd?**

effect *n* effet *m* **ay-fay bad** ~ mauvais effet *m* **mo-vay_z_ay-fay good** ~ effet souhaité **ay-fay sway-tay great** ~ très bon effet **tre bon_ay-fay has an** ~ avoir un effet **a-vwar_uhn_ay-fay no** ~ aucun effet **o-kuhn_ay-fay positive** ~ effet positif **ay-fay po-zee-teef powerful** ~ effet puissant **ay-fay pwee-san profound** ~ effet important **ay-fay uhn-por-tan tremendous** ~ effet immense **ay-fay ee-mans very little** ~ très peu d'effet **tre puh d'ay-fay What was the effect of that?** Quel a été son effet? **Kel_a ay-tay son_ay-fay? Did it have any effect?** Ça a eu de l'effet? **Sa a ew duh l'ay-fay?** ♦ **effective** *adj* efficace *m&f* **ay-fee-kas**

efficient *adj* efficace *m&f* **ay-fee-kas You're very efficient.** *Vous êtes (Fam: Tu es)* très efficace. *Voo_z_et (Fam: Tew ay)* **tre_z_ay-fee-kas.**

effort *n* effort *m* **ay-for great** ~ gros effort **gro_z_ay-for make every (possible)** ~ faire tous les efforts (possibles) **fer too luy_z_ay-for (po-seebl) no** ~ pas d'effort **pa d'ay-for special** ~ effort particulier **ay-for par-tee-kew-lyay**

ego *n* ego *m* **ay-go** ♦ **egoistic** *adj* égoïste *m&f* **ay-go-eest**

either *adj* soit… ou…, **swa… oo…**, l'un ou l'autre **l'uhn oo l'otr** ~ **one** n'importe lequel **n'uhn-port luh-kel You can have either one.** *Vous pouvez (Fam: Tu peux)* avoir n'importe lequel. *Voo poo-vay (Fam: Tew puh)* **a-vwar n'uhn-port luh-kel. Either way is okay with me.** Peut-importe, ça me va. **Puh-uhn-port, sa muh va.** ♦ **either (not either)** *adv* non plus **non plew I don't smoke either.** Je ne fume pas non plus. **Zhuh nuh fewm pa non plew. I don't want to either.** Je ne veux pas non plus. **Zhuh nuh vuh pa non plew.** ♦ **either** *pron* l'un d'entre… **l'uhn d'an-truh… Do either of you have change for this?** Est-ce que l'un d'entre vous a de la monnaie pour ça? **Es kuh l'uhn d'an-truh voo a duh la mo-nay poor sa?**

elated *adj* jubilant, -e *m&f* **zhew-bee-lan, -lant**

elbow *n* coude *m* **kood**

elderly *adj* plus âgé, -e *m&f* **plew_z_a-zhay**

electric *adj* électrique *m&f* **ay-lek-treek** ~ **outlet** prise *f* (électrique) **preez (_ay-lek-treek)** ♦ **electricity** *n* électricité *f* **ay-lek-tree-see-tay The electricity is off.** On n'a plus d'électricité. **On n'a plew d'ay-lek-tree-see-tay.**

elegant *adj* élégant, -e *m&f* **ay-lay-gan, -gant You look elegant.** *Vous êtes (Fam: Tu es)* élégant (-e). *Voo_z_et (Fam: Tew ay)* **ay-lay-gan (F: ay-lay-gant).**

Numbers in parentheses always signal choices.

elixir *n* élixir *m* **ay-leek-seer**

else *adj* 1. *(different)* autre *m&f* **otr**; 2. *(additional)* autre *m&f* **otr everybody** ~ tous les autres **too lay_z_otr What else do you need?** De quoi d'autre *avez-vous (Fam: as-tu)* besoin? **Duh kwa d'otr** *a-vay-voo (Fam: a-tew)* **buh-zwuhn? Who else will be there?** Qui d'autre sera là? **Kee d'otr suh-ra la? Is there someone else?** Y a-t-il quelqu'un d'autre? **Ee_y_a-t-eel kel-kuhn d'otr? There is no one else (, I swear).** Il n'y a personne d'autre (, je te jure). **Eel n'ee_y_a per-son d'otr (, zhuh tuh zhewr).** ♦ *adv* autre **otr Where else can we go?** Où d'autre peut-on aller? **Oo d'otr puh-t-on a-lay? Let's go somewhere else.** Allons ailleurs. **A-lon aee-yuhr.**

e-mail *vt* envoyer un courrier éléctronique **an-vwa-yay uhn koo-ryay ay-lek-tro-neek**, envoyer un email **an-vwa-yay uhn_ee-mayl**, emailer **ee-mayl-lay** ♦ *n* email *m* **ee-mayl**, courrier *m* éléctronique **koo-ryay ay-layk-tro-neek**, mail *m* **mayl I'll send you an e-mail.** Je *vous (Fam: t')* enverrai un email. **Zhuh voo_z_(Fam: t')_an-vay-ray uhn_ee-mayl. Send me an e-mail (at this address).** *Envoyez (Fam: Envoie)*-moi un email (à cette adresse). *An-vwa-yay (Fam: An-vwa)*-**mwa uhn_ee-mayl (a set_a-dres). What's your e-mail address?** Quelle est *votre (Fam: ton)* adresse email? **Kel_ay votr_(Fam: ton)_a-dres ee-mayl? My e-mail address is *(address)*.** Mon adresse email est (___). **Mon_a-dres_ee-mayl_ay (___). I want to check my e-mail.** Je veux jeter un coup d'œil à mes emails. **Zhuh vuh zhuh-tay uhn koo d'uhy a may_z_ee-mayl.**

embarrass *vt* gêner **zhay-nay**, embarrasser **an-ba-ra-say I'm sorry I embarrassed you.** Je suis désolé *(-e)* de *vous (Fam: t')* avoir *embarrassé (-e)*. **Zhuh swee day-zo-lay duh voo_z_(Fam : t')_a-vwar_an-ba-ra-say.** ♦ **embarrassed** *adj* embarrassé, -e *m&f* **an-ba-ra-say**

    I am… Je suis… **Zhuh swee…**
    I was… J'étais… **Zh'ay-tay…**
        …embarrassed. …*embarrassé (-e)*. **an-ba-ra-say.**
        …really embarrassed. …vraiment *embarrassé (-e)*. **…vray-man an-ba-ra-say.**
        …so embarrassed. …tellement *embarrassé (-e)*. **…tel-man an-ba-ra-say.**
        …terribly embarrassed. …terriblement *embarrassé (-e)*. **…te-ree-bluh-man an-ba-ra-say.**

There's nothing to be embarrassed about. Il n'y a pas de raison d'être *gêné (-e)*. **Eel n'ee_y_a pa duh ray-zon d'etr zhay-nay.** ♦ **embarrassing** *adj* embarrassant, -e *m&f* **an-ba-ra-san, -sant** ~ **situation** situation embarrassante **see-tew-a-syon an-ba-ra-sant This is (very) embarrassing.** Ceci est (très) embarrassant. **Suh-see ay tre_z_an-ba-ra-san.** ♦ **embarrassment** *n* embarras *m* **an-ba-ra**, gêne *f* **zhen**

embassy *n* ambassade *f* **an-ba-sad American** ~ ambassade américaine **an-ba-sad_a-may-ree-ken Australian** ~ ambassade australienne **an-ba-sad_os-tra-lyen British** ~ ambassade britannique **an-ba-sad bree-ta-neek Canadian** ~

A phrasebook makes a great gift!
See order information on page 552.

ambassade canadienne *an-ba-sad ka-na-jen* **Indian** ~ Ambassade *f* de l'Inde *an-ba-sad duh l'uhnd* **Irish** ~ ambassade irlandaise *an-ba-sad_eer-lan-dez* **Japanese** ~ ambassade japonaise *an-ba-sad zha-po-nez* **New Zealand** ~ ambassade de la Nouvelle Zélande *an-ba-sad duh la noo-vel zay-land* **Could you please tell me where the *(country)* embassy is?** *Pourriez-vous (Fam: Pourrais-tu)* me dire où est l'ambassade (de) *(___)*? *Poo-ryay-voo (Fam: Poo-ray-tew) muh deer_oo_w_ay l'an-ba-sad (duh) (___)?*

embrace *vt* étreindre *ay-truhndr* ♦ *n* étreinte *f ay-truhnt* **tender** ~ tendre étreinte *tandr_ay-truhnt* **warm** ~ chaude etreinte *shod_ay-truhnt*

embroider *vt* broder *bro-day* ♦ **embroidery** *n* broderie *m bro-dree* **I like to do embroidery.** J'aime faire de la broderie. *Zh'em fer duh la bro-dree.*

emerald *adj (color)* émeraude *m&f em-rod* ♦ *n (gem)* émeraude *f em-rod*

emergency *n* urgence *f ewr-zhans* **It's an emergency.** C'est une urgence. *S'ay_t_ewn_ewr-zhans.* **In case of an emergency, call me at this number.** En cas d'urgence, *appelez (Fam: appelle)*-moi à ce numéro. *An ka d'ewr-zhans, a-play (Fam: a-pel)-mwa a suh new-may-ro.*

emigrate *vi* émigrer *ay-mee-gray* **Do you (really) want to emigrate?** *Voulez-vous (Fam: Veux-tu)* (vraiment) émigrer? *Voo-lay-voo (Fam: Vuh-tew)* **(vray-man) ay-mee-gray?** *(1)* **Where** / *(2)* **Why do you want to emigrate?** *(1)* Où / *(2)* Pourquoi *voulez-vous (Fam: veux-tu)* émigrer? *(1) Oo / (2) Poor-kwa voo-lay-voo (Fam: vuh-tew)* **ay-mee-gray?**

emotion *n* émotion *f ay-mo-syon* **arouse** ~s susciter l'émotion *sew-see-tay l'ay-mo-syon* **conflicting** ~s émotions conflictuelles *ay-mo-syon kon-fleek-tew-el* **mixed** ~s émotions mitigées *ay-mo-syon mee-tee-zhay* **powerful** ~s émotions puissantes *ay-mo-syon pwee-sant* **It's hard for me to express my emotions.** C'est difficile pour moi d'exprimer mes émotions. *S'ay dee-fee-seel poor mwa d'eks-pree-may may_z_ay-mo-syon.* ♦ **emotional** *adj* émotif, émotive *m&f ay-mo-teef, -teev*, sensible *m&f san-seebl* ~ **turmoil** tourmente *f* émotive *toor-mant_ay-mo-teev* **I'm very emotional.** Je suis très sensible. *Zhuh swee tre san-seebl.*

empathize *vi* s'identifier *s'ee-dan-tee-fyay* ♦ **empathy** *n* empathie *f an-pa-tee*

employed *adj* employé, -e *m&f an-plwa-yay* **Where are you employed?** Où êtes-vous *(Fam: es-tu) employé (-e)*? *Oo et-voo (Fam: ay-tew) an-plwa-yay?* **I'm employed (*[1]* fulltime / *[2]* part-time) at *(place)* (as a *[job]*).** Je suis *employé (-e) ([1]* à plein temps */ [2]* à mi-temps) à *(___)* (en tant que *[___]*). *Zhuh swee an-plwa-yay ([1] a pluhn tan / [2] a mee-tan) a (___) (an tan kuh [___]).* **I'm not employed right now.** Je ne suis pas *employé (-e)* en ce moment. *Zhuh nuh swee pa an-plwa-yay an suh mo-man.* ♦ **employee** *n* employé, -e *m&f an-plwa-yay* ♦ **employer** *n* employeur *m an-plwa-yuhr*, patron *m pa-tron* **former** ~ ancien employeur *an-syuhn an-plwa-yuhr*, ex-employeur *eks-an-plwa-yuhr* **present** ~ patron actuel *pa-tron ak-tew-el* ♦ **employment** *adj* d'emplois *d'an-plwa* ~ **ad(s)** annonce(s) d'emplois *a-nons d'an-plwa* ♦ *n* travail *m tra-vaee*, emploi *m an-plwa* **fulltime** ~ travail à plein temps *tra-vaee a tan pluhn* **part-time** ~ travail à mi-temps *tra-vaee_y_a mee-tan* **out of** ~ au

---

Articles: m = le, f = la, mpl = les, fpl = les

chômage **o sho-mazh** **I'm looking for employment (as a [*job*]).** Je cherche du travail (en tant que [___]). **Zhuh sherzh dew tra-vaee (an tan kuh [___])**

emptiness *n* vide *m* **veed** ♦ **empty** *adj* vide *m&f* **veed** ~ **head** tête *f* creuse **tet kruhz** ~ **life** vvie *f* de misère **vee duh mee-zer** **It's empty.** C'est vide. **S'ay veed. The gas tank is almost empty.** Le réservoir à essence est presque vide. **Luh ray-zer-vwar_a ay-sans ay pres-kuh veed. My life was so empty until I met you.** Ma vie était si vide avant de *vous (Fam: t')* avoir *rencontré (-e)*. **Ma vee ay-tay see veed_a-van duh voo_z_(Fam: t')_a-vwar ran-kon-tray.**

enchant *vt* enchanter **an-shan-tay** **You enchant me (with your beautiful eyes).** *Vous m'enchantez (Fam: Tu m'enchantes)* (avec *vos [Fam: tes]* beaux yeux). **Voo m'an-shan-tay (Fam: Tew m'an-shant_) (a-vek vo [Fam: tay] bo_z_yuh).** ♦ **enchanted** *adj* séduit, -e *m&f* **say-dwee, -dweet**, charmé, -e *m&f* **shar-may**, enchanté, -e *m&f* **an-shan-tay** ♦ **enchanting** *adj* merveilleux, merveilleuse *m&f* **mer-vay-yuh, -yuhz**, ravissant, -e *m&f* **ra-vee-san, -sant**

encourage *vt* encourager **an-koo-ra-zhay** ♦ **encouragement** *n* encouragement *m* **an-koo-razh-man** **Thank you for your encouragement.** Merci pour *votre (Fam: ton)* encouragement. **Me-see poor *votr_(Fam: ton)*_an-koo-razh-man.** ♦ **encouraging** *adj* encourageant, -e *m&f* **an-koo-ra-zhan, -zhant**

end *vt* finir **fee-ner**, terminer **ter-mee-nay** **I want to end this.** Je veux terminer ceci. **Zhuh vuh ter-mee-nay suh-see. I think we should end our relationship.** Je pense que nous devrions mettre fin à notre relation. **Zhuh pans kuh noo duh-vree-yon metr fuhn_a notr ruh-la-syon.** ♦ *vi* finir **fee-neer** **When does it end?** Quand est-ce que ça finit? **Kan es-kuh sa fee-nee?** **It ends** *(1)* **at** *(time).* / *(2)* **on** *(day / date).* Ça finit *(1)* à (___) / *(2)* le (___). **Sa fee-nee** *(1)* **a (___) / (2) le (___).** ♦ *n* fin *f* **fuhn at the ~ (of)** à la fin (de) **a la fuhn (duh) dead** ~ impasse *f* **uhn-pas,** cul-de-sac *m* **kew-duh-sak in the** ~ à la fin **a la fuhn no** ~ sans fin **san fuhn rear** ~ *(buttocks)* fesses *fpl* **fes,** derrière *m* **der-ryer without** ~ sans fin **san fuhn** ♦ **endless** *adj* interminable *m&f* **uhn-ter-mee-nabl** ♦ **endlessly** *adv* interminablement **uhn-ter-mee-na-bluh-man**

energetic *adj* vigoureux, vigoureuse *m&f* **vee-goo-ruh, -ruhz**, énergetique *m&f* **ay-ner-zheek** ♦ **energy** *n* énergie *f* **ay-ner-zhee,** force *f* **fors high** ~ beaucoup d'énergie **bo-koo d'ay-ner-zhee You have a lot of energy.** Vous avez *(Fam: Tu as)* beaucoup d'énergie. **Voo_z_a-vay (Fam: Tew a) bo-koo d'ay-ner-zhee.**

engage *vi (in an activity)* s'engager (dans) **s'an-ga-zhay (dan),** participer (à) **par-tee-see-pay (a) Do you engage in sports or music (at school)?** Est-ce que *vous faites (Fam: tu fais)* du sport ou de la musique (à l'école)? **Es kuh voo fet (Fam: tew fay) dew spor oo duh la mew-zeek (_a l'ay-kol)? I engage in musical activities.** Je fais de la musique. **Zhuh fay duh la mew-zeek. I engage in** *(1)* **political activities.** / *(2)* **sports.** Je participe *(1)* à des activités politiques. / *(2)* au sport. **Zhuh par-tee-seep *(1)* a day_z_ak-tee-vee-tay po-lee-teek. / *(2)* o spor.** ♦ **engaged** *adj* fiancé, e *m&f* **fee-yan-say ~ to be married** *fiancé (-e)* pour se marier **fee-yan-say poor suh ma-ryay get ~ (to be married)** se fiancer (pour se marier) **suh fee-yan-say (poor suh ma-ryay) Are you engaged?** Etes-vous

In the pronunciation **n** *stands for a nasalized* **n**

(Fam: Es-tu) fiancé (-e[s])? *Et-voo (Fam: Ay-tew) fee-yan-say?* **I'm engaged.** Je suis *fiancé(-e)*. **Zhuh swee fee-yan-say. We** *(1)* **are** / *(2)* **were engaged.** Nous *(1)* sommes / *(2)* étions fiancés. **Noo** *(1)* **som** / *(2)* **_z_ay-chyon fee-yan-say.**
◆ **engagement** *n* fiançailles *fpl* **fee-yan-saee We broke off our engagement.** Nous avons rompu nos fiançailles. **Noo_z_a-von ron-pew no fee-yan-saee.**

engine *n (automot.)* moteur *m* **mo-tuhr**

England *n* Angleterre *f* **an-gluh-ter** **from ~** d'Angleterre **d'an-gluh-ter in ~** en Angleterre **an_an-gluh-ter to ~** en Angleterre **an_an-gluh-ter** ◆ **English** *adj* Anglais, -e *m&f* **an-glay, an-glez** ◆ *n (lang.)* anglais *m* **an-glay speak ~** parler anglais **par-lay an-glay Do you speak English?** *Parlez-vous (Fam: Parles-tu)* anglais? *Par-lay-voo (Fam: Parl-tew)* **an-glay? Does anyone here speak English?** Est-ce que quelqu'un parle anglais ici? **Es-kuh kel-kuhn parl_an-glay ee-see? I speak only English.** Je parle seulement l'anglais. **Zhuh parl suhl-man l'an-glay. Do you learn English in school?** *Apprenez-vous (Fam: Apprens-tu)* l'anglais à l'école? *A-pruh-nay-voo (Fam: A-pran-tew)* **l'an-glay a l'ay-kol?** ◆ **Englishman** *n* Anglais *m* **an-glay** ◆ **Englishwoman** *n* Anglaise *f* **an-glez**

enjoy *vt* apprécier **a-pray-syay** **~ oneself** s'amuser **s'a-mew-zay**, se divertir **suh dee-ver-teer**, se distraire **suh dees-trer**

    Are you enjoying your… *Appréciez-vous (Fam: Apprécies-tu)… A-pray-syay-voo (Fam: A-pray-see-tew)…*
        …stay (here)? …*votre (Fam: ton)* séjour (ici)? *votr (Fam: ton)* **…say-zhoor (ee-see)?**
        …trip (here)? …*votre (Fam: ton)* voyage (ici)? *votr (Fam: ton)* **…vwa-yazh (ee-see)?**
        …vacation (here)? …*vos (Fam: tes)* vacances (ici)? *…vo (Fam: tay)* **va-kans (ee-see)?**
        …visit (here)? …*votre (Fam: ta)* visite (ici)? *…votr (Fam: ta)* **vee-zeet (ee-see)?**
    I'm enjoying my… J'apprécie… **Zh'a-pray-see…**
        …my stay (here). …mon séjour (ici). **…mon say-zhoor (ee-see).**
        …my trip (very much). …(beaucoup) mon voyage. **…(bo-koo) mon vwa-yazh.**
        …my vacation (here). …mes vacances (ici). **…may va-kans (ee-see).**
        …my visit (very much). …(beaucoup) ma visite. **…(bo-koo) ma vee-zeet.**
    We're enjoying… Nous apprécions… **Noo_z_a-pray-syon…**
        …our stay (very much). …(beaucoup) notre séjour. **…(bo-koo) notr say-zhoor.**
        …our trip (here). …notre voyage (ici). **…notr vwa-yazh (ee-see).**
        …our vacation (very much). …(beaucoup) nos vacances. **…(bo-koo) no va-kans.**
        …our visit (here). …notre visite (ici). **…notr vee-zeet (ee-see).**

A tilde ~ in terms stands for the main entry word.

I enjoy... J'apprécie... Zh'a-pray-see...
We enjoy... Nous apprécions... Noo_z_a-pray-syon...
    ...the beach. ...la plage. ...la plazh.
    ...camping. ...le camping. ...luh kan-peeng.
    ...concerts. ...les concerts. ...lay kon-ser.
    ...opera. ...l'opéra. ...l'o-pay-ra.
    ...the outdoors. ...les activités extérieures. ...lay_z_ak-tee-vee-tay_z_ eks-tay-ryuhr.
    ...sightseeing. ...le tourisme. ...luh too-reezm.
    ...the theater. ...le théatre. ...luh tay-atr.
    ...traveling. ...voyager. ...vwa-ya-zhay.
I (really) enjoy... J'apprécie (vraiment)... Zh'a-pray-see (vray-man)...
    ...being (together)... ...être (ensemble)... etr (_an-sanbl)...
    ...talking... ...parler... par-lay...
    ...doing things... ...faire des choses... fer day shoz...
    ...with you. ...avec vous *(Fam: toi).* ...a-vek voo *(Fam: twa).*
I enjoyed myself (very much). Je me suis (beaucoup) *amusé (-e).* Zhuh muh swee (bo-koo) a-mew-zay. **We enjoyed ourselves (tremendously).** Nous nous sommes (formidablement) *amusé(e)s.* Noo noo som (for-mee-da-bluh-man) a-mew-zay. **Did you enjoy it?** *Avez-vous (Fam: As-tu)* apprécié? A-vay-voo *(Fam: A-tew)* a-pray-syay? *(1)* **I** / *(2)* **We (really) enjoyed it.** *(1)* J'ai... / *(2)* Nous avons... (beaucoup) apprécié. *(1)* Zh'ay... / *(2)* Noo_z_a-von... bo-koo_p_a-pray-syay. **Do you enjoy your work?** *Aimez-vous (Fam: Aimes-tu)* votre *(Fam: ton)* travail? Ay-may-voo *(Fam: Em-tew)* votr *(Fam: ton)* tra-vaee?
♦ **enjoyable** *adj (situation)* agréable *m&f* a-gray-abl; *(spectacle)* divertissant, -e *m&f* dee-ver-tee-san, dee-ver-tee-sant

enlarge *vt* agrandir a-gran-deer **I'd like to have this photo enlarged.** J'aimerais agrandir cette photo. Zh'em-ray a-gran-deer set fo-to. ♦ **enlargement** *n* agrandissement *m* a-gran-dees-man

enlist *vi* s'engager s'an-ga-zhay **I enlisted in the** *(1)* **Air Force** / *(2)* **Army** / *(3)* **Navy** / *(4)* **Marine Corps (for *[number]* years).** Je me suis *engagé (-e)* dans *(1)* l'armée de l'air / *(2)* l'armée / *(3)* l'armée navale / *(4)* le bataillon des marins (pendant [___] ans). Zhuh muh swee_z_an-ga-zhay dan *(1)* l'ar-may duh l'er / *(2)* l'ar-may / *(3)* l'ar-may na-val / *(4)* luh ba-taee-yon day ma-ruhn (pan-dan [___] an). ♦ **enlisted man** *n (mil.)* soldat *m* sol-da ♦ **enlisted woman** *n (mil.)* soldat *m* sol-da

enormous *adj* énorme *m&f* ay-norm ♦ **enormously** *adv* énormément ay-nor-may-man

enough *adj & adv* assez a-say, suffisamment sew-fee-za-man ~ **money** assez d'argent a-say d'ar-zhan ~ **time** assez de temps a-say duh tan **more than** ~ plus qu'il n'en faut plews k'eel n'an fo **not** ~ pas assez pa_z_a-say **old** ~ assez *agé (-e)* a-say_z_a-zhay **Is that enough?** Est-ce suffisant? Es sew-fee-zan? **It's (not) enough.** C'est suffisant (Ce n'est pas suffisant). S'ay sew-fee-zan (Suh

---

uh sounds like the "u" in "but"

n'ay pa sew-fee-zan). **That's enough!** Assez! **A-say! Is there enough room?** Est-ce qu'il y a assez de place? **Es k'eel_ee_y_a a-say duh plas? There's (not) enough room.** Il (n') y a (pas) assez de place. **Eel (n') ee_y_a (pa_z_) a-say duh plas. Do you have enough time?** Avez-vous (Fam: As-tu) assez de temps? *A-vay-voo (Fam: A-tew)* **a-say duh tan?** *(1)* **I / *(2)* We (don't) have enough time.** *(1)* Je (n') ai… / *(2)* Nous (n') avons… (pas) assez de temps. *(1)* **Zh(uh n') ay… / *(2)* Noo (n') a-von… (pa_z_) a-say duh tan.**
enroll *vi* s'inscrire **s'uhns-kreer I plan to enroll in the university (next fall).** J'envisage de m'inscrire à l'université (l'automne prochain). **Zh'an-vee-sazh duh m'uhns-kreer_a l'ew-nee-ver-see-tay (l'o-ton pro-shuhn).**
enter *vt, vi* 1. *(go in)* entrer **an-tray**; 2. *(enroll, join)* inscrire **uhns-kreer Where do we enter?** Par où entre-t-on? **Par_oo antr-t-on? I entered the service in *(year)*.** Je suis *entré (-e)* dans le service en *(___)*. **Zhuh swee_z_an-tray dan luh ser-vees an *(___)*.** *(1)* **I'm / *(2)* He's / *(3)* She's going to enter *(name of university)* in the fall.** *(1)* Je vais… / *(2)* Il va… / *(3)* Elle va… aller à *(___)* en automne. *(1)* **Zhuh vay_z_… / *(2)* Eel va … / *(3)* El va... a-lay a *(___)* an_o-ton. It never entered my mind.** Ça ne m'a jamais traversé l'esprit. **Sa nuh m'a zha-may tra-ver-say l'es-pree.**
entertain *vt* divertir **dee-ver-teer**, amuser **a-mew-zay Thank you for entertaining *(1)* me. / *(2)* us.** Merci de *(1)* m'avoir *diverti (-e)*. / *(2)* nous avoir *diverti(e)s*. **Mer-see duh *(1)* m'a-var dee-ver-tee. / *(2)* noo_z_a-vwar dee-ver-tee.** ♦ **entertainment** *n* divertissement *m* **dee-ver-tees-man**, loisir *m* **lwa-zeer**, passe-temps *m* **pas-tan What do you do for entertainment?** Que *faites-vous (Fam: fais-tu)* pour passer le temps? **Kuh *fet-voo (Fam: fay-tew)* poor pa-say luh tan? What's for entertainment around here?** Qu'y a-t-il pour se divertir dans le coin? **K'ee_y_a-t-eel poor suh dee-ver-teer dan luh kwuhn?**
enthusiasm *n* enthousiasme *m* **an-too-zyazm great** ~ grand enthousiasme **gran an-too-zyazm much** ~ beaucoup d'enthousiasme **bo-koo d'an-too-zyazm show** ~ montrer de l'enthousiasme **mon-tray duh l'an-too-zyazm I admire your enthusiasm.** J'admire votre *(Fam: ton)* enthousiasme. **Zh'ad-meer *votr_(Fam: ton)_* an-too-zyazm.** ♦ **enthusiastic** *adj* enthousiaste *m&f* **an-too-zyast ~ about life** enthousiaste pour la vie **an-too-zyast poor la vee I'm really enthusiastic about *(1)* going there. / *(2)* seeing it. / *(3)* the trip.** Je suis très enthousiaste *(1)* d'y aller. / *(2)* de le voir. / *(3)* de voyager. **Zhuh swee tre_z_an-too-zee-ast *(1)* d'ee_y_a-lay. / *(2)* duh luh vwar. / *(3)* duh vwa-ya-zhay. You (don't) sound very enthusiastic.** Vous *(n')* avez *(Fam: Tu [n'] as)* pas l'air d'être enthousiaste. *Voo (n') a-vay (Fam: Tew [n'] a)* **(pa) l'er d'etr_an-too-zyast .**
entire *adj* tout, -e *m&f* **too, toot**, entier, entière *m&f* **an-chyay, -chyer ~ month** tout le mois **too luh mwa ~ time** tout le temps **too luh tan ~ week** toute la semaine **toot la suh-men my ~ life** toute ma vie **toot ma vee I want to spend the entire time with you.** Je veux passer tout mon temps avec *vous (Fam: toi)*. **Zhuh vuh pa-say too mon tan a-vek *voo (Fam: twa)*.** ♦ **entirely** *adv* complètement **kon-plet-man**, totalement **to-tal-man**, entièrement **an-chyer-man It's entirely up**

Common French signs and labels are on pages 547-551.

entrance *n* entrée *f* an-tray

entrepreneur *n* entrepreneur *m*, -neuse *f* an-truh-pruh-nuhr, -nuhz

entry *n* 1. *(entrance)* entrée *f* an-tray, accès *m* ak-se; 2. *(signing up)* participation *f* par-tee-see-pa-syon ~ **in a contest** participation à une compétition par-tee-see-pa-syon a ewn kon-pay-tee-syon

envelope *n* enveloppe *f* an-vlop

envious *adj* envieux, envieuse *m&f* an-vyuh, -vyuhz **You're just envious.** *Vous êtes (Fam: Tu es) juste envieux (F: envieuse).* Voo_z_et (Fam: Tew ay) zhuhst_an-vyuh (F: an-vyuhz).

environment *n* environnement *m* an-vee-ron-man **destroy the ~** détruire l'environnement day-trweer l'an-vee-ron-man **protect the ~** protéger l'environnement pro-tay-zhay l'an-vee-ron-man **We need to do more to safeguard the environment.** *Nous devons faire beaucoup plus pour protéger l'environnement.* Noo duh-von fer bo-koo plews poor pro-tay-zhay l'an-vee-ron-man. ♦ **environmental** *adj* environnemental, -e *m&f* an-vee-ron-man-tal, écologique *m&f* ay-ko-lo-zheek ~ **disaster** désastre *m* écologique day-zastr_ay-ko-lo-zheek ~ **issues** problèmes écologiques pro-blem_ay-ko-lo-zheek ~ **problem** problèmes écologiques pro-blem_ay-ko-lo-zheek

envy *vt* envier an-vyay **I (really) envy you.** *Je vous (Fam: t') envie (vraiment).* Zhuh voo_z_(Fam: t')_ an-vee (vray-man). **I don't envy you.** *Je ne vous (Fam: t') envie pas.* Zhuh nuh voo_z_(Fam: t')_ an-vee pa.

epee *n (fencing)* épée *f* ay-pay

epidemic *n* épidémie *f* ay-pee-day-mee

equal *adj* égal, -e *m&f* ay-gal ~ **chance** opportunité *f* égale o-por-tew-nee-tay ay-gal ~ **pay for ~ work** paye *f* pour un travail *m* bien fait pay-yay poor_uhn tra-vaee byuhn fay ~ **rights** droits *mpl* égaux drwa_z_ay-go **All people are equal.** *Tous les gens sont égaux.* Too lay zhan son_t_ay-go. ♦ *vt* faire fer, égaler ay-gal **Nine plus eight equals seventeen.** *Neuf plus huit égalent dix-sept.* Nuhf plews weet ay-gal dee-set. **No one can equal you.** *Personne ne peut t'égaler.* Per-son nuh puh t'ay-ga-lay. ♦ **equally** *adv* en parts égales an par_z_ay-gal ~ **well** de la même manière duh la mem ma-nyer **We'll divide this equally.** *Nous diviserons cela en parts égales.* Noo dee-vee-zon suh-la an par_z_ay-gal.

equipment *n* équipement *m* ay-keep-man **camping ~** équipement de camping ay-keep-man duh kan-peeng **mountain climbing ~** équipement d'escalade ay-keep-man d'es-ka-lad **photographic ~** équipement de photographie ay-keep-man duh fo-to-graf **scuba diving ~** équipement de plongée sous-marine ay-keep-man duh plon-zhay soo-ma-reen **sports ~** équipement de sport ay-keep-man duh spor **Do you have all your equipment?** *Avez-vous (Fam: As-tu) tout votre (Fam: ton) équipement?* A-vay-voo (Fam: A-tew) too votr_(Fam: ton)_ay-keep-man? **Check your equipment.** *Vérifiez votre (Fam: Vérifie ton)*

To learn more about French verbs,
go to the Grammar appendix on page 512.

equivalent équipement. *Vay-ree-fyay votr (Fam: ton) ay-keep-man.*

equivalent *n* équivalent *m* **ay-kee-va-lan** **What's the equivalent in French?** Quel est l'équivalent en français? **Kel_ay l'ay-kee-va-lan an fran-say.** **The equivalent in English is *(what)*.** L'équivalent en anglais est *(___)*. **L'ay-kee-va-lan an_an-glay ay (___).**

eraser *n* gomme *f* **gom**

erotic *adj* érotique *m&f* **ay-ro-teek** ~ **book** livre *m* érotique **leevr_ay-ro-teek** ~ **fantasies** fantasmes *mpl* érotiques **fan-tasm_ay-ro-teek** ~ **movie** film *m* érotique **feelm_ay-ro-teek** ~ **photos** photos *fpl* érotiques **fo-to ay-ro-teek** ~ **thoughts** pensées *fpl* érotiques **pan-say ay-ro-teek**

errand *n* course *f* **koors,** commission *f* **ko-mee-syon** *(1)* **I** / *(2)* **We have some errands to run. (Come with** *[3]* **me.** / *[4]* **us.)** *(1)* J'ai... / *(2)* Nous avons... des courses à faire. *(Venez [Fam: Viens] avec [3] moi.* / *[4] nous.)* *(1)* **Zh'ay...** / *(2)* **Noo_z_a-von day koors_a fer.** *(Vuh-nay [Fam: Vyuhn] a-vek [3] mwa.* / *[4] noo.)*

error *n* erreur *f* **ay-ruhr** **There's an error here.** Il y a une erreur ici. **Eel_ee_y_a ewn_ay-ruhr_ee-see.**

escape *vi* s'échapper **s'ay-sha-pay**, s'évader **s'ay-va-day**

escort *vt* accompagner **a-kon-pa-nyay**, reconduire **ruh-kon-dweer** *(1)* **I'll** / *(2)* **We'll escort you (to** *[3]* **your car** / *[4]* **your hotel** / *[5]* **your house** / *[6]* **the station).** *(1)* Je *vous (Fam: t')* accompagnerai... / *(2)* Nous *vous (Fam: t')* accompagnerons... *[3]* à *votre (Fam: ta)* voiture. / / *[4]* à *votre (Fam: ton)* hôtel. / *[5]* à *votre (Fam: ta)* maison. / *[6]* à la station. *(1)* **Zhuh** *voo_z_(Fam: t')* **a-kon-pa-nyuh-ray...** / *(2)* **Noo** *voo_z_(Fam: t')* **a-kon-pa-nyuh-ron...** *[3]* **a** *votr (Fam: ta)* **vwa-tewr.** / *[4]* **a** *votr (Fam: ton)* **o-tel.** / *[5]* **a** *votr (Fam: ta)* **may-zon.** / *[6]* **a la sta-syon.**).

ESP *abbrev* = **extrasensory perception** PES = perception *f* extrasensorielle **per-sep-syon eks-tra-san-so-ryel**, télépathie *f* **tay-lay-pa-tee** **You must have ESP.** Vous devez *(Fam: Tu dois)* être télépathique. *Voo duh-vay_(Fam: Tew dwa)_z_etr tay-lay-pa-teek.*

especially *adv* particulièrement **par-tee-kew-lyer-man**, spécialement **spay-syal-man**, exprès **eks-pre** **This is especially for you.** Ceci est spécialement pour *vous (Fam: toi)*. **Suh-see ay spay-syal-man poor** *voo (Fam: twa).*

essential *adj* essentiel, -le *m&f* **ay-san-syel** **It's essential that I get it back** *(1)* **today.** / *(2)* **tomorrow.** C'est essentiel que je le récupère *(1)* aujourd'hui. / *(2)* demain. **S'ay_t_ay-san-syel kuh zhuh luh ray-kew-per** *(1)* **o-zhoor-d'wee.** / *(2)* **duh-muhn.**

establish *vt* créer **kray-ay**, fonder **fon-day** ~ **a business** créer une entreprise **kray-ay ewn_an-truh-preez**

estimate *n* estimation *f* **es-tee-ma-syon** **Can you give** *(1)* **me** / *(2)* **us an estimate (of the cost)?** Pouvez-vous *(Fam: Peux-tu)* *(1)* me / *(2)* nous donner une estimation (du coût)? *Poo-vay-voo (Fam: Puh-tew)* *(1)* **muh** / *(2)* **noo do-nay ewn_es-tee-ma-syon (dew koo).** **That's just an estimate.** Ce n'est qu'une estimation. **Suh n'ay k'ewn_es-tee-ma-syon.**

et cetera et cetera **ay_t_say-tay-ra**

Some adjectives follow nouns, some precede them.
You'll need to memorize these case by case.

eternal *adj* éternel, -le *m&f* **ay-ter-nel** ~ **love** amour *m* éternel **a-moor_ay-ter-nel** ♦ **eternally** *adv* éternellement **ay-ter-nel-man**, pour toujours **poor too-zhoor** ♦ **eternity** *n* éternité *f* **ay-ter-nee-tay**

ethical *adj* éthique *m&f* **ay-teek** ♦ **ethics** *n* morale *f* **mo-ral**, éthique *f* **ay-teek**

ethnic *adj* ethnique *m&f* **et-neek** ~ **food** cuisine *f* ethnique **kwee-zeen_et-neek** ~ **group** groupe *m* ethnique **groop_et-neek**

etiquette *n* bienséance *f* **byuhn-say-ans** **What's the proper etiquette?** Quel est le protocole à suivre? **Kel_ay luh pro-to-kol_a-sweevr?**

Europe *n* Europe *f* **Uh-rop**, **from** ~ d'Europe **d'Uh-rop in** ~ en Europe **an_Uh-rop of** ~ d'Europe **d'Uh-rop** ♦ **European** *adj* Européen, -ne *m&f* **Uh-ro-pay-uhn, -en** ~ **Union (EU)** Union *f* Européenne **Ew-nyon Uh-ro-pay-en**

evade *vt* éviter **ay-vee-tay**, esquiver **es-kee-vay You're evading the question.** *Vous évitez (Fam: Tu évites)* la question. *Voo_z_ay-vee-tay (Fam: Tew ay-veet)* **la kes-chyon.** ♦ **evasive** *adj* évasif, évasive *m&f* **ay-va-zeef, -seev** ~ **answer** réponse *f* évasive **ray-pons_ay-va-seev**

even *adj* égal, -e *m&f* **ay-gal**, à égalité *m&f* **a ay-ga-lee-tay get** ~ prendre sa revanche **prandr sa ruh-vanzh The score is even.** Ils sont à égalité. **Eel son_t_a ay-ga-lee-tay. Now we're even.** Maintenant, nous sommes quittes. **Muhnt-nan, noo som keet.** ♦ *adv* même **mem** ~ **if** même si **mem see** ~ **though** même si **mem see Even so, …** Quand même… **Kan mem…**

evening *n* soir *m* **swar**, soirée *f* **swa-ray beautiful** ~ superbe soirée **sew-perb swa-ray every** ~ tous les soirs **too lay swar fantastic** ~ soirée *f* fantastique **swa-ray fan-tas-teek in the** ~ en soirée **an swa-ray nice / pleasant** ~ bonne soirée **bon swa-ray Saturday** ~ Samedi soir **Sam-dee swar the whole** ~ toute la soirée **toot la swa-ray this** ~ ce soir **suh swar tomorrow** ~ demain soir **duh-muhn swar warm** ~ soirée *f* chaude **swa-ray shod yesterday** ~ hier soir **ee-yer swar What a (1) beautiful / (2) nice / (3) wonderful evening!** Quelle *(1)* belle / *(2)* bonne / *(3)* superbe soirée! **Kel** *(1)* **bel** / *(2)* **bon** / *(3)* **sew-perb swa-ray! I love evenings like this.** J'aime les soirées comme celle-ci. **Zh'em lay swa-ray kom sel-see. I'll never forget this evening.** Je n'oublierai jamais cette soirée. **Zhuh n'oo-blee-ray zha-may set swa-ray.**

event *n* évènement *m* **ay-ven-man cultural** ~**s** évènements culturels **ay-ven-man kewl-tew-rel in any** ~ en tous les cas **an too lay ka in the** ~ **that** au cas où **o ka oo musical** ~ évènement musical **ay-ven-man mew-zee-kal sporting** ~ évènement sportif **ay-ven-man spor-teef**

eventually *adv* finalement **fee-nal-man**

ever *adv* jamais **zha-may**, déjà **day-zha Have you ever been there?** Y *êtes-vous (Fam: Es-tu)* déjà allé (-es)? **Ee_y_et-voo (Fam: ay-tew) day-zha a-lay? Have you ever seen the movie (name)?** *Avez-vous (Fam: As-tu)* déjà vu le film *(___)*? *A-vay-voo (Fam: A-tew)* **day-zha vew luh feelm (___)? Have you ever heard the song (name)?** *Avez-vous (Fam: As-tu)* déjà entendu la chanson *(___)*? *A-vay-voo (Fam: A-tew)* **day-zha an-tan-dew la shan-son (___)? You're the nicest person I've ever met.** *Vous êtes (Fam: Tu es)* la personne la plus gentille que j'ai

---

A blue diamond ♦ *signals a different word or a different form of a word.*

jamais connue. *Voo_z_et (Fam: Tew ay)* **la per-son la plew zhan-teey(uh) kuh zh'ay zha-may ko-new.** **Thank you ever so much.** Merci énormément. **Mer-see ay-nor-may-man.** ♦ **everlasting** *adj* éternel, -le *m&f* **ay-ter-nel**

every *adj* tout, toute, tous, toutes *m&fpl* **too, toot, too, toot**, chaque **shak** ~ **day** tous les jours **too lay zhoor** ~ **hour** toutes les heures **toot lay_z_uhr** ~ **minute** toutes les minutes **toot lay mee-newt** ~ **night** toutes les nuits **toot lay nwee** ~ **time** tout le temps **too luh tan** **I want to see you every chance I get.** Je veux *vous (Fam: te)* voir à chaque fois que j'en ai l'occasion. **Zhuh vuh voo *(Fam: tuh)* vwar_a shak fwa kuh zh'an_ay l'o-ka-zyon.** ♦ **everybody** / **everyone** *pron* tout le monde **too luh mond** ♦ **everyplace** *adv* partout **par-too** ♦ **everything** *pron* tout **too** **Is that everything?** Est-ce que c'est tout? **Es-kuh s'ay too?** **That's everything.** C'est tout. **S'ay too.** **Tell me everything (about it).** Dîtes *(Fam: Dis)*-moi tout. **Deet *(Fam: Dee)*-mwa too.** **You are my everything.** Vous êtes *(Fam: Tu es)* tout ce que j'ai. **Voo_z_et *(Fam: Tew ay)* too suh kuh zh'ay.** ♦ **everywhere** *adv* partout **par-too** **I want to go everywhere with you.** Je veux aller partout avec *vous (Fam: toi)*. **Zhuh vuh a-lay par-too a-vek voo *(Fam: twa)*.**

evidently *adv* évidemment **ay-vee-da-man** **Evidently not.** Apparemment non. **A-pa-ra-man non.**

evil *adj* diabolique *m&f* **ja-bo-leek**, mauvais, -e *m&f* **mo-vay, mo-vez** ~ **spirits** mauvais esprits *mpl* **mo-vay_z_es-pree**

exact *adj* exact, -e *m&f* **eg-zakt** ♦ **exactly** *adv* exactement **eg-zak-tuh-man**

exaggerate *vt & vi* exagérer **eg-za-zhay-ray** **I'm (not) exaggerating.** J' (-e n') exagère (pas). **Zh'(uh n') eg-za-zher (pa).** ♦ **exaggeration** *n* exagération *f* **eg-za-zhay-ra-syon** **That's no exaggeration.** Je n'exagère pas. **Zhuh n'eg-za-zher pa.**

exam(ination) *n* examen *m* **eg-za-muhn** final ~ examen final **eg-za-muhn fee-nal** **physical** ~ examen physique **eg-za-muhn fee-zeek** ♦ **examine** *vt* examiner **eg-za-mee-nay**

example *n* exemple *m* **eg-zanpl** **for** ~ par exemple **par_eg-zanpl** **Can you give me an example?** Pouvez-vous *(Fam: Peux-tu)* me donner un exemple? **Poo-vay-voo *(Fam: Puh-tew)* muh do-nay uhn_eg-zanpl?** *A*(**n**) (**good**) **example is** (*what*). Un (bon) exemple est (___). **Uhn (bon_) eg-zanpl ay (___).** **Let me give you an example.** Laissez-moi vous *(Fam: Laisse-moi te)* donner un exemple. **Lay-say-mwa voo *(Fam: Les-mwa tuh)* do-nay uhn_eg-zanpl.**

ex-boyfriend *n* ex, ex-petit-ami *m* **eks, eks-puh-tee_t-a-mee**

excellent *adj* excellent, -e *m&f* **ek-say-lan, ek-say-lant** ~ **food** nourriture *f* excellente **noo-ree-tewr_ek-say-lant** ~ **idea** très bonne idée *f* **tre bon_ee-day** ~ **place** très bon endroit *m* **tre bon_an-drwa**

except *prep* sauf **sof** ~ **Saturday and Sunday** sauf samedi et dimanche **sof sam-dee ay dee-mansh** ~ **weekends** sauf les weekends **sof lay wee-kend** **There's nothing I can do, except...** Il n'y a rien que je puisse faire, hormis… **Eel n'ee_y_a ryuhn kuh zhuh pwees fer, or-mee…** **I can't think about anything except you.** Je n'arrive pas à penser à autre chose que *vous (Fam: toi)*. **Zhuh n'a-reev pa_z_a pan-say a o-truh shoz kuh voo *(Fam: twa)*.**

Familiar "tu" ("tew") forms in parentheses can replace italicized polite forms.

except 118 **excuse**

♦ *conj* excepté **ek-sep-tay** ♦ **exception** *n* exception *f* **ek-sep-syon I'm making an exception for you.** Je fais une exception pour *vous (Fam: toi).* **Zhuh fay ewn_ek-sep-syon poor** *voo (Fam: twa).* ♦ **exceptional** *adj* exceptionnel, -le *m&f* **ek-sep-syon-nel You have exceptional talent.** *Vous avez (Fam: Tu as)* un talent exceptionnel. *Voo_z_a-vay (Fam: Tew a)* **uhn ta-lan ek-sep-syon-nel.**
♦ **exceptionally** *adv* exceptionnellement **ek-sep-syon-nel-man,** remarquablement **ruh-mar-ka-bluh-man You're exceptionally beautiful.** *Vous êtes (Fam: Tu es)* exceptionnellement belle. *Voo_z_et (Fam: Tew ay)* **ek-sep-syon-nel-man bel. You** *(1)* **paint /** *(2)* **play exceptionally well.** *(1) Vous peignez (Fam: Tu peins)… / (2) Vous jouez (Fam: Tu joues)…* remarquablement bien. *(1) Voo pay-nyay (Fam: Tew puhn)… / (2) Voo zhoo-ay (Fam: Tew zhoo)…* **ruh-mar-ka-bluh-man byuhn**.
excessive *adj* immodéré, -e *m&f* **ee-mo-day-ray**, extravagant, -e *m&f* **eks-tra-va-gan, -gant**
exchange *vt* échanger **ay-shan-zhay Let's exchange.** Echangeons. **Ay-shan-zhon. Where can I exchange money?** Où puis-je échanger mon argent? **Oo pwee-zh ay-shan-zhay mon_ar-zhan?** ♦ *n* échange *m* **ay-shanzh student** ~ échange étudiant **ay-shanzh_ay-tew-jan**; *(within European countries)* échange érasmus **ay-shanzh_ay-ras-mews**
excite *vt* exciter **ek-see-tay The idea excites me.** Cette idée me rend enthousiaste. **Set_ee-day muh ran an-too-zyast.** ♦ **excited** *adj* enthousiaste *m&f* **an-too-zyast Are you excited (about it)?** *Êtes-vous (Fam: Es-tu)* enthousiaste (à cette idée)? *Et-voo (Fam: Ay-tew)* **an-too-zyast (a set_ee-day)? I'm (so) excited (about it).** Je suis (tellement) enthousiaste (à cette idée). **Zhuh swee (tel-man) an-too-zyast_ (a set_ee-day). Don't get excited.** Ne *vous surexcitez (Fam: te surexcite)* pas. **Nuh** *voo sewr-ek-see-tay (Fam: tuh sewr-ek-seet)* **pa**. ♦ **excitement** *n* excitation *f* **ek-see-ta-syon That's too much excitement for** *(1)* **me. /** *(2)* **us.** C'est trop d'excitation pour *(1)* moi / *(2)* nous. **S'ay tro d'ek-see-ta-syon poor** *(1)* **mwa /** *(2)* **noo. What do you do for excitement around here?** Que *faîtes-vous (Fam: fais-tu)* pour *vous (Fam: te)* divertir ici? **Kuh** *fet-voo (Fam: fay-tew)* **poor** *voo (Fam: tuh)* **dee-ver-teer_ee-see?** ♦ **exciting** *adj* excitant, -e *m&f* **ek-see-tan, -tant That was exciting!** C'était passionnant! **S'ay-tay pa-syo-nan! I found it exciting.** J'ai trouvé ça excitant. **Zh'ay troo-vay sa ek-see-tan. That was the most exciting thing I've ever done.** C'était la chose la plus passionnante qu'il m'a été de faire!. **S'ay-tay la shoz la plew pa-syo-nant k'eel m'a ay-tay duh fer!**
excursion *n* excursion *f* **eks-kewr-syon Would you like to go on an excursion (with** *[1]* **me /** *[2]* **us)?** Voudriez-vous *(Fam: Voudrais-tu)* aller en excursion (avec *[1]* moi / *[2]* nous)? *Voo-dryay-voo (Fam: Voo-dray-tew)* **a-lay an_eks-kewr-syon (a-vek** *[1]* **mwa /** *[2]* **noo)?**
excuse *vt* excuser **eks-kew-zay Excuse me.** *Excusez (Fam: Excuse)-moi. Eks-kew-say (Fam: Eks-kewz)-mwa.* **Excuse me?** *(When one has not heard or understood.)* Pardon? **Par-don? Please excuse** *(1)* **me. /** *(2)* **us.** S'il *vous (Fam: te)* plaît, *excusez (Fam: excuse) (1)* -moi. / *(2)* -nous. **S'eel voo** *(Fam: tuh)* **play** *ek-kew-zay (Fam: eks-kewz) (1)* **-mwa. /** *(2)* **-noo. Excuse me, please.** *(to get*

---

*Learn a new French phrase every day! Subscribe to the free **Daily Dose of French**, www.phrase-books.com.*

through) Pardon. **Par-don.** ♦ **excuse** *n* excuse *f* **eks-kewz flimsy** ~ maigre excuse **may-gruh eks-kewz good** ~ bonne excuse **bon_eks-kewz poor** ~ piètre excuse **pyetr_eks-kewz I have an excuse.** J'ai une excuse. **Zh'ay ewn_eks-kuhz. I have no excuse.** Je n'ai pas d'excuse. **Zhuh n'ay pa d'eks-kewz. There's no excuse.** Il n'y a pas d'excuse. **Eel n'ee_y_a pa d'eks-kewz. I don't want to hear your excuses.** Je ne veux pas entendre *vos (Fam: tes)* excuses. **Zhuh nuh vuh pa an-tandr vo_(Fam: tay)_z_eks-kewz.**

exercise *adj* d'exercice **d'ek-zer-sees** ~ **class** classe *f* de sport **klas duh spor** ~ **equipment** équipement *m* **ay-keep-man** ~ **room** salle *f* d'exercice **sal d'ek-zer-sees** ~ **routine** exercice *m* de routine **ek-ser-sees duh roo-teen** ♦ *vi* s'exercer **s'ek-zer-say I exercise** *(1)* **everyday.** / *(2)* **regularly.** Je m'exerce *(1)* tous les jours. / *(2)* régulièrement. **Zhuh m'ek-zers *(1)* too lay zhoor. / *(2)* ray-gew-lyer-man. I need to exercise more.** Je dois faire plus d'exercices. **Zhuh dwa fer plews d'ek-ser-sees. Where's a good place to exercise?** Y-a-t-il un bon endroit où l'on peut faire de l'exercice? **Ee_y_a-t-eel_uhn bon_an-drwa oo l'on puh fer duh l'ek-ser-sees?** ♦ *n* exercice *m* **ek-zer-sees do** ~**s** faire de l'exercice **fer duh l'ek-zer-sees**

ex-girlfriend *n* ex *f* **eks**, ex-petite amie *f* **eks-puh-tee_t_a-mee**

exhaust *n (automot.)* échappement *m* **ay-shap-man** ♦ **exhausted** *adj* épuisé, -e *m&f* **ay-pwee-zay Aren't you exhausted?** N'*êtes-vous (Fam: es-tu)* pas *épuisé (-e)*? **N'*et-voo (Fam: Ay-tew)* pa_z_ay-pwee-zay? You must be exhausted.** *Vous devez (Fam: Tu dois)* être *épuisé (-e)*. **Voo duh-vay_(Fam: Tew dwa)_z_etr_ay-pwee-zay. I'm (totally) exhausted.** Je suis (complètement) *épuisé (-e)*. **Zhuh swee (kon-plet-man_t_) ay-pwee-zay.** ♦ **exhausting** *adj* épuisant, -e *m&f* **ay-pwee-zan, ay-pwee-zant**, crevant *m* **kruh-van**

exhibit *n* exposition *f* **eks-po-zee-syon art** ~ exposition d'oeuvres d'art **eks-po-zee-syon d'uh-vruh d'ar** ♦ **exhibition** *n* exposition *f* **eks-po-zee-syon**

ex-husband *n* ex-mari *m* **eks-ma-ree**

exist *vi* exister **ek-zees-tay** ♦ **existence** *n* existence *f* **ek-zees-tans lonely** ~ existence seule **ek-zees-tans suhl**

exit *n* sortie *f* **sor-tee** *(1)* **I'll** / *(2)* **We'll wait for you by the exit.** *(1)* Je *vous (Fam: t')* attendrai… / *(2)* Nous vous *(Fam:* t'*)* attendrons… à la sortie. *(1)* **Zhuh *voo_z_(Fam: t')_a-tan-dray*… / *(2)* Noo *voo_z_(Fam: t')_a-tan-dron*… a la sor-tee.**

ex-love *n* ex-amour **eks-a-moor** ♦ **ex-lover** *n* ex-amant *m&f* **eks-a-man**

ex-military *n* ancien combattant *m*, ancienne combattante *f* **an-syuhn kon-ba-tan, an-syen kon-ba-tant**

exorbitant *adj* exorbitant, -e *m&f* **ek-zor-bee-tan, -tant**

exotic *adj* exotique *m&f* **ek-zo-teek**

expect *vt* s'attendre (à) **s'a-tandr (_a) When can** *(1)* **I** / *(2)* **we expect you?** Quand *(1,2)* arriverez-vous *(Fam: arriveras-tu)*? **Kan *(1,2)* a-ree-vuh-ray-voo *(Fam: a-ree-vuh-ra-tew)*? What time do they expect you home?** A quelle heure doit-on s'attendre à *vous (Fam: te)* voir arriver à la maison? **A kel_uhr dwa_t-on s'a-tandr_a *voo (Fam: tuh)* vwar_a-ree-vay a la may-zon?** *(1,2)* **I'm expecting.**

Underlines between letters indicate that the sounds are joined together.

expense

(pregnant) **(1)** Je suis enceinte. / **(2)** J'attends un bébé. *(1)* **Zhuh swee_z_an-suhnt.** / *(2)* **Zh'a-tan uhn bay-bay.**

expense *n* dépense *f* **day-pans** **(1) I'll** / **(2) We'll pay your expenses.** *(1)* Je paierai… / *(2)* Nous paierons… pour *vos (Fam: tes)* dépenses. *(1)* **Zhuh pay-ray…** / *(2)* **Noo pay-ron… poor vo (Fam: tay) day-pans.**

expensive *adj* cher, chère *m&f* **sher** *(1)* **more expensive** plus *cher (chère)* **plew sher** **most expensive** le plus cher *m* **luh plew sher**, la plus chère *f* **la plew sher** **Is it expensive?** Est-ce que c'est cher? **Es kuh s'ay sher?**

    It's / That's… C'est… **S'ay…**
        …rather expensive. …assez cher. **…a-say sher.**
        …too expensive. …trop cher. **…tro sher.**
        …terribly expensive. …terriblement cher. **…tay-ree-bluh-man sher.**
        …very expensive. …très cher. **…tre sher.**
    It's / That's not… Ce n'est pas… **Suh n'ay pa…**
        …so expensive. …tellement cher. **…tel-man sher.**
        …too expensive. …trop cher. **…tro sher.**
        …very expensive. …très cher. **…tre sher.**

experience *vt* faire l'expérience (de) **fer l'eks-pay-ryans (duh)**, avoir **a-vwar**
    I've never experienced so much… Je n'ai jamais eu autant… **Zhuh n'ay zha-may ew o-tan…**
        …excitement. …de motivation. **…duh mo-tee-va-syon.**
        …fun. …de joie. **…duh zhwa.**
        …happiness. …de bonheur. **…duh bo-nuhr.**
        …pleasure. …de plaisir. **…duh play-zeer.**

♦ *n* 1.*(accumulated knowledge / practice)* expérience *f* **eks-pay-ryans**; 2. *(occurrence)* expérience **eks-pay-ryans** **funny ~** *(amusing)* drôle d'expérience **drol d'eks-pay-ryans**; 2. *(odd)* expérience étrange **eks-pay-ryans_ay-tranzh** **great ~** grande expérience **gran_d_eks-pay-ryans** 1. *(accumulated knowledge / practice)* super expérience **sew-per_eks-pay-ryans** 2. *(occurrence)* super expérience **sew-per_eks-pay-ryans** **job ~** expérience professionelle **eks-pay-ryans pro-fay-syo-nel** **life ~** expérience de la vie **eks-pay-ryans duh la vee** **my ~** mon expérience **mon_eks-pay-ryans** **new ~** nouvelle expérience **noo-vel_eks-pay-ryans** **similar ~** expérience similaire **eks-pay-ryans see-mee-ler** **strange ~** expérience étrange **eks-pay-ryans_ay-tranzh** **terrifying ~** expérience terrifiante **eks-pay-ryans tay-ree-fyant** **wonderful ~** superbe expérience **sew-perb_eks-pay-ryans** **work ~** expérience profesionelle **eks-pay-ryans pro-fay-syo-nel** **How much experience have you had (as a *[job]*)?** Combien d'années d'expérience *avez-vous (Fam: as-tu)* (en tant que *[___]*)? **Kon-byuhn d'a-nay d'eks-pay-ryans** *a-vay-voo (Fam: a-tew)* **(an tan kuh *[___]*)?** **I've had *(number)* years of experience (as a *[job]*).** J'ai (___) années d'expérience (en tant que *[___]*). **Zh'ay (___) a-nay d'eks-pay-ryans (_an tan kuh *[___]*).** **It was a very embarrassing experience.** C'était une expérience très embarrassante. **S'ay-tay_t_ewn eks-pay-ryans tre_z_an-ba-ra-sant.** ♦ **experienced** *adj* expérimenté, -e

---

Like English, French has both regular and irregular verbs.
Learn more about them on page 514.

m&f **eks-pay-ree-man-tay You seem to be (very) experienced.** *Vous semblez (Fam: Tu sembles) avoir (beaucoup) d'expérience.* **Voo san-blay (Fam: Tew sanbl) a-vwar (bo-koo) d'eks-pay-ryans. I'm not very experienced.** Je n'ai pas beaucoup d'expérience. **Zhuh n'ay pa bo-koo d'eks-pay-ryans.**

experiment *vi* essayer **ay-say-yay Let's experiment.** *Essayons.* **Ay-say-yon**.

expert *n* spécialiste *m&f* **spay-sya-leest**, expert, -e *m&f* **eks-per, -pert**

expire *vi* expirer **eks-pee-ray My visa expires on** *(date)*. *Mon visa expire le (___).* **Mon vee-za eks-peer luh (___).**

explain *vt* expliquer **eks-plee-kay Could you explain this for me?** *Pourriez-vous (Fam: Pourrais-tu) m'expliquer?* **Poo-ryay-voo (Fam: Poo-ray-tew) m'eks-plee-kay? Please let me explain.** *S'il vous (Fam: te) plaît, laissez (Fam: laisse)-moi vous (Fam: t') expliquer.* **S'eel voo (Fam: tuh) play, lay-say (Fam: les)-mwa voo_z_(Fam: t') eks-plee-kay. I can explain (everything).** *Je peux (tout) expliquer.* **Zhuh puh (too_t_) eks-plee-kay. I'll try to explain.** *J'essaierai de vous (Fam: t') expliquer.* **Zh'ay-say-ray duh voo_z_ (Fam: t') eks-plee-kay.**
♦ **explanation** *n* explication *f* **eks-plee-ka-syon I owe you an explanation.** *Je vous (Fam: te) dois une explication.* **Zhuh voo (Fam: tuh) dwa ewn eks-plee-ka-syon.**

explore *vt* explorer **eks-plo-ray I like to explore new places. Do you?** *J'aime explorer de nouveaux endroits. Et vous (Fam: toi)?* **Zh'em eks-plo-ray duh noo-vo_z_ an-drwa. Ay voo (Fam: twa)? Let's go explore the city.** *Allons explorer la ville.* **A-lon eks-plo-ray la veel. Let's explore the cave.** *Explorons la grotte.* **Eks-plo-ron la grot.**

express *vt* exprimer **eks-pree-may You express yourself very well.** *Vous vous exprimez (Fam: Tu t'exprimes) très bien.* **Voo voo_z_ eks-pree-may (Fam: Tew t'eks-preem) tre byuhn. Words alone cannot express how I** *(1)* **feel about you.** / *(2)* **love you.** *Les mots seuls ne peuvent exprimer (1) mes sentiments pour vous (Fam: toi). / (2) à quel point je vous (Fam: t') aime.* **Lay mo suhl nuh puhv eks-pree-may (1) may san-tee-man poor voo (Fam: twa). / (2) a kel pwuhn zhuh voo_z_ (Fam: t') em.** ♦ **expression** *n* expression *f* **eks-pray-syon idiomatic** ~ expression idiomatique **eks-pray-syon ee-jo-ma-teek puzzled** ~ expression perplexe **eks-pray-syon per-pleks sad** ~ *(facial)* expression *f* triste **eks-pray-syon treest serious** ~ *(facial)* expression *f* sérieuse **eks-pray-syon say-ryuhz slang** ~ expression argotique **eks-pray-syon ar-go-teek surprised** ~ expression de surprise **eks-pray-syon duh sewr-preez worried** ~ expression inquiète **eks-pray-syon uhn-kyet** ♦ **expressive** *adj* expressif, expressive *m&f* **eks-pray-seef, -seev**

exquisite *adj* exquis, -e *m&f* **eks-kee, -keez**

extend *vt* prolonger **pro-lon-zhay Maybe I can extend my visa. (I'll try.)** *Je pourrais peut-être prolonger mon visa (J'essaierai.)* **Zhuh poo-ray puh_t-etr pro-lon-zhay mon vee-za. (Zh'ay-say-ray.)** ♦ **extension** *n* prolongation *f* **pro-lon-ga-syon visa** ~ prolongation de visa **pro-lon-ga-syon duh vee-za**, extension de visa **eks-tan-syon duh vee-za I need to apply for an extension of my visa.**

---

a always sounds like the "a" in "father"

(**Where can I do it?**) Je dois faire la demande d'extension pour mon visa. (Où dois-je aller?) **Zhuh dwa fer la duh-man̄ d'eks-tan̄-syon̄ poor mon̄ vee-za. (Oo dwa-zh_a-lay?)**

extent *n* étendue *f* **ay-tan̄-dew To what extent?** A quel point? **A kel pwuhn̄?**

extra *adj adv* autre **otr**, en plus **an̄ plews Do you have any extra** *(1)* **batteries?** / *(2)* **film?** *Avez-vous (Fam: As-tu) (1) des piles en plus? / (2) des pellicules en plus? A-vay-voo (Fam: A-tew) (1) day peel_an̄ plews? / (2) day pay-lee-kewl_ an̄ plews.* **It's extra. You can have it.** C'est en plus. *Vous pouvez (Fam: Tu peux)* les avoir. **S'ay_t_an̄ plews.** *Voo poo-vay (Fam: Tew puh)* **lay_z_a-vwar.**

extraordinarily *adv* extraordinairement **ek-tra-or-dee-ner-man̄ You're extraordinarily beautiful.** *Vous êtes (Fam: Tu es)* extraordinairement belle. *Voo_z_et (Fam: Tew ay)* **eks-tra-or-dee-ner-man̄ bel.** ♦ **extraordinary** *adj* extraordinaire *m&f* **eks-tra-or-dee-ner That's (really) extraordinary.** C'est (vraiment) extraordinaire. **S'ay (vray-man̄) eks-tra-or-dee-ner.**

extravagance *n* extravagance *f* **eks-tra-va-gan̄s** ♦ **extravagant** *adj* dispendieux, dispendieuse *m&f* **dees-pan̄-juh, -juhz**

extreme *adj* extrême *m&f* **eks-trem** ~ **sports** sports extrêmes *mpl* **spor_z_eks-trem** ♦ *n* extrême *m* **eks-trem Please, don't go to extremes.** S'il *vous (Fam: te)* plaît, *n'allez* (Fam: *ne va*) pas à l'extrême. **S'eel voo (Fam: tuh) play**, *n'a-lay (Fam: nuh va)* **pa_z_a l'eks-trem. You go from one extreme to the other.** *Vous allez (Fam: Tu vas)* d'un extrême à l'autre. *Voo_z_a-lay (Fam: Tew va)* **d'uhn̄_eks-trem_a l'otr.** ♦ **extremely** *adv* extrêmement **eks-trem-man̄ That's extremely** *(1)* **generous** / *(2)* **kind** / *(3)* **nice of you.** C'est extrêmement *(1)* généreux / *(2)* gentil / *(3)* aimable de *votre (Fam : ta)* part. **S'ay_t_eks-trem-man̄** *(1)* **zhay-nay-ruh** / *(2)* **zhan̄-tee** / *(3)* **ay-mabl duh** *votr (Fam: ta)* **par.**

extrovert *n* extraverti, -e *m&f* **eks-tra-ver-tee**

ex-wife *n* ex *f* **eks**, ex-femme *f* **eks-fam**

eye *n* oeil *m* **uhy**, yeux *pl* **_z_yuh beautiful ~s** beaux yeux *mpl* **bo_z_yuh big** *(1)* **blue** / *(2)* **brown ~s** grands yeux **gran̄_z_yuh** *(1)* bleus **bluh** / *(2)* marrons **ma-ron̄ black ~** *(bruised)* coquart *m* **ko-kar blue ~s** yeux bleus **_z_yuh bluh both ~s** les deux yeux **lay duh_z_yuh bright ~s** yeux lumineux **_z_yuh lew-mee-nuh brown ~s** yeux marrons **_z_yuh ma-ron̄ closed ~s** yeux fermés **_z_yuh fer-may dark ~s** yeux foncés **_z_yuh fon̄-say exotic ~s** yeux exotiques **_z_ yuh ek-zo-teek ~ liner** eye-liner *m* **aee-laee-nuhr ~ shadow** fard *m* à paupière *f* **far_a po-pyer green ~s** yeux verts **_z_yuh ver hazel ~s** yeux noisette **_z_yuh nwa-zet left ~** oeil gauche **uhy gosh lovely ~s** jolis yeux **zho-lee_z_yuh my ~s** mes yeux **may_z_yuh open ~s** yeux ouverts **_z_yuh oo-ver right ~** oeil droit **uhy drwa sad ~s** yeux tristes **_z_yuh treest sexy ~s** yeux sexy **_z_yuh sek-see sharp ~s** yeux vifs **_z_yuh veef sleepy ~s** yeux endormis **_z_yuh an̄-dor-mee starry ~s** yeux émerveillés **_z_yuh ay-mer-veh-yay tired ~s** yeux fatigués *mpl* **z_yuh fa-tee-gay violet ~s** yeux violets *mpl* **z_yuh vyo-lay Close your eyes.** *Fermez (Fam: Ferme)* les yeux. **Fer-may (Fam: Ferm) lay_z_yuh. Look me in the eye.** *Regardez (Fam: Regarde)*-moi dans les yeux. *Ruh-ga-day (Fam:*

French pronunciation and phonetics are on pages 510-511.

Ruh-gard)-mwa dan lay_z_yuh. **You have such beautiful eyes.** *Vous avez (Fam: Tu as) des yeux tellement beaux.* *Voo_z_a-vay (Fam: Tew a) day_z_yuh tel-man bo.* **You have the most enchanting eyes I've ever seen.** *Vous avez (Fam: Tu as) les yeux les plus ravissants que j'ai jamais vu.* *Voo_z_a-vay (Fam: Tew a) lay_z_yuh lay plew ra-vee-san kuh zh'ay zha-may vew.* **I only have eyes for you.** Je n'ai yeux que pour *vous (Fam: toi).* **Zhuh n'ay_z_yuh kuh poor** *voo (Fam: twa).* **Your smile caught my eye.** *Votre (Fam: Ton)* sourire m'a attiré. *Votr (Fam: Ton)* **soo-reer m'a a-tee-ray.** **I have something in my eye.** J'ai quelque chose dans l'oeil. **Zh'ay kel-kuh shoz dan l'uhy.** ♦ **eyebrow** *n* sourcil *m* **soor-see** ♦ **eyeglasses** *n pl* lunettes *fpl* **lew-net** ♦ **eyelash** *n* cil *m* **seel beautiful ~es** beaux cils **bo seel false ~es** faux cils **fo seel long ~es** longs cils **lon seel** ♦ **eyelid** *n* paupière *f* **po-pyer** ♦ **eyesight** *n* vue *f* **vew good** ~ bonne vue **bon vew perfect** ~ vue parfaite **vew par-fet poor** ~ mauvaise vue **mo-vez vew weak** ~ vue faible **vew febl**

F f

fabulous *adj* fabuleux, fabuleuse *m&f* **fa-bew-luh, fa-bew-luhz That was fabulous!** C'était sensationnel! **S'ay-tay san-sa-syo-nel!** *(1)* **I** / *(2)* **We had a fabulous time.** *(1)* J'ai… / *(2)* Nous avons… passé un moment merveilleux. *(1)* **Zh'ay…** / *(2)* **Noo_z_a-von… pa-say uhn mo-man mer-vay-yuh.**
face *n* visage *m* **vee-zazh cute** ~ visage mignon **vee-zazh mee-nyon familiar** ~ visage familié **vee-zazh fa-mee-lyay nice** ~ 1. *(attractive)* beau visage **bo vee-zazh**; 2. *(pleasant)* joli visage **zho-lee vee-zazh pretty** ~ joli visage **zho-lee vee-zazh You have the** *(1)* **cutest** / *(2)* **loveliest** / *(3)* **most beautiful face I've ever seen.** *Vous avez (Fam: Tu as)* le visage le plus *(1)* mignon / *(2)* adorable / *(3)* magnifique que j'ai jamais vu. *Voo_z_a-vay (Fam: Tew a)* **luh vee-zazh luh plew** *(1)* **mee-nyon** / *(2)* **a-do-rabl** / *(3)* **ma-nee-feek kuh zh'ay zha-may vew.** **When I look at you, I see the face of an angel.** Quand je *vous (Fam: te)* regarde, je vois le visage d'un ange. **Kan zhuh** *voo (Fam: tuh)* **ruh-gard, zhuh vwa luh vee-zazh d'uhn_anzh.**
facilities *n pl* commodités *fpl* **ko-mo-dee-tay,** aménagements *mpl* **a-may-nazh-man ~ for the handicapped** aménagements pour handicapés **a-may-nazh-man poor an-dee-ka-pay.**
fact *n* fait *m* **fay as a matter of** ~ en fait **an fay in** ~ en effet **an_ay-fay simple** ~ simple fait **suhnpl fay Is that a fact?** Est-ce que c'est vrai? **Es kuh s'ay vray? That's a fact.** C'est un fait. **S'ay uhn fay.**
faculty *n* faculté *f* **fa-kewl-tay university** ~ corps *m* enseignant **kor_an-say-nyan I'm a member of the faculty (at** *[university]*). Je suis membre du corps enseignant (de [____]). **Zhuh swee manbr dew kor_an-say-nyan (duh [____]).**
fail *vt* rater **ra-tay I failed the exam.** J'ai raté l'examen. **Zh'ay ra-tay l'eg-za-**

Learn a new French phrase every day! Subscribe to the free **Daily Dose of French***, www.phrase-books.com.*

muhn. What happens if you fail the exam? Qu'arrivera-t-il si *vous ratez (Fam: tu rates)* l'examen? K'a-ree-vra-t-eel see *voo ra-tay (Fam: tew rat)* l'eg-za-muhn? ♦ **fail** *vi* échouer ay-shooay **Why did your marriage fail?** Pourquoi *votre (Fam: ton)* mariage a-t-il été un échec? Poor-kwa *votr (Fam: ton)* ma-ryazh a-t-eel_ay-tay uhn_ay-shek? **My marriage failed because...** Mon mariage a été un échec parce que… Mon ma-ryazh_a ay-tay uhn_ay-shek par-suh kuh… ♦ **failure** *n* échec *m* ay-shek

faint *vi* s'évanouir s'ay-va-noo-eer **I feel faint.** Je me sens mal. Zhuh muh san mal. **I think I'm going to faint! You're on time!** Je n'en crois pas mes yeux! *Vous êtes (Fam : Tu es)* à l'heure! Zhuh n'an krwa pa may_z_yuh! *Voo_z_et_ (Fam: Tew ay_z_)_*a l'uhr!

fair *adj* 1. *(honest, even-handed)* honnête *m&f* o-net, juste *m&f* zhewst; 2. *(fair-haired)* blondinet, blondinette *m&f* blon-dee-nay, -net ~ **person** *(even-handed)* personne juste per-son zhewst ~ **question** question juste kes-chyon zhewst ~ **share** part égale par_ay-gal, portion égale por-syon ay-gal ~ **skin** teint clair tuhn kler **No fair!** Pas juste! Pa zhewst! **That's fair, right?** C'est juste, n'est-ce pas? S'ay zhewst, n'es pa? **That's (not) fair.** C'est juste. (Ce n'est pas juste.) S'ay zhewst. (Suh n'ay pa zhewst.) **C'mon, be fair.** Allez, soyez *(Fam: sois)* juste. A-lay, swa-yay *(Fam: swa)* zhewst. ♦ *adv* franc jeu fran zhuh **play** ~ jouer franc jeu zhooay fran zhuh **You're not playing fair.** *Vous ne jouez (Fam: Tu ne joues)* pas franc jeu. Voo nuh zhooay *(Fam: Tew nuh zhoo)* pa fran zhuh. ♦ *n* salon *m* sa-lon, foire *f* fwar **book** ~ foire du livre fwar_o leevr **trade** ~ salon *m* sa-lon, exposition *f* eks-po-zee-syon **Would you like to go to the fair (with [1] me / [2] us)?** Voudriez-vous *(Fam: Voudrais-tu)* venir à la foire (avec *[1]* moi / *[2]* nous)? Voo-dree-yay-voo *(Fam: Voo-dray-tew)* vuh-neer_a la fwar (_a-vek *[1]* mwa / *[2]* noo)? ♦ **fairly** *adv (rather)* équitablement ay-kee-ta-bluh-man, assez a-say ♦ **fairness** *n* impartialité *f* uhn-par-sya-lee-tay, honnêteté *f* o-net-tay **in all** ~ en toute justice an toot zhews-tees

fairy *n* fée *f* fay ~ **godmother** bonne fée bon fay, bonne étoile bon_ay-twal ♦ **fairytale** *n* conte *m* de fée kont duh fay **like in a** ~ comme dans un conte de fée kom dan_z_uhn kont duh fay

faith *n* foi *f* fwa, croyance *f* krwa-yans **Have faith (in me).** Ayez *(Fam: Aie)* foi (en moi). Ay-yay *(Fam: Ay)* fwa (an mwa). **I have faith in you.** J'ai foi en *vous (Fam: toi).* Zh'ay fwa an voo *(Fam: twa).* ♦ **faithful** *adj* fidèle *m&f* fee-del **I will always be faithful to you.** Je *vous (Fam: te)* serai toujours fidèle. Zhuh voo *(Fam: tuh)* suh-ray too-zhoor fee-del.

fake *adj* faux, fausse *m&f* fo, fos ♦ **fake(r)** *n* embobineur, embobineuse *m&f* an-bee-bo-nuhr, -nuhz, charlatan *m&f* shar-la-tan, imposteur, imposteuse *m&f* uhn-pos-tuhr, -tuhz **You big fake(r)!** Sale *embobineur (F: embobineuse)*! Sal_an-bo-bee-nuhr (F: an-bo-bee-nuhz)!

fall *vi* tomber ton-bay **Be careful you don't fall.** Attention de ne pas tomber. A-tan-syon duh nuh pa ton-bay. **Snow is falling.** La neige est en train de tomber. La nezh_ay_t_an truhn duh ton-bay. **Look how much snow fell!** Regarde, il

---

Final consonants of words are often not pronounced, but usually run together with next words that start with vowels.

fall apart | **125** | **family**

y a tellement neigé! **Ruh-gard, eel_ee_y_a tel-man nay-zhay!**

♦ **fall apart** *idiom* s'effondrer **s'ay-fon-dray**, tomber en ruine **ton-bay an rween**
♦ **fall down** *idiom* tomber **ton-bay**, s'effondrer **s'ay-fon-dray** **I fell down.** Je suis *tombé (-e)*. **Zhuh swee ton-bay.** **It's going to fall down.** Ça va tomber. **Sa va ton-bay.**
♦ **fall for** *idiom (be taken in)* se laisse avoir **suh lay-say a-vwar** *(1,2)* **I fell for it hook, line and sinker.** *(1)* Je me suis complètement *laissé (-e)* avoir. **Zhuh muh swee kon-plet-man lay-say a-vwar.** / *(2)* Je suis complètement *tombé (-e)* dans le panneau. **Zhuh swee kon-plet-man ton-bay dan luh pa-no.**
♦ **fall in love** *idiom* tomber *amoureux (F: amoureuse)* **ton-bay** *a-moo-ruh (F: a-moo-ruhz)* *(1)* **I'm falling…** / *(2)* **I've fallen… (head over heels) in love with you.** *(1)* Je suis en train de tomber… / *(2)* Je suis *tombé (-e)*… *(fou [F: folle] amoureux (F: amoureuse)* de vous *(Fam: toi)*. *(1)* **Zhuh swee_z_an truhn duh ton-bay…** / *(2)* **Zhuh swee ton-bay…** *(foo [F: fol) a-moo-ruh (F: a-moo-ruhz)* **duh** *voo* *(Fam: twa)*.
♦ **fall over** *idiom* tomber (par terre) **ton-bay (par ter)** **It's going to fall over.** Ça va tomber (à terre). **Sa va ton-bay (a ter).**

fall *n (autumn)* automne *m* **o-ton** **in the** ~ en automne **an_o-ton** **last** ~ l'automne dernier **l'o-ton der-nyay** **next** ~ l'automne prochain **l'o-ton pro-shuhn**

false *adj* faux, fausse *m&f* **fo, fos**; *(teeth) n* dentier *m* **dan-chyay** ~ **alarm** fausse alerte **fos_a-lert** ~ **idea** fausse idée **fos_ee-day** ~ **impression** mauvaise impression **mo-vez_uhn-pray-syon** ~ **teeth** fausses dents *fpl* **fos dan**

familiar *adj* familier, familière *m&f* **fa-mee-lyay, -lyer** **You look so familiar. I'm sure I've** *(1)* **seen** / *(2)* **met you before.** *Vous m'avez (Fam: Tu m'as)* l'air très *familier (F: familière)*. Je suis *sûr (-e)* de *vous (Fam: t')* avoir déjà *(1)* vu *(-e)* / *(2)* rencontré *(-e)* auparavant. **Voo m'a-vay** *(Fam: Tew m'a)* **l'er tre** *fa-mee-lyay (F: fa-mee-lyer)*. **Zhuh swee sewr duh** *voo_z_(Fam: t')_a-vwar day-zha (1) vew /* *(2)* **ran-kon-tray o-pa-ra-van.**

family *adj* de (la) famille **duh (la) fa-meey(uh)** ~ **life** vie *f* de famille **vee duh fa-meey(uh)** ~ **member** membre *m* de la famille **manbr duh la fa-meey(uh)** ~ **name** nom *m* de famille **non duh fa-meey(uh)** ♦ *n* famille *f* **fa-meey(uh)** **big** ~ grande famille **grand fa-meey(uh)** **broken** ~ famille divisée **fa-meey(uh) dee-vee-zay** **build a** ~ fonder une famille **fon-day ewn fa-meey(uh)** **close-knit** ~ famille unie **fa-meey(uh) ew-nee** **extended** ~ famille grandissante **fa-meey(uh) gran-dee-sant** **happy** ~ famille heureuse **fa-meey(uh) uh-ruhz** **host** ~ famille *f* d'accueil **fa-meey(uh) d'a-kuhy** **in a** ~ **way** *(pregnant)* enceinte **an-suhnt** **make a** ~ fonder une famille **fon-day ewn fah-meey(uh)** **middle-class** ~ famille de classe moyenne **fa-meey(uh) duh klas mwa-yen** **my** ~ ma famille **ma fa-meey(uh)** **no** ~ pas de famille **pa duh fa-meey(uh)** **our** ~ notre famille **notr fa-meey(uh)** **small** ~ petite famille **puh-teet fa-meey(uh)** **start a** ~ fonder une famille **fon-day ewn fa-meey(uh)** **support a** ~ subvenir aux besoins d'une famille **sewb-vuh-neer_o buh-zwuhn d'ewn fa-meey(uh)** **well-to-do** ~ famille aisée **fa-meey(uh)_ay-zay** **working** ~ famille qui travaille **fa-meey(uh) kee tra-**

All syllables of a French word have equal stress.
The last word in a group has a little more.

vaec your ~ *votre (Fam: ta)* famille **votr *(Fam: ta)* fa-meey(uh) I'm here with my family.** Je suis là avec ma famille. **Zhuh swee la a-vek ma fa-meey(uh). I'm *(1)* living / *(2)* staying with a host family.** *(1)* Je vis… / *(2)* J'habite… avec une famille d'accueil. *(1) Zhuh vee… / (2) Zh'a-beet_… a-vek_ewn fa-meey(uh) d'a-kuhy.* **I dream of building a family.** Je rêve de fonder une famille. **Zhuh rev duh fon-day ewn fa-meey(uh).** ♦ **family-oriented** *adj* qui aime la vie de famille **kee em la vee duh fa-meey(uh)**

fan *n* 1. *(enthusiast)* fan *m&f* **fan**, admirateur, admiratrice *m&f* **ad-mee-ra-tuhr, -trees**, supporter *m* **sew-por-ter** ; 2. *(elec.)* ventilateur *m* **van-tee-la-tuhr I'm a *(1)* baseball / *(2)* basketball / *(3)* football / *(4)* hockey / *(5)* soccer / *(6)* sports fan.** Je suis *un (F: une)* fan de *(1)* baseball. / *(2)* basket. / *(3)* football américain. / *(4)* hockey. / *(5)* foot(ball). / *(6)* sport. **Zhuh swee *uhn* (F: ewn) fan duh *(1)* bez-bol. / *(2)* bas-ket. / *(3)* foot-bol_a-may-ree-kuhn. / *(4)* o-kay. / *(5)* foot(bol). / *(6)* spor.**

fancy *adj* 1. *(high-class)* de luxe **duh lewks**; chic **sheek**; *(stylish)* orné, -e *m&f* **or-nay**, décoré, -e *m&f* **day-ko-ray**; 2. *(intricate)* complexe **kon-pleks ~ design** motif recherché **mo-teef ruh-sher-shay ~ dress** déguisement *m* **day-gheezh-man ~ hairdo** coiffure *f* élaborée **kwa-fewr_ay-la-bo-ray ~ hotel** hôtel *m* de luxe **o-tel duh lewks ~ restaurant** restaurant de luxe **res-to-ran duh lewks**

fantasize *vi* fantasmer **fan-tas-may** ♦ **fantastic** *adj* fantastique *m&f* **fan-tas-teek**; merveilleux, merveilleuse *m&f* **mer-vay-yuh, -yuhz You are fantastic!** *Vous êtes (Fam: Tu es)* fantastique! *Voo_z_et (Fam: Tew ay)* **fan-tas-teek! That was fantastic!** C'était fantastique! **S'ay-tay fan-tas-teek!** *(1)* **I / *(2)* We had a fantastic time.** *(1)* J'ai… / *(2)* Nous avons… passé un merveilleux moment. *(1) Zh'ay… / (2) Noo_z_a-von… pa-say uhn mer-vay-yuh mo-man.* ♦ **fantasy** *n* fantasme *m* **fan-tazm**

far *adj* loin **lwuhn ~ away** très loin **tre lwuhn How far is it (from here)?** C'est loin (d'ici)? **S'ay lwuhn (d'ee-see)? How far away is *(place)*?** A quelle distance est *(___)*? **A kel dees-tans_ay (___)? It's not (very) far.** Non, ce n'est pas (très) loin. **Non, suh n'ay pa (tre) lwuhn. It's (very) far.** C'est (assez) loin. **S'ay (_t_a-say) lwuhn. Is your *(1)* house / *(2)* hotel far from here?** Est-ce que *(1)* votre *(Fam: ta)* maison / *(2)* votre *(Fam: ton)* hôtel est loin d'ici? **Es kuh *(1)* votr *(Fam: ta)* may-zon / *(2)* votr_(Fam: ton)_o-tel_ay lwuhn d'ee-see? You're going too far.** Vous en faites *(Fam: Tu en fais)* trop. *Voo_z_an fet (Fam: Tew an fay)* **tro.** ♦ *adv* loin **lwuhn so ~** 1. *(until now)* jusqu'à présent **zhews-k'a pray-zan**; 2. *(so distant)* très loin **tre lwuhn Do you live far from here?** Est-ce *vous vivez (Fam: tu vis)* loin d'ici? **Es kuh *voo vee-vay (Fam: tew vee)* lwuhn d'ee-see?**

fare *n* tarif *m* **ta-reef**, prix *m* du trajet **pree dew tra-zhay child's ~** tarif *m* enfant **ta-reef_an-fan pensioner's / senior's ~** tarif *m* senior **ta-reef say-nyor student's ~** tarif *m* étudiant **ta-reef_ay-tew-jan How much is the fare?** Combien coûte un trajet? **Kon-byuhn koot_uhn tra-zhay? The fare is *(amount)*.** Le tarif est de *(___)*. **Luh ta-reef ay duh (___). What's the usual taxi fare from here to the *(1)* airport? / *(2)* train station? / *(3) (place)*?** Combien coûte un taxi en général pour aller d'ici à *(1)* l'aéroport? / *(2)* la gare? / *(3) (___)*? **Kon-byuhn koot_uhn**

---

ew sounds similar to the "ew" in "pew"

tak-see a**n** zhay-nay-ral poor_a-lay d'ee-see a *(1)* l'a-ay-ro-por? / *(2)* la gar? / *(3)* (___)?

farewell *n* adieu *m* **a-juh**, au revoir *m* **o ruh-vwar It's time to say farewell.** C'est l'heure de faire *vos (Fam: tes)* adieux. **S'ay l'uhr duh fer** *vo (Fam: tay)*_z_ **a-juh. I hate farewells.** Je déteste les adieux. **Zhuh day-test lay_z_a-juh. Farewell!** Adieu! **A-juh!**

farm *n* ferme *f* **ferm dairy** ~ exploitation *f* laitière **eks-plwa-ta-syon lay-chyer Do you live on a farm?** *Vivez-vous (Fam: Vis-tu)* dans une ferme? *Vee-vay-voo (Fam: Vee-tew)* **dan_z_ewn ferm?** *(1)* **I** / *(2)* **We live on a farm.** *(1)* Je vis... / *(2)* Nous vivons... á la ferme. *(1)* **Zhuh vee...** / *(2)* **Noo vee-von... a la ferm.**

farther *adj & adv* plus loin **plew lwuhn**

fascinate *vt* fasciner **fa-see-nay You fascinate me (no end).** *Vous me fascinez (Fam: Tu me fascines)* (toujours autant). *Voo muh fa-see-nay (Fam: Tew muh fa-seen)* **(too-zhoor_o-tan).** ♦ **fascinating** *adj* fascinant, -e *m&f* **fa-see-nan, -nant**, captivant, -e *m&f* **kap-tee-van, -vant That's fascinating.** C'est fascinant. **S'ay fa-see-nan. That's a fascinating** *(1)* **necklace.** / *(2)* **ring.** C'est *(1)* un collier... / *(2)* une bague... magnifique. **S'ay** *(1)* **uhn ko-lyay...** / *(2)* **ewn bag... ma-nee-feek. What a fascinating story!** Quelle histoire fascinante! **Kel_ees-twar fa-see-nant! I found it fascinating.** J'ai trouvé ça fascinant. **Zh'ay troo-vay sa fa-see-nan.**

fashion *n* mode *f* **mod in** ~ à la mode **a la mod latest** ~ dernier cri **der-nyay kree new** ~ nouvelle mode **noo-vel mod out of** ~ démodé **day-mo-day You have a flair for fashion.** *Vous avez (Fam: Tu as)* un flair pour la mode. *Voo_z_a-vay (Fam: Tew a)* **uhn fler poor la mod.** ♦ **fashionable** *adj* à la mode *m&f* **a la mod**, chic *m&f* **sheek**

fast *adj* rapide *m&f* **ra-peed faster** plus rapide **plew ra-peed fastest** le (F: la) plus rapide **luh (F: la) plew ra-peed What's the fastest way to get there?** Comment puis-je m'y rendre au plus vite? **Ko-man pwee-zh m'ee randr_o plew veet?** *(1)* **My** / *(2)* **Your watch...** / *(3)* **That clock... is fast.** *(1)* Ma / *(2)* Votre (Fam: Ta) montre... / *(3)* Cette horloge... avance. *(1)* **Ma** / *(2)* **Votr (Fam: Ta) montr...** / *(3)* **Set_or-lozh... a-vans.** ♦ *adv* rapidement **ra-peed-man**, vite **veet How fast can you do it?** A quelle vitesse *pouvez-vous (Fam: peux-tu)* rouler? **A kel vee-tes** *poo-vay-voo (Fam: Puh-tew)* **roo-lay? You're talking too fast for me.** *Vous parlez (Fam: Tu parles)* trop vite pour moi. *Voo par-lay (Fam: Tew parl)* **tro veet poor mwa. Don't drive so fast.** Ne *conduisez (Fam: conduis)* pas si vite. **Nuh** *kon-dee-zay (Fam: kon-dwee)* **pa see veet. Promise me you won't drive too fast.** *Promettez (Fam: Promets)*-moi de ne pas conduire pas trop vite. *Pro-may-tay (Fam: Pro-may)*-**mwa duh nuh pa kon-dweer tro veet.**

fasten *vt* attacher **a-ta-shay**, fixer **feek-say**, boucler **boo-klay Can you fasten this for me?** *Pouvez-vous (Fam: Peux-tu)* attacher ça pour moi? *Poo-vay-voo (Fam: Puh-tew)* **a-ta-shay sa poor mwa.**

fat *adj* gros, grosse *m&f* **gro, gros**

fate *n* destin *m* **des-tuhn**, sort *m* **sor I believe that Fate brought us together.** Je pense que le destin nous a réuni. **Zhuh pans kuh luh des-tuhn noo_z_a ray-**

Numbers in parentheses always signal choices.

ew-nee.

father *n* père *m* **per foster ~** père *m* adoptif **per_a-dop-teef This is my father** *(name)*. C'est mon père *(___)*. **S'ay mon per (___). This is a picture of my father.** C'est une photo de mon père. **S'ay_t_ewn fo-to duh mon per. My father lives in** *(place)*. Mon père vit à *(___)*. **Mon per vee a (___). I live with my father.** Je vis avec mon père. **Zhuh vee a-vek mon per. My father has passed away.** Mon père est décédé. **Mon per_ay day-say-day.** ♦ **father-in-law** *n* beau-père *m* **bo-per**

fault *n* faute *f* **fot**, défaut *m* **day-fo It's (It's not) *(1)* my / *(2)* your fault.** C'est *(Ce n'est pas)* de *(1)* ma / *(2)* votre *(Fam: ta)* faute. **S'ay (Suh n'ay pa) duh *(1)* ma / *(2)* votr *(Fam: ta)* fot. It was (It was not) *(1)* my / *(2)* your fault.** C'était *(Ce n'était pas)* de *(1)* ma / *(2)* votre *(Fam: ta)* faute. **S'ay-tay (Suh n'ay-tay pa) duh *(1)* ma / *(2)* votr *(Fam: ta)* fot.**

favor *n* faveur *m* **fa-vuhr**, service *m* **ser-vees Could you (please) do *(1)* me /*(2)* us a (*[3]* small / *[4]* big) favor?** Pourriez-vous *(Fam: Pourrais-tu)* *(1)* me rendre / *(2)* nous rendre un (*[3]* petit / *[4]* grand) service? **Poo-ryay-voo *(Fam: Poo-ray-tuhu)* *(1)* muh randr / *(2)* noo ranr uhn (*[3]* puh-tee / *[4]* gran) ser-vees? Thanks for the favor.** Merci pour le service rendu. **Mer-see poor luh ser-vees ran-dew.** ♦ **favorable** *adj* favorable *m&f* **fa-vo-rabl**, propice *m&f* **pro-pees**

favorite *adj* préféré, -e *m&f* **pray-fay-ray**, favori, -e *m&f* **fa-vo-ree What's your favorite *(1)* color? / *(2)* dish? / *(3)* flower?** *(1)* Quelle est *votre (Fam: ta)* couleur préférée? / *(2)* Quel est *votre (Fam: ton)* plat préféré? / *(3)* Quelle est *votre (Fam: ta)* fleur préférée? ***(1)* Kel_ay *votr (Fam: ta)* koo-luhr pray-fay-ray? / *(2)* Kel_ay *votr (Fam: ton)* pla pray-fay-ray? / *(3)* Kel_ay *votr (Fam: ta)* fluhr pray-fay-ray? What's your favorite *(1)* drink? / *(2)* song?** Quelle est *votre (Fam: ta)* *(1)* boisson… / *(2)* chanson… préférée? **Kel_ay *votr (Fam: ta)* *(1)* bwa-son… / *(2)* shan-son… pray-fay-ray? Who's your favorite *(1)* (movie) actor? / *(2)* (male) singer?** Quel est *votre (Fam: ton)* *(1)* acteur (de film)… / *(2)* chanteur… préféré? **Kel_ay *votr (Fam: ton)* *(1)* ak-tuhr (duh feelm)… / *(2)* shan-tuhr… pray-fay-ray? Who's your favorite *(1)* (movie) actress? / *(2)* (female) singer?** Quelle est *(1) votre (Fam: ton)* *(1)* actrice (de film)… / *(2) votre (Fam: ta)* chanteuse… préférée? **Kel_ay *votr_(Fam: ton)_* ak-trees (duh feelm)… / *(2)* votr *(Fam: ta)* shan-tuhz… pray-fay-ray? My favorite *(person / thing)* is *(name)*.** Mon *(F: Ma)* *(___)* préféré (-e) est *(___)*. **Mon_ *(F: Ma)* *(___)* pray-fay-ray ay *(___)*.**

fax *n* fax *m* **faks ~ machine** fax **faks send a ~** envoyer un fax **an-vwa-yay uhn faks**

fear *n* peur *f* **puhr Have no fear.** N'*ayez (Fam: aie)* pas peur. **N'*ay-yay (Fam: ay)* pa puhr.**

feast *vi* festoyer **fes-twa-yay** ♦ *n* banquet *m* **ban-kay**; fête *f* **fet**

features *n pl* (face) traits *mpl* **tray**, caractéristique *m* **ka-rak-tay-rees-teek beautiful ~s** beaux traits **bo tray delicate ~s** traits délicats **tray day-lee-ka fine ~s** fins traits **fuhn tray lovely ~s** traits charmants **tray shar-man**

February *n* février *m* **fay-vree-yay in ~** en février **an fay-vree-yay on ~ first** le

---

A phrasebook makes a great gift!
See order information on page 552.

fed up *idiom* en avoir assez **an_a-vwar_a-say**, en avoir marre **an_a-vwar mar I'm fed up (with** *[what]***).** J'en ai marre (de *[___]*). **Zh'an_ay mar (duh *[___]*).**
fee *n* prix *m* **pree**, charge *f* **sharzh**, frais *mpl* **fray admission / entrance** ~ (tarif d') admission / entrée **(ta-reef d') ad-mee-syon / an-tray no** ~ sans frais **san fray**, gratuit **gra-twee rental** ~ tarif de location **ta-reef duh lo-ka-syon small** ~ petit prix **puh-tee pree How much is the fee?** Combien ça coûte? **Kon-byuhn sa koot?**
feed *vt* nourrir **noo-reer**, allaiter **a-lay-tay**, donner à manger **do-nay a man-zhay** ~ **the *(1)* baby / *(2)* cat / *(3)* dog / *(4)* ducks / *(5)* pigeons** donner à manger *(1)* au bébé / *(2)* au chat / *(3)* au chien / *(4)* aux canards / *(5)* aux pigeons **do-nay a man-zhay *(1)* o bay-bay / *(2)* o sha / *(3)* o shyuhn / *(4)* o ka-nar / *(5)* o pee-zhon**
feel *vt* sentir **san-teer**, ressentir **ruh-san-teer**, toucher **too-shay I like to feel your hand in mine.** J'aime sentir *votre (Fam: ta)* main dans la mienne. **Zh'em san-teer *votr (Fam: ta)* muhn dan la myen.** ♦ *vi* (se) sentir **(suh) san-teer**, avoir l'impression que **a-vwar l'uhn-pray-syon kuh** ~ **like** avoir l'impression que **a-vwar l'uhn-pray-syon**, avoir envie **a-vwar_an-vee** ~ **the same** ressentir la même chose **ruh-san-teer la mem shoz How do you feel?** Comment *vous sentez- vous (Fam: te sens-tu)*? **Ko-man *voo san-tay-voo (Fam: tuh san-tew)*? I feel *(1)* okay. / *(2)* fine. / *(3)* great. / *(4)* sick. / *(5)* terrible. / *(6)* dizzy.** Je me sens… *(1,2)* bien. / *(3)* super bien. / *(4)* malade. / *(5)* très mal. / *(6)* étourdi (-e). **Zhuh muh san… *(1,2)* byuhn. / *(3)* sew-per byuhn. / *(4)* ma-lad. / *(5)* tre mal. / *(6)* ay-toor-dee. I feel (much) better.** Je me sens (beaucoup) mieux. **Zhuh muh san (bo-koo) myuh. I don't feel (so) good.** Je ne me sens pas (très) bien. **Zhuh nuh muh san pa (tre) byuhn. I feel like I've known you all my life.** J'ai l'impression de *vous (Fam: te)* connaître depuis toujours. **Zh'ay l'uhn-pray-syon duh *voo (Fam: tuh)* ko-netr duh-pwee too-zhoor. I've never felt this way about anyone (before).** Je n'ai jamais ressenti cela pour quelqu'un (auparavant). **Zhuh n'ay zha-may ruh-san-tee suh-la poor kel-kuhn (o-pa-ra-van). You make me feel (very) happy.** Je me sens (très) *heureux (F: heureuse)* à *vos (Fam: tes)* côtés. **Zhuh muh san (tre_z)*uh-ruh (F: uh-ruhz)* a *vo (Fam: tay)* ko-tay. I don't feel like *(1)* it. / *(2)* going.** *(1)* Je n'en ai pas envie. / *(2)* Je n'ai pas envie d'y aller. *(1)* **Zhuh n'an_ay pa_z_an-vee. / *(2)* Zhuh n'ay pa_z_an-vee d'ee_y_a-lay. How do you feel about *(issue)*.** Que *pensez-vous (Fam: penses-tu)* de *(___)*? **Kuh *pan-say-voo (Fam: pans-tew)* duh *(___)*? I feel that…** Je pense que... **Zhuh pans kuh…** ♦ **feeling** *n* sentiment *m* **san-tee-man**, sensation *f* **san-sa-syon arouse** ~**s** éveiller les sentiments **ay-vay-yay lay san-tee-man experience** ~**s** avoir des sentiments **a-vwar day san-tee-man express *(1)* my / *(2)* your** ~**s** exprimer *(1)* mes / *(2)* vos *(Fam: tes)* sentiments **eks-pree-may *(1)* may / *(2)* vo *(Fam: tay)* san-tee-man funny** ~ *(odd)* sentiment bizarre **san-tee-man bee-zar good** ~ bon sentiment **bon san-tee-man hurt *(1)* my / *(2)* your** ~**s** *(1)* me / *(2)* *vous (Fam: te)* faire mal au cœur *(1)* **muh / *(2)* *voo (Fam: tuh)* fer**

Articles: m = le, f = la, mpl = les, fpl = les

fellow   130   **festival**

mal_o kuhr nice ~ bon sentiment bon san-tee-man strange ~ sentiment étrange san-tee-man ay-tranzh strong ~s sentiments forts san-tee-man for such ~s de tels sentiments duh tel san-tee-man wonderful ~ sentiment extraordinaire san-tee-man eks-tra-or-dee-ner **I've never had such feelings before.** Je n'ai jamais ressenti cela auparavant. Zhuh n'ay zha-may ruh-san-tee suh-la o-pa-ra-van. **I didn't mean to hurt your feelings.** Je n'avais pas l'intention de *vous (Fam : te)* faire mal au cœur. Zhuh n'a-vay pa l'uhn-tan-syon duh *voo (Fam: tuh)* fer mal_o kuhr.

fellow *adj* type *m* teep, mec *m* mek ~ **countryman/woman** compatriote *m* kon-pa-tree-yot ~ **human being** semblable *m&f* san-blabl ~ **traveler** compagnon *(compagne)* de voyage kon-pa-nyon *(F: kon-pany[uh])* duh vwa-yazh ~ **worker** collègue *m&f* ko-leg ♦ *n* type *m* teep, mec *m* mek, compagnon, compagne *m&f* kon-pa-nyon, -pany(uh), collègue *m&f* ko-leg nice ~ type sympa teep suhn-pa **Who's that fellow (over there)?** Qui est cette personne (là-bas)? Kee ay set per-son (la-ba)?

female *adj* féminin, -e *m&f* fay-mee-nuhn, -neen ♦ *n* 1. *(woman)* femme *f* fam; 2. *(biol., zool.)* femelle *f* fuh-mel **Is it a male or a female?** *(animals)* Est-ce un mâle ou une femelle? Es_uhn mal_oo ewn fuh-mel? ♦ **feminine** *adj* féminin, -e *m&f* fay-mee-nuhn, neen ~ **charms** charmes féminins sharm fay-mee-nuhn ♦ **feminist** *n* féministe *m* fay-mee-neest

fence *vi* faire de l'escrime fer duh l'es-kreem **I've never fenced before.** Je n'ai jamais fait d'escrime avant. Zhuh n'ay zha-may fay d'es-kreem_a-van. **Can you teach me how to fence?** *Pouvez-vous (Fam: Peux-tu)* m'apprendre à faire de l'escrime? *Poo-vay-voo (Fam: Puh-tew)* m'a-prandr_a fer duh l'es-kreem? ♦ **fencing** *adj* d'escrime d'es-kreem ~ **equipment / gear** matériel d'escrime ma-tay-ryel d'es-kreem ~ **gloves** gants *mpl* d'escrime gan d'es-kreem ~ **instructor** moniteur *m*, -trice *f* d'escrime mo-nee-tuhr, -trees d'es-kreem ~ **mask** masque *m* d'escrime mask d'es-kreem ~ **match** match *m* d'escrime matsh d'es-kreem ~ **uniform** uniforme *m* d'escrime ew-nee-form d'es-kreem take ~ **lessons** prendre des leçons d'escrime prandr day luh-son d'es-kreem **Let's go watch a fencing match!** Allons regarder un match d'escrime! A-lon ruh-gar-day uhn matsh d'es-kreem! ♦ *n* clôture *f* klow-tewr

ferry *n* ferry *m* fay-ree **We can go across on the ferry.** On peut traverser en ferry. On puh tra-ver-say an fay-ree. **What time does the ferry** *(1)* **arrive?** / *(2)* **depart?** A quelle heure *(1)* arrive… / *(2)* part… le ferry? A kel_uhr *(1)* a-reev… / *(2)* par… luh fay-ree?

festival *n* festival *m* fes-tee-val **autumn** ~ festival d'automne fes-tee-val d'o-ton **Christmas** ~ marché de Noël mar-shay duh No-el **summer** ~ festival d'été fes-tee-val d'ay-tay **wine** ~ foire au vin fwar_o vuhn **Would you like to go the festival with** *(1)* **me** / *(2)* **us** *(3)* **today?** / *(4)* **this evening?** / *(5)* **tomorrow?** / *(6)* **on** *(day)*? *Voudriez-vous (Fam: Voudrais-tu)* venir au festival avec *(1)* moi / *(2)* nous *(3)* aujourd'hui? / *(4)* ce soir? / *(5)* demain? / *(6)* (___)? *Voo-dree-yay-voo (Fam: Voo-dray-tew)* vuh-neer_o fes-tee-val a-vek *(1)* mwa / *(2)* noo / *(3)* o-

---

In the pronunciation n *stands for a nasalized* **n**.

zhoor-d'wee? / *(4)* **suh swar?** / *(5)* **duh-muhn?** / *(6)* (___)?

fever *n* fièvre *f* **fyevr** high ~ fièvre *f* importante **fyevr_uhn-por-tant** spring ~ fièvre printanière **fyevr pruhn-ta-nyer You (don't) have a fever.** *Vous (n') avez (Fam: Tu [n'] as)* la fièvre. **Voo (n') a-vay** *(Fam:* **Tew [n'] a) pa la fyevr. I have a fever.** J'ai de la fièvre. **Zh'ay duh la fyevr.**

few *n* peu **puh**, quelques **kel-kuh a ~ days** quelques jours **kel-kuh zhoor a ~ hours** quelques heures **kel-kuh_z_uhr a ~ minutes** quelques minutes **kel-kuh mee-newt a ~ months** quelques mois **kel-kuh mwa a ~ people** quelques personnes **kel-kuh per-son a ~ weeks** quelques semaines **kel-kuh suh-men a ~ years** quelques années **kel-kuh_z_a-nay** quite a ~ pas mal **pa mal**

fiancé *n* fiancé *m* **fee-yan-say I'm here with my fiancé.** Je suis ici avec mon fiancé. **Zhuh swee_z_ee-see a-vek mon fee-an-say. This is my fiancé** *(name)*. C'est mon fiancé (___). **S'ay mon fee-yan-say** (___). **This is a picture of my fiancé.** C'est une photo de mon fiancé. **S'ay_t_ewn fo-to duh mon fee-yan-say.**

fiancée *n* fiancée *f* **fee-yan-say I'm here with my fiancée.** Je suis ici avec ma fiancée. **Zhuh swee_z_ee-see a-vek ma fee-an-say. This is my fiancée** *(name)*. C'est ma fiancée (___). **S'ay ma fee-yan-say** (___). **This is a picture of my fiancée.** C'est une photo de ma fiancée. **S'ay_t_ewn fo-to duh ma fee-yan-say.**

fiction *n* fiction *f* **feek-syon** science ~ science-fiction *f* **syans-feek-syon**

field *n* champ *m* **shan**, terrain *m* **tay-ruhn**, domaine *m* **do-men ~ of computers** domaine de l'informatique **do-men duh l'uhn-for-ma-teek ~ of electronics** domaine de l'électronique **do-men duh l'ay-lek-tro-neek** interesting ~ *(of work)* domaine intéressant **do-men_uhn-tay-ray-san** playing ~ terrain de jeu **tay-ruhn duh zhuh** soccer ~ terrain de football **tay-ruhn duh foot-bol What field do you work in?** Dans quel domaine *travaillez-vous (Fam: travailles-tu)*? **Dan kel do-men** *tra-vaee-yay-voo (Fam: tra-vaee-tew)*?

fight *vi* 1. *(physically)* se battre **suh batr**; 2. *(argue)* se disputer **suh dees-pew-tay**; 3. *(war)* combattre **kon-batr Did you fight in the war?** *Vous êtes-vous (Fam: T'es-tu)* battu (-e) pendant la guerre? **Voo_z_et-voo** *(Fam: T'ay-tew)* **ba-tew pan-dan la gher. I fought (in the war) in** *(place)*. J'ai combattu (pendant la guerre) à (___). **Zh'ay kon-ba-tew (pan-dan la gher) a** (___). **Let's not fight.** Ne nous disputons pas. **Nuh noo dees-pew-ton pa. I don't want to fight.** Je ne veux pas me disputer. **Zhuh nuh vuh pa muh dees-pew-tay.** ♦ *n* 1. *(physical)* bagarre *f* **ba-gar**; 2. *(argument)* dispute *f* **dees-pewt** big ~ *(argument)* grosse dispute **gros dees-pewt**

figure *n* formes *fpl* **form**, taille *f* **tie** girlish ~ formes féminines **form fay-mee-neen** good ~ jolies formes **zho-lee form** great ~ belles formes **bel form** hourglass ~ taille de guêpe **tie duh gep** lovely ~ formes adorables **form_a-do-rabl** nice ~ formes gracieuses **form gra-syuhz** slender ~ taille fine **tie feen** terrific ~ superbes formes **sew-perb form** your ~ *votre (Fam: ta)* taille *votr (Fam: ta)* **tie You have a** *(1)* **beautiful /** *(2)* **gorgeous figure.** *Vous avez (Fam: Tu as)* une taille *(1)* superbe. / *(2)* magnifique. **Voo_z_a-vay** *(Fam: Tew a)* **ewn tie** *(1)* **sew-perb.** / *(2)* **ma-nee-feek.**

figure out *vt* comprendre **kon-prandr**, résoudre **ray-zoodr**, trouver **troo-vay Have**

A tilde ~ in terms stands for the main entry word.

you figured out where you're going to go? *Avez-vous (Fam: As-tu)* trouvé où *vous allez (Fam: tu vas)* aller? *A-vay-voo (Fam: A-tew)* **troo-vay oo voo_z_ a-lay *(Fam: tew va)* a-lay?** *(1)* **I** / *(2)* **We haven't figured out yet.** *(1)* Je n'ai… / *(2)* Nous n'avons… pas encore trouvé. *(1)* **Zhuh n'ay…** / *(2)* **Noo n'a-von_pa_z_an-kor troo-vay. I can't figure this out. Can you help me?** Je ne trouve pas. *Pouvez-vous (Fam: Peux-tu)* m'aider? **Zhuh nuh troov pa.** *Poo-vay-voo (Fam: Puh-tew)* **m'ay-day?**

file *n* 1. *(fingernails)* lime *f* **leem;** 2. *(comp.)* fichier *m* **fee-shyay Save the file.** *Sauvegardez (Fam: Sauvegarde)* le fichier. **Sov-gar-day** *(Fam: Sov-gard)* **luh fee-shyay.**

fill *vt* remplir **ran-pleer The** *(1)* **hotel** / *(2)* **restaurant is all filled up.** *(1)* L'hôtel / *(2)* Le restaurant est plein à craquer. *(1)* **L'o-tel…** / *(2)* **Luh res-to-ran… ay pluhn_a kra-kay. I'll fill it up (with gas).** Je ferai le plein. **Zhuh fuh-ray luh pluhn. Fill it up.** Remplissez-le. **Ran-plee-say-luh.**

♦ **fill out** *idiom (forms)* remplir **ran-pleer,** compléter **kon-play-tay Could you help me fill out this form?** *Pourriez-vous (Fam: Pourrais-tu)* m'aider à remplir ce formulaire? *Poo-ryay-voo (Fam: Poo-ray-tew)* **m'ay-day a ran-pleer suh for-mew-ler?**

filling *n* plombage *m* **plon-bazh This tooth needs a filling.** Cette dent a besoin d'un plombage. **Set dan a buh-zwuhn d'uhn plon-bazh. I've lost a filling in this tooth.** J'ai perdu un plombage sur cette dent. **Zh'ay per-dew uhn plon-bazh sewr set dan.**

film *n* film *m* **feelm;** *(roll)* pellicule *f* **pay-lee-kewl black-and-white** ~ film en noir et blanc **feelm_an nwar_ay blan color** ~ film couleur **feelm koo-luhr** ~ **for prints** pellicules pour tirages **pay-lee-kewl poor tee-razh** ~ **for slides** pellicules pour diapositives **pay-lee-kewl poor ja-po-zee-teev** *(1)* **I'm** / *(2)* **We're out of film.** *(1)* Je n'ai plus… / *(2)* Nous n'avons plus… de pellicules. *(1)* **Zhuh n'ay plew…** / *(2)* **Noo n'a-von plew… duh pay-lee-kewl. Where can** *(1)* **I** / *(2)* **we get some more film?** Où *(1)* puis-je… / *(2)* pouvons-nous… trouver plus de pellicules? **Oo** *(1)* **pwee-zh…** / *(2)* **poo-von-noo… troo-vay plews duh pay-lee-kewl?**

filter *n* filtre *m* **feeltr water** ~ filtre à eau **feeltr_a o**

filthy *adj* sale **sal**

final *adj* final, -e *m&f* **fee-nal,** dernier, dernière *m&f* **der-nyay, -nyehr** ~ **exams** examens finaux **eg-za-muhn fee-no What** *(1)* **is** / *(2)* **was the final score?** Quel *(1)* est / *(2)* était le score final? **Kel_** *(1)* **ay** / *(2)* **ay-tay luh skor fee-nal? The final score** *(1)* **is** / *(2)* **was** *(score).* Le score final *(1)* est / *(2)* était de *(___).* **Luh skor fee-nal** *(1)* **ay** / *(2)* **ay-tay duh (___).** ♦ **finally** *adv* finalement **fee-nal-man,** enfin **an-fuhn I finally found you.** Je *vous (Fam: t')* ai enfin *trouvé (-e).* **Zhuh voo_z_** *(Fam: t')* **_ay an-fuhn troo-vay. You finally made it.** *(arrived)* Vous êtes *(Fam: Tu es)* enfin *arrivé (-e).* **Voo_z_et** *(Fam: Tew ay)* **an-fuhn a-ree-vay.**

finances *n pl* finances *fpl* **fee-nans How are your finances?** Comment se portent *vos (Fam: tes)* finances? **Ko-man suh port vo** *(Fam: tay)* **fee-nans?** *(1)* **My** / *(2)* **Our finances are** *(3)* **not so good…** / *(4)* **a bit strained… right now.** *(1)* Mes

---

uh *sounds like the "u" in "but"*

/ *(2)* Nos finances *(3)* ne sont pas très bonnes… / *(4)* sont un peu tendues… en ce moment. *(1)* May / *(2)* No fee-nans *(3)* nuh son pa tre bon… / *(4)* son_t_uhn puh tan-dew… an suh mo-man. ♦ **financial** *adj* financier, financière *m&f* fee-nan-syay, -syer ~ **difficulty** problème *m* financier pro-blem fee-nan-syay ~ **situation** situation *f* financière see-tew-a-syon fee-nan-syer

find *vt* trouver troo-vay **Where can I find** *(what / whom)*? Où puis-je trouver *(__)*? Oo pwee-zh troo-vay *(__)*? **I'll try to find** *(what)*. J'essayerai de (re)trouver *(__)*. Zh'ay-say-ray duh (ruh)troo-vay *(__)*. **Did you find it?** *L'avez-vous (Fam: L'as-tu) (re)trouvé (-e)*? *L'a-vay-voo (Fam: L'a-tew)* (ruh)troo-vay? *(1)* **I** / *(2)* **We found it.** *(1)* Je l'ai… / *(2)* Nous l'avons… *(re)trouvé (-e). (1)* Zhuh l'ay… / *(2)* Noo l'a-von… (ruh)troo-vay. *(1)* **I** / *(2)* **We didn't find it.** *(1)* Je ne l'ai… / *(2)* Nous ne l'avons… pas *(re)trouvé (-e).* *(1)* Zhuh nuh l'ay… / *(2)* Noo nuh l'a-von… pa (ruh)troo-vay. *(1)* **I** / *(2)* **We need to find a** *(3)* **hotel.** / *(4)* **room.** *(1)* Je dois… / *(2)* Nous devons… trouver *(3)* un hôtel. / *(4)* une chambre. *(1)* Zhuh dwa… / *(2)* Noo duh-von… troo-vay *(3)* uhn_o-tel. / *(4)* ewn shanbr. **I'm so happy that I found you (in this world).** Je suis très *heureux (F: heureuse)* de *vous (Fam: t')* avoir rencontré *(-e)* (dans ce monde). Zhuh swee tre *uh-ruh (F: uh-ruhz)* duh *voo_z_(Fam: t')*_a-vwar ran-kon-tray (dan suh mond).

♦ **find out** *idiom* découvrir day-koo-vreer, trouver troo-vay, se renseigner suh ran-say-nyay **Let** *(1)* **me** / *(2)* **us know what you find out.** *(1)* Faites *(Fam: Fais)*-moi / *(2)* Faites *(Fam: Fais)*-nous savoir si *vous découvrez (Fam: tu découvres)* quelque chose. *(1)* Fet *(Fam: Fay)*-mwa / *(2)* Fet *(Fam: Fay)*-noo sa-vwar see *voo day-koo-vray (Fam: tew day-koo-vruh)* kel-kuh shoz. **Could you find out for** *(1)* **me?** / *(2)* **us?** *Pourriez-vous (Fam: Pourrais-tu te)* renseigner pour *(1)* moi? / *(2)* nous? *Poo-ryay-voo voo (Fam: Poo-ray-tew tuh)* ran-say-nyay poor *(1)* mwa? / *(2)* noo? **What did you find out?** Qu'*avez-vous (Fam: as-tu)* découvert? K'*a-vay-voo (Fam: a-tew)* day-koo-ver? **I found out that…** J'ai découvert que… Zh'ay day-koo-ver kuh…

fine *adj* bien byuhn; bon, bonne *m&f* bon, bon; fin, fine *m&f* fuhn, feen ~ **arts** beaux-arts *mpl* bo_z_ar, art *m* plastique ar plas-teek ~ **day** bon jour *m* bon zhoor, bonne journée *f* bon zhoor-nay ~ **person** personne *f* raffinée per-son ra-fee-nay **Fine, thank you. (And how are you?)** Bien, merci. (Et comment *allez-vous [Fam: vas-tu]*?) Byuhn, mer-see. (Ay ko-man_t_*a-lay-voo [Fam: va-tew]*?) **I'm fine.** Ça va très bien. Sa va tre byuhn. **That's fine.** Ça va. Sa va. **I feel fine.** Je me sens bien. Zhuh muh san byuhn. ♦ *n (penalty)* amende *f* a-mand **pay a** ~ payer une amende pay-yay ewn_a-mand

finger *n* doigt *m* dwa **index** ~ index uhn-deks **little** ~ auriculaire *m* o-ree-kew-ler **little ~s** petits doigts puh-tee dwa **long ~s** longs doigts lon dwa **lovely ~s** jolis doigts zho-lee dwa **middle** ~ majeur *m* ma-zhuhr **ring** ~ annulaire *m* a-new-ler **slender ~s** doigts fins dwa fuhn **I broke my finger.** Je me suis *cassé (-e)* le doigt. Zhuh muh swee ka-say luh dwa. *(1)* **He** / *(2)* **She has a finger in every pie.** *(1)* Il *(2)* Elle ne peut s'empêcher de mettre ses doigts partout. *(1)* Eel

---

Common French signs and labels are on pages 547-551.

fingernail / (2) *El nuh puh s'an-pe-shay duh metr say dwa par-too.* ♦ **fingernail** *adj* à ongle **a ongl** ~ **clipper** coupe *m* ongle **koop_ongl** ~ **file** lime à ongle **leem_a ongl** ~ **polish** vernis *m* à ongle **ver-nee a ongl** ♦ **fingernail(s)** *n* ongle(s) *m(pl)* **ongl** long ~**s** longs ongles **lon_z_ongl** **What beautiful fingernails!** Quels beaux ongles! **Kel bo_z_ongl!**

finish *vt* finir **fee-neer** ~ **up things** terminer des choses **ter-mee-nay day shoz** ♦ *vi* finir **fee-neer** **What time does it finish?** A quelle heure ça finit? **A kel_uhr sa fee-nee?** **It finishes at** *(time)*. Ça finit à *(___)*. **Sa fee-nee a (___).** ♦ **finished** *adj* fini, -e *m&f* **fee-nee**, terminé, -e *m&f* **ter-mee-nay** **Are you finished?** *Avez-vous (Fam: As-tu) fini?* *A-vay-voo (Fam: A-tew)* **fee-nee?** *(1)* **I'm (I'm not) /** *(2)* **We're (We're not) finished.** *(1)* J'ai (Je n'ai pas)… / *(2)* Nous avons (Nous n'avons pas)… fini. *(1)* **Zh'ay (Zhuh n'ay pa)…** / *(2)* **Noo_z_a-von (Noo n'a-von pa)… fee-nee.**

fin(s) *n* palme*(s)* *f(pl)* **palm**

Finn *n* finlandais, -e *m&f* **fuhn-lan-day, -dayz** ♦ **Finnish** *adj* finnois, -e *m&f* **fuhn-nwa, -nwaz**

fire *adj* d'incendie **d'uhn-san-dee** ~ **alarm** alarme *f* d'incendie **a-larm d'uhn-san-dee** ~ **department** département de sapeurs-pompiers **day-par-tuh-man day sa-puhr pon-pyay** ~ **escape** escalier *m* de secours **es-ka-lyay duh suh-koor** ~ **extinguisher** extincteur *m* **ek-stuhnk-tuhr** ♦ *n* feu *m* **fuh,** incendie *m* **uhn-san-dee** **kiss of** ~ baiser *m* ardant **bay-zay ar-dan** **put out the** ~ *(campfire)* éteindre le feu **ay-tuhndr luh fuh** **sit around the** ~ *(campfire)* s'asseoir autour du feu **s'a-swar_o-toor dew fuh** **start a** ~ *(campfire)* allumer un feu **a-lew-may uhn fuh** **Fire!** Feu! **Fuh!** ♦ **fireball** *n (slang: very lively person)* boule *f* d'énergie **bool d'ay-ner-zhee** ♦ **fireplace** *n* cheminée *f* **shuh-mee-nay** ♦ **firewood** *n* bois (à bruler) **bwa (a brew-lay)** ♦ **fireworks** *n* feu d'artifice *m* **fuh d'ar-tee-fees** ~ **display** feux d'artifice **fuh d'ar-tee-fees** **shoot off** ~ lancer le feu d'artifice **lan-say luh fuh d'ar-tee-dees**

firm *adj* solide *m&f* **so-leed**, dur, -e *m&f* **dewr** ♦ *n (company)* companie *f* **kon-pa-nee**, société *f* **so-syay-tay**, entreprise *f* **an-truh-preez**

first *adj* premier, première *m&f* **pruh-myay, -myer** ~ **aid** *n* premiers secours **pruh-myay suh-koor** ~ **aid kit** trousse *f* de premiers secours **troos duh pruh-myay suh-koor** ~ **class** première classe *f* **pruh-myer klas** ~ **moment** premier moment *m* **pruh-myay mo-man** ~ **name** prénom **pray-non** ~ **time** première fois **pruh-myer fwa** **give** ~ **aid** donner les premiers secours **do-nay lay pruh-myay suh-koor** **Do you have a first aid kit?** *Avez-vous (Fam: As-tu)* une trousse de premiers secours? *A-vay-voo (Fam: A-tew)* **ewn troos duh pruh-myay suh-koor?** **Get a first aid kit.** *Procurez-vous (Fam: Procure-toi)* une trousse de premiers secours. *Pro-kew-ray-voo (Fam: Pro-kewr-twa)* **ewn troos duh pruh-myay suh-koor?** ♦ *adv (for the first time)* premièrement **pruh-myer-man**, initialement **ee-nee-syal-man**, dans un premier temps **dan_z_uhn pruh-myay tan** ♦ *n* premier *m* **pruh-myay** **at** ~ au début **o day-bew** ~ **of all** tout d'abord **too d'a-bor**

fish *vi* pêcher **pe-shay** **Do you like to fish?** *Aimez-vous (Fam: Aimes-tu)* pêcher? *Ay-*

To learn more about French verbs,
go to the Grammar appendix on page 512.

fish 135 **fix**

may-voo (Fam: Em-tew) pe-shay? **Where's a good place to fish?** *Connaissez-vous (Fam: Connais-tu) un bon endroit pour pêcher?* Ko-nay-say-voo *(Fam: Ko-nay-tew)* uhn bon_an-drwa poor pe-shay? **Is it okay to fish here?** *Est-ce permis de pêcher ici?* Es per-mee duh pe-shay ee-see? ♦ **fish** *n poisson m* pwa-son **catch a ~** *attraper un poisson* a-tra-pay uhn pwa-son **~ net** *filet m de pêche* fee-lay duh pesh **tropical ~** *poisson m tropical* pwa-son tro-pee-kal ♦ **fishhook** *n hameçon m de pêche* am-son duh pesh ♦ **fishing** *adj de pêche* duh pesh **~ gear / tackle** *matériel de pêche* ma-tay-ryel duh pesh **~ guide** *guide de pêche* gheed duh pesh **~ line** *filet m* fee-lay **~ pole** *cane à pêche* kan_a pesh **~ rod** *gaule* gol ♦ *n pêche f* pesh **float ~** *pêche au lancer* pesh_o lan-say **fly ~** *pêche à la mouche* pesh_a la moosh **go ~** *aller à la pêche* a-lay a la pesh **saltwater ~** *pêche en mer* pe-shay an mer **sport ~** *pêche* pesh **Would you like to go fishing (with *[1]* me / *[2]* us)?** *Aimeriez-vous (Fam: Aimerais-tu) aller à la pêche avec ([1] moi / [2] nous)?* Ay-muh-ryay-voo *(Fam: Em-ray-tew)* a-lay a la pesh a-vek *([1]* mwa / *[2]* noo)?

fit *adj* 1. *(healthy) en forme* an form; 2. *(in proper condition) en bon état* an bon_ay-ta **You look very fit.** *Vous semblez (Fam: Tu sembles) très en forme.* Voo san-blay *(Fam: Tew sanbl)* tre_z_an form. **I try to stay fit.** *J'essaie de rester en forme.* Zh'ay-say duh res-tay_r_an form. **You're not fit to drive.** *Vous n'êtes (Fam: Tu n'es) pas fait (-es) pour conduire.* Voo n'et *(Fam: Tew n'ay)* pa fay *(F: fet)* poor kon-dweer. ♦ *vt aller* a-lay, *convenir* kon-vuh-neer **How does it fit (you)?** *Est-ce que cela vous (Fam: te) convient?* Es kuh suh-la voo *(Fam: tuh)* kon-vyuhn? **How do they fit (you)?** *Est-ce qu'ils vous (Fam: te) conviennent?* Es k'eel voo *(Fam: tuh)* kon-vyen? **It fits you (1) perfectly. / (2) (very) well. / (3) beautifully.** *Ça vous (Fam: te) va (1) comme un gant. / (2) (très) bien. / (3) à merveille.* Sa voo *(Fam: tuh)* va *(1)* kom_uhn gan. / *(2)* **(tre) byuhn.** / *(3)* **a mer-vey. They fit you (1) perfectly. / (2) (very) well. / (3) beautifully.** *Ils vous (Fam: te) vont (1) comme un gant. / (2) (très) bien. / (3) à merveille.* Eel voo *(Fam: tuh)* von *(1)* kom_uhn gan. / *(2)* **(tre) byuhn.** / *(3)* **a mer-vey.** ♦ *vi aller* a-lay *(1)* **It fits... / *(2)* They fit... / *(3)* a mer-vey. / *(4)* perfectly / *(5)* (very) well.** *(1) Ça vous (Fam: te) va… / (2) Ils vous (Fam: te) vont… / (3) à merveille. / (4) comme un gant. / (5) (très) bien.* *(1)* Sa voo *(Fam: tuh)* va… / *(2)* Eel voo *(Fam: tuh)* von… / *(3)* a mer-vey. / *(4)* kom_uhn gan. / *(5)* (tre) byuhn. **It doesn't fit.** *Ça ne me va pas.* Sa nuh muh va pa. **They don't fit.** *Ils ne me vont pas.* Eel nuh muh von pa. ♦ **fitness** *adj de remise en forme* duh ruh-meez_an form, *de fitness* duh feet-nes **~ center** *centre m de remise en forme* santr duh ruh-meez_an form **~ club** *club m de fitness* kluhb duh feet-nes **~ room** *salle f de fitness* sal duh feet-nes ♦ *n forme f* form, *fitness m* feet-nes **physical ~** *conditionnement m physique* kon-dee-syon-man fee-zeek

fix *vt* 1. *(prepare) préparer* pray-pa-ray; 2. *(repair) réparer* ray-pa-ray **~ a drink** *préparer une boisson* pray-pa-ray ewn bwa-son **~ a sandwich** *préparer un sandwich* pray-pa-ray uhn san-dweesh **~ breakfast** *préparer le petit-déjeuner* pray-pa-ray luh puh-tee-day-zhuh-nay **~ dinner** *préparer le dîner* pray-pa-

---

Some adjectives follow nouns, some precede them.
You'll need to memorize these case by case.

ray luh dee-nay ~ **lunch** préparer le déjeuner **pray-pa-ray luh day-zhuh-nay Can you fix this (for *[1]* me / *[2]* us)?** Pourriez-vous *(Fam: Pourrais-tu)* réparer ça (pour *[1]* moi / *[2]* nous)? **Poo-ryay-voo *(Fam: Poo-ray-tew)* ray-pa-ray sa (poor *[1]* mwa / *[2]* noo)? I'll fix it (for you).** Je le réparerai (pour *vous [Fam: toi]*). **Zhuh luh ray-pa-ruh-ray (poor *voo [Fam: twa]*). Where can I get this fixed?** Où puis-je faire réparer ça? **Oo pwee-zh fer ray-pa-ray sa? How much will it cost to fix it?** Combien coûtera la réparation? **Kon̲-byuh̲n koot-ra la ray-pa-ra-syon̲? How long will it take to fix it?** Combien de temps ça prendra pour le réparer? **Kon̲-byuh̲n duh tan̲ sa pran̲-dra poor luh ray-pa-ray? They can't fix it.** Ils ne peuvent pas le réparer. **Eel nuh puhv pa luh ray-pa-ray.**
flash (attachment) *n* flash *m* **flash**
flashlight *n* torche *f* électrique **torsh_ay-lek-treek**
flat *adj* plat, -e *m&f* **pla, plat** ~ **tire** pneu *m* à plat **pnuh a pla**, pneu crevé **pnuh kruh-vay Can you help me change a flat tire?** Pourriez-vous *(Fam: Pourrais-tu)* m'aider à changer mon pneu creuvé? **Poo-ryay-voo *(Fam: Poo-ray-tew)* m'ay-day a shan̲-zhay mon̲ pnuh kruh-vay? Where can I get a flat tire repaired?** Où puis-je faire réparer mon pneu creuvé? **Oo pwee-zh fer ray-pa-ray mon̲ pnuh kruh-vay?** ♦ *n (Brit: apartment)* appartement *m* **a-par-tuh-man̲**
flatter *vt* flatter **fla-tay You flatter me.** Vous me flattez *(Fam:Tu me flattes)*. **Voo muh fla-tay *(Fam: Tew muh flat).*** ♦ **flattery** *n* flatterie *f* **fla-tree That's not (just) flattery.** Ce n'est pas que de la flatterie. C'est la vérité. **Suh n'ay pa kuh duh la fla-tree. S'ay la vay-ree-tay.**
flavor *n* goût *m* **goo**, saveur *f* **sa-vuhr What flavor (of ice cream) do you *(1)* like? / *(2)* want?** Quel parfum (de glace) *(1)* aimez-vous *(Fam: aimes-tu)*? / *(2)* voulez-vous *(Fam: veux-tu)*? **Kel par-fuh̲n (duh glas) *(1)* ay-may-voo *(Fam: em-tew)*? / *(2)* voo-lay-voo *(Fam: vuh-tew)*?**
flea *n* puce *f* **pews *(1)* He / *(2)* She (pet) has fleas.** *(1)* Il / *(2)* Elle a des puces. *(1)* **Eel** / *(2)* **El_a day pews. Is there a flea market in town?** Y a-t-il un marché aux puces en ville? **Ee_y_a-t-eel uh̲n mar-shay o pews_an̲ veel?**
flexible *adj* 1. *(bendable)* flexible *m&f* **flek-seebl**; 2. *(schedules, plans)* flexible *m&f* **flek-seebl**, aménageable *m&f* **a-may-na-zhabl *(1)* My / *(2)* Our plans are flexible.** *(1)* Mes / *(2)* Nos plans sont flexibles. *(1)* **May / *(2)* No plan̲ son̲ flek-seebl.**
flight *adj* de vol **duh vol** ~ **number** numéro *m* de vol **new-may-ro duh vol** ~ **schedule** horaire *f* de vol **o-rer duh vol What's your flight number?** Quel est *votre (Fam: ton)* numéro de vol? **Kel_ay votr *(Fam: ton̲)* new-may-ro duh vol? My flight number is *(number)*.** Mon numéro de vol est *(___)*. **Mon̲ new-may-ro duh vol_ay luh *(___)*.** ♦ *n* vol *m* **vol book a** ~ réserver un vol **ray-ser-vay uh̲n vol charter** ~ charter *m* **char-ter confirm the** ~ confirmer le vol **kon-feer-may luh vol nonstop** ~ vol *m* sans escale **vol san̲_z_es-kal I'd like a flight to *(place)*.** J'aimerais un vol en direction de *(___)*. **Zh'em-ray uh̲n vol an̲ dee-rek-syon̲ duh *(___)*. When's the next flight?** Quand est le prochain vol? **Kan̲_t_ay luh pro-shuh̲n vol? What time does the flight arrive in *(place)*?**

A blue diamond ♦ *signals a different word or a different form of a word.*

flip-flops   137   **fly**

A quelle heure arrive le vol à (___)? **A kel_uhr_a-reev luh vol a (___)? What time does your flight depart?** A quelle heure est *votre (Fam: ton)* vol de départ? **A kel_uhr_ay votr** *(Fam: ton)* **vol duh day-par?** *(1)* **My /** *(2)* **Our flight departs at** *(time)*. *(1)* Mon / *(2)* Notre vol part à (___). *(1)* **Mon /** *(2)* **Notr vol par_a (___).** *(1)* **My /** *(2)* **Our flight has been** *(3)* **canceled. /** *(4)* **delayed. /** *(5)* **rescheduled.** *(1)* Mon / *(2)* Notre vol a été *(3)* annulé. / *(4)* retardé. / *(5)* reporté. *(1)* **Mon /** *(2)* **No-truh vol_a ay-tay** *(3)* **a-new-lay. /** *(4)* **ruh-tar-day. /** *(5)* **ruh-por-tay.**

flip-flops *n pl (rubber beach sandals)* tongs *mpl* **tong,** claquettes *fpl* **kla-ket**

flipper(s) *n (pl)* palme(s) *f(pl)* **palm**

flirt *vi* flirter **fluhr-tay,** draguer **dra-gay** ♦ *n* dragueur *m*, drageuse *f* **dra-ghuhr, -ghuhz,** allumeuse *f* **a-lew-muhz**

float *vi* flotter **flo-tay** ♦ *n (fishing)* flotteur *m* **flo-tuhr**

floor *n* sol *m* **sol,** par terre *m* **par ter,** plancher *m* **plan-shay,** parquet *m* **par-kay** ~ **show** spectacle de variétés **spek-takl duh va-ryay-tay** *(1)* **I /** *(2)* **We can sleep (in** *[3]* **my /** *[4]* **our sleeping bag[s]) on the floor.** *(1)* Je peux… / *(2)* Nous pouvons… dormir (dans *[3]* mon / *[4]* notre sac de couchage) par terre. *(1)* **Zhuh puh… /** *(2)* **Noo poo-von… dor-meer (dan** *[3]* **mon /** *[4]* **notr sak duh koo-sazh) par ter.**

florist *n* fleuriste *m&f* **fluh-reest**

floss *n :* **dental** ~ fil *m* dentaire **feel dan-ter**

flower *n* fleur *f* **fluhr beautiful** ~ belle fleur **bel fluhr bouquet of** ~**s** bouquet *m* de fleurs **boo-kay duh fluhr bring** ~**s** apporter des fleurs **a-por-tay day fluhr favorite** ~ fleur préférée **fluhr pray-fay-ray give** ~**s** donner des fleurs **do-nay day fluhr I brought you some flowers.** Je *vous (Fam: t')* ai apporté des fleurs. **Zhuh voo_z_***(Fam: t')***_ay a-por-tay day fluhr. Thank you for the flower(s).** Merci pour les fleurs. **Mer-see poor lay fluhr.**

flu *n* grippe *f* **greep I think I have the flu.** Je pense que j'ai la grippe. **Zhuh pans kuh zh'ay la greep.**

fluent *adj* courant, -e *m&f* **koo-ran, -rant,** fluide *m&f* **flew-weed** ~ **English** anglais couramment **an-glay koo-ra-man** ~ **French** français couramment **fran-say koo-ra-man** ♦ **fluently** *adv* couramment **koo-ra-man I (don't) speak it fluently.** Je (ne) le parle (pas) couramment. **Zhuh (nuh) luh parl (pa) koo-ra-man. I can read it fluently.** Je peux le lire sans problème. **Zhuh puh luh leer san pro-blem.**

fluid *n* liquide *m* **lee-keed brake** ~ *(automot.)* liquide *m* de frein **lee-keed duh fruhn lighter** ~ alcool à briquet **al-kol_a bree-kay transmission** ~ *(automot.)* liquide *m* de transmission **lee-keed duh trans-mee-syon**

flute *n* flûte *f* **flewt**

fly *vt (airplane)* voler **vo-lay,** faire voler **fer vo-lay,** prendre l'avion **prandr l'a-vyon** ~ **a kite** faire voler un cerf-volant **fer vo-lay uhn ser-vo-lan** ♦ *vi* voler **vo-lay,** prendre l'avion **prandr l'a-vyon Can we fly to** *(place)*? Pouvons-nous prendre l'avion jusqu'à (___)? **Poo-von-noo prandr l'a-vyon zhews-k'a (___)? Let's fly to** *(place)*. Prenons l'avion jusqu'à (___). **Pruh-non l'a-vyon**

---

*Familiar "tu" ("tew") forms in parentheses
can replace italicized polite forms.*

fly zhews-k'a ( ). **How much does it cost to fly to** *(place)*? Combien ça coûte pour prendre l'avion jusqu'à (___)? **Ko**n**-byuh**n **sa koot poor pra**n**dr l'a-vyo**n **zhews-k'a (___)?** ♦ **fly** *n* 1. *(insect)* mouche *f* **moosh**; 2. *(pants)* braguette *f* **bra-get Your fly is unzipped.** Votre *(Fam: Ta)* braguette est ouverte. *Votr (Fam: Ta)* **bra-get_ay_t_oo-vert.**

fog *n* brouillard *m* **broo-yar** ♦ **foggy** *adj* brumeux, brumeuse *m&f* **brew-muh, -muhz**, du brouillard **dew broo-yar It's** *(1)* **foggy.** / *(2)* **too foggy.** Il y a *(1)* du brouillard. / *(2)* trop de brouillard. **Eel_ee_y_a** *(1)* **dew broo-yar.** / *(2)* **tro duh broo-yar.**

foil *n* 1. *(aluminum)* papier *m* aluminium **pa-pyay a-lew-mee-nyom**; 2. *(fencing)* fleuret *m* **fluh-re**

folk *adj* folklorique *m&f* **fol-klo-reek** ~ **music** musique *f* folklorique **mew-seek fol-klo-reek** ~ **song** chanson *f* folk **sha**n**-so**n **folk** ♦ **folks** *n pl* 1. *(people)* gens *mpl* **zha**n; 2. *(parents)* parents *mpl* **pa-ra**n **my** ~ **parents** mes parents **may pa-ra**n **your** ~ **parents** *vos (Fam: tes)* parents *vo (Fam: tay)* **pa-ra**n

follow *vt* suivre **sweevr Follow me.** Suivez *(Fam: Suis)*-moi. *Swee-vay (Fam: Swee)-mwa.* **I'll follow you.** Je *vous (Fam: te)* suivrai. **Zhuh voo** *(Fam: tuh)* **swee-vray. We'll follow you.** Nous *vous (Fam: te)* suivrons. **Noo voo** *(Fam: tuh)* **swee-vro**n. **Stop following me.** Arrêtez *(Fam: Arrête)* de me suivre. *A-re-tay (Fam: A-ret)* **duh muh sweevr.**

fond *adj* aimant, -e *m&f* **ay-ma**n**, -ma**n**t**, friand, -e *m&f* **frya**n**, frya**n**d be** ~ **of** *(like)* aimer **ay-may**, adorer **a-do-ray**, avoir un faible pour **a-vwar_uh**n **faybl poor I'm fond of you, but I don't love you.** J'ai un faible pour *vous (Fam: toi)*, mais je ne suis pas *amoureux (F: amoureuse)*. **Zh'ay uh**n **faybl poor voo** *(Fam: twa),* **may zhuh nuh swee pa_z_***a-moo-ruh (F: a-moo-ruhz).*

food *n* nourriture *f* **noo-ree-tewr**, *(colloquial)* bouffe *f* **boof What kind of food do you like?** Quel genre de nourriture *aimez-vous (Fam: aimes-tu)*? **Kel zha**n**r duh noo-ree-tewr** *ay-may-voo (Fam: em-tew)*? **How about some food?** Ça *vous (Fam: te)* dit d'aller manger quelque chose? **Sa voo** *(Fam: tuh)* **dee d'a-lay ma**n**-zhay kel-kuh shozh?** *(1)* **Let's buy...** / *(2)* **We need to buy... some food.** *(1)* Allons acheter… / *(2)* Nous avons besoin d'acheter... de la nourriture. *(1)* **A-lo**n **ash-tay…** / *(2)* **Noo_z_a-vo**n **buh-zwuh**n **d'ash-tay… duh la noo-ree-tewr.**

fool *vt* berner **ber-nay**, duper **dew-pay You fooled** *(1)* **me.** / *(2)* **us.** *(1)* Vous m'avez *(Fam: Tu m'as)* dupé (-e). / *(2)* Vous nous avez *(Fam: Tu nous as)* dupé (-e). *(1)* **Voo m'a-vay** *(Fam: Tew m'a)* **dew-pay.** / *(2)* **Voo noo_z_a-vay** *(Fam: Tew noo_z_a)* **dew-pay.** ♦ *n* idiot, -e *m&f* **ee-jo, -jot**, imbécile *m&f* **uh**n**-bay-seel I've been a (big) fool.** Je me suis *fait (-e)* avoir (en beauté). **Zhuh muh swee** *fay (F: fet)* **a-vwar (a**n **bo-tay). I'm not a fool.** Je ne suis pas *un idiot (F: une idiote)*. **Zhuh nuh swee pa_z_***uh*n*_ee-jo (F: ewn_ee-jot).*

♦ **fool around** *idiom* 1. *(play)* plaisanter **play-za**n**-tay**; *(kid around; act foolish)* faire l'*idiot (-e)* **fer l'***ee-jo (F: ee-jot)*; 2. *(philander) (male)* courir après les jupons **koo-reer a-pre lay zhew-po**n, *(female)* batifoler **ba-tee-fo-lay**; 3. *(engage in petting)* caresser **ka-ray-say**

foolish *adj* stupide *m&f* **stew-peed**, bête *m&f* **bet Forgive me for being so foolish.**

---

*Learn a new French phrase every day! Subscribe to the free **Daily Dose of French**, www.phrase-books.com.*

foot 139 **forehead**

Pardonnez (Fam: Pardonne) ma bêtise. *Par-do-nay (Fam: Par-don) ma be-teez.*

foot *n* pied *m* **pyay** **bare feet** pieds nus **pyay new** **get cold feet** prendre peur **prandr puhr** **left ~** pied gauche **pyay gosh** **pretty feet** beaux pieds **bo pyay** **right ~** pied droit **pyay drwa** **You're cute in your bare feet.** *Vous êtes (Fam: Tu es) mignon (-ne) à pieds nus.* *Voo_z_et (Fam: Tew ay) mee-nyon (F: mee-nyon) a pyay new.* **I'm afraid we got off on the wrong foot.** J'ai peur que nous soyons partis sur de mauvaises bases. **Zh'ay puhr kuh noo swa-yon par-tee sewr duh mo-vez baz.**

football *n (American)* football *m* américain **foot-bol_a-may-ree-kuhn**

for *prep* pour **poor** **This is for you**. C'est pour *vous (Fam: toi)*. **S'ay poor** *voo (Fam: twa).* **What's this for?** C'est à quel propos? **S'ay_t_a kel pro-po?** *(1)* **I'll** / *(2)* **We'll be there for three days.** *(1)* Je serai… / *(2)* Nous serons… là pendant trois jours. *(1)* **Zhuh suh-ray…** / *(2)* **Noo suh-ro… la pan-dan trwa zhoor.** **Thanks for your** *(1)* **advice.** / *(2)* **help.** Merci pour *votre (Fam: ton)* *(1)* conseil. / *(2)* aide. **Mer-see poor** *votr (Fam: ton)* *(1)* **kon-sey.** / *(2)* **ed.**

forbidden *adj* interdit, -e *m&f* **uhn-ter-dee, -deet** **It's forbidden** *(1)* **to smoke (here).** / *(2)* **to take pictures.** C'est interdit de *(1)* fumer (ici). / *(2)* prendre des photos. **S'ay_t_uhn-ter-dee duh** *(1)* **few-may (ee-see).** / *(2)* **prandr day fo-to.**

force *vt* forcer **for-say**, obliger **o-blee-zhay** **I don't want to force you to do something you don't want to do.** Je ne veux pas *vous (Fam: te)* forcer à faire quelque chose que *vous ne voulez (Fam: tu ne veux)* pas faire. **Zhuh nuh vuh pa** *voo (Fam: tuh)* **for-say a fer kel-kuh shoz kuh** *voo nuh voo-lay (Fam: tew nuh vuh)* **pa fer.** **Please don't try to force me.** S'il *vous (Fam: te)* plaît, n'*essayez (Fam: essaye)* pas de me forcer. **S'eel voo** *(Fam: tuh)* **play, n'***ay-say-yay (Fam: ay-say)* **pa duh muh for-say.**

forecast *n* prévisions *fpl* **pray-vee-zyon** **What's the weather forecast for** *(1)* **today?** / *(2)* **tomorrow?** Quelles sont les prévisions météo(rologiques) pour *(1)* aujourd'hui? / *(2)* demain? **Kel son lay pray-vee-zyon may-tay-o(-ro-lo-zheek) poor** *(1)* **o-zhoor-d'wee?** / *(2)* **duh-muhn?**

    It's supposed to be… Il est censé… **Eel_ay san-say…**

        …cloudy. …faire des nuages. **…fer day new-azh.**
        …cool. …faire frais. **…fer fray.**
        …cold. …faire froid. **…fer frwa.**
        …foggy. …faire brumeux. **…fer brew-muh.**
        …hot. …faire chaud. **…fer sho.**
        …nice. …faire beau. **…fer bo.**
        …rainy. …pleuvoir. **…pluh-vwar.**
        …snowy. …neiger. **…ne-zhay.**
        …sunny. …faire du soleil. **…fer dew so-ley.**
        …warm. …faire bon. **…fer bon.**
        …windy. …faire du vent. **…fer dew van.**

forehead *n* front *m* **fron** **on** *(1)* **my** / *(2)* **your** / *(3)* **the ~** sur *(1)* mon / *(2)* votre *(Fam: ton)* / *(3)* le front **sewr** *(1)* **mon** / *(2)* **votr** *(Fam: ton)* / *(3)* **luh fron**

Underlines between letters indicate that the sounds are joined together.

foreign *adj* étranger, étrangère *m&f* ay-tran-zhay, -zher ♦ **foreigner** *n* étranger, étrangère *m&f* ay-tran-zhay, -zher **I'm a foreigner.** Je suis *étranger (F: étrangère)*. Zhuh swee *ay-tran-zhay (F: ay-tran-zher)*. **We're foreigners.** Nous sommes *étrangers (Fpl: étrangères)*. Noo som *ay-tran-zhay (Fpl: ay-tran-zher)*.

forest *n* forêt *f* fo-re, bois *mpl* bwa **Let's go (1) hike / (2) walk in the forest.** Allons *(1)* faire une randonnée */ (2)* marcher en forêt. A-lon *(1)* fer_ewn ran-do-nay */ (2)* mar-shay an fo-re.

forever *adv* toujours too-zhoor, pour toujours poor too-zhoor **I will remember (1) this / (2) you forever.** *(1)* Je m'en souviendrai. */ (2)* Je me souviendrai de *vous (Fam: toi)* pour toujours. *(1) Zhuh m'an soo-vyuhn-dray. / (2) Zhuh muh soo-vyuhn-dray duh voo (Fam: twa) poor too-zhoor.*

forget *vt* oublier oo-blyay **I'm sorry, I forgot (your [1] name. / [2] phone number. / [3] address.)** Je suis *désolé (-e)*, j'ai oublié *(votre [Fam: ton] [1]* nom. */ [2]* numéro de téléphone. */ [3]* adresse.) Zhuh swee day-zo-lay, zh'ay oo-blee-yay *(votr [Fam: ton] [1]* non. */ [2]* new-may-ro duh tay-lay-fon. *[3]* a-dres.) **Don't forget.** N'*oubliez (Fam: oublie)* pas. N'*oo-blee-yay (Fam: oo-blee)* pa. **Don't forget me.** Ne m'*oubliez (Fam: oublie)* pas. Nuh m'*oo-blee-yay (Fam: oo-blee)* pa. **I don't want you to forget me.** Je ne veux pas que *vous m'oubliez (Fam: tu m'oublies)*. Zhuh nuh vuh pa kuh *voo m'oo-blee-yay (Fam: tew m'oo-blee)*. **I could never forget you.** Je ne pourrais jamais *vous (Fam: t')* oublier. Zhuh nuh poo-ray zha-may *voo_z_(Fam: t')_oo-blee-yay.*

forgive *vt* pardonner par-do-nay **I beg you to forgive me.** J'implore *votre (Fam: ton)* pardon. Zh'uhn-plor *votr (Fam: ton)* par-don. **Please forgive (1) me. / (2) us.** S'il vous plaît, pardonnez *(Fam: S'il te plaît, pardonne) (1)* -moi. */ (2)* -nous. *S'eel voo play, par-do-nay (Fam: S'eel tuh play, par-don) (1)* -mwa. */ (2)* –noo. **I forgive you.** Je *vous (Fam: te)* pardonne. Zhuh *voo (Fam: tuh)* par-don. ♦ **forgiveness** *n* pardon *m* par-don **I beg your forgiveness.** J'implore *votre (Fam: ton)* pardon. Zh'uhn-plor *votr (Fam: ton)* par-don.

fork *n* fourchette *f* foor-shet

form *n* 1. *(figure)* forme *f* form; 2. *(document)* formulaire *m* for-mew-ler

formal *adj* habillé, -e *m&f* a-bee-yay ~ **attire** vêtement *m* habillés vet-man a-bee-yay

former *adj* ex- *pref* eks-, ancien, -ne *m&f* an-syuhn, -syen ♦ **formerly** *adv* anciennement an-syen-man, autrefois o-truh-fwa

fortunate *adj* chanceux, chanceuse *m&f* shan-suh, -suhz **How fortunate!** Quelle chance! Kel shans! **I feel so fortunate to have met you.** Je suis très *chanceux (F: chanceuse)* de vous avoir *rencontré (-e)*. Zhuh swee tre *shan-suh (F: shan-suhz)* duh voo *(Fam: t')* a-vwar ran-kon-tray. ♦ **fortunately** *adv* heureusement uh-ruhz-man ♦ **fortune** *n* 1. *(fate)* fortune *f* for-tewn, sort *m* sor, destin *m* des-tuhn; 2. *(much money)* fortune *f* for-tewn, richesse *f* ree-shes **tell (1) my / (2) your ~** *vous (Fam: te)* dire la bonne aventure *(1) muh / (2) voo (Fam: tuh) deer la bon_a-van-tewr* **Give me your hand. I'll tell your fortune.** Donnez-moi votre *(Fam: Donne-moi ta)* main. Je *vous (Fam: te)* prédirai *votre (Fam: ton)* avenir. *Do-nay-mwa votr (Fam: Don-mwa ta) muhn. Zhuh voo*

Like English, French has both regular and irregular verbs.
Learn more about them on page 514.

(Fam: tuh) **pray-dee-ray votr** *(Fam: ton)*_**av-neer**.

forward *adj (overly familiar)* avant *m&f* **a-van** ♦ *adv* de l'avant **an_a-van, duh l'a-van Do you want to go forward or back?** *Voulez-vous (Fam: Veux-tu)* avancer ou reculer? *Voo-lay-voo (Fam: Vuh-tew)* **a-van-say oo ruh-kew-lay? Let's keep going forward.** Continuons à aller de l'avant. **Kon-tee-new-on a a-lay duh l'a-van.** ♦ *vt* transférer **trans-fay-ray**, transmettre **trans-metr**, faire suivre **fer sweevr They'll forward my mail to me.** Ils me transfèreront le courrier. **Eel muh trans-may-tron luh koo-ryay.**

foster *adj* adoptif, adoptive *m&f* **a-dop-teef, -teev** ~ **brother** frère *m* adoptif **frer_a-dop-teef** ~ **daughter** fille *f* adoptive **feey(uh)_a-dop-teev** ~ **father** père *m* adoptif **per_a-dop-teev** ~ **mother** mère *f* adoptive **mer_a-dop-teev** ~ **parents** parents *mpl* adoptifs **pa-ran a-dop-teef** ~ **sister** sœur *f* adoptive **suhr_a-dop-teev** ~ **son** fils *m* adoptif **fees_a-dop-teef**

foul *n (sports)* faute *f* **fot**

foundation *n (cosmetic)* fond *m* de teint **fon duh tuhn**

fountain *n* fontaine *f* **fon-ten**

fracture *vt* fracture *f* **frak-tewr I fractured my (1) arm. / (2) jaw. / (3) leg. / (4) rib.** Je me suis *fracturé (-e) (1)* le bras. */ (2)* la mâchoire */ (3)* la jambe. */ (4)* une côte. **Zhuh muh swee frak-tew-ray *(1)* luh bra. */ (2)* la ma-shwar. */ (3)* la zhanb. */ (4)* ewn kot.** ♦ **fracture** n fracture *f* **frak-tewr**

fragile *adj* fragile *m&f* **fra-zheel**, délicat, -e *m&f* **day-lee-ka, -kat**

fragrance *n (1. aroma; 2. perfume)* parfum *m* **par-fuhn** ~ **of your body** le parfum de *votre (Fam: ton)* corps **luh par-fuhn duh ton kor intoxicating** ~ parfum entêtant **par-fuhn an-te-tan nice** ~ bon parfum **bon par-fuhn soft** ~ parfum doux **par-fuhn doo sweet** ~ parfum sucré **par-fuhn sew-kray I love the delicate fragrance of your hair.** J'aime le parfum délicat de *vos (Fam: tes)* cheveux. **Zh'em luh par-fuhn day-lee-ka duh vo (Fam: tay) shuh-vuh.** ♦ **fragrant** *adj* parfumé, -e *m&f* **par-few-may**

frames *n, pl (eyeglasses)* monture *f* **mon-tewr** ~ **for glasses** monture pour lunettes **mon-tewr poor lew-net**

frank *adj* franc, franche *m&f* **fran, fransh I'll be frank with you.** Je serai *franc (F: franche)* avec *vous (Fam: toi)*. **Zhuh suh-ray *fran (F: fransh)* a-vek *voo (Fam: twa).*** ♦ **frankly** *adv* franchement **fransh-man**

fraternity *n (fraternal organization)* fraternité *f* **fra-ter-nee-tay I (1) belong / (2) belonged to a fraternity at the university.** Je *(1)* fais parti */ (2)* faisais partie d'une fraternité à l'université. **Zhuh *(1)* fay par-tee */ (2)* fay-zay par-tee d'ewn fra-ner-tay a l'ew-nee-ver-see-tay.**

freak (out) *vi (slang: get real nervous; get scared; lose self-control)* flipper **flee-pay**, paniquer **pa-nee-kay**

freckle *n* tache *f* de rousseur **tash duh roo-suhr I like your freckles.** J'aime *vos (Fam: tes)* taches de rousseur. **Zh'em *vo (Fam: tay)* tash duh roo-suhr.**

free *adj* 1. *(at liberty)* libre *m&f* **leebr**; 2. *(without cost)* gratuit, -e *m&f* **gra-twee, -tweet for** ~ gratuitement **gra-tweet-man** ~ **country** pays libre **pay-ee leebr** ~ **of**

---

a *always sounds like the "a" in "father"*

charge gratuit, -e *m&f* gra-twee, -tweet ~ **spirit** esprit serein es-pree suh-ruhn **It's free.** *(1)* **We /** *(2)* **You don't have to pay anything.** C'est gratuit. *(1)* Nous n'avons… / *(2)* Vous n'avez *(Fam : Tu n'as)*… pas besoin de payer quoi que ce soit. S'ay gra-twee. *(1)* Noo n'a-von… / *(2)* Voo n'a-vay *(Fam: Tew n'a)*… pa buh-zwuhn duh pay-yay kwa kuh suh swa. *(1)* **He /** *(2)* **She did it for free.** *(1)* Il *(2)* Elle l'a fait gratuitement. *(1)* Eel / *(2)* El l'a fay gra-tweet-man. *(1)* **He /** *(2)* **She will do it for free.** *(1)* Il *(2)* Elle le fera gratuitement. *(1)* Eel / *(2)* El luh fuh-ra gra-tweet-man.

    Are you free… *Etes-vous (Fam: Es-tu)* libre… *Et-voo (Fam: Ay-tew)* leebr…
       …right now? …maintenant? **…muhnt-nan?**
       …tonight? …ce soir? **…suh swar?**
       …after work? …après le travail? **…a-pre luh tra-vaee?**
       …tomorrow *(1)* **afternoon? /** *(2)* **evening?** …demain *(1)* après-midi? / *(2)* soir? **…duh-muhn** *(1)* **a-pre-mee-dee? /** *(2)* **swar?**

I'm free… Je suis libre… Zhuh swee leebr… ♦ **freedom** *n* liberté *f* lee-ber-tay ♦ **freeload** *vi* profiter pro-fee-tay ♦ **freeloader** *n* profiteur, profiteuse *m&f* pro-fee-tuhr, -tuhz ♦ **freestyle** *n (swimming)* nage *f* libre nazh leebr

freeze *vi* geler zhuh-lay, congeler konzh-lay **You must be freezing.** Vous devez *(Fam: Tu dois)* geler. *Voo duh-vay (Fam: Tew dwa)* zhuh-lay. **I'm freezing.** Je gèle. Zhuh zhel. **The computer froze up.** L'ordinateur est bloqué. L'or-dee-na-tuhr_ay blo-kay.

French *adj* français, -e *m&f* fran-say, -sez ♦ *n pl (people)* Français *mpl&fpl* Fran-say ♦ *n (language)* français *m* fran-say **I speak French a little.** Je parle un peu français. Zhuh parl_uhn puh fran-say. **I don't speak French** *(1)* **very well. /** *(2)* **at all.** Je ne parle pas *(1)* très bien / *(2)* du tout français. Zhuh nuh parl pa *(1)* tre byuhn / *(2)* dew too fran-say. **I just know a few words of French.** Je ne connais que quelques mots en français. Zhuh nuh ko-nay kuh kel-kuh mo an fran-say. **What is this called in French?** Comment ça se dit en français? Ko-man sa suh dee an fran-say? **How do you say** *(word)* **in French?** Comment dites-vous *(Fam: dis-tu)* (___) en français? Ko-man deet-voo *(Fam: de-tew)* (___) an fran-say? **Could you help me learn French?** Pourriez-vous *(Fam: Pourrais-tu)* m'aider à apprendre le français? *Poo-ryay-voo (Fam: Poo-ray-tew)* m'ay-day a a-prandr luh fran-say? **You could help me learn French (and I could help you learn English).** Vous pourriez *(Fam: Tu pourrais)* m'aider à apprendre le français (et je pourrais *vous [Fam: t']* aider à apprendre l'anglais). *Voo poo-ryay (Fam: Tew poo-ray)* m'ay-day a a-prandr luh fran-say (ay zhuh poo-ray voo_z_*[Fam: t']*_ay-day a a-prandr l'an-glay). **French is a beautiful language.** Le français est une très belle langue. Luh fran-say ay_t_ewn tre bel lang. **Frenchman** *n* Français *m* Fran-say ♦ **Frenchwoman** *n* Française *f* Fran-sez

frequent *adj* fréquent, -e *m&f* fre-kan, -kant ♦ **frequently** *adv* fréquemment fre-ka-man

fresh *adj* 1. *(not old; untired)* frais, fraîche *m&f* fray, fresh; 2. *(slang: cheeky)*

French pronunciation and phonetics are on pages 510-511.

Friday *n* vendredi *m* **van-druh-dee** **last ~** vendredi dernier **van-druh-dee der-nyay** **next ~** vendredi prochain **van-druh-dee pro-shuhn** **on ~** le vendredi **luh van-druh-dee**

friend *n* ami, -e *m&f* **a-mee** **be ~s** être amis **etr_a-mee** **become ~s** devenir amis **duhv-neer_a-mee** **best ~** *meilleur(e)s ami(e)s* **may-yuhr_a-mee** **casual ~** connaissance **ko-nay-sans** **circle of ~s** cercle *m* d'amis **serkl d 'a-mee** **close ~** *ami (-e) proche* **a-mee prosh** **~ of the family** *ami (-e) de famille* **a-mee duh fa-meey(uh)** **good ~** *bon ami (F: bonne amie)* **bon_a-mee** **just ~s** seulement amis **suhl-man_a-mee** **make ~s** se faire des amis **suh fer day_z_a-mee** **remain / stay ~s** rester amis **res-tay a-mee** **school ~** camarade d'école **ka-ma-rad d'ay-kol** **true ~** *vrai(e)s ami(e)s* **vray_z_a-mee**

    a bunch of... une partie de... **ewn par-tee duh…**
        ...my friends. ...mes amis **…may_z_a-mee**
        ...our friends. ...nos amis **…no_z_a-mee**
        ...your friends. ...*vos (Fam: tes)* amis **…vo *(Fam: tay)*_z_a-mee**
    a couple of... *(1)* deux de... / *(2)* certains de... **(1) duh duh… / (2) ser-tuhn duh…**
        ...friends of mine. ...mes amis **…may_z_a-mee**
        ...friends of ours. ...nos amis **…no_z_a-mee**
    a friend of... *un (F: une)* de... **uhn *(F: ewn)* duh…**
        ...mine ...mes amis **…may_z_a-mee**
        ... ours ...nos amis **…no_z_a-mee**
        ...yours ...*vos (Fam: tes)* amis **…vo *(Fam: tay)*_z_a-mee**
    one of... *un (F: une)* de... **uhn *(F: ewn)* duh…**
        ...my friends ...mes amis **…may_z_a-mee**
        ... our friends ...nos amis **…no_z_a-mee**
        ... your friends ...*vos (Fam: tes)* amis **…vo *(Fam: tay)*_z_a-mee**
    some friends of... certains de... **ser-tuhn duh…**
        ...mine ...mes amis **…may_z_a-mee**
        ...ours ...nos amis **…no_z_a-mee**
        ...yours ...*vos (Fam: tes)* amis **…vo *(Fam: tay)*_z_a-mee**
    Introduce me... *Présentez (Fam: Présente)-moi...* **Pray-zan-tay *(Fam: Pray-zant)*-mwa…**
        ...to your friend. *m* ...à *votre (Fam: ton)* ami. **…a votr *(Fam: ton)*_a-mee.**
        ...to your friend. *f* ...à *votre (Fam: ton)* amie. **…a votr *(Fam: ton)*_a-mee.**
        ...to your friends. *mpl* ...à *vos (Fam: tes)* amis. **…a vo *(Fam: tay)*_z_a-mee.**
        ...to your friends. *fpl* ...à *vos (Fam: tes)* amies. **…a vo *(Fam: tay)*_z_a-mee.**
    I'd like you to meet... J'aimerai *vous (Fam: te)* présenter... **Zh'em-ray voo *(Fam: tuh)* pray-zan-tay…**
        ...a friend of mine. ...à *un (F: une)* de mes amis. **…a uhn *(F: ewn)* duh may_z_a-mee.**
        ...a friend of ours. ...à *un (F: une)* de nos amis. **…a uhn *(F: ewn)* duh no_z_a-mee.**

---

*Learn a new French phrase every day! Subscribe to the free **Daily Dose of French**, www.phrase-books.com.*

friendliness 144 **frighten**

  Some friends of mine... Certains de mes amis... **Ser-tuhn duh may_z_a-mee…**
  Some friends of ours... Certains de nos amis... **Ser-tuhn duh no_z_a-mee…**
   ...will be there. ...seront là. **…suh-ron la.**
   ...are coming along. ...se joindront à nous. **…suh zhwuhn-dron a noo.**
   ...will join us. ...nous rejoindront. **…noo ruh-zhwuhn-dron.**
  Bring... *Amenez (Fam: Amène)...* **Am-nay (Fam: A-men)…**
   ...a friend. ...*un (F: une) ami (-e).* **…uhn (F: ewn)_a-mee.**
   ...a few friends. ...*quelques ami(e)s.* **…kel-kuh_z_a-mee.**
   ...some friends. ...*certain(e)s ami(e)s.* **…ser-tuhn (Fpl: ser-ten) a-mee.**
This is my friend, *(name)*. C'est mon *ami(e), (___)*. **S'ay mon_a-mee, (___).**
These are my friends, *(name)* **and** *(name)*. Ce sont mes *ami(e)s (___)* et *(___)*. **Suh son may_z_a-mee (___) ay (___). I'm a friend of** *(whom)*. Je suis l'*ami (-e)* de *(___)*. **Zhuh swee l'a-mee duh (___). I'm here with a friend.** Je suis *venu (-e)* avec *un ami (F: une amie)*. **Zhuh swee vuh-new a-vek_uhn (F: ewn) a-mee. Who's your friend?** Qui est *votre (Fam: ton) ami(e)?* **Kee ay (Fam: ton)_a-mee? May I bring a friend?** Est-ce que je peux amener *un ami (F: une amie)?* **Es kuh zhuh puh a-muh-nay uhn (F: ewn)_a-mee? You'll make a lot of friends (, I'm sure).** *Vous vous ferez (Fam: Tu te feras)* beaucoup d'*ami(e)s* (, j'en suis *sûr[-e]*). **Voo voo fuh-ray (Fam: Tew tuh fuh-ra) bo-koo d'a-mee (, zh'an swee sewr). You're a good friend.** *Vous êtes (Fam: Tu es) un bon ami (F: une bonne amie).* **Voo_z_et (Fam: Tew ay) uhn bon_a-mee (F: ewn bon_a-mee). I'm happy to have a friend like you.** Je suis *content (-e)* d'avoir *un ami (F: une amie)* comme *vous (Fam: toi).* **Zhuh swee kon-tan (F: kon-tant) d'a-vwar uhn (F: ewn)_a-mee kom voo (Fam: twa). I hope we can always be friends.** J'espère que nous pourrons toujours être *ami(e)s.* **Zh'es-per kuh noo poo-ron too-zhoor etr_a-mee. I'd like to just be friends (first).** J'aimerais que l'on soit qu'amis (dans un premier temps). **Zh'em-ray kuh l'on swa k'a-mee (dan_z_uhn pruh-myay tan). I have a lot of friends, but no** *(1)* **boyfriend.** / *(2)* **girlfriend.** J'ai beaucoup d'amis, mais pas de *(1)* petit-ami. / *(2)* petite-amie. **Zh'ay bo-koo d'a-mee, may pa duh *(1)* puh-tee_t_a-mee. / *(2)* puh-teet_a-mee. He's an old friend of mine.** C'est un vieil ami à moi. **S'ay_t_uhn vyey_a-mee a mwa. She's an old friend of mine.** C'est une vieille amie à moi. **S'ay_t_ewn vyey_a-mee a mwa.** *(1)* **I** / *(2)* **We like to get together with friends.** *(1)* J'aimerai / *(2)* Nous aimerions (re)voir des *ami(e)s.* *(1)* **Zh'em-ray...** / *(2)* **Noo_z_am-ruh-ryon... (ruh)vwar day_z_a-mee.** ♦ **friendliness** *n* gentillesse *f* **zhan-tee-yes**, cordialité *f* **kor-ja-lee-tay** ♦ **friendly** *adj* aimable *m&f* **ay-mabl**, sympa *m&f* **suhn-pa** ~ **advice** conseil *m* d'ami **kon-sey d'a-mee** ~ **personality** personalité aimable *f* **per-so-na-lee-tay ay-mabl You're a very friendly person.** *Vous êtes (Fam: Tu es)* très *amical (-e).* **Voo_z_et (Fam: Tew ay) tre_z_a-mee-kal.**
frighten *vt* effrayer **ay-fray-yay**, faire peur **fer puhr I didn't mean to frighten you.** Je n'avais pas l'intention de *vous (Fam: te)* faire peur. **Zhuh n'a-vay pa**

---

oo sounds like the "oo" in "shoot".

frigid 145 **funeral**

l'uh**n**-ta**n**-syo**n** duh *voo (Fam: tuh)* fer puhr.
frigid *adj* froid, -e *m&f* **frwa, frwad**, frigide *m&f* **free-zheed**
frisbee *n* frisbee *m* **freez-bee throw a** ~ lancer un frisbee **la**n**-say uh**n** freez-bee**
frolic *n* bons moments *mpl* **bo**n** mo-ma**n
from *prep* de **duh** ~ **head to toe** de la tête au pied **duh la tet_o pyay** ~ **here** d'ici **d'ee-see** ~ **now on** dorénavant **do-ray-na-va**n** ~ **there** de là **duh la** ~ **time to time** de temps en temps **duh ta**n**_z_a**n** ta**n** It's open from 9 to 6. C'est ouvert de 9 heures à 18 heures. **S'ay_t_oo-ver duh nuhv_uhr_a dee_z_wee_t_uhr. Where are you from?** D'où *venez-vous (Fam: viens-tu)*? **D'oo** *vuh-nay-voo (Fam: vyuhn-tew)*? **I'm from** *(place)*. Je suis de (___). **Zhuh swee duh (___)**.
front *n* devant *adv* **duh-va**n** in** ~ devant **duh-va**n**;** *(hair)* frange *f* **fra**n**zh in** ~ **of** en face de **a**n** fas duh in** ~ **of the station** devant la station **duh-va**n** la sta-syo**n
frost *n* gelé, -e *m&f* **zhuh-lay**
frozen *adj* congelé, -e *m&f* **ko**n**zh-lay** *(1)* **My** / *(2)* **Your** *(3)* **feet** / *(4)* **hands are frozen!** *(1)* Mes / *(2)* Vos *(Fam: Tes)* (3) pieds / (4) mains sont congelé(e)s! *(1)* **May** / *(2)* **Vo** *(Fam: Tay) (3)* **pyay** / *(4)* **muh**n** so**n** ko**n**zh-lay!**
fruit *n* fruit *m* **frwee**
frustrated *adj* frustré, -e *m&f* **frews-tray feel** ~ se sentir *frustré (-e)* **suh sa**n**-teer frews-tray get** ~ se frustrer **suh frews-tray** ♦ **frustrating** *adj* frustrant **frews-tra**n** It's so frustrating!** C'est tellement frustrant! **S'ay tel-ma**n** frews-tra**n**!** ♦ **frustration** *n* frustration *f* **frews-tra-syo**n
full *adj* (*entire*) complet, complète *m&f* **ko**n**-play, -plet**, entier, entière *m&f* **a**n**-chyay, -chyer**; *(filled)* plein, -e *m&f* **pluh**n**, plen**, rempli, -e *m&f* **ra**n**-plee** ~ **figure** forme pleine **form plen** ~ **moon** pleine lune **plen lewn The** *(1)* **bus** / *(2)* **hotel is full.** *(1)* Le bus / *(2)* L'hôtel est complet. *(1)* **Luh bews** / *(2)* **L'o-tel ay ko**n**-play**. **No more for me. I'm full.** Assez pour moi. Je ne n'en peux plus. **A-say poor mwa. Zhuh n'a**n** puh plew.** ♦ **full-time** *adv* à plein temps **a pluh**n** ta**n** Do you work full-time or part-time?** *Travaillez-vous (Fam: Travailles-tu)* à plein temps ou à mi-temps? *Tra-va-yay-voo (Fam: Tra-vaee-tew)* **a pluh**n** ta**n** oo a mee-ta**n**?**
fun *adj* amusant, -e *m&f* **a-mew-za**n**, -za**n**t** drôle *m&f* **drol**, marrant, -e *m&f* **ma-ra**n**, -ra**n**t**, rigolo *m&f* **ree-go-lo** ♦ *n* amusement *m* **a-mewz-ma**n** have** ~ s'amuser **s'a-mew-zay You're (a lot of) fun (to be around).** On s'amuse (beaucoup) avec *vous (Fam: toi)*. **O**n** s'a-mewz (bo-koo) a-vek** *voo (Fam: twa)*. **It will be (a lot of) fun.** Ça va être (très) amusant. **Sa va etr (tre_z_) a-mew-za**n**. We can have (a lot of) fun together.** On s'amuse (énormément) ensemble. **o**n** s'a-mewz (ay-nor-may-ma**n**) a**n**-sa**n**bl. That was (a lot of) fun.** C'était (très) amusant. **S'ay-tay tre_z_a-mew-za**n**.** *(1)* **I** / *(2)* **We had a lot of fun.** *(1)* Je me suis… / *(2)* Nous nous sommes… beaucoup *amusé (-es)*. *(1)* **Zhuh muh swee…** / *(2)* **Noo noo som… bo-ko_p_a-mew-zay. I've never had so much fun (with anyone).** Je ne me suis jamais autant *amusé (-e)* (avec quelqu'un). **Zhuh nuh muh swee zha-may_z_o-ta**n** a-mew-zay (a-vek kel-kuh**n**).**
funeral *n* enterrement *m* **a**n**-ter-ma**n**, funérailles *fpl* **few-nay-raee**

English-French and French-English glossaries of food and drink are on pages 534-546.

funicular *n* funiculaire *m* few-nee-kew-ler
fun-loving *adj* qui aime s'amuser kee em s'a-mew-zay
funny *adj* 1. *(amusing)* amusant, -e *m&f* a-mew-zan, -zant, drôle *m&f* drol, marrant, -e *m&f* ma-ran, -rant, rigolo *m&f* ree-go-lo 2. *(odd)* étrange *m&f* ay-tranzh, bizarre *m&f* bee-zar; 3. *(improper)* louche *m&f* loosh **That's (not) funny.** *(amusing)* C(e n')est (pas) drôle. S(uh n')ay (pa) drol. **I found it funny.** J'ai trouvé ça drôle. Zh'ay troo-vay sa drol. **That's funny, it was here just a minute ago.** *(odd)* C'est bizarre, j'étais ici il y a quelques minutes. S'ay bee-zar, zh'ay-tay ee-see eel_ee_y_a kel-kuh mee-newt. **Don't try anything funny.** *(improper)* N'essayez *(Fam: N'essaie)* rien de louche. N'ay-say-yay *(Fam: N'ay-say)* ryuhn duh loosh.
furnished *adj* meublé, -e *m&f* muh-blay ~ **apartment** appartement *m* meublé a-par-tuh-man muh-blay ♦ **furniture** *n* mobilier *m* mo-bee-lyay
further *comp adj* plus loin plew lwuhn
future *adj* futur, -e *m&f* few-tewr ~ **plans** projets *mpl* pour le futur pro-zhay poor luh few-tewr ♦ *n* futur *m* few-tewr, avenir *m* av-neer **dream of the** ~ *(vi)* rêver de l'avenir ray-vay duh l'av-neer **great** ~ de l'avenir duh l'av-neer **happy** ~ avenir heureux av-neer_uh-ruh **in the** ~ dans le future dan luh few-tewr, dans l'avenir dan l'av-neer **in the near** ~ dans un futur proche dan_z_uhn few-tewr prosh **our** ~ notre futur notr few-tewr **wonderful** ~ merveilleux futur mer-vay-yuh few-tewr **What are your plans for the future?** Quels sont *vos (Fam:tes)* projets pour le futur? Kel son vo *(Fam: tay)* pro-zhay poor luh few-tewr? **In the future I** *(1)* **plan /** *(2)* **want to…** Dans l'avenir, je *(1)* planifie… / *(2)* veux… Dan l'av-neer, zhuh *(1)* pla-nee-fee… / *(2)* vuh… *(1)* **I /** *(2)* **We want to come here again in the future.** *(1)* Je veux… / *(2)* Nous voulons… revenir ici dans le futur. *(1)* Zhuh vuh… / *(2)* Noo voo-lon… ruh-vuh-neer ee-see dan luh few-tewr. **You must come visit** *(1)* **me /** *(2)* **us in the future.** Vous devez *(Fam: Tu dois)* *(1)* me / *(2)* nous rendre visite dans le futur. Voo duh-vay *(Fam: Tew dwa)* *(1)* muh / *(2)* noo randr vee-zeet dan luh few-tewr.

G g

gal *n* fille *f* feey(uh)
galaxy *n* galaxie *f* ga-lak-see
gallery *n* galerie *f* gal-ree **art** ~ galerie d'art gal-ree d'ar **shooting** ~ galerie gal-ree, salle *f* d'exposition sal d'eks-po-zee-syon
gallon *n* gallon *m* ga-lon **Four liters is roughly equal to one U.S. gallon.** Quatre litres équivalent environ à un gallon américain. Katr leetr ay-kee-val_an-vee-ron a uhn ga-lon a-may-ree-kuhn.
gamble *vi* 1. *(bet)* jouer zhooay, jouer au casino zhooay o ka-zee-no, parier pa-ryay, miser mee-zay; 2. *(risk)* tenter sa chance au jeu tan-tay sa shans_o zhuh

---

Questions about the metric system? See page 523.

Do you like to gamble? *Aimez-vous (Fam: Aimes-tu) jouer au casino?* *Ay-may-voo (Fam: Em-tew)* **zhooay o ka-zee-no?** *(1)* **I** / *(2)* **We like to gamble.** *(1)* J'aime… / *(2)* Nous aimons… jouer au casino. *(1)* **Zh'em…** / *(2)* **Noo_z_ay-mon… zhooay o ka-zee-no**. *(1)* **I** / *(2)* **We don't gamble.** *(1)* Je ne joue… / *(2)* Nous ne jouons… pas au casino. *(1)* **Zhuh nuh zhoo…** / *(2)* **Noo nuh zhoo-on… pa_z_o ka-zee-no.** ♦ **gambling** *n* jeu *m* **zhuh**, jeu de hasard **zhuh duh a-zar** ~ **casino** casino *m* **ka-zee-no**

game *n* jeu *m* **zhuh**, partie *f* **par-tee** **baseball** ~ partie de baseball **par-tee duh bez-bol** **basketball** ~ partie de basket-ball **par-tee duh bas-ket-bol** **board** ~ jeu de société **zhuh duh so-syay-tay** **card** ~ jeu de carte **zhuh duh kart** **computer** ~**s** jeux sur ordinateur **zhuh sewr_or-dee-na-tuhr** **football** ~ *(American)* partie de football américain **par-tee duh foot-bol_a-may-ree-kuhn** *(For* **soccer**, *see* **match**.*)* **video** ~ jeu *m* vidéo **zhuh vee-day-o** **Would you like to go to a** *(type of sport)* **game (with me)?** *Voudriez-vous (Fam: Voudrais-tu) venir (avec moi) à une partie de (___)?* *Voo-dree-yay-voo (Fam: Voo-dray-tew)* **vuh-neer (a-vek mwa) a ewn par-tee duh (___)?** **That was (really) a** *(1)* **bad** / *(2)* **good** / *(3)* **great (___) game.** Cette partie *(de ___)* était (vraiment) *(1)* nulle. / *(2)* sympa. / *(3)* geniale. **Set par-tee (duh ___) ay-tay (vray-man)** *(1)* **newl.** / *(2)* **suhn-pa.** / *(3)* **zhay-nyal. I know a game we can play.** Je connais un jeu auquel nous pouvons jouer. **Zhuh ko-nay uhn zhuh o-kel noo poo-von zhooay.**

garage *n (parking or repair)* garage *m* **ga-razh** **service** ~ station *f* service **sta-syon ser-vees,** garage *m* **ga-razh** **Is there a (service) garage near here?** Y-a-t-il un garage dans le coin? **Ee_y_a-t-eel uhn ga-razh dan luh kwuhn?**

garbage *adj* : ~ **can** poubelle *f* **poo-bel** ~ **pail** corbeille *f* **cor-bey**, poubelle *f* **poo-bel** ♦ *n* ordures *fpl* **or-dewr**

garden *n* jardin *m* **zhar-duhn** **botanical** ~ jardin botanique **zhar-duhn bo-ta-neek** **flower** ~ jardin fleuri **zhar-duhn fluh-ree** **vegetable** ~ potager **po-ta-zhay** ♦ **gardening** *n* jardinage *m* **zhar-dee-nazh**

gas *adj (petrol)* à essence **a ay-sans**, *(air)* à gaz **a gaz** ~ **station** station *f* essence **sta-syon ay-sans,** station *f* service **sta-syon ser-vees** ~ **stove** gazinière *f* **ga-zee-nyer** ♦ *n* 1. *(gaseous)* gaz *m* **gaz**; 2. *(gasoline)* essence *f* **ay-sans**; 3. *(stomach)* gaz *m* **gaz** **propane** ~ propane **pro-pan** *(1)* **I** / *(2)* **We need to get gas(oline).** *(1)* J'ai besoin… / *(2)* Nous avons besoin… d'essence. *(1)* **Zh'ay…** / *(2)* **Noo_z_a-von… d'ay-sans. Where's a gas station?** Où puis-je trouver une station service? **Oo pwee-zh troo-vay ewn sta-syon ser-vees? What kind of gas does it take?** Quelle essence doit-on utiliser? **Kel_ay-sans dwa_t_on ew-tee-lee-zay? Where can I fill this with propane gas?** Où puis-je remplir cela avec du propane? **Oo pwee-zh ran-pleer suh-la a-vek dew pro-pan?**

gather *vt* réunir **ray-ew-neer,** rassembler **ra-san-blay** ~ **firewood** récolter du bois à brûler **ray-kol-tay dew bwa a brew-lay**

gauge *n* : **tire** ~ *(for tire pressure)* manomètre *m* pour pneus **ma-no-metr poor pnuh**

gay *adj* 1. *(merry)* gai, -e *m&f* **gay**, joyeux, joyeuse *m&f* **zhwa-yuh, -yuhz**; 2. *(homosexual)* gay *m* **gay**, homosexuel, -le *m&f* **o-mo-sek-sew-el** **I'm gay.** Je

---

Articles, adjectives and nouns must agree
in gender and number (singular or plural).

suis gay. **Zhuh zwee gay.** ♦ **gay** *n (homosexual)* gay *m* **gay**, homosexuel, -le *m&f* **o-mo-sek-sew-el**

gel *n* gel *m* **gel**, pommade *f* **po-mad sunburn** ~ crème contre les coups de soleil **krem kontr lay koo duh so-ley**

Gemini *(May 21 - Jun. 21)* Gémeau **Zhay-mo**

general *adj* général, -e *m&f* **zhay-nay-ral in** ~ en général **an zhay-nay-ral** ♦ **generally** *adv* généralement **zhay-nay-ral-man**

generosity *n* générosité *f* **zhay-nay-ro-zee-tay** *(1)* I / *(2)* **We appreciate your generosity.** *(1)* J'apprécie… / *(2)* Nous apprécions… *votre (Fam: ta)* générosité. *(1)* **Zh'a-pray-see…** / *(2)* **Noo_z_a-pray-syon**… *votr (Fam: ta)* **zhay-nay-ro-zee-tay**. ♦ **generous** *adj* généreux, généreuse *m&f* **zhay-nay-ruh, -ruhz You're very generous.** Vous êtes *(Fam: Tu es)* très *généreux (F: généreuse)*. **Voo_z_et** *(Fam: Tew ay)* **tre zhay-nay-ruh (F: zhay-nay-ruhz). That's very generous of you.** C'est très généreux de *votre (Fam: ta)* part. **S'ay tre zhay-nay-ruh duh** *votr (Fam: ta)* **par.**

genius *n* 1. *(person)* génie *m&f* **zhay-nee**; 2. *(quality)* intelligence *f* **uhn-tay-lee-zhans**

genre *n* genre *m* **zhanr**, style *m* **steel What genre do you like?** Quel genre *aimez-vous (Fam: aimes-tu)*? **Kel zhanr** _ay-may-voo *(Fam: em-tew)*? **I like music of** *(1)* **all** / *(2)* **most genres.** J'aime *(1)* toute sorte de musique. / *(2)* la plupart des genres de musique. **Zh'em** *(1)* **toot sort duh mew-seek.** / *(2)* **la plew-par day zhanr duh mew-zeek.**

gentle *adj* 1. *(soft)* délicat, -e *m&f* **day-lee-ka**, soigné, -e *m&f* **swa-nyay**; 2. *(tender)* tendre *m&f* **tandr**; 3. *(kind)* gentil, -le *m&f* **zhan-tee, -teey(uh)**; 4. *(mild, calm; light)* doux, douce *m&f* **doo, doos**, calme *m&f* **kalm** ~ **dog** chien *m* calme **shyuhn_kalm** ~ **lover** amour *m&f* tendre **a-moor tandr You're very gentle.** Vous êtes *(Fam: Tu es)* très gentil *(F: gentille)*. **Voo_z_et** *(Fam: Tew ay)* **tre** *zhan-tee (F: zhan-teey[uh])*. **I love your gentle touch.** J'aime votre *(Fam: ton)* toucher délicat. **Zh'em** *votr (Fam: ton)* **too-shay day-lee-ka.** ♦ **gentleman** *n* gentleman *m* **zhant-luh-man** ~ **of the old school** gentleman vieux jeu **zhant-luh-man vyuh zhuh perfect** ~ parfait gentleman **par-fay zhant-luh-man** ♦ **gentleness** *n* courtésie *f* **koor-tay-zee**, délicatesse *f* **day-lee-ka-tes**, gentillesse *f* **zhan-tee-yes** ♦ **gently** *adv* délicatement **day-lee-kat-man**, gentiment **zhan-tee-man**

genuine *adj* original, -e *m&f* **o-ree-zhee-nal**, véritable *m&f* **vay-ree-tabl**, authentique *m&f* **o-tan-teek**

German *adj* allemand, -e *m&f* **Al-man, -mand** ♦ *n (person)* Allemand, -e *m&f* **Al-man, -mand** ♦ *(lang.)* allemand *m* **al-man**

gesture *n* geste *m* **zhest That was a very** *(1)* **nice** / *(2)* **thoughtful gesture.** C'était un *(1)* très beau geste / *(2)* geste très réfléchi. **S'ay-tay uhn** *(1)* **tre bo zhest** / *(2)* **zhest tre ray-flay-shee.**

get *vt* 1. *(obtain; achieve)* obtenir **ob-tuh-neer**, accomplir **a-kon-pleer**; 2. *(bring, fetch)* apporter **a-por-tay**, offrir **o-freer**; 3. *(receive)* recevoir **ruh-suh-vwar** ~ **a grade** *(in school)* avoir une note **a-vwar_ewn not** ~ **a** *(1)* **good** / *(2)* (___) **grade**

A phrasebook makes a great gift!
See order information on page 552.

get   149   **get**

avoir une *(1)* bonne / *(2)* (___) note **a-vwar_ewn *(1)* bon / *(2)* (___) not**. **Can I get you *(1)* a (cold) drink? / *(2)* a cup of coffee? / *(3)* something?** Est-ce que je peux *vous (Fam: t')* offrir *(1)* une boisson (un rafraîchissement)? / *(2)* une tasse de café? / *(3)* quelque chose? **Es kuh zhuh puh *voo_z_(Fam: t')*_o-freer *(1)* ewn bwa-son (uhn ra-fray-sheesh-man)? / *(2)* ewn tas duh ka-fay? / *(3)* kel-kuh shoz?** **I'll get you a *(1)* coke. / *(2)* lemonade. / *(3)* sandwich. / *(4)* piece of cake.** Je *vous (Fam: t')* apporte *(1)* un coca. / *(2)* une limonade. / *(3)* un sandwich. / *(4)* une part de gâteau. **Zhuh *voo_z_(Fam: t')_a-port* *(1)* uhn ko-ka. / *(2)* ewn lee-mo-nad. / *(3)* uhn san-dweech. / *(4)* ewn par duh ga-to.**
    Did you get it? Est-ce que *vous l'avez (Fam: tu l'as)* eu? / reçu? **Es kuh *voo l'a-vay (Fam: tew l'a)* ew? / ruh-sew?**
        I got it. *(1)* Je l'ai eu. / reçu. **Zhuh l'ay ew. / ruh-sew. / ruh-sew.**
        We got it. Nous l'avons eu. / reçu. **Noo l'a-von_z_ew**
    Did you get them? Est-ce que *vous les avez (Fam: tu les as)* eus? / reçus? **Es kuh *voo lay_z_a-vay (Fam: tew lay_z_a)* ew? / ruh-sew?**
        I got them. Je les ai eus. / reçus. **Zhuh lay_z_ay ew. / ruh-sew.**
        We got them. Nous les avons eus. / reçus. **Noo lay_z_a-von ew. / ruh-sew.**
    Where can I get… Où puis-je trouver… **Oo pwee-zh troo-vay…**
    Where can we get… Où pouvons-nous trouver… **Oo poo-von-noo troo-vay…**
        …batteries? …des piles? **…day peel?**
        …film? …des pellicules? **…day pay-lee-kewl?**
        …stamps? …des timbres? **…day tuhnbr?**
        …tickets? …des tickets? **…day tee-ke?**
What (grade) did you get *(1)* in math? / *(2)* on the test? Quelle note *avez-vous (Fam: as-tu)* eu *(1)* en math? *(2)* au test? **Kel not *a-vay-voo (Fam: a-tew)* ew *(1)* an mat? / *(2)* o test?** **I got a B *(1)* in math. / *(2)* on the test.** J'ai eu un B *(1)* en math. / *(2)* au test. **Zh'ay ew uhn Be *(1)* an mat. / *(2)* o test.** **Do you get it?** *(understand)* Avez-vous *(Fam: As-tu)* compris? **A-vay-voo *(Fam: A-tew)* kon-pree?** **I (don't) get it.** *(understand)* Je (ne) comprends (pas). **Zhuh (nuh) kon-pran (pa).** ♦ *vi* 1. *(arrive)* arriver **a-ree-vay**, se rendre **suh randr**; 2. *(become)* devenir **duh-vuh-neer** **When did you get here?** Quand *êtes-vous (Fam: es-tu)* arrivé (-es)? **Kan *et-voo (Fam: ay-tew)* a-ree-vay?**
    I got here… Je suis arrivé… **Zhuh swee_z_a-ree-vay…**
    We got here… Nous sommes arrivés… **Noo som_z_a-ree-vay…**
        …yesterday. …hier. **…ee-yer.**
        …day before yesterday. …avant hier. **…a-van_ch_yer.**
        …3 days ago. …il y a trois jours. **…eel_ee_y_a trwa zhoor.**
        …last week. …la semaine dernière. **…la suh-men der-nyer.**
How do *(1)* I / *(2)* we get to *(place)*? Comment *(1)* puis-je me… / *(2)* pouvons-nous nous… rendre à (___)? **Ko-man *(1)* pwee-zh muh… / *(2)* poo-von-noo noo… randr_a (___)?** **Can you *(1)* show / *(2)* tell me how to get there?** *Pouvez-vous (Fam: Peux-tu)* *(1)* me montrer / *(2)* me dire comment y aller? **Poo-vay-voo *(Fam: Puh-tew)* *(1)* muh mon-tray / *(2)* muh deer ko-man ee_y_a-

---

A slash always means "or".

lay? Can *(1)* I / *(2)* we get there by car? *(1)* Puis-je y… *(2)* Pouvons-nous y… aller en voiture? *(1) Pwee-zh_ee… / (2)* **Poo-von-noo_z_ee… a-lay_an vwa-tewr?** It's getting *(1)* cold. / *(2,3)* dark. Il commence à faire *(1)* froid. / *(2)* noir. / *(3)* sombre. **Eel ko-mans_a fer *(1)* frwa. / *(2)* nwar. / *(3)* sonbr.** You're getting good at this. *(game)* Vous devenez *(Fam: Tu deviens)* bon à ça. *Voo duh-vuh-nay (Fam: Tew duh-vyuhn)* **bon a sa.** You're getting better. Vous vous améliorez *(Fam: Tu t'améliores).* *Voo voo_z_a-may-lyo-ray (Fam: Tew t'a-may-lyor).* Are you getting tired? Commencez-vous *(Fam: Commences-tu)* à être fatigué? *Ko-man-say-voo (Fam: Ko-mans-tew)* **a etr fa-tee-gay?** I'm getting tired. Je commence à être fatigué. **Zhuh ko-mans_a etr fa-tee-gay.** Get out of here! *(I don't want to hear that.)* C'est pas vrai! **S'ay pa vray!**

♦ **get along** idiom s'entendre **s'an-tandr** You and I get along so well together. On s'entend tellement bien toi et moi. **On s'an-tan tel-man byuhn twa ay mwa.**

♦ **get back** idiom rentrer **ran-tray**, revenir **ruh-vuh-neer** When I get back, I'll *(1)* call / *(2)* e-mail / *(3)* write you. Dès que je reviens, je *vous (Fam: t')* *(1)* appellerai. / *(2)* enverrai un e-mail. / *(3)* écrirai. **De kuh zhuh ruh-vyuhn, zhuh** *voo_z_(Fam: t')* *(1)* **_a-pel-ray.** / *(2)* **_an-vay-ray uhn_ee-mayl.** / *(3)* **ay-kree-ray.** When we get back, we'll *(1)* call / *(2)* e-mail / *(3)* write you. Dès que nous revenons, nous *vous (Fam: t')* *(1)* appelerons. / *(2)* enverrons un e-mail. / *(3)* écrirons. **De kuh noo ruhv-non, noo** *voo_z_(Fam: t')* *(1)* **_a-pel-ron.** / *(2)* **_an-vay-ron uhn_ee-mayl.** / *(3)* **_ay-kree-ron.**

♦ **get off** idiom 1. *(exit)* descendre **day-sandr**, sortir **sor-teer**; 2. *(work: finish; take off)* partir *(du travail)* **par-teer (dew tra-vaee)** I want to get off! Je veux descendre! **Zhuh vuh day-sandr!** This is where I get off. Je descends ici. **Zhuh day-san ee-see.** Could you please tell me when to get off? S'il *vous (Fam: te)* plaît, pourriez-vous *(Fam: pourrais-tu)* me dire quand je dois descendre. **S'eel** *voo (Fam: tuh)* **play, poo-ryay-voo *(Fam: poo-ray-tew)* muh deer kan zhuh dwa day-sandr.** Where are you getting off? Où descendez-vous *(Fam: descends-tu)*? **Oo** *day-san-day-voo (Fam: day-san-tew)*? Which stop should *(1)* I / *(2)* we get off at? A quel arrêt *(1)* devrais-je… / *(2)* devrions-nous… descendre? **A kel_a-re *(1)* duh-vray-zh… / *(2)* duh-vree-yon-noo… day-sandr?** Where should I get off to go to *(place)*? Où devrais-je descendre pour aller à *(___)*? **Oo duh-vray-zh day-sandr poor_a-lay a *(___)*?** *(1)* I'm / *(2)* We're getting off at *(place)*. *(1)* Je descends… / *(2)* Nous descendons… à *(___)*. *(1) Zhuh day-san… / (2)* **Noo day-san-don… a *(___)*.** I'll get off with you. (Is that okay?) Je descendrai avec *vous (Fam: toi)*. (Est-ce que ça *vous [Fam: te]* va?) **Zhuh day-san-dray a-vek** *voo (Fam: twa).* **(Es kuh sa** *voo [Fam: tuh]* **va?)** What time do you get off work? A quelle heure *sortez-vous (Fam: sors-tu)* du travail? **A kel_uhr** *sor-tay-voo (Fam: sor-tew)* **dew tra-vaee?** I get off work at *(time)*. Je sors du travail à *(___)*. **Zhuh sor dew tra-vaee a *(___)*.** *(1)* I'll / *(2)* We'll meet you after you get off work. *(1)* Je *vous (Fam: te)* verrai… / *(2)* Nous *vous (Fam: te)* verrons… dès que *vous sortez (Fam: tu sors)* du

---

In the pronunciation **n** *stands for a nasalized* **n**.

travail. *(1)* **Zhuh** *voo (Fam: tuh)* **vay-ray… / *(2)* Noo** *voo (Fam: tuh)* **vay-ron… de kuh** *voo sor-tay (Fam: tew sor)* **dew tra-vaee?** **Would it be possible to meet you after you get off work?** Serait-il possible de *vous (Fam: te)* voir dès que *vous sortez (Fam: tu sors)* du travail? **Suh-ray_t-eel po-seebl duh** *voo (Fam: tuh)* **vwar de kuh** *voo sor-tay (Fam: tew sor)* **dew tra-vaee?**

    Would it be possible for you to get… Pourriez-vous (Fam: Pourrais-tu) prendre… *Poo-ryay-voo (Fam: Poo-ray-tew)* **pra<u>n</u>dr...**

- …**two days off?** …deux jours de congés? **...duh zhoor duh ko<u>n</u>-zhay?**
- …**three days off?** …trois jours de congés? **...trwa zhoor duh ko<u>n</u>-zhay?**
- …**a week off?** …une semaine de congés? **...ewn suh-men duh ko<u>n</u>-zhay?**
- …**two weeks off?** …deux semaines de congés? **...duh suh-men duh ko<u>n</u>-zhay?**
- …**three weeks off?** …trois semaines de congés? **...trwa suh-men duh ko<u>n</u>-zhay?**

♦ **get on** *idiom (board)* monter **mo<u>n</u>-tay** **Which car should *(1)* I / *(2)* we get on?** *(train)* Dans quelle voiture *(1)* devrais-je… / *(2)* devrions-nous… monter? **Da<u>n</u> kel vwa-tewr *(1)* duh-vray-zh… / *(2)* duh-vree-yo<u>n</u>-noo… mo<u>n</u>-tay?**

♦ **get together** *idiom* se réunir **suh ray-ew-neer**; se retrouver **suh ruh-troo-vay**, se revoir **suh ruh-vwar** **When can we get together?** Quand pouvons-nous nous retrouver? **Ka<u>n</u> poo-vo<u>n</u>-noo noo ruh-troo-vay?** **I want to get together with you again *(1)* soon. / *(2)* as soon as possible**. Je veux *vous (Fam: te)* revoir *(1)* bientôt. / *(2)* dès que possible. **Zhuh vuh** *voo (Fam: tuh)* **ruh-vwar *(1)* byuh<u>n</u>-to. / *(2)* de kuh po-seebl**.

    Let's get together… Retrouvons-nous… **Ruh-troo-vo<u>n</u>-noo…**

- …**after breakfast.** …après le petit-déjeuner. **…a-pre luh puh-tee-day-zhuh-nay.**
- …**this afternoon.** …cet après-midi. **…set_a-pre-mee-dee.**
- …**this evening.** …ce soir. **…suh swar.**
- …**tomorrow…** …demain… **…duh-muh<u>n</u>…**
  - …**morning.** …matin. **…ma-tuh<u>n</u>.**
  - …**afternoon.** …après-midi. **…a-pre-mee-dee.**
  - …**evening.** …soir. **…swar**.

    Let's get together tomorrow for… Retrouvons-nous demain pour… **Ruh-troo-vo<u>n</u>-noo duh-muh<u>n</u> poor...**

- …**coffee.** …un café. **…uh<u>n</u> ka-fay.**
- …**lunch.** …déjeuner. **…day-zhuh-nay.**
- …**dinner.** …dîner. **…dee-nay.**
- …**a drink.** …boire un verre. **…bwar_uh<u>n</u> ver.**

♦ **get up** *idiom* 1. *(from bed, chair)* se lever (de) **suh luh-vay (duh)**; 2. *(on ledge, wall)* monter **mo<u>n</u>-tay**; 3. *(storm)* se préparer **suh pray-pa-ray**; *(wind)* se lever **suh luh-vay** **Get up!** Levez-vous (Fam: Lève-toi)! **Luh-vay-voo (Fam: Lev-twa)!** **It's time to get up.** Il est l'heure de se lever. **Eel_ay l'uhr duh suh luh-vay.** **What time do you want to get up?** A quelle heure *voulez-vous*

Time expressions are given on pages 521-522.

vous (Fam: veux-tu te) lever? **A kel_uhr voo-lay-voo voo (Fam: vuh-tew tuh) luh-vay? I have to get up at** *(time)*. Je dois me lever à ( ). **Zhuh dwa muh luh-vay a ( ).**

get-together *n* rendez-vous *f* **ran-day-voo** social ~ réunion *f* **ray-ew-nyon**

ghost *n* fantôme *m* **fan-tom Do you believe in ghosts?** *Croyez-vous (Fam: Crois-tu)* aux fantômes? **Krwa-yay-voo (Fam: Krwa-tew) o fan-tom? Have you ever seen a ghost?** *Avez-vous (Fam: As-tu)* déjà vu un fantôme? **A-vay-voo (Fam: A-tew) day-zha vew uhn fan-tom?**

giddy *adj* étourdi, -e *m&f* **ay-toor-dee I feel a little giddy.** Je me sens un peu *étourdi (-e)*. **Zhuh muh san uhn puh ay-toor-dee.**

gift *n* cadeau *m* **ka-do**, présent *m* **pray-zan** birthday ~ cadeau d'anniversaire **ka-do d'a-nee-ver-ser** Christmas ~ cadeau de Noël **ka-do duh No-el** New Year's ~ cadeau de Nouvel An **ka-do duh Noo-vel_An** small ~ petit cadeau **puh-tee ka-do** wedding ~ cadeau de mariage **ka-do duh ma-ryazh Thank you for the (*[1]*) beautiful / *[2]* lovely / *[3]* nice / *[4]* wonderful) gift.** Merci pour (*[1]* ce beau cadeau. / *[2]* ce cadeau magnifique. / *[3]* ce cadeau sympa. / *[4]* ce merveilleux cadeau.). **Mer-see poor (*[1]* suh bo ka-do. / *[2]* suh ka-do ma-nee-feek. / *[3]* suh ka-do suhn-pa. / *[4]* suh mer-vay-yuh ka-do.). This is a (small) gift for you.** Voici un (petit) cadeau pour *vous (Fam: toi)*. **Vwa-see uhn (puh-tee) ka-do poor voo (Fam: twa). I'm sorry, I can't accept the gift.** Je suis *désolé (-e)*, je ne peux accepter ce cadeau. **Zhuh swee day-zo-lay, zhuh nuh puh ak-sep-tay suh ka-do.**

giggle *vi* rire **reer**, ricaner **ree-ka-nay**, rigoler **ree-go-lay**, se marrer **suh ma-ray What are you giggling about?** Qu'est-ce qui *vous (Fam: te)* fait rire? **K'es-kee voo (Fam: tuh) fay reer?**

girl *n (child)* petite-fille *f* **puh-teet-feey(uh)**; *(older)* fille *f* **feey(uh)** attractive ~ fille attirante **feey(uh) a-tee-rant** bashful ~ *(child)* petite-fille timide **puh-teet-feey(uh) tee-meed**; *(older)* fille timide **feey(uh) tee-meed** beautiful ~ belle fille **bel feey(uh)** cute ~ *(child)* petite-fille mignonne **puh-teet-feey(uh) mee-nyon**; *(older)* fille mignonne **feey(uh) mee-nyon** ~ **of my dreams** fille de mes rêves **feey(uh) duh may rev** good ~ *(child)* gentille petite-fille **zhan-teey(uh) puh-teet-feey(uh)** good-looking ~ belle fille **bel feey(uh)** little ~ petite-fille **puh-teet-feey(uh)** naughty ~ *(child)* vilaine petite-fille **vee-len puh-teet-feey(uh)** nice ~ *(child)* gentille petite-fille **zhan-tee-y(uh) puh-teet-feey(uh)**; *(older)* fille sympatique **feey(uh) suhn-pa-teek** pretty ~ *(child)* jolie petite-fille **zho-lee puh-teet-feey(uh)**; *(older)* jolie fille **zho-lee feey(uh)** quiet ~ *(child)* petite-fille calme **puh-teet-feey(uh) kalm**; *(older)* fille posée **feey(uh) po-zay** shy ~ *(child)* petite-fille timide **puh-teet-feey(uh) tee-meed**; *(older)* fille timide **feey(uh) tee-meed** smart ~ *(child)* petite-fille rusée **puh-teet-feey(uh) rew-zay**; *(older)* fille intelligente **feey(uh) uhn-tay-lee-zhant** sweet ~ *(child)* petite-fille adorable **puh-teet-feey(uh) a-do-rabl**; *(older)* fille adorable **feey(uh) a-do-rabl** *(1)* **I /** *(2)* **We have** *(3)* **a girl. /** *(4)* **two girls.** *(1)* J'ai… / *(2)* Nous avons… *(3)* une fille. / *(4)* deux filles. *(1)* **Zh'ay… /** *(2)* **Noo_z_a-von…** *(3)* **ewn feey(uh). /**

French q always sounds like **k**.

girlfriend 153 **give up**

(4) **duh feey(uh).** ♦ **girlfriend** *n* petite amie *f* **puh-teet_a-mee**, copine *f* **ko-peen** **ex-girlfriend** ex(-petite amie) **eks(-puh-teet_a-mee) former** ~ ancienne (petite amie) **an-syen (puh-teet_a-mee) previous** ~ ancienne petite amie **an-syen (puh-teet_a-mee) This is my girlfriend** *(name)*. C'est ma petite amie *(___)*. **S'ay ma puh-teet_a-mee (___). I'm here with my girlfriend.** Je suis là avec ma petite amie. **Zhuh swee la a-vek ma puh-teet_a-mee. Do you have a girlfriend?** *Avez-vous (Fam: As-tu)* une petite amie? *A-vay-voo (Fam: A-tew)* **ewn puh-teet_a-mee? I have a girlfriend.** J'ai une petite amie. **Zh'ay ewn puh-teet_a-mee. I don't have a girlfriend.** Je n'ai pas de petite amie. **Zhuh n'ay pa duh puh-teet_a-mee. I have a lot of friends, but no girlfriend.** J'ai beaucoup d'amis, mais pas de petite amie. **Zh'ay bo-koo d'a-mee, may pa duh puh-teet_a-mee.**

give *vt* donner **do-nay Please give** *(1)* **me /** *(2)* **us** *(what)*. S'il *vous (Fam: te)* plaît, *(1) donnez (Fam: donne)*-moi *(___) / (2) donnez (Fam: donne)*-nous *(___)*. **S'eel voo (Fam: tuh) play,** *(1) do-nay (Fam: don)*-**mwa** *(___) / (2) do-nay (Fam: don)*-**noo** *(___)*. **Give it to me.** Donne-le-moi. **Don-luh-mwa. Who did you give it to?** A qui l'*avez-vous (Fam: as-tu)* donné? **A kee l'***a-vay-voo (Fam: a-tew)* **do-nay? I gave it to** *(person)*. Je l'ai donné à *(___)*. **Zhuh l'ay do-nay a** *(___)*. **Who should I give it to?** A qui devrais-je le donner? **A kee duh-vray-zh luh do-nay? I'll give it to** *(name)*. Je le donnerai à *(___)*. **Zhuh luh don-ray a** *(___)*. **Could you give me your** *(1)* **address? /** *(2)* **phone number?** *Pourriez-vous (Fam: Pourrais-tu)* me donner *votre (Fam: ton) (1)* adresse? */ (2)* numéro de téléphone? *Poo-ryay-voo (Fam: Poo-ray-tew)* **muh don-nay** *votr_(Fam: ton)_ (1)* **a-dres? /** *(2)* **new-may-ro duh tay-lay-fon? Here, let me give you my** *(1)* **address. /** *(2)* **phone number.** Voilà, je *vous (Fam: te)* donne mon *(1)* adresse. */ (2)* numéro de téléphone. **Vwa-la, zhuh voo (Fam: tuh) don mon_ *(1)* a-dres? /** *(2)* **new-may-ro duh tay-lay-fon.** *(1)* **I /** *(2)* **We want to give you** *(3)* **this. /** *(4)* **this small present (for your birthday).** *(1)* Je veux... */ (2)* Nous voulons... *vous (Fam: tu)* donner */ (4)* ce petit cadeau (pour *votre [Fam: ton]* anniversaire). *(1)* **Zhuh vuh… /** *(2)* **Noo voo-lo**n… **voo (Fam: tuh) do-nay** *(3)* **sa. /** *(4)* **suh puh-tee ka-do (poor** *votr_[Fam: ton]_* **a-nee-ver-ser).** **You've given** *(1)* **me /** *(2)* **us so much.** *(3)* **I /** *(4)* **We really appreciate it.** *Vous m'avez (Fam: Tu m'as)… / (2) nous avez (Fam: nous as)…* donné tellement. *(3)* J'apprécie... */ (4)* Nous apprécions… *votre (Fam: ton)* geste. *Voo m'a-vay (Fam: Tew m'a)... / (2) noo_z_a-vay (Fam: noo_z_a)...* **do-nay tel-man.** *(3)* **Zh'a-pray-see… /** *(4)* **Noo_z_a-pray-syo**n… *votr (Fam: ton)* **zhest. It gives me great pleasure.** Ca me rend très *joyeux (F: joyeuse)*. **Sa muh ran tre** *zhwa-yuh (F: zhwa-yuhz)*.

♦ **give back** *idiom* render (à) **randr_a Please give it back.** S'il *vous (Fam: te)* plaît, *rendez (Fam: rends)*-le. **S'eel voo (Fam: tuh) play,** *ran-day (Fam: ran)*-**luh. I gave it back to you.** Je *vous (Fam: te)* l'ai rendu. **Zhuh voo (Fam: tuh) l'ay ran-dew.**

♦ **give up** *idiom* abandonner **a-ban-do-nay**, céder **say-day I don't give up easily.**

Words in parentheses (not italicized) are optional.

Je n'abandonne pas facilement. **Zhuh n'a-ban-don pa fa-seel-man**. **Don't give up. Keep trying.** N'*abandonnez (Fam: abandonne) pas. Persévérez (Fam: Persévère).* **N'a-ban-do-nay** *(Fam: a-ban-don)* **pa.** *Per-say-vay-ray (Fam: Per-say-ver).*

glad *adj* content, -e *m&f* **kon-tan, -tant I'm (very) glad to meet you.** Je suis (très) *content (-e) de vous (Fam: te) rencontrer.* **Zhuh swee (tre) kon-tan (F: kon-tant) duh voo** *(Fam: tuh)* **ran-kon-tray**. **I'm glad** *(1)* **I met you.** / *(2)* **you came.** Je suis *content (-e) (1) de vous avoir rencontré (-es) (Fam: t'avoir rencontré [-e]).* / *(2)* que *vous soyez (Fam: tu sois) venu (-es).* **Zhuh swee kon-tan (F: kon-tant) *(1)* duh voo_z_a-vwar ran-kon-tray** *(Fam: t'a-vwar ran-kon-tray).* / *(2)* **kuh voo swa-yay** *(Fam: tew swa)* **vuh-new.** *(1)* **I'd** / *(2)* **We'd be glad to.** *(1)* J'en serais… / *(2)* Nous en serions… *ravi (-es).* *(1)* **Zh'an suh-ray…** / *(2)* **Noo_z_an suh-ryon… ra-vee.** ♦ **gladly** *adv* avec plaisir **a-vek play-zeer**, volontiers **von-lon-chyay**

glamorous *adj* glamour *m&f* **gla-moor**, sexy *m&f* **sek-see**

glass *adj* de verre **duh ver**, en verre **an ver** ♦ *n* 1. *(material)* verre *m* **ver**; 2. *(drinking)* verre *m* **ver blown** ~ verre artisanal **ver_ar-tee-za-nal stained** ~ vitre teintée **veetr tuhn-tay magnifying** ~ loupe *f* **loop I do stained glass.** Je fabrique des vitres teintées. **Zhuh fa-breek day veetr tuhn-tay.** ♦ **glassblower** *n* souffleur *m* de verre **soo-fluhr duh ver** ♦ **glasses** *n pl* lunettes *fpl* **lew-net frames for** ~ moutures *fpl* pour lunettes **mon-tewr poor lew-net reading** ~ lunettes *(de lecture)* **lew-net (duh lek-tewr) spare** ~ lunettes *fpl* de rechange **lew-net duh ruh-shanzh I** *(1)* **broke** / *(2)* **lost my glasses.** J'ai *(1)* cassé / *(2)* perdu mes lunettes. **Zh'ay *(1)* ka-say / *(2)* per-dew may lew-net. I need to get my glasses fixed.** Je dois faire réparer mes lunettes. **Zhuh dwa fer ray-pa-ray may lew-net. The screw in my glasses came out.** La vis de mes lunettes s'est détachée. **La vees duh may lew-net s'ay day-ta-shay.**

glider *n* planeur *m* **pla-nuhr hang** ~ deltaplane *m* **del-ta-plan**

gloomy *adj* tristounet, -te *m&f* **trees-too-nay**, **-net**, morose *m&f* **mo-roz**, sombre *m&f* **sonbr Why are you so gloomy?** Pourquoi *êtes-vous (Fam: es-tu)* si *morose (-s)*? **Poor-kwa et-voo** *(Fam: ay-tew)* **see mo-roz?**

gloss *n* lustre *m* **lewstr**, laque *f* **lak lip** ~ gloss *m* (a lèvres) **glos (_a levr)**

glove *n* gant *m* **gan pair of** ~**s** paire de gants **per duh gan Is this your glove?** Est-ce *votre (Fam: ton)* gant? **Es votr** *(Fam: ton)* **gan?**

gluten-free *adj* sans gluten **san glew-ten**

go *vi* aller **a-lay**
You go
Where are you going? Où *allez-vous (Fam: vas-tu)*? **Oo a-lay-voo** *(Fam: va-tew)?* **Go** *(1)* **back.** / *(2)* **left.** / *(3)* **right.** / *(4)* **straight.** *(1)* Retournez *(Fam: Retourne)* en arrière. / *(2)* Allez *(Fam: Va)* …à gauche. / *(3)* …à droite. / *(4)* …tout droit. *(1)* **Ruh-toor-nay** *(Fam: Ruh-toorn)* **an_a-ryer.** / *(2)* **A-lay** *(Fam: Va)* **…a gosh.** / *(3)* **…a dwat.** / *(4)* **…too drwa. Go around again.** Refaites *(Fam: Refais)* le tour. *Ruh-fet (Fam: Ruh-fay)* **luh toor. Keep going.** Continuez

In French ch is pronounced like **sh** *in "sheep".*

(Fam: Continue). *Kon-tee-new-ay (Fam: Kon-tee-new).* **Where are you going next?** Où *irez-vous (Fam: iras-tu)* après? **Oo** *ee-ray-voo (Fam: ee-ra-tew)* **a-pre? Can you go (there) (with me)?** *Pouvez-vous (Fam: Peux-tu)* venir (avec moi)? *Poo-vay-voo (Fam: Puh-tew)* **vuh-neer_(a-vek mwa)? Would you like to go (there) with** *(1)* **me?** / *(2)* **us?** *Aimeriez-vous (Fam: Aimerais-tu)* venir avec *(1)* moi? / *(2)* nous? *Ay-muh-ryay-voo (Fam: Em-ray-tew)* **vuh-neer a-vek** *(1)* **mwa?** / *(2)* **noo? You can(not) go (with me).** *Vous (ne) pouvez (Fam: Tu [ne] peux)* pas venir (avec moi). *Voo (nuh) poo-vay (Fam: Tew [nuh] puh)* **(pa) vuh-neer_(a-vek mwa). What time do you have to go?** A quelle heure *devez-vous (Fam: dois-tu)* y aller? **A kel_uhr** *duh-vay-voo (Fam: dwa-tew)* **ee_y_a-lay? Where do you want to go?** Où *voulez-vous (Fam: veux-tu)* aller? **Oo** *voo-lay-voo (Fam: vuh-tew)* **a-lay?** *(1)* **When** / *(2)* **Where did you go?** *(1)* Quand / *(2)* Où *êtes-vous (Fam: es-tu)* allé(-es)? *(1)* **Kan** / *(2)* **Oo** *et-voo (Fam: ay-tew)* **a-lay? Do you (really) have to go?** *Devez-vous (Fam: Dois-tu)* (vraiment) y aller? *Duh-vay-voo (Fam: Dwa-tew)* **(vray-man) ee_y_a-lay? I (don't) want you to go.** Je (ne) veux (pas) que *vous vous en alliez (Fam: tu t'en ailles).* **Zhuh (nuh) vuh (pa) kuh** *voo voo_z_an_a-lyay (Fam: tew t'an_aee).* **Please go.** S'il *vous (Fam: te)* plaît, *allez vous-en (Fam: vas-t-en).* **S'eel** *voo (Fam: tuh)* **play,** *a-lay-voo_z_an (Fam: va-t-an).* **Please don't go.** S'il *vous (Fam: te)* plaît, *ne vous en allez (Fam: ne t'en vas)* pas. **S'eel** *voo (Fam: tuh)* **play, nuh** *voo_z_an_a-lay (Fam: nuh t'an va)* **pa.**

Do you like to go... *Aimez (Fam: Aimes-tu)...* *Ay-may-voo (Fam: Em-tew)...*
   ...biking? ...faire du vélo? **...fer dew vay-lo?**
   ...dancing? ...danser? **...dan-say?**
   ...camping? ...camper? **...kan-pay?**
   ...hiking? ...faire de la randonnée? **...fer duh la ran-do-nay?**
   ...rollerblading? ...faire du roller? **...fer dew ro-luhr?**
   ...sightseeing? ...visiter? **...vee-zee-tay?**
   ...skiing? ...skier? **...skee-yay?**
   ...surfing? ...surfer? **...suhr-fay?**
   ...swimming? ...nager? **...na-zhay?**
   ...for (long) walks? ...faire de longues balades? **...fer duh long ba-lad?**
   ...on picnics? ...pique-niquer? **...peek-nee-kay?**

Would you like to go? *Aimeriez-vous (Fam: Aimerais-tu)* y aller? *Ay-muh-ryay-voo (Fam: Em-ray-tew)* **ee_y_a-lay?**

   Would you like to go... *Aimeriez-vous (Fam: Aimerais-tu)* aller... *Ay-muh-ryay-voo (Fam: Em-ray-tew)* **a-lay...**
   ... for a walk... ...faire un tour... **...fer uhn toor...**
   ... on a picnic... ...pique-niquer... **...peek-nee-kay...**
   ... to a ballet... ...à un ballet... **...a uhn ba-lay...**
   ... to a concert... ...à un concert... **...a uhn kon-ser...**
   ... to a dance... ...danser... **...dan-say...**
   ... to a festival... ...à un festival... **...a uhn fes-tee-val...**

Familiar "tu" ("tew") forms in parentheses can replace italicized polite forms.

... to a movie... ...au cinéma... **...o see-nay-ma...**
... to a party... ...à une fête... **...a ewn fet...**
... to a play... ...au théâtre... **...o tay-atr...**
... biking... ...faire du vélo... **...fer dew vay-lo...**
... camping... ...camper... **...ka<u>n</u>-pay...**
... hiking... ...faire de la randonnée... **...fer duh la ra<u>n</u>-do-nay...**
... ice-skating... ...faire du patin à glace... **...fer dew pa-tuh<u>n</u> a glas...**
... rollerblading... ...faire du roller... **...fer dew ro-luhr...**
... shopping... ...faire du shopping... **...fer dew sho-peeng...**
... sightseeing... ...visiter... **...vee-zee-tay...**
... skiing... ...skier... **...skee-yay...**
... swimming... ...nager... **...na-zhay...**
...(with me / us)? ...(avec moi / nous)? **...(a-vek mwa / noo)?**

I / We go

I'm going home. Je rentre chez moi. **Zhuh ra<u>n</u>tr shay mwa.**
I'm going... Je vais... **Zhuh vay...**
 ...to work. ...travailler. **...tra-va-yay.**
 ...to school. ...à l'école. **...a l'ay-kol.**
 ...to the store. ...au magasin. **...o ma-ga-zuh<u>n</u>.**
 ...to my friend's house. ...chez mon *ami (-e).*) **...shay mo<u>n</u>_a-mee.**
 ...shopping. ...faire du shopping / *(food)* faire les courses. **...fer dew sho-peeng.** / *(food)* **fer day koors.**
Next *(1)* **I'm /** *(2)* **we're going to** *(place)*. Par la suite, *(1)* j'irai... / *(2)* nous irons... à (___). **Par la sweet,** *(1)* **zh'ee-ray... /** *(2)* **noo_z_ee-ro<u>n</u>... a (___).** **I can(not) go (with you).** Je (ne) peux (pas) *vous (Fam: t')* accompagner. **Zhuh (nuh) puh (pa)** *voo_z_(Fam: t')*_**a-ko<u>n</u>-pa-nyay. Can I go (with you)?** Puis-je venir (avec *vous [Fam: toi]*)? **Pwee-zh vuh-neer** *(a-vek voo [Fam: twa])*? *(1)* **I /** *(2)* **We have to go at** *(time)*. *(1)* Je dois... / *(2)* Nous devons... aller à (___). *(1)* **Zhuh dwa... /** *(2)* **Noo duh-vo<u>n</u>... a-lay a (___).** *(1)* **I /** *(2)* **We want to go to** *(place)*. *(1)* Je veux... / *(2)* Nous voulons... aller à (___). *(1)* **Zhuh vuh... /** *(2)* **Noo voo-lo<u>n</u>... a-lay a (___).** **I (don't) want to go.** Je (ne) veux (pas) y aller. **Zhuh (nuh) vuh (pa) ee_y_a-lay.** *(1)* **I /** *(2)* **We went** *(3)* **to** *(place)*. / *(4)* **there in** *(month / year)*. *(1)* Je suis allé... / *(2)* Nous sommes allés... *(3)* à (___). / *(4)* là-bas en (___). *(1)* **Zhuh swee_z_a-lay... /** *(2)* **Noo som_z_a-lay...** *(3)* **a (___).** / *(4)* **la-ba a<u>n</u> (___).** *(1)* **I /** *(2)* **We must go.** *(1)* Je dois... / *(2)* Nous devons... y aller. *(1)* **Zhuh dwa... /** *(2)* **Noo duh-vo<u>n</u>... ee_y_a-lay.** **I'm /** *(2)* **We're (not) going to go (there).** *(1)* Je (ne) vais... / *(2)* Nous (n') allons... (pas) y aller. *(1)* **Zhuh (nuh) vay... /** *(2)* **Noo (n')a-lo<u>n</u>... (pa)_z_ee_y_a-lay.** **I don't feel like going.** Je n'ai pas envie d'y aller. **Zhuh n'ay pa_z_a<u>n</u>-vee d'ee_y_a-lay.** *(1)* **I /** *(2)* **We like to go....** *(See choices above under "You go")* *(1)* J'aimerais... / *(2)* Nous aimerions... aller à.... *(1)* **Zh'em-ray... /** *(2)* **Noo_z_a-muh-ryo<u>n</u>... a-lay a...**

Let's go

The letter h in French is always silent.

go   **go away**

Let's go! Allons-y! **A-lon_z_ee!**
  Let's go to… Allons… **A-lon…**
    … (1) my / (2) your apartment. …à (1) mon / (2) votre (Fam: ton) appartement. **…a (1) mon / (2) votr (Fam: ton) _a-par-tuh-man.**
    … (1) my / (2) your hotel. …à (1) mon / (2) votre (Fam: ton) hôtel. **…a (1) mon / (2) votr (Fam: ton) _o-tel.**
    … (1) my / (2) your house. …à (1) ma / (2) votre (Fam: ta) maison. **…a (1) ma / (2) votr (Fam: ta) may-zon.**
    … (1) my / (2) your (3,4) place. …à (1) ma / (2) votre (Fam: ta) (3) maison. / …à (1) mon / (2) votre (Fam: ton) (4) appartement. **…a (1) ma / (2) votr (Fam: ta) (3) (house) may-zon. / …a (1) mon / (2) votr (Fam: ton) (4) (apt.) a-par-tuh-man.**
    … (1) my / (2) your room. …dans (1) ma / (2) votre (Fam: ta) chambre. **…dan (1) ma / (2) votr (Fam: ta) shanbr.**
Let's go eat dinner (together). Allons dîner (ensemble). **A-lon dee-nay (an-sanbl).** **Let's go...** *(See choices of activities above under "You go")* Allons... **A-lon…**

He / She / They
  When… Quand… **Kan…**
  Where… Où… **Oo…**
    …did he go? …est-il allé? **…ay_t-eel a-lay?**
    …did she go? …est-elle allée? **…ay-t-el_a-lay?**
    …did they go? …sont-*ils (Fpl: elles)* allé(e)s? **…son_t-*eel* (Fpl: *el*) a-lay?**
  He went… Il est allé… **Eel_ay_t_a-lay…**
  She went… Elle est allée… **El_ay_t_a-lay…**
  They went… Ils *(Fpl: Elles)* sont *allé(e)s*… *Eel (Fpl: El)* **son_t_a-lay…**
    …to *(place)*. …à (___). **…a (___).**
    …there in *(month / year)*. …là-bas en (___). **…la-ba an (___).**
Other

Go! *(encouragement to team or player)* Allez! **A-lay!** **Way to go!** *(Good performance!)* Continue! **Kon-tee-new!** **How's it going?** Comment ça va? **Ko-man sa va?** **Don't be so inhibited. Let yourself go.** Ne *vous découragez (Fam: te décourage)* pas. Foncez *(Fam: Fonce)*. **Nuh *voo day-koo-ra-zhay (Fam: tuh day-koo-razh)* pa. Fon-say *(Fam: Fons)*.** **Let me go.** Laissez *(Fam: Laisse)*-moi y aller. **Lay-say *(Fam: Les)*-mwa ee_y_a-lay.** **Let go of (1) me! / (2) my arm!** Lachez *(Fam: Lache)* (1) -moi! / (2) mon bras! **La-shay *(Fam: Lash)* (1) -mwa! / (2) mon bra!**

♦ **go all the way** *idiom (have sex with)* passer à l'acte **pa-say a l'akt** **I don't want to go all the way with you.** Je ne veux pas passer à l'acte avec toi. **Zhuh nuh vuh pa pa-say a l'akt a-vek twa.**

♦ **go away** *idiom* s'en aller **s'an_a-lay** **Go away!** Allez-vous en *(Fam: Vas-t'en)*! **A-lay-voo_z_an *(Fam: Va-t'an)*!** **Please don't go away.** S'il *vous (Fam: te)* plaît, ne *vous en allez (Fam: t'en vas)* pas. **S'eel *voo (Fam: tuh)* play, nuh

---

Common occupations are listed on pages 526-533.

voo_z_an_a-lay (Fam: t'an va) **pa.**

- **go back** *idiom* retourner **ruh-toor-nay** **Let's go back to the hotel.** Retournons à l'hôtel. **Ruh-toor-non_a l'o-tel.**
- **go in** *idiom* entrer **an-tray**
- **go in for** *idiom* concourir **kon-koo-reer**, participer **par-tee-see-pay**, s'intéresser **s'uhn-tay-ray-say** **What sort of** *(1)* **hobbies** / *(2)* **sports do you go in for?** A quels *(1)* hobbies / *(2)* sports vous intéressez-vous *(Fam: t'intéresses-tu)*? **A kel** *(1)* **o-bee** / *(2)* **spor** *voo_z_uhn-tay-ray-say-voo (Fam: t'uhn-tay-res-tew)*? **I don't go in for such things.** Je ne participe pas à ce genre de choses. **Zhuh nuh par-tee-seep pa_z_a suh zhanr duh shoz.**
- **go on** *idiom* 1. *(continue)* continuer **kon-tee-new-ay**; 2. *(happen)* arriver **a-ree-vay**, se passer **suh pa-say** **Please go on (with your story).** Je *vous (Fam: t')* en prie, *continuez (Fam: continue)* (à raconter *votre [Fam: ton]* histoire). **Zhuh** *voo_z_(Fam: t')_an* **pree,** **kon-tee-new-ay** *(Fam: kon-tee-new)* *(a ra-kon-tay votr_[Fam: ton]_ees-twar)*. **What's going on?** Qu'est-ce qui se passe? **K'es kee suh pas?**
- **go out** *idiom* sortir **sor-teer** **Do you want to go out tonight?** *Voulez-vous (Fam: Veux-tu)* sortir ce soir? *Voo-lay-voo (Fam: Vuh-tew)* **sor-teer suh swar?** **I'd like (very much) to go out with you (sometime). How about...** J'aimerais (vraiment) sortir avec *vous (Fam: toi)* (de temps à autres). Ca *vous (Fam: te)* dirait... **Zh'em-ray (vray-man) sor-teer_a-vek** *voo (Fam: twa)* **(duh tan_z_a otr). Sa** *voo (Fam: tuh)* **dee-ray...**
    - **...this evening?** ...de sortir ce soir? **...duh sor-teer suh swar?**
    - **...tomorrow (evening)?** ...de sortir demain (soir)? **...duh sor-teer duh-muhn (swar)?**
    - **...next Saturday?** ...de sortir samedi prochain? **...duh sor-teer sam-dee pro-shuhn?**
    - **...in five minutes?** ...dans cinq minutes? **...dan suhnk mee-newt?**

  (How) would you like to go out to dinner with me... Ca *vous (Fam: te)* dirait de sortir dîner avec moi... **Sa** *voo (Fam: tuh)* **dee-ray duh sor-teer dee-nay a-vek mwa...**
    - **...this evening?** ...ce soir? **...suh swar?**
    - **...tomorrow (evening)?** ...demain (soir)? **...duh-muhn (swar)?**
    - **...next Saturday?** ...samedi prochain? **...sam-dee pro-shuhn?**

  Let's (you and I) go out to dinner... Sortons (, toi et moi,) dîner... **Sor-ton (, twa ay mwa,) dee-nay...**
    - **...this evening.** ...ce soir. **...suh swar.**
    - **...tomorrow (evening).** ...demain (soir). **...duh-muhn (swar).**
    - **...next Saturday.** ...samedi prochain. **...sam-dee pro-shuhn.**
- **go too far** *idiom* aller trop loin **a-lay tro lwuhn** **This has gone too far.** Cette fois-ci, c'est (allé) trop (loin). **Set fwa-see, s'ay_t_(a-lay) tro (lwuhn).** **I don't want to go too far** Je ne veux pas aller trop loin. **Zhuh nuh vuh pa**

At the end of a word, s, d, t and x are generally silent.

_z_a-lay tro lwuhn.
- **go up** *idiom* grimper **gruhn-pay**, s'envoler **s'an-vo-lay** **Prices keep going up.** Les prix continuent de s'envoler. **Lay pree kon-tee-new duh s'an-vo-lay.**

go *n* coup *m* **koo**, tentative *f* **tan-ta-teev give it a ~** essayer **ay-say-yay give it another ~** ré-essayer **ray-ay-say-yay I'll give it a ~.** J'essaierai. **Zh'ay-say-ray. Let's give it a go.** Essayons. **Ay-say-yon.**

goal *n* 1. *(aim, objective)* but *m* **bewt**; objectif *m* **ob-zhek-teef**; 2. *(soccer: net)* but *m* **bewt**; 3. *(sports)* but *m* **bewt What are your goals in life?** Quels sont *vos (Fam: tes)* buts dans la vie? **Kel son *vo (Fam: tay)* bewt dan la vee? My goal in life is *(what)*.** Mon but dans la vie est de (___). **Mon bewt dan la vee ay duh (___). It's a goal!** But! **Bewt! What a goal!** Quel but! **Kel bewt!** *(1)* **He** / *(2)* **She** *(3)* **kicked** / *(4)* **scored a goal!** *(1)* Il / *(2)* Elle a *(3,4)* marqué un but! *(1)* **Eel_ / *(2)* El_a *(3,4)* mar-kay uhn bewt! Who *(1)* kicked / *(2)* scored the goal?** Qui a *(1,2)* marqué le but? **Kee a *(1,2)* mar-kay luh bewt?** ♦ **goalkeeper** *n* gardien *m* de but **gar-juhn duh bewt** ♦ **goalie** *n* gardien (de but) *m* **gar-juhn (duh bewt)**, goal *m* **gol**

God; god *n* 1. *(God)* Dieu *m* **Juh**; 2. *(other)* dieu *m* **juh nectar of the ~s** nectar des dieux **nek-tar day juh Do you believe in God?** *Croyez-vous (Fam: Crois-tu)* en Dieu? *Krwa-yay-voo (Fam: Krwa-tew)* **an Juh? I (don't) believe in God.** Je (ne) crois (pas) en Dieu. **Zhuh (nuh) krwa (pa) an Juh. I'm grateful to God for bringing us together.** Je remercie Dieu que nos chemins se soient croisés. **Zhuh ruh-mer-see Juh kuh no shuh-muhn suh swa krwa-zay. Thank God!** Dieu merci! **Juh mer-see! Good God!** Bon Dieu! **Bon Juh! My God!** Mon Dieu! **Mon Juh!** ♦ **goddess** *n* déesse *f* **day-es You are my goddess of love.** Tu es ma déesse de l'amour. **Tew ay ma day-es duh l'a-moor.**

goggles lunettes *fpl* **lew-net swim(ming) ~** lunettes *fpl* de plongée **lew-net duh plon-zhay**

gold *adj* en or **an_or ~ ring** bague *f* en or **bag_an_or** ♦ *n* or *m* **or It's made of gold.** C'est fait d'or. **S'ay fay d'or.** ♦ **golden** *adj* doré, -e *m&f* **do-ray ~ hair** cheveux *mpl* dorés **shuh-vuh do-ray**

golf *adj* de golf **duh golf ~ ball(s)** balle*(s) f (pl)* de golf **bal duh golf ~ club(s)** club*(s) m (pl)* de golf **kluhb duh golf ~ course** parcours *m* de golf **par-koor duh golf ~ score** score *m* **skor**, *(amateur)* handicap *m* **an-dee-kap** ♦ *n* golf *m* **golf** *(See also phrases under* **like, love** *and* **play**.*)* **miniature ~** golf miniature **golf mee-nyah-tewr miniature ~ course** parcours de golf miniature **par-koor duh golf mee-nya-tewr How about a round of golf?** Ça *vous (Fam: te)* dirait une partie de golf? **Sa *voo (Fam: tuh)* dee-ray ewn par-tee duh golf?** ♦ **golfer** *n* joueur, joueuse *m&f* de golf **zhoouhr, -uhz duh golf**, golfeur, golfeuse *m&f* **gol-fuhr, -fuhz avid ~** *golfeur (F: golfeuse) passionné(-e)* *gol-fuhr (F: gol-fuhz)* **pa-syo-nay** ♦ **golfing** *n* le golf *m* **luh golf**

good *adj* bon, bonne *m&f* **bon, bon** *(See also* **best** *and* **better**) **~ news** bonne nouvelle *f* **bon noo-vel ~ person** bonne personne *f* **bon per-son have a ~ time** passer un bon moment **pa-say_r_uhn bon mo-man Good!** Bien! **Byuhn!**

---

*Feminine forms of words in phrases are
usually given in parentheses (italicized).*

Goodbye! 160 **gracefully**

Good morning! Bonjour! **Bon-zhoor! Good afternoon!** Bon après-midi! **Bon_a-pre-mee-dee! Good evening!** Bonne soirée! **Bon swa-ray! Good night!** Bonne nuit! **Bon nwee! It's good to see you again.** C'est cool de *vous (Fam: te)* revoir. **S'ay kool duh** *voo (Fam: tuh)* **ruh-vwar. Not too good.** C'est moyen. **S'ay mwa-yuhn.** **That** *(1)* **is /** *(2)* **was very good of you.** *(1)* C'est / *(2)* C'était vraiment gentil de *votre (Fam: ta)* part. *(1)* **S'ay… /** *(2)* **S'ay-tay… vray-man zhan-tee duh** *votr (Fam: ta)* **par.** *(1,2)* **That tastes good.** *(1)* Ça a bon goût. / *(2)* C'est bon. *(1)* **Sa a bon goo. /** *(2)* **S'ay bon. Be good!** *Soyez (Fam: Sois) gentil (-le)*! *Swa-yay (Fam: Swa) zhan-tee (F: zhan-teey[uh])*! ♦ **Goodbye!** Au revoir! **O ruh-vwar!** ♦ **goodhearted** *adj* généreux, généreuse *m&f* **zhay-nay-ruh, -ruhz**, (qui) a bon cœur **(kee) a bon kuhr** ♦ **good-looking** *adj* beau, bel *m*, belle *f* **bo, bel, bel** ♦ **good-natured** *adj* gentil, -le *m&f* **zhan-tee, -teel**, (qui) a bon fond **(kee) a bon fon**

goof *n* andouille *m&f* **an-dooy** **What a goofy girl!** Quelle andouille! **Kel_an-dooy! He's a goofy guy.** C'est un andouille. **S'ay_t_uhn_an-dooy.**

gorgeous *adj* magnifique *m&f* **ma-nee-feek** *(1)* **He's /** *(2)* **She's /** *(3)* **It's /** *(4)* **You're /** *(5)* **They're gorgeous!** *(1)* Il est superbe! / *(2)* Elle est superbe! / *(3)* C'est superbe! / *(4)* *Vous êtes (Fam: Tu es)* superbe! / *(5)* *Ils (Fpl: Elles)* sont superbes! *(1)* **Eel_ay sew-perb! /** *(2)* **El_ay sew-perb! /** *(3)* **S'ay sew-perb! /** *(4)* **Voo_z_et** *(Fam: Tew ay)* **sew-perb! /** *(5)* **Eel** *(Fpl: El)* **son sew-perb!**

gospel *n* gospel *m* **gos-pel**

Gothic, gothic *adj* gothique *m&f* **go-teek**

gourmet *n* gourmet *m* **goor-may** ~ **cook** cuisinier renommé **kwee-zee-neeyay ruh-no-may**

government *adj* gouvernemental, -e *m&f* **goo-ver-nuh-man-tal** ~ **agency** le gouvernement **luh goo-ver-nuh-man** ~ **employee** *employé (-e) m&f* du gouvernement **an-plwa-yay dew goo-ver-nuh-man** ~ **regulation** régulation *f* gouvernementale **ray-gew-la-syon goo-ver-nuh-man-tal** ~ **service** institution *f* gouvernementale **uhns-tee-tew-syon goo-ver-nuh-man-tal** ♦ *n* gouvernement *m* **goo-ver-nuh-man I work for the government.** Je travaille pour le gouvernement. **Zhuh tra-vaee poor luh goo-ver-nuh-man.**

gown *n* robe *f* de soirée *f* **rob duh swa-ray** **beautiful** ~ robe de soirée magnifique **rob duh swa-ray ma-nee-feek** **bridal** ~ robe de mariée **rob duh ma-ryay** **cocktail** ~ robe de soirée **rob duh swa-ray** **evening** ~ robe de soirée **rob duh swa-ray** **wedding** ~ robe de mariée **rob duh ma-ryay**

GPS *abbrev* = **global positioning system** GPS *m* **ZhayPayEs**

grab *vt* s'emparer **s'an-pa-ray**; saisir **say-zeer** **Grab the** *(1-3)* **line!** *Attrapez (Fam: Attrape)* *(1) (fishing)* la ligne! / *(2) (boats)* l'amarre! / *(3) (rope)* la corde! *A-tra-pay (Fam: A-trap) (1)* **la leenyuh! /** *(2)* **l'a-mar! /** *(3)* **la kord!**

graceful *adj* gracieux, gracieuse *m&f* **gra-syuh, -syuhz** ~ **dancer** danceuse *f* gracieuse **dan-suhz gra-syuhz** ♦ **gracefully** *adv* gracieusement **gra-syuhz-man**, avec grace **a-vek gras** **move** ~ se déplacer avec grace **suh day-pla-say a-vek gras**

Before a, o, u or a consonant, c is pronounced like **k**.

about *(age)*. J'imagine que *vous devez (Fam: tu dois)* avoir environ (___) ans. **Zh'ee-ma-zheen kuh** *voo duh-vay (Fam: tew dwa)*_**z_a-vwar an-vee-ron (___) _an. I guess...** *(suppose)* Je suppose... **Zhuh sew-poz… I guess it's time to go.** On devrait y aller. **On duh-vray ee_y_a-lay. I guess so.** Je pense que oui. **Zhuh pans kuh wee**. ♦ **guess** *n* supposition **sew-po-zee-syon** educated ~ réflexion **ray-flek-syon Take a guess!** Devinez *(Fam: Devine)*! *Duh-vee-nay (Fam: Duh-veen)*! **I'm going to take a wild guess.** Je vais dire la première chose qui me vient à l'esprit. **Zhuh vay deer la pruh-myer shoz kee muh vyuhn a l'es-pree. Three guesses!** Trois chances de deviner ! **Trwa shans duh duh-vee-nay! It was a lucky guess.** Quelle chance *vous avez (Fam: tu as)* eu de deviner. **Kel shans** *voo_z_a-vay (Fam: tew a)* **ew duh duh-vee-nay**

guest *n (home)* invité *m* **uhn-vee-tay**; *(hotel)* client, -e *m&f* **klee-an, -ant** *(1)* **I** / *(2)* **We want you to be** *(3)* **my** / *(4)* **our guest(s).** *(1)* Je veux… / *(2)* Nous voulons… que *vous soyez (Fam: tu sois) (3)* mon / *(4)* notre invité. *(1)* **Zhuh vuh…** / *(2)* **Noo voo-lon… kuh** *voo swa-yay (Fam: tew swa) (3)* **mon_** / *(4)* **notr_uhn-vee-tay**. **Be my guest.** Soyez *(Fam: Sois)* mon invité. **Swa-yay** *(Fam: Swa)* **mon_uhn-vee-tay. You're** *(1)* **my** / *(2)* **our guest.** Vous êtes *(Fam: Tu es) (1)* mon / *(2)* notre invité. *Voo_z_et (Fam: Tew ay) (1)* **mon_** / *(2)* **notr_uhn-vee-tay. You're** *(1)* **my** / *(2)* **our guests.** Vous êtes *(1)* mes / *(2)* nos invités. **Voo_z_et** *(1)* **may_z_** / *(2)* **no_z_uhn-vee-tay.** ♦ **guest-house** *n* pensionnaire *f* **pan-syo-ner**

guide *vt* guider **ghee-day Can you guide** *(1)* **me?** / *(2)* **us?** Pouvez-vous *(Fam: Peux-tu) (1)* me guider? / *(2)* nous guider? *Poo-vay-voo (Fam: Puh-tew) (1)* **muh ghee-day?** / *(2)* **noo ghee-day? Thank you for guiding** *(1)* **me.** / *(2)* **us**. Merci de *(1)* m'avoir guidé. / *(2)* nous avoir guidé. **Mer-see duh** *(1)* **m'a-vwar ghee-day.** / *(2)* **noo_z_a-vwar ghee-day.** ♦ *n* 1. *(person)* guide *m&f* **gheed**; 2. *(book)* guide *m* **gheed** tourist ~ guide touristique **gheed too-rees-teek** travel ~ guide *m* de voyage **gheed duh vwa-yazh You can be** *(1)* **my** / *(2)* **our guide.** *Vous pouvez (Fam: Tu peux)* être *(1)* mon *(F: ma)* / *(2)* notre guide. *Voo poo-vay (Fam: Tew puh)* **etr** *(1)* **mon** *(F: ma)* / *(2)* **notr gheed. I'll be your guide.** Je serai *votre (Fam: ton [F: ta])* guide. **Zhuh suh-ray** *votr (Fam: ton [F: ta])* **gheed. Can you recommend a guide?** *Pouvez-vous (Fam: Peux-tu)* me recommender un guide? *Poo-vay-voo (Fam: Puh-tew)* **muh ruh-ko-man-day uhn gheed? Excuse me, do you know where I could find a guide?** Excusez-moi, savez-vous où je peux trouver un guide? **Eks-kew-zay-mwa, sa-vay-voo oo zhuh puh troo-vay_r_uhn gheed? I need a guide around this city. Are you available?** J'ai besoin d'un guide pour visiter la ville. Etes-vous disponible? **Zh'ay buh-zwuhn d'uhn gheed poor vee-zee-tay la veel. Et-voo dees-po-neebl? I'd like to get a guide to show me around the art museum. Do you know where I could find one?** J'aimerais trouver un guide pour me faire visiter les alentours du musée d'art. Savez-vous où je peux en trouver un? **Zh'em-ray troo-vay uhn gheed poor muh fer vee-zee-tay lay_z_a-lan-toor dew mew-zay d'ar. Sa-vay-voo oo zhuh puh an troo-vay uhn?** ♦ **guided** *adj* guidé, -e *m&f* **ghee-day**

Final consonants of words are often not pronounced, but usually run together with next words that start with vowels.

grey *adj* gris, -e *m&f* gree, greez *(1,2)* ~ **day** jour *m* gris zhoor gree *(See* **gray**.*)*

grin *vi* sourire soo-reer **What are you grinning about?** Qu'est-ce que c'est que ce sourire béat? K'es kuh s'ay kuh suh soo-reer bay-a? ♦ *n* sourire *m* soo-reer **big** ~ grand sourire gran soo-reer

grocery store *n* supérette *f* sew-pay-ret, épicerie *f* ay-pee-suh-ree **Is there a grocery store around here?** Est-ce qu'il y a une supérette dans le coin? Es k'eel ee_y_a ewn sew-pay-ret dan luh kwuhn?

groom *n* marié *m* ma-ryay

grouchy *adj* grognon, -ne *m&f* gro-nyon, -nyon, de mauvaise humeur duh mo-vez_ew-muhr **I'm sorry I was so grouchy.** Je suis *désolé (-e)*, j'étais de mauvaise humeur. Zhuh swee day-zo-lay, zh'ay-tay duh mo-vez_ew-muhr.

ground *n* 1. *(soil)* sol *m* sol, terre *f* ter; 2. *(basis, reason)* motif *m* mo-teef **in(to) the** ~ sous terre soo ter **sleep on the** ~ dormir par terre dor-meer par ter

group *n* groupe *m* groop **Which group** *(1)* **am I...** / *(2)* **are we...** / *(3)* **are you... in?** Dans quel groupe *(1)* suis-je? / *(2)* sommes-nous? / *(3)* êtes-vous (Fam: es-tu)? Dan_kel groop *(1)* swee-zh? / *(2)* som-noo? / *(3)* et-voo (Fam: ay-tew)? *(1)* **I'm** / *(2)* **We're with the group.** *(1)* Je fais… / *(2)* Nous faisons… partie du groupe. *(1)* Zhuh fay… / *(2)* Noo fuh-zon… par-tee dew groop. **Can** *(1)* **I** / *(2)* **we join your group?** Est-ce que *(1)* je peux me… / (2) nous pouvons nous… joindre à *votre (Fam: ton)* groupe? Es kuh *(1)* zhuh puh muh… / *(2)* noo poo-von noo… zhwuhndr_a *votr (Fam: ton)* groop? **You can join our group.** *Vous pouvez vous (Fam: Tu peux te)* joindre à notre goupe. Voo poo-vay voo *(Fam: Tew puh tuh)* zhwuhndr_a notr groop.

grow *vt* faire pousser fer poo-say **What do you grow?** Qu'est-ce que *vous faites (Fam: tu fais)* pousser? K'es kuh *voo fet (Fam: tew fay)* poo-say? ♦ *vi* grandir gran-deer **I grew up** *(1)* **in** *(city)*. / *(2)* **on a farm.** J'ai grandi *(1)* à (___). / *(2)* dans une ferme. Zh'ay gran-dee *(1)* a (___). / *(2)* dan_z_ewn ferm. **My love for you grows more and more every day.** Mon amour pour toi grandit de jour en jour. Mon_a-moor poor twa gran-dee duh zhoor_an zhoor.

grumpy *adj* susceptible *m&f* sew-sep-teebl **You're awfully grumpy today.** Tu es très susceptible aujourd'hui. Tew ay tre sew-sep-teebl o-zhoor-d'wee.

guard *vt* garder gar-day, avoir la garde de a-vwar la gard duh, surveiller sewr-vay-yay, s'occuper de s'o-kew-pay duh **Can you guard this for me (for a few minutes)?** *Pouvez-vous (Fam: Peux-tu)* faire attention à cela (quelques minutes)? Poo-vay-voo *(Fam: Puh-tew)* fer_a-tan-syon a suh-la (kel-kuh mee-newt)? *(1)* **I'll** / *(2)* **We'll guard it for you.** *(1)* Je le surveillerai… / *(2)* Nous le surveillerons… pour *vous (Fam: toi)*. *(1)* Zhuh luh sewr-ve-yuh-ray… / *(2)* Noo luh sewr-ve-yuh-ron… poor voo *(Fam: twa)*.

guess *vi* penser pan-say, deviner duh-vee-nay, supposer sew-po-zay, imaginer ee-ma-zhee-nay **Guess** *(1)* **who.** / *(2)* **what.** Devinez *(Fam: Devine)* *(1)* qui. / *(2)* quoi. Duh-vee-nay *(Fam: Duh-veen)* *(1)* kee. / *(2)* kwa. **Can you guess how old I am?** *Pouvez-vous (Fam: Peux-tu)* deviner quel age j'ai? Poo-vay-voo *(Fam: Puh-tew)* duh-vee-nay kel_azh zh'ay? **I would guess that you're**

Learn a new French phrase every day! Subscribe to the free **Daily Dose of French**, *www.phrase-books.com.*

grass *n* herbe *f* erb, gazon *m* ga-zon Let's lie (over there) in the grass. Allongeons-nous (là-bas) dans l'herbe. A-lon-zhon-noo (la-ba) dan l'erb.

grateful *adj* reconnaissant, -e *m&f* ruh-ko-nay-san, -sant *(1)* **I'm / (2) We're very grateful to you.** *(1)* Je suis très *reconnaissant (-e).* / *(2)* Nous sommes très *reconnaissants (-es).* *(1)* Zhuh swee tre ruh-ko-nay-san *(F: ruh-ko-nay-sant).* / *(2)* Noo som tre ruh-ko-nay-san *(Fpl: ruh-ko-nay-sant).* ♦ **gratitude** *n* gratitude *f* gra-tee-tewd, reconnaissance *f* ruh-ko-nay-sans **I want to show you my gratitude.** Je veux *vous (Fam: t')* exprimer ma gratitude. Zhuh vuh voo *(Fam: t')* eks-pree-may ma gra-tee-tewd. **We want to show you our gratitude.** Nous voulons *vous (Fam: t')* exprimer notre gratitude. Noo voo-lon voo *(Fam: t')* eks-pree-may notr gra-tee-tewd.

grave *n* sépulture *f* say-pewl-tewr, tombe *f* tonb *(1)* **I'd / (2) We'd like to find the grave of** *(name)*. *(1)* Je voudrais… / *(2)* Nous voudrions… trouver la tombe de (___). *(1)* Zhuh voo-dray… / *(2)* Noo voo-dree-yon… troo-vay la tonb duh (___). **I want to visit the grave of my** *(relative)* **who died in World War II.** Je voudrais visiter la tombe de *mon (F: ma)* (___) qui est *mort (-e)* pendant la Deuxième Guerre Mondiale. Zhuh voo-dray vee-zee-tay la tonb duh mon *(F: ma)* (___) kee ay mor *(F: mort)* pan-dan la Duh-zyem Ger Mon-jal.

gray *adj* gris, -e *m&f* gree, greez ~ **hair** cheveux *m pl* gris shuh-vuh gree

great *adj* 1. *(large)* grand, -e *m&f* gran, grand 2. *(terrific; magnificent)* fabuleux, fabuleuse *m&f* fa-bew-luh, -luhz, magnifique *m&f* ma-nee-feek, formidable *m&f* for-mee-dabl, super *m&f* sew-per **Great!** Super! Sew-per! **That's great.** C'est super. S'ay sew-per. **That was (absolutely) great.** C'était (super) génial. S'ay-tay (sew-per) zhay-nyal. *(1)* **I / (2) We had a great** *(3)* **day. / (4) evening. / (5) time.** *(1)* J'ai… / *(2)* Nous avons… passé *(3)* une excellente journée. / *(4)* une excellente soirée. / *(5)* un bon moment. *(1)* Zh'ay… / *(2)* Noo_z_a-von… pa-say *(3)* ewn_ek-say-lant zhoor-nay. / *(4)* ewn_ek-say-lant swa-ray. / *(5)* uhn bon mo-man. **We can have a great time together.** Nous pouvons passer un bon moment ensemble. Noo poo-von pa-say uhn bon mo-man an-sanbl. **You look great!** Vous êtes *(Fam: Tu es)* superbe! Voo_z_ et *(Fam: Tew ay)* sew-perb! **I feel great.** Je me sens très bien. Zhuh muh san tre buhn. ♦ *adv* remarquablement ruh-mar-ka-bluh-man, magnifiquement ma-nee-feek-man, fabuleusement fa-bew-luhz-man **You played great.** Tu as remarquablement joué. Tew a ruh-mar-ka-bluh-man zhooay.

greedy *adj* avare *m&f* a-var; *(avid, eager)* avide *m&f* a-veed **Don't be greedy.** Ne soyez *(Fam: sois)* pas avare. Nuh swa-yay *(Fam: swa)* pa_z_a-var. **I'm greedy about your kisses.** Je suis *friand (-e)* de *vos (Fam: tes)* baisers. Zhuh swee free-an *(F: free-and)* duh vo *(Fam: tay)* bay-zay.

Greek *adj* grec, grecque *m&f* grek ♦ *n* Grec, Grecque *m&f* Grek

green *adj* vert, -e *m&f* ver, vert

greet *vt* saluer sa-lew-ay ~ **warmly** saluer chaleureusement sa-lew-ay sha-luh-ruhz-man ♦ **greeting** *n* salutation *f* sa-lew-ta-seyon **Greetings!** Bienvenue! Byuhn-vuh-new!

Numbers in French are given on pages 519-520.

grade *n* 1. *(year in school)* classe **klas**; 2. *(school mark)* note **not** ~ **point average (GPA)** moyenne *f* générale **mwa-yen zhay-nay-ral What grade are you in?** Dans quelle classe *êtes-vous (Fam: es-tu)*? **Da̱n kel klas_et-voo** *(Fam: ay-tew)*? **What grade is *(1)* he / *(2)* she in?** *(1)* Dans quelle classe *(1)* est-il? / *(2)* est-elle? **Da̱n kel klas *(1)* ay_t-eel? / *(2)* ay_t-el?** *(1)* **He** / *(2)* **She is in the** *(number)* **grade.** *(1)* Il / *(2)* Elle est en (___). *(1)* **Eel** / *(2)* **El_ay a̱n (___). What kind of grades do you get in** *(subject)*? Combien *avez-vous (Fam: as-tu)* eu en (___)? **Ko̱n-byuhn *a-vay-voo** *(Fam: a-tew)* ew a̱n (___)? **My grades are *(1)* good. / *(2)* okay. / *(3)* so-so.** J'ai de *(1)* bonnes notes. / *(2)* des notes pas mauvaises. / *(3)* des notes moyennes. **Zh'ay duh *(1)* bon not. / *(2)* day not pa mo-vez. / *(3)* day not mwa-yen.**

gradually *adv* graduellement **gra-dew-el-ma̱n**

graduate *vi* passer **pa-say**, avoir son année **a-vwar so̱n dee-plom**, être *diplômé (-es)* **etr dee-plo-may What university did you graduate from?** De quelle université *êtes-vous (Fam: es-tu)* diplômé (-es)? **Duh kel_ew-nee-ver-see-tay et-voo** *(Fam: ay-tew)* **dee-plo-may? I graduated from** *(name of university)*. Je suis *diplômé (-e)* de (___). **Zhuh swee dee-plo-may duh (___). When did you graduate?** Quand *avez-vous (Fam: as-tu)* eu votre *(Fam: ton)* année? **Ka̱n *a-vay-voo** *(Fam: a-tew)* ew votr *(Fam: ton)* _a-nay? I graduated *(1)* this year. / *(2)* last year. / *(3)* in** *(year)*. J'ai eu mon diplôme *(1)* cette année. / *(2)* l'année dernière. / *(3)* en (___). **Zh'ay ew mo̱n dee-plom *(1)* set_a-nay. / *(2)* l'a-nay der-nyer. / *(3)* a̱n (___). When will you graduate?** Quand *serez-vous (Fam: seras-tu)* diplômé (-e)? **Ka̱n suh-ray-voo** *(Fam: suh-ra-tew)* **dee-plo-may? I'll graduate *(1)* this year. / *(2)* next year. / *(3)* in** *(year)*. Je serai *diplômé (-e)* *(1)* cette année. / *(2)* l'année prochaine. / *(3)* en (___). **Zhuh suh-ray dee-plo-may *(1)* set_a-nay. / *(2)* l'a-nay pro-shen. / *(3)* a̱n (___). What are you going to do after you graduate?** Qu'allez-vous *(Fam: Que vas-tu)* faire une fois que *vous serez (Fam: tu seras)* diplômé (-e)? **K'a-lay-voo** *(Fam: Kuh va-tew)* **fer_ewn fwa kuh voo suh-ray** *(Fam: tew suh-ra)* **dee-plo-may? After I graduate, I'm going to...** Quand je serai *diplômé (-e)*, je vais... **Ka̱n zhuh suh-ray dee-plo-may, zhuh vay...** ♦ **graduation** *n* (cérémonie *f* de) remise *f* de diplômes **(say-ray-mo-nee duh) ruh-meez day dee-plom after ~** après la remise de diplômes **a-pre la ruh-meez day dee-plom**

grammar *n* grammaire *f* **gra-mer I don't understand the grammar.** Je ne comprends pas la grammaire. **Zhuh nuh ko̱n-pra̱n pa la gra-mer. Could you explain the grammar of this to me?** Pourriez-vous *(Fam: Pourrais-tu)* m'expliquer la règle de grammaire dans ce cas? **Poo-ryay-voo** *(Fam: Poo-ray-tew)* **m'eks-plee-kay la regl duh gra-mer da̱n suh ka?**

grandchild *n* petit-enfant *m&f* **puh-tee_t-a̱n-fa̱n** ♦ **grandchildren** *n pl* petits-enfants *m&fpl* **puh-tee_z_a̱n-fa̱n** ♦ **granddaughter** *n* petite-fille *f* **puh-teet feey(uh)** ♦ **grandfather** *n* grand-père *m* **gra̱n-per** ♦ **grandmother** *n* grand-mère *f* **gra̱n-mer** ♦ **grandparents** *n pl* grands-parents *m&fpl* **gra̱n-pa-ra̱n** ♦ **grandson** *n* petit-fils *m* **puh-tee-fees**

Before e, i, or y, c is pronounced like **s**.

~ **tour** visite *f* guidée **vee-zeet ghee-day**

guilty *adj* coupable *m&f* **koo-pabl** *You have a guilty look on your face.* Vous avez *(Fam: Tu as)* l'air coupable. *Voo_z_a-vay (Fam: Tew a)* **l'er koo-pabl.** *(1)* **I** / *(2)* **We feel so guilty about it.** *(1)* Je me sens tellement coupable. / *(2)* Nous nous sentons tellement coupables. *(1)* **Zhuh muh san tel-man koo-pabl.** / *(2)* **Noo noo san-ton tel-man koo-pabl.**

guitar *n* guitare *f* **ghee-tar** *(See phrases under* **know how, like, love** *and* **play**.*)* **bass** ~ guitare *f* basse **ghee-tar bas** *Could you teach me how to play the guitar?* Pouvez-vous *(Fam: Peux-tu)* m'apprendre à jouer de la guitare? *Poo-vay-voo (Fam: Puh-tew)* **m'a-prandr_a zhooay duh la ghee-tar?** *Where can I (1) get my guitar fixed? / (2) get a new guitar string?* Où puis-je *(1)* faire réparer ma guitare? / *(2)* trouver une nouvelle corde pour ma guitare? **Oo pwee-zh** *(1)* **fer ray-pa-ray ma ghee-tar?** / *(2)* **troo-vay ewn noo-vel kord poor ma ghee-tar?**

gullible *adj* crédule *m&f* **kray-dewl**, naïf, naïve *m&f* **na-eef, -eev**, ingénu, -e *m&f* **uhn-zhay-new** *You must think I'm awfully gullible.* Vous devez *(Fam: Tu dois)* penser que je suis extrêmement naïf *(F: naïve)*. *Voo duh-vay (Fam: Tew dwa)* **pan-say kuh zhuh swee eks-trem-man** *na-eef (F: na-eev)*.

gum *n* chewing-gum *m* **shweeng-gom** **chew** ~ mâcher un chewing-gum **ma-shay uhn shweeng-gom** **chewing** ~ chewing-gum *m* **shweeng-gom**

gun *n* 1. *(pistol)* pistolet *m* **pees-to-lay**; *(revolver)* revolver *m* **ree-vol-ver;** 2. *(firearm)* arme *f* à feu **arm_a fuh** *I hate guns.* Je déteste les armes à feu. **Zhuh day-test lay_z_arm_a fuh.**

guy *n* type *m* **teep**, mec *m* **mek**, gars *m* **ga**, individu *m* **uhn-dee-vee-dew** **decent** ~ type décent **teep day-san** **friendly** ~ type amical **teep_a-mee-kal** **good-looking** ~ beau gars **bo ga** **handsome** ~ type élégant **teep_ay-lay-gan** **lucky** ~ type chanceux **teep shan-suh** **nice** ~ gars sympa **ga suhn-pa**

gym(nasium) *n* gym *f* **zheem** *Let's go to the gym and work out.* Allons à la gym et entraînons-nous. **A-lon a la zheem_ay an-tray-non-noo.** ♦ **gymnast** *n* gymnaste *m&f* **zheem-nast** ♦ **gymnastics** *n* gymnastique *f* **zheem-nas-teek**

gypsy *adj* de gitan, -e *m&f* **duh zhee-tan, -tan**; de romanichel, -le *m&f* **duh ro-ma-nee-shel**, de nomade *m&f* **duh no-mad** *I have a gypsy heart. I love to travel and enjoy life* J'ai l'esprit d'aventure, j'aime voyager et profiter de la vie. **Zh'ay l'es-pree d'a-van-tewr, zh'em vwa-ya-zhay ay pro-fee-tay duh la vee.** ♦ *n* gitan, -e *m&f* **zhee-tan, -tan**; romanichel, -le *(Fam: romano) m&f* **ro-ma-nee-shel *(Fam: ro-ma-no)*** *There's a little bit of gypsy in my soul.* J'ai l'âme d'*un grand voyageur (Fam: une grande voyageuse)*. **Zh'ay l'am d'*uhn gran vwa-ya-zhuhr (Fam: ewn grand vwa-ya-zhuhz)*.**

---

*All syllables of a French word have equal stress.
The last word in a group has a little more.*

H h

habit *n* habitude *f* a-bee-tewd **bad** ~ mauvaise habitude mo-vez_a-bee-tewd **good** ~ bonne habitude bon_a-bee-tewd **have a** ~ avoir une habitude a-vwar_ewn_a-bee-tewd

hair *adj* à cheveux a shuh-vuh; de cheveux duh shuh-vuh; pour les cheveux poor lay shuh-vuh ~ **band** bandeau *m* ban-do ~ **clip** barrette *f* ba-ret ~ **conditioner** après-shampooing a-pre-shan-pwuhn, démêlant *m* day-me-lan ~ **curlers** bigoudis *mpl* bee-goo-dee ~ **dryer** sèche *m* cheveux sesh shuh-vuh ~ **dye** teinture *f* pour les cheveux tuhn-tewr poor lay shuh-vuh ~ **pin** broche *f* brosh ~ **remover** crème *f* dépilatoire krem day-pee-la-twar ~ **spray** laque *f* lak ♦ *n (on head)* cheveu, -x *m&mpl* shuh-vuh; *(on body, animal)* poil, -s *m&mpl* pwal **auburn** ~ cheveux châtains dorés shuh-vuh sha-tuhn do-ray **black** ~ cheveux noirs shuh-vuh nwar **blonde** ~ cheveux blonds shuh-vuh blon **brown** ~ cheveux bruns shuh-vuh bruhn **brunette** ~ cheveux châtains *(1,2)* shuh-vuh sha-tuhn **curly** ~ cheveux *(1)* bouclés / *(2)* ondulés shuh-vuh *(1)* boo-klay / *(2)* on-dew-lay **dark** ~ cheveux foncés shuh-vuh fon-say **golden** ~ cheveux dorés shuh-vuh do-ray **grey** ~ cheveux gris shuh-vuh gree **long** ~ cheveux longs shuh-vuh lon **nice** ~ beaux cheveux bo shuh-vuh **red** ~ cheveux roux shuh-vuh roo **short** ~ cheveux courts shuh-vuh koor **You have (such) beautiful hair.** Vous avez *(Fam: Tu as)* de (très) beaux cheveux! Voo_z_a-vay *(Fam: Tew a)* duh (tre) bo shuh-vuh! **Your hair looks *(1)* beautiful / *(2)* nice / *(3)* pretty (that way).** Vos *(Fam: Tes)* cheveux sont *(1,2)* beaux / *(3)* jolis (comme ça). Vo *(Fam: Tay)* shuh-vuh son *(1,2)* bo / *(3)* zho-lee (kom sa). **I like the way you wear your hair.** J'aime la façon dont *vous avez (Fam: tu as)* arrangé *vos (Fam: tes)* cheveux. Zh'em la fa-son don voo_z_a-vay *(Fam: tew a)* a-ran-zhay vo *(Fam: tay)* shuh-vuh. ♦ **hairbrush** *n* brosse *f* à cheveux bros_a shuh-vuh ♦ **haircut** *n* coupe *f* de cheveux koop duh shuhv **I need a haircut.** J'ai besoin d'une coupe de cheveux. Zh'ay buh-zwuhn d'ewn koop duh shuhv. ♦ **hairdo** *n* coiffure *f* kwa-fewr **That's a lovely hairdo (you have).** Quelle charmante coiffure *(vous avez [Fam: tu as])*. Kel shar-mant kwa-fewr (voo_z_a-vay *[Fam: tew a]*). ♦ **hairdresser** *n* coiffeur, coiffeuse *m&f* kwa-fuhr, kwa-fuhz *(always m for business)* ♦ **hairpiece** *n* postiche *m* pos-teesh, perruque *f* pay-rewk **I wear a hairpiece.** Je porte une perruque. Zhuh port_ewn pay-rewk. ♦ **hairy** *adj* poilu, -e *m&f* pwa-lew

Haitian *adj* haitien, -ienne *m&f* a-ee-syuhn, -syen ♦ *n* haitien, -ienne *m&f* a-ee-syuhn, -syen

half *n* demi *m* duh-mee, moitié *f* mwa-chyay ~ **an hour** une demi-heure *f* ewn duh-mee_y_uhr **one** ~ un demi uhn duh-mee, une moitié ewn mwa-chyay **the other** ~ l'autre moitié l'otr mwa-chyay ~ **of the time** la moitié du temps

---

ew sounds similar to the "ew" in "pew"

halfway 167 **handle**

la mwa-chyay dew tan **Take half.** *Prenez (Fam: Prends)* la moitié. Pruh-nay *(Fam: Pran)* la mwa-chyay. **You can have half.** *Vous pouvez (Fam: Tu peux)* prendre la moitié. Voo poo-vay *(Fam: Tew puh)* prandr la mwa-chyay. ♦ **halfway** *adv* à mi-chemin a mee shuh-muhn **We're halfway there.** Nous sommes à mi-chemin. Noo som_z_a mee shuh-muhn.

hall *n* 1. *(corridor)* hall *m* (d'entrée) ol (d'an-tray), corridor *m* ko-ree-dor; 2. *(billiards)* salle *f* de billards sal duh bee-yar **concert ~** salle *f* de concert sal duh kon-ser

Halloween *n* Halloween A-lo-ween

hammer *n* marteau *m* mar-to

hammock *n* hameçon *f* am-son **put up a ~** planter un hameçon plan-tay uhn_am-son

hand *n* main *f* muhn **beautiful ~s** belles mains bel muhn **big ~s** grandes mains grand muhn **both ~s** les deux mains lay duh muhn **gentle ~s** mains délicates muhn day-lee-kat **~ in ~** main dans la main muhn dan la muhn **hold ~s** (se) donner la main (suh) do-nay la muhn **hold your ~ in mine** donner la main do-nay la muhn **left ~** main gauche muhn gosh **little ~** petite main puh-teet muhn **lovely ~s** main gracieuse muhn gra-syuhz **made by ~** fait à la main fay a la muhn **make by ~** faire à la main fer a la muhn **right ~** main droite muhn drwat **shake ~s** serrer la main say-ray la muhn **slender ~s** mains fines muhn feen **small ~s** petites mains puh-teet muhn **soft ~s** mains douces muhn doos **strong ~s** mains fortes muhn fort **Hands off!** Ne *touchez (Fam: touche)* pas! Nuh too-shay *(Fam: toosh)* pa! **Can you give me a hand?** *Pouvez-vous (Fam: Peux-tu)* me donner un coup de main? Poo-vay-voo *(Fam: Puh-tew)* muh do-nay uhn koo d_muhn? **Give me your hand.** *Donnez (Fam: Donne)*-moi la main. Do-nay *(Fam: Don)*-mwa la muhn. **I like to walk hand in hand with you.** J'aime me promener avec *vous (Fam: toi)* main dans la main. Zh'em muh prom-nay a-vek voo *(Fam: twa)* muhn dan la muhn. ♦ **handbag** *n* sac *m* à main sak_a muhn **It's in my handbag.** C'est dans mon sac à main. S'ay dan mon sak_a muhn. **Put it in your handbag.** *Mettez (Fam: Mets)* le dans *votre (Fam: ton)* sac à main. May-tay *(Fam: May)* luh dan votr *(Fam: ton)* sak_a muhn. ♦ **handball** *n* handball *m* and-bal **play ~** jouer au handball zhoo-ay o and-bal

handicap *n* 1. *(disability)* handicap *m* an-dee-kap; 2. *(golf)* handicap *m* an-dee-kap **I have a handicap.** J'ai un handicap. Zh'ay uhn_an-dee-kap. ♦ **handi-capped** *adj* handicapé, -e *m&f* an-dee-ka-pay, invalide *m&f* uhn-va-leed **~ person** personne handicapée per-son_an-dee-ka-pay ♦ *n, pl (handicapped people)* handicapé, -e *m&f* an-dee-ka-pay **accessible for ~** accès *m* pour les handicapés ak-se poor lay_z_an-dee-ka-pay **facilities for ~** aménagements *mpl* pour les handicapés a-may-nazh-man poor lay_z_an-dee-ka-pay

handicraft *n* artisanat *m* ar-tee-za-na, travail manuel *m* tra-vaee ma-new-el **I do various handicrafts.** Je fais divers travaux manuels. Zhuh fay dee-ver tra-vo ma-new-el.

handkerchief *n* mouchoir *m* moo-shwar

handle *vt (situation)* gérer zhay-ray, s'en charger s'an shar-zhay, s'en occuper

---

Numbers in parentheses always signal choices.

handle s'a<u>n</u>_o-kew-pay **Can you handle it?** *Pouvez-vous vous (Fam: Peux-tu t')* en charger? *Poo-vay-voo voo_z_(Fam: Puh-tew t')_ a<u>n</u> shar-zhay?* **I can handle it.** Je peux m'en charger. *Zhuh puh m'a<u>n</u> shar-zhay.* **I can't handle it.** Je ne peux pas m'en charger. *Zhuh nuh puh pa m'a<u>n</u> shar-zhay.* **Let me handle it.** *Laissez (Fam: Laisse)-moi m'en charger. Lay-say (Fam: Les)-mwa m'a<u>n</u> shar-zhay.* ♦ **handle** *n* poignée *f* pwa-nyay

handmade *adj* fait à la main fay a la muh<u>n</u>

handsome *adj* beau *m* bo, bel *m* bel, séduisant *m* say-dwee-za<u>n</u> **You're (1) quite / (2) very handsome.** *Vous êtes (Fam: Tu es) (1) plutôt / (2) très séduisant. Voo_z_et (Fam: Tew ay) (1) plew-to / (2) tre say-dwee-za<u>n</u>.*

handstand *n* équilibre *m* sur les mains ay-kee-leebr sewr lay muh<u>n</u>

handy *adj* habile *m&f* a-beel **(1) I'm / (2) He's handy around the house.** *(1)* Je suis… / *(2)* Il est… habile à la maison. *(1) Zhuh swee_z_… / (2) Eel_ay_t_…a-beel_a la may-z on.* ♦ **handyman** *n* homme *m* à tout faire om_a too fer, bricoleur *m* bree-ko-luhr

hang *vt* pendre pa<u>n</u>dr, accrocher a-kro-shay **Hang it over there.** *Pendez (Fam: Pends-)-le là-bas. Pa<u>n</u>-day (Fam: Pa<u>n</u>) luh la-ba.* ♦ *vi* pendre pa<u>n</u>dr, attacher a-ta-shay **It's hanging over there.** *(coat, shirt, etc)* C'est accroché là-bas. *S'ay_t_a-kro-shay la-ba.*

♦ **hang around** *idiom* traîner tray-nay **Do you mind if I hang around?** Ça *vous (Fam: te)* dérange si je traîne avec *vous (Fam: toi)*? *Sa voo (Fam: tuh) day-ra<u>n</u>zh see zhuh tren_a-vek voo (Fam: twa)?*

♦ **hang on** *idiom* attendre a-ta<u>n</u>dr **Hang on!** *Attendez (Fam: Attends)! A-ta<u>n</u> day (Fam: A-ta<u>n</u>)!*

♦ **hang onto** *idiom* rester avec res-tay a-vek **I want to hang onto you.** Je veux rester avec *vous (Fam: toi)*. *Zhuh vuh res-tay a-vek voo (Fam: twa).*

♦ **hang out** *idiom* 1. *(lounge around in malls, coffee shops, etc.)* faire un tour fer_uh<u>n</u> toor, flâner fla-nay 2. *(spend time with)* passer du temps pa-say dew ta<u>n</u> **I like to hang out with my friends.** J'aime passer du temps avec mes amis. *Zh'em pa-say dew ta<u>n</u> a-vek may_z_a-mee.*

♦ **hang up** *vi idiom (telephone)* raccrocher ra-kro-shay **Don't hang up!** Ne raccrochez *(Fam: raccroche)* pas! *Nuh ra-kro-shay (Fam: ra-krosh) pa!*

hang-glide *vi* voler en deltaplane vo-lay a<u>n</u> del-ta-plan ♦ **hang glider** *n* deltaplane *m* del-ta-plan *(1)* **motor** / *(2)* **powered ~** *(1,2)* deltaplane à moteur del-ta-plan_a mo-tuhr ♦ **hang gliding** *n* le deltaplane *m* luh del-ta-plan

hangover *n* gueule *f* de bois guhl duh bwa **Do you have a hangover?** *Avez-vous (Fam: As-tu)* la gueule de bois? *A-vay-voo Fam: A-tew) la guhl duh bwa?* **I have a hangover.** J'ai la gueule de bois. *Zh'ay la guhl duh bwa.*

hangup *n (inhibition)* complexe *f* ko<u>n</u>-pleks **I don't have any hangups (whatsoever).** Je n'ai aucun complexe (quoique *vous en pensiez [Fam: tu en penses]*). *Zhuh n'ay o-kuh<u>n</u> ko<u>n</u>-pleks (kwa-kuh voo_z_a<u>n</u> pan-syay [Fam: tew an pans]).*

happen *vi* arriver a-ree-vay, avoir lieu a-vwar lyuh, se passer suh pa-say **What happened?** Qu'est-ce qui est arrivé? *K'es kee_y_ay_t_a-ree-vay? (1)* **I /** *(2)*

A phrasebook makes a great gift!
See order information on page 552.

happiness   169   **hard**

We don't know what happened. *(1)* Je ne sais pas… */ (2)* Nous ne savons pas… ce qui est arrivé. *(1)* **Zhuh nuh say pa… / *(2)* Noo nuh sa-von pa… suh kee_y_ay_t_a-ree-vay? Tell** *(1)* **me** / *(2)* **us what happened.** *(1) Dites (Fam: Dis)*-moi… / *(2) Dites (Fam: Dis)*-nous… ce qui s'est passé. *(1)* **Deet *(Fam: Dee)*-mwa… /** *(2)* **Deet *(Fam: Dee)*-noo… suh kee s'ay pa-say. I'll tell you what happened.** Je *vous (Fam: te)* dirai ce qui est arrivé. *Zhuh voo (Fam: tuh)* **dee-ray suh kee_y_ay_t_a-ree-vay. Something** (*[1]* **bad** / *[2]* **good** / *[3]* **great** / *[4]* **terrible** / *[5]* **wonderful) happened.** Quelque chose de (*[1]* mal / *[2]* bien / *[3]* génial / *[4]* terribile / *[5]* merveilleux) est arrivé. **Kel-kuh shoz duh (*[1]* mal / *[2]* byuhn / *[3]* zhay-nyal / *[4]* tay-reebl / *[5]* mer-vay-yuh) ay_t_a-ree-vay. If something happens,** *(1)* **I'll /** *(2)* **we'll let you know.** Si quelque chose arrive, *(1)* je *vous (Fam: te)* le ferai… / *(2)* nous *vous (Fam: te)* le ferons… savoir. **See kel-kuh shoz_a-reev,** *(1)* **zhuh voo *(Fam: tuh)* luh fuh-ray… /** *(2)* **noo *voo (Fam: tuh)* luh fuh-ron… sa-vwar. Let's see what happens.** On verra ce qui arrive. **On vay-ra suh kee a-reev.**

happiness *n* bonheur *m* **bo-nuhr a little** ~ un peu de bonheur **uhn puh duh bo-nuhr a lot of** ~ beaucoup de bonheur **bo-koo duh bo-nuhr complete** ~ bonheur parfait **bo-nuhr par-fay feel (such)** ~ être (très) heureux **etr (tre_z)_uh-ruh find** ~ trouver le bonheur **troo-vay luh bo-nuhr genuine** ~ pur bonheur **pewr bo-nuhr great** ~ grand bonheur **gran bo-nuhr moment of** ~ moment *m* de bonheur **mo-man duh bo-nuhr much** ~ beaucoup de bonheur **bo-koo duh bo-nuhr my** ~ mon bonheur **mon bo-nuhr our** ~ notre bonheur **notr bo-nuhr search for** ~ chercher le bonheur **sher-shay luh bo-nuhr simple** ~ simple bonheur **suhnpl bo-nuhr such** ~ un tel bonheur **uhn tel bo-nuhr tremendous** ~ bonheur merveilleux **bo-nuhr mer-vay-yuh your** ~ *votre (Fam: ton)* bonheur *votr (Fam: ton)* **bo-nuhr You bring me so much happiness.** *Vous m'avez (Fam: Tu m'as)* apporté tellement de bonheur. *Voo m'a-vay (Fam: Tew m'a)* **a-por-tay tel-man duh bo-nuhr.** ♦ **happy** *adj* heureux, heureuse *m&f* **uh-ruh, -ruhz I'm** (*[1]* **so** / *[2]* **very) happy.** Je suis (*[1]* tellement / *[2]* très) *heureux (F: heureuse)*. **Zhuh swee (*[1]* tel-man / *[2]* tre_z_) uh-ruh *(F: uh-ruhz)*. I feel happy.** Je me sens *heureux (F: heureuse)*. **Zhuh muh san_z_uh-ruh *(F: uh-ruhz)*. I want to make you happy.** Je veux *vous (Fam: te)* rendre *heureux (F: heureuse)*. **Zhuh vuh *voo (Fam: tuh)* randr_uh-ruh *(F: uh-ruhz)*. You make me (very) happy.** *Vous me rendez (Fam: Tu me rends)* (très) *heureux (F: heureuse)*. *Voo muh ran-day (Fam: Tew muh ran)* **(tre_z_) uh-ruh *(F: uh-ruhz)*. If you're happy, I'm happy.** Si *vous êtes (Fam: tu es) heureux (F: heureuse)*, je le suis aussi. **See *voo_z_et (Fam: tew ay_z_)_uh-ruh (F: uh-ruhz)*, zhuh luh swee o-see.** ♦ **happy-go-lucky** *adj* facile à vivre *m&f* **fa-seel_a veevr**

harbor *n* port *m* **por**

hard *adj* 1. *(firm, solid)* dur, -e *m&f* **dewr**; 2. *(difficult)* difficile *m&f* **dee-fee-seel harder** *(more difficult)* plus difficile *m&f* **plew dee-fee-seel hardest** *(most difficult)* le plus difficile *m* **luh plew dee-fee-seel**, la plus difficile *f* **la plew dee-fee-seel** ~ **body** corps en béton **kor_an bay-ton That's (really) hard.** *(difficult)*

Articles: m = le, f = la, mpl = les, fpl = les

C'est (vraiment) difficile. **S'ay (vray-man) dee-fee-seel. It's not hard. I'll show you.** Ce n'est pas difficile. Je *vous (Fam: te)* montrerai. **Suh n'ay pa dee-fee-seel. Zhuh** *voo (Fam: tuh)* **mon-truh-ray. You've had a hard time.** *Vous avez (Fam: Tu as)* eu du mal. *Voo_z_a-vay (Fam: Tew a)* ew dew mal. ♦ **hard** *adv (conscientiously, strenuously)* difficilement **dee-fee-seel-man**; assidûment **a-see-dew-man**, dur **dewr You (1) study / (2) work hard. (1,2)** *Vous travaillez (Fam: Tu travailles)* dur. *(1,2) Voo tra-vaee-yay (Fam: Tew tra-vaee)* **dewr. I'll try hard (, I promise).** Je ferai de mon mieux (, je *vous [Fam: te]* promets). **Zhuh fuh-ray duh mon myuh (, zhuh** *voo [Fam: tuh]* **pro-may). It's raining hard.** Il pleut à torrent. **Eel pluh a to-ran.** ♦ **hardheaded** *adj* têtu, -e *m&f* **tay-tew**, obstiné, -e *m&f* **ob-stee-nay** ♦ **hard-hearted** *adj* cruel, le *m&f* **krew-el**, insensible *m&f* **uhn-san-seebl**, froid, -e *m&f* **frwa, frwad You are so hard-hearted (to me).** *Vous êtes (Fam : Tu es)* si insensible (avec moi). *Voo_z_et (Fam: Tew ay)* **see uhn-san-seebl (a-vek mwa).** ♦ **hardly** *adv* à peine **a pen**; quasiment pas **ka-zee-man pa I can hardly** *(1)* **keep up with you. /** *(2)* **stay awake.** Je n'arrive pas à *(1) vous (Fam: te)* suivre. / *(2)* rester *éveillé (-e).* **Zhuh n'a-reev pa_z_a** *(1) voo (Fam: tuh)* **seevr.** / *(2)* **res-tay ay-vay-yay. I hardly know you.** Je *vous (Fam: te)* connais à peine. **Zhuh voo (Fam: tuh) ko-nay a pen.**

hardware *n (comp)* hardware *m* **ard-wer**, matériel *m* (informatique) **ma-tay-ryel (uhn-for-ma-teek)**

hardworking *adj* (qui) travaille dur *m&f* **(kee) tra-vaee dewr**

harem *n* harem *m* **a-rem**

harmless *adj* inoffensif, inoffensive *m&f* **ee-no-fan-seef, -seev**

harmonica *n* harmonica *m* **ar-mo-nee-ka**

harmonious *adj* harmonieux, harmonieuse *m&f* **ar-mo-nyuh, -nyuhz ~ relationship** relation harmonieuse **ruh-la-syon ar-mo-nyuhz** ♦ **harmony** *n* harmonie *f* **ar-mo-nee complete ~** complète harmonie **kon-plet_ar-mo-nee perfect ~** parfaite harmonie **par-fet_ar-mo-nee work in ~** travailler en harmonie **tra-va-yay_an_ar-mo-nee**

harness *n* 1. *(horses)* harnais *m* **ar-nay**; 2. *(sports)* baudrier *m* **bo-dree-yay**, harnais *m* **ar-nay paraglider ~** baudrier *m* pour faire du parapente **bo-dree-yay poor fer dew pa-ra-pant**

harp *n* harpe *f* **arp**

hasty *adj* impulsif, impulsive *m&f* **uhn-pewl-seef, -seev ~ remark** remarque *f* trop directe **ruh-mark tro dee-rekt**

hat *n* chapeau *m* **sha-po beautiful ~** beau chapeau **bo sha-po sun ~** chapeau de soleil **sha-po duh so-ley**, casquette *f* **kas-ket**

hatchet *n* hachette *f* **a-shet**

hate *vt* détester **day-tes-tay**, haïr **a-eer I hate (1) bigots. / (2) deceit. / (3) discrimination. / (4) dishonesty. / (5) liars. / (6) small-mindedness. / (7) thieves.** Je déteste *(1)* les extrêmistes. / *(2)* l'hypocrisie. / *(3)* la discrimination. / *(4)* la malhonnêteté. / *(5)* les menteurs. / *(6)* la stupidité. / *(7)* les voleurs. **Zhuh day-test** *(1)* **lay_z_eks-tray-meest. /** *(2)* **l'ee-po-kree-zee. /** *(3)* **la dees-kree-**

In the pronunciation **n** *stands for a nasalized* **n**.

haunt   **have**

mee-na-syon. / *(4)* la ma-lo-net-tay. / *(5)* lay man-tuhr. / *(6)* la stew-pee-dee-tay. / *(7)* lay vo-luhr. **I hate** *(1)* **it** / *(2)* **them, too.** Je *(1)* le… / *(2)* les… déteste aussi. **Zhuh** *(1)* **luh… /** *(2)* **lay… day-test o-see**. **I hate** *(1)* **to leave you.** / *(2)* **for you to leave.** Je déteste *(1)* vous *(Fam: te)* dire au revoir. / *(2)* vous *(Fam: te)* voir partir. **Zhuh day-test** *(1)* **voo** *(Fam: tuh)* **deer_o ruh-vwar.** / *(2)* **voo** *(Fam: tuh)* **vwar par-teer. Do you hate me (so much)?** Est-ce que *vous me détestez (Fam: tu me détestes)* (tant que ça)? **Es kuh** *voo muh day-tes-tay (Fam: tew muh day-test)* **(tan kuh sa)? I (don't) hate you.** Je (ne) *vous (Fam: te)* déteste (pas). **Zhuh (nuh)** *voo (Fam: tuh)* **day-test (pa).**

haunt *vt* hanter **an-tay** ♦ **haunted** *adj* hanté, -e *m&f* **an-tay They say that** *(1)* **castle** / *(2)* **house** / *(3)* **place is haunted. (Let's go and see.)** On dit que *(1)* ce château est hanté. / *(2)* cette maison est hantée. / *(3)* cet endroit est hanté. (On va visiter?) **On dee kuh** *(1)* **suh sha-to ay an-tay.** / *(2)* **set may-zon ay an-tay.** / *(3)* **set_an-drwa ay an-tay. (On va vee-zee-tay?)**

have *vt* 1. *(possess)* avoir **a-vwar**; 2. *(partake; drink)* prendre **prandr** ~ **a baby** avoir un bébé **a-vwar_un bay-bay** ~ **breakfast** petit-déjeuner **puh-tee day-zhuh-nay** ~ **a cup of coffee** boire une tasse de café **bwar_ewn tas duh ka-fay** ~ **dinner** dîner **dee-nay** ~ **a dream** faire un rêve **fer_uhn rev**; rêver **re-vay** ~ **a good time** passer un bon moment **pa-say uhn bon mo-man** ~ **lunch** déjeuner **day-zhuh-nay** ~ **something to drink** boire quelque chose **bwar kel-kuh shoz** ~ **something to eat** manger quelque chose **man-zhay kel-kuh shoz** ~ **supper** souper **soo-pay** ~ **trouble avoir des difficultés a-vwar day dee-fee-kewl-tay What'll you have?** Qu'est ce que *vous prendrez (Fam: tu pendras)*? **K'es kuh** *voo pran-dray (Fam: tew pran-dray)*? **Could** *(1)* **I** / *(2)* **we have** *(thing)*? *(1)* Pourrais-je… / *(2)* Pourrions-nous… prendre (___)? *(1)* **Poo-ray-zh_… /** *(2)* **Poo-ryon-noo_z_… prandr (___)?** *(1)* **I'd /** *(2)* **We'd like to have…** *(1)* J'aimerais… / *(2)* Nous aimerions… prendre… *(1)* **Zh'em-ray… /** *(2)* **Noo_z_ay-muh-ryon… prandr…**

    Do you have … Avez-vous *(Fam: As-tu)* … *A-vay-voo (Fam: A- tew)*…

        …an apartment or a house? …un appartement ou une maison? **…uhn_a-par-tuh-man oo ewn may-zon?**
        …any aspirin? …de l'aspirine? **…duh l'as-pee-reen?**
        …a car? …une voiture? **…ewn vwa-tewr?**
        …a cassette player? …un radio-cassette? **…uhn ra-jo-ka-set?**
        …a CD player? …un lecteur CD? **…uhn lek-tur SayDay?**
        …a cell phone? …un portable? **…uhn por-tabl?**
        …children? …des enfants? **…day_z_an-fan?**
        …a computer? …un ordinateur? **…uhn_or-dee-na-tur?**
        …a dictionary? …un dictionnaire? **…uhn deek-syo-ner?**
        …enough money? …assez d'argent? **…a-say d'ar-zhan?**
        …a map? …une carte (pour s'orienter)? **…ewn kart (poor s'o-ryan-tay)?**
        …a telephone? …un téléphone? **…uhn tay-lay-fon?**
        …time? …du temps? **…dew tan?**
        …a VCR? …un magnétoscope? **…uhn ma-nyay-tos-kop?**

A tilde ~ in terms stands for the main entry word.

Short replies: **Yes, I do.** Oui. **Wee.** **No, I don't.** Non. **Non.**
I have ... J'ai ... **Zh'ay…**
We have… Nous avons… **Noo_z_a-von…**
    …an apartment. …un appartement. **…uhn_a-par-tuh-man.**
    …a house. … une maison. **…ewn may-zon.**
    …a daughter. …une fille. **…ewn feey(uh).**
    …a son. …un fils. **…uhn fees.**
    …two / three / four children. …deux / trois / quatre enfants. **…duh / trwa / katr_an-fan.**
    …some aspirin. …de l'aspirine. **…duh l'as-pee-reen.**
I don't have ... Je n'ai pas ... **Zhuh n'ay pa…**
We don't have… Nous n'avons pas… **Noo n'a-von pa…**
You (don't) have… *Vous (n')avez (Fam: Tu [n']a)* **(pas)…** *Voo (n')a-vay (Fam: Tew [n']a)* **(pa)…**
    …any aspirin. …d'aspirine. **…d'as-pee-reen.**
    …a car. …de voiture. **…duh vwa-tewr.**
    …any children. …d'enfants. **…d'an-fan.**
    …enough money. …assez d'argent. **…a-say d'ar-zhan.**
    …time. …le temps. **…luh tan.**
Does he have… ? *A-t-il…* ? **A-t- eel… ?**
Does she have… ? A-t- elle… ? **A-t- el… ?**
He has (doesn't have)… Il (n')a (pas)… **Eel (n')a (pa)…**
She has (doesn't have)… Elle (n')a (pas)… **El (n')a (pa)…**
Do they have ... ? *Ont-ils (Fpl: Ont-elles)*… ? *On_t-eel (Fpl: On_t-el)*… **?**
They (don't) have… *Ils (Fpl: Elles)* (n')ont (pas)… *Eel (Fpl: El)* **(n')on (pa)…**
    Past Tense:
Did you have (*what*)? *Aviez-vous (Fam: Avais-tu)* (___)? *A-vyay-voo (Fam: A-vay-tew)* (___)?
I had (didn't have) … Je (n')avais (pas)… **Zhuh (n')a-vay (pa)…**
Did he have …? Avait-il… ? **A-vay_t-eel… ?**
He had (didn't have)… Il (n')avait (pas)… **Eel (n')a-vay (pa)…**
Did she have …? Avait-elle… ? **A-vay_t-el… ?**
She had (didn't have)… Elle (n')avait (pas)… **El (n')a-vay (pa)…**
We had (didn't have)… Nous (n')avions (pas)… **Noo (n')ah-vyon (pa)…**
Did they have …? *Avaient-ils (Fpl: Avaient-elles)*… ? *A-vay_t-eel (Fpl: A-vay_t-el)*… **?**
They had (didn't have)… *Ils (Fpl: Elles)* (n')avaient (pas)… *Eel (Fpl: El)* **(n')a-vay (pa)…**
    Future Tense
I'll have… J'aurai… **Zh'o-ray…**
He'll have… Il aura… **Eel_o-ra…**
She'll have… Elle aura… **El_o-ra…**
We'll have… Nous aurons… **Noo_z_o-ron…**

---

uh *sounds like the "u" in "but"*

You'll have... *Vous aurez (Fam: Tu auras)*... **Voo_z_o-ray** *(Fam: Tew o-ra)*...
They'll have... *Ils (Fpl: Elles) auront*... **Eel *(Fpl: El)* _z_o-ron**...

have to *aux v* devoir **duh-vwar**, être contraint de **etr kon-truhn duh**
  I (don't) have to... Je (ne) dois (pas)... **Zhuh (nuh) dwa (pa)**...
  He has to (doesn't have to)... Il (ne) doit (pas)... **Eel (nuh) dwa (pa)**...
  She has to (doesn't have to)... Elle (ne) doit (pas)... **El (nuh) dwa (pa)**...
  We (don't) have to... Nous (ne) devons (pas)... **Noo (nuh) duh-von (pa)**...
  You (don't) have to... *Vous [ne] devez [pas] (Fam: Tu [ne] dois [pas])*... *Voo [nuh] duh-vay [pa] (Fam: Tew [nuh] dwa [pa])*...
  They (don't) have to... *Ils (Fpl: Elles)* (ne) doivent (pas)... *Eel (Fpl: El)* **(nuh) dwav (pa)**...
    ...go. ...y aller. **...y_a-lay.**
    ...leave. ...partir. **...par-teer.**
  Past Tense:
  I had to (didn't have to)... Je (ne) devais (pas)... **Zhuh (nuh) duh-vay (pa)**...
  He had to (didn't have to)... Il (ne) devait (pas)... **Eel (nuh) duh-vay (pa)**...
  She had to (didn't have to)... Elle (ne) devait (pas)... **El (nuh) duh-vay (pa)**...
  We had to (didn't have to)... Nous (ne) devions (pas)... **Noo (nuh) duh-vyon (pa)**...
  You had to (didn't have to)... *Vous (ne) deviez (pas) (Fam: Tu [ne] devais [pas])*... *Voo (nuh) duh-vyay (pa) (Fam: Tew [nuh] duh-vay [pa])*...
  They had to (didn't have to)... *Ils (Fpl: Elles)* (ne) devaient (pas)... *Eel (Fpl: El)* **(nuh) duh-vay (pa)**...
    ...go. ...y aller. **...y_a-lay.**
    ...leave. ...partir. **...par-teer.**
  Do you (really) have to go? Est-ce que *vous devez (Fam: tu dois)* (vraiment) y aller? **Es kuh voo duh-vay *(Fam: tew dwa)* (vray-man) ee_y_a-lay? Where do *(1)* I / *(2)* we / *(3)* you have to go?** Où *(1)* dois-je / *(2)* devons-nous / *(3)* devez-vous *(Fam: dois-tu)* aller? **Oo *(1)* dwa-zh_... / *(2)* duh-von-noo_z_... / *(3)* duh-vay-voo_z_ *(Fam: dwa-tew)*... a-lay? *(1)* I / *(2)* We have to go to *(place)*.** *(1)* Je dois / *(2)* Nous devons aller à (___). *(1)* **Zhuh dwa... / *(2)* Noo duh-von_z_a-lay a (___). What do *(1)* I / *(2)* we / *(3)* you have to do?** Que *(1)* dois-je... / *(2)* devons-nous... / *(3)* devez-vous *(Fam: dois-tu)* faire? **Kuh *(1)* dwa-zh... / *(2)* duh-von-noo... / *(3)* duh-vay-voo *(Fam: dwa-tew)* fer?**

hay fever *n* rhume *m* des foins **rewm day fwuhn**, allergie *f* **a-ler-zhee**
HDTV *abbrev* = télé numérique *m* (télé haute définition) **tay-lay new-may-reek (tay-lay ot day-fee-nee-syon)**
he *pron* il *m* **eel him** *(direct object)* lui **lwee about him** de lui **duh lwee for him** pour lui **poor lwee to him** à lui **a lwee with him** avec lui **a-vek lwee He is.** Il est. **Eel_ay. He was.** Il était. **Eel_ay-tay. He will be.** Il sera. **Eel suh-ra.**
head *n* tête *f* **tet clear ~** esprit libre **es-pree leebr empty ~** sans tête **san tet from ~ to toe** de la tête aux pieds **duh la tet_o pyay good ~** *(smart)* tête *f* **tet hard ~** forte tête **for-tuh tet I've fallen head over heels in love with you.** Je suis tomber

---

Common French signs and labels are on pages 547-551.

follement *amoureux (F: amoureuse)* de *vous (Fam: toi)*. **Zhuh swee ton-bay fol-man** *a-moo-ruh (F: a-moo-ruhz)* duh *voo (Fam: twa)*. **I lost my head. I'm sorry.** J'ai perdu la tête. Je suis *désolé (-e)*. **Zh'ay per-dew la tet. Zhuh swee day-zo-lay.** ♦ **headache** *n* mal *m* de tête **mal duh tet I have a (bad) headache.** J'ai (très) mal à la tête. **Zh'ay (tre) mal_a la tet.** ♦ **headlight** *n (automot.)* phare *m* **far** ♦ **headphones** *n, pl* casque *m* **kask**, écouteurs *mpl* **ay-koo-tur** ♦ **headset** *n* casque *m* **kask stereo** ~ casque *m* stéréo **kask stay-ray-o**

health *adj* de santé **duh san-tay** ~ **problem** problème *m* de santé **pro-blem duh san-tay** ♦ *n* santé *f* **san-tay** *(1)* **I'm** / *(2)* **He's** / *(3)* **She's in** *(4)* **excellent** / *(5)* **good** / *(6)* **perfect** / *(7)* **poor health.** *(1)* Je suis… / *(2)* Il est… / *(3)* Elle est… en *(4)* excellente / *(5)* bonne / *(6)* parfaite / *(7)* mauvaise santé. *(1) Zhuh swee_z_… / (2) Eel_ay_t_… / (3) El_ay_t_… an (4) ek-say-lant / (5) bon / (6) par-fet / (7) mo-vez san-tay.* **Good health is the most important thing.** Du moment que *vous êtes (Fam: tu es)* en bonne santé. **Dew mo-man kuh voo_z_et** *(Fam: tew ay)* **an bon san-tay. To your health!** *(toast)* Santé! **San-tay!** ♦ **health-conscious** *adj* qui fait attention à sa santé *m&f* **kee fay_t_a-tan-syon a sa san-tay be** ~ faire attention à sa santé **fer_a-tan-syon a sa san-tay I'm health-conscious.** Je fais attention à ma santé. **Zhuh fay a-tan-syon a ma san-tay.** ♦ **healthy** *adj* sain, -e *m&f* **suhn, sen** ~ **food** nourriture saine **noo-ree-tewr sen** ~ **lifestyle** vivre sainement **veevr sen-man**

hear *vt* entendre **an-tandr Can you hear me?** *Pouvez-vous (Fam: Peux-tu)* m'entendre? *Poo-vay-voo (Fam: Puh-tew)* m'**an-tandr? I can (not) hear you.** Je (ne) peux (pas) *vous (Fam: t')* entendre. **Zhuh (nuh) puh (pa)** *voo_z_(Fam: t')* **an-tandr. Did you hear what I said?** *Avez-vous (Fam: As-tu)* entendu ce que j'ai dit? *A-vay-voo (Fam: A-tew)* **an-tan-dew suh kuh zh'ay dee? I heard you.** Je *vous (Fam: t')* ai entendu. **Zhuh** *voo_z_(Fam: t')* **ay an-tan-dew. I'm sorry, I didn't hear you.** Je suis *désolé (-e)*, je ne *vous (Fam: t')* ai pas entendu. **Zhuh swee day-zo-lay, zhuh nuh** *voo_z_ (Fam: t')* **ay pa_z_an-tan-dew.** ♦ **hearing** *n* audition *f* **o-dee-syon** ~ **aid** aide *f* aux malentendants **ed_o ma-lan-tan-dan I'm hard of hearing.** Je suis *dur (-e)* d'oreille. **Zhuh swee dewr d'o-rey.**

heart *adj* du cœur **dew kuhr**; cardiaque **kar-jak** ~ **attack** attaque *f* cardiaque **a-tak kar-jak** ~ **failure** crise *f* cardiaque **kreez kar-jak** ~ **palpitations** battements *mpl* de cœur **bat-man duh kuhr** ~ **surgery** chirurgie *f* du cœur **shee-rewr-zhee dew kuhr** ~ **trouble** problème *m* cardiaque **pro-blem kar-jak** *(1)* **I** / *(2)* **he** / *(3)* **she had a heart attack.** *(1)* J'ai / *(2)* Il a / *(3)* Elle a eu une crise cardiaque. *(1) Zh'ay / (2) Eel_a / (3) El_a ew ewn kreez kar-jak.* ♦ *n* 1. *(body)* cœur *m* **kuhr**; **2.** *pl (card suit)* cœurs *mpl* **kuhr big** ~ grand cœur **gran kuhr break** *(1)* **my** / *(2)* **your** ~ *(1)* me / *(2)* vous *(Fam: te)* briser le cœur *(1) muh / (2) voo (Fam: tuh)* **bree-zay luh kuhr broken** ~ cœur brisé **kuhr bree-zay by** ~ par cœur **par kuhr cold** ~ cœur de pierre **kuhr duh pyer deep in my** ~ du fond du cœur **dew fon dew kuhr from the bottom of my** ~ du fond de mon cœur **dew fon duh mon kuhr gentle** ~ cœur tendre **kuhr tandr good** ~ bon cœur **bon kuhr** ~ **of gold** cœur en or **kuhr an_or** ~ **to** ~ cœur à cœur **kuhr_a kuhr open** ~ à cœur ouvert

---

*To learn more about French verbs,
go to the Grammar appendix on page 512.*

a kuhr_oo-ver open *(1)* **my** / *(2)* **your ~** ouvrir *(1)* mon / *(2)* votre *(Fam: ton)* cœur **oo-vray** *(1)* **mon** / *(2)* **votr** *(Fam: ton)* **kuhr pour out** *(1)* **my** / *(2)* **your ~** *idiom* vider *(1)* mon / *(2)* votre *(Fam: ton)* sac **vee-day** *(1)* **mon** / *(2)* **votr** *(Fam: ton)* **sak soft ~** cœur sur la main **kuhr sewr la muhn touch** *(1)* **my** / *(2)* **your ~** toucher *(1)* mon / *(2)* votre *(Fam: ton)* cœur **too-shay** *(1)* **mon** / *(2)* **votr** *(Fam: ton)* **kuhr warm ~** cœur chaleureux **kuhr sha-luh-ruh warm my ~** faire chaud au cœur **fer sho o kuhr weak ~** cœur affaibli **kuhr a-fay-blee win** *(1)* **my** / *(2)* **your ~** gagner *(1)* mon / *(2)* votre *(Fam: ton)* cœur **ga-nyay** *(1)* **mon** / *(2)* **votr** *(Fam: ton)* **kuhr with all my ~** Je *vous (Fam: t')* aime de tout mon cœur. **duh too mon kuhr Thank you from the bottom of my heart.** Merci du fond du cœur. **Mer-see dew fon dew kuhr. You have such a** *(1)* **good** / *(2)* **kind heart.** *Vous avez (Fam: Tu as)* vraiment *(1)* bon cœur. / *(2)* bon fond. *Voo_z_a-vay (Fam: Tew a)* **vray-man** *(1)* **bon kuhr.** / *(2)* **bon fon. It (really)** *(1)* **warms** / *(2)* **warmed my heart.** Ça *(1)* me fait (vraiment) chaud… / *(2)* m'a (vraiment) fait chaud… au cœur. **Sa** *(1)* **muh fay (vray-man) sho…** / *(2)* **m'a vray-man fay sho… o kuhr. I love you with all my heart.** Je *vous (Fam: t')* aime de tout mon cœur. **Zhuh voo_z_ *(Fam: t')* em duh too mon kuhr. My heart is full of love for you.** Mon cœur est empli d'amour pour *vous (Fam: toi)*. **Mon kuhr_ay an-plee d'a-moor poor** *voo (Fam: twa)*. **My heart belongs to you.** Mon cœur *vous (Fam: t')* appartient. **Mon kuhr voo_z_ *(Fam: t')* a-par-chyuhn. I give my heart to you.** Je *vous (Fam: te)* donne mon cœur. **Zhuh voo** *(Fam: tuh)* **don mon kuhr. I want to talk with you heart to heart.** Je veux discuter avec toi cœur à cœur. **Zhuh vuh dees-kew-tay a-vek twa kuhr_a kuhr. I cross my heart.** Je *vous (Fam: te)* jure. **Zhuh voo** *(Fam: tuh)* **zhewr. My heart is so heavy right now.** J'ai un gros poids sur le cœur en ce moment. **Zh'ay uhn gro pwa sewr luh kuhr an suh mo-man** ♦ **heartache** *n* mal *m* de cœur **mal duh kuhr I feel such (terrible) heartache.** J'ai (terriblement) mal au cœur. **Zh'ay (tay-ree-bluh-man) mal_o kuhr.** ♦ **heartbroken** *adj* qui a le cœur brisé *m&f* **kee_y_a luh kuhr bree-zay I'm heartbroken.** J'ai le cœur brisé. **Zh'ay luh kuhr bree-zay.** ♦ **heartless** *adj* sans cœur **san kuhr,** insensible *m&f* **uhn-san-seebl ~ swine** horriblement insensible **o-ree-bluh-man uhn-san-seebl How could you be so heartless?** Comment *pouvez-vous (Fam: peux-tu)* être si insensible? **Ko-man poo-vay-voo** *(Fam: puh-tew)* **etr see uhn-san-seebl? You're really heartless.** *Vous n'avez (Fam: Tu n'as)* vraiment pas de cœur. **Voo n'a-vay** *(Fam: Tew n'a)* **vray-man pa duh kuhr.** ♦ **heartsick** *adj* qui a une peine de cœur **kee a ewn pen duh kuhr** *(1)* **I'm** / *(2)* **We're heartsick about it.** *(1)* J'ai… / *(2)* Nous avons… du mal à nous remettre de cette peine de cœur. *(1)* **Zh'ay…** / *(2)* **Noo_z_a-von… dew mal_a noo ruh-metr duh set pen duh kuhr.**

heat *n* chaleur *f* **sha-luhr turn on the heat** mettre le chauffage **metr luh sho-fazh The heat is getting me down.** La chaleur est accablante. **La sha-luhr_ay_t_a-ka-blant.** ♦ **heater** *n* chauffage *m* **sho-fazh electric ~** chauffage *m* électrique **sho-fazh_ay-lek-treek**

heaven *n* cieux *mpl* **syuh,** paradis *m* **pa-ra-dee absolute ~** paradis absolu **pa-ra-**

Some adjectives follow nouns, some precede them.
You'll need to memorize these case by case.

dee ab-so-lew for ~'s sake pour l'amour de Dieu poor l'a-moor duh Juh ~ on earth le paradis sur terre luh pa-ra-dee sewr ter in ~ au paradis o pa-ra-dee This is heaven! C'est le paradis! S'ay luh pa-ra-dee! I feel like I'm in heaven. J'ai l'impression d'être au paradis. Zh'ay l'uhn-pray-syon d'etr_o pa-ra-dee. Good heavens! Bon dieu! Bon Juh! Thank heavens! Dieu merci! Juh mer-see! ♦ heavenly *adj (divine)* divin, -e *m&f* dee-vuhn, -veen That *(1)* is / *(2)* was (absolutely) heavenly! C' *(1)* est / *(2)* était (absolument) divin! S' *(1)* ay / *(2)* ay-tay ab-so-lew-man dee-vuhn!

heavy *adj* lourd, -e *m&f* loor, loord, pesant, -e *m&f* puh-zan, -zant It's (not) heavy. C'e(n')est... (pas) lourd. S'(uh n')ay (pa) loor. That must be heavy. Let me help you. Ça doit être lourd. Laissez-moi *vous (Fam: t')* aider. Sa dwa_t_etr loor. Lay-say-mwa *voo_z_(Fam: t')_*ay-day. My heart is heavy. J'ai le cœur lourd. Zh'ay luh kuhr loor. That's heavy. *(sad, tragic, terrible)* C'est triste. S'ay treest.

hedonist *n* hédoniste *m&f* ay-do-neest ♦ **hedonistic** *adj* hédoniste *m&f* ay-do-neest
height *n* hauteur *f* o-tuhr
helicopter *n* hélicoptère *m* ay-lee-kop-ter
hell *n* enfer *m* an-fer That must have been hell for you. Ça a dû être l'enfer pour *vous (Fam: toi)*. Sa a dew etr l'an-fer poor *voo (Fam: twa)*. *(1)* I / *(2)* We went through hell. *(1,2)* C'était l'enfer. *(1,2)* S'ay-tay l'an-fer. What a hell it was. Quel enfer c'était. Kel_an-fer s'ay-tay.

Hello! *interj (formal)* Bonjour! Bon-zhoor! ; *(casual)* Salut! Sa-lew!, Eh! E! ; *(tel.)* Allo! A-lo!
helmet *n* casque *m* kask **bicycle** ~ casque de vélo kask duh vay-lo **motorcycle** ~ casque de moto kask duh mo-to **rollerblading** ~ casque pour le roller kask poor luh ro-luhr
help *vt* aider ay-day Help! Au secours! O suh-koor! Perhaps you could help *(1)* me. / *(2)* us. Peut-être *pourriez-vous (Fam: pourrais-tu) (1)* m'aider. *(2)* nous aider. Puh_t-etr *poo-ryay-voo (Fam: poo-ray-tew) (1)* m'ay-day. / *(2)* noo_z_ay-day. Could you (please) help *(1)* me? / *(2)* us? *Pourriez-vous (Fam: Pourrais-tu) (1)* m' / *(2)* nous aider (s'il *vous [Fam: te]* plaît)? *Poo-ryay-voo (Fam: Poo-ray-tew) (1)* m' / *(2)* noo_z_ay-day *(s'eel voo [Fam: tuh]* play)? *(1)* I want... / *(2)* I'd like... to help you. *(1)* Je veux… / *(2)* Je voudrais… *vous (Fam: t')* aider. *(1)* Zhuh vuh… / *(2)* Zhuh voo-dray… *voo_z_(Fam: t')_*ay-day. Can I help you? Puis-je *vous (Fam: t')* aider? Pwee-zh *voo_z_(Fam: t')_*ay-day? Can I help you carry your bag? Puis-je *vous (Fam: t')* aider à porter *votre (Fam: ton)* sac? Pwee-zh *voo_z_(Fam: t')_*ay-day a por-tay *votr (Fam: ton)* sak? Let me help you. *Laissez (Fam: Laisse)*-moi *vous (Fam: t')* aider. *Lay-say (Fam: Les)*-mwa *voo_z_(Fam: t')_*ay-day. *(1)* I / *(2)* We can help you. *(1)* Je peux… / *(2)* Nous pouvons… *vous (Fam: t')* aider. *(1)* Zhuh puh… / *(2)* Noo poo-von… *voo_z_(Fam: t')_*ay-day. *(1)* I / *(2)* We will help you. *(1)* Je *vous (Fam: t')* aiderai. / *(2)* Nous *vous (Fam: t')* aiderons. *(1)* Zhuh *voo_z_(Fam: t')_*ay-dray. / *(2)* Noo *voo_z_(Fam: t')_*ay-dron. *(1)* I / *(2)* We can't help you.

A blue diamond ♦ signals a different word or a different form of a word.

(1) Je ne peux pas… / (2) Nous ne pouvons… pas vous (Fam: t') aider. *(1) Zhuh nuh puh pa… / (2) Noo nuh poo-von pa… voo_z_(Fam: t')_ay-day.* **(1) He / (2) She will help (3) me. / (4) you. / (5) us.** *(1) Il / (2) Elle (3) m' / (4) vous (Fam: t') / (5) nous (1,2) aidera.* *(1) Eel / (2) El (3) m' / (4) voo_z_(Fam: t')_ / (5) noo_z_ (1,2) ed-ra.* **They will help (1) me. / (2) you. / (3) us.** *Ils (Fpl: Elles) (1) m' / (2) vous (Fam: t') / (3) nous aideront.* *Eel (Fpl: El) (1) m' / (2) voo_z_(Fam: t')_ / (3) noo_z_ ed-ron.* **(1) He / (2) She / (3) They can't help (4) me. / (5) you. / (6) us.** *(1) Il / (2) Elle ne peut… / (3) Ils (Fpl: Elles) ne peuvent… pas (4) m' / (5) vous (Fam: t') / (6) nous aider.* *(1) Eel / (2) El (3) El nuh puhv… pa (4) m' / (5) voo_z_(Fam: t')_ / (6) noo_z_ ay-day.* ♦ *n* aide *f* ed, secours *m* **suh-koor I appreciate your help (very much).** *J'apprécie (beaucoup) votre (Fam: ton) aide.* *Zh'a-pray-see (bo-koo) votr_(Fam: ton)_ed.* **I need your help.** *J'ai besoin de votre (Fam: ton) aide.* *Zh'ay buh-zwuhn duh votr_(Fam: ton)_ed.* **If you need any help, let (1) me / (2) us know.** *Si vous avez (Fam: tu as) besoin d'aide, (1) dites (Fam: dis)-le moi. / (2) dites- (Fam: dis-) le nous.* *See voo_z_a-vay (Fam: tew a) buh-zwuhn d'ed (Fam: dee)-luh mwa. / (2) deet (Fam: dee)-luh noo.* ♦ **helpful** *adj* utile *m&f* **ew-teel**, serviable *m&f* **ser-vyabl**; *(kind)* d'un grand secours **d'uhn gran suh-koor You've been very helpful.** *Vous avez (Fam: Tu as) été d'un grand secours.* *Voo_z_a-vay (Fam: Tew a) ay-tay d'uhn gran suh-koor.* ♦ **helpless** *adj* inutile *m&f* **ee-new-teel**

here *adv* ici **ee-see** *(1) Stay / (2) Wait here.* *(1) Ne bougez (Fam: bouge) pas. / (2) Attendez (Fam: Attends) ici.* *(1) Nuh boo-zhay (Fam: boozh) pa. / (2) A-tan-day (Fam: A-tan) ee-see.* **Stop here.** *Arrêtez-vous (Fam: Arrête-toi) ici.* *A-ray-tay-voo (Fam: A-ret-twa) ee-see.* **Here is fine, thank you.** *(taxi, ride) Arrêtez-vous (Fam: Arrête-toi) ici, merci.* *A-re-tay-voo (Fam: A-ret-twa) ee-see, mer-see.* **Come here.** *Venez (Fam: Viens) ici.* *Vuh-nay (Fam: Vyuhn) ee-see.* **Just put it here.** *Posez (Fam: Pose)-le juste ici.* *Po-zay (Fam: Poz)-luh zhewst_ee-see.* **Here it is!** *Voilà!* **Vwa-la! Here they are!** *Les voilà!* **Lay vwa-la! Here you are.** 1. *(Please take.) Prenez (Fam: Prends)*. **Pruh-nay (Fam: Pran).** 2. *(This is where you are.) Vous y êtes (Fam: Tu y es)!* *Voo_z_ee_y_et (Fam: Tew ee_y_ay)!* 3. *(You have come.) Vous (Fam: Te) voilà.* *Voo (Fam: Tuh) vwa-la.* *(1) He / (2) She / (3) It is here.* *(1) Il / (2) Elle / (3) C'est arrivé.* *(1) Eel / (2) El / (3) S'ay a-ree-vay.* **They're here.** *Ils (Fpl: Elles) sont arrivé(e)s.* *Eel (Fpl: El) son_t_a-ree-vay.* **Are you from (around) here?** *Etes-vous (Fam: Es-tu) du coin?* *Et-voo (Fam: Ay-tew) dew kwuhn?* **Here's to (1) our friendship. / (2) your beautiful eyes.** *(toast) (1) À notre amitié! / (2) À tes yeux magnifiques!* **Vyuhn ee-see!** *(1) A notr_a-mee-chyay! / (2) A tay_z_yuh ma-nee-feek!* **Here boy! / girl!** *(calling a dog)* Viens ici!

hero *n* héros *m* **ay-ro You are my hero.** *Tu es mon héros.* **Tew ay mon ay-ro**
♦ **heroine** *n* héroïne *f* **ay-ro-een**

herpes *n* herpes *m* **er-pes**

heterosexual *n* hétérosexuel, -le *m&f* **ay-tay-ro-sek-sew-el I'm heterosexual.** *Je suis heterosexuel (-le).* **Zhuh swee_z_ay-tay-ro-sek-sew-el.**

Hey! *interj* Eh! **E!**

---

*Familiar "tu" ("tew") forms in parentheses
can replace italicized polite forms.*

Hi! *interj* Salut! **Sa-lew!**

hiccups *n* hoquet *m* **o-ke**

hickey *n* suçon *m* **sew-son** **Don't give me a hickey.** Ne me *faites (Fam: fais)* pas de suçon. **Nuh muh** *fet (Fam: fay)* **pa duh sew-son.**

hide *vt* cacher **ka-shay**, nier **nee-ay** **Where did you hide it?** Où l'*avez-vous (Fam: as-tu)* caché? **Oo l'***a-vay-voo (Fam: a-tew)* **ka-shay?** ♦ *vi* se cacher **suh ka-shay**

high *adj* haut, -e *m&f* **o, ot**; élevé, -e *m&f* **el-vay** **higher** plus haut **plew o** **highest** le plus haut, la plus haute *m&f* **luh plew o, la plew ot** ~ **income** revenu *m* élevé **ruhv-new el-vay** ~ **jump** saut *m* en hauteur **so an o-tuhr** ~ **level** niveau *m* élevé **nee-vo el-vay** ~ **pay** salaire *m* élevé **sa-ler_el-vay** ~ **school** lycée **lee-say** ~ **speed** grande vitesse **grand vee-tes** **The price is too high.** Le prix est trop élevé. **Luh pree ay tro_p_el-vay.** **Prices are very high** Les prix sont très élevés. **Lay pree son tre_z_el-vay.** ♦ **highway** *n* autoroute *f* **o-to-root**

hike *vi* faire une excursion **fer_ewn eks-kewr-syon**, faire une randonnée **fer_ewn ran-do-nay** *(See also phrases under* **like** *and* **love.***)* ♦ *n* excursion *f* **eks-kewr-syon**, randonnée *f* **ran-do-nay** **go on a (***[1]* **long /** *[2]* **overnight)** ~ faire une *([1]* longue excursion / *[2]* excursion nocturne). **fer_ewn (***[1]* **long_eks-kewr-syon. /** *[2]* **_eks-kewr-syon nok-tewrn).** ♦ **hiking** *n* la randonnée *f* **la ran-do-nay** *(See phrases under* **go, like** *and* **love.***)*

hill *n* colline *f* **ko-leen** **come / go down the** ~ descendre la colline **day-sandr la ko-leen** **go up the** ~ monter la colline **mon-tay la ko-leen** **top of the** ~ en haut de la colline **an oh duh la ko-leen**

Hindu *adj* Hindou **Uhn-doo** ♦ *n* Hindou **Uhn-doo**

hint *vi* insinuer **uhn-see-new-ay**, faire allusion **fer_a-lew-zyon** ♦ *n* indication *f* **uhn-dee-ka-syon**, conseil *m* **kon-sey**, un soupçon *m* **uhn soop-son** **gentle** ~ conseil délicat **kon-sey day-lee-ka** **I can take a hint.** Je peux en prendre un soupçon. **Zhuh puh an prandr_uhn soop-son.**

hip *adj (slang)* 1. *(knowing the latest trends)* à la mode **a la mod**; 2. *(following the latest trends)* tendance *m&f* **tan-dans** ~ **fashion** trop tendance **tro tan-dans**

hip *n* hanche *f* **ansh** (*pl:* hanches *mpl* **ansh**)

hire *vt* embaucher **an-bo-shay**, engager **an-ga-zhay**; *(taxi)* appeler **a-play** **Let's hire a *(1)* guide. /** *(2)* **taxi.** *(1)* Engageons un guide. **An-ga-zhon uhn gheed.** / *(2)* Appelons un taxi. **A-plon uhn tak-see.** **How much would it cost to hire it for *(1)* two hours? /** *(2)* **a half day? /** *(3)* **the whole day?** *(taxi)* Combien ça va nous coûter de prendre un taxi pour *(1)* deux heures? / *(2)* la moitié de la journée? / *(3)* toute la journée? **Kon-byuhn sa va noo koo-tay duh prandr_uhn tak-see poor *(1)* duh_z_uhr? /** *(2)* **la mwa-chyay duh la zhoor-nay? /** *(3)* **toot la zhoor-nay?**

historic(al) *adj* historique *m&f* **ees-to-reek** ♦ **history** *n* l'histoire *f* **l'ees-twar** **in** ~ par le passé **par luh pa-say**

hit *vt* battre **batr**, frapper **fra-pay** **You have to hit it like this.** *(tennis)* Vous devez *(Fam: Tu dois)* frapper (la balle) comme ça. *Voo duh-vay (Fam: Tew dwa)* **fra-pay (la bal) kom sa.** **Don't hit me!** Ne me *frappez (Fam: frappe)* pas! **Nuh muh** *fra-pay (Fam: frap)* **pa!**

Learn a new French phrase every day! Subscribe to the free **Daily Dose of French***, www.phrase-books.com.*

- **hit it off** *idiom (get along well together)* s'entendre bien **s'an-tandr byuhn** **We hit it off so well with each other.** On s'entend si bien ensemble. **On s'an-tan see byun an-sanbl.**
- **hit on** *(slang: flirt with)* brancher **bran-shay Was he hitting on you?** Est-ce qu'il te branchait? **Es k'eel tuh bran-shay? He was hitting on me.** Il me branchait. **Eel muh bran-shay.**

hitchhike *vi* faire de l'auto-stop **fer duh l'o-to-stop**, faire du stop **fer dew stop**
- **hitchhiker** *n* auto-stoppeur, auto-stoppeuse *m&f* **o-to-sto-puhr, o-to-sto-puhz** ♦ **hitchhiking** *n* l'auto-stop *m* **l'o-to-stop**

hoarse *adj* roc, roque *m&f* **rok**

hobby *n* hobby *m* **o-bee**, passe-temps *m* **pas-tan What kind of hobbies (and interests) do you have?** Quelle sorte de hobbies (et intérêts) *avez-vous (Fam: as-tu)*? **Kel sort duh o-bee (ay uhn-tay-ray)** *a-vay-voo (Fam: a-tew)*? **My hobbies are** *(what)*. Mes hobbies sont *(___)*. **May o-bee son (___).**

hockey *n* hockey *m* **o-kay field** ~ terrain de hockey **tay-ruhn duh o-kay ice** ~ hockey sur glace **o-kay sewr glas**

hold *vt* tenir **tuh-neer**, porter **por-tay**, maintenir **muhnt-neer**; *(have)* avoir **a-vwar Could you please hold this (for me)?** Pourriez-vous *(Fam: Pourrais-tu)* tenir ça (pour moi)? *Poo-ryay-voo (Fam: Poo-ray-tew)* **tuh-neer sa (poor ma)? Let me hold that for you.** Laissez *(Fam: Laisse)*-moi tenir ça pour *vous (Fam: toi)*. . *Lay-say (Fam: Les)*-**mwa tuh-neer sa poor** *voo (Fam: twa)*.. **Hold my hand.** Tiens-moi la main. **Chyuhn-mwa la muhn. I love to hold you in my arms.** J'aime... *vous (Fam: te)* serrer dans mes bras. **Zh'em** *voo (Fam: tuh)* **say-ray dan may bra. Hold it!** *(Wait!)* Attendez *(Fam: Attends)*! *A-tan-day (Fam: A-tan)*!

hole *n (incl. golf)* trou *m* **troo**

holiday *n* jour *m* férié **zhoor fay-ryay**; fête *f* **fet**, vacances *fpl* **va-kans official** ~ jour férié officiel **zhoor fay-ryay o-fee-syel religious** ~ fête religieuse **fet ruh-lee-zhyuhz unofficial** ~ fête non officielle **fet non_o-fee-syel What holiday is it?** Quelle fête est-ce? **Kel fet_es?**

holy *adj* saint *m* **suhn**, sacré, -e *m&f* **sa-kray Holy Scriptures** Scriptes sacrés *mpl* **Skreept sa-kray**

home *n* maison *f* **may-zon**; foyer *m* **fwa-yay at** ~ à la maison **a la may-zon come / get** ~ venir / rentrer à la maison **vuh-neer / ran-tray a la may-zon cozy** ~ maison agréable **may-zon a-gray-abl go** ~ rentrer chez soi **ran-tray shay swa leave** ~ quitter la maison **kee-tay la may-zon mobile** ~ mobile home **mo-beel_om stay** ~ rester à la maison **res-tay a la may-zon trailer** ~ roulotte **roo-lot Where's your home?** Où est *votre (Fam: ta)* maison? **Oo ay** *votr (Fam: ta)* **may-zon? (1) My / (2) Our home is in** *(city / state)*. (1) Ma / (2) Notre maison est à *(___)*. *(1)* **Ma / *(2)* Notr may-zon ay a (___). What time do you (usually) get home?** À quelle heure *rentrez-vous (Fam: rentres-tu)* chez *vous (Fam: toi)* (habituellement)? **A kel_ur** *ran-tray-voo (Fam: ran-truh-tew)* **shay** *voo (Fam: twa)* **(a-bee-tew-el-man)? May I (1) escort / (2) walk you home?** Puis-je *(1,2) vous (Fam: te)* raccompagner chez *vous (Fam: toi)*? **Pwee-zh** *(1,2)* **voo** *(Fam:*

Underlines between letters indicate that the sounds are joined together.

homebody — 180 — **honor**

tuh) **ra-kon-pa-nyay shay voo** *(Fam: twa)*? **You have a nice home**. *Vous avez (Fam: Tu as)* une belle maison. **Voo_z_a-vay *(Fam: Tew a)* ewn bel may-zon. Is *(name)* at home?** Est-ce que *(___)* est à la maison? **Es kuh *(___)* ay_t_a la may-zon? When will *(1)* he / *(2)* she be home?** À quelle heure rentrera t' *(1)* il / *(2)* elle? **A kel_ur ran-tra t' *(1)* eel / *(2)* el? There's no place like home.** On n'est jamais aussi bien que chez soi. **On n'ay zha-may_z_o-see byuhn kuh shay swa.** ♦ **homebody** *n* casanier, casanière *m&f* **ka-za-nyay, -nyer**

homely *adj (plain, ugly)* brut, -e *m&f* **brewt**, simple *m&f* **suhnpl**

homemade *adj* fait maison **fay may-zon**

homemaker *n* constructeur *m* de maisons **kons-trewk-tuhr duh may-zon**

homesick *adj* nostalgique de son chez soi **nos-tal-zheek duh son shay twa** *(1)* **I'm** / *(2)* **We're a little homesick.** *(abroad)* *(1)* J'ai… / *(2)* Nous avons… un peu le mal de pays. *(1)* **Zh'ay… / *(2)* Noo_z_a-von… uhn puh luh mal dew pay-ee.** *(1)* **I'm / *(2)* We're not homesick.** *(abroad)* *(1)* Je n'ai… / *(2)* Nous n'avons… pas le mal de pays. *(1)* **Zhuh n'ay… / *(2)* Noo n'a-von… pa luh mal dew pay-ee.** **Sometimes I get homesick.** *(abroad)* Parfois, j'ai le mal du pays. **Par-fwa, zh'ay luh mal dew pay-ee.**

homework *n* devoirs *mpl* **duh-vwar Do you have a lot of homework?** Avez-vous *(Fam: As-tu)* beaucoup de devoirs? **A-vay-voo *(Fam: A-tew)* bo-koo duh duh-vwar?**

homosexual *n* homosexuel, -le *m&f* **o-mo-sek-sew-el**

honest *adj* honnête *m&f* **o-net**; *(frank)* franc, franche *m&f* **fran, fransh Honest?** Sérieusement? **Say-ryuhz-man! Honest!** Sérieusement! **Say-ryuhz-man! Please be honest (with me).** S'il *vous (Fam: te)* plaît, *soyez (Fam: sois) franc (F: franche)* (avec moi). **S'eel voo *(Fam: tuh)* play, swa-yay *(Fam: swa) fran (F: fransh)* (a-vek mwa). I'll be (completely) honest with you.** Je serai (complètement) *franc (F: franche)* avec *vous (Fam: toi)*. **Zhuh suh-ray kon-plet-man fran (F: fransh_) a-vek voo *(Fam: twa)*. To be honest…** Pour être honnête… **Poor_etr o-net…** ♦ **honestly** *adv* honnêtement **o-net-man**; *(frankly)* franchement **fransh-man**; *(sincerely)* sincèrement **suhn-ser-man I honestly (don't) think…** Sincèrement, je (ne) pense (pas)… **Suhn-ser-man, zhuh (nuh) pans (pa)… Tell me honestly.** Dites *(Fam: Dis)*-moi franchement. **Deet *(Fam: Dee)*-mwa fransh-man.** ♦ **honesty** *n* honnêteté *f* **o-net-tay**

honey *n* 1. *(sweet substance)* miel *m* **myel**; 2. *(darling)* chéri, -e *m&f* **shay-ree Your lips taste like honey.** Vos *(Fam: Tes)* lèvres ont le goût du miel. **Vo *(Fam: Tay)* levr_on luh goo dew myel.** ♦ **honeymoon** *n* lune *f* de miel **lewn duh myel We're on our honeymoon.** Nous sommes en lune de miel. **Noo som_an lewn duh myel. Where would you like to go *(1)* for / *(2)* on a honeymoon?** Où aimeriez-vous *(Fam: aimerais-tu)* aller *(1, 2)* en lune de miel? **Oo ay-muh-ryay-voo *(Fam: em-ray-tew)* a-lay *(1,2)* an lewn duh myel?**

honor *n* honneur *m* **o-nuhr** *(1)* **I / *(2)* We would consider it an honor.** *(1)* Je considérerai… / *(2)* Nous considérions… cela comme un honneur. *(1)* **Zhuh kon-see-der-ray… / *(2)* Noo kon-see-day-ryon… suh-la kom_uhn_o-nuhr. I give you my word of honor.** Je *vous (Fam: te)* donne ma parole (d'honneur).

Like English, French has both regular and irregular verbs.
Learn more about them on page 514.

Zhuh *voo (Fam: tuh)* **don ma-pa-rol (d'o-nuhr).**

hood *n (automot.)* capot *m* **ka-po**

hook *n (fishing)* hameçon *m* **am-son**

hope *vi* espérer **es-pay-ray** **I hope so.** Je l'espère. **Zhuh l'es-per. I hope not.** J'espère que non. **Zh'es-per kuh non.**

    I hope (very much) (that) ... J'espère (vraiment) que ... **Zh'es-per (vray-man) kuh...**

        ...I can see you (*[1]* again / *[2]* tonight / *[3]* tomorrow). ...je pourrais *vous (Fam: te)* voir (*[1]* encore / *[2]* ce soir / *[3]* demain). **...zhuh poo-ray** *voo (Fam: tuh)* **vwar (*[1]* an-kor / *[2]* suh swar / *[3]* duh-muhn).**

        ...we can see each other soon. ...on pourra se voir bientôt. **...on poo-ra suh vwar byuhn-to.**

        ...you have a good time. ...*vous passez (Fam: tu passess)* un bon moment. **...*voo pa-say (Fam: tew pas)* uhn bon mo-man.**

        ...you get well soon. ...*vous vous remettrez (Fam: tu te remettras)* vite. **...*voo voo ruh-may-tray (Fam: tew tuh ruh-may-tra)* veet.**

I only hope (that)... J'espère seulement que... **Zh'es-per suhl-man kuh...**

♦ *n* espoir *m* **es-pwar** **all my ~s** tous mes espoirs **too may_z_es-pwar** **any ~** quelque soit mes espoirs **kel-kuh swa may_z_es-pwar** **cling to the ~** s'accrocher à l'espoir **s'a-kro-shay a l'es-pwar** **faint ~** abolir l'espoir **a-bo-leer l'es-pwar** **fervent ~** fervent espoir **fer-van es-pwar** **give me ~** me donner de l'espoir **muh do-nay duh l'es-pwar** **great ~** grand espoir **gran_z_es-pwar** **last ~** dernier espoir **der-nyay_r_es-pwar** **lose ~** perdre espoir **perdr_es-pwar** **no ~ (at all)** aucun espoir (du tout) **o-kun_es-pwar (dew too)** **only ~** seul l'espoir **suhl_es-pwar** **slightest ~** le plus faible espoir **luh plew febl_es-pwar** **strong ~** espoir fort **es-pwar for** **That's my greatest hope.** C'est mon plus grand espoir. **S'ay mon plew gran es-pwar.** ♦ **hopeful** *adj* avoir de l'espoir **av-vwar duh l'es-pwar**; *(optimistic)* optimiste *m&f* **op-tee-meest** **I'm hopeful that I can come back *(1)* soon. / *(2)* in (*month*). / *(3)* next year.** J'ai l'espoir de revenir *(1)* bientôt. / *(2)* dans (___). / *(3)* l'année prochaine. **Zh'ay l'es-pwar duh ruh-vuh-neer *(1)* byuhn-to. / *(2)* dan (___). / *(3)* l'a-nay pro-shen.** ♦ **hopefully** *adv* avec de l'espoir **a-vek duh l'es-pwar**, si tout va bien **see too va byuhn** ♦ **hopeless** *adj* désespéré, -e *m&f* **day-zes-pay-ray**; sans espoir **san_z_es-pwar** **You're hopeless!** Vous êtes *(Fam: Tu es)* désespéré(e)s! **Voo_z_et *(Fam: Tew ay)* day-zes-pay-ray!** **I know it's hopeless, but I love you.** Je sais que c'est sans espoir, mais je *vous (Fam: t')* aime. **Zhuh say kuh s'ay san_z_es-pwar, may zhuh voo_z_ *(Fam: t')* em.**

horizon *n* horizon *m* **o-ree-zon**

horoscope *n* horoscope *m* **o-ros-kop** **Do you believe in horoscopes?** *Croyez-vous (Fam: Crois-tu)* à l'horoscope? **Krwa-yay-voo *(Fam: Krwa-tew)* a l'o-ros-kop?** **I (don't) believe in horoscopes.** Je (ne) crois (pas) à l'horoscope. **Zhuh (nuh) krwa (pa) a l'o-ros-kop.**

horrible *adj* horrible *m&f* **o-reebl** **Oh, how horrible!** Oh, c'est horrible! **O, s'ay**

---

a always sounds like the "a" in "father"

horse *n* cheval *m* **shuh-val** **Do you like to ride horses?** *Aimez-vous (Fam: Aimes-tu) faire des ballades à cheval?* *Ay-may-voo (Fam: Em-tew)* **fer day ba-lad_a shuh-val?** *((1)* **I** */ (2)* **We like to ride horses.** *(1) J'aime… / (2) Nous aimons… monter à cheval. (1)* **Zh'em…** */ (2)* **Noo_z_ay-mon… mon-tay a shuh-val.**

horse around *idiom (play around)* chahuter **sha-ew-tay**

horseback *n (also* **on** *~)* à cheval **a shuh-val** ride ~ monter à cheval **mon-tay a shuh-val** ♦ **horseback riding** *n* balade *f* à cheval **ba-lad_a shuh-val** go ~ faire une balade à cheval **fer_ewn ba-lad_a shuh-val Where can we go horseback riding?** *Où pouvons-nous aller faire du cheval?* **Oo poo-von-noo a-lay fer dew shuh-val?**

hospital *n* hôpital *m* **o-pee-tal** *(1)* **I need…** */ (2)* **He** */ (3)* **She needs… to go to a hospital.** *(1) J'ai… / (2) Il a… / (3) Elle a… besoin d'aller à l'hôpital. (1)* **Zh'ay … /** *(2)* **Eel_a… /** *(3)* **El_a… buh-zwuhn d'a-lay a l'o-pee-tal. Take** *(1)* **me** */ (2)* **us to the nearest hospital.** *Emmenez (Fam: Emmène) (1) -moi / (2) -nous à l'hôpital. An̄m-nay (Fam: An̄-men) (1)* **-mwa /** *(2)* **-noo_z_a l'os-pee-tal.**

hospitality *n* hospitalité *f* **os-pee-ta-lee-tay friendly** ~ aimable hospitalité **ay-mabl_os-pee-ta-lee-tay warm** ~ hospitalité *f* chaleureuse **os-pee-ta-lee-tay sha-luh-ruhz Thank you very much for your kind hospitality.** *Merci beaucoup pour votre (Fam: ton) aimable hospitalité.* **Mer-see bo-koo poor** *votr_(Fam: ton)_* **ay-mabl_os-pee-ta-lee-tay.** *(1)* **I** */ (2)* **We will always remember your wonderful hospitality.** *(1) Je me souviendrai… / (2) Nous nous souviendrons… toujours de votre (Fam: ta) merveilleuse hospitalité. (1)* **Zhuh muh soo-vyuhn-dray… /** *(2)* **Noo noo soo-vyuhn-dron… too-zhoor duh** *votr (Fam: ta)* **mer-vay-yuhz_os-pee-ta-lee-tay.**

host *n* présentateur *m* **pray-zan̄-ta-tuhr**, organisateur *m* **or-ga-nee-za-tuhr**

hostel *n* auberge *f* **o-berzh elder** ~ foyer pour personnes âgés **fwa-yay poor person_z_a-zhay youth** ~ auberge de jeunesse **o-berzh duh zhuh-nes** *(1)* **I'm /** *(2)* **We're staying in a youth hostel.** *(1) Je loge… / (2) Nous logeons… à l'auberge de jeunesse. (1)* **Zhuh lozh… /** *(2)* **Noo lo-zhon… a l'o-berzh duh zhuh-nes.**

hostess *n* présentatrice *f* **pray-zan̄-ta-trees**, hôtesse *f* d'accueil **o-tes d'a-kuhy**, organisatrice *f* **or-ga-nee-za-trees**

hot *adj* chaud, -e *m&f* **sho, shod**, bouillant, -e *m&f* **boo-yan̄, -yan̄t hotter** plus chaud, -e **plew sho, plew shod hottest** le plus chaud *m* **luh plew sho**, la plus chaude *f* **la plew shod cup of** ~ **tea** tasse *f* de thé chaud **tas duh tay sho** ~ **chocolate** chocolat *m* chaud **sho-ko-la sho It's (too) hot (today).** *Il fait (trop) chaud (aujourd'hui).* **Eel fay (tro) sho (o-zhoor-d'wee). There's no hot water.** *Il n'y a plus d'eau chaude.* **Eel n'ee_y_a plew d'o shod. Which one is the hot water?** *Lequel est pour l'eau chaude?* **Luh-kel_ay poor l'o shod? You make me hot.** *Vous me donnez (Fam: Tu me donnes) chaud.* *Voo muh do-nay (Fam: Tew muh don)* **sho.**

hotel *n* hôtel *m* **o-tel** *(See also phrases under* **come** *and* **go***.)* **big** ~ grand hôtel **gran̄_t_o-tel book a room at a** ~ réserver une chambre à l'hôtel **ray-zer-vay**

French pronunciation and phonetics are on pages 510-511.

ewn shanbr_a l'o-tel **cheap** ~ hôtel bon marché **o-tel bon mar-shay country** ~ chambre d'ôtes **shanbr d'ot expensive** ~ hôtel cher **o-tel sher fancy** ~ hôtel de luxe **o-tel duh lewks good / nice** ~ bon hôtel **bon_o-tel quiet** ~ hôtel tranquille **o-tel tran-keel reasonable** ~ hôtel abordable **o-tel_a-bor-dabl small** ~ petit hôtel **puh-tee_t_o-tel Let's *(1)* find / *(2)* get a hotel.** *(1)* Trouvons / *(2)* Prenons un hôtel. *(1) Troo-von / (2) Pruh-non uhn_o-tel.* **Where's a hotel that's not too expensive?** Où puis-je trouver un hôtel pas trop cher? **Oo pwee-zh troo-vay uhn_o-tel pa tro sher? What hotel are you staying at?** Dans quel hôtel *logez-vous (Fam: loges-tu)*? **Dan kel_o-tel** *lo-zhay-voo (Fam: lozh-tew)*? **I'm staying at the Hotel *(name)*.** Je loge à l'hôtel (___). **Zhuh lozh_a l'o-tel (___).**

hour *n* heure *f* **uhr about an** ~ a peu près une heure **a puh pre ewn_uhr a couple of** ~**s** deux heures **duh_z_uhr**; quelques heures **kel-kuh_z_uhr a few** ~**s** quelques heures **kel-kuh_z_uhr for an** ~ pour une heure **poor_ewn_uhr for** ~**s on end** par heure **par_uhr half an** ~ une demi-heure **ewn duh-mee_y_uhr in an** ~ dans une heure **dan_z_ewn_uhr less than an** ~ moins d'une heure **mwuhn d'ewn_uhr many** ~**s** beaucoup d'heures **bo-koo d'uhr over an** ~ plus d'une heure **plew d'ewn_uhr several** ~**s** plusieurs heures **plew-zyuhr_z_uhr**

house *n* maison *f* **may-zon** *(See also phrases under* **come, go** *and* **home***.)* **big** ~ grande maison **grand may-zon build a** ~ construire une maison **kons-trweer_ewn may-zon medium-size** ~ maison de taille moyenne **may-zon duh taee mwa-yen my** ~ ma maison **ma may-zon new** ~ nouvelle maison **noo-vel may-zon nice** ~ belle maison **bel may-zon old** ~ vieille maison **vyey may-zon one-story** ~ plein-pied **pluhn-pyay our** ~ notre maison **notr may-zon small** ~ petite maison **puh-teet may-zon two-story** ~ maison à deux étages **may-zon a duh_z_ay-tazh vacation** ~ maison *f* pour les vacances **may-zon poor lay va-kans your** ~ votre *(Fam: ta)* maison *votr (Fam: ta)* **may-zon We're buying a house.** Nous achetons une maison. **Noo_z_ash-ton ewn may-zon. We rent a house.** Nous louons une maison. **Noo loo-on ewn may-zon. How old is your house?** Quel âge à *votre (Fam: ta)* maison? **Kel_azh_a** *votr (Fam: ta)* **may-zon? Our house is *(number)* years old.** Notre maison a (___) ans. **Notr may-zon a (___)_an. How many rooms does your house have?** Combien de pièces *avez-vous (Fam: as-tu)* dans *votre (Fam: ta)* maison? **Kon-byuhn duh pyes**_*a-vay-voo (Fam: a-tew)* **dan** *votr (Fam: ta)* **may-zon? Our house has *(number)* rooms.** Notre maison a (___) pièces. **Notr may-zon a (___) pyes.**
♦ **housewife** *n* femme *f* au foyer **fam_o fwa-yay**

how *adv* comment **ko-man How are you?** Comment *allez-vous (Fam: vas-tu)?* **Ko-man_t**_*a-lay-voo (Fam: va-tew)?* **How're you doing?** Ça va? **Sa va? How's it going?** Comment ça va? **Ko-man sa va? How do you do?** Comment ça va? **Ko-man sa va? How come?** Comment ça se fait? **Ko-man sa suh fay? How much *([1]* is it? / *[2]* are they?)** Combien *([1,2]* ça) coûte? **Kon-byuhn *([1,2]*sa koot)? How many?** Combien? **Kon-byuhn? How far (is it) (from here)?** A quelle distance est-ce (d'ici)? **A kel dees-tans es (d'ee-see)? How often?** Combien de fois? **Kon-byuhn duh fwa? How long (does it take)?**

*Learn a new French phrase every day! Subscribe to the free **Daily Dose of French**, www.phrase-books.com.*

Combien de temps (est-ce que ça prend)? Kon-byuhn duh tan (es kuh sa pran)? **How do I get to** *(place)*? Comment puis-je me rendre á ( )? Ko-man pwee-zh muh randr_a ( )? **How long does the tour last?** Combien de temps dure le tour? Kon-byuhn duh tan dewr luh toor? **How much to go to** *(place)*? Combien ça coûte pour aller à ( )? Kon-byuhn sa koot poor_a-lay a ( )?

    How about… Qu'est-ce qu'… K'es k'…
        …her? …elle devient? **…el duh-vyuhn?**
        …him? …il devient? **…eel duh-vyuhn?**
        …them? …*ils (Fpl: elles)* deviennent? **…*eel (Fpl: el)* duh-vyen?**
        …you? …*vous devenez (Fam: tu deviens)*? **…*voo duh-vuh-nay (Fam: tew duh-vyuhn)*?**
    How about tomorrow? Ça t'irait demain? Sa t'ee-ray duh-muhn?

however *conj* cependant suh-pan-dan, toutefois toot-fwa, pourtant poor-tan

hug *vt* serrer dans ses bras say-ray dan say bra ♦ *n* calin *m* ka-luhn **Give me a hug.** Faites *(Fam: Fais)*-moi un calin. Fet *(Fam: Fay)*-mwa uhn ka-luhn. ♦ **huggable** *adj* adorable *m&f* a-do-rabl, qui donne envie de faire un calin kee don_an-vee duh fer_uhn ka-luhn **Mmm! You're so huggable!** Mmm! *Vous me donnez (Fam: Tu me donnes)* tellement envie de *vous (Fam: te)* faire un calin. **Mmm! *Voo muh do-nay (Fam: Tew muh don)* tel-man an-vee duh *voo (Fam: tuh)* fer_uhn ka-luhn.**

hum *vt* fredonner fruh-do-nay **Can you hum it?** Pouvez-vous *(Fam: Peux-tu)* le fredonner? *Poo-vay-voo (Fam: Puh-tew)* luh fruh-do-nay. **I can hum it.** Je peux le fredonner. Zhuh puh luh fruh-do-nay.

human *adj* humain, -e *m&f* ew-muhn, -men ~ **being** être *m* humain etr_ew-muhn ~ **nature** nature *f* humaine na-tewr_ew-men ~ **race** race *f* humaine ras_ew-men

humane *adj* humanitaire *m&f* ew-ma-nee-ter

humble *adj* humble *m&f* uhnbl, modeste *m&f* mo-dest **Please accept my humble apologies.** S'il *vous (Fam: te)* plaît, *acceptez (Fam: accepte)* mes plus humbles excuses. S'eel *voo (Fam: tuh)* play, *ak-sep-tay (Fam: ak-sept)* may plew_z_uhnbl eks-kewz. ♦ **humbly** *adv* humblement uhn-bluh-man

humdrum *adj* monotone *m&f* mo-no-ton

humid *adj* humide *m&f* ew-meed

humiliated *adj* humilié, -e *m&f* hu-mee-lyay ♦ **humiliating** *adj* humiliant, -e *m&f* ew-mee-lyan, -lyant **It's (absolutely) humiliating.** C'est (absolument) humiliant. S'ay (t_ab-so-lew-man) ew-mee-lyan.

hummingbird *n* colibri *m* ko-lee-bree

humor *n* humour *m* ew-moor **good sense of** ~ bon sens de l'humour bon sans duh l'ew-moor **lively sense of** ~ sens de l'humour vivace sans duh l'ew-moor vee-vas **marvelous sense of** ~ sens de l'humour formidable sans duh l'ew-moor for-mee-dabl **weird sense of** ~ sens *m* de l'humour bizarre sans duh l'ew-moor bee-zar **wry sense of** ~ sens de l'humour ironique sans duh l'ew-moor_ee-ro-neek **You have a great sense of humor.** *Vous avez (Fam: Tu as)* un grand sens

---

oo sounds like the "oo" in "shoot".

de l'humour. *Voo_z_a-vay (Fam: Tew a)* **uhn gran sans duh l'ew-moor. I love your sense of humor.** J'aime *votre (Fam: ton)* sens de l'humour. **Zh'em** *votr (Fam: ton)* **sans duh l'ew-moor.** ♦ **humorless** *adj* sans humour **san_z_ew-moor**; *(dull)* niais, -e *m&f* **nee-ay, -ez** ♦ **humorous** *adj* comique *m&f* **ko-meek**, divertissant, -e *m&f* **dee-ver-tee-san, -sant**

Hungarian *adj* hongrois, -e *m&f* **on-grwa, -grwaz** ♦ *n* Hongrois, -e *m&f* **On-grwa, -grwaz**

hungry *adj* affamé, -e *m&f* **a-fa-may**, faim *m&f* **fuhn get** ~ commencer à avoir faim **ko-man-say a a-vwar fuhn Are you hungry?** *Avez-vous (Fam: As-tu)* faim? *A-vay-voo (Fam: A-tew)* **fuhn?** *(1)* **I'm /** *(2)* **We're (***[3]* **rather /** *[4]* **really) hungry.** *(1)* J'ai **/** *(2)* Nous avons (*[3]* plutôt **/** *[4]* vraiment) faim. *(1)* **Zh'ay /** *(2)* **Noo_z_a-von (***[3]* **plew-to /** *[4]* **vray-man) fuhn. I'm so hungry for you.** J'ai tellement envie de toi. **Zh'ay tel-man an-vee duh twa.**

hunt *vt* chasser **sha-say** ~ **deer** chasser le daim **sha-say luh duhn** ~ **ducks** chasser les canards **sha-say lay ka-nar** ~ **rabbits** chasser les lapins **sha-say lay la-puhn** ♦ *vi* chercher **sher-shay**, aller à la chasse **a-lay a la shas** ~ **for a job** chercher du travail **sher-shay dew tra-vaee** *(1)* **I'm /** *(2)* **We're hunting for** *(3)* **an apartment. /** *(4)* **a room.** *(1)* Je cherche… **/** *(2)* Nous cherchons… *(3)* un appartement. **/** *(4)* une chambre. *(1)* **Zhuh shersh… /** *(2)* **Noo sher-shon…** *(3)* **uhn_a-par-tuh-man. /** *(4)* **ewn shanbr.** ♦ **hunting** *n* chasse *f* **shas go** ~ aller à la chasse **a-lay a la shas**

Hurray! Hourra! **Oo-ra!**

hurry *vi* se dépêcher **suh day-pay-shay Hurry (up)!** Dépêchez-vous *(Fam: Dépêche-toi)*! **Day-pay-shay-voo (Fam: Day-pesh-twa)! We'd better hurry. (We're going to be late.)** On ferait mieux de se dépêcher. (On va être en retard.) **On fuh-ray myuhn duh suh day-pay-shay. (On va etr_an ruh-tar.) There's no need to hurry.** On n'a pas besoin de se dépêcher. **On n'a pa buh-zwuhn duh suh day-pay-shay.** ♦ *n* hâte *f* **at**, impatience *f* **uhn-pa-syans Are you in a hurry?** Etes-vous *(Fam: Es-tu)* pressé *(-e)*? *Et-voo (Fam: Ay-tew)* **pray-say?** *(1)* **I'm /** *(2)* **We're in a hurry.** *(1)* Je suis *pressé (-e)*. **/** *(2)* Nous sommes *pressé(e)s*. *(1)* **Zhuh swee pray-say. /** *(2)* **Noo som pray-say. Don't be in such a hurry.** Ne *soyez (Fam: sois)* pas si *impatient (F: impatiente)*. **Nuh** *swa-yay (Fam: swa)* **pa see uhn-pa-syan (***F: uhn-pa-syant***). What's the hurry?** Pourquoi si pressé? **Poor-kwa see pray-say?**

hurt *vt* faire mal **fer mal**, blesser **blay-say Did you hurt yourself?** Est-ce que *vous vous êtes (Fam: tu t'es)* fait *(F: faites)* mal? **Es kuh** *voo voo_z_et (Fam: tew t'ay) fay (F: fet)* **mal?**

    I hurt my… Je me suis *blessé (-e)*… **Zhuh muh swee blay-say…**

        …arm. …au bras. **…o bra.**

        …back. …au dos. **…o do.**

        …elbow. …au coude. **…o kood.**

        …eye. …à l'œil. **…a l'uhy.**

        …finger. …au doigt. **…o dwa.**

English-French and French-English glossaries of food and drink are on pages 534-546.

...foot. ...au pied. **...o pyay.**
...hand. ...à la main. **...a la muhn.**
...head. ...à la tête. **...a la tet.**
...knee. ...au genou. **...o zhuh-noo.**
...leg. ...à la jambe. **...a la zhanb.**
...nose. ...au nez. **...o nay.**
...toe. ...à l'orteil. **...a l'or-tey.**
I didn't mean to hurt *(1)* **you.** / *(2)* **your feelings.** Je ne voulais pas *vous (Fam: te) (1)* faire de mal. / *(2)* faire mal au cœur. **Zhuh nuh voo-lay pa** *voo (Fam: tuh)***... (1) fer duh mal.** / **(2) fer mal_o kur. Please forgive me if I hurt** *(1)* **you.** / *(2)* **your feelings.** S'il *vous (Fam: te)* plaît, *pardonnez (Fam: pardonne)*-moi si je *vous (Fam: t')*... *(1)* ai fait du mal. / *(2)* ai fait mal au cœur. **S'eel** *voo (Fam: tuh)* **play,** *par-do-nay (Fam: par-don)***-mwa see zhuh** *voo_z_(Fam: t')* **... (1) ay fay dew mal.** / **(2) ay fay mal_o kuhr.** ♦ **hurt** *vi* blesser **blay-say**, faire mal **fer mal Does it hurt?** Ça *vous (Fam: te)* fait mal? **Sa** *voo (Fam: tuh)* **fay mal? Where does it hurt?** Où est-ce que ça *vous (Fam: te)* fait mal? **Oo es kuh sa** *voo (Fam: tuh)* **fay mal? It hurts (here).** Ça me fait mal (ici). **Sa muh fay mal (_ee-see). My** *(what)* **hurts.** J'ai mal *au (F: à la)* (___). **Zh'ay mal**_o *(F:_a la)* (___). **My whole body hurts.** Tout mon corps me fait mal. **Too mon kor muh fay mal.**
husband *n* mari *m* **ma-ree Do you have a husband?** *Avez-vous (Fam: As-tu)* un mari? *A-vay-voo (Fam: A-tew)* **uhn ma-ree? I (don't) have a husband.** Je (n')ai (pas) de mari. **Zhuh (n')ay (pa) duh ma-ree. I'm here with my husband.** Je suis là avec mon mari. **Zhuh swee la a-vek mon ma-ree**. **This is my husband** *(name)*. C'est mon mari (___). **S'ay mon ma-ree (___). This is a picture of my husband.** C'est une photo de mon mari. **S'ay_t_ewn fo-to duh mon ma-ree. Your husband is very good-looking** *(photo)*. *Votre (Fam: Ton)* mari est très beau. *Votr (Fam: Ton)* **ma-ree ay tre bo. My husband passed away (in** *[year]***).** Mon mari est décédé (en [___]). **Mon ma-ree ay day-say-day (an [___]).**
husky *adj* costaud *m&f* **kos-to**, robuste *m&f* **ro-bewst**
hut *n* hutte *f* **ewt**, cabane *f* **ka-ban**
hydrofoil *n* hydroptére *m* **ee-drop-ter**
hydroplane *n* hydroglisseur *m* **ee-dro-glee-suhr**
hypnotic *adj* hypnotique **eep-no-teek** ♦ **hypnotize** *vt* hypnotiser **eep-no-tee-zay You hypnotize me with your beautiful eyes.** *Vous m'hypnotisez avec vos (Fam: Tu m'hypnotises avec tes)* beaux yeux. *Voo m'eep-no-tee-zay a-vek vo (Fam: Tew m'eep-no-teez_a-vek tay)* **bo_z_yuh.**
hypocrite *n* hypocrite *m&f* **ee-po-kreet** ♦ **hypocritical** *adj* hypocrite *m&f* **ee-po-kreet be ~** être hypocrite **etr_ee-po-kreet**
hysterical *adj* hystérique **ees-tay-reek** *(1,2)* **Don't get hysterical.** *(1)* Ne *vous mettez (Fam: te mets)* pas dans des états pareils. / *(2)* Ne *soyez (Fam: sois)* pas hystérique. *(1)* **Nuh** *voo may-tay (Fam: tuh may)* **pa dan day_z_ay-ta pa-rey.** / *(2)* **Nuh** *swa-yay (Fam: swa)* **pa_z_ees-tay-reek.**

Questions about the metric system? See page 523.

I i

I *pron* je **zhuh** me moi **mwa** about me à propos de moi **a pro-po duh mwa** for me pour moi **poor mwa** to me pour moi **poor mwa** with me avec moi **a-vek mwa** I am. Je suis. **Zhuh swee**. I was. J'étais. **Zh'ay-tay**. I will be. Je serai. **Zhuh suh-ray**.

ice *n* glace *f* **glas** bowl of ~ cream bol *m* de glace **bol duh glas** cup of ~ cream petit pot *m* de glace **puh-tee po duh glas** ~ cream glace *f* **glas**; *(sorbet)* sorbet *m* **sor-bay** ~ cream bar ski *m* **skee** ~ cream cone cornet *m* de glace **kor-nay duh glas** ~ cream parlor / shop glacier **gla-syay** ~ cream vendor marchand (-e) de glaces *mar-shan* (F: *mar-shand*) **duh glas** ~ cubes glaçons *mpl* (en cube) **gla-son (an kewb)** ~ machine machine à faire des glaçons **ma-sheen_a fer day gla-son** Do you like ice cream? Aimez-vous (Fam: Aimes-tu) les glaces? *Ay-may-voo (Fam: Em-tew)* **lay glas?** Let's get some ice cream. Allons acheter une glace. **A-lon ash-tay ewn glas.** What flavor of ice cream do you like? Quel parfum de glace aimez-vous (Fam: aimes-tu)? **Kel par-fuhn duh glas** *ay-may-voo (Fam: em-tew)*? I'm glad you broke the ice. Je suis *content (-e)* que *vous ayez (Fam: tu aies)* fait le premier pas. **Zhuh swee** *kon-tan (F: kon-tant)* **kuh** *voo_z_ay-yay (Fam: tew ay)* **fay luh pruh-myay pa.** ♦ **ice-skate** *vi* patiner sur glace **pa-tee-nay sewr glas** *(See also phrases under like and love.)* ♦ **ice-skates** *n pl* patins *mpl* à glace **pa-tuhn a glas** ♦ **ice-skating** *n* patinage *m* sur glace **pa-tee-nazh sewr glas** *(See phrases under go, like and love.)* ~ rink patinoire *f* **pa-tee-nwar** ♦ **icy** *adj* verglacé **ver-gla-say** It's (too) icy. *(road)* C'est (trop) verglacé. **S'ay (tro) ver-gla-say.**

ID = identification *n* identité *f* **ee-dan-tee-tay**

idea *n* idée *f* **ee-day** bad ~ mauvaise idée **mo-vez_ee-day** brilliant ~ brilliante idée **bree-yant ee-day** clever ~ idée astucieuse **ee-day as-tew-syuhz** crazy ~ idée folle **ee-day fol** different ~ idée différente **ee-day dee-fay-rant** general ~ idée générale **ee-day zhay-nay-ral** no ~ aucune idée *f* **o-kewn_ee-day** not a bad ~ pas une mauvaise idée **pa_z_ewn mo-vez_ee-day** original ~ idée originale **ee-day o-ree-zhee-nal** rough ~ *(approximate)* idée approximative **ee-day a-prok-see-ma-teev** wonderful ~ merveilleuse idée **mer-vay-yuhz_ee-day** That's a *(1)* good / *(2)* great / *(3)* marvelous idea. C'est une *(1)* bonne idée. / *(2)* idée géniale. / *(3)* idée fantastique. **S'ay_t_ewn** *(1)* **bon_ee-day.** / *(2)* **_ee-day zhay-nyal.** / *(3)* **_ee-day fan-tas-teek**. I have an idea. J'ai une idée. **Zh'ay ewn_ ee-day.** I'm always open to new ideas. Je suis toujours *ouvert (-e)* à de nouvelles idées. **Zhuh swee too-zhoor_oo-ver (F: oo-vert_)** **a duh noo-vel_z_ee-day.** I haven't the slightest idea. Je n'ai pas la moindre idée. **Zhuh n'ay pa la mwuhndr_ee-day**. Please don't get the wrong idea (about me). S'il *vous (Fam: te)* plaît, ne *vous faites (Fam: te fais)* pas de fausses idées (à mon sujet). *S'eel voo (Fam: tuh)*

---

*Articles, adjectives and nouns must agree
in gender and number (singular or plural).*

play, nuh *voo fet (Fam: tuh fay)* **pa duh fos_z_ee-day (a mon sew-zhay)**.

ideal *adj* idéal, -e *m&f* **ee-day-al** That would be ideal. Ça serait idéal. **Sa suh-ray ee-day-al.** Everything was ideal. Tout se déroulait pour le mieux. **Too suh day-roo-lay poor luh myuh.** ♦ **idealist** *n* idéaliste *m&f* **ee-day-a-leest** ♦ **idealistic** *adj* idéaliste *m&f* **ee-day-a-leest** ♦ **idealize** *vt* idéaliser **ee-day-a-lee-zay**

identical *adj* identique *m&f* **ee-dan-teek** ~ **twins** vrais jumeaux (Fpl: vraies jumelles) *vray zhew-mo (Fpl: vray zhew-mel)*

identification (ID) *n* identité *f* **ee-dan-tee-tay**

idiom *n* expression *f* **eks-pre-syon**

idiosyncracy *n* idiosyncrasie *f* **ee-jo-suhn-kra-zee**

idiot *n* idiot, -e *m&f* **ee-jo, -jot** complete ~ *idiot fini (F: idiote finie)* **ee-jo (F: ee-jot) fee-nee** ♦ **idiotic** *adj* idiot, -e *m&f* **ee-jo, -jot** That's the most idiotic thing I ever heard. C'est la chose la plus absurde que j'ai jamais entendue. **S'ay la zhoz la plew_z_ab-sewrd kuh zh'ay zha-may_z_an-tan-dew.**

idol *n* idole *m&f* **ee-dol** ♦ **idolize** *vt* idolâtrer **ee-do-la-tray**

idyllic *adj* idyllique *m&f* **ee-dee-leek**

if *conj* si **see**

ignition *n (automot.)* allumage *f* **a-lew-mazh**

ignorant *adj* ignorant, -e *m&f* **ee-nyo-ran, -rant**

ignore *vt* ignorer **ee-nyo-ray** Just ignore (1) him. / (2) her. / (3) them. Ignorez *(Fam: Ignore)* (1) -le. / (2) -la. / (3) -les. **Ee-nyo-ray (Fam: Ee-nyor). (1) -luh. / (2) -la. / (3) -lay.**

ill *adj* malade *m&f* **ma-lad** be ~ être malade **etr ma-lad** be ~ at ease être mal à l'aise **etr mal_a l'ez** feel ~ at ease se sentir mal à l'aise **suh san-teer mal_a l'ez**

illegal *adj* illégal, -e *m&f* **ee-lay-gal**

illness *n* maladie *f* **ma-la-dee**

illusion *n* illusion *f* **ee-lew-zyon**

image *n* image *f* **ee-mazh** digital ~ image *f* digitale **ee-mazh dee-zhee-tal**

imagination *n* imagination *f* **ee-ma-zhee-na-syon** active ~ imagination débordante **ee-ma-zhee-na-syon day-bor-dant** arouse my ~ éveiller mon imagination **ay-vay-yay mon_ ee-ma-zhee-na-syon** fertile ~ imagination fertile **ee-ma-zhee-na-syon fer-teel** lively ~ imagination vive **ee-ma-zhee-na-syon veev** rich ~ imagination riche **ee-ma-zhee-na-syon reesh** wild ~ imagination folle **ee-ma-zhee-na-syon fol** your ~ *votre (Fam: ton)* imagination *votr_ (Fam: ton)_***ee-ma-zhee-na-syon** It's all in your imagination. Ce n'est que dans *votre (Fam: ton)* imagination. **Suh n'ay kuh dan** *votr_ (Fam: ton)_***ee-ma-zhee-na-syon**. My imagination is running wild. Je laisse libre cours à mon imagination. **Zhuh les leebr koor_a mon_ee-ma-zhee-na-syon.** ♦ **imaginative** *adj* ima-ginatif, imaginative *m&f* **ee-ma-zhee-na-teef, -teev** ♦ **imagine** *vt* imaginer **ee-ma-zhee-nay** Imagine that. *Imaginez (Fam: Imagine)* ça. **Ee-ma-zhee-nay (Fam: Ee-ma-zheen) sa.** I can(not) imagine… Je (ne) peux (pas) imaginer que… **Zhuh (nuh) puh (pa) ee-ma-zhee-nay kuh…** That's hard to imagine. C'est dur à imaginer. **S'ay dewr_a ee-ma-zhee-nay.** You can't even imagine… *Vous*

A phrasebook makes a great gift!
See order information on page 552.

n'imaginez (Fam: Tu n'imagines) même pas... **Voo n'ee-ma-zhee-nay (Fam: Tew n'ee-ma-zheen) mem pa...** **I imagine that must be very hard for you.** J'imagine que cela doit être dur pour *vous (Fam: toi)*. **Zh'ee-ma-zheen kuh suh-la dwa_t_etr dewr poor** *voo (Fam: twa)*.

imbecile *n* imbécile *m&f* **uhn-bay-seel**
imitate *vt* imiter **ee-mee-tay**
immature *adj* immature *m&f* **ee-ma-tewr**
immediately *adv* immédiatement **ee-may-jat-man**, tout de suite **too duh sweet**
immense *adj* immense *m&f* **ee-mans**
immigrant *n* immigrant, -e *m&f* **ee-mee-gran, -grant** ♦ **immigrate** *vi* immigrer **ee-mee-gray**
immoral *adj* immoral, -e *m&f* **ee-mo-ral**
immunization *n* immunisation *f* **ee-mew-nee-za-syon** flu ~ immunisation *f* contre la grippe *f* **ee-mew-nee-za-syon kontr la greep**
impatient *adj* impatient, -e *m&f* **uhn-pa-syan, -syant** **Don't be impatient.** Ne soyez (Fam: sois) pas *impatient (-e)*. **Nuh swa-yay (Fam: swa) pa_z_uhn-pa-syan (F: uhn-pa-syant)**.
impersonate *vt* imiter **ee-mee-tay**, personnifier **per-so-nee-fyay** ♦ **impersonation** *n* imitation *f* **ee-mee-ta-syon give an** ~ donner l'impression **do-nay l'uhn-pray-syon**
impolite *adj* impoli, -e *m&f* **uhn-po-lee**, malpoli, -e *m&f* **mal-po-lee** **That was very impolite (of me).** C'était vraiment impoli (de ma part). **S'ay-tay vray-man_t_uhn-po-lee (duh ma par)**.
importance *n* importance *f* **uhn-por-tans** ♦ **important** *adj* important, -e *m&f* **uhn-por-tan, -tant** **It's (not) (very) important.** C(e n') est (pas) (très) important. **S(uh n')ay (pa) (tre_z_) uhn-por-tan**.
impossible *adj* impossible *m&f* **uhn-po-seebl** **It's impossible.** C'est impossible. **S'ay_t_uhn-po-seebl**.
impress *vt* impressioner **uhn-pray-syo-nay** ♦ **impression** *n* impression *f* **uhn-pray-syon bad** ~ mauvaise impression **mo-vez_uhn-pray-syon big** ~ grande impression **gran_d_uhn-pray-syon false** ~ fausse impression **fos_uhn-pray-syon favorable** ~ impression favorable **uhn-pray-syon fa-vo-rabl first** ~ première impression **pruh-myer_uhn-pray-syon give** *(1)* **me /** *(2)* **you the** ~ *(1)* me / *(2)* vous (Fam: te) donner l'impression *(1)* muh / *(2)* voo (Fam: tuh) **do-nay l'uhn-pray-syon good** ~ bonne impression **bon_uhn-pray-syon make an** ~ donner l'impression **do-nay l'uhn-pray-syon nice** ~ bonne impression **bon_uhn-pray-syon overall** ~ impression générale **uhn-pray-syon zhay-nay-ral your** ~ votre (Fam: ton) impression *votr_ (Fam: ton_)* **uhn-pray-syon I'm sorry if I gave you the wrong impression.** Je suis *désolé (-e)* si je *vous (Fam: t')* ai donné une mauvaise impression. **Zhuh swee day-zo-lay see zhuh voo_z_ (Fam: t')_ay do-nay ewn mo-vez_uhn-pray-syon**.
improper *adj* (impolite) incorrect, -e *m&f* **uhn-ko-rekt**; (inappropriate) indécent, -e *m&f* **uhn-day-san, -sant**
improve *vt* améliorer **a-may-lyo-ray** **Can you help me improve my French?**

A slash always means "or".

Pouvez-vous (Fam: Peux-tu) m'aider à améliorer mon français? *Poo-vay-voo (Fam: Puh-tew)* **m'ay-day_a a-may-lyo-ray mo<u>n</u> fra<u>n</u>-say?** ♦ **improve** *vi* améliorer **a-may-lyo-ray You're improving already.** *Vous vous améliorez (Fam: Tu t'améliores)* déjà. *Voo voo_z_a-may-lyo-ray (Fam: Tew t'a-may-lyor)* **day-zha.** **Your** *(1)* **English /** *(2)* **game is improving.** *Votre (Fam: Ton) (1)* anglais / *(2)* jeu s'améliore. *Votr_(Fam: To<u>n</u>) (1) _a<u>n</u>-glay… / (2) zhuh… s'a-may-lyor.*

impulse *n* impulsion *f* **uh<u>n</u>-pewl-syo<u>n</u> sudden** ~ envie *f* soudaine **a<u>n</u>-vee soo-den I couldn't resist the impulse.** J'ai eu une pulsion à laquelle je ne pouvais pas résister. **Zh'ay ew ewn pewl-syo<u>n</u> a la-kel zhuh nuh poo-vay pa ray-zees-tay.** ♦ **impulsive** *adj* impulsif, impulsive *m&f* **uh<u>n</u>-pewl-seef, -seev It was an impulsive thing to do.** J'ai été trop *impulsif (F: impulsive).* **Zh'ay ay-tay tro_p_** *uh<u>n</u>-pewl-seef (F: uh<u>n</u>-pewl-seev).*

inappropriate *adj* inapproprié, -e *m&f* **ee-na-pro-pree-yay**, impropre *m&f* **uh<u>n</u>-propr That was inappropriate.** C'était inapproprié. **S' ay-tay_t_ee-na-pro-pree-yay.**

incident *n* incident *m* **uh<u>n</u>-see-da<u>n</u> unfortunate** ~ incident malencontreux **uh<u>n</u>-see-da<u>n</u> ma-la<u>n</u>-ko<u>n</u>-truh** ♦ **incidentally** *adv* incidemment **uh<u>n</u>-see-day-ma<u>n</u>**, d'ailleurs **d'a-yuhr**

include *vt* inclure **uh<u>n</u>-klewr**, comprendre **ko<u>n</u>-pra<u>n</u>dr Does that include** *(1)* **me?** / *(2)* **us?** Est-ce que ça *(1)* m'inclu (-e)? / *(2)* nous inclus? **Es kuh sa** *(1)* **m'uh<u>n</u>-klew? /** *(2)* **noo_z_uh<u>n</u>-klew? That includes you.** Ça *vous (Fam: t')* inclu (-es). **Sa** *voo_z_ (Fam: t')* **uh<u>n</u>-klew. What does the tour include?** Qu'est-ce que le circuit comprend? **K'es kuh luh seer-kwee ko<u>n</u>-pra<u>n</u>? The tour includes...** Le circuit comprend... **Luh seer-kwee ko<u>n</u>-pra<u>n</u>…**

income *n* revenu *m* **ruh-vuh-new above-average** ~ revenu au-dessus de la moyenne **ruh-vuh-new o-duh-sew duh la mwa-yen good** ~ bon revenu **bo<u>n</u> ruh-vuh-new high** ~ revenu élevé **ruh-vuh-new el-vay modest** ~ revenu modeste **ruh-vuh-new mo-dest monthly** ~ revenu mensuel **ruh-vuh-new ma<u>n</u>-sew-el small** ~ petit revenu **puh-tee ruh-vuh-new steady** ~ revenu stable **ruh-vuh-new stabl What is your yearly income?** Quel est *votre (Fam: ton)* revenu annuel? **Kel_ay** *votr (Fam: to<u>n</u>)* **ruh-vuh-new a-newel? My yearly income is** *(amount).* Mon revenu annuel est de (___). **Mo<u>n</u> ruh-vuh-new a-new-el ay duh (___).**

incompatible *adj* incompatible *m&f* **uh<u>n</u>-ko<u>n</u>-pa-teebl We were incompatible.** Nous étions incompatibles. **Noo_z_ay-chyo<u>n</u> uh<u>n</u>-ko<u>n</u>-pa-teebl.**

inconvenience *vt* incommoder **uh<u>n</u>-ko-mo-day** *(1)* **I /** *(2)* **We don't want to inconvenience you.** *(1)* Je ne veux pas… / *(2)* Nous ne voulons pas… *vous (Fam: t')* incommoder. *(1)* **Zhuh nuh vuh pa… /** *(2)* **Noo nuh voo-lo<u>n</u> pa…** *voo_z_ (Fam: t')* **uh<u>n</u>-ko-mo-day.** ♦ *n* inconvénient *m* **uh<u>n</u>-ko<u>n</u>-vay-nya<u>n</u>** ♦ **inconvenient** *adj* inopportun, -e *m&f* **ee-no-por-tuh<u>n</u>, ee-no-por-tewn Would that be inconvenient for you?** Est-ce que ça *vous (Fam: te)* dérange ? **Es kuh sa** *voo (Fam: tuh)* **day-ra<u>n</u>zh?**

incorrect *adj* incorrect, -e *m&f* **uh<u>n</u>-ko-rekt**, faux, fausse *m&f* **fo, fos** ♦ **incorrectly** *adv* incorrectement **uh<u>n</u>-ko-rek-tuh-ma<u>n</u>**

In the pronunciation <u>n</u> *stands for a nasalized* **n**

increase *vi* augmenter **og-man-tay**
incredible *adj* incroyable *m&f* **uhn-krwa-yabl You are (absolutely) incredible.**
 Vous êtes (Fam: Tu es) (vraiment) incroyable. *Voo_z_et (Fam: Tew ay)* **(vray-man) uhn-krwa-yabl.** ♦ **incredibly** *adv* incroyablement **uhn-krwa-ya-bluh-man**
indecent *adj* impudique *m&f* **uhn-pew-deek**
indeed *adv* en effet **an_ay-fay**, effectivement **ay-fek-teev-man**
indefinitely *adv* indéfiniment **uhn-day-fee-nee-man**
independence *n* indépendance *f* **uhn-day-pan-dans** ♦ **independent** *adj* indépendant, -e *m&f* **uhn-day-pan-dan, -dant I like to be independent.** J'aime être *indépendant (-e)*. **Zh'em_etr** *uhn-day-pan-dan* (*F:* *uhn-day-pan-dant*).
indescribable *adj* indescriptible *m&f* **uhn-des-kreep-teebl** ♦ **indescribably** *adv* indescriptiblement **uhn-des-kreep-tee-bluh-man**
Indian *adj* indien, -ne *m&f* **uhn-juhn, -jen** ♦ *n* Indien, -ne *m&f* **Uhn-juhn, -jen**
indifferent *adj* indifférent, -e *m&f* **uhn-dee-fay-ran, -rant**
indigestion *n* indigestion *f* **uhn-dee-zhay-syon**
indiscreet *adj* indiscret, indiscrète *m&f* **uhn-dees-kray, -kret**
individual *n* individu *m* **uhn-dee-vee-dew**, personne *f* **per-son**
indoors *adv* à l'intérieur **a l'uhn-tay-ryuhr**, dedans **duh-dan**
industrious *adj* industrieux, industrieuse *m&f* **uhn-dews-tree-yuh, -yuhz**; studieux, studieuse *m&f* **stew-juh, s-juhz** ♦ **industry** *n* industrie *f* **uhn-dews-tree**
inedible *adj* immangeable *m&f* **uhn-man-zhabl**
inevitable *adj* inévitable *m&f* **ee-nay-vee-tabl** ♦ **inevitably** *adv* inévitablement **ee-nay-vee-ta-bluh-man**
inexpensive *adj* économique *m&f* **ay-ko-no-meek,** peu coûteux *m* **puh koo-tuh**
inexperienced *adj* inexpérimenté, -e *m&f* **ee-neks-pay-ree-man-tay,** sans expérience **san_z_eks-pay-ryans**
infant *n* nourrisson *m* **noo-ree-son,** enfant *m* **an-fan**
infatuated *adj* épris, -e *m&f* **ay-pree, -preez become** ~ tomber *amoureux (F: amoureuse)* de **ton-bay** *a-moo-ruh (F: a-moo-ruhz)* **duh I'm not just infatuated with you. I love you.** Je ne suis pas seulement *épris (-e)* de *vous (Fam: toi)*. Je *vous (Fam: t')* aime. **Zhuh nuh swee pa suhl-man** *ay-pree (F: ay-preez)* **duh** *voo (Fam: twa)*. **Zhuh** *voo_z_* *(Fam: t')* **em.** ♦ **infatuation** *n* engouement *m* **an-goo-man** mere ~ simple engouement **suhnpl_an-goo-man You don't really love me. It's just infatuation.** *Vous ne m'aimez (Fam: Tu ne m'aimes)* pas vraiment. Ce n'est qu'un engouement. *Voo nuh m'ay-may (Fam: Tew nuh m'em pa)* vray-man**. Suh n'ay k'uhn_an-goo-man.**
infected *adj* infecté, -e *m&f* **uhn-fek-tay Is it infected?** Est-ce *infecté (-e)*? **Es_ uhn-fek-tay?** ♦ **infection** *n* infection *f* **uhn-fek-syon**
infidelity *n* infidélité *f* **uhn-fee-day-lee-tay I can't stand infidelity.** Je ne peux pas supporter l'infidélité. **Zhuh nuh puh pa sew-por-tay l'uhn-fee-day-lee-tay**.
infinite *adj* infini, -e *m&f* **uhn-fee-nee** ♦ **infinitely** *adv* infiniment **uhn-fee-nee-man**
infinitive *n* infinitif *m* **uhn-fee-nee-teef**
infinity *n* infinité *f* **uhn-fee-nee-tay,** éternité *f* **ay-ter-nee-tay**

Time expressions are given on pages 521-522.

inflatable *adj* gonflable *m&f* **gon-flabl** ♦ **inflate** *vt* gonfler **gon-flay** **Let me inflate it for you.** *Laissez-moi vous (Fam: Laisse-moi te) le gonfler.* **Lay-say-mwa voo (Fam: Les-mwa tuh) luh gon-flay.** ♦ **inflation** *n* inflation *f* **uhn-fla-syon**

influence *n* influence *f* **uhn-flew-ans** great ~ grande influence **grand_uhn-flew-ans** have an ~ avoir une influence **a-vwar_ewn_uhn-flew-ans** tremendous ~ immense influence **ee-mans_uhn-flew-ans**

inform *vt* informer **uhn-for-may**, renseigner **ran-se-nyay** **Please inform** *(1)* **me.** / *(2)* **us.** *S'il vous plaît, renseignez (Fam: renseigne) (1)-moi. / (2)-nous.* **S'eel voo (Fam : tuh) play, ran-se-nyay (Fam: ran-se-ny(uh)) (1)-mwa. / (2)-noo.** **I'll inform you.** *Je vous (Fam: te) renseignerai.* **Zhuh voo (Fam: tuh) ran-se-nyuh-ray.** **We'll inform you.** *Nous vous (Fam: te) renseignerons.* **Noo voo (Fam: tuh) ran-se-nyuh-ron.** *(1)* **He** / *(2)* **She** / *(3)* **They informed me that…** *(1) Il / (2) Elle / (3) Ils (Fpl: Elles) m'ont informé que…* *(1)* **Eel /** *(2)* **El /** *(3)* **Eel (Fpl: El) m'on_t_uhn-for-may kuh…Thanks for informing** *(1)* **me.** / *(2)* **us.** *Merci de (1) m'avoir renseigné (-e). / (2) nous avoir renseigné (-s).* **Mer-see duh (1) m'a-vwar ran-se-nyay. / (2) noo_z_a-vwar ran-se-nyay.** **I wasn't informed.** *Je n'étais pas au courant.* **Zhuh n'ay-tay pa_z_o koo-ran.** **We weren't informed.** *Nous n'étions pas au courant.* **Noo n'ay-chyon pa_z_o koo-ran.**

informal *adj* informel, -le *m&f* **uhn-for-mel**, décontracté, -e *m&f* **day-kon-trak-tay**

information *n* informations *fpl* **uhn-for-ma-syon**, renseignements *mpl* **ran-say-nyuh-man** **Thanks for the information.** *Merci pour les informations.* **Mer-see poor lay_z_uhn-for-ma-syon.** **Could you get the information for** *(1)* **me?** / *(2)* **us?** *Pourriez-vous (Fam: Pourrais-tu) vous (Fam : te) renseigner pour (1) moi ? / (2) nous?* **Poo-ryay-voo (Fam: Poo-ray-tew) voo (Fam: tuh) ran-se-nyay poor (1) mwa? / (2) noo?** *(1)* **I'll /** *(2)* **We'll get the information for you.** *(1) Je me renseignerai… / (2) Nous nous renseignerons… pour vous (Fam: toi).* *(1)* **Zhuh muh ran-se-nyuh-ray… /** *(2)* **Noo noo ran-se-nyuh-ron… poor voo (Fam: twa).** *(1)* **I /** *(2)* **We couldn't get the information.** *(1) Je n'ai pas pu me… / (2) Nous n'avons pas pu nous… renseigner.* *(1)* **Zhuh n'ay pa pew muh… /** *(2)* **Noo n'a-von pa pew noo… ran-se-nyay.**

informed *adj* informé, -e *m&f* **uhn-for-may**, averti, -e *m&f* **a-ver-tee**, éduqué, -e *m&f* **ay-dew-kay** **You're very well informed.** *Vous êtes (Fam: Tu es) très bien informé (-e).* **Voo_z_et (Fam: Tew ay) tre byuhn_uhn-for-may.**

ingenious *adj* malin, -e *m&f* **ma-luhn, -leeny(uh)**, ingénieux, ingénieuse *m&f* **uhn-zhay-nyuh, -nyuhz** ♦ **ingenuity** *n* ingéniosité *f* **uhn-zhay-nyo-zee-tay**, inventivité *f* **uhn-van-tee-vee-tay**

inherit *vt* hériter **ay-ree-tay** **I inherited it (from my** *[1]* **father /** *[2]* **mother).** *J'ai hérité (de [1] mon père / [2] ma mère).* **Zh'ay ay-ree-tay (duh [1] mon per / [2] ma mer).**

inhibit vt inhiber **ee-nee-bay**, empêcher **an-pe-shay** ♦ **inhibited** *adj* inhibé, -e *m&f* **ee-nee-bay** **Don't be so inhibited. Let yourself go.** *Ne soyez (Fam: sois) pas si inhibé (-e). Laissez-vous (Fam: Laisse-toi) aller.* **Nuh swa-yay (Fam: swa) pa see ee-nee-bay. Lay-say-voo (Fam: Les-twa) a-lay.** ♦ **inhibition** *n* inhibition

---

French q always sounds like **k**.

f ee-nee-bee-syon

inhumane *adj* inhumain, -e *m&f* ee-new-muh<u>n</u>, -men

initials *n pl* initiales *fpl* ee-nee-syal

initiative *n* initiative *f* ee-nee-sya-teev **take the ~** prendre l'initiative **pra<u>n</u>dr l'ee-nee-sya-teev**

injector *n*: **fuel ~** *(automot.)* injecteur *m* de carburant **uh<u>n</u>-zhek-tuhr duh kar-bew-ra<u>n</u>**

injure *vt* blesser **blay-say** ♦ **injured** *adj* blessé, -e *m&f* **blay-say Were you injured (in the accident)?** Avez-vous (Fam: As-tu) été *blessé (-e)* (dans l'accident)? *A-vay-voo (Fam: A-tew)* **ay-tay blay-say (da<u>n</u> l'ak-see-da<u>n</u>)? How were you injured?** Comment *vous êtes-vous (Fam: t'es-tu) blessé (-e)*? **Ko-ma<u>n</u> voo_z_ et-voo (Fam: t'ay-tew) blay-say?** ♦ **injury** *n* blessure *f* **blay-sewr**

inn *n* auberge *f* **o-berzh Is there an inn around here that we can stay at?** Y-a-t-il une auberge près d'ici où nous pouvons loger? **Ee_y_a-t-eel_ewn_o-berzh pre d'ee-see oo noo poo-vo<u>n</u> lo-zhay?**

innocence *n* innocence *f* **ee-no-sa<u>n</u>s** ♦ **innocent** *adj* innocent, -e *m&f* **ee-no-sa<u>n</u>, -sa<u>n</u>t You have such an innocent look.** Vous avez (Fam: Tu as) un air tellement innocent. *Voo_z_a-vay (Fam: Tew a)* **uh<u>n</u>_er tel-ma<u>n</u> ee-no-sa<u>n</u>.**

inquire *vi* demander **duh-ma<u>n</u>-day**, se renseigner **suh ra<u>n</u>-se-nyay**, s'enquérir **s'a<u>n</u>-kay-reer I'll inquire at the *(1)* desk. / *(2)* office.** Je vais me renseigner *(1)* auprès de la réception. / *(2)* au bureau. **Zhuh vay muh ra<u>n</u>-se-nyay *(1)* o-pre duh la ray-sep-syo<u>n</u>.** / *(2)* **o bew-ro.**

inquisitive *adj* curieux, curieuse *m&f* **kew-ryuh, -ryuhz**

insane *adj* fou, folle *m&f* **foo, fol**, dément, -e *m&f* **day-ma<u>n</u>, -ma<u>n</u>t This is totally insane.** C'est complètement fou. **S'ay ko<u>n</u>-plet-ma<u>n</u> foo. You must be insane!** Vous devez (Fam: Tu dois) être *fou (F: folle)*! *Voo duh-vay (Fam: Tew dwa)* **etr** *foo (F: fol)*! ♦ **insanely** *adv* extrêmement **eks-trem-ma<u>n</u> *(1)* He / *(2)* She is insanely jealous. *(1)*** Il est extrêmement jaloux. / *(2)* Elle est extrêmement jalouse. ***(1)* Eel_ay eks-trem-ma<u>n</u> zha-loo.** / *(2)* **El_ay eks-trem-ma<u>n</u> zha-looz.** ♦ **insanity** *n* démence *f* **day-ma<u>n</u>s**, folie *f* **fo-lee**

insatiable *adj* insatiable *m&f* **uh<u>n</u>-sa-tyabl If I seem insatiable, it's your fault.** Si je semble insatiable, c'est de *votre (Fam: ta)* faute. **See zhuh sa<u>n</u>bl_uh<u>n</u>-sa-tyabl, s'ay duh** *votr (Fam: ta)* **fot.**

inscription *n* inscription *f* **uh<u>n</u>s-kreep-syo<u>n</u>**

insecure *adj* incertain, -e *m&f* **uh<u>n</u>-ser-tuh<u>n</u>, -ten**

insensitive *adj* insensible *m&f* **uh<u>n</u>-sa<u>n</u>-seebl**, indifférent, -e *m&f* **uh<u>n</u>-dee-fay-ra<u>n</u>, -ra<u>n</u>t**

inside *prep* dans **da<u>n</u>**, à l'intérieur de **a l'uh<u>n</u>-tay-ryuhr duh** ♦ *adv* dedans **duh-da<u>n</u>**, à l'intérieur **a l'uh<u>n</u>-tay-ryuhr** ♦ *n* intérieur *m* **uh<u>n</u>-tay-ryuhr**, dedans *m* **duh-da<u>n</u> ~ out** à l'envers **a l'a<u>n</u>-ver**

insist *vi* insister **uh<u>n</u>-sees-tay *(1)* I / *(2)* We insist (that you come with *[3]* me / *[4]* us). *(1)*** J'insiste… / *(2)* Nous insistons… (à ce que *vous veniez [Fam: tu viennes]* avec *[3]* moi / *[4]* nous). ***(1)* Zh'uh<u>n</u>-seest…** / *(2)* **Noo_z_uh<u>n</u>-sees-to<u>n</u>… (a suh kuh** *voo vuh-nyay [Fam: tew vyen_]* **a-vek *[3]* mwa /** *[4]* **noo).**

Words in parentheses (not italicized) are optional.

inspiration *n* inspiration *f* uh<u>n</u>s-pee-ra-syon **You're a real inspiration to me.** Vous êtes (Fam: Tu es) ma source d'inspiration. *Voo_z_et_(Fam: Tew ay) ma soors d'uh<u>n</u>s-pee-ra-syon.* ♦ **inspire** *vt* inspirer uh<u>n</u>s-pee-ray **I need someone like you to inspire me.** J'ai besoin de quelqu'un comme vous (Fam: toi) pour m'inspirer. *Zh'ay buh-zwuh<u>n</u> duh kel-kuh<u>n</u> kom voo (Fam: twa) poor m'uh<u>n</u>s-pee-ray.* **You possess the kind of beauty that inspires (1) masterpieces of art . / (2) poetry.** Vous avez (Fam: Tu as) la beauté qui inspire (1) les chef-d'oeuvres. / (2) la poésie. *Voo_z_ a-vay (Fam: Tew a) la bo-tay kee uh<u>n</u>s-peer (1) lay shay d'uhvr. / (2) la po-ay-zee.* ♦ **inspiring** *adj* inspirant, -e *m&f* uh<u>n</u>s-pee-ran, -ra<u>n</u>t

instance *n* cas *m* ka **for ~** par exemple par_ek-za<u>n</u>pl

instant *adj* instantané, -e *m&f* uh<u>n</u>s-tan-ta-nay, immédiat, -e *m&f* ee-may-ja, -jat **~ attraction** attirance immédiate *f* a-tee-ra<u>n</u>s_ee-may-jat ♦ **instantly** *adv* immédiatement ee-may-jat-man

instead *adv* plutôt plew-to , au lieu de o lyuh duh **~ of** à la place de a la plas duh, au lieu de o lyuh duh

instinct *n* instinct *m* uh<u>n</u>s-tuh<u>n</u> ♦ **instinctive** *adj* instinctif, instinctive *m&f* uh<u>n</u>s-tuh<u>n</u>k-teef, -teev ♦ **instinctively** *adv* instinctivement uh<u>n</u>s-tuh<u>n</u>k-teev-man

institute *n* institut *m* uh<u>n</u>s-tee-tew

instruct *vt* instruire uh<u>n</u>s-trweer, enseigner an-se-nyay **I'd be glad to instruct you.** Je serai content (-e) de vous (Fam: t') instruire. *Zhuh suh-ray ko<u>n</u>-ta<u>n</u> (F: ko<u>n</u>-tant) duh voo_z_ (Fam: t')_uh<u>n</u>s-trweer.* **Could you instruct (1) me? / (2) us?** Pourriez-vous (Fam : Pourrais-tu) (1) m' / (2) nous enseigner? *Poo-ryay-voo (Fam: Poo-ray-tew) (1) m' / (2) noo_z_ an-se-nyay?* ♦ **instruction** *n* 1. *(instructing)* enseignement *m* an-se-nyuh-man; 2. *pl (directions)* direction *f* dee-rek-syon **Thanks for the instruction.** Merci pour les instructions. *Mer-see poor lay_z_ uh<u>n</u>s-trewk-syon.* ♦ **instructor** *n* instructeur, instructrice *m&f* uh<u>n</u>s-trewk-tuhr, -trees **You're a good instructor.** Vous êtes (Fam: Tu es) un bon instructeur (F: une bonne instructrice). *Voo_z_et (Fam: Tew ay_z_) uh<u>n</u> bon_uh<u>n</u>s-trewk-tuhr (F: ewn bon_uh<u>n</u>s-trewk-trees).*

insulin *n* insuline *f* uh<u>n</u>-sew-leen

insult *vt* insulter uh<u>n</u>-sewl-tay **I didn't mean to insult you.** Je ne voulais pas vous (Fam: t') insulter. *Zhuh nuh voo-lay pa voo_z_ (Fam: t')_uh<u>n</u>-sewl-tay.* **I'm sorry if I insulted you.** Je suis désolé (-e) si je vous (Fam: t') ai insulté. *Zhuh swee day-zo-lay see zhuh voo_z_ (Fam: t')_ay uh<u>n</u>-sewl-tay.* **You have insulted me.** Vous m'avez (Fam: Tu m'as) insulté (-e). *Voo m'a-vay (Fam: Tew m'a) uh<u>n</u>-sewl-tay.* ♦ *n* insulte *f* uh<u>n</u>-sewlt **That's an insult.** C'est une insulte. *S'ay_t_ewn_uh<u>n</u>-sewlt.*

insurance *n* assurance *f* a-sew-ra<u>n</u>s **car ~** assurance voiture a-sew-ra<u>n</u>s vwa-tewr **collision ~** *(car)* tierce collision *f* chyers ko-lee-zyon **health ~** assurance maladie a-sew-ra<u>n</u>s ma-la-dee **medical ~** assurance médicale a-sew-ra<u>n</u>s may-dee-kal **liability ~** *(car)* assurance responsabilité civile a-sew-ra<u>n</u>s res-pon-sa-bee-lee-tay see-veel **life ~** assurance-vie a-sew-ra<u>n</u>s vee **How much is the insurance?**

In French ch is pronounced like sh in "sheep".

Quel est le montant de l'assurance? **Kel_ay luh mon-tan duh l'a-sew-rans?**
integrity *n* intégrité *f* **uhn-tay-gree-tay**
intellect *n* intelligence *m* **uhn-tay-lee-zhans** ♦ **intellectual** *adj* intellectuel, -le *m&f* **uhn-tay-lek-tew-el** ♦ *n* intellectuel *m* **uhn-tay-lek-tew-el** ♦ **intellectually** *adv* intellectuellement **uhn-tay-lek-tew-el-man**
intelligence *n* intelligence *f* **uhn-tay-lee-zhans** ♦ **intelligent** *adj* intelligent, -e *m&f* **uhn-tay-lee-zhan, -zhant**
intend *vi* avoir l'intention **a-vwar l'uhn-tan-syon** **What do you intend to do?** Qu'*avez-vous (Fam: as-tu)* l'intention de faire? **K'*a-vay-voo (Fam: a-tew)* l'uhn-tan-syon duh fer?**
 I intend to… J'ai l'intention… **Zh'ay l'uhn-tan-syon…**
  We intend to… Nous avons l'intention… **Noo_z_a-von l'uhn-tan-syon…**
   …do it. …de le faire. **…duh luh fer**.
   …go there. …d'y aller. **…d'ee_y_a-lay.**
   …leave soon. …de partir bientôt. **…duh par-teer byuhn-to**.
(1) **I / *(2)* We intended to call you.** *(1)* J'avais… / *(2)* Nous avions… l'intention de *vous (Fam: t')* appeler. *(1)* **Zh'a-vay…** / *(2)* **Noo_z_a-vyon… l'uhn_tan-syon duh** *voo_z_ (Fam: t')_*a-play.
intense *adj* intense *m&f* **uhn-tans**, ♦ **intensely** *adv* intensément **uhn-tan-say-man**
intention *n* intention *f* **uhn-tan-syon**, but *m* **bewt** *(1)* **My / *(2)* Our intention is…** *(1)* Mon / *(2)* Notre intention est de… *(1)* **Mon_** / *(2)* **Notr_uhn-tan-syon ay duh…** **My intentions are honorable, I assure you.** Mes intentions sont honorables, je *vous (Fam: t')* assure. **May_z_uhn-tan-syon son_t_o-no-rabl, zhuh** *voo_z_(Fam: t')_*a-sewr. **The road to hell is paved with good intentions.** Le chemin vers l'enfer est pavé de bonnes intentions. **Luh shuh-muhn ver l'an-fer_ay pa-vay duh bon_z_uhn-tan-syon**. ♦ **intentional** *adj* intentionnel, -le *m&f* **uhn-tan-syo-nel** **That was (not) intentional.** C(e n')était (pas) intentionel. **S(uh n)'ay-tay (pa_z_) uhn-tan-syo-nel.** ♦ **intentionally** *adv* intentionnellement **uhn-tan-syo-nel-man**, délibérément **day-lee-bay-ray-man** **You did that intentionally.** *Vous l'avez fait (Fam: Tu l'as fait)* intentionnellement. *Voo l'a-vay fay (Fam: Tew l'a fay)* **uhn-tan-syo-nel-man. I didn't do it intentionally.** Je ne l'ai pas fait intentionnellement. **Zhuh nuh l'ay pa fay uhn-tan-syo-nel-man. I would never intentionally hurt you.** Je ne *vous (Fam: te)* ferai jamais de mal intentionnellement. **Zhuh nuh** *voo (Fam: tuh)* **fuh-ray zha-may duh mal uhn-tan-syo-nel-man**.
intercourse *n* relations sexuelles *fpl* **ruh-la-syon sek-sew-el**, rapports sexuels *mpl* **ra-por sek-sew-el** **have ~** avoir des relations sexuelles **a-vwar day ruh-la-syon sek-sew-el** **sexual ~** rapports sexuels **ra-por sek-sew-el** **I don't want to have intercourse with you.** Je ne veux pas avoir de relations sexuelles avec *vous (Fam: toi)*. **Zhuh nuh vuh pa_z_a-vwar duh ruh-la-syon sek-sew-el_a-vek** *voo (Fam: twa)*. **I've never had intercourse with anyone.** Je n'ai jamais eu de relations sexuelles avec qui que ce soit. **Zhuh n'ay zha-may_z_ew duh ruh-la-syon sek-sew-el_a-vek kee kuh suh swa.**

Familiar "tu" ("tew") forms in parentheses can replace italicized polite forms.

interest *vt* intéresser **uhn-tay-ray-say** **What sort of things interest you?** Quelles genres de choses *vous (Fam: t')* intéressent? **Kel zhanr duh shoz** *voo_z_ (Fam: t')_***uhn-tay-res?** **Does that interest you (at all)?** Est-ce que ça *vous (Fam: t')* intéresse (vraiment)? **Es kuh sa** *voo_z_ (Fam: t')_***uhn-tay-res (vray-man)?** **That interests me (very much).** Ça m'intéresse (beaucoup). **Sa m'uhn-tay-res (bo-koo).** **That doesn't interest me (at all).** Ça ne m'intéresse pas (du tout). **Sa nuh m'uhn-tay-res pa (dew too)**. **You interest me (very much).** Vous *m'intéressez (Fam: Tu m'intéresses)* (beaucoup). *Voo m'uhn-tay-ray-say (Fam: Tew m'uhn-tay-res)* **(bo-koo).** ♦ *n* intérêt *m* **uhn-tay-ray** **arouse my ~** susciter mon intérêt **sew-see-tay mon_uhn-tay-ray** **common ~s** intérêts communs **uhn-tay-re ko-muhn** **great ~** grand intérêt **gran_t_uhn-tay-ray** **have ~** être *intéréssé (-e)* **etr_uhn-tay-ray-say** **intense ~** intérêt intense **uhn-tay-ray uhn-tans** **keen ~** engouement *m* **an-goo-man** **my ~s** mes passe-temps *mpl* **may pas tan** **no ~** sans intérêt **san_z_uhn-tay-ray** **personal ~s** intérêts personnels **uhn-tay-ray per-so-nel** **similar ~s** passe-temps similaires *mpl* **pas tan** **varied ~s** intérêt variés **uhn-tay-ray va-ryay** **What kind of (hobbies and) interests do you have?** Quels genres de passe-temps *avez-vous (Fam: as-tu)?* **Kel zhanr duh pas tan** *a-vay-voo (Fam: a-tew)?* ♦ **interested** *adj* intéréssé, -e *m&f* **uhn-tay-ray-say** **What kind of things are you interested in?** Quels genres de choses *vous (Fam: t')* intéressent? **Kel zhanr duh shoz** *voo_z_ (Fam: t')_***uhn-tay-res?** **Are you interested in (<u>subject</u>)?** Etes-vous *(Fam: Es-tu)* intéressé *(-e)* par *le (F: la) (___)?* **Et-voo** *(Fam: Ay-tew)* **uhn-tay-ray-say par** *luh (F: la) (___)?* **I'm (not) interested in (<u>subject</u>).** Je (ne) suis (pas) *intéréssé (-e)* par *le (F: la) (___).* **Zhuh (nuh) swee (pa)_z_uhn-tay-ray-say par** *luh (F: la) (___).* ♦ **interesting** *adj* intéréssant, -e *m&f* **uhn-tay-ray-san, -sant** **That's (very) interesting.** C'est (très) intéressant. **S'ay (tre_z_) uhn-tay-ray-san.** **I found it interesting.** J'ai trouvé ça intéressant. **Zh'ay troo-vay sa uhn-tay-re-san.**

international *adj* international, -e *m&f* **uhn-ter-na-syo-nal**

internet *n* internet **uhn-ter-net** **go on the ~** aller sur internet **a-lay sewr_uhn-ter-net** **on the ~** sur internet **sewr_uhn-ter-net**

interpret *vt* interpréter **uhn-ter-pray-tay** **Is there somebody (here) who could interpret (for *[1]* me / *[2]* us)?** Y-a-t-il quelqu'un (ici) qui pourrait servir d'interprète (pour *[1]* moi / *[2]* nous)? **Ee_y_a-t-eel kel-kuhn (ee-see) kee poo-ray ser-veer d'uhn-ter-pret (poor *[1]* mwa / *[2]* noo)?** **Could you possibly interpret for *(1)* me? / *(2)* us?** Pourriez-vous *(Fam: Pourrais-tu)* servir d'interprète pour *(1)* moi? / *(2)* nous? **Poo-ryay-voo** *(Fam: Poo-ray-tew)* **ser-veer d'uhn-ter-pret poor *(1)* mwa? / *(2)* noo?** ♦ **interpreter** *n* interprète *m&f* **uhn-ter-pret** **Where can *(1)* I / *(2)* we get an interpreter?** Où est-ce que *(1)* je peux / *(2)* nous pouvons trouver *un (-e)* interprète? **Oo es kuh *(1)* zhuh puh / *(2)* noo poo-von troo-vay** *uhn_(F: ewn_)* **uhn-ter-pret?** **Can you recommend an interpreter?** Pouvez-vous *(Fam: Peux-tu)* recommander un interprète? *Poo-vay-voo (Fam: Puh-tew)* **ruh-ko-man-day uhn_uhn-ter-pret?**

interrupt *vt* interrompre **uhn-tay-ronpr** *(1)* **I'm /** *(2)* **We're sorry to interrupt**

The letter h in French is always silent.

you. *(1)* Je suis…. / *(2)* Nous sommes… *désolé(-es)* de *vous (Fam: t')* interrompre. *(1)* **Zhuh swee… / *(2)* Noo som… day-zo-lay duh** *voo_z_ (Fam: t')_* **uhn-tay-ronpr.**

intimacy *n* intimité *f* **uhn-tee-mee-tay** ♦ **intimate** *adj* intime *m&f* **uhn-teem** ♦ **intimately** *adv* intimement **uhn-teem-man**

intoxicated *adj* saoul, -e *m&f* **sool**, ivre *m&f* **eevr** *(1)* **He** / *(2)* **She is intoxicated.** *(1)* Il / *(2)* Elle est ivre. *(1)* **Eel_** / *(2)* **El_ay_t_eevr**. ♦ **intoxicating** *adj* enivrant, -e *m&f* **an-nee-vran, -vrant**

intrigue *vt* intriguer **uhn-tree-gay You (really) intrigue me**. Vous m'intriguez *(Fam: Tu m'intrigues)* (beaucoup). *Voo m'uhn-tree-gay (Fam: Tew m'uhn-treeg)* **(bo-koo)**. ♦ **intriguing** *adj* fascinant, -e *m&f* **fa-see-nan, -nant I find that very intriguing.** Je trouve que c'est très fascinant. **Zhuh troov kuh s'ay tre fa-see-nan.**

introduce *vt* présenter **pray-zan-tay**
Let me introduce you to… Laissez-moi *(Fam: Laisse-moi)* vous *(Fam: te)* présenter… *Lay-say-mwa (Fam: Les-mwa) voo (Fam: tuh)* **pray-zan-tay…**
I want to introduce you to… Je veux *vous (Fam: te)* présenter… **Zhuh vuh** *voo (Fam: tuh)* **pray-zan-tay…**
  …my wife. …ma femme. **…ma fam.**
  …my girlfriend. …ma petite-amie. **…ma puh-teet-a-mee.**
  …my fiancée. …ma fiancée. **…ma fee-yan-say.**
  …my mother. …ma mère. **…ma mer.**
  …my daughter. …ma fille. **…ma feey(uh).**
  …my sister. …ma soeur. **…ma suhr.**
  …my husband. …mon mari. **…mon ma-ree.**
  …my boyfriend. …mon petit-ami. **…mon puh-tec_t-a-mee.**
  …my fiancé. …mon fiancé. **…mon fee-yan-say.**
  …my father. …mon père. **…mon per.**
  …my son. …mon fils. **…mon fees.**
  …my brother. …mon frère. **…mon frer.**
  …my friend. …mon *ami (-e)*. **…mon_a-mee.**
  …my friends. …mes *ami(e)s*. **…may_z_a-mee.**
  …my parents. …mes parents. **…may pa-ran.**
  …my children. …mes enfants. **…may_z_an-fan.**
This is *(name)*. C'est *(___)*. **S'ay *(___)*.**
We haven't been introduced. My name is *(name)*. Nous n'avons pas été *présenté(e)s.* Mon nom est *(___)*. **Noo n'a-von pa_z_ay-tay pray-zan-tay. Mon non ay *(___)*. Allow me to introduce myself.** *Permettez-moi (Fam: Permets-moi)* de me présenter. *Per-me-tay-mwa (Fam: Per-may-mwa)* **duh muh pray-zan-tay.**
I'm glad we were introduced. Je suis *content (-e)* que nous ayons été *présenté(e)s*. **Zhuh swee** *kon-tan (F: kon-tant)* **kuh noo_z_ay-yon ay-tay pray-zan-tay.**

intrude *vi* déranger **day-ran-zhay**, s'imposer **s'uhn-po-zay I'm sorry to intrude.** Je suis *désolé (-e)* de *vous (Fam: te)* déranger. **Zhuh swee day-zo-lay duh** *voo (Fam: tuh)* **day-ran-zhay.**

Common occupations are listed on pages 526-533.

intuition *n* intuition *f* uh<u>n</u>-twee-syo<u>n</u> **feminine ~** intuition féminine uh<u>n</u>-twee-syo<u>n</u> fay-mee-neen **It's my woman's intuition.** C'est mon intuition féminine. S'ay mo<u>n</u>_uh<u>n</u>-twee-syo<u>n</u> fay-mee-neen.

intuitively *adv* intuitivement uh<u>n</u>-twee-teev-ma<u>n</u>

invigorating *adj* vivifiant, -e *m&f* vee-vee-fya<u>n</u>, -fyant, revigorant, -e *m&f* ruh-vee-go-ra<u>n</u>, -rant **Your company is invigorating.** *Votre (Fam: Ta)* compagnie est revigorante. *Votr (Fam: Ta)* ko<u>n</u>-pa-nee ay ruh-vee-go-rant. **This air is invigorating.** Cet air est revigorant. Set_er_ ay ruh-vee-go-ra<u>n</u>.

invitation *n* invitation *f* uh<u>n</u>-vee-ta-syo<u>n</u> **Thank you for your invitation (to dinner).** Merci pour *votre (Fam: ton)* invitation (à dîner). Mer-see poor *votr_(Fam: ton)_*uh<u>n</u>-vee-ta-syo<u>n</u> (a dee-nay). *(1)* I / *(2)* **We accept your invitation.** *(1)* J'accepte… / *(2)* Nous acceptons… *votre (Fam: ton)* invitation. *(1)* Zh'ak-sept… / *(2)* Noo_z_ak-sep-to<u>n</u>… *votr_(Fam : ton)_*uh<u>n</u>-vee-ta-syo<u>n</u>. **I'm sorry,** *(1)* **I** / *(2)* **we can't accept your invitation.** *(1)* Je suis désolé (-e)… *(2)* Nous sommes désolé(e)s… de ne pouvoir accepter *votre (Fam : ton)* invitation. *(1)* Zhuh swee day-zo-lay… / *(2)* Noo som day-zo-lay… duh nuh poo-vwar_ ak-sep-tay *votr_(Fam : ton)_*uh<u>n</u>-vee-ta-syo<u>n</u>. *(1)* I / *(2)* **We appreciate your invitation (, but** *[1]* **I /** *[2]* **we have other plans for that day).** *(1)* J'apprécie… / *(2)* Nous appécions… *votre (Fam: ton)* invitation (, mais *[1]* j'ai… / *[2]* nous avons… d'autres choses de prévues ce jour-là). *(1)* Zh'a-pray-see… / *(2)* Noo_z_a-pray-syo<u>n</u>… *votr_(Fam : ton)_*uh<u>n</u>-vee-ta-syo<u>n</u> (, may *[1]* zh'ay… / *[2]* noo_z_a-vo<u>n</u>… d'otr shoz duh pray-vew suh zhoor la). ♦ **invite** *vt* inviter uh<u>n</u>-vee-tay

> **I'd like to invite you to…** J'aimerais *vous (Fam: t')* inviter… Zh'em-ray voo_z_ *(Fam: t')_*uh<u>n</u>-vee-tay_r_…
>
> **We'd like to invite you to…** Nous aimerions *vous (Fam: t')* inviter… Noo_z_ay-muh-ryo<u>n</u> *voo_z_ (Fam: t')_*uh<u>n</u>-vee-tay_r_…
>
>> **…dinner…** …à dîner… …a dee-nay…
>>
>> **…a birthday party…** …à une fête d'anniversaire… …a ewn fet d'a-nee-ver ser…
>>
>> **…a party…** …à une fête… …a ewn fet…
>>
>> **…a concert…** …à un concert… …a uh<u>n</u> ko<u>n</u>-ser…
>>
>> **…a ballet…** …à un ballet… …a uh<u>n</u> ba-lay…
>>
>> **…a dance…** …à une soirée… …a ewn swa-ray…
>>
>> **…a play…** …au théâtre… …o tay-atr…
>>
>> **…a movie…** …au cinéma… …o see-nay-ma…
>>
>> **…my home…** …à la maison… …a la may-zo<u>n</u>…
>>
>> **…meet my parents…** …à rencontrer mes parents… …a ra<u>n</u>-ko<u>n</u>-tray may pa-ra<u>n</u>…
>>
>> **…meet** *(1)* **my /** *(2)* **our family…** …à rencontrer *(1)* ma / *(2)* notre famille… …a ra<u>n</u>-ko<u>n</u>-tray *(1)* ma / *(2)* notr fa-meey(uh)…
>>
>>> **…this afternoon.** …cet après-midi. …set_a-pre-mee-dee.
>>>
>>> **…this evening.** …ce soir. …suh swar.

At the end of a word, s, d, t and x are generally silent.

...tomorrow (evening). demain (soir). **...duh-muhn (swar).**
...on Friday... ...vendredi... **...van-druh-dee...**
...on Saturday... ...samedi... **...sam-dee...**
...on Sunday... ...dimanche... **...dee-mansh...**
　　...afternoon ...après-midi. **...a-pre mee-dee.**
　　...evening. ...soir. **...swar.**
Thank you for inviting *(1)* **me** */ (2)* **us (to dinner).** Merci de *(1)* m'avoir invité *(-e) / (2)* nous avoir invité(e)s (à dîner). **Mer-see duh *(1)* m'a-vwar_uhn-vee-tay / *(2)* noo_z_a-vwar_uhn-vee-tay (_z_a dee-nay).** ♦ **inviting** *adj* attirant, -e *m&f* **a-tee-ran, -rant Your lips are so inviting.** *Vos (Fam: Tes)* lèvres sont tellement attirantes. *Vo (Fam: Tay)* **levr son tel-man_t_a-tee-rant.**

involve *vt* impliquer **uhn-plee-kay What does it involve?** Qu'est-ce que cela implique? **K'es kuh suh-la uhn-pleek? What does your job involve?** Qu'est-ce que *vous faites (Fam: tu fais)* dans *votre (Fam: ton)* travail? **K'es kuh *voo fet (Fam: tew fay)* dan votr *(Fam: ton)* tra-vaee?** ♦ **involved** *adj* impliqué, -e *m&f* **uhn-plee-kay Are you (romantically) involved with anyone?** *Fréquentez-vous (Fam: Fréquentes-tu)* quelqu'un? *Fray-kan-tay-voo (Fam: Fray-kant-tew)* **kel-kuhn? I'm not (romantically) involved with anyone.** Je ne fréquente personne (dans ma vie romantique). **Zhuh nuh fray-kant per-son (dan ma vee ro-man-teek).**

Irish *adj* irlandais, -e *m&f* **eer-lan-day, -dez** ♦ *n pl (people)* Irlandais, -es *m&f* **Eer-lan-day, -dez** ♦ **Irishman** *n* Irlandais *m* **Eer-lan-day** ♦ **Irishwoman** *n* Irlandaise *f* **Eer-lan-dez**

iron *vt (press)* repasser **ruh-pa-say I have to iron some clothes.** Je dois repasser quelques vêtements. **Zhuh dwa ruh-pa-say kel-kuh vet-man.** ♦ *n* 1. *(metal)* fer *m* **fer**; 2. *(for clothes)* fer *m* (à repasser) **fer_(a ruh-pa-say)**; 3. *(hair curling)* fer *m* **fer curling** ~ fer à friser **fer_a free-zay steam** ~ fer *m* à repasser à vapeur **fer_a ruh-pa-say a va-puhr travel** ~ fer *m* à repasser de voyage **fer_a ruh-pa-say duh vwa-yazh**

ironic *adj* ironique *m&f* **ee-ro-neek** ♦ **irony** *n* ironie *f* **ee-ro-nee**

irrelevant *adj* hors propos **or pro-po,** sans rapport **san ra-por**

irresistible *adj* craquant, -e *m&f* **kra-kan, -kant,** irrésistible *m&f* **ee-ray-zees-teebl You are irresistible.** *Vous êtes (Fam: Tu es)* irrésistible. *Voo_z_et (Fam: Tew ay)* **ee-ray-zees-teebl.**

irresponsible *adj* irresponsable *m&f* **ee-res-pon-sabl**

irritate *vt* irriter **ee-ree-tay That irritates me.** Ça m'irrite. **Sa m'ee-reet.** ♦ **irritated** *adj* irrité, -e *m&f* **ee-ree-tay,** fâché, -e *m&f* **fa-shay be** ~ être *irrité (-e)* **etr_ee-ree-tay get** ~ se fâcher **suh fa-shay I hope you're not irritated with me.** J'espère que *vous n'êtes (Fam: tu n'es)* pas *fâché (-e)* contre moi. **Zh'es-per kuh *voo n'et (Fam: tew n'ay)* pa fa-shay kon-truh mwa.** ♦ **irritating** *adj* énervant, -e *m&f* **ay-ner-van, -vant,** irritant, -e *m&f* **ee-ree-tan, -tant How irritating!** Qu'est-ce que c'est énervant! **K'es kuh s'ay_t_ay-ner-van!**

island *n* île *f* **eel**

---

*Feminine forms of words in phrases are
usually given in parentheses (italicized).*

issue *n* 1. *(problem)* problème *m* pro-blem; 2. *(matter)* objet de litige *m* ob-zhay duh lee-teezh **It's not a big issue.** Ce n'est pas un gros problème. Suh n'ay pa z_pa_z_uhn gro pro-blem.

it *pron* il eel, elle el **it** *(direct object)* le luh **it** *(indirect object)* lui lwee **about it** à propos de ça a pro-po duh sa **around it** autour de ça o-toor duh sa **for it** pour ça poor sa **in it** dedans duh-dan **on it** dessus duh-sew **through it** à travers ça a tra-ver sa **to it** jusqu'à ça zhews-k'a sa **with it** avec ça a-vek sa **It is.** C'est. S'ay. **It was.** C'était. S'ay-tay. **It will be.** Ça sera. Sa suh-ra.

Italian *adj* italien, -ne *m&f* ee-ta-lyuhn, -lyen ♦ *n* 1. *(person)* Italien, -ne *m&f* Ee-ta-lyuhn, -lyen; 2. *(lang.)* italien *m* ee-ta-lyuhn

its *poss pron* son, sa *m&f* son, sa

J j

jack *n* 1. *(cards)* valet *m* va-lay; 2. *(car)* cric *m* kreek

jacket *n* veste *f* vest, blouson *m* bloo-zon **life ~** gilet *m* de sauvetage zhee-lay duh sov-tazh **strait ~** camisole *f* ka-mee-zol

jackpot *n* gros lot *m* gro lo **hit the ~** gagner le gros lot ga-nyay luh gro lo

Jacuzzi *n* jacuzzi *m* zha-kew-zee

jade *adj* en jade an zhad ♦ *n* jade *f* zhad

jail *n* prison *f* pree-zon **go to ~** aller en prison a-lay an pree-zon

jam *n* 1. *(tough situation)* pétrin *m* pay-truhn; 2. *(congestion)* embouteillage *m* an-boo-te-yazh **be in a ~** être *bloqué (-e)* etr blo-kay **traffic ~** embouteillage *m* an-boo-te-yazh **get out of a ~** sortir du pétrin sor-teer dew pay-truhn **I wonder if you could help me. I'm in a jam.** Je me demandais si *vous pourriez (Fam: tu pourrais)* m'aider. Je suis dans le pétrin. Zhuh muh duh-man-day see voo poo-ryay *(Fam: tew poo-ray)* m'ay-day. Zhuh swee dan luh pay-truhn.

January *n* janvier *m* zhan-vyay **in ~** en janvier an zhan-vyay **~ first** le premier janvier luh pruh-myay zhan-vyay **since ~** depuis janvier duh-pwee jan-vyay

Japanese *adj* japonais, -e *m&f* zha-po-nay, -nez ♦ *n* 1. *(person)* Japonais, -e *m&f* Zha-po-nay, -nez; 2. *(lang.)* japonais *m* zha-po-nay

jasmine *n* jasmin *m* zhas-muhn

jealous *adj* jaloux, jalouse *m&f* zha-loo, -looz **be ~** être *jaloux (F: jalouse)* etr zha-loo *(F: zha-looz)* **be madly ~** être *fou (F: folle)* de jalousie etr foo *(F: fol)* duh zha-loo-zee **get ~** rendre *jaloux (F: jalouse)* randr zha-loo *(F: zha-looz)* **insanely ~** extrêmement *jaloux (F: jalouse)* eks-trem-man zha-loo *(F: zha-looz)* **wildly ~** follement *jaloux (F: jalouse)* fol-man zha-loo *(F: zha-looz)* **Are you jealous (of** *[1]* **him /** *[2]* **her)?** Etes-vous *(Fam: Es-tu)* jaloux *(F: jalouse)* (*[1]* de lui / *[2]* d'elle)? Et-voo *(Fam: Ay-tew)* zha-loo *(F: zha-looz)* (*[1]* de lwee / *[2]* d'el)? **I'm (not) jealous.** Je (ne) suis (pas) *jaloux (F: jalouse)*. Zhuh (nuh) swee (pa) zha-loo *(F: zha-looz)*. **Are you a jealous person?** Etes-vous *(Fam: Es-tu)*

Before a, o, u or a consonant, c is pronounced like **k**.

une personne jalouse? *Et-voo (Fam: Ay-tew)* **ewn per-son zha-looz? I'm (not) a jealous person.** Je (ne) suis (pas) une personne jalouse. **Zhuh (nuh) swee (pa_z_) ewn per-son zha-looz. You make me jealous.** *Vous me rendez (Fam: Tu me rends) jaloux (F: jalouse).* *Voo muh ran-day (Fam: Tew muh ran) zha-loo (F: zha-looz).* **You never have to be jealous about me.** *Vous n'avez (Fam: Tu n'as)* jamais besoin d'être *jaloux (F: jalouse)* de moi. *Voo n'a-vay (Fam: tew n'a)* **zha-may buh-zwuhn d'etr** *zha-loo (F: zha-looz)* **duh mwa.** ♦ **jealousy** *n* jalousie *f* **zha-loo-zee blind ~** jalousie *f* aveugle **zha-loo-zee a-vuhgl feel pangs of ~** avoir une pointe de jalousie **a-vwar_ewn pwuhnt duh zha-loo-zee You're blinded by jealousy.** *Vous êtes (Fam: Tu es) aveuglé (-e) par votre (Fam: ta)* jalousie. *Voo_z_et (Fam: Tew ay)* **a-vuh-glay par** *votr (Fam: ta)* **zha-loo-zee. There's no reason for such jealousy.** Il n'y a pas de raison d'être aussi *jaloux (F: jalouse).* **Eel n'ee_y_a pa duh ray-zon d'etr_o-see** *zha-loo (F: zha-looz).*

jeans *n pl* jean *m* **jeen You look *(1)* good / *(2)* great in jeans.** *Votre (Fam: Ton)* jean *vous (Fam: te)* va *(1)* bien. / *(2)* à merveille. *Votr (Fam: Ton)* **jeen voo *(Fam: tuh)* va *(1)* byuhn. / *(2)* a mer-vey.**

jellyfish *n* méduse *f* **may-dewz Are there (many) jellyfish *(1)* here? / *(2)* there?** Y-a-t-il (beaucoup) de méduses *(1)* par ici? / *(2)* là-bas? **Ee-y_a-t'eel (bo-koo) duh may-dewz *(1)* par_ee-see? / *(2)* la-ba?**

jerk *n (slang)* 1. *(despicable or obnoxious person)* slang con, -ne *m&f* **kon, kon,** idiot, -e *m&f* **ee-jo, -jot;** 2. *(foolish person)* idiot, -e *m&f* **ee-jo, -jot**

jet lag *n* décalage *m* horaire **day-ka-lazh_o-rer I have jet lag.** Je ressens le décalage horaire. **Zhuh ruh-san luh day-ka-lazh_o-rer. You have jet lag.** *Vous ressentez (Fam: Tu ressens)* le décalage horaire. *Voo ruh-san-tay (Fam: Tew ruh-san)* **luh day-ka-lazh_o-rer.**

jet-ski *vi* faire du jet-ski **fer dew jet-skee Have you ever gone jet-skiing?** *Avez-vous (Fam: As-tu)* déjà fait du jet-ski? *A-vay-voo (Fam: A-tew)* **day-zha fay dew jet-skee?** ♦ *n* jet ski *m* **jet skee**

jetty *n* 1. *(breakwater)* jetée *f* **zhuh-tay;** 2. *(landing)* appontement *m* **a-pont-man**

Jew *n* Juif *m* **Zheef**

jewelry *n* bijoux *mpl* **bee-zhoo ~ shop** bijouterie *f* **bee-zhoot-ree**

Jewess *n* Juive *f* **Zheev**

Jewish *adj* juif, juive *m&f* **zheef, zheev ~ holiday** fête *f* juive **fet zheev**

jilt *vt* plaquer **pla-kay *(1)* He / *(2)* She jilted me.** *(1)* Il / *(2)* Elle m'a plaqué. *(1)* **Eel / *(2)* El m'a pla-kay.**

job *n* travail *m* **tra-vaee,** emploi *m* **an-plwa,** poste *m* **post,** métier *m* **may-chyay,** profession *f* **pro-fay-syon dead-end ~** emploi sans futur **an-plwa san few-tewr full-time ~** emploi à plein temps **an-plwa a pluhn tan part-time ~** emploi à mi-temps **an-plwa a mee-tan sedentary ~** travail *m* sédentaire **tra-vaee say-dan-ter stable ~** poste stable **post stabl steady ~** poste stable **post stabl I have a good job.** J'ai un bon emploi. **Zh'ay uhn bon_an-plwa. I have a *(1)* full-time / *(2)* part-time job.** J'ai un emploi *(1)* à plein temps. / *(2)* à mi-temps. **Zh'ay uhn_an-plwa *(1)* a pluhn tan. / *(2)* a mee-tan. I don't have a job right now.** Je n'ai

---

Before e, i, or y, c is pronounced like **s**.

pas de travail en ce moment. **Zhuh n'ay pa duh tra-vaee an suh mo-man.**

jog *vi* faire du jogging **fer dew jo-gheen** **Do you like to jog?** *Aimez-vous (Fam: Aimes-tu)* faire du jogging? *Ay-may-voo (Fam: Em-tew)* **fer dew jo-gheen?** **I jog *(1)* everyday. / *(2)* regularly.** Je fais du jogging *(1)* tous les jours. / *(2)* régulièrement. **Zhuh fay dew jo-gheen *(1)* too lay zhoor. / *(2)* ray-gew-lyer-man. Let's jog *(1)* along the beach. / *(2)* around the park.** Faisons du jogging *(1)* le long de la plage. / *(2)* autour du parc. **Fuh-zon dew jo-gheen *(1)* luh lon duh la plazh. / *(2)* o-toor dew park.** ♦ **jogging** *n* jogging *m* **jo-gheen** **Let's go jogging (together) (tomorrow).** Allons faire du jogging (ensemble) (demain). **A-lon fer dew jo-gheen (an-sanbl) (duh-muhn). Where can *(1)* I / *(2)* we go jogging?** Où est-ce *(1)* que je peux / *(2)* que l'on peut faire du jogging? **Oo_w_es *(1)* kuh zhuh puh / *(2)* kuh l'on puh fer dew jo-gheeng?**

join *vt* se joindre **suh zhwuhndr** **May *(1)* I / *(2)* we join you?** *(1)* Pourrais-je me… / *(2)* Pourrions-nous nous… joindre à *vous (Fam: toi)?* **Poo-ray-zh muh… / *(2)* Poo-ryon-noo noo… zhwuhndr_a voo (Fam: twa)?** **Please join *(1)* me. / *(2)* us.** S'il *vous (Fam: te)* plaît, *(1)* rejoignez *(Fam: rejoins)*-moi. / *(2)* rejoignez *(Fam: rejoins)*-nous. **S'eel voo (Fam: tuh) play, ruh-zhwuhn-nyay (Fam: ruh-zhwuhn) *(1)* -mwa. / *(2)* -noo.**

Won't you join *(1)* me / *(2)* us (for… *Aimeriez-vous vous (Fam: Aimerais-tu te)* joindre *(1)* à moi / *(2)* à nous (pour… *Ay-muh-ryay-voo voo (Fam: Em-ray-tew tuh)* **zhwuhndr_ *(1)* a mwa / *(2)* a noo (poor…**

…**coffee)?** …un café)? **…_uhn ka-fay)?**
…**a drink)?** …un verre)? **…_uhn ver)?**
…**breakfast)?** …le petit-déjeuner)? **…luh puh-tee-day-zhuh-nay)?**
…**lunch)?** …le déjeuner)? **…luh day-zhuh-nay)?**
…**dinner)?** …le dîner)? **…luh dee-nay)?**

Thank you, *(1)* I'd / *(2)* we'd love to join you. Merci, *(1)* j'adorerais me… / *(2)* nous adorerions nous… joindre à *vous (Fam: toi).* **Mer-see, *(1)* zh'a-dor-ray muh… / *(2)* noo_z_a-dor-ryon noo… zhwuhndr_a voo (Fam: twa). I'll *(2)* we'll join you later.** *(1)* Je me joindrai à *vous (Fam: toi)…* / *(2)* Nous nous joindrons à *vous (Fam: toi)…* plus tard. **Zhuh muh zhwuhn-dray a voo (Fam: twa)… / *(2)* Noo noo zhwuhn-dron a voo (Fam: twa)… plew tar.**

joint *n (slang: marijuana)* joint *m* **zhwuhn**

joke *vi* plaisanter **play-zan-tay**, blaguer **bla-gay** **Are you joking (or are you serious)?** *Vous plaisantez (Fam: Tu plaisantes)* (ou *êtes-vous [Fam: es-tu] sérieux [F: sérieuse])?* **Voo play-zan-tay (Fam: Tew play-zant) (oo et-voo [Fam: ay-tew] say-ryuh [F: say-ryuhz])?** **I'm (not) joking.** Je (ne) plaisante (pas). **Zhuh (nuh) play-zant (pa).** ♦ *n* plaisanterie *f* **play-zant-ree**, blague *f* **blag** **It's (just) a joke.** Ce (n')est (qu')une blague. **Suh (n')ay (k')ewn blag. I was making a joke.** Je plaisantais. **Zhuh play-zan-tay. I'll tell you a joke.** Je vais *vous (Fam: te)* raconter une blague. **Zhuh vay voo (Fam: tuh) ra-kon-tay ewn blag. Do you know any good jokes?** *Connaissez-vous (Fam: Connais-tu)* des bonnes blagues? **Ko-nay-say-voo (Fam: Ko-nay-tew) day bon blag?** ♦ **joker** *n*

Numbers in French are given on pages 519-520.

1. *(person)* farceur, farceuse *m&f* **far-suhr, -suhz**; 2. *(cards)* joker *m* **jo-ker**
jolly *adj* jovial, -e *m&f* **zho-vyal**
journey *n* voyage *m* **vwa-yazh**
jovial *adj* jovial, -e *m&f* **zho-vyal** **You're certainly a jovial type.** *Vous êtes (Fam: Tu es) certainement du genre jovial.* **Voo_z_et (Fam: Tew ay) ser-ten-man dew zhanr zho-vyal.**
joy *n* joie *f* **zhwa**, plaisir *m* **play-zeer** **be full of** ~ être *plein (-e)* de joie **etr pluhn (F: plen) duh zhwa dance with** ~ danser avec plaisir **dan-say a-vek play-zeer experience** ~ avoir du plaisir **a-vwar dew play-zeer feel** ~ ressentir de la joie **ruh-san-teer duh la zhwa feeling of** ~ sentiment *m* de joie **san-tee-man duh zhwa filled with** ~ *rempli (-e)* de joie **ran-plee duh zhwa find** ~ trouver le bonheur **troo-vay luh bon-uhr great** ~ grande joie **grand zhwa greatest** ~ la plus grande joie **la plew grand zhwa infinite** ~ joie infinie **zhwa uhn-fee-nee kaleidoscope of** ~ kaléidoscope *m* de joie **ka-lyay-dos-kop duh zhwa jump with** ~ sauter de joie **so-tay duh zhwa only** ~ que du bonheur **kuh dew bon-uhr pure** ~ pure joie **puhr zhwa radiate** ~ dégager de la joie **day-ga-zhay duh la zhwa share** ~ partager la joie **par-ta-zhay la zhwa such** ~ telle joie **tel zhwa tremendous** ~ joie immense **zhwa ee-mans what** ~ quelle joie **kel zhwa You fill my heart with joy.** *Vous emplissez (Fam: Tu emplis)* mon cœur de joie. **Voo_z_an-plee-say (Fam: Tew an-plee) mon kuhr duh zhwa. You're a constant joy to me.** *Vous êtes (Fam: Tu es)* une joie constante pour moi. **Voo_z_et (Fam: Tew ay) ewn zhwa kons-tant poor mwa. You're a joy to be around.** C'est une joie *de vous (Fam: t')* avoir à proximité. **S'ay_t_ewn zhwa duh** *voo_z (Fam: t')* **a-vwar a prok-see-mee-tay. I've never known so much joy (with anyone).** Je n'ai jamais eu autant de joie (avec qui que ce soit). **Zhuh n'ay zha-may ew o-tan du zhwa (a-vek kee kuh suh swa).** ♦ **joyful, joyous** *adj* joyeux, joyeuse *m&f* **zhwa-yuh, -yuhz** ~ **occasion** joyeuse occasion *f* **zhwa-yuhz_o-ka-zyon**
jubilant *adj* triomphant, -e *m&f* **tree-yon-fan, -fant be** ~ être *triomphant (-e)* **etr tree-yon-fan (F: tree-yon-fant)** ♦ **jubilation** *n* jubilation *f* **zhuh-bee-la-syon**
jubilee *n* jubilé *m* **zhew-bee-lay**
judge *vt* juger **zhew-zhay I'm not one to judge others.** Je ne suis pas du genre à juger les autres. **Zhuh nuh swee pa dew zhanr_a zhew-zhay lay_z_otr.** ♦ **judgement** *n* jugement *m* **zhewzh-man cast** ~ porter un jugement **por-tay_r_uhn zhewzh-man pass** ~ prononcer le jugement **pro-non-say luh zhuhzh-man You seem like a person of good judgement.** Il me semble que *vous possédiez (Fam: tu possèdes)* un jugement sûr. **Eel muh sanbl kuh** *voo po-say-jay (Fam: tew po-sed)* **uhn zhewzh-man sewr.**
judo *n* judo *m* **zhew-do Could you teach me judo?** *Pourriez-vous (Fam: Pourrais-tu)* m'apprendre le judo? **Poo-ryay-voo (Fam: Poo-ray-tew) m'a-prandr luh zhew-do?**
juggle *vt* jongler **zhon-glay** ♦ **juggler** *n* jongleur, jongleuse *m&f* **zhon-gluhr, -gluhz**
juice *n* jus *m* **zhew** (See **Food & Drink, English-French**, *page 535*)
July *n* juillet *m* **zhwee-yay in** ~ en juillet **an zhwee-yay on** ~ **first** le premier juillet

---

*Learn a new French phrase every day! Subscribe to the free **Daily Dose of French**, www.phrase-books.com.*

luh pruh-myay zhwee-yay **since** ~ depuis juillet **duh-pwee zhwee-lyay**
jump *vi* sauter **so-tay** ~ **with joy** sauter de joie **so-tay duh zhwa Jump!** *Sautez (Fam: Saute)!* *So-tay (Fam: Sot)!* ♦ *n (skydiving)* saut *m* en parachute **so an pa-ra-shewt ski** ~ *(ramp)* tremplin *m* (de ski) **tran-pluhn (duh skee)**
June *n* juin *m* **zhwuhn in** ~ en juin **an zhwuhn on** ~ **first** le premier juin **luh pruh-myay zhwuhn since** ~ depuis juin **duh-pwee zhwuhn**
junk *n* 1. *(trash)* ferraille *f* **fay-raee**; 2. *(stuff, things)* camelote *f* **kam-lot a lot of** ~ beaucoup de camelote **bo-koo duh kam-lot**
just *adv* 1. *(only)* seulement **suhl-man**; 2. *(exactly)* juste **zhewst**; 3. *(barely)* que **kuh**; 4. *(at the moment)* juste **zhewst** ~ **about** à peu près **a puh pre I'm just curious.** Je suis seulement *curieux (F: curieuse).* **Zhuh swee suhl-man** *kew-ryuh (F: kew-ryuhz).* **You're just the person who can help me.** Vous êtes *(Fam: Tu es)* justement la personne qui peut m'aider. *Voo_z_et (Fam: Tew ay)* **zhews-tuh-man la per-son kee puh m'ay-day.** *(1)* **I** / *(2)* **We just made it.** *(1)* Je viens… / *(2)* Nous venons… juste d'y arriver. *(1)* **Zhuh vyuhn…** / *(2)* **Noo vuh-non… zhuhst d'ee_y_a-ree-vay.** *(1)* **I was…** / *(2)* **We were… just** *(3)* **going to call you.** / *(4)* **leaving.** *(1)* J'allais… / *(2)* Nous allions… juste *(3)* vous *(Fam: te)* téléphoner. *(4)* partir. *(1)* **Zh'a-lay…** / *(2)* **Noo a-lyon… zhewst** *(3) voo_z_(Fam: tuh)* **tay-lay-fo-nay.** / *(4)* **par-teer. Just a minute!** Un moment! **Uhn mo-man!**

K k

kaleidoscope *n* kaléidoscope *m* **ka-lyay-dos-kop**
karaoke *n* karaoké *m* **ka-ra-o-kay sing** ~ chanter en karaoké **shan-tay an ka-ra-o-kay**
karate *n* karaté *m* **ka-ra-tay** ~ **chop** prise *f* de karaté **preez duh ka-ra-tay**
karma *n* karma *m* **kar-ma**
kayak *vi* faire du kayak **fer dew ka-yak** ♦ *n* kayak *m* **ka-yak Let's rent a kayak.** Louons un kayak. **Loo-on uhn ka-yak.** ♦ **kayaking** *n* faire du kayak **fer dew ka-yak** *v* **sea** ~ kayak en mer **ka-yak_an mer Have you ever gone kayaking?** *Avez-vous (Fam: As-tu)* déjà fait du kayak? *A-vay-voo (Fam: A-tew)* **day-zha fay dew ka-yak? I enjoy kayaking** J'aime faire du kayak. **Zh'em fer dew ka-yak.**
keen *adj* 1. *(sharp, acute)* affûté, -e *m&f* **a-few-tay**, vif, vive *m&f* **veef, veev**; 2. *(ardent)* désireux, désireuse *m&f* **day-zee-ruh, -ruhz** ~ **eyesight** vue affûtée *f* **vew a-few-tay** ~ **interest** engouement *m* **an-goo-man**
keep *vt* 1. *(retain)* garder **gar-day**; 2. *(hold; store)* ranger **ran-zhay**, conserver **kon-ser-vay**; 3. *(maintain)* maintenir **muhnt-neer You can keep it.** Vous pouvez *(Fam: Tu peux)* le *(F: la)* garder. *Voo poo-vay (Fam: Tew puh) luh (F: la)* **gar-day. Please keep it.** S'il *vous (Fam: te)* plaît, gardez *(Fam: gardes)*-le *[F: -la]).* **S'eel** *voo (Fam: tuh)* **play,** *gar-day (Fam: gar-duh)-luh (F: -la).* **Can**

Final consonants of words are often not pronounced, but usually run together with next words that start with vowels.

keep (on) 205 **kid**

you keep my *(1)* **backpack** / *(2)* **suitcase while I'm gone?** *Pouvez-vous (Fam: Peux-tu)* garder *(1)* mon sac à dos... / *(2)* ma valise... pendant mon absence? *Poo-vay-voo (Fam: Puh-tew)* **gar-day** *(1)* **mon sak_a do... /** *(2)* **ma va-leez... pan-dan mon_ab-sans? I can hardly keep my eyes open.** J'arrive à peine à garder les yeux ouverts. **Zh'a-reev_a pen_a gar-day lay_z_yuh oo-ver. I would never keep anything from you.** Je n'ai aucun secret pour *vous (Fam: toi).* **Zhuh n'ay o-kuhn suh-kray poor** *voo (Fam: twa).* **Where do you keep your cups?** Où *rangez-vous (Fam: ranges-tu)* vos *(Fam: tes)* tasses? **Oo** *ran-zhay-voo (Fam: ranzh-tew)* **vo** *(Fam: tay)* **tas?** ♦ **keep (on)** *vi (continue)* continuer **kon-tee-new-ay If I'm not there, please keep trying.** Si je ne suis pas là, s'il *vous (Fam: te)* plaît, persévérez *(Fam: persévère).* **See zhuh nuh swee pa la, s'eel** *voo (Fam: tuh)* **play,** *per-say-vay-ray (Fam: per-say-ver).* ♦ **keepsake** *n* souvenir *m* **soov-neer Here is a small keepsake (of our trip) for you.** Voici un petit souvenir (de notre voyage) pour *vous (Fam: toi).* **Vwa-see uhn puh-tee soov-neer (duh notr vwa-yazh) poor** *voo (Fam: twa).*

key *n (two different spellings, same pronunciation)* clé *f,* clef *f* **klay apartment** ~ clef d'appartement **klay d'a-par-tuh-man car** ~ clef de voiture **klay duh vwa-tewr house** ~ clef de maison **klay duh may-zon room** ~ clef de chambre **klay duh shanbr** *(1)* **I /** *(2)* **We lost** *(3)* **my /** *(4)* **our key.** *(1)* J'ai... / *(2)* Nous avons... perdu *(3)* ma / *(4)* notre clef. *(1)* **Zh'ay... /** *(2)* **Noo_z_a-von... per-dew** *(3)* **ma /** *(4)* **notr klay. The keys are locked inside the car.** Les clefs sont restées à l'intérieur de la voiture. **Lay klay son res-tay a l'uhn-tay-ryuhr duh la vwa-tewr.** ♦ **keyboard** *n (comp., mus.)* clavier *m* **kla-vyay** ♦ **keypad** *n (comp., cell phones)* clavier *m* **kla-vyay**

kick *vt* donner des coups de pieds **do-nay day koo duh pyay I kick myself for not** *(1)* **calling. /** *(2)* **telling you sooner. /** *(3)* **remembering.** Je mérite une paire de claques pour ne pas *(1)* vous *(Fam: t')* avoir téléphoné *(-e).* /*(2)* vous *(Fam: te)* l'avoir dit plus tôt. / *(3)* m'en être souvenu. **Zhuh may-reet ewn per duh klak poor nuh pa** *(1)* **voo_z_(Fam: t')_a-vwar tay-lay-fo-nay. /** *(2)* **voo** *(Fam: tuh)* **l'a-vwar dee plew to. /** *(3)* **m'an_etr soov-new.** ♦ *n (slang) (enjoyment; pl: fun)* *(Use verb:)* s'éclater **s'ay-kla-tay** *(See examples)* **I get a kick out of watching you do that.** Je prends du plaisir à *vous (Fam: te)* voir faire ça. **Zhuh pran dew play-zeer_a** *voo (Fam: tuh)* **vwar fer sa. I get my kicks from water skiing.** Je m'éclate au ski nautique. **Zhuh m'ay-klat_o skee no-teek.**

kid *vt* blaguer **bla-gay,** charrier **sha-ryay You're kidding!** *Vous rigolez (Fam: Tu rigoles)!* **Voo ree-go-lay** *(Fam: Tew ree-gol)!* **Are you kidding me?** *Vous me charriez (Fam: Tu me charries)?* **Voo muh sha-ryay** *(Fam: Tew muh sha-ree)?* **You've got to be kidding!** *Vous voulez (Fam: Tu veux)* rire! **Voo voo-lay** *(Fam: Tew vuh)* **reer! No kidding!** Sans blague! **San blag!** *(1)* **I'm... /** *(2)* **I was... just kidding (you).** *(1)* Je blague... / *(2)* Je blaguais... (avec *vous [Fam: toi]*). *(1)* **Zhuh blag... /** *(2)* **Zhuh bla-gay... (a-vek** *voo [Fam: twa]*). *(1)* **I'm... /** *(2)* **I was... not kidding (you).** *(1)* Je ne blague... / *(2)* Je ne blaguais... pas (avec *vous [Fam: toi]*). *(1)* **Zhuh nuh blag... /** *(2)* **Zhuh nuh bla-gay... pa (a-vek**

All syllables of a French word have equal stress.
The last word in a group has a little more.

voo [Fam: twa]). ♦ **kid** *n (child)* gosse *m* **gos**, enfant *m* **an-fan** **I love kids.** J'adore les enfants. **Zh'a-dor lay_z_ an-fan**.

kill *vt* tuer **tew-ay**
  He was killed… Il a été tué… **Eel_a ay-tay tew-ay…**
  She was killed… Elle a été tuée… **El_a ay-tay tew-ay…**
  They were killed… Ils *(Fpl:* Elles*)* ont été *tué(e)s…* **Eel** *(Fpl: El)***_z_on ay-tay tew-ay…**
    …in a(n) (car) accident. …dans un accident (de voiture). **…dan_z_ uhn_ak-see-dan** (duh vwa-tewr).
    …in an earthquake. …dans un tremblement de terre. **…dan_z uhn tran-bluh-man duh ter**.
    …in a fire. …dans un incendie. **…dan_z_uhn_uhn-san-dee**.
    …in a flood. …dans une innondation. **…dan_z_ewn_ee-non-da-syon**.
    …in the war. …pendant la guerre. **…pan-dan la gher**.
  I don't believe in killing animals. Je suis contre tuer les animaux. **Zhuh swee kontr tew-ay lay_z_a-nee-mo.**

kilometer *n* kilomètre **kee-lo-metr** **How many kilometers to** *(place)*? Combien de kilomètres jusqu'à (___)? **Kon-byuhn duh kee-lo-metr zhews-k'a (___)?**

kind *adj* gentil, -le *m&f* **zhan-tee, -teey(uh)**, généreux, généreuse *m&f* **zhay-nay-ruh, -ruhz** **You're a kind man.** Vous êtes *(Fam: Tu es)* un gentil homme. *Voo_z_et_ (Fam: Tew ay)* **uhn zhan-tee_y_om. You're a kind** *(1)* **woman.** */ (2)* **person.** Vous êtes *(Fam: Tu es)* une *(1)* femme */ (2)* personne gentille. *Voo_z_et_ (Fam: Tew ay)* **ewn** *(1)* **fam** *(2)* **per-son zhan-teey(uh)**. **That** *(1)* **is** */ (2)* **was very kind of you.** *(1)* C'est… */ (2)* C'était… très gentil de *votre (Fam: ta)* part. *(1)* **S'ay…** */ (2)* **S'ay-tay… tre zhan-tee duh** *votr (Fam: ta)* **par. You are (so) kind (to me).** Vous êtes *(Fam: Tu es)* (tellement) *gentil (-le)* (avec moi). *Voo_z_et_ (Fam: Tew ay)* **(tel-man) zhan-tee (F: zhan-teey[uh]) (a-vek mwa). You were (so) kind (to me).** Vous étiez *(Fam: Tu étais)* (tellement) *gentil (-le)* (avec moi). *Voo_z_ay-chyay (Fam: Tew ay-tay)* **(tel-man) zhan-tee (F: zhan-teey[uh]) (a-vek mwa).** ♦ *n* genre *m* **zhanr**, sorte *f* **sort** **any ~ of** n'importe quelle sorte de **n'uhn-port kel sort duh different ~s (of things)** des genres différents (de choses) **day zhanr dee-fay-ran (duh zhoz) other ~s (of things)** autres genres (de choses) **otr zhanr (duh zhoz) some ~ of** un genre de **uhn zhanr duh that ~** ce genre **suh zhanr this ~** ce genre **suh zhanr what ~ of** quel genre de **kel zhanr duh What kind do you** *(1)* **have?** */ (2)* **like?** */ (3)* **want?** Quel genre *(1) avez-vous (Fam: as-tu)?* */ (2) aimez-vous (Fam: aimes-tu)?* */ (3) voulez-vous (Fam: veux-tu)?* **Kel zhanr** *(1) a-vay-voo (Fam: a-tew)?* */ (2) ay-may-voo (Fam: em-tew)?* */ (3) voo-lay-voo (Fam: vuh-tew)?* **What kind do you need?** De quel genre *avez-vous (Fam: as-tu)* besoin? **Duh kel zhanr_a-vay voo (Fam: a-tew) buh-zwuhn? What kind of** *(1)* **camera** */ (2)* **dog** */ (3)* **music do you have?** Quel genre *(1)* d'appareil photo */ (2)* de chien */ (3)* de musique *avez-vous (Fam: as-tu)?* **Kel zhanr** *(1)* **d'a-pa-rey fo-to** */ (2)* **duh shyuhn** */ (3)* **duh mew-zeek** *a-vay-voo*

---

ew sounds similar to the "ew" in "pew"

(Fam: a-tew)? **What kind of wine is that?** Quel genre de vin est-ce? **Kel zhanr duh vuhn es?**
  I like *(1)* this / *(2)* that kind of… J'aime *(1, 2)* ce genre de… **Zh'em *(1, 2)* suh zhanr duh…**
    …beer. …bière. **…byer**.
    …bread. …pain. **…puhn**.
    …food. …nourriture. **…noo-ree-tewr.**
    …music. …musique. **…mew-zeek.**
    …wine. …vin. **…vuhn**.
  I'm not that kind of… Je ne suis pas ce genre… **Zhuh nuh swee pa suh zhanr…**
    …girl. de fille. **…duh feey(uh)**.
    …woman. …de femme. **…duh fam.**
    …guy. …de mec. **…duh mek.**
    …man. …d'homme. **…d'om.**
    …person. …de personne. **…duh per-son.**
  You're one of a kind. Vous êtes *(Fam: Tu es)* unique. *Voo_z_et (Fam: Tew ay) ew-neek.* ♦ **kind-hearted** *adj* de bon cœur **duh bon kuhr** **You are such a kind-hearted person.** Vous êtes *(Fam: Tu es)* une personne qui a bon cœur. *Voo_z_et (Fam: Tew ay) ewn per-son kee a bon kuhr.* ♦ **kindness** *n* bonté *f* **bon-tay**, gentillesse *f* **zhan-tee-yes**; *(generosity)* générosité *f* **zhay-nay-ro-zee-tay** **Thank you for your kindness.** Merci pour *votre (Fam: ta)* gentillesse. **Mer-see poor** *votr (Fam: ta)* **zhan-tee-yes**. **You've shown *(1)* me / *(2)* us so much kindness.** Vous avez *(Fam: Tu as)* été tellement gentil (-le) avec *(1)* moi. / *(2)* nous. *Voo_z_a-vay (Fam: Tew a)…* **ay-tay tel-man** *zhan-tee (F: zhan-teey[uh])* **a-vek *(1)* mwa.** / *(2)* **noo.**

king *n* roi *m* **rwa** **I'm king of the world!** Je suis le roi du monde! **Zhuh swee luh rwa dew mond!**

kinky *adj (slang) (perverted)* pervers, -e *m&f* **per-ver, -vers**

kiss *vt* embrasser **an-bra-say ~ a thousand times** embrasser mille fois **an-bra-say meel fwa ~ endlessly** embrasser sans fin **an-bra-say san fuhn ~ everything** tout embrasser **too_t_an-bra-say ~ gently** embrasser doucement **an-bra-say doos-man ~ goodnight** 1. *(bedtime)* faire un bisou pour souhaiter bonne nuit **fer_uhn bee-zoo poor sway-tay bon nwee**; 2. *(parting)* faire un bisou pour dire au revoir **fer_uhn bee-zoo poor deer_o ruh-vwar ~ lovingly** embrasser avec amour **an-bra-say a-vek_a-moor ~ me** m'embrasser **m'an-bra-say ~ on the cheek** embrasser sur la joue **an-bra-say sewr la zhoo ~ on the neck** embrasser sur le cou **an-bra-say sewr luh koo ~ over and over** embrasser encore et encore **an-bra-say an-kor ay an-kor ~ there** embrasser là **an-bra-say la ~ you** *vous (Fam: t')* embrasser **voo_z_(Fam: t')_an-bra-say ~ your lips** embrasser *vos (Fam: tes)* lèvres **an-bra-say vo (Fam: tay) levr** **Kiss me (*[1]* again. / *[2]* here. / *[3]* all over. / *[4]* with feeling.)** *Embrassez (Fam: Embrasse)*-moi (*[1]* encore. / *[2]* ici. / *[3]* partout. / *[4]* avec amour). **An-bra-say (Fam: An-bras)-mwa (*[1]***

Numbers in parentheses always signal choices.

an-kor. / [2] ee-see. / [3] par-too. / [4] a-vek_a-moor). **I want (so much) to kiss you.** J'ai (tellement) envie de *vous (Fam: t')* embrasser. Zh'ay (tel-man) an-vee de voo_z_(Fam: t')_an-bra-say. **I love to kiss you.** J'aime t'embrasser. Zh'em t'an-bra-say. **I love the way you kiss.** J'aime la façon dont tu embrasses. Zh'em la fa-son don tew an-bras. ♦ **kiss** *n* bisou *m* bee-zoo, baiser *m* bay-zay **cover you with ~es** *vous (Fam: te)* couvrir de baisers voo (Fam: tuh) koo-vreer duh bay-zay **French ~** baiser avec la langue bay-zay a-vek la lang, *(slang)* pelle *f* pel **gentle ~(es)** doux baiser(s) doo bay-zay **give (1) me / (2) you a ~** *(1)* me / *(2) vous (Fam: te)* donner un baiser *(1)* muh / *(2) voo (Fam: tuh)* do-nay uhn bay-zay **goodbye ~** baiser d'au revoir bay-zay d'o ruh-vwar **goodnight ~** bisous pour souhaiter bonne nuit bee-zoo poor sway-tay bon nwee **long ~** long baiser lon bay-zay **many ~es** beaucoup de bisous bo-koo duh bee-zoo **slow ~(es)** baiser(s) lent(s) bay-zay lan **soft ~(es)** doux baiser(s) doo bay-zay **steal a ~** voler un baiser vo-lay uhn bay-zay **sweet ~(es)** doux baiser(s) doo bay-zay **tender ~(es)** baiser(s) tendre(s) bay-zay tandr **Give me a kiss.** *Faites (Fam: Fais)*-moi un bisou. *Fet (Fam: Fay)*-mwa uhn bee-zoo. **What a (1) beautiful / (2) heavenly / (3) wonderful kiss.** Quel *(1)* beau baiser. / *(2)* baiser divin. / *(3)* baiser merveilleux. Kel *(1)* bo bay-zay. / *(2)* bay-zay dee-vuhn. / *(3)* bay-zay mer-vay-yuh. **I (1) love / (2) need your kisses.** *(1)* J'aime… / *(2)* J'ai besoin de… tes baisers. *(1)* Zh'em… / *(2)* Zh'ay buh-zwuhn duh… tay bay-zay. ♦ **kissable** *adj parfait (-e)* à embrasser *v par-fay (F: par-fet_)* a an-bra-say **You're so kissable!** J'adore t'embrasser. Zh'a-dor t'an-bra-say. **Your mouth looks so kissable.** *Votre (Fam: Ta)* bouche me donne envie de *vous (Fam: t')* embrasser. *Votr (Fam: Ta)* boosh muh don_an-vee duh voo_z_(Fam: t')_an-bra-say. ♦ **kissing** *n (act of kissing rendered by adj* embrassé *(-e)* an-bra-say **Your lips were made for kissing.** *Vos (Fam: Tes)* lèvres sont faites pour être embrassées. *Vo (Fam: Tay)* levr son fet poor_etr_an-bra-say.

kit *n* kit *m* keet, trousse *f* troos **first aid ~** trousse de premiers secours troos duh pruh-myay suh-koor **pregnancy test ~** kit de test de grossesse keet duh test duh gros-ses **sewing ~** kit de couture keet duh koo-tewr **tool ~** kit à outils keet_a oo-tee **Do you have a first aid kit?** Avez-vous *(Fam: As-tu)* une trousse de premiers secours? *A-vay-voo (Fam: A-tew)* ewn troos duh pruh-myay suh-koor? **Get a first aid kit.** Trouvez *(Fam: Trouve)* une trousse de premiers secours. *Troo-vay (Fam: Troov_)* ewn troos duh pruh-myay suh-koor.

kitchen *n* cuisine *f* kwee-zeen

kite *n* cerf-volant *m* ser-vo-lan **~ string** fil de cerf-volant feel duh ser-vo-lan **Do you like to fly kites?** Est-ce que *vous aimez (Fam: tu aimes)* faire du cerf-volant? Es-kuh voo_z_ay-may *(Fam: tew em)* fer dew ser-vo-lan? ♦ **kite-surfing** *n* kitesurf *m* kit-suhrf

kitten *n* chaton *m* sha-ton **Kitty, kitty!** *exclam (calling a cat)* Le chat, viens ici! Luh sha, vyuhn ee-see!

knee *n* genou *m* zhuh-noo **bad ~** genou en mauvaise condition zhuh-noo an mo-vez kon-dee-syon **left ~** genou gauche zhuh-noo gosh **right ~** genou droit

---

A phrasebook makes a great gift!
See order information on page 552.

zhuh-noo drwa

knife *n* couteau *m* **koo-to** **fishing** ~ couteau de pêche **koo-to duh pesh** **table** ~ couteau *m* de table **koo-to duh tabl**

knit *vt & vi* tricoter **tree-ko-tay**

knock *vi* frapper **fra-pay** **Knock** *(1)* **like this.** / *(2)* **three times.** Frappez (Fam: Frappe) *(1)* comme ça. / *(2)* trois fois. *Fra-pay (Fam: Frap) (1) kom sa. / (2) trwa fwa.*

know *vt* 1. *(have knowledge of)* savoir **sa-vwar**; 2. *(be acquainted with)* connaître **ko-netr** **Do you know** *(1)* **her?** / *(2)* **him?** / *(3)* **them?** Vous (Fam: Tu) *(1)* la… / *(2)* le… / *(3)* les… *connaissez (Fam: connais)?* *Voo (Fam: Tew) (1) la… / (2) luh… / (3) lay… ko-nay-say (Fam: ko-nay)?* **Do you know** *(1)* **how it works?** / *(2)* **what time it is?** / *(3)* **where the post office is?** Savez-vous (Fam: Sais-tu) *(1)* comment ça marche? / *(2)* quelle heure il est? / *(3)* où la poste est? *Sa-vay-voo (Fam: Say-tew) (1) ko-man sa marsh? / (2) kel_uhr_eel_ay? / (3) oo la post_ay?* **I know.** Je sais. **Zhuh say.** **I don't know.** Je ne sais pas. **Zhuh nuh say pa.** **I didn't know that.** Je ne savais pas. **Zhuh nuh sa-vay pa.** **I'd like (very much) (to get) to know you better.** J'aimerais (beaucoup) (apprendre à) mieux *vous (Fam: te)* connaître. **Zh'em-ray (bo-koo) (a-prandr_a) myuh** *voo (Fam: tuh)* **ko-netr.** **I want to take it slow and get to know you (better).** Je veux y aller doucement et apprendre à (mieux) *vous (Fam: te)* connaître. **Zhuh vuh ee_y_a-lay doos-man ay a-prandr_a (myuh)** *voo (Fam: tuh)* **ko-netr.** **You don't know what you do to me.** Vous ne savez (Fam: Tu ne sais) pas l'effet que *vous me faites (Fam: tu me fais)*. **Voo nuh sa-vay (Fam: Tew nuh say) pa l'ay-fay kuh** *voo muh fet (Fam: tew muh fay)*. **I feel like I've known you for a long (, long) time.** J'ai l'impression de *vous (Fam: te)* connaître depuis très (, très) longtemps. **Zh'ay l'uhn-pray-syon duh** *voo (Fam: tuh)* **ko-netr duh-pwee tre (, tre) lon-tan**.

    I've never known anyone… Je n'ai jamais connu quelqu'un… **Zhuh n'ay zha-may ko-new kel-kuhn…**

        …who's as much fun as your are. …d'aussi marrant que *vous (Fam: toi)*. **…d'o-see ma-ran kuh** *voo (Fam: twa)*.

        …as sweet as you are. …d'aussi adorable que *vous (Fam: toi)*. **…d'o-see a-do-rabl kuh** *voo (Fam: twa)*.

        …as nice as you are. …d'aussi sympa que *vous (Fam: toi)*. **…d'o-see suhn-pa kuh** *voo (Fam: twa)*.

♦ **know how** *idiom* savoir comment **sa-vwar ko-man**

    Do you know how to… Savez-vous (Fam: Sais-tu)… **Sa-vay-voo (Fam: Say-tew)…**

        …drive? …conduire? **…kon-dweer?**
        …play chess? …jouer aux échecs? **…zhooay o_z_ay-shek?**
        …play a guitar? …jouer de la guitare? **…zhooay duh la ghee-tar?**
        …play the piano? …jouer du piano? **…zhooay dew pya-no?**
        …swim? …nager? **…na-zhay?**

I (don't) know how. Je (ne) sais (pas). **Zhuh (nuh) say (pa).** ♦ **knowledge** *n*

Articles: m = le, f = la, mpl = les, fpl = les

connaissance *f* ko-nay-sa<u>n</u>s **You (certainly) have a lot of knowledge on the subject.** *Vous avez (Fam: Tu as) (certainement) une vaste connaissance sur le sujet.* Voo_z_a-vay *(Fam: Tew a)* (ser-ten-ma<u>n</u>) ewn vast ko-nay-sa<u>n</u>s sewr luh sew-zhay.

kook *n (slang: screwball, crazy guy)* excentrique *m&f* ek-sa<u>n</u>-treek

L l

label *n* étiquette *f* ay-tee-ket

lady *n* dame *f* dam *(See also* **female, girl** *and* **woman***)*

lag *vi* traîner tray-nay, ralentir ra-la<u>n</u>-teer **Don't lag behind.** *Ne traînez (Fam: traîne) pas derrière.* Nuh tray-nay *(Fam: tren)* pa der-ryer.

lagoon *n* lagon *m* la-go<u>n</u>

laid back *adj (slang) (easy-going)* décontracté, -e *m&f* day-ko<u>n</u>-trak-tay

lamp *n* lampe *f* la<u>n</u>p

land *vi* atterrir a-tay-reer **We're going to land (soon). (Could you give me your phone number?)** *Nous allons (bientôt) atterrir. (Pourriez-vous [Fam: Pourrais-tu] me donner votre [Fam: ton] numéro de téléphone?)* Noo_z_a-lo<u>n</u> (byuh<u>n</u>-to) a-tay-reer. *(Poo-ryay-voo [Fam: Poo-ray-tew]* muh do-nay *votr [Fam: to<u>n</u>]* new-may-ro duh tay-lay-fo<u>n</u>?) ♦ *n* terre *f* ter ♦ **landscape** *n* paysage *m* pay-ee-zazh **Isn't this a beautiful landscape?** *N'est-ce pas un superbe paysage?* N'es pa uh<u>n</u> sew-perb pay-ee-zazh?

lane *n* 1. *(of a road)* file *f* feel; 2. *(for bikes)* piste *f* peest **bicycle / bike** ~ piste *f* cyclable peest see-klabl

language *n* langue *f* lang **bad** ~ mauvais langage *m* mo-vay la<u>n</u>-gazh **body** ~ langage *m* du corps la<u>n</u>-gazh dew kor **foreign** ~ langue étrangère lang_ay-tra<u>n</u>-zher **obscene** ~ langage *m* obscène la<u>n</u>-gazh_ob-sen **What (other) languages do you speak?** *Quelles (autres) langues parlez-vous (Fam: parles-tu)?* Kel (_otr) lang *par-lay-voo (Fam: parl-tew)*? **I speak (1) two / (2) three / (3) four / (4) five languages.** *Je parle (1) deux / (2) trois / (3) quatre / (4) cinq langues.* Zhuh parl *(1)* duh */ (2)* trwa */ (3)* katr */ (4)* suh<u>n</u>k lang. **The languages I speak are Italian, Spanish, French, German and English.** *Les langues que je parle sont les suivantes l'italien, l'espagnol, le français, l'allemand, et l'anglais.* Lay lang kuh zhuh parl so<u>n</u> lay swee-va<u>n</u>t l'ee-ta-lyuh<u>n</u>, l'es-pa-nyol, luh fra<u>n</u>-say, l'al-ma<u>n</u>, ay l'a<u>n</u>-glay. **I don't speak any ([1] foreign / [2] other) languages.** *Je ne parle aucune ([1] langue étrangère / [2] autre) langue.* Zhuh nuh parl_o-kewn *([1]* lang_ay-tra<u>n</u>-zher. */ [2]* o-truh*)* lang. **No language can describe my feelings (for you).** *Aucune langue ne peut décrire les sentiments que j'ai (pour vous [Fam: toi]).* O-kewn lang nuh puh day-kreer lay sa<u>n</u>-tee-ma<u>n</u> kuh zh'ay (poor *voo [Fam: twa]*).

In the pronunciation <u>n</u> *stands for a nasalized* **n**.

lap *n* 1. *(on legs)* jambes *fpl* **zhanb;** 2. *(circuit)* piste *f* **peest**; *(swimming)* longueur *f* **lon-guhr** **Come sit on my lap.** Venez vous *(Fam: Viens t')* asseoir sur mes genoux. *Vuh-nay voo_z_(Fam: Vyuhn t')_a-swar sewr may zhuh-noo.* **Let's run four laps around the field.** Allons courir quatre tours de terrain. **A-lon koo-reer ka-truh toor duh tay-ruhn.** **Let's swim a few laps in the pool.** Allons faire quelques longueurs de piscine. **A-lon fer kel-kuh lon-guhr duh pee-seen.**

laptop *n (computer)* ordinateur *m* portable **or-dee-na-tuhr por-tabl**

large *adj* grand, -e *m&f* **gran,** large *m&f* **larg**

lashes *n pl (eyelashes)* cils *mpl* **seel** **false** ~ faux cils **fo seel** **long** ~ longs cils **lon seel** **thick** ~ cils épais **seel_ay-pay**

last *adj* dernier, dernière *m&f* **der-nyay, -nyer** ~ **but not least** le dernier mais non le moindre **luh der-nyay may non luh mwuhndr** ~ **chance** dernière chance *f* **der-nyer shans** ~ **name** nom *m* de famille **non duh fa-meey(uh)** ~ **time** la dernière fois **la der-nyer fwa** **next to** ~ l'avant dernier, l'avant-dernière *m&f* **l'a-van der-nyay, -nyer** **What time is the last** *(1)* **bus?** / *(2)* **train?** A quelle heure est le dernier *(1)* bus? / *(2)* train? **A kel_uhr_ay luh der-nyay** *(1)* **bews?** / *(2)* **truhn?** **This is your last chance.** C'est *votre (Fam: ta)* dernière chance. **S'ay** *votr (Fam: ta)* **der-nyer shans.** **This is the last time.** C'est la dernière fois. **S'ay la der-nyer fwa.** ♦ *vi* durer **dew-ray** **How long does the tour last?** Combien de temps dure le circuit? **Kon-byuhn duh tan dewr luh seer-kwee?** **I want this to last forever.** Je veux que ça dure pour toujours. **Zhuh vuh kuh suh-a dewr poor too-zhoor.** **The marriage lasted only three years.** Le mariage n'a duré que trois ans. **Luh ma-ryazh n'a dew-ray kuh trwa_z_an.** ♦ *n* dernier, dernière *m&f* **der-nyay, -nyer** **at (long)** ~ enfin **an-fuhn,** finalement **fee-nal-man** **At last!** Finalement! **Fee-nal-man!** **That's the last of it.** C'est la dernière fois. **S'ay la der-nyer fwa**

late *adj* tard **tar** **be** ~ être en retard **etr_an ruh-tar** **It's late.** Il est tard. **Eel_ay tar.** **It's getting late.** Il se fait tard. **Eel suh fay tar.** **I'm sorry I'm late.** Je suis *désolé (-e)* d'être en retard. **Zhuh swee day-zo-lay d'etr_an ruh-tar.** **We're sorry we're late.** Nous sommes *désolé(e)s* d'être en retard. **Noo som day-zo-lay d'etr_an ruh-tar.** *(1)* **I'm** / *(2)* **We're going to be a little bit late.** *(1)* Je vais… / *(2)* Nous allons… être un peu en retard. *(1)* **Zhuh vay…** / *(2)* **Noo_z_a-lon…_z_etr_uhn puh an ruh-tar.** **Don't be late.** Ne soyez *(Fam: sois)* pas en retard. **Nuh** *swa-yay (Fam: swa)* **pa_z_an ruh-tar.** **You're late. What happened?** *Vous êtes (Fam: Tu es)* en retard. Que s'est-il passé? **Voo_z_et_(Fam: Tew ay_z_)_an ruh-tar. Kuh s'ay_t-eel pa-say?** **Better late than never.** Mieux vaut tard que jamais. **Myuh vo tar kuh zha-may.** ♦ *adv* tard **tar** **arrive** ~ arriver tard **a-ree-vay tar** **get up** ~ se lever tard **suh luh-vay tar** *(1)* **I** / *(2)* **We got up late.** *(1)* Je me suis *levé (-e)*… / *(2)* Nous nous sommes *levé(e)s*… tard. *(1)* **Zhuh muh swee luh-vay…** / *(2)* **Noo noo som luh-vay… tar.** **How late does it stay open?** Jusqu'à quelle heure ça reste ouvert? **Zhews-k'a kel_uhr sa rest_oo-ver?** ♦ **lately** *adv* récemment **ray-sa-man** ♦ **later** *adv* plus tard **plew tar** **I'll** *(1)* **call** / *(2)* **see you later.** Je *vous (Fam: te)* *(1)* téléphonerai / *(2)* verrai plus tard. **Zhuh**

A tilde ~ in terms stands for the main entry word.

latest 212 **lay**

voo (Fam: tuh) (1) **tay-lay-fon-ray** */ (2)* **vay-ray plew tar. We'll** *(1)* **call** */ (2)* **see you later.** Nous *vous (Fam: te) (1)* téléphonerons */ (2)* verrons plus tard. **Noo voo** *(Fam: tuh) (1)* **tay-lay-fon-ron** */ (2)* **vay-ron plew tar. See you later.** A plew tard. **A plew tar.** ♦ **latest** *adj* dernier, dernière *m&f* **der-nyay, der-nyer What's the latest?** Quelle est la dernière? **Kel_ay la der-nyer? Have you heard the latest?** *Connaissez-vous (Fam: Connais-tu)* la dernière? **Ko-nay-say-voo** *(Fam:* **Ko-nay-tew)** **la der-nyer?**

laugh *vi* rire **reer,** rigoler **ree-go-lay Okay, what are** *(1,2)* **you laughing about?** Okay, pourquoi est-ce que *vous rigolez (Fam: tu rigoles)*? **O-kay, poor-kwa es kuh** *voo* **ree-go-lay** *(Fam: tew ree-gol)*? *(1)* **I'm** */ (2)* **We're laughing about** *(what)*. *(1)* Je ris… */ (2)* Nous rions… au sujet de *(___)*. *(1)* **Zhuh ree…** */ (2)* **Noo ree-yon… o sew-zhay duh (___). Who gave you permission to laugh?** Qui *vous (Fam: t')* a donné la permission de rire? **Kee voo_z_** *(Fam: t')* **a donay la per-mee-syon duh reer? I like to hear you laugh.** J'aime *vous (Fam: t')* entendre rire. **Zh'em voo_z_** *(Fam: t')* **an-tandr reer.** ♦ *n* rire *m* **reer You have a** *(1)* **nice** */ (2)* **sexy laugh.** *Vous avez (Fam: Tu as)* un rire *(1)* sympatique. */ (2)* sexy. **Voo_z_a-vay** *(Fam: Tew a)* **uhn reer** *(1)* **suhn-pa-teek.** */ (2)* **sek-see.** ♦ **laughter** *n* rire *m* **reer What's all the laughter about?** Que veulent dire tous ces rires? **Kuh vuhl deer too say reer?**

launch *vt (small boat, canoe)* mettre à l'eau **metr_a l'o**

launderette / laundromat *n* laverie automatique **la-vree o-to-ma-teek Where is there a launderette / laundromat around here?** Où se trouve la laverie automatique dans le coin? **Oo suh troov la lav-ree o-to-ma-teek dan luh kwuhn?** ♦ **laundry** 1. *(clothes)* lessive *f* **lay-seev,** linge sale *m* **luhnzh sal;** 2. *(shop)* blanchisserie *f* **blan-shees-ree**

lavish *adj* copieux, copieuse *m&f* **ko-pyuh, -pyuhz**

law *n* loi *f* **lwa adoption** ~ loi sur l'adoption **lwa sewr l'a-dop-syon against the** ~ contre la loi **kon-truh la lwa immigration** ~ loi sur l'immigration **lwa sewr l'ee-mee-gra-syon French** ~ loi française **lwa fran-sez obey the** ~ obéir à la loi **o-bay-eer_a la lwa I don't want to break the law.** Je ne veux pas enfreindre la loi. **Zhuh nuh vuh pa an-fruhndr la lwa.** ♦ **lawyer** *n* avocat, -e *m&f* **a-vo-ka, -kat divorce** ~ *avocat (-e) m&f spécialisé (-e)* dans les cas de divorce *a-vo-ka (F: a-vo-kat)* **spay-sya-lee-zay dan lay ka duh dee-vors Can you recommend a lawyer?** *Pouvez-vous (Fam: Peux-tu)* me recommander un avocat? *Poo-vay-voo (Fam: Puh-tew)* **muh ruh-ko-man-day uhn_ a-vo-ka?**

laxative *n* laxatif *m* **lak-sa-teef**

lay *vt* poser **po-zay,** mettre **metr Can I lay it** *(1)* **here?** */ (2)* **there?** Puis-je *le (F: la)* poser *(1)* ici? */ (2)* là-bas? **Pwee-zh** *luh (F: la)* **po-zay** *(1)* **ee-see?** */ (2)* **la-ba? Lay it** *(1)* **here.** */ (2)* **there.** Posez *(Fam: Pose)-le (F: -la) (1)* ici. */ (2)* là-bas. *Po-zay (Fam: Poz)-luh (F: -la) (1)* **ee-see.** */ (2)* **la-ba. Lay your head on my shoulder.** Posez votre *(Fam: Pose ta)* tête sur mon épaule. *Po-zay votr (Fam: Poz ta)* **tet sewr mon_ ay-pol. I was laid off from my job.** J'ai été *licensié (-e)* de mon travail. **Zh'ay ay-tay lee-san-syay duh mon tra-vaee.**

---

uh *sounds like the "u" in "but"*

lay off *idiom (dismiss from work)* licencier **lee-san-syay**

lazy *adj* fénéant, -e *m&f* **fay-nay-an̄, -ant̄** I *(1)* **felt** / *(2)* **got lazy.** *(1)* Je n'avais envie de rien faire. / *(2)* J'suis devenu *paresseux (F: paresseuse).* **(1) Zhuh n'a-vay an̄-vee duh ryuhn̄ fer.** / **(2) Zhuh swee duh-vuh-new** *pa-ray-suh (F: pa-ray-suhz).* **You're a lazy critter.** *Vous êtes (Fam: Tu es) un gros fénéant (F: une grosse fénéante).* **Voo_z_et** *(Fam: Tew ay)* **uhn̄ gro fay-nay-an̄ (F: ewn gros fay-nay-ant̄).* **Don't be so lazy.** Ne *soyez (Fam: sois)* pas si *fénéant (-e).* **Nuh** *swa-yay (Fam: swa)* **pa see** *fay-nay-an̄ (F: fay-nay-ant̄).* ♦ **lazybones** *n* flemmard, -e *m&f* **flay-mar, -mard**

lead *vt* 1. *(direct)* commander **ko-man̄-day**, guider **ghee-day**, mener, **muh-nay**; 2. *(take)* mener **muh-nay Lead the way!** *Montrez (Fam: Montre)* le chemin! *Mon̄-tray (Fam: Mon̄tr)* **luh shuh-muhn̄! Where are you leading us?** Où est-ce que *vous nous emmenez (Fam: tu nous emmènes)?* **Oo_w_es kuh** *voo noo_z_an̄-muh-nay (Fam: tew noo_z_an̄-men)*? ♦ *vi* conduire **kon̄-dweer**, mener **muh-nay Who's going to lead?** Qui est en charge? **Kee ay_t_an̄ sharzh? I'll lead.** Je serai en charge. **Zhuh suh-ray an̄ sharzh. Who's leading?** *(game)* Qui mène? **Kee men?**

    I'm leading... Je mène... **Zhuh men...**
    He's leading... Il mène... **Eel men...**
    She's leading... Elle mène... **El men...**
    They're leading... *Ils (Fpl: Elles)* mènent... *Eel (Fpl: El)* **men...**
    We're leading... Nous menons... **Noo muh-non̄...**
    ...by ten points. ...de dix points. **...duh dee pwuhn̄.**

♦ *n* devants *mpl* **duh-van̄ take the ~** prendre les devants **pran̄dr lay duh-van̄** ♦ **leader** *n* chef *m&f* **shef**, directeur, directrice *m&f* **dee-rek-tuhr, -trees glorious ~** chef merveilleux **shef mer-vay-yuh**

leaf *n* feuille *f* **fuhy I love it when the leaves** *(1)* **begin to fall.** / *(2)* **change color.** J'adore quand les feuilles *(1)* commencent à tomber. / *(2)* changent de couleurs. **Zh'a-dor kan̄ lay fuhy** *(1)* **ko-mans̄_a ton̄-bay.** / *(2)* **shan̄zh duh koo-luhr.**

league *n (sports)* championnat *m* **shan̄-pyo-na soccer ~** championnat de foot **shan̄-pyo-na duh foot How do they stand in the league?** Quelle est leur position dans le championnat? **Kel_ay luhr po-zee-syon̄ dan̄ luh shan̄-pyo-na? Who leads the league?** Qui est en première position du championnat? **Kee ay_t_an̄ pruh-myer po-zee-syon̄ dew shan̄-pyo-na?**

lean *vi* se pencher **suh pan̄-shay**, s'appuyer **s'a-pwee-yay You can lean on my shoulder.** *Vous pouvez vous (Fam: Tu peux t')* appuyer sur mon épaule. *Voo poo-vay voo_z_ (Fam: Tew puh t')* **a-pwee-yay sewr mon̄_ay-pol.**

learn *vt* apprendre **a-pran̄dr ~ the hard way** apprendre à la dure **a-pran̄dr_a la dewr Where did you learn** *(1)* **English?** / *(2)* **French?** Où *avez-vous (Fam: as-tu)* appris *(1)* l'anglais? / *(2)* le français? **Oo** *a-vay-voo (Fam: a-tew)* **a-pree** *(1)* **l'an̄-glay?** / *(2)* **luh fran̄-say? I learned it** *(1)* **at home.** / *(2)* **in college.** J'ai appris *(1)* à la maison. / *(2)* à l'université. **Zh'ay a-pree** *(1)* **a la may-zon̄.** / *(2)* **a l'ew-nee-ver-see-tay.** *(1)* **I'm trying...** / *(2)* **I want... to learn (more) French.** *(1)* J'essaie d'... / *(2)* Je veux... apprendre (mieux) le français. *(1)* **Zh'ay-say**

Common French signs and labels are on pages 547-551.

learn about   214   **leave**

d'_... / *(2)* **Zhuh vuh... a-pra<u>n</u>dr (myuh) luh fra<u>n</u>-say.** **I'll help you learn English.** Je vais *vous (Fam: t')* aider à apprendre l'anglais. **Zhuh vay** *voo_z_ (Fam: t')* **ay-day_r_a a-pra<u>n</u>dr l'a<u>n</u>-glay.** **It's not hard to learn.** Ce n'est pas difficile à apprendre. **Suh n'ay pa dee-fee-seel_a a-pra<u>n</u>dr.** **A person like you can learn it easily.** Une personne comme *vous (Fam: toi)* peut apprendre facilement. **Ewn per-son kom** *voo (Fam: twa)* **puh a-pra<u>n</u>dr fa-seel-ma<u>n</u>.**
♦ **learn about** *idiom* apprendre **a-pra<u>n</u>dr** ♦ **learner** *n* apprenant *m* **a-pruh-na<u>n</u>** *(1)* **I'm** / *(2)* **You're a fast learner.** *(1)* J'apprends... / *(2) Vous apprenez (Fam: Tu apprends)*... vite. *(1)* **Zh'a-pra<u>n</u>...** / *(2) Voo_z_a-pruh-nay (Fam: Tew a-pra<u>n</u>)*... **veet.**

least *adv* le moins **luh mwuh<u>n</u>** ~ **important** le moins important **luh mwuh<u>n</u>_z_ uh<u>n</u>-por-ta<u>n</u>** ~ **of all** le plus petit de tous **luh plew puh-tee duh toos** ♦ *n* dernier *m* **der-nyay**, moindre **mwuh<u>n</u>dr at** ~ au moins **o mwuh<u>n</u>** **That's the least of my worries.** C'est le dernier de mes soucis. **S'ay luh der-nyay duh may soo-see.** **The least you could have done was** *(1)* **call me.** / *(2)* **tell me.** / *(3)* **let me know.** La moindre des choses aurait été de *(1)* me téléphoner. / *(2)* me le dire. / *(3)* me tenir *informé (-e).* **La mwuh<u>n</u>dr day shoz o-ray_t_ay-tay duh** *(1)* **muh tay-lay-fo-nay.** / *(2)* **muh luh deer.** / *(3)* **muh tuh-neer_uh<u>n</u>-for-may.** **I don't care if you're late. At least you came.** Je m'en fiche que *vous soyez (Fam: tu sois)* en retard. Au moins, *vous êtes (Fam: tu es)* venu *(-e).* **Zhuh m'a<u>n</u> feesh kuh** *voo swa-yay (Fam: tew swa)_z_a<u>n</u>* **ruh-tar. O mwuh<u>n</u>,** *voo_z_et (Fam: tew ay)* **vuh-new.**

leather *adj* de cuir **duh kweer,** en cuir **a<u>n</u> kweer** ♦ *n* cuir *m* **kweer**

leave *vt* laisser **lay-say** **Did I leave my** *(1)* **camera** / *(2)* **passport** / *(3)* **purse here?** Ai-je oublié mon *(1)* appareil photo / *(2)* passeport / *(3)* sac à main ici? **Ay-zh_oo-blee-yay mo<u>n</u>_** *(1)* **a-pa-rey fo-to** / *(2)* **pas-por** / *(3)* **sak_a muh<u>n</u> ee-see?** **Where did you leave it?** Où l'*avez-vous (Fam: as-tu)* laissé? **Oo l'***a-vay-voo (Fam: a-tew)* **lay-say?** **I left it** *(where).* Je l'ai laissé (___). **Zhuh l'ay lay-say** (___). **Leave me alone!** *Laissez (Fam: Laisse)*-moi tranquille! *Lay-say (Fam: Les)*-**mwa tra<u>n</u>-keel!** ♦ *vi* partir **par-teer** **before leaving** avant de partir **a-va<u>n</u> duh par-teer** **When are you leaving?** Quand *partez-vous (Fam: pars-tu)?* **Ka<u>n</u>** *par-tay-voo (Fam: par-tew)*? *(1)* **I'm** / *(2)* **We're leaving** *(3)* **today.** / *(4)* **tomorrow.** *(1)* Je pars... / *(2)* Nous partons... *(3)* aujourd'hui. / *(4)* demain. *(1)* **Zhuh par...** / *(2)* **Noo par-to<u>n</u>...** *(3)* **o-zhoor-d'wee.** / *(4)* **duh-muh<u>n</u>.** **When I leave...** Quand je partirai... **Ka<u>n</u> zhuh par-tee-ray... Did he leave?** Est-il parti? **Ay_t-eel par-tee?** **He left.** Il est parti. **Eel_ay par-tee. Did she leave?** Est-elle partie? **Ay_t-el par-tee?** **She left.** Elle est partie. **El_ay par-tee. Did they leave?** *Sont-ils partis? (Fpl: Sont-elles parties?) So<u>n</u>_t-eel par-tee? (Fpl: So<u>n</u>_t-el par-tee?)* **They left.** *Ils sont partis. (Fpl: Elles sont parties). Eel so<u>n</u> par-tee. (Fpl: El so<u>n</u> par-tee).* **Why did you leave?** Pourquoi *êtes-vous (Fam: es-tu)* parti *(-e)?* **Poor-kwa** *et-voo (Fam: ay-tew)* **par-tee?** **I left because...** Je suis *parti (-e)* parce que... **Zhuh swee par-tee pars-kuh... We left because...** Nous sommes *parti(e)s* parce que... **Noo som par-tee pars-kuh... Please leave.** S'il

---

*To learn more about French verbs,
go to the Grammar appendix on page 512.*

vous (Fam: te) plaît, partez (Fam: pars). **S'eel** *voo (Fam: tuh)* **play,** *par-tay (Fam: par).* **Please don't leave.** S'il *vous (Fam: te)* plaît, ne *partez (Fam : pars)* pas. **S'eel** *voo (Fam: tuh)* **play, nuh** *par-tay (Fam: par)* **pa. I don't want to leave.** Je ne veux pas partir. **Zhuh nuh vuh pa par-teer. I don't want you to leave.** Je ne veux pas que *vous partiez (Fam: tu partes).* **Zhuh nuh vuh pa kuh voo par-chyay (Fam: tew part).**

left *adj* gauche *m&f* **gosh** ~ **eye** œil *m* gauche **uhy gosh** ~ **foot** pied *m* gauche **pyay gosh** ~ **hand** main *f* gauche **muhn gosh** ~ **side** côté *m* gauche **ko-tay gosh** *(1)* **Go / (2) Turn left (at the next street).** *(1) Allez (Fam: Va) / (2) Tournez (Fam: Tourne)* à gauche (à la prochaine rue). *(1) A-lay (Fam: Va) / (2) Toor-nay (Fam: Toorn_)* **a gosh (_a la pro-shen rew).** ♦ *adv* gauche *f* **gosh** *(1)* **Go / (2) Turn left.** *(1) Allez (Fam: Va) / (2) Tournez (Fam: Tourne)* à gauche. *(1) A-lay (Fam: Va) / (2) Toor-nay (Fam: Toorn_)* **a gosh.** ♦ *n* gauche *f* **gosh It's on the left.** C'est sur la gauche. **S'ay sewr la gosh.** ♦ **left-handed** *adj* gaucher, gauchère *m&f* **go-shay, -sher I'm left-handed.** Je suis *gaucher (F: gauchère).* **Zhuh swee go-shay (F: go-sher).**

left out *idiom* exclu, -e *m&f* **eks-klew I felt (rather) left out.** Je me sens (assez) *exclu (-e).* **Zhuh muh san (a-say_z_) eks-klew.**

leg *n* jambe *f* **zhanb bare ~s** jambes nues **zhanb new bow ~s** jambes arquées **zhanb ar-kay left ~** jambe gauche **zhanb gosh little ~s** petites jambes **puh-teet zhanb long ~s** longues jambes **long zhanb my ~s** mes jambes **may zhanb pretty ~s** belles jambes **bel zhanb right ~** jambe droite **zhanb drwat shapely ~s** jambes bien faites **zhanb byuhn fet slender ~s** jambes fines **zhanb feen your ~** *votre (Fam: ta)* jambe *votr (Fam: ta)* **zhanb your ~s** *vos (Fam: tes)* jambes *vo (Fam: tay)* **zhanb You have beautiful legs.** *Vous avez (Fam: Tu as)* des jambes superbes. **Voo_z_a-vay (Fam: Tew a) day zhanb sew-perb. I broke my leg.** Je me suis *cassé (-e)* la jambe. **Zhuh muh swee ka-say la zhanb.**

legal *adj* legal, -e *m&f* **lay-gal Is that legal?** Est-ce légal? **Es lay-gal?** ♦ **legally** *adv* légalement **lay-gal-man We're legally separated.** Nous sommes légalement séparés. **Noo som lay-gal-man say-pa-ray. We're still legally married, but we live apart.** Nous sommes encore légalement mariés, mais nous vivons séparément. **Noo som_an-kor lay-gal-man ma-ryay, may noo vee-von say-pa-ray-man.**

legible *adj* lisible *m&f* **lee-zeebl**

leisure *n* loisirs *mpl* **lwa-zeer** ♦ **leisurely** *adj* tranquille *m&f* **tran-keel**

lemonade *n* limonade *f* **lee-mo-nad**

lend *vt* prêter **pray-tay Could you lend me some money?** *Pourriez-vous (Fam: Pourrais-tu)* me prêter de l'argent? **Poo-ryay-voo (Fam: Poo-ray-tew) muh pray-tay duh l'ar-zhan? Sure, (1) I'd / (2) we'd be glad to lend you some money. How much do you need?** Certainement, *(1)* je serais *ravi (-e)…* / *(2)* Nous serions *ravi(e)s…* de *vous (Fam: te)* prêter de l'argent. De combien *avez-vous (Fam: as-tu)* besoin? **Ser-ten-man, (1) zhuh suh-ray… / (2) Noo suh-ryon… ra-vee duh voo (Fam: tuh) pray-tay duh l'ar-zhan. Duh kon-byuhn**

Some adjectives follow nouns, some precede them.
You'll need to memorize these case by case.

a-vay-voo (Fam: a-tew) **buh-zwuhn?** *(1)* **I'm /** *(2)* **We're sorry,** *(3)* **I'm /** *(4)* **we're not able to lend you the money.** *(1)* Je suis *désolé (-e)…* / *(2)* Nous sommes *désolé(e)s…*, *(3)* je ne peux… / *(4)* nous ne pouvons… pas *vous (Fam: te)* prêter de l'argent. *(1)* **Zhuh swee… *(2)* Noo som … day-zo-lay, *(3)* zhuh nuh puh… / *(4)* noo nuh poo-von… pa** *voo (Fam: tuh)* **pray-tay duh l'ar-zhan. Here's the money you lent** *(1)* **me. /** *(2)* **us.** Voici l'argent que *(1) vous m'aviez (Fam: tu m'avais)* prêté. / *(2) vous nous aviez (Fam: tu nous avais)* prêté. **Vwa-see l'ar-zhan kuh** *(1) voo m'a-vyay (Fam: tew m'a-vay)* **pray-tay.** / *(2) voo noo_z_a-vyay (Fam : tew noo_z_a-vay)* **pray-tay.**

length *n* longueur *f* **lon-guhr**

lens *n* lentille *f* **lan-teey(uh) contact ~es** lentilles de contact **lan-teey(uh) duh kon-takt zoom ~** zoom *m* **zoom I wear contact lenses.** Je porte des lentilles de contact. **Zhuh port day lan-teey(uh) duh kon-takt. I *(1)* dropped /** *(2)* **lost my contact lens.** J'ai *(1)* fait tomber… / *(2)* perdu… ma lentille de contact. **Zh'ay** *(1)* **fay ton-bay… /** *(2)* **per-dew…. ma lan-teey(uh) duh kon-takt.**

Leo *(Jul. 23 - Aug. 22)* Lion **Lyon**

lesbian *n* lesbienne *f* **les-byen I'm a lesbian.** Je suis lesbienne. **Zhuh swee les-byen.**

less *adj* moins *m&f* **mwuhn** ♦ *adv* moins **mwuhn I couldn't care less.** Je m'en moque complètement. **Zhuh m'an mok kon-plet-man.** ♦ *n* moins *m* **mwuhn more or ~** plus ou moins **plew_z_oo mwuhn I'll be back in less than fifteen minutes.** Je reviendrai dans moins de quinze minutes. **Zhuh ruh-vyuhn-dray dan mwuhn duh kuhnz mee-newt.**

lesson *n* leçon *f* **luh-son** bitter ~ leçon amère **luh-son a-mer** hard ~ leçon difficile **luh-son dee-fee-seel** ski ~s leçons *fpl* de ski **luh-son duh skee I take *(1)* music /** *(2)* **French /** *(3)* **tennis lessons.** Je prends des leçons de *(1)* musique. / *(2)* français. / *(3)* tennis. **Zhuh pran day luh-son duh *(1)* mew-zeek. /** *(2)* **fran-say. /** *(3)* **tay-nees. Where do you take lessons?** Où *prenez-vous (Fam: prends tu)* des cours? **Oo** *pruh-nay-voo (Fam: pran-tew)* **day koor? Could you give *(1)* me /** *(2)* **us lessons in French?** *Pourriez-vous (Fam: Pourrais-tu)* *(1)* me / *(2)* nous donner des leçons de français?? ***Poo-ryay-voo (Fam: Poo-ray-tew)*** *(1)* **muh /** *(2)* **noo do-nay day luh-son duh fran-say? I could give you lessons in English.** Je pourrais *vous (Fam: te)* donner des leçons d'anglais. **Zhuh poo-ray** *voo (Fam: tuh)* **do-nay day luh-son d'an-glay. Let that be a lesson to you.** Que ça *vous (Fam: tuh)* serve de leçon. **Kuh sa** *voo (Fam: tuh)* **serv duh luh-son.**

let *vt* laisser **lay-say Let's go!** Allons-y! **A-lon_z_ee!**

    Let's… Allons… **A-lon…**

    …dance. …danser. **…dan-say.**

    …get something to eat. …trouver quelque chose à manger. **…troo-vay kel-kuh shoz_a man-zhay.**

    …have a cup of coffee. …prendre un café. **…prandr_uhn ka-fay.**

    …play *(game)*. …jouer à (___). **…zhoo-ay a (___).**

    …sit down. …nous asseoir. **…noo_z_a-swar.**

Let me *(1)* see. / *(2)* **think.** *Laissez (Fam: Laisse)*-moi *(1)* voir. / *(2)* réfléchir.

A blue diamond ♦ *signals a different word or a different form of a word.*

let down   **217**   **liable**

Lay-say (Fam: Les)-**mwa** *(1)* **vwar.** / *(2)* **ray-flay-sheer. Please, let me pay (for this one).** S'il *vous (Fam: te)* plaît, *laissez (Fam: laisse)*-moi payer (cette fois). **S'eel** *voo (Fam: tuh)* **play,** *lay-say (Fam: les)*-**mwa pay-yay (set fwa). Let me know, okay?** *Tenez (Fam: Tiens)*-moi au courant, d'accord? *Tuh-nay (Fam: Chyuhn)*-**mwa o koo-ran, d'a-kor? I'll let you know.** Je *vous (Fam: te)* tiendrai au courant. **Zhuh** *voo (Fam: tuh)* **chyuhn-dray o koo-ran.**

♦ **let down** *idiom* laisser tomber **lay-say ton-bay I'll never let you down.** Je ne *vous (Fam: te)* laisserai jamais tomber. **Zhuh nuh** *voo (Fam: tuh)* **les-ray zha-may ton-bay. You let me down.** *Vous m'avez (Fam: Tu m'as) laissé (-e)* tomber. *Voo m'a-vay (Fam: Tew m'a)* **lay-say ton-bay.**

♦ **let go** *idiom* laisser partir **lay-say par-teer,** lâcher **la-shay I never want to let you go.** Je ne veux jamais *vous (Fam: te)* laisser partir. **Zhuh nuh vuh zha-may** *voo (Fam: tuh)* **lay-say par-teer. Don't ever let me go.** Ne m'*abandonnez (Fam: abandonne)* jamais. **Nuh m**'*a-ban-do-nay (Fam: a-ban-don)* **zha-may.**

♦ **let in** *idiom (rain, light)* faire passer **fer pa-say;** *(admit)* laisser entrer **lay-say an-tray**

letter *n* lettre *f* **letr answer** *(1)* **my** / *(2)* **your** ~ répondre à *(1)* ma / *(2)* votre *(Fam: ta)* lettre **ray-pondr_a** *(1)* **ma** / *(2)* **votr** *(Fam: ta)* **letr forward the ~** faire suivre la lettre **fer sweevr la letr get** *(1)* **my** / *(2)* **your** ~ recevoir *(1)* ma / *(2)* votre *(Fam: ta)* lettre **ruh-suh-vwar** *(1)* **ma** / *(2)* **votr** *(Fam: ta)* **letr in** *(1)* **my** / *(2)* **your** ~ dans *(1)* ma / *(2)* votre *(Fam: ta)* lettre **dan** *(1)* **ma** / *(2)* **votr** *(Fam: ta)* **letr mail the** ~ envoyer la lettre **an-vwa-yay la letr read** *(1)* **my** / *(2)* **your** ~ lire *(1)* ma / *(2)* votre *(Fam: ta)* lettre **leer** *(1)* **ma** / *(2)* **votr** *(Fam: ta)* **letr receive** *(1)* **my** / *(2)* **your** ~ recevoir *(1)* ma / *(2)* votre *(Fam: ta)* lettre **ruh-suh-vwar** *(1)* **ma** / *(2)* **votr** *(Fam: ta)* **letr registered** ~ lettre *f* recommandée **letr ruh-ko-man-day send a** ~ envoyer une lettre **an-vwa-yay_ewn letr translate** *(1)* **my** / *(2)* **your** ~ traduire *(1)* ma / *(2)* votre *(Fam: ta)* lettre **tra-dweer** *(1)* **ma** / *(2)* **votr** *(Fam: ta)* **letr You said in your letter that...** *Vous avez (Fam: Tu as)* dit dans *votre (Fam: ta)* lettre que… *Voo_z_a-vay (Fam: Tew a)* **dee dan** *votr (Fam: ta)* **letr kuh… I wrote you a letter. Did you get it?** Je *vous (Fam: t')* ai écrit une lettre. L'*avez-vous (Fam: as-tu)* reçue? **Zhuh** *voo_z_ (Fam: t')* **ay ay-kree ewn letr. L'***a-vay-voo (Fam: a-tew)* **ruh-sew? I got your letter.** J'ai reçu *votre (Fam: ta)* lettre. **Zh'ay ruh-sew** *votr (Fam: ta)* **letr. I didn't get your letter (yet).** Je n'ai pas (encore) reçu *votre (Fam: ta)* lettre. **Zhuh n'ay pa (_z_an-kor) ruh-sew** *votr (Fam: ta)* **letr. Thanks a lot for your letter.** Merci beaucoup pour *votre (Fam: ta)* lettre. **Mer-see bo-koo poor** *votr (Fam: ta)* **letr. I'll send / write you a letter (by e-mail).** Je *vous (Fam: t')* écrirai une lettre (par email). **Zhuh** *voo_z_ (Fam: t')* **ay-kree-ray ewn letr (par_ee-mayl). Write me a letter (by e-mail).** *Écrivez (Fam: Ecris)*-moi une lettre (par email*). Ay-kree-vay (Fam: Ay-kree)*-**mwa ewn letr (par_ee-mayl).**

lewd *adj* obscène *m&f* **ob-sen** ~ **remark** remarque *f* obscène **ruh-mark_ob-sen**

liable *adj (likely)* susceptible *m&f* **sew-sep-teebl I'd better write it down. I'm liable to forget.** Je devrais l'écrire. Je suis susceptible d'oublier. **Zhuh duh-vray l'ay-kreer. Zhuh swee sew-sep-teebl d'oo-blee-yay.**

---

*Familiar "tu" ("tew") forms in parentheses
can replace italicized polite forms.*

liberal *adj* libéral, -e *m&f* **lee-bay-ral**
liberty *n* liberté *f* **lee-ber-tay** **take ~ies** prendre des libertés **pra͟ndr day lee-ber-tay** **take the ~** prendre la liberté **pra͟ndr la lee-ber-tay**
Libra *(Sep. 23 - Oct. 22)* Balance **Ba-la͟ns**
library *n* bibliothèque *f* **bee-blee-o-tek**
lice *n, pl* poux *mpl* **poo**
license *n* permis *m* **per-mee**, license *f* **lee-sa͟ns**, certificat *m* **ser-tee-fee-ka** **driver's ~** permis de conduire **per-mee duh ko͟n-dweer Where can I get a** *(1)* **fishing /** *(2)* **hunting license?** Où puis-je obtenir un permis de *(1)* pêche? / *(2)* chasse? **Oo pwee-zh_ob-tuh-neer_uh͟n per-mee duh** *(1)* **pesh?** / *(2)* **shas? Where do we apply for a marriage license?** Où faut t'il s'adresser pour obtenir un certificat de mariage? **Oo fo t'eel s'a-dray-say poor_ob-tuh-neer_uh͟n ser-tee-fee-ka duh ma-ryazh?**
lick *vt* lécher **lay-shay**
lid *n* couvercle *m* **koo-verkl**
lie *vi* 1. *(be in prone position)* s'allonger **s'a-lo͟n-zhay;** 2. *(not tell the truth)* mentir **ma͟n-teer Let's go lie by the pool.** Allons nous allonger au bord de la piscine. **A-lo͟n-noo_z_a-lo͟n-zhay_r_o bor duh la pee-seen. I want to lie with you in my arms.** Je veux m'allonger avec *vous (Fam: toi)* dans mes bras. **Zhuh vuh m'a-lo͟n-zhay a-vek** *voo (Fam: twa)* **da͟n may bra. You're lying (to me).** *Vous (me)* mentez *(Fam: Tu [me] mens)*. *Voo (muh)* **ma͟n-tay** *(Fam: Tew [muh] ma͟n)*. **I'm not lying (to you).** Je ne *(vous [Fam: te])* mens pas. **Zhuh nuh** *(voo [Fam: tuh])* **ma͟n pa. I would never lie to you.** Je ne *vous (Fam: te)* mentirai jamais. **Zhuh nuh** *voo (Fam: tuh)* **ma͟n-tee-ray zha-may. Please don't lie to me.** S'il *vous (Fam: te)* plaît, ne me *mentez (Fam: mens)* pas. **S'eel** *voo (Fam: tuh)* **play, nuh muh ma͟n-tay** *(Fam: ma͟n)* **pa.** ♦ *n* mensonge *m* **ma͟n-so͟nzh big ~** grand mensonge **gra͟n ma͟n-so͟nzh tell a ~** raconter un mensonge **ra-ko͟n-tay uh͟n ma͟n-so͟nzh**
  ♦ **lie down** *idiom* s'allonger **s'a-lo͟n-zhay I'm going to lie down.** Je vais m'allonger. **Zhuh vay m'a-lo͟n-zhay. Why don't you lie down?** Pourquoi ne *vous allongez-vous (Fam: t'allonges-tu)* pas? **Poor-kwa nuh** *voo_z_a-lo͟n zhay-voo (Fam: t'a-lo͟nzh-tew)* **pa?**
life *n* vie *f* **vee active ~** vie active **vee ak-teev all** *(1)* **my /** *(2)* **your ~** toute *(1)* ma / *(2)* votre *(Fam: ta)* vie **toot** *(1)* **ma /** *(2)* **votr** *(Fam: ta)* **vee bachelor ~** vie de célibataire **vee duh say-lee-ba-ter build a ~** construire une vie **ko͟ns-trweer_ ewn vee busy ~** vie chargée **vee shar-zhay change** *(1)* **my /** *(2)* **your ~** changer *(1)* ma / *(2)* votre *(Fam: ta)* vie **sha͟n-zhay** *(1)* **ma /** *(2)* **votr** *(Fam: ta)* **vee city ~** vie citadine **vee see-ta-deen come into** *(1)* **my /** *(2)* **your ~** entrer dans *(1)* ma / *(2)* votre *(Fam: ta)* vie **a͟n-tray da͟n** *(1)* **ma /** *(2)* **votr** *(Fam: ta)* **vee comfortable ~** vie confortable **vee ko͟n-for-tabl country ~** vie de campagne **vee duh ka͟n-pany difficult ~** vie difficile **vee dee-fee-seel easy ~** vie facile **vee fa-seel empty ~** vie vide **vee veed enjoy ~ (to the fullest)** profiter de la vie (au maximum) **pro-fee-tay duh la vee (o mak-see-mom) exciting ~** vie excitante **vee ek-see-ta͟nt family ~** vie familiale **vee fa-mee-lyal full of ~** plein (-e) de vie *pluh͟n (F: plen)*

Learn a new French phrase every day! Subscribe to
*the free **Daily Dose of French**, www.phrase-books.com.*

life   219   lifeguard

duh vee **happy ~** vie heureuse **vee uh-uhrz** **hard ~** vie difficile **vee dee-fee-seel** **lead a (normal) ~** mener une vie (normale) **muh-nay ewn vee (nor-mal) ~ of the party** *animateur (F: animatrice)* **a-nee-ma-tuhr** *(F: a-nee-ma-trees)* **~ together** vie commune **vee ko-mewn** **live a comfortable ~** vivre une vie comfortable **veevr_ewn vee kon-for-tabl** **lonely ~** vie solitaire **vee so-lee-ter** **long ~** longue vie **long vee** **lose** *(1)* **her /** *(2)* **his ~** perdre *(1,2)* sa vie **perdr** *(1,2)* **sa vee** **love ~** vie amoureuse **vee a-moo-ruhz** **love of my ~** amour *m* de ma vie **a-moor duh ma vee** **make my ~ complete** faire de moi une personne heureuse **fer duh mwa ewn per-son_uh-ruhz** **married ~** vie matrimoniale **vee ma-tree-mo-nyal** **my ~** ma vie **ma vee** **new ~** nouvelle vie **noo-vel vee** **outlook on ~** conception de la vie **kon-sep-syon duh la vee** **part of my ~** partie *f* de ma vie **par-tee duh ma vee** **put** *(1)* **my /** *(2)* **your ~ in order** mettre de l'ordre dans *(1)* ma / *(2)* votre *(Fam: ta)* vie **metr duh l'ordr dan** *(1)* **ma /** *(2)* **votr** *(Fam: ta)* **vee** **satisfied with ~** *satisfait (-e)* de la vie *sa-tees-fay (F: sa-tees-fet)* **duh lah vee** **sex ~** vie sexuelle **vee sek-sew-el** **share our lives together** partager une vie ensemble **par-ta-zhay ewn vee an-sanbl** **single ~** vie de célibataire **vee duh say-lee-ba-ter** **social ~** vie sociale **vee so-syal** **spend (all)** *(1)* **my /** *(2)* **your ~** passer (toute) *(1)* ma / *(2)* votre *(Fam: ta)* vie **pa-say (toot)** *(1)* **ma /** *(2)* **votr** *(Fam: ta)* **vee** **start a new ~** commencer une nouvelle vie **ko-man-say ewn noo-vel vee** **your ~** votre *(Fam: ta)* vie **votr** *(Fam: ta)* **vee** **You have a(n)** *(1)* **busy /** *(2)* **interesting life.** Vous avez *(Fam: Tu as)* une vie *(1)* chargée. / *(2)* intéressante. **Voo_z_a-vay** *(Fam: Tew a)* **ewn vee** *(1)* **shar-zhay. /** *(2)* **uhn-tay-ray-sant.** **What is your ambition in life?** Quelle est votre *(Fam: ton)* ambition dans la vie? **Kel_ay** *votr (Fam: ton)* **an-bee-syon dan la vee?** **What do you want in life?** Que *voulez-vous (Fam: veux-tu)* dans la vie? **Kuh** *voo-lay-voo (Fam: vuh-tew)* **dan la vee?** **Tell me the story of your life.** *Racontez (Fam: Raconte)*-moi l'histoire de *votre (Fam: ta)* vie. *Ra-kon-tay (Fam: Ra-kont)*-**mwa l'ees-twar duh** *votr (Fam: ta)* **vee.** **I lead** *(1)* **a rather quiet... /** *(2)* **an ordinary... life.** Je vis une vie *(1)* assez tranquille. / *(2)* ordinaire. **Zhuh vee ewn vee** *(1)* **a-say tran-keel. /** *(2)* **or-dee-ner.** **I have a busy life.** J'ai une vie chargée. **Zh'ay ewn vee shar-zhay.** **My social life is (not) very active.** Ma vie sociale (n')est (pas) très active. **Ma vee so-syal (n')ay (pa) tre_z_ak-teev.** **You brighten my life.** *Vous illuminez (Fam: Tu illumines)* ma vie. **Voo_z_ee-lew-mee-nay** *(Fam: Tew ee-lew-meen)* **ma vee.** **Where have you been all my life?** Où étiez-vous *(Fam: étais-tu)* toute ma vie? **Oo** *ay-chyay-voo (Fam: ay-tay-tew)* **toot ma vee?** **Life is** *(1)* **beautiful. /** *(2)* **short.** La vie est *(1)* belle. / *(2)* courte. **La vee ay** *(1)* **bel. /** *(2)* **koort.** **I believe in** *(1)* **enjoying life. /** *(2)* **taking life one day at a time.** Je pense qu'il est important de *(1)* profiter de la vie. / *(2)* vivre la vie au jour le jour. **Zhuh pans k'eel_ay uhn-por-tan duh** *(1)* **pro-fee-tay duh la vee. /** *(2)* **veevr la vee o zhoor luh zhoor.** ♦ **lifeguard** *n (pool)* maître-nageur, -nageuse *m&f* **metr-na-zhuhr, -na-zhuhz;** *(ocean)* sauveteur, -teuse *m&f* **sov-tuhr, -tuhz** **Is there a** *(1,2)* **lifeguard (on duty)?** Y a-t-il un *(1) (pool)* maître-nageur / *(2) (ocean)* sauveteur (de service)? **Ee_y_a-t-eel uhn** *(1) (pool)* **metr-na-zhuhr /** *(2) (ocean)* **sov-tuhr (duh ser-vees)?**

Underlines between letters indicate that the sounds are joined together.

lifestyle *n* style *m* de vie **steel duh vee active** ~ style de vie actif **steel duh vee ak-teef casual** ~ style de vie décontracté **steel duh vee day-kon-trak-tay fun** ~ style de vie divertissant **steel duh vee dee-ver-tee-san healthy** ~ style de vie sain **steel duh vee suhn** ♦ **lifetime** *n* vie *f* **vee**, éternité *f* **ay-ter-nee-tay whole** ~ toute la vie **toot la vee**

lift *vt* soulever **soo-luh-vay** ~ **weights** soulever des poids **soo-luh-vay day pwa** ♦ *n* 1. *(ride)* tour **toor**; 2. *(skiing: transporter)* télésiège *m* **tay-lay-syezh give a** ~ *(ride)* prendre **prandr**, emmener **an-muh-nay**, *(boost)* remonter le moral **ruh-mon-tay luh mo-ral ski** ~ téléski *m* **tay-lay-skee Could you give me a lift to** *(place)*? Pourriez-vous *(Fam: Pourrais-tu)* m'emmener à (___)? *Poo-ryay-voo (Fam: Poo-ray-tew)* **m'anm-nay_r_a (___)?**

light *adj* 1. *(not heavy)* léger, légère *m/f* **lay-zhay, -zher**; 2. *(delicate, slight)* léger, légère *m/f* **lay-zhay, -zher**; faible *m/f* **febl**; 3. *(soft)* doux, douce *m/f* **doo, doos**, léger, légère *m/f* **lay-zhay, -zher** ♦ *vt* éclairer **ay-klay-ray** ~ **up** *(illuminate)* illuminer **ee-lew-mee-nay You light up my (whole) life.** Vous illuminez *(Fam: Tu illumines)* ma vie (entière). *Voo_z_ee-lew-mee-nay (Fam: Tew ee-lew-meen)* ma vee **(an-chyer)**. ♦ *n* lumière *f* **lew-myer city** ~**s** lumières de la ville **lew-myer duh la veel Turn on the light.** Allumez *(Fam: Allume)* la lumière. *A-lew-may (Fam: A-lewm)* **la lew-myer. Turn off / out the light.** Eteignez *(Fam: Eteins)* la lumière. *Ay-tay-nyay (Fam: Ay-tuhn)* **la lew-myer.** ♦ **lighter** *n* briquet *m* **bree-ke** ♦ **lightheaded** *adj* étourdi, -e *m/f* **ay-toor-dee I feel a little lightheaded.** Je me sens un peu *étourdi (-e)*. **Zhuh muh san uhn puh ay-toor-dee.** ♦ **lightly** *adv* 1. *(slightly)* légèrement **lay-zher-man**; 2. *(gently)* doucement **doos-man** ♦ **lightning** *n* éclair *m* **ay-kler**, foudre *f* **foodr**

likable *adj* agréable *m/f* **a-gray-abl**, sympathique *m/f* **suhn-pa-teek**

like *vt* 1. *(be fond of)* aimer **ay-may**; 2. *(want)* vouloir **voo-lwar**, désirer **day-zee-ray Do you like to…** Aimez-vous *(Fam: Aimes-tu)*… *Ay-may-voo (Fam: Em-tew)*… **Would you like to…** Aimeriez-vous *(Fam: Aimerais-tu)*… *Ay-muh-ryay-voo (Fam: Em-ray-tew)*…

…**bike** *(or* **go biking***)*? …faire du vélo? **…fer dew vay-lo?**
…**dance** *(or* **go dancing***)*? …danser (aller danser)? **…dan-say (a-lay dan-say)?**
…**go camping**? …aller faire du camping? **…a-lay fer dew kan-peeng?**
…**go sightseeing**? …faire du tourisme? **…fer dew too-reesm?**
…**go for (long) walks**? …faire de (longues) promenades? **…fer duh long prom-nad?**
…**go on picnics**? …pique-niquer? **…peek-nee-kay?**
…**hike** *(or* **go hiking***)*? …faire de la randonnée (partir en randonnée)? **…fer duh la ran-do-nay (par-teer_an ran-do-nay)?**
…**iceskate** *(or* **go ice-skating***)*? …faire du patin sur glace? **…fer dew pa-tuhn sewr glas?**
…**listen to music**? … écouter de la musique? **…ay-koo-tay duh la mew-zeek?**
…**play badminton**? …jouer au badminton? **…zhooay o bad-meen-ton?**
…**play baseball**? …jouer au baseball? **…zhooay o bez-bol?**

Like English, French has both regular and irregular verbs. Learn more about them on page 514.

...play basketball? ...jouer au basketbal? **...zhooay o bas-ket-bol?**
...play board games? ...jouer aux jeux de société? **...zhooay o zhuh duh so-syay-tay?**
...play cards? ...jouer aux cartes? **...zhooay o kart?**
...play football? ...jouer au football américain? **...zhooay o foot-bol a-may-ree-kuhn?**
...play golf? ...jouer au golf? **...zhooay o golf?**
...play soccer? ...jouer au foot? **...zhooay o foot?**
...play tennis? ...jouer au tennis? **...zhooay o tay-nees?**
...play the guitar? ...jouer à la guitare? **...zhooay a la ghee-tar?**
...play the piano? ...jouer au piano? **...zhooay o pya-no?**
...play volleyball? ...jouer au volleyball? **...zhooay o vo-lay-bol?**
...read? ...lire? **...leer?**
...rollerblade (*or* go rollerblading)? ...faire du roller? **...fer dew ro-luhr?**
...run? ...courir? **...koo-reer?**
...ski (*or* go skiing)? ...skier (faire du ski)? **...skee-yay (fer dew skee)?**
...swim (*or* go swimming)? ...nager (aller nager)? **...na-zhay (a-lay na-zhay)?**
...travel? ...voyager? **...vwa-ya-zhay?**
...watch ballet? ...voir un ballet? **...vwar_uhn ba-lay?**
...watch movies? ...regarder des films? **...ruh-gar-day day feelm?**
...watch sports? ...regarder le sport? **...ruh-gar-day luh spor?**
...watch videos? ...regarder des vidéos? **...ruh-gar-day day vee-day-o?**
...watch TV? ...regarder la télé(vision)? **...ruh-gar-day la tay-lay-(vee-zyon)?**
I (don't) like to... *(See choices above)* J'(e n')aime (pas)... **Zh'(uh n')em (pa)...**
Do you like (1) it? / (2) them? Est-ce que *(1) vous l'aimez (Fam: tu l'aimes)? / (2) vous les aimez (Fam: tu les aimes)?* **Es kuh** *(1)* **voo l'ay-may** *(Fam: tew l'em)?* **/** *(2)* **voo lay_z_ay-may** *(Fam: tew lay_z_em)?* **I (don't) like (1) it. / (2) them.** *(1)* Je (ne) l'aime (pas). */ (2)* Je (ne) les aime (pas). *(1)* **Zhuh (nuh) l'em (pa).** */ (2)* **Zhuh (nuh) lay_z_em (pa). I (don't) like this.** J'(e n')aime (pas) ça. **Zh(uh n')em (pa) sa. What would you like (for your birthday)?** Qu'*aimeriez-vous (Fam: aimerais-tu)* (pour *votre [Fam: ton]* anniversaire)? **K'***ay-muh-ryay-voo (Fam: em-ray-tew)* **(poor** *votr_[Fam: ton]* **a-nee-ver-ser)? I'd like (*what*).** J'aimerais (___). **Zh'em-ray (___). What kind of music do you like?** Quel genre de musique *aimez-vous (Fam: aimes-tu)?* **Kel zhanr duh mew-zeek** *ay-may-voo (Fam: em-tew)?* **I like (*type of music*).** J'aime (___). **Zh'em (___).**
 I like... J'aime... **Zh'em...**
  ...your (*fem. thing*). ...*votre (Fam: ta)* (___). **...*votr (Fam: ta)* (___).**
  ...your (*masc. thing*). ...*votre (Fam: ton)* (___). **...*votr (Fam: ton)* (___).**
  ...your (*plural things*). ...*vos (Fam: tes)* (___). **...*vo (Fam: tay)* (___).**
How did you like the (1) book? / (2) concert? / (3) movie? / (4) play? / (5) tour? *Avez-vous (Fam: As-tu)* aimé **A-vay-voo (Fam: A-tew) ay-may** *(1)* le livre? **luh leevr?** */ (2)* le concert? **luh kon-ser?** */ (3)* le film? **luh feelm?** */ (4)* la pièce? **la pyes?** */ (5)* le circuit? **luh seer-kwee? I liked it (very much).** J'ai

---

a always sounds like the "a" in "father"

(beaucoup) *aimé (-e)*. **Zh'ay (bo-koo_p_) ay-may. I didn't like it (very much).** Je n'ai pas (beaucoup) *aimé (-e)*. **Zhuh n'ay pa (bo-koo_p_) ay-may. I like you (a lot).** Je *vous (Fam: t')* aime bien. / (Je *vous [Fam: t']* aime beaucoup). **Zhuh** *voo_z_(Fam: t')_***em byuhn.** / **(Zhuh** *voo_z_[Fam: t']_***em bo-koo). I don't like you.** Je ne *vous (Fam: t')* aime pas. **Zhuh nuh** *voo_z_(Fam: t')_***em pa. I like you, but I don't love you.** Je *vous (Fam: t')* aime bien, mais je ne suis pas *amoureux (F: amoureuse)* de *vous (Fam: toi)*. **Zhuh** *voo_z_(Fam: t')_***em byuhn, may zhuh nuh swee pa_z_** *a-moo-ruh (F: a-moo-ruhz)* duh *voo (Fam: twa).*

likely *adv* probablement **pro-ba-bluh-man most ~** très probablement **tre pro-ba-bluh-man It's likely to rain.** Il pleuvra probablement. **Eel pluh-vra pro-ba-bluh-man. It's not likely.** Probablement pas. **Pro-ba-bluh-man pa.**

limit *n* limite *f* **lee-meet speed ~** limite de vitesse **lee-meet duh vee-tes time ~** limite de temps **lee-meet duh tan Watch the speed limit.** *Surveillez (Fam: Surveille)* la limite de vitesse. *Sewr-ve-yay (Fam: Sewr-vey)* **la lee-meet duh vee-tes. That's off limits.** C'est interdit. **S'ay_t_uhn-ter-dee.**

limousine *n* limousine *f* **lee-moo-zeen**

line *n* 1. *(queue)* queue *f* **kuh;** 2. *(metro)* ligne *f* **leeny(uh);** 3. *(tel.)* ligne *f* **leeny(uh);** 4. *(fishing)* ligne *f* **leeny(uh);** 5. *(boats)* amarre *f* **a-mar;** 6. *(rope)* corde *f* **kord;** 7. *(area of work)* métier *m* **may-chyay;** 8. *(written)* ligne *f* **leeny(uh);** 9. *(continuous mark)* ligne *f* **leeny(uh) finish ~** ligne d'arrivée **leeny(uh) d'a-ree-vay starting ~** ligne de départ **leeny(uh) duh day-par We have to stand in line.** Nous devons faire la queue. **Noo duh-von fer la kuh. There's a long line (for tickets).** Il y a une longue queue (pour les tickets). **Eel_ee_y_a ewn long kuh (poor lay tee-ke). Excuse me, are you in line?** *Excusez (Fam: Excuse)*-moi, *faites-vous (Fam: fais-tu)* la queue? *Eks-kew-zay (Fam: Eks-kewz)*-**mwa,** *fet-voo (Fam: fay-tew)* **la kuh? I'm (not) in line.** Je (ne) fais (pas) la queue. **Zhuh (nuh) fay (pa) la kuh. What is this line for?** Cette queue est pour quoi? **Set kuh ay poor kwa? This is the line for** *(what)*. C'est la queue pour (___). **S'ay la kuh poor (___). Which line goes to** *(place)*? *(metro)* Quelle ligne va jusqu'à (___)? **Kel leeny(uh) va zhews-k'a (___)? The line is (1) busy / (2) bad.** *(tel.)* La ligne est *(1)* occupée. / *(2)* de mauvaise qualité. **La leeny(uh) ay (1)_t_o-kew-pay. / (2) duh mo-vez ka-lee-tay. What line of work are you in?** Quel métier *faîtes-vous (Fam: fais-tu)*? **Kel may-chyay** *fet-voo (Fam: fay-tew)*? **You're feeding me a line.** 1. *(lavish compliments)* Vous me *flattez (Fam: Tu me flattes)*. *Voo muh fla-tay (Fam: Tew muh flat)*; 2. *(untrue story)* Vous me *racontez (Fam: Tu me racontes)* des histoires. *Voo muh ra-kon-tay (Fam: Tew muh ra-kont)* **day_z_ees-twar.**

linen *adj* de lin **duh luhn,** en lin **an luhn** ♦ *n* 1. *(items)* linge *m* **luhnzh;** 2. *(fabric)* lin *m* **luhn bed ~** draps *mpl* **dra**

liner *n* 1. *(ship)* paquebot *m* **pak-bo;** 2. *(for the eyes)* eye-liner *m* **aee-laee-nuhr cruise ~** bateau *m* de croisière **ba-to duh krwa-zyer**

lingerie *n* lingerie *f* **luhn-zhree silk ~** lingerie en soie **luhn-zhree an swa**

linguist *n* linguiste *m&f* **luhn-gweest**

French pronunciation and phonetics are on pages 510-511.

lip *n* lèvre *m* **levr** **chapped ~s** lèvres gercées **levr zher-say** **full ~s** lèvres pleines **levr plen** **inviting ~s** lèvres attirantes **levr_a-tee-rant** **kissable ~s** lèvres *fpl* qui donnent envie de les embrasser **levr kee don_a-vee duh lay_z_an-bra-say** **lower ~** lèvre inférieure **levr_uhn-fay-ryuhr** **pierced ~** lèvre percée **levr per-say** **read ~s** lire les lèvres **leer lay levr** **red ~s** lèvres rouges **levr roozh** **sweet ~s** lèvres adorables **levr_a-do-rabl** **tantalizing ~s** lèvres appétissantes **levr_a-pay-tee-sant** **upper ~** lèvre supérieure **levr sew-pay-ryuhr** **You have such (soft,) beautiful (kissable) lips.** *Vous avez (Fam: Tu as) des lèvres tellement belles (, douces) (et parfaites à embrasser).* *Voo_z_a-vay (Fam: Tew a) day levr tel-man bel (, doos) (ay par-fet_a an-bra-say).* **You have perfect lips.** *Vous avez (Fam: Tu as) des lèvres parfaites.* *Voo_z_a-vay (Fam: Tew a) day levr par-fet.* **You have lips that were made for kissing.** *Vous avez (Fam: Tu as) des lèvres faites pour être embrassées.* *Voo_z_a-vay (Fam: Tew a) day levr fet poor etr_an-bra-say.* **Your lips look so (1) inviting. / (2) sweet.** *Vos (Fam: Tes) lèvres ont l'air tellement (1) invitantes. / (2) douces.* *Vo (Fam: Tay) levr_on l'er tel-man (1) uhn-vee-tant. / (2) doos.* **My lips are sealed.** *Bouche cousu.* **Boosh koo-zew.** ♦ **lipstick** *n* rouge *m* à lèvres **roozh_a levr**

liquid *n* liquide *m* **lee-keed**

liquor *n* alcool *m* **al-kol** **hard ~** alcool *m* fort **al-kol for** **No hard liquor for me, please.** *Pas d'alcool fort pour moi, s'il vous (Fam: te) plaît.* **Pa d'al-kol for poor mwa, s'eel voo (Fam: tuh) play.**

list *n* liste *f* **leest** **waiting ~** liste d'attente **leest d'a-tant** **wine ~** carte *f* des vins **kart day vuhn** **I'll put our names on the waiting list.** *Je mettrai nos noms sur la liste d'attente.* **Zhuh may-tray no non sewr la leest d'a-tant.** **(1) I'm / (2) We're on the waiting list.** *(1) Je suis... / (2) Nous sommes... sur la liste d'attente.* *(1) Zhuh swee... / (2) Noo som... sewr la leest d'a-tant.* **You're on my black list.** *Vous êtes (Fam: Tu es) sur ma liste d'ennemis.* *Voo_z_et (Fam: Tew ay) sewr ma leest d'en-mee.*

listen *vi* écouter **ay-koo-tay** *(See also phrases under* **go, like** *and* **love**.*)* **Listen!** *Ecoutez (Fam: Ecoute)!* *Ay-koo-tay (Fam: Ay-koot)!* **Listen to (1) me. / (2) this.** *(1) Ecoutez (Fam: Ecoute)-moi. / (2) Ecoutez (Fam: Ecoute) ça.* (1) *Ay-koo-tay (Fam: Ay-koot)-mwa.* / (2) *Ay-koo-tay (Fam: Ay-koot) sa.* **Are you listening (to me)?** *Est-ce que vous (m')écoutez (Fam: tu [m']écoutes)?* **Es kuh voo (m')ay-koo-tay (Fam: tew [m']ay-koot)?** **I'm listening.** *J'écoute.* **Zh'ay-koot.** **I'm sorry, I wasn't listening.** *Pardon, je n'écoutais pas.* **Par-don, zhuh n'ay-koo-tay pa.** **Have you ever listened to *(kind of music)*?** *Avez-vous (Fam: As-tu) déjà écouté du (___)?* *A-vay-voo (A-tew) day-zha ay-koo-tay dew (___)?* **What kind of music do you like to listen to?** *Quel genre de musique aimez-vous (Fam: aimes-tu) écouter?* **Kel zhanr duh mew-zeek** *ay-may-voo (Fam: em-tew) ay-koo-tay?* **I love listening to (1) music. / (2) your stories.** *J'aime écouter (1) de la musique. / (2) vos (Fam: tes) histoires.* **Zh'em ay-koo-tay (1) duh la mew-zeek. / (2) vo_(Fam: tay)_z_ees-twar.** ♦ **listener** *n* auditeur, auditrice *m&f* **o-dee-tuhr, o-dee-trees** **I'm a good listener.** *Je suis un* *bon auditeur (F: une bonne auditrice).* **Zhuh swee_z_uhn bon_o-dee-tuhr (F: _z_ewn bon_o-dee-trees).**

liter *n (= 1.06 qts)* litre *m* **leetr**

literally *adv* littéralement **lee-tay-ral-man**

literary *adj* littéraire *m&f* **lee-tay-rer** ♦ **literature** *n* littérature *f* **lee-tay-ra-tewr contemporary / modern** ~ littérature *m* contemporaine / moderne **lee-tay-ra-tewr kon-tan-po-ren / mo-dern**

little *adj* 1. *(small size)* petit, -e *m&f* **puh-tee, -teet**; 2. *(small amount)* peu **puh** ~ **bit** tout petit peu **too puh-tee puh** ~ **chance** peu de chance *f* **puh duh shans** ~ **hope** peu d'espoir *m* **puh d'es-pwar** ~ **person** petite personne *f* **puh-teet per-son** ~ **time** peu de temps **puh duh tan** **Just a little, please.** Juste un petit peu, s'il *vous (Fam: te)* plaît. **Zhewst_uhn puh-tee puh, s'eel voo (Fam: tuh) play. It's just a little way.** Ce n'est pas loin. **Suh n'ay pa lwuhn.** ♦ *adv* un peu **uhn puh I'm a little (bit)** *(1)* **disappointed.** / *(2)* **tired.** Je suis un petit (peu) *(1) déçu (-e).* / *(2) fatigué (-e).* **Zhuh swee_z_uhn puh-tee (puh)** *(1) day-sew.* / *(2) fa-tee-gay.* ♦ *n* un peu *m* **uhn puh a** ~ **(bit)** un petit (peu) **uhn puh-tee (puh) a** ~ **of** un peu de **uhn puh duh** ~ **by** ~ peu à peu **puh a puh**

live *vi* vivre **veevr**, habiter **a-bee-tay** ~ **a boring life** vivre une vie ennuyeuse **veevr_ewn vee an-nwee-yuhz** ~ **a carefree life** vivre une vie sans soucis **veevr_ewn vee san soo-see** ~ **alone** vivre *seul (-e)* **veevr suhl** ~ **a lonely life** vivre une vie en solitaire **veevr_ewn vee an so-lee-ter** ~ **a long time** vivre longtemps **veevr lon-tan** ~ **and let** ~ vivre et laisser vivre **veevr_ay lay-say veevr** ~ **an interesting life** vivre une vie intéressante **veevr_ewn vee uhn-tay-ray-sant** ~ **comfortably** vivre comfortablement **veevr kon-for-ta-bluh-man** ~ **happily ever after** être *heureux (F: heureuse)* pour le restant de ses jours **etr_uh-ruh (F:_uh-ruhz) poor luh res-tan duh say zhoor** ~ **in harmony** vivre en harmonie **veevr_an ar-mo-nee** ~ **it up** faire la fête **fer la fet** ~ **like a monk** vivre comme un moine **veevr kom_uhn mwan** ~ **on a pension** vivre d'une pension **veevr d'ewn pan-syon** ~ **on my salary** vivre de mon salaire **veevr duh mon sa-ler** ~ **quietly** vivre une vie tranquille **veevr_ewn vee tran-keel** ~ **simply** vivre simplement **veevr suhn-pluh-man** ~ **together (with** *[1]* **me /** *[2]* **you)** vivre ensemble (avec *[1]* moi / *[2] vous [Fam: toi]*) **veevr_an-sanbl (a-vek** *[1]* **mwa /** *[2]* **voo** *[Fam: twa]***) Where do you live?** Où *habitez-vous (Fam: habites-tu)*? **Oo a-bee-tay-voo (Fam: a-beet-tew)?** *(1)* **I /** *(2)* **We live in** *(city)***.** *(1)* Je vis… / *(2)* Nous vivons… à *(___)*. *(1)* **Zhuh vee… /** *(2)* **Noo vee-von… a (___). I live out of town.** Je vis en province. **Zhuh vee an pro-vuhns.** *(1)* **I /** *(2)* **We used to live in** *(city)***.** *(1)* J'habitais… / *(2)* Nous habitions… à *(___)*. *(1)* **Zh'a-bee-tay… /** *(2)* **Noo_z_a-bee-chyon… a (___). How far away (from here) do you live?** A quelle distance (d'ici) *vivez-vous (Fam: vis-tu)*? **A kel dees-tans (d'ee-see) vee-vay-voo (Fam: vee-tew)? Do you live alone or with your parents?** *Vivez-vous (Fam: Vis-tu) seul (-e)* ou avec *vos (Fam: tes)* parents? **Vee-vay-voo (Fam: Vee-tew) suhl oo a-vek vo (Fam: tay) pa-ran?**

   I live… Je vis… **Zhuh vee…**

---

oo *sounds like the "oo" in "shoot".*

lively 225 **location**

...**alone.** ...*seul (-e)*. ...**suhl.**
...**with my children.** ...*avec mes enfants*. ...**a-vek may_z_an-fan.**
...**with my daughter.** ...*avec ma fille*. ...**a-vek ma feey(uh).**
...**with my father.** ...*avec mon père*. ...**a-vek mon per.**
...**with my mother.** ...*avec ma mère*. ...**a-vek ma mer.**
...**with my parents.** ...*avec mes parents*. ...**a-vek may pa-ran.**
...**with my son.** ...*avec mon fils*. ...**a-vek mon fees.**
We live together (, but we're not married). Nous vivons ensemble (, mais nous ne sommes pas mariés). **Noo vee-von_z_an-sanbl (may noo nuh som pa ma-ryay).** **Does** *(name)* **live here?** Est-ce que (___) vit ici? **Es kuh (___) vee_t_ee-see?** **I'd like to live here (with you).** Je voudrais vivre ici (avec *vous [Fam: toi]*). **Zhuh voo-dray veevr_ee-see (a-vek** *voo [Fam: twa]*)**. You only live once.** On ne vit qu'une fois. **On nuh vee k'ewn fwa.**

lively *adj (place)* animé, -e *m&f* **a-nee-may**, divertissant, -e *m&f* **dee-ver-tee-san, -sant,** *(person)* gai, -e *m&f* **gay** **We certainly had a lively time.** Nous avons certainement passé un bon moment. **Noo_z_a-von ser-ten-man pa-say uhn bon mo-man.** ♦ **liven (up)** *vt* réanimer **ray-a-nee-may** **You liven up any occasion.** *Vous faites (Fam: Tu fais)* revivre n'importe quelle occasion. *Voo fet (Fam: Tew fay)* **ruh-veevr n'uhn-port kel_o-ka-zyon.**

living *n* vie *f* **vee** **cost of ~** coût *m* de vie **koo duh vee** **earn a ~** gagner sa vie **ga-nyay sa vee** **standard of ~** standard *m* de vie **stan-dar duh vee** **way of ~** mode *m* de vie **mod duh vee**

load *n* chargement *m* **shar-zhuh-man,** charge *f* **sharzh** **That's quite a load you have there. Can I help you carry it?** *Vous êtes (Fam: Tu es)* mal *chargé (-es)*. Puis-je *vous (Fam: t')* aider à les porter? *Voo_z_et (Fam: Tew ay)* **pa mal zhar-zhay. Pwee-zh** *voo_z_ (Fam: t')* **ay-day a lay por-tay?** **No hurry. We have loads of time.** Ne *vous pressez (Fam: te presse)* pas. Nous avons beaucoup de temps devant nous. **Nuh** *voo pray-say (Fam: tuh pres)* **pa. Noo_z_a-von bo-koo duh tan duh-van noo.**

loaf *vi* glander **glan-day**

loan *vt (See* **lend***)* prêter **pray-tay** ♦ *n* emprunt *m* **an-pruhn,** prêt *m* **pre** **student ~** prêt *m* étudiant **pre ay-tew-jan**

lobby *n* hall *m* **ol,** vestibule *m* **ves-tee-bewl** **hotel ~** hall d'entrée d'hôtel **ol d'an-tray d'o-tel** **I'll meet you in the lobby.** Je te rejoindrai dans le hall d'entrée. **Zhuh tuh ruh-zhwuhn-dray dan luh ol d'an-tray.**

lobe *n* lobe *m* **lob** **ear ~s** lobes d'oreille **lob d'o-rey**

local *adj* local, -e *m&f* **lo-kal** **~ call** *(tel.)* appel *m* local **a-pel lo-kal** **~ dialect** patois *m* local **pa-twa lo-kal** **~ time** heure *f* locale **uhr lo-kal**

locale *n* scène *f* **sen,** situation *f* **see-tew-a-syon**

locate *vt* localiser **lo-ka-lee-zay** *(1)* **I'm / *(2)* We're trying to locate** *(place)***.** *(1)* Je suis / *(2)* Nous sommes en train d'essayer de localiser (___). *(1)* **Zhuh swee_z_ / *(2)* Noo som_z_an truhn d'ay-say-yay du lo-ka-lee-zay (___).** ♦ **location** *n* endroit *m* **an-drwa,** emplacement *m* **an-plas-man** **What a *(1)* beautiful / *(2)***

English-French and French-English glossaries of food and drink are on pages 534-546.

nice location! Quel *(1)* bel / *(2)* bon emplacement! **Kel** *(1)* **bel_** / *(2)* **bon_an-plas-man!**

lock *vt* verrouiller **vay-roo-yay,** fermer à clef **fer-may_r_a klay Lock the door.** *Fermez (Fam: Ferme)* la porte à clef. ***Fer-may (Fam: Ferm)*** **la port_a klay. Don't lock the door.** Ne *fermez (Fam: ferme)* pas la porte à clef. **Nuh** *fer-may (Fam: ferm)* **pa la port a klay. Did you lock it?** *L'avez-vous (Fam: as-tu) verrouillé (-e)?* ***L'a-vay (Fam: a-tew)*** **vay-roo-yay? I (didn't) lock(ed) it.** Je (ne) l'ai (pas) *verrouillé (-e).* **Zhuh (nuh) l'ay (pa) vay-roo-yay.** ♦ *n* 1. *(doors, etc)* verrou *m* **vay-roo;** 2. *(hair)* mèche *f* **mesh bicycle** ~ cadenas *m* de vélo **kad-na duh vay-lo**

locket *n* médaillon *m* **may-da-yon**

lodge *n* 1. *(small house)* pavillon *m* **pa-vee-yon;** 2. *(hotel)* hotel *m* **o-tel ski** ~ hotel de montagne **o-tel duh mon-tany(uh)**

log *n* rondin *m* **ron-duhn,** tronc *m* d'arbre **tron d'arbr I slept like a log.** J'ai dormi comme un bébé. **Zh'ay dor-mee kom_uhn bay-bay.**

logic *n* logique *f* **lo-zheek That's (absolutely) marvelous logic.** C'est (tout à fait) logique. **S'ay (too_t_a fay) lo-zheek.** ♦ **logical** *adj* logique *m&f* **lo-zheek**

loneliness *n* solitude *f* **so-lee-tewd terrible** ~ solitude terrible **so-lee-tewd tay-reebl I've had an awful lot of loneliness in my life.** J'ai eu pas mal de moments de solitude dans ma vie. **Zh'ay ew pa mal duh mo-man duh so-lee-tewd dan ma vee.** ♦ **lonely** *adj (solitary)* solitaire *m&f* **so-lee-ter;** *(lonesome)* seul, -e *m&f* **suhl;** *(sad)* triste *m&f* **treest feel** *(1,2)* ~ se sentir *(1)* seul *(-e)* / *(2)* triste **suh san-teer** *(1)* **suhl** / *(2)* **treest lead a** *(1,2)* ~ **life** mener une vie *(1)* solitaire / *(2)* triste **muh-nay ewn vee** *(1)* **so-lee-ter** / *(2)* **treest I'll be (very) lonely without you.** Je vais me sentir (très) *(1)* seul *(-e)*… / *(2)* triste… sans *vous (Fam: toi).* **Zhuh vay muh san-teer (tre)** *(1)* **suhl…** / *(2)* **treest… san** *voo (Fam: twa).* ♦ **lonesome** *adj* seul, -e *m&f* **suhl,** solitaire *m&f* **so-lee-ter**

long *adj* long, longue *m&f* **lon, long as** ~ **as** 1. *(for as much time)* aussi longtemps que **o-see lon-tan kuh;** 2. *(in as much as)* autant que **o-tan kuh;** 3. *(provided that)* tant que **tan kuh** ~ **time** longtemps **lon-tan** ~ **trip** long voyage *m* **lon vwa-yazh** ~ **walk** longue promenade *f* **long prom-nad** ~ **way** *adv* loin **lwuhn,** long chemin *m* **lon shuh-muhn** *(1)* **I** / *(2)* **We waited a long time for you.** *(1)* Je vous (Fam: t') ai… / *(2)* Nous vous (Fam: t') avons… attendu *(-s)* longtemps. *(1)* **Zhuh voo_z_(Fam: t')_ay…** / *(2)* **Noo voo_z_(Fam: t')_a-von… a-tan-dew lon-tan. It's a rather long way (from here).** C'est plutot loin (d'ici). **S'ay plew-to lwuhn (d'ee-see). I like to take long walks.** J'aime faire de longues promenades. **Zh'em fer duh long prom-nad.** ♦ *adv* longtemps **lon-tan How long will you** *(1)* **stay here?** / *(2)* **be away?** Combien de temps *allez-vous (Fam: vas-tu)* *(1)* rester ici? / *(2)* être *absent (-e)?* **Kon-byuhn duh tan** *a-lay-voo (Fam: va-tew)* *(1)* **res-tay ee-see?** / *(2)* **etr_ab-san (F: ab-sant)? Will you be staying long?** *Allez-vous (Fam: Vas-tu)* rester longtemps? *A-lay-voo (Fam: Va-tew)* **res-tay lon-tan?** *(1)* **I** / *(2)* **We won't be staying for long.** *(1)* Je ne resterai… / *(2)* Nous ne resterons… pas longtemps. *(1)* **Zhuh nuh res-tuh-ray…** / *(2)* **Moo nuh**

Questions about the metric system? See page 523.

res-tuh-ron… pa lon-tan. **How long will it take (to get there)?** Combien de temps ça va prendre (pour s'y rendre)? **Kon-byuhn duh tan sa va prandr (poor s'ee randr)?** **It won't take long.** Ça ne prendra pas longtemps. **Sa nuh prandra pa lon-tan. Did you wait long?** Avez-vous (Fam: As-tu) attendu longtemps? *A-vay-voo (Fam: A-tew)* **a-tan-dew lon-tan?** ♦ **long** *vi* avoir hâte **a-vwar_at,** tarder **tar-day** ~ **to see** avoir hâte de voir **a-vwar_at duh vwar** ♦ **long-distance** *adj (tel.)* longue distance **long dees-tans** ♦ **longing** *n* grand désir **gran dayzeer** **I have such an intense longing for you.** J'ai un désir tellement grand pour *vous (Fam: toi).* **Zh'ay uhn day-zeer tel-man gran poor** *voo (Fam: twa).*
♦ **long-winded** *adj* verbeux, verbeuse *m&f* **ver-buh, -buhz**
♦ **long for** *idiom* avoir très envie de **a-vwar tre_z_an-vee duh**
loo *n (Brit: toilet)* toilettes *mpl* **twa-let**
look *vi* 1. *(use vision)* regarder **ruh-gar-day**; 2. *(appear, seem)* sembler **san-blay**, paraître **pa-retr** **Look (at [1] that / [2] this)!** Regardez (Fam: Regarde) ([1,2] ça)! *Ruh-gar-day (Fam: Ruh-gard)* **([1,2] sa)!** **(1) What / (2) Who are you looking at?** *(1)* Que / *(2)* Qui regardes-tu? *(1)* **Kuh /** *(2)* **Kee ruh-gar-duh-tew?** **I'm looking at *(what / whom).*** Je regarde (___). **Zhuh ruh-gard (___).** **I'm just looking.** *(shopping)* Je suis juste en train de regarder. **Zhuh swee zhewst_an truhn duh ruh-gar-day. Let's go out (tonight) and look at the stars together.** Sortons ensemble (ce soir) et regardons les étoiles. **Sor-ton_z_an-sanbl (suh swar) ay ruh-gar-don lay_z_ay-twal. I love to look at you.** J'aime *vous (Fam: te)* regarder. **Zh'em** *voo (Fam: tuh)* **ruh-gar-day.**

You look… Vous êtes (Fam: Tu es)… *Voo_z_et (Fam: Tew ay)*…
 …**beautiful.** …belle. …**bel.**
 …**fantastic.** …fantastique. …**fan-tas-teek.**
 …**gorgeous.** …superbe. …**sew-perb.**
 …**great.** …formidable. …**for-mee-dabl.**
 …**handsome.** …beau. / …magnifique. …**bo. /** …**ma-nee-feek.**
 …**terrific.** …merveilleux (F: merveilleuse). …*mer-vay-yuh (F: mer-vay-yuhz).*

You look (1) sad. / (2) unhappy. What's the matter? *Vous avez (Fam: Tu as)* l'air *(1)* triste. / *(2)* malheureux (F: malheureuse). Que se passe-t-il? *Voo_z_a-vay (Fam: Tew a)* **l'er (1) treest. / (2) mal-uh-ruh (F: mal-uh-ruhz). Kuh suh pas-t-eel?** ♦ *n* 1. *(glance)* coup d'oeil *m* **koo d'uhy**; 2. *pl (appearance)* look *m* **look**, style *m* **steel**; 3. *(expression)* expression *f* **eks-pray-syon** **have / take a** ~ regarder **ruh-gar-day**, examiner **ek-za-mee-nay** **Can I take a look (at it)?** Est-ce que je peux (y) jeter un coup d'oeil? **Es kuh zhuh puh (ee) zhuh-tay_r_uhn koo d'uhy?** **Here, have a look.** Ici, *regardez (Fam: regarde).* **Ee-see,** *ruh-gar-day (Fam: ruh-gard).* **A good heart means more to me than good looks.** De mon point de vue, il est plus important d'avoir bon cœur que de miser sur le paraître. **Duh mon pwuhn duh vew, eel_ay plew_z_uhn-por-tan d'a-vwar bon kuhr kuh duh mee-zay sewr luh pa-retr. You have a puzzled look on your face. Why?** *Vous avez (Fam: Tu as)* l'air perplexe. Pourquoi?

Articles, adjectives and nouns must agree in gender and number (singular or plural).

Voo_z_a-vay (Fam: Tew a) **l'er per-pleks. Poor-kwa?**

- **look after** *idiom* prendre soin de **pra̱ndr swuẖn duh** **Who looks after your** *(1)* **children** / *(2)* **daughter** / *(3)* **son (while you're at work)?** Qui prend soin de *(1)* vos *(Fam: tes)* enfants / *(2)* votre *(Fam: ta)* fille / *(3)* votre *(Fam: ton)* fils (quand *vous êtes [Fam: tu es]* au travail)? **Kee pra̱n swuẖn duh** *(1) vo_(Fam: tay)_z a̱n-fan* / *(2) votr (Fam: ta) feey(uh)* / *(3) votr (Fam: to̱n) fees (ka̱n voo_z_et [Fam: tew ay]) o tra-vaee)?*

- **look around** *idiom* regarder autour **ruh-gar-day o-toor**, jeter un coup d'oeil **zhuh-tay_r_uẖn koo d'uhy** **Let's go look around the** *(1)* **market.** / *(2)* **town.** / *(3)* **waterfront.** Allons jeter un coup d'œil *(1)* au marché. / *(2)* en ville. / *(3)* au front de mer. **A-lo̱n zhuh-tay_r_uẖn koo d'uhy** *(1) o mar-shay.* / *(2) a̱n veel.* / *(3) o fro̱n duh mer.*

- **look for** *idiom* chercher **sher-shay** **What are you looking for?** Qu'est-ce que *vous cherchez (Fam: tu cherches)?* **K'es kuh voo sher-shay (Fam: tew shersh)?** **I'm looking for** *(1)* **my ticket.** / *(2)* **(_thing_).** Je cherche *(1)* mon ticket. / *(2) (___). **Zhuh shersh** *(1) mo̱n tee-ke.* / *(2) (___)*. **Who are you looking for? (Me, I hope.)** Que *cherchez-vous (Fam: cherches-tu)?* (Moi, j'espère). **Kuh sher-shay-voo (Fam: shersh-tew)? (Mwa, zh'es-per).** **I looked for** *(1)* **her.** / *(2)* **him.** / *(3)* **it.** / *(4)* **them.** / *(5)* **you.** *(1)* Je l'ai cherchée. / *(2,3)* Je l'ai cherché. / *(4)* Je les ai *cherché(e)s.* / *(5)* Je *vous (Fam: t')* ai *cherché (-e). (1)* **Zhuh l'ay sher-shay.** / *(2,3)* **Zhuh l'ay sher-shay.** / *(4)* **Zhuh lay_z_ay sherh-shay.** / *(5)* **Zhuh voo_z_ (Fam: t')_ay sher-shay.** **I'll go look for a hotel.** J'irai chercher un hôtel. **Zh'ee-ray sher-shay uẖn_o-tel.**

- **look forward to** *idiom* attendre avec impatience **a-ta̱ndr_a-vek_uẖn-pa-sya̱ns** *(1)* **I** / *(2)* **We look forward to seeing you again.** *(1)* J'attends… / *(2)* Nous attendons… de *vous (Fam: te)* revoir avec impatience. *(1)* **Zh'a-ta̱n…** / *(2)* **Noo_z_a-ta̱n-do̱n… duh voo (Fam: tuh) ruh-vwar_a-vek_uẖn-pa-sya̱ns.**

- **look like** *idiom* ressembler à **ruh-sa̱n-blay_r_a** **It looks like a (real) nice day, doesn't it?** On dirait (vraiment) qu'il va faire beau, n'est-ce pas? **O̱n dee-ray (vray-ma̱n) k'eel fa fer bo, n'es pa?** **What does that look like (to you)?** A quoi ça ressemble (pour *vous [Fam: toi])?* **A kwa sa ruh-sa̱nbl (poor voo [Fam: twa])?** **It looks like (_what_).** Ça ressemble à (___). **Sa ruh-sa̱nbl_a (___).**

- **look out** *idiom (be alert)* faire attention **fer_a-ta̱n-syo̱n** **Look out!** Attention! **A- ta̱n-syo̱n!**

- **look over** *idiom (examine)* examiner **eg-za-mee-nay**

- **look up** *idiom (find in a dictionary)* chercher dans un dictionnaire **sher-shay da̱n_z_uẖn deek-syo-ner**, consulter **ko̱n-sewl-tay**

loose *adj* 1. *(not tight)* desserré, -e *m&f* **day-say-ray**; 2. *(loose-fitting)* ample *m&f* **a̱npl**, large *m&f* **larg**; 3. *(not securely in place)* en vrac *m&f* **a̱n vrak**; 4. *(dissolute)* dissolu, -e *m&f* **dee-so-lew** ~ **morals** mauvaises mœurs *fpl* **mo-vez muhr** ~ **tooth** dent *f* qui bouge **da̱n kee boozh** ~ **translation** traduction *f* approximative **tra-dewk-syo̱n a-prok-see-ma-teev** **Your pack straps are**

A phrasebook makes a great gift!
See order information on page 552..

too loose. Les lagnières de *votre (Fam: ton)* sac à dos sont trop desserrées. **Lay la-nyer duh** *votr (Fam: ton)* **sak_a do son tro day-say-ray. The button on your coat is loose.** Le bouton de *votre (Fam: ton)* manteau est décousu. **Luh boo-ton duh** *votr (Fam: ton)* **man-to ay day-koo-zew.** ♦ **loose** *adv* dénoué, -e *m&f* **day-noo-ay,** desserré, -e *m&f* **day-say-ray;** *(free, unrestrained)* libre *m&f* **leebr;** *(off, untied)* perdu, -e *m&f* **per-dew,** défait, -e *m&f* **day-fay, -fet come ~** se délier **suh day-lee-yay,** se défaire **suh day-fer,** se dénouer **suh day-nway get ~** s'échapper **s'ay-sha-pay let ~** libérer **lee-bay-ray (1) My / (2) Our / (3) Somebody's dog got loose.** *(1)* Mon chien... / *(2)* Notre chien... / *(3)* Le chien de quelqu'un... s'est échappé. *(1)* **Mon shyuhn... /** *(2)* **No-truh shyuhn... /** *(3)* **Luh shyuhn duh kel-kuh... s'ay_t_ay-sha-pay. The thing came loose.** Ça s'est détachée. **Sa s'ay day-ta-shay. This** *(1)* **button /** *(2)* **stake is coming loose.** Ce *(1)* bouton se découd. / *(2)* piquet se détache. **Suh** *(1)* **boo-ton suh day-koo. /** *(2)* **pee-ke suh day-tash.** ♦ **loosen** *vt* désserrer **day-say-ray Can you loosen this for me?** Pouvez-vous *(Fam: Peux-tu)* me désserrer ça? *Poo-vay-voo (Fam: Puh-tew)* **muh day-say-ray sa?** ♦ **loosen up** *vi (slang: relax)* se décoincer **suh day-kwuhn-say You need to loosen up a bit.** Vous avez *(Fam: Tu as)* besoin de vous *(Fam: te)* décoincer un peu. *Voo_z_a-vay (Fam: Tew a)* **buh-zwuhn) duh** *voo (Fam: tuh)* **day-kwuhn-say_r_uhn puh.**

lopsided *adj* mal proportionné, -e *m&f* **mal pro-por-syo-nay ~ score** score *m* inégal **skor_ee-nay-gal**

lord *n* lord *m* **lord,** seigneur *m* **say-nyuhr,** Dieu *m* **Juh Good Lord!** Bon Dieu! **Bon Juh! Lord, have mercy!** Mon Dieu, ayez pitié! **Mon Juh, ay-yay pee-chyay!**

lose *vt* perdre **perdr What did you lose?** Qu'*avez-vous (Fam: as-tu)* perdu? **K'***a-vay-voo (Fam: a-tew)* **per-dew? I lost** *(1)* **my ticket. /** *(2)* **(thing).** J'ai perdu *(1)* mon ticket. / *(2)* (___). **Zh'ay per-dew** *(1)* **mon tee-ke. /** *(2)* **(___). I'm afraid I've lost my way.** J'ai peur de m'être *perdu (-e).* **Zh'ay puhr duh m'etr per-dew. We seem to have lost our way.** On dirait que nous nous sommes *perdu(e)s.* **On dee-ray kuh noo noo som per-dew. I hope you won't lose patience with me. (I'm a slow learner.)** J'espere que *vous ne perdrez (Fam: tu ne perdras)* pas patience avec moi. (J'apprends lentement.) **Zh'es-per kuh** *voo nuh per-dray (Fam: tew nuh per-dra)* **pa pa-syans_a-vek mwa. (Zh'a-pran lant-man.) I'm sorry I lost my temper.** Je suis *désolé (-e),* je me suis *emporté (-e).* **Zhuh swee day-zo-lay, zhuh muh swee_z_an-por-tay. I don't ever want to lose you.** Je ne veux jamais *vous (Fam: te)* perdre. **Zhuh nuh vuh zha-may** *voo (Fam: tuh)* **perdr. Have you lost your mind?** Avez-vous *(Fam: As-tu)* perdu la tête? *A-vay-voo (Fam: A-tew)* **per-dew la tet? I lost my** *(1)* **husband /** *(2)* **wife** *(3)* **last year. /** *(4)* **in** *(year).* J'ai perdu *(1)* mon mari / *(2)* ma femme *(3)* l'an dernier. / *(4)* en (___). **Zh'ay per-dew** *(1)* **mon ma-ree /** *(2)* **ma fam** *(3)* **l'an der-nyay. /** *(4)* *an* **(___).** *(1)* **I /** *(2)* **We /** *(3)* **They /** *(4)* **You lost.** *(games)* *(1)* J'ai... / *(2)* Nous avons... / *(3)* Ils (Fpl: Elles) ont... / *(4)* Vous avez *(Fam: Tu as)*... perdu. *(1)* **Zh'ay... /** *(2)* **Noo_z_a-von...** *(3)* **Eel_z_ (Fpl: El_z_) on... /** *(4)* **Voo_z_a-vay** *(Fam: Tew a)***... per-dew. How much (money) did you lose?** *(gambling)*

A slash always means "or".

Combien (d'argent) *avez-vous (Fam: as-tu)* perdu? **Kon-byuhn (d'ar-zhan) a-vay-voo *(Fam: a-tew)* per-dew?** ♦ **loser** *n* perdant, -e *m&f* **pan-dan, -dant** **The loser has to buy (1) dinner / (2) drinks / (3) ice cream for everyone.** Le perdant doit payer *(1)* le dîner... / *(2)* un verre... / *(3)* de la glace... pour tout le monde. **Luh per-dan dwa pay-yay (1) luh dee-nay… / (2) uhn ver… / (3) duh la glas… poor too luh mond.** ♦ **loss** *n (losing)* défaite *f* **day-fet,** *(suffering from absence of smthg)* perte *f* **pert** **That makes three wins and two losses for us.** Ça fait trois victoires et deux pertes pour nous. **Sa fay trwa veek-twar_ay duh pert poor noo.** **I'm at a loss for words.** Je suis bouche-bée. **Zhuh swee boosh-bay.** ♦ **lost** *adj* perdu, -e *m&f* **per-dew** **be** ~ être *perdu (-e)* **etr per-dew** **get** ~ s'égarer **s'ay-ga-ray** *(1)* **I'm / (2) We're lost.** *(1)* Je suis *perdu (-e)*. / *(2)* Nous sommes *perdu(e)s*. **(1) Zhuh swee per-dew. / (2) Noo som per-dew.** **I'm sorry (1) I'm / (2) we're late. (3) I / (4) We got lost.** Je suis *désolé (-e) (1)* d'être… / *(2)* que nous soyons… en retard. / *(3)* Je me suis *perdu (-e)*. / *(4)* Nous nous sommes *perdu(e)s*. **Zhuh swee day-zo-lay (1) d'etr_… / (2) kuh noo swa-yon_z_ an ruh-tar. / (3) Zhuh muh swee per-dew. / (4) Noo noo som per-dew.** **Get lost!** *Dégagez (Fam: Dégage)*! **Day-ga-zhay *(Fam: Day-gazh)*!** ♦ **Lost and Found (Department / Office)** (Bureau *m* / Service *m* des) Objets Trouvés **(Bew-ro / Ser-vees day_z_) Ob-zhay Troo-vay**

lot *n* 1. *(much)* beaucoup **bo-koo;** *adv (many)* beaucoup de **bo-koo duh;** 2. *(plot of land)* parcelle *f* **par-sel** **a** ~ beaucoup **bo-koo** **~s of** beaucoup de **bo-koo duh** **parking** ~ parking *m* **par-keeng** **We have (1) a lot / (2) lots of time.** Nous avons *(1,2)* beaucoup de temps. **Noo_z_a-von *(1,2)* bo-koo duh tan.** **There are lots of reasons.** Il y a beaucoup de raisons. **Eel_ee_y_a bo-koo duh ray-zon.**

lotion *n* lotion *f* **lo-syon** **shaving** ~ lotion *f* à raser **lo-syon a ra-zay** **suntan** ~ crême à bronzer **krem_a bron-zay**

lottery *n* loterie *f* **lot-ree** ~ **ticket** ticket *m* de loterie **tee-ke duh lot-ree** **play the** ~ jouer à la loterie **zhoo-ay a la lot-ree**

loud *adj* fort, -e *m&f* **for, fort,** bruyant, -e *m&f* **brwee-yan, -yant;** *(shrill)* aigu, -e *m&f* **ay-gew,** strident, -e *m&f* **stree-dan, -dant** ~ **music** musique *f* forte **mew-zeek fort** **Please, not so loud.** S'il *vous (Fam: te)* plaît, pas si fort. **S'eel voo *(Fam: tuh)* play, pa see for.** **Is that too loud for you?** Est-ce que ça va trop fort pour *vous (Fam: toi)*? **Es kuh sa va tro for poor voo *(Fam: twa)*?** **It's (not) too loud.** C'est trop fort (Ce n'est pas trop fort). **S'ay tro for. (Suh n'ay pa tro for).** **Could you please speak louder?** S'il *vous (Fam: te)* plaît, *pourriez-vous (Fam: pourrais-tu)* parler plus fort? **S'eel voo *(Fam: tuh)* play, poo-ryay-voo *(Fam: poo-ray-tew)* par-lay plew for?** **I'm not a fan of loud music.** Je ne suis pas fan de musique forte. **Zhuh nuh swee pa fan duh muh-zeek fort.** ♦ **loud(ly)** *adv* fort **for,** bruyamment **brwee-ya-man;** *(in high voice)* à haute voix **a ot vwa**

lounge *vi* paresser **pa-ray-say,** flâner **fla-nay** *(1)* **I'm / (2) We're just going to lounge around (today).** *(1)* Je vais… / *(2)* Nous allons… juste paresser (aujourd'hui). **(1) Zhuh vay… / (2) Noo_z_a-lon… zhewst pa-ray-say (o-zhoor-d'wee).** **Let's just lounge around for a while.** Paressons l'espace d'un

---

In the pronunciation **n** *stands for a nasalized* **n**.

lounge | **231** | **love**

moment. **Pa-ray-son l'es-pas d'uhn mo-man.** ♦ **lounge** *n* salon *m* **sa-lon,** salle d'attente *f* **sal d'a-tant Let's have a drink in the lounge.** Prenons un verre dans le salon. **Pruh-non uhn ver dan luh sa-lon.**

lousy *adj (terrible)* nul, -le *m&f* **newl,** mauvais, -e *m&f* **mo-vay, -vez What a lousy break!** Quelle malchance! **Kel mal-shans! What lousy weather.** Quel mauvais temps. **Kel mo-vay tan.**

lovable *adj* adorable *m&f* **a-do-rabl What a sweet, lovable person you are.** Quelle gentille et adorable personne *vous êtes (Fam: tu es).* **Kel zhan-teey(uh)_ay a-do-rabl per-son** *voo_z et (Fam: tew ay).*

love *vt (like)* aimer **ay-may**

    I love to... J'aime... **Zh'em…**

        ...bike (*or* **go biking**). ...faire du vélo. **…fer dew vay-lo.**

        ...cook. ...cuisiner. **…kwee-zee-nay.**

        ...crochet. ...crocheter. **…krosh-tay.**

        ...dance (*or* **go dancing**). ...danser *(*aller danser*).* **…dan-say (a-lay dan-say).**

        ...do martial arts. ...pratiquer les arts martiaux. **…pra-tee-kay lay_z_ar mar-syo.**

        ...garden. ...jardiner. **…zhar-dee-nay.**

        ...go camping. ...aller faire du camping. **…a-lay fer dew kan-peeng.**

        ...go for (long) walks. ...faire de (longues) promenades. **…fer duh (long) prom-nad.**

        ...go horseback riding. ...faire du cheval. **…fer dew shuh-val.**

        ...go on picnics. ...aller pique-niquer. **…a-lay peek-nee-kay.**

        ...go sightseeing. ...faire du tourisme. **…fer dew too-reesm.**

        ...hike (*or* **go hiking**). ...faire de la radonnée (partir en radonnée). **…fer duh la ran-do-nay (a-lay an ran-do-nay).**

        ...ice-skate (*or* **go ice-skating**). ...faire du patin sur glace. **…fer dew pa-tuhn sewr glas.**

        ...knit. ...tricoter. **…tree-ko-tay.**

        ...listen to music. ...écouter de la musique. **…ay-koo-tay duh la mew-zeek.**

        ...make quilts. ...faire des dessus de lit. **…fer day duh-sew duh lee.**

        ...play badminton. ...jouer au badminton. **…zhooay o bad-meen-ton.**

        ...play baseball. ...jouer au baseball. **…zhooay o bez-bol.**

        ...play basketball. ...jouer au basketbal. **…zhooay o bas-ket-bol.**

        ...play board games. ...jouer aux jeux de société. **…zhooay o zhuh duh so-syay-tay.**

        ...play cards. ...jouer aux cartes. **…zhooay o kart.**

        ...play football. ...jouer au football américain. **…zhooay o foot-bol_a-may-ree-kuhn.**

        ...play golf. ...jouer au golf. **…zhooay o golf.**

        ...play soccer. ...jouer au foot. **…zhooay o foot.**

        ...play tennis. ...jouer au tennis. **…zhooay o tay-nees.**

        ...play the guitar. ...jouer de la guitare. **…zhooay duh la ghee-tar.**

Time expressions are given on pages 521-522.

...play the piano. ...jouer au piano. **...zhooay o pya-no.**
...play volleyball. ...jouer au volleyball. **...zhooay o vo-lay-bol.**
...read. ...lire. **...leer.**
...rollerblade (*or* **go rollerblading**). ...faire du roller. **...fer dew ro-luhr.**
...run. ...courir. **...koo-reer.**
...ski (*or* **go skiing**). ...skier (faire du ski). **...skee-yay (fer dew skee)**.
...swim (*or* **go swimming**). ... nager (aller nager). **...na-zhay (a-lay na-zhay).**
...travel. ...voyager. **...vwa-ya-zhay.**
...watch ballet. ...voir un ballet. **...vwar_uhn ba-lay.**
...watch movies. ...regarder des films **...ruh-gar-day day feelm.**
...watch sports. ...regarder du sport. **...ruh-gar-day dew spor.**
...watch TV. ...regarder la télé(vision). **...ruh-gar-day la tay-lay(-vee-zyon).**
...watch videos. ...regarder des vidéos. **...ruh-gar-day day vee-day-o.**

Yes, I'd love to. *(response)* Oui, j'aimerais beaucoup. **Wee, zh'em-ray bo-koo.**
I'd love to... J'aimerais... **Zh'em-ray...**
  ...get together with you again. ...*vous (Fam: te)* revoir. **...*voo (Fam: tuh)* ruh-vwar.**
  ...go with you. ...*vous (Fam: t')* accompagner. **...*voo_z_(Fam: t')_a-kon-pa-nyay.**
  ...have dinner with you. ...dîner avec *vous (Fam: toi)*. **...dee-nay a-vek *voo (Fam: twa)*.**
  ...see you again. ...*vous (Fam: te)* revoir. **...*voo (Fam: tuh)* ruh-vwar.**

I love you (very much). Je *vous (Fam: t')* aime (beaucoup). **Zhuh *voo_z_(Fam: t')_em (bo-koo).* I love you with all my heart.** Je *vous (Fam: t')* aime de tout mon cœur. **Zhuh *voo_z_(Fam: t')_em duh too mon kuhr.* I love everything about you.** J'aime tout chez *vous (Fam: toi)*. **Zh'em too shay *voo (Fam: twa)*. I will do everything to prove that I love you.** Je ferai tout pour prouver que je *vous (Fam: t')* aime. **Zhuh fuh-ray too poor proo-vay kuh zhuh *voo_z_(Fam: t')_em.***
♦ **love** *n* amour *m* **a-moor be in** ~ être *amoureux (F: amoureuse)* **etr** *a-moo-ruh (F: a-moo-ruhz)* **fall in** ~ tomber *amoureux (F: amoureuse)* **ton-bay** *a-moo-ruh (F: a-moo-ruhz)* **make** ~ faire l'amour **fer l'a-moor I'm (head over heels) in love with you.** Je suis (follement) *amoureux (F: amoureuse)* de *vous (Fam: toi)*. **Zhuh swee (fol-man)** *a-moo-ruh (F: a-moo-ruhz)* **duh *voo (Fam: twa)*. I think I'm falling in love with you.** Je pense que je suis en train de tomber *amoureux (F: amoureuse)* de *vous (Fam: toi)*. **Zhuh pans kuh zhuh swee_z_an truhn duh ton-bay** *a-moo-ruh (F: a-moo-ruhz)* **duh *voo (Fam: twa)*. I want to make love with you.** Je veux *vous (Fam: te)* faire l'amour. **Zhuh vuh *voo (Fam: tuh)* fer l'a-moor.**
♦ **lovebirds** *n pl* tourtereau *mpl* **toor-tuh-ro** ♦ **lovebite** *n* suçon *m* **sew-son**
loveliness *n* charme *m* **sharm**, beauté *f* **bo-tay breathtaking** ~ beauté à couper le souffle **bo-tay a koo-pay luh soofl essence of** ~ essence *f* de la beauté **ay-sans duh la bo-tay exquisite** ~ beauté exquise **bo-tay eks-keez radiant** ~ beauté rayonnante **bo-tay ray-yo-nant You are the epitome of loveliness.** *Vous êtes (Fam: Tu es)* la beauté incarnée. **Voo_z_et (Fam: Tew ay) la bo-tay uhn-kar-**

French q always sounds like **k**.

nay. ♦ **lovely** *adj* adorable *m&f* a-do-rabl **exceptionally** ~ exceptionnellement adorable ek-sep-syo-nel-man a-do-rabl ~ **beyond words** adorable au-delà des mots a-do-rabl_o duh-la day mo **very** ~ très adorable tre_z_a-do-rabl

    That's a lovely… C'est… S'ay_t_…
- **…blouse.** …une blouse superbe. …ewn blooz sew-perb.
- **…coat.** …un manteau superbe. …uhn man-to sew-perb.
- **…dress.** …une robe superbe. …ewn rob sew-perb.
- **…jacket.** …une veste superbe. …ewn vest sew-perb.
- **…skirt.** …une jupe superbe. …ewn zhewp sew-perb.
- **…sweater.** …un pull superbe. …uhn pewl sew-perb.

    You are incredibly lovely. Vous êtes *(Fam: Tu es)* incroyablement adorable. Voo_z_et *(Fam: Tew ay)* uhn-krwa-ya-bluh-man a-do-rabl.

lovemaking *n* rapports *mpl* sexuels ra-por sek-sew-el

lover *n* 1. *(sex partner)* partenaire *m&f* part-ner; *(adultery)* amant *m* a-mant, maîtresse *f* may-tres; 2. *(person in love)* amoureux, amoureuse *m&f* **a-moo-ruh, -ruhz;** 3. *(enthusiast)* amateur, amatrice *m&f* a-ma-tuhr, -tres **book** ~ bibliophile bee-blee-yo-feel **cat** ~ *amoureux (F: amoureuse)* des chats *a-moo-ruh (F: a-moo-ruhz)* day sha **dog** ~ *amoureux (F: amoureuse)* des chiens *a-moo-ruh (F: a-moo-ruhz)* day shyuhn **former** ~ ex eks **horse** ~ *amoureux (F: amoureuse)* des chevaux *a-moo-ruh (F: a-moo-ruhz)* day shuh-vo **ideal** ~ idéal partenaire ee-day-al part-ner **music** ~ *amateur (F: amatrice)* de musique *a-ma-tuhr (F: a-ma-trees)* duh mew-zeek **nature** ~ *amoureux (F: amoureuse)* de la nature *a-moo-ruh (F: a-moo-ruhz)* duh la na-tewr **outdoor(s)** ~ *amoureux (F: amoureuse)* du plein air *a-moo-ruh (F: a-moo-ruhz)* dew plen_er **sun** ~ *amoureux (F: amoureuse)* du soleil *a-moo-ruh (F: a-moo-ruhz)* dew so-ley **wonderful** ~ merveilleux partenaire mer-vay-yuh part-ner **You're the lover of my dreams.** Vous êtes *(Fam: Tu es)* l'amour de mes rêves. Voo_z_et *(Fam: Tew ay)* l'a-moor duh may rev.

love-sick *adj* malade d'amour *m&f* ma-lad d'a-moor

loving *adj* aimant, -e *m&f* ay-man, -mant ♦ *n (noun rendered by verb)* aimé ay-may **You were made for loving.** Vous êtes *(Fam: Tu es)* né (-e) pour être aimé (-e). Voo_z_et *(Fam: Tew ay)* nay poor_etr_ay-may. ♦ **lovingly** *adv* tendrement tan-druh-man, amoureusement a-moo-ruhz-man

low *adj* bas, -se *m&f* ba, bas ~ **prices** prix *mpl* bas pree ba ~ **score** score *m* bas skor ba ~ **tide** marée *f* basse ma-ray bas ♦ *adv* bas ba **Could you turn it low? Thanks.** Pourriez-vous *(Fam: Pourrais-tu)* baisser le volume? Merci. Poo-ryay-voo *(Fam: Poo-ray-tew)* bay-say luh vo-lewm? Mer-see. **We're getting low on gas.** On est à court d'essence. On_ay a koor d'ay-sans. ♦ **lower** *adj* plus bas *m&f* plew ba, inférieur, -e *m&f* uhn-fay-ryuhr ~ **berth** couchette *f* inférieure koo-shet_uhn-fay-ryuhr ~ **deck** pont *m* inférieur pon uhn-fay-ryuhr ♦ *vt* baisser bay-say **If you can lower the price… (maybe I'll buy it).** Si *vous pouvez (Fam: tu peux)* baisser le prix… (je l'achèterai peut-être). See *voo poo-vay (Fam: tew puh)* bay-say luh pree… (Zhuh l'a-shet-ray puh_t-etr). ♦ **low-fat** *adj*

Words in parentheses (not italicized) are optional.

demi-écrémé, -e *m&f* **duh-mee-ay-kray-may** ♦ **low-paying** *adj* mal rémunéré, -e *m&f* **mal ray-mew-nay-ray** ~ **job** emploi *m* mal rémunéré **a̱n-plwa mal ray-mew-nay-ray**

loyal *adj* loyal, -e *m&f* **lwa-yal** ♦ **loyalty** *n* loyauté *f* **lwa-yo-tay Loyalty is what really counts in a relationship.** La loyauté est vraiment ce qui compte dans une relation. **La lwa-yo-tay ay vray-ma̱n suh kee ko̱nt da̱ṉ ẕ ewn ruh-la-syo̱n.**

lubricate *vt* lubrifier **lew-bree-fyay**, astiquer **as-tee-kay The car needs to be lubricated.** La voiture a besoin d'être astiquée. **La vwa-tewṟ a buh-zwuẖn d'etṟ as-tee-kay. Please lubricate the car.** S'il *vous (Fam: te)* plaît, *astiquez (Fam: astique)* la voiture. **S'eel** *voo (Fam: tuh)* **play**, *as-tee-kay (Fam: as-teek)* **la vwa-tewṟ.**

luck *n* chance *f* **sha̱ns**, hasard *m* **a-zar bad** ~ malchance *f* **mal-sha̱ns bum** ~ malchance *f* **mal-sha̱ns fantastic** ~ chance incroyable **sha̱ns̱ uẖn-krwa-yabl good** ~ bonne chance **bon sha̱ns incredible** ~ chance incroyable **sha̱ns̱ uẖn-krwa-yabl lousy / rotten** ~ malchance *f* **mal-sha̱ns Good luck!** Bonne chance! **Bon sha̱ns! I wish you** *(1)* **lots of luck.** / *(2)* **all the luck in the world.** Je *vous (Fam: te)* souhaite *(1)* beaucoup de chance. / *(2)* toute la chance au monde. **Zhuh voo** *(Fam: tuh)* **soo-et** *(1)* **bo-koo duh sha̱ns.** / *(2)* **toot la sha̱ns̱ o mo̱nd. What tremendous good luck it was to meet you.** Quelle chance extraordinaire se fut de *vous (Fam: te)* rencontrer. **Kel sha̱ns̱ eks-tra-or-dee-ner suh few duh voo** *(Fam: tuh)* **ra̱n-ko̱n-tray. Talk about luck! Wow!** Quelle chance! Whao! **Kel sha̱ns! Wao! Don't push your luck.** Ne *forcez (Fam: force)* pas la chance. **Nuh** *for-say (Fam: fors)* **pa la sha̱ns.** ♦ **luckily** *adv* heureusement **uh-ruhz-ma̱n** ♦ **lucky** *adj* chanceux, chanceuse *m&f* **sha̱n-suh, -suhz incredibly** ~ incroyablement *chanceux (F: chanceuse)* **uẖn-krwa-ya-bluh-ma̱n** *sha̱n-suh (F: sha̱n-suhz)* ~ **dog** gars *m* très chanceux **ga tre sha̱n-suh**, personne *f* très chanceuse **per-son tre sha̱n-suhz unbelievably** ~ incroyablement *chanceux (F: chanceuse)* **uẖn-krwa-ya-bluh-ma̱n** *sha̱n-suh (F: sha̱n-suhz)* **You're the luckiest person I ever saw.** *Vous êtes (Fam: Tu es)* la personne la plus chanceuse que j'ai jamais connue. **Voo̱ ẕ et** *(Fam: Tew ay)* **la per-son la plew sha̱n-suhz kuh zh'ay zha-may ko-new. I can't believe how lucky you are.** Je ne peux croire à quel point *vous êtes (Fam: tu es)* chanceux (F: chanceuse). **Zhuh nuh puh krwaṟ a kel pwuẖn voo̱ ẕ et** *(Fam: tew ay)* *sha̱n-suh (F: sha̱n-suhz).* **How lucky can you get?** *Pouvez-vous (Fam: Peux-tu)* être plus *chanceux (chanceuse)*? **Poo-vay-voo** *(Fam: Puh-tew)* **etr plew** *sha̱n-suh (F: sha̱n-suhz)*? **I'm so lucky to have** *(1)* **you as my own.** / *(2)* **your love.** Je suis tellement *chanceux (F: chanceuse)* que *(1)* vous soyez *(Fam: tu sois)* mien (-ne). / *(2)* d'avoir votre *(Fam: ton)* amour. **Zhuh swee tel-ma̱n** *sha̱n-suh (F: sha̱n-suhz)* **kuh** *(1)* **voo swa-yay** *(Fam: tew swa)* **myuẖn** *(F: myen)*. / *(2)* **d'a-vwar** *votṟ (Fam: to̱n)* **a-moor.**

luggage *n* bagage *m* **ba-gazh**, valise *f* **va-leez Can I help you with your luggage?** Puis-je *vous (Fam: t')* aider avec *vos (Fam: tes)* bagages? **Pwee-zh** *voo̱ ẕ (Fam: t')* **ay-day a-vek** *vo (Fam: tay)* **ba-gazh? Is this your luggage?** Est-ce *vos (Fam: tes)* bagages? **Es** *vo (Fam: tay)* **ba-gazh? Where's your luggage?** Où

In French ch is pronounced like sh in "sheep".

sont *vos (Fam: tes)* bagages? **Oo son** *vo (Fam: tay)* **ba-gazh? (1) My / (2) Our luggage is (3) over there. / (4) in the** *(place / vehicle)*. *(1)* Mes */ (2)* Nos bagages sont *(3)* là-bas. */ (4)* dans *le (F: la)* (___). *(1)* **May /** *(2)* **No ba-gazh son** *(3)* **la-ba. / (4) dan** *luh (F: la)* (___). *(1)* **I /** *(2)* **We have to get (3) my / (4) our luggage.** *(1)* Je dois… */ (2)* Nous devons… récuperer *(3)* mes */ (4)* nos bagages. *(1)* **Zhuh dwa… / (2) Noo duh-von… ray-kew-pay-ray / (3) may / (4) no ba-gazh.**

lunatic *n* malade *m&f* **ma-lad**, dément, -e *m&f* **day-man, -mant**

lunch *n* déjeuner *m* **day-zhuh-nay Would you like to have lunch (with *[1]* me / *[2]* us)?** *Voudriez-vous (Fam: Voudrais-tu)* déjeuner (avec *[1]* moi / *[2]* nous)? *Voo-dree-yay-voo (Fam: Voo-dray-tew)* **day-zhuh-nay (a-vek *[1]* mwa / *[2]* noo)? Let's go have lunch (together).** Allons déjeuner (ensemble). **A-lon day-zhuh-nay_r_an-sanbl.**

lure *vt* attirer **a-tee-ray** ♦ *n (fishing)* appât *m* **a-pa,** leurre *m* **luhr**

Lutheran *adj* luthérien, -ne *m&f* **lew-tay-ryuhn, -ryen** ♦ *n* Luthérien, -ne *m&f* **Lew-tay-ryuhn, -ryen**

luxurious *adj* luxueux, luxueuse *m&f* **lewk-sew-uh, -uhz,** faste *m&f* **fast** ♦ **luxury** *n* luxe *m* **lewks This is pure luxury.** C'est du pur luxe. **S'ay dew pewr lewks.**

lyrics *n pl* paroles *fpl* **pa-rol Teach (1) me / (2) us the lyrics.** *Apprenez (Fam: Apprend) (1)* -moi / *(2)* -nous les paroles. *A-pruh-nay (Fam: A-pran)* **(1) -mwa / (2) -noo lay pa-rol.**

M m

MA *abbrev* = **Master of Arts degree** (Deuxième année de) Master *m* en Arts **(Duh-zyem_a-nay duh) Mas-tuhr an_Ar**

machine *n* machine *f* **ma-sheen ATM / cash** ~ distributeur *m* d'argent *m* **dees-tree-bew-tuhr d'ar-zhan exercise** ~ machine à faire de l'exercice **ma-sheen_a fer duh l'ek-zer-sees ice** ~ machine à glaçons **ma-sheen_a gla-son pop** ~ distributeur *m* de soda **dees-tree-bew-tuhr duh so-da ticket** ~ distributeur *m* de billets **dees-tree-bew-tuhr duh bee-yay vending** ~ distributeur *m* automatique **dees-tree-bew-tuhr o-to-ma-teek washing** ~ machine à laver **ma-sheen_a la-vay weight** ~ *(gym)* machine de musculation **ma-sheen duh mews-kew-la-syon How does the ticket machine work?** Comment marche ce distributeur de tickets? **Ko-man marsh suh dees-tree-bew-tuhr duh tee-kay?**

mad *adj* 1. *(crazy)* fou, folle *m&f* **foo, fol;** 2. *(angry)* furieux, furieuse *m&f* **few-ryuh, -ryuhz,** en colère **an ko-ler be** ~ 1. *(crazy)* être *fou (F: folle)* **etr** *foo (F: fol);* 2. *(angry)* être en colère **etr_an ko-ler be** ~ **about** *(infatuated)* être *fou (F: folle)* de **etr** *foo (F: fol)* **duh,** être dingue de **etr duhng duh get** ~ *(angry)* s'énerver **s'ay-ner-vay,** se mettre en colère **suh metr_an ko-ler Are you mad (at me)?** *Etes-vous (Fam: Es-tu)* en colère après moi? *Et-voo (Fam: Ay-tew)* **an ko-ler_a-pre mwa? I'm (not) mad (at you).** Je (ne) suis (pas) en colère (après

---

Familiar "tu" ("tew") forms in parentheses can replace italicized polite forms.

madly ~ folie furieuse fo-lee few-ryuhz **This is (sheer) madness.** C'est de la folie pure. vous *[Fam: toi]*). Zhuh (nuh) swee (pa)_z_an koler (_a-pre voo *[Fam: twa]*). **I'm mad about you**. Je suis *fou (F: folle)* de *vous (Fam: toi)*. Zhuh swee *foo (F: fol)* duh voo *(Fam: twa)*. ♦ **madly** *adv* follement fol-man ♦ **madman** *n* fou *m* foo, dingue *m* duhng, taré *m* ta-ray ♦ **madness** *n* folie *f* fo-lee **This is absolute madness.** C'est de la folie pure. S'ay duh la fo-lee pewr. **Some kind of madness came over me.** J'ai été *pris (F: prise)* d'un instant de folie. Zh'ay ay-tay *pree (F: preez)* d'uhn_uhns-tan duh fo-lee. ♦ **madwoman** *n* folle *f* fol, dingue *f* duhng, tarée *f* ta-ray

magazine *n* magazine *m* ma-ga-zeen **Could I take a look at your magazine?** Puis-je jeter un coup d'œil à *votre (Fam: ton)* magazine? Pwee-zh zhuh-tay uhn koo d'uhy_a *votr (Fam: ton)* ma-ga-zeen?

magic *n* magie *f* ma-zhee **heavenly ~** magie céleste ma-zhee say-lest **~ of your kisses** la magie de tes baisers la ma-zhee duh tay bay-zay **~ tricks** tours de magie toor duh ma-zhee **pure ~** pure magie pewr ma-zhee **soft ~** magie apaisante ma-zhee a-pay-zant **warm ~** magie réconfortante ma-zhee ray-kon-for-tant **Let me show you some magic tricks.** Je vais *vous (Fam: te)* montrer quelques tours de magie. Zhuh vay *voo (Fam: tuh)* mon-tray kel-kuh toor duh ma-zhee. ♦ **magic(al)** *adj* magique *m&f* ma-zheek **~ spell** formule *f* magique for-mewl ma-zheek, sort *m* sor **~ wand** baquette *f* magique ba-get ma-zheek **You've cast a magical spell over me.** Vous m'avez *(Fam: Tu m'as)* ensorcelé. Voo m'a-vay *(Fam: Tew m'a)* an-sor-suh-lay. **What a magical night this is.** Cette nuit est magique! Set nwee ay ma-zheek! **You have a magical touch.** Vous avez *(Fam: Tu as)* de la magie dans les doigts. Voo_z_a-vay *(Fam: Tew a)* duh la ma-zhee dan lay dwa. ♦ **magician** *n* magicien, -ne *m&f* ma-zhee-syuhn, -syen

magnet *n* magnet *m* ma-nyet, aimant *m* ay-man **souvenir ~ magnet** *m* souvenir ma-nyet soov-neer ♦ **magnetic** *adj* magnétique *m&f* ma-nyay-teek ♦ **magnetism** *n* magnétisme *m* ma-nyay-teezm **inner ~** magnétisme interne ma-nyay-teezm_uhn-tern

magnificent *adj* magnifique *m&f* ma-nee-feek; splendide *m&f* splan-deed **~ sight** très bonne vue tre bon vew **You are magnificent.** Vous êtes *(Fam: Tu es)* magnifique. Voo_z_et *(Fam: Tew ay)* ma-nee-feek. **That was magnificent!** C'était magnifique! S'ay-tay ma-nee-feek! ♦ **magnificently** *adv* magnifiquement ma-nee-feek-man **You played magnificently.** Vous avez *(Fam: Tu as)* magnifiquement joué. Voo_z_a-vay *(Fam: Tew a)* ma-nee-feek-man zhooay.

magnifying glass *n* loupe *f* loop

maid *n* 1. *(young woman)* jeune-fille *f* zhuhn-feey(uh); 2. *(worker)* domestique *f* do-mes-teek, femme *f* de ménage fam duh may-nazh **~ of honor** demoiselle *f* d'honneur duh-mwa-zel d'o-nuhr **old ~** vieille fille vyey feey(uh) ♦ **maiden** *n* jeune-fille *f* zhuhn-feey(uh), demoiselle *f* duh-mwa-zel **This, my fair maiden, is for you.** C'est pour vous, belle demoiselle. S'ay poor voo, bel duh-mwa-zel.

mail *vt* poster pos-tay, envoyer (par courrier) an-vwa-yay (par koo-ryay), expédier eks-pay-jay **I'll mail it** *(1)* **to you.** / *(2)* **for you.** *(1)* Je *vous (Fam: te)* l'enverrai

---

The letter h in French is always silent.

par courrier. / *(2)* Je l'enverrai par courrier pour *vous (Fam: toi)*. *(1)* **Zhuh voo *(Fam: tuh)* l'an-vay-ray par koo-ryay.** / *(2)* **Zhuh l'an-vay-ray par koo-ryay poor** *voo (Fam: twa)*. **I have to mail this.** Je dois poster ça. **Zhuh dwa pos-tay sa. Where can I mail this?** Où puis-je poster ceci? **Oo pwee-zh pos-tay suh-see? Could you mail this for me?** *Pourriez-vous (Fam: Pourrais-tu)* envoyer ça pour moi? *Poo-ryay-voo (Fam: Poo-ray-tew)* **an-vwa-yay sa poor mwa?** ♦ **mail** *n* courrier *f* **koo-ryay air** ~ par avion **par_a-vyon e-mail** e-mail *m* **ee-mayl,** mail *m* **mayl express** ~ courrier express **koo-ryay eks-press** ~ **carrier** facteur *m*, factrice *f* **fak-tuhr, -trees registered** ~ courrier recommandé **koo-ryay ruh-ko-man-day surface** ~ courrier économique **koo-ryay ay-ko-no-meek voice** ~ message *m* **may-sazh Is there any mail for** *(1)* **me?** / *(2)* **us?** Y a-t-il du courrier pour *(1)* moi? / *(2)* nous? **Ee_y a-t-eel dew koo-ryay poor** *(1)* **mwa?** / *(2)* **noo? I'll send it to you by** *(1)* **air** / *(2)* **express** / *(3)* **registered mail.** Je *vous (Fam: te)* l'enverrai par *(1)* avion. / *(2)* courrier express. / *(3)* recommandé. **Zhuh voo *(Fam: tuh)* l'an-vay-ray par** *(1)* **_a-vyon.** / *(2)* **koo-ryay eks-press.** / *(3)* **ruh-ko-man-day. I'll let you know by e-mail.** Je *vous (Fam: te)* tiendrai au courant par e-mail. **Zhuh voo *(Fam: tuh)* chyuhn-dray o koo-ran par_ee-mayl.** ♦ **mailbox** *n* boite *f* aux lettres **bwat_o letr Is there a mailbox around here?** Y a-t-il une boite aux lettres dans le coin? **Ee_y a-t-eel ewn bwat_o letr dan luh kwuhn? Could you drop this in the mailbox for me?** *Pourriez-vous (Fam: Pourrais-tu)* déposer ça à la poste pour moi? *Poo-ryay-voo (Fam: Poo-ray-tew)* **day-po-zay sa a la post poor mwa?**

main *adj* principal, -e *m&f* **pruhn-see-pal** ~ **course** plat *m* principal **pla pruhn-see-pal** ~ **highway** autoroute *f* de grande importance **o-to-root duh grand_uhn-por-tans** ~ **reason** motivation *f* principale **mo-tee-va-syon pruhn-see-pal,** raison *f* principale **ray-zon pruhn-see-pal** ~ **thing** la chose la plus importante **la shoz la plew_z_uhn-por-tan** ♦ **mainly** *adv* principalement **pruhn-see-pal-man** ♦ **mainsail** *n* grande-voile *f* **grand-vwal**

majestic *adj* majestueux, majestueuse *m&f* **ma-zhes-tew-uh, -uhz** ♦ **majesty** *n* Majesté *f* **Ma-zhes-tay Yes, Your Majesty!** Oui, Votre Majesté! **Wee, Votr Ma-zhes-tay!**

major *adj* majeur, -e *m&f* **ma-zhuhr,** principal, -e *m&f* **pruhn-see-pal;** *(grave)* grave *m&f* **grav** ♦ *n* 1. *(main course of study)* matière *f* fondamentale **ma-chyer fon-da-man-tal;** 2. *(mil.)* major *m* **ma-zhor**

majority *n* majorité *f* **ma-zho-ree-tay**

make *vt* 1. *(produce, build, create)* faire **fer;** 2. *(do, commit, carry out)* faire **fer;** 3. *(impression, etc: cause, create)* faire **fer;** 4. *(make [available, happen])* s'assurer **s'a-sew-ray;** 5. *(cause to be or become [sad, happy, etc])* rendre **randr;** 6. *(force, compel)* faire **fer;** 7. *(food: prepare)* faire **fer;** 8. *(earn)* gagner **ga-nyay** ~ **friends** se faire des *ami(e)s* **suh fer day_z_a-mee** ~ **love** faire l'amour **fer l'a-moor What's it made of?** De quoi c'est fait? **Duh kwa s'ay fay? Did you make this (yourself)?** *L'avez-vous (Fam: as-tu)* fait cela *(vous- [Fam: toi-]* même)? **L'a-vay-voo *(Fam: a-tew)* fay suh-la (voo- *[Fam: twa-]* mem)? I made it (myself).** Je l'ai fait (moi-même). **Zhuh l'ay fay (mwa-mem). I'll**

Common occupations are listed on pages 526-533.

make you a sandwich. Je vais *vous (Fam: te)* faire un sandwich. **Zhuh vay voo *(Fam: tuh)* fer_uhn san-dweech. How much do you make a *(1)* month / *(2)* year?** Combien *gagnez-vous (Fam: gagnes-tu) (1)* par mois? / *(2)* par an? **Kon-byuhn ga-nyay-voo *(Fam: gany(uh)-tew) (1)* par mwa? / *(2)* par_an? I make *(amount)* a *(1)* month / *(2)* year.** Je gagne *(___) (1)* par mois. / *(2)* par an. **Zhuh gany(uh) (___) *(1)* par mwa. / *(2)* par_an. It doesn't make any difference.** Ça n'a pas de réelle importance. **Sa n'a pa duh ray-el_uhn-por-tans. You make me *(1)* so / *(2)* very happy.** *Vous me rendez (Fam: Tu me rends) (1)* tellement / *(2)* très *heureux (F: heureuse)*. **Voo muh ran-day *(Fam: Tew muh ran) (1)* tel-man / *(2)* tre_z_uh-ruh *(F: uh-ruhz)*. You make me feel so good.** Je me sens tellement bien avec *vous (Fam: toi)*. **Zhuh muh san tel-man byuhn a-vek voo *(Fam: twa)*. You make me want to...** *Vous me donnez (Fam: Tu me donnes)* envie de… **Voo muh do-nay *(Fam: Tew muh don)* an-vee duh...**

- ♦ **make it** *idiom* 1. *(reach, come, get there)* y arriver **ee_y_a-ree-vay**; 2. *(be on time)* y arriver **ee_y_a-ree-vay I'll try to make it.** J'essayerai de venir **Zh'ay-say-ray duh vuh-neer. Do you think we'll make it?** *(reach / get there)* Pensez-vous *(Fam: Penses-tu)* que l'on y arrivera? **Pan-say-voo *(Fam: Pans-tew)* kuh l'on_ee_y_a-ree-vuh-ra? *(1)* I'll / *(2)* We'll make it.** *(reach / get there) (1)* J'y arriverai. / *(2)* Nous y arriverons. *(1)* **Zh'ee_y_a-reev-ray. / *(2)* Noo_z_ee a-reev-ron. *(1)* I / *(2)* We can't make it.** *(come / get there) (1)* Je n'y arriverai pas. / *(2)* Nous n'y arriverons pas. *(1)* **Zhuh n'ee_y_a-reev-ray pa. / *(2)* Noo n'ee_y_a-reev-ron pa. *(1)* I / *(2)* You / *(3)* We made it!** *(reach / get there) (1)* J'y suis arrivé! / *(2)* Vous y êtes *(Fam: Tu y es)* arrivé(s)! / *(3)* Nous y sommes arrivés! *(1)* **Zh'ee swee_z_a-ree-vay! / *(2)* Voo_z_ee et *(Fam: Tew ee_y_ay)* a-ree-vay! / *(3)* Noo_z_ee som_a-ree-vay!**
- ♦ **make up** *idiom* 1. *(invent)* inventer **uhn-van-tay**; 2. *(assemble, prepare)* préparer **pray-pa-ray**, assembler **a-san-blay**; 3. *(cosmetics)* se maquiller **suh ma-kee-yay**
- ♦ **make up for** *idiom* compenser **kon-pan-say**, se racheter **suh rash-tay I want to make up to you for yesterday.** Je veux me racheter auprès de *vous (Fam: toi)* pour hier. **Zhuh vuh muh rash-tay o-pre duh voo *(Fam: twa)* poor_ee-yer.**

makeup *n (cosmetics)* maquillage *m* **ma-kee-yazh I have to freshen my makeup.** Je dois me remaquiller. **Zhuh dwa muh ruh-ma-kee-yay.**

male *adj* masculin, -e *m&f* **mas-kew-luhn, mas-kew-leen** ♦ *n* mâle *m* **mal** *(See terms under* **boy, guy** *and* **man***)* **Is it a male or a female?** *(animals)* Est-ce un mâle ou une femelle? **Es_uhn mal_oo ewn fuh-mel?**

malfunction *vi* mal fonctionner **mal fonk-syo-nay**

mall *n (shopping center)* centre *m* commercial **santr ko-mer-syal Let's go shopping at the mall.** Allons faire des courses au centre commercial. **A-lon fer day koors_o santr ko-mer-syal. Where's the nearest shopping mall?** Où se trouve le centre commercial le plus proche? **Oo suh troov luh santr ko-mer-syal luh plew prosh?**

mama *n* maman *f* **ma-man**

At the end of a word, s, d, t and x are generally silent.

man *n* homme *m* **om another** ~ un autre homme **uhn_otr_om attractive** ~ homme *m* attirant **om_a-tee-ran bad** ~ mauvais homme **mo-vay_z_om best** ~ *(wedding)* témoin **tay-mwuhn**, garçon d'honneur **gar-son d'o-nuhr big** ~ grand homme **gran_t_om dirty old** ~ vieil homme sale **vyey_om sal elderly** ~ homme âgé **om_a-zhay enlisted** ~ **(EM)** *(mil.)* (simple) soldat *m* **(suhnpl) sol-da family** ~ homme de famille **om duh fa-meey(uh) friendly** ~ homme amical **om_a-mee-kal good** ~ gentil homme **zhan-tee_y_om good-looking** ~ bel homme **bel_om handsome** ~ bel homme **bel_om hard-working** ~ grand travailleur **gran tra-vaee-yuhr honest** ~ homme *m* honnête **om_o-net intelligent** ~ homme intelligent **om_uhn-tay-lee-zhan kind** ~ homme gentil **om zhan-tee of means** homme qui a les moyens **om kee a lay mwa-yuhn married** ~ homme marié **om ma-ryay nice** ~ homme sympathique **om suhn-pa-teek old** ~ vieil homme **vyey_om real** ~ homme sincère **om suhn-ser single** ~ célibataire *m* **say-lee-ba-ter smart** ~ homme *m* intelligent **om_uhn-tay-lee-zhan strong** ~ homme fort **om for wonderful** ~ homme *m* merveilleux **om mer-vay-yuh young** ~ jeune-homme **zhuhn-om Who's that man?** Qui est cet homme? **Kee ay set_om? I'm a one-woman man.** Je ne suis pas un coureur de jupons. **Zhuh nuh swee pa_z_uhn koo-rewr duh zhew-pon.**

manage *vt* diriger **dee-ree-zhay**, gérer **zhay-ray**
   I manage a (small)... Je dirige... **Zhuh dee-reezh...**
      ...business. ...une (petite) boite. **...ewn (puh-teet) bwat.**
      ...company. ...une (petite) compagnie. **...ewn (puh-teet) kon-pa-nee.**
      ...restaurant. ...un (petit) restaurant. **...uhn (puh-tee) res-to-ran.**
      ...store. ...une (petite) boutique. **...ewn (puh-teet) boo-teek.**
   ♦ *vi* réussir **ray-ew-seer**, arriver **a-ree-vay I hope you can manage to come.** J'espère que *vous pourrez (Fam: tu pourras)* venir. **Zhes-per kuh** *voo poo-ray (Fam: tew poo-ra)* **vuh-neer. I'm glad you managed to come.** Je suis *content (F: contente)* que *vous ayez (Fam: tu aies)* pu venir. **Zhuh swee** *kon-tan (F: kon-tant)* **kuh** *voo_z_ay-yay (Fam: tew ay)* **pew vuh-neer. I managed to (1) get away (early). / (2) get (3) it. / (4) them.** J'ai pu *(1)* partir (tôt). / *(2,3)* l'avoir. / *(2,4)* les avoir. **Zh'ay pew** *(1)* **par-teer (to). /** *(2,3)* **l'a-vwar. /** *(2,4)* **lay_z_a-vwar. If I can manage.** Si j'y arrive. **See zh'ee_y_a-reev.** ♦ **manager** *n* superviseur *m&f* **sew-per-vee-zuhr**, gérant, -e *m&f* **zhay-ran, -rant**, administrateur, administratrice *m&f* **ad-mee-nees-tra-tuhr, -trees manager** *m&f* **ma-na-juhr**

maneuver *vt* 1. *(move)* manœuvrer **ma-nuh-vray**; 2. *(manipulate)* manipuler **ma-nee-pew-lay**, entraîner **an-tray-nay**, ménager **may-na-jay You maneuvered me into this.** *Vous m'avez (Fam : Tu m'as)* entraîné dans ça. *Voo m'a-vay (Fam: Tew m'a)* **an-tray-nay dan sa.** ♦ *n* manœuvre *f* **ma-nuhvr clever** ~ manœuvre intelligente **ma-nuhvr_uhn-tay-lee-zhant That was sure a slick maneuver.** C'était vraiment une manœuvre ingénieuse. **S'ay-tay vray-man ewn ma-nuhvr_uhn-zhay-nyuhz.**

maniac *n* maniaque *m&f* **ma-nyak**

manicure *n* manucure *f* **ma-new-kewr get a** ~ faire une manucure **fer_ewn ma-**

Feminine forms of words in phrases are usually given in parentheses (italicized).

new-kuhr

mankind *n* humanité *f* uh-ma-nee-tay, genre *m* humain zha<u>nr</u>_ew-muh<u>n</u>

man-made *adj* artificiel, -le *m&f* ar-tee-fee-syel, synthétique *m&f* suh<u>n</u>-tay-teek

manner *n* 1. *(behavior)* manières *fpl* ma-nyer, comportement *m* ko<u>n</u>-por-tuh-ma<u>n</u>; *(attitude)* attitude *f* a-tee-tewd; 2. *pl (etiquette)* éducation *f* ay-dew-ka-syo<u>n</u>; 3. *(way)* conduite *f* ko<u>n</u>-dweet **bad ~s** mauvaises manières mo-vez ma-nyer **good ~s** bonnes manières bon ma-nyer **Let me show you the proper manner to do it.** Je vais te montrer comment cela doit être fait. Zhuh vay tuh mo<u>n</u>-tray ko-ma<u>n</u> suh-la dwa_t_etr fay. **Mind your manners.** *Conduisez-vous (Fam: Conduis-toi)* correctement. Ko<u>n</u>-dwee-zay-voo *(Fam:* Ko<u>n</u>-dwee-twa)* ko-rek-tuh-ma<u>n</u>. ♦ **mannerism** *n* mauvaise habitude *f* mo-vez_a-bee-tewd, tic *m* teek **nervous** ~ tic nerveux teek ner-vuh

mansion *n* mansion *f* ma<u>n</u>-syo<u>n</u>, demeure *f* duh-muhr

manufacture *vt* manufacturer ma-new-fak-tew-ray, fabriquer fa-bree-kay, produire pro-dweer **What do they manufacture there?** Qu'est-ce qu'ils produisent ici? K'es k'eel pro-dweez_ee-see?

many *adj* beaucoup de bo-koo duh **as ~ as** autant de… que o-ta<u>n</u> duh… kuh **~ people** beaucoup de monde bo-koo duh mo<u>n</u>d **~ things** beaucoup de choses bo-koo duh shoz **~ times** plusieurs fois plew-zyuhr fwa **~ ways** beaucoup de possibilités bo-koo duh po-see-bee-lee-tay **not ~** pas beaucoup (de) pa bo-koo (duh) **too ~** beaucoup trop (de) bo-koo tro (duh) **very ~** énormément (de) ay-nor-may-ma<u>n</u> (duh) **How many (are there)?** Combien (y en a t'il)? Ko<u>n</u>-byuh<u>n</u> (y_a<u>n</u>_a-t-eel)?

map *n* carte *f* kart, plan *m* pla<u>n</u> **city ~** plan de la ville pla<u>n</u> duh la veel **~ of the country** carte (géographique) du pays kar (zhay-o-gra-feek) dew pay-ee **road ~** carte *f* routière kart roo-chyer **Could you show *(1)* me / *(2)* us on the map?** *Pouvez-vous (Fam: Peux-tu) (1)* m'… / *(2)* nous… indiquer sur la carte? *Poo-vay-voo (Fam: Puh-tew) (1)* m'… / *(2)* noo_z_… uh<u>n</u>-dee-kay sewr la kart? **Where is it on the map?** Où ça se trouve sur la carte? Oo sa suh troov sewr la kart? **Could *(1)* I / *(2)* we look at your map?** *(1)* Puis-je… / *(2)* Pouvons-nous… jeter un coup d'œil à *votre (Fam: ton)* plan? *(1)* Pwee-zh… / *(2)* Poo-vo<u>n</u>-noo… zhuh-tay uh<u>n</u> koo d'uhy a *votr (Fam: to<u>n</u>)* pla<u>n</u>?

marathon *n* marathon *m* ma-ra-to<u>n</u> **I like to run in marathons.** J'aime courir les marathons. Zh'em koo-reer lay ma-ra-to<u>n</u>.

marble *adj* de marbre duh marbr ♦ *n* marbre *m* marbr

March *n* mars mars **in ~** en mars a<u>n</u> mars **on ~ first** le premier mars luh pruh-myay mars **since ~** depuis mars duh-pwee mars

marijuana *n* marijuana *f* ma-ree-rwa-na

marina *n* marina *f* ma-ree-na, port *m* de plaisance por duh play-za<u>n</u>s

marine *n* marin *m* ma-ruh<u>n</u> **~ Corps** Corps des Marines américains Kor day Ma-reen_a-may-ree-kuh<u>n</u> **merchant ~** marine marchande ma-reen mar-sha<u>n</u>d **I'm in the Marine Corps.** Je suis dans le Corps des Marines américains. Zhuh swee da<u>n</u> luh Kor day Ma-reen_a-may-ree-kuh<u>n</u>. **I'm a *(1)* sergeant / *(2)*

Before a, o, u or a consonant, c is pronounced like **k**.

lieutenant / *(3)* (_rank_) **in the Marine Corps.** Je suis *(1)* sergent / *(2)* lieutenant / *(3)* (___) dans le Corps des Marines américains. **Zhuh swee** *(1)* **ser-zhan** / *(2)* **lyuht-nan** / *(3)* (___) **dan luh Kor day Ma-reen_a-may-ree-kuhn. I served three years in the Marine Corps.** J'ai servi trois ans dans le Corps des Marines américains. **Zh'ay ser-vee trwa_z_an dan luh Kor day Ma-reen_a-may-ree-kuhn.**

mark *n (bruise, scar, etc)* marque *f* **mark black-and-blue ~** bleu *m* **bluh kiss ~** *(lipstick)* marque de rouge à lèvres **mark duh roozh_a levr,** *(hickey)* suçon *m* **sew-son**

market *n* marché *m* **mar-shay black ~** marché noir **mar-shay nwar flea ~** (marché aux puces) **(mar-shay o) pews fruit ~** marché aux fruits **mar-shay o frwee local ~** marché local **mar-shay lo-kal open-air ~** marché en plein air **mar-shay an plen_er stock ~** marché boursier **mar-shay boor-syay vegetable ~** marché de vente de légumes **mar-shay duh vant duh lay-gewm**

maroon *adj* bordeaux *m&f* **bor-do**

marriage *n* mariage *m* **ma-ryazh former ~** ex-mariage **eks-ma-ryazh future ~** futur mariage **few-tewr ma-ryazh go into a ~** épouser **ay-poo-zay,** se marier **suh ma-ryay happy ~** mariage heureux **ma-ryazh_z_uh-ruh harmonious ~** mariage harmonieux **ma-ryazh_ar-mo-nyuh lasting ~** mariage *m* qui dure **ma-ryazh kee dewr loveless ~** mariage sans amour **ma-ryazh san_z_a-moor previous ~** précédent mariage **pray-say-dan ma-ryazh strong ~** mariage solide **ma-ryazh so-leed unhappy ~** mariage malheureux **ma-ryazh mal-uh-ruh We have a good marriage.** Nous avons fait un bon mariage. **Noo_z_a-von fay uhn bon ma-ryazh. You and I will have a** *(1)* **beautiful marriage** / *(2)* **wonderful marriage.** Toi et moi allons faire un *(1)* beau mariage. / *(2)* mariage merveilleux. **Twa ay mwa a-lon fer_uhn** *(1)* **bo ma-ryazh.** / *(2)* **ma-ryazh mer-vay-yuh. Have you ever thought about marriage?** *Avez-vous (Fam: As-tu)* déjà songé au mariage? *A-vay-voo (Fam: A-tew)* **day-zha son-zhay o ma-ryazh? I'm (not) ready for marriage.** Je (ne) suis (pas) *prêt (F: prête)* à me marier. **Zhuh (nuh) swee (pa)** *pre (F: pret)* **a muh ma-ryay. I want to have a marriage full of love and harmony.** Je veux faire un mariage plein d'amour et d'harmonie. **Zhuh vuh fer_uhn ma-ryazh pluhn d'a-moor_ay d'ar-mo-nee.**

♦ **married** *adj* marié, -e *m&f* **ma-ryay be ~** être *marié (-e)* **etr ma-ryay decide to get ~** décider de se marier **day-see-day duh suh ma-ryay decide not to get ~** décider de ne pas se marier **day-see-day duh nuh pa suh ma-ryay get ~** se marier **suh ma-ryay happily ~** *heureux (F: heureuse)* en mariage / *uh-ruh (F: uh-ruhz)*_ **an ma-ryazh legally ~** légalement *marié (-es)* **lay-gal-man ma-ryay plan to get ~** planifier de se marier **pla-nee-fyay duh suh ma-ryay want to get ~** vouloir se marier **voo-lwar suh ma-ryay Are you married?** *Etes-vous (Fam: Es-tu)* marié *(-es)*? *Et-voo (Fam: Ay-tew)* **ma-ryay? I'm (not) married.** Je (ne) suis (pas) *marié (-e)*. **Zhuh (nuh) swee (pa) ma-ryay. How long have you been married?** Depuis quand *avez-vous (Fam: as-tu)* été *marié (-es)*? **Duh-pwee kuhn** *a-vay-voo (Fam: a-tew)* **ay-tay ma-ryay? I've been married for** *(number)* **years.** J'ai été *marié (-e)* pendant (___) ans. **Zh'ay ay-tay ma-ryay**

Before e, i, or y, c is pronounced like **s**.

pew-dan_( ) _an **We've been married for** *(number)* **years.** Nous avons été mariés pendant ( ) ans. **Noo_z_a-von ay-tay ma-ryay pan-dan ( ) _an. Let's get married.** On se marie? **On suh ma-ree? Where can we get married?** Où pouvons-nous nous marier? **Oo poo-von-noo noo ma-ryay? What do we have to do to get married?** Que devons-nous faire pour nous marier? **Kuh duh-von-noo fer poor noo ma-ryay?** ♦ **marry** *vt* épouser **ay-poo-zay Will you marry me?** *Voulez-vous (Fam: Veux-tu)* m'épouser? **Voo-lay-voo *(Fam: Vuh-tew)* m'ay-poo-zay? I want to marry you.** Je veux *vous (Fam: t')* épouser. **Zhuh vuh** *voo_z_(Fam:t')* **ay-poo-zay. Yes, I'll marry you.** Oui, je *vous (Fam: t')* épouserai. **Wee, zhuh** *voo_z_(Fam: t')* **ay-pooz-ray. I don't want to marry you.** Je ne veux pas *vous (Fam: t')* épouser. **Zhuh nuh vuh pa** *voo_z_(Fam: t')* **ay-poo-zay. I'm sorry, I can't marry you.** Je suis *désolé (-e)*, je ne peux pas *vous (Fam: t')* épouser. **Zhuh swee day-zo-lay, zhuh nuh puh pa** *voo_z_(Fam: t')* **ay-poo-zay.** ♦ *vi* se marier **suh ma-ryay** ~ **for life** se marier pour toute la vie **suh ma-ryay poor toot la vee I believe a person should marry only for love.** Je pense qu'une personne ne devrait se marier que par amour. **Zhuh pans k'ewn per-son nuh duh-vray suh ma-ryay kuh par_a-moor.**

marsh *n* paludisme *m* **pa-lew-deezm**

marshmallow *n* marshmallow *m* **marsh-ma-lo**

martial arts *n pl* arts *mpl* martiaux **ar mar-syo do** ~ pratiquer les arts martiaux **pra-tee-kay lay_z_ar mar-syo**

marvel *vi* s'émerveiller **s'ay-mer-ve-yay**, être émerveillé **etr_ay-mer-ve-yay I marvel at** *(1)* **the extent of your knowledge.** / *(2)* **your exceptional loveliness.** / *(3)* **your talent.** Je suis *émerveillé (-e)* par *(1)* l'ampleur de *vos (Fam: tes)* connaissances. / *(2) votre (Fam: ta)* beauté exceptionnelle. / *(3) votre (Fam: ton)* talent. **Zhuh swee_z_ay-mer-ve-yay par** *(1)* **l'an-pluhr duh** *vo (Fam: tay)* **ko-nay-sans.** / *(2) votr (Fam: ta)* **bo-tay ek-sep-syo-nel.** / *(3) votr (Fam: ton)* **ta-lan.** ♦ **marvelous** *adj* merveilleux, merveilleuse *m&f* **mer-vay-yuh, -yuhz How marvelous!** Qu'est-ce que c'est merveilleux! **K'es kuh s'ay mer-vay-yuh! What a marvelous idea!** Quelle idée merveilleuse! **K'el_ee-day mer-vay-yuhz! That would be marvelous.** Ça serait merveilleux. **Sa suh-ray mer-vay-yuh. You have marvelous taste.** *Vous avez (Fam: Tu as)* très bon goût. *Voo_z_a-vay (Fam: Tew a)* **tre bon goo.** *(1)* **I** / *(2)* **We had a marvelous time.** *(1)* J'ai... / *(2)* Nous avons... passé un très bon moment. *(1)* **Zh'ay...** / *(2)* **Noo_z_ a-von... pa-say uhn tre bon mo-man.** ♦ **marvelously** *adv* merveilleusement **mer-vay-yuhz-man**, à merveille **a mer-vey**

mascara *n* mascara *m* **mas-ka-ra**

masculine *adj* masculin, -e *m&f* **mas-kew-luhn, -leen**

mask *n* masque *m* **mask** **ski** ~ masque *f* de ski **mask duh skee wear a** ~ porter un masque **por-tay uhn mask** ♦ **masquerade** *n* bal *m* masqué **bal mas-kay** ~ **party** soirée *f* masquée **swa-ray mas-kay**

mass *n* 1. *(great amount)* masse *f* **mas**; 2. *(Catholic)* messe *f* **mes**

massage *vt* masser **ma-say Let me (gently) massage your** *(1)* **back.** / *(2)* **legs.** / *(3)*

Numbers in French are given on pages 519-520.

massage   **match**

neck. / *(4)* **shoulders**. *Permettez (Fam: Permets)-moi de vous (Fam: te) masser (doucement) (1) le dos. / (2) les jambes. / (3) le cou. / (4) les épaules. Per-may-tay (Fam: Per-may)-***mwa duh** *voo (Fam: tuh)* **ma-say (doos-ma**n**)** *(1)* **luh do.** */ (2)* **lay zha**n**b.** */ (3)* **luh koo.** */ (4)* **lay_z_ay-pol.** ♦ **massage** *n* massage *m* **ma-sazh foot** ~ massage des pieds **ma-sazh day pyay full body** ~ massage du corps entier **ma-sazh dew kor_a**n**-chyay gentle** ~ massage délicat **ma-sazh day-lee-ka give a** ~ faire un massage **fer_uh**n **ma-sazh** ~ **parlor** salon *m* de massage **sa-lo**n **duh ma-sazh thorough** ~ massage complet **ma-sazh ko**n**-play Let me give you a real nice massage.** *Permettez (Fam: Permets)-moi de vous (Fam: te)* faire un bon massage. *Per-may-tay (Fam: Per-may)-***mwa duh** *voo (Fam: tuh)* **fer_uh**n **bo**n **ma-sazh. Would you like a massage?** *Aimeriez-vous (Fam: Aimerais-tu)* un massage? *Ay-muh-ryay-voo (Fam: Em-ray-tew)* **uh**n **ma-sazh?**
♦ **masseur** *n* masseur *m* **ma-suhr** ♦ **masseuse** *n* masseuse *f* **ma-suhz**
mast *n* mât *m* **ma**
master *vt* dominer **do-mee-nay**, maîtriser **may-tree-zay**, dompter **do**n**(p)-tay I'm sure you could master** *(1)* **English /** *(2)* **it in no time.** Je suis *sûr (-e)* que *vous pouvez (Fam: tu peux)* maîtriser *(1)* l'anglais… / *(2)* ça… très rapidement. **Zhuh swee sewr kuh** *voo poo-vay (Fam: tew puh)* **may-tree-zay** *(1)* **l'a**n**-glay…. /** *(2)* **sa… tre ra-peed-ma**n**.** ♦ *n* 1. *(expert)* maître, maîtresse *m&f* **metr, may-tress**; 2. *(head)* patron, -ne *m&f* **pa-tro**n**, -tron**, chef *m&f* **shef** ♦ **masterful** *adj* magistral, -e *m&f* **ma-zhees-tral**, autoritaire *m&f* **o-to-ree-ter** ♦ **masterpiece** *n* chef-d'œuvre *m* **shay-d'uhvr**, œuvre *f* d'art **uhvr(uh) d'ar I love to look at the old masterpieces.** J'aime comtempler les anciennes œuvres d'art. **Zh'em ko**n**-ta**n**-play lay_z_a**n**-syen_z_uhvr(uh) d'ar. That's truly a masterpiece.** Quel chef d'œuvre! **Kel shay d'uhvr!** ♦ **mastery** *n* maîtrise *f* **may-treez**, control *m* **ko**n**-trol**, suprématie *f* **sew-pray-ma-see You have a real mastery of the** *(1)* **game. /** *(2)* **sport.** *Vous excellez (Fam: Tu excelles)* à merveille dans *(1)* le jeu. / *(2)* le sport. *Voo ek-say-lay (Fam: Tew ek-sel)_***a mer-vey da**n *(1)* **luh zhuh. /** *(2)* **luh spor.**
mat *n (camping)* natte *f* **nat**, petit tapis *m* **puh-tee ta-pee exercise** ~ tapis *m* **ta-pee**
match *vt* 1. *(compare with, equal)* égaler **ay-ga-lay**; 2. *(go with)* aller ensemble **a-lay a**n**-sanbl**; 3. *(correspond to)* correspondre à **ko-res-pondr_a** ~ **up** *(introduce, bring together)* faire rencontrer **fer ra**n**-ko**n**-tray**, mettre en relation **metr_a**n **ruh-la-syo**n **No one can match you (in any way).** Personne ne *vous (Fam: t')* arrive à la cheville (quoique l'on en dise). **Per-son nuh voo_z_(Fam: t')_a-reev_a la shuh-veey(uh) (kwa-kuh l'o**n**_a**n **deez). I know someone** *(1)* **I /** *(2)* **we could match you up with.** Je connais quelqu'un à qui *(1)* je pourrais… / *(2)* nous pourrions… *vous (Fam: te)* présenter. **Zhuh ko-nay kel-kuh**n **a kee** *(1)* **zhuh poo-ray /** *(2)* **noo poo-ryo**n**…** *voo (Fam: tuh)* **pray-za**n**-tay.** ♦ *n* 1. *(contest)* partie *f* **par-tee**, rencontre *f* **ra**n**-kontr**, match *m* **mach**; 2. *(suitable mate)* compagnon *m* **ko**n**-pa-nyo**n, âme-sœur *f* **am-suhr**; 3. *(for lighting fire)* allumette *f* **a-lew-met book of ~es** paquet d'allumettes **pa-kay d'a-lew-met box of ~es** boite *f* d'allumettes **bwat d'a-lew-met boxing** ~ rencontre de boxe

---

Learn a new French phrase every day! Subscribe to the free **Daily Dose of French**, *www.phrase-books.com.*

matchmaker 244 **matter**

ra**n**-ko**n**tr duh boks **ice hockey** ~ tournoi de hockey sur glace **toor-nwa duh o-kay sewr glas** ~ **point** points *mpl* de match **pwuh**n **duh mach soccer** ~ match de football **mach duh foot-bol tennis** ~ match de tennis **mach duh tay-nees wrestling** ~ partie de bras de fer **par-tee duh bra duh fer Would you like to go to a** *(name of sport)* **match (with me)?** *Aimeriez-vous (Fam: Aimerais-tu)* venir à un match de *(____)* (avec moi)? *Ay-muh-ryay-voo (Fam: Em-ray-tew)* **vuh-neer_a uh**n **mach duh (____) (a-vek mwa)? Do you have any matches?** *Avez-vous (Fam: As-tu)* des allumettes? *A-vay-voo (Fam: A-tew)* **day_z_a-lew-met? Don't forget to bring matches.** N'*oubliez (Fam: oublie)* pas d'emporter des allumettes. **N'***oo-blee-yay (Fam: oo-blee)* **pa d'a**n**-por-tay day_z_a-lew-met.** ♦ **matchmaker** *n* agent *m* matrimonial **a-zha**n **ma-tree-mo-nyal**, agent de rencontre **a-zha**n **duh ra**n**-ko**n**tr** ♦ **matchmaking** *n* rencontres **ra**n**-ko**n**tr My friend is all alone. How good are you at matchmaking?** Mon *ami (F: amie)* est *tout seul (F: toute seule)*. Seriez-vous *(Fam: Serais-tu)* capable de lui trouver quelqu'un? **Mo**n**_a-mee ay** *too suhl (F: toot suhl)*. *Suh-ryay-voo (Fam: Suh-ray-tew)* **ka-pabl duh lwee troo-vay kel-k'uh**n**?**

mate *n* ami, -e *m&f* **a-mee**, pote *m&f* **pot classmate** camarade *m&f* de classe **ka-ma-rad duh klas roommate** colocataire *m&f* **ko-lo-ka-ter**

material *n* 1. matériel *m* **ma-tay-ryel**; 2. *(fabric)* matériaux *mpl* **ma-tay-ryo** ♦ **materialist** *n* matérialiste *m&f* **ma-tay-rya-leest** ♦ **materialistic** *adj* matérialiste *m&f* **ma-tay-rya-leest**

matter *vi* importer **uh**n**-por-tay**, avoir de l'importance **a-vwar duh l'uh**n**-por-ta**n**s** *(1,2)* **It doesn't matter.** *(1)* Ça n'a pas d'importance. / *(2)* Ça n'importe peu. / *(1)* **Sa n'a pa d'uh**n**-por-ta**n**s.** / *(2)* **Sa n'uh**n**-port puh**. **Nothing matters except being with you.** Rien n'a d'importance, hormis être avec *vous (Fam: toi)*. **Ryuh**n **n'a d'uh**n**-por-ta**n**s, or-mee etr_a-vek** *voo (Fam: twa)*. ♦ *n (question, subject)* question *f* **kes-chyo**n, matière *f* **ma-chyer**; terme *m* **term**; *(affair)* affaire *f* **a-fer**, fait *m* **fay**, raison *m* **ray-zo**n **another** ~ une autre raison **ewn_otr ray-zo**n **business** ~**s** affaires **a-fer complicated** ~ affaire *f* compliquée **a-fer ko**n**-plee-kay confidential** ~ affaire *f* confidentielle **a-fer ko**n**-fee-da**n**-syel delicate** ~ affaire *f* délicate **a-fer day-lee-kat different** ~ affaire différente **a-fer dee-fay-ra**n**t financial** ~**s** affaires financières **a-fer fee-na**n**-syer important** ~ affaire importante **a-fer_uh**n**-por-ta**n**t no laughing** ~ affaire sérieuse **a-fer say-ryuhz personal** ~ affaire personnelle **a-fer per-so-nel private** ~ affaire privée **a-fer pree-vay serious** ~ affaire sérieuse **a-fer say-ryuhz simple** ~ affaire simple **a-fer suh**n**pl small** ~ affaire de moindre importance **a-fer duh mwuh**n**dr_uh**n**-por-ta**n**s urgent** ~ affaire urgente **a-fer ewr-zha**n**t** *(1)* **I** / *(2)* **We have some (personal) matters to take care of.** *(1)* Je dois… / *(2)* Nous devons… régler certaines affaires (de nature personnelle). *(1) Zhuh dwa… / (2) Noo duh-vo*n*… ray-glay ser-ten_z_a-fer (duh na-tewr per-so-nel).* **There's an** *(1)* **important** / *(2)* **urgent matter** *(3)* **I** / *(4)* **we have to take care of.** Il y a une *(1)* affaire importante… / *(2)* urgence… que *(3)* je dois… / *(4)* nous devons… régler. **Eel_ee_y_a ewn** *(1)* **a-fer_uh**n**-por-ta**n**t…** / *(2)* **ewr-zha**n**s… kuh** *(3)* **zhuh dwa…**

Final consonants of words are often not pronounced, but usually run together with next words that start with vowels.

/ *(4)* **noo duh-vo<u>n</u>… ray-glay**. **What's the matter (with you)?** Quel est *votre (Fam: ton)* problème? **Kel_ay** *votr (Fam: to<u>n</u>)* **pro-blem?** **Tell me what the matter is.** *Dites (Fam: Dis)*-moi de quoi il s'agit. *Deet (Fam: Dee)*-**mwa duh kwa eel s'a-zhee**. **Nothing is the matter.** Il n'y a aucun problème. **Eel n'ee_y_a o-kuh<u>n</u> pro-blem.** **I don't know what's the matter.** Je ne vois pas quel est le problème. **Zhuh nuh vwa pa kel_ay luh pro-blem.** **Something's the matter with** *(1)* **the engine.** / *(2)* **this.** Il y a un problème avec *(1)* le moteur. / *(2)* cela. **Eel_ee_y_a uh<u>n</u> pro-blem a-vek** *(1)* **luh mo-tuhr.** / *(2)* **suh-la.** **As a matter of fact,** *(1)* **yes.** / *(2)* **no.** En fait, *(1)* oui. / *(2)* non. **A<u>n</u> fay,** *(1)* **wee.** / *(2)* **no<u>n</u>.** **No matter what I do, no matter where I go, I think of you.** Peu importe ce que je fais, peu importe où je vais, je pense à *vous (Fam: toi)*. **Puh uh<u>n</u>-port suh kuh zhuh fay, puh uh<u>n</u>-port oo zhuh vay, zhuh pa<u>n</u>s_a** *voo (Fam: twa)*.

mattress *n* matelas *m* **mat-la** **air** ~ matelas pneumatique **mat-la pnuh-ma-teek** **inflate the air** ~ gonfler le matelas **go<u>n</u>-flay luh mat-la** **Do you have a pump for the air mattress?** *Avez-vous (Fam: As-tu)* une pompe *f* pour gonfler le matelas? *A-vay-voo (Fam: A-tew)* **ewn po<u>n</u>p poor go<u>n</u>-flay luh mat-la?**

mature *adj* mature *m&f* **ma-tewr**

maximum *n* maximum *m* **mak-see-mom** **to the** ~ au maximum **o mak-see-mom**

may *aux v* 1. *(permission)* pouvoir **poo-vwar**; 2. *(possibility)* il se peut **eel suh puh** *(1,2)* **May I?** *(1)* Est-ce que je peux? **Es kuh zhuh puh?** / *(2)* Permettez-moi *(Fam: Permets-moi)*. *Per-may-tay-mwa (Fam: Per-may-mwa).* **May I** *(1)* **borrow your magazine?** / *(2)* **come in?** / *(3)* **have a look?** / *(4)* **join you?** Puis-je *(1)* emprunter *votre (Fam: ton)* magazine? / *(2)* entrer? / *(3)* jeter un coup d'œil? / *(4)* me joindre à *vous (Fam: toi)*? **Pwee-zh** *(1)* **a<u>n</u>-pruh<u>n</u>-tay** *votr (Fam: to<u>n</u>)* **ma-ga-zeen?** / *(2)* **a<u>n</u>-tray?** / *(3)* **zhuh-tay uh<u>n</u> koo d'uhy?** / *(4)* **muh zhwuh<u>n</u>dr_a** *voo (Fam: twa)*? *(1)* **I** / *(2)* **We may have to leave tomorrow.** Il se peut que *(1)* je doive… / *(2)* nous devions… partir demain. **Eel suh puh kuh** *(1)* **zhuh dwav…** / *(2)* **noo duh-vyo<u>n</u>… par-teer duh-muh<u>n</u>.**

May *n* mai **may in** ~ en mai **a<u>n</u> may on** ~ **first** le premier mai **luh pruh-myay may since** ~ depuis mai **duh-pwee may**

maybe *adv* peut-être **puh_t-etr**, possiblement **po-see-bluh-ma<u>n</u>** **Maybe I will and maybe I won't.** Peut-être que oui, peut-être que non. **Puh_t-etr kuh wee, pu_t-etr kuh no<u>n</u>.**

MBA *abbrev* = **Master of Business Administration** MBA, Master *m* Affaires et Administration **Em-Bee-Yay, Mas-tuhr A-fer_ay Ad-mee-nees-tra-syo<u>n</u>**

me *obj pron* moi **mwa** **for** ~ pour moi **poor mwa** **to** ~ à moi, pour moi **a mwa, poor mwa with** ~ avec moi **a-vek mwa** **It's me.** C'est moi. **S'ay mwa.**

meadow *n* pré *m* **pray**

meal *n* repas *m* **ruh-pa**

mean *adj* 1. *(bad, cruel)* méchant, -e *m&f* **may-sha<u>n</u>, -sha<u>n</u>t**; 2. *(stingy)* avare *m&f* **a-var** **Don't be (so) mean (to me).** Ne *soyez (Fam: sois)* pas (aussi) *méchant (F: méchante)* (avec moi). **Nuh swa-yay (Fam: swa) pa (_z o-see)** *may-sha<u>n</u> (F: may-sha<u>n</u>t)* **(a-vek mwa).** **Why are you so mean to me?** Pourquoi *êtes-vous*

All syllables of a French word have equal stress.
The last word in a group has a little more.

(Fam: es-tu) si *méchant (F: méchante)* avec moi? **Poor-kwa** *et-voo (Fam: ay-tew)* **see** *may-shan (F: may-shant)* **a-vek mwa?** **That was a mean thing to do.** C'était vraiment méchant de faire ça. **S'ay-tay vray-man may-shan duh fer sa.**
♦ **mean** *vt* 1. *(have meaning)* signifier **see-nee-fyay**, vouloir dire **voo-lwar deer**; 2. *(intend)* avoir l'intention **a-vwar l'uhn-tan-syon**; 3. *(have in mind)* avoir l'intention **a-vwar l'uhn-tan-syon**; 4. *(say seriously)* être *sérieux (F: sérieuse)* **etr** *say-ryuh (F: say-ryuhz)* **What does (1) this / (2) that mean?** *(1,2)* Qu'est-ce que ça veut dire? *(1,2)* **K'es kuh sa vuh deer? Can you tell me what this means?** *Pouvez-vous (Fam: Peux-tu)* me dire ce que cela signifie? **Poo-vay-voo** *(Fam: Puh-tew)* **muh deer suh kuh suh-la see-nee-fee?** **(1) This / (2) That means...** *(1)* Ceci / *(2)* Cela signifie... *(1)* **Suh-see... / (2) Suh-la... see-nee-fee... Do you understand what I mean?** Est-ce que *vous comprenez (Fam: tu comprends)* ce que je veux dire? **Es kuh** *voo kon-pruh-nay (Fam: tew kon-pran)* **suh kuh zhuh vuh deer? I (don't) understand what you mean.** Je (ne) comprends (pas) ce que *vous voulez (Fam: tu veux)* dire. **Zhuh (nuh) kon-pran (pa) suh kuh** *voo voo-lay (Fam: tew vuh)* **deer. What do you mean?** Qu'est-ce que *vous voulez (Fam: tu veux)* dire? **K'es kuh** *voo voo-lay (Fam: tew vuh)* **deer? I mean...** Je veux dire... **Zhuh vuh deer... Do you mean it?** Est-ce que *vous êtes (Fam: tu es)* sérieux *(F: sérieuse)*? **Es kuh** *voo_z_et (Fam: tew ay) say-ryuh (F: say-ryuhz)*? **I (don't) mean it.** Je (ne) suis (pas) *sérieux (F: sérieuse)*. **Zhuh (nuh) swee (pa)** *say-ryuh (F: say-ryuhz)*. ♦ **meaning** *n* signification *f* **see-nee-fee-ka-syon**, sens *m* **sans** **double** ~ double sens **doobl sans** **have** ~ avoir du sens **a-vwar dew sans** **hidden** ~ sens caché **sans ka-shay** **important** ~ signification *f* importante **see-nee-fee-ka-syon uhn-por-tant** **real** ~ sens réel **sans ray-el** **secret** ~ sens *m* caché **sans ka-shay** **true** ~ sens *m* véritable **sans vay-ree-tabl**
♦ **meaningful** *adj (important, worthwhile)* signifiant, -e *m&f* **see-nee-fyan, -fyant**, valide *m&f* **va-leed**, important, -e *m&f* **uhn-por-tan, -tant** ♦ **meaningless** *adj* 1. *(not important)* insignifiant, -e *m&f* **uhn-see-nee-fyan, -fyant**; 2. *(non understandable)* dépourvu de sens **day-poor-vew duh sans**

means *n pl (way, method)* moyen *m* **mwa-yuhn**, mode *m* **mod**, méthode *f* **may-tod** **by all** ~**s** par tous les moyens **par too lay mwa-yuhn** **by** ~**s of** grâce à **gras_a** **by no** ~**s** en aucun cas **an_o-kuhn ka**

meantime *n* entre-temps *m* **an-truh-tan** **in the** ~ pendant ce temps **pan-dan suh tan**

meanwhile *adv* en attendant **an_a-tan-dan**

measure *n* mesure *f* **muh-zewr** **beyond** ~ démesurément **day-muh-zew-ray-man** **precautionary** ~**s** mesures de précaution **muh-sewr duh pray-ko-syon**

meat *n* viande *f* **vyand** *(1)* **I** / *(2)* **We don't eat meat.** *(1)* Je ne mange... / *(2)* Nous ne mangeons... pas de viande. *(1)* **Zhuh nuh manzh... / (2) Noo nuh man-zhon... pa duh vyand.**

mechanic *n* mécanicien, -ne *m&f* **may-ka-nee-syuhn, -syen** **Where's a good mechanic?** Où puis-je trouver un bon mécanicien? **Oo pwee-zh troo-vay uhn bon may-ka-nee-syuhn?** ♦ **mechanical** *adj* mécanique *m&f* **may-ka-neek**
♦ **mechanism** *n* mécanisme *m* **may-ka-neezm**

---

ew *sounds similar to the "ew" in "pew"*

medal *n* médaille *f* may-daee **You deserve a medal (for that).** *Vous méritez (Fam: Tu mérites)* une médaille (pour ça). *Voo may-ree-tay (Fam: Tew may-reet)* **ewn may-daee (poor sa).**

medical *adj* médical, -e *m&f* may-dee-kal ♦ **medicine** *n* 1. *(field)* médecine *f* med-seen; 2. *(pharm.)* traitement *m* tret-man, médicament *m* may-dee-ka-man **allergy** ~ traitement contre les allergies **tret-man kontr lay_z_a-ler-zhee** **(anti-)diarrhea** ~ traitement anti-diarrhée **tret-man an-tee-ja-ray** **blood sugar** ~ médicament pour contrôler le taux de sucre dans le sang **may-dee-ka-man poor kon-tro-lay luh to duh sewkr dan luh san** **cold sore** ~ traitement contre les boutons de fièvre **tret-man kontr lay boo-ton duh fyevr** **cough** ~ médicament *m* contre la toux **may-dee-ka-man kontr la too** **flu** ~ médicament contre la grippe **may-dee-ka-man kontr la greep** **heart** ~ traitement pour le cœur **tret-man poor luh kuhr** **sore throat** ~ médicament contre le mal de gorge **may-dee-ka-man kontr luh mal duh gorzh**

mediocre *adj* médiocre *m&f* may-jokr

meditate *vi* méditer may-dee-tay **Are you meditating? About me?** A quoi penses-tu? A moi? **A kwa pans-tew? A mwa?** ♦ **meditation** *n* méditation *f* may-dee-ta-syon,

Mediterranean *adj* méditerranéen, -ne *m&f* may-dee-tay-ra-nay-uhn, -en ♦ *n (sea)* Méditerranée May-dee-tay-ra-nay

medium *adj* moyen, -ne *m&f* mwa-yuhn, -yen ~ **build** de corpulence *f* moyenne **duh kor-pew-lanss mwa-yen** ~ **height** *(1) (person)* de taille moyenne / *(2) (thing)* de hauteur *f* moyenne *(1)* **duh taee mwa-yen** / *(2)* **duh o-tuhr mwa-yen**

meet *vt* 1. *(encounter)* rencontrer ran-kon-tray; 2. *(become acquainted with)* faire connaissance fer ko-nay-sans, rejoindre ruh-zhwuhndr **I don't believe I've met you. My name is _(name)_.** Je ne pense pas *vous (Fam: t')* avoir déja rencontré. Je m'appelle (___). **Zhuh nuh pans pa voo_z_(Fam: t')_a-vwar day-zha ran-kon-tray. Zhuh m'a-pel (___).** **It's a (real) pleasure to meet you.** C'est un (immense) plaisir de faire *votre (Fam: ta)* connaissance. **S'ay uhn (_ee-mans) play-zeer duh fer** *votr (Fam: ta)* **ko-nay-sans.** **I'm (very) / (2) happy / (3) pleased to meet you.** Je suis (très) *(1)* content (F: contente) / *(2)* heureux (F: heureuse) / *(3)* enchanté (-e) de faire *votre (Fam: ta)* connaissance. **Zhuh swee (tre)** *(1)* **kon-tan (F: kon-tant)...** / *(2)* **uh-ruh (F: uh-ruhz)...** / *(3)* **an-shan-tay... duh fer** *votr (Fam: ta)* **ko-nay-sans.**

    I want you to meet my... Je veux que *vous rencontrez (Fam: tu rencontres)* ... **Zhuh vuh kuh voo ran-kon-tray (Fam: tew ran-kontr)...**

        ...boyfriend. ...mon petit ami. **...mon puh-tee_t-a-mee**.
        ...brother. ...mon frère. **...mon frer.**
        ...children. ...mes enfants. **...may_z_an-fan.**
        ...daughter. ...ma fille. **...ma feey(uh).**
        ...father. ...mon père. **...mon per.**
        ...fiancé. ...mon fiancé. **...mon fee-yan-say.**
        ...fiancée. ...ma fiancée. **...ma fee-yan-say.**

Numbers in parentheses always signal choices.

| meet | 248 | meet |

    ...**friend.** ...mon *ami (-e)*. **...mon a-mee.**
    ...**friends.** ...mes *ami(e)s*. **...may_z_a-mee.**
    ...**girlfriend.** ...ma petite amie. **...ma puh-tee_t-a-mee.**
    ...**husband.** ...mon mari. **...mon ma-ree.**
    ...**mother.** ...ma mère. **...ma mer.**
    ...**parents.** ...mes parents. **...may pa-ran.**
    ...**sister.** ...ma sœur. **...ma suhr.**
    ...**son.** ...mon fils. **...mon per.**
    ...**wife.** ...ma femme. **...ma fam.**

I was hoping I could meet you. J'esperais que je pourrais *vous (Fam: te)* rencontrer. **Zh'es-pay-ray kuh zhuh poo-ray** *voo (Fam: tuh)* **ran-kon-tray.**
(1) Where... / (2) What time... shall (3) I / (4) we meet you? *(1)* Où... / *(2)* A quelle heure... *(3)* puis-je... / *(4)* pouvons-nous... *vous (Fam: te)* donner rendez-vous? *(1)* **Oo...** / *(2)* **A kel_uhr...** *(3)* **pwee-zh...** / *(4)* **poo-von-noo...** *voo (Fam: tuh)* **do-nay ran-day-voo?**

    I'll meet you... Je *vous (Fam: te)* donne rendez-vous... **Zhuh** *voo (Fam: tuh)* **don ran-day-voo...**
    We'll meet you... Nous *vous (Fam: te)* donnons rendez-vous... **Noo** *voo (Fam: tuh)* **do-non ran-day-voo...**
    Meet *(1)* me / *(2)* us... Rejoins *(1)* -moi / *(2)* -nous... **Ruh-zhwuhn *(1)* -mwa / *(2)* -noo...**
        ...**at the corner of** *(name)* **and** *(name)* **streets.** ...à l'angle de (___) et (___). **...a l'angl duh (___) ay (___).**
        ...**at the airport.** ...à l'aéroport. **...a l'a-ay-ro-por.**
        ...**at the bus station.** ...à la gare routière. **...a la gar roo-chyer.**
        ...**at the train station.** ...à la gare. **...a la gar.**
        ...**at** *(time)*. ...à (___). **...a (___).**
        ...**at your place.** ...à *votre (Fam: ta)* maison. **...a** *votr (Fam: ta)* **may-zon.**
        ...**by the entrance to the Opera House.** ...à l'entrée de l'opéra. **...a l'an-tray duh l'o-pay-ra.**
        ... **in front of the metro station.** ...en face de la station de métro. **...an fas duh la sta-syon duh may-tro.**
        ...**in the hotel lobby.** ...dans le hall d'entrée de l'hôtel. **...dan luh ol d'an-tray duh l'o-tel.**
        ...**right here.** ...ici. **...ee-see.**
        ...**right over there.** ...là-bas. **...la-ba.**

Would it be possible to meet you... Serait-il possible de *vous (Fam: te)* rencontrer... **Suh-ray_t-eel po-seebl duh** *voo (Fam: tuh)* **ran-kon-tray...**
        ...**this afternoon?** ...cet après-midi? **...set_a-pre-mee-dee?**
        ...**this evening?** ...ce soir? **...suh swar?**
        ...**tonight?** ...cette nuit? **...set nwee?**
        ...**tomorrow...** ...demain... **...duh-muhn...**
            ...**morning?** ...matin? **...ma-tuhn?**

A phrasebook makes a great gift!
See order information on page 552.

...afternoon? …après-midi? **…a-pre-mee-dee?**
...evening)? / …soir? **…swar?**
...after work? …après le travail? **…a-pre luh tra-vaee?**
...after you get off work? …dès que *vous finissez (Fam: tu finis)* le travail? **…de kuh** *voo fee-nee-say (Fam: tew fee-nee)* **luh tra-vaee?**
I want (very much) to meet you again. Je veux (vraiment) *vous (Fam: te)* revoir. **Zhuh vuh (vray-man)** *voo (Fam: tuh)* **ruh-vwar.** ♦ **meet** *vi* 1. *(encounter)* se rencontrer **suh ran-kon-tray**, se voir **suh vwar**; 2. *(become acquainted)* faire connaissance **fer ko-nay-sans** **I'm** *([1]* **really** / *[2]* **very)** *(3)* **glad** / *(4)* **happy (that) we met.** Je suis *([1]* vraiment / *[2]* très) *(3)* content *(F: contente)* / *(4)* heureux *(F: heureuse)* de faire *votre (Fam: ta)* connaissance. **Zhuh swee *([1]* vray-man** / *[2]* **tre)** *(3)* **kon-tan** *(F: kon-tant)* / *(4)* **uh-ruh** *(F: uh-ruhz)* **duh fer** *votr (Fam: ta)* **ko-nay-sans. Haven't we met before?** On ne s'est pas déjà rencontré? **On nuh s'ay pa day-zha ran-kon-tray? Didn't we meet at** *(place)***?** On ne s'est pas déjà rencontré à (___)? **On nuh s'ay pa day-zha ran-kon-tray a (___)? We met at** *(place)***.** On s'est rencontré à (___). **On s'ay ran-kon-tray a (___).** *(1)* **Where…** / *(2)* **What time… shall we meet?** *(1)* Où… / *(2)* A quelle heure… peut-on se donner rendez-vous? *(1)* **Oo…** / *(2)* **A kel_uhr… puh_t-on suh do-nay ran-day-voo?**

Let's meet… Donnons-nous rendez-vous… **Do-non-noo ran-day-voo…**
We'll meet... On se donne rendez-vous… **On suh don ran-day-voo…**
  ...at the corner of *(name)* **and** *(name)* **streets.** …à l'angle de (___) et (___). **…a l'angl duh (___) ay (___).**
  ...at the airport. …à l'aéroport. **…a l'a-ay-ro-por.**
  ...at the bus station. …à la gare routière. **…a la gar roo-teeyer.**
  ...at the train station. …à la gare. **…a la gar.**
  ...at *(time)***.** …à (___). **…a (___).**
  ...at your place. …à *votre (Fam: ta)* maison. **…a** *votr (Fam: ta)* **may-zon.**
  ...by the entrance to the Opera House. …à l'entrée de l'opéra. **…a l'an-tray duh l'o-pay-ra.**
  ... in front of the metro station. …en face de la station de métro. **…an fas duh la sta-syon duh may-tro.**
  ...in the hotel lobby. …dans le hall d'entrée de l'hôtel. **…dan luh ol d'an-tray duh l'o-tel.**
  ...right here. …ici. **…ee-see.**
  ...right over there. …là-bas. **…la-ba.**
I hope we'll meet again soon. J'espère que l'on se reverra bientôt. **Zh'es-per kuh l'on suh ruh-vay-ra byuhn-to.** ♦ *n (competition)* rencontre *f* **ran-kontr** **swim ~** rencontre *f* de natation **ran-kontr duh na-ta-syon** **track ~** rencontre d'athlétisme **ran-kontr d'at-lay-teezm** ♦ **meeting** *n* réunion *f* **ray-ew-nyon** **arrange a ~** organiser une réunion **or-ga-nee-zay ewn ray-ew-nyon** **attend a ~** aller à une réunion **a-lay a ewn ray-ew-nyon** **brief ~** réunion brève **ray-ew-nyon brev** **business ~** réunion d'affaire **ray-ew-nyon d'a-fer** **cancel our ~**

Articles: m = le, f = la, mpl − les, fpl − les

annuler notre réunion **a-new-lay la ray-ew-nyon** **first ~** première réunion **pruh-myer ray-ew-nyon** **go to a ~** aller à la réunion **a-lay a la ray-ew-nyon** **last ~** dernière réunion **der-nyer ray-ew-nyon** **next ~** prochaine réunion **pro-shen ray-ew-nyon** **postpone our ~** reporter notre réunion **ruh-por-tay notr ray-ew-nyon** **previous ~** réunion précédente **ray-ew-nyon pray-say-dant** **I look forward to our meeting.** J'attends avec impatience notre réunion. **Zh'a-tan a-vek_uhn-pa-syans notr ray-ew-nyon.**

melancholic, melancholy *adj* mélancolique *m&f* **may-lan-ko-leek**, triste *m&f* **treest** ♦ **melancholy** *n* mélancolie *f* **may-lan-ko-lee**, tristesse *f* **trees-tes**

melodic *adj* mélodieux, mélodieuse *m&f* **may-lo-juh, -juhz** **Your (1) name / (2) voice has a melodic quality to it.** J'aime la tonalité de *(1) votre (Fam: ton)* nom *(2) votre (Fam: ta)* voix. **Zh'em la to-na-lee-tay duh** *(1) votr (Fam: ton)* **non.** */ (2) votr (Fam: ta)* **vwa.** ♦ **melody** *n* mélodie *f* **may-lo-dee** **That's a (1) beautiful / (2) nice melody, isn't it?** C'est une *(1)* belle */ (2)* jolie mélodie, n'est-ce pas? **S'ay_t_ewn** *(1)* **bel** */ (2)* **zho-lee may-lo-dee, n'es pa?**

melt *vt* fondre **fondr** ♦ *vi* fondre **fondr**, se liquéfier **suh lee-kay-fyay**

member *n* membre *m&f* **manbr** **become a ~** devenir membre **duh-vuh-neer manbr** **club ~** membre du club **manbr dew kluhb** **family ~** membre de la famille **manbr duh la fa-meey(uh)** **Members only.** Réservé aux membres. **Ray-ser-vay o manbr.** **How do I become a member?** Que dois-je faire pour devenir membre? **Kuh dwa-zh fer poor duhv-neer manbr?** **How do we become members?** Que devons-nous faire pour devenir membre? **Kuh duh-von-noo fer poor duhv-neer manbr?** **You have to be a member.** *Vous devez (Fam: Tu dois)* être membre. *Voo duh-vay (Fam: Tew dwa)* **z_etr manbr.** ♦ **membership** *n* adhésion *m* (à un club) **a-day-zyon (a uhn kluhb)** **apply for ~** adhérer **a-day-ray** ~ **application** demande d'adhésion **duh-mand d'a-day-zyon** ~ **card** carte *f* d'adhérant **kart d'a-day-ran** ~ **fee** frais *mpl* d'adhésion **fray d'a-day-zyon**

memento *n* souvenir *m* **soov-neer** **Thank you for the memento.** Merci pour ce moment inoubliable. **Mer-see poor suh mo-man ee-noo-blee-yabl.** **Here is a little memento that I want you to have.** Voici un petit cadeau souvenir que je veux que *vous ayez (Fam: tu aies)*. **Vwa-see uhn puh-tee ka-do kuh zhuh vuh kuh** *voo_z_ay-yay (Fam: tew ay)*.

memoirs *n pl* mémoires *mpl* **may-mwar** ♦ **memorable** *adj* mémorable *m&f* **may-mo-rabl** ♦ **memorial** *n* monument *m* **mo-new-man**, mémorial *m* **may-mo-ryal** **war ~** mémorial de guerre **may-mo-ryal duh ger** ♦ **memorize** *vt* mémoriser **may-mo-ree-zay**, retenir **ruh-tuh-neer**, apprendre **a-prandr** **Don't worry, I've already got it permanently memorized.** Ne *vous inquiétez (Fam: t'inquiète)* pas, je l'ai déjà retenu. **Nuh** *voo_z_uhn-kyay-tay (Fam: t'uhn-kyet)* **pa, zhuh l'ay day-zha ruh-tuh-new.** ♦ **memory** *n* 1. *(ability)* mémoire *f* **may-mwar**; 2. *(recollection)* souvenir *m* **soov-neer** **awaken ~ies** raviver des souvenirs **ra-vee-vay day soov-neer** **bad ~ies** mauvais souvenirs **mo-vay soov-neer** **beautiful ~ies** souvenirs *mpl* merveilleux **soov-neer mer-vay-yuh** **bitter ~ies** souvenirs amers **soov-neer a-mer** **bring back ~ies** se rappeler des souvenirs **suh ra-play**

In the pronunciation **n** *stands for a nasalized* **n**.

day **soov-neer** cherish the ~ entretenir le souvenir **an-truht-neer luh soov-neer** **childhood ~ies** souvenirs d'enfance **soov-neer d'an-fans** **distant ~ies** souvenirs lointains **soov-neer lwuhn-tuhn** **exciting ~ies** souvenirs *mpl* passionnants **soov-neer pa-syo-nan** **fond ~ies** agréables souvenirs **a-gray-abl soov-neer** **good ~ies** bons souvenirs **bon soov-neer** **good ~** *(ability to remember)* bonne mémoire **bon may-mwar** **happy ~ies** souvenirs joyeux **soo-vuh-neer zhwa-yuh** **lousy ~** *(ability to remember)* mauvaise mémoire **mo-vez may-mwar** **~ies of my youth** souvenirs de jeunesse **soov-neer duh zhuh-nes** **nice ~ies** souvenirs sympas **soov-neer suhn-pa** **painful ~ies** souvenirs douloureux **soov-neer doo-loo-ruh** **poor ~** *(ability to remember)* mauvaise mémoire **mo-vez may-mwar** **sad ~ies** souvenirs tristes **soov-neer treest** **share ~ies** partager ses souvenirs **par-ta-zhay say soov-neer** **such ~ies** de tels souvenirs **duh tel soov-neer** **terrible ~ies** souvenirs *mpl* épouvantables **soov-neer_ay-poo-van-tabl** *(1)* **these** / *(2)* **those ~ies** *(1,2)* ces souvenirs **say soov-neer** **unpleasant ~ies** souvenirs *mpl* douloureux **soov-neer doo-loo-ruh** **vague ~ies** souvenirs vagues **soov-neer vag** **warm ~ies** souvenirs qui font chauds au cœur **soov-neer kee fon sho o kuhr** **You have a(n)** *(1)* **great** / *(2)* **incredible memory.** *Vous avez (Fam: Tu as)* une *(1)* bonne / *(2)* très bonne mémoire. *Voo_z_a-vay (Fam: Tew a)* ewn *(1)* bon / *(2)* tre bon may-mwar. **My memory fails me.** Ma mémoire me fait défaut. **Ma may-mwar muh fay day-fo.** **It slipped my memory.** Ça m'a sorti de l'esprit. **Sa m'ay sor-tee duh l'es-pree.** *(1)* **I** / *(2)* **We will always cherish the memories of these** *(3)* **beautiful** / *(4)* **wonderful times (together).** *(1)* Je chérirai… / *(2)* Nous chérirons… toujours le souvenir de ces *(3)* beaux moments… / *(4)* moments magnifiques... (ensemble). *(1)* **Zhuh shay-ree-ray…** / *(2)* **Noo shay-ree-ron… too-zhoor luh soov-neer duh say** *(3)* **bo mo-man…** / *(4)* **mo-man ma-nee-feek... (_an-sanbl).**

mend *vt* réparer **ray-pa-ray**, arranger **a-ran-zhay**, améliorer **a-may-lyo-ray** **Could you mend this for me?** *Pourriez-vous (Fam: Pourrais-tu)* réparer cela pour moi? *Poo-ray-voo (Fam: Poo-ray-tew)* **ray-pa-ray suh-la poor mwa?** **Thank you for mending it for me.** Merci de l'avoir arrangé pour moi. **Mer-see duh l'a-vwar_a-ran-zhay poor mwa.**

menstrual *adj* menstruel, -le *m&f* **mans-trew-el** **~ period** menstruations **mans-trew-a-syon** ♦ **menstruate** *vi* avoir ses menstruations **a-vwar say mans-trew-a-syon**, avoir ses règles **a-vwar say regl**

mental *adj* mental, -e *m&f* **man-tal** **~ case** *(crazy person)* cas *m* psychiatrique **ka psee-kya-treek** **~ defect** déficience *f* mentale **day-fee-syans man-tal** **~ handicap** handicap *m* mental **an-dee-kap man-tal** **~ hospital** hôpital *m* psychiatrique **o-pee-tal psee-kya-treek** **~ illness** maladie *f* mentale **ma-la-dee man-tal** ♦ **mentality** *n* mentalité *f* **man-ta-lee-tay** **different ~** mentalité différente **man-ta-lee-tay dee-fay-rant** **strange ~** mentalité étrange **man-ta-lee-tay ay-tranzh** ♦ **mentally** *adv* mentalement **man-tal-man** **~ handicapped** mentalement *handicapé (-e)* **man-tal-man an-dee-ka-pay** **~ ill** malade mental **ma-lad man-tal** **~ unbalanced** mentalement *déséquilibré (-e)* **man-tal-man day-zay-kee-lee-bray**

mention *vt* mentionner **man-syo-nay**, dire **deer** **Don't mention it.** Ne le dis

A tilde ~ in terms stands for the main entry word.

pas. **Nuh luh dee pa. You mentioned it before.** *Vous me l'aviez (Fam: Tu me l'avais)* déjà dit. **Voo muh l'a-vyay *(Fam: Tew muh l'a-vay)* day-zha dee. You mentioned that...** *Vous m'aviez (Fam: Tu m'avais)* dit que… **Voo m'a-vyay *(Fam: Tew m'a-vay)* dee kuh… As I mentioned...** Comme je te l'ai dit... **Kom zhuh tuh l'ay dee… You never mentioned it.** *Vous ne me l'avez (Fam: Tu ne me l'as)* jamais dit. **Vooo nuh muh l'a-vay *(Fam: Tew nuh muh l'a)* zha-may dee. Not to mention...** Sans mentionner que… **San man-syo-nay kuh…**
menu *n* menu *m* **muh-new What's on the menu?** Qu'y a-t-il au menu? **K'ee_y_a-t-eel_o muh-new?**
merciful *adj* miséricordieux, miséricordieuse *m&f* **mee-zay-kor-juh, -juhz** ♦ **merciless** *adj* cruel, -le *m&f* **krew-el**, sans pitié **san pee-chyay You're merciless, aren't you?** Tu es sans pitié, n'est-ce pas? **Tew ay san pee-chyay, n'es pa?** ♦ **mercy** *n* clémence *f* **klay-mans**, pitié *f* **pee-chyay**, compassion *f* **kon-pa-syon Have mercy on me**. *Ayez (Fam: Aie)* de la pitié pour moi. **Ay-yay *(Fam: Ay)* duh la pee-chyay poor mwa. I beg for mercy.** J'implore ta pitié. **Zh'uhn-plor ta pee-chyay. I'm going to show no mercy.** Je ne montrerai aucune compassion. **Zhuh nuh mon-truh-ray o-kewn kon-pa-syon. Don't plead for mercy. It's useless.** N'*implorez (Fam: implore)* pas ma pitié. C'est inutile. **N'*uhn-plo-ray (Fam: uhn-plor)* pa ma pee-chyay. S'ay_t_ee-new-teel.**
mere *adj* pur, -e *m&f* **pewr**, simple *m&f* **suhnpl**, seul, -e *m&f* **suhl** ~ **curiosity** pure curiosité **pewr kew-ryo-zee-tay** ♦ **merely** *adv* simplement **suhn-pluh-man**, seulement **suhl-man**
merit *n* mérite *m* **may-reet**, valeur *f* **va-luhr**
mermaid *n* sirène *f* **see-ren**
merrily *adv* joyeusement **zhwa-yuhz-man**, avec enthousiasme **a-vek_an-too-zyazm** ♦ **merriment** *n* gaieté *f* **gay-tay**, joie *f* **zhwa It's time for some merriment.** C'est le moment d'apporter de la joie. **S'ay luh mo-man d'a-por-tay duh la zhwa.** ♦ **merry** *adj* joyeux, joyeuse *m&f* **zhwa-yuh, -yuhz make** ~ se divertir **suh dee-ver-teer Merry Christmas!** Joyeux Noël! **Zhwa-yuh No-el! That was a merry time.** C'était la belle époque. **S'ay-tay la bel_ay-pok.** ♦ **merry-go-round** *n* manège *m* **ma-nezh**
mess (up) *vt* déranger **day-ran-zhay**, ruiner **rwee-nay**, se fourvoyer **suh foor-vwa-yay**, mettre en désordre **metr_an day-zordr It messed up *(1)* my / *(2)* our plans.** Ça a ruiné *(1)* mes / *(2)* nos projets. **Sa a rwee-nay *(1)* may / *(2)* no pro-zhay.** ♦ **mess** *n* 1. *(disorder)* désordre *m* **day-zordr**, confusion *f* **kon-few-zyon**; 2. *(difficulty)* difficulté *f* **dee-fee-kewl-tay I've made a (terrible) mess of things.** J'ai fait une (terrible) erreur. **Zh'ay fay ewn (tay-reebl)_ay-ruhr. What a mess!** Quel désordre! **Kel day-zordr! Everything is a mess.** Tout est en désordre. **Toot_ay an day-zordr.**
message *n* message *m* **may-sazh e-mail** ~ e-mail **ee-mayl phone** ~ message *m* téléphonique **may-sazh tay-lay-fo-neek text** ~ message *m* **may-sazh**, texto *m* **teks-to voice** ~ message *m* vocal **may-sazh vo-kal May I take a message?** Puis-je prendre un message? **Pwee-zh prandr_uhn may-sazh? Would you

---

uh sounds like the "u" in "but"

messaging 253 **middle**

like to leave a message? *Aimeriez-vous (Fam Aimerais-tu)* laisser un message? *Ay-muh-ryay-voo (Fam: Em-ray-tew)* **lay-say uhn may-sazh?** **If** *(1)* **I'm /** *(2)* **we're not there, please leave a message.** Si *(1)* je ne suis… / *(2)* nous ne sommes… pas là, *laissez (Fam: laisse)*-moi un message s'il *vous (Fam: te)* plaît. **See** *(1)* **zhuh nuh swee… /** *(2)* **noo nuh som… pa la,** *lay-say (Fam: les)*-**mwa uhn may-sazh s'eel** *voo (Fam: tuh)* **play. I left you a message.** Je *vous (Fam: t')* ai laissé un message. **Zhuh** *voo_z_(Fam: t')_* **ay lay-say uhn may-sazh. Did you get** *(1)* **my /** *(2)* **our message?** *Avez-vous (Fam: As-tu)* eu *(1)* mon / *(2)* notre message? *A-vay-voo (Fam: A-tew)* **ew** *(1)* **mon /** *(2)* **notr may-sazh?** *(1)* **I /** *(2)* **We (didn't get) got your message.** *(1)* Je (n')ai… / *(2)* Nous (n')avons… (pas) eu *votre (Fam: ton)* message. *(1)* **Zhuh (n')ay… /** *(2)* **Noo (n')a-von… (pa_z) ew** *votr (Fam: ton)* **may-sazh.** ♦ **messaging** *n:* **instant ~ (IM)** message *m* instantané **may-sazh_uhns-tan-ta-nay**

mess around *idiom* 1. *(play)* jouer **zhooay**; *(kid around)* se moquer **suh mo-kay**; *(be foolish)* faire l'imbécile **fer l'uhn-bay-seel**; 2. *(pet)* jouer **zhooay**; 3. *(have romantic relations with, go out with)* avoir une histoire **a-vwar_ewn_ees-twar**, avoir une relation **a-vwar_ewn ruh-la-syon**, flirter **fluhr-tay**

messy *adj* désordonné, -e *m&f* **day-zor-do-nay**, confus, -e *m&f* **kon-few, -fewz I'm sorry it's so messy.** Je suis *désolé (-e)* pour le désordre. **Zhuh swee day-zo-lay poor luh day-zordr. It's not messy at all. It looks great.** Ce n'est pas en désordre du tout. C'est bien rangé. **Suh n'ay pa_z_an day-zordr dew too. S'ay byuhn ran-zhay.**

metal *adj* métallique *m&f* **may-ta-leek**, en métal **an may-tal** ♦ *n* métal *m* **may-tal heavy ~** *(rock music)* métal **may-tal made of ~** fait (-e) en métal *fay (F: fet_)* **an may-tal**

meter *n* mètre *m* **metr** (= 3.3 ft)

method *n* méthode *f* **may-tod ~ of birth control** moyen de contraception **mwa-yuhn duh kon-tra-sep-syon new ~** nouvelle méthode **noo-vel may-tod traditional ~** méthode traditionnelle **may-tod tra-dee-syo-nel It's a** *(1)* **good /** *(2)* **great /** *(3)* **poor method.** C'est une *(1)* bonne / *(2)* super / *(3)* mauvaise méthode. **S'ay_t_ ewn** *(1)* **bon /** *(2)* **sew-per /** *(3)* **mo-vez may-tod. Let's try a different method.** Essayons une méthode différente. **Ay-say-yon ewn may-tod dee-fay-rant.**

microphone *n* microphone *m* **mee-kro-fon**

microwave *n (oven)* four *m* à micro-ondes **foor_a mee-kro-ond**

mid 20's (30's, 40's, *etc)* sur la vingtaine (trentaine, quarantaine, etc.) **sewr la vuhn-ten (tran-ten, ka-ran-ten,** *etc)* **I thought you were in your mid 20's.** Je pensais que *vous étiez (Fam: tu étais)* sur la vingtaine. **Zhuh pan-say kuh** *voo_z_ay-chyay (Fam: tew ay-tay)* **sewr la vuhn-ten.**

middle *adj* médian, -e *m&f* **may-jan, -jan**, intermédiaire *m&f* **uhn-ter-may-jer**, au milieu **o mee-lyuh ~ age** entre deux âges **an-truh duh_z_azh ~ finger** le majeur **luh ma-zhur ~ name** deuxième prénom **duh-zyem pray-non** ♦ *n* milieu *m* **mee-lyuh in the ~** au milieu **o mee-lyuh in the ~ of the street** au milieu de la rue **o mee-lyuh duh la rew in the ~ of the night** dans le cœur de la nuit **dan**

Common French signs and labels are on pages 547-551.

luh kuhr duh la nwee ♦ **middle-aged** *adj* d'âge moyen **d'azh mwa-yuhn** ♦ **middle-class** *adj* de classe *f* moyenne **duh klas mwa-yen**

midget *n* miniature *f* **mee-nya-tewr**

mid-life *adj* au milieu de sa vie **o mee-lyuh duh sa vee** ~ **crisis** crise de la cinquantaine **kreez duh la suhn-kan-ten**

midnight *n* minuit *f* **mee-nwee** after ~ après minuit **a-pre mee-nwee** at ~ à minuit **a mee-nwee**

might *aux v* il se pourrait **eel suh poo-ray** **I might do it.** Il se pourrait que je le fasse. **Eel suh poo-ray kuh zhuh luh fas. You might be right.** Il se pourrait que *vous ayez (Fam: tu aies)* raison. **Eel suh poo-ray kuh voo_z_ay-yay *(Fam: tew ay)* ray-zon. You might have** *(1)* **called** / *(2)* **told me.** Il se pourrait que *vous m'ayez (Fam: tu m'aies)* (1) appelé. / (2) dit. **Eel suh poo-ray kuh voo m'ay-yay *(Fam: tew m'ay)* (1) a-play. / (2) dee. I might have known.** Il se peut que je l'aie connu. **Eel suh poo kuh zhuh l'ay ko-new.**

mild *adj* 1. *(moderate)* modéré, -e *m&f* **mo-day-ray**; 2. *(not severe)* léger, légère *m&f* **lay-zhay, -zher**; *(not strong)* doux, douce *m&f* **doo, doos**; 3. *(gentle in nature)* doux, douce *m&f* **doo, doos**, tempéré, -e *m&f* **tan-pay-ray** ~ **cold** froid *m* léger **frwa lay-zhay** ~ **headache** mal *m* de tête *f* anodin **mal duh tet a-no-duhn** ~ **weather** climat *m* tempéré **klee-ma tan-pay-ray** ♦ **mildly** *adv* doucement **doos-man**, modérément **mo-day-ray-man** **to put it** ~ le mettre doucement **luh metr doos-man** ♦ **mild-mannered** *adj* calme *m&f* **kalm**

mile *n* mile *m* **maeel** *(= 1.6 km)*

military *adj* militaire *m&f* **mee-lee-ter** ~ **base** base *f* militaire **baz mee-lee-ter** ~ **rank** grade *m* militaire **grad mee-lee-ter** ~ **service** service *m* militaire **ser-vees mee-lee-ter** **Do they have compulsory military service?** Est-ce que le service militaire est obligatoire? **Es kuh luh ser-vees mee-lee-ter_ay_t o-blee-ga-twar?** ♦ *n* forces *fpl* armées **fors_z_ar-may** **How long were you in the military?** Depuis combien de temps *êtes-vous (Fam: es-tu)* dans les forces armées? **Duh-pwee kon-byuhn duh tan *et-voo (Fam: ay-tew)* dan lay fors_z_ar-may?**

milk *n* lait **lay** **liter of** ~ litre *m* de lait **leetr duh lay** ~ **shake** milk-shake **meelk-shek**

Milky Way *n* Voie Lactée *f* **Vwa Lak-tay**

millimeter *n* millimètre *m* **mee-lee-metr** *(= 0.04 inches)*

million *n* million *m* **mee-lyon** ♦ **millionaire** *n* millionnaire **mee-lyo-ner**

mimic *vt* faire des mimiques **fer day mee-meek**

mind *vi (care, object)* déranger **day-ran-zhay**, donner de l'importance à **do-nay duh l'uhn-por-tans_a** **Would you mind, if I...?** *(Reply:* **No, go right ahead.***)* Est-ce que ça *vous (Fam: te)* dérange si je...? (Non, pas du tout.) **Es kuh sa *voo (Fam: tuh)* day-ranzh see zhuh…? (Non, pa dew too.) If you don't mind…** Si ça ne *vous (Fam: te)* dérange pas… **See sa nuh *voo (Fam: tuh)* day-ranzh pa… I don't mind. (Go right ahead.)** Ça ne me dérange pas. (Vas-y.) **Sa nuh muh day-ranzh pa. (Va_z_ee.) Never mind.** Tant-pis. **Tan pee.** ♦ **mind** *n* esprit *m* **es-pree** **analytical** ~ esprit analytique **es-pree a-na-lee-teek** **blow my**

To learn more about French verbs,
go to the Grammar appendix on page 512.

~ *(slang)* en être bouche-bée **an_etr boosh-bay** **boggle the** ~ en être *stupéfait (-e)* **an_etr** *sew-pay-fay (-fet)* **brilliant** ~ esprit brillant **es-pree bree-lyan** **dirty** ~ esprit pervers **es-pree per-ver** **go out of** *(1)* **my** / *(2)* **your** ~ devenir *fou (F: folle)* **duh-vuh-neer** *foo (F: fol)* **inquisitive** ~ esprit curieux **es-pree kew-ryuh** **lose one's** ~ perdre la tête **perdr la tet** **on my** ~ dans ma tête **dan ma tet** **open** ~ esprit ouvert **es-pree oo-ve** **practical** ~ esprit pratique **es-pree pra-teek** **quick** ~ esprit rapide **es-pree ra-peed** **state of** ~ état *m* d'esprit **ay-ta d'es-pree** **with an open** ~ avec un esprit ouvert **a-vek_uhn es-pree oo-ver** **You were on my mind all day.** J'ai pensé à *vous (Fam: toi)* toute la journée. **Zh'ay pan-say a** *voo (Fam: twa)* **toot la zhoor-nay. Is there something on your mind?** Avez-vous *(Fam: As-tu)* quelque chose en tête? *A-vay-voo (Fam: A-tew)* **kel-kuh shoz_an tet? You drive me out of my mind.** *Vous me rendez (Fam: Tu me rends) fou (F: folle)*. *Voo muh ran-day (Fam: Tew muh ran) foo (F: fol)*. **Please don't change your mind.** S'il *vous (Fam: te)* plaît, ne *changez (Fam: change)* pas d'avis. **S'eel** *voo (Fam: tuh)* **play, nuh** *shan-zhay (Fam: shanzh)* **pa d'a-vee. Did you change your mind?** *Avez-vous (Fam: As-tu)* changé d'avis? *A-vay-voo (Fam: A-tew)* **shan-zhay d'a-vee? I changed my mind.** J'ai changé d'avis. **Zh'ay shan-zhay d'a-vee. We changed our minds.** Nous avons changé d'avis. **Noo_z_a-von shan-zhay d'a-vee. Nothing will make me change my mind.** Rien ne me fera changer d'avis. **Ryuhn nuh muh fuh-ra shan-zhay d'a-vee.** *(1)* **I can't...** / *(2)* **I wish I could... read your mind.** *(1)* Je ne peux pas… / *(2)* J'aimerais tant… lire *vos (Fam: tes)* pensées. *(1)* **Zhuh nuh puh pa…** / *(2)* **Zh'em-ray tan… leer** *vo (Fam: tay)* **pan-say. You must be out of your mind.** *Vous devez (Fam: Tu dois)* être *fou (F: folle)*. *Voo duh-vay (Fam: Tew dwa)_z_etr foo (F: fol)*.
 ♦ **mind-boggling** *adj* stupéfait, -e *m&f* **sew-pay-fay, -fet** époustouflé, -e *m&f* **ay-poos-too-flay** ♦ **mindless** *adj* irréfléchi, -e *m&f* **ee-ray-flay-shee**, irrationnel, -le *m&f* **ee-ra-syo-nel** ♦ **mind-set** *n* façon *f* de penser **fa-son duh pan-say**, état *m* mental **ay-ta man-tal**

mine *poss. pron* le mien, la mienne *m&f* **luh myuhn, la myen**, les miens, les miennes *m&fpl* **lay myuhn, lay myen Is this yours or mine?** Est-ce que c'est *le tien (F: la tienne)* ou *le mien (F: la mienne)*? **Es kuh s'ay** *luh chyuhn (F: la chyen)* **oo luh** *myuhn (F: la myen)*? **It's (not) mine.** Ce (n')est (pas) *le mien (F: la mienne)*. **Suh (n')ay (pa)** *luh myuhn (F: la myen)*. **You're mine (and mine alone).** Tu es *mien (F: mienne)* (uniquement *mien [F: mienne]*). **Tew ay** *myuhn (F: myen)* **(ew-neek-man** *myuhn [F: myen]*).

minibus *n* mini *m* **van**, minibus *m* **mee-nee-bews**

minimum *adj* minimum *m&f* **mee-nee-mom** ~ **age** âge *m* minimum **azh mee-nee-nom** ~ **wage** paye *f* minimum **pey mee-nee-mom** ♦ *n* minimum *m* **mee-nee-mom at the (very)** ~ au minimum **o mee-nee-mom**

miniskirt *n* minijupe *f* **mee-nee-zhewp**

minister *n (relig.)* pasteur *m* **pas-tuhr**

minivan *n* monospace m **mo-no-spas**

minor *adj* mineur, -e *m&f* **mee-nuhr**, de moyenne importance **duh mwa-yen_**

Some adjectives follow nouns, some precede them.
You'll need to memorize these case by case.

minor uh<u>n</u>-por-ta<u>ns</u> ♦ **minor** *n (underaged person)* mineur, -e *m&f* **mee-nuhr**
minority *n* minorité *f* **mee-no-ree-tay ethnic ~** minorité ethnique **mee-no-ree-tay et-neek racial ~** minorité raciale **mee-no-ree-tay ra-syal**
minus *prep* moins **mwuh<u>n</u>**, sans **sa<u>n</u>**
minute *n* minute *f* **mee-newt any ~** dans quelques minutes **da<u>n</u> kel-kuh mee-newt five / ten / fifteen ~s ago** il y a cinq / dix / quinze minutes **eel_ee_y_a suh<u>n</u>k / dee / kuh<u>nz</u> mee-newt for a ~** pour une minute **poor_ewn mee-newt** *(1,2)* **Just a minute.** *(1)* Juste un moment. / *(2)* Je n'ai besoin que d'une minute. *(1)* **Zhewst_uh<u>n</u> mo-ma<u>n</u>.** / *(2)* **Zhuh n'ay buh-zwuh<u>n</u> kuh d'ewn mee-newt. Wait a minute.** Attendez *(Fam: Attends)* une minute. *A-ta<u>n</u>-day (Fam: A-ta<u>n</u>)* **ewn mee-newt.** *(1,2)* **I'll just be a minute.** *(1)* J'arrive dans une minute. / *(2)* Je n'ai besoin que d'une minute. *(1)* **Zh'a-reev da<u>n</u>_z_ewn mee-newt.** / *(2)* **Zhuh n'ay buh-zwuh<u>n</u> kuh d'ewn mee-newt.**
miracle *n* miracle *m* **mee-rakl Miracle of miracles!** Grand miracle! **Gra<u>n</u> mee-rakl! Now, for my next miracle...** Maintenant, c'est quoi le prochain miracle... **Muh<u>n</u>t-na<u>n</u>, s'ay kwa luh pro-shuh<u>n</u> mee-rakl... What a miracle that you're not married!** C'est un miracle que tu ne sois pas encore *marié (-e)*! **S'ay_t_uh<u>n</u> mee-rakl kuh tew nuh swa pa_z_a<u>n</u>-kor ma-ryay!** ♦ **miraculous** *adj* miraculeux, miraculeuse *m&f* **mee-ra-kew-luh, -luhz**, prodigieux, prodigieuse *m&f* **pro-dee-zhyuh, -zhyuhz ~ shot** *(golf, basketball, tennis, etc)* coup *m* de chance **koo duh sha<u>ns</u>**
mirror *n* miroir *m* **mee-rwar**
miscarriage *n* fausse couche *f* **fos koosh I had a miscarriage.** J'ai fait une fausse couche. **Zh'ay fay ewn fos koosh.**
miscellaneous *adj* innombrable *m&f* **ee-no<u>n</u>-brabl**, divers, -e *m&f* **dee-ver, -vers**, multiple *m&f* **mewl-teepl**
mischief *n* méfait *m* **may-fay**, espièglerie *f* **es-pye-gluh-ree You're full of mischief, aren't you?** Vous êtes *(Fam: Tu es)* un vrai clown, n'est-ce pas? **Voo_z_et *(Fam: Tew ay)* uh<u>n</u> vray kloon, n'es pa? Stay out of mischief, okay?** Plus d'espiègleries. Tu m'as compris? **Plew d'es-pye-gluh-ree. Tew m'a ko<u>n</u>-pree?** ♦ **mischievous** *adj* espiègle *m&f* **es-pyegl**; **You're a mischievous little imp!** Tu es un petit démon espiègle! **Tew ay uh<u>n</u> puh-tee day-mo<u>n</u> es-pyegl!**
miser *n* avare *m&f* **a-var**
miserable *adj* 1. *(unhappy)* triste *m&f* **treest**; *(wretched)* misérable *m&f* **mee-zay-rabl**; *(heartbroken)* anéanti, -e *m&f* **a-nay-a<u>n</u>-tee**, attristé, -e *m&f* **a-trees-tay**; *(sad)* triste *m&f* **treest**; 2. *(terrible)* de misère **duh mee-zer ~ place** endroit *m* misérable **a<u>n</u>-drwa mee-zay-rabl ~ time** période *f* désastreuse **pay-ryod day-zas-truhz You must have been miserable.** Vous avez *(Fam: Tu as)* du être dans la misère. **Voo_z_a-vay *(Fam: Tew a)* dew etr da<u>n</u> la mee-zer. I'd be miserable without you.** Je serais *anéanti (-e)* sans toi. **Zhuh suh-ray a-nay-a<u>n</u>-tee sa<u>n</u> twa. What miserable weather we're having.** Quel temps de misère! **Kel ta<u>n</u> duh mee-zer!** ♦ **misery** *n* tristesse *f* **trees-tes**, pauvreté *f* **po-vruh-tay**, souffrance *f* **soo-fra<u>ns</u>**, misère *f* **mee-zer**

A blue diamond ♦ *signals a different word or a different form of a word.*

misfortune *n* malchance *f* **mal-shan̲s**

misgiving *n* 1. *(apprehension)* appréhension *f* **a-pray-an̲-syon̲**; 2. *(doubt)* crainte *f* **kruhn̲t**, scrupule *m* **skrew-pewl** **I have misgivings (about this).** J'ai des appréhensions (à ce sujet). **Zh'ay day̲_z̲_a-pray-an̲-syon̲ (a suh sew-zhay)**

mishap *n* imprévu *m* **uhn̲-pray-vew**, contretemps *m* **kon̲-truh-tan̲**, malchance *f* **mal-shan̲s** *(1)* **I** / *(2)* **We had a little mishap.** *(1)* J'ai… / *(2)* Nous avons… eu un petit contre-temps. *(1) Zh'ay… / (2) Noo̲_z̲_a-von̲… ew uhn̲ puh-tee kon̲-truh-tan̲.*

misplace *vt (lose)* égarer **ay-ga-ray I misplaced my** *(thing)***.** J'ai égaré mon *(F: ma)* (___). **Zh'ay ay-ga-ray** *mon (F: ma)* (___).

miss *vt* 1. *(long for)* manquer **man̲-kay**, être nostalgique **etr nos-tal-zheek**; 2. *(fail to meet)* manquer **man̲-kay**, rater **ra-tay**, louper **loo-pay**; 3. *(be late for)* manquer **man̲-kay**; 4. *(let slip by)* laisser échapper **lay-say ay-sha-pay**; 5. *(not hit)* manquer **man̲-kay** **Did you miss me?** Est-ce que je *vous (Fam: t')* ai manqué? **Es kuh zhuh** *voo̲_z̲_(Fam: t')_ay* **man̲-kay? I missed you (a lot).** *Vous m'avez (Fam: Tu m'as)* manqué (énormément). *Voo m'a-vay (Fam: Tew m'a)* **man̲-kay. Will you miss me?** Est-ce que je vais *vous (Fam: te)* manquer? **Es kuh zhuh vay** *voo (Fam: tuh)* **man̲-kay? I'm going to miss you (a lot).** *Vous allez (Fam: Tu vas)* me manquer (énormément). *Voo̲_z̲_a-lay (Fam: Tew va)* **muh man̲-kay (ay-nor-may-man̲).** *(1)* **I** / *(2)* **We missed** *(3)* **my** / *(4)* **our flight.** *(1)* J'ai… / *(2)* Nous avons… manqué *(3)* mon / *(4)* notre vol. *(1) Zh'ay… / (2) Noo̲_z̲_a-von̲…* **man̲-kay** *(3)* **mon̲** / *(4)* **no-truh vol.** *(1)* **I** / *(2)* **We missed the** *(3)* **bus.** / *(4)* **train.** *(1)* J'ai… / *(2)* Nous avons… manqué *(3)* le bus. / *(4)* le train. *(1) Zh'ay… / (2) Noo̲_z̲_a-von̲…* **man̲-kay** *(3)* **luh bews.** / *(4)* **luh truhn̲.** **I'm sorry I missed your** *(1)* **birthday.** / *(2)* **party.** Je suis désolé (-e) d'avoir manqué *(1)* votre *(Fam: ton)* anniversaire. / *(2)* votre *(Fam: ta)* fête. **Zhuh swee day-zo-lay d'a-vwar man̲-kay** *(1)* **votr** *(Fam: ton̲)* **_a-nee-ver-ser.** / *(2) votr (Fam: ta)* **fet. Oh, I missed!** *(didn't hit)* Oh, je l'ai manqué! *O, zhuh l'ay man̲-kay!* **You missed!** *(didn't hit)* Je l'ai manqué! **Zhuh l'ay man̲-kay!**

♦ **miss out** *idiom* manquer **man̲-kay**, perdre **perdr**, se perdre **suh perdr You missed out on a great** *(1)* **concert.** / *(2)* **game.** *Vous avez (Fam: Tu as)* manqué *(1)* un grand concert. / *(2)* un beau match. *Voo̲_z̲_a-vay (Fam: Tew a)* **man̲-kay** *(1)* **uhn̲ gran̲ kon̲-ser.** / *(2)* **uhn̲ bo match. You missed out on a great** *(1)* **movie.** / *(2)* **party.** / *(3)* **play.** *Vous avez (Fam: Tu as)* manqué *(1)* un beau film. / *(2)* une belle fête. / *(3)* une belle comédie. *Voo̲_z̲_a-vay (Fam: Tew a)* **man̲-kay** *(1)* **uhn̲ bo feelm.** / *(2)* **ewn bel fet.** / *(3)* **ewn bel ko-may-dee.**

miss *n (unmarried woman)* Mademoiselle *(abbrev: Mlle.)* *f* **Mad-mwa-zel**

mission *n* 1. *(task, objective)* mission *f* **mee-syon̲**; 2. *(relig)* mission *f* **mee-syon̲** ~ **impossible** mission impossible **mee-syon̲ uhn̲-po-seebl Your mission is to…** *Votre (Fam: Ta)* mission est de… *Votr (Fam: Ta)* **mee-syon̲ ay duh… Mission accomplished.** Mission accomplie. **Mee-syon̲ a-kon̲-plee.**

missionary *n* missionnaire *m&f* **mee-syo-ner**

Familiar "tu" ("tew") forms in parentheses can replace italicized polite forms.

mist *n* brume *f* **brewm**

mistake *vt* confondre **ko**n**-fo**n**dr**, prendre (pour) **pra**n**dr (poor) I'm sorry, I mistook you for someone else.** Je suis *désolé (-e)*, je *vous (Fam: t')* ai pris pour quelqu'un d'autre. **Zhuh swee day-zo-lay, zhuh** *voo_z_(Fam: t')* **ay pree poor kel-k'uh**n **d'otr. I think you're mistaking me for someone else.** Je pense que *vous me prenez (Fam: tu me prends)* pour quelqu'un d'autre. **Zhuh pa**n**s kuh** *voo muh pruh-nay (Fam: tew muh pra*n*)* **poor kel-k'uh**n **d'otr.** ♦ *n* méprise *f* **may-preez**, erreur *f* (de jugement) **ay-ruhr (duh zhewzh-ma**n**) big ~** erreur grave **ay-ruhr grav embarrassing ~** erreur embarrassante **ay-ruhr_a**n**-ba-ra-sa**n**st little ~** petite erreur **puh-teet_ay-ruhr make a ~** faire une erreur **fer_ ewn_ay-ruhr terrible ~** terrible erreur **tay-reebl_ay-ruhr I'm sorry, I made a mistake.** Je suis *désolé (-e)*, j'ai fait une erreur. **Zhuh swee day-zo-lay, zh'ay fay ewn_ay-ruhr. I think you've made a mistake.** Je pense que *vous avez (Fam: tu as)* fait une erreur. **Zhuh pa**n**s kuh** *voo_z_a-vay (Fam: Tew a)* **fay ewn_ay-ruhr. There's some mistake here.** Il y a une erreur quelque part ici. **Eel_ee_y_a ewn_ay-ruhr kel-kuh-par_ee-see. There's no mistake about it.** Il n'y a pas d'erreur à ce sujet. **Eel n'ee_y_a pa d'ay-ruhr_a suh sew-zhay. No problem. Mistakes happen.** Pas de problème. Ça arrive de se tromper. **Pa duh pro-blem. Sa a-reev duh suh tro**n**-pay.** ♦ **mistaken** *adj* erroné, -e *m&f* **ay-ro-nay ~ identity** erreur d'identité **ay-ruhr d'ee-da**n**-tee-tay I believe you're mistaken.** Je pense que *vous avez (Fam: tu as)* été *trompé (-e)*. **Zhuh pa**n**s kuh** *voo_z_a-vay (Fam: Tew a)* **ay-tay tro**n**-pay.**

mister *n* Monsieur *m (abbrev :* M.*)* **Muh-syuh**

mistletoe *n* gui *m* **ghee If you stand under mistletoe, it means I can kiss you.** Si tu te trouves en dessous d'une branche de gui, ça signifie que je peux t'embrasser. **See tew tuh troov_a**n **duh-soo d'ewn bra**n**sh duh ghee, sa see-nee-fee kuh zhuh puh t'a**n**-bra-say.**

mistress *n (sexual partner)* maîtresse *f* **may-tres**

misunderstand *vt* mal interpréter **mal_uh**n**-ter-pray-tay**, mal comprendre **mal ko**n**-pra**n**dr I'm sorry, I misunderstood you.** Je suis *désolé (-e)*, je *vous (Fam: t')* ai mal compris. **Zhuh swee day-zo-lay, zhuh** *voo_z_(Fam: t')* **ay mal ko**n**-pree. Perhaps you misunderstood me.** Peut-être *m'avez vous (Fam: m'as-tu)* mal compris. **Puh_t-etr** *m'a-vay-voo (Fam: m'a-tew)* **mal ko**n**-pree. Please don't misunderstand me.** S'il *vous (Fam: te)* plaît, *n'interprétez (Fam: n'interprète)* pas mal ce que je vais *vous (Fam: te)* dire. **S'eel** *voo (Fam: tuh)* **play,** *n'uh*n*-ter-pray-tay (Fam: n'uh*n*-ter-pret)* **pa mal suh kuh zhuh vay** *voo (Fam: tuh)* **deer.** ♦ **misunderstanding** *n* malentendu *m* **mal-a**n**-ta**n**-dew**

mix *vt* 1. *(combine)* mélanger **may-la**n**-zhay**, combiner **ko**n**-bee-nay**; 2. *(make)* préparer **pray-pa-ray ~ business with pleasure** mélanger affaire et plaisir **may-la**n**-zhay a-fer_ay play-zeer I'll mix you a drink.** Je vais *vous (Fam: te)* concocter une boisson.. **Zhuh vay** *voo (Fam: tuh)* **ko**n**-kok-tay ewn bwa-so**n**.** ♦ **mixed up** *adj* confus, -e *m&f* **ko**n**-few, -fewz**, désorienté, -e *m&f* **day-zo-rya**n**-tay**, partagé, -e *m&f* **par-ta-zhay be ~** être *confus (-e)* **etr** *ko*n*-few (F:*

kon-fewz) **get ~** se perdre **suh perdr I'm mixed up.** Je suis *désorienté (-e)*. **Zhuh swee day-zo-ryan-tay. We're mixed up.** Nous sommes *désorienté(-e)s*. **Noo som day-zo-ryan-tay. You've got me mixed up with someone else.** *Vous m'avez (Fam: Tu m'as)* confondu avec quelqu'un d'autre. **Voo m'a-vay (Fam: Tew m'a) kon-fon-dew a-vek kel-k'uhn d'otr.** ♦ **mixture** *n* mélange *m* **may-lanzh,** mixture *f* **meeks-tewr** ♦ **mix-up** *n* confusion *f* **kon-few-zyon There was a mix-up (in the schedule).** Il y avait une confusion (dans le planning). **Eel_ee_y_a-vay ewn kon-few-zyon (dan luh pla-neeng). I'm sorry about the mix-up.** Je suis *désolé (-e)* pour la confusion. **Zhuh swee day-zo-lay poor la kon-few-zyon.**

♦ **mix up** *idiom (confuse)* mélanger **may-lan-zhay,** confondre **kon-fondr I think** *(1)* **I /** *(2)* **you mixed them up**. Je pense que *(1)* je les ai... / *(2)* vous les avez *(Fam: tu les as)*... mélangé. **Zhuh pans kuh *(1)* zhuh lay_z_ay... /** *(2)* **voo lay_z_a-vay** *(Fam: tew lay_z_a)* **may-lan-zhay.**

model *adj* 1. *(reproducted in small scale)* miniature *m&f* **mee-nya-tewr;** 2. *(exemplary)* modèle *m&f* **mo-del,** comme exemple **kom_eg-zanpl I make model** *(1)* **airplanes. /** *(2)* **cars. /** *(3)* **soldiers. /** *(4)* **trains.** Je construis des *(1)* avions miniatures. / *(2)* autos miniatures. / *(3)* soldats miniatures. / *(4)* trains miniatures. **Zhuh kons-trwee day *(1)* _z_a-vyon mee-nya-tewr. /** *(2)* **_z_o-to mee-nya-tewr. /** *(3)* **sol-da mee-nya-tewr. /** *(4)* **truhn mee-nya-tewr.** ♦ *vi* faire *le (F: la)* modèle **fer luh (F: la) mo-del I'd love to have you model for me.** J'adorerais que *vous fassiez (Fam: tu fasses) le (F: la)* modèle pour moi. **Zh'a-do-ray kuh voo fa-syay (Fam: tew fas) luh (F: la) mo-del poor mwa.** ♦ *n* 1. *(small reproduction)* modèle *m* miniature **mo-del mee-nya-tuhr,** maquette *f* **ma-ket;** 2. *(standard)* modèle *m* **mo-del,** prototype *m* **pro-to-teep;** 3. *(one who models)* modèle *m&f* **mo-del;** *(advert.)* ambassadeur, ambassadrice *m&f* **an-ba-sa-duhr, -drees What model is it?** Quel modèle est-ce? **Kel mo-del_es? I like to make models.** J'aime construire des maquettes. **Zh'em kons-trweer day ma-ket. I think you would be a perfect model.** Je pense que *vous seriez (Fam: tu serais)* un *(F: une)* modèle *parfait (F: parfaite).* **Zhuh pans kuh voo suh-ryay (Fam: tew suh-ray) uhn (F: ewn) mo-del par-fay (F: par-fet).**

modem *n* modem *m* **mo-dem**

moderate *adj* modéré, -e *m&f* **mo-day-ray** ♦ **moderately** *adv* modérément **mo-day-ray-man,** avec modération **a-vek mo-day-ra-syon** ♦ **moderation** *n* modération *f* **mo-day-ra-syon in ~** avec modération **a-vek mo-day-ra-syon**

modern *adj* moderne *m&f* **mo-dern,** récent, -e *m&f* **ray-san, -sant**

modest *adj* modeste *m&f* **mo-dest You're too modest.** Vous êtes *(Fam: Tu es)* trop modeste. **Voo_z_et (Fam: Tew ay) tro mo-dest.** ♦ **modesty** *n* modestie *f* **mo-des-tee**

mole *n* 1. *(blemish)* grain *m* de beauté **gruhn duh bo-tay;** 2. *(animal)* taupe *f* **top** ♦ **molehill** *n* taupinière *f* **to-pee-nyer You're making a mountain out of a molehill.** Vous en faites *(Fam: Tu en fais)* toute une montagne. **Voo_z_an fet (Fam: Tew an fay) toot_ewn mon-tany(uh).**

Underlines between letters indicate that the sounds are joined together.

mom *n colloq.* maman *f* ma-ma**n**

moment *n* moment *m* mo-ma**n**, instant *m* uh**ns**-ta**n** at any ~ à tout instant **a too_t_uh**n**-ta**n** at this ~ en ce moment **a**n **suh mo-ma**n** for the ~ pour l'instant **poor l'uh**ns**-ta**n** happy ~s moments joyeux **mo-ma**n **zhwa-yuh** magic(al) ~ moment magique **mo-ma**n **ma-zheek** present ~ moment présent **mo-ma**n **pray-za**n** right ~ bon moment **bo**n **mo-ma**n** special ~s moments particuliers **mo-ma**n **par-tee-kew-lyay** tense ~ moment de tension **mo-ma**n **duh ta**n**-syo**n** this ~ à cet instant **a set_uh**ns**-ta**n** up to this ~ jusqu'à présent **zhews-k'a pray-za**n** Just a moment. Un moment. **Uh**n **mo-ma**n**. I'll never forget these wonderful moments with you. Je n'oublierai jamais ces moments merveilleux passés avec *vous (Fam: toi)*. **Zhuh n'oo-blee-ray zha-may say mo-ma**n **mer-vay-yuh pa-say_z_a-vek** *voo (Fam: twa)*. There's never a dull moment (with you). Je ne me lasse jamais (de *vous [Fam: toi]*). **Zhuh nuh muh las zha-may (duh** *voo [Fam: twa]*). ♦ **momentarily** *adv* momentanément **mo-ma**n**-ta-nay-ma**n**, pour le moment **poor luh mo-ma**n**

monastery *n* monastère *m* **mo-nas-ter**

Monday *n* lundi **luh**n**-dee** last ~ lundi dernier **luh**n**-dee der-nyay** next ~ lundi prochain **luh**n**-dee pro-shuh**n** on ~ le lundi **luh luh**n**-dee** since ~ depuis lundi **duh-pwee luh**n**-dee**

money *n* argent *m* **ar-zha**n** a lot of ~ beaucoup d'argent **bo-koo d'ar-zha**n** earn ~ gagner de l'argent **ga-nyay duh l'ar-zha**n** lose ~ perdre de l'argent **perdr duh l'ar-zha**n** make ~ faire de l'argent **fer duh l'ar-zha**n** no ~ sans argent **sa**n**_z_ar-zha**n** not much ~ pas beaucoup d'argent **pa boo-koo d'ar-zha**n** play for ~ jouer pour de l'argent **zhooay poor l'ar-zha**n** transfer ~ transférer de l'argent **tra**ns**-fay-ray duh l'ar-zha**n** wire ~ envoyer de l'argent **a**n**-vwa-yay duh l'ar-zha**n** Do you have enough money? Avez-vous *(Fam: As-tu)* assez d'argent? *A-vay-voo (Fam: A-tew)* **a-say d'ar-zha**n**? *(1)* I / *(2)* We (don't) have enough money. *(1)* Je (n')ai … / *(2)* Nous (n')avons… (pas) assez d'argent. *(1)* **Zhuh (n')ay… /** *(2)* **Noo (n')a-vo**n**… (pa_z_) a-say d'ar-zha**n**. *(1)* I / *(2)* We don't have any money. *(1)* Je n'ai… / *(2)* Nous n'avons… pas d'argent. *(1)* **Zhuh n'ay… /** *(2)* **Noo n'a-o**n**… pa d'ar-zha**n**. Could you lend me some money (until…)? Pouvez-vous *(Fam: Peux-tu)* me prêter de l'argent (jusqu'à ce que…)? *Poo-vay-voo (Fam: Puh-tew)* **muh pre-tay duh l'ar-zha**n **(zhews-k'a suh kuh…)?** *(1)* I / *(2)* We can lend you some money. *(1)* Je peux… / *(2)* Nous pouvons… *vous (Fam: te)* prêter de l'argent. *(1)* **Zhuh puh… /** *(2)* **Noo poo-vo**n**…** *voo (Fam: tuh)* **pre-tay duh l'ar-zha**n**? Where can *(1)* I / *(2)* we exchange money? Où *(1)* puis-je… / *(2)* pouvons-nous… échanger de l'argent? **Oo** *(1)* **pwee-zh… /** *(2)* **poo-vo**n**-noo… ay-sha**n**-zhay duh l'ar-zha**n**? *(1)* I / *(2)* We need to exchange money. *(1)* Je dois… / *(2)* Nous devons… échanger de l'argent. *(1)* **Zhuh dwa… /** *(2)* **Noo duh-vo**n**… ay-sha**n**-zhay duh l'ar-zha**n**. Money can't buy *(1)* happiness. / *(2)* love. L'argent ne fait pas *(1)* le bonheur. / *(2)* l'amour. **L'ar-zha**n **nuh fay pa** *(1)* **luh bo-nuhr.** / *(2)* **l'a-moor.**

monitor *n (comp.)* moniteur *m* **mo-nee-tuhr**

Like English, French has both regular and irregular verbs. Learn more about them on page 514.

monk *n* moine *m* **mwan** **live like a ~** vivre comme un moine **veevr kom_uhn mwan**

monkey *n* singe *m* **suhnzh** **~ business** *(sexual advances)* avances **a-vans**

monotonous *adj* monotone *m&f* **mo-no-ton** ♦ **monotony** *n* monotonie *f* **mo-no-to-nee relieve the ~** rompre la monotonie **ronpr la mo-no-to-nee**

monster *n* monstre *m* **monstr**

month *n* mois *m* **mwa** **all ~** tout le mois **too luh mwa** **a ~ ago** il y a un mois **eel_ee_y_a uhn mwa** **a whole ~** un mois entier **uhn mwa an-chyay** **every ~** chaque mois **shak mwa** **for a (whole) ~** pour (tout) le mois **poor (too) luh mwa**
 for… pour… **poor…**
 in *(within)…* en… **an…**
 in *(after)…* dans… **dan (_z_)…**
  …a / one ~ …un mois **…uhn mwa**
  …two ~s …deux mois **…duh mwa**
  …three ~s …trois mois **…trwa mwa**
  …four ~s …quatre mois **…katr mwa**
  …five ~s …cinq mois **…suhnk mwa**
last ~ le mois dernier **luh mwa der-nyay** **next ~** le mois prochain **luh mwa pro-shuhn** **once a ~** une fois par mois **ewn fwa par mwa** **the whole ~** le mois entier **luh mwa an-chyay** **this ~** ce mois-ci **suh mwa-see** **two ~s ago** il y a deux mois **eel_ee_y_a duh mwa** **wonderful ~ (together)** mois *m* merveilleux (ensemble) **mwa mer-vay-yuh (an-sanbl)** ♦ **monthly** *adj* mensuel, -le *m&f* **man-sew-el** **~ salary** salaire *m* mensuel **sa-ler man-sew-el** ♦ *adv* mensuellement **man-sew-el-man**

monument *n* monument *m* **mo-new-man** **What's this monument for?** Pourquoi ont-ils construit ce monument? **Poor-kwa on_t-eel kons-trwee suh mo-new-man?**

mooch *vi (slang)* se mettre à genoux **suh metr_a zhuh-noo**

mood *n* humeur *m* **ew-muhr**, état *m* d'âme **ay-ta d'am** **cheerful ~** bonne humeur **bon_ew-muhr** **lousy ~** très mauvaise humeur *f* **tre mo-vez_ew-muhr** **playful ~** humeur coquine **ew-muhr ko-keen**
 You're in a… *Vous êtes (Fam: Tu es)…* **Voo_z_et (Fam: Tew ay)…**
  …bright mood… …d'humeur vivace… **…d'ew-muhr vee-vas…**
  …good mood… …de bonne humeur… **…duh bon_ew-muhr…**
  …happy mood… …d'humeur joyeuse… **…d'ew-muhr zhwa-yuhz…**
  …grouchy mood… …d'humeur morose… **…d'ew-muhr mo-roz…**
  …grumpy mood… …d'humeur grincheuse… **…d'ew-muhr gruhn-shuhz…**
  …sour mood… …d'humeur massacreuse… **…d'ew-muhr ma-sa-kruhz…**
   …today. …aujourd'hui. **…o-zhoor-d'wee.**
I'm sorry I was in such a *(1)* bad / *(2)* grouchy / *(3)* sour mood (yesterday). Je suis *désolé (-e)* d'avoir été *(1)* de mauvaise humeur / *(2)* d'humeur morose / *(3)* d'humeur massacreuse (hier). **Zhuh swee day-zo-lay d'a-vwar_ay-tay** *(1)*

---

a always sounds like the "a" in "father"

duh mo-vez_ew-muhr... / *(2)* d'ew-muhr mo-roz... / *(3)* d'ew-muhr ma-sa-kruhz... *(ee-yer).*
    I'm (really) not in the mood... Je ne suis (vraiment) pas d'humeur... **Zhuh nuh swee (vray-ma<u>n</u>) pa d'ew-muhr...**
        ...for that. ...pour cela. **...poor suh-la.**
        ...for games. ...à jouer. **...a zhooay.**
        ...for jokes. ...à blaguer. **...a bla-gay.**
        ...to do that. ...à faire cela. **...a fer suh-la.**
        ...to go. ...pour y aller. **...poor_ee_y_a-lay.**
        ...to discuss it. ...pour en discuter. **...poor_a<u>n</u> dees-kew-tay.**

moody *adj* d'humeur changeante **d'ew-muhr sha<u>n</u>-zha<u>n</u>t**, lunatique *m&f* **lew-na-teek**

moon *n* lune *f* **lewn** full ~ pleine lune **plen lewn** half ~ demi-lune **duh-mee-lewn**
   ♦ **moonbeam** *n* rayon *m* lunaire **ray-yo<u>n</u> lew-ner** ♦ **moonlight** *n* clair *m* de lune **kler duh lewn I want to** *(1)* **dance with you...** / *(2)* **kiss you... in the moonlight.** Je veux *(1)* danser avec *vous (Fam: toi)*... / *(2)* *vous (Fam: t')* embrasser... au clair de lune. **Zhuh vuh** *(1)* **da<u>n</u>-say a-vek** *voo (Fam: twa)*... / *(2)* *voo_z_(Fam: t')*_ **a<u>n</u>-bra-say... o kler duh lewn.** ♦ **moonlit** *adj* illuminé *(-e)* par la lune **ee-lew-mee-nay par la lewn**

moped *n (bike)* motocyclette *m* **mo-to-see-klet**; **Let's rent a moped.** Louons une motocyclette. **Loo-o<u>n</u> ewn mo-to-see-klet.**

moral *adj* moral, -e *m&f* **mo-ral** ♦ *n* 1. *pl (standards of conduct)* éthique *f* **ay-teek**, morale *f* **mo-ral**, principes *mpl* **pruh<u>n</u>-seep**; 2. *(point, lesson)* morale *f* **mo-ral** old-fashioned ~**s** principes vieux jeu **pruh<u>n</u>-seep vyuh zhuh** **person of good** ~**s** personne de principes **per-son duh pruh<u>n</u>-seep** **person of loose** ~**s** personne à moralité douteuse **per-son a mo-ra-lee-tay doo-tuhz The moral of the story is...** Voici la morale de l'histoire, ... **Vwa-see la mo-ral duh l'ees-twar, ...**

morale *n* moral *m* **mo-ral You're very good for my morale.** Vous êtes *(Fam: Tu es)* bon *(-ne)* pour le moral. *Voo_z_et (Fam: Tew ay)* bon *(F: bon)* **poor luh mo-ral.**

more *adj* plus *(negative)* **plew**; *(positive)* **plews**, de plus **duh plews** ~ **love** plus d'amour **plew(s) d'a-moor** ~ **money** plus d'argent **plew(s) d'ar-zha<u>n</u>** ~ **opportunity** plus de chance **plew(s) de sha<u>n</u>s** ~ **time** plus de temps **plew(s) duh ta<u>n</u> The more, the merrier.** Plus on est, plus on rit. **Plew_z_o<u>n</u>_ay, plew_z_o<u>n</u> ree.**
   ♦ *adv* plus **plews**, de plus **duh plews** ~ **and more** de plus en plus **duh plew_z_a<u>n</u> plews** ~ **or less** plus ou moins **plew_z_o mwuh<u>n</u> You're more beautiful than she is.** *Vous êtes (Fam: Tu es)* plus belle qu'elle. *Voo_z_et (Fam: Tew ay)* **plew bel k'el.**
   ♦ *n* plus **plews**, encore **a<u>n</u>-kor any** ~ plus **plews no** ~ plus **plew some** ~ un peu plus **uh<u>n</u> puh plews Is there any more?** Y en a t-il encore? **Ee_y_a<u>n</u>_a t-eel_a<u>n</u>-kor? Do you have any more?** En *avez-vous (Fam: as-tu)* encore? **A<u>n</u>** *a-vay-voo (Fam: a-tew)* **a<u>n</u>-kor? Would you care for some more?** En *voulez-vous (Fam: veux-tu)* encore? **A<u>n</u>** *voo-lay-voo (Fam: vuh-tew)* **a<u>n</u>-kor?**

morning *n* matin *m* **ma-tuh<u>n</u> beautiful** ~ belle matinée *f* **bel ma-tee-nay every** ~ tous les matins **too lay ma-tuh<u>n</u> in the** ~ dans la matinée **da<u>n</u> la ma-tee-nay**

French pronunciation and phonetics are on pages 510-511.

Moroccan   **mother**

this ~ ce matin suh ma-tuhn **tomorrow** ~ demain matin duh-muhn ma-tuhn **yesterday** ~ hier matin ee-yer ma-tuhn **Good morning!** Bonjour! Bon-zhoor!

Moroccan *adj* marocain, -ne *m&f* ma-ro-kuhn, -ken ♦ *n* Marocain, -ne *m&f* Ma-ro-kuhn, -ken

moron *n* abruti, -e *m&f* a-brew-tee

mortgage *n (contract)* hypothèque *f* ee-po-tek, gage *m* gazh; *(mortgage payment)* échéance *f* ay-shay-ans *(1)* **I** / *(2)* **We pay a monthly mortgage (of $*[*amount*]*) on *(3)* my / *(4)* our house.** *(1)* Je paye... / *(2)* Nous payons... une échéance mensuelle (de ___ dollar) pour *(3)* ma / *(4)* notre maison. *(1)* Zhuh pey*...* / *(2)* Noo pay-yon*...* ewn_ay-shay-ans man-sewel (duh ___ do-lar) poor *(3)* ma / *(4)* notr may-zon.

mosque *n* mosquée *f* mos-kay

mosquito *n* moustique *m* moos-teek ~ **bite** piqûre *f* de moustique pee-kewr duh moos-teek ~ **repellent** spray *m* contre les moustiques spray kontr lay moos-teek **There are too many mosquitoes around here.** Il y a trop de moustiques dans le coin. Eel_ee_y_a tro duh moos-teek dan luh kwuhn. **This will keep the mosquitoes off you.** Ceci va empêcher les moustiques de venir sur *vous (Fam: toi)*. Suh-see va an-pay-shay lay moos-teek duh vuh-neer sewr *voo (Fam: twa)*.

most *adj* la plupart *m&f* la plew-par ~ **people** la plupart des gens la plew-par day zhan ♦ *adv* pour la majorité poor la ma-zho-ree-tay, le plus, la plus *m&f* luh plew, la plew, les plus *m&fpl* lay plew ~ **beautiful** le plus beau (F: la plus belle) *luh plew bo (F: la plew bel)*, *pl:* les plus beaux, lay plew bo ~ **difficult** le plus dur luh plew dewr ~ **interesting** le plus intéressant luh plew_z_uhn-tay-ray-san ~ **of all** par-dessus tout par duh-sew too **What I want most of all right now is** *(what)*. Ce que je veux par-dessus tout en ce moment, c'est *(___)*. Suh kuh zhuh vuh par duh-sew too an suh mo-man, s'ay *(___)*. **What *(1)* I / *(2)* we need most of all is** *(what)*. Ce dont *(1)* j'ai... / *(2)* nous avons... besoin par-dessus tout, c'est *(___)*. Suh don *(1)* zh'ay*...* / *(2)* noo_z_a-von*...* buh-zwuhn par-duh-sew too, s'ay *(___)*. **You're the most beautiful woman I've ever met.** Vous êtes (Fam: Tu es) la plus belle des femmes qu'il ne m'ait jamais été donné de rencontrer. *Voo_z_et (Fam: Tew ay)* la plew bel day fam k'eel nuh m'ay zha-may ay-tay duh ran-kon-tray. ♦ *n* la plus grande partie *f* la plew grand par-tee ~ **of my life** la plus grande partie de ma vie la plew grand par-tee duh ma vee ~ **of the time** la plupart du temps la plew-par dew tan ♦ **mostly** *adv* principalement pruhn-see-pal-man

motel *n* motel *m* mo-tel **Let's find a motel.** Allons chercher un motel. A-lon sher-shay uhn mo-tel.

mother *n* mère *f* mer **foster** ~ mère *f* adoptive mer_a-dop-teev **This is my mother** *(name)*. C'est ma mère *(___)*. S'ay ma mer *(___)*. **This is a picture of my mother.** C'est une photo de ma mère. S'ay_t_ewn fo-to duh ma mer. **My mother lives in** *(place)*. Ma mère vit à *(___)*. Ma mer vee_t_a *(___)*. **I live with my mother.** Je vis avec ma mère. Zhuh vee a-vek ma mer. **My mother has**

---

*Learn a new French phrase every day! Subscribe to the free **Daily Dose of French**, www.phrase-books.com.*

passed away. Ma mère est décédée. Ma mer_ay day-say-day. ♦ **mother-in-law** n belle-mère f bel-mer ♦ **motherly** adj maternel, -le m&f ma-ter-nel

motion n mouvement m moov-ma<u>n</u> **go through the ~s** faire mine de rien fer meen duh ryuhn ~ **sickness** nausée f no-zay, mal m de transport mal duh tra<u>n</u>s-por **I don't like my job. I just go through the motions.** Je n'aime pas mon travail mais je fais mine de rien. Zhuh n'em pa mon tra-vaee may zhuh fay meen duh ryuhn.

motivate vt motiver mo-tee-vay, encourager a<u>n</u>-koo-ra-zhay **I need someone like you to motivate me.** J'ai besoin de quelqu'un comme *vous (Fam: toi)* pour me motiver. Zh'ay buh-zwu<u>hn</u> duh kel-k'uh<u>n</u> kom *voo (Fam: twa)* poor muh mo-tee-vay.

motive n motif m mo-teef **ulterior** ~ motif ultérieur mo-teef ewl-tay-ryuhr

motor n moteur m mo-tuhr ~ **scooter** scooter m skoo-tuhr **outboard** ~ moteur de bateau mo-tuhr duh ba-to **Something is wrong with the motor.** Quelque chose ne tourne pas rond avec le moteur. Kel-kuh shoz nuh toorn pa ro<u>n</u> a-vek luh mo-tuhr. **The motor needs to be fixed.** Le moteur a besoin d'être réparé. Luh mo-tuhr_a buh-zwuh<u>n</u> d'etr ray-pa-ray. ♦ **motorbike** n mobylette f mo-bee-let ♦ **motorboat** n bateau à moteur ba-to a mo-tuhr **Let's rent a motorboat.** Allons louer un bateau à moteur. A-lo<u>n</u> loo-ay uh<u>n</u> ba-to a mo-tuhr. **Where can (1) I / (2) we rent a motorboat?** Où *(1)* puis-je… / *(2)* pouvons-nous… louer un bateau à moteur? Oo *(1)* pwee-zh… / *(2)* poo-vo<u>n</u>-noo… loo-ay uh<u>n</u> ba-to a mo-tuhr? ♦ **motorcycle** n moto(cyclette) f mo-to(-see-klet) **Let's rent a motorcycle.** Louons une moto. Loo-o<u>n</u> ewn mo-to. **Would you like to ride with me on my motorcycle?** Ça *vous (Fam : tu)* dit de faire un tour en moto? Sa *voo (Fam: tuh)* dee duh fer_uh<u>n</u> toor_a<u>n</u> mo-to? ♦ **motorhome** n caravane f ka-ra-van

mountain n montagne f mo<u>n</u>-tany(uh) **climb a** ~ gravir une montagne gra-veer ewn mo<u>n</u>-tany(uh) **hike in the ~s** faire de la randonnée en montagne fer duh la ra<u>n</u>-do-nay a<u>n</u> mo<u>n</u>-tany(uh) ~ **climber** alpiniste m&f al-pee-neest ~ **climbing** alpinisme m al-pee-neezm **I love to climb mountains.** J'aime gravir les montagnes. Zh'em gra-veer lay mo<u>n</u>-tany(uh). **Have you ever climbed mountains?** Avez-vous *(Fam: As-tu)* déjà gravi une montagne? *A-vay-voo (Fam: A-tew)* day-zha gra-vee ewn mo<u>n</u>-tany(uh)? ♦ **mountainous** adj montagneux, montagneuse m&f mo<u>n</u>-ta-nyuh, -nyuhz

mouse n souris f soo-ree **You're quiet as a mouse.** *("carp" in French.)* Vous êtes *(Fam: Tu es)* muet (-te) comme une carpe. *Voo_z_et (Fam: Tew ay)* mew-ay (mew-et) kom_ewn karp.

mousse n 1. *(for the hair)* mousse f moos; 2. *(cookery)* bavaroise f ba-va-rwaz

mouth n bouche f boosh **big** ~ *(loudmouth)* grande gueule gra<u>n</u>d guhl **cute** ~ jolie bouche zho-lee boosh **little** ~ petite bouche puh-teet boosh **pretty** ~ jolie bouche zho-lee boosh **sensual** ~ bouche sensuelle boosh sa<u>n</u>-sewel **sexy** ~ bouche sexy boosh sek-see **small** ~ petite bouche puh-teet boosh **soft** ~ bouche suave boosh sew-av **sweet** ~ fine bouche feen boosh **tantalizing** ~ bouche provocante boosh pro-vo-ka<u>n</u>t *(1)* **Close** / *(2)* **Open your mouth.** *(1)* Fermez *(Fam: Ferme)*… /

---

oo *sounds like the "oo" in "shoot".*

(2) Ouvrez *(Fam: Ouvre)*… la bouche. *(1) Fer-may (Fam: Ferm)… / (2) Oo-vray (Fam: Oovr)… la boosh.* **You have such a beautiful mouth.** Vous avez *(Fam: Tu as)* une très belle bouche. *Voo_z_a-vay (Fam: Tew a) ewn tre bel boosh.* **You took the words right out of my mouth.** Vous m'avez *(Fam: Tu m'as)* ôté les mots de la bouche. *Voo m'a-vay (Fam: Tew m'a) o-tay lay mo duh la boosh.*

move *vt* bouger **boo-zhay** **Let me help you move that.** Laissez-moi vous *(Fam: Laisse-moi t')* aider à bouger cela. *Lay-say-mwa voo_z_(Fam: Les-mwa t') ay-day a boo-zhay.* **Why don't you move your stuff over here?** Pourquoi ne bougez-vous *(Fam: bouges-tu)* pas vos *(Fam: tes)* choses ici? *Poor-kwa nuh boo-zhay-voo (Fam: boozh-tew) pa vo (Fam: tay) shoz_ee-see?* ♦ *vi* 1. *(make a motion)* bouger **boo-zhay**; 2. *(change places)* déplacer **day-pla-say**, bouger **boo-zhay**; 3. *(home)* déménager **day-may-na-zhay** **Don't move!** Ne *bougez (Fam: bouge)* pas! *Nuh boo-zhay (Fam: boozh) pa!* **Let's move over there.** Allons là-bas. *A-lon la-ba.*
 ♦ **move in** *idiom (a residence)* emménager **an-may-na-zhay**
 ♦ **move out** *idiom (from a residence)* déménager **day-may-na-zhay**

movie *n* film *m* **feelm** **action** ~ film d'action **feelm d'ak-syon** **adult** ~ film pour adultes **feelm poor_a-dewlt** **adventure** ~ film *m* d'adventure **feelm d'a-van-tewr** **animated** ~ film animé **feelm_a-nee-may** **boring** ~ film ennuyeux **feelm_an-nwee-yuh** **cartoon** ~ film cartoon **feelm kar-toon** **dumb** ~ film stupide **feelm stew-peed** **exciting** ~ film captivant **feelm kap-tee-van** **good** ~ bon film **bon feelm** **great** ~ grand film **gran feelm** **heart-warming** ~ film émouvant **feelm_ay-moo-van** **horror** ~ film d'horreur **feelm d'o-ruhr** **lousy** ~ très mauvais film **tre mo-vay feelm** ~ **full of suspense** film plein de suspense **feelm pluhn duh sews-pens** **poor** ~ film médiocre **feelm may-dyokr** **romantic** ~ film romantique **feelm ro-man-teek** **sci-fi** ~ film de science fiction **feelm duh syans feek-syon** **spy** ~ film d'espionnage **feelm d'es-pyo-nazh** **terrific** ~ film exceptionnelle **feelm_ek-sep-syo-nel** **thrilling** ~ thriller **tree-luhr** **war** ~ film de guerre **feelm duh gher** **weird** ~ film étrange **feelm_ay-tranzh** **wonderful** ~ film magnifique **feelm ma-nee-feek** **Have you seen the movie** *(title)***?** Avez-vous *(Fam: As-tu)* vu le film *(___)*? *A-vay-voo (Fam: A-tew) vew luh feelm (___)?* **You should see (the movie)** *(title)***.** Vous devriez *(Fam: Tu devrais)* regarder (le film) *(___)*. *Voo duh-vree-yay (Fam: Tew duh-vray) ruh-gar-day (luh feelm) (___).* **A real good movie was** *(title)***.** *(___)*, c'était vraiment un bon film. *(___), s'ay vray-man uhn bon feelm.*

moving *adj* émouvant, -e *m&f* **ay-moo-van, -vant** **I found it moving.** J'ai trouvé ça émouvant. **Zh'ay troo-vay sa ay-moo-van.**

Mr. *n* Monsieur *(abbrev:* M.*) m* **Muh-syuh** ♦ **Mrs.** *n* Madame *(abbrev:* Mme.*) f* **Ma-dam**

MS *abbrev* = **Master of Science degree** (Deuxième année de) Master *m* en Sciences **(Duh-zyem a-nay duh) Mas-tuhr an Syans**

much *adj* beaucoup **bo-koo**, autant de **o-tan duh as ~ as** autant de **o-tan duh** (not) ~ **money** (pas) beaucoup d'argent **(pa) bo-koo d'ar-zhan** (not) ~ **time** (pas)

English-French and French-English glossaries of food and drink are on pages 534-546.

much   266   **music**

beaucoup de temps *(pa)* bo-koo duh tan **too** ~ trop tro **very** ~ énormément ay-nor-may-man **Not too much for me, please.** Pas trop pour moi, s'il vous plaît. Pa tro poor mwa, s'eel voo play. **That's (way) too much!** C'est (beaucoup) trop! S'ay (bo-koo) tro! **Take as much as you want.** Prenez *(Fam: Prends)*-en autant que *vous en voulez (Fam: tu en veux)*. Pruh-nay *(Fam: Pran)* z-an o-tan kuh *voo an voo-lay (Fam: tew an vuh)*. **How much time do you have?** Combien de temps *avez-vous (Fam: as-tu)*? Kon-byuhn duh tan *a-vay-voo (Fam: a-tew)*? *(1)* **I /** *(2)* **We don't have much time.** *(1)* Je n'ai… / *(2)* Nous n'avons… pah beaucoup de temps. *(1)* Zhuh n'ay… / *(2)* Noo n'a-von… pa bo-koo duh tan. **How much does it cost?** Combien ça coûte? Kon-byuhn sa koot? **How much to go to** *(place)***?** Combien ça coûte pour aller à (___)? Kon-byuhn sa koot poor_a-lay a (___)? ♦ **much** *adv* beaucoup bo-koo **not** ~ pas beaucoup pa bo-koo, pas tant que ça pa tan kuh sa **too** ~ trop tro **very** ~ énormément ay-nor-may-man **I love you very much.** Je t'aime énormément. Zhuh t'em_ay-nor-may-man. **Nothing much.** Pas grand chose. Pa gran shoz.

mud *n* boue *f* boo ♦ **muddy** *adj* boueux, boueuse *m&f* boo-uh, -uhz **It's too muddy.** C'est trop boueux. S'ay tro boo-uh.

muffler *n (auto)* silencieux *m* see-lan-syuh

multilingual *adj* multilingue *m&f* mewl-tee-luhng

muscle *n* muscle *m* mewskl **big ~s** gros muscles gro mewskl **My muscles ache.** J'ai mal aux muscles. Zh'ay mal_o mewskl. **I pulled a muscle (in my *[1]* arm.) / *[2]* leg.).** Je me suis fait une élongation au muscle *([1]* du bras. / *[2]* de la jambe.). Zhuh muh swee fay ewn_ay-lon-ga-syon o mewskl *([1]* dew bra. / *[2]* duh la zhanb.). ♦ **muscular** *adj* musculaire *m&f* mews-kew-ler

museum *n* musée *m* mew-zay **art ~** musée d'art mew-zay d'ar **history ~** musée d'histoire mew-zay d'ees-twar **Excuse me, do you know where the art museum is?** Excusez-moi, savez-vous où est le musée d'art? Eks-kew-zay-mwa, sa-vay-voo oo ay luh mew-zay d'ar?

mushy *adj* doux, douce *m&f* doo, doos, sentimental, -e *m&f* san-tee-man-tal

music *n* musique *f* mew-zeek *(See also phrases under* **go, like** *and* **love.***)* **all kinds of ~** tous les genres de musiques too lay zhanr duh mew-zeek **blue-grass ~** musique blue-grass mew-zeek blue-grass **classical ~** musique classique mew-zeek kla-seek **country-western ~** musique de western mew-zeek duh wes-tern **enjoy ~** apprécier la musique a-pray-syay la mew-zeek **folk ~** musique folk mew-zeek folk **good ~** bonne musique bon mew-zeek **guitar ~** musique acoustique mew-zeek_a-koos-teek **instrumental ~** musique instrumentale mew-zeek_uhns-trew-man-tal **listen to ~** écouter de la musique ay-koo-tay duh la mew-zeek **loud ~** musique forte mew-zeek fort **New Age ~** musique new-age mew-zeek new-azh **organ ~** musique d'organe mew-zeek d'or-gan **play ~** jouer de la musique zhoo-ay duh la mew-zeek **popular ~** musique connue mew-zeek ko-new **rock ~** musique rock mew-zeek rok **romantic ~** musique romantique mew-zeek ro-man-teek **sentimental ~** musique sentimentale mew-zeek san-tee-man-tal **soft ~** musique douce mew-zeek doos **soul ~** musique soul mew-

---

Questions about the metric system? See page 523.

zeek sool **spiritual** ~ musique spirituelle **mew-zeek spee-ree-twel What type of music do they play?** Quel genre de musique passent-ils? **Kel zhanr duh mew-zeek pas_t-eel? What's the best place here to listen to** *(type)* **music? (Would you like to go there with** *[1]* **me?** / *[2]* **us?)** Quel est le meilleur endroit pour écouter de la musique (___)? (*Aimeriez-vous [Fam: Aimerais-tu]* venir avec *[1]* moi? / *[2]* nous?) **Kel_ay luh may-yuhr_an-drwa poor_ay-koo-tay duh la mew-zeek (___)?** (*Ay-muh-ryay-voo [Fam: Em-ray-tew]* **vuh-neer a-vek** *[1]* **mwa?** / *[2]* **noo?) What kind of music do you like?** Quel genre de musique *aimez-vous (Fam: aimes-tu)*? **Kel zhanr duh mew-zeek** *ay-may-voo (Fam: em-tew)*? **I (don't) like** *(type of)* **music.** Je (n') aime (pas) la musique (___). **Zhuh (n')em (pa) la mew-zeek (___). Let's listen to some music.** Ecoutons de peu de musique. **Ay-koo-ton uhn puh duh mew-zeek. I'll put on some music.** Je vais mettre de la musique. **Zhuh vay metr duh la mew-zeek. That's** *(1)* **beautiful** / *(2)* **great** / *(3)* **nice** / *(4)* **wonderful music.** C'est de la *(1)* belle musique. / *(2)* super musique. / *(3)* musique sympathique. / *(4)* musique grandiose. **S'ay duh la** *(1)* **bel mew-zeek.** / *(2)* **sew-per mew-zeek.** / *(3)* **mew-zeek suhn-pa.** / *(4)* **mew-zeek gran-joz. Do you know the words to the music?** *Connaissez-vous (Fam: Connais-tu)* les paroles de cette chanson? *Ko-nay-say-voo (Fam: Ko-nay-tew)* **lay pa-rol duh set shan-son? Teach me the words to the music.** *Apprenez (Fam: Apprends)*-moi les paroles de cette chanson. *A-pruh-nay (Fam: A-pran)*-**mwa lay pa-rol duh set shan-son.**
♦ **musical** *adj* musicale *m&f* **mew-zee-kal** ~ **ability** don *m* pour la musique **don poor la mew-zeek** ~ **instrument** instrument *m* de musique **uhns-trew-man duh mew-zeek** ~ **show** spectacle *m* musical **spek-takl duh mew-zeek** ~ **talent** talent *m* pour la musique **ta-lan poor la mew-zeek** ~ **voice** voix *f* mélodieuse **vwa may-lo-juhz Do you play any musical instruments?** *Jouez-vous (Fam: Joues-tu)* d'un instrument de musique? *Zhoo-ay-voo (Fam: Zhoo-tew)* **d'uhn_uhns-trew-man duh mew-zeek?** ♦ *n (movie)* comédie *f* musicale **ko-may-dee mew-zee-kal** ♦ **musician** *n* musicien, -ne *m&f* **mew-zee-syuhn, -syen**

Muslim *adj* musulman, -ne *m&f* **mew-zewl-man, -man** ♦ *n* Musulman, -ne *m&f* **Mew-zewl-man, -man**

must *v aux* 1. *(necessity)* devoir **duh-vwar**, être obliger de **etr_o-blee-zhay duh**; 2. *(strong possibility)* devoir **duh-vwar** ~ **not** ne pas devoir **nuh pa duh-vwar** *(1)* **I** / *(2)* **We (really) must go.** *(1)* Je dois… / *(2)* Nous devons… (vraiment) y aller. *(1)* **Zhuh dwa…** / *(2)* **Noo duh-von… (vray-man) ee_y_a-lay. You really must** *(1)* **go there.** / *(2)* **read it.** / *(3)* **see it.** / *(4)* **try it.** *Vous devez (Fam: Tu dois)* vraiment *(1)* y aller. / *(2)* le lire. / *(3)* le voir. / *(4)* essayer. *Voo duh-vay (Fam: Tew dwa)* **vray-man** *(1)* **ee_y_a-lay.** / *(2)* **luh leer.** / *(3)* **luh vwar.** / *(4)* **ay-say-yay. You must come visit** *(1)* **me.** / *(2)* **us.** *Vous devez (Fam: Tu dois)* venir *(1)* me… / *(2)* nous… rendre visite. *Voo duh-vay (Fam: Tew dwa)* **vuh-neer** *(1)* **muh…** / *(2)* **noo… randr vee-zeet.**

mustache *n* moustache *f* **moos-tash handsome** ~ belle moustache **bel moos-tash**

Articles, adjectives and nouns must agree in gender and number (singular or plural).

mutual *adj* mutuel, -le *m&f* **mew-tew-el**, réciproque *m&f* **ray-see-prok,** en commun **an ko-muhn** ~ **acquaintance** connaissance *f* en commun **ko-nay-sans an ko-muhn** ~ **attraction** attraction *f* mutuelle **a-trak-syon mew-tew-el** ~ **friend** ami (-e) en commun **a-mee an ko-muhn** ~ **respect** respect *m* réciproque **res-pay ray-see-prok**

my *poss. adj* mon *m* **mon,** ma *f* **ma,** mes *pl* **may** ♦ **myself** *pers. pron* 1. *(reflexively)* moi **mwa,** moi-même **mwa-mem,** me **muh** 2. *(for emphasis)* moi **mwa** **by** ~ par moi-même **par mwa-mem** **I hurt myself.** Je me suis fait mal. **Zhuh muh swee fay mal. I said to myself...** Je me suis dit... **Zhuh muh swee dee…**

mysterious *adj* mystérieux, mystérieuse *m&f* **mees-tay-ryuh, -ryuhz** ♦ **mysteriously** *adv* mystérieusement **mees-tay-ryuhz-man** ♦ **mystery** *n* 1. *(puzzle)* mystère *m* **mees-ter,** énigme *f* **ay-neegm**; 2. *(movie)* film *m* policier **feelm po-lee-syay** **It's a mystery to me.** Cela reste un mystère pour moi. **Suh-la rest_uhn mees-ter poor mwa.**

mystical *adj* mystique *m&f* **mees-teek,** occulte *m&f* **o-kewlt** ♦ **mystify** *vt* laisser perplexe **lay-say per-plek** **You (really) mystify me (at times).** *Vous me laissez (Fam: Tu me laisse)* (vraiment) perplexe (parfois). *Voo muh lay-say (Fam: Tew muh les)* (vray-man) per-pleks (par-fwa).

mystique *n* mysticisme *m* **mees-tee-seezm** **feminine** ~ mysticisme féminin **mees-tee-seezm fay-mee-nuhn**

myth *n* mythe *m* **meet** ♦ **mythical** *adj* mythique *m&f* **mee-teek**

N n

nail *adj (fingernail)* d'ongle **d'ongl** ~ **clippers** coupe-ongles *m* **koop-ongl** ~ **polish** vernis *m* à ongles **ver-nee a ongl** ♦ *n* 1. *(metal)* clou *m* **kloo**; 2. *(fingernail)* ongle *m* **ongl** *(See also* **fingernails***.)* ♦ **nailfile** *n* lime *f* à ongles **leem_a ongl**

naive *adj* naïf, naïve *m&f* **na-eef, -eev**, ingénu, -e *m&f* **uhn-zhay-new**

naked *adj* nu, -e *m&f* **new** **completely / stark** ~ complètement *nu (-e)* **kon-plet-man new** **run around** ~ se balader *tout nu (F: toute nue)* **suh ba-la-day too (F: toot) new**

name *n* nom *m* **non** **cat's** ~ nom du chat **non dew sha** **daughter's** ~ nom de la fille **non duh la feey(uh)** **dog's** ~ nom du chien **non dew shyuhn** **family** ~ nom de famille *m* **non duh fa-meey(uh)** **first** ~ prénom **pray-non** **last** ~ nom de famille **non duh fa-meey(uh)** **maiden** ~ nom de jeune-fille **non duh zhuhn-feey(uh)** **middle** ~ second prénom **suh-gon pray-non** **my** ~ mon nom **mon non** ~ **of the restaurant** nom du restaurant **non dew res-to-ran** **son's** ~ nom du fils **non dew fees** **your** ~ *votre (Fam: ton)* nom *votr (Fam: ton)* **non** **What's your name?** Comment *vous appelez-vous (Fam: t'appelles-tu)*? **Ko-man voo_z_a-play-voo *(Fam: t'a-pel-tew)*?** *(1,2)* **My name is** *(name)*. *(1)* Mon nom est *(___)*. / *(2)* Je

---

A phrasebook makes a great gift!
See order information on page 552

m'appelle (___). *(1)* **Mon non ay (___).** / *(2)* **Zhuh m'a-pel (___).** **What's *(1)* her / *(2)* his name?** *(1)* Comment s'appelle-t-elle? / *(2)* Comment s'appelle-t-il? *(1)* **Ko-man s'a-pel-t-el?** / *(2)* **Ko-man s'a-pel-t-eel?** *(1)* **Her** / *(2)* **His name is** *(name)*. *(1)* Elle / *(2)* Il s'appelle (___). *(1)* **El** / *(2)* **Eel s'a-pel (___).** **I'm sorry, I forgot your name.** Je suis *désolé (-e)*, j'ai oublié *votre (Fam: ton)* nom. **Zhuh swee day-zo-lay, zh'ay oo-blee-yay** *votr (Fam: ton)* **non.** **How do you spell your name?** Comment s'écrit *votre (Fam: ton)* nom? **Ko-man s'ay-kree** *votr (Fam: ton)* **non?**

nap *n* sieste *f* **syest** *(1)* **I'm** / *(2)* **We're going to take a nap.** *(1)* Je vais… / *(2)* Nous allons… faire une sieste. *(1)* **Zhuh vay….** / *(2)* **Noo_z_a-lon… fer_ewn syest**. **Let's take a nap.** Allons faire une sieste. **A-lon fer_ewn syest.**

napkin *n* serviette *f* **ser-vyet** **sanitary ~(s)** lingette(s) *f* hygiénique(s) **luhn-zhet ee-zhyay-neek**, serviette(s) *fpl* hygiéniques **ser-vyet_ee-zhyay-neek**

narrow *adj* étroit, -e *m&f* **ay-trwa, -trwat** ♦ **narrow-minded** *adj* obtus *m&f* **ob-tew**

nasty *adj* 1. *(disgusting, vile)* répugnant, -e *m&f* **ray-pew-nyan, -nyant**, immonde *m&f* **ee-mond**, ignoble *m&f* **ee-nyobl**; 2. *(obscene)* obscène *m&f* **ob-sen**; 3. *(mean, ill-tempered)* méchant, -e *m&f* **may-shan, -shant** irritable *m&f* **ee-ree-tabl** **~ language** langage obscène **lan-gazh_ob-sen** **~ remark** commentaire irrespectueux **ko-man-ter ee-res-pek-tew-uh** **~ words** gros-mots **gro-mo** **That was nasty!** C'était répugnant! **S'ay ray-pew-nyan!**

nation *n* nation *f* **na-syon** ♦ **national** *adj* national, -e *m&f* **na-syo-nal** **~ anthem** hymne national **eemn na-syo-nal**

native *adj* natif, native *m&f* **na-teef, -teev** **~ American** indien, -ne *m&f* **uhn-juhn, -jen** ♦ *n* autochtone *m&f* **o-tok-ton**

natural *adj* 1. *(from nature)* naturel, -le *m&f* **na-tew-rel**; 2. *(normal)* normal, -e *m&f* **nor-mal** **~ beauty** beauté *f* naturelle **bo-tay na-tew-rel** **~ talent** talent *m* naturel **ta-lan na-tew-rel** **It feels so natural talking to you.** Ça me semble tellement naturel de *vous (Fam: te)* parler. **Sa muh sanbl tel-man na-tew-rel duh** *voo (Fam: tuh)* **par-lay.** ♦ **naturally** *adv* 1. *(in a natural way)* naturellement **na-tew-rel-man**, de façon naturelle **duh fa-son na-tew-rel**; 2. *(of course)* naturellement **na-tuh-rel-man** **act ~** agir de façon naturelle **a-zheer duh fa-son na-tew-rel** ♦ **nature** *n* 1. *(character)* nature *f* **na-tewr**; 2. *(outdoors)* nature *f* **na-tewr** **artistic ~** nature artistique **na-tewr_ar-tees-teek** **friendly ~** de nature amicale **duh na-tewr a-mee-kal** **gentle ~** de nature gentille **duh na-tewr zhan-teey(uh)** **quiet ~** de nature calme **duh na-tewr kalm** **The beauty of all this nature is fantastic.** La beauté de toute cette nature est merveilleuse. **La bo-tay duh toot set na-tuhr_ay mer-vay-yuhz.** *(1)* **I** / *(2)* **We enjoy nature**. *(1)* J'aime… / *(2)* Nous aimons… la nature. *(1)* **Zh'em…** / *(2)* **Noo_z_ay-mon…. la na-tewr.** **You have a very cheerful nature.** *Vous êtes (Fam: Tu es)* de nature très joyeuse. *Voo_z_et (Fam: Tew ay)* **duh na-tewr tre zhwa-yuhz.**

naughty *adj* 1. *(mischievous)* vilain, -e *m&f* **vee-luhn, -len**, désobéissant, -e *m&f* **day-zo-bay-ee-san, -sant**; 2. *(risqué)* indécent, -e *m&f* **uhn-day-san, -sant** **Don't be naughty.** Ne *soyez (Fam: sois)* pas vilain (-e). **Nuh** *swa-yay (Fam:*

A slash always means "or".

swa) pa *vee-luhn (F: vee-len).* **That was a naughty thing to do.** *Vous avez (Fam: Tu as)* fait une vilaine chose. **Voo_z_a-vay *(Fam: Tew a)* fay ewn vee-len shoz.**

nauseous *adj* nauséeux, nauséeuse *m&f* **no-zay-uh, -uhz I feel nauseous.** Je me sens *nauséeux (F: nauséeuse).* **Zhuh muh san** *no-zay-uh (F: no-zay-uhz).*

navy *adj* navale **na-val** ~ **base** base *f* navale **baz na-val** ♦ *n* Marine *f* militaire **Ma-reen mee-lee-ter I'm in the Navy.** Je suis dans la Marine. **Zhuh swee dan la Ma-reen. I'm a *(1)* Petty Officer / *(2)* an Ensign / *(3)* (rank) in the Navy.** Je suis un *(1)* sous-officier / *(2)* officier de premier grade. / *(3)* (___) dans la Marine. **Zhuh swee_z_uhn *(1)* soo_z-o-fee-syay / *(2)* _o-fee-syay duh pruh-myay grad / *(3)* (___) dan la Ma-reen. I served four years in the Navy.** J'ai servi quatre ans dans la Marine. **Zh'ay ser-vee katr_an dan la Ma-reen.**

near *adj* proche *m&f* **prosh in the ~ future** dans un futur proche **dan_z_uhn few-tewr prosh** ~ **miss** presque manqué **presk man-kay Is it near here?** Est-ce proche d'ici? **Es prosh d'ee-see? It's near here.** C'est proche d'ici. **S'ay prosh d'ee-see. It's near** (place). C'est près de (___). **S'ay pre duh (___).**

    Where's the nearest... Où se trouve... **Oo suh troov...**
        ...bank? ...la banque la... **...la bank la...**
        ...cash machine? ...le distributeur d'argent le... **...luh dees-tree-bew-tuhr d'ar-zhan luh...**
        ...gas station? ...la station essence la... **...la sta-syon ay-sans la...**
        ...internet café? ...le café Internet le... **...luh ka-fay Uhn-ter-net luh...**
        ...pharmacy? ...la pharmacie la... **...la far-ma-see la...**
        ...shopping center? ...le centre commercial le... **...luh santr ko-mer-syal luh...**
        ...supermarket? ...le supermarché le... **...luh sew-per-mar-shay luh...**
        (nearest:) ...plus proche? **...plew prosh?**

I like it when you're near me. J'aime ta présence. **Zh'em ta pray-zans.** ♦ *adv* près de **pre duh come ~ me** venir près de moi **vuh-neer pre duh mwa Come sit near me.** *Venez vous (Fam: Viens t')* asseoir près de moi. **Vuh-nay voo_z_ *(Fam: Vyuhn t')* a-swar pre duh mwa.** ♦ **nearby** *adj* dans le coin **dan luh kwuhn,** dans les environs **dan lay_z_an-vee-ron *(1)* My / *(2)* Our hotel is nearby.** *(1)* Mon / *(2)* Notre hôtel est dans le coin. *(1)* **Mon** / *(2)* **Notr_o-tel ay dan luh kwuhn.** ♦ *adv* aux alentours **o_z_a-lan-toor** ♦ **nearly** *adv* quasiment **ka-zee-man,** presque **presk** ♦ **near-sighted** *adj* myope *m&f* **myop**

neat *adj* 1. *(orderly, tidy) (person)* bien mis, -e *m&f* **byuhn mee, byuhn meez,** propre *m&f* **propr**; *(appearance)* harmonieux, harmonieuse *m&f* **ar-mo-nyuh, -nyuhz**; gracieux, gracieuse *m&f* **gra-syuh, -syuhz**; *(room)* rangé, -e *m&f* **ran-zhay,** en ordre **an_ordr**; *(clean)* propre *m&f* **propr**; 2. *(slang: great)* excellent *m&f* **ek-say-lan** ♦ **neatly** *adv* en ordre **an_ordr**

necessary *adj* nécessaire **nay-say-ser** ~ **equipment** équipement *m* nécessaire **ay-keep-man nay-say-ser** ~ **evil** mal *m* salutaire **mal sa-lew-ter** **if ~** si nécessaire **see nay-say-ser It's (not) necessary.** C'(e) (n')est (pas) nécessaire. **S'(uh)**

In the pronunciation **n** *stands for a nasalized* **n**.

(n')ay (pa) nay-say-ser.

neck *vi (slang) (kiss)* s'embrasser **s'an-bra-say** ♦ *n* 1. *(body)* cou *m* **koo**; 2. *(garment)* col *m* **kol** **beautiful** ~ joli cou *m* **zho-lee koo** **graceful** ~ cou gracieux **koo gra-syuh** **little** ~ petit cou **puh-tee koo** **long** ~ long cou **lon koo** **lovely** ~ cou adorable **koo a-do-rabl** **slender** ~ cou fin **koo fuhn** **This game is neck and neck.** La partie est serrée. **La par-tee ay say-ray.** **What a pain in the neck!** Ça me prend la tête! **Sa muh pran la tet.** ♦ **necklace** *n* collier *m* **ko-lyay** **What a beautiful necklace!** Quel beau collier! **Kel bo ko-lyay!** ♦ **neckline** *n* encolure *f* **an-ko-lewr** ♦ **necktie** *n* cravate *f* **kra-vat**

nectar *n* nectar *m* **nek-tar** ~ **of the gods** nectar des Dieux. **nek-tar day Juh.** **I love the sweet nectar of your kisses.** J'adore la tendresse de tes baisers. **Zh'a-dor la tan-dres duh tay bay-zay.**

need *vt* avoir besoin de **a-vwar buh-zwuhn duh**, avoir la nécessite de **a-vwar la nay-say-see-tay duh** **What do you need?** De quoi *avez-vous (Fam: as-tu)* besoin? **Duh kwa** *a-vay-voo (Fam: a-tew)* **buh-zwuhn?** **What do I need?** De quoi ai-je besoin? **Duh kwa ay-zh buh-zwuhn?** *(1)* **I** / *(2)* **We** / *(3)* **You need *(what)*.** *(1)* J'ai besoin de (___). / *(2)* Nous avons besoin de (___). / *(3)* Vous avez *(Fam: Tu as)* besoin de (___). *(1)* **Zh'ay buh-zwuhn duh (___).** / *(2)* **Noo_z_a-von buh-zwuhn duh (___).** / *(3)* **Voo_z_a-vay** *(Fam: Tew a)* **buh-zwuhn duh (___).** *(1)* **I** / *(2)* **We don't need it.** *(1)* Je n'en ai… / *(2)* Nous n'en avons… pas besoin. *(1)* **Zhuh n'an_ay…** / *(2)* **Noo n'an_a-von… pa buh-zwuhn.** *(1)* **I** / *(2)* **We don't need anything** *(1)* Je n'ai… / *(2)* Nous n'avons… besoin de rien. *(1)* **Zhuh n'ay…** / *(2)* **Noo n'a-von… buh-zwuhn duh ryuhn.** **I need** *(1)* **it** / *(2)* **them** *(3)* **today.** / *(4)* **tomorrow.** / *(5)* **by** *(day)*. J'(1,2) en ai besoin *(3)* aujourd'hui / *(4)* demain / *(5)* d'ici (___). **Zh'(1,2) an_ay buh-zwuhn** *(3)* **o-zhoor-d'wee.** / *(4)* **duh-muhn.** / *(5)* **d'ee-see (___).** **I need to** *(1)* **see you.** / *(2)* **talk to you.** / *(3)* **take care of some business (first).** J'ai besoin de *(1)* vous *(Fam: te)* voir. / *(2)* vous *(Fam: te)* parler. / *(3)* régler une affaire (dans un premier temps). **Zh'ay buh-zwuhn duh** *(1)* **voo** *(Fam: tuh)* **vwar.** / *(2)* **voo** *(Fam: tuh)* **par-lay.** / *(3)* **ray-glay ewn_a-fer (dan_z_uhn pruh-myay tan).** **If you need help, let** *(1)* **me** / *(2)* **us know.** Si vous avez *(Fam: tu as)* besoin d'aide, *faites (Fam: fais)*-le *(1)* moi / *(2)* nous savoir. **See voo_z_a-vay** *(Fam: tew a)* **buh-zwuhn d'ed, fet** *(Fam: fay)***-luh** *(1)* **mwa** / *(2)* **noo sa-vwar.** **I need you (very much).** J'ai (vraiment) besoin de *vous (Fam: toi)*. **Zh'ay (vray-man) buh-zwuhn duh voo** *(Fam: twa)*.

needle *vt (taunt, tease)* provoquer **pro-vo-kay** ♦ *n* aiguille *f* **ay-gweey(uh)** **It's like finding a needle in a haystack.** C'est comme chercher une aiguille dans une botte de foin. **S'ay kom sher-shay ewn_ay-gweey(uh) dan_z_ewn bot duh fwuhn.** *(1)* **I'm** / *(2)* **We're on pins and needles.** *(1)* Je suis / *(2)* Nous sommes sous pression. *(1)* **Zhuh swee** / *(2)* **Noo som soo pray-syon.** ♦ **needlework** *n* couture *f* **koo-tewr**

negative *adj* négatif, négative *m&f* **nay-ga-teef, -teev** ~ **attitude** attitude *f* négative **a-tee-tewd nay-ga-teev** ~ **outlook** rendu *m* négatif **ran-dew nay-ga-teef** **Don't**

Time expressions are given on pages 521-522.

be so negative. Ne *soyez (Fam: sois)* pas si *négatif (F: négative).* Nuh swa-yay *(Fam: swa)* pa see nay-ga-teef *(F: nay-ga-teev).* ♦ **negative** *n (photo)* négatif *m* nay-ga-teef

neglect *vt* 1. *(not pay proper attention to)* négliger nay-glee-zhay, ne pas donner d'importance à nuh pa do-nay d'uhn-por-tans_a; 2. *(forget, fail to)* manquer man-kay **I didn't mean to neglect you.** Je n'avais pas l'intention de *vous (Fam: te)* manquer de respect. Zhuh n'a-vay pa l'uhn-tan-syon duh voo *(Fam: tuh)* man-kay duh res-pay. ♦ **neglected** *adj* négligé, -e *m&f* nay-glee-zhay

negligee *n* déshabillé *m* day-za-bee-yay

neighbor(s) *n* voisin, -ne *m&f* vwa-zuhn, -zeen, voisins *m&f pl* vwa-zuhn **next‑ door** ~ *voisin (-e)* d'à côté vwa-zuhn *(F: vwa-zeen)* d'a ko-tay ♦ **neighborhood** *n* quartier *m* kar-chyay **in** *(1)* **my** */ (2)* **our** */ (3)* **your** ~ dans *(1)* mon */ (2)* notre */ (3)* votre *(Fam: ton)* quartier. dan *(1)* mon */ (2)* notr */ (3)* votr *(Fam: ton)* kar-chyay. ♦ **neighboring** *adj* de quartier *m&f* duh kar-chyay

neither *adj* ni nee, ni l'un ni l'autre nee l'uhn nee l'otr ~ **one** aucun, -e *m&f* o-kuhn, o-kewn ♦ *pron* aucun, -e *m&f* o-kuhn, o-kewn ~ **of us** *aucun (-e)* d'entre nous o-kuhn *(F: o-kewn)* d'an-truh noo ~ **of them** *aucun (-e)* d'entre eux o-kuhn *(F: o-kewn)* d'antr_uh ~ **of you** *aucun (-e)* d'entre vous o-kuhn *(F: o-kewn)* d'an-truh voo

nephew *n* neveux *m* nuh-vuh

nerd *n (slang)* 1. *(dim-wit)* nul, -le *m&f* newl; 2. *(very scholarly person; expert)* tête *f* tet

nerve *n* 1. *(anat.)* nerf *m* ner; 2. *(courage)* courage *m* koo-razh; 3. *(audacity; impudence)* aplomb *m* a-plon **bundle of ~s** boule de nerf bool duh ner **It's getting on my nerves.** Ça m'énerve. S'a m'ay-nerv. **You really have a lot of** *(1,2)* **nerve.** Vous avez *(Fam: Tu as)* énormément… *(1)* d'aplomb. */ (2)* de courage. Voo_z_a-vay *(Fam: Tew a)* ay-nor-may-man… *(1)* d'a-plon. */ (2)* duh koo-razh. ♦ **nervous** *adj* nerveux, nerveuse *m&f* ner-vuh, -vuhz **be ~** être *nerveux (F: nerveuse)* etr ner-vuh *(F: ner-vuhz)* **feel ~** se sentir *nerveux (F: nerveuse)* suh san-teer ner-vuh *(F: ner-vuhz)* **make** *(1)* **me** */ (2)* **you ~** *(1)* me */ (2)* vous *(Fam: te)* rendre *nerveux (F: nerveuse)* *(1)* muh */ (2)* voo *(Fam: tuh)* randr ner-vuh *(F: ner-vuhz)* ~ **breakdown** dépression *f* nerveuse day-pray-syon ner-vuhz **Why are you so nervous?** Pourquoi *êtes-vous (Fam: es-tu)* si *nerveux (F: nerveuse)*? Poor-kwa et-voo *(Fam: ay-tew)* see ner-vuh *(F: ner-vuhz)*? **I'm (not) nervous (about it).** Je (ne) suis (pas) *nerveux (F: nerveuse)*. Zhuh (nuh) swee (pa) ner-vuh *(F: ner-vuhz)*. **There's nothing to be nervous about.** Il n'y a pas de quoi s'énerver. Eel n'ee_y_a pa duh kwa s'ay-ner-vay.

net *n* filet *m* fee-lay **fish ~** filet pour attraper les poissons fee-lay poor_a-tra-pay lay pwa-son **tennis ~** filet de tennis fee-lay duh tay-nees **volleyball ~** filet de volley-ball fee-lay duh vo-lay-bol

neurotic *adj* mentalement malade *m&f* man-tal-man ma-lad, compulsif, compulsive *m&f* kon-pewl-seef, -seev

neutral *adj* neutre *m&f* nuhtr ~ **opinion** opinion *f* neutre o-pee-nyon nuhtr I

French q always sounds like k.

want to stay neutral in this. Je veux rester neutre dans tout ça. **Zhuh vuh res-tay nuhtr da̱n too sa.**

never *adv* jamais **zha-may**, ne... jamais **nuh... zha-may** ~ **again** plus jamais **plew zha-may** **I've never** *(1)* **been here before.** / *(2)* **seen it.** *(1)* Je n'y suis jamais *allé (-e)* auparavant. / *(2)* Je n'ai jamais vu ça. *(1)* **Zhuh n'ee swee zha-may_z_a-lay o-pa-ra-va̱n.** / *(2)* **Zhuh n'ay zha-may vew sa. We've never** *(1)* **been here before.** / *(2)* **seen it.** *(1)* Nous n'y sommes jamais *allé(e)s* auparavant. / *(2)* Nous n'avons jamais vu ça. *(1)* **Noo n'ee som zha-may_z_a-lay o-pa-ra-va̱n.** / *(2)* **Noo n'a-vo̱n zha-may vew sa. I never want to leave here.** Jamais je ne prendrai la décision de partir. **Zha-may zhuh nuh pra̱n-dray la day-see-zyo̱n duh par-teer. I will never forget you.** Je ne *vous (Fam: te)* oublierai jamais. **Zhuh nuh *voo (Fam: tuh)* oo-blee-ray zha-may. I never met anyone like you.** Je n'ai jamais rencontré quelqu'un comme *vous (Fam: toi)*. **Zhuh n'ay zha-may ra̱n-ko̱n-tray kel-kuhn kom *voo (Fam: twa)*. Better late than never.** Mieux vaut tard que jamais. **Myuh voo tar kuh zha-may. Never mind.** Ça n'a pas d'importance. **Sa n'a pa d'uẖn-por-ta̱ns.** ♦ **nevertheless** *adv* néanmoins **nay-a̱n-mwuẖn**

new *adj* nouveau, nouvel *m* **noo-vo, -vel**, nouvelle *f* **noo-vel** ~ **fashion** nouvelle mode *f* **noo-vel mod** ~ **model** nouveau modèle *m* **noo-vo mo-del** ~ **one** nouvelle chose *f* **noo-vel shoz What's new?** 1. *(about s.th.)* Qui a-t-il de nouveau? **Kee_y_a-t-eel duh noo-vo?** / 2. *(ask s.o. casually)* Quoi de neuf? **Kwal duh nuhf? Is it / that new?** Est-ce nouveau? **Es noo-vo? It's (not) new.** C(e n')est (pas) nouveau. **S(uh n')ay (pa) noo-vo. Happy New Year!** Bonne Année! **Bon_A-nay!** ♦ **newcomer** *n* nouvel arrivant *m*, nouvelle arrivante *f* **noo-vel_a-ree-va̱n, -va̱nt** ♦ **newlyweds** *n pl* nouveaux mariés *mpl* **noo-vo ma-ryay**

news *n* nouvelles *fpl* **noo-vel**; *(radio, TV)* infos *fpl* **uẖn-fo bad** ~ mauvaises nouvelles *f* **mo-vez noo-vel good** ~ bonnes nouvelles *f* **bon noo-vel latest** ~ dernières nouvelles **der-nyer noo-vel Have you heard the news?** Avez-vous *(Fam: As-tu)* entendu les nouvelles? *A-vay-voo (Fam: A-tew)* **a̱n-ta̱n-dew lay noo-vel? Any news?** Des nouvelles? **Day noo-vel? Did you watch the news** *(1)* **today?** / *(2)* **yesterday?** Avez-vous *(Fam: As-tu)* regardé les infos *(1)* aujourd'hui? / *(2)* hier? *A-vay-voo (Fam: A-tew)* **ruh-gar-day lay_z_uẖn-fo *(1)* o-zhoor-d'wee? / *(2)* ee-yer? I** *(1)* **heard /** *(2)* **saw on the news that…** J'ai *(1)* entendu / *(2)* vu aux infos que… **Zh'ay *(1)* a̱n-ta̱n-dew... / *(2)* vew... o_z_uẖn-fo kuh…** ♦ **newspaper** *n* journal *m* **zhoo-nal**, jounaux *mpl* **zhoo-no**, quotidien *m* **ko-tee-juẖn I saw your ad in the newspaper.** J'ai vu *votre (Fam: ton)* annonce dans le journal. **Zh'ay vew *votr_(Fam: ton)*_a-no̱ns da̱n luh zhoor-nal. I read in the newspaper that...** J'ai lu dans le journal que... **Zhay lew da̱n luh zhoor-nal kuh…** ♦ **newsstand** *n* kiosque *m* à journaux **kyosk_a zhoor-no**

New Year(s) *adj* de Nouvel An **duh Noo-vel_An** ~ **party** fête *f* de Nouvel An **fet duh Noo-vel_An**

New Zealand *adj* néo-zélandais, -e *m&f* **nay-o-zay-la̱n-day, -dez** ♦ **New Zealander** *n* Néo-zélandais *m&f* **Nay-o-zay-la̱n-day, -dez**

Words in parentheses (not italicized) are optional.

next *adj* 1. *(next after preceding)* prochain, -e *m&f* pro-shuhn, -shen suivant, -e *m&f* swee-van, -vant; 2. *(next in time)* prochain, -e *m&f* pro-shuhn, -shen ~ **door** d'à côté d'a ko-tay ~ **month** mois prochain mwa pro-shuhn, mois suivant mwa swee-van ~ **stop** prochain arrêt pro-shuhn_a-re, arrêt suivant a-re swee-van ~ **time** prochaine fois pro-shen fwa ~ **week** semaine prochaine suh-men pro-shen ~ **year** année prochaine a-nay pro-shen *(1)* **I** / *(2)* **We get off at the next** *(3)* **station.** / *(4)* **stop.** *(1)* Je descendrai... / *(2)* Nous descendrons... *(3)* à la prochaine station. / *(4)* au prochain arrêt. *(1) Zhuh day-san-dray... / (2) Noo day-san-dron… (3) a la pro-shen sta-syon. / (4) o pro-shuhn_a-re.* **Who's next?** Qui est le suivant? *Kee ay luh swee-van?* **You're next.** *Vous êtes (Fam: Tu es)* le suivant *Voo_z_et (Fam: Tew ay) luh swee-van.* **Who lives next door?** Qui vit à côté? *Kee vee a ko-tay?* ♦ *adv* par la suite par la sweet **What happened next?** Qu'est-il arrivé par la suite? *K'ay-t-eel_a-ree-vay par la sweet?* ♦ **next to** *phr prep* à coté de a ko-tay duh ~ **last** quasiment le dernier ka-zee-man luh der-nyay ~ **the window** à côté de la fenêtre a ko-tay duh la fuh-netr **Come sit next to me.** Venez *(Fam: Viens)* à coté de moi. *Vuh-nay (Fam: Vyuhn) a ko-tay duh mwa.*

nibble *vt* grignoter gree-nyo-tay, mâcher lentement ma-shay lant-man

nice *adj* 1. *(good, pleasant)* plaisant, -e *m&f* play-zan, -zant, agréable *m&f* a-gray-abl, bon, -ne *m&f* bon, bon; 2. *(polite; gracious)* aimable *m&f* ay-mabl; 3. *(friendly)* gentil, -le *m&f* zhan-tee, -teey(uh), sympathique *m&f* suhn-pa-teek; 4. *(attractive)* beau, bel *m*, belle *f* bo, bel; 5. *(sports: nicely done)* bien joué byuhn zhoo-ay; 6. *(respectable, decent)* bon, -ne *m&f* bon, bon ~ **apartment** bel appartement *m* bel_a-part-man ~ **figure** belle figure bel fee-gewr ~ **girl** *(respectable)* bonne fille bon feey(uh) ~ **house** belle maison *f* bel may-zon ~ **legs** belles jambes *fpl* bel zhanb ~ **smile** beau sourire bo soo-reer ~ **talk** conversation agréable kon-ver-sa-syon a-gray-abl ~ **time** bon moment *m* bon mo-man ~ **trip** voyage plaisant vwa-yazh play-zan ~ **weather** temps agréable tan_a-gray-abl **How nice.** C'est gentil. *S'ay zhan-tee.* **Be nice.** Soyez *(Fam: Sois)* gentil *(F: -le). Swa-yay (Fam: Swa) zhan-tee (F: zhan-teey[uh]).* **That's very nice of you.** C'est très gentil de *votre (Fam: ta)* part. *S'ay tre zhan-tee duh votr (Fam: ta) par.* **That was very nice of you.** C'était très gentil de *votre (Fam: ta)* part. *S'ay-tay tre zhan-tee duh votr (Fam: ta) par.* *(1)* **I** / *(2)* **We had a very nice time.** *(1)* J'ai… / *(2)* Nous avons… passé un très bon moment. *(1) Zh'ay… / (2) Noo_z_a-von… pa-say uhn tre bon mo-man.* **That was a nice** *(1)* **play.** / *(2)* **shot.** *(1)* C'était bien joué. / *(2)* C'était un coup de maître. *(1) S'ay-tay byuhn zhooay. / (2) S'ay-tay_t_uhn koo duh metr.* ♦ **nicely** *adv* aimablement ay-ma-bluh-man, gentiment zhan-tee-man, agréablement a-gray-a-bluh-man

nickname *n* surnom *m* sewr-on

niece *n* nièce *f* nyes

night *adj* de nuit duh nwee, nocturne *m&f* nok-tewrn ~ **animal** animal *m* de nuit a-nee-mal duh nwee ~ **owl** hibou *m* de nuit ee-boo duh nwee ♦ *n* nuit *f* nwee

---

In French ch is pronounced like **sh** *in "sheep".*

all ~ long tout au long de la nuit **too_t_o lon duh la nwee** **at ~** dans la nuit **dan la nwee** **beautiful ~** nuit magnifique **nwee ma-nee-feek** **during the ~** pendant la nuit **pan-dan la nwee** **every ~** chaque nuit **shak nwee** **Friday** *(etc)* **~** vendredi soir **van-druh-dee swar** **last ~** la nuit dernière **la nwee der-nyer** **lonely ~s** nuit solitaire **nwee so-lee-ter** **long ~s** longues nuits **long nwee** **nice ~** nuit agréable **nwee a-gray-abl** **~ after ~** nuit après nuit **nwee a-pray nwee** **starry ~** nuit étoilée **nwee ay-twa-lay** **summer ~** nuit d'été **nwee d'ay-tay** **tomorrow ~** demain soir **duh-muhn swar** **the whole ~** toute la nuit **toot la nwee** **What a beautiful night!** Quelle nuit magnifique! **Kel nwee ma-nee-feek!** **I'll never forget this night.** Je n'oublierai jamais cette nuit. **Zhuh n'oo-blee-ray zha-may set nwee. The night is young.** En cette nuit nouvelle. **An set nwee noo-vel. Good night!** Bonne nuit! **Bon nwee!** ♦ **nightclub** *n* nightclub *m* **naeet-klub**, boîte *f* **bwat** ♦ **nightgown, nightie** *n* tenue *f* de soirée **tuh-new duh swa-ray** ♦ **nightlife** *n* vie *f* nocturne **vee nok-tewrn** ♦ **nightmare** *n* cauchemar *m* **kosh-mar**, mauvais rêve *m* **mo-vay rev** ♦ **nighttime** *n* dans la nuit **dan la nwee**

nipple *n* téton *m* **tay-ton**

no *adv* non **non** **No, thank you.** Non, merci. **Non, mer-see.**

noble *adj* noble *m&f* **nobl** **~ gesture** geste *m* noble **zhest nobl**

nobody *pron* personne **per-son** **There's nobody there.** Il n'y a personne là. **Eel n'ee_y a per-son la.** **Nobody answers.** *(tel.)* Personne ne répond. **Per-son nuh ray-pon.** **Nobody is (at) home.** Personne n'est à la maison. **Per-son n'ay_t_a la may-zon.** **There's nobody (else) (in my life) except you.** Il n'y a personne (d'autre) (dans ma vie) hormis *vous (Fam: toi)*. **Eel n'ee_y a per-son (d'otr) (dan ma vee) or-mee** *voo (Fam: twa)*. **Nobody is looking.** Personne ne regarde. **Per-son nuh ruh-gard.** **Nobody will notice.** Personne ne remarquera. **Per-son nuh ruh-mar-kuh-ra.**

noise *n* bruit *m* **brwee** **Did you hear that noise?** *Avez-vous (Fam: As-tu)* entendu ce bruit? *A-vay-voo (Fam: A-tew)* **an-tan-dew suh brwee?** **There's too much noise (here).** Il y a trop de bruit (ici). **Eel_ee_y a tro duh brwee (ee-see).** *(1)* **It makes...** / *(2)* **They make... a lot of noise.** *(1)* Ça fait / *(2)* Ils font trop de bruit. *(1)* **Sa fay...** / *(2)* **Eel fon... tro duh brwee.** ♦ **noisy** *adj* bruyant, -e *m&f* **brwee-yan, -yant** **It's too noisy.** C'est trop bruyant. **S'ay tro brwee-yan.**

nomad *n* nomade *m&f* **no-mad** ♦ **nomadic** *adj* de nomade **duh no-mad** **~ life** vie *f* de nomade **vee duh no-mad**

nominate *vt* nominer **no-mee-nay**, désigner **day-zee-nyay**

 I nominate you to... Je *vous (Fam: te)* désigne... **Zhuh voo** *(Fam: tuh)* **day-zeeny(uh)...**

 We nominate you to... Nous *vous (Fam: te)* désignons... **Noo voo** *(Fam: tuh)* **day-zee-nyon...**

  ...be the leader. ...comme chef. **...kom shef.**

  ...do it. ...pour le faire. **...poor luh fer.**

  ...go first. ...pour le faire en premier. **...poor luh fer_an pruh-myay.**

nonalcoholic *adj* sans alcool **san_z_al-kol** **I'd like something nonalcoholic,**

Familiar "tu" ("tew") forms in parentheses
can replace italicized polite forms.

please. J'aimerais quelque chose sans alcool, s'il *vous (Fam: te)* plaît. **Zh'em-ray kel-kuh shoz san̠_z_al-kol, s'eel** *voo (Fam: tuh)* **play.**

nonconformist *n* non-conformiste *m&f* **non-kon-for-meest**

non-drinker non-buveur, -euse *m&f* **non-bew-vuhr, -vuhz**

none *pron* aucun, -e **o-kuhn̠, o-kewn** ~ **of it** aucun *(F: aucune)* **o-kuhn̠** *(F: o-kewn)* ~ **of them** aucun *(F: aucune)* d'entre *eux (Fpl: elles)* **o-kuhn̠** *(F: o-kewn)* **d'an̠tr_uh** *(Fpl: _el)* ~ **of us** aucun *(F: aucune)* d'entre nous **o-kuhn̠** *(F: o-kewn)* **d'an̠-truh noo** ♦ **nonetheless** *adv* toutefois **toot-fwa**

nonfiction *n* œuvres *fpl* réelles **uhvr ray-el**

nonsense *n* non-sens *m* **non̠ san̠s**, absurdité *f* **ab-sewr-dee-tay**, illogisme *m* **ee-lo-zheek utter** ~ absurdité totale **ab-sewr-dee-tay to-tal That's a lot of nonsense.** Ça n'a aucun sens. **S'a n'a o-kuhn san̠s.**

nonsmoker *n* non-fumeur, -euse *m&f* **non-few-muhr, -muhz**

nonstop *adj* direct, -e *m&f* **dee-rekt**, non-stop *m&f* **non̠-stop**, continu, -e *m&f* **kon̠-tee-new** ♦ **nonstop** *adv* sans interruption **san̠_z_uhn̠-tay-rup-syon̠**

noon *n* midi *m* **mee-dee around** ~ aux alentours de midi **o_z_a-lan̠-toor duh mee-dee at** ~ à midi **a mee-dee**

no one *pron* personne *m&f* **per-son** *(See phrases under* **nobody***)*

normal *adj* normal, -e *m&f* **nor-mal** ♦ **normally** *adv* normalement **nor-mal-man̠**

north *n* nord *m* **nor in the** ~ dans le nord **dan̠ luh nor to the** ~ vers le nord **ver luh nor** ♦ **northeast** *n* nord-est *m* **nor-est** ♦ **northern** du nord **dew nor**, nordique *m&f* **nor-deek** ♦ **northwest** *n* nord-ouest *m* **nor-west**

Norwegian *adj* norvégien, -ne *m&f* **nor-vay-zhyuhn̠, -zhyen** ♦ *n* Norvégien, -ne *m&f* **Nor-vay-zhyuhn̠, -zhyen**

nose *n* nez *m* **nay beautiful** ~ beau nez *m* **bo nay big** ~ grand nez **gran̠ nay button** ~ naseau **na-zo cute** ~ joli nez **zho-lee nay delicate** ~ joli nez *m* **zho-lee nay little** ~ petit nez **puh-tee nay long** ~ long nez **lon̠ nay petite** ~ nez charmant **nay shar-man̠ pretty** ~ joli nez **zho-lee nay short** ~ nez court **nay koor slender** ~ nez fin **nay fuhn̠ small** ~ petit nez **puh-tee nay tip of your** ~ le bout de *votre (Fam: ton)* nez **luh boo duh** *votr (Fam: ton̠)* **nay I broke my nose.** Je me suis cassé (-e) le nez. **Zhuh muh swee ka-say luh nay. I don't mean to poke my nose into your (personal) business.** Je n'ai pas l'intention de me mêler de *vos (Fam: tes)* affaires. **Zhuh n'ay pa l'uhn̠-tan̠-syon̠ duh muh may-lay duh** *vo (Fam: tay)_z_a-fer.* ♦ **nosebleed** *n* le fait de saigner du nez **luh fay duh say-nyay dew nay**

nostalgic *adj* nostalgique *m&f* **nos-tal-zheek It makes me feel nostalgic.** Ça me rend nostalgique. **Sa muh ran̠ nos-tal-zheek.**

nosy *adj* fouineur, fouineuse *m&f* **fwee-nuhr, -nuhz Don't be so nosy.** Ne soyez *(Fam: sois)* pas si *fouineur (F: fouineuse)*. **Nuh swa-yay *(Fam: swa)* pa see** *fwee-nuhr (F: fwee-nuhz).*

not *adv* pas **pa I'd rather not.** Je ne préférerais pas. **Zhuh nuh pray-fer-ray pa. Not at all.** Pas du tout. **Pa dew too. Why not?** Pourquoi pas? **Poor-kwa pa?**

notarization *n* certification *f* **ser-tee-fee-ka-syon̠** ♦ **notarize** *vt* certifier **ser-tee-fyay** ♦ **notary** *n (person)* notaire *m&f* **no-ter**, *(position)* notariat *m* **no-ta-rya**

The letter h in French is always silent.

note *n* mot *m* **mot**, note *f* **not**, message *m* **may-sazh** little ~ petit mot **puh-tee mo** love ~ message d'amour **may-sazh d'a-moor** short ~ message court **may-sazh koor** sweet ~ mot doux **mo doo** *(1)* **I** / *(2)* **We** *(3)* **got** / *(4)* **found** / *(5)* **read your note.** *(1)* J'ai… / *(2)* Nous avons… *(3)* eu / *(4)* trouvé / *(5)* lu *votre (Fam: ton)* mot. *(1)* **Zh'ay…** / *(2)* **Noo_z_a-von…** *(3)* **ew** / *(4)* **troo-vay** / *(5)* **lew** *votr (Fam: ton)* **mo.** *(1)* **I** / *(2)* **We left you a note.** Je *vous (Fam: t')* *(1)* ai / *(2)* avons laissé un mot. **Zhuh voo_z_(Fam: t')_ *(1)* ay** / *(2)* **a-von lay-say uhn mo. Did you get** *(1)* **my** / *(2)* **our note?** *Avez-vous (Fam: As-tu)* eu *(1)* mon / *(2)* notre mot? *A-vay-voo (Fam: A-tew)* **ew** *(1)* **mon** / *(2)* **notr mo?** ♦ **notebook** *n* 1. *(gen.)* carnet *m* **kar-nay**, cahier *m* **ka-yay**; 2. *(comp.)* portable *m* **por-tabl**

nothing *n* rien *m* **ryuhn** sweet ~s mots *mpl* doux **mo doo** **There's nothing** *(1)* **here.** / *(2)* **there.** Il n'y a rien *(1)* ici. / *(2)* là. **Eel n'ee_y_a ryuhn** *(1)* **ee-see.** / *(2)* **la. There was nothing (there).** Il n'y avait rien (là). **Eel n'ee_y_a-vay ryuhn (la). There's nothing to worry about.** Il n'y a pas de raisons de se faire du souci. **Eel n'ee_y_a pa duh ray-zon duh suh fer dew soo-see. There's nothing** *(1)* **I** / *(2)* **we** / *(3)* **you can do.** Il n'y a rien que *(1)* je puisse... / *(2)* nous puissions... / *(3)* vous puissiez (Fam: tu puisses)… faire. **Eel n'ee_y_a ryuhn kuh** *(1)* **zhuh pwees…** / *(2)* **noo pwee-syon…** / *(3)* **voo pwee-syay (Fam: tew pwees)… fer. Nothing ventured, nothing gained.** Il faut prendre des risques dans la vie. **Eel fo prandr day reesk dan la vee.**

notice *vt* remarquer **ruh-mar-kay**, observer **ob-ser-vay**, voir **vwar**, noter **no-tay Did you notice the…?** *Avez-vous (Fam: As-tu)* remarqué *le (F: la)*…? *A-vay-voo (Fam: A-tew)* **ruh-mar-kay** *luh (F: la)*…**? I didn't notice it.** Je n'ai pas remarqué. **Zhuh n'ay pa ruh-mar-kay. I noticed you the minute you walked in.** Je *vous (Fam: t')* ai remarqué dès que *vous êtes (Fam: tu es) arrivé (-e).* **Zhuh voo_z_(Fam: t')_ay ruh-mar-kay de kuh voo_z_et_z_(Fam: tew ay_t_)_a-ree-vay.** ♦ *n* prêt à vis *m* **pre a vee**

notion *n* idée *f* **ee-day**, notion *f* **no-syon**

novel *adj* original, -e *m&f* **o-ree-zhee-nal,** insolite *m&f* **uhn-so-leet** ~ **idea** idée *f* originale **ee-day o-ree-zhee-nal** ♦ *n* roman *m* **ro-man** **detective ~s** (roman[s]) policier(s) *m(pl)* **(ro-man) po-lee-syay** **fantasy ~(s)** roman(s) *m(pl)* fantastique(s) **ro-man fan-tas-teek** **romance ~(s)** roman(s) *m(pl)* d'amour **ro-man d'a-moor** **sci-fi ~(s)** roman(s) *m(pl)* de science-fiction **ro-man duh syans-feek-syon** **spy ~(s)** roman(s) *m(pl)* d'espionnage **ro-man d'es-pyo-nazh** **war ~(s)** roman(s) *m(pl)* de guerre **ro-man duh ger** ♦ **novelty** *n* originalité *f* **o-ree-zhee-na-lee-tay**

November *n* novembre *m* **no-vanbr** **in** ~ en novembre **an no-vanbr** **on** ~ **first** *(etc)* le premier novembre *(etc.)* **luh pruh-myay no-vanbr** **since** ~ depuis novembre **duh-pwee no-vanbr**

now *adv* maintenant **muhnt-nan** **a week from** ~ dans une semaine **dan_z_ewn suh-men** **a year from** ~ dans un an **dan_z_uhn_an** **by** ~ à partir de maintenant **a par-teer duh muhnt-nan** **from** ~ **on** dorénavant **do-ray-na-van** ~ **and then** de temps en temps **duh tan_z_an tan** **right** ~ à l'instant **a l'uhns-tan** **two weeks from** ~ dans deux semaines **dan duh suh-men** **until** ~ jusqu'à maintenant

---

Common occupations are listed on pages 526-533.

nowhere *adv* nulle part **newl par in the middle of** ~ au milieu de nulle part **o mee-lyuh duh newl par** ~ **near** nulle part dans les environs **newl par dan lay_z_an-vee-ron** There's nowhere to sit. On a nulle part où s'asseoir. **On_a newl par oo s'a-swar.** We're getting nowhere. Ça ne nous amènera nulle part. **Sa nuh noo_z_a-men-ra newl par.**

nude *adj* nu, -e *m&f* **new completely** ~ complètement *nu (-e)* **kon-plet-man new lie** ~ s'allonger *nu (-e)* **s'a-lon-zhay new** ~ **photo** photographie nue **fo-to-gra-fee new** ♦ *n* nu *m* **new in the** ~ à nu **a new pose in the** ~ poser nu **po-zay new** ♦ **nudist** *adj* de nudistes **duh new-deest** ~ **colony** colonie de nudistes **ko-lo-nee duh new-deest** ♦ *n* nu *m* **new**

nuisance *n* nuisance *f* **nwee-zans**, nocivité *f* **no-see-vee-tay** What a nuisance! Quelle nuisance! **Kel nwee-zans!** I don't mean to make a nuisance of myself. Je n'ai pas l'intention de *vous (Fam: te)* nuire. **Zhuh n'ay pa l'uhn-tan-syon duh** *voo (Fam: tuh)* **nweer.**

numb *adj* 1. *(from cold)* engourdi, -e *m&f* **an-goor-dee**; 2. *(emotionally)* hébété, -e *m&f* **ay-bay-tay**, insensible *m&f* **uhn-san-seebl My (1) feet / (2) hands are numb.** *(1)* Mes pieds sont engourdis. / *(2)* Mes mains sont engourdies. *(1)* **May pyay son_t_an-goor-dee.** / *(2)* **May muhn son_t_an-goor-dee.**

number *n* numéro *m* **new-may-ro apartment** ~ numéro d'appartement **new-may-ro d'a-par-tuh-man bus** ~ numéro de bus **new-may-ro duh bews cell phone** ~ numéro *m* de portable **new-may-ro duh por-tabl fax** ~ numéro de fax **new-may-ro duh faks find the** ~ trouver le numéro **troo-vay luh new-may-ro flight** ~ numéro de vol **new-may-ro duh vol forget the** ~ oublier le numéro **oo-blee-yay luh new-may-ro hotel (phone)** ~ numéro de l'hôtel **new-may-ro duh l'o-tel house** ~ numéro de maison **new-may-ro duh may-zon know the** ~ connaître le numéro **ko-netr luh new-may-ro look up the** ~ chercher le numéro **sher-shay luh new-may-ro lucky** ~ numéro porte-bonheur **new-may-ro port-bo-nuhr not know the** ~ ne pas connaître le numéro **nuh pa ko-netr luh new-may-ro passport** ~ numéro de passeport **new-may-ro duh pas-por remember the** ~ se rappeler du numéro **suh ra-play dew new-may-ro room** ~ numéro de chambre **new-may-ro duh shanbr route** ~ numéro de route **new-may-ro duh root (tele)phone** ~ numéro de téléphone **new-may-ro duh tay-lay-fon train** ~ numéro de train **new-may-ro duh truhn What's your (phone) number?** Quel est *votre (Fam: ton)* numéro (de téléphone)? **Kel_ay** *votr (Fam: ton)* **new-may-ro (duh tay-lay-fon)? My (phone) number is** *(number)*. Mon numéro (de téléphone) est *(___)*. **Mon nuh-may-ro (duh tay-lay-fon_) ay (___). Here's my (phone) number.** Voici mon numéro (de téléphone). **Vwa-see mon new-may-ro (duh tay-lay-fon). I'll write down my phone number for you.** Je *vous (Fam: t')* écrirai mon numéro de téléphone. **Zhuh voo_z_(Fam: t')_ay-kree-ray mon new-may-ro duh tay-lay-fon. Could you write down your phone number for me?** *Pourriez-vous (Fam: Pourrais-tu)* me noter *votre (Fam: ton)* numéro de

---

At the end of a word, s, d, t and x are generally silent.

téléphone? *Poo-ryay-voo (Fam: Poo-ray-tew)* **muh no-tay** *votr (Fam: ton)* **new-may-ro duh tay-lay-fon?** **I (don't) know the number.** Je (ne) connais (pas) le numéro. **Zhuh (nuh) ko-nay (pa) luh new-may-ro.** **Don't forget the number.** N'*oubliez (Fam: oublie)* pas le numéro. **N'***oo-blee-yay (Fam: oo-blee)* **pa luh new-may-ro.** **I forgot the number.** J'ai oublié le numéro. **Zh'ay oo-blee-yay luh new-may-ro.** **I'm sorry I didn't call. I lost your number.** Je suis *désolé (-e)*. Je ne *vous (Fam: t')* ai pas rappelé. J'ai perdu *votre (Fam: ton)* numéro. **Zhuh swee day-zo-lay. Zhuh nuh** *voo_z_(Fam: t')_ay* **pa ra-play. Zh'ay per-dew** *votr (Fam: ton)* **new-may-ro.** **What's the number to call?** Quel est le numéro à appeler? **Kel_ay luh new-may-ro a a-play?** **What is the emergency number in France?** Quel est le numéro d'urgence en France? **Kel_ay luh new-may-ro d'ewr-zhans_an Frans?** **(It's 15.)** (C'est le quinze.) **(S'ay luh kuhnz.)** **I'm sorry, wrong number.** *Désolé (-e)*, mauvais numéro. **Day-zo-lay, mo-vay new-may-ro.** **You have the wrong number.** *Vous avez (Fam: Tu as)* le mauvais numéro. *Voo_z_a-vay (Fam: Tew a)* **luh mo-vay new-may-ro.**

numerous *adj* nombreux, -se *m&f* **non-bruh, -bruhz**

nun *n* nonne *f* **non,** (bonne) sœur *f* **(bon) suhr**

nurse *vt* 1. *(care for a sick person)* soigner **swa-nyay**; 2. *(feed a baby)* allaiter **a-lay-tay** ~ **the baby** allaiter le bébé. **a-lay-tay luh bay-bay** **It's time for me to nurse the baby.** Je dois à présent allaiter le bébé. **Zhuh dwa a pray-zan a-lay-tay luh bay-bay.** ♦ *n* infirmière *f* **uhn-fer-myer**, nourrice *f* **noo-rees**

nut *n* 1. *(fruit)* noix *f* **nwa**; 2. *(for a bolt)* écrou *m* **ay-kroo**; 3. *(slang) (crazy person)* dingue; **duhng** 4. *(ardent enthusiast)* enthousiaste *m* **an-too-zyast**, fou *m*, folle *f* **foo** **golf** ~ *fou (F: folle)* de golf *(F: fol)* **duh golf** **sports** ~ *fou (F: folle)* de sport *foo (F: fol)* **duh spor** **tennis** ~ *fou (F: folle)* de tennis *foo (F: fol)* **duh tay-nees**

nutrition *n* nutrition *f* **new-tree-syon**, alimentation *f* **a-lee-man-ta-syon** **good** ~ bonne alimentation **bon_a-lee-man-ta-syon** **healthy** ~ alimentation saine **a-lee-man-ta-syon sen**

nuts *pred adj (slang) (crazy)* dingue *m&f* **duhng** **drive** ~ rendre dingue **randr duhng** **You drive me nuts!** *Vous me rendez (Fam: Tu me rends)* dingue! *Voo muh ran-day (Fam: Tuh muh ran)* **duhng!** **You gotta be nuts!** *Vous devez (Fam: Tu dois)* être *fou (F: folle)*! *Voo duh-vay_(Fam: Tew dwa)_z_etr foo (F: fol)*! ♦ **nutty** *adj (slang) (crazy)* dingue *m&f* **duhng**, fou, folle *m&f* **foo, fol** **a little** ~ un peu dingue **uhn puh duhng** ~ **as a fruitcake** carrément *fou (F: folle)* **ka-ray-man** *foo (F: fol)*

nymph *n* nymphe *f* **nuhnf**, chrysalide *f* **kree-za-leed**

Feminine forms of words in phrases are usually given in parentheses (italicized).

O o

oar *n* rame *f* **ram**
obey *vt* obéir **o-bay-yeer**
object *vi* objecter **ob-zhek-tay**, faire objection **fer_ob-zhek-syon I hope you won't object.** J'espère que *vous ne protesterez (Fam: tu ne protesteras)* pas . **Zh'es-per kuh** *voo nuh pro-test-ray (Fam: tew pro-test-ra)* **pa.** ♦ *n* 1. *(thing)* objet *m* **ob-zhay**; 2. *(goal)* but *m* **bewt strange** ~ but étrange **ob-zhay ay-tranzh Unidentified Flying ~ (UFO)** Objet Volant Non Identifié (OVNI) **Ob-zhay Volan Non_Ee-dan-tee-fyay (Ov-Nee) What's the object (of the game)?** Quel est le but (du jeu)? **Kel_ay luh bewt (dew zhuh)? The object of the game is...** Le but du jeu est de... **Luh bewt dew zhuh ay duh...** ♦ **objection** *n* objection *f* **ob-zhek-syon If you have no objection...** Si *vous n'avez (Fam: tu n'as)* pas d'objection... See *voo n'a-vay (Fam: tew n'a)* **pa d'ob-zhek-syon…**
obligated *adj* obligé, -e *m&f* **o-blee-zhay I don't want you to feel obligated.** Je ne veux pas que *vous vous sentiez (Fam: tu te sentes)* obligé (-e). **Zhuh nuh vuh pa kuh** *voo voo san-chyay (Fam: tew tuh sant)* **o-blee-zhay.**
obnoxious *adj* odieux, odieuse *m&f* **o-juh, -juhz**, détestable *m&f* **day-tes-tabl**
obscene *adj* obscène *m&f* **ob-sen**, indécent, -e *m&f* **uhn-day-san, -sant** ~ **language** langage *m* obscène **lan-gazh_ob-sen**
observant *adj* observateur, observatrice *m&f* **ob-ser-va-tuhr, -trees You're very observant.** *Vous êtes (Fam: Tu es)* très *observateur (F: observatrice).* **Voo_z_et** *(Fam: Tew ay)* **tre_z_ob-ser-va-tuhr** *(F: ob-ser-va-trees).* ♦ **observation** *n* observation *f* **ob-ser-va-syon** ♦ **observe** *vt* 1. *(watch)* observer **ob-ser-vay**; 2. *(celebrate)* célébrer **say-lay-bray We can observe it better from there.** On a une meilleure vue d'ici. **On_a ewn me-yuhr vew d'ee-see. What holidays do you observe?** Quels jours fériés *célébrez-vous (Fam: célèbres-tu)*? **Kel zhoor fay-ryay** *say-lay-bray-voo (Fam: say-lebr-tew)*? **We observe (the holidays)...** Nous célébrons (les jours fériés)… **Noo say-lay-bron (lay zhoor fay-ryay)…**
obsessed *adj* obsédé, -e *m&f* **ob-say-day** ♦ **obsession** *n* obsession *f* **ob-say-syon**
obsolete *adj* obsolète *m&f* **ob-so-let**
obstacle *n* obstacle *m* **ob-stakl**
obtain *vt* obtenir **ob-tuh-neer**, se procurer **suh pro-kew-ray**
obvious *adj* évident, -e *m&f* **ay-vee-dan, -dant**, clair, -e *m&f* **kler** ♦ **obviously** *adv* évidemment **ay-vee-da-man**, bien sûr **byuhn sewr**
occasion *n* occasion *f* **o-ka-zyon happy** ~ joyeuse occasion **zhwa-yuhz_o-ka-zyon special** ~ occasion spéciale **o-ka-zyon spay-syal What's the occasion?** C'est en quelle occasion? **S'ay_t_an kel_o-ka-zyon?** ♦ **occasional** *adj* occasionnel, -le *m&f* **o-ka-zyo-nel I take an occasional drink.** Je bois un verre occasionnellement. **Zhuh bwa uhn ver o-ka-zyo-nel-man.** ♦ **occasionally** *adv*

Before a, o, u or a consonant, c is pronounced like **k**.

occasionnellement **o-ka-zyo-nel-man**, à l'occasion **a l'o-ka-zyon**, de temps en temps **duh tan_z_an tan** We *(1)* **come here...** / *(2)* **go there... occasionally.** Nous *(1)* venons ici… / *(2)* allons là-bas... de temps en temps. **Noo *(1)* vuh-non ee-see…** / *(2)* **a-lon la-ba… duh tan_z_an tan.**

occult *n* surnaturel *m* **sewr-na-tew-rel**, occulte *m* **o-kewlt** **I'm (very) interested in the occult.** Je suis (très) *intéressé (-e)* par le surnaturel. **Zhuh swee (tre_z) uhn-tay-ray-say par luh sewr-na-tew-rel.**

occupation *n* métier *m* **may-chyay** **What's your occupation?** Quel est *votre (Fam: ton)* métier? **Kel_ay votr *(Fam: ton)* may-chyay?** **My occupation is *(what)*.** **Mon may-chyay ay (___).** ◆ **occupied** *adj* occupé, -e *m&f* **o-kew-pay.** **It's occupied.** C'est occupé. **S'ay_t_o-kew-pay.** ◆ **occupy** *vt* occuper **o-kew-pay**

occur *vi* 1. *(happen)* se produire **suh pro-dweer**, avoir lieu **a-vwar lyuh**; 2. *(come to mind)* venir à l'esprit **vuh-neer_a l'es-pree** **It just occurred to me that...** Ça vient de me venir à l'esprit que … **Sa vyuhn duh muh vuh-neer_a l'es-pree kuh…** **That never occurred to me.** Cela ne m'a jamais traversé l'esprit. **Suh-la nuh m'a zha-may tra-ver-say l'es-pree.**

ocean *n* océan *m* **o-say-an** **I love to *(1)* play** / *(2)* **swim in the ocean.** J'adore *(1)* jouer / *(2)* nager dans l'océan. **Zh'a-dor *(1)* zhooay / *(2)* na-zhay dan l'o-say-an.**

October *n* octobre *m* **ok-tobr** **in ~** en octobre **an_ok-tobr** **last ~** octobre dernier **ok-tobr der-nyay** **on ~ first** le premier octobre **luh pruh-myay_r_ok-tobr** **since ~** depuis octobre **duh-pwee ok-tobr**

odd *adj* 1. *(strange)* étrange *m&f* **ay-tranzh**; 2. *(not even)* impair, -e *m&f* **uhn-per** **~ numbers** numéros *mpl* impairs **new-may-ro uhn-per** ◆ **oddball** *(n) (slang) (strange person)* personne *f* étrange **per-son_ay-tranzh** ◆ **odds** *n pl* probabilité *f* **pro-ba-bee-lee-tay**, chance *f* **shans** **~ and ends** bric-à-brac *nm* **breek-a-brak**, objets divers *mpl* **ob-zhay dee-ver** **What are the odds (of winning)?** Quelles sont les chances (de gagner)? **Kel son lay shans (duh ga-nyay)?** **The odds are that...** Les chances sont de… **Lay shans son duh…**

odor *n* (mauvaise) odeur *f* **(mo-vez_) o-duhr** **strange ~** odeur étrange **o-duhr_ ay-tranzh**

off *adj* de congé **duh kon-zhay**, éteint, -e *m&f* **ay-tuhn, -tuhnt**, libre *m&f* **leebr** **be ~ (from work)** être en congés **etr_an kon-zhay** **better ~** en meilleure posture *f* **an me-yuhr pos-tewr** **day ~** jour *m* de congé **zhoor duh kon-zhay** **get *(a day)* ~** prendre un jour de congé **prandr_uhn zhoor duh kon-zhay** **have ~** être de congé **etr duh kon-zhay** **The computer is off.** L'ordinateur est éteint. **L'or-dee-na-tuhr_ay ay-tuhn.** **What days do you have off?** Quels sont vos *(Fam: tes)* jours de congé? **Kel son vo *(Fam: tay)* zhoor duh kon-zhay?** **Are you off on Saturday?** *Etes-vous (Fam: Es-tu)* libre samedi? *Et-voo (Fam: Ay-tew)* **leebr sam-dee?** **You'd be better off if you *waited*.** Vous seriez *(Fam: Tu serais)* en meilleure posture si *vous aviez (Fam: tu avais) attendu*. **Voo suh-ryay *(Fam: Tew suh-ray)* an me-yuhr pos-tewr see voo_z_a-vyay_*(Fam: tew a-vay)*_z_a-tan-dew.**

 Would it be possible for you to get… Serait-ce possible pour *vous (Fam:*

Before e, i, or y, c is pronounced like **s**.

toi) de prendre… **Suh-res po-seebl poor** *voo (Fam: twa)* **duh prandr_**…
  …**today off?** …un jour de congé aujourd'hui? …**uhn zhoor duh kon-zhay o-zhoor- d'wee?**
  …**tomorrow off?** …un jour de congé demain? …**uhn zhoor duh kon-zhay duh-muhn?**
  …**(1) two / (2) three days off?** …*(1)* deux */ (2)* trois jours de congé? …**(1) duh / (2) trwa zhoor duh kon-zhay?**
  …**a week off?** …une semaine de congé? …**ewn suh-men duh kon-zhay?**
  …**(1) two / (2) three weeks off?** *(1)* deux? */ (2)* trois semaines de congé? …**(1) duh / (2) trwa suh-men duh kon-zhay?**
♦ **off** *adv* **come ~** déteindre **day-tuhndr**, se décoller **suh day-ko-lay**, se détacher **suh day-ta-shay fall ~** tomber **ton-bay get ~** *(work)* terminer **ter-mee-nay get ~ early** finir tôt **fee-neer to get ~ late** finir tard **fee-neer tar get ~ the** *(1)* **bus /** *(2)* **train** descendre du *(1)* bus */ (2)* train **day-sandr dew (1) bews / (2) truhn jump ~** sauter **so-tay ~ and on** par intervalles **par_uhn-ter-val**, changeant constamment **shan-zhan kons-ta-man take ~** *(clothes)* enlever **anl-vay turn ~** éteindre **ay-tuhndr Turn off the light.** Eteignez (*Fam: Eteins*) la lumière. *Ay-tay-nyay (Fam: Ay-tuhn)* **la lew-myer. What time do you get off (work)?** A quelle heure *terminez-vous* (*Fam: termines-tu*) (le travail)? **A kel_uhr ter-mee-nay-voo (Fam: ter-meen-tew) (luh tra-vaee)? When you get off, call me.** Quand *vous terminez* (*Fam: tu termines*), *appelez* (*Fam: appelle*)*-moi*. **Kan voo ter-mee-nay (Fam: tew ter-meen), a-play (Fam: a-pel)-mwa.** ♦ *prep* ne plus **nuh plew be ~ duty** ne pas être en service **nuh pa_z_etr_an ser-vees How much off the (regular) price?** Combien de réduction ça fait en tout? **Kon-byuhn duh ray-dewk-syon sa fay an too?**

offbeat *adj* peu conventionnel, -le *m&f* **puh kon-van-syo-nel**, insolite *m&f* **uhn-so-leet**

offend *vt* offenser **o-fan-say I hope I didn't offend you**. J'espère que je ne *vous* (*Fam: t'*) ai pas *offensé (-e)*. **Zh'es-per kuh zhuh nuh voo_z_(Fam: t')_ay pa_z_o-fan-say. I don't want to offend you.** Je ne veux pas *vous* (*Fam: t'*) offenser. **Zhuh nuh vuh pa voo_z_(Fam: t')_o-fan-say. I'm sorry if I offended you.** Je suis *désolé (-e)* si je *vous* (*Fam: t'*) ai *offensé (-e)*. **Zhuh swee day-zo-lay see zhuh voo_z_(Fam: t')_ay o-fan-say. Don't be offended.** Ne *soyez* (*Fam: sois*) pas *outré (-e)*. **Nuh swa-yay (Fam: swa) pa_z_oo-tray.**

offer *vt* offrir **o-freer It's very nice of you to offer it.** J'apprécie *votre* (*Fam: ton*) offre. **Zh'a-pray-see votr_(Fam: ton)_ofr. I'll offer you (_amount_).** Je vais *vous* (*Fam: t'*) offrir (___). **Zhuh vay voo_z_(Fam: t') o-freer (___).** ♦ *n* offre *f* **ofr Thank you for the offer.** Merci pour l'offre. **Mer-see poor l'ofr. That's my final offer.** C'est ma dernière offre. **S'ay ma der-nyer_ofr.**

office *adj* de bureau **duh bew-ro ~ clerk** *employé (-e)* de bureau **an-plwa-yay duh bew-ro ~ worker** *employé (-e)* de bureau **an-plwa-yay duh bew-ro** ♦ *n* bureau *m* **bew-ro box ~** guichet *m* **ghee-shay home ~** bureau à domicile **bew-ro a do-mee-seel hotel ~** les bureaux *m* d'hôtel **lay bew-ro d'o-tel manager's**

Numbers in French are given on pages 519-520.

~ bureau *du directeur (F: de la directrice)* bew-ro dew dee-rek-tuhr *(F: duh la dee-rek-trees)* **work in an ~** travailler dans un bureau **tra-va-yay dan_z_uhn bew-ro Where is the office located?** Où se trouvent les bureaux? **Oo suh troov lay bew-ro? Let's ask at the office.** Allons demander au bureau. **A-lon duh-man-day o bew-ro.**

officer *n* 1. *(police)* officier *(F: officière)* de police **o-fee-syay, -syer duh po-lees**; 2. *(of an institution)* agent **a-zhan**, officier *(F: officière)* **o-fee-syay, -syer**

official *adj* officiel, -le *m&f* **o-fee-syel** ♦ *n* fonctionnaire *m&f* **fonk-syo-ner**, officier, officière *m&f* **o-fee-syay, -syer customs ~** agent de la douane **a-zhan duh la dwan government ~** agent du gouvernement **a-zhan dew goo-ver-nuh-man** ♦ **officially** *adv* officiellement **o-fee-syel-man**

offside *adj (soccer)* hors jeu **or zhuh**

often *adv* souvent **soo-van How often?** Combien de fois? **Kon-byuhn duh fwa? Do you** *(1)* **come here...** / *(2)* **go there... often?** Est-ce que *(1)* vous venez *(Fam: tu viens)* ici... / *(2)* vous allez *(Fam : tu vas)* là-bas... souvent? **Es kuh (1) voo vuh-nay (Fam: tew vyuhn) ee-see... / (2) voo_z_a-lay (Fam: tew va) la-ba... soo-van?**

 I (don't) come here... Je (ne) viens (pas) ici... **Zhuh (nuh) vyuhn (pa_z_) ee-see...**
 I (don't) go there... Je (ne) vais (pas) là-bas... **Zhuh (nuh) vay (pa) la-ba...**
 We (don't) come here... Nous (ne) venons (pas) ici... **Noo (nuh) vuh-non (pa_z_) ee-see...**
 We (don't) go there... Nous (n') allons (pas) là-bas... **Noo (n')a-lon (pa) la-ba...**
 ...often. ...souvent. **...soo-van.**

oil *n* 1. *(fuel)* pétrole *m* **pay-trol**; *(lubrication)* huile *f* **weel;** 2. *(cooking)* huile *f* **weel liter of ~** litre *m* d'huile **leetr d'weel motor ~** huile *f* à moteur **weel_a mo-tuhr Please** *(1)* **change** / *(2)* **check the oil.** S'il *vous (Fam: te)* plaît *(1)* changez *(Fam: change)* / *(2)* vérifiez *(Fam: vérifie)* l'huile. **S'eel voo (Fam: tuh) play (1) shan-zhay (Fam: shanzh) / (2) vay-ree-fyay (Fam: vay-ree-fee) l'weel.**

ointment *n* baume *m* **bom**, pommade *f* **po-mad**

O.K., okay *adj (well)* bien *m&f* **byuhn**; *(not bad)* pas mal *m&f* **pa mal Are you okay?** Vous allez *(Fam: Tu vas)* bien? *Voo_z_a-lay (Fam: Tew va)* **byuhn? I'm okay.** Je vais bien. **Zhuh vay byuhn. I feel okay.** Je me sens bien. **Zhuh muh san byuhn. Is everything okay?** Est-ce que tout va bien? **Es kuh too va byuhn? Everything is okay.** Tout va bien. **Too va byuhn. Is that okay?** Est-ce que ça va? **Es kuh sa va? I hope everything turns out okay.** J'espère que tout ira bien. **Zh'es-per kuh too_t_ee-ra byuhn. That's okay (with** *[1]* **me /** *[2]* **us).** Ça *([1]* me / *[2]* nous) va. **Sa ([1] muh / [2] noo) va. Would** *(1)* **Saturday /** *(2)* **Sunday /** *(3)* **tonight /** *(4)* **tomorrow be okay?** Ça irait *(1)* samedi? / *(2)* dimanche? / *(3)* ce soir? / *(4)* demain? **Sa ee-ray (1) sam-dee? / (2) dee-mansh? / (3) suh swar? / (4) duh-muhn?** ♦ *adv (well)* bien **byuhn**; *(not bad)* pas mal **pa mal You did okay.** Vous vous êtes *(Fam: Tu t'es)* pas mal débrouillé (-e). *Voo voo_z_et (Fam: Tew t'ay)* **pa mal day-broo-yay. I can** *(1)* **skate /** *(2)* **ski okay.** Je me débrouille pas mal *(1)* au patinage sur glace. / *(2)* au ski. **Zhuh nuh muh day-brooy(uh) pa**

---

*Learn a new French phrase every day! Subscribe to the free **Daily Dose of French**, www.phrase-books.com.*

mal *(1)* **au pa-tee-nazh sewr glas.** / *(2)* **o skee.** ♦ **okay** *interj:* **(1-3) Okay.** *(1)* D'accord. / *(2)* O.K. / *(3)* Bien. *(1)* **D'a-kor.** / *(2)* **O.Kay.** / *(3)* **Byuh̲n.**
old *adj* vieux, vieille *m&f* **vyuh, vyey**, ancien, -ne *m&f* **a̲n-syuh̲n, -syen ~ custom** ancienne coutume **a̲n-syen koo-tewm ~ friend** vieil ami (F: vieille amie) **vyey_a-mee ~ job** ancien emploi **a̲n-syuh̲n_a̲n-plwa ~ maid** vieille fille **vyey feey(uh) How old are you?** Quel âge *avez-vous (Fam: as-tu)*? **Kel_azh** *a-vay-voo (Fam: a-tew)?* **I'm** *(1)* **twenty** / *(2)* *(number)* **years old.** J'ai *(1)* vingt… / *(2)* (___) ans. **Zh'ay** *(1)* **vuh̲n_t_…** / *(2)* **(___)_a̲n. How old is your** *(1)* **daughter?** / *(2)* **son?** Quel âge a *(1)* votre *(Fam: ta)* fille? / *(2)* votre *(Fam: ton)* fils? **Kel_azh_a** *(1) votr (Fam: ta)* **feey(uh)?** / *(2) votr (Fam: to̲n)* **fees? My** *(1)* **daughter** / *(2)* **son is** *(number)* **years old.** *(1)* Ma fille… / *(2)* Mon fils… a (___) ans. **Ma feey(uh)…** / *(2)* **Mo̲n fees… _a (___)_a̲n. How old do you think I am?** Quel âge me *donnez-vous (Fam: donnes-tu)*? **Kel_azh** *do-nay-voo (Fam: don-tew)* **kuh zh'ay? You don't look that old.** Vous ne *faisez (Fam: Tu ne fais)* pas *votre (Fam: ton)* âge. *Voo nuh fuh-zay (Fam: Tew nuh fay)* **pa** *votr_(Fam: to̲n)*_**azh.** ♦ **old-fashioned** *adj* démodé, -e *m&f* **day-mo-day**, ringard, -e *m&f* **ruh̲n-gar, -gard**
on *prep* 1. *(position)* sur **sewr**; 2. *(about)* sur **sewr**
  on (the)…
      …bed sur le lit **sewr luh lee**
      …bus dans le bus **da̲n luh bews**
      …channel 5 sur la (chaîne) cinq **sewr la (shen) suh̲nk**
      …couch sur le canapé **sewr luh ka-na-pay**
      …floor par terre **par ter**
      …Friday vendredi **va̲n-druh-dee**
      …highway sur l'autoroute **sewr l'o-to-root**
      …internet sur internet **sewr uh̲n-ter-net**
      …March 18th le dix-huit mars **luh dee-zwee mars**
      …news au journal **o zhoor-nal**
      …plane dans l'avion **da̲n l'a-vyo̲n**
      …radio à la radio **a la ra-jo**
      …road sur le chemin **sewr luh shuh-muh̲n**
      …street dans la rue **da̲n la rew**
      …subway dans le métro **da̲n luh may-tro**
      …table sur la table **sewr la tabl**
      …trail sur la piste **sewr la peest**
      …train dans le train **da̲n luh truh̲n**
      …TV à la télé **a la tay-lay**
      …wall sur le mur **sewr luh mewr**
      …web sur le web **sewr luh web**
  What's on channel 5? Qu'y a-t-il sur la (chaîne) cinq? **K'ee_y_a-t-eel sewr la (shen) suh̲nk? It's on** *(1)* **me.** / *(2)* **us.** *(I'll / We'll pay.)* C'est *(1)* moi qui offre. / *(2)* nous qui offrons. **S'ay** *(1)* **mwa kee ofr.** / *(2)* **noo kee o-fro̲n.**

Final consonants of words are often not pronounced, but usually run together with next words that start with vowels.

once *adv* 1. *(one time)* une fois **ewn fwa**; 2. *(before)* autrefois **o-truh-fwa**, jadis **zha-dees at ~ for** ~ pour une fois **poor_ewn fwa just this ~** cette fois seulement **set fwa suhl-man ~ and for all** une fois pour toute **ewn fwa poor toot ~ before** auparavant **o-pa-ra-van ~ in a while** de temps en temps **duh tan_z_an tan ~ more** encore une fois **an-kor_ewn fwa ~ or twice** une fois ou deux **ewn fwa oo duh** *(1)* **I've** / *(2)* **We've been here once before.** *(1)* J'y suis allé (-e)... / *(2)* Nous y sommes allé(e)s... auparavant. *(1)* **Zh'ee swee_z_a-lay...** / *(2)* **Noo_z_ee som_a-lay... o-pa-ra-van.**

one *adj* un, une *m&f* **uhn, ewn ~ day** un jour *m* **uhn zhoor ~ month** un mois *m* **uhn mwa ~ person** une personne *f* **ewn per-son ~ thing** une chose *f* **ewn shoz ~ time** une fois *f* **ewn fwa ~ week** une semaine *f* **ewn suh-men** ♦ *n (number)* un *m* **uhn ~ at a time** *un (-e)* à la fois *uhn (F: ewn)_a la fwa ~ by ~* un (-e) par un (-e) **uhn par_uhn** *(F: ewn par_ewn)* ♦ *pron:* celui, celle *f* **suh-lwee, sel ~ another** l'un l'autre **l'uhn l'otr** that **~** celui-là *m* **suh-lwee-la**, celle-là *f* **sel-la this ~** celui-ci *m* **suh-lwee-see**, celle-ci *f* **sel-see Which one?** Lequel *(F: Laquelle)*? *Luh-kel (F: La-kel)*? **The ones over** *(1)* **here.** *(1)* Ceux-ci / *(2)* Ceux-là. *(1)* **Suh-see.** / *(2)* **Suh-la. You are my one and only.** Vous êtes *(Fam: Tu es)* mon seul *(F: ma seule)* et unique. **Voo_z_et** *(Fam: Tew ay)* **mon** *(F: ma)* **suhl_ay ew-neek. I think** *(1)* **I've** / *(2)* **you've had one too many.** *(drinks)* Je pense que *(1)* j'en ai / *(2)* vous en avez *(Fam: tu en as)* un peu trop bu. **Zhuh pans kuh** *(1)* **zh'an_ay** / *(2)* **voo_z_an_a-vay** *(Fam: tew an_a)* **uhn puh tro bew.**

online *adv (location)* en ligne **an leeny(uh)**; *(onto)* à Internet **a uhn-ter-net go ~** se connecter à Internet **suh ko-nek-tay a uhn-ter-net**

only *adj* unique *m&f* **ew-neek**, seul, -e *m&f* **suhl ~ chance** seule chance *f* **suhl shans ~ person** personne *f* unique **per-son_ew-neek ~ thing** seule chose *f* **suhl shoz ~ time** seule fois *f* **suhl fwa ~ way** seule façon *f* **suhl fa-son You are my one and only.** Vous n'êtes *(Fam: Tu n'es)* rien qu'à moi. *Voo n'et (Fam: Tew n'ay)* **ryuhn k'a mwa. That's the only thing** *(1)* **I** / *(2)* **we** / *(3)* **you can do.** C'est la seule chose que *(1)* je puisse... / *(2)* nous puissions... / *(3)* vous puissiez *(Fam : tu puisses)*... faire. **S'ay la suhl shoz kuh** *(1)* **zhuh pwees…** / *(2)* **noo pwee-syon…** / *(3)* **voo pwee-syay** *(Fam: tew pwees)***… fer.** ♦ *adv* seulement **suhl-man**, uniquement **ew-neek-man**, rien que **ryuhn kuh I** *(1)* **love** / *(2)* **want only you.** *(1)* Je n'aime que vous *(Fam: toi)*. / *(2)* Je ne veux que vous *(Fam : toi)*. *(1)* **Zhuh n'em kuh voo** *(Fam: twa)***.** / *(2)* **Zhuh nuh vuh kuh voo** *(Fam: twa)***.**

open *adj* 1. *(not closed)* ouvert, -e *m&f* **oo-ver, -vert**; 2. *(free)* libre *m&f* **leebr ~ air** *(outdoors)* en plein air **an plen_er Is it open (yet)?** Est-ce que c'est (déjà) ouvert? **Es kuh s'ay (day-zha) oo-ver? It's (not) open.** C(e n)'est (pas) ouvert. **S(uh n')ay (pa_z_) oo-ver. I like to be out in the open air.** J'aime prendre l'air. **Zh'em-ray prandr l'er.** ♦ *vt* ouvrir **oo-vreer Open the door. (It's me.)** *Ouvrez (Fam: Ouvre)* la porte. *(C'est moi.)* **Oo-vray** *(Fam: Oovr)* **la port. (S'ay mwa.) Could you open this for me?** Pourriez-vous *(Fam: Pourrais-tu)* ouvrir ceci pour moi? *Poo-ryay-voo (Fam: Poo-ray-tew)* **oo-vreer suh-see poor mwa?** ♦ *vi* ouvrir **oo-vreer What time does it open?** A quelle heure ça ouvre? **A kel_uhr**

All syllables of a French word have equal stress.
The last word in a group has a little more.

sa oovr? It opens at *(time)*. Ça ouvre à *(___)*. **Sa oovr_a (___).** ♦ **opener** *n* ouvre-bouteille *m* **oovr-boo-tey bottle** ~ décapsuleur *m* **day-kap-sew-luhr**, ouvre-bouteille *m* **oovr-boo-tey can** ~ ouvre-boîte *m* **oovr-bwat** ♦ **open-hearted** *adj* 1. *(straightforward)* franc, franche *m&f* **fra<u>n</u>, fra<u>n</u>sh**, sincère *m&f* **su<u>hn</u>-ser**; 2. *(big-hearted, kind)* à grand cœur *m&f* **a gra<u>n</u> kuhr** ♦ **openly** *adv* ouvertement **oo-ver-tuh-ma<u>n</u>**, librement **lee-bruh-ma<u>n</u>** ♦ **open-minded** *adj* 1. *(unprejudiced)* ouvert, -e *m&f* d'esprit **oo-ver, -vert d'es-pree**; 2. *(receptive)* attentif, attentive *m&f* **a-ta<u>n</u>-teef, -teev**

opera *n* opéra *m* **o-pay-ra**

operate *vt* 1. *(use, control)* utiliser **ew-tee-lee-zay**, faire fonctionner **fer fo<u>n</u>k-syo-nay**; 2. *(manage)* diriger **dee-ree-zhay**, gérer **zhay-ray How do you operate this?** Comment *faites-vous (Fam: fais-tu)* fonctionner ceci? **Ko-ma<u>n</u>** *fet-voo (Fam: fay-tew)* **fo<u>n</u>k-syo-nay suh-see? You operate it like this.** Vous *l'utilisez (Fam: Tu l'utilises)* comme ça. *Voo l'ew-tee-lee-zay (Fam: Tew l'ew-tee-leez)* **kom sa. I operate a small business.** Je dirige une petite entreprise. **Zhuh dee-reezh_ewn puh-teet_a<u>n</u>-truh-preez.** ♦ *vi (med.)* opérer **o-pay-ray They operated on me (last month).** Ils m'ont *opéré (-e)* (le mois dernier). **Eel m'o<u>n</u>_t_o-pay-ray (luh mwa der-nyay).** ♦ **operation** *n (med.)* opération *f* **o-pay-ra-syo<u>n</u> I had an operation.** J'ai eu une opération. **Zh'ay ew ewn_o-pay-ra-syo<u>n</u>.**

opinion *n* opinion *f* **o-pee-nyo<u>n</u> What's your opinion about...?** Quelle est *votre (Fam: ton)* opinion sur…? **Kel_ay** *votr (Fam: to<u>n</u>)*_**o-pee-nyo<u>n</u> sewr...?** *(1)* **I'm** / *(2)* **We're very interested in your opinion.** *(1)* Je suis / *(2)* Nous sommes très *intéressé (-es)* de connaître *votre (Fam: ton)* opinion. *(1)* **Zhuh swee** / *(2)* **Noo som tre_z_uh<u>n</u>-tay-ray-say duh ko-netr** *votr (Fam: to<u>n</u>)*_**o-pee-nyo<u>n</u>. In my opinion, ...** A mon avis, ... **A mo<u>n</u>_a-vee, …**

opponent *n* adversaire *m&f* **ad-ver-ser**, rival, -e *m&f* **ree-val You're a tough opponent.** Vous êtes *(Fam: Tu es)* un *(-e)* adversaire tenace. **Voo_z_et** *(Fam: Tew ay) uh<u>n</u>_(F: ewn_)* **ad-ver-ser tuh-nas.**

opportunity *n* occasion *f* **o-ka-zyo<u>n</u>**, possibilité *f* **po-see-bee-lee-tay**, opportunité *f* **o-por-tew-nee-tay**, chance *f* **sha<u>n</u>s at every** à l'envi **a l'a<u>n</u>-vee first** ~ première chance **pruh-myer sha<u>n</u>s get the** ~ avoir la possibilité **a-vwar la po-see-bee-lee-tay give me the** ~ me donner la chance **muh do-nay la sha<u>n</u>s good** ~ belle occasion **bel_o-ka-zyo<u>n</u> great** ~ super opportunité **sew-per_o-por-tew-nee-tay have the** ~ avoir l'occasion **a-vwar l'o-ka-zyo<u>n</u> last** ~ dernière chance **der-nyer sha<u>n</u>s miss the** ~ rater l'occasion **ra-tay l'o-ka-zyo<u>n</u> only** ~ seule chance **suhl sha<u>n</u>s take the** ~ saisir la chance **say-zeer la sha<u>n</u>s wonderful** ~ occasion merveilleuse **o-ka-zyo<u>n</u> mer-vay-yuhz I hope you'll give me the opportunity to see you again.** J'espère que j'aurai l'occasion de *vous (Fam: te)* revoir. **Zh'es-per kuh zh'o-ray l'o-ka-zyo<u>n</u> duh** *voo (Fam: tuh)* **ruh-vwar.** *(1)* **I** / *(2)* **We wouldn't miss the opportunity for anything.** *(1)* Je ne manquerai… / *(2)* Nous ne manquerons… cette chance pour rien au monde. *(1)* **Zhuh nuh ma<u>n</u>k-ray…** / *(2)* **Noo nuh ma<u>n</u>k-ro<u>n</u>… set sha<u>n</u>s poor ryuh<u>n</u>_o mo<u>n</u>d.**

opposite *adj* opposé, -e *m&f* **o-po-zay**, autre *m&f* **otr** ~ **direction** direction

---

ew sounds similar to the "ew" in "pew"

f opposée **dee-rek-syon o-po-zay** ~ **side** coté *m* opposé **ko-tay o-po-zay** ♦ **opposite** *n* contraire *m* **kon-trer Just the opposite.** Exactement le contraire. **Eg-zak-tuh-man luh kon-trer.**

optician *n* opticien, -ne *m&f* **op-tee-syuhn, -syen**

optimist *n* optimiste *m&f* **op-tee-meest** ♦ **optimistic** *adj* optimistiue *m&f* **op-tee-mees-teek**

or *conj* 1. *(alternative)* ou **oo**, ou bien **oo byuhn**; 2. *(otherwise)* ou **oo This one or that one?** *Celui-ci ou celui-là (F: Celle-ci ou celle-là)?* **Suh-lwee-see oo suh-lwee-la (F: Sel-see oo sel-la)? Be good or I'll leave.** *Soyez (Fam: Sois) gentil (-le)* ou je m'en vais. **Swa-yay (Fam: Swa) zhan-tee (F: zhan-teey(uh)) oo zhuh m'an vay.**

orange *adj (color)* orange **o-ranzh**

orchestra *n* orchestre *m* **or-kestr**

order *vt (place an order)* commander **ko-man-day Can I order you something?** *Puis-je vous (Fam: te) commander quelque chose?* **Pwee-zh voo (Fam: tuh) ko-man-day kel-kuh shoz? What would you like to order?** *Qu'aimeriez-vous (Fam: aimerais-tu) commander?* **K'ay-muh-ryay-voo (Fam: em-ray-tew) ko-man-day? Let's order (what).** Commandons (___). **Ko-man-don (___). I didn't order this.** Je n'ai pas commandé ceci. **Zhuh n'ay pa ko-man-day suh-see.** ♦ *n* 1. *(command)* ordre *m* **ordr**; 2. *(purchase)* commande *f* **ko-mand**; 3. *(proper conditon)* ordre *m* **ordr give ~s** donner des ordres **do-nay day_z_ordr in ~ to** afin de **a-fuhn duh**, pour **poor**, dans le but de **dan luh bewt duh place an ~** passer une commande **pas-say ewn ko-mand put in ~** mettre en ordre **metr_an_ordr Is everything in order?** Est-ce que tout est en ordre? **Es kuh too_t_ay_t_an_ordr? Everything is in order.** Tout est en ordre. **Too_t_ay_t_an_ordr. It's out of order.** C'est hors service. **S'ay_t_or ser-vees.**

ordinarily *adv* usuellement **ew-zew-el-man**, d'habitude **d'a-bee-tewd** ♦ **ordinary** *adj* commun, -e *m&f* **ko-muhn, -mewn**, ordinaire *m&f* **or-dee-ner**, usuel, -le *m&f* **ew-zew-el**

organ *n (music)* orgue *m* **org**

organization *n* organisation *f* **or-ga-nee-za-syon** ♦ **organize** *vt* organiser **or-ga-nee-zay** ~ **a contest** organiser un concours **or-ga-nee-zay uhn kon-koor** ~ **a game** organiser un jeu **or-ga-nee-zay uhn zhuh** ~ **a party** organiser une fête **or-ga-nee-zay ewn fet** ~ **a tournament** organiser un tournois **or-ga-nee-zay uhn toor-nwa** ♦ **organized** *adj* organisé, -e *m&f* **or-ga-nee-zay**

orgy *n* orgie *f* **or-zhee**

orienteering *n* course *f* d'orientation **koors d'o-ryan-ta-syon**

original *adj* original, -e *m&f* **o-ree-zhee-nal That's an original idea.** C'est une idée originale. **S'ay_t_ewn_ee-day o-ree-zhee-nal.** ♦ **originally** *adv* originairement **o-ree-zhee-ner-man Originally I'm from (place).** Originairement, je viens de (___). **O-ree-zhee-ner-man, zhuh vyuhn duh (___).**

ornament *n* ornement *m* **or-nuh-man Christmas tree ~s** décorations *fpl* pour le sapin de Noël **day-ko-ra-syon poor luh sa-puhn duh No-el**

ornate *adj (decorated)* décoré, -e *m&f* **day-ko-ray**; *(fancily decorated)* richement orné,

---

Numbers in parentheses always signal choices.

-e *m&f* **reesh-man or-nay;** *(heavily decorated)* chargé, -e *m&f* **shar-zhay**
orphan *n* orphelin, -e *m&f* **or-fuh-luhn, -leen** ♦ **orphanage** *n* orphelinat *m* **or-fuh-lee-na**
Orthodox *adj* orthodoxe *m&f* **or-to-doks**
other *adj* autre **otr** in ~ **words** autrement dit **o-truh-man dee**, en d'autres termes **an d'o-truh term** in the ~ **direction** dans l'autre direction **dan l'otr dee-rek-syon** no ~ **man** aucun autre homme **o-kuhn otr om** no ~ **woman** aucune autre femme **o-kewn otr fam** ~ **children** d'autres enfants **d'o-truh z an-fan** ~ **people** d'autres gens **d'otr zhan** some ~ **time** une autre fois **ewn otr fwa** the ~ **day** l'autre jour **l'otr zhoor** the ~ **one** l'autre **l'otr** the ~ **way** 1. *(manner)* l'autre façon *f* **l'otr fa-son**; 2. *(road)* l'autre chemin *m* **l'otr shuh-muhn** Let's go the other way. Prenons l'autre direction. **Pruh-non l'otr dee-rek-syon.** Try it the other way. Essaie d'une autre façon. **Ay-say d'ewn otr fa-son.** Perhaps some other time. Peut-être une autre fois. **Puh t-etr ewn o-truh fwa.** ♦ *n & pron* autre **otr** each ~ l'un l'autre **l'uhn l'otr** the **~s** les autres *mpl* **lay z otr** Where are the others? Où sont les autres? **Oo son lay z otr?** The others left. Les autres sont partis. **Lay z otr son par-tee.** ♦ **otherwise** *adv (if not)* sinon **see-non**, autrement **o-truh-man**, en outre **an ootr**
ought *v aux* devoir **duh-vwar** The *(1)* bus / *(2)* train ought to be here soon. *(1)* Le bus / *(2)* Le train devrait arriver bientôt. *(1)* **Luh bews** / *(2)* **Luh truhn duh-vray t a-ree-vay byuhn-to.** You ought to see it. Vous devriez *(Fam: Tu devrais)* voir ça. *Voo duh-vree-yay (Fam: Tew duh-vray)* **vwar sa.** *(1)* **I** / *(2)* **We ought to go.** *(1)* Je devrais… / *(2)* Nous devrions… y aller. *(1)* **Zhuh duh-vray…** / *(2)* **Noo duh-vree-yon… ee y a-lay.**
our *poss adj* notre **notr** ~ **car** notre voiture *f* **notr vwa-tewr** ~ **children** nos enfants *mpl* **no z an-fan** ~ **hotel** notre hôtel *m* **notr o-tel** ~ **house** notre maison *f* **notr may-zon** ~ **room** notre chambre *f* **notr shanbr** ♦ **ours** *poss pron* notre, nos *mf&mfpl* **notr, no** a friend of ~ un *(F: une)* de nos amis **uhn** *(F: ewn)* **duh no z a-mee** friends of ~ nos amis **no z a-mee** ♦ **ourselves** *pers pron* nous-même **noo-mem** by ~ par nous-même **par noo-mem**
outdoor *adj* en plen air **an plen er** ~ **activities** activités *fpl* de plein air **ak-tee-vee-tay duh plen er** ♦ **outdoors** *n pl (nature)* le plein air **luh plen er** be ~ être dehors **etr duh-or** enjoy the ~ profiter dehors **pro-fee-tay duh-or** go ~ sortir **sor-teer** I love the outdoors. J'aime le plein air. **Zh'em luh plen er.**
outfit *n* ensemble *m* **an-sanbl**, tenue *f* **tuh-new** beautiful ~ superbe ensemble **sew-per an-sanbl** cool ~ *(slang) (nice-looking)* cool ensemble **kool an-sanbl** elegant ~ ensemble élégant **an-sanbl ay-lay-gan** new ~ nouvel ensemble **noo-vel an-sanbl** What a lovely outfit! Quel ensemble adorable! **Kel an-sanbl a-do-rabl!**
outgoing *adj (extroverted)* sociable *m&f* **so-syabl**
outlook *n* conception *f* **kon-sep-syon**, point *m* de vue **pwuhn duh vew**, perspectives *fpl* **per-sepk-teev** ~ **on life** point de vue sur la vie **pwuhn duh vew sewr la vee** **positive** ~ point de vue positif **pwuhn duh vew po-zee-teef** You and I have a similar outlook on life. Vous *(Fam: Toi)* et moi partageons un point de vue similaire

---

A phrasebook makes a great gift!
See order information on page 552.

out-of-date 289 **overexert**

sur la vie. *Voo (Fam: Twa)* **ay mwa par-ta-zhon uhn pwuhn dew vew see-mee-ler sewr la vee.** **I admire your positive outlook.** J'admire *votre (Fam: ton)* point de vue positif. **Zh'ad-meer** *votr (Fam: ton)* **pwuhn duh vew po-zee-teef.**

out-of-date *adj* dépassé, -e *m&f* **day-pa-say**, démodé, -e *m&f* **day-mo-day**

outrage *n* scandale *m* **skan-dal** **This is an outrage.** C'est un scandale. **S'ay_t_uhn skan-dal.** ♦ **outrageous** *adj* atroce *m&f* **a-tros**, scandaleux, scandaleuse *m&f* **skan-da-luh, -luhz** effarant, -e *m&f* **ay-fa-ran, -rant** ~ **price** prix *m* effarant **pree ay-fa-ran.**

outside *adv* dehors **duh-or**, à l'extérieur **a l'ek-stay-ryuhr** **Let's go outside.** Sortons dehors. **Sor-ton duh-or.** ♦ **outsider** *n* étranger, étrangère *m&f* **ay-tran-zhay, -zher**

outskirts *n pl* périphérie *f* **pay-ree-fay-ree**, orée *f* **o-ray** **It's on the outskirts of town.** C'est à la périphérie de la ville. **S'ay_t_a la pay-ree-fay-ree duh la veel.**

outstanding *adj (exceptional, marvelous)* exceptionnel, -le *m&f* **ek-sep-syo-nel**, extraordinaire *m&f* **ek-stra-or-dee-ner**

oven *n* four *m* **foor**

over *adj (finished)* fini, -e *m&f* **fee-nee**, terminé, -e *m&f* **ter-mee-nay** **all** ~ complètement terminé **kon-plet-man ter-mee-nay**, complètement fini **kon-plet-man fee-nee**; **What time will it be over?** A quelle heure ça terminera? **A kel_uhr sa ter-meen-ra?** **It's all over between** *(1)* **her** / *(2)* **him and me.** C'est complètement fini entre *(1)* elle / *(2)* lui et moi. **S'ay kon-plet-man fee-nee antr_(1)_el / (2) lwee ay mwa.** ♦ *adv:* **all** ~ partout **par-too** **I'll come over at** *(time).* Je passerai chez *vous (Fam: toi)* à (___). **Zhuh pas-ray shay** *voo (Fam: twa)* **a (___).** **Come over whenever you're ready.** Passez *(Fam: Passe)* chez moi quand *vous serez (Fam: tu seras)* prêt *(-e)*. *Pa-say (Fam: Pas)* **shay mwa kan** *voo suh-ray (Fam: tew suh-ra)* **pre (F: pret).** ♦ *prep* 1. *(above)* au-dessus de **o-duh-sew duh**; 2. *(across)* par-dessus **par-duh-sew**; 3. *(more than)* plus de **plew duh** ~ **an hour** plus d'une heure *f* **plew d'ewn_uhr** ~ **the bridge** sur le pont *m* **sewr luh pon** ~ **the fence** par-dessus la clôture *f* **par-duh-sew la klo-tewr** ~ **the water** au dessus l'eau **o duh-sew l'o** **That's over my head.** *(It's too much for me to understand.)* Je n'y comprends rien. **Zhuh n'ee kon-pran ryuhn.**

overboard *adv (slang) (to extremes)* à l'extrême **a l'eks-trem** **go** ~ *(overdo)* exagérer **eg-za-zhay-ray**; *(try too hard)* essayer beaucoup trop **ay-say-yay bo-koo tro**; *(go to great lengths)* surpasser ses limites **sewr-pa-say say lee-meet**

overcoat *n* pardessus *m* **par-duh-sew**

overconfident *adj* présomptueux, présomptueuse *m&f* **pray-zonp-tew-uh, -uhz**

overdo *vt (carry too far)* exagérer **eg-za-zhay-ray**

overdose *vi (drugs)* faire une overdose **fer_ewn_o-vuhr-doz** *(1)* **He** / *(2)* **She overdosed (on heroin).** *(1)* Il / *(2)* Elle a fait une overdose (à l'héroïne). *(1)* **Eel_ / (2) El_a fay ewn_o-vuhr-doz (a l'ay-ro-een).** ♦ *n (drugs)* overdose *f* **o-vuhr-doz**

overdue *adj* en retard *m&f* **an ruh-tar**, passé *(-e)* la date **pa-say la dat**

overeat *vi* trop manger **tro man-zhay**

overexert *vt* s'épuiser **s'ay-pwee-zay** **Don't overexert yourself.** Ne vous épuisez

---

Articles: m = le, f = la, mpl = les, fpl = les

overhear *(Fam: t'épuises)* pas trop. Nuh *voo_z_ay-pwee-zay* *(Fam: t'ay-pweez)* **pa tro.**
overhear *vt* entendre par mégarde **an-tandr par may-gard I couldn't help but overhear what you said.** Je n'ai pas pu m'empêcher d'entendre ce que *vous avez (Fam: tu as)* dit. **Zhuh n'ay pa pew m'an-pay-shay d'an-tandr suh kuh** *voo_z_a-vay (Fam: tew a)* **dee. I overheard your conversation.** J'ai entendu *votre (Fam: ta)* conversation par mégarde. **Zh'ay an-tan-dew** *votr (Fam: ta)* **kon-ver-sa-syon par may-gard.**
overheat *vi:* **It overheats.** *(automot.)* Elle surchauffe. **El sewr-shoff.**
overjoyed *adj* ravi, -e *m&f* **ra-vee I'd be overjoyed.** J'en serai *ravi (-e)*. **Zh'an suh-ray ra-vee.**
overnight *adj* de nuit **duh nwee ~ stay** toit pour la nuit **twa poor la nwee** ♦ *adv* pendant la nuit **pan-dan la nwee stay ~** rester pour la nuit **res-tay poor la nwee Can you stay overnight?** *Pouvez-vous (Fam: Peux-tu)* rester cette nuit? *Poo-vay-voo (Fam: Puh-tew)* **res-tay set nwee?**
overreact *vi* réagir excessivement **ray-a-zheer_ek-say-seev-man**
oversleep *vi* se rendormir **suh ran-dor-meer I overslept.** Je me suis *rendormi (-e)*. **Zhuh muh swee ran-dor-mee. We overslept.** Nous nous sommes rendormis. **Noo noo som ran-dor-mee.**
overtired *adj* exténué, -e *m&f* **eks-tay-new-ay**, trop fatigué, -e *m&f* **tro fa-tee-gay**
overweight *adj* obèse *m&f* **o-bez**, fort, -e *m&f* **for, fort**, gros, -se *m&f* **gro, gros**, en surpoids **an sewr-pwa I'm (a little) overweight.** Je suis (un peu) en surpoids. **Zhuh swee_z_ (uhn puh) an sewr-pwa.**
overwhelm *vt* bouleverser **bool-ver-say** ♦ **overwhelmed** *adj* bouleversé, -e *m&f* **bool-ver-say** *(1)* **I'm** / *(2)* **We're a bit overwhelmed by it all.** *(1)* Je suis… / *(2)* Nous sommes… un peu bouleversé *(-es)* par tout cela. *(1)* **Zhuh swee…** / *(2)* **Noo som…_z_uhn puh bool-ver-say par too suh-la.** ♦ **overwhelming** *adj* bouleversant, -e *m&f* **bool-ver-san, -sant**
owe *vt* devoir **duh-vwar How much do** *(1)* **I** / *(2)* **we owe you?** Combien *(1)* je *vous (Fam: te)* dois? / *(2)* nous *vous (Fam: te)* devons? **Kon-byuhn** *(1)* **zhuh** *voo (Fam: tuh)* **dwa?** / *(2)* **noo** *voo (Fam: tuh)* **duh-von? I owe you an apology.** Je *vous (Fam: te)* dois une excuse. **Zhuh** *voo (Fam: tuh)* **dwa ewn_eks-kuhz.**
own *adj* propre *m&f* **propr I saw it with my own eyes.** Je l'ai vu de mes propres yeux. **Zhuh l'ay vew duh may propr_z_yuh. To each his own.** A chacun ses goûts. **A sha-kuhn say goo.**
own *vt* posséder **po-say-day**, avoir **a-vwar Do you own your apartment or rent it?** *Etes-vous (Fam: Es-tu)* propriétaire ou *louez vous votre (Fam: loues-tu ton)* appartement? *Et-voo (Fam: Ay-tew)* **pro-pree-yay-ter_oo** *loo-ay-voo votr_ (Fam: loo-tew ton)*_**a-par-tuh-man? I own a** *(1)* **condo(minium)** / *(2)* **home in** *(city)*. J'ai *(1)* une copropriété / *(2)* une maison à (___). **Zh'ay** *(1)* **ewn ko-pro-pree-yay-tay…** / *(2)* **ewn may-zon… a (___).**

In the pronunciation **n** *stands for a nasalized* **n**.

P p

pacifier *n (baby)* tétine *f* tay-teen
pack *vt* emballer an-ba-lay, empaqueter an-pak-tay **I have to pack my suitcase.** Je dois faire ma valise. *Zhuh dwa fer ma va-leez.* **We have to pack our suitcases.** Nous devons faire nos valises. *Noo duh-von fer no va-leez.* ♦ *vi* faire ses valises fer say va-leez **Can I help you pack?** Puis-je *vous (Fam: t')* aider à faire *vos (Fam: tes)* valises? *Pwee-zh voo_z_(Fam: t')_ay-day a fer vo (Fam: tay) va-leez?* ♦ *n* 1. *(backpack)* sac *m* sak; 2. *(small package)* petit paquet puh-tee pa-ke **heavy ~** paquet lourd pa-ke loor **~ of cigarettes** paquet *m* de cigarettes pa-ke duh see-ga-ret **school ~** *(child's pack for school)* cartable *m* kar-tabl **Put it in** *(1)* **my /** *(2)* **your pack.** Mettez (Fam: Mets)-le dans *(1)* mon / *(2)* votre (Fam: ton) sac. *May-tay (Fam: May)-luh dan (1) mon / (2) votr (Fam: ton) sak.*
package *n* paquet *m* pa-ke, colis *m* ko-lee **receive a ~** recevoir un *(1)* paquet / *(2)* colis ruh-suh-vwar_uhn *(1)* pa-ke / *(2)* ko-lee **send a ~** envoyer un *(1)* paquet / *(2)* colis an-vwa-yay uhn *(1)* pa-ke / *(2)* ko-lee *(1)* **I /** *(2)* **We have to mail a package.** *(1)* Je dois… / *(2)* Nous devons… poster un colis. *(1) Zhuh dwa…. / (2) Noo duh-von… pos-tay uhn ko-lee.*
packet *n* paquet *m* pa-ke, pack *m* pak
pad *n* 1. *(cushion)* serviette *f* absorbante ser-vyet_ab-sor-bant; 2. *(of paper)* buvard *m* buh-var **brake ~** *(automot.)* plaquette *f* de frein pla-ket duh fruhn **elbow ~s** *(rollerblading)* coudières *mpl* koo-jer **knee ~s** *(rollerblading)* genouillères *fpl* zhuh-noo-yer **writing ~** bloc *m* blok
paddle *vi* ramer ra-may ♦ *n (oar)* rame *f* ram; *(ping-pong)* racquette *f* ra-ket
page *n* page *f* pazh **next ~** page suivante pazh swee-vant **previous ~** page précédente pazh pray-say-dant **web ~** page Internet pazh_uhn-ter-net **Yellow Pages** *trdnm* Pages *fpl* Jaunes Pazh Zhon
pain *n* douleur *f* doo-luhr **~ in the neck** douleur dans le cou doo-luhr dan luh koo **sharp ~** douleur forte doo-luhr fort **slight ~** douleur légère doo-luhr lay-zher **terrible ~** douleur terrible doo-luhr tay-reebl **Where's the pain?** Où *avez-vous (Fam: as-tu)* mal? *Oo_a-vay-voo (Fam: a-tew) mal?* **I've got a (sharp) pain right here.** Je ressens une (forte) douleur juste ici. *Zhuh ruh-san ewn (fort) doo-luhr zhewst_ee-see.* ♦ **painful** *adj (physical)* douloureux, douloureuse *m&f* doo-loo-ruh, -ruhz
paint *vt & vi* peindre puhndr **What kind of things do you paint?** Qu'est-ce que *vous peignez (Fam: tu peins)* en général? *K'es kuh voo pay-nyay (Fam: tew puhn) an zhay-nay-ral?* **Do you paint in oil or water colors?** Peignez-vous *(Fam: Peins-tu)* à la peinture à l'huile ou à l'aquarelle? *Pay-nyay-voo (Fam: Puhn-tew) a la puhn-tewr_a l'weel_oo_w_a l'a-kwa-rel?* **You paint** *(1)*

A tilde ~ in terms stands for the main entry word.

beautifully. / *(2)* **very well**. *Vous peignez (Fam: Tu peins) (1)* magnifiquement. / *(2)* très bien. *Voo pay-nyay (Fam: Tew puhn̲) (1)* **ma-nee-feek-man̲.** / *(2)* **tre byuhn̲. I love to paint**. J'adore la peinture. **Zh'a-dor la puhn̲-tewr. I like to paint** *(1)* **animals.** / *(2)* **flowers.** / *(3)* **landscapes.** / *(4)* **people.** J'aime peindre *(1)* des animaux. / *(2)* des fleurs. / *(3)* des paysages. / *(4)* les gens. **Zh'em puhn̲dr** *(1)* **day_z_a-nee-mo.** / *(2)* **day fluhr.** / *(3)* **day pay-ee-zazh.** / *(4)* **lay zhan̲.** ♦ **paint** *n* peinture *f* **puhn̲-tewr**
♦ **painter** *n* 1. *(artist)* peintre *m&f* **puhn̲tr**; 2. *(worker)* peintre *m&f* **puhn̲tr favorite** ~ peintre préféré *(-e)* **puhn̲tr pray-fay-ray portrait** ~ portraitiste *m* **por-tray-teest Who are your favorite painters?** Quels sont *vos (Fam: tes)* peintres favoris? **Kel son̲** *vo (Fam: tay)* **puhn̲tr fa-vo-ree? My favorite painters are** *(names)*. Mes peintres préférés sont *(___)*. **May puhn̲tr pray-fay-ray son̲** *(___)*.
♦ **painting** *n* 1. *(the art)* peinture *f* **puhn̲-tewr;** 2. *(picture)* tableau *m* **ta-blo What do you think of this painting?** Que *pensez-vous (Fam: penses-tu)* de cette peinture? **Kuh** *pan̲-say-voo (Fam: pan̲s-tew)* **duh set puhn̲-tewr?**
pair *n* paire *f* **per in** ~**s** deux à deux **duh a duh**
pajamas *n pl* pyjama *m* **pee-zha-ma**
pal *n* ami, -e *m&f* **a-mee**, pote *m&f* **pot**, compagnon *m* **kon̲-pa-nyon̲**
palace *n* palace *m* **pa-las**
pale *adj* pale *m&f* **pal**
palm *n* paume *f* (de main) **pom duh muhn̲ I'll read your palm.** Je vais *vous (Fam: te)* lire les lignes de la main. **Zhuh vay** *voo (Fam: tuh)* **leer lay leeny(uh) duh la muhn̲. According to your palm, you're going to have 14 children. Funny, that's what mine says, too.** Lisant les lignes de *votre (Fam: ta)* main, je vois que *vous aurez (Fam: tu auras)* quatorze enfants. C'est marrant, c'est ce que la mienne dit aussi. **Lee-zan̲ lay leeny(uh) duh** *votr (Fam: ta)* **muhn̲, zhuh vwa kuh** *voo_z_o-ray (Fam: tew o-ra)* **ka-torz_an̲-fan̲. S'ay ma-ran̲, s'ay suh kuh la myen dee_t_o-see.** ♦ **palm pilot** *n* palm pilot *m* **palm pee-lot**
pamper *vt* ménager **may-na-zhay**
pan *n* poêle *f* **pwel frying** ~ poêle *f* à frire **pwel_a freer**
panic *vi* paniquer **pa-neek**, être *pris (-e)* de panique **etr** *pree (F: preez)* **duh pa-neek Take it easy. Don't panic.** *Calmez-vous (Fam: Calme-toi)*. Ne *paniquez (Fam: panique)* pas. *Kal-may-voo (Fam: Kal-muh-twa)*. **Nuh** *pa-nee-kay (Fam: pa-neek)* **pa**.
panorama *n* panorama *m* **pa-no-ra-ma What a** *(1)* **beautiful** / *(2)* **breathtaking panorama!** Quel *(1)* beau panorama! *(2)* panorama impressionnant! **Kel** *(1)* **bo pa-no-ra-ma!** *(2)* **pa-no-ra-ma uhn̲-pray-syo-nan̲!**
panties *n pl* sous-vêtements *mpl* **soo-vet-man̲** ♦ **pants** *n pl* pantalon *m* **pan̲-ta-lon̲ ski** ~ pantalon *m* (de ski) **pan̲-ta-lon̲ duh skee** ♦ **pantyhose** *n* collant *m* **ko-lan̲**
paper *adj* en papier **an̲ pa-pyay** ♦ *n* 1. *(material)* papier *m* **pa-pyay**; 2. *pl (documents)* document *m* **do-kew-man̲**; 3. *(newspaper)* journal *m* **zhoor-nal**, quotidien *m* **ko-tee-juhn̲**; 4. *(written work)* texte *m* **tekst piece of** ~ morceau *m* de papier **mor-so duh pa-pyay printer** ~ papier *m* d'imprimante **pa-pyay d'uhn̲-pree-man̲t term** ~ *(school)* mémoire *m* **may-mwar toilet** ~ papier

---

uh *sounds like the "u" in "but"*

toilette **pa-pyay twa-let**, papier hygiénique **pa-pyay ee-zhyay-neek** **wrapping** ~ papier cadeau **pa-pyay ka-do** ♦ **paperclip** *n* trombone *m* **tron-bon**

par *n (golf)* par *m* **par over** ~ au-dessus du par **o-duh-sew dew par** **under** ~ en dessous du par **an duh-soo dew par**

parachute *n* parachute *m* **pa-ra-shewt** **reserve** ~ parachute *m* de secours **pa-ra-shewt duh suh-koor**

parade *n* parade *f* **pa-rad**, défilé *m* **day-fee-lay**

paradise *n* paradis *m* **pa-ra-dee** **absolute** ~ paradis *m* absolu **pa-ra-dee ab-so-lew** **real** ~ vrai paradis *m* **vray pa-ra-dee** **wonderful** ~ paradis *m* merveilleux **pa-ra-dee mer-vay-yuh** **What a paradise!** C'est le paradis! **S'ay luh pa-ra-dee!** **This is my idea of paradise.** C'est ce que j'appelle être au paradis. **S'ay suh kuh zh'a-pel_etr_o pa-ra-dee.**

paraglider *n (thing)* parapente *m* **pa-ra-pant**; *(person)* parapentiste *m&f* **pa-ra-pan-teest** **powered** ~ parapente à moteur **pa-ra-pant_a mo-tuhr** ♦ **paragliding** *adj* de parapente **duh pa-ra-pant** ~ **club** club *m* de parapente **kluhb duh pa-ra-pant** ~ **school** école *f* de parapente **ay-kol duh pa-ra-pant** ♦ *n* parapente *m* **pa-ra-pant**

paragraph *n* paragraphe *m* **pa-ra-graf**

parakeet *n* perruche *f* **pay-rewsh**

paralyzed *adj* paralysé, -e *m&f* **pa-ra-lee-zay**

paramotor *n* moteur *m* de parapente **mo-tuhr duh pa-ra-pant**

paranoid *adj* paranoïaque *m&f* **pa-ra-no-yak**

parasailing *n* navette *f* **na-vet**

parasol *n* parasol *m* **pa-ra-sol**

paratrike *n* habitacle *m* motorisé pour faire du parapente **a-bee-takl mo-to-ree-zay poor fer dew pa-ra-pant**

parcel *n* colis *m* **ko-lee** *(1)* **I** / *(2)* **We need to mail a parcel.** *(1)* Je dois… / *(2)* Nous devons… envoyer un colis par la poste. *(1)* **Zhuh dwa…** / *(2)* **Noo duh-von… an-vwa-yay_uhn ko-lee par la post.**

pardon *vt* pardonner **par-do-nay** **Pardon me.** *Pardonnez (Fam: Pardonne)-moi.* *Par-do-nay (Fam: Par-don)-mwa.* ♦ *n* pardon *m* **par-don** **(I) Beg your pardon?** *(Didn't hear)* Pardon? **Par-don?** **I beg your pardon.** *(Sorry)* Veuillez m'excuser. **Vuh-yay m'eks-kew-zay.**

parents *npl* parents *mpl* **pa-ran** **both** ~s les deux parents **lay duh pa-ran** **foster** ~s parents adoptifs **pa-ran a-dop-teef**, parents d'adoption **pa-ran d'a-dop-syon** **your** ~s vos *(Fam: tes)* parents **vo *(Fam: tay)* pa-ran** **These are my parents,** *(name)* **and** *(name)***.** Ce sont mes parents, (___) et (___). **Suh son may pa-ran, (___) ay (___).** **This is a picture of my parents.** C'est une photo de mes parents. **S'ay_t_ewn fo-to duh may pa-ran.** **I live with my parents.** Je vis avec mes parents. **Zhuh vee a-vek may pa-ran.** **My parents live in** *(place)***.** Mes parents vivent à (___). **May pa-ran veev a (___).** **My parents have passed away.** Mes parents sont décédés. **May pa-ran son day-say-day.**

park *vi* garer **ga-ray** **Where can we park?** Où pouvons-nous nous garer? **Oo**

Common French signs and labels are on pages 547-551.

park 294 **particular**

poo-vo<u>n</u>-noo noo ga-ray? **Is it okay to park** *(1)* **here?** / *(2)* **there?** Est-ce que je peux me garer *(1)* ici? / *(2)* là? **Es kuh zhuh puh mu<u>h</u> ga-ray** *(1)* **ee-see?** / *(2)* **la? How much does it cost to park** *(1)* **here?** / *(2)* **there?** Combien ça coûte pour se garer *(1)* ici? / *(2)* là? **Ko<u>n</u>-byu<u>hn</u> sa koot poor suh ga-ray** *(1)* **ee-see?** / *(2)* **la? We can't park** *(1)* **here.** / *(2)* **there**. Nous ne pouvons pas nous garer *(1)* ici. / *(2)* là. **Noo nuh poo-vo<u>n</u> pa noo ga-ray** *(1)* **ee-see.** / *(2)* **la.** ♦ **park** *n* parc *m* **park** amusement ~ parc d'attraction **park d'a-trak-syo<u>n</u>. Let's go for a walk in the park.** Allons nous balader au parc. **A-lo<u>n</u> noo ba-la-day o park. Let's make a picnic in the park.** Faisons un pique-nique dans le parc. **Fuh-zo<u>n</u> uh<u>n</u> peek-neek da<u>n</u> luh park.**
parka *n* parka *f* **par-ka,** coupe-vent *m* **koop-va<u>n</u>**
parking *adj* de parking **duh par-keeng** ~ **garage** garage *m* **ga-razh** ~ **lot** parking *m* **par-keeng** ~ **meter** parcmètre *m* **park-metr** ~ **place** place *f* de parking **plas duh par-keeng** ♦ *n* parking *m* **par-keeng**
parlor *n* salon *m* **sa-lo<u>n</u> beauty** ~ salon *m* de beauté **sa-lo<u>n</u> duh bo-tay**
part *vi* se séparer **suh say-pa-ray I guess it's time to part.** Je pense qu'il est temps de se séparer. **Zhuh pa<u>n</u>s k'eel_ay ta<u>n</u> duh suh say-pa-ray. I hate to part with you.** Je déteste devoir me séparer de *vous (Fam: toi)*. **Zhuh day-test duh-vwar muh say-pa-ray duh** *voo (Fam: twa)*. ♦ *n* 1. *(portion)* part *f* **par,** partie *f* **par-tee;** 2. *(role)* part *f* **par,** rôle *m* **rol auto / car ~s** pièces (détachées) *fpl* de voitures **pyes (day-ta-shay) duh vwa-tewr best** ~ meilleure partie **me-yuhr par-tee big** ~ grande partie **gra<u>n</u>d par-tee easy** ~ partie facile **par-tee fa-seel first** ~ premier partie **pruh-myay par-tee for the most** ~ en majorité **par_uh<u>n</u>-por-ta<u>n</u>t last** ~ dernière partie **der-nyer par-tee main** ~ partie principale **par-tee pruh<u>n</u>-see-pal my** ~ ma part **ma par other** ~ autre part **otr par small** ~ petite partie **puh-teet par-tee take** ~ participer **par-tee-see-pay,** prendre part **pra<u>n</u>dr par worst** ~ le pire **luh peer the old ~ of town** la vieille partie de la ville **la vyey par-tee duh la veel your** ~ *votre (Fam: ta)* part *votr (Fam: ta)* **par Do you have the part?** *(automot.)* Avez-vous *(Fam: As-tu)* la pièce de rechange? *A-vay-voo (Fam: A-tew)* **la pyes duh ruh-sha<u>n</u>zh? What part of the city do you live in?** Dans quelle partie de la ville *vivez-vous (Fam: vis-tu)*? **Da<u>n</u> kel par-tee duh la veel** *vee-vay-voo (Fam: vee-tew)*? **Would you like part of it?** On partage? **On par-tazh? You can take part if you want to.** *Vous pouvez (Fam: Tu peux)* participer si *vous voulez (Fam: tu veux)*. **Voo poo-vay** *(Fam: Tew puh)* **par-tee-see-pay see voo voo-lay** *(Fam: tew vuh)*. ♦ **partially** *adv* partiellement **par-syel-ma<u>n</u>**
participate *vi* participer **par-tee-see-pay**
particular *adj* 1. *(special)* spécial, -e *m&f* **spay-syal,** particulier, particulière *m&f* **par-tee-kew-lyay, -lyer;** 2. *(specific)* déterminé, -e *m&f* **day-ter-mee-nay;** 3. *(discriminating)* difficile *m&f* **dee-fee-seel Is there anywhere particular that you would like to go?** Y-a-t-il un endroit en particulier où *vous aimeriez (Fam: tu aimerais)* aller? **Y-a-t-eel_uh<u>n</u>_a<u>n</u>-drwa a<u>n</u> par-tee-kew-lyay oo voo_z_ay-**

To learn more about French verbs, go to the Grammar appendix on page 512.

muh-ryay (Fam: tew em-ray) a-lay? **I'm particular about such things.** Je suis difficile concernant certaines choses. **Zhuh swee dee-fee-seel kon-ser-nan ser-ten shoz.** ♦ **particular** *n* particulier, particulière *m&f* **par-tee-kew-lyay, -lyer in** ~ en particulier **An par-tee-kew-lyay** *No one in particular.* Aucun (-e) en particulier. **O-kuhn (F: O-kewn) an par-tee-kew-lyay.** ♦ **particularly** *adv* particulièrement **par-tee-kew-lyer-man**

parting *n* séparation *f* **say-pa-ra-syon**

partly *adv* en partie **an par-tee** **It's partly my fault.** C'est en partie ma faute. **S'ay_t_an par-tee ma fot.**

partner *n (companion, mate)* partenaire *m&f* **part-ner,** copain, -pine *m&f* **ko-puhn, -peen,** compagnon *m* **kon-pa-nyon,** binôme *m&f* **bee-nom;** *(associate)* associé, -e *m&f* **a-so-syay** business ~ *associé (-e) d'affaires* **a-so-syay d'a-fer** change ~s changer de partenaires **shan-zhay duh part-ner** dancing ~ partenaire de danse **part-ner duh dans** find a ~ *(1,2,3)* trouver *un (F: une) (1)* partenaire / *(2)* binôme **troo-vay uhn (F: ewn) (1) part-ner / (2) bee-nom** great ~ bon partenaire **bon part-ner** life ~ compagnon, -pagne *m&f* **kon-pa-nyon, -pany(uh)** *(1)* look / *(2)* search for a ~ *(1, 2)* chercher *un copain (F: une copine)* **sher-shay uhn ko-puhn (F: ewn ko-peen)** tennis ~ partenaire de tennis **part-ner duh tay-nees** wonderful ~ merveilleux *(F: merveilleuse)* partenaire *mer-vay-yuh (F: mer-vay-yuhz)* **part-ner** workout ~ partenaire de gym **part-ner duh zheem** **I have a partner.** J'ai *un (F: une)* partenaire. **Zh'ay uhn (F: ewn) part-ner.**

part-time *adj & adv* à temps partiel **a tan par-syel** **I work part-time as a** *(job title)*. Je travaille comme (___) à temps partiel. **Zhuh tra-vaee kom (___) a tan par-syel.**

party *vi* faire la fête **fer la fet** **I like to party sometimes.** J'aime faire la fête de temps en temps. **Zh'em fer la fet duh tan_z_an tan.** ♦ *n* 1. *(event)* fête *f* **fet,** party *f* **par-tee;** 2. *(polit org)* parti *m* **par-tee** anniversary ~ fête d'anniversaire **fet d'a-nee-ver-ser** big ~ grande fête **grand fet** birthday ~ fête d'anniversaire **fet d'a-nee-ver-ser** costume ~ fête costumée **fet kos-tew-may** dinner ~ dîner **dee-nay** engagement ~ fête de fiançailles **fet duh fee-yan-saee** farewell / goodbye ~ fête d'adieu **fet d'a-juh** give a ~ faire une fête **fer_ewn fet** go to a ~ aller à une fête **a-lay a ewn fet** graduation ~ fête de fin d'année **fet duh fuhn d'a-nay** have a ~ avoir une fête de prévu **a-vwar_ewn fet duh pray-vew** life of the ~ vie dédiée à faire la fête **vee day-jay a fer la fet** ~ pooper fêtard, fêtarde *m&f* **fay-tar, -tard** political ~ parti politique **par-tee po-lee-teek** pool ~ fête *f* au bord de la piscine **fet_o bor duh la pee-seen** promotion ~ fête de promotion **fet duh pro-mo-syon** small ~ petite fête **puh-teet fet** throw a ~ organiser une fête **or-ga-nee-zay ewn fet** wedding ~ fête de mariage **fet duh ma-ryazh** welcome ~ fête de bienvenu **fet duh byuhn-vuh-new** wild ~ fête de malade **fet duh ma-lad** **Would you like to go (with *[1]* me / *[2]* us) to a party?** Aimeriez-vous *(Fam: Aimerais-tu)* venir *([1]* avec moi / *[2]* avec nous) à la fête? **Ay-muh-ryay-voo (Fam: Em-ray-tew) vuh-neer ([1] a-vek mwa / [2] a-vek noo) a la fet?** *(1)* **I'm** / *(2)* **We're having a party *(3)* tonight. /** *(4)* **tomorrow. Would you like to come?** *(1)* J'ai… / *(2)* Nous avons… une fête de prévu *(3)* ce soir. / *(4)*

Some adjectives follow nouns, some precede them.
You'll need to memorize these case by case.

pass 296 **passion**

---

demain. *Aimeriez-vous (Fam: Aimerais-tu)* venir? *(1)* Zh'ay… / *(2)* Noo_z_a-von… ewn fet duh pray-vew / *(3)* suh swar. / *(4)* duh-muhn. *Ay-muh-ryay-voo (Fam: Em-ray-tew)* vuh-neer? **(1) Where… / (2) What time… is the party?** *(1)* Où… / *(2)* A quelle heure… a lieu la fête? *(1)* Oo… / *(2)* A kel_uhr… a lyuh la fet?

pass *vt* 1. *(go by)* passer **pa-say,** longer **lon-zhay;** 2. *(hand)* passer **pa-say;** 3. *(throw)* jeter **zhuh-tay;** 4. *(succeed in a test)* passer **pa-say,** réussir **ray-ew-seer;** 5. *(while away)* passer **pa-say What (1) station / (2) street did we just pass?** Quelle *(1)* station / *(2)* rue venons-nous de passer? **Kel** *(1)* **sta-syon** / *(2)* **rew vuh-non-noo duh pa-say? Please pass (me) the (1) butter. / (2) milk. / (3) sugar.** S'il *vous (Fam: te)* plaît, *passez (Fam: passe)*-moi le *(1)* beurre. / *(2)* lait. / *(3)* sucre. **S'eel** *voo (Fam: tuh)* **play,** *pa-say (Fam: pas)*-**mwa luh** *(1)* **buhr.** / *(2)* **lay.** / *(3)* **sewkr. I'm sure you'll pass the exam.** Je suis sûr (-e) que *vous réussirez (Fam: tu réussiras)* l'examen. **Zhuh swee sewr kuh** *voo ray-ew-see-ray (Fam: tew ray-ew-see-ra)* **l'eg-za-muhn. Congratulations on passing the exam!** Félicitations, tu as réussi ton examen! **Fay-lee-see-ta-syon, tew a ray-ew-see ton_eg-za-muhn! I know a good way to pass the time.** Je connais un bon moyen pour tuer le temps. **Zhuh ko-nay uhn bon mwa-yuhn poor tew-ay luh tan.** ♦ *vi (go by)* passer **pa-say,** longer **lon-zhay** ♦ *n* 1. *(between mountains)* passe *m* **pas;** 2. *(permit)* laisser-passer *m* **lay-say-pa-say;** 3. *(romantic advance)* proposition *f* romantique **pro-po-zee-syon ro-man-teek;** 4. *(mil: leave)* permission *f* **per-mee-syon,** autorisation *f* **o-to-ree-za-syon** *boarding* ~ *ticket m* d'embarquement **tee-kay d'an-bar-kuh-man** *bus* ~ passe *m* pour le bus **pas poor luh bews make a ~ (at)** faire une proposition romantique à *un (-e) inconnu (-e)* **fer_ewn pro-po-zee-syon ro-man-teek_a** *uhn (F: ewn)* **uhn-ko-new.**

♦ **pass away** *idiom (die)* décéder **day-say-day My (1) brother / (2) father / (3) husband / (4) mother / (5) sister / (6) wife passed away in (year).** *(1)* Mon frère… / *(2)* Mon père… / *(3)* Mon mari… / *(4)* Ma mère… / *(5)* Ma sœur… / *(6)* Ma femme… est *décédé (-e)* en (___). *(1)* **Mon frer…** / *(2)* **Mon per…** / *(3)* **Mon ma-ree…** / *(4)* **Ma mer…** / *(5)* **Ma suhr…** / *(6)* **Ma fam… ay day-say-day an** (___).

♦ **pass out** *idiom (lose consciousness)* tomber dans les pommes **ton-bay dan lay pom (1) He / (2) She has passed out.** *(fainted)* *(1)* Il / *(2)* Elle s'est évanoui *(-e)*. *(1)* **Eel** / *(2)* **El s'ay_t_ay-va-nwee.;** *(drunk)* *(1)* Il / *(2)* Elle est tombé *(-e)* ivre mort *(-e)*. *(1)* **Eel_** / *(2)* **El_ay ton-bay ee-vruh mor** *(F: mort)*.

passenger *n* passager, passagère *m&f* **pa-sa-zhay, -zher** *~ lounge* salle *f* d'attente **sal d'a-tant**

passion *n* passion *f* **pa-syon** *love with a ~ (verb)* aimer passionnément **ay-may pa-syo-nay-man** *~ for art* passion pour l'art **pa-syon poor l'ar** *~ for life* passion pour la vie **pa-syon poor la vee (1) Climbing / (2) Cycling is my passion.** *(1)* L'escalade… / *(2)* Le cyclisme…, c'est ma passion. *(1)* **L'es-ka-lad…** / *(2)* **Luh see-kleesm…, s'ay ma pa-syon. I have a passion for arts and music.** L'art et la musique sont mes passions. **L'ar ay la mew-zeek son may pa-syon. I hate it**

A blue diamond ♦ *signals a different word or a different form of a word.*

with a passion. Je le haïs de tout mon cœur. Zhuh luh a-ee duh too mon kuhr.
♦ **passionate** *adj* passionné, -e *m&f* pa-syo-nay ~ **kiss** baiser passionné bay-zay pa-syo-nay *(1)* **You /** *(2)* **I have a very passionate nature.** *(1) Vous êtes (Fam: Tu es)… / (2) Je suis… de nature très passionnée.* *Voo_z_et (Fam: Tew ay)… / (2)* Zhuh swee… duh na-tewr tre pa-syo-nay. ♦ **passionately** *adv* passionnément pa-syo-nay-man

passive *adj (not active; gram.)* passif, passive *m&f* pa-seef, -seev ~ **voice** voix *f* passive vwa pa-seev

passport *adj* de passeport duh pas-por ♦ *n* passeport *m* pas-por **I lost my passport.** J'ai perdu mon passeport. Zh'ay per-dew mon pas-por.

password *n* mot *m* de passe mo duh pas **enter the** ~ *(comp)* entrer le mot de passe an-tray luh mo duh pas **I forgot the password.** J'ai oublié le mot de passe. Zh'ay oo-blee-yay luh mo duh pas.

past *adj* passé, -e *m&f* pa-say ~ **tense** le passé luh pa-say **What is past is past.** Le passé est du passé. **Luh pa-say ay dew pa-say. What is the past tense of *(verb)*?** Quel est le passé de *(___)*? **Kel_ay luh pa-say duh *(___)*?** ♦ *n* passé *m* pa-say **in the** ~ par le passé par luh pa-say **I don't care about the past.** Je me fiche du passé. **Zhuh muh feesh dew pa-say. That's all in the past.** C'est du passé. **S'ay dew pa-say.**

pastime *n* passe-temps *m* pas-tan **What's your favorite pastime?** Quel est *votre (Fam: ton)* passe-temps favori? **Kel_ay** *votr (Fam: ton)* **pas-tan fa-vo-ree? I guess my favorite pastime is *(activity)*.** Je pense que mon passe-temps favori est *(___)*. **Zhuh pans kuh mon pas-tan fa-vo-ree ay *(___)*. That sounds like a *(1)* fun /** *(2)* **nice pastime.** Ça semble être un passe-temps *(1)* divertissant. / *(2)* sympathique. **Sa sanbl_etr_uhn pas-tan *(1)* dee-ver-tee-san. /** *(2)* **suhn-pa-teek.**

pastor *n* pasteur *m* pas-tuhr

pastry *n* pâtisserie *f* pa-tees-ree **Would you care for a pastry?** Aimeriez-vous *(Fam: Aimerais-tu)* une pâtisserie? *Ay-muh-ryay-voo (Fam: Em-ray-tew)* **ewn pa-tees-ree?**

patch *n (small piece of cloth)* pièce *f* pyes, patch *m* patsh

path *n* sentier *m* san-chyay, chemin *m* shuh-muhn, passage *m* pa-sazh ~ **of least resistance** le chemin le plus facile luh shuh-muhn luh plew fa-seel ~ **of life** le chemin de la vie luh shuh-muhn duh la vee **Which path should we take?** Quel chemin devrions-nous prendre? **Kel shuh-muhn duh-vree-yon-noo prandr? Let's take this path.** Prenons ce chemin. **Pruh-non suh shuh-muhn.**

pathetic *adj* pathétique *m&f* pa-tay-teek

patience *n* patience *f* pa-syans **great** ~ grande patience grand pa-syans **have** ~ avoir de la patience a-vwar duh la pa-syans **lose** ~ perdre patience perdr pa-syans **remarkable** ~ patience remarquable pa-syans ruh-mar-kabl **take** ~ garder son calme gar-day son kalm **tremendous** ~ patience à toutes épreuves pa-syans_a too_t_ay-pruhv **You have a lot of patience.** *Vous avez (Fam: Tu as)* beaucoup de patience. *Voo_z_a-vay (Fam: Tew a)* **bo-koo duh pa-syans. Please have patience with me.** S'il *vous (Fam: te)* plaît, ne *perdez (Fam: perds)* pas patience avec moi. **S'eel** *voo (Fam: tuh)* **play, nuh** *per-day (Fam: per)* **pa**

Familiar "tu" ("tew") forms in parentheses can replace italicized polite forms.

patient   298   **pecs**

pa-syan<u>s</u>_a-vek mwa. **It takes a lot of patience.** Ça nécessite beaucoup de patience. Sa nay-say-seet bo-koo duh pa-syan<u>s</u>. **My patience is running out.** Je suis en train de perdre patience. Zhuh swee an truh<u>n</u> duh prerdr pa-syan<u>s</u>. ♦ **patient** *adj* patient, -e *m&f* **pa-syan, -syant Please be patient with me.** S'il *vous (Fam: te)* plaît, soyez *(Fam: sois) patient (F: patiente)* avec moi. S'eel *voo (Fam: tuh)* play, sya-yay *(Fam: swa) pa-syan (F: pa-syant_)* a-vek mwa. **Thank you for being so patient.** Merci d'être *patient (F: patiente)*. Mer-see d'etr *pa-syan (F: pa-syant)*. **I'm very patient.** Je suis très *patient (F: patiente)*. Zhuh swee tre *pa-syan (F: pa-syant)*. ♦ *n (med.)* patient, -e *m&f* **pa-syan, -syant**

patio *n* patio *m* **pa-syo, on the ~** sur le patio **sewr luh pa-syo**

pattern *n (design)* motif *m* **mo-teef,** modèle *m* **mo-del,** design *m* **dee-zaeen I (really) like that pattern.** J'aime (vraiment) ce motif. **Zh'em (vray-ma<u>n</u>) suh mo-teef**. **What a (1) beautiful / (2) pretty pattern!** Quel *(1)* beau */ (2)* joli motif! **Kel** *(1)* **bo** */ (2)* **zho-lee mo-teef!**

pause *vi* faire une pause **fer_ewn poz Let's pause for a bit, okay?** Faisons une pause un moment. Ça te va? **Fuh-zo<u>n</u> ewn poz uh<u>n</u> mo-man. Sa tuh va?** ♦ *n* pause *f* **poz**

pay *vt* payer **pay-yay,** faire **fer ~ attention** faire attention **fer_a-tan-syon Please let** *(1)* **me /** *(2)* **us pay (for it).** S'il *vous (Fam: te)* plaît, *laissez (Fam: laisse) (1)* -moi / *(2)* -nous payer (pour ça). **S'eel** *voo (Fam: tuh)* **play,** *lay-say (Fam: les) (1)* **-mwa /** *(2)* **-noo pay-yay (poor sa).** *(1)* **I'll /** *(2)* **We'll pay for it.** *(1)* Je paierai... / *(2)* Nous paierons... pour ça. *(1)* **Zhuh pay-ray... /** *(2)* **Noo pay-ro<u>n</u>... poor sa. Did you pay the bill?** Avez-vous *(Fam: As-tu)* payé la facture? *A-vay-voo (Fam: A-tew)* **pay-yay la fak-tewr? I paid (for it) (already).** J'ai (déjà) payé (pour ça). **Zh'ay (day-zha) pay-yay (poor sa). I didn't pay (for it) yet.** Je n'ai pas encore payé (pour ça). **Zhuh n'ay pa_z_a<u>n</u>-kor pay-yay (poor sa). Pay close attention.** Faite *(Fam: Fais)* très attention. *Fet (Fam: Fay)* **tre_z_a-tan-syo<u>n</u>. You're not paying attention.** Vous *ne faites (Fam: Tu ne fais)* pas attention. *Voo nuh fet (Fam: Tew nuh fay)* **pa_z_a-tan-syo<u>n</u>.**

peace *n* paix *f* **pay ~ and quiet** paix et tranquillité **pay ay tran-kee-lee-tay** *(1)* **I /** *(2)* **We need some peace and quiet.** *(1)* J'ai… / *(2)* Nous avons… besoin de paix et tranquillité. *(1)* **Zh'ay... /** *(2)* **Noo_z_a-vo<u>n</u>… buh-zwuh<u>n</u> duh pay ay tran-kee-lee-tay.** ♦ **peaceful** *adj* paisible *m&f* **pay-zeebl,** tranquille *m&f* **tran-keel It's so peaceful here.** C'est si paisible ici. **S'ay see pay-zeebl_ee-see.**

peak *n* pic *m* **peek,** sommet *m* **som-me,** cime *f* **seem climb to the ~** grimper jusqu'au sommet **gruh<u>n</u>-pay zhews-k'o som-me mountain ~** sommet de la montagne **som-me duh la mo<u>n</u>-tany(uh) How high is the peak?** A quelle altitude est le sommet? **A kel_al-tee-tewd_ay luh som-me?**

pearl *adj* de / en perles **duh / a<u>n</u> perl ~ earrings** boucles d'oreilles *mpl* en perles **bookl d'o-rey a<u>n</u> perl ~ necklace** collier *m* de perles **ko-lyay duh perl** ♦ *n* perle *f* **perl cultured ~s** perles de culture **perl duh kewl-tewr string of ~s** fil *m* de perles **feel duh perl**

pecs, pectorals *n pl* pectoraux *mpl* **pek-to-ro**

---

*Learn a new French phrase every day! Subscribe to the free **Daily Dose of French**, www.phrase-books.com.*

peculiar *adj (strange)* étrange *m&f* **ay-tranzh**

pedal *vi* pédaler **pay-da-lay** ~ **hard** pédaler assidûment **pay-da-lay a-see-dew-man** ~ **slowly** pédaler doucement **pay-da-lay doos-man** ♦ *n* pédale *f* **pay-dal brake** ~ *(automot.)* pédale *f* de frein **pay-dal duh fruhn gas** ~ *(automot.)* accélérateur *m* **ak-say-lay-ra-tuhr**

pedicure *n* pédicure *f* **pay-dee-kewr**

pee *vi* uriner **ew-ree-nay,** *(common)* aller aux toilettes **a-lay o twa-let** *(1,2)* **I have to pee.** *(1)* Je dois uriner. / *(2)* Je dois aller aux toilettes. *(1) Zhuh dwa ew-ree-nay. / (2) Zhuh dwa a-lay o twa-let.*

peek *vi* tricher **tree-shay Don't peek!** Ne trichez *(Fam: triche)* pas! *Nuh tree-shay (Fam: treesh) pa!* **I promise I won't peek. (Maybe.)** Je te promets de ne pas tricher. (Enfin, j'essaierai.) *Zhuh tuh pro-me duh nuh pa tree-shay. (An-fuhn, zh'ay-say-ray.)* **No fair! You peeked!** Ce n'est pas juste! Vous avez *(Fam: Tu as)* triché! *Suh n'ay pa zhewst! Voo_z_a-vay (Fam: Tew a) tree-shay!*

peel *vt (remove a peeling)* peler **puh-lay**

pen *n* stylo *m* **stee-lo Could I borrow your pen?** Est-ce que je peux *vous (Fam: t')* emprunter un stylo? *Es kuh zhuh puh voo_z_ (Fam: t') an-pruhn-tay uhn stee-lo?*

penalize *vt* pénaliser **pay-na-lee-zay** ♦ **penalty** *n* pénalité *f* **pay-na-lee-tay,** gage *m* **gazh;** *(soccer)* penalty *m* **pay-nal-tee What was the penalty for?** Pourquoi y a-t-il eu penalty? *Poor-kwa ee_y_a t-eel_ew pay-nal-tee?*

pencil *adj* ~ **sharpener** taille-crayon *m* ♦ *n* crayon *m* à papier **kray-yon a pa-pyay,** crayon de bois **kray-yon duh bwa eyebrow** ~ crayon *m* (à sourcils) **kray-yon (a soor-see)**

pendant *n* pendentif *m* **pan-dan-teef**

peninsula *n* péninsule *f* **pay-nuhn-sewl**

penis *n* pénis *m* **pay-nees**

penpal *n* correspondant, -e *m&f* **ko-res-pon-dan, -dant**

pension *n* pension *f* **pan-syon government** ~ pension du gouvernement **pan-syon dew goo-ver-nuh-man live on a** ~ vivre d'une pension **veevr d'ewn pan-syon military** ~ pension militaire **pan-syon mee-lee-ter I get a (monthly) pension.** J'ai une pension (mensuelle). *Zh'ay ewn pan-syon (man-sewel).* ♦ **pensioner** *n* pensionnaire *m&f* **pan-syo-ner**

people *n pl* gens *fpl* **zhan a few** ~ peu de gens **puh duh zhan a lot of** ~ beaucoup de gens **bo-koo duh zhan friendly** ~ gens sympathiques **zhan suhn-pa-teek good** ~ bonnes personnes **bon per-son nice** ~ gens gentils **zhan zhan-tee not many** ~ pas beaucoup de gens **pa bo-koo duh zhan some** ~ quelques personnes **kel-kuh per-son How many people** *(1)* **are coming?** / *(2)* **are there?** / *(3)* **were there?** Combien de personnes *(1)* viendront? / *(2)* y-a-t-il? / *(3)* y-avait-il? *Kon-byuhn duh per-son (1) vyuhn-dron? / (2) y-a-t-eel? / (3) y-a-vay-t-eel?*

percent *n* pour cent *m* **poor san hundred** ~ cent pour cent **san poor san** ♦ **percentage** *n* pourcentage *m* **poor-san-tazh big** ~ grand pourcentage **gran poor-san-tazh small** ~ petit pourcentage **puh-tee poor-san-tazh What percentage?** Quel pourcentage? *Kel poor-san-tazh?*

Underlines between letters indicate the sounds are joined together.

perfect *adj* parfait, -e *m&f* par-fay, -fet ~ **body** corps parfait kor par-fay ~ **day** journée parfaite zhoor-nay par-fet ~ **fit** mesure parfaite muh-zewr par-fet ~ **opportunity** opportunité parfaite o-por-tew-nee-tay par-fet ~ **time** moment parfait mo-man par-fay **I'm not perfect. (But, oh, what a close call!)** Je ne suis pas *parfait (F: parfaite)*. (Mais presque!) Zhuh nuh swee pa *par-fay (F: par-fet)*. (May presk)! **I don't expect you to be perfect.** Je ne m'attends pas à ce que *vous soyez (Fam: tu sois) parfait (F: parfaite)*. Zhuh nuh m'a-tan pa_z_a suh kuh *voo swa-yay (Fam: tew swa) par-fay (F: par-fet)*. ♦ **perfection** *n* perfection *f* per-fek-syon **strive for** ~ chercher la perfection sher-shay la per-fek-syon ♦ **perfectionist** *n* perfectionniste *m&f* per-fek-syo-neest ♦ **perfectly** *adv* parfaitement par-fet-man **You played perfectly.** *Vous avez (Fam: Tu as)* joué parfaitement. *Voo_z_a-vay (Fam: Tew a)* zhoo-ay par-fet-man. **It fits you perfectly.** Ça *vous (Fam: te)* va comme un gant. Sa *voo (Fam: tuh)* va kom_uhn gan..

perform *vt* 1. *(music)* jouer zhooay; 2. *(accomplish)* réaliser ray-a-lee-zay ~ **a concert** donner un concert do-nay uhn kon-ser ~ **miracles** faire des miracles fer day mee-rakl ♦ **performance** *n* 1. *(rendition)* interprétation *f* uhn-ter-pray-ta-syon; 2. *(show)* représentation *f* ruh-pray-zan-ta-syon **first** ~ première représentation pruh-myer ruh-pray-zan-ta-syon **give a** ~ donner une représentation do-nay ewn ruh-pray-zan-ta-syon **great** ~ grande représentation grand ruh-pray-zan-ta-syon **marvelous** ~ représentation merveilleuse ruh-pray-zan-ta-syon mer-vay-yuhz **second** ~ seconde représentation suh-gond ruh-pray-zan-ta-syon ♦ **performer** *n* performeur *m* per-for-muhr, acteur *m* ak-tuhr, actrice *f* ak-trees

perfume *n* parfum *m* par-fuhn **bewitching** ~ parfum envoûtant par-fuhn an-voo-tan **bottle of** ~ flacon *m* de parfum fla-kon duh par-fuhn **delicate** ~ parfum délicat par-fuhn day-lee-ka **favorite** ~ parfum favori par-fuhn fa-vo-ree **intoxicating** ~ parfum trop fort par-fuhn tro for **I love your perfume.** J'aime votre *(Fam: ton)* parfum. Zh'em *votr (Fam: ton)* par-fuhn.

perhaps *adv* peut-être puh_t-etr

period *n* 1. *(time interval)* période *f* pay-ryod; 2. *(menstrual period)* règles *fpl* regl; 3. *(dot)* point *m* pwuhn **waiting** ~ temps d'attente tan d'a-tant **My period has started.** J'ai commencé à avoir mes règles. Zh'ay ko-man-say a a-vwar may regl. **I've got my period.** J'ai mes règles. Zh'ay may regl.

permanent *adj* permanent, -e *m&f* per-ma-nan, -nant ~ **address** adresse *f* permanente a-dres per-ma-nant ~ **relationship** relation *f* durable ruh-la-syon dew-rabl ♦ ~ *n (hair)* permanente *f* per-ma-nant ♦ **permanently** *adv* de manière permanente duh ma-nyer per-ma-nant

permission *n* permission *f* per-mee-syon, autorisation *f* o-to-ree-za-syon **get** ~ obtenir la permission ob-tuh-neer la per-mee-syon **give** ~ donner la permission do-nay la per-mee-syon ~ **to get married** permission de se marier per-mee-syon duh suh ma-ryay **Whose permission do we need?** De quelle permission a-t-on besoin? Duh kel per-mee-syon a-t-on buh-zwuhn?

Like English, French has both regular and irregular verbs.
Learn more about them on page 514.

permit *vt* permettre **per-metr** ♦ *n* permis *m* **per-mee business** ~ permis commercial **per-mee ko-mer-syal**

perplexed *adj* perplexe *m&f* **per-pleks I'm a bit perplexed (about it all).** Je suis un peu perplexe (à propos de tout ça). **Zhuh swee̱_z_uẖn puh per-pleks (a pro-po duh too sa).**

persistence *n* persistance *f* **per-sees-ta̱ns**, persévérance *f* **per-say-vay-ra̱ns Such persistence!** Quelle persévérance! **Kel per-say-vay-ra̱ns!** ♦ **persistent** *adj* persistent, -e *m&f* **per-sees-ta̱n, -ta̱nt**; tenace *m&f* **tuh-nas You're very persistent.** Vous êtes *(Fam: Tu es)* très tenace. **Voo_z_et *(Fam: Tew ay)* tre tuh-nas.**

person *n* personne *f* **per-son cheerful** ~ personne *f* joyeuse **per-son zhwa-yuhz different** ~ personne différente **per-son dee-fay-ra̱nt easy-going** ~ personne tranquille **per-son tra̱n-keel friendly** ~ personne amicale **per-son_a-mee-kal fun** ~ personne marrante **per-son ma-ra̱nt funniest** ~ 1. *(most amusing)* la plus divertissante des personnes **la plew dee-ver-tee-sa̱nt day per-son**; 2. *(oddest)* la plus bizarre des personnes **la plew bee-zar day per-son funny** ~ 1. *(amusing)* personne drôle **per-son drol**; 2. *(odd)* personne bizarre **per-son bee-zar good** ~ bonne personne **bon per-son good-hearted** ~ personne à bon cœur **per-son_a bon kuhr good-natured** ~ personne de bonne nature **per-son duh bon na-tewr happy-go-lucky** ~ personne enthousiaste **per-son_a̱n-too-zyast honest** ~ personne *f* honnête **per-son_o-net in** ~ en personne **a̱n per-son intelligent** ~ personne intelligente **per-son_uẖn-tay-lee-zha̱nt interesting** ~ personne intéressante **per-son_uẖn-tay-ray-sa̱nt kind-hearted** ~ personne à bon cœur **per-son_a bon kuhr lovable** ~ personne adorable **per-son_a-do-rabl neat** ~ personne *f* propre **per-son propr nice** ~ personne sympathique **per-son suẖn-pa-teek night** ~ personne de nuit **per-son duh nwee** ~ **of my dreams** personne *f* de mes rêves **per-son duh may rev quiet** ~ personne calme **per-son kalm right** ~ personne juste **per-son zhewst strange** ~ personne étrange **per-son_ay-tra̱nzh take-charge** ~ personne *f* qui prend les choses en main **per-son kee pra̱n lay shoz_a̱n muẖn well-rounded** ~ personne *f* accomplie **per-son_a-kon-plee wonderful** ~ merveilleuse personne **mer-vay-yuhz per-son You seem like a *(type of)* person.** Vous semblez *(Fam: Tu sembles)* être une personne (___). **Voo sa̱n-blay_z_*(Fam: Tew sa̱nbl)* etr_ewn per-son (___).** *(1)* **He** / *(2)* **She is a (very) *(type of)* person.** *(1, 2)* C'est une personne (très) (___). ***(1,2)* S'ay_t_ewn per-son (tre) (___).** **You're the *(1)* nicest / *(2)* sweetest person I've ever met.** Vous êtes *(Fam: Tu es) (1)* la plus gentille / *(2)* la plus douce des personnes que je n'ai jamais rencontré. **Voo_z_et *(Fam: Tew ay) (1)* la plew zha̱n-teey(uh) / *(2)* la plew doos day per-son kuh zhuh n'ay zha-may ra̱n-kon-tray.**

personal *adj* personnel, -le *m&f* **per-so-nel,** privé, -e *m&f* **pree-vay**; indiscret, indiscrète *m&f* **uẖn-dees-kre, -kret May I ask you a personal question? Are you *(1)* attached? / *(2)* married?** Puis-je *vous (Fam: te)* poser une question indiscrète? Etes-vous *(Fam: Es-tu) (1)* en couple? / *(2)* marié (-e)? **Pwee-zh voo *(Fam: tuh)* po-zay ewn kes-chyon uẖn-dees-kret? Et-voo *(Fam: Ay-tew) (1)* a̱n koopl? / *(2)* ma-ryay? Am I being too personal?** Je suis trop *indiscret (F:*

---

a *always sounds like the "a" in "father"*

indiscrète)? **Zhuh swee tro_p**_uhn-dees-kre *(F: uhn-dees-kret)*? **That's (a little too) personal.** C'est (un peu trop) personnel. **S'ay (_t_uhn puh tro) per-so-nel.**

personality *n* personnalité *f* **per-so-na-lee-tay cheerful** ~ personnalité joyeuse **per-so-na-lee-tay zhwa-yuhz great** ~ personnalité géniale **per-so-na-lee-tay zhay-nyal quiet** ~ personnalité tranquille **per-so-na-lee-tay tran-keel sunny** ~ personnalité rayonnante **per-so-na-lee-tay ray-yo-nant terrific** ~ personnalité formidable **per-so-na-lee-tay for-mee-dabl warm** ~ personnalité réconfortante **per-so-na-lee-tay ray-kon-for-tant wonderful** ~ personnalité merveilleuse **per-so-na-lee-tay mer-vay-yuhz You have a** *(1)* **beautiful / (2) nice / (3) sparkling personality.** *Vous avez (Fam: Tu as)* une personnalité *(1)* géniale. / *(2)* sympa. / *(3)* débordante d'énergie. *Voo_z_a-vay (Fam: Tew a)* **ewn per-so-na-lee-tay** *(1)* **zhay-nyal. / (2) suhn-pa. / (3) day-bor-dant d'ay-ner-zhee.**

personally *adv* personnellement **per-so-nel-man**
personals *n pl (personal ads)* annonces *mpl* personnelles **a-nons per-so-nel**
perspire *vi* suer **sew-ay**, transpirer **trans-pee-ray**
persuade *vt* persuader **per-sew-a-day You've persuaded me (, you silver-tongued devil).** Tu m'as persuadé (, *embobineur [F: embobineuse]* de premiere). **Tew m'a per-sew-a-day (,** *an-bo-bee-nuhr [F: an-bo-bee-nuhz]* **duh pruh-myer). Do you think you can persuade** *(1)* **her? / (2) him? / (3) them?** *Pensez-vous (Fam: Penses-tu)* que *vous pouvez (Fam: tu peux) (1)* la / *(2)* le / *(3)* les persuader? *Pan-say-voo (Fam: Pans-tew)* **kuh** *voo poo-vay (Fam: tew puh) (1)* **la / *(2)* luh / *(3)* lay per-sew-a-day?** ♦ **persuasive** *adj* persuasif, persuasive *m&f* **per-sew-a-zeef, -zeev**

pervert *n* pervers *m&f* **per-ver** ♦ **perverted** *adj* perverti, -e *m&f* **per-ver-tee**
pessimist *n* pessimiste *m&f* **pay-see-meest** ♦ **pessimistic** *adj* pessimiste *m&f* **pay-see-meest Don't be so pessimistic.** Ne *soyez (Fam: sois)* pas si pessimiste. **Nuh** *swa-yay (Fam: swa)* **pa see pay-see-meest.**

pest *n (annoying person)* peste *f* **pest What a pest you are!** Tu es une vraie peste! **Tew ay ewn vray pest!**

pet *vi (stroke)* caresser **ka-ray-say Is it okay to pet it?** *(animals)* Est-ce que je peux le caresser? **Es kuh zhuh puh luh ka-ray-say?** ♦ *n (animal)* animal *m* domestique **a-nee-mal do-mes-teek**, animal de compagnie **a-nee-mal duh kon-pa-nee Do you have any pets?** *Avez-vous (Fam: As-tu)* des animaux domestiques? *A-vay-voo (Fam: A-tew)* **day_z_a-nee-mo do-mes-teek?**

petite *adj* petite *f* **puh-teet** ~ **size** petite taille *f* **puh-teet taee**, taille fine **taee feen**, taille gracieuse **taee gra-syuhz You're so petite.** Tu es si fine! **Tew ay see feen!**

pharmacy *n* pharmacie *f* **far-ma-see Where is there a pharmacy around here?** Où y-a-t-il une pharmacie dans le coin? **Oo ee_y-a-t-eel ewn far-ma-see dan luh kwuhn?**

Ph.D. *abbrev* = **Doctor of Philosophy (degree)** doctorat *m* **dok-to-ra**
phenomenal *adj* phénoménal, -e *m&f* **fay-no-may-nal**
philander *vi (be unfaithful)* courir après les femmes **koo-reer_a-pre lay fam** ♦ **philanderer** *n* homme à femmes **om_a fam,** Don Juan *m* **Don Zhew-an**
philately *n* philatélie *f* **fee-la-tay-lee**

French pronunciation and phonetics are on pages 510-511.

philosopher *n* philosophe *m&f* fee-lo-zof ♦ **philosophical** *adj* philosophique *m&f* fee-lo-zo-feek ♦ **philosophy** *n* philosophie *f* fee-lo-zo-fee

phone *adj* de téléphone duh tay-lay-fon ~ **number** numéro de téléphone new-may-ro duh tay-lay-fon ♦ *vt (call)* téléphoner tay-lay-fo-nay *(See phrases under **call**.)* **I'll phone you.** Je *vous (Fam: te)* téléphonerai. **Zhuh** *voo (Fam: tuh)* tay-lay-fon-ray. ♦ *n* téléphone *m* tay-lay-fon **cell(ular)** ~ portable por-tabl **pay / public** ~ téléphone publique tay-lay-fon pew-bleek, cabine *f* téléphonique ka-been tay-lay-fo-neek **Can I use your phone?** Puis-je utiliser *votre (Fam: ton)* téléphone? **Pwee-zh_ew-tee-lee-zay** *votr (Fam: ton)* tay-lay-fon? **Is there a phone around here?** Y-a-t-il un téléphone dans le coin? **Ee_y-a-t-eel_uhn tay-lay-fon dan luh kwuhn?**

phonetic *adj* phonétique *m&f* fo-nay-teek ♦ **phonetics** *n* phonétique *f* fo-nay-teek **Can you teach me the phonetics?** *Pouvez-vous (Fam: Peux-tu)* m'apprendre la phonétique? *Poo-vay-voo (Fam: Puh-tew)* m'a-prandr la fo-nay-teek?

phonograph *n* phono *m* fo-no, phonographe *m* fo-no-graf

phony *adj* faux, fausse *m* fo, fos ♦ *n* 1. *(person)* hypocrite *m&f* ee-po-kreet, personne *f* fausse per-son fos; 2. *(thing)* faux *m* fo

photo *adj* photo fo-to, photographique *m&f* fo-to-gra-feek ~ **album** album *m* photo al-bom fo-to ~ **studio** studio *m* de photographie stew-jo duh fo-to-gra-fee ♦ *n* photo *f* fo-to, photographie *f* fo-to-gra-fee **black-and-white** ~ photo en noir et blanc fo-to an nwar_ay blan **color** ~ photo en couleur fo-to an koo-luhr **family** ~ photo de famille fo-to duh fa-meey(uh) **good** ~ belle photo bel fo-to **graduation** ~ photo de remise des prix fo-to duh ruh-meez day pree **group** ~ photo de groupe fo-to duh groop **my** ~ ma photo ma fo-to **new** ~ nouvelle photo noo-vel fo-to **not a very good** ~ pas une très belle photo pa_z_ewn tre bel fo-to **old** ~ vieille photo vyey fo-to **only** ~ seule photo suhl fo-to **passport** ~ photo de passeport fo-to duh pas-por ~ **of you** *votre (Fam: ta)* photo *votr (Fam: ta)* fo-to **poor** ~ mauvaise photo mo-vez fo-to **recent** ~ photo récente fo-to ray-sant **school** ~ photo d'école fo-to d'ay-kol **small** ~ petite photo puh-teet fo-to **wedding** ~ photo de mariage fo-to duh ma-ryazh **Let me show you the photo(s).** Je vais *vous (Fam: te)* montrer *la (Pl: les)* photo(s). **Zhuh vay** *voo (Fam: tuh)* mon-tray *la (Pl: lay)* fo-to. **That's a** *(1)* **beautiful /** *(2)* **great /** *(3)* **nice photo of you.** C'est une *(1)* belle photo... / *(2)* superbe photo... / *(3)* photo sympathique... de *vous (Fam: toi)*. **S'ay_t_ewn** *(1)* bel fo-to... / *(2)* sew-perb fo-to... / *(3)* fo-to suhn-pa-teek... duh *voo (Fam: twa)*. **This photo doesn't look like you.** On ne *vous (Fam: te)* reconnaît pas sur cette photo. **On nuh** *voo (Fam: tuh)* ruh-ko-nay pa sewr set fo-to. **Who's that in the photo?** Qui est-ce sur cette photo? **Kee es sewr set fo-to?**

    This is a photo of my... C'est une photo de... **S'ay_t_ewn fo-to duh...**
        ...brother. ...mon frère. **...mon frer.**
        ...daughter. ...ma fille. **...ma feey(uh).**
        ...family. ...ma famille. **...ma fa-meey(uh).**
        ...father. ...mon père. **...mon per.**

---

*Learn a new French phrase every day! Subscribe to the free **Daily Dose of French**, www.phrase-books.com.*

...fiancé. ...mon fiancé. **...mon fee-yan-say.**
...fiancee. ...ma fiancée. **...ma fee-yan-say.**
...husband. ...mon mari. **...mon ma-ree.**
...mother. ...ma mère. **...ma mer.**
...sister. ...ma sœur. **...ma suhr.**
...son. ...mon fils. **...mon fees.**
...wife. ...ma femme. **...ma fam.**

I want a photo of you. Je veux une photo de *vous (Fam: toi)*. **Zhuh vuh ewn fo-to duh** *voo (Fam: twa)*. **Can I have a photo of you?** Puis-je avoir une photo de *vous (Fam: toi)*? **Pwee-zh_a-vwar ewn fo-to duh** *voo (Fam: twa)*? **You can have the photo.** *Vous pouvez (Fam: Tu peux)* garder la photo. *Voo poo-vay (Fam: Tew puh)* **gar-day la fo-to? Can I keep this photo?** Puis-je garder cette photo? **Pwee-zh gar-day set fo-to? Let me take a photo of you.** *Laissez (Fam: Laisse)*-moi prendre une photo de *vous (Fam: toi)*. *Lay-say (Fam: Les)*-**mwa prandr_ewn fo-to duh** *voo (Fam: twa)*. **Excuse me, could you take a photo of us?** *Excusez (Fam: Excuse)*-moi, *pouvez-vous (Fam: peux-tu)* prendre une photo de nous? *Eks-kew-zay (Fam: Eks-kewz)*-**mwa,** *poo-vay-voo (Fam: puh-tew)* **prandr_ewn fo-to duh noo? Let's all take a photo together.** Prenons une photo tous ensemble. **Pruh-non ewn fo-to toos_an-sanbl.** ♦ **photogenic** *adj* photogénique *m&f* **fo-to-zhay-neek I'm not very photogenic.** Je ne suis pas très photogénique. **Zhuh nuh swee pa tre fo-to-zhay-neek.** ♦ **photograph** *vt* photographier **fo-to-gra-fyay,** prendre une photo **prandr_ewn fo-to Would you mind if I photographed you?** Ça *vous (Fam: te)* dérange si je prends une photo de *vous (Fam: toi)*? **Sa** *voo (Fam: tuh)* **day-ranzh see zhuh pran ewn fo-to duh** *voo (Fam: twa)*? ♦ *n* photographie *f (See* **photo** *above)* **fo-to-gra-fee** ♦ **photographer** *n* photographe *m&f* **fo-to-graf You're a good photographer.** *Vous êtes (Fam: Tu es)* un bon *(F: une bonne)* photographe. *Voo_z_et (Fam: Tew ay) uhn bon (F: ewn bon)* **fo-to-graf.** ♦ **photographic** *adj* photographique *m&f* **fo-to-gra-feek ~ equipment** équipement *m* de photographe **ay-keep-man duh fo-to-graf ~ memory** mémoire *f* photographique **may-mwar fo-to-gra-feek** ♦ **photography** *n* photographie *f* **fo-to-gra-fee I'm very interested in photography.** Je suis très *intéressé (-e)* par la photographie. **Zhuh swee tre_z_uhn-tay-ray-say par la fo-to-gra-fee.**

phrase *n* phrase *f* **fraz ~ book** manuel m de conversation **ma-new-el duh kon-ver-sa-syon Can you teach me some phrases in French?** *Pouvez-vous (Fam: Peux-tu)* m'apprendre quelques phrases en français? *Poo-vay-voo (Fam: Puh-tew)* **m'a-prandr kel-kuh fraz_an fran-say?**

physical *adj* physique *m&f* **fee-zeek ~ education (P.E.)** éducation *f* physique (E.P.S.) **ay-dew-ka-syon fee-zeek (Uh.Pay.Es.) ~ examination** examen *m* physique **eg-za-muhn fee-zeek ~ exercise** exercice *m* physique **eg-zer-sees fee-zeek** ♦ **physically** *adv* physiquement **fee-zeek-man** ♦ **physique** *n* physique *m* **fee-zeek athletic ~** physique *m* athlétique **fee-zeek_at-lay-teek**

pianist *n* pianiste *m&f* **pya-neest** ♦ **piano** *n* piano *m* **pya-no** *(See phrases under* **know how, like, love** *and* **play.)* **Play the piano for** *(1)* **me.** / *(2)* **us.** *Jouez (Fam:*

---

oo sounds like the "oo" in "shoot".

Joue) du piano pour (1) moi. / (2) nous. Zhoo-ay (Fam: Zhoo) **dew pya-no poor *(1)* mwa. / *(2)* noo. You play the piano very well.** *Vous jouez (Fam: Tu joues) très bien du piano.* **Voo zhoo-ay *(Fam: Tew zhoo)* tre byuhn dew pya-no.**

pick *vt* 1. *(choose)* prendre **pra<u>n</u>dr,** choisir **shwa-zeer;** 2. *(fruit)* cueillir **kuh-yeer Pick one.** *Prenez (Fam: Prends)-en une.* **Pruh-nay *(Fam: Pran)* z-a<u>n</u> ewn. I picked this one.** *J'ai choisi celui-ci (F: celle-ci).* **Zh'ay shwa-zee suh-lwee-see *(F: sel-see).* Let's pick some *(1)* berries. / *(2)* plums.** *Cueillons quelques (1) fruits rouges. / (2) prunes.* **Kuh-yo<u>n</u> kel-kuh *(1)* frwee roozh. / *(2)* prewn. ♦** *n (choice)* choix *m* **shwa,** sélection *f* **say-lek-syo<u>n</u> Take your pick.** *Choisissez (Fam: Choisis).* **Shwa-zee-say *(Fam: Shwa-zee).* ♦ pickpocket** *n* pickpocket *m* **peek-po-ket**

♦ pick up *idiom* 1. *(get as a passenger)* passer prendre **pa-say pra<u>n</u>dr;** 2. *(learn)* acquérir **a-kay-reer,** prendre connaissance **pra<u>n</u>dr ko-nay-sa<u>n</u>s Can *(1)* he / *(2)* she / *(3)* they pick *(4)* me / *(5)* us up (at the *[6]* airport / *[7]* train station)?** *(1, 2) Peut-il (F: -elle)… / (3) Peuvent-ils (Fpl: -elles)… passer (4) me / (5) nous prendre (à [6] l'aéroport / [7] la gare)?* **Puh_t-eel *(F: -el).* / *(3)* Puh<u>v</u>_t-eel *(Fpl: -el)…* pa-say *(4)* muh / *(5)* noo pra<u>n</u>dr *(a [6]* l'a-ay-ro-por / *[7]* la gar)? Is somebody picking you up (at the *[1]* airport / *[2]* station)?** *Y-a-t-il quelqu'un pour passer vous (Fam: te) prendre (à [1] l'aéroport / [2] l'arrêt)?* **Ee_y-a-t-eel kel-kuh<u>n</u> poor pa-say voo *(Fam: tuh)* pra<u>n</u>dr *(a [1]* l'a-ay-ro-por / *[2]* l'a-re)? My friend will pick us up (at the *[1]* airport / *[2]* station).** *Mon ami (-e) passera nous prendre (à [1] l'aéroport / [2] l'arrêt).* **Mo<u>n</u>_a-mee pas-ra noo pra<u>n</u>dr *(a [1]* l'a-ay-ro-por / *[2]* l'a-re)? What time shall *(1)* I / *(2)* we pick you up?** *A quelle heure (1) dois-je… / (2) devons-nous… venir vous (Fam: te) chercher?* **A kel_ur *(1)* dwa-zh… / *(2)* duh-vo<u>n</u>-noo… vuh-neer voo *(Fam: tuh)* sher-shay? *(1)* I'll / *(2)* We'll pick you up at *(3)* *(time)*. / *(4)* your house. *(5)* work.** *(1) Je viendrai… / (2) Nous viendrons… vous (Fam: te) chercher (3) à (___). / (4) chez vous (Fam: toi). / (5) au travail.* **(1) Zhuh vyuh<u>n</u>-dray… / (2) Noo vyuh<u>n</u>-dro<u>n</u>… voo *(Fam: tuh)* sher-shay (3) a (___). / (4) shay voo *(Fam: twa).* / (5) o tra-vaee. When can I pick *(1)* it / *(2)* them up?** *(pharmacy, cleaners, repair)* **Quand est-ce que je peux passer *(1)* le / *(2)* les prendre? Kan_t_es kuh zhuh puh pa-say *(1)* luh / *(2)* lay pra<u>n</u>dr? You pick it up very quickly.** *(learn)* *Vous apprenez (Fam: Tu apprens) très rapidement.* **Voo_z_a-pruh-nay *(Fam: Tew a-pran)* tre ra-peed-ma<u>n</u>.**

pickup *n (truck)* levée *f* **luh-vay**

picky *adj* exigent, -e *m&f* **eg-zee-zha<u>n</u>, -zhant,** difficile *m&f* **dee-fee-seel Don't be so picky.** *Ne soyez (Fam: sois) pas si exigent (F: exigente).* **Nuh swa-yay *(Fam: swa)* pa see eg-zee-zha<u>n</u> *(F: eg-zee-zhant).***

picnic *vi* faire un pique-nique **fer_uh<u>n</u> peek-neek We can picnic *(1)* in the park. / *(2)* on the beach.** *On peut faire un pique-nique (1) dans le parc. / (2) sur la plage.* **O<u>n</u> puh fer_uh<u>n</u> peek-neek *(1)* da<u>n</u> luh park. / *(2)* sewr la plazh. ♦** *n* pique-nique *m* **peek-neek** *(See phrases under* **go, like** *and* **love***.)* **go on a ~** aller faire un pique-nique **a-lay fer_uh<u>n</u> peek-neek Would you like to go on a picnic?**

English-French and French-English glossaries of food and drink are on pages 534-546.

picture   306   **pin**

Aimeriez-vous (Fam: Aimerais-tu) aller faire un pique-nique? *Ay-muh-ryay-voo (Fam: Em-ray-tew)* **a-lay fer_uhn peek-neek?** **Let's make a picnic (*[1]* today / *[2]* tomorrow / *[3]* on Saturday / *[4]* on Sunday).** Faisons un pique-nique (*[1]* aujourd'hui / *[2]* demain / *[3]* samedi / *[4]* dimanche). **Fuh-zon uhn peek-neek (*[1]* o-zhoor-d'wee / *[2]* duh-muhn / *[3]* sam-dee / *[4]* dee-mansh).**

picture *n* 1. *(painting, drawing)* cadre *m* **kadr**, dessin *m* **day-suhn**; 2. *(photo)* photo(graphie) *f* **fo-to(-gra-fee)** *(See phrases under* **photo***)* **take a ~** prendre une photo **prandr_ewn fo-to** **take ~s** prendre des photos **prandr day fo-to** **Let me take a picture of you.** *Laissez (Fam: Laisse)*-moi prendre une photo de *vous (Fam: toi)*. *Lay-say (Fam: Les)*-**mwa prandr_ewn fo-to duh *voo (Fam: twa)*.** **Could you take a picture of us?** *Pourriez-vous (Fam: Pourrais-tu)* prendre une photo de nous? *Poo-ryay-voo (Fam: Poo-ray-tew)* **prandr_ewn fo-to duh noo?** **What a beautiful picture!** *(painting)* Quelle belle photo! **Kel bel fo-to!**

piece *n* 1. *(portion)* morceau *m* **mor-so**, poignée *f* **pwa-nyay**, portion *f* **por-syon**, part *f* **par**; 2. *(item)* article *m* **ar-teekl**, papier *m* **pa-pyay** **~ of candy** bonbon *m* **bon-bon** **~ of luggage** bagage *m* **ba-gazh** **~ of paper** morceau *m* de papier **mor-so duh pa-pyay** **Would you like a piece?** *Aimeriez-vous (Fam: Aimerais-tu)* une part? *Ay-muh-ryay-voo (Fam: Em-ray-tew)* **ewn par?**

pier *n* ponton *m* **pon-ton**, embarcadère *m* **an-bar-ka-der** **fishing ~** jetée *f* où l'on peut pêcher **zhuh-tay oo l'on puh pay-shay**

pierce *vt* percer **per-say** ♦ **pierced** *adj* percé, -e *m&f* **per-say** **~ belly button** nombril *m* percé **non-breel per-say** **~ ears** oreilles *fpl* percées **o-rey per-say** **~ lip** lèvres *fpl* percées **levr per-say** **~ tongue** langue *f* percée **lang per-say**

pig *n* cochon *m* **ko-shon**, porc *m* **por**

pigeon *n* pigeon *m* **pee-zhon** ♦ **pigeon-toed** *adj* (personne qui) a les orteilles tournés vers l'intérieur **(per-son kee) a lay_z_or-tey toor-nay ver l'uhn-tay-ryuhr**

piggyback *adv* sur le dos **sewr luh do** **You can ride piggyback on me.** Je peux *vous (Fam: te)* porter sur mon dos. **Zhuh puh *voo (Fam: tuh)* por-tay sewr mon do.**

pigtail *n* *(hair)* natte *f* **nat**

pile *n* pile **peel** **~ of dirty clothes** pile de linge sale **peel duh luhnzh sal**

pill *n* pilule *f* **pee-lewl** **birth control ~s** pilules de contraception **pee-lewl duh kon-tra-sep-syon** **Are you on the pill?** *Prenez-vous (Fam: Prends-tu)* la pilule? *Pruh-nay-voo (Fam: Pran-tew)* **la pee-lewl?** **I'm on the pill.** Je prends la pilule. **Zhuh pran la pee-lewl.**

pillow *n* oreiller *m* **o-ray-yay**, coussin *m* **koo-suhn** ♦ **pillowcase** taie *f* d'oreiller **tay d'o-ray-yay**

pimple *n* bouton *m* **boo-ton**, furoncle *m* **few-ronkl**

pin *vt* épingler **ay-puhn-glay** **Pin it together (with this).** Attachez *(Fam: Attache)*-le (sur ça). *A-ta-shay (Fam: A-tash)*-**luh (sewr sa).** ♦ *n* punaise *f* **pew-nez**, épingle *f* **ay-puhngl** **hair ~** pince *f* à cheveux **puhns_a shuhv** **safety ~** épingle *f* de sécurité **ay-puhngl duh say-kew-ree-tay** **You've got me on pins and needles.** *Vous me tenez (Fam: Tu me tiens)* par le bout du nez. *Voo muh tuh-nay*

Questions about the metric system? See page 523.

(Fam: Tew muh chyuhn) **par luh boo dew nay.**
pinch *vt* pincer **puhn-say** ♦ *n* pincée *f* **puhn-say give a ~** pincer **puhn-say**
ping-pong *adj* de ping-pong **peeng-pong ~ ball** balle *f* de ping-pong **bal duh peeng-pong ~ paddle** raquette *f* de ping-pong **ra-ket duh peeng-pong ~ table** table *f* de ping-pong **tabl duh peeng-pong** ♦ *n* ping-pong **peeng-pong**
pink *adj* rosé, -e *m&f* **ro-zay**
pint *n (US: 0.47 l, UK: 0.57 l)* pinte *f* **puhnt**, demi-litre *m* **duh-mee-leetr**
pipe *n* 1. *(tube)* tuyau *m* **twee-yo;** 2. *(smoking)* pipe *f* **peep ~ dream** rêve *m* irréalisable **rev_ee-ray-a-lee-zabl**
Pisces *(Feb. 19 - Mar. 20)* Poisson **Pwa-son**
pistol *n* pistolet *m* **pees-to-le**
pitch-dark *adj* complètement noir **kon-plet-man nwar**
pitiful *adj* pitoyable *m&f* **pee-twa-yabl**, lamentable *m&f* **la-man-tabl** ♦ **pity** *vt* compatire **kon-pa-teer**, avoir de la pitié **a-vwar duh la pee-chyay**, plaindre **pluhndr I pity** *(1)* **her.** / *(2)* **him.** / *(3)* **them.** / *(4)* **you.** Je *(1)* la / *(2)* le / *(3)* les / *(4)* vous *(Fam: te)* plains. **Zhuh** *(1)* **la** / *(2)* **luh** / *(3)* **lay** / *(4)* **voo** *(Fam: tuh)* **pluhn.** ♦ *n* pitié *f* **pee-chyay**, compassion *f* **kon-pa-syon Have pity on me.** Ayez *(Fam: Aies)* de la compassion pour moi. **Ay-yay** *(Fam: Ay)* **duh la kon-pa-syon poor mwa. It's a pity that** *(1)* **I** / *(2)* **you can't** *(3)* **come.** / *(4)* **stay.** C'est dommage que *(1)* je ne puisse… / *(2)* vous ne puissiez *(Fam: tu ne puisses)*… pas *(3)* venir. / *(4)* rester. **S'ay do-mazh kuh** *(1)* **zhuh nuh pwees…** / *(2)* **voo nuh pwee-syay** *(Fam: tew nuh pwees)*… **pa** *(3)* **vuh-neer.** / *(4)* **res-tay.**
place *vt* mettre **metr ~ an ad in the newspaper** mettre une annonce dans le journal **metr_ewn_a-nons dan luh zhoor-nal** ♦ *n* endroit *m* **an-drwa**, lieu *m* **lyuh** *(See also phrases under* **come** *and* **go.)** **another ~** un autre endroit *m* **uhn_otr_an-drwa bad ~** mauvais endroit **mo-vay_z_an-drwa beautiful ~** bel endroit **bel_an-drwa different ~** autre part **o-truh par (good) meeting ~** (bon) endroit pour se voir **(bon_) an-drwa poor suh vwar good ~** bon endroit *m* **bon_an-drwa great ~** endroit *m* génial **an-drwa zhay-nyal little ~** *(restaurant; bar)* petit endroit *m* **puh-tee_t_an-drwa my ~** 1. *(house, apartment)* chez moi **shay mwa;** 2. *(seat)* ma place *f* **ma plas ~ to play** endroit pour jouer **an-drwa poor zhoo-ay ~ to stay** endroit où loger **an-drwa oo lo-zhay your ~** 1. *(house, apartment)* chez vous *(Fam: toi)* **shay voo** *(Fam: twa);* 2. *(seat)* votre *(Fam: ta)* place *f* **votr** *(Fam: ta)* **plas What place is this?** Quel endroit est-ce? **Kel_an-drwa es?** *(1)* **I** / *(2)* **We need to find a place to stay.** *(1)* Je dois… / *(2)* Nous devons… trouver un endroit où loger. *(1)* **Zhuh dwa…** / *(2)* **Noo duh-von…troo-vay uhn_an-drwa oo lo-zhay. I'll save you a place.** Je vous *(Fam: te)* garderai une place. **Zhuh voo** *(Fam: tuh)* **gar-duh-ray ewn plas. Is this place taken?** Est-ce que cette place est prise? **Es kuh set plas_ay preez? Let's find a quiet place to talk.** Trouvons un endroit tranquille pour discuter. **Troo-von uhn_an-drwa tran-keel poor dees-kew-tay. Let's go to** *(1)* **a different** / *(2)* **my** / *(3)* **your place.** Allons *(1)* autre part. / *(2)* chez moi. / *(3)* chez vous *(Fam: toi)*. **A-lon** *(1)* **o-truh par.** / *(2)* **shay mwa.** / *(3)* **shay voo** *(Fam: twa)*. **Come over to my place.** Passez *(Fam: Passe)* chez

---

Articles, adjectives and nouns must agree in gender and number (singular or plural).

moi. *Pa-say (Fam: Pas)* **shay mwa.**

plain *adj* 1. *(simple)* simple *m&f* **suhnpl;** 2. *(clear)* clair, -e *m&f* **kler;** 3. *(unattractive)* ordinaire *m&f* **or-dee-ner,** quelconque *m&f* **kel-konk**

plan *vt* planifier **pla-nee-fyay,** projeter **prozh-tay,** prévoir **pray-vwar,** penser **pan-say** ~ **a party** prévoir une fête **pray-vwar_ewn fet** ~ **a trip** planifier un voyage **pla-nee-fyay uhn vwa-yazh** ~ **a vacation** planifier des vacances **pla-nee-yay day va-kans What do you plan to do?** Que *pensez-vous (Fam: penses-tu)* faire? **Kuh** *pan-say-voo (Fam: pans-tew)* **fer? Where do you plan to go?** Où *pensez-vous (Fam: penses-tu)* aller? **Oo** *pan-say-voo (Fam: pans-tew)* **a-lay?** *(1)* **I** / *(2)* **We plan to...** *(1)* Je pense… / *(2)* Nous pensons… *(1)* **Zhuh pans…** / *(2)* **Noo pan-son…** ♦ *n* plan *m* **plan change ~s** changer de plans **shan-zhay duh plan good** ~ bon plan **bon plan great** ~ plan génial **plan zhay-nyal make ~s** faire des plans **fer day plan ~s for the future** plans pour le futur **plan poor luh few-tewr** travel **~s** plans de voyage **plan duh vwa-yazh vacation ~s** plans pour les vacances **plan poor lay va-kans wedding ~s** projets de mariage **pro-zhe duh ma-ryazh What are your plans?** Quels sont *vos (Fam: tes)* plans? **Kel son** *vo (Fam: tay)* **plan? Do you have any plans?** Avez-vous *(Fam: As-tu)* des plans? *A-vay-voo (Fam: A-tew)* **day plan?** *(1)* **I** / *(2)* **We don't have any plans.** *(1)* Je n'ai… / *(2)* Nous n'avons… pas de plans. *(1)* **Zhuh n'ay…** / *(2)* **Noo n'a-von… pa duh plan.** *(1)* **My** / *(2)* **Our plans are flexible.** *(1)* Mes / *(2)* Nos projets sont flexibles. *(1)* **May** / *(2)* **No pro-zhay son flek-seebl.** *(1)* **I** / *(2)* **We have changed** *(3)* **my** / *(4)* **our plans.** *(1)* J'ai… / *(2)* Nous avons… changé *(3)* mes / *(4)* nos plans. *(1)* **Zh'ay…** / *(2)* **Noo_z_a-von… shan-zhay** *(3)* **may** / *(4)* **no plan.**

plane *n (airplane)* avion *m* **a-vyon** *(See also* **airplane** *and* **flight.***)*

planet *n* planète *f* **pla-net**

plant *n* 1. *(vegetation)* plante *f* **plant;** 2. *(factory)* fabrique *f* **fa-breek,** usine *f* **ew-zeen,** centrale *f* **san-tral**

plastic *adj* (en) plastique *m&f* **plas-teek** ♦ *n* plastique *m* **plas-teek**

plate *n (dish)* assiette *f* **a-syet**

platform *n (train station)* plate-forme *f* **plat-form Which platform will the train be on?** Sur quelle plate-forme passe le train? **Sewr kel plat-form pas luh truhn?**

platonic *adj* platonique *m&f* **pla-to-neek**

play *vt* 1. *(games, sports)* jouer **zhooay;** 2. *(musical instruments)* jouer **zhooay** **I** *(1)* **like** / *(2)* **love to play...** *(1, 2)* J'aime jouer… **Zh'em zhooay…**
 Let's play... Jouons… **Zhoo-on…**
 I'll teach you how to play... Je *vous (Fam: t')* apprendrai à jouer… **Zhuh voo_z_ *(Fam: t')* a-pran-dray a zhooay….**
  ...badminton. ...au badminton. **…o bad-meen-ton.**
  ...baseball. ...au base-ball. **…o bez-bol.**
  ...basketball. ...au basket-ball. **…o bas-ket.**
  ...board games. ...aux jeux de société. **…o zhuh duh so-syay-tay.**
  ...cards. ...aux cartes. **…o kart.**
  ...football. ...au football américain. **…o foot-bal a-may-ree-kuhn.**

A phrasebook makes a great gift!
See order information on page 552.

...golf. ...au golf. **...o golf.**
...ping-pong. ...au ping-pong. **...o peeng-pong.**
...soccer. ...au football. **...o foot-bol.**
...tennis. ...au tennis. **...o tay-nees.**
...volleyball. ...au volley-ball. **...o vo-le-bol.**
I *(1)* **like /** *(2)* **love to play the** *(3)* **guitar. /** *(4)* **piano.** *(1, 2)* J'aime jouer *(3)* de la guitare. / *(4)* du piano. *(1,2)* **Zh'em zhooay** *(3)* **duh la ghee-tar. /** *(4)* **dew pya-no. Do you know how to play...** *(See previous choices)*? Savez-vous (Fam: Sais-tu) jouer...? *Sa-vay-voo* **(Fam: Say-tew) zhooay... ? I (don't) know how to play...** *(See previous choices)*. Je (ne) sais (pas) jouer... **Zhuh (nuh) say (pa) zhooay... Do you know how to play a musical instrument?** Savez-vous (Fam: Sais-tu) jouer d'un instrument de musique? *Sa-vay-voo* **(Fam: Say-tew) zhooay d'uhn uhns-trew-man duh mew-zeek? Play (the** *[1]* **guitar /** *[2]* **piano) for me.** Jouez (Fam: Joue) (*[1]* de la guitare / *[2]* du piano) pour moi. *Zhooay (Fam: Zhoo)* **(***[1]*) **duh la ghee-tar /** *[2]* **dew pya-no) poor mwa.** ♦ *vi* 1. *(games, sports)* jouer **zhooay**; 2. *(musical instruments)* jouer **zhooay Can I play?** Est-ce que je peux jouer? **Es kuh zhuh puh zhooay? Can we play?** Est-ce que nous pouvons jouer? **Es kuh noo poo-von zhooay? Would you like to play** *(game)*? Voudriez-vous (Fam: Voudrais-tu) jouer au (F: à la) (___)? *Voo-dree-yay-voo (Fam: Voo-dray-tew)* **zhooay o (F: a la) (___)? Who's playing?** *(sports)* Qui est en train de jouer? **Kee ay t_an truhn duh zhooay?** ♦ *n* 1. *(recreation)* récréation *f* **ray-kray-a-syon**; 2. *(flirt)* conquête *f* **kon-ket**; 3. *(drama)* comédie *f* **ko-may-dee**, tragédie *f* (théâtrale) **tra-zay-dee (tay-a-tral)**, pièce *f* **pyes** *fair* ~ jeu honnête **zhuh o-net** *make a* ~ *for (someone)* tenter sa chance avec (___) **tan-tay sa shans_a-vek (___)** *watch a* ~ regarder une comédie (théâtrale) **ruh-gar-day ewn ko-may-dee (tay-a-tral) You made a great play.** Vous avez (Fam: Tu as) très bien joué. *Voo_z_a-vay* **(Fam: Tew a) tre byuhn zhooay. It's your play.** *(game)* C'est *votre (Fam: ton)* jeu. **S'ay votr (Fam: ton) zhuh. It's a play on words.** C'est un jeu de mots. **S'ay_t_uhn zhuh duh mo.** ♦ **playboy** *n* playboy **play-boy** ♦ **player** *n* 1. *(person)* joueur *m* **zhoo-uhr**, joueuse *f* **zhoo-uhz**; 2. *(device)* lecteur *m* **lek-tuhr** CD ~ lecteur (de) CD **lek-tuhr (duh) Say-Day** DVD ~ lecteur (de) DVD **lek-tuhr (duh) Day-Ve-Day** *(1)* **He /** *(2)* **She is a good player.** *(1)* C'est un bon joueur. / *(2)* C'est une bonne joueuse. *(1)* **S'ay_t_uhn bon zhoo-uhr. /** *(2)* **S'ay_t_ewn bon zhoo-uhz. You're a good player.** Vous êtes (Fam: Tu es) un bon joueur (F: une bonne joueuse). *Voo_z_et (Fam: Tew ay) uhn bon zhoo-uhr (F: ewn bon zhoo-uhz).* ♦ **playful** *adj* gai, -e *m&f* **gay** ♦ **playground** *n* aire *f* / terrain *m* de jeu **er / tay-ruhn duh zhuh** ♦ **playoff** *n* prolongations *fpl* **pro-lon-ga-syon**
plaza *n* square *m* **skar**
pleasant *adj* plaisant, -e *m&f* **play-zan, -zant** ~ **chat** conversation plaisante **kon-ver-sa-syon play-zant** ~ **day** journée plaisante **zhoor-nay play-zant** ~ **evening** soirée plaisante **swa-ray play-zant** ~ **time** bon moment **bon mo-man** ~ **trip** voyage plaisant **vwa-yazh play-zan** ~ **visit** visite plaisante **vee-zeet play-zant It's so pleasant here.** C'est tellement plaisant d'être ici. **S'ay tel-man play-zan**

A slash / always means "or".

d'etr_ee-see. *(1)* **I** / *(2)* **We had a very pleasant time.** *(1)* J'ai… / *(2)* Nous avons… passé un très bon moment. *(1)* **Zh'ay…** / *(2)* **Noo_z_a-von… pa-say uhn tre bon mo-man.**

please *imperative* s'il *vous (Fam: te)* plaît, **s'eel voo *(Fam: tuh)* play**, je *vous (Fam: t')* en pris. **zhuh voo_z_(Fam: t')_an pree Please wait for me.** S'il *vous (Fam: te)* plaît, *attendez (Fam: attends)*-moi. **S'eel voo *(Fam: tuh)* play, a-tan-day *(Fam: a-tan)*-mwa**. **Yes, please.** Oui, s'il *vous (Fam: te)* plaît. **Wee, s'eel voo *(Fam: tuh)* play.** ♦ *vt* plaire **pler**, satisfaire **sa-tees-fer**, contenter **kon-tan-play Does it please you?** Est-ce que cela *vous (Fam: te)* plaît? **Es kuh suh-la voo *(Fam: tuh)* play? It pleases me (very much) (that you *[1]* came / *[2]* called).** Ça me fait (très) plaisir (que *vous [Fam: tu] [1]* soyez *[Fam: sois]* venu *[-e]*. / *[2]* ayez *[Fam: aies]* appelé.). **Sa muh fay (tre) play-zeer (kuh voo *[Fam: tew] [1]* swa-yay *[Fam: swa]* vuh-new.** / *[2]* ay-yay *[Fam: ay]* a-play.*)*. **I'm (very) easy to please.** Je suis (très) facile à contenter. **Zhuh swee (tre) fa-seel_a kon-tan-tay. Nothing would please me more.** Rien ne me ferait plus plaisir. **Ryuhn nuh muh fuh-ray plew play-zeer. It would please me no end.** Ça me satisferait complètement. **Sa muh sa-tees-fuh-ray kon-plet-man.** ♦ **pleased** *adj* enchanté, -e *m&f* **an-shan-tay**, satisfait, -e *m&f* **sa-tees-fay** *(1,2)* **Pleased to meet you.** *(1)* Enchanté *(-e)* de *vous (Fam: te)* rencontrer. / *(short reply) (2)* Enchanté *(-e)*. *(1)* **An-shan-tay duh voo *(Fam: tuh)* ran-kon-tray.** / *(2)* *(short reply)* **An-shan-tay.**

pleasure *vt* faire plaisir **fer play-zeer** ♦ *n* plaisir *m* **play-zeer all kinds of** ~ toutes sortes de plaisir **toot sort duh play-zeer boundless** ~ plaisir sans limite **play-zeer san lee-meet derive** ~ avoir du plaisir **a-vwar dew play-zeer endless** ~ plaisir sans fin **play-zeer san fuhn feel** ~ ressentir du plaisir **ruh-san-teer dew play-zeer experience** ~ prendre du plaisir **prandr dew play-zeer exquisite** ~ plaisir exquis **play-seer_eks-kee find** ~ susciter le plaisir **sew-see-tay luh play-zeer genuine** ~ vrai plaisir **vray play-zeer get** ~ créer du plaisir **kray-ay dew play-zeer give** ~ donner du plaisir **do-nay dew play-zeer great** ~ grand plaisir **gran play-zeer infinite** ~ plaisir infini **play-zeer_uhn-fee-nee real** ~ vrai plaisir **vray play-zeer simple ~s (of life)** simples plaisirs (de la vie) **suhnpl play-zeer (duh la vee) such** ~ tel plaisir **tel play-zeer tremendous** ~ plaisir immense **play-zeer_ee-mans true** ~ plaisir réel **play-zeer ray-el With pleasure.** Avec plaisir. **A-vek play-zeer. The pleasure is mine.** Moi de même. **Mwa duh mem. It would be a pleasure.** Ce serait un plaisir. **Suh suh-ray uhn play-zeer. It was a (real) pleasure talking with you.** C'était un (réel) plaisir de discuter avec *vous (Fam: toi)*. **S'ay-tay_t_uhn (ray-el) play-zeer duh dees-kew-tay a-vek voo *(Fam: twa)*. What a pleasure to share this day with you.** C'est un plaisir de partager ce jour avec *vous (Fam: toi)*. **S'ay_t_uhn play-zeer duh par-ta-zhay suh zhoor_a-vek voo *(Fam: twa)*.**

plentiful *adj* abondant, -e *m&f* **a-bon-dan, -dant** ♦ **plenty** *n* abondance **a-bon-dans** *(1)* **I** / *(2)* **We have plenty of time.** *(1)* J'ai… / *(2)* Nous avons… plein de temps. *(1)* **Zh'ay…** / *(2)* **Noo_z_a-von… pluhn duh tan. There's plenty.** C'est plus qu'il n'en faut. **S'ay plews k'eel n'an fo.**

In the pronunciation n *stands for a nasalized* **n**.

pliers (, pair of) *n pl* pince *f* **puhns**

plug *n* 1. *(stopper)* bouches *mpl* **bookl;** 2. *(elec.)* prise *f* **preez ear ~s** boules Quiès **bool Kyes pull the ~** débrancher la prise **day-bra**n**-shay la preez spark ~** bougie *f* **boo-zhee** ♦ **plugged up** *adj* branché, -e *m&f* **bra**n**-shay** ♦ **plug in** *idiom (elec.)* brancher **bra**n**-shay Where can I plug this in?** Où puis-je brancher ceci? **Oo pwee-zh bra**n**-shay suh-see? Is it plugged in?** Est-ce branché? **Es bra**n**-shay?**

plumber *n* plombier *m* **plo**n**-byay**

plump *adj* potelé, -e *m&f* **pot-lay,** dodu, -e *m&f* **do-dew pleasantly ~** étonnamment dodu, -e **ay-to-na-ma**n **do-dew**

plural *n* pluriel *m* **plew-ryel What's the plural (of this word)?** Quel est le pluriel (de ce mot)? **Kel_ay luh plew-ryel duh suh mo? Is this singular or plural?** Est-ce singulier ou pluriel? **Es suh**n**-gew-lyay oo plew-ryel?**

plus *prep* plus **plew**

pocket *n* poche *f* **posh** ♦ **pocketbook** *n* livre *m* de poche **leevr duh posh** ♦ **pocketknife** *n* couteau *m* de poche **koo-to duh posh**

poem *n* poème *m* **po-em** **love ~** poème *m* d'amour **po-em d'a-moor I composed a poem for you.** J'ai écrit un poème pour *vous (Fam: toi).* **Zh'ay ay-kree uh**n **po-em poor** *voo (Fam: twa).* ♦ **poet** *n* poète *m&f* **po-et You're quite a poet.** *Vous êtes (Fam: Tu es)* bon *(F: bonne)* poète. *Voo_z_et (Fam: Tew ay) bo*n *(F: bon)* **po-et.** ♦ **poetic** *adj* poétique *m&f* **po-ay-teek** ♦ **poetry** *n* poésie *f* **po-ay-zee write ~** écrire de la poésie **ay-kreer duh la po-ay-zee You bring out the poetry in my soul.** *Vous ravivez (Fam: Tu ravives)* la poésie qui est en moi. *Voo ra-vee-vay (Fam: Tew ra-veev)* **la po-ay-zee kee ay_t_a**n **mwa.**

point *n* 1. *(sharp end)* pointe *f* **pwuh**n**t;** 2. *(location, position)* point *m* **pwuh**n**;** 3. *(gist)* substance *f* **suhbs-ta**n**s,** but *m* **bewt;** 4. *(purpose, sense)* argument *m* **ar-gew-ma**n**,** point *m* de vue **pwuh**n **duh vew;** 5. *(characteristic)* point *m* **pwuh**n**;** 6. *(scoring)* point *m* **pwuh**n **get the ~** *(understand)* comprendre **ko**n**-pra**n**dr good ~s** bons arguments **bo**n**_z_ar-gew-ma**n **good and bad ~s** bons et mauvais arguments **bo**n**_z_ay mo-vay ar-gew-ma**n **make ~s** marquer des points **mar-kay day pwuh**n **make ~s (with)** *(gain favor)* prendre l'avantage (contre) **pra**n**dr l'a-va**n**-tazh ko**n**tr not get the ~** *(not understand)* ne pas comprendre **nuh pa ko**n**-pra**n**dr ~ of view** point de vue **pwuh**n **duh vew score ~s** marquer des points **mar-kay day pwuh**n **strong ~** point fort **pwuh**n **for weak ~** point faible **pwuh**n **febl** *(1)* **This / *(2)* That is the starting point.** *(1,2)* C'est le point de départ. *(1,2)* **S'ay luh pwuh**n **duh day-par. What's the point (of it)?** C'est quoi le but (de cela)? **S'ay kwa luh bewt duh suh-la? The point is (that)...** Mon argument est le suivant… **Mo**n **ar-gew-ma**n **ay luh swee-va**n**… Come to the point.** Allez *(Fam: Vas)* droit au but. *A-lay (Fam: Va)* **drwa_t_o bewt. There's no point in arguing.** Il n'y a pas raison de se fâcher. **Eel n'ee_y_a pa ray-zo**n **duh suh fa-shay. How many points do** *(1)* **we /** *(2)* **you have?** Combien de points *(1)* avons-nous / *(2)* avez-vous *(Fam: as-tu)* en réserve? **Ko**n**-byuh**n **duh pwuh**n *(1)* **a-vo**n**-noo /** *(2)* *a-vay-voo (Fam: a-tew)* **a**n **ray-zerv?** *(1)* **We /** *(2)*

Time expressions are given on pages 521-522.

pointless   312   **poorly**

You are *(number)* **points** *(3)* **ahead.** / *(4)* **behind.** *(1)* Nous avons… / *(2)* Vous avez *(Fam: Tu as)*… (___) points *(3)* d'avance. / *(4)* de retard. *(1)* **Noo_z_a-von**… / *(2)* **Voo_z_a-vay** *(Fam: Tew a)*… (___) **pwuhn** *(3)* **d'a-vans.** / *(4)* **duh ruh-tar.** ♦ **pointless** *adj* dépourvu de sens **day-poor-vew duh sans**, inutile *m&f* **ee-new-teel**

poison *n* poison *m* **pwa-zon** ♦ **poisonous** *adj* empoisonné, -e *m&f* **an-pwa-zo-nay**

poker *n (card game)* poker *m* **po-ker**

pole *n* 1. *(upright stake)* poteau *m* **po-to,** barre *f* **bar;** 2. *(long stick)* canne *f* **kan,** bâton *m* **ba-ton fishing** ~ canne *f* à pêche **kan_a pesh ski** ~**s** bâtons *mpl* de ski **ba-ton duh skee tent** ~ pilier *m* de tente **pee-lyay duh tant**

Pole *n* Polonais, -e *m&f* **Po-lo-nay, -nez**

police *adj* de police **duh po-lees** ~ **officer** officier, -ière *m&f* de police **o-fee-syay, -syer duh po-lees,** agent *m&f* de police **a-zhan duh po-lees** ~ **station** commissariat *m* **ko-mee-sa-rya** ♦ *n* police *f* **po-lees Call the police.** *Appelez (Fam: Appelle)* la police. **A-play** *(Fam: A-pel)* **la po-lees. I'll call the police.** J'appellerai la police. **Zh'a-pel-ray la po-lees. I called the police.** J'ai appelé la police. **Zh'ay a-play la po-lees. The police are coming.** La police est en chemin. **La po-lees ay_t_an shuh-muhn.** ♦ **policeman** *n* policier *m* **po-lee-syay** ♦ **policewoman** *n* policière *f* **po-lee-syer**

polish *n* vernis *m* **ver-nee nail** ~ vernis *m* à ongles **ver-nee a ongl shoe** ~ cirage *m* à chaussure **see-razh_a sho-sewr**

Polish *adj* polonais, -e *m&f* **po-lo-nay, -nez**

polite *adj* poli, e *m&f* **po-lee,** courtois, -e *m&f* **koor-twa**

political *adj* politique *m&f* **po-lee-teek** ♦ **politics** *n* politique *f* **po-lee-teek**

polluted *adj* pollué, -e *m&f* **po-lew-ay** ♦ **pollution** *n* pollution *f* **po-lew-syon**

polyester *adj* en polyester **an po-lee-es-ter** ♦ *n* polyester *m* **po-lee-es-ter**

polygamy *n* polygamie *f* **po-lee-ga-mee**

poncho *n* poncho *m* **pon-sho**

pond *n* bassin *m* **ba-suhn,** étang *m* **ay-tan,** marre *f* **mar**

pony *n* poney *m* **po-nay ride a** ~ monter un poney **mon-tay uhn po-nay**

pool *n* 1. *(of water)* petit lac *m* **puh-tee lak;** 2. *(swimming)* piscine *f* **pee-seen;** 3. *(billiards)* billard *m* **bee-yar** ~ **table** table *f* de billard **tabl duh bee-yar shoot** ~ jouer au billard **zhoo-ay o bee-yar swimming** ~ piscine *f* **pee-seen Let's go** *(1)* **lie** / *(2)* **sit by the pool.** Allons-nous *(1)* allonger / *(2)* asseoir près de la piscine. **A-lon-noo** *(1)* **_z_a-lon-zhay** / *(2)* **_z_a-swar pre duh la pee-seen.**

poor *adj* 1. *(needy)* pauvre *m&f* **povr,** dans le besoin **dan luh buh-zwuhn;** 2. *(unfortunate)* pauvre *m&f* **povr,** miséreux, miséreuse *m&f* **mee-zay-ruh, -ruhz;** 3. *(bad)* médiocre *m&f* **may-jokr,** insuffisant, -e *m&f* **uhn-sew-fee-zan, -zant** ~ **game** jeu de pauvre qualité **zhuh duh povr ka-lee-tay** ~ **(little) thing** pauvre *petit (F: petite)* **povr** *puh-tee (F: puh-teet)* ~ **movie** film médiocre **feelm may-jokr** ~ **score** score insuffisant **skor_uhn-sew-fee-zan You poor girl.** Pauvre petite fille. **Povr puh-teet feey(uh). You poor guy.** Pauvre petit garçon. **Povr puh-tee gar-son.** ♦ **poorly** *adv* pauvrement **po-vruh-man,** médiocrement **may-jo-kruh-man,**

French q always sounds like k.

mal **mal do** ~ être médiocre *etr may-jokr* **play** ~ jouer mal *zhoo-ay mal*

pop *n* 1. *(carbonated soft drink)* soda *m* **so-da**, boisson *f* gazeuse **bwa-son ga-zuhz**; 2. *(music)* (musique *f*) pop **(mew-zeek) pop bottle of** ~ bouteille *f* de soda **boo-tey duh so-da can of** ~ canette *f* de soda **ka-net duh so-da soda** ~ soda *m* **so-da**

popcorn *n* pop-corn *m* **pop-korn Do you like popcorn?** *Aimez-vous (Fam: Aimes-tu)* le pop-corn? *Ay-may-voo (Fam: Em-tew)* **luh pop-korn? Let's get some popcorn.** Allons chercher du pop-corn. **A-lon sher-shay dew pop-korn.**

popular *adj* populaire *m/f* **po-pew-ler** ~ **song** chanson *f* connue **shan-son ko-new**

population *n* population *f* **po-pew-la-syon What's the population of** *(city)***?** Quelle est la population de *(___)*? **Kel_ay la po-pew-la-syon duh (___)?**

porcelain *adj* en porcelaine **an_por-suh-len** ♦ *n* porcelaine *f* **por-suh-len**

pornographic *adj* pornographique *m/f* **por-no-gra-feek** ~ **movie** porno **por-no** ~ **(web)site** site (Internet) porno **seet (_uhn-ter-net) por-no** ♦ **pornography** *n* pornographie *f* **por-no-gra-fee**

port *n* *(seaport)* port *m* **por at the** ~ au port *m* **o por USB** ~ *(comp.)* port *m* USB **por_EwEsBay**

portion *n* 1. *(part)* portion *f* **por-syon**, part *f* **par;** 2. *(serving)* portion *f* **por-syon**

portrait *n* portrait *m* **por-tray** ~ **painter** portraitiste *m/f* **por-tray-teest Let** *(1)* **her /** *(2)* **him paint your portrait.** *(1)* Laissez *(Fam: Laisse)*-la... / *(2)* Laissez *(Fam: Laisse)*-le... faire *votre (Fam: ton)* portrait. *(1) Lay-say (Fam: Les)-la... / (2) Lay-say (Fam: Les)-luh...* **fer** *votr_(Fam: ton)* **por-tray. Let's go have a portrait made.** Allons faire faire notre portrait. **A-lon fer fer notr por-tray**

Portuguese *adj* portugais, e *m/f* **por-tew-gay, -gez** ♦ *n* Portugais, e *m/f* **Por-tew-gay, -gez**

pose *vi* poser **po-zay** ~ **in the nude** poser nu (-e) **po-zay new Would you pose for me?** *Poseriez-vous (Fam: Poserais-tu)* pour moi? *Po-zuh-ryay-voo (Fam: Poz-ray-tew)* **poor mwa?**

position *n* 1. *posture;* 2. *situation;* 3. *job)* position *f* **po-zee-syon What's your position in the company?** Quel est *votre (Fam: ton)* poste dans la compagnie? **Kel_ay votr (Fam: ton) post dan la kon-pa-nee?** *(1,2)* **What position do you play?** *(sports) (1)* Quel rôle *jouez-vous (Fam: joues-tu)*? **Kel rol** *zhoo-ay-voo (Fam: zhoo-tew)*? **/** *(2)* Dans quelle catégorie *jouez-vous (Fam: joues-tu)*? **Dan kel ka-tay-go-ree** *zhoo-ay-voo (Fam: zhoo-tew)***?**

positive *adj* positif, positive *m/f* **po-zee-teef, -teev** ~ **outlook** prospective positive **pros-pek-teev po-zee-teev I like your positive attitude.** J'aime *votre (Fam: ton)* attitude positive. **Zh'em** *votr_(Fam: ton)_* **a-tee-tewd po-zee-teev.**

possessive *adj* possessif, possessive *m/f* **po-say-seef, -seev**

possibility *n* possibilité *f* **po-see-bee-lee-tay endless ~ies** possibilités infinies **po-see-bee-lee-tay uhn-fee-nee Is there any possibility that you could** *(1)* **get off (work) tomorrow?** / *(2)* **go with** *(3)* **me?** / *(4)* **us?** Est-ce que se serait possible de *(1) vous arrêtiez (Fam: tu arrêtais)* (le travail) demain? / *(2) vous y alliez (Fam: tu y ailles)* avec *(3)* moi? / *(4)* nous? **Es kuh suh suh-ray po-seebl duh** *(1) voo_z_a-re-chyay (Fam: tew a-re-tay)* **(luh tra-vaee) duh-muhn?** / *(2)*

Words in parentheses (not italicized) are optional.

possible

voo_z_ee_y_a-lyay (Fam: tew ee_y_aee) **a-vek** *(3)* **mwa?** / *(4)* **noo? There's a possibility.** Il y a une possibilité. **Eel_ee_y_a ewn po-see-bee-lee-tay. There's no possibility.** Ce n'est pas possible. **Suh n'ay pa po-seebl.** ♦ **possible** *adj* possible *m&f* **po-seebl** *(more on next page)*

 Would it be possible... Serait-il possible...**Suh-ray_t-eel po-seebl...**

  ...for you to... ...pour *vous (Fam: toi)*... **poor** *voo (Fam: twa)*...

   ...call me? ...de m'appeler? **...duh m'a-play?**

   ...come (with me)? ...de venir (avec moi)? **...duh vuh-neer (a-vek mwa)?**

   ...come here after work? ...de venir ici après le travail? **...duh vuh-neer_ee-see a-pre luh tra-vaee?**

   ...come to my hotel after work? ...de venir à mon hôtel après le travail? **...duh vuh-neer_a mon_o-tel a-pre luh tra-vaee?**

   ...go (with me)? ...d'y aller (avec moi)? **...d'ee_y_a-lay (a-vek mwa)?**

   ...stay (with me) overnight? ...de rester (avec moi) cette nuit? **...duh res-tay (a-vek mwa) set nwee?**

   ...to take today off? ...d'avoir aujourd'hui de libre? **...d'a-vwar o-zhoor-d'ee duh leebr?**

   ...to take tomorrow off? ...d'avoir le jour de demain libre? **...d'a-vwar luh zhoor duh duh-muhn leebr?**

   ...to take *(1)* **two** / *(2)* **three days off?** ...d'avoir *(1)* deux / *(2)* trois jours libres? **...d'a-vwar** *(1)* **duh** / *(2)* **trwa zhoor leebr?**

   ...to take a week off? ...d'avoir une semaine de libre? **...d'a-vwar_ewn suh-men duh leebr?**

   ...to take *(1)* **two** / *(2)* **three weeks off?** ... d'avoir *(1)* deux / *(2)* trois semaines libres? **...d'a-vwar** *(1)* **duh** / *(2)* **trwa suh-men leebr?**

   ...to take a vacation (while I'm here)? ...de prendre des vacances (pendant que je suis là)? **...duh prandr day va-kans (pan-dan kuh zhuh swee la)?**

   ...to fix it... ...de le réparer... **...duh luh ray-pa-ray...**

    ...today? ...aujourd'hui? **...o-zhoor-d'wee?**

    ...soon? ...bientôt? **...byuhn-to?**

    ...by tomorrow)? ...pour demain? **...poor duh-muhn?**

   ...to *(1)* **meet** / *(2)* **see you...** ...de *vous (Fam: te)* *(1)* rencontrer... / *(2)* voir... **...duh voo** *(Fam: tuh)* *(1)* **ran-kon-tray...** / *(2)* **vwar...**

    ...this evening? ...ce soir? **...suh swar?**

    ...tomorrow morning? ...demain matin? **...duh-muhn ma-tuhn?**

    ...tomorrow afternoon? ...demain après-midi? **...duh-muhn a-pre-mee-dee?**

    ...tomorrow evening? ...demain soir? **...duh-muhn swar?**

    ...after you get off work? ...après que *vous soyez (Fam: tu sois)* sorti *(-e)* du travail? **...a-pre kuh voo swa-yay** *(Fam: tew swa)* **sor-tee duh tra-vaee?**

In French ch is pronounced like **sh** *in "sheep".*

...to stay... ...de rester... **...duh res-tay…**
    ...at your house? ...chez *vous (Fam: toi)*? **...shay** *voo (Fam: twa)*?
    ...at your apartment? ...à *votre (Fam: ton)* appartement? **...a** *votr (Fam: ton)*_**a-par-tuh-man?**
...to stay for... ...de rester... **..duh rest-tay…**
    ...another day? ...un jour de plus? **...uhn zhoor duh plews?**
    ...another week? ...une semaine de plus? **...ewn suh-men duh plews?**
...to visit you? ...de *vous (Fam: te)* rendre visite? **...duh** *voo (Fam: tuh)* **randr vee-zeet?**

I'm afraid it's not possible. Je suis *désolé (-e)*, ce n'est pas possible. **Zhuh swee day-zo-lay, suh n'ay pa po-seebl.** ♦ **possibly** *adv* possiblement **po-see-bluh-man**

postage *n* affranchissement *m* **a-fran-shees-man**, frais *mpl* d'envoi **fray d'an-vwa** **How much would the postage be for this (to *[place]*)?** Combien coûte l'affranchissement de ça (pour l'envoyer à *[___]*)? **Kon-byuhn koot l'a-fran-shees-man duh sa (poor l'an-vwa-yay a *[___]*)?**

postcard *n* carte *f* postale **kart pos-tal** *(1)* **I'll** / *(2)* **We'll send you a postcard.** *(1)* Je *vous (Fam: t')* enverrai… / *(2)* Nous *vous (Fam: t')* enverrons… une carte postale. *(1)* **Zhuh** *voo_z_(Fam: t')*_**an-vay-ray…** / *(2)* **Noo** *voo_z_(Fam: t')*_**an-vay-ron… ewn kart pos-tal. Send me a postcard, okay?** *Envoyez (Fam: Envoie)*-moi une carte postale, d'accord? *An-vwa-yay (Fam: An-vwa)*-**mwa ewn kart pos-tal, d'a-kor?**

poster *n* pancarte *f* **pan-kart**, poster *m* **pos-ter** **What does that poster say?** Qu'est-ce que dit cette pancarte? **K'es kuh dee set pan-kart?**

post office *n* poste *f* **post at the ~** à la poste **a la post from the ~** de la poste **duh la post to the ~** à la poste **a la post**

postpone *vt* reporter **ruh-por-tay The *(1)* concert / *(2)* game / *(3)* meeting / *(4)* show has been postponed.** *(1)* Le concert / *(2)* La fête / *(3)* Le jeu / *(4)* La réunion a été *reporté (-e)*. *(1)* **Luh kon-ser…** / *(2)* **La fet…** / *(3)* **Luh zhuh…** / *(4)* **La ray-ew-nyon… a ay-tay ruh-por-tay.**

pot *n* 1. *(for cooking)* casserole *f* **kas-rol;** 2. *(slang: marijuana)* marijuana *f* **ma-ree-rwa-na**

potato *n* pomme *f* de terre **pom duh ter couch ~** fainéant *m* collé à son canapé **fay-nay-an ko-lay a son ka-na-pay**

potion *n* potion *f* **po-syon love ~** filtre *m* d'amour **feeltr d'a-moor**

pottery *n* céramique *f* **say-ra-meek**, poterie *f* **pot-ree make ~** faire de la poterie **fer duh la pot-ree**

potty *n (child's)* pot *m* **po**

pour *vt* verser **ver-say ~ out *(1)* my / *(2)* your feelings** mettre *(1)* mes / *(2)* vos *(Fam: tes)* sentiments sur le tapis **metr** *(1)* **may** / *(2)* **vo** *(Fam: tay)* **san-tee-man sewr luh ta-pee**

poverty *n* pauvreté *f* **po-vruh-tay,** misère *f* **mee-zer live in ~** vivre dans la pauvreté **veevr dan la po-vruh-tay**

powder *n* poudre *f* **poodr body / talcum ~** talque *m* **talk**

Familiar "tu" ("tew") forms in parentheses can replace italicized polite forms.

power *n* 1. *(strength; might)* pouvoir *m* poo-vwar; 2. *(electricity)* énergie *f* (électrique) ay-ner-zhee (ay-lek-treek) **psychic** ~ pouvoir psychique poo-vwar psee-sheek **seductive** ~ pouvoir de séduction poo-vwar duh say-dewk-syon **The power is out.** Plus de courant. Plew duh koo-ra<u>n</u>. ♦ **powerboat** *n* bateau *m* à moteur ba-to a mo-tuhr ♦ **powerful** *adj* puissant, -e *m&f* pwee-sa<u>n</u>, -sa<u>n</u>t **You're very powerful.** *Vous êtes (Fam: Tu es)* très *puissant (F: puissante). Voo_z_et (Fam: Tew ay)* tre pwee-sa<u>n</u> *(F: pwee-sa<u>n</u>t).* ♦ **powerless** *adj* impotent, -e *m&f* uh<u>n</u>-po-ta<u>n</u>, -ta<u>n</u>t, sans pouvoir sa<u>n</u> poo-vwar, sans force sa<u>n</u> fors

practical *adj* pratique *m&f* pra-teek ~ **advice** conseil pratique ko<u>n</u>-sey pra-teek ~ **idea** idée pratique ee-day pra-teek ~ **mind** esprit pratique es-pree pra-teek ~ **person** personne astucieuse per-son_as-tew-syuhz

practice *vt* 1. *(drill oneself in)* s'entraîner s'a<u>n</u>-tray-nay; 2. *(engage in)* (s')exercer (s')ek-zer-say, mettre en pratique metr_a<u>n</u> pra-teek ~ **dancing** s'entraîner à danser s'a<u>n</u>-tray-nay a da<u>n</u>-say ~ **law** exercer la loi ek-ser-say la lwa ~ **medicine** exercer la médecine ek-ser-say la med-seen ~ **the piano** s'entraîner au piano s'a<u>n</u>-tray-nay o pya-no **You should practice what you preach.** *Vous devriez (Fam: Tu devrais)* mettre en pratique ce que *vous prêchez (Fam: tu prêches). Voo duh-vree-yay (Fam: Tew duh-vray)* metr_a<u>n</u> pra-teek suh kuh *voo pray-shay (Fam: tew presh).* **I need to practice my French. Will you help me?** J'ai besoin de pratiquer mon français. *Pourriez-vous (Fam: Pourrais-tu)* m'aider? Zh'ay buh-zwuh<u>n</u> duh pra-tee-kay mo<u>n</u> fra<u>n</u>-say. *Poo-ryay-voo (Fam: Poo-ray-tew)* **m'ay-day?** ♦ *vi (drill oneself)* s'entraîner s'a<u>n</u>-tray-nay **How often do you practice?** Combien de fois *vous entraînez-vous (Fam: t'entraînes-tu)*? Ko<u>n</u>-byuh<u>n</u> duh fwa *voo_z_a<u>n</u>-tray-nay-voo (Fam: t'a<u>n</u>-tren-tew)*? **I practice (1) (almost) everyday.** / *(2)* **three** / *(2)* **five times a week.** Je m'entraîne *(1)* (presque) tous les jours. / *(2)* trois / *(3)* cinq fois par semaine. Zhuh m'a<u>n</u>-tren *(1)* **(presk) too lay zhoor.** / *(2)* **trwa** / *(3)* **suh<u>n</u>k fwa par suh-men.** *(1)* **I** / *(2)* **You need to practice (more).** *(1)* Je dois m'… / *(2) Vous devez vous (Fam: Tu dois t')…* entraîner (plus). *(1)* **Zhuh dwa m'…** / *(2) Voo duh-vay voo_z_ (Fam: Tew dwa t')…* _a<u>n</u>-tray-nay (plew). ♦ *n* pratique *f* pra-teek, entraînement *m* a<u>n</u>-tren-ma<u>n</u> **When do you practice?** Quand *devez-vous (Fam: dois-tu)* t'entraîner? Ka<u>n</u> *duh-vay-voo (Fam: dwa-tew)* t'a<u>n</u>-tray-nay? **Practice makes perfect.** Plus tu t'entraînes, mieux c'est. Plew tew t'a<u>n</u>-tren, myuh s'ay.

prank *n* farce *f* fars **play a ~ on** faire une farce fer_ewn fars **No more pranks, please.** Plus de farces, s'il *vous (Fam: te)* plaît. Plew duh fars, s'eel *voo (Fam: tuh)* play.

pray *vi* prier pree-yay, implorer uh<u>n</u>-plo-ray **fervently** ~ fervente prière fer-va<u>n</u>t pree-yer *(1)* **I** / *(2)* **We will pray for you.** *(1)* Je prierai… / *(2)* Nous prierons… pour *vous (Fam: toi). (1)* **Zhuh pree-ray…** / *(2)* **Noo pree-ro<u>n</u>…** poor *voo (Fam: twa).*
I pray that… Je prie en espérant que … **Zhuh pree a<u>n</u>_es-pay-ra<u>n</u> kuh…**
We pray that… Nous prions en espérant que… **Noo pree-yo<u>n</u> a<u>n</u>_es-pay-ra<u>n</u> kuh…**
…**everything will be okay.** …tout se passe bien. …**too suh pas byuh<u>n</u>.**
…**you can…** …*vous puissiez (Fam: tu puisses)…* …*voo pwee-syay*

The letter h in French is always silent.

(Fam: tew pwees)…
…**come**. …venir. …**vuh-neer.**
… **go**. …y aller. …**ee_y_a-lay.**
… **stay**. …rester. …**res-tay.**
Let's pray together. Prions ensemble. **Pree-yon an-sanbl.** *(1)* **I** / *(2)* **We pray** *(3)* **at mealtimes.** / *(4)* **often.** *(1)* Je prie… / *(2)* Nous prions… *(3)* pendant le repas. / *(4)* souvent. *(1)* **Zhuh pree…** / *(2)* **Noo pree-yon…** *(3)* **pan-dan luh ruh-pa.** / *(4)* **soo-van. Will you pray with me?** Prierez-vous *(Fam: Prieras-tu?)* avec moi? *Pree-ray-voo (Fam: Pree-ra-tew)* **a-vek mwa?** ♦ **prayer** *n* prière *f* **pree-yer say a ~** faire une prière **fer_ewn pree-yer You're the answer to my** *(1)* **prayer.** / *(2)* **prayers.** Vous êtes *(Fam: Tu es)* la réponse *(1)* à ma prière. / *(2)* à mes prières. *Voo_z_et (Fam: Tew ay)* **la ray-pons** *(1)* **a ma pree-yer.** / *(2)* **a may pree-yer.**
precaution *n* précaution *f* **pray-ko-syon We have to take precautions.** Nous devons prendre des précautions. **Noo duh-von prandr day pray-ko-syon.**
preceding *adj* précédent, -e *m&f* **pray-say-dan, -dant**
precious *adj* précieux, précieuse *m&f* **pray-syuh, -syuhz This is very precious to me.** C'est très précieux à mes yeux. **S'ay tre pray-syuh a may_z_yuh. You are so precious to me.** Tu es *précieux (F: précieuse)* à mes yeux. **Tew ay** *pray-syuh (F: pray-syuhz)* **a may_z_yuh.**
predicament *n* pétrin *m* **pay-truhn** *(1)* **I'm** / *(2)* **We're in a predicament.** *(1)* Je suis… / *(2)* Nous sommes… dans le pétrin. *(1)* **Zhuh swee…** / *(2)* **Noo som… dan luh pay-truhn.**
predict *vt* prédire **pray-deer**, pronostiquer **pro-nos-tee-kay ~ the future** prédire le futur **pray-deer luh few-tewr What do you predict?** Que prédisez-vous *(Fam: prédis-tu)?* **Kuh** *pray-dee-zay-voo (Fam: pray-dee-tew)?*
prefer *vt* préférer **pray-fay-ray Which do you prefer?** Lequel *(F: Laquelle)* préférez-vous *(Fam: préfères-tu)?* *Luh-kel (F: La-kel) pray-fay-ray-voo (Fam: pray-fer-tew)?* **I prefer** *(1)* *(item)*. / *(2)* **to go with you.** / *(3)* **not to say.** Je préfère *(1)* (___). / *(2)* venir avec vous *(Fam: toi)*. / *(3)* ne pas me prononcer. **Zhuh pray-fer** *(1)* (___). / *(2)* **vuh-neer a-vek voo** *(Fam: twa)*. / *(3)* **nuh pa muh pro-non-say.** ♦ **preferably** *adv* préférablement **pray-fay-ra-bluh-man**
pregnancy *n* grossesse *f* **gro-ses** ♦ **pregnant** *adj* enceinte *f* **an-suhnt get ~** tomber enceinte **ton-bay an-suhnt I'm (not) pregnant.** Je (ne) suis (pas) enceinte. **Zhuh (nuh) swee (pa_z_) an-suhnt. How many months pregnant are you?** Combien ça fait de mois que vous êtes *(Fam: tu es)* enceinte? **Kon-byuhn sa fay duh mwa kuh voo_z_et** *(Fam: tew ay)* **an-suhnt? I don't want to get pregnant.** Je ne veux pas tomber enceinte. **Zhuh nuh vuh pa ton-bay an-suhnt.**
prejudice *n* préjudice *m* **pray-zhew-dees Prejudice is wrong.** Ce n'est pas juste. **Suh n'ay pa-zhuhst.** ♦ **prejudiced** *adj* préjudiciel, -le *m&f* **pray-zhew-dee-syel I'm not prejudiced against anyone.** Je n'ai aucun préjugé envers personne. **Zhuh n'ay o-kuhn pray-zhew-zhay an-ver per-son.**
preparation *n* préparatif *m* **pray-pa-ra-teef**, préparation *m* **pray-pa-ra-syon wedding ~s** préparatifs de mariage **pray-pa-ra-teef duh ma-ryazh** ♦ **prepare**

Common occupations are listed on pages 526-533.

vt préparer **pray-pa-ray I'll prepare everything for the** *(1)* **party.** / *(2)* **picnic.** Je préparerai tout pour *(1)* la fête. / *(2)* le pique-nique. **Zhuh pray-pa-ray too poor (1) la fet.** / **(2) luh peek-neck. You've prepared everything so nicely.** *Vous avez (Fam: Tu as)* préparé tout si bien. *Voo_z_a-vay (Fam: Tew a)* **pray-pa-ray too see byuhn. Are you prepared (for the test)?** *Êtes-vous (Fam: Es-tu)* préparé *(-e)* (pour l'examen)? *Et-voo (Fam: Ay-tew)* **pray-pa-ray (poor l'eg-za-muhn)?**

prescription *n* ordonnance *f* **or-do-nans**, prescription *f* **pres-kreep-syon** *(1)* **I** / *(2)* **We have to get a prescription filled.** *(1)* Je dois… / *(2)* Nous devons… obtenir une ordonnance. *(1)* **Zhuh dwa….** / *(2)* **Noo duh-von…. _z_ob-tuh-neer_ewn_or-do-nans. Can you fill this prescription?** *Pouvez-vous (Fam: Peux-tu)* me préparer cette ordonnance? *Poo-vay-voo (Fam: Puh-tew)* **muh pray-pa-ray set_or-do-nans?**

present *adj (current)* présent, -e *m&f* **pray-zan, -zant**, actuel, -le *m&f* **ak-tew-el at the ~ moment** en ce moment **an suh mo-man at the ~ time** à ce temps présent **a suh tan pray-zan ~ tense** *(gram.)* le présent **luh pray-zan** ♦ *n* 1. *(present time)* présent *m* **pray-zan;** 2. *(gift)* présent *m* **pray-zan**, cadeau *m* **ka-do at ~** à présent **a pray-zan birthday ~** cadeau d'anniversaire **ka-do d'a-nee-ver-ser Christmas ~** cadeau de Noël **ka-do duh No-el give a ~** offrir un présent **o-freer_uhn pray-zan live for the ~** vivre au jour le jour **veevr_o zhoor luh zhoor small ~** petit cadeau **puh-tee ka-do This is a (small) present for you.** Voici un (petit) cadeau pour *vous (Fam: toi)*. **Vwa-see uhn (puh-tee) ka-do poor** *voo (Fam: twa).* ♦ **presently** *adv (at present)* au moment présent **o mo-man pray-zan**, actuellement **ak-tew-el-man**

preserver *n*: **life ~** gilet *m* de sauvetage **zhee-le duh sov-tazh**

president *n* président, -e *m&f* **pray-zee-dan, -dant elect a ~** élire *un président (F: une présidente)* ay-leer_uhn *pray-zee-dan (F: ewn pray-zee-dant)* **vote for ~** voter pour *le président (F: la présidente)* **vo-tay poor** *luh pray-zee-dan (F: la pray-zee-dant)*

press *vt* 1. *(push)* appuyer **a-pwee-yay;** 2. *(apply pressure against)* presser **pray-say**, comprimer **kon-pree-may;** 3. *(clothes)* repasser **ruh-pa-say Could you press** *(1)* **this** / *(2)* **these for me?** *Pourriez-vous (Fam: Pourrais-tu)* repasser *(1)* cela / *(2)* ces choses pour moi? *Poo-ryay-voo (Fam: Poo-ray-tew)* **ruh-pa-say (1) suh-la…** / *(2)* **say shoz… poor mwa?** ♦ *n (media)* presse *f* **pres**

pressure *vt* faire pression **fer pray-syon Please don't pressure me.** S'il *vous (Fam: te)* plaît, ne *faites (Fam: fais)* pas pression sur moi. **S'eel voo (Fam: tuh) play, nuh** *fet (Fam: fay)* **pa pray-syon sewr mwa. I'm not going to pressure you.** Je vais faire pression sur *vous (Fam: toi)*. **Zhuh vay fer pray-syon sur** *voo (Fam: twa).* ♦ *n* pression *f* **pray-syon a lot of ~** beaucoup de pression **bo-koo duh pray-syon high blood ~** surtension **sewr-tan-syon tire ~** pression *f* des pneus **pray-syon day pnuh under ~** sous pression **soo pray-syon I don't want to put (any) pressure on you.** Je ne veux pas *vous (Fam: te)* mettre la pression (en aucune façon). **Zhuh nuh vuh pa** *voo (Fam: tuh)* **metr la pray-syon (an_o-kewn fa-son). Please check the tire pressure.** S'il *vous (Fam: te)* plaît, *vérifiez (Fam: vérifie)* la pression des pneus. **S'eel** *voo (Fam: tuh)* **play,** *vay-ree-fyay*

At the end of a word, s, d, t and x are generally silent.

(Fam: vay-ree-fee) **la pray-syon day pnuh.**
prestige *n* prestige *m* **pres-teezh**
presume *vt* présumer **pray-zew-may I presume that...** Je présume que… **Zhuh pray-zewm kuh…**
pretend *vi* prétendre **pray-tandr I'm not pretending.** Je ne prétends pas. **Zhuh nuh pray-tan pa. Let's pretend.** Prétendons. **Pray-tan-don.**
pretty *adj* joli, -e *m&f* **zho-lee ~ as a picture** joli (-e) comme tout **zho-lee kom too You're very pretty.** *Vous êtes (Fam: Tu es)* très *joli (-e).* **Voo_z_et (Fam: Tew ay) tre zho-lee. You have a very pretty smile.** *Vous avez (Fam: Tu as)* un très joli sourire. *Voo_z_a-vay (Fam: Tew a)* **uhn tre zho-lee soo-reer. What a pretty blouse!** Quel joli manteau! **Kel zho-lee man-to!** ♦ *adv (colloq.) (rather)* joliment **zho-lee-man**, assez **a-say That's pretty (1) expensive. / (2) heavy.** C'est assez *(1)* cher. / *(2)* lourd. **S'ay_t_a-say (1) sher. / (2) loor.**
pretzels *n pl* bretzel *m* **bret-zel**
preview *n (movies)* bandes *fpl* annonces **band_z_a-nons**
previous *adj* précédent, -e *m&f* **pray-say-dan, -dant ~ job** précédent travail **pray-say-dan tra-vaee ~ marriage** précédent mariage **pray-say-dan ma-ryazh on a ~ occasion** précédemment **pray-say-da-man** ♦ **previously** *adv* précédemment **pray-say-da-man**, auparavant **o-pa-ra-van Where did you (1) live / (2) work previously?** Où *(1)* viviez-vous *(Fam: vivais-tu)…* / *(2)* travailliez-vous *(Fam: travaillais-tu)…* (aupar)avant? **Oo** *(1) vee-vyay-voo (Fam: vee-vay-tew)… / (2) tra-va-yay-voo (Fam: tra-va-yay-tew)…* **(o-par)a-van?**
price *n* prix *m* **pree admission ~** prix d'entrée **pree d'an-tray bargain ~** offre *f* spéciale **ofr spay-syal cheap ~** prix bon marché **pree bon mar-shay discount ~** offre promotionnelle **ofr pro-mo-syo-nel exorbitant ~** prix exorbitant **pree ek-zor-bee-tan good ~** bon prix **bon pree high ~(s)** prix élevé(s) **pree_z_ay-lay-vay pay the ~** payer le prix **pay-yay luh pree ~ list** liste des prix **leest day pree ~ tag** étiquette **ay-tee-ket reasonable ~** prix raisonnable **pree ray-zo-nabl reduced ~** prix réduit **pree ray-dwee ticket ~** prix du ticket **pree dew tee-ke What's the price?** Quel est le prix? **Kel_ay luh pree? The price is too high.** Le prix est trop élevé. **Luh pree ay tro_p_el-vay. If you can lower the price… (maybe I'll buy it).** Si *vous baissez (Fam: tu baisses)* le prix … (Peut-être que je l'achèterai). **See** *voo bay-say (Fam: tew bes)* **luh pree…** *(Puh_t-etr kuh zhuh l'a-shet-ray).* **What's a reasonable price for (what)?** Qu'est-ce qu'un prix raisonnable pour (___)? **K'es k'uhn pree ray-zo-nabl poor (___)? The price has gone up.** Le prix a augmenté. **Luh pree a og-man-tay.** ♦ **priceless** *adj* inestimable *m&f* **ee-nes-tee-mabl**, ne pas avoir de prix **nuh pa_z_a-vwar duh pree You're priceless.** *Vous êtes (Fam: Tu es)* irremplaçable. *Voo_z_et (Fam: Tew ay)* **ee-ran-pla-sabl.**
pride *n* orgueil *m* **or-guhy**, fierté *f* **fyer-tay great ~** grande fierté **grand fyer-tay You can take a lot of pride in what you've accomplished.** *Vous pouvez (Fam: Tu peux)* être *fier (F: fière)* de ce que *vous avez (Fam: tu as)* accompli. *Voo poo-vay_z_ (Fam: Tew puh)_***etr fyer duh suh kuh** *voo_z_a-vay* **a-kon-plee.**
priest *n* prêtre *m* **pretr** ♦ **priestess** *n* prêtresse *f* **pre-tres**

Feminine forms of words in phrases are usually given in parentheses (italicized).

primarily *adv* en premier lieu **an pruh-myay lyuh**
primitive *adj* primitif, primitive *m&f* **pree-mee-teef, -teev**
prince *n* prince *m* **pruhns** ~ **charming** prince charmant **pruhns shar-man** ♦ **princess** *n* princesse *f* **pruhn-ses** **beautiful** ~ belle princesse **bel pruhn-ses** **fairy tale** ~ princesse de conte de fée **pruhn-ses duh kont duh fay** **French** ~ princesse française **pruhn-ses fran-sez** **my little** ~ ma petite princesse **ma puh-teet pruhn-ses** ~ **of my heart** princesse de mon cœur **pruhn-ses duh mon kuhr**
principle *n* principe *m* **pruhn-seep** **high** ~**s** grands principes **gran pruhn-seep in** ~ en principe **an pruhn-seep** **strong** ~**s** principes ancrés **pruhn-seep_an-kray** **That's against my principles.** C'est contre mes principes. **S'ay kontr may pruhn-seep.**
print *vt* imprimer ~ **uhn-pree-may** ~ **out** imprimer **uhn-pree-may I need to print out a(n) *(1)* document. / *(2)* e-mail.** J'ai besoin d'imprimer un *(1)* document. / *(2)* email. **Zh'ay buh-zwuhn d' uhn-pree-may uhn *(1)* do-kew-man. / *(2)* ee-mayl.** ♦ **print** *n (phot.)* tirage *m* **tee-razh digital** ~ tirage *m* digital **tee-razh dee-zhee-tal** ♦ **printer** *n* 1. *(business)* imprimerie *f* **uhn-preem-ree**; 2. *(computers)* imprimante *f* **uhn-pree-mant laser** ~ imprimante *f* laser **uhn-pree-mant la-zer**
prior (to) avant (de) **a-van (duh) Prior to coming here...** Avant de venir ici… **A-van duh vuh-neer_ee-see**
priority *n* priorité *f* **pree-yo-ree-tay first** ~ première priorité **pruh-myer pree-yo-ree-tay high** ~ de grande importance **duh gran_uhn-por-tans top** ~ priorité majeure **pree-yo-ree-tay ma-zhuhr That's my number one priority.** C'est ma priorité numéro une. **S'ay ma pree-yo-ree-tay new-may-ro ewn.**
prison *n* prison *f* **pree-zon go to** ~ aller en prison **a-lay an pree-zon put *(someone)* in** ~ mettre *(quelqu'un)* en prison **metr *(kel-kuhn)* an pree-zon** ♦ **prisoner** *n* prisonnier, prisonnière *m&f* **pree-zo-nyay, -nyer** détenu, -e *m&f* **det-new take** ~ faire prisonnier *(F: prisonnière)* **fer *pree-zo-nyay (F: pree-zo-nyer)* I'm a prisoner of your *(1)* beauty. / *(2)* charm.** Je suis sur l'emprise *(1)* de *votre (Fam: ta)* beauté. / *(2)* de *votre (Fam: ton)* charme. **Zhuh swee sewr l'an-preez *(1)* duh *votr (Fam: ta)* bo-tay. / *(2)* duh *votr (Fam: ton)* sharm.**
privacy *n* intimité *f* **uhn-tee-mee-tay find** ~ trouver un endroit calme **troo-vay uhn_an-drwa kalm have** ~ avoir de l'intimité **a-vwar duh l'uhn-tee-mee-tay We need some privacy.** Nous avons besoin d'intimité. **Noo_z_a-von buh-zwuhn d'uhn-tee-mee-tay.** ♦ **private** *adj* 1. *(personal)* personnel, -le *m&f* **per-so-nel**, privé, -e *m&f* **pree-vay**; 2. *(confidential)* privé, -e *m&f* **pree-vay** ~ **matter** affaire privée **a-fer pree-vay** ~ **property** propriété privée **pro-pree-yay-tay pree-vay** ♦ *n (privacy)* privé *m* **pree-vay in** ~ en privé **an pree-vay Could we discuss it in private?** Pouvons-nous en discuter en privé? **Poo-von-noo an dees-kew-tay an pree-vay?** ♦ **privately** *adv* en privé **an pree-vay**
privilege *n* privilège *m* **pree-vee-lezh One of the privileges of membership is...** Un des privilèges pour les membres est… **Uhn day pree-vee-lezh poor lay manbr_ay… It's been a privilege talking with you.** Ce fut un privilège de discuter avec *vous (Fam: toi)*. **Suh few uhn pree-vee-lezh duh dees-kew-tay a-vek *voo (Fam: twa)*.**

Before a, o, u or a consonant, c is pronounced like k.

prize *n* prix *m* pree **first** ~ premier prix pruh-myay pree **grand** ~ grand prix gran pree **second** ~ second prix suh-gon pree **third** ~ troisième prix trwa-zyem pree **win a** ~ gagner un prix ga-nyay uhn pree **What's the prize?** Quel est le prix? Kel_ay luh pree? **The prize is...** Le prix est ... Luh pree ay...

probably *adv* probablement pro-ba-bluh-man *(1)* **I** / *(2)* **We will probably go.** Probablement *(1)* j'irai. / *(2)* nous irons. Pro-ba-bluh-man *(1)* zh'ee-ray / *(2)* noo_z_ee-ron. **Probably not.** Probablement pas. Pro-ba-bluh-man pa.

problem *n* problème *m* pro-blem **big** ~ gros problème *m* gro pro-blem **complicated** ~ problème compliqué pro-blem kon-plee-kay **difficult** ~ problème difficile pro-blem dee-fee-seel **have a** ~ avoir un problème a-vwar_uhn pro-blem **main** ~ problème principal pro-blem pruhn-see-pal **real** ~ vrai problème vray pro-blem **run into a** ~ être *confronté (-e)* à un problème etr kon-fron-tay a uhn pro-blem **serious** ~ problème sérieux pro-blem say-ryuh **slight** ~ léger problème lay-zhay pro-blem **small** ~ petit problème puh-tee pro-blem **solve the** ~ résoudre le problème ray-zoodr luh pro-blem *(1)* **I** / *(2)* **We have a (small) problem.** *(1)* J'ai... / *(2)* Nous avons... un (petit) problème. *(1)* Zh'ay... / *(2)* Noo_z_a-von... uhn (puh-tee) pro-blem. **Is there a problem (about this)?** Y-a-t-il un problème (à propos de cela)? Ee_y_a-t-eel_uhn pro-blem (a pro-po duh suh-la)? **There's a (*[1]* big / *[2]* small) problem.** Il y a un (*[1]* grand / *[2]* petit) problème. Eel_ee_y_a uhn (*[1]* gran / *[2]* puh-tee) pro-blem. **What's the problem?** Quel est le problème? Kel_ay luh pro-blem? **The problem is that...** Le problème est le suivant... Luh pro-blem_ay luh swee-van... **Please tell *(1)* me / *(2)* us what the problem is.** S'il *vous (Fam: te)* plaît, *(1)* dites *(Fam: dis)*-moi... / *(2)* -nous... quel est le problème. S'eel *voo (Fam: tuh)* play, *(1)* deet *(Fam: dee)*-mwa... / *(2)* -noo... kel_ay luh pro-blem. **We'll solve this problem somehow.** Nous trouverons un moyen de régler ce problème. Noo troo-vuh-ron uhn mwa-yuhn duh ray-glay suh pro-blem.

◆ **procedure** *n* procédure *f* pro-say-dewr **What's the procedure?** Quelle est la procédure? Kel_ay lay pro-say-dewr? **I'll explain the procedure to you.** Je *vous (Fam: t')* expliquerai la procédure. Zhuh *voo_z_(Fam: t')* eks-pleek-ray la pro-say-dewr.

◆ **process** *n* processus *m* pro-say-sews, action *f* ak-syon **difficult** ~ processus difficile pro-say-sews dee-fee-seel **long** ~ long processus lon pro-say-sews **long drawn-out** ~ processus prolongé pro-say-sews pro-lon-zhay **time-consuming** ~ processus qui prend du temps pro-say-sews kee pran dew tan **What does the process involve?** Qu'est-ce que ce processus implique? K'es kuh suh pro-say-sews_uhn-pleek?

◆ **prodigy** *n* prodige *m* pro-deezh **child** ~ enfant prodige an-fan pro-deezh

◆ **produce** *vt* produire pro-dweer **They produce...** Ils produisent... Eel pro-dweez
  ◆ **producer** *n (of goods)* producteur, productrice *m&f* pro-dewk-tuhr, -trees
  ◆ **product** *n* produit *m* pro-dwee ~ **of your imagination** fruit de *votre (Fam: ton)* imagination. frwee duh *votr_(Fam: ton)* ee-ma-zhee-na-syon
  ◆ **production** *n* production *f* pro-dewk-syon

Before e, i, or y, c is pronounced like **s**.

profane *adj* profané, -e *m&f* pro-fa-nay **It's not necessary to be profane.** Ce n'est pas nécessaire d'être *impoli (-e)*. Suh n'ay pa nay-say-ser d'etr_uhn-po-lee.
♦ **profanity** *n* outrage *m* oo-trazh **Please don't use profanity.** S'il *vous (Fam: te)* plaît, pas de blasphème. S'eel voo (Fam: tuh) play, pa duh blas-fem

profession *n (occupation)* profession *f* pro-fay-syon **What's your profession?** Quelle est *votre (Fam: ta)* profession? Kel_ay votr (Fam: ta) pro-fay-syon? **My profession is** *(type)* Ma profession est (___). Ma pro-fay-syon ay (___). **That's a(n) (1) excellent / (2) good / (3) great profession.** C'est une *(1)* excellente / *(2)* bonne / *(3)* très bonne profession. S'ay_t_ewn (1) _ek-say-lant / (2) bon / (3) tre bon pro-fay-syon. ♦ **professional** *adj* professionnel, -le *m&f* pro-fay-syo-nel ~ **musician** musicien (-ne) *m&f* professionnel (-le) mew-zee-syuhn (F: mew-zee-syen) pro-fay-syo-nel ~ **player** joueur *m* professionnel zhoo-uhr pro-fay-syo-nel ~ **sports** sports *mpl* professionnels spor pro-fay-syo-nel ♦ **professional** *n* professionnel, -le *m&f* pro-fay-syo-nel

professor *n* professeur *m&f* pro-fay-suhr

proficient *adj* habile *m&f* a-beel, compétent, -e *m&f* kon-pay-tan, -tant

profit *n* profit *m* pro-fee, gain *m* guhn ♦ **profitable** *adj* profitable *m&f* pro-fee-tabl, lucratif, lucrative *m&f* lew-kra-teef, -teev

profound *adj* profond, -e *m&f* pro-fon, -fond ~ **gratitude** profonde gratitude pro-fond gra-tee-tewd ~ **sympathy** profondes condoléances pro-fond kon-do-lay-ans

program *n* 1. *(schedule of events)* programme *m* pro-gram, planning *m* pla-neeng; 2. *(TV or radio show)* programme *m* pro-gram; 3. *(software)* programme *m* pro-gram **student exchange** ~ programme *m* d'échange (étudiant) pro-gram d'ay-shanzh (_ay-tew-jan), *(within Europe)* échange *m* érasmus ay-shanzh_ay-ras-mews **What's on the program (for** *[1]* **today /** *[2]* **tonight)?** Qu'y a-t-il au programme *([1]* aujourd'hui / *[2]* ce soir)? K'ee_y_a-t-eel_o pro-gram ([1] o-zhoor-d'wee / [2] suh swar)? **According to the program...** Selon le programme... Suh-lon luh pro-gram… *(1)* **I /** *(2)* **We /** *(3)* **You better get with the program.** *(slang)* On ferait mieux *(1,2,3)* de se tenir au programme. On fuh-ray myuh (1,2,3) duh suh tuh-neer_o pro-gram. **There's a good program on TV (tonight).** Il y a un bon programme à la télévision (ce soir). Eel_ee_y_a uhn bon pro-gram_a la tay-lay-vee-zyon (suh swar). **I'm over here on a student exchange program.** Je suis en programme d'échange. Zhuh swee_an pro-gram d'ay-shansh. ; *(within Europe)* Je suis ici en échange érasmus. Zhuh swee_z_ee-see an_ay-shanzh_ay-ras-mews. ♦ **programming** *n (comp.)* programmation *f* pro-gra-ma-syon

progress *n* progrès *m* pro-gre, avancement *m* a-vans-man **You're making (***[1]* **good /** *[2]* **great /** *[3]* **outstanding) progress.** Vous faites *(Fam: Tu fais)* de *([1]* bons / *[2]* grands / *[3]* merveilleux) progrès. Voo fet (Fam: Tew fay) duh ([1] bon / [2] gran / [3] mer-ve-yuh) pro-gre. **I'm not making any progress.** Je ne fais aucun progrès. Zhuh nuh fay o-kuhn pro-gre. ♦ **progressive** *adj* progressif, progressive *m&f* pro-gray-seef, -seev

prohibit *vt* prohiber pro-ee-bay, interdire uhn-ter-deer **That's prohibited.** C'e

Numbers in French are given on pages 519-520.

prohibé. **S'ay pro-ee-bay.**

project *n* projet *m* **pro-zhe** big ~ grand projet **gran pro-zhe I like to work on home projects** J'aime travailler sur des projets maison. **Zh'em tra-va-yay sewr day pro-zhe may-zon.**

prominent *adj* important, -e *m&f* **uhn-por-tan, -tant**

promiscuous *adj :* be ~ vivre dans la promiscuité **veevr dan la pro-mees-kwee-tay**

promise *vt* promettre **pro-metr Do you promise (me)?** *Vous (me) promettez (Fam: Tu [me] promets)?* **Voo (muh) pro-may-tay (Fam: Tew [muh] pro-me)?** *(1)* **I /** *(2)* **We (don't) promise (you).** *(1)* Je (ne) (te) promets (pas). / *(2)* Nous (ne) (te) promettons (pas). *(1)* **Zhuh (nuh) (tuh) pro-me (pa).** / *(2)* **Noo (nuh) (tuh) pro-may-ton (pa). Promise me.** *Promettez (Fam: Promets)-moi.* **Pro-may-tay (Fam: Pro-me)-mwa. You promised. (Remember?)** *Vous m'aviez (Fam: Tu m'avais) promis. (Vous vous souvenez [Fam: Tu te souviens]?)* **Voo m'a-vyay (Fam: Tew m'a-vay) pro-mee. (Voo voo soo-vuh-nay [Fam: Tu tuh soo-vyuhn]?)** ♦ *n* promesse *f* **pro-mes break** *(1)* **my /** *(2)* **your** ~ ne pas tenir *(1)* ma / *(2)* votre *(Fam: ta)* promesse **nuh pa tuh-neer** *(1)* **ma** / *(2)* **votr** *(Fam: ta)* **pro-mes. empty** ~**s** promesses en l'air **pro-mes_an l'er firm** ~ promesse sincère **pro-mes suhn-ser give** *(1)* **me /** *(2)* **you** *(3)* **my /** *(4)* **your** ~ *(1)* me donner / *(2)* vous *(Fam: te)* donner *(3)* ma *(4)* votre *(Fam: ta)* promesse *(1)* **muh do-nay** / *(2)* **voo** *(Fam: tuh)* **do-nay** *(3)* **ma /** *(4)* **votr** *(Fam: ta)* **pro-mes keep** *(1)* **my /** *(2)* **your** ~ tenir *(1)* ma / *(2)* votre *(Fam: ta)* promesse **tuh-neer** *(1)* **ma** / *(2)* **votr** *(Fam: ta)* **pro-mes make good on** *(1)* **my /** *(2)* **your** ~ tenir *(1)* ma / *(2)* votre *(Fam: ta)* parole **tuh-neer** *(1)* **ma /** *(2)* **votr** *(Fam: ta)* **pa-rol make good on** *(1)* **my /** *(2)* **your** ~ tenir *(1)* ma / *(2)* votre *(Fam: ta)* parole **tuh-neer** *(1)* **ma /** *(2)* **votr** *(Fam: ta)* **pa-rol my** ~ ma promesse *f* **ma pro-mes solemn** ~ promesse solennelle **pro-mes so-la-nel That's a promise.** C'est une promesse. **S'ay_t_ewn pro-mes. Don't forget your promise.** N'oubliez pas votre *(Fam: oublie pas ta)* promesse. **N'oo-blee-yay pa votr** *(Fam: oo-blee pa ta)* **pro-mes. Did you forget your promise?** Avez-vous oublié votre *(Fam: As-tu oublié ta)* promesse? **A-vay-voo oo-blee-yay votr** *(Fam: A-tew oo-blee-yay ta)* **pro-mes? Promises, promises.** Promesse, promesse. **Pro-mes, pro-mes.**

promote *vt* promouvoir **pro-moo-vwar I got promoted (to** *[position]***).** J'ai été promu (-e) (au poste de *[___]*). **Zh'ay ay-tay pro-mew (o-post duh *[___]*).** ♦ **promotion** *n* promotion *f* **pro-mo-syon get a** ~ obtenir une promotion **ob-tuh-neer_ewn pro-mo-syon Congratulations on your promotion!** Félicitation pour votre *(Fam: ta)* promotion. **Fay-lee-see-ta-syon poor** *votr (Fam: ta)* **pro-mo-syon.**

prompt *adj (without delay)* prompt, -e *m&f* **pronpt,** á l'heure **a l'uhr** ♦ **promptly** *adv* á l'heure **a l'uhr**

pronounce *vt* prononcer **pro-non-say How do you pronounce this?** Comment prononcez-vous *(Fam: prononces-tu)* cela? **Ko-man pro-non-say-voo** *(Fam: pro-nons-tew)* **suh-la? Do I pronounce it correctly?** Est-ce que je le prononce correctement? **Es kuh zhuh luh pro-nons ko-rek-tuh-man?** ♦ **pronunciation** *n* prononciation *f* **pro-non-sya-syon Can you help me with my pronunciation?**

---

*Learn a new French phrase every day! Subscribe to the free **Daily Dose of French**, www.phrase-books.com.*

Pouvez-vous (Fam: Peux-tu) m'aider avec ma prononciation? *Poo-vay-voo (Fam: Puh-tew)* **m'ay-day a-vek ma pro-non-sya-syon?**

proof *n* preuve *f* **pruhv You'll have to give me some proof.** *Vous devez (Fam: Tu dois)* me donner des preuves. *Voo duh-vay (Fam: Tew dwa)* **muh do-nay day pruhv.**

proper *adj* 1. *(correct)* correct, -e *m&f* **ko-rekt,** juste *m&f* **zhewst;** 2. *(appropriate)* approprié, -e *m&f* **a-pro-pree-yay,** adéquat, -e *m&f* **a-day-kwa, -kwat** ~ **clothing** tenue *f* adéquate **tuh-new a-day-kwat** ~ **equipment** équipement *m* adéquat **ay-keep-man a-day-kwa** ~ **technique** technique *f* appropriée **tek-neek_a-pro-pree-yay Let me show you the proper technique.** Je vais *vous (Fam: te)* montrer la technique appropriée. **Zhuh vay voo (Fam: tuh) mon-tray la tek-neek_a-pro-pree-yay.** ♦ **properly** *adv* de manière appropriée **duh ma-nyer_a-pro-pree-yay**

property *n* propriété *f* **pro-pree-yay-tay government** ~ propriété du gouvernement **pro-pree-yay-tay dew goo-ver-nuh-man personal** ~ propriété personnelle **pro-pree-yay-tay per-so-nel private** ~ propriété privée **pro-pree-yay-tay pree-vay** *(1)* **I** / *(2)* **We own some property there.** *(1)* Je possède… / *(2)* Nous possédons… une propriété à cet endroit. *(1)* **Zhuh po-sed…** / *(2)* **Noo po-say-don… ewn pro-pree-yay-tay a set_an-drwa. Whose property is** *(1)* **this?** / *(2)* **that?** A qui *(1,2)* cela appartient? **A kee** *(1,2)* **suh-la a-par-chyuhn?**

prophylactic *n* prophylactique *m* **pro-fee-lak-teek**

proportion *n* proportion *f* **pro-por-syon**

proposal *n* proposition *f* **pro-po-zee-syon,** demande *f* **duh-mand accept** *(1)* **my** / *(2)* **your** ~ accepter *(1)* ma / *(2)* votre *(Fam: ta)* proposition **ak-sep-tay** *(1)* **ma** / *(2)* **votr** *(Fam: ta)* **pro-po-zee-syon marriage** ~ demande en mariage **duh-mand an ma-ryazh I have a proposal to make.** J'ai une proposition à *vous (Fam: te)* faire. **Zh'ay ewn pro-po-zee-syon a voo (Fam: tuh) fer.** ♦ **propose** *vt (offer marriage)* demander en mariage **duh-man-day an ma-ryazh Are you proposing marriage to me?** Est-ce que *vous êtes (Fam: tu es)* en train de me demander en mariage? **Es kuh voo_z_et (Fam: tew ay) an truhn duh muh duh-man-day an ma-ryazh? I'm proposing to you. Will you marry me?** Je *vous (Fam: te)* demande en mariage. *Voulez-vous (Fam: Veux-tu)* m'épouser? **Zhuh voo (Fam: tuh) duh-mand_an ma-ryazh. Voo-lay-voo (Fam: Vuh-tew) m'ay-poo-zay? I'm not proposing marriage.** Je ne *vous (Fam: te)* demande pas en mariage. **Zhuh nuh voo (Fam: tuh) duh-mand pa_z_an ma-ryazh.**

prose *n* prose *f* **proz**

prospect *n* perspective *f* **pers-pek-teev,** optique *f* **op-teek,** possibilité *f* **po-see-bee-lee-tay bright** ~**s** perspectives brillantes **pers-pek-teev bree-yant good** ~**s** bonnes perspectives **bon pers-pek-teev I look forward to the prospect.** J'attends avec impatience les perspectives. **Zh'a-tan a-vek_uhn-pa-syans lay pers-pek-teev.**

prosperous *adj* prospère *m&f* **pros-per**

prosthesis *n* prothèse *f* **pro-tez I have a prosthesis.** J'ai une prothèse. **Zh'ay ewn pro-tez.**

prostitute *n* prostitué *f* **pros-tee-tew-ay**

Final consonants of words are often not pronounced, but usually run together with next words that start with vowels.

protect *vt* protéger **pro-tay-zhay** **Don't worry, I'll protect you.** Ne *vous inquiétez (Fam: t'inquiète)* pas, je *vous (Fam: te)* protégerai. **Nuh voo_z_uhn-kyay-tay *(Fam: t'uhn-kyet)* pa, zhuh voo *(Fam: tuh)* pro-tezh-ray. I'm not worried. I know you'll protect me.** Je ne me fais pas de souci. Je sais que *vous me protégerez (Fam: tu me protégeras)*. **Zhuh nuh muh fay pa duh soo-see. Zhuh say kuh voo muh pro-tezh-ray *(Fam: tew muh pro-tezh-ra)*. This will protect your** *(1)* **ears.** */ (2)* **lips.** */ (3)* **skin.** Cela protégera *(1)* vos *(Fam: tes)* oreilles. */ (2)* vos *(Fam: tes)* lèvres. */ (3)* votre *(Fam: ta)* peau. **Suh-la pro-tezh-ra** *(1)* **vo_*(Fam: tay)*_z_o-rey(uh).** */ (2)* **vo *(Fam: tay)* levr.** */ (3)* **votr *(Fam: ta)* po.** ♦ **protection** *n* protection *f* **pro-tek-syon** ~ **ear** ~ protection pour les oreilles **pro-tek-syon poor lay_z_o-rey** **It's (too)** *(1)* **dangerous** */ (2)* **risky without some kind of protection.** C'est (trop) *(1)* dangereux… */ (2)* risqué… sans aucune protection. **S'ay (tro)** *(1)* **dan-zhuh-ruh…** */ (2)* **rees-kay… san_z_o-kewn pro-tek-syon.**

protest *vi* protester **pro-tes-tay** **I protest!** Je proteste! **Zhuh pro-test! It won't do you any good to protest.** Ça ne sert à rien de protester. **Sa nuh ser_a ryuhn duh pro-tes-tay.** ♦ *n* protestation *f* **pro-tes-ta-syon** **big** ~ grande protestation **grand pro-tes-ta-syon** **public** ~ protestation sur la voie publique **pro-tes-ta-syon sewr la vwa pew-bleek** ♦ **protestant** *adj* protestant, -e *m&f* **pro-tes-tan, -tant** ♦ **protester** *n* protestant, -e *m&f* **pro-tes-tan, -tant**

proud *adj* fier, fière *m&f* **fyer** **I'm sure you must be very proud of** *(1)* **her.** */ (2)* **him.** */ (3)* **them.** Je suis *sûr (-e)* que *vous devez (Fam: tu dois)* être très *fier (F: fière)* *(1)* d'el. */ (2)* de lui. */ (3)* d'eux. **Zhuh swee sewr kuh voo duh-vay *(Fam: tew dwa)*_z_etr fyer** *(1)* **d'el.** */ (2)* **duh lwee.** */ (3)* **d'uh.** **I'm very proud of** *(1)* **her.** */ (2)* **him.** */ (3)* **them.** Je suis très *fier (F: fière)* *(1)* d'elle. */ (2)* de lui. */ (3)* d'eux. **Zhuh swee tre fyer** *(1)* **d'el.** */ (2)* **duh lwee.** */ (3)* **d'uh.** **I'm proud to** *(1)* **have you by my side.** */ (2)* **have you with me.** Je suis *fier (F: fière)* de *(1)* vous *(Fam: t')* avoir à mes côtés. */ (2)* vous *(Fam: t')* avoir avec moi. **Zhuh swee fyer duh** *(1)* **voo_z_*(Fam: t')*_a-vwar_a may ko-tay.** */ (2)* **voo_z_*(Fam: t')*_a-vwar_a-vek mwa.** **Aren't you proud of me?** N'*êtes-vous (Fam: es-tu)* pas *fier (F: fière)* de moi? **N'et-voo *(Fam: ay-tew)* pa fyer duh mwa?**

prove *vt* prouver **proo-vay** **Prove it!** *Prouvez (Fam: Prouve)* le! **Proo-vay *(Fam: Proov)* luh!** **I'm going to prove to you that** *(1)* **I love you.** */ (2)* **I'm the greatest player that ever lived.** Je vais *vous (Fam: te)* prouver que *(1)* je *vous (Fam: t')* aime. */ (2)* je suis le meilleur joueur au monde. **Zhuh vay voo *(Fam: tuh)* proo-vay kuh** *(1)* **zhuh voo_z_*(Fam: t')*_em.** */ (2)* **zhuh swee luh me-yuhr zhoo-uhr o mond.**

proverb *n* proverbe *m* **pro-verb**

provide *vt* fournir **foor-neer,** offrir **o-freer** **What do they provide?** Qu'est-ce qu'ils fournissent? **K'es k'eel foor-nees?** **What kind of services do they provide?** Quel type de service offrent-ils? **Kel teep duh ser-vees_ofr_t-eel?**
  Do they provide… Offrent-ils… **Ofr_t-eel…**
    …breakfast? …le petit-déjeuner? **…luh puh-tee-day-zhuh-nay?**
    …lunch? …le déjeuner? **…luh day-zhuh-nay?**

All syllables of a French word have equal stress.
The last word in a group has a little more.

...**dinner?** ...le dîner? ...*luh dee-nay?*
...**meals?** ...les repas? ...*lay ruh-pa?*
...**the equipment?** ...l'équipement? ...*l'ay-keep-man?*
...**transportation?** ...un moyen de transport? ...*uhn mwa-yuhn duh trans-por?*

You have to provide your own *(1)* **equipment.** / *(2)* **transportation.** *Vous devez (Fam: Tu dois) avoir votre (Fam: ton) propre (1) équipement. / (2) moyen de transport. Voo duh-vay (Fam: Tew dwa) z_a-vwar votr (Fam: ton) propr (1) _ay-keep-man. / (2) mwa-yuhn duh trans-por.* **Everything is provided (at no extra cost).** *Tout est fourni (sans frais supplémentaires). Too_t_ay foor-nee (san fray sew-play-man-ter).* ♦ **provider** *n:* **internet service ~ (i.s.p.)** *fournisseur m d'accès Internet foor-nee-suhr d'ak-se uhn-ter-net*

province *n (Canada, Belgium)* province *f pro-vuhns; (France)* région *f ray-zhyon; (Switzerland)* canton *m kan-ton* **I live in the province of** *(name)*. *(France) Je vis dans la région de (___). Zhuh vee dan la ray-zyon duh (___).* **Which province is it in?** *(France) Dans quelle région est-ce? Dan kel ray-zhyon es?* ♦ **provincial** *adj* 1. *(from the provinces)* provincial, -e *m&f pro-vuhn-syal*; 2. *(of a region)* régional, -e *m&f ray-zyo-nal* **~ capital** *(France)* capitale *f* régionale *ka-pee-tal ray-zhyo-nal; (Canada, Belgium)* capitale *f* provinciale *ka-pee-tal pro-vuhn-syal*

provisions *n, pl (food supplies)* provisions *fpl pro-vee-zyon* **We'll need provisions for** *(number)* **days.** *Nous aurons besoin de provisions pour (___) jours. Noo_z_o-ron buh-zwuhn duh pro-vee-zyon poor (___) zhoor.*

provocative *adj (sexually)* provocant, -e *m&f pro-vo-kan, kant*

prow *n (of a ship)* proue *f proo*

prowler *n* prédateur, prédatrice *m&f pray-da-tuhr, -trees*

prude *n* prude *m&f prewd* **Don't be such a prude.** *Ne soyez (Fam: sois) pas si prude. Nuh swa-yay (Fam: swa) pa see prewd.*

prudent *adj* prudent, -e *m&f prew-dan, -dant*

prudish *adj* prude *m&f prewd*, pudibond, -e *m&f pew-dee-bon, -bond*, puritain, -e *m&f pew-ree-tuhn, -ten* **Don't be so prudish.** *Ne soyez (Fam: sois) pas si puritain (F: puritaine)! Nuh swa-yay (Fam: swa) pa see pew-ree-tuhn (F: pew-ree-ten).*

pry *vi (snoop)* se mêler *suh may-lay* **I'm sorry, I didn't mean to pry (into your personal life).** *Je suis désolé (-e), je n'avais pas l'intention de me mêler (de votre [Fam: ta] vie privée). Zhuh swee day-zo-lay, zhuh n'a-vay pa l'uhn-tan-syon duh muh may-lay (duh votr [Fam: ta] vee pree-vay).*

pseudonym *n* pseudonyme *m psuh-do-neem*

psyche *n* psyché *f psee-shay* **female ~** psyché *psee-shay* **male ~** psyché *psee-shay*

psyched (up) *adj (slang: excited)* enthousiaste *m&f an-too-zyast* **be ~** *(slang) (be excited)* être enthousiaste *etr_an-too-zyast* **I'm really psyched up for this.** *Je suis très impatient (F: impatiente) à cette idée. Zhuh swee tre_z_uhn-pa-syan (F: uhn-pa-syant) a set_ee-day.*

---

ew sounds similar to the "ew" in "pew"

psychic *adj* psychique *m&f* **psee-sheek** **I will now demonstrate my psychic powers.** Je vais maintenant *vous (Fam: te)* montrer mes pouvoirs psychiques. **Zhuh vay muhn-tuh-nan** *voo (Fam: tuh)* **mon-tray may poo-vwar psee-sheek.**

psycho *n (slang: crazy person)* psychopathe *m&f* **psee-ko-pat** ♦ **psychological** *adj* psychologique *m&f* **psee-ko-lo-zheek** **You have a psychological advantage - I'm crazy about you.** Tu as un avantage uncontestable - Je suis *fou (F: folle)* de toi. **Tuew a uhn_a-van-tazh uhn-kon-tes-tabl - Zhuh swee** *foo (F: fol)* **duh twa.** ♦ **psychology** *n* psychologie *f* **psee-ko-lo-zhee**

public *adj* publique *m&f* **pew-bleek** ~ **school** 1. *(USA)* école *f* publique **ay-kol pew-bleek;** 2. *(UK)* école *f* privée **ay-kol pree-vay** **telephone** téléphone *m* publique **tay-lay-fon pew-bleek** ♦ **public** *n* public *m* **pew-bleek** **in** ~ en public **an pew-bleek kiss in** ~ s'embrasser en public **s'an-bra-say an pew-bleek**

publication *n (published work)* publication *f* **pew-blee-ka-syon**

publicity *adj* publicitaire **pew-blee-see-ter I need you for my publicity agent.** J'ai besoin de *vous (Fam: toi)* comme agent publicitaire. **Zh'ay buh-zwuhn duh** *voo (Fam: twa)* **kom_a-zhan pew-blee-see-ter.** ♦ *n* publicité *f* **pew-blee-see-tay**

publish *vt* publier **pew-blee-yay** *(1)* **When** / *(2)* **Where was it published?** *(1)* Quand / *(2)* Où a t'il été publié? *(1)* **Kan** / *(2)* **Oo a t'eel ay-tay pew-blee-yay?** ♦ **publisher** *n* éditeur, éditrice *m&f* **ay-dee-tuhr, -trees**

puck *n (hockey)* palet *m* **pa-le**

pudgy *adj* enrobé, -e *m&f* **an-ro-bay**

pull *vt* tirer **tee-ray**, attirer **a-tee-ray Pull (this).** Tirez *(Fam: Tire)* (cela). *Tee-ray (Fam: Teer)* **(suh-la).**

- **pull down** *idiom (lower)* baisser **bay-say Pull down the shade.** Baissez *(Fam: Baisse)* les stores. *Bay-say (Fam: Bes)* **lay stor.**
- **pull in** *idiom (drive in)* entrer **an-tray Pull in to that** *(1)* **entrance(way).** / *(2)* **gas station.** / *(3)* **parking lot.** Entrez *(Fam: Entre) (1)* par cette entrée. / *(2)* dans la station service. / *(3)* dans le parking. *An-tray (Fam: Antr) (1)* **par set_an-tray.** / *(2)* **dan la sta-syon ser-vees.** / *(3)* **dan luh par-keeng.**
- **pull over** *idiom (drive to the side)* se garer **suh ga-ray Pull over** *(1)* **to the side.** / *(2)* **by that store.** Garez-vous *(Fam: Gare-toi) (1)* sur le côté. / *(2)* à côté de cette boutique. *Ga-ray-voo (Fam: Gar-twa) (1)* **sewr luh ko-tay.** / *(2)* **a ko-tay duh set boo-teek.**
- **pull up** *idiom (bring over / closer)* amener **a-muh-nay**, prendre **prandr Pull up a chair (and join us).** Prenez *(Fam: Prends)* une chaise (et *rejoignez [Fam: rejoins]*-nous). *Pruh-nay (Fam: Pran)* **ewn shez (_ay** *ruh-zhwa-nyay [Fam: ruh-zhwuhn]*-**noo).**

pulse *n* pouls *m* **poo Let me check your pulse.** Laissez *(Fam: Laisse)*-moi prendre *votre (Fam: ton)* pouls. *Lay-say (Fam: Les)*-**mwa prandr** *votr (Fam: ton)* **poo. Just as I thought - there is none.** Comme je le prévoyais. Aucun. **Kom zhuh luh pray-vwa-yay. O-kuhn.**

pump *vt:* ~ **iron** *(slang : lift weights)* soulever des poids *mpl* **sool-vay day pwa** ♦ *n* pompe *f* **ponp** fuel ~ *(automot.)* pompe *f* à essence **ponp_a ay-sans** **water**

Numbers in parentheses always signal choices.

~ *(automot.)* pompe *f* à eau ponp_a o
pumpkinhead *n* tête *f* brûlée tet brew-lay
punch *vt* 1. *(hit)* donner un coup de poing do-nay uhn koo duh pwuhn, frapper fra-pay; 2. *(press, e.g., a button)* presser pray-say **I'm going to punch you in a minute.** Dans une minute, je t'en mets une. Dan_z_ewn mee-newt, zhuh t'an me ewn. **Stop punching me! I'm not a punching bag.** Arrête de me donner des coups de poing. Je ne suis pas un punching ball. A-ret duh muh do-nay day koo duh pwuhn. Zhuh nuh swee pa_z_uhn puhn-sheeng bol. ♦ *n* 1. *(hit)* coup de point *m* koo duh pwuhn; 2. *(beverage)* cocktail *m* kok-tel **fruit ~** cocktail de fruit kok-tel duh frwee **~ bowl** carafe *f* à cocktail ka-raf a kok-tel **~ in the nose** coup de point dans le nez koo duh pwuhn dan luh nay
punctual *adj* ponctuel, -le *m&f* ponk-tew-el
punish *vt* punir pew-neer **Why are you punishing me this way?** Pourquoi me punissez-vous *(Fam: punis-tu)* de cette façon? Poor-kwa muh *Pew-nee-say-voo (Fam: Pew-nee-tew)* duh set fa-son? **You deserve to be punished.** Vous méritez *(Fam: Tu mérites)* d'être puni (-e). *Voo may-ree-tay (Fam: Tew may-reet)* d'etr pew-nee. ♦ **punishment** *n* punition *f* pew-nee-syon **As punishment, I'm cutting your allotment of kisses in half.** Plus de baisers tant que tu es puni (-e). Plew duh bay-zay tan kuh tew ay pew-nee.
pupil *n* 1. *(young student)* écolier, écolière *m&f* ay-ko-lyay, -lyer; 2. *(of the eye)* pupille *f* pew-peey(uh)
puppet *n* pantin *m* pan-tuhn
pup(py) *n* petit chien *m* puh-tee shyuhn, chiot *m* shyot
pure *adj* pur, -e *m&f* pewr
purple *adj* violacé, -e *m&f* vyo-la-say
purpose *n* but *m* bewt, fins *mpl* fuhn **immoral ~s** fins immorales fuhn_z_ee-mo-ral **selfish ~s** fins égoïstes *f* fuhn_z_ay-go-eest **What's the purpose?** Dans quel but? Dan kel bewt? **It has no purpose.** Ça n'a aucun sens. Sa n'a o-kuhn sans.
purr *vi* ronronner ron-ro-nay **I want to teach you how to purr.** Je veux *vous (Fam: t')* apprendre à ronronner. Zhuh vuh *voo_z_(Fam: t')* a-prandr_a ron-ro-nay.
purse *n* sac à main *m* sak_a muhn **I lost my purse.** J'ai perdu mon sac à main. Zh'ay per-dew mon sak_a muhn.
pursue *vt* poursuivre poor-sweevr, rechercher ruh-sher-shay **~ a goal** avoir un but *m* a-vwar_uhn bewt **~ happiness** rechercher le bonheur ruh-sher-shay luh bo-nuhr **~ romance** rechercher une aventure sentimentale ruh-sher-shay ewn_a-van-tewr san-tee-man-tal ♦ **pursuit** *n* 1. *(chasing)* poursuite *f* poor-sweet; 2. *(activity)* occupation *f* o-kew-pa-syon, activité *f* ak-tee-vee-tay **intellectual ~s** activités intellectuelles ak-tee-vee-tay uhn-tay-lek-tew-el **leisure ~s** loisirs *mpl* lwa-zeer **I enjoy (various) cultural pursuits.** J'adore (différentes) activités culturelles. Z'a-dor (dee-fay-rant_z_) ak-tee-vee-tay kewl-tew-rel.
push *vt & vi* 1. *(shove)* pousser poo-say; 2. *(press)* presser pray-say **Push!** Poussez *(Fam: Pousse)!* Poo-say *(Fam: Poos)!* **Push it.** Poussez *(Fam: Pousse)* le. *Poo-say (Fam: Poos)* luh. **Push the (1) button. / (2) switch.** Pressez *(Fam: Presse)*

A phrasebook makes a great gift!
See order information on page 552.

push   329   put off

(1) le bouton. / *(2)* l'interrupteur. *Pray-say (Fam: Pres) (1) luh boo-ton. / (2) l'uhn-tay-rewp-tuhr.* **Push the key.** Enfoncez *(Fam: Enfonce)* la clef. *An-fon-say (Fam: An-fons) la klay.* **Don't push!** Ne *poussez (Fam: pousse)* pas! *Nuh poo-say (Fam: poos) pa!* ♦ **push** *n:* **Could you give me a push?** *(automot.) Pourriez-vous (Fam: Pourrais-tu)* m'aider à pousser la voiture ? *Poo-ryay-voo (Fam: Poo-ray-tew) m'ay-day a poo-say la vwa-tewr?*

♦ **push off** *(idiom)* *(boats)* prendre le large **prandr luh larzh** **Push off!** *Prenez (Fam: Prends)* le large! *Pruh-nay (Fam: Pran) luh larzh!*

put *vt* 1. *(lay)* déposer **day-po-zay;** 2. *(set)* mettre **metr,** installer **uhns-ta-lay;** 3. *(place)* placer **pla-say** **Where shall I put** *(1,2)* **it?** Où devrais-je *(1)* le *(F: la)* mettre? *Oo duh-vray-zh (1) luh (F: la) metr?* **Put it over** *(1)* **here. /** *(2)* **there.** Mettez *(Fam: Mets)* le *(F: la) (1)* ici. / *(2)* là. *May-tay (Fam: Me) luh (F: la) (1) ee-see. / (2) la.*

  Can you put this in your... *Pouvez-vous (Fam: Peux-tu)* mettre cela dans... *Poo-vay-voo (Fam: Puh-tew) metr suh-la dan...*
        ...bag *(sack)?* ...*votre (Fam: ton)* sac? ...*votr (Fam: ton) sak ?*
        ...pack? ...*votre (Fam: ton)* paquet? ...*votr (Fam: ton) pa-ke?*
        ...pocket? ...*votre (Fam: ta)* poche? ...*votr (Fam: ta) posh?*
        ...purse? ...*votre (Fam: ton)* sac à main? ...*votr (Fam: ton) sak_a muhn?*
        ...suitcase? ...*votre (Fam: ta)* valise? ...*votr (Fam: ta) va-leez?*
Where did you put it? Où l'*avez-vous (Fam: as-tu)* mis (-e)? *Oo l'a-vay-voo (Fam: l'a-tew) mee (F: meez)?*
  I put it... Je l'ai *mis (F: mise)*... *Zhuh l'ay mee (F: meez)*...
    ...there. ...là. *...la.*
    ...in my pocket. ...dans ma poche. *...dan ma posh.*
    ...in my purse. ...dans mon sac à main. *...dan mon sak_a muhn.*
    ...in my suitcase. ...dans ma valise. *...dan ma va-leez.*
    ...in my wallet. ...dans mon portefeuille. *...dan mon port-fuhy.*
    ...in the *(place)***.** ...dans *(__)*. *...dan (__).*
    ...on the *(place)***.** ...sur *(__)*. *...sewr (__).*
Put your head on my shoulder. Pose ta tête sur mes épaules. *Poz ta tet sewr may_z_ay-pol.* **I'm going to put an ad in the paper.** Je vais mettre une petite annonce dans le journal. *Zhuh vay metr_ewn puh-teet_a-nons dan luh zhoor-nal.*

♦ **put away** *idiom (return to proper place)* ranger **ran-zhay** **Okay, put away the gun, I'll** *(1)* **come. /** *(2)* **do it. /** *(3)* **kiss you.** Bon, calme-toi, *(1)* je vais passer. / *(2)* je le ferai. / *(3)* je te donnerai un baiser. *Bon, kal-muh-twa, (1) zhuh vay pa-say. / (2) zhuh luh fuh-ray. / (3) zhuh tuh don-ray uhn bay-zay.*

♦ **put down** *idiom* 1. *(lay down)* poser **po-zay;** *(set down)* abaisser **a-bay-say;** 2. *(belittle)* rabaisser **ra-bay-say,** écraser **ay-kra-zay** **I didn't mean to put you down, I'm sorry.** Je suis désolé *(-e)*, je n'avais pas l'intention de *vous (Fam: te)* rabaisser. *Zhuh swee day-zo-lay, zhuh n'a-vay pa l'uhn-tan-syon duh voo (Fam: tuh) ra-bay-say.*

♦ **put off** *idiom (postpone)* reporter **ruh-por-tay** *(1)* **I'm /** *(2)* **We're going**

Articles: m = le,   f = la,   mpl = les,   fpl = les

to put off *(3)* **my** / *(4)* **our departure until** *(day/date)*. *(1)* Je vais… / *(2)* Nous allons… reporter *(3)* mon / *(4)* notre départ jusqu'au (___). *(1)* **Zhuh vay…** / *(2)* **Noo_z_a-lo<u>n</u>… ruh-por-tay** *(3)* **mo<u>n</u>** / *(4)* **no-truh day-par zhewsk'o** (___).

♦ **put on** idiom 1. *(clothing)* porter **por-tay,** mettre **metr;** 2. *(deceive, lie to)* mentir **ma<u>n</u>-teer,** prendre en grippe **pra<u>n</u>dr_a<u>n</u> greep** **You'd better put on a** *(1)* **coat.** / *(2)* **jacket.** / *(3)* **sweater. (It's** *[4]* **cold.** / *[5]* **getting cold.).** *Vous feriez (Fam: Tu ferais)* mieux de mettre *(1)* un manteau. / *(2)* une veste. / *(3)* un sweat. *([4]* Il fait froid. / *[5]* Ca se rafraîchit.). *Voo fuh-ryay (Fam: Tew fuh-ray)* **myuh duh metr** *(1)* **uh<u>n</u> ma<u>n</u>-to.** / *(2)* **ewn vest.** / *(3)* **uh<u>n</u> sweet.** *([4] Eel fay frwa.* / *[5] Sa suh ra-fray-shee.).* **Why don't you put on something comfortable?** Pourquoi ne *mettez-vous (Fam: mets-tu)* pas quelque chose de confortable? **Poor-kwa nuh** *may-tay-voo (Fam: may-tew)* **pa kel-kuh shoz duh ko<u>n</u>-for-tabl? Let's put on our swimsuits.** Nous allons mettre nos maillots de bain. **Noo_z_a-lo<u>n</u> metr no ma-yo duh buh<u>n</u>. You're putting me on.** *Vous vous moquez (Fam: Tu te moques)* de moi. *Voo voo mo-kay (Tu te mok)* **duh mwa**

♦ **put together** idiom *(assemble)* assembler **a-sa<u>n</u>-blay** *(1)* **I'll** / *(2)* **We'll help you put it together.** *(1)* Je vous *(Fam: t')* aiderai… / *(2)* Nous vous *(Fam: t')* aiderons… à l'assembler. *(1)* **Zhuh voo_z_(Fam: t')_ed-ray…** / *(2)* **Noo voo_z_(Fam: t')_ed-ro<u>n</u>… a l'a-sa<u>n</u>-blay.**

♦ **put up** idiom *(erect)* ériger **ay-ree-zhay,** monter **mo<u>n</u>-tay** ~ **a tent** monter une tente **mo<u>n</u>-tay ewn ta<u>n</u>t**

♦ **put up with** idiom *(endure)* supporter **sew-por-tay,** tolérer **to-lay-ray How do you put up with it?** Comment *supportez-vous (Fam: supportes-tu)* cela? **Ko-ma<u>n</u>** *sew-por-tay-voo (Fam: sew-port-tew)* **suh-la? I couldn't put up with it (anymore).** Je ne pouvais (plus) supporter cela. **Zhuh nuh poo-vay (plew) sew-por-tay suh-la.**

putter *vi* s'occuper **s'o-kew-pay I like to putter around the** *(1)* **garden.** / *(2)* **house.** J'aime m'occuper *(1)* à jardiner. / *(2)* à la maison. **Zh'em m'o-kew-pay** *(1)* **a zhar-dee-nay.** / *(2)* **a la may-zo<u>n</u>.**

puzzle *vt* laisser perplexe **lay-say per-pleks You (really) puzzle me (at times).** *Vous me laissez (Fam: Tu me laisses)* (vraiment) perplexe (parfois). *Voo muh lay-say (Fam: Tew muh les)* **(vray-ma<u>n</u>) per-pleks (par-fwa).** ♦ *n* 1. *(mystery)* énigme *f* **ay-neegm;** 2. *(toy)* puzzle *m* **puh-zuhl;** *(jigsaw)* jeu *m* de patience **zhuh duh pa-sya<u>n</u>s** ♦ **puzzled** *adj* perplexe *m&f* **per-pleks,** confus, -e *m&f* **ko<u>n</u>-few, -fewz I'm (really)** *(1,2)* **puzzled (by…).** Je suis (vraiment) *(1)* perplexe / *(2)* confus *(F: confuse)* (par…). **Zhuh swee (vray-ma<u>n</u>)** *(1)* **per-pleks** / *(2)* **ko<u>n</u>-few** *(F: ko<u>n</u>-fewz)* **(par…).**

In the pronunciation <u>n</u> *stands for a nasalized* **n**.

Q q

quaint *adj* pittoresque *m&f* pee-to-resk, particulier par-tee-kew-lyay, particulière *m&f* par-tee-kew-lyer

qualification *n (experience, skills)* qualification *f* kwa-lee-fee-ka-syon, compétence *f* kon-pay-tans

quality *adj (of high quality)* de qualité duh ka-lee-tay; *(relationship)* sérieux, sérieuse *m&f* say-ryuh, -ryuhz ♦ *n (characteristic)* qualité *f* ka-lee-tay; *(feature)* qualité *f* ka-lee-tay, caractéristique *m* ka-rak-tay-rees-teek **fine ~** bonne qualité bon ka-lee-tay **high ~** très bonne qualité tre bon ka-lee-tay **You have so many *(1)* fine / *(2)* good / *(3)* nice / *(4)* marvelous qualities.** *Vous avez (Fam: Tu as)* tellement de *(1,2)* bonnes qualités / *(3)* qualités adorables / *(4)* qualités merveilleuses. *Voo_z_a-vay (Fam: Tew a)* tel-man duh *(1,2)* bon ka-lee-tay. / *(3)* ka-lee-tay a-do-rabl. / *(4)* ka-lee-tay mer-vay-yuhz.

quarrel *vi* se quereller suh kuh-re-lay, se disputer suh dees-pew-tay **always ~** toujours se disputer too-zhoor suh dees-pew-tay **often ~** se disputer souvent suh dees-pew-tay soo-van **sometimes ~** se disputer parfois suh dees-pew-tay par-fwa **I don't want to quarrel (with you).** Je ne veux pas me disputer avec *vous (Fam: toi)*. Zhuh nuh vuh pa muh dees-pew-tay a-vek *voo (Fam: twa)*. ♦ *n* querelle *f* kuh-rel, dispute *f* dees-pewt **big ~** grande dispute grand dees-pewt **have a (big) ~** avoir une (grande) dispute a-vwar_ewn (grand) dees-pewt **little ~** petite dispute puh-teet dees-pewt **start a ~** déclencher une dispute day-klan-shay ewn dees-pewt **I hate quarrels.** Je déteste les disputes. Zhuh day-test lay dees-pewt.

quarter *n* quartier *m* kar-chyay **artists' ~** quartier des artistes kar-chyay day_z_ar-teest

queen *n* reine *f* ren **beauty ~** reine de beauté ren duh bo-tay **~ of love** reine de l'amour ren duh l'a-moor **~ of my heart** reine de mon cœur ren duh mon kuhr

question *n* question *f* kes-chyon **a few ~s** quelques questions kel-kuh kes-chyon **answer *(1)* my / *(2)* your ~** répondre à *(1)* ma / *(2)* votre *(Fam: ta)* question ray-pondr_a *(1)* ma / *(2)* votr *(Fam: ta)* kes-chyon **ask *(1)* me / *(2)* you a ~** *(1)* me / *(2)* vous *(Fam: te)* poser une question *(1)* muh / *(2)* voo *(Fam: tuh)* po-zay ewn kes-chyon **difficult ~** question difficile kes-chyon dee-fee-seel **foolish ~** question stupide kes-chyon stew-peed **important ~** question importante kes-chyon uhn-por-tant **main ~** question principale kes-chyon pruhn-see-pal **many ~s** beaucoup de questions bo-koo duh kes-chyon **next ~** la prochaine question la pro-shen kes-chyon **only ~** la seule question la suhl kes-chyon **repeat your ~** répéter *votre (Fam: ta)* question ray-pay-tay *votr (Fam: ta)* kes-chyon **several ~s** plusieurs questions plew-zyuhr kes-chyon **understand *(1)* my / *(2)* your ~** comprendre *(1)* ma / *(2)* votre *(Fam: ta)* question kon-prandr

---

A tilde ~ in terms stands for the main entry word.

(1) ma / *(2) votr (Fam: ta)* **kes-chyon Can I ask you a (personal) question?** Puis-je *vous (Fam: te)* poser une question (d'ordre personnel)? **Pwee-zh** *voo (Fam: tuh)* **po-zay_r_ewn kes-chyon (d'ordr per-so-nel)? That's out of the question.** C'est hors de question. **S'ay or duh kes-chyon.**

queue *n* file *f* **feel**, queue *f* **kuh**

quick *adj* rapide *m&f* **ra-peed**, vite *m&f* **veet** *(1)* **I'm** / *(2)* **You're a quick learner.** *(1)* J'apprends... / *(2) Vous apprenez (Fam: Tu apprends)*... vite. *(1)* **Zh'a-pran...** / *(2)* **Voo_z_a-pruh-nay** *(Fam: Tew a-pran)*... **veet. Be quick about it.** *Soyez (Fam: Sois)* rapide. *Swa-yay (Fam: Swa)* **ra-peed. You have to be quicker than that.** *Vous devez (Fam: Tu dois)* être plus rapide que ça. *Voo duh-vay_z_(Fam: Tew dwa)* **etr plew ra-peed kuh sa.** ♦ *adv* rapidement **ra-peed-man**, vite **veet Come quick!** *Venez (Fam: Viens)* rapidement! *Vuh-nay (Fam: Vyuhn)* **ra-peed-man!** ♦ **quickly** *adv* rapidement **ra-peed-man**, vite **veet You learn quickly.** *Vous apprenez (Fam: Tu apprends)* vite. *Voo_z_a-pruh-nay (Fam: Tew a-pran)* **veet.** ♦ **quick-witted** *adj* rapide *m&f* **ra-peed**, rapide à comprendre **ra-peed_a kon-prandr**

quiet *adj* calme *m&f* **kalm**, silencieux, silencieuse *m&f* **see-lan-syuh, -syuhz**, tranquille *m&f* **tran-keel You're a (rather) quiet person.** *Vous êtes (Fam: Tu es)* de nature (plutôt) calme. *Voo_z_et (Fam: Tew ay)* **duh na-tewr (plew-to) kalm. Why are you so quiet?** Pourquoi *êtes-vous (Fam: es-tu)* si calme? **Poor-kwa** *et-voo (Fam: ay-tew)* **see kalm? It's nice and quiet here.** C'est sympathique et tranquille ici. **S'ay suhn-pa-teek_ay tran-keel ee-see. Quiet!** Silence! **See-lans! Be quiet!** *Soyez (Fam: Sois)* calme! *Swa-yay (Fam: Swa)* **kalm!** ♦ *n* calme *m* **kalm**, silence *m* **see-lans**, tranquillité *f* **tran-kee-lee-tay peace and ~** paix et tranquillité **pay ay tran-kee-lee-tay** ♦ **quietly** *adv* tranquillement **tran-keel-man**, silencieusement **see-lan-syuhz-man**

quilt *n* couvre-lit *m* **koo-vruh-lee make ~s** faire des couvre-lits **fer day koo-vruh-lee**, coudre des couvre-lits **koodr day koo-vruh-lee**

quirk *n (peculiar trait)* manie *f* **ma-nee**, coutume *f* **koo-tewm** ♦ **quirky** *adj (peculiar)* maniéré, -e *m&f* **ma-nyay-ray**

quit *vt & vi* abandonner **a-ban-do-nay**, démissionner **day-mee-syo-nay**, arrêter **a-ray-tay I quit** *(1)* **drinking.** / *(2)* **smoking.** J'arrête de *(1)* boire. / *(2)* fumer. **Zh'a-ret duh** *(1)* **bwar.** / *(2)* **few-may. I quit my job.** Je démissionne de mon travail. **Zhuh day-mee-syon duh mon tra-vaee. That's all for me. I quit.** Je n'en peux plus. Je démissionne. **Zhuh n'an puh plew. Zhuh day-mee-syon. Quit doing that, okay?** *Arrêtez (Fam: Arrête)* avec ça, tu m'as *compris (-e)?* **A-re-tay** *(Fam: A-ret)* **a-vek sa, tew m'a** *kon-pree (F: kon-preez)?*

quite *adv* 1. *(rather; very)* assez **a-say**; 2. *(entirely)* totalement **to-tal-man**, complètement **kon-plet-man**, du tout **dew too ~ a few** pas mal **pa mal You're quite beautiful.** *Vous n'êtes (Fam: Tu n'es)* pas mal du tout. *Voo n'et (Fam: Tew n'ay)* **pa mal dew too. I'm not quite sure.** Je ne suis pas totalement *sûr (-e)*. **Zhuh nuh swee pa to-tal-man sewr. Not quite enough.** Pas suffisamment. **Pa sew-fee-za-man.**

---

uh *sounds like the "u" in "but"*

R r

rabbi *n* rabbin *m* **ra-buhn**
race *vt* courir **koo-reer**, faire la course *f* **fer la koors** Come on, I'll race you. Allez, on fait la course! **A-lay, on fay la koors!** ♦ *n* 1. *(contest)* course *f* **koors;** 2. *(human type)* race *f* **ras bicycle** ~ course *f* cycliste **koors see-kleest car** ~ course de voitures **koors duh vwa-tewr have a** ~ participer à une course **par-tee-see-pay a ewn koors** *(1,2)* **horse** ~ course *(1)* hippique / *(2)* de chevaux **koors** *(1)* **_ee-peek** / *(2)* **duh shuh-vo human** ~ race *f* humaine **ras_ew-men** ~ **against time** course *f* contre la montre **koors kon-truh la montr run a** ~ participer à la course *f* **par-tee-see-pay a la koors** Let's go to a horse race. Allons voir une course hippique. **A-lon vwar_ewn koors_ee-peek.** I don't care what race a person is. La race *f* d'une personne ne m'importe peu. **La ras d'ewn per-son nuh m'uhn-port puh.** ♦ **racetrack** *n (horse racing)* hippodrome *m* **ee-po-drom,** champ *m* de course **shan duh koors** ♦ **racing** *n* course *f* **koors car** ~ course *f* de voitures **koors duh vwa-tewr horse** ~ course *f* de chevaux **koors duh shuh-vo** ♦ **racist** *adj* raciste *m&f* **ra-seest** ~ **comment** commentaire *m* raciste **ko-man-ter ra-seest** ♦ **racism** *n* racisme *m* **ra-seezm**
rack *n:* **bike** ~ 1. *(on a car)* galerie *f* **gal-ree;** 2. *(to park a bike)* parking *m* à vélos **par-keeng_a vay-lo,** parc *m* à bicyclettes **park_a bee-see-klet ski** ~ porte-skis *m* **por-tuh-skee**
racket *n* 1. *(tennis)* raquette *f* **ra-ket;** 2. *(loud commotion)* brouhaha *m* **broo-a-a,** vacarme *m* **va-karm** What's all the racket? Qu'est-ce que c'est que (tout) ce vacarme? **K'es kuh s'ay kuh (too) suh va-karm?**
radiant *adj* radieux, radieuse *m&f* **ra-juh, -juhz,** rayonnant, -e *m&f* **ray-yo-nan, -nant** ~ **beauty** beauté *f* radieuse **bo-tay ra-juhz** You look radiant. Vous êtes *(Fam: Tu es)* radieux *(F: radieuse).* *Voo_z_et (Fam: Tew ay) ra-juh (F: ra-juhz).* ♦ **radiate** *vt* 1. *(emit)* émettre **ay-metr,** diffuser **dee-few-zay,** illuminer **ee-lew-mee-nay;** 2. *(manifest glowingly)* rayonner **ray-yo-nay,** émettre **ay-metr** You **radiate** *(1)* **beauty.** / *(2)* **vitality.** Vous rayonnez *(Fam: Tu rayonnes)* *(1)* de beauté. / *(2)* de vitalité. *Voo ray-yo-nay (Fam: Tew ray-yon) (1)* **duh bo-tay.** / *(2)* **duh vee-ta-lee-tay.** ♦ **radiator** *n (autom)* radiateur *m* **ra-ja-tuhr** The radiator has a leak. Le radiateur fuit. **Luh ra-ja-tuhr fwee.**
radical *adj* radical, -e *m&f* **ra-dee-kal** ~ **views** points de vue radicaux **pwuhn duh vew ra-dee-ko**
radio *n* radio *f* **ra-jo on the** ~ à la radio **a la ra-jo** ~ **station** station *f* radio **sta-syon ra-jo**
raft *n* raft *m* **raft inflatable** ~ raft pneumatique **raft pnuh-ma-teek** ♦ **rafting** *n* rafting *m* **raf-teeng go white water** ~ aller faire du rafting dans les rapides **a-lay fer dew raf-teeng dan lay ra-peed river** ~ rafting *m* **raf-teeng**

Common French signs and labels are on pages 547-551.

railroad *n* voie *f* ferroviaire vwa fe-ro-vyer *(See also* **train**.*)*

railway *n*: **funicular** ~ funiculaire *m* few-nee-kew-ler

rain *vi* pleuvoir pluh-vwar **It's raining.** Il pleut. Eel pluh. **What if it rains?** Que fait-on s'il pleut? Kuh fay_t-on s'eel pluh? **If it rains, ...** S'il pleut, ... S'eel pluh, ... **I hope it doesn't rain.** J'espère qu'il ne pleut pas. Zh'es-per k'eel nuh pluh pa. **The forecast says it's going to rain.** La météo prévoit de la pluie. La may-tay-o pray-vwa duh la plwee. ♦ *n* pluie *f* plwee **Let's dance in the rain.** Dansons sous la pluie. Dan-son soo la plwee. ♦ **rainbow** *n* arc-en-ciel *m* ark_an syel ♦ **raincoat** *n* imperméable *m* uhn-per-may-abl **Bring your raincoat.** Prenez votre *(Fam:* Prends ton*)* imperméable. Pruh-nay votr_ *(Fam:* Pran ton_*)* uhn-per-may-abl. ♦ **rainy** *adj* pluvieux, pluvieuse *m&f* plew-vyuh, -vyuhz ~ **day** journée *f* pluvieuse zhoor-nay plew-vyuhz

raise *vt* 1. *(lift up)* soulever sool-vay; 2. *(children: rear)* éduquer ay-dew-kay, élever el-vay; 3. *(animals: breed)* élever el-vay, apprivoiser a-pree-vwa-zay; 4. *(plants: cultivate)* cultiver kewl-tee-vay **I raised two children.** J'ai élevé deux enfants. Zh'ay el-vay duh_z_an-fan. **I was raised (by my grandparents) in _(place)_.** J'ai été élevé *(-e)* (par mes grands-parents) à (___). Zh'ay ay-tay el-vay (par may gran-pa-ran) a (___). **We raise *(1)* cattle. / *(2)* chickens. / *(3)* hogs.** Nous élevons *(1)* du bétail. / *(2)* des poulets. / *(3)* des cochons. Noo_z_el-von *(1)* dew bay-taee. / *(2)* day poo-lay. / *(3)* day ko-shon.

ramp *n* rampe *f* ranp **boat** ~ passerelle *f* pas-rel

ranch *n* ranch *m* ranch **cattle** ~ ranch pour élever le bétail ranch poor_el-vay luh bay-taee

range *n* gamme *f* gam, aire *f* er **archery** ~ aire *m* de tir (à l'arc) er duh teer (_a l'ark) **rifle** ~ aire *f* de tir er duh teer **skeet (shooting)** ~ aire *f* de tir aux pigeons d'argile er duh teer_o pee-zhon d'ar-zheel

rank *n* rang *m* ran, grade *m* grad **What's your rank?** Quel est *votre (Fam:* ton*)* grade? K'el_ay *votr (Fam:* ton*)* grad? **My rank is _(rank)_.** Mon grade est (___). Mon grad_ay (___). **What rank were you?** A quel grade *étiez-vous (Fam:* étais-tu*)*? A kel grad_ay-chyay-voo *(Fam:* ay-tay-tew*)*? **I was a _(rank)_.** J'ai été au grade de (___). Zh'ay ay-tay o grad duh (___).

rapid *adj* rapide *m&f* ra-peed ♦ **rapids** *n pl* rapides *mpl* ra-peed **go down the** ~ descendre les rapides day-sandr lay ra-peed

rappel *vi* descendre en rappel day-sandr_an ra-pel ♦ **rappeling** *n* descente *f* en rappel day-sant_an ra-pel

rapport *n* relation *f* ruh-la-syon, rapport *m* ra-por **You and I have such good rapport.** *Vous (Fam:* Toi*)* et moi avons de bons rapports. Voo_z_ *(Fam:* Twa*)* ay mwa a-von duh bon ra-por.

rare *adj* rare *m&f* rar **It's so rare to meet someone like you.** C'est tellement rare de rencontrer quelqu'un comme *vous (Fam:* toi*)*. S'ay tel-man rar duh ran-kon-tray kel-kuhn kom voo *(Fam:* twa*)*. ♦ **rarely** *adv* rarement rar-man *(1)* **I / *(2)* We rarely travel abroad.** *(1)* Je voyage... / *(2)* Nous voyageons... rarement à l'étranger. *(1)* Zhuh vwa-yazh... / *(2)* Noo vwa-ya-zhon... rar-

---

To learn more about French verbs, go to the Grammar appendix on page 512.

man a l'ay-tran-zhay.
rascal *n (imp)* espiègle m&f **es-pyegl**
rash *n* rougeurs *fpl* **roo-zhuhr** **I have a rash.** J'ai des rougeurs. **Zh'ay day roo-zhuhr.**
rat *n* rat *m* **ra**
rate *n* 1. *(currency exchange)* taux *m* **to**, rapport *m* **ra-por**; 2. *(price)* tarif *m* **ta-reef**; 3. *(pace)* pouls *m* **poo**, rythme *m* **reetm** **pulse ~** pulsation *m* **pewl-sa-syon ~ of exchange** taux de change **to duh shanzh room ~s** tarifs de chambre **ta-reef duh shanbr At any rate...** En tout cas... **An too ka…,** Au moins... **O mwuhn...**
rather *adv* 1. *(somewhat)* plutôt **plew-to**; *(quite)* assez **a-say**; 2. *(sooner, preferably)* préférablement **pray-fay-ra-bluh-man I'm rather tired.** Je suis assez *fatigué (-e).* **Zhuh swee_z_a-say fa-tee-gay. It's rather** *(1)* **difficult.** */ (2)* **expensive.** */ (3)* **far.** */ (4)* **late.** C'est assez *(1)* difficile. */ (2)* cher. */ (3)* loin. */ (4)* Il est assez tard. **S'ay_t_a-say** *(1)* **dee-fee-seel.** */ (2)* **sher.** */ (3)* **lwuhn.** */ (4)* **Eel_ay_t_a-say tar. What would you rather do?** Qu'est-ce que *vous préférez (Fam: tu préfères)* faire? **K'es kuh** *voo pray-fay-ray (Fam: tew pray-fer)* **fer? Would you rather** *(1)* **go?** */ (2)* **leave?** Préféreriez-vous (Fam: Préférerais-tu) *(1)* y aller? */ (2)* partir? *Pray-fuh-ryay-voo (Fam: Pray-fer-ray-tew) (1) ee_y_a-lay? / (2) par-teer?* **I'd** */ (2)* **We'd rather** *(3)* **go.** */ (4)* **wait.** *(1)* Je préférerais… */ (2)* Nous préférerions… */ (3)* y aller. */ (4)* attendre. *(1)* **Zhuh pray-fer-ray…** */ (2)* **Noo pay-fer-ryon…** *(3)* **ee_y_a-lay.** */ (4)* **a-tandr. Thanks, but I'd rather not.** Merci, mais je ne préférerais pas. **Mer-see, may zhuh nuh pray-fer-ray pa. I'd rather not talk about it.** Je préférerais ne pas en parler. **Zhuh pray-fer-ray nuh pa_z_an par-lay.**
rational *adj* rationnel, -le m&f **ra-syo-nel**
ravishing *adj* ravissant, -e m&f **ra-vee-san, -sant You look (absolutely) ravishing (in that** *[1]* **dress** */ [2]* **outfit).** Vous êtes *(Fam: Tu es)* (absolument) ravissante (dans cette *[1]* robe. */ [2]* tenue.) *Voo_z_et (Fam: Tew ay)* **(_z_ab-so-lew-man) ra-vee-sant (dan set** *[1]* **rob.** */ [2]* **tuh-new).**
raw *adj (uncooked)* cru, -e m&f **krew**
razor *n* rasoir *m* **ra-zwar electric ~** rasoir *m* électrique **ra-zwar_ay-lek-treek**
reach *vt* 1. *(come / go to)* atteindre **a-tuhndr**, arriver **a-ree-vay**; 2. *(contact)* contacter **kon-tak-tay**, joindre **zhwuhndr What time will we reach** *(place)*? A quelle heure arriverons-nous à (___)? **A kel_uhr_a-reev-ron-noo_z_a (___)? Is there some way I can reach you?** Est-ce qu'il y a un moyen de *vous (Fam: te)* joindre? **Es k'eel_ee_y_a uhn mwa-yuhn duh** *voo (Fam: tuh)* **zhwuhndr? You can reach me at this number.** Vous pouvez *(Fam: Tu peux)* me joindre à ce numéro. *Voo poo-vay (Fam: Tew puh)* **muh zhwuhndr_a suh new-may-ro.**
react *vi* réagir **ray-a-zheer**, prendre **prandr How did** *(1)* **he** */ (2)* **she react to that?** Comment l'a-t- *(1)* il */ (2)* elle pris? **Ko-man l'a-t-** *(1)* **eel** */ (2)* **el pree?**
♦ **reaction** *n* réaction *f* **ray-ak-syon**
read *vt* lire **leer** *(See also phrases under* **like** *and* **love.)** **Have you ever read** *(title)*? Avez-vous *(Fam: As-tu)* déjà lu (___)? *A-vay-voo (Fam: A-tew)* **day-zha lew (___)? What kind of books do you like to read?** Quel genre de livre *aimez-vous (Fam: aimes-tu)* lire? **Kel zhanr duh leevr_ay-may-voo (Fam: em-tew)**

Some adjectives follow nouns, some precede them.
You'll need to memorize these case by case.

leer? I like to read (*genre*). J'aime lire (___). **Zh'em leer (___). What are you reading?** Qu'est-ce que *vous lisez (Fam: tu lis)*? **K'es kuh voo lee-zay *(Fam: tew lee)*? I'm reading (*what*).** Je lis (___). **Zhuh lee (___).** ♦ **reader** *n* lecteur, lectrice *m&f* **lek-tuhr, -trees e-book** ~ lecteur *m* de livre électronique **lek-tuhr duh leevr_ay-lek-tro-neek I'm an avid reader.** Je suis *un grand lecteur (F: une grande lectrice)*. **Zhuh swee_z_uhn gran lek-tuhr *(F: ewn grand lek-trees)*.** ♦ **reading** *n* lecture *f* **lek-tewr**

ready *adj* prêt, -e *m&f* **pre, pret** **get ~** se préparer **suh pray-pa-ray Are you ready (to go)?** Etes-vous *(Fam: Es-tu)* prêt *(F: prête)* (à partir)? *Et-voo (Fam: Ay-tew) pre (F: pret)* (_t_a par-teer)? **I'm (not) ready (to go).** Je (ne) suis (pas) *prêt (F: prête)* (à partir). **Zhuh (nuh) swee (pa)** *pre (F: pret)* (_t_a par-teer). **We're (not) ready (to go).** Nous (ne) sommes (pas) *prêts (Fpl: prêtes)* (à partir). **Noo (nuh) som (pa) pre (Fpl: pret) (_t_a par-teer). Everything is ready.** Tout est prêt. **Too_t_ay pre.** *(1)* **I** */ (2)* **We have to get ready.** *(1)* Je dois me... */ (2)* Nous devons nous...préparer. *(1)* **Zhuh dwa muh...** */ (2)* **Noo duh-von noo... pray-pa-ray. You'd better get ready.** *Vous feriez (Fam: Tu ferais)* mieux de *vous (Fam: te)* préparer. ***Voo fuh-ryay (Fam: Tew fuh-ray)* myuh duh** *voo (Fam: tuh)* **pray-pa-ray. Hurry up and get ready.** *Dépêchez-vous et soyez prêt (F: prête) (Fam: Dépêche-toi et sois prêt [F: prête])*. **Day-pe-shay-voo ay swa-yay pre *(F: pret) (Fam: Day-pesh-twa ay swa pre [F: pret])*. I'll go get ready.** Je vais me préparer. **Zhuh vay muh pray-pa-ray. We'll go get ready.** Nous allons nous préparer. **Noo_z_a-lon noo pray-pa-ray.** *(1)* **I'll** */ (2)* **We'll be ready in fifteen minutes.** *(1)* Je serais *prêt (F: prête)*... */ (2)* Nous serons *prêts (Fpl: prêtes)*... dans quinze minutes. *(1)* **Zhuh suh-ray** *pre (F: pret)*... */ (2)* **Noo suh-ron** *pre (Fpl: pret)*... **dan kuhnz mee-newt. When will** *(1)* **it** */ (2)* **they be ready?** Quand est-ce *(1)* que ça sera prêt? */ (2)* qu'*ils (Fpl: elles)* seront *prêts (Fpl: pretes)*? **Kan_t_es** *(1)* **kuh sa suh-ra pre?** */ (2)* **k'eel *(Fpl: el)* suh-ron** *pre (Fpl: pret)*?

real *adj* réel, -le *m&f* **ray-el**, vrai, -e *m&f* **vray in the ~ world** dans la réalité **dan la ray-a-lee-tay**, en réalité **an ray-a-lee-tay ~ life** la vraie vie **la vray vee Is it real?** Est-ce que c'est vrai? **Es kuh s'ay vray? It's (not) real.** C'(e n')est (pas) vrai. **S'(uh n)'ay (pa) vray. Let's be real.** Soyons réalistes. **Swa-yon ray-a-leest. Our love is the real thing.** C'est le vrai amour entre nous. **S'ay luh vray a-moor_an-truh noo.** ♦ *adv* très **tre**, vraiment **vray-man ~ early** très tôt **tre to ~ estate** bien *m* immobilier **byuhn ee-mo-bee-lyay ~ estate agent** agent *m&f* immobilier **a-zhan ee-mo-bee-lyay ~ late** très tard **tre tar** *(1)* **I'm** */ (2)* **We're having a real good time.** *(1)* Je passe... */ (2)* Nous passons... un très bon moment. *(1)* **Zhuh pas...** */ (2)* **Noo pa-son... uhn tre bon mo-man.** *(1)* **I** */ (2)* **We had a real good time.** *(1)* J'ai... */ (2)* Nous avons... passé un très bon moment. *(1)* **Zh'ay...** */ (2)* **Noo_z_a-von... pa-say uhn tre bon mo-man.** ♦ **realist** *n* réaliste *m&f* **ray-a-leest** ♦ **realistic** *adj* réaliste *m&f* **ray-a-leest realistically** *adv* réellement **ray-el-man** ♦ **reality** *n* réalité *f* **ray-a-lee-tay become ~** se réaliser **suh ray-a-lee-zay cold ~** dure réalité **dewr ray-a-lee-tay**

A blue diamond ♦ *signals a different word or a different form of a word.*

do a ~ **check** redescendre sur terre **ruh-day-sandr sewr ter face** ~ affronter la réalité **a-fron-tay la ray-a-lee-tay in** ~ en réalité **an ray-a-lee-tay**

realize *vt* 1. *(become aware)* réaliser **ray-a-lee-zay**, se rendre compte **suh randr kont**; *(know)* comprendre **kon-prandr**; 2. *(fulfill, bring to life)* réaliser **ray-a-lee-zay be realized** réaliser **ray-a-lee-zay I realize that...** Je me rends compte que... **Zhuh muh ran kont kuh… I just realized that...** Je viens de réaliser que... **Zhuh vyuhn duh ray-a-lee-zay kuh… I didn't realize that...** Je n'ai pas réalisé que... **Zhuh n'ay pa ray-a-lee-zay kuh… All my dreams are realized.** Tous mes rêves sont devenus réalité. **Too may rev son duh-vuh-new ray-a-lee-tay.**

really *adv (truly)* vraiment **vray-man**, réellement **ray-el-man**, sérieusement **say-ryuhz-man**; *(very, extremely)* très **tre**, vraiment **vray-man**; **Really?** *(1)* Vraiment? / *(2)* Vous êtes *(Fam: Tu es)* sérieux *(F: sérieuse)*? *(1)* **Vray-man?** / *(2)* **Voo_z_et** *(Fam: Tew ay)* **say-ryuh** *(F: say-ryuhz)*? **You are really beautiful.** Vous êtes *(Fam: Tu es)* très belle. *Voo_z_et (Fam: Tew ay) tre bel.* **You're really nice.** Vous êtes *(Fam: Tu es)* très gentil (-le). *Voo_z_et (Fam: Tew ay) tre zhan-tee (F: zhan-teey[uh]).* **I'm really tired.** Je suis vraiment *fatigué (-e).* **Zhuh swee vray-man fa-tee-gay.** *(1)* **I** / *(2)* **We really had a good time.** *(1)* J'ai… / *(2)* Nous avons… vraiment passé un bon moment. *(1)* **Zh'ay…** / *(2)* **Noo_z_a-von… vray-man pa-say uhn bon mo-man.** *(1)* **I** / *(2)* **We really enjoyed it.** *(1)* J'ai… / *(2)* Nous avons… vraiment apprécié. *(1)* **Zh'ay…** / *(2)* **Noo_z_a-von… vray-man a-pray-syay. Do you really want to** *(1)* **go?** / *(2)* **leave?** / *(3)* **stay?** Voulez-vous *(Fam: Veux-tu)* vraiment *(1)* y aller? / *(2)* partir? / *(3)* rester? *Voo-lay-voo (Fam: Vuh-tew)* **vray-man** *(1) ee_y_a-lay? / (2) par-teer? / (3) res-tay?*

rear *n* 1. *(back section)* arrière *m* **a-ryer**, partie *f* postérieure **par-tee pos-tay-ryuhr**; 2. *(colloq: buttocks)* derrière *m* **der-ryer** ~ **end** *(colloq: buttocks)* derrière *m* **der-ryer Let's sit in the rear.** Assoyons-nous à l'arrière. **A-swa-yon-noo a l'a-ryer.**

reason *n* raison *f* **ray-zon**, motif *m* **mo-teef another** ~ une autre raison **ewn_o-truh ray-zon any** ~ quelque soit *(1)* la raison / *(2)* le motif **kel-kuh swa** *(1)* **la ray-zon** / *(2)* **luh mo-teef be the** ~ **(for)** être la raison (de) **etr la ray_zon (duh) come up with a good** ~ trouver une bonne raison **troo-vay ewn bon ray-zon different** ~ motif différent **mo-teef dee-fay-ran different** ~**s** différentes raisons **dee-fay-rant ray-zon for** *(1)* **this** / *(2)* **that** ~ pour *(1,2)* cette raison **poor** *(1,2)* **set ray-zon good** ~ bonne raison **bon ray-zon know the** ~ connaître le motif **ko-netr luh mo-teef main** ~ raison principale **ray-zon pruhn-see-pal only** ~ seule raison **suhl ray-zon personal** ~**s** motifs personnels **mo-teef per-so-nel poor** ~ raison *f* peu convaincante **ray-zon puh kon_-vuhn-kant real** ~ vraie raison **vray ray-zon see the** ~ réaliser **ray-a-lee-zay think up a good** ~ trouver une bonne raison **troo-vay ewn bon ray-zon various** ~**s** différentes raisons **dee-fay-rant ray-zon For what reason?** Quelle est la raison? **Kel_ay la ray-zon? Tell me what the reason is.** Dites *(Fam: Dis)*-moi quelle est la raison. *Deet (Fam: Dee)*-**mwa kel_ay la ray-zon. I'll tell you the reason.** Je *vous (Fam: te)* donnerai la raison. *Zhuh voo (Fam: tuh)* **don-ray la ray-zon. There are a lot of (good) reasons.** Il y a énormément de (bonnes) raisons. **Eel_ee_y_a ay-**

Familiar "tu" ("tew") forms in parentheses can replace italicized polite forms.

reasonable nor-may-man duh (bon) ray-zon. **That's no reason.** Ce n'est pas une raison. Suh n'ay pa_z_ewn ray-zon. ♦ **reasonable** *adj* 1. *(1. agreeing with reason, sensible; 2. fair, not too expensive)* raisonnable *m&f* ray-zo-nabl ~ **price** prix *m* raisonnable pree ray-zo-nabl **Be reasonable.** Soyez *(Fam: Sois)* raisonnable. Swa-yay *(Fam: Swa)* ray-zo-nabl. **That's (*[1]* quite / *[2]* very) reasonable.** C'est (*[1]* assez / *[2]* très) raisonnable. S'ay (*[1]*_t_a-say / *[2]* tre) ray-zo-nabl. **What's a reasonable price for *(what)*?** Quel serait un prix raisonnable pour (___)? Kel suh-ray_t_uhn pree ray-zo-nabl poor (___)? ♦ **reasonably** *adv (fairly)* raisonnablement ray-zo-na-bluh-man ~ **well** raisonnablement pas mal ray-zo-na-bluh-man pa mal

rebound *n (ball)* rebond *m* ruh-bon

receipt *n (written)* reçu *m* ruh-sew; *(cash register)* ticket *m* de caisse tee-kay duh kes; *(rent)* quittance *f* kee-tans **Can you give me a receipt.** Pouvez-vous *(Fam: Peux-tu)* me donner un reçu? Poo-vay-voo *(Fam: Puh-tew)* muh do-nay uhn ruh-sew? **I lost the receipt.** J'ai perdu le reçu. Zh'ay per-dew luh ruh-sew. **Here's the receipt.** Voici le reçu. Vwa-see luh ruh-sew.

receive *vt* recevoir ruh-suh-vwar

Did you receive... Avez-vous *(Fam: As-tu)* reçu... A-vay-voo *(Fam: A-tew)* ruh-sew...

...**my e-mail?** ...mon e-mail? ...mon_ee-mayl?
...**my letter?** ...ma lettre? ...ma letr?
...**my message?** ...mon message? ...mon may-sazh?
...**our e-mail?** ...notre e-mail? ...notr_ee-mayl?
...**our letter?** ...notre lettre? ...notr letr?
...**our message?** ...notre message? ...notr may-sazh?

I received... J'ai reçu... Zh'ay ruh-sew...
I didn't receive... Je n'ai pas reçu... Zhuh n'ay pa ruh-sew...
We received... Nous avons reçu... Noo_z_a-von ruh-sew...
We didn't receive... Nous n'avons pas reçu... Noo n'a-von pa ruh-sew...

...**your e-mail.** ...votre *(Fam: ton)* e-mail. ...votr_*(Fam: ton)*_ee-mayl.
...**your letter.** ...votre *(Fam: ta)* lettre. ...votr *(Fam: ta)* letr.
...**your message.** ...votre *(Fam: ton)* message. ...votr *(Fam: ton)* may-sazh.

recent *adj* récent, -e *m&f* ray-san, -sant **in** ~ *(1)* **days** / *(2)* **weeks** / *(3)* **months** / *(4)* **years** au cours des *(1)* derniers jours / *(2)* dernières semaines / *(3)* derniers mois / *(4)* dernières années o koor day *(1)* der-nyay zhoor / *(2)* der-nyer suh-men / *(3)* der-nyay mwa / *(4)* der-nyer_z_a-nay ~ **trip** voyage récent vwa-yazh ray-san ♦ **recently** *adv* récemment ray-sa-man, d'ici peu d'ee-see puh **until** ~ jusque récemment zhews-kuh ray-sa-man **I just recently *(1)* arrived here.** / *(2)* **got married.** / *(3)* **graduated from college.** Je viens juste *(1)* d'arriver. / *(2)* de me marier. / *(3)* d'obtenir mon diplôme. Zhuh vyuhn zhewst *(1)* d'a-ree-vay. / *(2)* duh muh ma-ryay. / *(3)* d'ob-tuh-neer mon dee-plom. **We just recently *(1)* arrived here.** / *(2)* **got married.** Nous venons juste *(1)* d'arriver. / *(2)* de nous marier. Noo vuh-non zhewst *(1)* d'a-ree-vay. / *(2)* duh noo ma-ryay.

reception *n* réception *f* ray-sep-syon, accueil *m* a-kuhy **warm** ~ accueil chaleureux

---

Learn a new French phrase every day! Subscribe to the free **Daily Dose of French**, *www.phrase-books.com.*

a-kuhy sha-luh-ruh wedding ~ réception de mariage **ray-sep-syon duh ma-ryazh**

recharge *vt* récupérer **ray-kew-pay-ray**, recharger **ruh-shar-zhay I need to recharge *(1)* the battery. / *(2)* my cell phone.** Je dois recharger *(1)* la batterie. / *(2)* mon portable. **Zhuh dwa ruh-shar-zhay *(1)* la ba-tree. / *(2)* mon por-tabl.**

recipe *n* 1. *(cooking)* recette *f* **ruh-set**; 2. *(plot)* recette *f* **ruh-set Could you give me the recipe for it?** Pouvez-vous *(Fam: Peux-tu)* me donner la recette de ça? *Poo-vay-voo (Fam: Puh-tew) muh do-nay la ruh-set duh sa?* **I'll write down the recipe for you.** Je *vous (Fam: t')* écrirai la recette. **Zhuh voo_z_ *(Fam: t')*_ay-kree-ray la ruh-set.**

reciprocate *vt* retourner **ruh-toor-nay *(1)* I / *(2)* We want to reciprocate your *(3)* generosity. / *(4)* hospitality.** *(1)* Je veux… / *(2)* Nous voulons… *vous (Fam: te)* rendre *(3)* votre *(Fam: ta)* générosité. / *(4)* votre *(Fam: ton)* hospitalité. *(1)* **Zhuh vuh…** / *(2)* **Noo voo-lon… voo *(Fam: tuh)* randr *(3)* votr *(Fam: ta)* zhay-nay-ro-zee-tay** / *(4)* **votr_(Fam: ton)_os-pee-ta-lee-tay.**

recite *vt* réciter **ray-see-tay ~ a poem** réciter un poème **ray-see-tay uhn po-em Can you recite it for me?** Pouvez-vous *(Fam: Peux-tu)* me le réciter? *Poo-vay-voo (Fam: Puh-tew) muh luh ray-see-tay?* **I'll recite it for you.** Je *vous (Fam: te)* le réciterai. **Zhuh voo *(Fam: tuh)* luh ray-see-tray.**

reckless *adj* imprudent, -e *m&f* **uhn-prew-dan, -dant ~ driver** conducteur *(F: conductrice)* imprudent *(-e)* **kon-dewk-tuhr_uhn-prew-dan (F: kon-dewk-trees_uhn-prew-dant) That's a reckless thing to do.** C'est risqué. **S'ay rees-kay. Don't be reckless.** Ne *soyez (Fam: sois)* pas *imprudent (-e)*. **Nuh swa-yay *(Fam: swa)* pa_z_uhn-prew-dan (F: uhn-prew-dant). ♦ recklessly** *adv* imprudemment **uhn-prew-da-man**, de façon imprudente **duh fa-son uhn-prew-dant Please don't drive recklessly.** S'il *vous (Fam: te)* plaît, ne *conduisez (Fam: conduis)* pas de façon imprudente. **S'eel voo *(Fam : tuh)* play, nuh kon-dwee-zay *(Fam: kon-dwee)* pa duh fa-son uhn-prew-dant.**

recognize *vt* reconnaître **ruh-ko-netr Do you recognize me?** Est-ce que *vous me reconnaissez (Fam: tu me reconnais)*? **Es kuh voo muh ruh-ko-nay-say *(Fam : tew muh ruh-ko-nay)*? I (almost) didn't recognize you.** Je ne *vous (Fam: t')* ai (presque) pas reconnu. **Zhuh nuh voo_z_ *(Fam: t')* ay (presk) pa ruh-ko-new.**

recommend *vt* recommander **ruh-ko-man-day**, conseiller **kon-se-yay What *(1)* hotel / *(2)* place / *(3)* restaurant / *(4)* store do you recommend?** Quel *(1)* hôtel / *(2)* endroit / *(3)* restaurant / *(4)* magasin me *conseillez-vous (Fam: conseilles-tu)*? Kel *(1)*_o-tel / *(2)*_an-drwa / *(3)* res-to-ran / *(4)* ma-ga-zuhn muh *kon-se-yay-voo (Fam: kon-sey-tew)*? **I recommend…** Je *vous (Fam: te)* conseille… **Zhuh voo *(Fam: tuh)* kon-sey…**

    Can you recommend a(n)… Pouvez-vous *(Fam: Peux-tu)* me recommander un… *Poo-vay-voo (Fam: Puh-tew) muh ruh-ko-man-day uhn…*
        …dentist? …dentiste? **…dan-teest?**
        …doctor? …docteur? **…dok-tuhr?**
        …guide? …guide? **…gheed?**

---

*Underlines between letters indicate
the sounds are joined together.*

...interpreter? ...interprète? **... uhn-ter-pret?**
...lawyer? ...avocat? **... a-vo-ka?**
...mechanic? ...mécanicien? **...may-ka-nee-syuhn?**

♦ **recommendation** *n* recommandation *f* **ruh-ko-man-da-syon**, conseil *m* **kon-sey**, suggestion *f* **sewg-zhay-syon** **Thanks for your recommendation.** Merci pour *votre (Fam: ton)* conseil. **Mer-see poor** *votr (Fam: ton)* **kon-sey.**

reconsider *vi* reconsidérer **ruh-kon-see-day-ray** **I hope you'll reconsider.** J'espère que *vous reconsidérerez (Fam: tu reconsidéreras) votre (Fam: ta)* décision. **Zh'es-per kuh** *voo ruh-kon-see-der-ray (Fam: tew ruh-kon-see-der-ra) votr (Fam: ta)* **day-see-zyon. Please reconsider.** Je *vous (Fam: t')* en pris, *reconsidérez (Fam: reconsidère) votre (Fam: ta)* décision. **Zhuh voo_z_ (Fam: t') an pree,** *ruh-kon-see-day-ray (Fam: ruh-kon-see-der) votr (Fam: ta)* **day-see-zyon.**

record *vt (audio, video)* enregistrer **an-ruh-zhees-tray**, registrer **ruh-zhees-tray** **I want to record you singing.** Je veux *vous (Fam: t')* enregistrer en train de chanter. **Zhuh vuh** *voo_z_ (Fam: t')* **an-ruh-zhees-tray an truhn duh shan-tay.** ♦ *n* 1. *(written)* registre *m* **ruh-zheestr**, registration *f* **ruh-zhees-tra-syon**, document *m* **do-kew-man**; 2. *(sports)* record *m* **ruh-kor**; 3. *(phonograph)* disque *m* **deesk** **birth ~** registre *m* des naissances **ruh-zheestr day nay-sans** **divorce ~s** registre des divorces **ruh-zheestr day dee-vors** **educational ~s** registres académiques **ruh-zheestr_a-ka-day-meek** **employment ~s** registre des employés **ruh-zheestr day_z_an-plwa-yay** **keep a ~** tenir un registre **tuh-neer_uhn ruh-zheestr** **marriage ~** registre des mariages **ruh-zheestr day ma-ryazh** **medical ~s** registres médicaux **ruh-zheestr may-dee-ko** **obtain ~s** obtenir les registres **ob-tuh-neer lay ruh-zheestr** **police ~** registre de la police **ruh-zheestr duh la po-lees** **player** tourne-disque *m* **toor-nuh-deesk** **school ~s** registre de l'école **ruh-zheestr duh l'ay-kol** **set a ~** établir un registre **ay-ta-bleer_uhn ruh-zheestr** **We need to get your _(type)_ records.** *(written)* Nous devons récupérer *vos (Fam: tes)* informations (___). **Noo duh-von ray-kew-pay-ray** *vo_(Fam: tay)_z_uhn-for-ma-syon* (___). **I believe you've set a new world record.** Je pense que *vous avez (Fam: tu as)* battu le record mondial. **Zhuh pans kuh** *voo_z_a-vay (Fam: tew a)* **ba-tew luh ruh-kor mon-jal.** ♦ **recorder** *n* enregistreur *m* **an-ruh-zhees-truhr** **tape ~** magnétoscope **ma-nyay-tos-kop**

recount *n* recomptage *m* **ruh-kont** **I demand a recount.** Je réclame un recomptage. **Zhuh ray-klam_uhn ruh-kon-tazh.**

recover *vi (regain health)* récupérer **ray-kew-pay-ray**, se rétablir **suh ray-ta-bleer** **I hope you recover soon.** J'espère que *vous vous rétablirez (Fam: tu te rétabliras)* bientôt. **Zh'es-per kuh** *voo voo ray-ta-blee-ray (Fam: tew tuh ray-ta-blee-ra)* **byuhn-to.**

recreation *n* récréation *f* **ray-kray-a-syon**, pause *f* **poz** **time for ~** temps de récréation **tan duh ray-kray-a-syon** **What do you do for recreation?** Que *faites-vous (Fam: fais-tu)* pendant la récréation? **Kuh** *fet-voo (Fam: fay-tew)* **pan-dan la ray-kray-a-syon?** ♦ **recreational** *adj* récréatif, récréative *m&f* **ray-**

Like English, French has both regular and irregular verbs. Learn more about them on page 514.

kray-a-teef, -teev ~ **activities** activités récréatives ak-tee-vee-tay ray-kray-a-teev ~ **program** programme pour la recréation pro-gram poor la ray-kray-a-syon

recuperate *vi* récupérer ray-kew-pay-ray, se rétablir suh ray-ta-bleer, guérir gay-reer

recycle *vt* recycler ruh-see-klay ♦ **recycling** *n* recyclage *m* ruh-see-klazh

red *adj* rouge *m&f* roozh, roux, rousse *m&f* roo, roos ~ **face** visage rouge vee-zazh roozh ~ **hair** cheveux *mpl* roux shuh-vuh roo ~ **light** lumière *f* rouge lew-myer roozh ~ **tape** paperasserie *f* pa-pras-ree **Your face is getting red.** *Vous rougissez (Fam: Tu rougis).* *Voo roo-zhee-say (Fam: Tew roo-zhee).* **I really like your red hair.** J'adore *vos (Fam: tes)* cheveux roux. *Zh'a-dor vo (Fam: tay) shuh-vuh roo.* **There's a lot of red tape to go through.** Cela requiert énormément de paperasserie. *Suh-la ruh-kyer_ay-nor-may-man duh pa-pras-ree.* ♦ **redhead** *n* roux, rousse *m&f* roo, roos

reduce *vi (lose weight)* perdre du poids perdr dew pwa **I'm trying to reduce.** J'essaie de perdre du poids. *Zh'ay-say duh perdr dew pwa.*

reel (in) *vt (fishing)* rembobiner le moulinet ran-bo-bee-nay luh moo-lee-nay, mouliner moo-lee-nay ♦ **reel** *n (fishing)* moulinet *m* moo-lee-nay

re-enlist *vi (mil.)* se réengager suh ray-an-ga-zhay **I re-enlisted for** *(1)* **three** / *(2)* **six years.** Je me suis *réengagé (-e)* pour *(1)* trois / *(2)* six ans de plus. *Zhuh muh swee_z_ray-an-ga-zhay poor (1) trwa / (2) see _z_an duh plews.*

referee *vt & vi* arbitrer ar-bee-tray **Could you referee for us?** *Pourriez-vous (Fam: Pourrais-tu)* faire l'arbitre pour nous? *Poo-ryay-voo (Fam: Poo-ray-tew) fer l'ar-beetr poor noo?* **I'll referee for you.** J'arbitrerai pour *vous (Fam: toi).* *Zh'ar-bee-tray poor voo (Fam: twa).* ♦ *n* arbitre *m&f* ar-beetr

refill *vt (drink)* remplir ran-pleer; *(card)* recharger ruh-shar-zhay *(1)* **I** / *(2)* **We need to refill it.** *(1)* J'ai… / *(2)* Nous avons… besoin de le remplir à nouveau. *(1) Zh'ay… / (2) Noo_z_a-von… buh-zwuhn duh luh ran-pleer_a noo-vo.* **Where can** *(1)* **I** / *(2)* **we refill it?** Où *(1)* puis-je… / *(2)* pouvons-nous… le remplir? *Oo (1) pwee-zh… / (2) poo-von-noo… luh ran-pleer?*

reflection *n* réflexion *f* ray-flek-syon

reflex *n* réflexe *m* ray-fleks **You have good reflexes.** *Vous avez (Fam: Tu as)* de bons réflexes. *Voo_z_a-vay (Fam: Tew a) duh bon ray-fleks.*

refreshing *adj* rafraîchissant, -e *m&f* ra-fray-shee-san, -sant **Ah, how refreshing!** Ah, que c'est rafraîchissant! *A, kuh s'ay ra-fray-shee-san!* **That was (very) refreshing.** C'était (très) rafraîchissant. *S'ay-tay (tre) ra-fray-shee-san.*

refreshments *n pl (food, drink)* rafraîchissements *mpl* ra-fray-shees-man **How about some refreshments?** Ça *vous (Fam: te)* dit un rafraîchissement? *Sa voo (Fam: tuh) dee uhn ra-fray-shees-man?*

refrigerator *n* réfrigérateur *m* ray-free-zhay-ra-tuhr

refugee *n* réfugié, -e *m&f* ray-few-zhyay

refund *n* remboursement *m* ran-boor-suh-man **ask for a** ~ demander un remboursement duh-man-day uhn ran-boor-suh-man **get a** ~ recevoir un remboursement ruh-suh-vwar_uhn ran-boor-suh-man **I want a refund.** Je veux être *remboursé (-e).* *Zhuh vuh_z_etr ran-boor-say.*

---

a *always sounds like the "a" in "father"*

refuse *vt* refuser ruh-few-zay, se refuser suh ruh-few-zay **I refuse to do it.** Je refuse de le faire. Zhuh ruh-fewz duh luh fer. **How could I possibly refuse such an offer?** Comment pourrais-je refuser une telle offre? Ko-ma**n** poo-ray-zh(uh) ruh-few-zay ewn tel_ofr?

    I refused. J'ai refusé. Zh'ay ruh-few-zay.
    We refused. Nous avons refusé. Noo_z_a-vo**n** ruh-few-zay.
    He refused. Il a refusé. Eel_a ruh-few-zay.
    She refused. Elle a refusé. El_a ruh-few-zay.
    They refused. Ils *(Fpl: Elles)* ont refusé. Eel *(Fpl: El)* z_o**n** ruh-few-zay.

Why did you refuse? Pourquoi *avez-vous (Fam: as-tu)* refusé? Poor-kwa *a-vay-voo (Fam: a-tew)* ruh-few-zay?

regard *vt* 1. *(consider)* considérer ko**n**-see-day-ray; 2. *(concern)* concerner ko**n**-ser-nay, regarder ruh-gar-day **As regards...** En ce qui concerne... A**n** suh kee ko**n**-sern... ♦ **regards** *n pl (greetings)* l'expression de *mes* sentiments l'eks-pray-syo**n** duh *may* sa**n**-tee-ma**n**

    Please give *(1)* **my /** *(2)* **our regards to...** Veuillez transmettre l'expression de *(1)* mes / *(2)* nos sentiments à... Vuh-yay tra**n**s-metr l'eks-pre-syo**n** duh *(1)* may / *(2)* no sa**n**-tee-ma**n** a...

    ...your family. ...*votre (Fam: ta)* famille. ...*votr (Fam: ta)* fa-meey(uh).
    ...your husband. ...*votre (Fam: ton)* mari. ...*votr (Fam: to**n**)* ma-ree.
    ...your parents. ...*vos (Fam: tes)* parents. ...*vo (Fam: tay)* pa-ra**n**.
    ...your wife. ...*votre (Fam: ta)* mère. ...*votr (Fam: ta)* mer.

♦ **regardless (of)** *adv* indépendamment (de) uh**n**-day-pa**n**-da-ma**n** (duh)

region *n* région *f* ray-zhyo**n**

register *vi (sign up)* s'inscrire s'uh**n**s-kreer, se registrer suh ruh-zhees-tray ~ **at a hotel** registrer à l'hôtel ruh-zhees-tray a l'o-tel ~ **for school** s'inscrire à l'école s'uh**n**s-kreer_a l'ay-kol ♦ **registered** *adj (postal)* recommandé, -e *m&f* ruh-ko-ma**n**-day ~ **letter** lettre *f* recommandée letr ruh-ko-ma**n**-day ~ **mail** courrier *m* recommandé koo-ryay ruh-ko-ma**n**-day ~ **package** paquet *m* recommandé pa-kay ruh-ko-ma**n**-day **I'd like to send this by registered mail.** J'aimerais envoyer ceci par courrier recommandé. Zh'em-ray a**n**-vwa-yay suh-see par koo-ryay ruh-ko-ma**n**-day. ♦ **registry** *(place of registration)* office *f* des registres o-fees day ruh-zheestr, registration *f* ruh-zhees-tra-syo**n**

regret *vt* regretter ruh-gre-tay **I regret what I** *(1)* **did. /** *(2)* **said.** Je regrette ce que j'ai *(1)* fait. / *(2)* dit. Zhuh ruh-gret suh kuh zh'ay *(1)* fay. / *(2)* dee. *(1)* **I /** *(2)* **We regret that** *(3)* **I /** *(4)* **we can't accept your invitation.** *(1)* Je regrette... / *(2)* Nous regrettons... mais *(3)* je ne peux pas... *(4)* nous ne pouvons pas... accepter *votre (Fam: ton)* invitation. *(1)* Zhuh ruh-gret... / *(2)* Noo ruh-gre-to**n**... may *(3)* zhuh nuh puh pa... / *(4)* noo nuh poo-vo**n** pa..._z_ak-sep-tay *votr (Fam: to**n**)* uh**n**-vee-ta-syo**n**. ♦ *n* regret *m* ruh-gray **I hope you don't have any regrets.** J'espère que *vous n'avez (Fam: tu n'as)* aucun regret. Zh'es-per kuh *voo n'o-ray (Fam: tew n'o-ra)* o-kuh**n** ruh-gray. **I have no regrets.** Je n'ai aucun regret. Zhuh n'ay o-kuh**n** ruh-gray.

French pronunciation and phonetics are on pages 510-511.

regular *adj* 1. *(recurring regularly)* régulier, régulière *m&f* ray-gew-lyay, -lyer, constant, -e *m&f* kons-tan, -tant; 2. *(customary)* habitué, -e *m&f* a-bee-tew-ay; 3. *(steady)* régulier, -e *m&f* ray-gew-lyay, -lyer ~ **customer** client (-e) *m&f* habituel (-le) klee-yan (F: klee-yant) a-bee-tew-el ~ **schedule** programme *m* habituel pro-gram a-bee-tew-el ~ **time** heure *f* habituelle uhr_a-bee-tew-el ~ **visitor** visiteur (F: visiteuse) fidèle vee-zee-tuhr (F: vee-zee-trees) fee-del
 ♦ **regularly** *adv* régulièrement ray-gew-lyer-man, de manière régulière duh ma-nyer ray-gew-lyer **Do you come here regularly?** Est-ce que *vous venez (Fam: tu viens)* ici régulièrement? Es kuh voo vuh-nay (Fam: tew vyuhn) ee-see ray-gew-lyer-man? **I exercise regularly.** Je fais de l'exercice régulièrement. Zhuh fay duh l'ek-zer-sees ray-gew-lyer-man.

rehearsal *n* entraînement *m* an-tren-man ♦ **rehearse** *vt & vi* s'entraîner s'an-tray-nay

reins *n pl* rênes *fpl* ren

reincarnation *n* réincarnation *f* ray-uhn-kar-na-syon **Do you believe in reincarnation?** Croyez-vous *(Fam: Crois-tu)* en la réincarnation? Krwa-yay-voo (Fam: Krwa-tew) an la ray-uhn-kar-na-syon?

reject *vt* rejeter ruh-zhuh-tay, réfuter ray-few-tay ♦ **rejected** *adj* exclu, -e *m&f* eks-klew

rejoice *vi* redonner de la joie ruh-do-nay duh la zhwa **My heart rejoices every time I see you.** Mon cœur s'emplit de joie à chaque fois que je *vous (Fam: te)* vois. Mon kuhr s'an-plee duh zhwa a shak fwa kuh zhuh voo (Fam: tuh) vwa.

related *adj* *(kindred)* parenté, -e *m&f* pa-ran-tay, avoir un lien de parenté a-war_uhn lyuhn duh pa-ran-tay, être de la même famille etr duh la mem fa-meey(uh) **Are you related?** Avez-vous *(Fam: As-tu)* un lien de parenté? A-vay-voo_z_(Fam: A-tew)_uhn lyuhn duh pa-ran-tay? **We're not related.** Nous n'avons aucun lien de parenté. Noo n'a-von_o-kuhn lyuhn duh pa-ran-tay.
 ♦ **relations** *n pl* relations *fpl* ruh-la-syon **intimate** ~**s** relations intimes ruh-la-syon_z_uhn-teem **sexual** ~**s** relations sexuelles ruh-la-syon sek-sew-el
 ♦ **relationship** *n* relation *f* ruh-la-syon, rapports *mpl* ra-por **break (off) a** ~ arrêter de se voir a-re-tay duh suh vwar **business** ~ relation professionnelle ruh-la-syon pro-fe-syo-nel **close** ~ relation étroite ruh-la-syon ay-trwat **develop a** ~ développer une relation day-vlo-pay ewn ruh-la-syon **end the** ~ mettre fin à une relation metr fuhn_a ewn ruh-la-syon **enter a** ~ s'engager dans une relation s'an-ga-zhay dan_z_ewn ruh-la-syon **good** ~ bonne relation bon ruh-la-syon **jump into a** ~ se lancer dans une relation suh lan-say dan_z_ewn ruh-la-syon **long-term** ~ relation à long terme ruh-la-syon a lon term **meaningful** ~ relation qui a du sens ruh-la-syon kee a dew sans ~ **based on** *(1)* **honesty** / *(2)* **respect** / *(3)* **trust** relation basée sur *(1)* l'honnêteté / *(2)* le respect / *(3)* la confiance ruh-la-syon ba-zay sewr *(1)* l'o-net-tay / *(2)* luh res-pay / *(3)* la kon-fyans **ruin a** ~ ruiner une relation rwee-nay ewn ruh-la-syon **start a** ~ s'engager dans une relation s'an-ga-zhay dan_z_ewn ruh-la-syon **this** ~ cette relation *f* set ruh-la-syon **what kind of** ~ quel genre de relation kel zhanr duh ruh-la-syon Are

you interested in a relationship? *Etes-vous (Fam: Es-tu) intéressé (-e) par une relation?* Et-voo (Fam: Ay-tew) uhn-tay-ray-say par_ewn ruh-la-syon? **I'd like to have a (1) long-term / (2) solid relationship (with someone).** J'aimerais construire une relation *(1)* à long terme / *(2)* solide (avec quelqu'un). Zh'em-ray kons-trweer_ewn ruh-la-syon *(1)* a lon term / *(2)* so-leed (_a-vek kel-k'uhn). **My previous relationship was (1) disappointing. / (2) terrible.** Ma relation précédente fut *(1)* décevante. / *(2)* terrible. Ma ruh-la-syon pray-say-dant few *(1)* day-suh-vant. / *(2)* tay-reebl. **We're going to have a (1) beautiful / (2) great / (3) wonderful relationship together.** Nous allons avoir une *(1)* belle / *(2)* magnifique / *(3)* merveilleuse relation ensemble. Noo_z_a-lon_z_a-vwar_ewn *(1)* bel / *(2)* ma-nee-feek / *(3)* mer-vay-yuhz ruh-la-syon an-sanbl. **You and I have a beautiful relationship, don't we?** Toi et moi, nous vivons une relation merveilleuse, n'est-ce pas? Twa ay mwa, noo vee-von_z_ewn ruh-la-syon mer-vay-yuhz, n'es pa? ♦ **relative** *n* famille *m&f* fa-meey(uh) **close ~** famille proche fa-meey(uh) prosh **distant ~** famille lointaine fa-meey(uh) lwuhn-ten **~ by marriage** belle-famille bel fa-meey(uh) ♦ **relatively** *adv* relativement ruh-la-teev-man

relax *vi (unwind, take it easy)* se détendre suh day-tandr, se la couler douce suh la koo-lay doos, se reposer suh ruh-po-zay **Relax. (You're so tense.)** *Détendez-vous (Fam: Détends-toi). (Vous êtes [Fam: Tu es] si tendu [-e].)* Day-tan-day-voo (Fam: Day-tan-twa). (Voo_z_et [Fam: Tew ay] see tan-dew.) **It's so nice to relax like this.** C'est tellement sympa de se détendre de cette façon. S'ay tel-man suhn-pa duh suh day-tandr duh set fa-son. *(1)* **I'm /** *(2)* **We're just going to rest and relax.** *(1)* Je veux juste me reposer et me détendre. / *(2)* Nous voulons juste nous reposer et nous détendre. *(1)* Zhuh vuh zhewst muh ruh-po-zay ay muh day-tandr. / *(2)* Noo voo-lon zhewst noo ruh-po-zay ay noo day-tandr. **Just relax. I'll be right back.** *Détendez-vous (Fam: Détends-toi). Je reviens tout de suite. Day-tan-day-voo (Fam: Day-tan-twa).* Zhuh ruh-vyuhn too duh sweet. ♦ **relaxation** *n* détente *f* day-tant, relaxation *f* ruh-lak-sa-syon **a little bit of ~** un petit peu de détente uhn puh duh day-tant **rest and ~** repos et détente ruh-po ay day-tant

reliable *adj* fiable *m&f* fyabl

relic *n (ancient momento)* restes *mpl* rest, reliques *fpl* ruh-leek **sacred ~** reliques *fpl* sacrées ruh-leek sa-kray

relief *n* soulagement *m* soo-lazh-man **What a relief!** Quel soulagement! Kel soo-lazh-man! ♦ **relieved** *adj* soulagé, -e *m&f* soo-la-zhay **feel ~** se sentir soulagé *(-e)* suh san-teer soo-la-zhay *(1)* **I'm /** *(2)* **We're so relieved that you** *(3)* **are okay. /** *(4)* **made it.** *(1)* Je suis *soulagé… (-e)* / *(2)* Nous sommes soulagés… que *(3)* vous alliez (Fam: tu ailles) bien. / *(4)* vous y soyez (Fam: tu y sois) arrivé (-e). *(1)* Zhuh swee soo-la-zhay… / *(2)* Noo som soo-la-zhay… kuh *(3)* voo_z_a-lyay (Fam: tew aee) byuhn. / *(4)* voo_z_ee swa-vay (Fam: tew ee swa)_z_a-ree-vay.

religion *n* religion *f* ruh-lee-zhyon **What religion are you?** De quelle religion *êtes-vous (Fam: es-tu)?* Duh kel ruh-lee-zhyon et-voo (Fam: ay-tew)? **My religion doesn't allow me to (1) drink alcohol. / (2) eat pork.** Ma religion m'interdit de

---

oo sounds like the "oo" in "shoot".

(1) boire de l'alcool. / *(2)* manger du porc. **Ma ruh-lee-zhyon m'uhn-ter-dee duh** *(1)* **bwar duh l'al-kol.** / *(2)* **man-zhay dew por.** ♦ **religious** *adj* religieux, religieuse *m&f* **ruh-lee-zhyuh, -zhyuhz I'm not religious.** Je ne suis pas *religieux (F: religieuse)*. **Zhuh nuh swee pa** *ruh-lee-zhyuh (F: ruh-lee-zhyuhz).*
♦ **religiously** *adv* religieusement **ruh-lee-zhyuhz-man I work out religiously everyday.** Je m'entraîne sans relâche tous les jours. **Zhuh m'an-tren san ruh-lash too lay zhoor.**

reluctant *adj* réticent, -e *m&f* **ray-tee-san, -sant Why are you so reluctant?** Pourquoi *êtes-vous (Fam: es-tu)* aussi *réticent (-e)*? **Poor-kwa** *et-voo_z_(Fam: ay tew)* **o-see** *ray-tee-san (F: ray-tee-sant)*?

rely *vi* se reposer (sur) **suh ruh-po-zay (sewr)**, avoir confiance (en) **a-vwar kon-fyans(_an) Can I rely on** *(1)* **you?** / *(2)* **your discretion?** / *(3)* **your word?** Puis-je avoir confiance en *(1) vous (Fam: toi)*? / *(2) votre (Fam: ta)* discrétion? / *(3) votre (Fam: ta)* parole? **Pwee-zh_a-vwar kon-fyans_an** *(1)* **voo** *(Fam: twa)*? / *(2)* **votr** *(Fam: ta)* **dees-kray-syon?** / *(3)* **votr** *(Fam: ta)* **pa-rol? You can rely on me a hundred percent.** *Vous pouvez vous (Fam: Tu peux te)* compter sur moi à cent pour cent. *Voo poo-vay voo (Fam: Tew puh tuh)* **kon-tay sewr mwa a san poor san.**

remain *vi* rester **res-tay ~ friends** rester amis **res-tay a-mee Remain calm.** *Restez (Fam: Reste)* calme. *Res-tay (Fam: Rest)* **kalm.** ♦ **remainder** *n* reste *m* **rest You can have the remainder.** *Vous pouvez (Fam: Tu peux)* avoir le reste. *Voo poo-vay_(Fam: Tew puh)* **z_a-vwar luh rest.** ♦ **remaining** *adj* restant, -e *m&f* **resh-tan, -tant**

remark *n* observation *f* **ob-ser-va-syon**, remarque *f* **ruh-mark**, commentaire *m* **ko-man-ter brilliant ~** remarque *f* brillante **ruh-mark bree-yant catty ~** remarque méchante **ruh-mark may-shant make a ~** faire une observation **fer_ewn_ob-ser-va-syon**, faire un commentaire **fer_uhn ko-man-ter sarcastic ~** commentaire sarcastique **ko-man-ter sar-kas-teek witty ~** remarque subtile **ruh-mark sewb-teel That was a** *(1)* **dumb** / *(2)* **thoughtless remark that I made.** C'était un commentaire *(1)* stupide. / *(2)* sans consideration. **S'ay-tay_t_uhn ko-man-ter** *(1)* **stew-peed.** / *(2)* **san kon-see-day-syon.** ♦ **remarkable** *adj* remar-quable *m&f* **ruh-mar-kabl You have remarkable skill.** *Vous avez (Fam: Tu as)* des compétences remarquables. *Voo_z_a-vay (Fam: Tew a)* **day kon-pay-tans ruh-mar-kabl.**

remarried *adj* remarié, -e *m&f* **ruh-ma-ryay** ♦ **remarry** *vi* se remarier **suh ruh-ma-ryay**

remember *vt* se souvenir **suh soo-vuh-neer**, se rappeler **suh ra-play Do you remember?** Est-ce que *vous vous souvenez (Fam: tu te souviens)*? **Es kuh** *voo voo soov-nay (Fam: tew tuh soo-vyuhn)*? **I (don't) remember.** Je (ne) me souviens (pas). **Zhuh (nuh) muh soo-vyuhn (pa).**

   I will always remember… Je me souviendrai toujours… **Zhuh muh soo-vyuhn-dray too-zhoor…**

      …this. …de ça. **…duh sa.**

      …this time together with you. …de ce temps passé ensemble avec

---

English-French and French-English glossaries
of food and drink are on pages 534-546.

remembrance 346 **renege**

vous (Fam: toi). ...**duh suh taṉ pa-say aṉ-saṉbl_a-vek** *voo (Fam: twa).* ...**you.** ...*de vous (Fam: toi).* ...**duh** *voo (Fam: twa).* ...**your kind hospitality.** ...*de votre (Fam: ton)* aimable hospitalité. ...**duh** *votr_(Fam: toṉ)_***ay-mabl_os-pee-ta-lee-tay.** **How nice of you to remember (my birthday).** Qu'est-ce que c'est gentil de *votre (Fam: ta)* part de *vous (Fam: te)* souvenir (de mon anniversaire). **K'es kuh s'ay zhaṉ-tee duh** *votr (Fam: ta)* **par duh** *voo (Fam: tuh)* **soov-neer (duh moṉ_a-nee-ver-ser).** ♦ **remembrance** *n (memento)* souvenir *m* **soov-neer**, mémoire *f* **may-mwar Please keep this as a small remembrance (of our time together).** S'il *vous (Fam: te)* plaît, gardez *(Fam: garde)* cela en souvenir (du temps passé ensemble). **S'eel** *voo (Fam: tuh)* **play,** *gar-day (Fam: gard)* **suh-la aṉ soov-neer (dew taṉ pa-say aṉ-saṉbl). I'll keep this as a remembrance.** Je garderai cela en souvenir. **Zhuh gar-dray suh-la aṉ soov-neer.**

remind *vt* rappeler **ra-play You remind me of** *(person).* Vous me rappelez *(Fam: Tu me rappelles)* (___). *Voo muh ra-play (Fam: Tew muh ra-pel)* (___). **That reminds me...** Je me souviens de... **Zhuh muh soo-vyuhṉ duh... Please remind me.** S'il *vous (Fam: te)* plaît, *rappelez (Fam: rappelle)*-moi. **S'eel** *voo (Fam : tuh)* **play,** *ra-play (Fam: ra-pel)*-**mwa. I'll remind you.** Je *vous (Fam: te)* rappellerai. **Zhuh** *voo (Fam: tuh)* **ra-pel-ray. Thanks for reminding me.** Merci de me l'avoir rappelé. **Mer-see duh muh l'a-vwar ra-play. Don't remind me.** Ne me *rappelez (Fam: rappelle)* pas. **Nuh muh** *ra-play (Fam: ra-pel)* **pa.** ♦ **reminder** *n* rappel *m* **ra-pel gentle** ~ gentil rappel **zhaṉ-tee ra-pel painful** ~ souvenir pénible **soov-neer pay-neebl small** ~ petit rappel **puh-tee ra-pel**

reminisce *vi* évoquer des souvenirs **ay-vo-kay day soov-neer**

remodel *vt* remodeler **ruh-mod-lay**, reconstruire **ruh-koṉs-trweer We remodeled our house.** Nous avons remodelé notre maison. **Noo_z_a-voṉ ruh-mod-lay notr may-zoṉ.**

remote *adj* 1. *(distant)* distant, -e *m&f* **dees-taṉ, -taṉt**; *(secluded)* reculé, -e *m&f* **ruh-kew-lay**; isolé, -e *m&f* **ee-zo-lay**; 2. *(estranged)* aliéné, -e *m&f* **a-lyay-nay** ~ **chance** opportunité rare **o-por-tew-nee-tay rar** ~ **place** endroit reculé **aṉ-drwa ruh-kew-lay** ~ **possibility** rare possibilité **rar po-see-bee-lee-tay** ~ **village** village reculé **vee-lazh ruh-kew-lay**

remove *vt* retirer **ruh-tee-ray Please remove your** *(1)* **arm.** / *(2)* **hand.** S'il *vous (Fam: te)* plaît, *(1)* retirez votre *(Fam: retire ton)* bras. / *(2)* retirez votre *(Fam: retire ta)* main. **S'eel** *voo (Fam: tuh)* **play,** *(1) ruh-tee-ray votr (Fam: ruh-teer toṉ)* **bra.** / *(2) ruh-tee-ray votr (Fam: ruh-teer ta)* **muhṉ.** ♦ **remover** *n:* **nail polish** ~ dissolvant *m* **dee-sol-vaṉ**

rendezvous *vi* se donner rendez-vous **suh do-nay raṉ-day-voo Where shall we rendezvous?** Où pouvons-nous nous donner rendez-vous? **Oo poo-voṉ-noo noo do-nay raṉ-day-voo? Let's (all) rendezvous at** *(place).* Donnons-nous rendez-vous (tous) à (___). **Do-noṉ-noo raṉ-day-voo (toos_) a (___).** ♦ *n* rendez-vous *m* **raṉ-day-voo secret** ~ rendez-vous secret **raṉ-day-voo suh-kray**

renege *vi (fail to keep)* ne pas tenir sa promesse **nuh pa tuh-neer sa pro-mes**

Questions about the metric system? See page 523.

Don't renege on your promise. *Tenez votre (Fam: Tiens ta)* promesse. *Tuh-nay votr (Fam: Chyuhn ta)* **pro-mes.**

renew *vt* renouveler **ruh-noov-lay I have to renew my** *(1)* **passport.** / *(2)* **visa.** Je dois renouveler mon *(1)* passeport. / *(2)* visa. **Zhuh dwa ruh-noov-lay mon** *(1)* **pas-por.** / *(2)* **vee-za.**

rent *vt* louer **loo-ay Do you own your apartment or rent it?** *Etes-vous (Fam: Es-tu)* propriétaire de *votre (Fam: ton)* appartement ou *louez le vous (Fam: loues le tu)*? *Et-voo (Fam: Ay-tew)* **pro-pree-yay-ter duh** *votr (Fam: ton)* **_a-par-tuh-man oo** *loo-ay luh voo (Fam: loo luh tew)*? *(1)* **I rent my…** / *(2)* **We rent our… apartment (for** *[amount]* **a month).** *(1)* Je loue mon… / *(2)* Nous louons notre… appartement (pour *[___]* par mois). *(1)* **Zhuh loo mon…** / *(2)* **Noo loo-on notr… _a-par-tuh-man (poor *[___]* par mwa).**

   I'll rent… Je louerai… **Zhuh loo-ray…**

   Let's rent… Louons… **Loo-on…**

   We can rent… Nous pouvons louer… **Noo poo-von loo-ay…**

      …bicycles. …des vélos. **…day vay-lo.**

      …a boat. …un bateau. **…uhn ba-to.**

      …a cabin. …une cabine. **…ewn ka-been.**

      …a canoe. …un canoë. **…uhn ka-no-ay.**

      …a car. …une voiture. **…ewn vwa-tewr.**

      …a motorcycle. …une moto. **…ewn mo-to.**

      …skates. …des patins. **…day pa-tuhn.**

      …skis. …des skis. **…day skee.**

Where can we rent (a) *(item)*? Où pouvons-nous louer *(un [F: une])* *(___)*? **Oo poo-von-noo loo-ay (*uhn [F: ewn]*) (___)? What would it cost to rent (a)** *(item)*? Combien est-ce que ça coûte de louer (un *[F: une]*) *(___)*? **Kon-byuhn es kuh sa koot duh loo-ay (*uhn [F: ewn]*) (___)?** ♦ *n* loyer *m* **lwa-yay for ~** à louer **a loo-ay pay the ~** payer le loyer **pay-yay luh lwa-yay How much is your rent?** De combien est *votre (Fam: ton)* loyer ? **Duh kon-byuhn ay *votr (Fam: ton)* lwa-yay?** *(1)* **My** / *(2)* **Our rent is** *(amount)* **a month.** *(1)* Mon… / *(2)* Notre… loyer est de *(___)* par mois. *(1)* **Mon…** / *(2)* **Notr… lwa-yay ay duh (___) par mwa.** ♦ **rental** *adj* de location **duh lo-ka-syon ~ agreement** contrat *m* de location **kon-tra duh lo-ka-syon** ♦ *n* location *f* **lo-ka-syon car ~ agency** agence *f* de location de voiture **a-zhans duh lo-ka-syon duh vwa-tewr equipment ~** location *f* d'équipement **lo-ka-syon d'ay-keep-man video ~** location *f* de vidéo **lo-ka-syon duh vee-day-o**

repair *vt* réparer **ray-pa-ray Where can I get it repaired?** Où puis-je le *(F: la)* faire réparer? **Oo pwee-zh *luh (F: la)* fer ray-pa-ray? How soon can they repair it?** En combien de temps peuvent-ils le *(F: la)* réparer? **An kon-byuhn duh tan puhv_t-eel *luh (F: la)* ray-pa-ray? How much will it cost to repair it?** Combien ça coûterait de le *(F: la)* faire réparer? **Kon-byuhn sa koo-tray duh *luh (F: la)* fer ray-pa-ray?**

repay *vt* se racheter **suh rash-tay** *(1)* **I** / *(2)* **We want to repay you.** *(1)* Je veux

---

Articles, adjectives and nouns must agree in gender and number (singular or plural).

me… / *(2)* Nous voulons nous… racheter auprès de *vous (Fam: toi)*. *(1)* **Zhuh vuh muh… /** *(2)* **Noo voo-lo<u>n</u> noo… rash-tay o-pre duh** *voo (Fam: twa).* **How can I ever repay you?** Comment pourrais-je me racheter auprès de *vous (Fam: toi)*? **Ko-ma<u>n</u> poo-ray-zh muh rash-tay o-pre duh** *voo (Fam: twa)*?

repeat *vt* répéter **ray-pay-tay Please repeat (that).** S'il *vous (Fam: te)* plaît, *répétez (Fam: répète).* **S'eel** *voo (Fam: tuh)* **play,** *ray-pay-tay (Fam: ray-pet).* **Could you (1. please) repeat (2. that)?** Pourriez-vous *(Fam: Pourrais-tu)* répéter (2. ce que *vous venez [Fam: tu viens]* de dire) (1. s'il *vous [Fam: te]* plaît)? *Poo-ryay-voo (Fam: Poo-ray-tew)* **ray-pay-tay** (2. **suh kuh** *voo vuh-nay [Fam: tew vyuh<u>n</u>]* **duh deer**) (1. **s'eel** *voo [Fam: tuh]* **play**)?

reply *vi* répondre **ray-pondr** ~ **to an ad** répondre à une annonce **ray-pondr_a ewn_a-no<u>n</u>s** ♦ *n* réponse *f* **ray-po<u>n</u>s immediate** ~ réponse immédiate **ray-po<u>n</u>s_ee-may-jat in** ~ **to your ad** en réponse à *votre (Fam: ton)* annonce **a<u>n</u> ray-po<u>n</u>s_a** *votr_(Fam: to<u>n</u>)* **_a-no<u>n</u>s quick** ~ réponse rapide **ray-po<u>n</u>s ra-peed receive** *(1)* **my /** *(2)* **your** ~ recevoir *(1)* ma / *(2)* votre *(Fam: ta)* réponse **ruh-suh-vwar** *(1)* **ma /** *(2)* *votr (Fam: ta)* **ray-po<u>n</u>s send a** ~ envoyer une réponse **a<u>n</u>-vwa-yay ewn ray-po<u>n</u>s short** ~ réponse brève **ray-po<u>n</u>s brev write a** ~ écrire une réponse **ay-kreer_ewn ray-po<u>n</u>s Please send me a reply as soon as possible.** S'il *vous (Fam: te)* plaît, envoyez *(Fam: envoie)*-moi une réponse dès que possible. **S'eel** *voo (Fam: tuh)* **play,** *a<u>n</u>-vwa-yay (Fam: a<u>n</u>-vwa)*-**mwa ewn ray-po<u>n</u>s de kuh po-seebl. Thanks for your reply.** Merci pour *votre (Fam: ta)* réponse. **Mer-see poor** *votr (Fam: ta)* **ray-po<u>n</u>s.**

report *vt* signaler **see-nya-lay You should report it (to the** *[1]* **manager /** *[2]* **police).** *Vous devriez (Fam: Tu devrais)* le signaler (*[1]* au manager / *[2]* à la police). *Voo duh-vree-yay (Fam: Tew duh-vray)* **luh see-nya-lay (***[1]* **o ma-na-juhr /** *[2]* **a la po-lees). I'm going to report it (to the** *[1]* **manager /** *[2]* **police).** Je vais le signaler (*[1]* au manager / *[2]* à la police). **Zhuh vay luh see-nya-lay (***[1]* **o ma-na-juhr /** *[2]* **a la po-lees). I want to report a theft.** Je veux signaler un vol. **Zhuh vuh see-nya-lay uh<u>n</u> vol.** ♦ *n* rapport *f* **ra-por make a** ~ faire un rapport **fer_uh<u>n</u> ra-por police** ~ rapport de police **ra-por duh po-lees** ~ **card** relevé *m* de notes **ruhl-vay duh not weather** ~ bulletin météo **bewl-tuh<u>n</u> may-tay-o**

reputation *n* réputation *f* **ray-pew-ta-syo<u>n</u> bad** ~ mauvaise réputation **mo-vez ray-pew-ta-syo<u>n</u> good** ~ bonne réputation **bon ray-pew-ta-syo<u>n</u> ruin** *(1)* **my /** *(2)* **your** ~ ruiner *(1)* ma / *(2)* votre *(Fam: ta)* réputation **rwee-nay** *(1)* **ma /** *(2)* *votr (Fam: ta)* **ray-pew-ta-syo<u>n</u> I'm putting my reputation on the line.** Je mets ma réputation en jeu. **Zhuh may ma ray-pew-ta-syo<u>n</u> a<u>n</u> zhuh.**

request *vt* demander **duh-ma<u>n</u>-day** ~ **a change** demander un changement **duh-ma<u>n</u>-day uh<u>n</u> sha<u>n</u>zh-man** ~ **a different flight** demander un vol différent **duh-ma<u>n</u>-day uh<u>n</u> vol dee-fay-ra<u>n</u>** ~ **an extension (of stay)** demander un prolongement (de séjour) **duh-ma<u>n</u>-day uh<u>n</u> pro-lo<u>n</u>zh-ma<u>n</u> (duh say-zhoor)** ~ **a song** demander une chanson **duh-ma<u>n</u>-day ewn shan-so<u>n</u>** ~ **a visa extension** demander une extension de visa **duh-ma<u>n</u>-day ewn_ek-sta<u>n</u>-syo<u>n</u> duh vee-za**

A phrasebook makes a great gift!
See order information on page 552.

♦ **request** *n* demande *f* **duh-ma<u>n</u>d**, requête *f* **ruh-ket**, sollicitation *f* **so-lee-see-ta-syo<u>n</u>** grant my ~ satisfaire ma demande **sa-tees-fer ma duh-ma<u>n</u>d** make a ~ faire une demande **fer ewn duh-ma<u>n</u>d** urgent ~ requête urgente **ruh-ket_ewr-zha<u>n</u>t** I have a (small) request to make. J'ai une (petite) demande à faire. **Zh'ay ewn (puh-teet) duh-ma<u>n</u>d_a fer.**

require *vt* requérir **ruh-kay-reer** What do they require? Qu'est-ce que ça requiert? **K'es kuh sa ruh-kyer?** ♦ **requirement** *n* nécessité *f* **nay-say-see-tay**

reschedule *vt* reporter **ruh-por-tay**, reprogrammer **ruh-pro-gra-may** The *(1)* concert / *(2)* event / *(3)* excursion / *(4)* flight / *(5)* game has been rescheduled. *(1)* Le concert *m* / *(2)* L'évènement *m* / *(3)* L'excursion *f* / *(4)* Le vol *m* / *(5)* Le jeu *m* a été *reporté (-e)*. *(1)* **Luh ko<u>n</u>-ser…** / *(2)* **L'ay-ven-ma<u>n</u>…** / *(3)* **L'eks-kewr-syo<u>n</u>…** / *(4)* **Luh vol…** / *(5)* **Luh zhuh… a ay-tay ruh-por-tay.**

rescue *vt* sauver **so-vay**, libérer **lee-bay-ray** ♦ *n* libération *f* **lee-bay-ra-syo<u>n</u>**, secours *m* **suh-koor**

research *n* recherche *f* **ruh-shersh** do ~ rechercher **ruh-sher-shay** ♦ **researcher** *n* chercheur, -euse *m&f* **sher-shuhr, -shuhz**

resemblance *n* ressemblance *f* **ruh-sa<u>n</u>-bla<u>n</u>s** You bear a striking resemblance to a *(1)* friend / *(2)* relative of mine. *Vous ressemblez (Fam: Tu ressembles)* comme deux gouttes d'eau à *(1)* un ami (F: une amie). / *(2)* personne de ma famille. *Voo ruh-sa<u>n</u>-blay (Fam: Tew ruh-sa<u>n</u>bl) kom duh goot d'o a (1) uhn (F: ewn)_a-mee. / (2) ewn per-son duh ma fa-meey(uh).*

resent *vt* déplaire **day-pler**, ne pas apprécier **nuh pa_z_a-pray-syay** I resent that remark. (Even though it's true.) Cette remarque me déplaît. (Même si c'est vrai.) **Set ruh-mark muh day-play. (Mem see s'ay vray.)**

reservation *n* réservation *f* **ray-zer-va-syo<u>n</u>** make a ~ faire une réservation **fer_ewn ray-zer-va-syo<u>n</u>** Do you have a reservation? *Avez-vous (Fam: As-tu)* une réservation? *A-vay-voo_z_ (Fam: A-tew) ewn ray-zer-va-syo<u>n</u>?* *(1)* I / *(2)* We have a reservation. *(1)* J'ai… / *(2)* Nous avons… une réservation. *(1)* **Zh'ay…** / *(2)* **Noo_z_a-vo<u>n</u>… ewn ray-zer-va-syo<u>n</u>.** ♦ **reserve** *vt* réserver **ray-zer-vay** ~ a compartment *(trains)* réserver un compartiment **ray-zer-vay uhn ko<u>n</u>-par-tee-ma<u>n</u>** ~ a (hotel) room réserver une chambre (d'hôtel) **ray-zer-vay ewn sha<u>n</u>br (d'o-tel)** ~ *(1)* a seat / *(2)* seats réserver *(1)* une place / *(2)* des places **ray-zer-vay *(1)* ewn plas / *(2)* day plas** ~ a table réserver une table **ray-zer-vay ewn tabl**

I reserved… J'ai réservé… **Zh'ay ray-zer-vay…**
I'll reserve… Je réserverai… **Zhuh ray-zer-vray…**
We'll reserve… Nous réserverons… **Noo ray-zer-vro<u>n</u>…**
 …a (hotel) room. …une chambre (d'hôtel). **…ewn sha<u>n</u>br (d'o-tel).**
 …seats. …des places. **…day plas.**
 …a table. …une table. **…ewn tabl.**

♦ **reserved** *adj* réservé, -e *m&f* **ray-zer-vay** ~ **compartment** *(trains)* compartiment réservé **ko<u>n</u>-par-tee-ma<u>n</u> ray-zer-vay** ~ **seat** place réservée **plas ray-zer-vay** This *(1)* seat / *(2)* table is reserved. Cette *(1)* place / *(2)* table est réservée. **Set *(1)* plas_ / *(2)* tabl_ay ray-zer-vay.**

A slash always means "or".

residence *n (home)* résidence *f* ray-zee-da<u>n</u>s

resist *vt* résister ray-zees-tay ~ **the temptation** résister à la tentation ray-zees-tay a la ta<u>n</u>-ta-syo<u>n</u> **I couldn't resist the temptation** *([1]* **of calling you.** */ [2]* **talking with you.)** Je ne pouvais pas résister à la tentation *([1]* de *vous [Fam: t']* appeler. */ [2]* de discuter avec *vous [Fam: toi].)* **Zhuh nuh poo-vay pa ray-zees-tay a la ta<u>n</u>-ta-syo<u>n</u>** ([1] duh *voo_z_ [Fam: t']_*a-play. / [2] duh dees-kew-tay a-vek *voo [Fam: twa].)* **I (simply) cannot resist you.** Je ne peux (simplement) pas *vous (Fam: te)* résister. **Zhuh nuh puh (suh<u>n</u>-pluh-ma<u>n</u>) pa** *(1)* **voo** *(Fam: tuh)* **ray-zees-tay.** ♦ **resistance** *n* résistance *f* ray-zees-ta<u>n</u>s

resolution *n (decision)* résolution *f* ray-zo-lew-syo<u>n</u> **New Year's** ~ résolution pour l'année à venir ray-zo-lew-syo<u>n</u> poor l'a-nay a vuh-neer, résolution de Nouvelle Année ray-zo-lew-syo<u>n</u> duh Noo-vel_A-nay **Did you make any resolutions for the New Year?** Avez-vous *(Fam: As-tu)* pris des résolutions pour la Nouvelle Année? *A-vay-voo (Fam: A-tew)* pree day ray-zo-lew-syo<u>n</u> poor la Noo-vel_A-nay? **One of my resolutions for the New Year is** *(what).* Une de mes résolutions pour la nouvelle année est de *(___).* **Ewn duh may ray-zo-lew-yo<u>n</u> poor la Noo-vel_A-nay ay duh** *(___).*

resort *n* centre *m* touristique sa<u>n</u>tr too-rees-teek **beach** ~ centre balnéaire sa<u>n</u>tr bal-nay-er **health** ~ centre touristique de remise en forme sa<u>n</u>tr too-rees-teek duh ruh-meez_a<u>n</u> form, cure *f* kewr **ski** ~ station de ski sta-syo<u>n</u> duh skee **vacation** ~ centre de vacances sa<u>n</u>tr duh va-ka<u>n</u>s

respect *vt* respecter res-pek-tay **I respect you a lot.** Je *vous (Fam: te)* respecte énormément. **Zhuh** *voo (Fam: tuh)* **res-pekt_ay-nor-may-ma<u>n</u>.** ♦ *n* respect *m* res-pay **gain** *(1)* **my** */ (2)* **your** ~ gagner *(1)* mon */ (2)* votre *(Fam: ton)* respect **ga-nyay** *(1)* **mo<u>n</u>** */ (2)* **votr** *(Fam: to<u>n</u>)* **res-pay have** ~ avoir du respect **a-vwar dew res-pay I have great respect for** *(1)* **you.** */ (2)* **her.** */ (3)* **him.** */ (4)* **them.** J'ai énormément de respect pour *(1)* vous *(Fam: toi).* / *(2)* elle. / *(3)* lui. / *(4)* eux. **Zh'ay ay-nor-may-ma<u>n</u> duh res-pay poor** *(1)* **voo** *(Fam: twa).* / *(2)* **el.** / *(3)* **lwee.** / *(4)* **uh. I want your respect.** Je veux que *vous me respectiez (Fam: tu me respectes).* **Zhuh vuh kuh** *voo muh res-pek-chyay (Fam: tew muh res-pekt).* ♦ **respectable** *adj* respectable *m&f* **res-pek-tabl** ♦ **respectfully** *adv:* **Respectfully yours, ...** *(letters)* Sincèrement, ... **Suh<u>n</u>-ser-ma<u>n</u>, ...**

respond *vi* répondre ray-po<u>n</u>dr ♦ **response** *n* réponse *f* ray-po<u>n</u>s

responsibility *n* responsabilité *f* res-po<u>n</u>-sa-bee-lee-tay **accept** ~ accepter la responsabilité ak-sep-tay la res-po<u>n</u>-sa-bee-lee-tay **big** ~ grande responsabilité gra<u>n</u>d res-po<u>n</u>-sa-bee-lee-tay **my** ~ ma responsabilité ma res-po<u>n</u>-sa-bee-lee-tay **no** ~ aucune responsabilité o-kewn res-po<u>n</u>-sa-bee-lee-tay **our** ~ notre responsabilité notr res-po<u>n</u>-sa-bee-lee-tay **take (on)** ~ assumer la responsabilité a-sew-may la res-po<u>n</u>-sa-bee-lee-tay **their** ~ leur responsabilité luhr res-po<u>n</u>-sa-bee-lee-tay **tremendous** ~ immense responsabilité ee-ma<u>n</u>s res-po<u>n</u>-sa-bee-lee-tay **whose** ~ qui est responsable kee ay res-po<u>n</u>-sabl **your** ~ *votre (Fam: ta)* responsabilité *votr (Fam: ta)* res-po<u>n</u>-sa-bee-lee-tay ♦ **responsible** *adj* responsable *m&f* **res-po<u>n</u>-sabl feel** ~ se sentir responsable suh sa<u>n</u>-teer res-po<u>n</u>-sabl

---

In the pronunciation <u>n</u> *stands for a nasalized* **n**.

rest *vi* se reposer **suh ruh-po-zay** *Do you want to rest?* Voulez-vous vous *(Fam: Veux-tu te)* reposer? *Voo-lay-voo voo (Fam: Vuh-tew tuh)* **ruh-po-zay?** **Let's rest (a little).** Reposons-nous (un peu). **Ruh-po-zon-noo (uhn puh). I feel like resting.** J'ai envie de me reposer. **Zh'ay an-vee duh muh ruh-po-zay.** ♦ **rest** *n* 1. *(resting)* repos *m* **ruh-po**; 2. *(remainder)* reste *m* **rest** **a short ~** une sieste **ewn syest** **take a ~** se reposer **suh ruh-po-zay** **the ~ of** *(1)* **my /** *(2)* **your life** le reste de *(1)* ma / *(2)* votre *(Fam: ta)* vie **luh rest duh** *(1)* **ma /** *(2)* **votr** *(Fam: ta)* **vee** **the ~ of the time** le reste du temps **luh rest dew tan** **I need some rest. (I've been working too hard.)** J'ai besoin de me reposer. (J'ai trop travaillé.) **Zh'ay buh-zwuhn duh muh ruh-po-zay. (Zh'ay tro tra-va-yay.)** **What do you do the rest of the time?** Que *faites-vous (Fam: fais-tu)* le reste du temps? **Kuh** *fet-voo (Fam: fay-tew)* **luh rest dew tan?** **You can have the rest.** Vous pouvez *(Fam: Tu peux)* avoir le reste. *Voo poo-vay (Fam: Tew puh)* **a-vwar luh rest.**

restaurant *n* restaurant *m* **res-to-ran** **cheap / inexpensive ~** restaurant bon marché **res-to-ran bon mar-shay**, restaurant pas cher **res-to-ran pa sher** **Chinese ~** restaurant chinois **res-to-ran shee-nwa** **fancy ~** restaurant de luxe **res-to-ran duh lewks** **vegetarian ~** restaurant pour vegetariens **res-to-ran poor vay-zhay-ta-ryuhn** **Do you know a good restaurant around here?** *Connaissez-vous (Fam: Connais-tu)* un bon restaurant dans le coin? *Ko-nay-say-voo (Fam: Ko-nay-tew)* **uhn bon res-to-ran dan luh kwuhn?** **Where's a good restaurant?** Où puis-je trouver un bon restaurant? **Oo pwee-zh troo-vay uhn bon res-to-ran?** **I know a good restaurant (on *[name]* street).** Je connais un bon restaurant (sur *[___]*). **Zhuh ko-nay uhn bon res-to-ran (sewr *[___]*). Let's go to the *(name)* restaurant.** Allons au restaurant appelé *(___)*. **A-lon o res-to-ran a-play *(___)*. Let's meet at the *(name)* restaurant.** Donnons-nous rendez-vous au restaurant appelé *(___)*. **Do-non-noo ran-day-voo o res-to-ran a-play *(___)*.**

restful *adj* paisible *m&f* **pay-zeebl** **It's very restful here.** C'est très paisible ici. **S'ay tre pay-zeebl ee-see.**

restrain *vt* se contrôler **suh kon-tro-lay** **Please restrain yourself.** Je *vous (Fam: t')* en pris, contrôlez-vous *(Fam: contrôle-toi).* **Zhuh** *voo_z_(Fam: t')* **an pree,** *kon-tro-lay-voo (Fam: kon-trol-twa).*

restroom *n* toilettes *mpl* **twa-let** **men's ~** toilettes pour homme **twa-let poor_om** **women's ~** toilettes pour dame **twa-let poor dam** **Where are the restrooms?** Où sont les toilettes? **Oo son lay twa-let?**

result *n* résultat *m* **ray-zhewl-ta** **good ~s** bons résultats **bon ray-zhewl-ta** **great ~s** très bons résultats **tre bon ray-zhewl-ta** **What was the result?** Quel était le résultat? **Kel_ay-tay luh ray-zhewl-ta?** **Let me know the result, okay?** *Faites (Fam: Fais)*-moi savoir le résultat, d'accord? *Fet (Fam: Fay)*-**mwa sa-vwar luh ray-zhewl-ta, d'a-kor?**

resumé *n* curriculum vitae *m* (CV) **kew-ree-kew-lom vee-tay (SayVay)**

retire *vi* partir en retraite **par-teer_an ruh-tret**
    I retired from the... Je suis *retraité (-e)...* **Zhuh swee ruh-tray-tay...**
    ...Air Force. ...de l'armée de l'air. **...duh l'ar-may duh l'er.**

Time expressions are given on pages 521-522.

...**Army.** ...de l'armée. **...duh l'ar-may.**
...**Government.** ...du gouvernement. **...dew goo-ver-nuh-man.**
...**Navy.** ...de la Marine. **...duh la Ma-reen.**
...**Marine Corps.** ...du corps des marins. **...dew kor day ma-ruhn.**
I retired from my job (at *[place]***).** Je suis *parti (-e)* à la retraite (à *[___]*). **Zhuh swee par-tee a la ruh-tret (_a [___].) I plan to retire** *(1)* **next year.** / *(2)* **in** *(year)*. Je projette de partir à la retraite *(1)* l'année prochaine. / *(2)* en (___). **Zhuh pro-zhet duh par-teer_a la ruh-tret** *(1)* **l'a-nay pro-shen.** / *(2)* **an (___).**
♦ **retired** *adj* retraité, -e *m&f* **ruh-tray-tay I'm retired.** Je suis *retraité (-e).* **Zhuh swee ruh-tray-tay.** ♦ **retiree** *n* retraité, -e *m&f* **ruh-tray-tay** military ~ *retraité (-e)*... / *ancien (-ne)* militaire **ruh-tray-tay...** / **an-syuhn** (F: **an-syen**) **mee-lee-ter** ♦ **retirement** *n* retraite *f* **ruh-tret**
return *vt* retourner **ruh-toor-nay**, revenir **ruh-vuh-neer I'll return it** *(1)* **in a few minutes.** / *(2)* **tomorrow.** Je le rapporterai *(1)* dans quelques minutes. / *(2)* demain. **Zhuh luh ra-por-tuh-ray** *(1)* **dan kel-kuh mee-newt.** / *(2)* **duh-muhn. Please return it.** S'il *vous (Fam: te)* plaît, rapportez *(Fam: rapporte)*-le. **S'eel voo** *(Fam: tuh)* **play,** *ra-por-tay (Fam: ra-port)* **luh. I'd like to return this, please.** Je voudrais rendre ceci, s'il *vous (Fam: te)* plaît. **Zhuh voo-dray randr suh-see, s'eel voo** *(Fam: tuh)* **play.** ♦ *vi* retourner **ruh-toor-nay**, revenir **ruhv-neer When will you return?** Quand *reviendrez-vous (Fam: reviendras-tu)*? **Kan ruh-vyuhn-dray-voo** *(Fam: ruh-vyuhn-dra-tew)*?
  I'll return (home)... Je retournerai (chez moi)... **Zhuh ruh-toorn-ray (shay mwa)...**
  We'll return (home)... Nous retournerons (chez nous)... **Noo ruh-toorn-ron (shay noo)...**
    ...**tomorrow.** ...demain. **...duh-muhn.**
    ...**the day after tomorrow.** ...après-demain. **...a-pre-duh-muhn.**
    ...**next week.** ...la semaine prochaine. **...la suh-men pro-shen.**
    ...**on** *(day)*. ...le (___). **...luh (___).**
reunion *n* réunion *f* **ray-ew-nyon**, retrouvaille *f* **ruh-troo-vaee have a (big)** ~ organiser de (grandes) retrouvailles **or-ga-nee-zay duh (grand) ruh-troo-vaee**
reveal *vt* 1. *(show; uncover)* révéler **ray-vay-lay**; 2. *(disclose)* révéler **ray-vay-lay**, dévoiler **day-vwa-lay** ~ *(1)* **my** / *(2)* **your feelings** dévoiler *(1)* mes / *(2)* vos *(Fam: tes)* sentiments **day-vwa-lay** *(1)* **may** / *(2)* **vo** *(Fam: tay)* **san-tee-man**
revenge *n* revanche *f* **ruh-vansh** *(1)* **I'm** / *(2)* **We're going to get revenge.** *(games)* *(1)* Je vais prendre ma... / *(2)* Nous allons prendre notre... revanche. *(1)* **Zhuh vay prandr ma...** / *(2)* **Noo_z_a-lon prandr notr... ruh-vansh. Revenge is** *(1)* **mine!** / *(2)* **ours!** *(1)* Je vais me venger! / *(2)* Nous allons nous venger! *(1)* **Zhuh vay muh van-zhay!** / *(2)* **Noo_z_a-lon noo van-zhay!**
reverse *n* 1. *(backward motion)* recul *m* **ruh-kewl**; 2. *(back side)* arrière *f* **a-ryer**; 3. *(opposite)* contraire *m* **kon-trer**, arrière *f* **a-ryer go in** ~ reculer **ruh-kew-lay on the** ~ à l'arrière **a l'a-ryer** ♦ **reversible** *adj* réversible *m&f* **ray-ver-seebl** ~ **coat** manteau *m* réversible **man-to ray-ver-seebl**

French q always sounds like **k**.

review *n (critique)* commentaire *m* **ko-man-ter**, critique *f* **kree-teek book** ~ commentaire sur un livre **ko-man-ter sewr_uhn leevr movie** ~ commentaire sur un film **ko-man-ter sewr_uhn feelm I read a review of it.** J'ai lu un commentaire à ce sujet. **Zh'ay lew uhn ko-man-ter_a suh sew-zhay. According to the review,...** D'après le commentaire, ... **D'a-pre luh ko-man-ter…**

revolting *adj* répugnant, -e *m&f* **ray-pew-nyan, -nyant,** dégoûtant, -e *m&f* **day-goo-tan, -tant**

revolution *n* révolution *f* **ray-vo-loo-syon**

reward *vt* récompenser **ray-kon-pan-say What can I do to reward you?** Que puis-je faire pour *vous (Fam: te)* récompenser? **Kuh pwee-zh fer poor** *voo (Fam: tuh)* **ray-kon-pan-say? I know just the way to reward you.** Je sais quoi faire pour *vous (Fam: te)* récompenser. **Zhuh say kwa fer poor** *voo (Fam: tuh)* **ray-kon-pan-say. Come here, let me reward you.** Venez *(Fam: Viens)* ici, je vais *vous (Fam: te)* récompenser. *Vuh-nay (Fam: Vyuhn)_z ee-see,* **zhuh vay** *voo (Fam: tuh)* **ray-kon-pan-say.** ♦ *n* récompense *f* **ray-kon-pans give a** ~ donner une récompense **do-nay ewn ray-kon-pans nice** ~ récompense sympathique **ray-kon-pans suhn-pa-teek small** ~ petite récompense **puh-teet ray-kon-pans What would you like for a reward?** Que voudriez-vous *(Fam: voudrais-tu)* comme récompense? **Kuh voo-dree-yay-voo** *(Fam: voo-dray-tew)* **kom ray-kon-pans? Now I want to collect my reward.** Maintenant, je veux ma récompense. **Muhnt-nan, zhuh vuh ma ray-kon-pans. Here's your reward.** Voici *votre (Fam: ta)* récompense. **Vwa-see** *votr (Fam: ta)* **ray-kon-pans. If you do that for me, I'll give you a nice reward.** Si *vous faites (Fam: tu fais)* ça pour moi, je *vous (Fam: te)* donnerai une belle récompense. **See** *voo fet (Fam: tew fay)* **sa poor mwa, zhuh** *voo (Fam: tuh)* **don-ray ewn bel ray-kon-pans.**

rewind *vt* rembobiner **ran-bo-bee-nay**

rhyme *vi* rimer **ree-may Every other line rhymes on the end.** Toutes les autres lignes riment en fin de phrase. **Toot lay_z_otr leeny(uh) reem_an fuhn duh fraz.**

rhythm *n* rythme *m* **reetm**

rib *vt* taquiner **ta-kee-nay** *(1)* **He** / *(2)* **She is always ribbing me about** *(subject)*. *(1)* Il / *(2)* Elle me taquine toujours sur *(___)*. *(1)* **Eel** / *(2)* **El muh ta-keen too-zhoor sewr (___).** ♦ *n* côte *f* **kot broken** ~ côte cassée **kot ka-say**

ribbon *n* ruban *m* **rew-ban tie with a** ~ attacher avec un ruban **a-ta-shay a-vek uhn rew-ban**

rich *adj* riche *m&f* **reesh filthy** ~ super riche **sew-per reesh get** ~ s'enrichir **s'an-ree-sheer**, devenir riche **duhv-neer reesh** *(1)* **I'm** / *(2)* **We're not rich by any means.** *(1)* Je ne suis pas riche... / *(2)* Nous ne sommes pas riches... en aucun cas. *(1)* **Zhuh nuh swee pa reesh…** / *(2)* **Noo nuh som pa reesh… an_o-kuhn ka. I don't care about being rich.** Ça m'importe peu d'être riche. **Sa m'uhn-port puh d'etr reesh.**

rid *pp:* **be** ~ **of** être *débarrassé (-e)* de **etr day-ba-ra-say duh get** ~ **of** se débarrasser de **suh day-ba-ra-say duh Are you trying to get rid of me?** Essayez-vous *(Fam: Essaies-tu)* de *vous (Fam: te)* débarrasser de moi? *Ay-say-yay-voo (Fam:*

Words in parentheses (not italicized) are optional.

Ay-say-tew) duh voo (Fam: tuh) **day-ba-ra-say duh mwa?** **I thought I got rid of you.** Je pensais que je m'étais *débarrassé (-e)* de *vous (Fam: toi)*. *Zhuh pan-say kuh zhuh m'ay-tay day-ba-ra-say duh voo (Fam: twa).* **Help me get rid of this guy.** *Aidez (Fam: Aide)*-moi à me débarrasser de ce gars. *Ay-day (Fam: Ed)-mwa a muh day-ba-ra-say duh suh ga.* ♦ **riddance** *n* débarras *f* **day-ba-ra Good riddance!** Bon débarras! **Bon day-ba-ra!**

ride *vt* 1. *(buses, trains)* prendre **prandr**, voyager **vwa-ya-zhay**; 2. *(bikes)* rouler à **roo-lay a**; 3. *(horses)* monter **mon-tay**; 4. *(waves)* chevaucher **shuh-vo-shay**
  Do you ride… *Prenez-vous (Fam: Prends-tu)… Pruh-nay-voo (Fam: Pran-tew)…*
  …the bus… ….le bus… **…luh bews…**
  …the subway… ….le métro…… **…luh may-tro…**
  …the train… ….le train…… **…luh truhn…**
    …to school everyday? …pour aller à l'école? **…poor_a-lay a l'ay-kol?**
    …work everyday? …pour aller au travail? **…poor_a-lay o tra-vaee?**
  Have you ever ridden a horse? *Etes-vous (Fam: As-tu)* déjà monter à cheval? *Et-voo (Fam: Ay-tew)* **day-zha mon-tay a shuh-val?** ♦ *vi* faire un tour **fer_uhn toor You can ride with** *(1)* **me. /** *(2)* **us.** *Vous pouvez (Fam: Tu peux)* faire un tour *(1)* avec moi. / *(2)* avec nous. *Voo poo-vay (Fam: Tew puh)* **fer_uhn toor_ *(1)* a-vek mwa. /** *(2)* **a-vek noo. Would you like to ride with** *(1)* **me? /** *(2)* **us?** *Voudriez-vous (Fam: Voudrais-tu)* faire un tour *(1)* avec moi? / *(2)* avec nous? *Voo-dree-yay-voo (Fam: Voo-dray-tew)* **fer_uhn toor_ *(1)* a-vek mwa? /** *(2)* **a-vek noo? Come ride with me.** *Venez (Fam: Viens)* faire un tour avec moi. *Vuh-nay (Fam: Vyuhn)* **fer_uhn toor_ a-vek mwa.** ♦ *n* 1. *(point to point)* trajet *m* **tra-zhay**; 2. *(car; balloon; carnival)* tour *m* **toor bike** ~ tour en vélo **toor_an vay-lo get a** ~ recevoir un tour **ruh-suh-vwar_uhn toor give a** ~ faire faire un tour **fer fer_uhn toor go on ~s** *(amusement park)* faire des tours *mpl* **fer day toor hot air balloon** ~ tour en montgolfière **toor_an mon-gol-fyer scary** ~ tour effrayant **toor_ay-fray-yan Would you like a ride?** *Aimeriez-vous (Fam: Aimerais-tu)* faire un tour? *Ay-muh-ryay-voo (Fam: Em-ray-tew)* **fer_uhn toor? May I give you a ride home?** Puis-je *vous (Fam: te)* raccompagner chez *vous (Fam: toi)*? **Pwee-zh voo (Fam: tuh) ra-kon-pa-nyay shay voo (Fam: twa)? Come on, I'll give you a ride.** Allez, je *vous (Fam: t')* emmène. **A-lay, zhuh voo_z_ (Fam: t') an-men. Could you give me a ride (to** *[place]*). Pourriez-vous (Fam: Pourrais-tu)* me raccompagner (à / au *[___]*)? *Poo-ryay-voo (Fam: Poo-ray-tew)* **muh ra-kon-pa-nyay (a / o *[___]*)? Thanks for the ride.** Merci de m'avoir emmené (-e) . **Mer-see duh m'a-vwar_anm-nay. Let's go for a ride (*[1]* along the coast. /** *[2]* **around town. /** *[3]* **out in the country.)** Allons faire un tour *([1]* le long de la côte. / *[2]* en ville. / *[3]* à la campagne.) **A-lon fer_uhn toor (*[1]* luh lon duh la kot. /** *[2]* **an veel. /** *[3]* **a la kan-pany[uh].). Which ride do you want to go on?** *(carnival)* Quel tour de manège *voulez-vous (Fam: veux-tu)* faire? **Kel toor duh ma-nezh voo-lay-voo (Fam: vuh-tew) fer? Let's go on this ride!** *(carnival)* Allons faire un tour sur ce manège! **A-lon**

In French ch is pronounced like **sh** *in "sheep".*

fer_uhn toor sewr suh ma-nezh! ♦ **rider** *n (snowboarding)* rider *m* **raee-duhr**

ridiculous *adj* ridicule *m&f* **ree-dee-kewl** **That's absolutely ridiculous!** C'est complètement ridicule! **S'ay kon-plet-man ree-dee-kewl! Isn't that ridiculous?** N'est-ce pas ridicule? **N'es pa ree-dee-kewl? Don't be ridiculous!** Ne sois pas ridicule! **Nuh swa pa ree-dee-kewl! I** *(1)* **feel /** *(2)* **felt (a little) ridiculous.** *(1)* Je me sens… / *(2)* Je me sentais… (un peu) ridicule. *(1)* **Zhuh muh san…** / *(2)* **Zhuh muh san-tay… (uhn puh) ree-dee-kewl. I found it ridiculous.** J'ai trouvé ça ridicule. **Zh'ay troo-vay sa ree-dee-kewl.**

riding *n (horseback riding)* montée (à cheval) *f* **mon-tay (a shuh-val)** **horseback ~** montée à cheval **mon-tay a shuh-val ~ school** école *f* d'équitation **ay-kol d'ay-kee-ta-syon**

rifle *n* fusil *m* **few-zee**

right *adj* 1. *(correct)* juste *m&f* **zhewst**, correct, -e *m&f* **ko-rekt**, exact, -e *m&f* **eg-zakt**; 2. *(suitable, fitting)* adéquat, -e *m&f* **a-day-kwa, -kwat**; 3. *(opposite of left)* droit, -e *m&f* **drwa, drwat** **do the ~ thing** faire ce qui est juste **fer suh kee_y_ay zhewst ~ eye** œil *m* droit **uhy drwat ~ foot** pied *m* droit **pyay drwa ~ hand** main *f* droite *m* **muhn drwat ~ place** bon endroit *m* **bon_an-drwa ~ side** côté *m* droit **ko-tay drwa Right!** Exact! **Eg-zakt! Yeah, right.** *(skepticism)* Oui, c'est ça. **Wee, s'ay sa. Is that right?** 1. *(Is that correct?)* Est-ce que c'est juste? / 2. *(Really?, Is that so?)* Vraiment? **1. Es kuh s'ay zhewst? / 2. Vray-man? That's (not) right.** C(e n)'est (pas) juste. **S(uh n)'ay (pa) zhewst. You're quite right.** C'est bien ça. **S'ay byuhn sa. Is this the right** *(1)* **bus /** *(2)* **train for** *(place)*? Est-ce que c'est le bon *(1)* bus / *(2)* train pour (___)? **Es kuh s'ay luh bon** *(1)* **bews /** *(2)* **truhn poor (___)? I want to do the right thing.** Je veux faire le bon choix. **Zhuh vay fer luh bon shwa. You're the right person for me.** Tu es la bonne personne pour moi. **Tew ay la bon per-son poor mwa. You and I are so right for each other.** Toi et moi allons très bien ensemble. **Twa ay mwa a-lon tre byuhn an-sanbl.** ♦ *adv* 1. *(direction)* à droite **a drwat**; 2. *(immediately)* immédiatement **ee-may-jat-man**; 3. *(correctly)* bien **byuhn**, correctement **ko-rek-tuh-man go ~** aller à droite **a-lay a drwat ~ away** immédiatement **ee-may-jat-man ~ now** tout de suite **too duh sweet turn ~** tourner à droite **toor-nay a drwat** *(1)* **Go /** *(2)* **Turn right (at the next street).** *(1)* Allez (Fam: Vas)… / *(2)* Tournez (Fam: Tourne)… à droite (à la prochaine rue). *(1)* **A-lay (Fam: Va)… /** *(2)* **Toor-nay (Fam: Toorn_)… a drwat (_a la pro-shen rew).** *(1)* **I'll /** *(2)* **We'll be right back.** *(1)* Je reviens… / *(2)* Nous revenons… tout de suite. *(1)* **Zhuh ruh-vyuhn… /** *(2)* **Noo ruh-vuh-non… too duh sweet.** ♦ *n* 1. *(just claim)* droit *m* **drwa**; 2. *(right side)* droite *f* **drwat** **civil ~s** droits civils **drwa see-veel equal ~s** droits égaux **drwa_z_ay-go have the ~** avoir le droit **a-vwar luh drwa not have the ~** ne pas avoir le droit **nuh pa_z_a-vwar luh drwa on the ~** sur la droite **sewr la drwat to the ~** à droite **a drwat Keep to the right.** Tenez votre (Fam: Tiens ta) droite. **Tuh-nay votr (Fam: Chyuhn ta) drwat. Turn to the right.** Tournez (Fam: Tourne) à droite. **Toor-nay (Fam : Toorn_) a drwat. It's**

---

*Familiar "tu" ("tew") forms in parentheses
can replace italicized polite forms.*

on the right. C'est sur la droite. **S'ay sewr la drwat. You have no right to say that.** Vous n'avez *(Fam: Tu n'as)* aucun droit de dire cela. *Voo n'a-vay (Fam: Tew n'a)* **o-kuhn drwa duh deer suh-la.**

ring *vt* sonner **so-nay Ring the** *(1)* **bell.** / *(2)* **doorbell.** Sonnez *(Fam: Sonne)* *(1,2)* à la porte. *So-nay (Fam: Son_) (1, 2)* **a la port.** ♦ *vi* sonner **so-nay Why are the bells ringing?** Pourquoi les cloches sonnent-elles? **Poor-kwa lay klosh son_t-el? The alarm clock didn't ring.** L'alarme n'a pas sonnée. **L'a-larm n'a pa so-nay. The phone rang for a long time.** Le téléphone a sonné pendant longtemps. **Luh tay-lay-fon_a so-nay pan-dan lon-tan. I was in the shower and didn't hear the phone ring.** J'étais sous la douche et je n'ai pas entendu le téléphone sonner. **Zh'ay-tay soo la doosh_ay zhuh n'ay pa_z_an-tan-dew luh tay-lay-fon so-nay.** ♦ *n* bague *f* **bag**, anneau *m* **a-no**, cercle *m* **serkl beautiful ~** belle bague **bel bag bellybutton ~** anneau pour le nombril **a-no poor luh non-breel class ~** bague ((portée par les gens d'une même classe) **bag (por-tay par lay zhan d'ewn mem klas) diamond ~** bague en diamant **bag_an ja-man engagement ~** bague de fiançailles **bag duh fee-yan-saee exchange ~s** échange de bagues **ay-shanzh duh bag friendship ~** bague en signe d'amitié **bag_an seeny(uh) d'a-mee-chyay give a ~** donner une bague **do-nay ewn bag gold ~** bague en or **bag_an_or lip ~** anneau à lèvre **a-no a levr navel ~** anneau pour le nombril **a-no poor luh non-breel silver ~** bague en argent **a-no poor luh non-breel silver ~** bague en argent **bag_an_ar-zhan tongue ~** anneau pour la langue **a-no poor la lang wear a ~** porter une bague **por-tay ewn bag wedding ~** bague de mariage **bag duh ma-ryazh I saw the ring on your finger and I thought you were married.** J'ai vu que *vous portiez (Fam: tu portais)* une bague au doigt et j'ai pensé que *vous étiez (Fam: tu étais) marié (-e).* **Zh'ay vew kuh** *voo por-chyay (Fam: tew por-tay)* **ewn bag_o dwa ay zh'ay pan-say kuh** *voo_z_ay-chyay (Fam: tew ay-tay)* **ma-ryay.**

rinse *n* rinçage **ruhn-sazh color ~** *(hair)* shampooing *m* pour cheveux colorés **shan-pwuhn poor shuh-vuh ko-lo-ray**

riot *n* *(slang)* *(someone extremely funny)* plaisantin *m&f* **play-zan-tuhn You're a riot!** Tu es *un (F: une)* plaisantin *(-e)*! **Tew ay_z_uhn play-zan-tuhn (F: ewn play-zan-teen)!**

ripe *adj* mûr, -e *m&f* **mewr Are these ripe enough to eat?** Sont-ils assez *mûr (-e)* pour les manger? **Son_t-eel_a-say mewr poor lay man-zhay?**

rip off *(slang)* 1. *(swindle)* arracher **a-ra-shay** 2. *(steal)* voler **vo-lay** ♦ *n (swindle)* arnaque *f* **ar-nak**, escroquerie *f* **es-kro-kree**

riptide *n* contre-courant *m* **kon-truh-koo-ran**

riser *n* lève-tôt *m* **lev-to I'm an early riser.** Je suis *un (F: une)* lève-tôt. **Zhuh swee_z_uhn (F: ewn) lev-to. We're early risers.** Nous sommes des lève-tôt. **Noo som day lev-to.**

risk *vt* risquer **rees-kay**, prendre le risque **prandr luh reesk I'll risk it.** Je prendrai le risque. **Zhuh pran-dray luh reesk. I don't want to risk it.** Je ne veux pas prendre le risque. **Zhuh nuh vuh pa prandr luh reesk.** ♦ *n* risque *m* **reesk It's a (big) risk.** C'est (très) risqué. **S'ay (tre) rees-kay. It's too much of a risk.**

The letter h in French is always silent.

risky 357 **rock**

C'est trop risqué. **S'ay tro rees-kay. I'm willing to take the risk.** Je vais prendre le risque. **Zhuh vay pra<u>n</u>dr luh reesk. Don't worry, there's no risk.** Ne *vous faites (Fam: te fais)* pas de souci, ce n'est pas risqué. **Nuh** *voo fet (Fam: tuh fay)* **pa duh soo-see, suh n'ay pa rees-kay. The risk is...** C'est risqué de… **S'ay rees-kay duh…** ♦ **risky** *adj* risqué, -e *m&f* **rees-kay** ~ **climb** ascension risquée **a-sa<u>n</u>-syo<u>n</u> rees-kay Isn't that kind of** ~ N'est-ce pas un peu risqué? **N'es pa_z_uh<u>n</u> puh rees-kay? It's too risky.** C'est trop risqué. **S'ay tro rees-kay.** ♦ **risque** *adj* risqué, -e *m&f* **rees-kay**

ritual *n* rituel *m* **ree-tew-el It's (1) my / (2) our daily ritual.** C'est *(1)* mon / *(2)* notre rituel quotidien. **S'ay** *(1)* **mo<u>n</u> /** *(2)* **notr ree-tew-el ko-tee-juh<u>n</u>.**

rival *n* rival, -e *m&f* **ree-val**

river *n* rivière *f* **ree-vyer Let's walk along the river.** Allons-nous promener le long de la rivière. **A-lo<u>n</u>-noo prom-nay luh lo<u>n</u> duh la ree-vyer. Let's have a picnic by the river.** Faisons un pique-nique au bord de la rivière. **Fuh-zo<u>n</u> uh<u>n</u> peek-neek_o bord duh la ree-vyer. Is it okay to swim in this river?** Pouvons-nous nager dans cette rivière? **Poo-vo<u>n</u>-noo na-zhay da<u>n</u> set ree-vyer? What's the name of this river?** Quel est le nom de cette rivière? **Kel_ay luh no<u>n</u> duh set ree-vyer?**

road *adj* routière **roo-chyer** ~ **map** carte routière **kart roo-chyer What does the road sign say?** Que dit le panneau? **Kuh dee luh pa-no?** ♦ *n* route *f* **root country** ~ route *f* de campagne **root duh ka<u>n</u>-pany(uh) main** ~ route principale **root pruh<u>n</u>-see-pal steep** ~ route *f* en pente **root_a<u>n</u> pa<u>n</u>t winding** ~ route *f* sinueuse **root see-new-uhz wrong** ~ mauvaise route *f* **mo-vez root Which road should I take (to get to** *[place]*)? Quelle route devrions-nous prendre (pour aller à [___])? **Kel root duh-vree-yo<u>n</u>-noo pra<u>n</u>dr (poor_a-lay a [___])? Where does this road go to?** Où mène cette route? **Oo men set root? Is this the (right) road to** *(place)*? Est-ce que c'est la (bonne) route pour aller à (___)? **Es kuh s'ay la (bon) root poor_a-lay a (___)? Could you show me the road on this map?** *Pourriez-vous (Fam: Pourrais-tu)* me montrer la route sur cette carte? *Poo-ryay-voo (Fam: Poo-ray-tew)* **muh mo<u>n</u>-tray la root sewr set kart? What's the condition of the road?** Dans quelle condition est cette route? **Da<u>n</u> kel ko<u>n</u>-dee-syo<u>n</u> ay set root? Is the road passable by car?** Est-ce que cette route est praticable? **Es kuh set root_ay pra-tee-kabl? Stay on this road.** *Restez (Fam: Reste)* sur cette route. *Res-tay (Fam: Rest)* **sewr set root.** ♦ **roadtrip** *n* voyage en voiture *m* **vwa-yazh_a<u>n</u> vwa-tewr**

roam *vi* vagabonder **va-ga-bo<u>n</u>-day**, parcourir **par-koo-reer Let's go roam around town.** Vagabondons dans la ville. **Va-ga-bo<u>n</u>-do<u>n</u> da<u>n</u> la veel. We can roam around the countryside together.** Nous pouvons parcourir la campagne ensemble. **Noo poo-vo<u>n</u> par-koo-reer la ka<u>n</u>-pany(uh)_a<u>n</u>-sa<u>n</u>bl.**

rob *vt* voler **vo-lay** *(1)* **I was… /** *(2)* **We were… robbed.** *(1)* J'ai été *volé (-e)*. / *(2)* Nous avons été *volés (-es)*. *(1)* **Zh'ay ay-tay vo-lay. /** *(2)* **Noo_z_a-vo<u>n</u>_z_ay-tay vo-lay.** ♦ **robber** *n* voleur *m* **vo-luhr**

robe *n (bathrobe)* robe *f* de bain **rob duh buh<u>n</u>**, peignoir *m* **pe-nwar**

rock *n* 1. *(stone)* pierre *f* **pyer**, roche *f* **rosh**; 2. *(rock music)* rock *m* **rok head like**

Common occupations are listed on pages 526-533.

a ~ tête dure comme de la pierre **tet dewr kom duh la pyer muscles like ~** muscles durs comme de la pierre **mewskl dewr kom duh la pyer on the ~s** 1. *(in dire difficulty)* en difficulté **an dee-fee-kewl-tay**; 2. *(with ice)* avec glace **a-vek glas ~ climbing** escalade *m* **es-ka-lad Have you ever tried rock climbing?** Avez-vous *(Fam: As-tu)* déjà essayé l'escalade? *A-vay-voo (Fam: A-tew)* **day-zha ay-say-yay l'es-ka-lad? I like to climb rocks.** J'aime faire de l'escalade. **Zh'em fer duh l'es-ka-lad.**

rocket *n* fusée *f* **few-zay**

rocky *adj* rocheux, rocheuse *m&f* **ro-shuh, -shuhz**

rod *n (fishing)* canne *f* **kan fishing ~** canne à pêche **kan_a pesh**

role *n* rôle *m* **rol big ~** grand rôle **gran rol leading ~** rôle porteur **rol por-tuhr**, rôle de leader **rol duh lee-duhr main ~** rôle principal **rol pruhn-see-pal new ~** nouveau rôle **noo-vo rol play the ~ of** jouer le rôle de **zhoo-ay luh rol duh This is a new role for me.** C'est un nouveau rôle pour moi. **S'ay_t_uhn noo-vo rol poor mwa. He plays the role of a policeman.** Il joue le rôle d'un policier. **Eel zhoo luh rol d'uhn po-lee-syay.**

roll *vt* faire rouler **fer roo-lay ~ dice** faire rouler les dés **fer roo-lay lay day ♦** *vi* rouler **roo-lay**, se rouler **suh roo-lay Let's roll!** Allons-y! **A-lon_z-ee! Heads will roll!** Il y a des têtes qui vont voler! **Eel_ee_y_a day tet kee von vo-lay! This ship rolls a lot, doesn't it?** Ce navire avance pas mal, n'est-ce pas? **Suh na-veer_a-vans pa mal, n'es pa? ♦** *n (film)* pellicule *f* **pay-lee-kewl ~ of film** pellicule **pay-lee-kewl**

rollerblade *vi* faire du roller **fer dew ro-luhr** *(See also phrases under* **like** *and* **love***.)* **Do you know how to rollerblade?** Savez-vous *(Fam: Sais-tu)* comment faire du roller? *Sa-vay-voo (Fam: Say-tew)* **ko-man fer dew ro-luhr? Where's a good place to rollerblade around here?** Y a-t-il un endroit dans le coin où je puisse faire du roller? **Ee_y_a-t-eel_uhn_an-drwa dan luh kwuhn oo zhuh pwees fer dew ro-luhr? ♦ rollerblades** *n pl* rollers *mpl* **ro-luhr Do you have rollerblades?** Avez-vous *(Fam: As-tu)* des rollers? *A-vay-voo (Fam: A-tew)* **day ro-luhr? I (don't) have rollerblades.** J(e n)'ai (pas) de rollers. **Zh(uh n)'ay (pa) duh ro-luhr. Where can we rent rollerblades?** Où pouvons-nous louer des rollers? **Oo poo-von-noo loo-ay day ro-luhr? ♦ rollerblader** *n* rouleur *m&f* en roller **roo-luhr_an ro-luhr I'm a rollerblader.** Je fais du roller. **Zhuh fay dew ro-luhr. ♦ rollerblading** *n* roller *m* **ro-luhr** *(See phrases under* **go**, **like** *and* **love***.)*

romance *n* romance *f* **ro-mans**, aventure *f* sentimentale **a-van-tewr san-tee-man-tal look for ~** chercher une aventure sentimentale **sher-shay ewn_a-van-tewr san-tee-man-tal start a ~** s'engager dans une aventure sentimentale **s'an-ga-zhay dan_z_ewn_a-van-tewr san-tee-man-tal**

Romanian *adj* roumain, -e *m&f* **roo-muhn, -men ♦** *n* Roumain, -e *m&f* **Roo-muhn, -men**

romantic *adj* romantique *m&f* **ro-man-teek ~ atmosphere** atmosphère romantique **at-mos-fer ro-man-teek ~ dinner** dîner romantique **dee-nay ro-man-teek ~ evening** soirée romantique **swa-ray ro-man-teek ~ letter** lettre

---

At the end of a word, s, d, t and x are generally silent.

romantique **letr ro-man-teek** ~ **music** musique romantique **mew-zeek ro-man-teek** ~ **song** chanson romantique **shan-son ro-man-teek** ~ **vacation** vacances *fpl* romantiques **va-kans ro-man-teek** **How romantic!** Qu'est-ce que c'est romantique! **K'es kuh s'ay ro-man-teek! This is such a romantic place.** C'est un endroit très romantique! **S'ay t uhn an-drwa tre ro-man-teek! That was a very romantic gesture.** C'était un geste très romantique. **S'ay-tay t uhn zhest tre ro-man-teek.**

roof *n* toit *m* **twa on the** ~ sur le toit **sewr luh twa Let's go up on the roof (and dance under the stars).** Allons sur le toit (et dansons sous les étoiles). **A-lon sewr luh twa (ay dan-son soo lay z ay-twal).**

room *adj* de chambre **duh shanbr** ~ **rates** *(hotel)* prix *mpl* des chambres **pree day shanbr** ~ **service** service de chambre **ser-vees duh shanbr What's your room number?** Quel est le numéro de *votre (Fam: ta)* chambre? **Kel_ay luh new-may-ro duh** *votr (Fam: ta)* **shanbr? My room number is** *(number)*. Le numéro de ma chambre est *(___)*. **Luh new-may-ro duh ma shanbr_ay (___).**
♦ *n* 1. *(chamber)* chambre *f* **shanbr**, pièce *f* **pyes**, appartement *m* **a-par-tuh-man**; *(large)* salle *f* **sal**; 2. *(space)* place *f* **plas** *(See also phrases under* **come** *and* **go**.*)* **book a** ~ réserver une chambre **ray-zer-vay ewn shanbr dining** ~ salle à manger **sal_a man-zhay exercise** ~ salle d'entraînement **sal d'an-tren-man get a** ~ prendre une chambre **prandr_ewn shanbr hotel** ~ chambre d'hôtel **shanbr d'o-tel large** ~ grande pièce **grand pyes living** ~ salle de séjour **sal duh say-zhoor nice** ~ belle pièce **bel pyes oceanfront** ~ chambre face à l'océan **shanbr fas_a l'o-say-an quiet** ~ pièce tranquille **pyes tran-keel rec(reation)** ~ salle de jeu **sal duh zhuh reserve a** ~ réserver une chambre **ray-zer-vay ewn shanbr** ~ **at a motel** chambre *f* dans un motel **shanbr dan_z_uhn mo-tel** ~ **for one (person)** chambre pour une personne **shanbr poor_ewn per-son** ~ **for two** chambre pour deux **shanbr poor duh**, chambre double **shanbr doobl** ~**s for rent** chambres à louer **shanbr_a loo-ay** ~ **with a** *(1)* **balcony** / *(2)* **bathroom** / *(3)* **shower** chambre avec *(1)* un balcon / *(2)* une salle de bain / *(3)* une douche **shanbr_a-vek** *(1)* **uhn bal-kon** / *(2)* **ewn sal duh buhn** / *(3)* **ewn doosh waiting** ~ salle *f* d'attente **sal d'a-tant Is there room for** *(1)* **my suitcase?** / *(2)* **one more person?** Y a-t-il de la place pour *(1)* ma valise? / *(2)* une autre personne? **Ee_y-a-t-eel duh la plas poor** *(1)* **ma va-leez?** / *(2)* **_ewn_otr per-son? There's room for** *(1)* **three** / *(2)* **four people.** Il y a de la place pour *(1)* trois / *(2)* quatre personnes. **Eel_ee_y_a duh la plas poor** *(1)* **trwa** / *(2)* **katr per-son. There's no more room.** Il n'y a plus de place. **Eel n'ee_y_a plew duh plas.** ♦ **roommate** *n* colocataire *m&f* **ko-lo-ka-ter**

root for *idiom (sports)* encourager **an-koo-ra-zhay** *(1)* **Which team…** / *(2)* **Who… are you rooting for?** *(1)* Quelle équipe… / *(2)* Qui… *encouragez-vous (Fam: encourages-tu)?* *(1)* **Kel_ay-keep_…** / *(2)* **Kee… an-koo-ra-zhay-voo** *(Fam: an-koo-razh-tew)?*

rope *n* corde *f* **kord climbing** ~ corde pour l'escalade **kord poor l'es-ka-lad jump** ~ *vt* sauter à la corde **so-tay a la kord jump** ~ *n* corde à sauter **kord_a so-tay**

---

*Feminine forms of words in phrases are
usually given in parentheses (italicized).*

rose *n* rose *f* **roz bouquet of ~s** bouquet de roses **boo-kay duh roz Such beautiful roses! Thank you ever so much.** Ce sont vraiment de très belles roses! Merci beaucoup. **Suh son vray-man duh tre bel roz! Mer-see bo-koo. You're as lovely as a rose.** *Vous êtes (Fam: Tu es)* aussi belle qu'une rose. *Voo_z_et_(Fam: Tew ay)_z_o-see bel k'ewn roz.*

rough *adj* 1. *(not smooth)* rude *m&f* **rewd**; 2. *(choppy, turbulent)* brusque *m&f* **brewsk**, turbulent, -e *m&f* **tewr-bew-lan, -lant**; 3. *(difficult)* difficile *m&f* **dee-fee-seel**; 4. *(harsh, violent)* violent, -e *m&f* **vyo-lan, -lant**; 5. *(approximate)* approximatif, approximative *m&f* **a-prok-see-ma-teef, -teev have a ~ time** passer un moment difficile **pa-say uhn mo-man dee-fee-seel have it ~** l'avoir dur **l'a-vwar dewr ~ area / neighborhood** un quartier turbulent **uhn kar-chyay tewr-bew-lan ~ customer / guy** un type violent **uhn teep vyo-lan ~ estimate** un calcul approximatif **uhn kal-kewl a-prok-see-ma-teef ~ flight** un vol turbulent **uhn vol tewr-bew-lan ~ idea** idée *f* approximative **ee-day a-prok-see-ma-teev ~ life** une vie difficile **ewn vee dee-fee-seel ~ sea** une mer agitée **ewn mer_a-zhee-tay ~ time** un moment difficile **uhn mo-man dee-fee-seel You've really had a rough time.** *Vous avez (Fam: Tu as)* vraiment passé un moment difficile. *Voo_z_a-vay (Fam: Tew a)* **vray-man pa-say uhn mo-man dee-fee-seel. That gives you a rough idea.** Ça *vous (Fam: te)* donne une idée approximative. **Sa voo *(Fam: tuh)* don_ewn ee-day a-prok-see-ma-teev. No rough stuff!** Pas de violence! **Pa duh vyo-lans!** ♦ *adv (violently)* violemment **vyo-la-man**, brusquement **brews-kuh-man You play too rough.** *Vous jouez (Fam: Tu joues)* trop violemment. *Voo zhoo-ay (Fam: Tew zhoo)* **tro vyo-la-man. Don't get rough with me.** Ne *soyez (Fam: sois)* pas si *violent (-e)* quand *vous jouez (Fam: tu joues)*. **Nuh** *swa-yay (Fam: swa)* **pa see** *vyo-lan (F: vyo-lant)* **kan** *voo zhoo-ay (Fam: tew zhoo)*. ♦ **rough it** *(slang) (live without conveniences)* vivre à la dure **veevr_a la dewr I love roughing it.** J'adore vivre à la dure. **Zh'a-dor veevr_a la dewr.** ♦ **roughly** *adv (approximately)* approximativement **a-prok-see-ma-teev-man**

roulette *n* roulette *f* **roo-let play ~** jouer à la roulette **zhooay a la roo-let ~ wheel** roue *f* de la roulette **roo duh la roo-let**

round *adj* rond, -e *m&f* **ron, rond ~ robin** *(competition)* tournois *m* **toor-nwa ~ trip** aller-retour *m* **a-lay-ruh-toor** ♦ *adv (around)* autour de **o-toor duh go ~** tourner en rond **toor-nay an ron Love is what makes the world go round.** L'amour fait tourner les têtes. **L'a-moor fay toor-nay lay tet.** ♦ *n (drinks)* tournée *f* **toor-nay How about another round?** Ça *vous (Fam: te)* dirait une autre tournée? **Sa voo *(Fam: tuh)* dee-ray ewn_otr toor-nay? One more round!** Encore une tournée! **An-kor_ewn toor-nay! I'll buy / get the next round.** Je t'offre la prochaine tournée. **Zhuh t'ofr la pro-shen toor-nay.** ♦ **round-trip** *adj* un aller-retour **uhn_a-lay-ruh-toor How much is a round-trip ticket (to *[place]*)?** Combien coûte un aller-retour (pour *[___]*)? **Kon-byuhn koot_uhn_a-lay-ruh-toor (poor *[___]*)?**

route *n* route *f* **root**, voie *f* **vwa**, piste *f* **peest bicycle ~** piste cyclable **peest see-klabl**

Before a, o, u or a consonant, c is pronounced like **k**.

scenic ~ route route scénique **root say-neek Do you know the route?** *Connaissez-vous (Fam: Connais-tu)* la route? **Ko-nay-say-voo (Fam: Ko-nay-tew) la root? What's the (1) best / (2) shortest route?** Quelle est *(1)* la meilleure route? / *(2)* la route la plus courte? **Kel_ay (1) la me-yuhr root? / (2) la root la plew koort? Can you show me the route on the map?** *Pouvez-vous (Fam: Peux-tu)* me montrer la route sur la carte? **Poo-vay-voo (Fam: Puh-tew) muh mon-tray la root sewr la kart? I think the best route would be...** Je pense que la meilleure route serait... **Zhuh pans kuh la me-yuhr root suh-ray...**

routine *n* routine *f* **roo-teen**, habitude *f* **a-bee-tewd daily** ~ routine quotidienne **roo-teen ko-tee-jen same old** ~ même vieille routine **mem vyey roo-teen stale** ~ routine pesante **roo-teen puh-zant usual** ~ routine de tous les jours **roo-teen duh too lay zhoor**

row *vt & vi* ramer **ra-may I'll row.** Je ramerai. **Zhuh ram-ray. I'll let you row.** Je vous *(Fam: te)* laisserai ramer. **Zhuh voo (Fam: tuh) les-ray ra-may.** ♦ *n* rangée *f* **ran-zhay**, file *f* **feel**, rang *m* **ran back** ~ rangée de derrière **ran-zhay duh der-ryer front** ~ rangée de devant **ran-zhay duh duh-van in a** ~ dans le rang **dan luh ran** ♦ **rowboat** *n* barque *f* **bark rent a** ~ louer une barque **loo-ay ewn bark**

rowdy *adj* turbulent, -e *m&f* **tewr-bew-lan, -lant Let's not get rowdy.** Ne soyons pas turbulents. **Nuh swa-yon pa tewr-bew-lan.**

rowing *n* aviron *m* **a-vee-ron**

royal *adj* royal, -e *m&f* **rwa-yal** ♦ **royalty** *n* royauté *f* **rwa-yo-tay**

rub *vt* 1. *(massage)* faire un massage **fer_uhn ma-sazh**, frictionner **freek-syo-nay**, frotter **fro-tay**; 2. *(spread)* appliquer **a-plee-kay**, étaler **ay-ta-lay** ~ **the wrong way** irriter **ee-ree-tay Let me rub your (1) back. / (2) neck. / (3) shoulders.** *Laissez (Fam: Laisse)*-moi *vous (Fam: te)* faire un massage *(1)* du dos. / *(2)* du cou. / *(3)* des épaules. *Lay-say (Fam: Les)*-**mwa voo (Fam: tuh) fer_uhn ma-sazh (1) dew do. / (2) dew koo. / (3) day_z_ay-pol.** ♦ *vi* frotter **fro-tay**, causer une (des) irritation (-s) **ko-zay ewn_ (day_z_) ee-ree-ta-syon** ♦ *n* massage **ma-sazh** *m*, friction *f* **freek-syon back** ~ massage de dos **ma-sazh duh do I can give you a great back rub.** Je peux *vous (Fam: te)* faire un bon massage de dos. **Zhuh puh voo (Fam: tuh) fer_uhn bon ma-sazh duh do. How about I give you a back rub?** Ça *vous (Fam: te)* dirait un massage de dos? **Sa voo (Fam: tuh) dee-ray uhn ma-sazh duh do?**

rubber *adj* en caoutchouc **an ka-oot-shoo** ♦ *n (slang: condom)* capote *f* **ka-pot**

rubdown *n* massage *m* **ma-sazh**, friction *f* **freek-syon**

ruby *adj* de rubis **duh rew-bee** ♦ *n* rubis *m* **rew-bee**

rucksack *n* sac *f* de randonnée **sak duh ran-do-nay**

rudder *n* gouvernail *m* **goo-ver-naee**

rude *adj* sec, sèche *m&f* **sek, sesh I'm sorry I was so rude.** Je suis *désolé (-e)*, j'ai été vraiment *sec (F: sèche)*. **Zhuh swee day-zo-lay, zh'ay ay-tay vray-man** *sek (F: sesh)*.

rug *n* tapis *m* **ta-pee prayer** ~ tapis de prière **ta-pee duh pree-yer**

rugby *n* rugby *m* **rewg-bee play** ~ jouer au rugby **zhooay o rewg-bee**

Before e, i, or y, c is pronounced like **s**.

ruin *vt* ruiner **rwee-nay**, gâcher **ga-shay** *(1)* **My / *(2)* Our plans are ruined.** *(1)* Mes / *(2)* Nos plans sont tombés à l'eau. *(1)* **May / *(2)* No plan son ton-bay a l'o. This ruins *(1)* my / *(2)* our plans.** Ça ruine *(1)* mes / *(2)* nos plans. **Sa rween *(1)* may / *(2)* no plan. I've ruined the evening. I'm sorry.** J'ai gâché la soirée, je suis *désolé (-e)*. **Zh'ay ga-shay la swa-ray, zhuh swee day-zo-lay. You've ruined everything.** Vous avez *(Fam: Tu as)* tout gâché. **Voo_z_a-vay *(Fam: Tew a)* too ga-shay.** ♦ **ruins** *n pl* ruines *fpl* **rween**, vestiges *mpl* **ves-teezh**
rule *n* règle *f* **regl as a ~ en** règle générale **an regl zhay-nay-ral ~s of the game** règles du jeu **regl dew zhuh The rules are simple.** Les règles sont simples. **Lay regl son suhnpl. Rule number one: I always win.** Règle numéro une: je gagne toujours. **Regl new-may-ro ewn: zhuh gany(uh) too-zhoor. I'll teach you the rules.** Je *vous (Fam: t')* apprendrai les règles. **Zhuh voo_z_ *(Fam: t')* a-pran-dray lay regl. Can you teach me the rules?** *Pouvez-vous (Fam: Peux-tu)* m'apprendre les règles? **Poo-vay-voo *(Fam: Puh-tew)* m'a-prandr lay regl? I believe in playing by the rules.** Je pense qu'il vaut mieux jouer en suivant les règles. **Zhuh pans k'eel vo myuh zhoo-ay an swee-van lay regl. This will be strictly by the rules. (My rules.)** On suivra strictement les règles. (Mes règles.) **On swee-vra streek-tuh-man lay regl. (May regl.) That's against the rules.** C'est contre les règles. **S'ay kontr lay regl. The rule is that...** La règle dit que... **La regl dee kuh…**
ruler *n* règle *f* **regl**
rumor *n* rumeur *f* **rew-muhr If you hear a rumor that I love you, it's true.** Si tu entends dire que je suis *amoureux (F: amoureuse)* de toi, c'est la vérité. **See tew an-tan deer kuh zhuh swee_z_a-moo-ruh *(F: a-moo-ruhz)* duh twa, s'ay la vay-ree-tay. I heard a rumor (that...).** J'ai entendu dire (que...). **Zh'ay an-tan-dew deer (kuh…).**
rump *n (colloq.) (buttocks)* derrière *m* **der-ryer**, fesses *fpl* **fess**
rumpled *adj* froissé, -e *m&f* **frwa-say My clothes are all rumpled.** Mes affaires sont toutes froissées. **May_z_a-fer son toot frwa-say.**
run *vi* courir **koo-reer** *(See also phrases under* **like** *and* **love***.)* **Let's run along the beach.** Allons courir le long de la plage. **A-lon koo-reer luh lon duh la plazh. How far do you (usually) run?** Jusqu'à où *courez-vous (Fam: cours-tu)* (habituellement)? **Zhews-k'a oo koo-ray-voo *(Fam: koor-tew)* (a-bee-tew-el-man)? I (usually) run *(1)* two / *(2)* three / *(3)* five / *(4)* ten kilometers (everyday).** (Normalement) je cours *(1)* deux / *(2)* trois / *(3)* cinq / *(4)* dix kilomètres (tous les jours). **(Nor-mal-man) zhuh koor *(1)* duh / *(2)* trwa / *(3)* suhnk / *(4)* dee kee-lo-metr (too lay zhoor). Where's a good place to run around here?** *Connaissez-vous (Fam: Connais-tu)* un bon endroit pour courir dans le coin? **Ko-nay-say-voo *(Fam: Ko-nay-tew)* uhn bon an-drwa poor koo-reer dan luh kwuhn?** ♦ *n* 1. *(running: course)* course *f* **koors**; 2. *(cards)* manche *f* **mansh**, partie *f* **par-tee go for a ~** aller courir **a-lay koo-reer in the long ~** avec le temps **a-vek luh tan ski ~** piste *f* de ski **peest duh skee ten-kilometer ~** une course de dix kilomètres **ewn koors duh dee kee-lo-metr Do you want to**

Numbers in French are given on pages 519-520.

go for a (short) run? *Voudriez-vous (Fam: Voudrais-tu) faire une (brève) course?* Voo-dree-yay-voo (Fam: Voo-dray-tew) fer_ewn (brev) koors? **Let's take a run.** Allons faire la course. A-lon fer la koors. **It will pay you dividends in the long run.** *Vous gagnerez (Fam: Tu gagneras) des dividendes avec le temps.* Voo ga-nyuh-ray (Fam: Tew ga-nyuh-ra) day dee-vee-dand_a-vek luh tan.
- ♦ **run away** *idiom* fuir fweer **Don't run away (from me) (again).** *Ne (me) fuyez (Fam: fuis) pas (à nouveau).* Nuh (muh) fwee-yay (Fam: fwee) pa (a noo-vo).
- ♦ **run out** *idiom* (be used up) épuiser ay-pwee-zay, être à cours etr_a koor **We're running out of gas.** *Nous sommes à cours d'essence.* Noo som_a koor d'ay-sans. *(1)* **I'm** / *(2)* **We're running out of** *(3)* **money.** / *(4)* **time.** *(1)* Je suis… / *(2)* Nous sommes… à cours *(3)* d'argent. / *(4)* de temps. *(1)* Zhuh swee… / *(2)* Noo som… _z_a koor *(3)* d'ar-zhan. / *(4)* duh tan.

runner *n* coureur, coureuse *m&f* koo-ruhr, -ruhz **long-distance ~** coureur de longues distances koo-ruhr duh long dees-tans **marathon ~** coureur de marathon koo-ruhr duh ma-ra-ton ♦ **running** *n* course *f* koors

rural *adj* rural, -e *m&f* rew-ral **~ area** endroit *m* rural an-drwa rew-ral **~ life** vie *f* à la campagne vee a la kan-pany(uh)

rush *vt* précipiter pray-see-pee-tay **I don't think we should rush things.** *Je ne pense pas que vous devriez (Fam: tu devrais) précipiter les choses.* Zhuh nuh pans pa kuh voo duh-vree-yay (Fam: tew duh-vray) pray-see-pee-tay lay shoz.
♦ *vi* se dépêcher suh day-pe-shay *(1)* **I** / *(2)* **We have to rush.** *(1)* Je dois me… / *(2)* Nous devons nous… dépêcher. *(1)* Zhuh dwa muh… / *(2)* Noo duh-von noo… day-pe-shay. **I'm sorry, I have to rush (off).** *Je suis désolé (-e), je dois me dépêcher.* Zhuh swee day-zo-lay, zhuh dwa muh day-pe-shay. **There's no need to rush.** *Il n'y a pas de quoi se dépêcher.* Eel n'ee_y_a pa duh kwa suh day-pe-shay. ♦ *n* précipitation *f* pray-see-pee-ta-syon **in a ~** dans la précipitation dan la pray-see-pee-ta-syon **What's the rush?** *Pourquoi êtes-vous (Fam: es-tu) si pressé (-e)?* Poor-kwa et-voo (Fam: ay-tew) see pray-say? **There's no rush.** Il n'y a pas de quoi se presser. Eel n'ee_y_a pa duh kwa suh pray-say. **Don't be in such a rush.** *Ne soyez (Fam: sois) pas si pressé (-e).* Nuh swa-yay (Fam: swa) pa see pray-say.

Russian *adj* russe *m&f* rews ♦ *n* Russe *m&f* Rews

rusty *adj* rouillé, -e *m&f* roo-yay **My French is very rusty.** *Mon français est un peu rouillé.* Mon fran-say ay_t_uhn puh roo-yay. **I studied French in** *(1)* **high school** / *(2)* **college, but it's very rusty now.** *J'ai étudié le français (1) au lycée… / (2) à l'université,… mais j'ai presque tout oublié.* Zh'ay ay-tew-jay luh fran-say *(1)* o lee-say… / *(2)* a l'ew-nee-ver-see-tay, … may zh'ay presk too_t_oo-blee-yay.

RV *abbrev* = **recreational vehicle** camping-car *m* kan-peeng-kar **We do a lot of traveling in our RV.** *On voyage beaucoup dans notre camping-car.* On vwa-yazh bo-koo dan notr kan-peeng-kar.

Learn a new French phrase every day! Subscribe to the free **Daily Dose of French***, www.phrase-books.com.*

S s

sabbath *n* sabbat *m* sa-ba *(1)* **I** / *(2)* **We have to observe the sabbath.** *(1)* Je dois… / *(2)* Nous devons… fêter le sabbat. *(1) Zhuh dwa… / (2) Noo duh-von… fe-tay luh sa-ba.*

sabre *n (fencing)* sabre *m* sabr

sack *n* 1. *(bag)* sac *m* sak; 2. *(slang: bed)* pieu *m* pyuh, lit *m* lee **I'm going to hit the sack.** Je vais au pieu. *Zhuh vay_z_o pyuh.*

sacred *adj* sacré, -e *m&f* sa-kray ~ **relic** *n* relique sacrée *f* ruh-leek sa-kray

sacrifice *vt* sacrifier sa-kree-fyay ~ **everything** tout sacrifier too sa-kree-fyay ~ **nothing** ne rien sacrifier nuh ryuhn sa-kree-fyay ♦ *n* sacrifice *m* sa-kree-fees **big** ~ gros sacrifice gro sa-kree-fees **great** ~ grand sacrifice gran sa-kree-fees **make a** ~ faire un sacrifice fer_uhn sa-kree-fees **tremendous** ~ sacrifice immense sa-kree-fees_ee-mans

sad *adj* triste *m&f* treest **be** ~ être triste etr treest ~ **news** triste nouvelle *f* treest noo-vel ~ **story** histoire *f* triste ees-twar treest **You look (so) sad.** *Vous avez (Fam: Tu as)* l'air (si) triste. *Voo_z_a-vay (Fam: Tew a) l'er (see) treest.* **Why are you (so) sad?** Pourquoi *êtes-vous (Fam: es-tu)* (si) triste? *Poor-kwa et-voo (Fam: ay-tew) (see) treest?* **I feel (so) sad (because we're parting).** Je me sens (si) triste (parce que nous allons nous séparer). *Zhuh muh san (see) treest (pars kuh noo_z_a-lon noo say-pa-ray).* ♦ **sadden** *vt* attrister a-trees-tay **That saddens me (very much).** Cela m'attriste (beaucoup). *Suh-la m'a-treest (bo-koo).*

saddle *n* selle *f* sel

safe *adj* sauf, sauve *m&f* sof, sov, en sécurité *adv* an say-kew-ree-tay ~ **and sound** sain et sauf *(F: saine et sauve)* suhn_ay sof *(F: sen_ay sov)* ~ **area** coin *m* sûr kwuhn sewr ~ **place** endroit *m* sûr an-drwa sewr ~ **sex** sexe *m* sans risque seks san reesk **Is it safe?** Est-ce que c'est sûr? *Es kuh s'ay sewr?* **It's (not) safe.** C(e n)'est (pas) sûr. *S(uh n)'ay (pa) sewr.* *(1)* **Put** / *(2)* **Keep this in a safe place.** *(1)* Mettez *(Fam: Mets)*… / *(2)* Gardez *(Fam: Garde)*… ça dans un endroit sûr. *(1) May-tay (Fam: Me)… / (2) Gar-day (Fam: Gard)… sa dan_z_uhn an-drwa sewr.* ♦ **safely** *adv* avec prudence a-vek prew-dans **Please drive safely.** S'il vous *(Fam : te)* plaît, conduisez *(Fam: conduis)* avec prudence. *S'eel voo (Fam: tuh) play, kon-dwee-zay (Fam: kon-dwee) a-vek prew-dans.* ♦ **safety** *n* sécurité *f* say-kew-ree-tay **rules of** ~ règles *fpl* de sécurité regl duh say-kew-ree-tay ~ **pin** épingle *f* à nourrice ay-puhngl_a noo-rees **Wear this for safety.** Portez *(Fam: Porte)* ça pour *votre (Fam: ta)* sécurité. *Por-tay (Fam: Port) sa poor votr (Fam: ta) say-kew-ree-tay.*

Sagittarius *(Nov. 22 - Dec. 21)* Sagittaire Sa-zhee-ter

sail *vt* naviguer na-vee-gay, piloter pee-lo-tay **Do you know how to sail a sailboat?**

> *Final consonants of words are often not pronounced, but usually run together with next words that start with vowels.*

Savez-vous (Fam: Sais-tu) comment faire naviguer un bateau à voile? *Sa-vay-voo (Fam: Say-tew)* **ko-man fer na-vee-gay uhn ba-to a vwal? I (don't) know how to sail a sailboat.** Je (ne) sais (pas) comment faire naviguer un bateau à voile. **Zhuh (nuh) say (pa) ko-man fer na-vee-gay uhn ba-to a vwal. ♦ sail** *vi* voyager en bateau **vwa-ya-zhay an ba-to,** traverser **tra-ver-say When does the ship sail?** Quand est-ce que ce bateau appareille? **Kan_t es kuh suh ba-to a-pa-rey(uh)? It sails at** *(time)*. Il appareille à *(___)*. **Eel_a-pa-re_y_a (___). Where is** *(1)* **this /** *(2)* **that ship sailing to?** Quelle est la destination de *(1,2)* ce bateau? **Kel_ay la des-tee-na-syon duh** *(1,2)* **suh ba-to? Where are you sailing to?** Où est-ce que *vous allez (Fam: tu vas)* en bateau? **Oo es kuh** *voo_z_a-lay_ (Fam: tew va)_z_* **an ba-to? I'm /** *(2)* **We're going to** *(3,4)* **sail to** *(place)*. *(1)* Je vais… / *(2)* Nous allons… *(3) (navigating)* naviguer... / *(4) (as a passenger)* voyager en bateau... jusqu'à (___). *(1)* **Zhuh vay…** / *(2)* **Noo_z_a-lon…** *(3) (navigating)* **na-vee-gay...** / *(4) (as a passenger)* **vwa-ya-zhay an ba-to...** **zhewsk'a (___).** ♦ *n* voile *f* **vwal windsurfing** ~ voile de planche à voile **vwal duh plansh_a vwal ♦ sailboard** *n* planche *f* à voile **plansh_a vwal ♦ sailboat** *n* bateau *m* à voile **ba-to a vwal Let's rent a sailboat.** Allons louer un bateau à voile. **A-lon loo-ay uhn ba-to a vwal. ♦ sailing** *n* navigation *f* **na-vee-ga-syon Would you like to go sailing?** *Voudriez-vous (Fam: Voudrais-tu)* aller faire de la voile? *Voo-dree-yay-voo (Fam: Voo-dray-tew)* **a-lay fer duh la vwal? Let's go sailing (on the lake).** Allons faire de la voile (sur le lac). **A-lon fer duh la vwal (sewr luh lak). ♦ sailor** *n* marin *m* **ma-ruhn**

sake *n*: **Do it for my sake, okay?** *Faites (Fam: Fais)*-le pour moi, d'accord? *Fet (Fam: Fay)*-**luh poor mwa, d'a-kor? I'll do it for your sake.** Je le ferai pour *votre (Fam: ton)* bien. **Zhuh luh fuh-ray poor** *votr (Fam: ton)* **byuhn. For** *(1)* **goodness /** *(2)* **Heaven's sake!** *(1,2)* Pour l'amour de Dieu! *(1,2)* **Poor l'a-moor duh Juh!**

salary *n* salaire *m* **sa-ler high** ~ salaire élevé **sa-ler_el-vay low** ~ salaire bas **sa-ler ba How much is your salary?** De combien est *votre (Fam: ton)* salaire? **Du kon-byuhn ay** *votr (Fam: ton)* **sa-ler? My salary is** *(amount)* **per** *(1)* **week. /** *(2)* **month.** Mon salaire est de *(___)* par *(1)* semaine. / *(2)* mois. **Mon sa-ler_ay duh (___) par** *(1)* **suh-men. /** *(2)* **mwa.**

sale *n* 1. *(selling)* vente *f* **vant**; 2. *(at reduced prices)* soldes *mpl* **sold ~s receipt** ticket *m* de caisse **tee-kay duh kes ~s tax** TVA *f* **TayVayA Is this for sale?** Est-ce en vente? **Es_an vant? Are they for sale?** Sont-ils en vente? **Son_t_eel_an vant? Is it on sale?** Est-ce que c'est en soldes? **Es kuh s'ay_t_an sold? Are they on sale?** Sont-ils en soldes? **Son_t_eel an sold? They're having a (big) sale.** Ils ont des soldes (incroyables). **Eel_z_on day sold (uhn-krwa-yabl).**

salon *n* salon *m* **sa-lon beauty** ~ salon de beauté **sa-lon duh bo-tay**

salt-free *adj* sans sel **san sel**

same *adj* même **mem feel the** ~ sentir la même chose **san-teer la mem shoz look the** ~ se ressembler **suh ruh-san-blay not the** ~ pas *le (F: la)* même **pa** *luh (F: la)* **mem the** ~ **age** le même âge **luh mem_azh the** ~ **day** le même jour **luh mem zhoor the** ~ **old story** la même vieille histoire **la mem vyey_ees-twar the** ~ **place**

All syllables of a French word have equal stress.
The last word in a group has a little more.

le même endroit **luh mem_an-drwa** the ~ thing la même chose **la mem shoz** the ~ time le même moment **luh mem mo-man** the ~ way la même façon **la mem fa-son** I feel the same way. Je ressens la même chose. **Zhuh ruh-san la mem shoz.** It's all the same to me. C'est pareil pour moi. **S'ay pa-rey poor mwa.**

sand *n* sable *m* **sabl** build a ~ castle construire un château de sable **kons-trweer_ uhn sha-to duh sabl**

sandals *n pl* sandales *fpl* **san-dal** beach ~ sandales de plage **san-dal duh plazh**

sandwich *n* sandwich *m* **san-dweech** make a ~ préparer un sandwich **pray-pa-ray uhn san-dweech** make some ~es préparer des sandwiches **pray-pa-ray day san-dweech** Would you like a sandwich? *Voudriez-vous (Fam: Voudrais-tu)* un sandwich? *Voo-dree-yay-voo (Fam: Voo-dray-tew)* **uhn san-dweech?**

sane *adj* sain, -e *m&f* d'esprit **suhn, sen d'es-pree** No one ever accused me of being sane. Personne ne m'a jamais *accusé (-e)* d'être *sain (-e)* d'esprit. **Per-son nuh m'a zha-may a-kew-zay d'etr** *suhn (F: sen)* **d'es-pree.** ♦ **sanity** *n* équilibre *m* mental **ay-kee-leebr man-tal** If I had any sanity, it's gone now. Si j'étais *sain (-e)* d'esprit, ce n'est plus le cas maintenant. **See zh'ay-tay** *suhn (F: sen)* **d'es-pree, suh n'ay plew luh ka muhnt-nan.**

Santa Claus *n* Père *m* Noël **Per No-el** What did Santa Claus bring you for Christmas? Qu'est ce que le Père-Noël *vous (Fam: t')* a apporté pour Noël? **K'es kuh luh Per-No-el** *voo_z_ (Fam: t')* **a a-por-tay poor No-el?**

sarcastic *adj* sarcastique *m&f* **sar-kas-teek** That was a sarcastic thing to say. C'était sarcastique comme commentaire. **S'ay-tay sar-kas-teek kom ko-man-ter.** Don't be so sarcastic. Ne *soyez (Fam: sois)* pas si sarcastique. **Nuh** *swa-yay (Fam: swa)* **pa see sar-kas-teek.**

satin *adj* de satin **duh sa-tuhn**, en satin **an sa-tuhn** ♦ *n* satin *m* **sa-tuhn**

satire *n* satire *f* **sa-teer** ♦ **satirical** *adj* satirique *m&f* **sa-tee-reek**

satisfactory *adj* suffisant, -e *m&f* **sew-fee-zan, -zant**; satisfaisant, -e *m&f* **sa-tees-fuh-zan, -zant** The room is satisfactory. La chambre me convient. **La shanbr muh kon-vyuhn..** ♦ **satisfied** *adj* satisfait, -e *m&f* **sa-tees-fay, -fet** Are you satisfied (with it)? Est-ce que *vous (Fam: tu [en] es) satisfait (-e)?* **Es kuh** *voo_z_an_et (Fam: tew an_ay)* **sa-tees-fay (F: sa-tees-fet)?** I'm (not) satisfied (with it). Je (n')(en) suis (pas) *satisfait (-e)*. **Zhuh (n')(an) swee (pa)** *sa-tees-fay (F: sa-tees-fet).* We're (not) satisfied (with it). Nous (n')(en) sommes (pas) *satisfait(e)s*. **Noo (n')(an) som (pa)** *sa-tees-fay (F: sa-tees-fet).* ♦ **satisfy** *vt* satisfaire **sa-tees-fer**, contenter **kon-tan-tay** You can't satisfy everyone. *Vous ne pouvez (Fam: Tu ne peux)* pas satisfaire tout le monde. **Voo nuh poo-vay (Fam: Tuh nuh puh) pa sa-tees-fer too luh mond.**

Saturday *n* samedi *m* **sam-dee** last ~ samedi dernier **sam-dee der-nyay** next ~ samedi prochain **sam-dee pro-shuhn** on ~ le samedi **luh sam-dee** since ~ depuis samedi **duh-pwee sam-dee**

save *vt* 1. *(rescue)* sauver **so-vay**; 2. *(not throw away)* garder **gar-day**; 3. *(reserve, hold aside)* économiser **ay-ko-no-mee-zay**, garder **gar-day**; 4. *(conserve)* conserver **kon-ser-vay**; 5. *(spare)* épargner **ay-par-nyay** Save it. You might need

---

ew sounds similar to the "ew" in "pew"

it later. *Gardez (Fam: Garde)-le. Vous pourriez (Fam: Tu pourrais) en avoir besoin plus tard.* **Gar-day** *(Fam: Gard)***-luh.** *Voo poo-ryay (Fam: Tew poo-ray)* **an_a-vwar buh-zwuhn plew tar.** **Save your** *(1)* **energy.** / *(2)* **strength.** *Economisez (Fam: Economise) (1) votre (Fam: ton) énergie. / (2) votre (Fam: ta) force.* **Ay-ko-no-mee-zay** *(Fam: Ay-ko-no-meez) (1) votr (Fam: ton)* **ay-ner-zhee.** */ (2) votr (Fam: ta)* **fors.** **It'll save you** *(1)* **money.** / *(2)* **time.** / *(3)* **trouble.** *Ça (1) vous (Fam: t') économisera de l'argent. / (2) vous (Fam: te) fera gagner du temps. / (3) vous (Fam: te) facilitera la tâche.* **Sa** *(1) voo_z_(Fam: t')_* **ay-ko-no-meez-ra duh l'ar-zhan.** */ (2) voo (Fam: tuh)* **fuh-ra ga-nyay dew tan.** */ (3) voo (Fam: tuh)* **fa-see-lee-tuh-ra la tash.** **Can you save** *(1)* **a seat for** *(2)* **me?** / *(3)* **us?** / *(4)* **my place in line?** / *(5)* **my seat?** *Pouvez-vous (Fam: Peux-tu) (2) me / (3) nous (1) garder une place? / (4) garder ma place dans la queue? / (5) garder ma place?* **Poo-vay-voo** *(Fam: Puh-tew) (2)* **muh** / *(3)* **noo** *(1)* **gar-day ewn plas?** / *(4)* **gar-day ma plas dan la kuh?** / *(5)* **gar-day ma plas?** *(1)* **I'll** / *(2)* **We'll save** *(3)* **a seat for you.** / *(4)* **your seat.** *(1) Je garderai... / (2) Nous garderons... (3) une place pour vous (Fam: toi). / (4) votre (Fam: ta)* place. *(1)* **Zhuh gar-duh-ray…** / *(2)* **Noo gar-duh-ron…** *(3)* **ewn plas poor** *voo (Fam: twa). / (4) votr (Fam: ta)* **plas.** **I'll save this as a memento of** *(1)* **our time together.** / *(2)* **our trip.** *Je garderai ça comme souvenir (1) du temps passé ensemble. / (2) de notre voyage.* **Zhuh gar-duh-ray sa kom soo-vuh-neer** *(1)* **dew tan pa-say an-sanbl.** / *(2)* **duh notr vwa-yazh.**

saw *n* scie *f* **see** **power** ~ scie électrique **see ay-lek-treek**

say *vt* dire **deer** **What did you say?** *Qu'avez-vous (Fam: as-tu) dit?* **K'a-vay-voo** *(Fam: a-tew)* **dee?** **I said…** *J'ai dit…* **Zh'ay dee…** **What did** *(1)* **he** / *(2)* **she say?** *Qu'a-t- (1) il /(2) elle dit?* **K'a-t** *(1)* **-eel** / *(2)* **-el dee?** *(1)* **He** / *(2)* **She said…** *(1) Il /(2) Elle a dit…* *(1)* **Eel_** / *(2)* **El_a dee…** **What did they say?** *Qu'ont-ils (Fpl: elles) dit?* **K'on_t-eel** *(Fpl: el)* **dee?** **They said…** *Ils (Fpl: Elles) ont dit…* *Eel (Fpl: El)_z_on* **dee…** **I didn't** *(1)* **hear** / *(2)* **understand what you said.** *Je n'ai pas (1) entendu / (2) compris ce que vous avez (Fam: tu as) dit.* **Zhuh n'ay pa** *(1) _z_an-tan-dew* / *(2)* **kon-pree suh kuh** *voo_z_a-vay (Fam: tew a)* **dee.** **That's not what I said.** *Ce n'est pas ce que j'ai dit.* **Suh n'ay pa suh kuh zh'ay dee.** **You said…** *Vous avez (Fam: Tu as) dit …* *Voo_z_a-vay (Fam: Tew a)* **dee…** **How do you say** (*word*) **in French?** *Comment dites-vous (Fam: dis-tu) (___) en Français?* **Ko-man** *deet-voo (Fam: dee-tew) (___)* **an fran-say?** **In English we say** (*what*). *En Anglais, nous disons (___).* **An_an-glay, noo dee-zon** (___). **Don't say that.** *Ne dites (Fam: dis) pas ça.* **Nuh** *deet (Fam: Dee)* **pa sa.** **Please say yes.** *S'il vous (Fam: te) plaît, dites (Fam: dis) oui.* **S'eel** *voo (Fam: tuh)* **play,** *deet (Fam: dee)* **wee.**

scan *vt* scanner **ska-nay** **Can you scan the photo for me?** *Pouvez-vous (Fam: Peux-tu) me scanner la photo?* **Poo-vay-voo** *(Fam: Puh-tew)* **muh ska-nay la fo-to?**

scandal *n* scandale *m* **skan-dal**

scanner *n (comp.)* scanner *m* **ska-ner**

scar *n* cicatrice *f* **see-ka-trees**

Numbers in parentheses always signal choices.

scarcely *adv* guère ger, à peine **a pen I scarcely know you.** Je *vous (Fam: te)* connais à peine. **Zhuh** *voo (Fam: tuh)* **ko-nay a pen.**

scare *vt* faire peur **fer puhr Did I scare you?** Est-ce que je *vous (Fam: t')* ai fait peur? **Es kuh zhuh** *voo_z_ (Fam: t')* **_ay fay puhr? You scared me.** *Vous m'avez (Fam: Tu m'as)* fait peur. **Voo m'a-vay** *(Fam: Tew m'a)* **fay puhr. It scared me.** Ça m'a fait peur. **Sa m'a fay puhr.** ♦ **scarecrow** *n* épouvantail *m* **ay-poo-va**n**-taee** ♦ **scared** *adj* effrayé, -e *m&f* **ay-fray-yay Are you scared?** Etes-vous *(Fam: Es-tu)* effrayé (-e)? **Ét-voo_z_** *(Fam: Ay tew)* **ay-fray-yay? I'm (not) scared.** Je (n') ai (pas) peur. **Zh(uh n')ay (pa) puhr. I was (really) scared.** J'avais (vraiment) peur. **Zh'a-vay (vray-ma**n**) puhr.**

scarf *n* écharpe *f* **ay-sharp**

scary *adj* effrayant, -e *m&f* **e-fray-ya**n**, -yan**t**,** terrifiant, -e *m&f* **te-ree-fya**n**, -fyan**t**,** *Fam* flippant, -e *m&f* **flee-pa**n**, -pan**t** ~ experience** expérience *f* effrayante **eks-pay-rya**n**s_e-fray-ya**n**t That was really scary.** C'était très effrayant. **S'ay-tay tre_z_e-fray-ya**n**.**

scatterbrain *n* tête en l'air **tet_a**n** l'er,** étourdi, -e *m&f* **ay-toor-dee**

scenario *n* scénario *m* **say-na-ryo worst-case ~** pire *m* des cas **peer day ka**

scene *n* 1. *(place of occurrence)* lieu *m* **lyuh**; 2. *(play, movie)* scène *f* **sen**; 3. *(uproar)* scène *f* **sen**; 4. *(picture)* tableau *m* **ta-blo**; 5. *(view)* paysage *m* **pay-ee-zazh**, vue *f* **vew**; 6. *(milieu, culture)* scène *f* **sen**, ambience *f* **a**n**-bya**n**s bar ~** bar *m* **bar make a ~ in public** faire une scène en public **fer_ewn sen_a**n** pew-bleek Please don't make a scene.** S'il *vous (Fam: te)* plaît, ne *faites (Fam: fais)* pas une scène. **S'eel** *voo (Fam: tuh)* **play, nuh** *fet (Fam: fay)* **pa_z_ewn sen.** ♦ **scenery** *n* paysage *m* **pay-ee-zazh enjoy the ~** apprécier le paysage **a-pray-syay luh pay-ee-zazh The scenery is beautiful, isn't it?** Le paysage est magnifique, n'est-ce pas? **Luh pay-ee-zazh_ay ma-nee-feek, n'es pa? I love the scenery** *(1)* **here.** / *(2)* **there.** J'adore le paysage *(1)* ici. / *(2)* là-bas. **Zh'a-dor luh pay-ee-zazh** *(1)* **_ee-see.** / *(2)* **la-ba. What is the scenery like there?** A quoi ressemble le paysage là-bas? **A kwa ruh-sa**n**bl luh pay-ee-zazh la-ba?** ♦ **scenic** *adj* scénique *m&f* **say-neek**, pittoresque *m&f* **pee-to-resk ~ area** espace *m* scénique **es-pas say-neek ~ route** route *f* scénique **root say-neek ~ wonders** merveilles *fpl* pittoresques **mer-vey pee-to-resk**

scent *n* odeur *f* **o-duhr**, parfum *m* **par-fuh**n**,** arôme *m* **a-rom bewitching ~** parfum ensorcelant **par-fuh**n** a**n**-sor-suh-la**n** exotic ~** parfum exotique **par-fuh**n** ek-zo-teek lovely ~** parfum délicieux **par-fuh**n** day-lee-syuh ~ of flowers** parfum fleuri **par-fuh**n** fluh-ree soft ~** doux parfum **doo par-fuh**n** sweet ~** parfum agréable **par-fuh**n** a-gray-abl wonderful ~** merveilleux parfum *m* **mer-vay-yuh par-fuh**n** I love the scent of your perfume.** J'adore l'odeur de *votre (Fam: ton)* parfum. **Zh'a-dor l'o-duhr duh** *votr (Fam: to*n*)* **par-fuh**n**.**

schedule *n* horaire *m* **o-rer according to the ~** d'après l'horaire **d'a-pre l'o-rer bus ~** horaire de bus **o-rer duh bews check the ~** vérifier l'horaire **vay-ree-fyay l'o-rer flight ~** horaire de vol **o-rer duh vol on ~** à l'heure **a l'uhr train ~** horaire de train **o-rer duh truh**n** work ~** horaire *f* de travail **o-rer duh tra-vaee I'm**

A phrasebook makes a great gift!
See order information on page 552.

going to find out what the schedule is. Je vais aller me renseigner à propos de l'horaire. **Zhuh vay_z_a-lay muh ran-se-nyay a pro-po duh l'o-rer. Let's go check the schedule.** Allons vérifier l'horaire. **A-lon vay-ree-fyay l'o-rer. The schedule says...** L'horaire dit... **L'o-rer dee...**

scheme *n (plot)* complot *m* **kon-plo**, plan *m* **plan devious** ~ plan sournois **plan soornwa** ♦ **schemer** *n (Fam:)* magouilleur, magouilleuse *m&f* **ma-goo-yuhr, -yuhz**

scholarship *n* bourse *f* **boors get a** ~ avoir une bourse **a-vwar_ewn boors I got a scholarship.** J'ai eu une bourse. **Zh'ay ew ewn boors.**

school *n* école *f* **ay-kol art** ~ école des Beaux Arts **ay-kol day Bo_z_Ar elementary** ~ école primaire **ay-kol pree-mer junior high / middle** ~ collège *m* **ko-lezh high** ~ lycée *m* **lee-say law** ~ faculté *f* de droit **fa-kewl-tay duh drwa music** ~ école de musique **ay-kol duh mew-zeek**, conservatoire *m* **kon-ser-va-twar** ~ **of dance** école de danse **ay-kol duh dans** ~ **of drama** école d'art dramatique **ay-kol d'ar dra-ma-teek** ~ **principal** directeur *(F: directrice)* d'école *dee-rek-tuhr (F: dee-rek-trees)* **d'ay-kol teach** ~ enseigner à l'école **an-say-nyay_r_a l'ay-kol technical** ~ école technique **ay-kol tek-neek Do you go to school?** Allez-vous *(Fam: Vas-tu)* à l'école? *A-lay-voo (Fam: Va-tew)* **a l'ay-kol? What school do you go to?** A quelle école *allez-vous (Fam: vas-tu)*? **A kel_ay-kol** *a-lay-voo (Fam: va-tew)*? **I go to** *(name of school)*. Je vais à (___). **Zhuh vay_z_a (___). Do you like school?** Aimez-vous *(Fam: Aimes-tu)* l'école? *Ay-may-voo (Fam: Em-tew)* **l'ay-kol? When do you start school?** Quand est-ce que *vous reprenez (Fam: tu reprends)* l'école? **Kan_t_es kuh** *voo ruh-pruh-nay (Fam: tew ruh-pran)* **l'ay-kol? When is your school out?** Quand est-ce que *vous terminez (Fam: tu termines)* l'école? **Kan_t_es kuh** *voo ter-mee-nay (Fam: tew ter-mcen)* **l'ay-kol?** *(1)* **I'm /** *(2)* **We're out of school for the summer.** *(1)* Je n'ai / *(2)* Nous n'avons pas école pendant l'été. *(1)* **Zhuh n'ay... /** *(2)* **Noo n'a-von... pa ay-kol pan-dan l'ay-tay.** ♦ **schoolteacher** *n (elementary)* maître, maîtresse *m&f* **metr, may-tres**; *(middle school and up)* professeur *m&f* **pro-fe-suhr**

science *n* science *f* **syans** ♦ **scientific** *adj* scientifique *m&f* **syan-tee-feek** ♦ **scientist** *n* scientifique *m&f* **syan-tee-feek**

scissors *n pl* ciseaux *mpl* **see-zo**

scooter *n* scooter *m* **skoo-tuhr motor** ~ scooter *m* **skoo-tuhr Let's rent a motor scooter.** Allons louer un scooter. **A-lon loo-ay uhn skoo-tuhr. Where can we rent a motor scooter?** Où pouvons-nous louer un scooter? **Oo poo-von-noo loo-ay uhn skoo-tuhr?**

scope *n (rifle)* lunette *f* de visée **lew-net duh vee-zay**

score *vt* marquer **mar-kay** ~ **a goal** marquer un but **mar-kay_r_uhn bewt How many points did you score?** Combien de points *avez-vous (Fam: as-tu)* marqué? **Kon-byuhn duh pwuhn** *a-vay-voo (Fam: a-tew)* **mar-kay?** *(1)* **I /** *(2)* **We scored** *(number)* **points.** *(1)* J'ai / *(2)* Nous avons marqué (___) points. *(1)* **Zh'ay... /** *(2)* **Noo_z_a-von... mar-kay (___) pwuhn.** ♦ *vi* marquer **mar-kay Yay!** *(1)* **We /** *(2)* **They scored! (Finally.)** Super! *(1)* Nous avons / *(2)* Ils ont marqué! (Enfin.) **Sew-per!** *(1)* **Noo_z_a-von /** *(2)* **Eel_z_on mar-kay! (An-**

Articles: m = le, f = la, mpl = les, fpl = les

score   370   **screwdriver**

fuh<u>n</u>.) ♦ **score** *n* score *m* **skor close** ~ score serré **skor se-ray golf** ~ score *m* de golf **skor duh golf high** ~ score élevé **skor_el-vay keep** ~ compter les points **ko<u>n</u>-tay lay pwuh<u>n</u> lopsided** ~ score déséquilibré **skor day-zay-kee-lee-bray low** ~ score bas **skor ba What's the score?** Quel est le score? **Kel_ay luh skor? The score is** *(score)*. Le score est de (___). **Luh skor_ay duh (___). What was the (final) score?** Quel était le score (final)? **Kel_ay-tay luh skor (fee-nal)? The final score was** *(score)*. Le score final était de (___). **Luh skor fee-nal_ay-tay duh (___). The score is tied.** Ils ont le même score. **Eel_z_o<u>n</u> luh mem skor. There's no score (yet).** Personne n'a pas (encore) marqué. **Per-son n'a (a<u>n</u>-kor) mar-kay. We** *(1)* **won /** *(2)* **lost by a score of** *(score)*. Nous avons *(1)* gagné / *(2)* perdu avec un score de (___). **Noo_z_a-vo<u>n</u> *(1)* ga-nyay / *(2)* per-dew a-vek_uh<u>n</u> skor duh (___). They** *(1)* **won /** *(2)* **lost by a score of** *(score)*. Ils ont *(1)* gagné / *(2)* perdu avec un score de (___). **Eel_z_o<u>n</u> *(1)* ga-nyay / *(2)* per-dew a-vek_uh<u>n</u> skor duh (___). Do you want to keep score?** Voulez-vous *(Fam: Veux-tu)* compter les points? *Voo-lay-voo (Fam: Vuh-tew)* **ko<u>n</u>-tay lay pwuh<u>n</u>? You keep score.** Vous comptez *(Fam: Tu comptes)* les points. *Voo ko<u>n</u>-tay (Fam: Tew ko<u>n</u>t)* **lay pwuh<u>n</u>. I'll keep score.** Je vais compter les points. **Zhuh vay ko<u>n</u>-tay lay pwuh<u>n</u>.** ♦ **scoreboard** *n* tableau *m* d'affichage **ta-blo d'a-fee-shazh** ♦ **scorekeeper** *n* personne *f* comptant les points **per-son ko<u>n</u>-ta<u>n</u> lay pwuh<u>n</u>** ♦ **scoreless** *adj* nul *m* **newl The game is scoreless.** C'est match nul. **S'ay matsh nuhl.**

Scorpio *(Oct. 23 - Nov. 21)* Scorpion **Skor-pyo<u>n</u>**

Scot *n* Ecossais, -se *m&f* **Ay-ko-say, -sez** ♦ **Scottish** *adj* écossais, -se *m&f* **ay-ko-say, -sez**

scrape up *(idiom) (money: find, amass)* amasser **a-ma-say I hope** *(1)* **I /** *(2)* **we can scrape up enough money.** J'espère que *(1)* je pourrai… / *(2)* nous pourrons… amasser assez d'argent. **Zh'es-per kuh *(1)* zhuh poo-ray… / *(2)* noo poo-ro<u>n</u>… a-ma-say a-say d'ar-zha<u>n</u>. I don't know if I can scrape up that much.** Je ne sais pas si je peux amasser autant que ça. **Zhuh nuh say pa see zhuh puh a-ma-say o-ta<u>n</u> kuh sa.**

scratch *vt* griffer **gree-fay**, écorcher **ay-kor-shay**, gratter **gra-tay Don't scratch it.** Ne le *grattez (Fam: gratte)* pas. **Nuh luh *gra-tay (Fam: grat)* pa.**

scream *vi* hurler **ewr-lay**, crier **kree-yay** ~ **for mercy** demander grâce **duh-ma<u>n</u>-day gras Stop screaming!** Arrêtez *(Fam: Arrête)* de crier! **A-re-tay *(Fam: A-ret,* duh kree-yay!** ♦ *n* hurlement *m* **ewr-luh-ma<u>n</u>**

screen *n* 1. *(partition)* paravent *m* **pa-ra-va<u>n</u>**, écran *m* **ay-kra<u>n</u>**; 2. *(movies)* écran *m* **ay-kra<u>n</u> smoke** ~ écran de fumée **ay-kra<u>n</u> duh few-may**

screw *n* vis *f* **vees I think** *(1)* **he /** *(2)* **she has got a screw loose.** Je pense qu'*(1)* il *(2)* elle est excentrique. **Zhuh pa<u>n</u>s k' *(1)* eel_ / *(2)* el_ay_t_ek-sa<u>n</u>-treek.** ♦ **screwdriver** *n* tournevis *m* **toor-nuh-vees** ♦ **screw up** *(slang: botch)* rater **ra-tay**, foirer **fwa-ray Everything is screwed up.** Tout a raté. **Too_t_a ra-tay My fault, I screwed up.** C'est ma faute, j'ai foiré. **S'ay ma fot, zh'ay fwa-ray** ♦ **screwball** *n (slang: crazy guy)* dingue *m&f* **duh<u>n</u>g** ♦ **screwdriver** *n* tourne-vi

---

In the pronunciation <u>n</u> *stands for a nasalized* **n**.

m **toor-nuh-vees Phillips** ~ tournevis *m* Phillips **toor-nuh-vees Fee-leeps**
scrounge (up) *(colloq)* piquer **pee-kay I'll see if I can scrounge (up) a newspaper.** Je vais voir si je peux piquer un journal. **Zhuh vay vwar see zhuh puh pee-kay_r_uhn zhoor-nal.**
scruffy *adj* débraillé, -e *m&f* **day-bra-yay**
scrumptious *adj* délicieux, délicieuse *m&f* **day-lee-syuh, -syuhz**, succulent, -e *m&f* **sew-kew-lan, -lant** ~ **meal** repas *m* succulent **ruh-pa sew-kew-lan It looks scrumptious.** Ça a l'air délicieux! **Sa a l'er day-lee-syuh!**
scuba *n* matériel *m* de plongée **ma-tay-ryel duh plon-zhay** ~ **diving** plongée *f* sous-marine **plon-zhay soo-ma-reen** ~ **diving equipment** équipement *m* de plongée sous-marine **ay-keep-man duh plon-zhay soo-ma-reen** ~ **diving lessons** leçons *fpl* de plongée sous-marine **luh-son duh plon-zhay soo-ma-reen** ~ **mask** masque *m* de plongée sous-marine **mask duh plon-zhay soo-ma-reen** ~ **suit** tenue *f* de plongée sous-marine **tuh-new duh plon-zhay soo-ma-reen I often go scuba diving.** Je vais souvent faire de la plongée sous-marine. **Zhuh vay soo-van fer duh la plon-zhay soo-ma-reen.**
sculptor *n* sculpteur *m* **skewl-tuhr** ♦ **sculpture** *n* sculpture *f* **skewl-tewr**
sea *adj* de la mer **duh la mer** ~ **breeze** brise *f* de la mer **breez duh la mer**, air *m* marin **er ma-ruhn** ~ **wall** digue *f* **deeg** ♦ *n* mer *f* **mer on the** ~ en mer **an mer smell of the** ~ odeur *f* de la mer **o-duhr duh la mer I love the sea.** J'aime la mer. **Zh'em la mer. The sea is** *(1)* **beautiful** / *(2)* **calm** / *(3)* **choppy** / *(4)* **rough today.** La mer est *(1)* belle / *(2)* calme / *(3,4)* agitée aujourd'hui. **La mer_ay *(1)* bel / *(2)* kalm / *(3,4)* _t_a-zhee-tay o-zhoor-d'wee.** ♦ **seacoast** *n* côte *f* **kot** ♦ **seafood** *n* fruits *mpl* de mer **frwee duh mer** ♦ **seagull** *n* mouette *f* **mwet** ♦ **seaplane** *n* hydravion *m* **ee-dra-vyon**
search *vi* chercher **sher-shay** ~ **for love** chercher l'amour **sher-shay l'a-moor I've been searching for the right person.** Je cherche la personne idéale. **Zhuh shersh la per-son_ee-day-al. I'm searching for a** *(1)* **better** / *(2)* **new job.** Je cherche un *(1)* meilleur / *(2)* nouveau travail. **Zhuh shersh_uhn *(1)* me-yuhr / *(2)* noo-vo tra-vaee. What kind of job are you searching for?** Quel genre de travail *cherchez-vous (Fam: cherches-tu)*? **Kel zhanr duh tra-vaee *sher-shay-voo (Fam: shersh-tew)*?** ♦ **search** *n* recherche *f* **ruh-shersh do a** ~ *(internet)* faire une recherche **fer_ewn ruh-shersh**
seashell(s) *n* coquillage(s) *m(pl)* **ko-kee-yazh** ♦ **seashore** *n* bordure f de mer **bor-dewr duh mer Let's go to the seashore.** Allons en bordure de mer. **A-lon an bor-dewr duh mer. I'd like to spend a few days at the seashore.** J'aimerais passer quelques jours en bordure de mer.. **Zh'em-ray pa-say kel-kuh zhoor an bor-dewr duh mer. Let's rent a cabin by the seashore.** Louons une cabane en bordure de mer. **Loo-on ewn ka-ban_an bor-dewr duh mer.** ♦ **seasick** *adj:* **be / get** ~ avoir le mal de mer **a-vwar luh mal duh mer Take this and you won't get seasick.** *Prenez (Fam: Prends)* ça et *vous n'aurez (Fam: tu n'auras)* pas le mal de mer. ***Pruh-nay (Fam: Pran)* sa ay *voo n'o-ray (Fam: tew n'o-ra)* pa luh mal duh mer.** ♦ **seasickness** *n* mal de mer **mal duh mer**

A tilde ~ in terms stands for the main entry word.

- **seaside** *adj* balnéaire *m&f* **bal-nay-er** ♦ *n* plage *f* **plazh**, bord *m* de mer **bor duh mer**
- **season** *n* saison *f* **say-zon** baseball ~ saison de baseball **say-zon duh bez-bol** basketball ~ saison de basketball **say-zon duh bas-ket-bol** football ~ 1. *(soccer)* saison de football **say-zon duh foot-bol**; 2. *(American football)* saison de football américain **say-zon duh foot-bol_a-may-ree-kuhn** hunting ~ saison de la chasse **say-zon duh la shas** What's your favorite season? Quel est *votre (Fam: ta)* saison préférée? **Kel_ay votr (Fam: ta) say-zon pray-fay-ray?** *(1)* **Spring** / *(2)* **Summer** / *(3)* **Fall** / *(4)* **Winter is my favorite season.** *(1)* Le printemps / *(2)* L'été / *(3)* L'automne / *(4)* L'hiver est ma saison préférée. *(1) Luh pruhn-tan... / (2) L'ay-tay... / (3) L'o-ton_... / (4) L'ee-ver_... ay ma say-zon pray-fay-ray.*
- **seat** *n* siège *m* **syezh**, place *f* **plas** back ~ (of a car) siège arrière (de voiture) **syezh_a-ryer (duh vwa-tewr)** front ~ (of a car) siège avant (de voiture) **syezh_a-van (duh vwa-tewr)** good ~s bonnes places **bon plas** reserved ~s places réservées **plas ray-zer-vay** reserve ~s réserver des places **ray-zer-vay day plas** ~s near the front places proches du premier rang **plas prosh dew pruh-myay ran** You can have my seat. *(bus, metro or streetcar)* Vous pouvez *(Fam: Tu peux)* prendre ma place. *Voo poo-vay (Fam: Tew puh) prandr ma plas.* **Is this seat taken?** Est-ce que cette place est prise? **Es kuh set plas_ay preez?** **This seat is** *(1)* **occupied.** / *(2)* **taken.** Cette place est *(1)* occupée. / *(2)* prise. **Set plas_ay (1) _t_o-kew-pay. / (2) preez.** **Could you save** *(1)* **a seat for** *(2)* **me?** / *(3)* **us?** / *(4)* **my seat?** Pourriez-vous *(Fam: Pourrais-tu)* garder *(1)* une place pour *(2)* moi? / *(3)* nous? / *(4)* ma place? *Poo-ryay-voo (Fam: Poo-ray-tew) gar-day (1) ewn plas poor (2) mwa? / (3) noo? / (4) ma plas?* *(1)* **I'll** / *(2)* **We'll save** *(3)* **a seat for you.** / *(4)* **your seat.** *(1)* Je vais / *(2)* Nous allons *(3)* vous *(Fam: te)* garder une place. / *(4)* garder *votre (Fam: ta)* place. *(1) Zhuh vay / (2) Noo_z_a-lon (3) voo (Fam: tuh) gar-day ewn plas. / (4) gar-day votr (Fam: ta) plas.* **There are no seats left.** Il n'y a plus de place. **Eel n'ee_y_a plew duh plas.** **We have to book seats in advance.** Nous devons réserver nos places à l'avance. **Noo duh-von ray-zer-vay no plas_a l'a-vans.** ♦ **seatbelt** *n* ceinture *f* (de sécurité) **suhn-tewr (duh say-kew-ree-tay)** **Fasten your seatbelt.** Attachez votre *(Fam: Attache ta)* ceinture (de sécurité). *A-ta-shay votr (Fam: A-tash ta) suhn-tewr (duh say-kew-ree-tay).*
- **secluded** *adj* isolé, -e *m&f* **ee-zo-lay**, retiré, -e *m&f* **ruh-tee-ray** find a ~ spot trouver un endroit isolé **troo-vay uhn_an-drwa ee-zo-lay** ~ beach plage *f* isolée **plazh_ee-zo-lay** ~ place endroit *m* isolé **an-drwa ee-zo-lay**
- **second** *adj* second, -e *m&f* **suh-gon, -gond**, deuxième *m&f* **duh-zyem** get ~ wind reprendre des forces **ruh-prandr day fors** on ~ thought tout bien réfléchi **too byuhn ray-flay-shee** ~ chance deuxième chance *f* **duh-zyem shans** ~ class *(trains)* seconde classe *f* **suh-gond klas** ~ nature seconde nature *f* **suh-gond na-tewr** ~ place *(in competition)* seconde place *f* **suh-gond plas** ~ prize deuxième prix *m* **duh-zyem pree** travel ~ class voyager en seconde classe **vwa-ya-zhay an suh-gond klas** **I'm getting my second wind.** Je reprends mes forces. **Zhuh**

---

uh sounds like the "u" in "but"

ruh-pra<u>n</u> may fors. **On second thought, I think I'll wait.** Tout bien réfléchi, je pense que je vais attendre. **Too byuh<u>n</u> ray-flay-shee, zhuh pa<u>n</u>s kuh zhuh vay_z_a-ta<u>n</u>dr. I'm having second thoughts about this.** J'ai des doutes à propos de ça. **Zh'ay day doot_a pro-po duh sa.** ♦ **second** *n* 1. *(1/60 of a minute)* seconde *f* **suh-go<u>n</u>d**; 2. *(moment)* **seconde** *f* **suh-go<u>n</u>d,** moment *m* **mo-ma<u>n</u> Just a second!** Une seconde! **Ewn suh-go<u>n</u>d! Wait a second!** *Attendez (Fam: Attends)* une seconde! *A-ta<u>n</u>-day (Fam: A-ta<u>n</u>)* **ewn suh-go<u>n</u>d! I'll be back in a second.** Je reviens dans une seconde. **Zhuh ruh-vyuh<u>n</u> da<u>n</u>_z_ewn suh-go<u>n</u>d.** ♦ **second-class** *adj* (de) seconde classe *m&f* **(duh) suh-go<u>n</u>d klas** ~ **car** *(trains)* wagon *m* de seconde classe **va-go<u>n</u> duh suh-go<u>n</u>d klas** ♦ **secondly** *adv* deuxièmement **duh-zyem-ma<u>n</u>,** en second lieu **a<u>n</u> suh-go<u>n</u> lyuh**

secrecy *n* secret *m* **suh-kray** ♦ **secret** *adj* secret, secrète *m&f* **suh-kray, -kret keep** ~ garder secret **gar-day suh-kray I promise I'll keep it secret.** Je promets que je le garderai secret. **Zhuh pro-me kuh zhuh luh gard-ray suh-kray.** ♦ *n* secret *m* **suh-kray deep dark** ~ secret de grande importance **suh-kray duh gra<u>n</u> uh<u>n</u>-por-ta<u>n</u>s deep** ~ secret important **suh-kray uh<u>n</u>-por-ta<u>n</u> keep a** ~ garder un secret **gar-day uh<u>n</u> suh-kray my** ~ mon secret **mo<u>n</u> suh-kray our** ~ notre secret **notr suh-kray reveal a** ~ révéler un secret **ray-vay-lay uh<u>n</u> suh-kray** ~**s of love** secrets d'amour **suh-kray d'a-moor your** ~ votre *(Fam: ton)* secret *votr (Fam: to<u>n</u>)* **suh-kray I'll tell you a secret.** Je vais *vous (Fam: te)* dire un secret. **Zhuh vay** *voo (Fam: tuh)* **deer uh<u>n</u> suh-kray. Your secret is safe with me. (Hey, Joe! Listen to this!)** *Votre (Fam: Ton)* secret est en sécurité avec moi. (Eh, Joe! Ecoute ça!) *Votr (Fam: To<u>n</u>)* **suh-kray ay_t_a<u>n</u> say-kew-ree-tay a-vek mwa. (Ay, Jo! Ay-koot sa!)**

section *n* 1. *(part)* section *f* **sek-syo<u>n</u>,** partie *f* **par-tee**; 2. *(of a newspaper, store, agency, etc)* section *f* **sek-syo<u>n</u>**; 3. *(of a book)* partie *f* **par-tee personals** ~ *(of a newspaper)* section des annonces personnelles **sek-syo<u>n</u> day_z_a-no<u>n</u>s per-so-nel**

secure *adj* en sécurité *m&f* **a<u>n</u> say-kew-ree-tay,** sûr,-e *m&f* **sewr,** fiable *m&f* **fyabl financially** ~ financièrement fiable **fee-na<u>n</u>-syer-ma<u>n</u> fyabl** ~ **area** zone *f* sûre **zo<u>n</u> sewr** ~ **storage** stockage *m* sûr **sto-kazh sewr Will it be secure (there)?** Est-ce que ça sera en sécurité (là-bas)? **Es kuh sa suh-ra a<u>n</u> say-kew-ree-tay (la-ba)? It will be secure (there).** Ça sera en sécurité (là-bas). **Sa suh-ra a<u>n</u> say-kew-ree-tay (la-ba). I feel secure with you.** Je me sens en sécurité avec *vous (Fam: toi).* **Zhuh muh sa<u>n</u>_z_a<u>n</u> say-kew-ree-tay a-vek** *voo (Fam: twa).* ♦ **security** *adj* de sécurité **duh say-kew-ree-tay** ~ **guard** *n* garde *m* de sécurité **gard duh say-kew-ree-tay** ♦ *n* 1. *(safety)* sécurité *f* **say-kew-ree-tay**; 2. *(guards)* sécurité *f* **say-kew-ree-tay**; 3. *(material well-being)* sécurité *f* **say-kew-ree-tay,** tranquillité *f* **tra<u>n</u>-kee-lee-tay,** bien-être *m* **byuh<u>n</u>-etr financial** ~ sécurité financière **say-kew-ree-tay fee-na<u>n</u>-syer They have good security.** Ils ont une bonne sécurité. **Eel_z_o<u>n</u>_t_ewn bon say-kew-ree-tay. Call security.** *Appelez (Fam: Appelle)* la sécurité. *A-play (Fam: A-pel)* **la say-kew-ree-tay.**

sedative *n* sédatif *m* **say-da-teef,** tranquillisant *m* **tra<u>n</u>-kee-lee-za<u>n</u>**

sedentary *adj* sédentaire *m&f* **say-da<u>n</u>-ter**

Common French signs and labels are on pages 547-551.

seduce *vt* séduire **say-dweer** ♦ **seductive** *adj* séduisant, -e *m&f* **say-dwee-za͟n, -za͟nt**
see *vt* voir **vwar** ~ **each other** se voir **suh vwar**, se rencontrer **suh ra͟n-ko͟n-tray**
Can you *(1)* **see?** / *(2)* **see it?** Pouvez-vous *(Fam: Peux-tu)* *(1)* voir? / *(2)* le *(F: la)* voir?. **Poo-vay-voo** *(Fam: Puh-tew)* *(1)* **vwar ?** / *(2)* **luh** *(F: la)* **vwar?** **I can(not)** *(1)* **see.** / *(2)* **see it.** Je (ne) peux (pas) *(1)* voir. / *(2)* le *(F: la)* voir. **Zhuh (nuh) puh (pa)** *(1)* **vwar.** / *(2)* **luh** *(F: la)* **vwar. Did you see** *(1)* **it?** / *(2)* **that?** *(1, 2)* L'avez-vous *(Fam: as-tu)* vu? / *(1,2)* **L'a-vay-voo** *(Fam: a-tew)* **vew?** **I** *(1)* **saw** / *(2)* **didn't see** *(3)* **it.** / *(4)* **that.** *(1,3,4)* Je l'ai vu... / *(2,3,4)* Je ne l'ai pas vu. *(1,3,4)* **Zhuh l'ay vew...** / *(2,3,4)* **Zhuh nuh l'ay pa vew... Would you like to see a movie?** Voudriez-vous *(Fam: Voudrais-tu)* voir un film? **Voo-dree-yay-voo** *(Fam: Voo-dray-tew)* **vwar_uh͟n feelm? Have you ever seen** *(name of movie)*? Avez-vous *(Fam: As-tu)* déjà vu (___)? **A-vay-voo** *(Fam: A-tew)* **day-zha vew (___)?** **I've seen it.** Je l'ai *vu (-e)*. **Zhuh l'ay vew. I haven't seen it.** Je ne l'ai pas vu. **Zhuh nuh l'ay pa vew. I want (very much) to see you (again)** *([1]* **soon** / *[2]* **tonight** / *[3]* **tomorrow**). Je veux (vraiment) *vous (Fam: te)* revoir (encore une fois) *([1]* bientôt. / *[2]* ce soir. / *[3]* demain). **Zhuh vuh (vray-ma͟n)** *voo (Fam: tuh)* **ruh-vwar (_a͟n-kor_ewn fwa)** *([1]* **byuh͟n-to.** / *[2]* **suh swar.** / *[3]* **duh-muh͟n). I want to see you** *(1)* **often.** / *(2)* **everyday.** / *(3)* **every chance I get.** Je veux *vous (Fam: te)* voir *(1)* souvent. / *(2)* tous les jours. / *(3)* á chaque fois que j'en ai l'occasion. **Zhuh vuh** *voo (Fam: tuh)* **vwar** *(1)* **soo-va͟n.** / *(2)* **too lay zhoor.** / *(3)* **a shak fwa kuh zh'a͟n_ay l'o-ka-zyo͟n. When can I see you (again)?** Quand pourrais-je *vous (Fam: te)* revoir (à nouveau)? **Ka͟n poo-ray-zh(uh)** *voo (Fam: tuh)* **ruh-vwar (_a noo-vo)?**
 Would it be possible to see you... Serait-ce possible de *vous (Fam: te)* voir... **Suh-res po-seebl duh** *voo (Fam: tuh)* **vwar...**
  ...this afternoon? ...cet après-midi? **...set_a-pre mee-dee?**
  ...this evening? ...ce soir? **...suh swar?**
  ...tonight? ...ce soir? **...suh swar?**
  ...tomorrow... ...demain... **...duh-muh͟n...**
   ...morning? ...matin? **...ma-tuh͟n?**
   ...afternoon? ...après-midi? **...a-pre mee-dee?**
   ...evening? ...soir? **...swar?**
  ...after you get off work? ...dès que *vous finissez (Fam: tu finis)* le travail? **...de kuh** *voo fee-nee-say (Fam: tew fee-nee)* **luh tra-vaee?**
It's good to see you again. Ça me fait plaisir de *vous (Fam: te)* revoir. **Sa muh fay play-zeer duh** *voo (Fam: tuh)* **ruh-vwar. I can't wait to see you again.** Je suis *impatient (-e)* de *vous (Fam: te)* revoir. **Zhuh swee_z_uh͟n-pa-sya͟n** *(F: uh͟n-pa-sya͟nt)* **duh** *voo (Fam: tuh)* **ruh-vwar. I don't want to see you anymore.** Je ne veux plus *vous (Fam: te)* revoir. **Zhuh nuh vuh plew** *voo (Fam: tuh)* **ruh-vwar. I'll see what I can do.** Je vais voir ce que je peux faire. **Zhuh vay vwar suh kuh zhuh puh fer. I see.** *(understand)* Je comprends. **Zhuh ko͟n-pra͟n. See you** *(1)* **later.** / *(2)* **soon.** / *(3)* **tomorrow.** *(1)* A plus tard. / *(2)* A bientôt. / *(3)* A demain. *(1)* **A plew tar.** / *(2)* **A byuh͟n-to.** / *(3)* **A duh-muh͟n.**

To learn more about French verbs, go to the Grammar appendix on page 512.

seek *vt* chercher sher-shay ~ **adventure** chercher l'aventure sher-shay l'a-van-tewr ~ **love** chercher l'amour sher-shay l'a-moor

seem *vi* sembler san-blay, paraître pa-retr, avoir l'air a-vwar l'er **You seem familiar.** *Vous m'avez (Fam: Tu m'as)* l'air familier. Voo m'a-vay *(Fam: Tew m'a)* l'er fa-mee-lyay. **You seem so *(1)* melancholy. / *(2)* nervous. / *(3)* quiet. / *(4)* sad.** *Vous avez (Fam: Tu as)* l'air tellement *(1)* mélancolique. / *(2)* nerveux *(F: nerveuse)*. / *(3)* silencieux *(F: silencieuse)*. / *(4)* triste. Voo_z_a-vay *(Fam: Tew a)* l'er *(1)* may-lan-ko-leek. / *(2)* ner-vuh *(F: ner-vuz)*. / *(3)* see-lan-syuh *(F: see-lan-seeyuhz)*. / *(4)* treest. **You don't seem very *(1)* enthusiastic / *(2)* excited / *(3)* happy (about it).** *Vous ne semblez (Fam: Tu ne sembles)* pas très *(1)* enthousiaste / *(2)* excité (-e) / *(3)* content (-e) (à propos de ça). Voo nuh san-blay *(Fam: Tew nuh sanbl)* pa tre *(1)* _z_an-too-zyast / *(2)* _z_ek-see-tay / *(3)* kon-tan *(F: kon_tant)* **(a pro-po duh sa). It seems like *(1)* spring / *(2)* summer, doesn't it?** On dirait que c'est *(1)* le printemps / *(2)* l'été, n'est-ce pas? On dee-ray kuh s'ay *(1)* luh pruhn-tan / *(2)* l'ay-tay, n'es pa? **Yeah, it seems like it.** Oui, on dirait bien. Wee, on dee-ray byuhn. **How does it seem to you?** À quoi ça ressemble pour *vous (Fam: toi)*? A kwa sa ruh-sanbl poor voo *(Fam: twa)*? **It seems that…** On dirait que… On dee-ray kuh…

seldom *adv* rarement rar-man

self-centered *adj* égocentrique ay-go-san-treek

self-confidence *n* confiance *f* en soi kon-fyans_an swa ♦ **self-confident** *adj* sûr *(-e)* de soi sewr duh swa

self-conscious *adj* timide *m&f* tee-meed

self-control *n* maîtrise *f* de soi me-treez duh swa, sang-froid *m* san-frwa **I have to watch my self-control around you.** Je dois garder mon sang-froid devant *vous (Fam : toi)*. Zhuh dwa gar-day mon san-frwa duh-van voo *(Fam: twa)*.

self-defense *n* autodéfense *f* o-to-day-fans **It was self-defense.** C'était de l'autodéfense. S'ay-tay duh l'o-to-day-fans.

self-employed *adj* à son compte a son kont, indépendant, -e *m&f* uhn-day-pan-dan, -dant **be** ~ être *indépendant (-e) etr_uhn-day-pan-dan (F: uhn-day-pan-dant)*

self-esteem *n* amour-propre *m* a-moor-propr

selfish *adj* égoïste *m&f* ay-go-eest ~ **interests** intérêts *mpl* égoïstes uhn-tay-re_z_ay-go-eest **I have a selfish reason.** J'ai mes raisons. Zh'ay may ray-zon.

selfless *adj* altruiste *m&f* al-trew-eest, désintéressé, -e *m&f* day-zuhn-tay-ray-say **in a ~ way** d'une manière désintéressée d'ewn ma-nyer day-zuhn-tay-ray-say ♦ **selflessly** *adv* de façon désintéressée duh fa-son day-zuhn-tay-ray-say

self-pity *n* apitoiement *m* a-pee-twa-man

self-respect *n* dignité *f* dee-nyee-tay **I would lose all my self respect. (But who needs it?)** Je perdrais toute ma dignité. (Mais qui en a besoin?) Zhuh per-dray toot ma dee-nyee-tay. (May kee an_a buh-zwuhn?)

self-restraint *n* retenue *f* ruh-tuh-new **Where's your self-restraint?** Où est *votre (Fam: ta)* retenue? Oo ay votr *(Fam: ta)* ruh-tuh-new?

self-sacrifice *n* abnégation *f* ab-nay-ga-syon, sacrifice *m* de soi sa-kree-fees duh

---

Some adjectives follow nouns, some precede them.
You'll need to memorize these case by case.

swa **self-satisfied** *adj* content, -e de soi **kon-tan, -tant duh swa**, satisfait, -e **sa-tees-fay-fet**
self-service *n* libre-service *m* **leebr-ser-vees**
self-study *n* autodidaxie *f* **o-to-dee-dak-see**, autoformation *f* **o-to-for-ma-syon I learned it through self-study.** J'ai appris par moi-même. **Zh'ay a-pree par mwa-mem.**
self-sufficient *adj* autonome *m&f* **o-to-nom**
self-supporting *adj* indépendant, -e *m&f* **uhn-day-pan-dan, -dant**
self-taught *adj* autodidacte *m&f* **o-to-dee-dakt** ~ **cook** cuisinier, -ière *m&f* autodidacte **kwee-zee-nyay, -nyer o-to-dee-dakt** ~ **painter** peintre *m&f* autodidacte **puhntr_o-to-dee-dakt**
sell *vt* vendre **vandr What are** *(1)* **they** / *(2)* **you selling?** Que *(1)* vendent-ils? / *(2)* vendez-vous (*Fam:* vends-tu)? **Kuh** *(1)* **vand t_eel?** / *(2)* **van-day-voo** (*Fam:* **van-tew**)? **They're selling** (*what*). Ils vendent (___). **Eel vand (___). What is** *(1)* **he** / *(2)* **she selling?** Qu'est-ce qu' *(1)* il / *(2)* elle vend? **K'es k'** *(1)* **eel** / *(2)* **el van?** **What do they sell there?** Que vendent-ils là-bas? **Kuh vand t_eel la-ba? Where do they sell** (*item*)? Où vendent-ils (___)? **Oo vand t_eel (___)? Will you sell it to me?** Allez-vous (*Fam:* Vas-tu) me le vendre? **A-lay-voo** (*Fam:* **Va-tew**) **muh luh vandr? I'll sell it to you (for** [*price*]**).** Je *vous* (*Fam:* te) le vendrai (pour ___). **Zhuh voo** (*Fam:* **tuh**) **luh van-dray (poor ___). How much did you sell it for?** Combien l'*avez-vous* (*Fam:* as-tu) vendu (-e)? **Kon-byuhn** l'*a-vay-voo* (*Fam:* **a-tew**) **van-dew?** *(1)* **I** / *(2)* **We sold it for** (*amount*). *(1)* Je l'ai / *(2)* Nous l'avons *vendu (-e)* pour (___). *(1)* **Zhuh l'ay** / *(2)* **Noo l'a-von van-dew poor (___).**
semester *n* semestre *m* **suh-mestr**
seminar *n* séminaire *m* **say-mee-ner I'm going to attend a seminar.** Je vais assister à un séminaire. **Zhuh vay_z_a-sees-tay a uhn say-mee-ner.**
send *vt* envoyer **an-vwa-yay**

    I'll send you... Je vais *vous* (*Fam:* t') envoyer... **Zhuh vay voo_z_** (*Fam:* **t'**) **an-vwa-yay...**

    We'll send you... Nous allons *vous* (*Fam:* t') envoyer... **Noo_z_a-lon voo_z_** (*Fam:* **t'**) **an-vwa-yay...**

    Please send *(1)* **me...** / *(2)* **us...** S'il *vous* (*Fam:* te) plaît, *envoyez* (*Fam:* envoie) *(1)* -moi... / *(2)* -nous... **S'eel voo** (*Fam:* **tuh**) **play, an-vwa-yay** (*Fam:* **an-vwa**) *(1)* **-mwa...** / *(2)* **-noo...**

        ...an e-mail. ...un e-mail. **... uhn_ee-mayl.**

        ...a postcard. ...une carte postale. **... ewn kart pos-tal.**

        ...some photos. ...quelques photos. **... kel-kuh fo-to.**

senior *adj* (*older*) âgé, -e *m&f* **a-zhay** ~ **citizen** *n* personne *f* âgée **per-son_a-zhay**
♦ *n* 1. (*final-year student*) étudiant (-e) de dernière année **ay-tew-jan, -jant duh der-nyer_a-nay**; 2. (*pensioner*) retraité, -e *m&f* **ruh-tray-tay** ~ **in college** étudiant (-e) *m&f* de dernière année d'université **ay-tew-dyan (F: -jant) duh der-nyer_a-nay d'ew-nee-ver-see-tay** ~ **in high school** élève *m&f* de terminale *f* **ay-lev duh ter-mee-nal**

A blue diamond ♦ *signals a different word or a different form of a word.*

sensation *n* sensation *f* **san-sa-syon** **pleasant** ~ sensation agréable **san-sa-syon a-gray-abl** **weird** ~ sensation étrange **san-sa-syon ay-tranzh** **wonderful** ~ sensation merveilleuse **san-sa-syon mer-vay-yuhz** ♦ **sensational** *adj* formidable *m/f* **for-mee-dabl** **What a sensational** *(1)* **performance!** / *(2)* **show!** Quelle *(1)* représentation / *(2)* spectacle formidable! **Kel** *(1)* **ruh-pray-zan-ta-syon** / *(2)* **spek-takl for-mee-dabl!**

sense *vt* détecter **day-tek-tay**, remarquer **ruh-mar-kay**, se rendre compte **suh randr kont**, comprendre **kon-prandr** **I sense** *(1)* **a change in you.** / *(2)* **something is wrong.** Je remarque *(1)* un changement en *vous (Fam: toi)*. / *(2)* quelque chose qui ne va pas. **Zhuh ruh-mark** *(1)* **_uhn shanzh-man an** *voo (Fam: twa)*. / *(2)* **kel-kuh shoz kee nuh va pa.** **I sensed it.** Je l'avais senti. **Zhuh l'a-vay san -tee.** ♦ *n* sens *m* **sans**, esprits *mpl* **es-pree** **come to** *(1)* **my** / *(2)* **your ~s** *(1, 2)* reprendre *(1)* mes / *(2)* vos *(Fam: tes)* esprits **ruh-prandr** *(1)* **may** / *(2)* **vo_***(Fam: tay)***_z_es-pree** **common** ~ bon sens **bon sans** **great ~ of humor** bon sens de l'humour **bon sans duh l'ew-moor** **no ~ of humor** pas de sens de l'humour **pa duh sans duh l'ew-moor** **~ of direction** sens de l'orientation **sans duh l'o-ryan-ta-syon** **~ of humor** sens de l'humour **sans duh l'ew-moor** **There's no sense to it.** Cela n'a aucun sens. **Suh-la n'a o-kuhn sans.** **I love your sense of humor.** J'aime *votre (Fam: ton)* sens de l'humour. **Zh'em** *votr (Fam: ton)* **sans duh l'ew-moor.** ♦ **senseless** *adj* stupide *m/f* **stew-peed**, absurde *m/f* **ab-sewrd**

sensible *adj* raisonnable *m/f* **ray-zo-nabl**, sensé, -e *m/f* **san-say** **Let's be sensible (about this).** Soyons raisonnable (à propos de ça). **Swa-yon ray-zo-nabl (_a pro-po duh sa).** **That's a sensible** *(1)* **idea.** / *(2)* **plan. (I'm glad I thought of it.)** C'est *(1)* une idée sensée. / *(2)* un plan sensé. (Je suis *content [-e]* d'y avoir pensé.) **S'ay_t_** *(1)* **ewn_ee-day san-say.** / *(2)* **uhn plan san-say. (Zhuh swee** *kon-tan [F: kon-tant]* **d'ee_y_a-vwar pan-say).**

sensitive *adj* sensible *m/f* **san-seebl**, délicat, -e *m/f* **day-lee-ka, -kat** ~ **spot** endroit *m* sensible **an-drwa san-seebl** ♦ **sensitivity** *n* sensibilité *f* **san-see-bee-lee-tay**

sensual *adj* sensuel, -le *m/f* **san-sew-el** ♦ **sensuality** *n* sensualité *f* **san-sew-a-lee-tay** ♦ **sensuous** *adj* sensuel, -le *m/f* **san-sew-el**

sentence *n* 1. *(gram.)* phrase *f* **fraz**; 2. *(prison)* peine *f* **pen**, condamnation *f* **kon-da-na-syon** **Is** *(1)* **this** / *(2)* **that sentence correct?** Est-ce que *(1, 2)* cette phrase est correcte? **Es kuh** *(1,2)* **set fraz_ay ko-rekt?** **Was that sentence correct?** Est-ce que cette phrase était correcte? **Es kuh set fraz_ay-tay ko-rekt?** **Could you correct a sentence for me?** *Pourriez-vous (Fam: Pourrais-tu)* corriger une phrase pour moi? *Poo-ryay-voo (Fam: Poo-ray-tew)* **ko-ree-zhay ewn fraz poor mwa?**

sentiment *n* sentiment *m* **san-tee-man** **Those are my sentiments exactly.** Ce sont mes vrais sentiments. **Suh son may vray san-tee-man.** ♦ **sentimental** *adj* sentimental, -e *m/f* **san-tee-man-tal**, romanesque *m/f* **ro-ma-nesk** **I'm a sentimental person.** Je suis une personne sentimentale. **Zhuh swee_z_ewn per-son san-tee-man-tal.**

separate *vi (part company)* se séparer **suh say-pa-ray** **We separated (*[1]* several**

---

*Familiar "tu" ("tew") forms in parentheses
can replace italicized polite forms.*

separated   378   **serve**

months... / *[2]* **over a year... ago).** Nous nous sommes séparés (il y a *[1]* plusieurs mois. / *[2]* plus d'un an.) **Noo noo som say-pa-ray (eel_ee_y_a *[1]* plew-zyuhr mwa.** / *[2]/* **plew d'uhn_an.)** ♦ **separated** *adj* séparé, -e *m&f* **say-pa-ray** *(1)* **My wife...** / *(2)* **My husband... and I are separated.** *(1)* Ma femme... / *(2)* Mon mari... et moi sommes séparés. *(1) Ma fam… / (2) Mon ma-ree… ay mwa som say-pa-ray.* **I'm separated.** Je suis *séparé (-e).* **Zhuh swee say-pa-ray.** **How long have you been separated?** Depuis combien de temps *êtes-vous (Fam: as-tu)* été séparés? **Duh-pwee kon-byuhn duh tan** *et-voo (Fam: a-tew)* **ay-tay say-pa-ray?** **We've been separated for** *(1)* **several months.** / *(2)* **over a year.** Nous nous sommes séparés depuis *(1)* plusieurs mois. / *(2)* plus d'un an. **Noo noo som say-pa-ray duh-pwee** *(1)* **plew-zyuhr mwa.** / *(2)* **plew d'uhn_an.**

September *n* septembre **sep-tanbr in** ~ en septembre **an sep-tanbr last** ~ septembre dernier **sep-tanbr der-nyay next** ~ septembre prochain **sep-tanbr pro-shuhn on** ~ **first** le premier septembre **luh pruh-myay sep-tanbr since** ~ depuis septembre **duh-pwee sep-tanbr**

serenade *vt* donner une sérénade **do-nay ewn say-ray-nad Serenade us!** *Donnez (Fam: Donne)*-nous une sérénade! *Do-nay (Fam: Don)*-**noo ewn say-ray-nad!** ♦ *n* sérénade *f* **say-ray-nad**

series *n* série *f* **say-ree** ~ **of games** série de jeux **say-ree duh zhuh**

serious *adj* sérieux, sérieuse *m&f* **say-ryuh, -ryuhz Are you serious?** *Etes-vous (Fam: Es-tu) sérieux (F: sérieuse)? Et-voo (Fam: Ay-tew) say-ryuh (F: say-ryuhz)?* **I'm (not) serious.** Je (ne) suis (pas) *sérieux (F: sérieuse).* **Zhuh (nuh) swee (pa)** *say-ryuh (F: say-ryuhz).* **You couldn't be serious.** Vous ne pouvez *(Fam: Tu ne peux)* pas être *sérieux (F: sérieuse). Voo nuh poo-vay (Fam: Tew nuh puh)* **pa_z_etr** *say-ryuh (F: say-ryuhz).* **You look so serious.** Vous avez *(Fam: Tu as)* l'air si *sérieux (F: sérieuse). Voo_z_a-vay (Fam: Tew a)* **l'er see** *say-ryuh (F: say-ryuhz).* **I'm getting (very) serious about you.** Je commence à être (très) *sérieux (F: sérieuse)* avec *vous (Fam: toi).* **Zhuh ko-mans_a etr (tre)** *say-ryuh (F: say-ryuhz)* **a-vek** *voo (Fam: twa).* **Is it serious.** *(illness)* C'est grave? **S'ay grav?** ♦ **seriously** *adv* sérieusement **say-ryuhz-man I take** *(1)* **you...** / *(2)* **everything you say... seriously.** *(1)* Je *vous (Fam: te)* prends au sérieux. / *(2)* Je prends tout ce que *vous dites (Fam: tu dis)*… sérieusement. *(1)* **Zhuh** *voo (Fam: tuh)* **pran_z_o say-ryuh.** *(2)* **Zhuh pran too suh kuh** *voo deet (Fam: tew dee)*… **say-ryuhz-man.** **I mean it seriously.** Je suis *sérieux (F: sérieuse).* **Zhuh swee** *say-ryuh (F: say-ryuhz).*

servant *n* serviteur *m* **ser-vee-tuhr,** servante *f* **ser-vant I'm your humble servant.** Je suis *votre (Fam: ton)* humble serviteur *(F: servante).* **Zhuh swee** *votr_ (Fam: ton)_* **uhnbl** *ser-vee-tuhr (Fam: ser-vant).*

serve *vt* servir **ser-veer** *(also tennis & volleyball)* **Are they serving** *(1)* **breakfast** / *(2)* **lunch** / *(3)* **dinner yet?** Servent-ils déjà *(1)* le petit-déjeuner? / *(2)* le déjeuner? / *(3)* le dîner? **Serv_t-eel day-zha** *(1)* **luh puh-tee-day-zhuh-nay?** / *(2)* **luh day-zhuh-nay?** / *(3)* **luh dee-nay?** **They're serving** *(1)* **breakfast.** /

Learn a new French phrase every day! Subscribe to the free **Daily Dose of French,** *www.phrase-books.com.*

(2) **lunch.** / *(3)* **dinner.** Ils servent *(1)* le petit-déjeuner. / *(2)* le déjeuner. / *(3)* le dîner. **Eel serv** *(1)* **luh puh-tee-day-zhuh-nay.** / *(2)* **luh day-zhuh-nay.** / *(3)* **luh dee-nay.** ♦ *vi* servir **ser-veer**
    I served in the… J'ai servi dans… **Zh'ay ser-vee da<u>n</u>…**
        …Air Force… …l'armée de l'air… **…l'ar-may duh l'er…**
        …Army… …l'armée… **…l'ar-may…**
        …Marine Corps… …le corps des marins… **…luh kor day ma-ruh<u>n</u>…**
        …Navy… …la marine… **…la ma-reen…**
            …for two years. …pendant deux ans. **…pa<u>n</u>-da<u>n</u> duh_z_ a<u>n</u>.**
            …for three years. …pendant trois ans. **…pa<u>n</u>-da<u>n</u> trwa_z_ a<u>n</u>.**
            …for four years. …pendant quatre ans. **…pa<u>n</u>-da<u>n</u> katr_a<u>n</u>.**

♦ **serve** *n (tennis, volleyball)* service *m* **ser-vees** **It's your serve.** C'est *votre (Fam: ton)* service. **S'ay votr *(Fam: ton)* ser-vees.** ♦ **service** *n* 1. *(restaurants, hotels, etc)* service *m* **ser-vees**; 2. *(assistance)* service *m* **ser-vees**; 3. *(military)* service *m* **ser-vees**; 4. *(religious)* messe *f* **mes**; 5. *(transp. / comm.)* service *m* **ser-vees** **cell phone** ~ service *m* de téléphonie mobile **ser-vees duh tay-lay-fo-nee mo-beel** **church** ~ messe *f* **mes** **dating / introduction** ~ agence *f* matrimoniale **a-zha<u>n</u>s ma-tree-mo-nyal**, agence *f* de rencontres **a-zha<u>n</u>s duh ra<u>n</u>-ko<u>n</u>tr** **military** ~ service militaire **ser-vees mee-lee-ter** ~ **charge** service **ser-vees** ~ **station** station service **sta-syo<u>n</u> ser-vees** **wedding** ~ cérémonie de mariage **say-ray-mo-nee duh ma-ryazh** **Were you in the military service?** *Avez-vous (Fam: As-tu)* fait le service militaire? *A-vay-voo (Fam: A-tew)* **fay luh ser-vees mee-lee-ter?** **Is there** *(1)* **bus /** *(2)* **rail service there?** Y a-t-il un service *(1)* de bus? / *(2)* de train? **Ee_y_a t-eel uh<u>n</u> ser-vees** *(1)* **duh bews?** / *(2)* **duh truh<u>n</u>?**

session *n* séance *f* **say-a<u>n</u>s**

set *adj* 1. *(ready)* prêt, -e *m&f* **pray, pret**; 2. *(alarm clocks)* programmé, -e *m&f* **pro-gra-may** **Are you all set (to go)?** Etes-vous *(Fam: Es-tu)* prêt (-e) (à partir)? *Et-voo (Fam: Ay-tew) pray (F: pret_)* **(a par-teer)?** *(1)* **I'm /** *(2)* **We're all set (to go).** *(1)* Je suis prêt (-e)… / *(2)* Nous sommes prêt(e)s… (à partir). *(1)* **Zhuh swee** *pray (F: pret_)*… /*(2)* **Noo som** *pray (Fpl: pret_)*… **(a par-teer). Is the alarm set?** Est-ce que l'alarme est mise? **Es kuh l'a-larm_ay meez?** ♦ *vt* 1. *(put, place)* poser **po-zay**, mettre **metr**; 2. *(time: appoint)* fixer **feek-say**; 3. *(establish)* établir **ay-ta-bleer**; 4. *(clocks)* régler **ray-glay**; 5. *(tables)* faire la table **fer la tabl** ~ **a date** fixer une date **feek-say ewn dat** **Where shall I set it?** Où devrais-je *le (F: la)* mettre? **Oo duh-vrayzh** *luh (F: la)* **metr?** **Set it** *(1)* **here.** / *(2)* **there.** Mettez *(Fam: Mets) le (F: la) (1)* ici. / *(2)* là-bas. *Me-tay (Fam: Me) luh (F: la)* *(1)* **ee-see.** / *(2)* **la-ba.** **I think you've set a new world's record.** Je pense que *vous avez (Fam: tu as)* établi un nouveau record mondial. **Zhuh pa<u>n</u>s kuh** *voo_z_a-vay (Fam: tew a)* **ay-ta-blee uh<u>n</u> noo-vo ruh-kor mo<u>n</u>-jal. Let's set a limit.** Fixons une limite. **Feek-so<u>n</u> ewn lee-meet.** **Don't forget to set the alarm clock.** N'oubliez *(Fam: oublie)* pas de mettre le réveil. **N'*oo-blee-yay (Fam: oo-blee)* pa duh metr luh ray-vey.** **I'll set the table.** Je vais mettre la table. **Zhuh vay metr la tabl.** ♦ *vi (sun)* se coucher **suh koo-shay** **Look,**

Underlines between letters indicate that the sounds are joined together.

the sun is setting. *Regardez (Fam: Regarde), le soleil se couche.* *Ruh-gar-day (Fam: Ruh-gard),* **luh so-ley suh koosh.** ♦ **set** *n* 1. *(group of related things)* jeu *m* **zhuh**; série *f* **say-ree**; 2. *(TV)* télévision *f* **tay-lay-vee-zyon**; 3. *(tennis)* set *m* **set chess** ~ jeu *m* d'échecs **zhuh d'ay-shek** ~ **of jewelry** parure *f* de bijoux **pa-rewr duh bee-zhoo** ~ **of tools** boîte *f* à outils **bwat_a oo-tee TV** ~ télévision *f* **tay-lay-vee-zyon Want to play a couple sets of tennis?** *Voulez-vous (Fam: Veux-tu) jouer quelques sets au tennis?* *Voo-lay-voo (Fam: Vuh-tew)* **zhoo-ay kel-kuh set o te-nees?**

- ♦ **set off** *idiom (detonate)* faire exploser **fer_ek-splo-zay**, déclencher **day-klan-shay** ~ **firecrackers** faire exploser des pétards **fer_ek-splo-zay day pay-tar They're going to set off fireworks.** *Ils vont lancer le feu d'artifice.* **Eel von lan-say luh fuh d'ar-tee-fees.**
- ♦ **set up** *idiom* établir **ay-ta-bleer**, dresser **dre-say Let's set up** *(1)* **camp…** / *(2)* **our tent…** *(3)* **here.** / *(4)* **there.** *Etablissons (1) notre camp… / (2) notre tente… (3) ici. / (4) là-bas.* **Ay-ta-blee-son** *(1)* **notr kan…** / *(2)* **notr tant…** *(3)* **ee-see.** / *(4)* **la-ba.**

settle *vt* régler **ray-glay Maybe** *(1)* **he** / *(2)* **she** / *(3)* **they can settle it.** *Peut-être qu' (1) il peut… / (2) elle peut… / (3) ils peuvent… régler ça.* **Puh_t-etr k'***(1)* **eel puh…** / *(2)* **el puh…** / *(3)* **eel puhv… ray-glay sa. Let me settle this.** *Laissez (Fam: Laisse)-moi régler ça.* *Lay-say (Fam: Les)*-**mwa ray-glay sa.** *(1)* **Everything** / *(2)* **The matter is settled.** *(1) Tout / (2) Le problème est réglé.* *(1)* **Too_t_** / *(2)* **Luh pro-blem_ay ray-glay.** ♦ *vi (take up residence)* s'installer **s'uhns-ta-lay We settled in (city) in (date).** *Nous nous sommes installé(e)s à ( ) en ( ).* **Noo noo som_z_uhns-ta-lay a ( ) an ( ).**

- ♦ **settle down** *idiom* se poser **suh po-zay**, se caser **suh ka-zay I'm (really) ready to settle down.** *Je suis (vraiment) prêt (-e) à me poser.* **Zhuh swee (vray-man) pray (F: pret_) a muh po-zay.**

settlement *n (group of dwellings)* village *m* **vee-lazh**

several *adj* plusieurs *m&f* **plew-zyuhr** ~ **days** plusieurs jours **plew-zyuhr zhoor** ~ **girls** plusieurs filles **plew-zyuhr feey(uh)** ~ **guys** plusieurs mecs **plew-zyuhr mek** ~ **hours** plusieurs heures **plew-zyuhr_z_uhr** ~ **months** plusieurs mois *mpl* **plew-zyuhr mwa** ~ **people** plusieurs personnes **plew-zyuhr per-son** ~ **times** plusieurs fois **plew-zyuhr fwa** ~ **ways** plusieurs façons **plew-zyuhr fa-son** ~ **weeks** plusieurs semaines **plew-zyuhr suh-men** ~ **years** plusieurs années **plew-zyuhr_z_a-nay**

sew *vt* coudre **koodr** ~ **on a button** coudre un bouton **koodr_uhn boo-ton Could you sew this for me?** *Pourriez-vous (Fam: Pourrais-tu) me coudre ça?* *Poo-ryay-voo (Fam: Poo-ray-tew)* **muh koodr sa? I'll sew it for you.** *Je vous (Fam: te) coudrai ça.* **Zhuh voo (Fam: tuh) koo-dray sa.** ♦ **sewing** *n* couture *f* **koo-tewr**

sex *adj* sexuel, -le *m&f* **sek-sew-el** ~ **appeal** sex-appeal *m* **seks-a-peel** ~ **drive** besoins sexuels *mpl* **buh-zwuhn sek-sew-el** ~ **fanatic / fiend** fanatique *m sexuel (-le)* **fa-na-teek sek-sew-el** ♦ *n (activity)* rapports *mpl* sexuels **ra-por sek-sew-el beautiful** ~ bons rapports sexuels **bon ra-por sek-sew-el casual** ~ plan *m*

Like English, French has both regular and irregular verbs.
Learn more about them on page 514.

sexe **plan seks** **fantastic** ~ rapports sexuels fantastiques **ra-por sek-sew-el fan-tas-teek** **great** ~ rapports sexuels géniaux **ra-por sek-sew-el zhay-nyo** **have** ~ avoir des rapports sexuels **a-vwar day ra-por sek-sew-el**, faire l'amour **fer l'a-moor**, coucher **koo-shay** **incredible** ~ rapports sexuels incroyables **ra-por sek-sew-el_uhn-krwa-yabl** **oral** ~ *(to the man)* fellation *f* **fe-la-syon**, *(to the woman)* cunnilingus *m* **kew-nee-luhn-gews** **wonderful** ~ rapports sexuels merveilleux **ra-por sek-sew-el mer-vay-yuh** **I've never had sex with a** *(1)* **girl** / *(2)* **woman before.** Je n'ai jamais couché avec une *(1)* fille / *(2)* femme avant. **Zhuh n'ay zha-may koo-shay a-vek_ewn** *(1)* **feey_** / *(2)* **fam_a-van.** **I've never had sex with a** *(1)* **boy** / *(2)* **man before.** Je n'ai jamais couché avec un *(1)* mec / *(2)* homme avant. **Zhuh n'ay zha-may koo-shay a-vek_uhn** *(1)* **mek_** / *(2)* **_om_a-van.** **I'm so ignorant about sex. You have to teach me.** Je n'y connais rien au sexe. *Vous devez (Fam: Tu dois)* m'apprendre. **Zhuh n'ee ko-nay ryuhn_o seks.** *Voo duh-vay (Fam: Tew dwa)* **m'a-prandr.** **All you think about is sex.** Vous ne pensez *(Fam: Tu ne penses)* qu'au sexe. *Voo nuh pan-say (Fam: Tew nuh pans)* **k'o seks.** **Sex is important, but it's not everything.** Le sexe est important, mais ce n'est pas tout. **Luh seks_ay_t_uhn-por-tan, may suh n'ay pa too.** **I'm not interested in just sex.** Je ne m'intéresse pas qu'au sexe. **Zhuh nuh m'uhn-tay-res k'o seks.** **I don't want to have sex (with you).** Je ne veux pas coucher (avec *vous [Fam: toi]*). **Zhuh nuh vuh pa koo-shay (a-vek** *voo [Fam: twa]).* **Sex with you is** *(1)* **incredible.** / *(2)* **wonderful.** Coucher avec *vous (Fam: toi)* est *(1)* incroyable. *(2)* merveilleux. **Koo-shay_r_a-vek** *voo (Fam: twa)* **ay** *(1)* **_t_uhn-krwa-yabl.** / *(2)* **mer-vay-yuh.** ♦ **sexual** *adj* sexuel, -le *m&f* **sek-sew-el** ~ **appetite** appétit *m* sexuel **a-pe-tee sek-sew-el** ~ **preference** préférence *f* sexuelle **pray-fay-rans sek-sew-el** ♦ **sexuality** *n* sexualité *f* **sek-sew-a-lee-tay** ♦ **sexy** *adj* sexy *m&f* **sek-see** **look** ~ être sexy **etr sek-see** ~ **figure** corps *m* sexy **kor sek-see** ~ **legs** jambes *fpl* sexy **zhanb sek-see** ~ **mouth** bouche *f* sexy **boosh sek-see** **talk in a** ~ **way** parler d'une manière sexy **par-lay d'ewn ma-nyer sek-see** **I've never met anyone as sexy as you.** Je n'ai jamais rencontré quelqu'un d'aussi sexy que *vous (Fam: toi)*. **Zhuh n'ay zha-may ran-kon-tray kel-k'uhn d'o-see sek-see kuh** *voo (Fam: twa).*

shack *n* cabane *f* **ka-ban**

shade *n* ombre *f* **onbr** **Let's sit in the shade.** Asseyons-nous à l'ombre. **A-se-yon-noo a l'onbr.** ♦ **shadow** *n* ombre *f* **onbr** **eye** ~ ombre *f* à paupières **onbr_a po-pyer** **There's too much shadow.** *(photog.)* Il y a trop d'ombre. **Eel_ee_y_a tro d'onbr.** ♦ **shady** *adj* à l'ombre **a l'onbr** **Let's find a shady place.** Trouvons-nous un endroit à l'ombre. **Troo-von-noo uhn_an-drwa a l'onbr.**

shaggy *adj* en broussailles *m&f* **an broo-saee**

shake *vt* 1. *(agitate)* agiter **a-zhee-tay**; 2. *(unnerve)* énerver **ay-ner-vay**; *(stir feelings)* secouer **suh-koo-ay**, exciter **ek-see-tay** **be shaken** / **shook** être *ému (-e)* **etr_ay-mew** **Shake** *(1)* **it.** / *(2)* **them.** *(1)* Agitez *(Fam: Agite)*-le *(F: -la).* / *(2)* Agitez *(Fam: Agite)*-les. *(1) A-zhee-tay (Fam: A-zheet)-luh (F: -la). / (2) A-zhee-tay (Fam: A-zheet)-lay.*

a always sounds like the "a" in "father"

shake up *idiom (unnerve; stir feelings)* secouer **suh-koo-ay**

shallow *adj* 1. *(water)* peu profond, -e *m&f* **puh pro-fon, -fond**; 2. *(superficial)* superficiel, -le *m&f* **sew-per-fee-syel** ~ **mind** esprit *m* superficiel **es-pree sew-per-fee-syel** **The lake is shallow.** Le lac est peu profond. **Luh lak_ay puh pro-fon.**

shame *n* (1) honte *f* **ont**, pudeur *f* **pew-duhr**, modestie *f* **mo-des-tee**, déshonneur *m* **day-zo-nuhr**; (2) *(pity)* dommage *m* **do-mazh** **What a shame!** Quel dommage! **Kel do-mazh!** **It's a shame that you can't go.** C'est dommage que *vous ne puissiez (Fam: tu ne puisses)* pas venir. **S'ay do-mazh kuh** *voo nuh pwee-syay (Fam: tew nuh pwees)* **pa vuh-neer.** **You put me to shame.** *(games) Vous m'avez (Fam: Tu m'as)* mis la honte. **Voo m'a-vay (Fam: Tew m'a) mee la ont.** **Have you no shame?** N'*avez-vous (Fam: as-tu)* pas honte? **N'a-vay-voo (Fam: a-tew) pa ont?** **Shame on you!** Honte à *vous (Fam: toi)*! **Ont_a** *voo (Fam: twa)*! ♦ **shameful** *adj* honteux, honteuse *m&f* **on-tuh, -tuhz** ♦ **shameless** *adj* impudent, -e *m&f* **uhn-pew-dan, -dant**, sans gène *m&f* **san zhen** **It was shameless of me.** C'était impudent de ma part. **S'ay-tay_t_uhn-pew-dan duh ma par.** **You are utterly shameless.** *Vous êtes (Fam: Tu es)* sans gène. **Voo_z_et (Fam: Tew ay) san zhen.**

shampoo *n* shampooing *m* **shan-pwuhn**

shape *n* forme *f* **form**, figure *f* **fee-gewr** **fantastic** ~ forme fantastique **form fan-tas-teek** **good** ~ bonne forme **bon form** **great** ~ superbe forme **sew-perb form** **lovely** ~ belle figure **bel fee-gewr** **You have a** (1) **beautiful /** (2) **nice shape.** *Vous avez (Fam: Tu as)* une (1) belle / (2) jolie figure. **Voo_z_et (Fam: Tew ay) ewn** (1) **bel /** (2) **zho-lee fee-gewr.** **I try to keep in shape.** J'essaie de rester en forme. **Zh'ay-say duh res-tay_r_an form.** **You look like you're in good shape.** *Vous semblez (Fam: Tu sembles)* en bonne forme. **Voo san-blay (Fam: Tew sanbl_) an bon form.** **I'm a little bit out of shape.** Je ne suis pas très en forme. **Zhuh nuh swee pa tre_z_an form.** ♦ **shapely** *adj* bien proportionné, -e *m&f* **byuhn pro-por-syo-nay**

share *vt* partager **par-ta-zhay** **Thank you for sharing** (1) **this /** (2) **that with** (3) **me. /** (4) **us.** Merci d'avoir partagé (1) ceci / (2) cela avec (3) moi. / (4) nous **Mer-see d'a-vwar par-ta-zhay** (1) **suh-see /** (2) **suh-la a-vek** (3) **mwa. /** (4) **noo.** (1) **I'd /** (2) **We'd like to share this with you.** (1) Je voudrais… / (2) Nous voudrions… partager cela avec *vous (Fam: toi)*. (1) **Zhuh voo-dray…** / (2) **Noo voo-dree-yon… par-ta-zhay suh-la a-vek** *voo (Fam: twa)*. **May** (1) **I /** (2) **we share your table?** (1) Puis-je… / (2) Pouvons-nous… partager *votre (Fam: ta)* table? (1) **Pwee-zh… /** (2) **Poo-von-noo… par-ta-zhay** *votr (Fam: ta)* **tabl?** **The time we share together is (so) precious to me.** Le temps que nous partageons ensemble est (tellement) précieux pour moi. **Luh tan kuh noo par-ta-zhon_z_an-sanbl_ay (tel-man) pray-syuh poor mwa.** **I love the time we share together.** J'adore les moments que nous partageons ensemble. **Zh'a-dor lay mo-man kuh noo par-ta-zhon_z_an-sanbl.** **I want to share** (1) **my whole vacation… /** (2) **everything… with you.** Je veux partager (1) mes vacances… / (2) tout… avec *vous (Fam: toi)*. **Zhuh vuh par-ta-zhay** (1) **may va-kans_…**

French pronunciation and phonetics are on pages 510-511.

/ *(2)* **too̱_t̲...a-vek** *voo (Fam: twa).* ♦ **share** *n* part *f* **par lion's** ~ part du lion **par dew lyon** There's a share for everybody. Tout le monde a sa part dans cette affaire. **Too luh mo̱nd a sa par da̱n set_a-fer.** I've had my share of *(1)* **heartache.** / *(2)* **troubles.** J'ai eu ma part de *(1)* blessures au cœur. / *(2)* problèmes. **Zh'ay ew ma par duh *(1)* blay-sewr_o kuhr.** / *(2)* **pro-blem.**

sharp *adj* 1. *(cutting)* tranchant, -e *m&f* **tra̱n-shan, -shant**, aiguisé, -e *m&f* **ay-ghee-zay**; 2. *(keen)* perçant, -e *m&f* **per-sa̱n, -sant**; 3. *(clever)* intelligent, -e *m&f* **uẖn-tay-lee-zhan, -zhant**, vif, vive *m&f* **veef, veev**; 4. *(nicely dressed)* élégant, -e *m&f* **ay-lay-ga̱n, -gant** ~ **tongue** langue *f* acérée **lang_a-say-ray Careful, it's sharp.** A-tan-syo̱n, s'ay tra̱n-shan. **You have sharp eyes.** *Vous avez (Fam: Tu as)* des yeux perçants. *Voo_z_a-vay (Fam: Tew a)* **day_z_yuh per-san.** **You have a very sharp mind.** *Vous avez (Fam: Tu as)* un esprit vif. *Voo_z_a-vay (Fam: Tew a)* **uẖn_es-pree veef. You look sharp (in that** *[1]* **dress** / *[2]* **suit).** *Vous avez (Fam: Tu as)* l'air *élégant (-e)* (dans *[1]* cette robe. / *[2]* cet ensemble). *Voo_z_a-vay (Fam: Tew a)* **l'er ay-lay-ga̱n (F: ay-lay-gant) (da̱n** *[1]* **set rob.** / *[2]* **set_a̱n-sa̱nbl).** ♦ **sharpener** *n:* **pencil** ~ taille-crayon *m* **taee-kray-yo̱n**

shatter *vt* briser **bree-zay**

shave *vi* se raser **suh ra-zay You need to shave.** *Vous avez (Fam: Tu as)* besoin de *vous (Fam: te)* raser. *Voo_z_a-vay (Fam: Tew a)* **buh-zwuẖn duh** *voo (Fam: tuh)* **ra-zay. I forgot to shave, I'm sorry.** J'ai oublié de me raser, je suis désolé. **Zh'ay oo-blee-yay duh muh ra-zay, zhuh swee day-zo-lay.**

she *pron* elle **el her** *(direct object)* la, l' **l' about** ~ à propos d'elle **a pro-po d'el for** ~ pour elle **poor_el to** ~ à elle **a el with** ~ avec elle **a-vek_el She is.** Elle est. **El_ay. She was.** Elle était. **El_ay-tay. She will be.** Elle sera. **El suh-ra.**

shed *n* remise *f* **ruh-meez**, abri *m* **a-bree**

sheep *n* mouton *m* **moo-to̱n**

sheer *adj* 1. *(see-through)* transparent, -e *m&f* **tra̱ns-pa-ra̱n, -ra̱nt**; 2. *(utter, absolute)* pur, -e *m&f* **pewr**, absolu, -e *m&f* **ab-so-lew** ~ **gown** robe *f* transparente **rob tra̱ns-pa-ra̱nt** ~ **heaven** paradis *m* absolu **pa-ra-dee ab-so-lew** ~ **pleasure** pur plaisir **pewr play-zeer** ~ **torture** pure torture **pewr tor-tewr**

sheet *n* 1. *(for a bed)* drap *m* **dra**; 2. *(paper, metal)* feuille *f* **fuhy**, tôle *f* **tol** ~ **of paper** feuille de papier **fuhy duh pa-pyay**

shell *n* *(firearm)* cartouche *f* **kar-toosh box of shotgun** ~**s** boîte *f* de cartouches de fusil **bwat duh kar-toosh duh few-zee shotgun** ~ cartouche *f* de fusil **kar-toosh duh few-zee**

shelter *n* refuge *m* **ruh-fewzh**, abri *m* **a-bree We need to find shelter.** Nous devons nous trouver un abri. **Noo duh-vo̱n noo troo-vay uẖn_a-bree. Let's build a shelter.** Construisons-nous un abri. **Ko̱ns-trwee-zo̱n-noo_z_uẖn_a-bree. Let's take shelter over there.** Réfugions-nous là-bas. **Ray-few-zhyo̱n-noo la-ba.**

shift *n* *(work)* équipe *f* **ay-keep gear** ~ *(automot.)* boîtier *m* de vitesse **bwa-chyay duh vee-tes night** ~ équipe de nuit **ay-keep duh nwee**

shine *vi* briller **bree-yay**

Learn a new French phrase every day! Subscribe to the free **Daily Dose of French**, *www.phrase-books.com.*

shinguards *n, pl* protège-tibia *m* **pro-tezh tee-bya**
ship *vt (send)* envoyer **an-vwa-yay** **I want to ship this back to** *(1)* **Britain.** / *(2)* **Canada.** / *(3)* **the States.** Je veux envoyer ça *(1)* en Grande-Bretagne. / *(2)* au Canada. / *(3)* aux Etats-Unis. **Zhuh vuh an-vwa-yay sa *(1)* an Grand-Bruh-tany(uh).** / *(2)* **o Ka-na-da.** / *(3)* **o_z_Ay-ta_z-Ew-nee.** ♦ *n* bateau *m* **ba-to** **cruise ~** bateau de croisière **ba-to duh krwa-zyer** **When does the ship sail?** Quand est-ce que ce bateau appareille? **Kan_t_es kuh suh ba-to a-pa-rey?** **The ship sails** *(1)* **at** *(time)* / *(2)* **on** *(day / date)*. Ce bateau appareille *(1)* à (___). / *(2)* (___). **Suh ba-to a-pa-rey_ *(1)* a (___). / *(2)* (___).** **What places does the ship sail to?** Jusqu'à où va le bateau? **Zhews-k'a oo va luh ba-to?** **The ship sails to** *(place)* **(and** *[place]***).** Le bateau part jusqu'à (___) (et ___). **Luh ba-to par zhews-k'a (___) (ay ___).** ♦ **shipping** *adj* d'envoi **d'an-vwa** **How much are the shipping charges?** A combien s'élèvent les frais d'envoi? **A kon-byuhn s'ay-lev lay fray d'an-vwa?**
shirt *n* chemise *f* **shuh-meez**
shiver *vi* trembler **tran-blay** **You're shivering. You must be cold.** Vous tremblez *(Fam: Tu trembles)*. Vous devez *(Fam: Tu dois)* avoir froid. *Voo tran-blay (Fam: Tew tranbl).* **Voo duh-vay_ *(Fam: Tew dwa)* _z_a-vwar frwa.**
shock *vt* choquer **sho-kay** **I hope what I'm going to tell you doesn't shock you.** J'espère que ce que je vais *vous (Fam: te)* dire ne va pas *vous (Fam: te)* choquer. **Zh'es-per kuh suh kuh zhuh vay** *voo (Fam: tuh)* **deer nuh va pa** *voo (Fam: tuh)* **sho-kay.** **Does that shock you?** Est-ce que cela *vous (Fam: te)* choque? **Es kuh suh-la** *voo (Fam: tuh)* **shok?** **That doesn't shock me.** Cela ne me choque pas. **Suh-la nuh muh shok pa.** **Did I shock you?** Est-ce que je *vous (Fam: t')*ai choqué (-e)? **Es kuh zhuh** *voo_z_ (Fam: t')_* **ay sho-kay?** **You (didn't shock) shocked me.** Vous *(ne)* m'avez *(Fam: Tu [ne] m'as)* (pas) choqué (-e). *Voo (nuh) m'a-vay (Fam: Tew [nuh] m'a)* **(pa) sho-kay.** **Nothing shocks me.** Rien ne me choque. **Ryuhn nuh muh shok.** ♦ *n* choc *m* **shok** **It was really a shock.** C'était un vrai choc. **S'ay-tay_t_uhn vray shok.** **What a shock!** Quel choc! **Kel shok!** ♦ **shocked** *adj* choqué, -e *m&f* **sho-kay** **Are you shocked?** Etes-vous *(Fam: Es-tu)* choqué (-e)? *Ét-voo (Fam: Ay-tew)* **sho-kay?** **I'm (not) shocked.** Je *(ne)* suis (pas) choqué (-e). **Zhuh (nuh) swee (pa) sho-kay.** ♦ **shocking** *adj* choquant, -e *m&f* **sho-kan, -kant** **~ development** développement *m* choquant **day-vlop-man sho-kan** **~ news** nouvelle *f* choquante **noo-vel sho-kant** **Such shocking behavior!** Quel comportement choquant! **Kel kon-por-tuh-man sho-kan!**
shoe(s) *n(pl)* chaussure(s) *f(pl)* **sho-sewr** **bowling ~s** chaussures de bowling **sho-sewr duh boo-leeng** **boys' ~s** chaussures pour garçons **sho-sewr poor gar-son** **children's ~s** chaussures pour enfants **sho-sewr poor_an-fan** **girls' ~s** chaussures pour filles **sho-sewr poor feey(uh)** **golf ~s** chaussures de golf **sho-sewr duh golf** **men's ~s** chaussures pour hommes **sho-sewr poor_om** **pair of ~s** paire *f* de chaussures **per duh sho-sewr** **soccer ~s** chaussures du foot **sho-sewr duh foot** **tennis ~s** chaussures de tennis **sho-sewr duh tay-nees** **women's ~s** chaussures pour femmes **sho-sewr poor fam** **Take your shoes off.** Enlevez vos

---

oo sounds like the "oo" in "shoot".

shoot *vt* 1. *(weapon: discharge)* tirer **tee-ray**; 2. *(fire and hit)* toucher **too-shay**, blesser **blay-say**; 3. *(fire and kill)* tuer **tew-ay**; 4. *(soccer, hockey, basketball, arrows)* tirer **tee-ray** ~ **off fireworks** tirer le feux d'artifice **tee-ray luh fuh d'ar-tee-fees** ~ **pool** jouer au billard **zhoo-ay o bee-yar** ~ **the breeze** *(slang: converse)* papoter **pa-po-tay** **Let's shoot some baskets.** Allons faire des paniers. **A-lon fer day pa-nyay.** ♦ *vi (fire a weapon)* tirer **tee-ray**
♦ **shooting** *n* fusillade *f* **few-zee-yad**, tir *m* **teer**, coup *m* **koo** ~ **gallery** stand *m* de tir **stand duh teer** **skeet** ~ tir aux pigeons d'argile **teer_o pee-zhon d'ar-zheel**

shop *vi* faire du lèche-vitrine **fer dew lesh vee-treen**, faire les boutiques **fer lay boo-teek** **Do you want to go shopping?** *Voulez-vous (Fam: Veux-tu)* aller faire du lèche-vitrine? *Voo-lay-voo (Fam: Vuh-tew)* **a-lay fer dew lesh vee-treen?** **Let's go shopping.** Allons faire les boutiques. **A-lon fer lay boo-teek.** **What do you want to shop for?** Que *voulez-vous (Fam: veux-tu)* acheter? **Kuh** *voo-lay-voo (Fam: vuh-tew)* **ash-tay?** *(1)* **I** / *(2)* **We want to shop for** *(item)*. *(1)* Je veux… / *(2)* Nous voulons… acheter (___). *(1)* **Zhuh vuh…** / *(2)* **Noo voo-lon_z_... ash-tay (___).** **Where's a good place to shop for** *(item)*? Où peut-on acheter des (___)? **Oo puh_t-on ash-tay day (___)?** ♦ *n* 1. *(small store)* magasin *m* **ma-ga-zuhn**, boutique *f* **boo-teek**; 2. *(repairs)* atelier *m* **a-tuh-lyay** **antique** ~ magasin d'antiquités **ma-ga-zuhn d'an-tee-kee-tay** **barber** ~ salon *m* de coiffure pour hommes **sa-lon duh kwa-fewr poor_om** **beauty** ~ salon *m* de beauté **sa-lon duh bo-tay** **book** ~ librairie *f* **lee-bray-ree** **candy** ~ confiserie *f* **kon-feez-ree** **coffee** ~ café *m* **ka-fay** **cycle** ~ magasin *m* de vélos **ma-ga-zuhn duh vay-lo** **electronics** ~ magasin d'électroniques **ma-ga-zuhn d'ay-lek-tro-neek** **flower** ~ fleuriste *m* **fluh-reest** **gift** ~ boutique de cadeaux **boo-teek duh ka-do** **jewelry** ~ bijouterie *f* **bee-zhoo-tuh-ree** **optical** ~ opticien, opticienne *m&f* **op-tee-syuhn, -syen** **pastry** ~ pâtisserie *f* **pa-tees-ree** **repair** ~ atelier de réparation **a-tuh-lyay duh ray-pa-ra-syon** **shoe** ~ magasin *m* de chaussures **ma-ga-zuhn duh sho-sewr** **shoe repair** ~ cordonnerie *f* **kor-don-ree** **souvenir** ~ magasin souvenir **ma-ga-zuhn soov-neer** **tea** ~ salon *m* de thé **sa-lon duh tay** **thrift** ~ magasin d'occasion **ma-ga-zuhn d'o-ka-zyon** **tobacco** ~ bureau *m* de tabac **bew-ro duh ta-ba** **watch repair** ~ magasin *m* de réparations de montres **ma-ga-zuhn duh ray-pa-ra-syon duh montr** **wine** ~ marchand *m* de vin **mar-shan duh vuhn** ♦ **shopping** *adj* shopping **sho-peeng** ~ **bag** sac *m* de shopping **sak duh sho-peeng** ~ **center** centre *m* commercial **santr ko-mer-syal** ~ **list** liste *f* des courses **leest day koors** ~ **mall** centre *m* commercial **santr ko-mer-syal**
♦ **shopping** *n* lèche-vitrine *m* **lesh-vee-treen**, faire du shopping *vi* **fer duh sho-peeng** **Where's the best place to go shopping?** Où peut-on faire du shopping? **Oo puh_t_on fer duh sho-peeng?** **Would you like to go shopping (with** *[1]* **me** / *[2]* **us)?** *Voudriez-vous (Fam: Voudrais-tu)* aller faire du shopping (avec *[1]* moi / *[2]* nous)? **Voo-dree-yay-voo (Fam: Voo-dray-tew)** **fer duh sho-peeng (a-vek** *[1]* **mwa /** *[2]* **noo)?** **Let's go shopping (together) (for** *[1]* **some clothes for you.** / *[2]* **something** *[3]* **nice /** *[4]* **pretty for you.).** Allons faire du shopping

---

English-French and French-English glossaries of food and drink are on pages 534-546.

(ensemble) (pour *[1]* des vêtements pour *vous [Fam: toi]*. / *[2]* quelque chose *[3]* de beau… / *[4]* de mignon… pour *vous [Fam: toi]*.) **A-lo̲n̲ fer duh sho-peeng (a̲n̲-sa̲n̲bl) (poor *[1]* day vet-ma̲n̲ poor voo [Fam: twa]*. / *[2]* kel-kuh shoz *[3]* duh bo… / *[4]* duh mee-nyo̲n̲… poor voo [Fam: twa])*.

shore *n* rive *f* **reev**, rivage *m* **ree-vazh rocky** ~ rivage rocheux **ree-vazh ro-shuh the other** ~ l'autre rive **l'o-truh reev**

short *adj* 1. *(time or length)* court, -e *m&f* **koor, koort**, bref, brève *m&f* **bref, brev**; 2. *(height)* petit, -e *m&f* **puh-tee, -teet shorter** plus *court (-e)* **plew** *koor (F: koort)*, plus *petit (-e)* **plew** *puh-tee (F: puh-teet)* **shortest** le *(F: la)* plus *court (-e)* **luh** *(F: la)* **plew** *koor (F: koort)*, le *(F: la)* plus *petit (-e)* **luh** *(F: la)* **plew** *puh-tee (F: puh-teet)* ~ **distance** distance *f* courte **dees-ta̲n̲s koort** ~ **memory** mémoire *f* courte **may-mwar koort** ~ **stay** séjour *m* court **say-zhoor koor** ~ **story** histoire *f* courte **ees-twar koort** ~ **time** temps *m* bref **ta̲n̲ bref**, court moment *m* **koor mo-ma̲n̲** ~ **trip** voyage *m* court **vwa-yazh koor** ~ **vacation** vacances *f* brèves **va-ka̲n̲s brev** ~ **visit** courte visite *f* **koort vee-zeet** ~ **walk** petite promenade *f* **puh-teet prom-nad What's the shortest way (to** *[place]*)**?** Quel est le chemin le plus court (pour *[___]*)? **Kel_ay luh shuh-muh̲n̲ luh plew koor *(poor [___])?* *(1)* I'm / *(2)* We're taking a short vacation.** *(1)* Je prends… / *(2)* Nous prenons… de brèves vacances. *(1)* **Zhuh pra̲n̲…** / *(2)* **Noo pruh-no̲n̲… duh brev va-ka̲n̲s.** *(1)* **I'm** / *(2)* **We're going on a short trip (to** *[place]*)**.** *(1)* Je vais… / *(2)* Nous allons… (à *[___]*) pour un court séjour. *(1)* **Zhuh vay…** / *(2)* **Noo_z_a-lo̲n̲…** (a *[___]*) **poor_uh̲n̲ koor say-zhoor.** *(1)* **I'm** / *(2)* **We're only here for a short time.** *(1)* Je ne suis / *(2)* Nous ne sommes ici que pour un court moment. *(1)* **Zhuh nuh swee…** / *(2)* **Noo nuh som… _z_ee-see kuh poor_uh̲n̲ koor mo-ma̲n̲. Life is short.** La vie est courte. **La vee ay koort.** *(1)* I / *(2)* **We have to cut** *(3)* **my /** *(4)* **our trip short.** *(1)* Je dois… / *(2)* Nous devons… écourter *(3)* mon / *(4)* notre voyage. *(1)* **Zhuh dwa…** / *(2)* **Noo duh-vo̲n̲… ay-koor-tay** *(3)* **mon /** *(4)* **notr vwa-yazh. You're a short little thing.** *(talking to a girl)* Vous êtes *(Fam: Tu es)* toute petite. *Voo_z_et (Fam: Tew ay)* **toot puh-teet. To make a long story short…** Pour résumer… **Poor ray-zew-may… My name is William, but people call me Bill for short.** Je m'appelle William, mais on m'appelle Bill pour faire plus court. **Zhuh m'a-pel Wee-lyam, may o̲n̲ m'a-pel Beel poor fer plew koor. Time is getting short.** On va manquer de temps. **O̲n̲ va ma̲n̲-kay duh ta̲n̲.** *(1)* **I'm /** *(2)* **We're a little short of** *(3)* **funds. /** *(4)* **money.** *(1)* Je manque… / *(2)* Nous manquons… un peu *(3)* de fonds. / *(4)* d'argent. *(1)* **Zhuh ma̲n̲k…** / *(2)* **Noo ma̲n̲-ko̲n̲… uh̲n̲ puh** *(3)* **duh fon.** / *(4)* **d'ar-zha̲n̲.** ♦ **shortcoming** *n* défaut *m* **day-fo** ♦ **shortcut** *n* raccourci *m* **ra-koor-see Do you know any shortcuts?** Connaissez-vous *(Fam: Connais-tu)* un raccourci? *Ko-nay-say-voo (Fam: Ko-nay-tew)* **uh̲n̲ ra-koor-see?** *(1)* **I /** *(2)* **We know a good shortcut.** *(1)* Je connais… / *(2)* Nous connaissons… un bon raccourci. *(1)* **Zhuh ko-nay…** / *(2)* **Noo ko-nay-so̲n̲… uh̲n̲ bo̲n̲ ra-koor-see. Let's take a shortcut.** Prenons un raccourci. **Pruh-no̲n̲_z_uh̲n̲ ra-koor-see** ♦ **shortly** *adv* bientôt **byuh̲n̲-to** *(1)* **I'll /** *(2)* **We'll be there shortly.** *(1)* Je serai… / *(2)* Nous serons… bientô

Questions about the metric system? See page 523.

là-bas. *(1)* **Zhuh suh-ray… /** *(2)* **Noo suh-ro<u>n</u>… byuh<u>n</u>-to la-ba.** ♦ **shorts** *n pl* short *m* **short You look** *(1)* **fabulous /** *(2)* **great in shorts.** *Vous êtes (Fam: Tu es) (1) fabuleux (F: fabuleuse) / (2) super dans ce short.* **Voo_z_et (Fam: Tew ay) (1) fa-bew-luh (F: fa-buleuhz) / (2) sew-per da<u>n</u> suh short.**

shot *n* 1. *(firearms)* tir *m* **teer**, coup *m* de feu **koo duh fuh**; 2. *(photo)* photo *f* **fo-to**; 3. *(sports)* tir *m* **teer**; 4. *(inoculation)* vaccin *m* **vak-suh<u>n</u>**; 5. *(drink)* verre *m* **ver Was that a shot?** *Est-ce que c'était un coup de feu?* **Es kuh s'ay-tay_t_uh<u>n</u> koo duh fuh? It's a shot in the dark.** *J'ai dit ça au hasard.* **Zh'ay dee sa o a-zar. This is a nice shot (of you).** *C'est une jolie photo (de vous [Fam: toi]).* **S'ay_t_ewn zho-lee fo-to (duh voo [Fam: twa]). Good shot!** *Parfait!* **Par-fay! You made a great shot!** *C'est super!.* **S'ay sew-puhr! You're going to have to get a typhus shot.** *Vous allez (Fam: Tu vas) devoir vous (Fam: te) faire vacciner contre le typhus.* **Voo_z_a-lay (Fam: Tew va) duh-vwar voo (Fam: tuh) fer vak-see-nay ko<u>n</u>tr luh tee-fews. Pour me a shot of that.** *Versez (Fam: Verse)-moi un verre de ça.* **Ver-say (Fam: Vers)-mwa uh<u>n</u> ver duh sa.** ♦ **shotgun** *n* fusil *m* (de chasse) **few-zee (duh shas)**

should *v aux* devoir **duh-vwar What should** *(1)* **I /** *(2)* **we do?** *Que (1) devrais-je… / (2) devrions-nous… faire?* **Kuh *(1)* duh-vray-zh… /** *(2)* **duh-vree-yo<u>n</u>… noo fer?**
    You (really) should… *Vous devriez (Fam: Tu devrais) (vraiment)…* **Voo duh-vree-yay (Fam: Tew duh-vray) (vray-ma<u>n</u>)…**
        …call her. / him. …*l'appeler.* **…l'a-play.**
        …do it. …*le faire.* **…luh fer.**
        …get it checked. …*vérifier ça.* **…vay-ree-fyay sa.**
        …see a doctor. …*voir un docteur.* **…vwar_uh<u>n</u> dok-tuhr.**
        …stay (longer). …*rester (plus longtemps).* **…res-tay (plew lo<u>n</u>-ta<u>n</u>).**
    I (really) should… *Je devrais (vraiment)…* **Zhuh duh-vray (vray-ma<u>n</u>)…**
        …change some money. …*échanger de l'argent.* **…ay-sha<u>n</u>-zhay duh l'ar-zha<u>n</u>.**
        …find out. …*me renseigner.* **…muh ra<u>n</u>-se-nyay.**
        …go (now). …*partir (maintenant).* **…par-teer (muh<u>n</u>t-na<u>n</u>).**
        …start packing. …*commencer à faire mes valises.* **…ko-ma<u>n</u>-say a fer may va-leez.**

shoulder(s) *n(pl)* épaule(s) *f(pl)* **ay-pol** broad ~s épaules larges **ay-pol larzh** ~ **blade** omoplate *f* **o-mo-plat** smooth ~s épaules légères **ay-pol lay-zher** soft ~s épaules douces **ay-pol doos** sore ~ épaule douloureuse **ay-pol doo-loo-ruhz You can lean on my shoulder any time.** *Vous pouvez (Fam: Tu peux) compter sur moi en cas de besoin.* **Voo poo-vay (Fam: Tew puh) ko<u>n</u>-tay sewr mwa a<u>n</u> ka duh buh-zwuh<u>n</u>. You have a lot on your shoulders.** *Vous portez (Fam: Tu portes) de lourds fardeaux sur vos (Fam: tes) épaules.* **Voo por-tay (Fam: Tew port) duh loor far-do sewr vo_(Fam: tay)_z_ay-pol. Why are you giving me the cold shoulder?** *Pourquoi me tournez-vous (Fam: tournes-tu) le dos?* **Poor-kwa muh** *toor-nay-voo (Fam: toorn-tew)* **luh do?**

shout *vi* hurler **ewr-lay**, crier **kree-yay** *(1)* **I /** *(2)* **We shouted, but you didn't**

Articles, adjectives and nouns must agree in gender and number (singular or plural).

shovel / **show**

hear *(3)* **me.** / *(4)* **us.** *(1)* J'ai… / *(2)* Nous avons… crié, mais *vous (Fam: tu)* ne *(3)* m' / *(4)* nous *avez (Fam: as)* pas *entendu (-e)*. *(1)* **Zh'ay…** / *(2)* **Noo_z_a-von… kree-yay, may** *voo (Fam: tew)* **nuh** *(3)* **m'** /*(4)* **noo_z_a-vay** *(Fam: _a)* **pa_z_an-tan-dew. You don't have to shout.** *Vous n'avez pas (Fam: Tu n'as pas)* besoin d'hurler. *Voo n'a-vay (Fam: Tew n'a)* **pa buh-zwuhn d'ewr-lay.**

shovel *vt* pelleter **pel-tay** ~ **dirt on the fire** pelleter de la terre sur le feu **pel-tay duh la ter sewr luh fuh** ~ **snow** pelleter la neige **pe-luh-tay la nezh** ♦ *n* pelle *f* **pel camp(ing)** ~ pelle de camping **pel duh kan(-peeng)**

show *vt* montrer **mon-tray**, indiquer **uhn-dee-kay**, démontrer **day-mon-tray** ~ **affection** montrer de l'affection **mon-tray duh l'a-fek-syon** ~ **love** montrer de l'amour **mon-tray duh l'a-moor**

    Could you show *(1)* **me** / *(2)* **us…** Pourriez-vous *(Fam: Pourrais-tu)* *(1)* me / *(2)* nous montrer… *Poo-ryay-voo (Fam: Poo-ray-tew) (1)* **muh** / *(2)* **noo mon-tray…**

        …how to do it? …comment faire ça? **…ko-man fer sa?**
        …how to play the guitar? …comment jouer de la guitare? **…ko-man zhoo-ay duh la ghee-tar?**
        …on the map? …sur la carte? **…sewr la kart?**
        …where it is? …où c'est? **…oo s'ay?**

    I'll show you… Je vais *vous (Fam: te)* montrer… **Zhuh vay** *voo (Fam: tuh)* **mon-tray…**

    Let me show you… Laissez-moi vous *(Fam: Laisse-moi te)* montrer… *Lay-say-mwa voo (Fam: Les-mwa tuh)* **mon-tray…**

    Show me… Montrez *(Fam: Montre)*-moi… *Mon-tray (Fam: Montr)*-**mwa…**

        …how to do it. …comment faire ça. **…ko-man fer sa.**
        …how to play the guitar. …comment jouer de la guitare. **ko-man zhoo-ay duh la ghee-tar.**
        …on the map. …sur la carte. **…sewr la kart.**
        …where it is. …où c'est. **…oo s'ay.**
        …her photo. …sa photo. **…sa fo-to.**
        …his photo. …sa photo. **…sa fo-to.**
        …my photo. …ma photo. **…ma fo-to.**
        …their photo. …leur photo. **…luhr fo-to.**
        …your photo. …*votre (Fam: ta)* photo. …*votr (Fam: ta)* **fo-to.**

    I'd like to show you *(place)*. Je voudrais *vous (Fam: te)* montrer (___). **Zhuh voo-dray** *voo (Fam: tuh)* **mon-tray (___). Could you show** *(1)* **me** / *(2)* **us around the city?** Pourriez-vous *(Fam: Pourrais-tu) (1)* me / *(2)* nous faire visiter la ville? *Poo-ryay-voo (Fam: Poo-ray-tew) (1)* **muh** / *(2)* **noo fer vee-zee-tay la veel? That was really nice of you to show** *(1)* **me** / *(2)* **us around the city.** C'était très gentil de *votre (Fam: ta)* part de *(1)* m' / *(2)* nous avoir fait visiter la ville. **S'ay-tay tre zhan-tee duh** *votr (Fam: ta)* **par duh** *(1)* **m'** / *(2)* **noo_z_a-vwar fay vee-zee-tay la veel.** ♦ *n* 1. *(demonstration)* présentation *f* **pray-zan-ta-syon**; 2. *(performance)* spectacle *m* **spek-takl**; 3. *(exhibition)*

A phrasebook makes a great gift!
See order information on page 552.

exposition *f* **eks-po-zee-syon** **magic ~** spectacle de magie **spek-takl duh ma-zhee** **Did you enjoy the show?** *Avez-vous (Fam: As-tu)* apprécié le spectacle? *A-vay-voo (Fam: A-tew)* **a-pray-syay luh spek-takl?** *(1)* **I** / *(2)* **We really enjoyed the show.** *(1)* J'ai / *(2)* Nous avons vraiment aimé le spectacle. *(1)* **Zh'ay** / *(2)* **Noo_z_a-von vray-man ay-may luh spek-takl.**
- **shower** *vt (with kisses)* couvrir de baisers **koo-vreer duh bay-zay** **I'm going to shower you with kisses.** Je vais *vous (Fam: te)* couvrir de baisers. **Zhuh vay voo** *(Fam: tuh)* **koo-vreer duh bay-zay.** ♦ *n* douche *f* **doosh** **room with a ~** chambre *f* avec (une) douche **shanbr_a-vek (_ewn) doosh** **take a ~ (together)** prendre une douche (ensemble) **prandr_ewn doosh (_an-sanbl)** **I'm going to take a shower.** Je vais prendre une douche. **Zhuh vay prandr_ewn doosh.**
- **show off** *idiom (come)* frimer **free-may** **You're just showing off.** *Vous frimez (Fam: Tu frimes)*, c'est tout. *Voo free-may (Fam: Tew freem)*, **s'ay too.** **Stop showing off!** *Arrêtez (Fam: Arrête)* de frimer! *A-ray-tay (Fam: A-ret)* **duh free-may!** ♦ *n* frimeur, frimeuse *m&f* **free-muhr, -muhz** **What a big show-off you are.** *Quel frimeur (F: Quelle frimeuse).* Kel *free-muhr (F: free-muhz).*
- **show up** *idiom (come)* se montrer **suh mon-tray**, venir **vuh-neer** *(1)* **I** / *(2)* **We waited, but you didn't show up.** *(1)* J'ai attendu / *(2)* Nous avons attendu, mais *vous n'êtes (Fam: tu n'es)* pas *venu (-e). (1)* **Zh'ay a-tan-dew** / *(2)* **Noo_z_a-von a-tan-dew, may** *voo n'et (Fam: tew n'ay)* **pa vuh-new. I was wondering if you were going to show up.** Je me demandais si *vous alliez (Fam: tu allais)* venir. **Zhuh muh duh-man-day see** *voo_z_a-lyay (Fam: tew a-lay)* **vuh-neer.**
- **shrewd** *adj* astucieux, astucieuse *f* **as-tew-syuh, -syuhz** **You're a shrewd one.** *Vous êtes (Fam: Tu es)* une personne très astucieuse! *Voo_z_et (Fam: Tew ay)* **ewn per-son tre_z_as-tew-syuhz!**
- **shrine** *n* sanctuaire *m* **sank-tew-er**
- **shudder** *vi* frissonner **free-so-nay**, trembler **tran-blay** **I shudder to think what might happen.** Je frissonne en pensant à ce qui pourrait se passer. **Zhuh free-son_an pan-san a suh kee poo-ray suh pa-say.**
- **shuffle** *vt* mélanger **may-lan-zhay** **Shuffle the cards.** *Mélangez (Fam: Mélange)* les cartes. **May-lan-zhay (Fam: May-lanzh) lay kart.**
- **shut** *adj* fermé, -e *m&f* **fer-may** **Is it shut?** Est-ce fermé? **Es fer-may?** **It's (not) shut.** C(e) (n') est (pas) fermé. **S(uh) (n')ay pa fer-may.** ♦ *vt* fermer **fer-may** **Shut the** *(1)* **door.** / *(2)* **window.** *Fermez (Fam: Ferme)* la *(1)* porte. / *(2)* fenêtre. *Fer-may (Fam: Ferm)* **la *(1)* port.** / *(2)* **fuh-netr.** ♦ **shut up** *(rude slang: be quiet)* **Shut up!** *Fermez (Fam: Ferme)* la! *Fer-may (Fam: Ferm)* **la!** **Why don't you shut up?** *Vous allez (Fam: Tu vas)* la fermer ou quoi? *Voo_z_a-lay (Fam: Tew va)* **la fer-may oo kwa?**
- **shuttlecock** *n (badminton)* volant *m* **vo-lan**
- **shy** *adj* timide *m&f* **tee-meed** **I'm basically a shy person.** Je suis du genre timide. **Zhuh swee dew zhanr tee-meed.** **Don't be (so) shy.** Ne *soyez (Fam: sois)* pas (si) timide. **Nuh** *swa-yay (Fam: swa)* **pa (see) tee-meed.** **You don't have to be shy with me.** *Vous n'avez (Fam: Tu n'as)* pas besoin d'être timide avec moi.

A slash / always means "or".

Voo n'a-vay (Fam: Tew n'a) **pa buh-zwuhn d'etr tee-meed_a-vek mwa.**
♦ **shyness** *n* timidité *f* **tee-mee-dee-tay I want to help you get over your shyness.** Je veux *vous (Fam: t')* aider à vaincre *votre (Fam: ta)* timidité. **Zhuh vuh** *voo_z_(Fam: t')*_**ay-day a vuhnkr** *votr (Fam: ta)* **tee-mee-dee-tay.**
sick *adj* 1. *(ill)* malade *m&f* **ma-lad**; 2. *(fed up)* marre **mar**; 3. *(deranged, insane)* malade *m&f* **ma-lad be ~** être malade **etr ma-lad feel ~** se sentir mal **suh san-teer mal get ~** être malade **etr ma-lad Do you feel sick?** Est-ce que *vous êtes (Fam: tu es)* malade? **Es kuh** *voo_z_et (Fam: tew ay)* **ma-lad? I feel sick** Je me sens mal. **Zhuh muh san mal. I hope you're not sick.** J'espère que *vous n'êtes (Fam: tu n'es)* pas malade. **Zh'es-per kuh** *voo n'et (Fam: tew n'ay)* **pa ma-lad. My *(1)* wife / *(2)* daughter is sick.** Ma *(1)* femme / *(2)* fille est malade. **Ma *(1)* fam / *(2)* feey_ay ma-lad. My *(1)* husband / *(2)* son is sick.** Mon *(1)* mari / *(2)* fils est malade. **Mon *(1)* ma-ree / *(2)* fees_ay ma-lad. I'm sick (and tired) of *(1)* all this rain. / *(2)* waiting around.** J'en ai marre de *(1)* toute cette pluie. / *(2)* d'attendre. **Zh'an_ay mar duh *(1)* toot set plwee. / *(2)* d'a-trandr. That is (really) sick.** C'est (vraiment) un truc de malade. **S'ay (vray-man) uhn trewk duh ma-lad.** ♦ **sickness** *n* maladie *f* **ma-la-dee**
side *adj* latéral, -e *m&f* **la-tay-ral no ~ effects** aucuns effets *mpl* secondaires **o-kuhn_ay-fay suh-gon-der on the ~s** *(hair)* sur les côtés **sewr lay ko-tay ~ street** petite rue *f* **puh-teet rew** ♦ *n* côté *m* **ko-tay both ~s** de chaque côté **duh shak ko-tay choose ~s** *(sports)* choisir son camp **shwa-seer son kan left ~** côté gauche **ko-tay gosh on the flip ~** d'un autre côté **duh l'otr ko-tay our ~** *(sports)* notre camp **notr kan right ~** côté droit **ko-tay drwa**☐ **~ by ~** côte à côte **kot_a kot ~ of the road** côté de la rue **ko-tay duh la rew the other ~** l'autre côté **l'otr ko-tay Whose side are you on?** De quel côté *êtes-vous (Fam: es-tu)*? **Duh kel ko-tay** *et-voo (Fam: ay-tew)*? **I'm on your side.** Je suis de *votre (Fam: ton)* côté. **Zhuh swee duh** *votr (Fam: ton)* **ko-tay. I see you have a *(1)* humorous / *(2)* romantic side.** Je vois que *vous avez (Fam: tu as)* *(1)* de l'humour. / *(2)* un côté romantique. **Zhuh vwa kuh** *voo_z_a-vay (Fam: tew a) (1)* **duh l'ew-moor. / *(2)* uhn ko-tay ro-man-teek.** ♦ **sideburns** *n, pl* pattes *fpl* **pat** ♦ **sidewalk** *n* trottoir *m* **tro-twar**
sight *n* 1. *(vision)* vue *f* **vew**; 2. *(s.th. seen)* vue *f* **vew**, spectacle *m* **spek-takl**; 3. *(view)* vue *f* **vew**; 3. *pl (attractions)* attractions *fpl* **a-trak-syon**; 4. *(terrible)* vision *f* **vee-zyon beautiful ~** belle vue **bel vew catch ~ of** apercevoir **a-per-suh-vwar magnificent ~** vue magnifique **vew ma-nee-feek telescopic ~** *(rifles)* lunette *f* de visée **lew-net duh vee-zay wonderful ~** vue merveilleuse **vew mer-ve-yuhz Isn't that a sight!** Quelle vue! **Kel vew! I've never seen such a sight.** Je n'ai jamais vu une telle vue. **Zhuh n'ay zha-may vew ewn tel vew. Let's go around the city and see the sights.** Allons visiter la ville et ses merveilles. **A-lon vee-zee-tay la veel_ay say mer-vey. Out of sight, out of mind.** Loin des yeux, loin du cœur. **Lwuhn day_z_uh, lwuhn dew kuhr.** ♦ **sightseeing** *n* tourisme *m* **too-reezm** *(See phrases under* **go***, like and* **love***.)* **go ~** faire du tourisme **fer dew too-reezm ~ tour** visite *f* touristique **vee-zeet too-rees-teek**

In the pronunciation **n** *stands for a nasalized* **n**.

sign *vt* signer **see-nyay** **Sign your name (here).** *Signez votre (Fam: Signe ton) nom (ici).* *See-nyay votr (Fam: Seenyuh ton) non (ee-see).* **You forgot to sign it.** *Vous avez (Fam: Tu as) oublié de le (F: la) signer.* *Voo_z_a-vay (Fam: Tew a) oo-blee-yay duh luh (F: la) see-nyay.* ♦ *n* 1. *(indication)* signe *m* **seenyuh**; 2. *(indicator, mark, symbol)* signe *m* **seenyuh**, symbole *m* **suhn-bol**; 3. *(store, road, etc)* panneau *m* **pa-no**, pancarte *f* **pan-kart**, enseigne *f* **an-seny(uh)** **~(s) of affection** signe(s) d'affection **seenyuh d'a-fek-syon** **~ of old age** signe de vieillesse **seenyuh duh vye-yes** **zodiac ~** signe du zodiaque **seenyuh dew zo-jak** *(See various zodiac signs under* **zodiac***)* **That's a** *(1)* **bad /** *(2)* **good sign.** C'est un *(1)* mauvais / *(2)* bon signe. **S'ay_t_uhn** *(1)* **mo-vay /** *(2)* **bon seenyuh.** **What does that sign say?** Qu'est-ce que ce panneau dit? **K'es kuh suh pa-no dee?**

signal *vt* signaler **see-nya-lay** **I was trying to signal you.** J'essayais de *vous (Fam: te)* le signaler. **Zh'ay-say-yay duh** *voo (Fam: tuh)* **luh see-nya-lay.** ♦ *n* signe *m* **seenyuh**, signal *m* **see-nyal** **turn ~** *n (automot.)* clignotant *m* **klee-nyo-tan** **Give me a signal. (Like this.)** *Faites (Fam: Fais)*-moi un signe. (Comme ça.) **Fet** *(Fam: Fay)***-mwa uhn seenyuh. (kom sa.)** **I'll give you a signal.** Je *vous (Fam: te)* ferai signe. **Zhuh** *voo (Fam: tuh)* **fuh-ray seenyuh.**

sign up *idiom* s'inscrire **s'uhns-kreer** **Did you sign up (for the** *[1]* **program /** *[2]* **show /** *[3]* **tour)?** *Vous êtes-vous (Fam: T'es-tu)* inscrit *(-e)* (au *[1]* programme / *[2]* spectacle / *[3]* tour)? *Voo_z_et-voo (Fam: T'ay-tu) uhns-kree (-t_)* **(o** *[1]* **pro-gram /** *[2]* **spek-takl /** *[3]* **toor)?** **Let's go sign up (for the** *[1]* **program /** *[2]* **show /** *[3]* **tour).** Allons nous inscrire (au *[1]* programme / *[2]* spectacle / *[3]* tour). **A-lon noo_z_uhns-kreer (_o** *[1]* **pro-gram /** *[2]* **spek-takl /** *[3]* **toor)?** *(1)* **I /** *(2)* **We signed up already.** *(1)* Je me suis déjà *inscrit (-e)*. / *(2)* Nous nous sommes déjà *inscrit(e)s*. *(1)* **Zhuh muh swee day-zha** *uhns-kree (-t)***. /** *(2)* **Noo noo som day-zha** *uhns kree (-t)***.**

signature *n* signature *f* **see-nya-tewr**

silence *n* silence *m* **see-lans** **awkward ~** silence embarrassant **see-lans_an-ba-ra-san** **complete ~** silence absolu **see-lans_ab-so-lew** **gloomy ~** silence lugubre **see-lans lew-gewbr** **long ~** long silence **lon see-lans** **total ~** silence total **see-lans to-tal** **Why the gloomy silence?** Pourquoi ce silence lugubre ? **Poor-kwa suh see-lans lew-gewbr?** **I love the silence here.** J'aime le silence ici. **Zh'em luh see-lans_ee-see.** **There is such serene silence here.** Quel silence serein ici. **Kel see-lans suh-ruhn ee-see.** **Your silence speaks volumes.** *Votre (Fam: Ton)* silence en dit beaucoup. *Votr (Fam: Ton)* **see-lans_an dee bo-koo.** ♦ **silent** *adj* silencieux, silencieuse *m&f* **see-lan-syuh, -syuhz** **Be silent!** Silence! **See-lans!** **You have to be very silent.** *(wildlife watching)* Vous devez *(Fam: Tu dois)* être très silencieux *(F: silencieuse)*. *Voo duh-vay (Fam: Tew dwa)_z_etr tre see-lan-syuh (F: see-lan-syuhz)*. **You're so silent. Why?** *Vous êtes (Fam: Tu es)* tellement silencieux *(F: silencieuse)*. Pourquoi? *Voo_z_et (Fam: Tew ay)* **tel-man** *see-lan-syuh (F: see-lan-syuhz)*. **Poor-kwa?** **I'm saying a silent prayer.** Je fais une prière en silence. **Zhuh fay ewn pree-yer_an see-lans.** ♦ **silently** *adv* silencieusement **see-lan-syuhz-man**, en silence **an see-lans** **Move silently!**

Time expressions are given on pages 521-522.

silhouette 392 **since**

(wildlife watching) Avancez *(Fam: Avance)* en silence! *A-van-say (Fam: A-vans_)* **a<u>n</u> see-la<u>n</u>s!**
silhouette *n* silhouette *f* **see-loo-et**
silk *n* soie *f* **swa Your skin is as smooth as silk.** Votre *(Fam: Ta)* peau est aussi douce que de la soie. *Votr (Fam: Ta)* **po ay_t_o-see doos kuh duh la swa.** ♦ **silky** *adj* soyeux, soyeuse *f* **swa-yuh, -yuhz**
silly *adj* idiot, -e *m&f* **ee-jo, -jot**, ridicule *m&f* **ree-dee-kewl act** ~ agir de façon ridicule **a-zheer duh fa-so<u>n</u> ree-dee-kewl feel** ~ se sentir bête **suh sa<u>n</u>-teer bet I (1) feel / (2) felt so silly.** *(1)* Je me sens… */ (2)* Je me sentais… tellement bête. *(1)* **Zhuh muh sa<u>n</u>… / (2) Zhuh muh sa<u>n</u>-tay… tel-ma<u>n</u> bet. Don't be silly.** Ne soyez *(Fam: sois)* pas bête. **Nuh swa-yay *(Fam: swa)* pa bet. That was a silly thing to do.** C'était idiot de faire ça. **S'ay-tay_t_ee-jo duh fer sa.**
silver *adj* argenté, -e *m&f* **ar-zha<u>n</u>-tay** ♦ *n* argent *m* **ar-zha<u>n</u>** ♦ **silver-tongued** *adj* persuasif, persuasive *m&f* **per-sew-a-zeef, -zeev**, éloquent, -e *m&f* **ay-lo-ka<u>n</u>, -ka<u>n</u>t You talked me into it, you silver-tongued devil, you.** Vous m'avez *(Fam: Tu m'as)* concaincu (-e) de par *votre (Fam: ton)* éloquence. *Voo m'a-vay (Fam: Tew m'a)* **kon-vuh<u>n</u>-kew duh par** *votr_ (Fam: ton)_* **ay-lo-ka<u>n</u>s.**
similar *adj* similaire *m&f* **see-mee-ler**, semblable *m&f* **sa<u>n</u>-blabl We have similar (1) interests. / (2) tastes.** Nous avons *(1)* des passe-temps / *(2)* goûts similaires. **Noo_z_a-vo<u>n</u>** *(1)* **day pas-ta<u>n</u> /** *(2)* **goo see-mee-ler.** ♦ **similarity** *n* ressemblance *f* **ruh-sa<u>n</u>-bla<u>n</u>s**
simple *adj* facile *m&f* **fa-seel**, simple *m&f* **suh<u>n</u>pl** ~ **explanation** explication *f* simple **eks-plee-ka-syo<u>n</u> suh<u>n</u>pl** ~ **game** jeu *m* facile **zhuh fa-seel** ~ **life** vie *f* simple **vee suh<u>n</u>pl It's (really) simple. (Try it.)** C'est (très) facile. (Essayez *[Fam: Essaie].*) **S'ay (tre) fa-seel.** (*Ay-say-yay [Fam: Ay-say]*.) **There must be a simpler way.** Il doit y avoir une façon plus simple. **Eel dwa ee_y_a-vwar_ ewn fa-so<u>n</u> plew suh<u>n</u>pl.** ♦ **simple-minded** *adj* niais, -e *m&f* **nee-ay, -ez** ♦ **simpleton** *n* niais, -e *m&f* **nee-ay, -ez** ♦ **simply** *adv* simplement **suh<u>n</u>-pluh-ma<u>n</u> live** ~ vivre simplement **veevr suh<u>n</u>-pluh-ma<u>n</u> I simply can't.** Je ne peux simplement pas. **Zhuh nuh puh suh<u>n</u>-pluh-ma<u>n</u> pa.**

You simply must… Vous devez *(Fam: Tu dois)* simplement… *Voo duh-vay (Fam: Tew dwa)* **suh<u>n</u>-pluh-ma<u>n</u>…**
 …**come with me.** …venir avec moi. …**vuh-neer_a-vek mwa.**
 …**come with us.** …venir avec nous. …**vuh-neer_a-vek noo.**
 …**see it.** …voir ça. …**vwar sa.**
 …**try it.** …essayer ça. …**ay-say-yay sa.**
sin *vi* pécher **pay-shay You realize, you have sinned terribly.** Vous vous rendez *(Fam: Tu te rends)* compte, vous avez *(Fam: tu as)* affreusement péché. **Voo voo ra<u>n</u>-day *(Fam: Tew tuh ra<u>n</u>)* kont, voo_z_a-vay *(Fam: tew a)* a-fruhz-ma<u>n</u> pay-shay.** ♦ *n* péché *m* **pay-shay It's an unforgivable sin.** C'est un péché impardonnable. **S'ay_t_uh<u>n</u> pay-shay uh<u>n</u>-par-do-nabl. It's not a sin.** Ce n'est pas un péché. **Suh n'ay pa_z_uh<u>n</u> pay-shay.**
since *prep* depuis **duh-pwee** ~ *(number)* **o'clock** depuis (___) heures **duh-pwee**

French q always sounds like **k**.

sincere 393 **singer**

(___) **_uhr ~ 1998** depuis mille neuf cent quatre-vingt-dix-huit **duh-pwee meel nuhf san ka-truh-vuhn-dee_z-weet ~ last Saturday** depuis samedi dernier **duh-pwee sam-dee der-nyay ~ that time** depuis ce moment-là **duh-pwee suh mo-man-la ~ then** depuis **duh-pwee ~ yesterday** depuis hier **duh-pwee ee-yer Since when?** Depuis quand? **Duh-pwee kan? The weather has been** *(1)* **great** / *(2)* **terrible since** *(3)* **I** / *(4)* **we arrived.** Le temps est *(1)* fantastique / *(2)* horrible depuis que *(3)* je suis *arrivé (-e).* / *(4)* nous sommes *arrivé(e)s.* **Luh tan ay** *(1)* **fan-tas-teek** / *(2)* **o-reebl duh-pwee kuh** *(3)* **zhuh swee_z_a-ree-vay.** / *(4)* **noo som_z_a-ree-vay. I've loved you since the first moment I** *(1)* **met** / *(2)* **saw you.** Je *vous (Fam: t')* ai aimé dès le premier instant où je *vous (Fam: t')* ai *(1)* rencontré *(-e).* / *(2)* vu *(-e).* **Zhuh** *voo_z_(Fam: t')_* **ay ay-may de luh pruh-myay uhn-tan oo zhuh** *voo_z_(Fam: t')_ay* *(1)* **ran-kon-tray.** / *(2)* **vew.**

sincere *adj* sincère *m&f* **suhn-ser ~ apologies** excuses *fpl* sincères **eks-kewz suhn-ser ~ condolences** sincères condoléances *fpl* **suhn-ser kon-do-lay-ans I'm sincere in everything I say (to you).** Je suis sincère dans tout ce que je *(vous [Fam: te])* dis. **Zhuh swee suhn-ser dan too suh kuh zhuh** *(voo [Fam: tuh])* **dee. My feelings for you are completely sincere.** Mes sentiments pour *vous (Fam: toi)* sont tout à fait sincères. **May san-tee-man poor** *voo (Fam: twa)* **son too_t_a fay suhn-ser.** ♦ **sincerely** *adv* sincèrement **suhn-ser-man** *(1)* **I** / *(2)* **We sincerely hope that** *(3)* **everything goes okay.** / *(4)* **you can come.** / *(5)* **you succeed.** *(1)* J'espère / *(2)* Nous espérons sincèrement que *(3)* tout ira bien. / *(4)* vous pourrez *(Fam: tu pourras)* venir. / *(5)* vous réussirez *(Fam: tu réussiras).* *(1)* **Zh'es-per** / *(2)* **Noo_z_es-pay-ron suhn-ser-man kuh** *(3)* **too_t_ee-ra byuhn.** / *(4)* **voo poo-ray** *(Fam: tew poo-ra)* **vuh-neer.** / *(5)* **voo ray-ew-see-ray** *(Fam: tew ray-ew-see-ra).* **I sincerely apologize.** Je m'excuse sincèrement. **Zhuh m'eks-kewz suhn-ser-man. I mean it sincerely.** Je suis sincère. **Zhuh swee suhn-ser.**

sinful *n* illégitime *m&f* **ee-lay-zhee-teem**, immoral, -e **ee-mo-ral Oh, this is so delicious it's sinful!** Oh, c'est tellement délicieux que c'en est un péché! **O, s'ay tel-man day-lee-syuh kuh s'an_ay_t_uhn pay-shay. I'm having sinful thoughts about you.** Je ne devrais pas penser à *vous (Fam: toi)* de cette façon. **Zhuh nuh duh-vray pa pan-say a** *voo (Fam: twa)* **duh set fa-son.**

sing *vt & vi* chanter **shan-tay Let's sing (a song)!** Chantons (une chanson)! **Shan-ton (_z_ewn shan-son)! Everybody sing together!** Tout le monde, chantez ensemble! **Too luh mond, shan-tay_z_an-sanbl! Do you like to sing?** *Aimez-vous (Fam: Aimes-tu)* chanter? **Ay-may-voo** *(Fam: Em-tew)* **shan-tay? I** *(1)* **like** / *(2)* **love to sing.** J' *(1)* aime / *(2)* adore chanter. **Zh'** *(1)* **em** / *(2)* **a-dor shan-tay. You sing** *(1)* **beautifully.** / *(2)* **very well.** Vous chantez *(Fam: Tu chantes)* *(1)* superbement. / *(2)* très bien. *Voo shan-tay (Fam: Tew shant)* *(1)* **sew-per-buh-man.** / *(2)* **tre byuhn. Sing for me.** Chantez *(Fam: Chante)* pour moi. *Shan-tay (Fam: Shant)* **poor mwa.** ♦ **singer** *n* chanteur, chanteuse *m&f* **shan-tuhr, -tuhz famous ~** chanteur *(F: chanteuse f)* célèbre *shan-tuhr (F: shan-tuhz)* **say-lebr You're a (real) good singer.** Vous êtes *(Tu es)* un (très) bon chanteur *(F:* une [très] bonne chanteuse). *Voo_z_et_(Fam: Tew ay)_z_uhn (tre) bon shan-tuhr (F:*

Words in parentheses (not italicized) are optional.

singing   394   **sit**

ewn [tre] bon shan-tuhz). **Who's *(1)* your favorite singer? /** ***(2)*** **a popular singer in France?** Qui est *(1)* votre *(Fam: ton)* chanteur préféré? / *(2)* Donnez *(Fam: Donne)*-moi le nom d'*un chanteur (F: une chanteuse)* populaire en France. **Kee ay *(1) votr (Fam: ton)* shan-tuhr pray-fay-ray? /** ***(2)*** ***Do-nay (Fam: Don)*-mwa luh non d'*uhn shan-tuhr (F: ewn shan-tuhz)* po-pew-ler_an Frans.** ♦ **singing** *n* chant *m* **shan**

single *adj* 1. *(one)* seul, -e *m&f* **suhl**; 2. *(not married)* célibataire *m* **say-lee-ba-ter every ~ time** à chaque fois **a shak fwa ~ mother** mère *f* célibataire **mer say-lee-ba-ter ~ parent** parent *m* célibataire **pa-ran say-lee-ba-ter stay ~** rester célibataire **res-tay say-lee-ba-ter Are you single?** Etes-vous *(Fam: Es-tu)* célibataire? *Et-voo (Fam: Ay-tew)* **say-lee-ba-ter? I'm single.** Je suis célibataire. **Zhuh swee say-lee-ba-ter.** ♦ **single-handed(ly)** *adv* sans aide **san_z_ed**, tout seul, toute seule *m&f* **too suhl, toot suhl**

singular *n (gram.)* singulier *m* **suhn-gew-lyay** **That's the plural. What's the singular?** C'est le pluriel. Quel est le singulier? **S'ay luh plew-ryel. Kel_ay luh suhn-gew-lyay?**

sink *vi* 1. *(go down in the water)* couler **koo-lay**; 2. *(heart: become dispirited)* être anéanti (-e) **etr a-nay-an-tee** **If it sinks, I'm counting on you to rescue me.** Si ça coule, je compte sur *vous (Fam: toi)* pour me sauver. **See sa kool, zhuh kont sewr** *voo (Fam: twa)* **poor muh so-vay.** **My heart sank.** Mon cœur a été anéanti. **Mon kuhr_a ay-tay a-nay-an-tee.**
   ♦ **sink in** idiom *(become realized)* réaliser **ray-a-lee-zay**, comprendre **kon-prandr** **It finally sank in that...** J'ai finalement compris que... **Zh'ay fee-nal-man kon-pree kuh... It hasn't really sunk in yet.** Je ne réalise pas encore vraiment. **Zhuh nuh ray-a-leez pa_z_an-kor vray-man.**

sinker *n (fishing)* plomb (de pêche) *m* **plon (duh pesh)**

sinner *n* pécheur, pécheresse *m&f* **pay-shuhr, -shres**

sip *n* gorgée *f* **gor-zhay** **Take a sip.** Prenez *(Fam: Prends)* une gorgée. *Pruh-nay (Fam: Pran)* **ewn gor-zhay. Can I have a sip?** Puis-je avoir une gorgée? **Pwee-zh a-vwar_ewn gor-zhay?**

sir *n* 1. *(form of address)* monsieur *m* **muh-syuh**; 2. *(mil.) (lieutenant)* lieutenant *m* **lyuht-nan**; *(captain)* capitaine *m* **ka-pee-ten** *(etc, depending on rank)* *(1,2)* **Yes, sir!** 1. Oui, monsieur! **Wee, muh-syuh!**; 2. *(mil.)* Oui, lieutenant! *(etc)* **Wee,** *lyuht-nan*! *(etc)*

siren *n* sirène *f* **see-ren**

sister *n* sœur *f* **suhr** **half ~** demi-sœur *f* **duh-mee-suhr** **older ~** grande sœur **grand suhr** **oldest ~** sœur ainée **suhr_ay-nay** **middle ~** cadette *f* **ka-det** **younger ~** petite sœur **puh-teet suhr** **youngest ~** benjamine *f* **buhn-zha-meen** **This is my sister *(name)*.** C'est ma sœur *(___)*. **S'ay ma suhr *(___)*.** ♦ **sister-in-law** *n* belle-sœur **bel-suhr**

sit *vi* s'asseoir **s'a-swar** **Is anyone sitting here?** Est-ce que quelqu'un est assis ici? **Es kuh kel-kuhn ay_t_a-see ee-see? Do you mind if I sit *(1)* here? /** ***(2)*** **with you?** Est-ce que ça *vous (Fam: te)* dérange si je m'assieds *(1)* ici? / *(2)* avec *vous (Fam: toi)*? **Es kuh sa** *voo (Fam: tuh)* **day-ranzh see zhuh m'a-syay *(1)* ee-see?**

In French ch is pronounced like **sh** *in "sheep".*

(2) **a-vek** voo *(Fam: twa)*? **Please sit down.** S'il *vous (Fam: te)* plaît, *assoyez-vous (Fam: assois-toi)*. **S'eel** *voo (Fam: tuh)* **play, a-swa-yay-voo** *(Fam: a-swa-twa)*.

You can sit… Vous pouvez vous *(Fam: Tu peux t')* asseoir… **Voo poo-vay voo_z_** *(Fam: Tew puh t')* **a-swar_…**

Come sit… Venez vous *(Fam: Viens t')* asseoir… **Vuh-nay voo_z_** *(Fam: Vyuhn t')* **a-swar_**

    …here. …ici. **…ee-see.**
    …next to me. …à côté de moi. **…a ko-tay duh mwa.**
    …with *(1)* **me.** / *(2)* **us.** …avec *(1)* moi. / *(2)* nous. **…a-vek** *(1)* **mwa.** / *(2)* **noo.**
    …at *(1)* **my** / *(2)* **our table.** …à *(1)* ma / *(2)* notre table. **…a** *(1)* **ma** / *(2)* **notr tabl.**

Let's sit… Assoyons-nous… **A-swa-yon-noo…**

    …here. …ici. **…_z_ ee-see.**
    …(over) there. …là(-bas). **…la(-ba).**
    …by the pool. …près de la piscine. **…pre duh la pee-seen.**
    …in the shade. …à l'ombre. **…_z_ a l'onbr.**

♦ **sit around** *idiom (sit idly)* **ne rien faire nuh ryuhn fer I've just been sitting around, doing nothing.** Je ne faisais rien. **Zhuh nuh fuh-zay ryuhn. Let's do something besides sit around.** Faisons quelque chose d'autre au lieu de ne rien faire. **Fuh-zon kel-kuh shoz d'otr o lyuh duh nuh ryuhn fer.**

site *n* site *m* **seet** archaeological ~ site archéologique **seet_ar-kay-o-lo-zheek** historical ~ site *m* historique **seet_ees-to-reek** web ~ site web **seet web**

situated *adj* situé, -e *m&f* **see-tew-ay**, placé, -e *m&f* **pla-say**

situation *n* situation *f* **see-tew-a-syon** awkward ~ situation gênante **see-tew-a-syon zhay-nant** complicated ~ situation compliquée **see-tew-a-syon kon-plee-kay** critical ~ situation critique **see-tew-a-syon kree-teek** desperate ~ situation désespérée **see-tew-a-syon day-zes-pay-ray** difficult ~ situation difficile **see-tew-a-syon dee-fee-seel** embarrassing ~ situation embarrassante **see-tew-a-syon an-ba-ra-sant** family ~ situation familiale **see-tew-a-syon fa-mee-lyal** financial ~ situation financière **see-tew-a-syon fee-nan-syer** funny ~ 1. *(amusing)* situation amusante **see-tew-a-syon a-muh-zant**; 2. *(strange)* situation étrange **see-tew-a-syon ay-tranzh** hopeless ~ situation sans espoir **see-tew-a-syon san_z_ es-pwar** marital ~ situation conjugale **see-tew-a-syon kon-zhew-gal** money ~ situation financière **see-tew-a-syon fee-nan-syer** sticky ~ situation désagréable **see-tew-a-syon day-za-gray-abl** strange ~ situation étrange **see-tew-a-syon ay-tranzh** terrible ~ situation terrible **see-tew-a-syon te-reebl** ticklish ~ situation délicate **see-tew-a-syon day-lee-kat** unpleasant ~ situation déplaisante **see-tew-a-syon day-play-zant** weird ~ situation bizarre **see-tew-a-syon bee-zar** **What's your situation like at home?** Comment est *votre (Fam: ta)* situation à la maison? **Ko-man ay** *votr (Fam: ta)* **see-tew-a-syon a la may-zon? My situation at** *(1)* **home** / *(2)* **work is** *(what)*. Ma situation *(1)* à la maison / *(2)* au travail est *(___)*. **Ma see-tew-a-syon** *(1)* **a la may-zon** / *(2)* **o tra-vaee ay (___).**

Familiar "tu" ("tew") forms in parentheses can replace italicized polite forms.

six-pack *n (6 cans of beer)* pack *m* de six **pak duh sees**

size *n* taille *f* **taee**, dimensions *fpl* **dee-man-syon** child's ~ taille pour enfants **taee poor_an-fan** extra-large ~ taille extra large **taee eks-tra larzh** large ~ taille large **taee larzh** medium ~ taille moyenne **taee mwa-yen** pants ~ taille de pantalon **taee duh pan-ta-lon** petite ~ petite taille **puh-teet taee** right ~ bonne taille **bon taee** ring ~ taille de bague **taee duh bag** shoe ~ pointure *f* **pwuhn-tewr** small ~ petite taille **puh-teet taee** tire ~ *(automot.)* taille de pneu **taee duh pnuh** wrong ~ mauvaise taille **mo-vez taee** **What's your** *(1)* **blouse** / *(2)* **dress** / *(3)* **pants size?** Quelle est la taille de *votre (Fam: ta) (1)* blouse? / *(2)* robe? / pantalon? **Kel_ay la taee duh** *votr (Fam: ta) (1)* **blooz?** / *(2)* **rob?** / **pan-ta-lon? What's your shoe size?** Qu'elle est *votre (Fam: ta)* pointure? **Kel_ay** *votr (Fam: ta)* **pwuhn-tewr? What size do you wear?** Quelle taille *portez-vous (Fam: portes-tu)*? **Kel taee** *por-tay-voo (Fam: port-tew)*? **The size is just right.** C'est exactement la bonne taille. **S'ay_t_ek-zak-tuh-man la bon taee. It's the wrong size.** C'est la mauvaise taille. **S'ay la mo-vez taee.**

skate *vi* 1. *(iceskate)* faire du patin à glace **fer dew pa-tuhn a glas**; 2. *(rollerblade)* faire du roller **fer dew ro-luhr** ♦ **skateboard** *n* planche *f* à roulettes **plansh_a roo-let**, skateboard *m* **sket-bord** ♦ **skateboarding** *n* skateboard *m* **sket-bord** ♦ **skating** *n* 1. *(iceskating)* patinage *m* sur glace **pa-tee-nazh sewr glas**; 2. *(rollerskating)* roller *m* **ro-luhr** figure ~ patinage *m* artistique **pa-tee-nazh_ar-tees-teek** ice ~ patinage *m* sur glace **pa-tee-nazh sewr glas** inline ~ *(rollerblading)* roller *m* **ro-luhr** ~ lessons leçons *fpl* de patinage **luh-son duh pa-tee-nazh** ~ rink patinoire *f* **pa-tee-nwar**

skeet *n* skeet *m* **skeet**, pigeons *mpl* d'argile **pee-zhon d'ar-zheel**

skeptical *adj* sceptique *m&f* **sep-teek I'm skeptical of that.** Je suis sceptique à ce sujet. **Zhuh swee sep-teek_a suh sew-zhay.**

sketch *vt* esquisser **es-kee-say**, faire un croquis **fer_uhn kro-kee Can you sketch it for me?** *Pouvez-vous (Fam: Peux-tu)* me faire un croquis? *Poo-vay-voo (Fam: Puh-tew)* **muh fer_uhn kro-kee? I'll sketch it for you.** Je vais *vous (Fam: te)* faire un croquis. **Zhuh vay** *voo (Fam: tuh)* **fer_uhn kro-kee.** ♦ *n* esquisse *f* **es-kees**, croquis *m* **kro-kee make a** ~ faire une esquisse **fer_ewn es-kees nice** ~ belle esquisse **bel_es-kees rough** ~ croquis **kro-kee**

ski *adj* de ski **duh skee** ~ **binders** fixations *fpl* **feek-sa-syon** ~ **boots** chaussures *fpl* de ski **sho-sewr duh skee** ~ **course** piste *f* de ski **peest duh skee** ~ **lift** téléski *m* **tay-lay-skee** ~ **lodge** auberge *f* de ski **o-berzh duh skee** ~ **poles** bâtons *mpl* de ski **ba-ton duh skee** ~ **resort** station *f* de ski **sta-syon duh skee** ♦ *vi* skier **skee-ay** *(See also phrases under* **like** *and* **love***.)* **Let's go skiing!** Allons skier! **A-lon skee-yay! Where's a good place to ski?** *Connaissez-vous (Fam: Connais-tu)* un bon endroit pour skier? *Ko-nay-say-voo (Fam: Ko-nay-tew)* **uhn bon_an-drwa poor skee-yay? Can you teach me to ski?** *Pouvez-vous (Fam: Peux-tu)* m'apprendre à skier? *Poo-vay-voo (Fam: Puh-tew)* **m'a-prandr_a skee-ay? I'll teach you how to ski.** Je *vous (Fam: t')* apprendrai à skier. **Zhuh** *voo_z_ (Fam: t')_***a-pran-dray a skee-ay.** ♦ **ski(s)** *n(pl)* ski(s) *m(pl)* **skee cross-country**

The letter h in French is always silent.

| skier | 397 | skin |

~s skis de fond **skee duh fon** **pair of** ~s paire *f* de skis **per duh skee** **rent** ~s louer des skis **loo-ay day skee** **Do you have skis?** *Avez-vous (Fam: As-tu) des skis?* *A-vay-voo (Fam: A-tew) day skee?* **Can we rent skis (there)?** *Pouvons-nous louer des skis (là)?* **Poo-von-noo loo-ay day skee (la)?** **I'd like to rent a pair of skis (and some equipment).** J'aimerais louer une paire de skis (et un équipement). **Zh'em-ray loo-ay ewn per duh skee (ay uhn_ay-keep-man).**

♦ **skier** *n* skieur, skieuse *m&f* **skee-yuhr, -yuhz**

  I'm (not) a… Je (ne) suis (pas) *un (F: une)…).* **Zhuh (nuh) swee (pa)_z_ uhn (F: ewn)…**
  You're a… *Vous êtes (Fam: Tu es) un (F: une)…* *Voo_z_et (Fam: Tew ay) uhn (F: ewn)…*
  He's a… Il est un… **Eel_ay uhn…**
  She's a… Elle est une… **El_ay ewn…**

    …beginning skier. …skieur débutant *(F: skieuse débutante).* …*skee-yuhr day-bew-tan (F: skee-yuhz day- bew-tant).*
    …good skier. …bon skieur *(F: bonne skieuse).* …*bon skee-yuhr (F: bon skee-yuhz).*

♦ **skiing** *n* ski *m* skee *(See phrases under* **go***, like and* **love***.)* **cross-country** ~ ski de fond **skee d'fon** **downhill** ~ ski *m* alpin **skee al-puhn** **lessons** leçons *fpl* de ski **luh-son duh skee** *(1)* **I** / *(2)* **We want to take skiing lessons.** *(1)* Je veux… / *(2)* Nous voulons… prendre des leçons de ski. *(1)* **Zhuh vuh…** / *(2)* **Noo voo-lon… prandr day luh-son duh skee.**

skill *n* compétences *fpl* **kon-pay-tans**, don *m* **don**, talent *m* **ta-lan** **acrobatic** ~ compétences acrobatiques **kon-pay-tans_a-kro-ba-teek** **good communication** ~**s** bonne communication *f* **bon ko-mew-nee-ka-syon** **social** ~**s** compétences sociales **kon-pay-tans so-syal** **You have a lot of skill.** *Vous avez (Fam: Tu as)* beaucoup de talent. *Voo_z_a-vay (Fam: Tew a) bo-koo duh ta-lan.* **That takes a lot of skill.** Cela requiert beaucoup de talent. **Suh-la ruh-kyer bo-koo duh ta-lan.** ♦ **skillful** *adj* adroit, -e *m&f* **a-drwa, -drwat** ♦ **skillfully** *adv* habilement **a-beel-man**, adroitement **a-drwat-man** **You play so skillfully!** *Vous jouez (Fam: Tu joues)* si adroitement! *Voo zhoo-ay (Fam: Tew zhoo) see a-drwat-man!* **Skillfully done!** Fait avec compétences! **Fay a-vek kon-pay-tans!**

skimp *vi* économiser **ay-ko-no-mee-zay** *(1)* **I** / *(2)* **We have to sort of skimp.** *(1)* Je dois… / *(2)* Nous devons… économiser. *(1)* **Zhuh dwa…** / *(2)* **Noo duh-von… _z_ay-ko-no-mee-zay.** ♦ **skimpy** *adj (clothing)* étriqué, -e *m&f* **ay-tree-kay**

skin *n* peau *f* **po** **clear** ~ peau limpide **po luhn-peed** **creamy** ~ peau crêmeuse **po kre-muhz** **dark** ~ peau foncée **po fon-say** **delicate** ~ peau délicate **po day-lee-kat** **fair** ~ peau claire **po kler** **golden** ~ peau dorée **po do-ray** **lovely** ~ jolie peau **zho-lee po** **sensitive** ~ peau sensible **po san-seebl** **silky** ~ peau de soie **po duh swa** ~ **and bones** peau sur les os **po sewr lay_z_o** **snow-white** ~ peau très blanche **po tre blansh** **soft** ~ peau douce **po doos** **tender** ~ peau tendre **po tandr** **You have such perfect skin.** *Vous avez (Fam: Tu as)* une peau si parfaite. *Voo_z_a-vay (Fam: Tew a) ewn po see par-fet.* **Your skin is soft as** *(1)* **velvet.**

Common occupations are listed on pages 526-533.

skinny

/ *(2)* **a baby's.** *Votre (Fam: Ta)* peau est douce comme *(1)* du velours. / *(2)* celle d'un bébé. *Votr (Fam: Ta)* **po ay doos kom** *(1)* **dew vuh-loor.** / *(2)* **sel d'uhn bay-bay. I can't stay in the sun long. I have sensitive skin.** Je ne peux pas rester trop longtemps au soleil. J'ai une peau sensible. **Zhuh nuh puh pa res-tay tro lon-tan̲_z̲_o so-ley(uh). Zh'ay ewn po san-seebl.**

skinny *adj* maigre *m&f* **megr**

skip *vt (pass up)* laisser tomber **lay-say ton-bay Why don't we skip the** *(1)* **party?** / *(2)* **program?** / *(3)* **show?** / *(4)* **tour?** Pourquoi est-ce qu'on ne laisse pas tomber *(1)* la fête? / *(2)* le programme? / *(3)* le spectacle? / *(4)* le tour? **Poor-kwa es k'on nuh les pa ton-bay** *(1)* **la fet?** / *(2)* **luh pro-gram?** / *(3)* **luh spek-takl?** / *(4)* **luh toor?**

skirt *n* jupe *f* **zhewp** short ~ jupe courte **zhewp koort That's a (very) beautiful skirt.** C'est une (très) jolie jupe. **S'ay_t_ewn (tre) zho-lee zhewp.**

skunk *n* 1. *(animal)* putois *m* **pew-twa**; 2. *(no-good person)* sacripant *m* **sa-kree-pan**, maraud *m* **ma-ro**

sky *n* ciel *m* **syel** blue ~ ciel bleu **syel bluh** clear ~ ciel clair **syel kler** cloudy ~ ciel nuageux **syel new-a-zhuh** endless ~ ciel infini **syel_uhn-fee-nee** in the ~ dans le ciel **dan luh syel** night ~ ciel nocturne **syel nok-tewrn** out of a clear blue ~ du ciel bleu **dew syel bluh** starry ~ ciel étoilé **syel_ay-twa-lay** summer ~ ciel d'été **syel d'ay-tay** **What a lovely sky!** Quel beau ciel! **Kel bo syel! I want to lie in the grass with you and gaze up at the sky.** Je veux m'allonger sur l'herbe avec *vous (Fam: toi)* et regarder le ciel. **Zhuh vuh m'a-lon-zhay sewr l'erb_a-vek voo (Fam: twa) ay ruh-gar-day luh syel.** ♦ **skydive** *vi* faire du parachutisme **fer dew pa-ra-shew-teezm** ♦ **skydiving** *n* parachutisme *m* **pa-ra-shew-teezm** ♦ **sky-floater** *n* paravent *m* **pa-ra-van** ♦ **sky-floating** *n* paravent *m* **pa-ra-van**

slacks *n pl* pantalon *m* **pan-ta-lon** pair of ~ pantalon *m* **pan-ta-lon**

slang *n* jargon *m* **zhar-gon**, argot *m* **ar-go**

slap *vt* gifler **zhee-flay I ought to slap your face.** Je devrais *vous (Fam: te)* gifler **Zhuh duh-vray voo (Fam: tuh) zhee-flay.**

slave *n* esclave *m* **es-klav I'm not your slave.** Je ne suis pas *votre (Fam: ton)* esclave. **Zhuh nuh swee pa votr_(Fam: ton)_es-klav.**

sleazy *adj* 1. *(ethically low)* mal famé, -e *m&f* **mal fa-may**, louche *m&f* **loosh**; 2. *(unsightly, sloppy)* sordide *m&f* **sor-deed**

sled *n* traîneau *m* **tray-no** ♦ **sledding** *n* faire du traîneau **fer dew tray-no** go ~ aller faire du traîneau **a-lay fer dew tray-no**

sleep *vi* dormir **dor-meer I was sleeping.** Je dormais. **Zhuh dor-may. How did you sleep?** Comment *avez-vous (Fam: as-tu)* dormi? **Ko-man a-vay-voo (Fam a-tew) dor-mee? Did you sleep well?** *Avez-vous (Fam: As-tu)* bien dormi? *A vay-voo (Fam: A-tew)* **byuhn dor-mee? I slept** *(1)* **well.** / *(2)* **poorly.** J'ai *(1)* bien / *(2)* mal dormi. **Zh'ay** *(1)* **byuhn** / *(2)* **mal dor-mee. I** *(1)* **can't** / *(2)* **couldn't sleep.** Je ne *(1)* peux… / *(2)* pouvais… pas dormir. **Zhuh nuh** *(1)* **puh…** / *(2) poo-vay… pa dor-meer. You can sleep on my shoulder.** *Vous pouvez (Fam: Tu peux)* dormir sur mon épaule. *Voo poo-vay (Fam: Tew puh)* **dor-meer sewr**

At the end of a word, s, d, t and x are generally silent.

mon_ay-pol.
You're so... *Vous êtes (Fam: Tu es)* si... *Voo_z_et (Fam: Tew ay)* see...
...**adorable**... ...adorable... **...a-do-rabl...**
...**angelic**... ...angélique... **...an-zhay-leek...**
...**lovely**... ...*joli (-e)*... **...zho-lee...**
...**pretty**... ...*mignon (-ne)*... ...**mee-nyon** *(F: mee-nyon)*...
...**when you're sleeping.** ...quand *vous dormez (Fam: tu dors).*
...**kan** voo dor-may *(Fam: tew dor).*
Sleep at my place tonight. *Dormez (Fam: Dors)* chez moi ce soir. ***Dor-may (Fam: Dor)* shay mwa suh swar. I can't sleep with you.** Je ne peux pas coucher avec *vous (Fam: toi).* **Zhuh nuh puh pa koo-shay_r_a-vek** voo *(Fam: twa).* **We can(not) sleep together.** Nous (ne) pouvons (pas) coucher ensemble. **Noo (nuh) poo-von (pa) koo-shay an-sanbl. I don't sleep around.** Je ne couche pas à droite et à gauche. **Zhuh nuh koosh pa a drwat_ay a gosh.** ♦ **sleep** *n* sommeil *m* **so-mey** before going to ~ avant de se coucher **a-van duh suh koo-shay** deep ~ sommeil profond **so-mey pro-fon** go to ~ aller se coucher **a-lay suh koo-shay** put to ~ mettre au lit **metr_o lee** sound ~ sommeil profond **so-mey pro-fon** Sometimes I talk in my sleep. Parfois, je parle dans mon sommeil. **Par-fwa, zhuh parl dan mon so-mey.** ♦ **sleepy** *adj* sommeil **so-mey** be ~ avoir sommeil **a-vwar so-mey** get ~ commencer à avoir sommeil **ko-man-say a a-vwar so-mey** Are you sleepy? *Avez-vous (Fam: As-tu)* sommeil? *A-vay-voo (Fam: A-tew)* **so-mey? I'm (not) sleepy.** J(e n')ai (pas) sommeil. **Zh(uh n')ay (pa) so-mey. Are you getting sleepy?** Commencez-vous *(Fam: Commences-tu)* à avoir sommeil? *Ko-man-say-voo (Fam: Ko-mans-tew)* **a a-vwar so-mey? I'm getting sleepy.** Je commence à avoir sommeil. **Zhuh ko-mans_a a-vwar so-mey.**
♦ **sleepyhead** *n* dormeur, dormeuse *m&f* **dor-muhr, -muhz**
slender *adj* mince *m&f* **muhns**
slide *vi* glisser **glee-say** ♦ *n (playground, pool)* toboggan *m* **to-bo-gan water** ~ toboggan aquatique **to-bo-gan a-kwa-teek**
slight *adj* 1. *(not great)* léger, légère *m&f* **lay-zhay, -zher**; 2. *(slim)* maigre *m&f* **megr** ~ **chance** petite chance *f* **puh-teet shans** ♦ **slightly** *adv* légèrement **lay-zher-man**, quelque peu **kel-kuh puh**
slim *adj* mince *m&f* **muhns**
slip *vi (lose footing)* glisser **glee-say I slipped.** J'ai glissé. **Zh'ay glee-say. Be careful, don't slip.** *Faites (Fam: Fais)* attention, ne *glissez (Fam: glisse)* pas. *Fet_(Fam: Fay)_z_a-tan-syon,* nuh glee-say *(Fam: glees)* **pa.** ♦ *n* 1. *(lapse)* perte *f* **pert**, manque *m* **mank**; 2. *(undergarment)* combinaison *f* **kon-bee-nay-zon** That was a slip of the tongue. C'était un lapsus. **S'ay-tay_t_uhn lap-sews.**
♦ **slip on** *idiom (put on)* enfiler **an-fee-lay I'll slip on a sweater.** Je vais enfiler un pull. **Zhuh vay_z_an-fee-lay uhn pewl.**
slippers *n pl* pantoufles *fpl* **pan-toofl**
slob *n (slang) (sloppy person)* personne *f* débraillée **per-son day-bra-yay**
slope *n* pente *f* **pant ski** ~ piste *f* de ski **peest duh skee**

Feminine forms of words in phrases are usually given in parentheses (italicized).

sloppiness *n* manque *m* de soin **mank duh swuhn** ♦ **sloppy** *adj* désordonné, -e *m&f* **day-zor-do-nay**, débraillé, -e *m&f* **day-bra-yay**

slow *adj* lent, -e *m&f* **lan, lant, slower** plus lentement **plew lant-man slowest** *le plus lent (F: la plus lente)* *luh plew lan (F: la plew lant)* **in ~ motion** au ralenti **o ra-lan-tee** ♦ *adv* lentement **lant-man Please drive slower.** S'il *vous (Fam: te)* plaît, *conduisez (Fam: conduis)* plus lentement. **S'eel** *voo (Fam: tuh)* play, *kon-dwee-zay (Fam: kon-dwee)* **plew lant-man. I want to take it slow and get to know you (better).** Je voudrais m'y prendre doucement et apprendre à *vous (Fam: te)* connaitre (mieux). **Zhuh voo-dray m'ee prandr doos-man ay a-prandr_a** *voo (Fam: tuh)* **ko-netr (myuh).** ♦ **slowly** *adv* lentement **lant-man drive ~** conduire lentement **kon-dweer lant-man move ~** bouger lentement **boo-zhay lant-man walk ~** marcher lentement **mar-shay lant-man Please speak a little more slowly.** S'il *vous (Fam : te)* plaît, *parlez (Fam : parle)* plus lentement. **S'eel** *voo (Fam: tuh)* play, *par-lay (Fam: parl)* **plew lant-man.**
♦ **slowpoke** *n* escargot *m* **es-kar-go I'm sorry I'm such a slowpoke.** *Désolé (-e)* d'être un tel escargot. **Day-zo-lay d'etr_uhn tel_es-kar-go.**
♦ **slow down** *idiom* ralentir **ra-lan-teer Slow down!** *Ralentissez (Fam: Ralentis)!* **Ra-lan-tee-say (Fam: Ra-lan-tee)!**

slums *n pl* bas-fonds *mpl* **ba-fon**, quartiers *mpl* pauvres **kar-chyay povr**

sly *adj* rusé, -e *m&f* **rew-zay on the ~** en douce **an doos**, ni vu ni connu **nee vew nee ko-new ~ fox** renard *m* rusé **ruh-nar rew-zay**

small *adj* petit, -e *m&f* **puh-tee, -teet smaller** plus *petit (-e)* **plew** *puh-tee (F: puh-teet)* **smallest** *le plus petit (F: la plus petite)* *luh plew puh-tee (F: la plew puh-teet)* **~ body** petit corps *m* **puh-tee kor ~ change** monnaie *f* **mo-nay ~ hands** petites mains *fpl* **puh-tee muhn ~ person** petite personne *f* **puh-teet per-son ~ portion** petite portion *f* **puh-teet por-syon Just a small amount, please.** Juste un petit peu, s'il *vous (Fam : te)* plaît. **Zhewst_uhn puh-tee puh, s'eel** *voo (Fam: tuh)* **play.**

smart *adj* 1. *(intelligent, clever, bright)* intelligent, -e *m&f* **uhn-tay-lee-zhan, -zhant**; 2. *(stylish, elegant)* élégant, -e *m&f* **ay-lay-gan, -gant ~ aleck** gros malin *m* **gro ma-luhn**

smell *vt* sentir **san-teer Smell this.** *Sentez (Fam: Sens)* ça. **San-tay (Fam: San) sa.**
♦ *vi* sentir **san-teer**
    That smells… Ça sent… **Sa san…**
        …**delicious.** …très bon. **…tre bon.**
        …**great.** …bon. **…bon.**
        …**heavenly.** …divin. **…dee-vuhn.**
        …**wonderful.** …merveilleusement. **…mer-vay-yuhz-man.**
Your hair smells nice. *Vos (Fam: Tes)* cheveux sentent bons. *Vo (Fam: Tay)* **shuh-vuh sant bon.** ♦ *n* 1. *(general)* odeur *f* **o-duhr**; *(fragrance)* parfum *m* **par-fuhn**; 2. *(unpleasant)* odeur *f* **o-duhr I love the smell of your hair.** J'aime l'odeur de *vos (Fam: tes)* cheveux. **Zh'em l'o-duhr duh** *vo (Fam: tay)* **shuh-vuh.**

smile *vi* sourire **soo-reer ~ back** redonner le sourire **ruh-do-nay luh soo-reer Smile!** *Souriez (Fam: Souris)!* *Soo-ree-yay (Fam: Soo-ree)!* **I like the way you smile.**

Before a, o, u or a consonant, c is pronounced like **k**.

smile J'aime la façon dont *vous souriez (Fam: tu souris)*. **Zh'em la fa-son don** *voo soo-ree-yay (Fam: tew soo-ree)*. **When you smile, the whole world lights up.** Quand *vous souriez (Fam: tu souris)*, le monde entier s'illumine. **Kan** *voo soo-ree-yay (Fam: tew soo-ree)*, **luh mond_an-chyay s'ee-lew-meen.** ♦ **smile** *n* sourire *m* **soo-reer bewitching** ~ sourire envoûtant **soo-reer_an-voo-tan bright** ~ sourire radieux **soo-reer ra-juh cheerful** ~ sourire joyeux **soo-reer zhwa-yuh cute** ~ sourire adorable **soo-reer_a-do-rabl dazzling** ~ sourire éclatant **soo-reer_ay-kla-tan enchanting** ~ sourire merveilleux **soo-reer mer-vay-yuh friendly** ~ sourire sympathique **soo-reer suhn-pa-teek lovely** ~ sourire adorable **soo-reer_a-do-rabl nice** ~ beau sourire **bo soo-reer pretty** ~ sourire mignon **soo-reer mee-nyon radiant** ~ sourire radieux **soo-reer ra-juh sunny** ~ sourire ensoleillé **soo-reer_an-so-le-yay sweet** ~ doux sourire **doo soo-reer You have such a beautiful smile!** *Vous avez (Fam: Tu as)* un sourire tellement beau! **Voo_z_a-vay (Fam: Tew a) uhn soo-reer tel-man bo! I love the sunshine of your smile.** J'aime le rayon de soleil dans *votre (Fam: ton)* sourire. **Zh'em luh ray-yon duh so-ley dan** *votr (Fam: ton)* **soo-reer.**

smoke *vi* fumer **few-may Do you smoke?** *Fumez-vous (Fam: Fumes-tu)*? *Few-may-voo (Fam: Fewm-tew)*? **I (don't) smoke.** Je (ne) fume (pas). **Zhuh (nuh) fewm (pa). I'm glad you don't smoke.** Je suis *content (-e)* que *vous ne fumiez (Fam: tu ne fumes)* pas. **Zhuh swee** *kon-tan (F: kon-tant)* **kuh** *voo nuh few-myay (Fam: tew nuh fewm)* **pa. Is it okay to smoke here?** Est-ce qu'on peut fumer ici? **Es k'on puh few-may ee-see? Do you mind if I smoke?** Ça *vous (Fam: te)* dérange si je fume? **Sa** *voo (Fam: tuh)* **day-ranzh see zhuh fewm?** ♦ *n* fumée *f* **few-may I smell smoke.** Je sens la fumée. **Zhuh san la few-may.** ♦ **smoker** *n* fumeur, fumeuse *m&f* **few-muhr, -muhz ex-smoker** *ex-fumeur (F: ex-fumeuse)* **eks-few-muhr (F: eks-few-muhz) heavy** ~ *gros fumeur (F: grosse fumeuse)* **gro few-muhr (F: gros few-muhz) light** ~ *petit fumeur (F: petite fumeuse)* **puh-tee few-muhr (F: puh-teet few-muhz) moderate** ~ *fumeur modéré (F: fumeuse modérée)* **few-muhr mo-day-ray (F: few-muhz mo-day-ray)** ♦ **smoking** *n* fumer *v* **few-may No smoking in here.** Ne pas fumer ici. **Nuh pa few-may ee-see.**

smooth *adj* doux, douce *m&f* **doo, doos Your skin is so smooth.** *Votre (Fam: Ta)* peau est tellement douce. *Votr (Fam: Ta)* **po ay tel-man doos.** ♦ **smoothly** *adv* sans problème **san pro-blem,** facilement **fa-seel-man I hope everything goes smoothly (for you).** J'espère que tout se passera sans problème (pour *vous [Fam: toi]*). **Zh'es-per kuh too suh pas-ra san pro-blem (poor** *voo [Fam: twa]*). **Everything went real smoothly.** Tout s'est passé sans problème. **Too s'ay pa-say san pro-blem.**

smuggle *vt* faire de la contrebande **fer duh la kon-truh-band**

snack *n* encas *m* **an-ka,** collation *f* **ko-la-syon** ~ **bar** snack-bar *m* **snak-bar How about a snack?** Quelqu'un veut un encas? **Kelk'uhn vuh uhn_an-ka? I'd like a snack. How about you?** J'aimerais bien un encas. Et *vous (Fam: toi)*? **Zh'em-ray byuhn uhn_an-ka. Ay** *voo (Fam: twa)*? **Let's get a snack.** Allons prendre un encas. **A-lon prandr_uhn_an-ka. Here's a small snack.** Voici un

---

Before e, i, or y, c is pronounced like **s**.

petit encas. **Vwa-see uhn puh-tee̱_t_an-ka. Is there someplace around here where we can get a snack?** Y a-t-il un endroit près d'ici où nous pourrions prendre un encas? **Ee_y_a t'eel_uhn_an-drwa pre d'ee-see oo noo poo-ryon prandr_uhn_an-ka?**

snag *n (problem, complication)* problème *m* **pro-blem There's a snag.** Il y a un problème. **Eel_ee_y_a uhn pro-blem.**

snake *n* serpent *m* **ser-pan** ♦ **snakebite** *n* morsure *f* de serpent **mor-sewr duh ser-pan**

snap *vt (make a snapping sound)* claquer **kla-kay If you need me, just snap your fingers.** Si *vous avez (Fam: tu as)* besoin de moi, *vous n'avez (Fam: tu n'as)* qu'à claquer des doigts. See *voo_z_a-vay (Fam: tew a)* **buh-zwuhn duh mwa,** *voo n'a-vay (Fam: tew n'a)* **k'a kla-kay day dwa.** ♦ **snap** *vi (speak sharply / angrily)* parler d'une façon brusque **par-lay d'ewn fa-son brewsk** ♦ **snapshot** *n* photo *f* **fo-to**

sneak *vi* se faufiler **suh fo-fee-lay** ~ **around** partir en douce **par-teer_an doos** ~ **in(to)** (r)entrer furtivement **(r)an-tray fewr-teev-man** ~ **out** sortir furtivement **sor-teer fewr-teev-man** ♦ **sneakers** *n pl* baskets *fpl* **bas-ket** ♦ **sneaky** *adj* sournois, -e *m&f* **soor-nwa, -nwaz That was a sneaky thing to do.** C'était sournois. **S'ay-tay soor-nwa.**

sneeze *vi* éternuer **ay-ter-new-ay In America, when you sneeze, we say "Bless you!". What do you say?** Aux Etats-Unis, quand on éternue, on dit "Bless you!". Que *dites-vous (Fam: dis-tu)*? **O_z_Ay-ta_z_Uh-nee, kan_t-on_ay-ter-new, on dee « Bles yoo! » Kuh** *deet voo (Fam: dee tew)*?

snob *n* snob *m&f* **snob**

snore *vi* ronfler **ron-flay Do you snore?** Est-ce que *vous ronflez (Fam: tu ronfles)*? **Es kuh** *voo ron-flay (Fam: tew ronfl)*? **I snore (sometimes).** Je ronfle (parfois). **Zhuh ronfl (par-fwa). I hope I don't keep you awake with my snoring.** J'espère que je ne *vous (Fam: t')* empêche pas de dormir avec mon ronflement. **Zh'es-per kuh zhuh nuh** *voo_z_(Fam: t')* **an-pesh pa duh dor-man a-vek mon ron-fluh-man. You were snoring.** *Vous ronfliez (Fam: Tu ronflais).* **Voo ron-flyay (Fam: Tew ron-flay).**

snorkel *adj* de plongée (avec tuba) **duh plon-zhay (a-vek tew-ba)** ~ **fins** palmes *fpl* de plongée **palm duh plon-zhay** ~ **gear** matériel *m* de plongée **ma-tay-ryel duh plon-zhay** ~ **mask** masque *m* de plongée **mask duh plon-zhay** ♦ *vi* faire de la plongée **fer duh la plon-zhay Where can we snorkel?** Où peut-on faire de la plongée? **Oo es puh_t-on fer duh la plon-zhay?** ♦ **snorkeling** *n* plongée *f (*avec tuba) **plon-zhay (a-vek tew-ba) Have you ever gone snorkeling?** *Avez-vous (Fam: As-tu)* déjà fait de la plongée? *A-vay-voo (Fam: A-tew)* **day-zha fay duh la plon-zhay? Let's go snorkeling.** Allons faire de la plongée. **A-lon fer duh la plon-zhay.**

snow *vi* neiger **ne-zhay It's snowing!** Il neige! **Eel nezh! It's going to snow (tomorrow).** Il va neiger (demain). **Eel va ne-zhay (duh-muhn). It snowed** Il a neigé. **Eel_a nay-zhay.** ♦ *n* neige *f* **nezh deep** ~ neige épaisse **nezh ay-pes powdery** ~ poudreuse *f* **poo-druhz wet** ~ neige fondue **nezh fon-dew**

Numbers in French are given on pages 519-520.

How's the snow *([1] there? / [2] at the resort?)?* Comment est la neige *([1] là-bas? / [2] à la station de ski?)?* **Ko-man ay la nezh ([1] la-ba? / [2] a la sta-syon duh skee?)?** **There's a lot of snow.** Il y a beaucoup de neige. **Eel_ee_y_a bo-koo duh nezh.** **There's not much snow.** Il n'y a pas beaucoup de neige. **Eel n'ee_y_a pa bo-koo duh nezh.** **The snow is beautiful, isn't it?** La neige est magnifique, n'est-ce pas? **La nezh_ay ma-nee-feek, n'es pa?**
♦ **snowball** *adj* de boules de neige **duh bool duh nezh** ~ **fight** *n* bataille de boules de neige **ba-taee duh bool duh nezh** ♦ *n* boule *f* de neige **bool duh nehzh throw** ~s lancer des boules de neige **lan-say day bool duh nezh**
♦ **snowboard** *vi* faire du snowboard **fer dew sno-bord** ♦ *n* snowboard *m* **sno-bord rent a** ~ louer un snowboard **loo-ay uhn sno-bord** ♦ **snowboarding** *n* snowboard *m* **sno-bord go** ~ faire du snowboard **fer dew sno-bord Let's go snowboarding!** Allons faire du snowboard! **A-lon fer dew sno-bord!**
♦ **snowfall** *n* chute *f* de neige **shewt duh nezh heavy** ~ forte chute de neige **fort shewt duh nezh light** ~ faible chute de neige **febl shewt duh nezh**
♦ **snowflake** *n* flocon *m* de neige **flo-kon duh nezh** ♦ **snowman** *n* bonhomme *m* de neige **bo-nom duh nezh Let's build a snowman!** Faisons un bonhomme de neige! **Fuh-zon uhn bo-nom duh nezh!** ♦ **snowmobile** *n* moto *f* des neiges **mo-to day nezh**, scooter *m* des neiges **skoo-tuhr day nezh Where can we rent a snowmobile?** Où pouvons-nous louer une moto des neiges? **Oo poo-von noo looay ewn mo-to day nezh?** ♦ **snowplow** *n* chasse-neige *m* **shas-nezh**
♦ **snowshoes** *npl* raquettes *fpl* **ra-ket walk on** ~ marcher avec des raquettes **mar-shay a-vek day ra-ket**

snug *adj* douillet, -te *m&f* **doo-yay, -yet**, confortable *m&f* **kon-for-tabl It's so nice and snug like this.** C'est tellement bien et confortable comme ça. **S'ay tel-man byuhn ay kon-for-tabl kom sa.**

snuggle (up) *vi* se blottir **suh blo-teer I** *(1)* **love** / *(2)* **want to snuggle up with you.** *(1)* J'aime… / *(2)* Je veux… me blottir contre *vous (Fam: toi)*. *(1)* **Zh'em…** / *(2)* **Zhuh vuh… muh blo-teer kontr voo *(Fam: twa)*.**

so *adv* 1. *(to an indicated extent)* tellement **tel-man**; *(to a high extent)* si **see**, tellement **tel-man**; 2. *(in that manner)* comme cela **kom suh-la**, ainsi **uhn-see**; 3. *(likewise)* aussi **o-see** ~ **many** tellement **tel-man** ~ **much** tellement **tel-man It's so far to** *(1)* **drive** / *(2)* **walk.** C'est tellement loin pour *(1)* conduire. / *(2)* marcher. **S'ay tel-man lwuhn poor *(1)* kon-dweer. / *(2)* mar-shay. It's still so early.** C'est encore tellement tôt. **S'ay_t_an-kor tel-man to. Do you have to leave so soon?** Devez-vous *(Fam: Dois-tu)* partir si tôt? *Duh-vay-voo (Fam: Dwa-tew)* **par-teer see to? You are so beautiful.** Vous êtes *(Fam: Tu es)* si *beau (F: belle)*. *Voo_z_et (Fam: Tew ay)* **see bo *(F: bel)***. **I'm so tired.** Je suis si *fatigué (-e)*. **Zhuh swee see fa-tee-gay. I (don't) think so.** Je (ne) pense (pas). **Zhuh (nuh) pans (pa). I hope so.** Je l'espère. **Zhuh l'es-per. Is that so?** C'est vrai? **S'ay vray? I'm afraid so.** J'ai bien peur que oui. **Zh'ay byuhn puhr kuh wee. So far, so good.** Jusqu'à maintenant, tout va bien. **Zhewsk'a muhnt-nan, too va byuhn. So do** *(1)* **I** / *(2)* **we.** *(1)* Moi / *(2)* Nous aussi. *(1)* **Mwa** / *(2)* **Noo_z_o-**

see. And so on. Et caetera. *Ek say-tay-ra.* **Please let me know, so that I can plan what to do.** S'il *vous (Fam : te)* plaît, *tenez (Fam : tiens)*-moi au courant pour que je puisse planifier ce qu'il faut faire. *S'eel voo (Fam: tuh) play, tuh-nay (Fam: chyuhn)-mwa o koo-ran poor kuh zhuh pwees pla-nee-fyay suh k'eel fo fer.* **So what?** Et alors? *Ay a-lor?* **So long!** A bientôt! *A byuhn-to!*

soap *adj* savonneux, -se *m&f* **sa-vo-nuh, -nuhz** ~ **dish** *n* porte-savon *m* **port-sa-von** ♦ *n* savon *m* **sa-von bar of** ~ (barre *m* de) savon **(bar duh) sa-von laundry** ~ lessive *f* **lay-seev Do you have any soap?** Avez-vous *(Fam: As-tu)* du savon? *A-vay-voo (Fam: A-tew)* **dew sa-von?**

sober *adj* sobre *m&f* **sobr stay** ~ rester sobre **res-tay sobr** ♦ **sober up** *idiom* dessoûler **day-soo-lay You have to sober up.** Vous devez *(Fam: Tu dois)* dessoûler. *Voo duh-vay (Fam: Tew dwa)* **day-soo-lay.**

soccer *adj* de foot **duh foot** ~ **ball** ballon *m* de foot **ba-lon duh foot** ~ **field** terrain *m* de foot **te-ruhn duh foot** ~ **match** match *m* de foot **matsh duh foot** ~ **team** équipe *f* de foot **ay-keep duh foot** ♦ *n* football *m* **foot-bol** *(See also phrases under* **like, love** *and* **play***.)* **table** ~ baby-foot *m* **ba-bee-foot C'mon, I'll play you at table soccer!** Allez, je joue contre *vous (Fam: toi)* au baby-foot. *A-lay, zhuh zhoo kon-truh voo (Fam: twa)* **o ba-bee-foot.**

sociable *adj* sociable *m&f* **so-syabl I was just trying to be sociable.** J'essayais seulement d'être sociable. *Zh'ay-say-yay suhl-man d'etr so-syabl.*

social *adj* 1. *(about society)* social, -e *m&f* **so-syal**; 2. *(about relationships)* social, -e *m&f* **so-syal** ~ **life** vie *f* sociale **vee so-syal** ~ **Security** Sécurité *f* Sociale **Say-kew-ree-tay So-syal** ~ **skills** compétences *fpl* sociales **kon-pay-tans so-syal** ~ **visit** visite *f* amicale **vee-zeet a-mee-kal** ♦ **socialize** *vi* socialiser **so-sya-lee-zay**, rencontrer des gens **ran-kon-tray day zhan** ♦ **socializing** *n* interaction *f* **uhn-tay-rak-syon**, socialisation *f* **so-sya-lee-za-syon I enjoy socializing with my friends.** J'aime interagir avec mes amis. *Zh'em uhn-tay-ra-zheer_a-vek may_z_a-mee.*

sock *n* chaussette *f* **sho-set pair of** ~**s** paire *f* de chaussettes **per duh sho-set warm** ~**s** chaussettes chaudes **sho-set shod**

sofa *n* sofa *m* **so-fa**, divan *m* **dee-van I can sleep on the sofa.** Je peux dormir sur le divan. *Zhuh puh dor-meer sewr luh dee-van.*

soft *adj* doux, douce *m&f* **doo, doos** ~ **as silk** *doux (F: douce)* comme de la soie *doo (F: doos)* **kom duh la swa** ~ **drink** boisson *f* non-alcoolisée **bwa-son non_al-ko-lee-zay** ~ **heart** cœur *m* tendre **kuhr tandr** ~ **lips** lèvres *fpl* douces **levr doos** ~ **skin** peau douce **po doos** ~ **touch** toucher *m* délicat **too-shay day-lee-ka Your skin is soft as velvet.** *Votre (Fam: Ta)* peau est douce comme du velours. *Votr (Fam: Ta)* **po ay doos kom dew vuh-loor. I have a soft spot in my heart for** *(1)* **animals.** / *(2)* **cats.** / *(3)* **dogs.** J'ai un petit faible pour les *(1)* animaux. / *(2)* chats. / *(3)* chiens. *Zh'ay uhn puh-tee febl poor lay (1)_z_a-nee-mo.* / *(2) sha.* / *(3) shyuhn.* ♦ **soft-hearted** *adj* au cœur tendre **o kuhr tandr** ♦ **softly** *adv* doucement **doos-man** ♦ **softness** *n* douceur *f* **doo-suhr wonderful** ~ douceur merveilleuse **doo-suhr mer-vay-yuhz** ♦ **software** *n* logiciel *m* **lo-zhee-**

Final consonants of words are often not pronounced, but usually run together with next words that start with vowels.

syel antivirus ~ logiciel *m* antivirus **lo-zhee-syel_an-tee-vee-rews**

soldier *n* soldat *m&f* **sol-da**

solemn *adj* grave *m&f* **grav**, solennel, -le *m&f* **so-la-nel** ♦ **solemnly** *adv* solennellement **so-la-nel-man**, gravement **grav-man I solemnly swear...** Je jure solennellement... **Zhuh zhewr so-la-nel-man...**

solid *adj* 1. *(strong, sturdy)* fort, -e *m&f* **for, fort**, solide *m&f* **so-leed**; 2. *(upstanding)* noble *m&f* **nobl** ~ **body** corps *m* fort **kor for** ~ **relationship** relation *f* sérieuse **ruh-la-syon say-ryuhz**

solution *n* solution *f* **so-lew-syon good** ~ bonne solution **bon so-lew-syon quick** ~ solution rapide **so-lew-syon ra-peed I've got solution (to the problem).** J'ai une solution (au problème). **Zh'ay ewn so-lew-syon (o pro-blem).**

solve *vt* résoudre **ray-zoodr We'll solve the problem somehow.** Nous résoudrons le problème d'une façon ou d'une autre. **Noo ray-zoo-dron luh pro-blem d'ewn fa-son oo d'ewn_otr.**

some *adj* 1. *(unspecified amount)* du **dew**; 2. *(a few)* quelques *pl* **kel-kuh**; 3. *(certain ones)* certain(e)s **ser-tuhn** (Fpl: **ser-ten**) ~ **apples** quelques pommes *fpl* **kel-kuh pom** ~ **cake** un peu de gâteau *m* **uhn puh duh ga-to** ~ **candy** quelques bonbons *mpl* **kel-kuh bon-bon** ~ **coffee** du café *m* **dew ka-fay** ~ **people** certaines personnes *fpl* **ser-ten per-son** ~ **pizza** un peu de pizza *m* **uhn puh duh peet-za** ~ **places** certains endroits *mpl* **ser-tuhn_z_an-drwa** ~ **tickets** quelques tickets *mpl* **kel-kuh tee-kay** ~ **water** de l'eau **duh l'o Some other time perhaps.** Peut-être une autre fois. **Puh_t-etr_ewn_o-truh fwa.** ♦ *pron* 1. *(certain ones)* certain, -e *m&f* **ser-tuhn, -ten**, quelques **kel-kuh**; 2. *(an amount)* un peu **uhn puh I went with some of my (1) friends. / (2) relatives.** Je suis allé (-e) avec quelques (1) uns de mes amis. / (2) membres de ma famille. **Zhuh swee_z_a-lay a-vek kel-kuh (1) _z_uhn duh may_z_a-mee. / (2) manbr duh ma fa-meey(uh). Would you care for some?** En voudriez-vous (Fam: voudrais-tu) un peu? **An** *voo-dree-yay-voo (Fam: voo-dray-tew)* **uhn puh? I already have some.** J'en ai déjà un peu. **Zh'an_ay day-zha uhn puh.** ♦ **somebody** *pron* quelqu'un **kel-k'uhn** ~ **else** quelqu'un d'autre **kel-k'uhn d'otr somebody's** à quelqu'un **a kel-k'uhn** ♦ **someday** *pron* un jour **uhn zhoor** ♦ **somehow** *pron* d'une façon ou d'une autre **d'ewn fa-son oo d'ewn_otr (1) I'll / (2) We'll manage somehow.** *(1)* Je me débrouillerai... / *(2)* Nous nous débrouillerons... d'une façon ou d'une autre. *(1)* **Zhuh muh day-broo-yuh-ray... / (2) Noo noo day-broo-yuh-ron... d'ewn fa-son oo d'ewn_ otr. Somehow I must see you again.** D'une façon ou d'une autre, je dois *vous (Fam: te)* revoir. **D'ewn fa-son oo d'ewn_otr, zhuh dwa** *voo (Fam: tuh)* **ruh-vwar.** ♦ **someone** *pron* quelqu'un **kel-k'uhn** ~ **else** quelqu'un d'autre **kel-k'uhn d'otr someone's** à quelqu'un **a kel-k'uhn Are you with someone?** *Etes-vous (Fam: Es-tu)* avec quelqu'un? *Et-voo (Fam: Ay-tew)* **a-vek kel-k'uhn? I'm with someone.** Je suis avec quelqu'un. **Zhuh swee_z_a-vek kel-k'uhn. Someone (1) is at the door. / (2) is coming. / (3) left it.** Quelqu'un *(1)* est à la porte. / *(2)* arrive. / *(3)* l'a oublié (-e). **Kel-k'uhn (1) ay_t_a la port. / (2) a-reev. / (3) l'a oo-blee-yay.** ♦ **something** *pron* quelque chose **kel-kuh shoz** ~ **else** quelque

---

All syllables of a French word have equal stress.
The last word in a group has a little more.

chose d'autre **ke-kuh shoz d'otr** Can I *(1,2)* get you something? *Est-ce que je peux vous (Fam: t') (1) (bring) apporter / (2) (offer) offrir quelque chose?* **Es kuh zhuh puh** *voo_z_ (Fam: t') (1) (bring)* **_a-por-tay** / *(2) (offer)* **o-freer kel-kuh shoz?** May I ask you something? *Est-ce je peux vous (Fam: te) demander quelque chose?* **Es kuh zhuh puh** *voo (Fam: tuh)* **duh-man-day kel-kuh shoz?** There's something about you. *Il y a quelque chose chez vous (Fam: toi).* **Eel_ee_y_a kel-kuh shoz shay** *voo (Fam: twa).* ♦ **sometime** *adv* un de ces jours **uhn duh say zhoor,** à un certain moment **a uhn ser-tuhn mo-man** Call me sometime (when you have a chance). *Appelez (Fam: Appelle)-moi un de ces jours (quand vous en aurez [Fam: tu en auras] l'occasion).* **A-play** *(Fam: A-pel)***-mwa uhn duh say zhoor (kan** *voo_z_an_o-ray [Fam: tew an_o-ra]* **l'o-ka-zyon).** ♦ **sometimes** *adv* quelque fois **kel-kuh fwa,** parfois **par-fwa** ♦ **somewhat** *adv* assez **a-say,** quelque peu **kel-kuh puh** ♦ **somewhere** *adv* quelque part **kel-kuh par** ~ **else** quelque part d'autre **kel-kuh par d'otr**

son *n* fils *m* **fees middle** ~ cadet *m* **ka-day older** ~ plus vieux *m* fils **plew vyuh fees oldest** ~ aîné *m* **ay-nay younger** ~ plus jeune fils *m* **plew zhuhn fees youngest** ~ benjamin *m* **buhn-zha-muhn** *(1)* I / *(2)* We have *(3)* a son /*(4)* two sons. *(1) J'ai / (2) Nous avons (3) un fils. / (4) deux fils.* *(1)* **Zh'ay** / *(2)* **Noo_z_a-von** *(3)* **uhn fees.** / *(4)* **duh fees.** This is *(1)* my / *(2)* our son *(name).* *C'est (1) mon / (2) notre fils (___).* **S'ay** *(1)* **mon** / *(2)* **notr fees (___).** I'm here with my son. *Je suis ici avec mon fils.* **Zhuh swee_z_ee-see a-vek mon fees.** How old is your *([1]* older / *[2]* younger) son? *Quel âge a votre (Fam: ton) ([1] plus vieux / [2] plus jeune) fils?* **Kel_azh_a** *votr (Fam: ton) ([1]* **plew vyuh** / *[2]* **plew zhuhn) fees?** *(1)* My / *(2)* Our *([3]* older / *[4]* younger) son is *(number)* years old. *(1) Mon / (2) Notre ([3] plus vieux / [4] plus jeune) fils a (___) ans.* *(1)* **Mon** / *(2)* **Notr** *([3]* **plew vyuh** / *[4]* **plew zhuhn) fees_a (___) an.** This is a picture of *(1)* my / *(2)* our son. / *(3)* my / *(4)* our sons. *C'est une photo de (1) mon / (2) notre fils. / (3) mes / (4) nos fils.* **S'ay_t_ewn fo-to duh** *(1)* **mon** / *(2)* **notr fees.** / *(3)* **may** / *(4)* **no fees.**

song *n* chanson *f* **shan-son folk** ~ chanson folklorique **shan-son fol-klo-reek love** ~ chanson d'amour **shan-son d'a-moor melody of a** ~ mélodie *f* d'une chanson **may-lo-dee d'ewn shan-son my favorite** ~ ma chanson préférée **ma shan-son pray-fay-ray new** ~ nouvelle chanson **noo-vel shan-son old** ~ vieille chanson **vyey shan-son our (favorite)** ~ notre chanson (préférée) **notr shan-son (pray-fay-ray) popular** ~ chanson populaire **shan-son po-pew-ler sing a** ~ chanter une chanson **shan-tay ewn shan-son words of a** ~ paroles *fpl* d'une chanson **pa-rol d'ewn shan-son your favorite** ~ *votre (Fam: ta)* chanson préférée *votr (Fam: ta)* **shan-son pray-fay-ray** I *(1)* like / *(2)* love that song. *J' (1) aime / (2) adore cette chanson.* **Zh'** *(1)* **em** / *(2)* **a-dor set shan-son.** That's my favorite song. *C'est ma chanson préférée.* **S'ay ma shan-son pray-fay-ray.** Do you know that song? *Connaissez-vous (Fam: Connais-tu) cette chanson?* **Ko-nay-say-voo** *(Fam: Ko-nay-tew)* **set shan-son?** Have you ever heard the song *(name)*? *Est-ce que vous avez (Fam: tu as) déjà entendu la chanson (___)?* **Es kuh** *voo_z_a-*

---

ew sounds similar to the "ew" in "pew"

son-in-law   **sorry**

vay (Fam: tew a) **day-zha an-tan-dew la shan-son (___)? What's the name of that song?** Quel est le titre de cette chanson? **Kel_ay luh teetr duh set shan-son? The name of that song is** *(name)***.** Le titre de cette chanson est *(___)*. **Luh teetr duh set shan-son ay (___). That song has a nice melody.** Cette chanson a une jolie mélodie. **Set shan-son a ewn zho-lee may-lo-dee. Do you know the words to that song?** *Connaissez-vous (Fam: Connais-tu)* les paroles de cette chanson? **Ko-nay-say-voo** *(Fam: Ko-nay-tew)* **lay pa-rol duh set shan-son? Teach me the words to that song.** *Apprenez (Fam: Apprends)*-moi les paroles de cette chanson. **A-pruh-nay** *(Fam: A-pran)***-mwa lay pa-rol duh set shan-son.**

son-in-law *n* gendre *m* **zhandr,** beau-fils *m* **bo-fees**

soon *adv* bientôt **byuhn-to** as ~ as dès que **de kuh** sooner plus tôt **plew to** I want to see you (again) *(1)* soon. / *(2)* as soon as possible. Je veux *vous (Fam: te)* (re)voir *(1)* bientôt. / *(2)* dès que possible. **Zhuh vuh voo** *(Fam: tuh)* **(ruh-)vwar *(1)* byuhn-to. / *(2)* de kuh po-seebl. Let's get together soon.** Revoyons-nous bientôt. **Ruh-vwa-yon-noo byuhn-to.**

    I have to… J'ai besoin de… **Zh'ay buh-zwuhn duh…**

    We have to… Nous avons besoin de… **Noo_z_a-von buh-zwuhn duh…**

       …leave soon. …partir bientôt. **…par-teer byuhn-to.**

       …return soon. …rentrer bientôt. **…ran-tray byuhn-to.**

    How soon can you… Quand *pouvez-vous (Fam: peux-tu)*… **Kan poo-vay-voo** *(Fam: puh-tew)*…

       …be there? …être là-bas? **…etr la-ba?**

       …come? …venir? **…vuh-neer?**

       …do it? …le faire? **…luh fer?**

       …get it? …l'avoir? **…l'a-vwar?**

The sooner, the better. Le plus tôt sera le mieux. **Luh plew to suh-ra luh myuh. See you soon!** A bientôt! **A byuhn-to!**

soothing *adj* calmant, -e *m&f* **kal-man,** -**mant,** appaisant, -e *m&f* **a-pay-zan,** -**zant,** rassurant, -e *m&f* **ra-sew-ran,** -**rant That's very soothing. (Don't stop.)** C'est très appaisant. (Ne *vous arrêtez [Fam: t'arrête]* pas.) **S'ay tre_z_a-pay-zan. (Nuh voo_z_a-re-tay [Fam: t'a-ret] pa.)**

sophisticated *adj* sophistiqué, -e *m&f* **so-fees-tee-kay**

sophomore *n* deuxième année **duh-zyem_a-nay ~ in college** deuxième année d'université **duh-zyem_a-nay d'ew-nee-ver-see-tay ~ in high school** seconde **suh-gond**

sore *adj* douloureux, douloureuse *m&f* **doo-loo-ruh,** -**ruhz ~ throat** mal à la gorge **mal_a la gorzh** ♦ *n:* **cold ~** bouton *m* de fièvre **boo-ton duh fyevr**

sorry *adj* désolé, -e *m&f* **day-zo-lay,** triste *m&f* **treest be ~** être *désolé (-e)* **etr day-zo-lay feel ~** se sentir triste **suh san-teer treest I'm (very) sorry.** Je suis (vraiment) *désolé (-e)*. **Zhuh swee (vray-man) day-zo-lay. We're (very) sorry.** Nous sommes (vraiment) *désolé(e)s.* **Noo som (vray-man) day-zo-lay. Sorry!** Désolé! **Day-zo-lay! I'm sorry for what I said.** Je m'excuse pour ce que j'ai dit. **Zhuh m'eks-kewz poor suh kuh zh'ay dee. I'm sorry to hear that.** Je suis *désolé (-e)* d'entendre ça. **Zhuh swee day-zo-lay d'an-tandr sa. I'm sorry to**

Numbers in parentheses always signal choices.

sort say... Je suis *désolé (-e)* de dire... Zhuh swee day-zo-lay duh deer...
sort *n* type *m* teep, genre *m* zha<u>n</u>r ~ **of** 1. *(type)* genre de zha<u>n</u>r duh; 2. *(rather)* un peu uh<u>n</u> puh **What sort of job do you have?** Quel genre de métier *faites-vous (Fam: fais-tu)*? Kel zha<u>n</u>r duh may-chyay fet-voo (Fam: fay-tew)? **I was sort of worried.** J'étais un peu *inquiet (F: inquiète)*. Zh'ay-tay_z_uh<u>n</u> puh uh<u>n</u>-kyay (F: uh<u>n</u>-kyet). **We were sort of worried.** Nous étions un peu *inquièt(e)s*. Noo_z_ay-chyo<u>n</u> uh<u>n</u> puh uh<u>n</u>-kyay (Fpl: uh<u>n</u>-kyet).
    It's sort of...
        ...cold. Il fait un peu froid. Eel fay uh<u>n</u> puh frwa.
        ...difficult. C'est un peu difficile. S'ay_t_uh<u>n</u> puh dee-fee-seel.
        ...expensive. C'est un peu cher. S'ay_t_uh<u>n</u> puh sher.
        ...far. C'est un peu loin. S'ay_t_uh<u>n</u> puh lwuh<u>n</u>.
so-so *adv* moyen mwa-yuh<u>n</u>, comme ci comme ça kom see kom sa
soul *n* âme *f* am **adventurous** ~ âme aventureuse am_a-va<u>n</u>-tew-ruhz **artist's** ~ âme d'artiste am d'ar-teest **beautiful** ~ âme magnifique am ma-nee-feek **good** ~ bonne âme bon_am **happy** ~ âme heureuse am_uh-ruhz **my** ~ mon âme mo<u>n</u> am **timid** ~ âme timide am tee-meed **your** ~ *votre (Fam: ton)* âme *votr (Fam: to<u>n</u>)*_am **I want you to open your soul to me.** Je veux que *vous m'ouvriez (Fam: tu m'ouvres) votre (Fam: ton)* âme. Zhuh vuh kuh voo m'oo-vree-yay (Fam: tew m'oovr) votr (Fam: to<u>n</u>)_am. **You bring out the poetry in my soul.** Vous révélez (Fam: Tu révèles) la poésie en moi. Voo ray-vay-lay (Fam: Tew ray-vel) la po-ay-zee a<u>n</u> mwa. **I love you with all my heart and soul.** Je *vous (Fam: t')* aime de tout mon cœur et mon âme. Zhuh voo_z_(Fam: t')_em duh too mo<u>n</u> kuhr_ay mo<u>n</u>_am. ♦ **soulmate** *n* âme *f* sœur am suhr
sound *adj* 1. *(healthy)* bon, bonne *m&f* bon, bon; 2. *(reliable)* sûr, -e *m&f* sewr; 3. *(sensible)* valable va-labl ♦ *vi* sonner so-nay, sembler sa<u>n</u>-blay, avoir l'air a-vwar l'er **How does that sound (to you)?** Comment ça *vous (Fam: te)* semble? Ko-ma<u>n</u> sa (voo [Fam: tuh]) sa<u>n</u>bl?
    That sounds like... Ça (m')a l'air... Sa (m')a l'er...
        ...fun. ...marrant. **...ma-ra<u>n</u>.**
        ...a good idea. ...d'être une bonne idée. **...d'etr_ewn bon_ee-day.**
        ...okay (to me). ...bien. **...byuh<u>n</u>.**
    That music sounds (so)... Cette musique est (tellement)... Set mew-zeek_ay (tel-ma<u>n</u>)...
        ...beautiful. ...magnifique. **...ma-nee-feek.**
        ...cool. ...cool. **...kool.**
        ...great. ...super. **...sew-per**
        ...melancholy. ...mélancolique. **...may-la<u>n</u>-ko-leek.**
        ...nice. ...bien. **...byuh<u>n</u>.**
        ...terrific. ...fantastique. **...fa<u>n</u>-tas-teek.**
♦ **sound** *n* son *m* so<u>n</u>, bruit *m* brwee **beautiful** ~ beau son bo so<u>n</u> **nice** ~ son agréable so<u>n</u> a-gray-abl ~ **of your laughter** son de *votre (Fam: ton)* rire so<u>n</u> duh *votr (Fam: to<u>n</u>)* reer ~ **of your name** son de *votre (Fam: ton)* nom so<u>n</u> duh

---

A phrasebook makes a great gift!
See order information on page 552.

sour *adj* aigre *m&f* **egr**, acide *m&f* **a-seed** ~ **grapes** raisins *mpl* acides **ray-zuhn a-seed**

source *n* source *f* **soors**, origine *f* **o-ree-zheen**

south *adv* sud **sewd** **go** ~ aller au sud **a-lay o sewd** ♦ *n* sud *m* **sewd** **in the** ~ dans le sud **dan luh sewd** **to the** ~ au sud **o sewd** ♦ **southeast** *adj* sud-est **sewd-est** ♦ *adv* sud-est **sewd-est** ♦ *n* Sud-Est *m* **Sewd-Est** **in the** ~ dans le Sud-Est **dan luh Sewd-Est** ♦ **southern** *adj* (du) sud **(dew) sewd**; austral, -e *m&f* **os-tral** ♦ **southwest** *adj* sud-ouest *m&f* **sewd-west** ♦ *adv* sud-ouest **sewd-west** ♦ *n* Sud-Ouest *m* **Sewd-West** **in the** ~ au Sud-Ouest **o Sewd-West**

souvenir *n* souvenir *m* **soov-neer** **buy some ~s** acheter des souvenirs **ash-tay day soov-neer**

spa *n (resort)* station *f* thermale **sta-syon ter-mal**

space *n* 1. *(room; place)* espace *m* **es-pas**; 2. *(slang) (freedom)* espace *m* **es-pas**; 3. *(cosmos)* espace *m* **es-pas** ♦ **spacy** *adj (slang: scatter-brained)* étourdi, -e *m&f* **ay-toor-dee**

spades *n pl (card)* pique *m* **peek**

spam *n (internet)* courrier *m* indésirable **koo-ryay uhn-day-zee-rabl**

Spaniard *n* Espagnol, -e *m&f* **es-pa-nyol** ♦ **Spanish** *adj* espagnol, -e *m&f* **es-pa-nyol** ♦ *n (lang.)* espagnol **es-pa-nyol** **Do you know any Spanish?** *Connaissez-vous (Fam: Connais-tu)* un peu l'espagnol? *Ko-nay-say-voo (Fam: Ko-nay-tew) uhn puh l'es-pa-nyol?* **I know some Spanish.** Je connais quelques mots en espagnol. **Zhuh ko-nay uhn kel-kuh mo an_es-pa-nyol.** **Do you speak Spanish?** *Parlez-vous (Fam: Parles-tu)* espagnol? *Par-lay-voo (Fam: Parl-tew) es-pa-nyol?* **I speak Spanish (a little).** Je parle (un peu) espagnol. **Zhuh parl_(uhn puh) es-pa-nyol.**

spare *adj* de secours **duh suh-koor**, de rechange **duh ruh-shanzh** ~ **tire** roue *f* de secours **roo duh suh-koor**

spark *n* étincelle *f* **ay-tuhn-sel**

sparkle *vi* briller **bree-yay**, étinceler **ay-tuhns-lay** ♦ **sparkling** *adj* brillant, -e *m&f* **bree-yan, -yant**, éclatant, -e *m&f* **ay-kla-tan, -tant** ~ **water** eau pétillante **o pay-tee-yant** **You have such a sparkling personality.** *Vous avez (Fam: Tu as)* une personnalité épatante. *Voo_z_a-vay (Fam: Tew a)* **ewn per-so-na-lee-tay ay-pa-tant.**

spark plug *n* bougie *f* **boo-zhee**

speak *vt & vi* parler **par-lay** **Could you speak a little** *(1)* **louder,** / *(2)* **slower, please?** *Pourriez-vous (Fam: Pourrais-tu)* parler *(1)* plus fort, / *(2)* plus lentement, s'il *vous (Fam : te)* plaît? *Poo-ryay-voo (Fam: Poo-ray-tew)* **par-lay** *(1)* **plew для,** / *(2)* **plew lant-man, s'eel** *voo (Fam: tuh)* **play?** **Could / May I speak to** *(name)*? Pourrais-je parler à (___)? **Poo-ray-zh parh-lay a (___)?** **This is** *(name)* **speaking.** C'est (___) à l'appareil. **S'ay (___) a l'a-pa-rey.** **Could I speak with you in private?** Pourrais-je *vous (Fam: te)* parler en privé? **Poo-ray-zh** *voo (Fam: tuh)* **par-lay an pree-vay?** **Do you speak** *(1)* **English?**

Articles: m = le, f = la, mpl = les, fpl = les

/ **(2) French?** / **(3) German?** / **(4) Portuguese?** / **(5) Spanish?** *Parlez-vous (Fam: Parles-tu) (1)* anglais? / *(2)* français? / *(3)* allemand? / *(4)* portugais? / *(5)* espagnol? *Par-lay-voo (Fam: Parl-tew) (1)* **an-glay?** / *(2)* **fran-say?** / *(3)* **al-man?** / *(4)* **por-tew-gay?** / *(5)* **es-pa-nyol?** **I speak a little bit of French.** Je parle un peu français. **Zhuh parl_uhn puh fran-say. I don't speak French (very well).** Je ne parle pas (très bien) français. **Zhuh nuh parl pa (tre byuhn) fran-say. Speak for yourself.** *Parlez pour vous-même (Fam: Parle pour toi-même). Par-lay poor voo-mem (Fam: Parluh poor twa-mem).* **Speak of the devil!** Quand on parle du loup! **Kan_t_on parl dew loo!** ♦ **speaker(s)** *n(pl) (audio)* haut-parleur(s) *m(pl)* **o-par-luhr**

special *adj* spécial, -e *m&f* **spay-syal** ~ **case** cas *m* spécial **ka spay-syal** ~ **prize** prix *m* spécial **pree spay-syal** ~ **request** demande *f* spéciale **duh-mand spay-syal You are (very) special to me.** Vous êtes *(Fam: Tu es)* (très) *spécial (-e)* pour moi. **Voo_z_et *(Fam: Tew ay)* (tre) spay-syal poor mwa. What are you doing tonight?** *(Reply:)* **Nothing special.** Que *faites-vous (Fam: fais-tu)* ce soir? Rien de spécial. **Kuh *fet-voo (Fam: fay-tew)* suh swar? Ryuhn duh spay-syal.** ♦ **specialist** *n* spécialiste *m&f* **spay-sya-leest You need a specialist for that. And you're in luck – I'm a specialist.** *Vous avez (Fam: Tu as)* besoin d'un spécialiste pour ça. *Vous avez (Fam: Tu as)* de la chance – je suis *un (F: une)* spécialiste. *Voo_z_a-vay (Fam: Tew a)* **buh-zwuhn d'uhn spay-sya-leest poor sa.** *Voo_z_a-vay (Fam: Tew a)* **duh la shans – zhuh swee_z_uhn *(F: ewn)* spay-sya-leest.** ♦ **specialize** *vi* spécialiser **spay-sya-lee-zay What do you specialize in?** Dans quoi *êtes-vous (Fam: es-tu)* spécialisé *(-e)*? **Dan kwa *et-voo (Fam: ay-tew)* spay-sya-lee-zay? I specialize in *(what)*.** Je me spécialise dans *le (F: la)* (___). **Zhuh muh spay-sya-leez dan *luh (F: la)* (___).** ♦ **specialty** *n* spécialité *f* **spay-sya-lee-tay Back massages are my specialty.** Les massages du dos sont ma spécialité. **Lay ma-sazh dew do son ma spay-sya-lee-tay. That happens to be my specialty.** Il se trouve que c'est ma spécialité. **Eel suh troov kuh s'ay ma spay-sya-lee-tay.**

spectacular *adj* spectaculaire *m&f* **spek-ta-kew-ler That was spectacular!** C'était spectaculaire! **S'ay-tay spek-ta-kew-ler!**

spectator *n* spectateur, spectatrice *m&f* **spek-ta-tuhr, -trees**

speechless *adj* sans parole *m&f* **san pa-rol**, sans voix *m&f* **san vwa**, muet, -te *m&f* **mew-ay, -et I'm speechless (with awe).** Je suis *muet (F: muette)* (d'admiration). **Zhuh swee *mew-ay (F: mew-et)* (d'ad-mee-ra-syon).**

speed *adj* de vitesse **duh vee-tes** ~ **limit** limite *f* de vitesse **lee-meet duh vee-tes** ♦ *n* vitesse *f* **vee-tes Watch your speed.** *Faites (Fam: Fais)* attention à *votre (Fam: ta)* vitesse. **Fet *(Fam: Fay)*_z_a-tan-syon a *votr (Fam: ta)* vee-tes.** ♦ **speedy** *adj* rapide *m&f* **ra-peed** ~ **recovery** récupération *f* rapide **ray-kew-pay-ra-syon ra-peed**

spell *vt* épeler **ay-play**, écrire **ay-kreer How do you spell it?** Comment *épelez-vous (Fam: épelles-tu)* ça? **Ko-man *ay-play-voo (Fam: ay-pel-tew)* sa? Could you spell it for me?** *Pourriez-vous (Fam: Pourrais-tu)* me l'épeler? **Poo-ryay-voo *(Fam: Poo-ray-tew)* muh l'ay-play? You spell it like this...** *Vous épelez*

In the pronunciation **n** *stands for a nasalized* **n**.

spelunker | 411 | **splurge**

(Fam: Tu épelles) ça comme ça... *Voo_z_ay-play (Fam: Tew ay-pel)* **sa kom sa...**

spelunker *n* spéléologue *m&f* **spay-lay-o-log** ♦ **spelunking** *n* spéléologie *f* **spay-lay-o-lo-zhee**

spend *vt* 1. *(money)* dépenser **day-pan-say**; 2. *(time)* passer **pa-say** ~ **money** dépenser de l'argent **day-pan-say duh l'ar-zhan** ~ **the (whole) night** passer (toute) la nuit **pa-say (toot) la nwee** ~ **time (together)** passer du temps (ensemble) **pa-say dew tan (an-sanbl) I love to spend time together with you.** J'adore passer du temps avec *vous (Fam: toi)*. **Zh'a-dor pa-say dew tan a-vek** *voo (Fam: twa)*.

    We could spend... Nous pourrions passer... **Noo poo-ryon pa-say...**
    We're going to spend... Nous allons passer... **Noo_z_a-lon pa-say...**
        ...the whole week... ...toute la semaine... **...toot la suh-men...**
            ...enjoying each other. ...à nous apprécier. **...a noo_z_a-pray-syay.**
            ...lying in the sun. ...à nous allonger au soleil. **...a noo_z_a-lon-zhay_r_o so-ley.**
            ...sightseeing. ...à faire des visites. **...a fer day vee-zeet.**
            ...traveling around. ...à voyager. **...a vwa-ya-zhay.**

spider *n* araignée *f* **a-ray-nyay** ~ **web** toile *f* d'araignée **twal d'a-ray-nyay**

spin *vi* tourner **toor-nay You make my head spin.** *Vous me faites (Fam: Tu me fais)* tourner la tête. *Voo muh fet (Fam: Tew muh fay)* **toor-nay la tet.**

spine *n* colonne *f* **ko-lon**

spirit *n* 1. *(animating / vital force)* âme *f* **am**; 2. *(activating / essential principle influencing a person)* esprit *m* **es-pree**; 3. *(mood, temper)* humeur *f* **ew-muhr**; 4. *(person with characteristics referred to)* esprit *m* **es-pree**; 5. *(supernatural being)* esprit *m* **es-pree Christmas** ~ esprit de Noël **es-pree duh No-el evil** ~ mauvais esprit **mo-vay_z_es-pree holiday** ~ esprit de fêtes **es-pree duh fet human** ~ esprit humain **es-pree ew-muhn in good / high ~s** de bonne humeur **duh bon_ew-muhr You are sunshine to my spirit.** *Vous êtes (Fam: Tu es)* du soleil pour mon esprit. *Voo_z_et (Fam: Tew ay)* **dew so-ley poor mon_es-pree. You've lifted my spirits a lot.** *Vous m'avez (Fam: Tu m'as)* vraiment mis *(-e)* de bonne humeur. *Voo m'a-vay (Fam: Tew m'a)* **vray-man mee (F: meez) duh bon_ew-muhr.** ♦ **spiritual** *adj* spirituel, -le *m&f* **spee-ree-twel deeply** ~ profondément *spirituel (-le)* **pro-fon-day-man spee-ree-twel** ~ **awakening** réveil *m* spirituel **ray-vey spee-ree-twel**

spite *n*: **in ~ of** malgré **mal-gray**, en dépit de **an day-pee duh**

splash *vt* éclabousser **ay-kla-boo-say Don't splash water all over.** N'*éclaboussez (Fam: éclabousse)* pas partout. N'*ay-kla-boo-say (Fam: ay-kla-boos)* **pa par-too.**

splendid *adj (great, fine, wonderful)* splendide *m&f* **splan-deed**, formidable *m&f* **for-mee-dabl That's a splendid (1) idea. / (2) suggestion.** C'est une *(1)* idée / *(2)* suggestion splendide. **S'ay_t_ewn (1) _ee-day / (2) sewg-zhay-syon splan-deed.**

split up *vi (slang: separate)* se séparer **suh say-pa-ray We split up (_number_) years ago.** Nous avons rompu il y a (___) ans. **Noo_z_a-von ron-pew eel_ee_y_a (___) _an.**

splurge (on) *vi* claquer (pour) **kla-kay (poor),** se faire plaisir **suh fer play-zeer Let's splurge tonight.** Faisons-nous plaisir ce soir. **Fuh-zon-noo play-zeer suh**

A tilde ~ in terms stands for the main entry word.

swar.

spoil *vt* 1. *(ruin; mar)* ruiner **rwee-nay**; 2. *(pamper)* gâter **ga-tay** **I'm sorry. I've spoiled everything.** Je suis *désolé (-e)*. J'ai tout ruiné. **Zhuh swee day-zo-lay. Zh'ay too rwee-nay. You spoiled everything.** *Vous avez (Fam: Tu as)* tout ruiné. *Voo_z_a-vay (Fam: Tew a)* **too rwee-nay. I'm going to spoil you** *(1)* **all the time.** / *(2)* **beyond your wildest dreams.** Je vais *vous (Fam: te)* gâter *(1)* tout le temps. / *(2)* au delà de *vos (Fam: tes)* rêves. **Zhuh vay** *voo (Fam: tuh)* **ga-tay** *(1)* **too luh tan.** / *(2)* **o duh-la duh** *vo (Fam: tay)* **rev. You spoil me too much.** *Vous me gâtez (Fam: Tu me gâtes)* beaucoup trop. *Voo muh ga-tay (Fam: Tew muh gat)* **boo-koo tro.** ♦ **spoiled** *adj (pampered)* gâté, -e *m&f* **ga-tay You're a spoiled brat!** *Vous êtes (Fam: Tu es)* un morveux gâté! *Voo_z_et (Fam: Tew ay_z_)* **uhn mor-vuh ga-tay!**

sponge *n* éponge *f* **ay-ponzh**

sponsor *vt* sponsoriser **spon-so-ree-zay** ♦ **sponsor** *n* sponsor *m&f* **spon-sor**

spontaneous *adj* spontané, -e *m&f* **spon-ta-nay**

spooky *adj* sinistre *m&f* **see-neestr ~ house** maison *f* sinistrée **may-zon see-nees-tray ~ place** lieu *m* sinistre **lyuh see-neestr**

spoon *n* cuillère *f* **kwee-yer serving ~** cuillère *f* **kwee-yer soup ~** cuillère *f* à soupe **kwee-yer_a soop**

sport(s) *adj* de sport **duh spor ~ coat** veste *f* de sport **vest duh spor ~s car** voiture *f* de sport **vwa-tewr duh spor ~s equipment** équipement *m* de sport **ay-keep-man duh spor ~ shirt** maillot *m* de sport **ma-yo duh spor** ♦ **sport** *n* sport *m* **spor outdoor ~s** sport de plein air **spor duh plen_er spectator ~s** sport populaire **spor po-pew-ler watch ~s (on TV)** regarder le sport (à la télévision) **ruh-gar-day luh spor (_a la tay-lay-vee-zyon) winter ~s** *n* sports *mpl* d'hiver **spor d'ee-ver What sports do you** *(1)* **like best?** / *(2)* **play?** Quels sports *(1)* préférez-vous *(Fam: préfères-tu)*? / *(2)* jouez-vous *(Fam: joues-tu)*? **Kel spor** *(1)* **pray-fay-ray-voo** *(Fam: pray-fer-tew)*? / *(2)* **zhoo-ay-voo** *(Fam: zhoo-tew)*? ♦ **sporting** *adj* de sport **duh spor ~ goods** articles *mpl* de sport **ar-teekl duh spor ~ goods store** magasin *m* de sport **ma-ga-zuhn duh spor**

spot *n* 1. *(place)* endroit *m* **an-drwa**, place *f* **plas**; *(in the heart)* place *f* **plas**; 2. *(restaurant, club)* endroit *m* **an-drwa**; 3. *(situation)* position *f* **po-zee-syon**, situation *f* **see-tew-a-syon**; 4. *(stain, soiled place)* tache *f* **tash bald ~** partie chauve **par-tee shov cozy ~** endroit confortable **an-drwa kon-for-tabl difficult ~** situation difficile **see-tew-a-syon dee-fee-seel nice little ~** bonne petite place **bon puh-teet plas soft ~** *(in the heart)* point *m* vulnérable **pwuhn vewl-nay-rabl tender ~** *(in the heart)* point *m* sensible **pwuhn san-seebl tight ~** position *f* difficile **po-zee-syon dee-fee-seel tough ~** situation *f* difficile **see-tew-a-syon dee-fee-seel**

spouse *n* époux, épouse *m&f* **ay-poo, -pooz former ~** ex-époux, ex-épouse *m&f* **eks_ay-poo, -pooz**

sprain *vt* se faire une entorse **suh fer_ewn_an-tors I sprained my** *(1)* **ankle.** / *(2)* **wrist.** Je me suis *fait (-e)* une entorse *(1)* à la cheville. / *(2)* au poignet. **Zhuh muh swee** *fay (F: fet_)* **ewn_an-tors** *(1)* **a la shuh-veey(uh).** / *(2)* **o pwa-nyay.**

---

uh *sounds like the "u" in "but"*

spread *vt (lay out)* étendre **ay-ta<u>n</u>dr** **Spread the blanket** *(1)* **here.** / *(2)* **there.** *Etendez (Fam: Etends)* la couverture *(1)* ici. / *(2)* là-bas. *Ay-ta<u>n</u>-day (Fam: Ay-ta<u>n</u>)* **la koo-ver-tewr** *(1)* **_ee-see.** / *(2)* **la-ba.**

spring *adj* printanier, printanière *m&f* **pruh<u>n</u>-ta-nyay, -nyer** ~ **fever** fièvre du printemps **fyevr dew pruh<u>n</u>-ta<u>n</u>** ♦ **spring(time)** *n (season)* printemps *m* **pruh<u>n</u>-ta<u>n</u>** **in the** ~ au printemps **o pruh<u>n</u>-ta<u>n</u>** **last** ~ le printemps dernier **luh pruh<u>n</u>-ta<u>n</u> der-nyay** **next** ~ le printemps prochain **luh pruh<u>n</u>-ta<u>n</u> pro-shuh<u>n</u>** **the magic of the** ~ la magie du printemps **la ma-zhee dew pruh<u>n</u>-ta<u>n</u>**

spry *adj* alerte *m&f* **a-lert** **You're pretty spry for an old** *(1)* **man.** / *(2)* **woman.** *Vous vous débrouillez (Fam: Tu débrouilles)* plutôt *pas mal* pour *(1)* un vieil homme. *(2)* une vieille femme. *Voo voo day-broo-yay (Fam: Tew tuh day-brooy)* **plew-to pa mal poor** *(1)* **_uh<u>n</u> vyey_om.** / *(2)* **ewn vyey fam.**

spy *vi* espionner **es-pyo-nay** **I'm spying on you.** Je *vous (Fam: t')* espionne. **Zhuh voo_z_ (Fam: t') es-pyon.** ♦ *n* espion, -ne *m&f* **es-pyo<u>n</u>, -pyon**

square *adj* carré, -e *m&f* **ka-ray** ♦ *n* 1. *(equilateral rectangle)* carré *m* **ka-ray**; 2. *(town plaza)* place *f* **plas** **main** ~ place *f* principale **plas pruh<u>n</u>-see-pal**

squash *n (game)* squash *m* **skwash** ~ **court** court *m* de squash **koor duh skwash**

squeeze *vt* serrer **say-ray**

stable *adj* stable *m&f* **stabl** **financially** ~ financièrement stable **fee-na<u>n</u>-syer-ma<u>n</u> stabl** ~ **relationship** relation *f* stable **ruh-la-syo<u>n</u> stabl** ♦ *n (horses)* écurie *f* **ay-kew-ree**

stack *n (orderly pile)* pile *f* **peel**

stadium *n* stade *m* **stad** **soccer** ~ stade de foot **stad duh foot**

staff *n (personnel)* personnel *m* **per-so-nel**

stage *n (theater platform)* scène *f* **sen** **on** ~ sur scène **sewr sen**

stairs *n pl* escalier *m* **es-ka-lyay** ♦ **stairwell** *n* cage *f* d'escalier **kazh d'es-ka-lyay**

stake *n (money bet)* mise *f* **meez** **We'll play for stakes, okay?** Nous miserons, d'accord? **Noo meez-ro<u>n</u>, d'a-kor?** **Those are high stakes.** Ce sont des mises élevées. **Suh so<u>n</u> day meez_el-vay.**

stall *vi (delay)* retarder **ruh-tar-day**, faire perdre du temps **fer perdr dew ta<u>n</u>** **You're stalling, aren't you?** Vous êtes *(Fam: Tu es)* en train de perdre du temps, n'est-ce pas? *Voo_z_et (Fam: Tew ay)_z_a<u>n</u> truh<u>n</u> duh perdr dew ta<u>n</u>, n'es pa?* **Enough stalling!** Assez perdu de temps! **A-say per-dew duh ta<u>n</u>!**

stamina *n* endurance *f* **a<u>n</u>-dew-ra<u>n</u>s** **You have a lot of stamina.** Vous avez *(Fam: Tu as)* beaucoup d'endurance. *Voo_z_a-vay (Fam: Tew a)* **bo-koo d'a<u>n</u>-dew-ra<u>n</u>s.**

stamp *adj* de timbres **duh tuh<u>n</u>br** ~ **collection** collection *f* de timbres **ko-lek-syo<u>n</u> duh tuh<u>n</u>br** ~ **collector** collectionneur (F: collectionneuse) de timbres *ko-lek-syo-nuhr (F: ko-lek-syo-nuhz)* **duh tuh<u>n</u>br** ♦ *n (postage)* timbre *m* **tuh<u>n</u>br** **collect** ~**s** collectionner les timbres **ko-lek-syo-nay lay tuh<u>n</u>br** **commemorative** ~**s** timbres commémoratifs **tuh<u>n</u>br ko-may-mo-ra-teef** **mint** ~**s** nouveaux timbres **noo-vo tuh<u>n</u>br** **trade** ~**s** échanger des timbres **ay-sha<u>n</u>-zhay day tuh<u>n</u>br** **used** ~**s** timbres usés **tuh<u>n</u>br_ew-zay** **Do you sell stamps?** *Vendez-vous (Fam: Vends-tu)* des timbres? *Va<u>n</u>-day-voo (Fam: Va<u>n</u>-tew)* **day tuh<u>n</u>br?** **Do you have any stamps?** Avez-vous *(Fam: As-tu)* des timbres? *A-vay-voo*

Common French signs and labels are on pages 547-551.

(Fam: A-tew) **day tuhnbr?**

stand *vt (tolerate, endure)* tolérer **to-lay-ray**, supporter **sew-por-tay I can't stand the thought of leaving you.** Je ne peux pas supporter l'idée de *vous (Fam: te)* quitter. **Zhuh nuh puh pa sew-por-tay l'ee-day duh** *voo (Fam: tuh)* **kee-tay. I can't stand it!** Je ne peux pas le supporter! **Zhuh nuh puh pa luh sew-por-tay!**
♦ *vi* se tenir **suh tuh-neer**
  Stand... *Tenez-vous (Fam: Tiens-toi)... Tuh-nay-voo (Fam: Chyuhn-twa)...*
  ...closer. ...plus près. **...plew pre.**
  ...further back. ...plus loin derrière. **...plew lwuhn de-ryer.**
  ...here. ...ici. **...ee-see.**
  ...over there. ...là-bas. **...la-ba.**
  ...still. ...tranquille. **...tran-keel.**
Don't just stand there. (Do something.) Ne *restez (Fam: reste)* pas là. *(Faites [Fam: Fais]* quelque chose.) **Nuh** *res-tay (Fam: rest)* **pa la.** *(Fet [Fam: Fay]* **kel-kuh shoz.)** ♦ **stand** *n* 1. *(slang: liaison)* relation *f* très brève **ruh-la-syon tre brev**; 2. *(taxis: parking place)* place **plas**; 3. *(stall, kiosk)* place *f* **plas, stand** *m* **stand souvenir** ~ stand à souvenir **stand_a soov-neer taxi** ~ zone *f* réservée pour les taxi **zon ray-zer-vay poor lay tak-see I don't want a one-night stand.** Je ne veux pas d'une histoire d'un soir. **Zhuh nuh vuh pa d'ewn_ees-twar d'uhn swar.**
♦ **stand up** *idiom vt (make someone wait in vain)* poser un lapin **po-zay uhn la-puhn; I'm sorry I stood you up.** Je suis *désolé (-e)* de *vous (Fam: t')* avoir posé un lapin. **Zhuh swee day-zo-lay duh** *voo_z_ (Fam: t')* **a-vwar po-zay uhn la-puhn. I won't stand you up, I promise.** Je ne *vous (Fam: te)* poserai pas de lapin. Je promets. **Zhuh nuh** *voo (Fam: tuh)* **po-zuh-ray pa duh la-puhn. Zhuh pro-may.**
♦ **stand up** *idiom vi (rise up)* se lever **suh luh-vay Stand up (for a minute).** *Levez-vous (Fam: Lève-toi)* (une minute). *Luh-vay-voo (Fam: Lev-twa)* **(ewn mee-newt).**

staple *vt* agrafer **a-gra-fay** ♦ **staples** *n, pl* agrafes *fpl* **a-graf** ♦ **stapler** *n* agrafeuse *f* **a-gra-fuhz**

star *n* étoile *f* **ay-twal bright** ~ étoile brillante **ay-twal bree-yant falling / shooting** ~ étoile filante **ay-twal fee-lant look at the ~s** regarder les étoiles **ruh-gar-day lay_z_ay-twal lucky** ~ bonne étoile **bon_ay-twal** ~ **of my life** étoile de ma vie **ay-twal duh ma vee Aren't the stars beautiful tonight?** Les étoiles ne sont-elles pas magnifiques ce soir? **Lay_z_ay-twal nuh son_t_el pa ma-nee-feek suh swar? Let's go outside and gaze at the stars.** Sortons contempler les étoiles. **Sor-ton kon-tan-play lay_z_ay-twal. When I look into your eyes, I see the stars.** Quand je regarde dans *vos (Fam: tes)* yeux, je peux voir les étoiles **Kan zhuh ruh-gard dan** *vo (Fam: tay)* **_z_yuh, zhuh puh vwar lay_z_ay twal. I thank my lucky stars that I met you (in this world).** Je remercie ma bonne étoile de *vous (Fam: t')* avoir *recontré (-e)* (dans ce monde). **Zhuh ruh-mer-see ma bon_ay-twal duh** *voo_z_ (Fam: t')* **a-vwar ran-kon-tray (dar suh mond). We say that you can make a wish on the first star you see a**

To learn more about French verbs, go to the Grammar appendix on page 512.

night. On dit qu'on peut faire un vœu à la première étoile que l'on voit le soir. **On dee k'on puh fer_uhn vuh a la pruh-myer_ay-twal kuh l'on vwa luh swar.**

stare *vi* fixer **feek-say**, scruter **skrew-tay**, dévisager **day-vee-za-zhay Forgive me for staring. It's just that you're so beautiful.** *Pardonnez (Fam: Pardonne)-moi de vous (Fam: te) dévisager. Vous êtes (Fam: Tu es) si belle!* ***Par-do-nay (Fam: Pardon)-mwa duh voo (Fam: tuh) day-vee-za-zhay. Voo_z_et (Fam: Tew ay)*** see **bel.**

start *vt* commencer **ko-man-say**, démarrer **day-ma-ray What time do you start work?** A quelle heure *commencez-vous (Fam: commences-tu) le travail?* **A kel_uhr** *ko-man-say-voo (Fam: ko-mans-tew)* **luh tra-vaee?** ♦ *vi* commencer **ko-man-say What time does it start?** A quelle heure est-ce que ça commence? **A kel_uhr es kuh sa ko-mans?** **It starts at** *(time)*. Ça commence à *(__)*. **Sa ko-mans_a (__).** **Let's start.** Commençons! **Ko-man-son! They've already started.** Ils ont déjà commencé. **Eel_z_on day-zha ko-man-say.** **The car won't start.** La voiture ne veut pas démarrer. **La vwa-tewr nuh vuh pa day-ma-ray.** ♦ *n* début *m* **day-bew**, départ *m* **day-par** head ~ avantage *m* initial **a-van-tazh_ee-nee-syal** *(1)* **I'll** / *(2)* **We'll give you a head start.** *(1)* Je vais / *(2)* Nous allons vous donner un bon avantage. *(1) Zhuh vay / (2) Noo_z_a-lon voo (Fam: tuh) do-nay uhn bon_a-van-tazh.* **Give** *(1)* **me** / *(2)* **us a head start, okay?** *(1)* Donnez (Fam: Donne)-moi… / *(2)* Donnez (Fam: Donne)-nous…un bon avantage, d'accord? *(1) Do-nay (Fam: Don)-mwa… / (2) Do-nay (Fam: Don)-noo…* **uhn bon_a-van-tazh, d'a-kor?** ♦ **starter** *n (automot.)* démarreur *m* **day-ma-ruhr** ♦ **starting** *adj* de départ *m&f* **duh day-par** ~ **line** ligne *f* de départ **leeny(uh) duh day-par** ~ **point** point *m* de départ **pwuhn duh day-par**

startle *vt* sursauter **sewr-so-tay You startled me.** *Vous m'avez (Fam: Tu m'as)* fait sursauter. ***Voo m'a-vay (Fam: Tew m'a)*** **fay sewr-so-tay.** **I didn't mean to startle you.** Je ne voulais pas *vous (Fam: te)* faire sursauter. **Zhuh nuh voo-lay pa** *voo (Fam: tuh)* **fer sewr-so-tay.**

starve *vi* 1. *(die of hunger)* mourir de faim **moo-reer duh fuhn**; 2. *(be very hungry)* être affamer **etr_a-fa-may I'm starving.** Je suis *affamé (-e)*. **Zhuh swee_z_a-fa-may.** **You must be starving.** *Vous devez (Fam: Tu dois)* mourir de faim. *Voo duh-vay (Fam: Tew dwa)* **moo-reer duh fuhn.** ♦ **starved** *adj (very hungry)* affamé, -e *m&f* **a-fa-may I'm starved.** Je suis *affamé (-e)*. **Zhuh swee_z_a-fa-may.** **We're starved.** Nous mourons de faim. **Noo moo-ron duh fuhn.**

I'm (really) starved for… J'ai (vraiment) envie… **Zh'ay (vray-man) an-vee…**

…**you.** …de *vous (Fam: toi)*. …**duh voo** *(Fam: twa)*.
…**love.** …d'amour. …**d'a-moor.**
…**your (sweet) kisses.** …de tes délicieux baisers. …**duh tay day-lee-syuh bay-zay.**

state *n* 1. *(condition)* état *m* **ay-ta**; 2. *(U.S.)* état *m* **ay-ta in a ~ of flux** dans un état de perpétuel changement **dan_z_uhn_ay-ta per-pay-tew-el duh shanzh-man** *(1)* **I** / *(2)* **We live in the state of California.** *(1)* Je vis… / *(2)* Nous vivons… dans l'état de Californie. *(1) Zhuh vee… / (2) Noo vee-von…* **dan l'ay-ta duh**

Some adjectives follow nouns, some precede them.
You'll need to memorize these case by case.

station   416   **stay**

Ka-lee-for-nee. *(1)* **I'm** / *(2)* **We're from the state of New York.** *(1)* Je suis... / *(2)* Nous sommes... de l'état de New York. *(1) Zhuh swee… / (2) Noo som… duh l'ay-ta duh NewYork.*

station *n* station *f* **sta-syon** **bus** ~ station de bus **sta-syon duh bews** **gas** ~ station essence **sta-syon ay-sans,** station service **sta-syon ser-vees** **metro** ~ station de métro **sta-syon duh may-tro** **service** ~ *(automot.)* station service **sta-syon ser-vees** **subway** ~ station de métro **sta-syon duh may-tro** **train** ~ gare *f* **gar** **Where's the (nearest) metro / subway station?** Où est la station de métro (la plus proche)? **Oo_w_ay la sta-syon duh may-tro (la plew prosh)? What station are you getting off at?** A quelle station *descendez-vous (Fam: descends-tu)?* **A kel sta-syon** *day-san-day-voo (Fam: day-san-tew)?* **I'm getting off at the next station.** Je descends à la prochaine station. **Zhuh day-san a la pro-shen sta-syon. What's the next station?** Quelle est la prochaine station? **Kel_ay la pro-shen sta-syon? The next station is** *(name).* La prochaine station est *(___).* **La pro-shen sta-syon ay** *(___).*
    Your station is… *Votre (Fam: Ta)* station est… *Votr (Fam: Ta)* **sta-syon ay…**
        …the next one. …la prochaine. **…la pro-shen.**
        …the one after next. …la seconde. **…la suh-gond.**
        …the third stop. …la troisième. **…la trwa-zyem.**
        …fourth stop. …la quatrième. **…la ka-tree-yem.**
        …still a long way. …dans encore longtemps. **…dan an-kor lon-tan.**
   ◆ **stationed** *adj (mil.)* être stationné, -e *m&f* **etr sta-syo-nay be** ~ être *stationné (-e)* **etr sta-syo-nay I'm stationed at** *(name of base / city).* Je suis *stationné (-e)* à *(___).* **Zhuh swee sta-syo-nay a** *(___).*

statue *n* statue *f* **sta-tew** *(1)* **Who** / *(2)* **What is this statue for?** *(1)* Pour qui est… / *(2)* Pourquoi… cette statue? *(1) Poor kee ay… / (2) Poor-kwa …* **set sta-tew?**

status *n* état *m* **ay-ta,** status social *m* **sta-tew so-syal** **marital** ~ situation *f* conjugale **see-tew-a-syon kon-zhew-gal**

stay *vi* rester **res-tay** **How long are you going to stay** *([1] here / [2] there / [3] in [place])?* Combien de temps *allez-vous (Fam: vas-tu)* rester *([1] ici / [2] là-bas / [3] à [___])?* **Kon-byuhn duh tan** *a-lay-voo (Fam: va-tew)* **res-tay** *([1] ee-see / [2] la-ba / [3] a [___])?* *(1)* **I'm going to…** / *(2)* **We're going to… stay** *([3]* **here** / *[4]* **there** / *[5]* **in** *[place])* **for** *(amount of time). (1)* Je vais... / *(2)* Nous allons... rester *([3]* ici / *[4]* là / *[5]* à *[___])* pendant *(___). (1) Zhuh vay… / (2) Noo_z_a-lon res-tay ([3] ee-see / [4] la / [5] a [___])* **pan-dan** *(___).* **Please stay.** S'il *vous (Fam: te)* plaît *restez (Fam: reste).* **S'eel** *voo (Fam: tuh)* **play,** *res-tay (Fam: rest).*
    Stay… *Restez (Fam: Reste)…* *Res-tay (Fam: Rest)…*
        …a (little) longer. …(un peu) plus longtemps. **…(uhn puh) plew lon-tan.**
        …at my place. …chez moi. **…shay mwa.**
        …here. …ici. **…ee-see.**
        …with me. …avec moi. **…a-vek mwa.**
    Can you stay… *Pouvez-vous (Fam: Peux-tu)* rester... *Poo-vay-voo (Fam: Puh-tew)* **res-tay…**

A blue diamond ◆ signals a different word or a different form of a word.

Would it be possible for you to stay (with me)… Serait-ce possible pour *vous (Fam: toi)* de rester (avec moi)… **Suh-res po-seebl poor** voo *(Fam: twa)* **duh res-tay (a-vek mwa)…**
 …**all night?** toute la nuit? …**toot la nwee?**
 …**overnight?** pendant la nuit? …**pan-dan la nwee?**
 …**a little longer?** …un peu plus longtemps? …**uhn puh plew lon-tan?**
 …**for another day?** …un jour de plus? …**uhn zhoor duh plews?**
 …**two more days?** …deux jours de plus? …**duh zhoor duh plews?**
 …**another week?** …une semaine de plus? …**ewn suh-men duh plews?**
Would it be possible to stay at your *(1)* **apartment?** / *(2)* **house?** Serait-ce possible de loger dans *votre (1) (Fam: ton)* appartement? / *(2) (Fam: ta)* maison? **Suh-res po-seebl duh lo-zhay dan** *votr (1) (Fam: ton)* **a-par-tuh-man?** / *(2) (Fam: ta)* **may-zon?**
 You can stay at… *Vous pouvez (Fam: Tu peux)* loger à… *Voo poo-vay (Fam: Tew puh)* **lo-zhay a…**
 You cannot stay at… *Vous ne pouvez (Fam: Tu ne peux)* pas loger à… *Voo nuh poo-vay (Fam: Tew nuh puh)* **pa lo-zhay a…**
  … **my apartment.** …mon appartement. …**mon_a-par-tuh-man.**
  … **my house.** …ma maison. …**ma may-zon.**
  … **my hotel.** …mon hôtel. …**mon_o-tel.**
I can(not) stay (a little longer). Je (ne) peux (pas) rester (plus longtemps). **Zhuh (nuh) puh (pa) res-tay (plew lon-tan). I can stay another** *(1)* **day** / *(2)* **week (if you want).** Je peux rester *(1)* un jour de plus / *(2)* une semaine de plus (si *vous voulez [Fam: tu veux]*). **Zhuh puh res-tay** *(1)* **uhn zhoor duh plews** / *(2)* **ewn suh-men duh plews** (see *voo voo-lay [Fam: tew vuh]*). **Let's stay here.** Restons ici. **Res-ton_z_ee-see. Where are you staying?** Où *logez-vous (Fam: loges-tu)*? **Oo** *lo-zhay-voo (Fam: lozh- tew)*? *(1)* **I'm** / *(2)* **We're staying… at the** *(hotel name)*. *(1)* Je loge… / *(2)* Nous logeons… à (___). *(1)* **Zhuh lozh_…** / *(2)* **Noo lo-zhon… a (___). Where's a good place to stay?** Où puis-je où loger? **Oo pwee-zh lo-zhay? A good place to stay is** *(hotel name)*. Un bon endroit où loger serait à (___). **Uhn bon_an-drwa oo lo-zhay suh-ray_t_a (___). You certainly stay in good shape.** *Vous restez (Fam: Tu restes)* certainement en forme. *Voo res-tay (Fam: Tew rest)* **ser-ten-man an form. I try to stay** *(1)* **fit.** / *(2)* **in shape.** J'essaie de rester *(1,2)* en forme. **Zh'ay-say duh res-tay** *(1,2)* **an form.** ♦ **stay** *n* séjour *m* **say-zhoor pleasant** ~ séjour agréable **say-zhoor_a-gray-abl** *(1)* **I'm** / *(2)* **We're here just for a short stay.** *(1)* Je suis / *(2)* Nous sommes ici seulement pour un court séjour. *(1)* **Zhuh swee** / *(2)* **Noo som_z_ee-see suhl-man poor_ uhn koor say-zhoor. I (really) enjoyed my stay.** J'ai (vraiment) apprécié mon séjour. **Zh'ay (vray-man) a-pray-syay mon say-zhoor. We (really) enjoyed our stay.** Nous avons (vraiment) apprécié notre séjour. **Noo_z_a-von (vray-man) a-pray-syay no-truh say-zhoor.**
♦ **stay away** *idiom* laisser tranquille **lay-say tran-keel Stay away from me.** Laissez *(Fam: Laisse)*-moi tranquille. *Lay-say (Fam: Les)*-**mwa tran-keel.**

Familiar "tu" ("tew") forms in parentheses can replace italicized polite forms.

- **stay up** *idiom* veiller **vay-yay** *(1)* **I** / *(2)* **We stayed up all night.** *(1)* J'ai veillé… / *(2)* Nous avons veillé… toute la nuit. *(1) Zh'ay vay-yay…* / *(2) Noo_z_a-von vay-yay… toot la nwee.*
- **steady** *adj (regular)* stable *m&f* **stabl** ~ **job** emploi *m* stable **an-plwa stabl**
- **steal** *vt* voler **vo-lay** ~ **a kiss** voler un baiser **vo-lay uhn bay-zay**
    - **Someone stole…** Quelqu'un a volé… **Kel-k'uhn a vo-lay…**
        - **…my bag.** …mon sac. **…mon sak.**
        - **…my camera.** …mon appareil photo. **…mon_a-pa-rey fo-to.**
        - **…my pack.** …mon sac à dos. **…mon sak_a do.**
        - **…my passport.** …mon passeport. **…mon pas-por.**
        - **…my purse.** …mon sac à main. **…mon sak_a muhn.**
        - **…my suitcase.** …ma valise. **…ma va-leez.**
        - **…my wallet.** \…mon portefeuille. **…mon por-tuh-fuhy.**
- **steamer, steamship** *n* bateau *m* à vapeur **ba-to a va-puhr**
- **steep** *adj* raide *m&f* **red**, pentu, -e *m&f* **pan-tew** ~ **cliff** falaise *f* raide **fa-lez red** ~ **hill** colline *f* pentue **ko-leen pan-tew** ~ **trail** chemin *m* pentu **shuh-muhn pan-tew It's too steep (for** *[1]* **me** / *[2]* **us).** C'est trop raide (pour *[1]* moi / *[2]* nous). **S'ay tro red (poor** *[1]* **mwa** / *[2]* **noo).**
- **steer** *vt* conduire **kon-dweer**, diriger **dee-ree-zhay**, manœuvrer **ma-nuh-vray**, guider **ghee-day** ~ **around** éviter **ay-vee-tay**, contourner **kon-toor-nay** ~ **to the left** se diriger vers la gauche **suh dee-ree-zhay ver la gosh** ~ **to the right** se diriger vers la droite **suh dee-ree-zhay ver la drwat Do you want to steer it?** *Voulez-vous (Fam Veux-tu) le (F: la) conduire? Voo-lay-voo (Fam: Vuh-tew) luh (F: la)* **kon-dweer?**
- **step** *vi* marcher **mar-shay Step carefully (around here).** *Marchez (Fam: Marche)* avec précaution (autour d'ici). *(Mar-shay (Fam: Marsh_)* **a-vek pray-ko-syon (o-toor d'ee-see). Step back.** *Reculez (Fam: Recule). Ruh-kew-lay (Fam: Ruh-kewl).* **Step forward.** *Faites (Fam: Fais) un pas en avant. Fet (Fam: Fay)* **uhn pa_z_an_a-van.** ♦ *n* marche *f* **marsh go down the ~s** descendre les marches **day-sandr lay marsh go up the ~s** monter les marches **mon-tay lay marsh Watch your step!** *Faites (Fam: Fais)* attention aux marches! *Fet (Fam: Fay)* **a-tan-syon o marsh!** ♦ **stepbrother** *n* demi-frère *m* **duh-mee-frer** ♦ **stepdaughter** *n* belle-fille *f* **bel-feey(uh)** ♦ **stepfather** *n* beau-père *m* **bo-per** ♦ **stepmother** *n* belle-mère *f* **bel-mer** ♦ **stepsister** *n* demi-sœur **duh-mee-suhr** ♦ **stepson** *n* beau-fils *m* **bo-fees**
- **stern** *n (ships)* arrière *f* **a-ryer**
- **stick** *vt* mettre **metr**
    - **Could you stick this in…** *Pourriez-vous (Fam: Pourrais-tu)* mettre ça dans… *Poo-ryay-voo (Fam: Poo-ray-tew)* **metr sa dan…**
        - **…your bag** *(purse)?* …*votre (Fam: ton)* sac à main? …*votr (Fam: ton)* **sak_a muhn?**
        - **…your pocket?** …*votre (Fam: ta)* poche? …*votr (Fam: ta)* **posh?**
        - **…your purse?** …*votre (Fam: ton)* sac à main? …*votr (Fam: ton)* **sak_**

Learn a new French phrase every day! Subscribe to the free **Daily Dose of French***, www.phrase-books.com.*

stick / **stop**

a muh<u>n</u>? …your suitcase? …*votre (Fam: ta)* valise? *…votr (Fam: ta)* **va-leez?**

♦ **stick** *n* bâton *m* **ba-to<u>n</u>** glue ~ bâton de colle **ba-to<u>n</u> duh kol** hiking ~ bâton de randonnée **ba-to<u>n</u> duh ra<u>n</u>-do-nay** walking ~ bâton de marche **ba-to<u>n</u> duh marsh**

still *adj* 1. *(quiet)* calme *m&f* **kalm** 2. *(motionless)* immobile *m&f* **ee-mo-beel** Be still! Ne *bougez (Fam: bouge)* plus! **Nuh boo-zhay (Fam: boozh) plew!** Sit still! *Restez (Fam: Reste)* assis (-e) sans bouger! **Res-tay (Fam: Rest) a-see sa<u>n</u> boo-zhay!** Still waters flow deep. Méfiez-vous de l'eau qui dort. **May-fyay-voo duh l'o kee-dor.** ♦ **still** *adv* encore **a<u>n</u>-kor**, toujours **too-zhoor** Do you still *(1)* love me? / *(2)* want to go? *(1)* M'*aimez-vous (Fam: aimes-tu)* encore? / *(2) Voulez-vous (Fam: Veux-tu)* toujours y aller? *(1) M'ay-may-voo_z_(Fam: M'em-tew)* **a<u>n</u>-kor?** / *(2) Voo-lay-voo (Fam: Vuh-tew)* **too-zhoor_ee_y_a-lay?**

sting *vt* piquer **pee-kay** A bee stung me. Une abeille m'a *piqué (-e)*. **Ewn_a-bey m'a pee-kay.**

stingy *adj* avare *m&f* **a-var**, radin, -e *m&f* **ra-duh<u>n</u>, -deen** Don't be stingy (with your kisses). Ne *soyez (Fam: sois)* pas avare (avec *vos [Fam: tes]* baisers). **Nuh swa-yay (Fam: swa) pa_z_a-var (_a-vek vo [Fam: tay] bay-zay).**

stink *vi* puer **pew-ay** It stinks (terribly). Ça pue (horriblement). **Sa pew (o-ree-bluh-ma<u>n</u>).**

stir (up) *vt (feelings)* éveiller **ay-ve-yay** ~ feelings éveiller des sentiments **ay-ve-yay day sa<u>n</u>-tee-ma<u>n</u>**

stirrup *n* étrier *m* **ay-tree-yay**

stock *n (shares in a corporation)* action *f* **ak-syo<u>n</u>** buy ~ acheter des actions **ash-tay day_z_ak-syo<u>n</u>** shares of ~ actions *fpl* **ak-syo<u>n</u>** ~ market marché *m* boursier **mar-shay boor-syay**

stocking(s) *n (pl)* bas *m* **ba**

stomach *n* estomac *m* **es-to-ma**, ventre *m* **va<u>n</u>tr** bare ~ ventre à l'air **va<u>n</u>tr_a l'er** big ~ gros ventre **gro va<u>n</u>tr** fat ~ gros ventre **gro va<u>n</u>tr** flat ~ ventre plat **va<u>n</u>tr pla** hard ~ abdomen *m* dur **ab-do-men dewr** little / small ~ petit ventre **puh-tee va<u>n</u>tr** scar on my ~ cicatrice *f* sur mon ventre **see-ka-trees sewr mo<u>n</u> va<u>n</u>tr** You have such a flat stomach. *Vous avez (Fam: Tu as)* un ventre si plat! **Voo_z_a-vay (Fam: Tew a) uh<u>n</u> va<u>n</u>tr see pla!** ♦ **stomachache** *n* mal *m* de ventre **mal duh va<u>n</u>tr**, mal *m* d'estomac **mal d'es-to-ma**

stone *adj* en pierre **a<u>n</u> pyer**, de pierre **duh pyer** ♦ *n* pierre *f* **pyer** precious ~ pierre précieuse **pyer pray-syuhz** I'm not made of stone. Je ne suis pas *fait (-e)* de pierre. **Zhuh nuh swee pa** *fay (F: fet)* **duh pyer.**

stool *n* tabouret *m* **ta-boo-ray**

stop *vt* arrêter **a-re-tay**, cesser **say-say** I stopped *(1)* drinking / *(2)* smoking *(number)* years ago. J'ai arrêté de *(1)* boire / *(2)* fumer il y a (___) ans. **Zh'ay a-re-tay duh *(1)* bwar / *(2)* few-may eel_ee_y_a (___) a<u>n</u>.** You really should try to stop smoking. It's the best thing you can do for your health. *Vous devriez (Fam: Tu devrais)* vraiment essayer de *vous (Fam: t')* arrêter de fumer. C'est

---

Underlines between letters indicate the sounds are joined together.

la meilleure chose que *vous puissiez (Fam: tu puisses)* faire pour *votre (Fam: ta)* santé. *Voo duh-vree-yay (Fam: Tew duh-vray)* **vray-man ay-say-yay duh voo_z_ (Fam: t')_a-re-tay duh few-may. S'ay la me-yuhr shoz kuh voo pwee-syay (Fam: tew pwees) fer poor** *votr (Fam: ta)* **san-tay. Stop it!** *Arrêtez (Fam: Arrête)* ça! **A-re-tay (Fam: A-ret) sa! Stop doing that!** *Arrêtez (Fam: Arrête)* ça! **A-re-tay (Fam: A-ret) sa!** ♦ *vi* s'arrêter **s'a-re-tay Stop!** *Arrêtez (Fam: Arrête)!* **A-re-tay (Fam: A-ret)! Does the bus for *(place name)* stop here?** Est-ce que le bus pour (___) s'arrête ici? **Es kuh luh bews poor (___) s'a-ret_ee-see? Does the train stop at *(place)*?** Est-ce que le train s'arrête à (___)? **Es kuh luh truhn s'a-ret_a (___)? My watch stopped. What time is it?** Ma montre s'est arrêtée. Quelle heure est-il? **Ma montr s'ay_t_a-re-tay. Kel_uhr_ay t-eel? Please stop *(1)* here. / *(2)* (over) there.** S'il *vous (Fam : te)* plaît, arrêtez-vous *(Fam : arrête-toi)* (1) ici. / (2) là-bas. **S'eel voo (Fam: tuh) play, a-re-tay-voo (Fam: a-ret-twa) (1) ee-see. / (2) la-ba.** ♦ **stop** *n* arrêt *m* **a-re bus** ~ arrêt de bus **a-re duh bews This is my stop.** C'est mon arrêt. **S'ay mon_a-re. The next stop is mine.** Le prochain arrêt est le mien. **Luh pro-shen_a-re ay luh myuhn. What stop are you getting off at?** A quel arrêt *descendez-vous (Fam: descends-tu)*? **A kel_a-re day-san-day-voo (Fam: day-san-tew)? Where's the nearest bus stop in the direction of *(place)*?** Où est l'arrêt de bus le plus proche en direction de (___)? **Oo_w_ay l'a-re duh bews luh plew prosh_an dee-rek-syon duh (___)?** ♦ **stoplight** *n* sellette *f* **say-let,** feu *m* rouge **fuh roozh at the** ~ sur la sellette **sewr la say-let** ♦ **stopover** *n* escale *f* **es-kal I *(1)* had *(2)* will have a stopover in London.** (1) J'ai eu... / (2) Je vais avoir... une escale à Londres. *(1)* **Zh'ay ew... / *(2)* Zhuh vay_z_a-vwar_... ewn_ es-kal_a Londr. We *(1)* had / *(2)* will have a stopover in London.** (1) Nous avons eu... / (2) Nous allons avoir... une escale à Londres. *(1)* **Noo_z_a-von ew... / *(2)* Noo_z_a-lon a-vwar_... ewn_ es-kal_a Londr.**

storage *n* garde-meuble *m* **gar-duh-muhbl (1) Leave / (2) Put it in (the hotel's) storage.** (1) *Laissez (Fam: Laisse)*... / (2) *Mettez (Fam: Mets)*... le *(F: la)* dans le garde-meuble (de l'hôtel). *(1)* **Lay-say *(Fam: Les)*... / *(2)* Me-tay *(Fam: Me)*... luh *(F: la)* dan luh gar-duh-muhbl (duh l'o-tel).** (1) I / (2) **We left it in storage.** (1) Je l'ai... / (2) Nous l'avons... *laissé (-e)* dans le garde-meuble. *(1)* **Zhuh l'ay... / *(2)* Noo l'a-von... lay-say dan luh gar-duh-muhbl.**

store *vt* ranger **ran-zhay,** garder **gar-day Where can I store my suitcase?** Où puis-je ranger ma valise? **Oo pwee-zh ran-zhay ma va-leez? Where can we store our suitcases?** Où pouvons-nous ranger nos valises? **Oo poo-von-noo ran-zhay no va-leez?** ♦ *n* magasin *m* **ma-ga-zuhn;** *(small)* boutique *f* **boo-teek** *(See also* **shop***)* **auto parts** ~ magasin de pièces d'auto **ma-ga-zuhn duh pyes d'o-to clothing** ~ magasin de vêtements **ma-ga-zuhn duh vet-man computer** ~ magasin d'ordinateurs **ma-ga-zuhn d'or-dee-na-tuhr convenience** ~ épicerie *f* **ay-pees-ree cosmetics** ~ boutique de cosmétiques **boo-teek duh kos-may-teek department** ~ grand magasin **gran ma-ga-zuhn electronics** ~ magasin d'électroniques **ma-ga-zuhn d'ay-lek-tro-neek furniture** ~ boutique de meuble

---

*Like English, French has both regular and irregular verbs.
Learn more about them on page 514.*

boo-teek duh muhbl **grocery** ~ épicerie *f* **ay-pees-ree hardware** ~ quincaillerie *f* **kuhn-kaee-ree health food** ~ magasin de produits diététiques **ma-ga-zuhn duh pro-dwee jay-tay-teek household goods** ~ boutique de produits ménagers **boo-teek de pro-dwee may-na-zhay jewelry** ~ bijouterie *f* **bee-zhoo-tree liquor** ~ magasin de vins et spiritueux **ma-ga-zuhn duh vuhn ay spee-ree-tew-uh mini** ~ petit magasin *m* **puh-tee ma-ga-zuhn music** ~ magasin de musique **ma-ga-zuhn duh mew-zeek shoe** ~ magasin de chaussures **ma-ga-zuhn duh sho-sewr sporting goods** ~ magasin de sport **ma-ga-zuhn duh spor toy** ~ magasin de jouets **ma-ga-zuhn duh zhoo-ay used book** ~ magasin de livres d'occasion **ma-ga-zuhn duh leevr d'o-ka-zyon video rental** ~ magasin de locations de films **ma-ga-zuhn duh lo-ka-syon duh feelm**

storm *n* tempête *f* **tan-pet Is there going to be a storm?** Est-ce qu'il va y avoir une tempête? **Es k'eel va ee_y_a-vwar_ewn tan-pet? There's a storm coming.** Une tempête arrive. **Ewn tan-pet_a-reev.**

story *n* histoire *f* **ees-twar dirty** ~ histoire cochonne **ees-twar ko-shon fascinating** ~ histoire fascinante **ees-twar fa-see-nant funny** ~ *(amusing)* histoire drôle **ees-twar drol interesting** ~ histoire intéressante **ees-twar_uhn-tay-ray-sant love** ~ histoire d'amour **ees-twar d'a-moor sad** ~ histoire triste **ees-twar treest short -ies** nouvelles *fpl* **noo-vel strange** ~ histoire étrange **ees-twar_ay-tranzh (1) I want to hear... / (2) Tell me... the story of your life.** *(1)* Je veux écouter… / *(2)* Racontez (Fam: Raconte)-moi… l'histoire de *votre (Fam: ta)* vie. *(1)* **Zhuh vuh_z_ay-koo-tay... / (2) Ra-kon-tay (Fam: Ra-kont)-mwa... l'ees-twar duh** *votr (Fam: ta)* **vee. That's the story of my life.** *(ironic)* C'est l'histoire de ma vie. **S'ay l'ees-twar duh ma vee. It's a long story.** C'est une longue histoire. **S'ay_t_ewn long_ees-twar. To make a long story short...** Pour abréger... **Poor_a-bray-zhay... That's a different story.** C'est une autre histoire. **S'ay_t_ewn_otr_ees-twar.**

stove *n* réchaud *m* **ray-sho**, cuisinière *f* **kwee-zee-nyer camping** ~ réchaud *m* de camping **ray-sho duh kan-peeng electric** ~ cuisinière *f* électrique **kwee-zee-nyer_ay-lek-treek gas** ~ cuisinière *f* au gas **kwee-zee-nyer_o gaz wood** ~ fournaise *f* **foor-nez How do you turn on the stove?** Comment *allumez-vous (Fam: allumes-tu)* la cuisinière? **Ko-man** *a-lew-may-voo (Fam: a-lewm-tew)* **la kwee-zee-nyer? Did you turn off the stove?** *Avez-vous (Fam: As-tu)* éteint la cuisinière? *A-vay-voo (Fam: A-tew)* **ay-tuhn la kwee-zee-nyer? I forgot to turn off the stove!** J'ai oublié d'éteindre la cuisinière! **Zh'ay oo-blee-yay d'ay-tuhndr la kwee-zee-nyer!**

straight *adj* 1. *(not curved)* droit, e *m&f* **drwa, drwat**; 2. *(direct, candid)* honnête *m&f* **o-net**, sincère *m&f* **suhn-ser**, franc, franche *m&f* **fran, fransh**; 3. *(slang) (not homosexual)* hétérosexuel, -le *m&f* **ay-tay-ro-sek-sew-el It's straight ahead.** C'est tout droit. **S'ay too drwa. Give me a straight answer.** Donnez *(Fam: Donne)*-moi une réponse franche. **Do-nay** *(Fam: Don)***-mwa ewn ray-pons fransh. I'm straight.** *(heterosexual)* Je suis hétéro. **Zhuh swee_z_ay-tay-ro.** ♦ *adv* tout droit **too drwa Go straight (ahead).** *Allez (Fam: Va)* tout droit.

---

a *always sounds like the "a" in "father"*

A-lay (Fam: Va) **too drwa.**
- **straighten up** *(idiom: tidy up)* ranger **ra<u>n</u>-zhay**

strain *n* pression *f* **pay-syo<u>n</u>**, stress *m* **stres** **That's too much of a strain (for you).** C'est trop de stress (pour *vous [Fam: toi]*). **S'ay trop duh stres (poor** *voo [Fam: twa]).* **I've been under a lot of strain.** J'ai été sous beaucoup de stress. **Zh'ay ay-tay soo bo-koo duh stres.**

strait jacket *n* camisole *f* de force **ka-mee-zol duh fors** **I'm ready for a strait jacket.** Je suis prêt (-e) pour la camisole de force. **Zhuh swee** *pray (F: pret)* **poor la ka-mee-zol duh fors. I think we need to get you into a strait jacket.** Je pense qu'il faudrait *vous (Fam: te)* mettre une camisole de force. **Zhuh pa<u>n</u>s k'eel fo-dray** *voo (Fam: tuh)* **metr_ewn ka-mee-zol duh fors.**

stranded *adj* coincé, -e *m&f* **kwuh<u>n</u>-say** *(1)*
    I was stranded... J'étais *coincé (-e)...* **Zh'ay-tay kwuh<u>n</u>-say...**
    We were stranded... Nous étions *coincé(e)s...* **Noo_z_ay-chyo<u>n</u> kwuh<u>n</u>-say...**
        ...there for... ...là-bas pendant... **...la-ba pa<u>n</u>-da<u>n</u>...**
            ...two *(1)* **hours. /** *(2)* **days.** deux *(1)* heures. / *(2)* jours. **duh** *(1) _z_* **uhr. /** *(2)* **zhoor.**
            ...three *(1)* **hours. /** *(2)* **days.** trois *(1)* heures. / *(2)* jours. **trwa** *(1) _z_uhr. /* *(2)* **zhoor.**
            ...four *(1)* **hours. /** *(2)* **days.** quatre *(1)* heures. / *(2)* jours. **katr** *(1)* **uhr. /** *(2)* **zhoor.**
            ...a week. ...une semaine. **...ewn suh-men.**
    I don't want to get stranded *(1)* **here. /** *(2)* **there.** Je ne veux pas être *isolé (-e) (1)* ici. / *(2)* là. **Zhuh nuh vuh pa_z_etr ee-zo-lay** *(1)* **ee-see. /** *(2)* **la.**

strange *adj (1. odd, bizarre; 2. unfamiliar)* étrange *m&f* **ay-tra<u>n</u>zh**, bizarre *m&f* **bee-zar** ~ **country** pays *m* bizarre **pay-ee bee-zar** ~ **place** endroit *m* bizarre **a<u>n</u>-drwa bee-zar** **A strange thing happened.** Quelque chose de bizarre est arrivée. **Kel-kuh shoz duh bee-zar_ay_t_a-ree-vay. How strange.** Que c'est bizarre. **Kuh s'ay bee-zar. Strange as it may seem...** Aussi bizarre que cela semble... **O-see bee-zar kuh suh-la sa<u>n</u>bl... You want to hear something strange?** *Vous voulez (Fam: Tu veux)* entendre quelque chose d'étrange? **Voo voo-lay** *(Fam: Tew vuh)* **a<u>n</u>-ta<u>n</u>dr kel-kuh shoz d'ay-tra<u>n</u>zh? Everything is so strange.** Tout est si bizarre! **Too_t_ay see bee-zar!** ♦ **strangely** *adv* étrangement **ay-tra<u>n</u>zh-ma<u>n</u>**, bizarrement **bee-zar-ma<u>n</u>** act ~ se comporter étrangement **suh ko<u>n</u>-por-tay ay-tra<u>n</u>zh-ma<u>n</u>** ♦ **stranger** *n* inconnu, -e *m&f* **uh<u>n</u>-ko-new**, étranger, étrangère *m&f* **ay-tra<u>n</u>-zhay, -zher**; *(from another place)* étranger, étrangère *m&f* **ay-tra<u>n</u>-zhay, -zher** **complete / perfect / total** ~ complet (complète) inconnu (-e) **ko<u>n</u>-play** *(F: ko<u>n</u>-plet_)* **uh<u>n</u>-ko-new I'm a stranger here.** Je suis *un étranger (F: une étrangère)* ici. **Zhuh swee_z_uh<u>n</u>_ ay-tra<u>n</u>-zhay** *(F: ewn_ ay-tra<u>n</u>-zher)* **ee-see.**

strap *n* 1. *(general)* lanière *f* **la-nyer**; 2. *(shoulder strap)* bretelle *f* **bruh-tel**; 3. *(undergarments)* bretelle *f* **bruh-tel** **pack** ~ lanière *f* de sac **la-nyer duh sak My (pack) strap is torn.** La lanière (de mon sac) est usée. **La la-nyer_(duh mo<u>n</u> sak_) ay_t_ew-zay.**

French pronunciation and phonetics are on pages 510-511.

streak *n (characteristic; disposition)* caractéristique *f* **ka-rak-tay-rees-teek**, nature *f* **na-tewr**; 2. *(hair with color)* mèche *f* **mesh blonde** ~ mèche blonde **mesh blond** grey ~ mèche grise **mesh greez** mean ~ nature méchante **na-tewr may-shant** nervous ~ nature nerveuse **na-tewr ner-vuhz** reddish ~ mèche rousse **mesh roos** romantic ~ nature romantique **na-tewr ro-man-teek** wild ~ nature dingue **na-tewr duhng**

stream *n* 1. *(small river)* ruisseau *m* **rwee-so**; 2. *(copious flow)* torrent *m* **to-ran** cross a ~ traverser un ruisseau **tra-ver-say uhn rwee-so** Can we fish in that stream? Pouvons-nous pêcher dans ce ruisseau? **Poo-von-noo pay-shay dan suh rwee-so?** Where can we cross the stream? Où pouvons-nous traverser le ruisseau? **Oo poo-von-noo tra-ver-say luh rwee-so?**

street *n* rue *f* **rew** main ~ rue principale **rew pruhn-see-pal** wrong ~ mauvaise rue *f* **mo-vez rew** Which street *(1)* do you live on? / *(2)* is it located on? Sur quelle rue *(1)* habitez-vous *(Fam: habites-tu)*? / *(2)* est-ce situé *(-e)*? **Sewr kel rew *(1)* a-bee-tay-voo *(Fam: a-beet-tew)*? / *(2)* es see-tew-ay?** What's the name of this street? Quel est le nom de cette rue? **Kel_ay luh non duh set rew?** ♦ **streetcar** *n* tram *m* **tram** How much is the streetcar fare. Combien coûte le trajet en tram? **Kon-byuhn koot luh tra-zhay an tram?**

strength *n* force *f* **fors**, puissance *f* **pwee-sans**, énergie *f* **ay-ner-zhee** emotional ~ force émotionelle **fors_ay-mo-syo-nel** great ~ grande force **grand fors** inner ~ force intérieure **fors_uhn-tay-ryuhr** physical ~ force physique **fors fee-zeek** spiritual ~ force spirituelle **fors spee-ree-twel** You have a lot of strength. Vous avez (Fam: Tu as) beaucoup de force. *Voo_z_a-vay (Fam: Tew a)* **bo-koo duh fors.** My strength is gone. Ma force m'a abandonné. **Ma fors m'a a-ban-do-nay.** Give me strength. *(humorous)* Donnez *(Fam: Donne)*-moi la force. *Do-nay (Fam: Don)*-**mwa la fors.**

strenuous *adj* difficile *m&f* **dee-fee-seel** ~ climb assomption *f* difficile **a-sanp-syon dee-fee-seel** ~ hike randonnée *f* difficile **ran-do-nay dee-fee-seel** ~ trail sentier *m* difficile **san-chyay dee-fee-seel**

stress *n* stress *m* **stres**, tension *f* **tan-syon** I'm under a lot of stress (in my work). Je suis sous beaucoup de stress (au travail). **Zhuh swee soo bo-koo duh stres (_o tra-vaee).** ♦ **stressful** *adj* stressant, -e *m&f* **stre-san, -sant**

stretch *vt* étirer **ay-tee-ray** ~ the truth exagérer la vérité **eg-za-zhay-ray la vay-ree-tay**

♦ **stretch out** *idiom* s'étendre **s'ay-tandr** I want to stretch out for a little bit. Je veux m'étendre un petit peu. **Zhuh vuh m'ay-tandr_uhn puh-tee puh.**

strict *adj* sévère *m&f* **say-ver** ♦ **strictly** *adv* strictement **streek-tuh-man** This will be strictly by the rules. (My rules.) On suivra strictement les règles. (Mes règles.) **On swee-vra streek-tuh-man lay regl. (May regl.)** That's strictly forbidden. C'est strictement interdit. **S'ay streek-tuh-man uhn-ter-dee.**

strike *vt* frapper **fra-pay** Strike the ball like this. Frappez (Fam: Frappe) la balle comme ça. *Fra-pay (Fam: Frap)* **la bal kom sa.** ♦ **striking** *adj* frappant, -e *m&f* **fra-pan, -pant**, surprenant, -e *m&f* **sewr-pruh-nan, -nant** You're a woman of striking beauty. Vous êtes (Fam: Tu es) une femme d'une beauté surprenante.

---

*Learn a new French phrase every day! Subscribe to the free **Daily Dose of French**, www.phrase-books.com.*

string   424   **stuck**

Voo_z_et_(Fam: Tew ay)_z_ewn fam d'ewn bo-tay sewr-pruh-na<u>n</u>. **That's a striking outfit.** C'est un ensemble impressionnant. **S'ay_t_uh<u>n</u>_a<u>n</u>-sa<u>n</u>bl uh<u>n</u>-pray-syo-na<u>n</u>.**

string *n* 1. *(for tying)* corde *f* **kord,** ficelle *f* **fee-sel;** 2. *(thread)* fil *m* **feel;** 3. *pl (conditions)* conditions *fpl* **ko<u>n</u>-dee-syo<u>n</u> guitar** ~ corde de guitare **kord duh ghee-tar kite** ~ fil de cerf-volant **feel duh ser vo-la<u>n</u>** ~ **of beads** fil de perles **feel duh perl** ~ **of pearls** fil de perles **feel duh perl No strings attached.** Sans conditions. **Sa<u>n</u> ko<u>n</u>-dee-syo<u>n</u>.**

striptease *n* strip-tease *m* **streep-teez do a** ~ faire un strip-tease **fer_uh<u>n</u> streep-teez**

stroke *vt* caresser **ka-ray-say,** passer la main dans **pa-say la muh<u>n</u> da<u>n</u>** ♦ *n (med.)* congestion *f* cérébrale **ko<u>n</u>-zhay-syo<u>n</u> say-ray-bral** *(1)* **He /** *(2)* **She had a stroke.** *(1)* Il / *(2)* Elle a fait une congestion cérébrale. *(1)* **Eel_/** *(2)* **El_a fay ewn ko<u>n</u>-zhay-syo<u>n</u> say-ray-bral.**

stroll *vi* se promener **suh prom-nay I like to stroll with you (like this).** J'aime me promener avec *vous (Fam: toi).* **Zh'em muh prom-nay a-vek** *voo (Fam: twa).* **Let's stroll around the** *(1)* **park. /** *(2)* **town.** Promenons-nous dans *(1)* le parc. / *(2)* la ville. **Prom-no<u>n</u>-noo da<u>n</u>** *(1)* **luh park. /** *(2)* **la veel.** ♦ *n* promenade *f* **prom-nad moonlight** ~ promenade au clair de lune **prom-nad o kler duh lewn Would you like to go for a stroll?** *Voudriez-vous (Fam: Voudrais-tu)* aller faire une promenade? *Voo-dree-yay-voo (Fam: Voo-dray-tew)* **a-lay fer_ewn prom-nad? Let's take a stroll along the** *(1)* **beach. /** *(2)* **river.** Faisons une promenade le long de *(1)* la plage. / *(2)* la rivière. **Fay-zo<u>n</u> ewn prom-nad luh lo<u>n</u> duh** *(1)* **la plazh. /** *(2)* **la ree-vyer.**

strong *adj* fort, -e *m&f* **for, fort,** solide *m&f* **so-leed,** ferme *m&f* **ferm** ~ **belief** croyance *f* ferme **krwa-ya<u>n</u>s ferm** ~ **enough** assez *fort (-e)* **a-say** *for (F: fort)* ~ **faith** foi *f* inébranlable **fwa ee-nay-bra<u>n</u>-labl You're very strong.** *Vous êtes (Fam: Tu es)* très *fort (-e).* **Voo_z_et** *(Fam: Tew ay)* **tre** *for (F: fort).* **My love for you grows stronger every day.** L'amour que je *vous (Fam: te)* porte est de plus en plus fort de jour en jour. **L'a-moor kuh zhuh** *voo (Fam: tuh)* **port ay duh plew_z_a<u>n</u> plew for duh zhoor_a<u>n</u> zhoor.**

struggle *n* épreuve *f* **ay-pruhv,** lutte *f* **lewt What a struggle!** Quelle épreuve! **Kel_ay-pruhv!**

stubble *n (of a beard)* barbe *f* de plusieurs jours **barb duh plew-zyuhr zhoor**

stubborn *adj* obstiné, -e *m&f* **ob-stee-nay,** têtu, -e *m&f* **tay-tew Don't be so stubborn.** Ne *soyez (Fam: sois)* pas si *têtu (-e).* **Nuh** *swa-yay (Fam: swa)* **pa see tay-tew. You're (***[1]* **awfully /** *[2]* **so) stubborn.** *Vous êtes (Fam: Tu es) ([1]* vraiment / *[2]* si) *têtu (-e).* **Voo_z_et** *(Fam: Tew ay) ([1]* **vray-ma<u>n</u> /** *[2]* **see) tay-tew.**

stuck *adj* 1. *(jammed)* bloqué, -e *m&f* **blo-kay,** coincé, -e *m&f* **kwuh<u>n</u>-say;** 2. *(bogged down)* occupé, -e *m&f* **o-kew-pay;** 3. *(stranded)* coincé, -e *m&f* **kwuh<u>n</u>-say It's stuck. (It won't** *[1]* **move. /** *[2]* **open. /** *[3]* **work.)** C'est coincé. (Ça ne veut pas *[1]* bouger. / *[2]* ouvrir. / *[3]* marcher.) **S'ay kwuh<u>n</u>-say. (Sa nuh vuh pa** *[1]* **boo-zhay. /** *[2]* **oo-vreer. /** *[3]* **mar-shay.) The door is stuck.** La porte est bloquée. **La port_ay blo-kay. The car is stuck (in the** *[1]* **mud /** *[2]* **sand /** *[3]*

---

oo *sounds like the "oo" in "shoot".*

snow). La voiture est coincée (dans *[1]* la boue / *[2]* le sable / *[3]* la neige.) **La vwa-tewr_ay kwuhn-say (dan *[1]* la boo / *[2]* luh sabl / *[3]* la nezh.) We're stuck here (for today).** Nous sommes *coincé(e)s* ici (pour aujourd'hui). **Noo som kwuhn-say_z_ee-see (poor_o-zhoor-d'wee).** ♦ **stuck-up** *adj (colloq: conceited)* vaniteux, vaniteuse *mf* **va-nee-tuh, -tuhz,** prétentieux, prétentieuse *m&f* **pray-tan-syuh, -yuhz**

student *n* étudiant, -e *m&f* **ay-tew-jan, -jant exchange** ~ étudiant, -e *m&f* participant à un échange *ay-tew-jan (F: ay-tew-jant)* **par-tee-see-pan a uhn_ ay-shanzh high school** ~ lycéen, ne *m&f* **lee-say-uhn, -en university** ~ étudiant *(-e)* à l'université *ay-tew-jan (F: ay-tew-jant)* **a l'ew-nee-ver-see-tay**

studio *n* studio *m* **stew-jo photo** ~ studio de photographie **stew-jo duh fo-to-gra-fee**

study *vt* 1. *(a subject)* étudier **ay-tew-jay;** 2. *(observe)* observer **ob-ser-vay,** examiner **eg-za-mee-nay *(1)* What... /** *(2)* **What subjects... are you studying (at the university)?** *(1)* Qu'… / *(2)* Quelles matières… *étudiez-vous (Fam: étudies-tu)* à l'université)? *(1)* **K'… /** *(2)* **Kel ma-chyer_… ay-tew-jay-voo *(Fam: ay-tew-dee-tew)* (a l'ew-nee-ver-see-tay)?**

    I'm studying… J'étudie… **Zh'ay-tew-dee…**

        …architecture. …l'architecture. **…l'ar-shee-tek-tewr.**
        …art. …l'art. **…l'ar.**
        …business. …l'économie. **…l'ay-ko-no-mee.**
        …chemical engineering. …l'ingénierie chimique. **…l'uhn-zhay-nee-ree shee-meek.**
        …computer science. …l'informatique. **…l'uhn-for-ma-teek.**
        …dentistry. …l'odontologie. **…l'o-don-to-lo-zhee.**
        …economics. …la science économique. **…la syans_ay-ko-no-meek.**
        …education. …la pédagogie. **…la pay-da-go-zhee.**
        …English. …l'anglais. **…l'an-glay.**
        …French. …le français. **…luh fran-say.**
        …history. …l'histoire. **…l'ees-twar.**
        …law. …la loi. **…la lwa.**
        …mathematics. …les mathématiques. **…lay ma-tay-ma-teek.**
        …mechanical engineering. …l'ingénierie mécanique. **…l'uhn-zhay-nuh-ree may-ka-neek.**
        …medicine. …la médecine. **…la med-seen.**
        …music. …la musique. **…la mew-zeek.**
        …physics. …la physique. **…la fee-zeek.**
        …psychology. …la psychologie. **…la psee-ko-lo-zhee.**
        …sociology. …la sociologie. **…la so-syo-lo-zhee.**

♦ *vi* étudier **ay-tew-jay What university *(1)* did /** *(2)* **do you study at?** Dans quelle université *(1)* avez-vous *(Fam: as-tu)* étudié? / *(2)* étudiez-vous *(Fam: étudies-tu)*? **Dan kel_ew-nee-ver-see-tay *(1)* a-vay-voo *(Fam: a-tew)* ay-tew-jay? / *(2)* ay-tew-jay-voo *(Fam: ay-tew-dee-tew)*? I study at *(name)* university.** J'étudie à l'université de *(___)*. **Zh'ay-tew-dee a l'ew-nee-ver-see-tay duh *(___)*.**

English-French and French-English glossaries of food and drink are on pages 534-546.

stuff *n* 1. *(things)* choses *fpl* **shoz**, trucs *mpl* **trewk**, affaires *fpl* **a-fer**; 2. *(merchandise)* choses *fpl* **shoz**, matériel *m* **ma-tay-ryel**; 3. *(matters)* choses *fpl* **shoz Whose stuff is this?** A qui sont ces trucs? **A kee son say trewk? I have to get my stuff.** Je dois aller chercher mes affaires. **Zhuh dwa_z_a-lay sher-shay may_z_a-fer.** *(1)* **I** / *(2)* **We need to buy some stuff.** *(1)* J'ai... / *(2)* Nous avons... besoin d'acheter quelques trucs. *(1)* **Zh'ay...** / *(2)* **Noo_z_a-von... buh-zwuhn d'ash-tay kel-kuh trewk. I've got some stuff to take care of.** Je dois m'occuper de certaines choses. **Zhuh dwa m'o-kew-pay duh ser-ten shoz.** ♦ **stuffed** *adj (slang: full of food)* plein, -e *m&f* **pluhn, plen I can't eat anymore. I'm stuffed.** Je ne peux plus manger. Je suis *plein (-e)*. **Zhuh nuh puh plew man-zhay. Zhuh swee** *pluhn (F: plen)*. ♦ **stuffy** *adj* étouffant, -e *m&f* **ay-too-fan, -fant Does it seem stuffy in here to you?** Est-ce que ça a l'air étouffant ici pour *vous (Fam: toi)*? **Es kuh sa a l'er_ay-too-fan ee-see poor** *voo (Fam: twa)*?

stumbler *n:* **A good stumbler never falls.** Un chat retombe toujours sur ces pattes. **Uhn sha ruh-tonb too-zhoor say pat.**

stunning *adj* sensationnel, -e *m&f* **san-sa-syo-nel**, stupéfiant, -e *m&f* **stew-pay-fyan, -fyant You look (absolutely) stunning (in that** *[1]* **dress** / *[2]* **outfit).** *Vous êtes (Fam: Tu es)* (absolument) *sensationnel (-le)* (dans *[1]* cette robe / *[2]* cet ensemble). **Voo_z_et (Fam: Tew ay) (ab-so-lew-man) san-sa-syo-nel (dan** *[1]* **set rob /** *[2]* **set_an-sanbl).**

stunt *n* cascade *f* **kas-kad acrobatic** ~ cascade acrobatique **kas-kad_a-kro-ba-teek**

stupid *adj* stupide *m&f* **stew-peed** ~ **idea** idée *f* stupide **ee-day stew-peed** ~ **mistake** erreur *f* stupide **e-ruhr stew-peed** ~ **remark** remarque *f* stupide **ruh-mark stew-peed** ~ **thing** chose *f* stupide **shoz stew-peed That was a stupid thing I** *(1)* **said** / *(2)* **did.** C'était une chose stupide que j'ai *(1)* dite. / *(2)* faite. **S'ay-tay_t_ewr shoz stew-peed kuh zh'ay** *(1)* **deet.** / *(2)* **fet. That was a stupid thing you** *(1* **said.** / *(2)* **did.** C'était une chose stupide que *vous avez (Fam: tu as)* (1) dite. / (2) faite. **S'ay-tay_t_ewn shoz stew-peed kuh** *voo_z_a-vay (Fam: tew a)* (1) **deet** / (2) **fet. I'm so stupid.** Je suis si stupide. **Zhuh swee see stew-peed.**

style *n* 1. *(way)* style *m* **steel**, mode *m* **mod**; 2. *(chic, class)* style *m* **steel**, classe *f* **klas**; *(taste)* style *m* **steel**, goût *m* **goo**; 3. *(fashion)* mode *f* **mod**, style *m* **stee elegant** ~ style *m* élégant **steel_ay-lay-gan hair** ~ coiffure *f* **kwa-fewr latest** ~ dernière mode *f* **der-nyer mod modern** ~ style moderne **steel mo-dern new** ~ nouveau style **noo-vo steel nice** ~ beau style **bo steel old** ~ style *m* antique **steel_an-teek** ~ **of living** mode *m* de vie **mod duh vee I (really) like your style** J'aime (vraiment) *votre (Fam: ton)* style. **Zh'em (vray-man)** *votre (Fam: ton* **steel.** ♦ **stylish** *adj* élégant, -e *m&f* **ay-lay-gan, -gant**, chic *m&f* **sheek**

suave *adj* onctueux, onctueuse *m&f* **onk-tew-uh, -uhz** ~ **manner** manières *fp* délicates **ma-nyer day-lee-kat**

subconscious *adj* subconscient, -e *m&f* **sewb-kon-syan, -syant**, inconscient, - *m&f* **uhn-kon-syan, -syant** ♦ **subconsciously** *adv* inconsciemment **uhn-kon-sya-man Subconsciously you want to throw yourself at me.** Inconsciemmer *vous voulez vous (Fam: tu veux te)* jeter sur moi. **uhn-kon-sya-man** *voo voo-la*

Questions about the metric system? See page 523.

voo (Fam: tew vuh tuh) **zhuh-tay sewr mwa.**

subdued *adj* 1. *(downcast) [person]* maussade *m&f* **mo-ad**; *[mood]* morose *m&f* **mo-roz**; *[voice]* terne *m&f* ; **tern**; 2. *(muted) [excitement, enthusiasm, reaction]* contenu, -e *m&f* **kon-tuh- new**; *[voices, conversation]* bas, basse *m&f* **ba, bas**; *[lightning]* tamisé, -e *m&f* **ta-mee-zay** ~ **mood** humeur *f* morose **ew-muhr mo-roz**

subject *n* 1. *(topic)* sujet *m* **sew-zhay**; 2. *(course of study)* matière *f* **ma-chyer dangerous** ~ sujet dangereux **sew-zhay dan-zhuh-ruh deep** ~ sujet profond **sew-zhay pro-fon delicate** ~ sujet délicat **sew-zhay day-lee-ka favorite** ~ matière préférée **ma-chyer pray-fay-ray great** ~ bon sujet **bon sew-zhay interesting** ~ 1. *(topic)* sujet intéressant **sew-zhay uhn-tay-ray-san**; 2. *(course of study)* matière intéressante **ma-chyer uhn-tay-ray-sant main** ~ sujet principal **sew-zhay pruhn-see-pal required** ~ matière obligatoire **ma-chyer_o-blee-ga-twar safe(r)** ~ sujet (plus) prudent **sew-zhay (plew) prew-dan taboo** ~ sujet taboo **sew-zhay ta-boo take a** ~ *(university)* choisir une matière **shwa-zeer_ewn ma-chyer touchy** ~ sujet délicat **sew-zhay day-lee-ka unpleasant** ~ sujet désagréable **sew-zhay day-za-gray-abl What subjects are you taking?** Quelles matières *prenez-vous (Fam: prends-tu)?* **Kel ma-chyer** *pruh-nay-voo (Fam: pran-tew)?* **What's your favorite subject?** Quelle est *votre (Fam: ta)* matière préférée? **Kel_ay** *votr (Fam: ta)* **ma-chyer pray-fay-ray? My favorite subject is _(name)_.** Ma matière préférée est *le (F: la) (___)*. **Ma ma-chyer pray-fay-ray ay** *luh (F: la) (___)*.

submit *vt (present)* présenter **pray-zan-tay**, remettre **ruh-metr** ~ **an application** soumettre une demande **soo-metr_ewn duh-mand**

substitute *vi* remplacer **ran-pla-say** *(1)* **I'll** / *(2)* **You'll substitute for _(name)_.** *(games) (1)* Je vais / *(2)* Vous allez *(Fam: Tu vas)* remplacer *(___)*. *(1)* **Zhuh vay** / *(2)* **Voo_z_a-lay** *(Fam: Tew va)* **ran-pla-say** *(___)*. ♦ *n* remplaçant, -e *m&f* **ran-pla-san, -sant**

subtle *adj* subtil, -e *m&f* **sewb-teel** ~ **difference** différence *f* subtile **dee-fay-rans sewb-teel** ~ **humor** humour *m* subtil **ew-moor sewb-teel**

suburb *n* banlieue *f* **ban-lyuh What suburb is this?** Quelle banlieue est ce? **Kel ban-lyuh es?**

subway *adj* de métro **duh may-tro** ~ **fare** tarif *m* du ticket de métro **ta-reef dew tee-kay duh may-tro** ~ **line** ligne *f* de métro **leeny(uh) duh may-tro** ~ **map** plan *f* de métro **plan duh may-tro** ~ **pass** carte *f* de métro **kart duh may-tro** ~ **station** station *f* de métro **sta-syon duh may-tro** ~ **ticket** ticket *m* de métro **tee-kay duh may-tro** ~ **train** métro *m* **may-tro Which subway line do** *(1)* **I** / *(2)* **we take?** Quelle ligne de métro est-ce que *(1)* je prends? / *(2)* nous prenons? **Kel leeny(uh) duh may-tro es kuh** *(1)* **zhuh pran?** / *(2)* **noo pruh-non?** ♦ *n* métro *m* **may-tro Let's take the subway.** Allons prendre le métro. **A-lon prandr luh may-tro. How much does the subway cost?** Combien coûte le métro? **Kon-byuhn koot luh may-tro?**

succeed *vi* réussir **ray-ew-seer I'm sure you'll succeed in your effort.** Je suis *sûr (-e)* que *vous allez (Fam: tu vas)* réussir par *vos (Fam: tes)* efforts. **Zhuh swee**

---

*Articles, adjectives and nouns must agree
in gender and number (singular or plural).*

sewr kuh *voo_z_a-lay (Fam: tew va)* **ray-ew-seer par** *vo_(Fam: tay) _z_ay-for.* **If at first you don't succeed, try, try again.** Si *vous ne réussissez (Fam : tu ne réussis)* pas du premier coup, *essayez (Fam : essaie)* encore. **See** *voo nuh ray-ew-see-say (Fam: tew nuh ray-ew-see)* **pa dew pruh-myay koo,** *ay-say-yay (Fam: ay-say)* **an-kor. I hope our plan succeeds.** J'espère que notre plan va marcher. **Zh'es-per kuh notr plan va mar-shay. Congratulations! You succeeded!** Bravo! *Vous avez (Fam: Tu as)* réussi! **Bra-vo!** *Voo_z_a-vay (Fam: Tew a)* **ray-ew-see!** ♦ **success** *n* succès *m* **sewk-say,** réussite *f* **ray-ew-seet achieve** ~ réussir **ray-ew-seer great** ~ grand succès **gran sewk-say have** ~ avoir du succès **a-vwar dew sewk-say** ~ **in life** réussite dans la vie **ray-ew-seet dan la vee Did you have any success?** *Avez-vous (Fam: As-tu)* réussi? *A-vay-voo (Fam: A-tew)* **ray-ew-see? No success.** Sans succès. **San sewk-say. I wish you success.** Je *vous (Fam: te)* souhaite de réussir. **Zhuh voo** *(Fam: tuh)* **soo-et duh ray-ew-seer.** ♦ **successful** *adj* brillant, -e *m&f* **bree-yan, -yant,** prospère *m&f* **pros-per** ♦ **successfully** *adv* avec succès **a-vek sewk-say**

succulent *adj* succulent, -e *m&f* **sew-kew-lan, -lant**

such *adj & adv* comme *m&f* **kom,** pareil, -le *m&f* **pa-rey,** tel, -le *m&f* **tel** ~ **as** comme **kom,** tel *(-le)* que **tel kuh You're such a nice person.** *Vous êtes (Fam: Tu es)* une personne si gentille. *Voo_z_et_(Fam: Tew ay)_z_ewn per-son see zhan-teey(uh).* **It's such a pleasure talking with you.** C'est un tel plaisir de *vous (Fam: te)* parler. **S'ay_t_uhn tel ple-zeer duh** *voo (Fam: tuh)* **par-lay. It's such a beautiful day.** C'est une journée tellement belle. **S'ay_t_ewn zhoor-nay tel-man bel. It's such a pity you can't go. Are you sure?** C'est tellement dommage que *vous ne puissiez (Fam: tu ne puisses)* pas y aller? *Etes-vous (Fam: Es-tu)* sûr *(-e)*? **S'ay tel-man do-mazh kuh** *voo nuh pwee-syay (Fam: tew nuh pwes)* **pa_z_ee a-lay?** *Et-voo (Fam: Ay-tew)* **sewr? I've never heard of such a thing.** Je n'ai jamais entendu une telle chose. **Zhuh n'ay zha-may an-tan-dew ewn tel shoz.**

sucker *n (slang) (dupe)* nigaud *m* **nee-go**

sudden *adj* soudain, -e *m&f* **soo-duhn, -den all of a** ~ tout à coup **too_t_a koo** ~ **decision** décision *f* soudaine **day-see-zyon soo-den Why the sudden change of mind?** Pourquoi ce changement d'avis soudain? **Poor-kwa suh shanzh-man d'a-vee soo-duhn?** ♦ **suddenly** *adv* soudainement **soo-den-man It all happened suddenly.** Tout est arrivé soudainement. **Too_t_ay_t_a-ree-vay soo-den-man.**

suffer *vi* souffrir **soo-freer You don't want me to suffer (from a broken heart), do you?** *Vous ne voulez (Fam: Tu ne veux)* pas que je souffre (le cœur brisé), n'est-ce pas? *Voo nuh voo-lay (Fam: Tew nuh vuh)* **pa kuh zhuh soofr (luh kuhr bree-zay), n'es pa? I'm suffering terribly.** Je souffre terriblement. **Zhuh soofr te-ree-bluh-man.**

sugar-free *adj* sans sucre **san sewkr**

suggest *vt* suggérer **sewg-zhay-ray What do you suggest?** Que *suggérez-vous (Fam: suggères-tu)*? **Kuh** *sewg-zhay-ray-voo (Fam: sewg-zher-tew)*? **I suggest...** Je suggère ... **Zhuh sewg-zher...** ♦ **suggestion** *n* suggestion *f* **sewg-zhay-syon,** idée *f* **ee-day brilliant** ~ suggestion brillante **sewg-zhay-syon bree-yant good** ~

A phrasebook makes a great gift!
See order information on page 552.

bonne idée **bon_ee-day great ~ suggestion** géniale **sewg-zhay-syon zhay-nyal wonderful ~ suggestion** magnifique **sewg-zhay-syon ma-nee-feek I'd like to make a suggestion.** Je voudrais suggèrer quelque chose. **Zhuh voo-dray sewg-zhay-ray kel-kuh shoz.**

suit *vt* aller **a-lay**, convenir **kon-vuh-neer How does that suit you?** Comment ça *vous (Fam: te)* va? **Ko-man sa *voo (Fam: tuh)* va? That suits me (fine).** Ça me convient (bien). **Sa muh kon-vyuhn (byuhn).** ♦ **suit** *n* 1. *(apparel)* *[man]* costume *m* **kos-tewm**; *[woman]* tailleur *m* **ta-yuhr**; 2. *(cards)* couleur *f* **koo-luhr bathing / swim(ming) ~** maillot *m* de bain **ma-yo duh buhn beautiful ~** beau costume **bo kos-tewm black ~** costume noir **kos-tewm nwar dark ~** costume foncé **kos-tewm fon-say dark blue ~** costume bleu foncé **kos-tewm bluh fon-say pants ~** *(women)* pantalon *m* **pan-ta-lon ski ~** combinaison *f* de ski **kon-bee-na-syon duh skee wet ~** maillot *m* de plongée **ma-yo duh plon-zhay** ♦ **suitable** *adj* approprié, -e *m&f* **a-pro-pree-yay**, convenable *m&f* **konv-nabl** ♦ **suitcase** *n* valise *f* **va-leez I have to get my *(1)* suitcase. / *(2)* suitcases.** Je dois prendre *(1)* ma valise. / *(2)* mes valises. **Zhuh dwa prandr *(1)* ma va-leez. / *(2)* may va-leez. My suitcase didn't arrive.** Ma valise n'est pas arrivée. **Ma va-leez n'ay pa_z_a-ree-vay. Let's put our suitcases in storage.** Rangeons nos valises. **Ran-zhon no va-leez.**

suite *n* suite *f* **sweet honeymoon ~** suite nuptiale **sweet newp-syal**

suited *adj* fait, -e *m&f* **fay, fet I think you and I are perfectly suited to each other.** Je pense que *vous (Fam: toi)* et moi sommes parfaitement faits l'un pour l'autre. **Zhuh pans kuh *voo_z_(Fam: twa)* ay mwa som par-fet-man fay l'uhn poor l'otr.**

sultry *adj* sensuel, -le *m&f* **san-sew-el**

summer(time) *n* été *m* **ay-tay in the ~** en été **an_ay-tay last ~** l'été dernier **l'ay-tay der-nyay next ~** l'été prochain **l'ay-tay pro-shuhn**

sun *adj* de soleil **duh so-ley**, solaire **so-ler ~ hat** chapeau *m* de soleil **sha-po duh so-ley ~ screen** crème *f* solaire **krem so-ler ~ umbrella** parasol *m* **pa-ra-sol** ♦ *n* soleil *m* **so-ley in the ~** au soleil **o so-ley Let's lie in the sun for a while.** Allongeons-nous au soleil un moment. **A-lon-zhon-noo_z_o so-ley_uhn mo-man. That sun feels (so) good.** Ce soleil est (tellement) appréciable. **Suh so-ley ay (tel-man) a-pray-syabl. Don't *(1)* lie / *(2)* stay in the sun too long.** Ne *(1)* vous allongez *(Fam: t'allonges)*... / *(2)* restez *(Fam: reste)*… pas trop longtemps au soleil. **Nuh *(1)* voo_z_a-lon-zhay *(Fam: t'a-lonzh)*... / *(2)* res-tay *(Fam: rest)*... pa tro lon-tan o so-ley.** ♦ **sunbathe** *vi* prendre un bain de soleil **prandr_uhn buhn duh so-ley Let's go sunbathe for a while.** Allons prendre un bain de soleil un moment. **A-lon prandr_uhn buhn duh so-ley_uhn mo-man. I never sunbathe.** Je ne prends jamais de bain de soleil. **Zhuh nuh pran zha-may duh buhn duh so-ley.** ♦ **sunblock** *n* crème *f* solaire **krem so-ler** ♦ **sunburn** *n* coup *m* de soleil **koo duh so-ley bad ~** gros coup de soleil **gro koo duh so-ley slight ~** léger coup de soleil **lay-zhay koo duh so-ley I've got a sunburn (on my *[1]* back / *[2]* shoulders).** J'ai un coup de soleil (sur *[1]* mon dos / *[2]* mes épaules). **Zh'ay uhn koo duh so-ley (sewr *[1]* mon do / *[2]* may_z_ay-pol). You've got a sunburn (on your *[1]* back / *[2]* shoulders).** *Vous avez (Fam:*

A slash always means "or".

Tu as) un coup de soleil (sur [1] votre [Fam: ton] dos. / [2] vos [Fam: tes] épaules.) **Voo_z_a-vay (Fam: Tew a) uhn koo duh so-ley (sewr [1] votr (Fam: ton) do / [2] vo (Fam: tay) _z_ay-pol). Do you have any (1) lotion / (2) salve for a sunburn?** Est-ce que *vous avez (Fam: tu as) de (1) la crème... / (2) la crème appaisante... pour les coups de soleil?* **Es kuh voo_z_a-vay (Fam: tew a) duh (1) la krem... / (2) la krem_a-pay-zant... poor lay koo duh so-ley. Here, put some of this on your sunburn.** *Tenez (Fam: Tiens), mettez (Fam: mets) un peu de ça sur votre (Fam: ton) coup de soleil.* **Tuh-nay (Fam: Chyuhn), me-tay (Fam: me) uhn puh duh sa sewr votr (Fam: ton) koo duh so-ley.** ♦ **sunburned, sunburnt** *adj* brûlé, -e *m&f* par le soleil **brew-lay par luh so-ley** be ~ être *brûlé (-e) par le soleil* **etr brew-lay par luh so-ley Your back is sunburned.** *Votre (Fam: Ton) dos est brûlé par le soleil.* **Votr (Fam: Ton) do ay brew-lay par luh so-ley. Be careful you don't get sunburned.** Attention de ne pas *vous (Fam: te) faire brûler par le soleil.* **A-tan-syon duh nuh pa voo (Fam: tuh) fer brew-lay par luh so-ley.** ♦ **Sunday** *n* dimanche *m* **dee-mansh** last ~ *dimanche dernier* **dee-mansh der-nyay** next ~ *dimanche prochain* **dee-mansh pro-shuhn** on ~ *le dimanche* **luh dee-mansh** ♦ **sunglasses** *n pl* lunettes *fpl* de soleil **lew-net duh so-ley stylish** ~ *lunettes de soleil stylées* **lew-net duh so-ley stee-lay You'd better wear sunglasses.** Il vaudrait mieux que *vous portiez (Fam: tu portes) des lunettes de soleil.* **Eel vo-dray myuh kuh voo por-chyay (Fam: tew port) day lew-net duh so-ley.** ♦ **sunlight** *n* (lumière *f* du) soleil **(lew-myer dew) so-ley** ♦ **sunny** *adj* ensoleillé, -e *m&f* **an-so-le-yay** ~ **day** *jour m ensoleillé* **zhoor_an-so-le-yay** ~ **disposition** *bonne disposition f* **bon dees-po-zee-syon** ~ **smile** *sourire m radieux* **soo-reer ra-juh** ~ **weather** *temps m ensoleillé* **tan_an-so-le-yay** ♦ **sunrise** *n* lever *m* de soleil **luh-vay duh so-ley What a glorious sunrise!** *Quel superbe lever de soleil!* **Kel sew-perb luh-vay duh so-ley!** ♦ **sunset** *n* coucher *m* de soleil **koo-shay duh so-ley What a (1) beautiful / (2) magnificent sunset!** *Quel (1) superbe / (2) magnifique coucher de soleil!* **Kel (1) sew-perb / (2) ma-nee-feek koo-shay duh so-ley!** ♦ **sunshine** *n* soleil *m* **so-ley Let's take advantage of this beautiful sunshine.** *Profitons de ce soleil magnifique.* **Pro-fee-ton duh suh so-ley ma-nee-feek. You are my sunshine.** *Vous êtes (Fam: Tu es) mon soleil.* **Voo_z_et (Fam: Tew ay) mon so-ley.** ♦ **suntan** *adj* de bronzage **duh bron-zazh** ~ **lotion** *crème f de bronzage* **krem duh bron-zazh Let me put some suntan lotion on your (1) back / (2) shoulders.** *Laissez (Fam: Laisse)-moi mettre un peu de crème de bronzage sur (1) votre (Fam: ton) dos. / (2) vos (Fam: tes) épaules.* **Lay-say (Fam: Les)-mwa metr_uhn puh duh krem duh bron-zazh sewr (1) votr (Fam: ton) do. / (2) vo (Fam: tay) _z_ay-pol.** ♦ *n* bronzage *m* **bron-zazh You've got a great suntan.** *Vous avez (Fam: Tu as) un superbe bronzage.* **Voo_z_a-vay (Fam: Tew a) uhn sew-perb bron-zazh.** ♦ **suntanned** *adj* bronzé, -e *m&f* **bron-zay**

super *adj* super *adv* **sew-per That's super!** *C'est super!* **S'ay sew-per! That would be super!** *Ça serait super!* **Sa suh-ray sew-per!**

superb *adj* magnifique *m&f* **ma-nee-feek**, superbe *m&f* **sew-perb** ~ **body** *corps m magnifique* **kor ma-nee-feek** ~ **physique** *superbe physique m* **sew-perb fee-zeek**

superior *adj* supérieur, -e *m&f* **sew-pay-ryuhr**, meilleur, -e *m&f* **me-yuhr** ~ **skill**

---

*In the pronunciation **n** stands for a nasalized **n**.*

don *m* supérieur **don sew-pay-ryuhr** ~ **technique** technique *f* supérieure **tek-neek sew-pay-ryuhr** ♦ **superiority** *n* supériorité *f* **sew-pay-ryo-ree-tay**

supermarket *n* supermarché *m* **sew-per-mar-shay Is there a supermarket around here?** Y a-t-il un supermarché près d'ici? **Ee_y_a t'eel_uhn sew-per-mar-shay pre d'ee-see?**

supernatural *adj* surnaturel, -le *m/f* **sewr-na-tew-rel**

superstition *n* superstition *f* **sew-per-stee-syon** ♦ **superstitious** *adj* superstitieux, superstitieuse *m/f* **sew-per-stee-syuh, -syuhz Are you superstitious?** Êtes-vous *(Fam: Es-tu)* superstitieux *(F: superstitieuse)*? *Èt-voo (Fam: Aytew) sew-per-stee-syuh (F: sew-per-stee-syuhz)*? **I'm (not) superstitious.** Je (ne) suis (pas) *superstitieux (F: superstitieuse)*. *Zhuh (nuh) swee (pa) sew-per-stee-syuh (F: sew-per-stee-syuhz)*.

supervise *vt* superviser **sew-per-vee-zay I'll supervise.** Je superviserai. **Zhuh sew-per-vee-zray.** ♦ **supervisor** *n* superviseur, superviseuse *m/f* **sew-per-vee-zuhr, -zuhz**

supper *n* souper *m* **soo-pay Time for supper.** C'est l'heure de souper. **S'ay l'uhr duh soo-pay. Let's go have supper.** Allons souper. **A-lon soo-pay. Where shall we have supper?** Où devrions-nous souper? **Oo duh-vree-yon-noo soo-pay?**

supple *adj* souple *m/f* **soopl You're so lithe and supple.** *Vous êtes (Fam: Tu es)* tellement mince et souple. *Voo_z_et (Fam: Tew ay)* **tel-man muhns_ay soopl.**

supplies *n pl (provisions)* vivres *mpl* **veevr We'll need supplies for** *(1)* **three /** *(2)* **four days. /** *(3)* **a week. /** *(4)* **two weeks.** Nous aurons besoin de vivres pour *(1)* trois / *(2)* quatre jours. / *(3)* une semaine. / *(4)* deux semaines. **Noo_z_o-ron buh-zwuhn duh veevr poor** */(1)* **trwa /** *(2)* **katr zhoor. /** *(3)* **ewn suh-men. /** *(4)* **duh suh-men.**

support *vt* 1. *(hold up)* soutenir **soo-tuh-neer**; 2. *(provide for)* subvenir aux besoins **sewb-vuh-neer_o buh-zwuhn** ~ **a child** subvenir aux besoins d'un enfant **sewb-vuh-neer_o buh-zwuhn d'uhn_an-fan** ~ **a family** subvenir aux besoins d'une famille **sewb-vuh-neer_o buh-zwuhn d'ewn fa-meey(uh)** ~ **children** subvenir aux besoins des enfants **sewb-vuh-neer_o buh-zwuhn day_z_an-fan**

I have to support… Je dois subvenir aux besoins de… **Zhuh dwa sewb-vuh-neer_o buh-zwuhn duh…**

…**my father.** …mon père. **…mon per.**
…**my son.** …mon fils. **…mon fees.**
…**my daughter.** …ma fille. **…ma feey(uh).**
…**my mother.** …ma mère. **…ma mer.**
…**my children.** …mes enfants. **…may_z_an-fan.**
…**my parents.** …mes parents. **…may pa-ran.**

♦ *n* 1. *(holding up)* support *m* **sew-por**; 2. *(financial)* soutien *m* **soo-chyuhn child** ~ pension *f* alimentaire **pan-syon a-lee-man-ter financial** ~ soutien financier **soo-chyuhn fee-nan-syay moral** ~ soutien moral **soo-chyuhn mo-ral Thanks for your (moral) support.** Merci pour *votre (Fam: ton)* soutien (moral). **Mer-see poor** *votr (Fam: ton)* **soo-chyuhn (mo-ral).**

suppose *vt* penser **pan-say What do you suppose will happen?** Qu'est-ce que *vous pensez (Fam: tu penses)* qu'il va arriver? **K'es kuh** *voo pan-say (Fam: tew*

Time expressions are given on pages 521-522.

pans) **k'eel va a-ree-vay?** **I suppose…** Peut-être… **Puh_t-etr...** **I suppose so.** Peut-être. **Puh_t-etr.** **I suppose not.** Peut-être pas. **Puh_t-etr pa.** ♦ **supposed** *adj (expected, should)* censé, -e *m&f* **san-say** **You're supposed to laugh.** *Vous êtes (Fam: Tu es)* censé *(-es)* rire. *Voo_z_et (Fam: Tew ay)* **san-say reer.** **What am I supposed to do?** Qu'est-ce que je suis *censé (-es)* faire? **K'es kuh zhuh swee san-say fer?** **What are we supposed to do?** Qu'est-ce que nous sommes *censé(e)s* faire? **K'es kuh noo som san-say fer?** **You're supposed to…** *Vous êtes (Fam: Tu es)* censé*(-es)*… *Voo_z_et (Fam: Tew ay)* **san-say…** **You're not supposed to look.** Vous n'êtes *(Fam: Tu n'es)* pas *censé (-es)* regarder. *Voo n'et (Fam: Tew n'ay)* **pa san-say ruh-gar-day.** **It's supposed to** *(1)* **be nice.** / *(2)* **rain.** Il est censé *(1)* faire beau. / *(2)* pleuvoir. **Eel_ay san-say** *(1)* **fer bo.** / *(2)* **pluh-vwar.**

supreme *adj* suprême *m&f* **sew-prem** ~ **achievement** exploit *m* suprême **eks-plwa sew-prem** ~ **delight** plaisir *m* suprême **play-zeer sew-prem** ~ **mastery** maîtrise *f* suprême **may-treez sew-prem**

surcharge *n* surcharge *f* **sewr-sharzh**

sure *adj* certain, -e *m&f* **ser-tuhn, -ten,** sûr, -e *m&f* **sewr** **for ~ certainement ser-ten-man,** à coup sûr **a koo sew** **know for ~** savoir à coup sûr **sa-vwar_a koo sewr** **make ~** s'assurer **s'a-sew-ray** *(1,2)* **Sure!** *(1)* *(ok)* Bien sûr! / *(2)* *(you're welcome)* De rien! *(1)* **Byuhn sewr!** / *(2)* **Duh ryuhn!** **Are you sure?** Etes-vous *(Fam: Es-tu)* sûr *(-e)*? *Et-voo (Fam: Ay-tew)* **sewr?** **I'm (not) sure.** Je (ne) suis (pas) *sûr (-e)*. **Zhuh (nuh) swee (pa) sewr.** **We're (not) sure.** Nous (ne) sommes (pas) *sûr(e)s*. **Noo (nuh) som (pa) sewr.** **Be sure to call me.** N'oublie pas de m'appeler. **N'oo-blee pa duh m'a-play.** ♦ **surely** *adv* sûrement **sewr-man** **slowly but ~** lentement mais sûrement **lant-man may sewr-man**

surf *vi* 1. *(ocean)* faire du surf **fer dew suhrf**; 2. *(internet)* surfer **sewr-fay**, naviguer **na-vee-gay** ~ **the internet / web** naviguer sur le net **na-vee-gay sewr luh net** **Let's go surfing.** Allons faire du surf. **A-lon fer dew suhrf.** **I'll teach you how to surf.** Je vais *vous (Fam: t')* apprendre à faire du surf. **Zhuh vay voo_z_(Fam. t')_a-prandr_a fer dew suhrf.** ♦ *n* surf *m* **suhrf**

surface *n* surface *f* **suhr-fas** **on the ~** à la surface **a la suhr-fas**

surfboard *n* planche *f* de surf **plansh duh suhrf** ♦ **surfing** *n* surf *m* **suhrf**

surprise *vt* surprendre **sewr-prandr**, faire une surprise **fer_ewn sewr-preez** *(1)* **I** / *(2)* **We want to surprise you.** *(1)* Je veux… / *(2)* Nous voulons… *vous (Fam: te)* faire une surprise. *(1)* **Zhuh vuh…** / *(2)* **Noo voo-lon…** *voo (Fam: tuh)* **fer_ewn sewr-preez.** **You surprised** *(1)* **me.** / *(2)* **us.** *(1)* Vous m'avez *(Fam: Tu m'as)* surpris *(-e)*. / *(2)* Vous nous avez *(Fam: Tu nous as)* surpri(e)s. *(1)* **Voo m'a-vay** *(Fam: Tew m'a)* **sewr-pree** *(F: sewr-preez).* / *(2)* **Voo noo_z_a-vay** *(Fam: Tew noo_z_a)* **sewr-pree** *(Fpl: sewr-preez).* ♦ *n* suprise *f* **sewr-preez** ~ **party** fête surprise **fet sewr-preez** **Here's a little surprise for you.** Voici une petite surprise pour *vous (Fam: toi)*. **Vwa-see ewn puh-teet sewr-preez poor voo (Fam: twa).**

    What a… Quelle… **Kel…**

        …big surprise! …grande surprise! **…grand sewr-preez!**

        …delightful surprise! …charmante surprise! **…shar-mant sewr-preez!**

French q always sounds like **k**.

...**lovely surprise!** ...adorable surprise! **...a-do-rabl sewr-preez!**
...**nice surprise!** ...bonne surprise! **...bon sewr-preez!**
...**pleasant surprise!** ...agréable surprise! **...a-gray-abl sewr-preez!**
...**wonderful surprise!** ...merveilleuse surprise! **...mer-vay-yuhz sewr-preez!**
You're full of surprises. Vous êtes *(Fam: Tu es)* plein *(-e)* de surprises. **Voo_z_et *(Fam: Tew ay) pluhn* (F: plen) duh sewr-preez. It's a surprise.** C'est une surprise. **S'ay_t_ewn sewr-preez. You took me by surprise.** Vous m'avez *(Fam: Tu m'as)* pris *(-e)* par surprise. **Voo m'a-vay *(Fam: Tew m'a) pree* (F: preez) par sewr-preez.** ♦ **surprised** *adj* surpris, -e *m&f* **sewr-pree, -preez**
Are you surprised? Etes-vous *(Fam: Es-tu)* surpris *(-e)*? **Et-voo *(Fam: Ay-tew) sewr-pree* (F: sewr-preez)? I'm (really) surprised.** Je suis (vraiment) surpris *(-e)*. **Zhuh swee (vray-man) sewr-pree *(F: sewr-preez)*. I was completely surprised.** J'étais complètement surpris *(-e)*. **Zh'ay-tay kon-plet-man sewr-pree *(F: sewr-preez)*. You'll be surprised.** Vous serez *(Fam: Tu seras)* surpris *(-e)*. **Voo suh-ray *(Fam: Tew suh-ra) sewr-pree* (F: sewr-preez).** ♦ **surprising** *adj* surprenant, -e *m&f* **sewr-pruh-nan, -nant** That's (not) surprising. C(e n)'est (pas) suprenant. **S(uh n)'ay (pa) sewr-pruh-nan.**

surrounding *adj* environnant, -e *m&f* **an-vee-ro-nan, -nant** ~ **area** environs *mpl* **an-vee-ron** ~ **countryside** campagne *f* environnante **kan-pany_an-vee-ro-nant**

survive *vt* survivre **sewr-veevr** Believe it or not, we survived the *(1)* **climb.** / *(2)* **hike.** / *(3)* **hill.** Croyez *(Fam: Crois)*-le ou pas, nous avons survécu á *(1)* l'escalade. / *(2)* la randonnée. / *(3)* la montée. **Krwa-yay *(Fam: Krwa)*-luh oo pa, noo_z_a-von sewr-vay-kew a *(1)* l'es-ka-lad. / *(2)* la ran-do-nay. / *(3)* la mon-tay.** ♦ *vi* survivre **sewr-veevr** Somehow we managed to survive. D'une certaine façon, nous avons survécu. **D'ewn ser-ten fa-son, noo_z_a-von sewr-vay-kew.** ♦ **survivor** *n* survivant, -e *m&f* **sewr-vee-van, -vant**

suspect *vt* suspecter **sews-pek-tay** Surely you don't suspect me! Sûrement, vous ne me suspectez pas *(Fam: tu ne me suspectes pas)*! **Sewr-man, voo nuh muh sews-pek-tay pa *(Fam: tew nuh muh sews-pekt pa)*!**

suspense *n* suspense *m* **sews-pens** The suspense is killing *(1)* **me.** / *(2)* **us.** Le suspense *(1)* me / *(2)* nous tue. **Luh sews-pens *(1)* muh / *(2)* noo tew. Don't keep *(1)* me / *(2)* us in suspense.** Ne *(1)* me / *(2)* nous laissez *(Fam: laisse)* pas dans le suspense. **Nuh *(1)* muh / *(2)* noo lay-say *(Fam: les)* pa dan luh sews-pens.**

suspicion *n* soupçon *m* **soop-son** You realize you're under suspicion. Vous comprenez que vous êtes *(Fam: Tu comprends que tu es)* considéré *(-e)* comme suspect *(-e)*. **Voo kon-pruh-nay kuh voo_z_et *(Fam: Tew kon-pran kuh tew ay)* kon-see-day-ray kom sews-pay (F: sews-pekt).** ♦ **suspicious** *adj* suspect, -e *m&f* **sews-pay, -pekt** You have a suspicious look on your face. Vous avez *(Fam: Tu as)* un regard suspect sur *votre (Fam: ton)* visage. **Voo_z_a-vay *(Fam: Tew a) uhn* ruh-gar sews-pay sewr *votr (Fam: ton)* vee-zazh. There's something suspicious going on here.** Il y a quelque chose de suspect ici. **Eel_ee_y_a kel-kuh shoz duh sews-pay ee-see. Don't be so suspicious.** Ne soyez *(Fam: sois)* pas si *suspicieux (-ieuse)*. **Nuh *swa-yay (Fam: swa)* pa see *ssews-pee-syuh (F: sews-pee-syuhz)*.**

Words in parentheses (not italicized) are optional.

swamp *n* marécage *m* **ma-ray-kazh**

swap *vt* échanger **ay-shan-zhay Do you want to swap places?** *Voulez-vous (Fam: Veux-tu) échanger de place?* **Voo-lay-voo (Fam: Vuh-tew) ay-shan-zhay duh plas?**

swear *vi* 1. *(solemnly assert)* jurer **zhew-ray**; 2. *(use profanity)* jurer **zhew-ray I swear (**[1] **it's true. /** [2] **it wasn't me.).** Je jure (*[1] que c'est vrai. / [2] que ce n'était pas moi.*) **Zhuh zhewr (**[1] **kuh s'ay vray. /** [2] **kuh suh n'ay-tay pa mwa.) It's not necessary to swear.** *Ce n'est pas nécessaire de jurer.* **Suh n'ay pa nay-say-ser duh zhew-ray.**

sweat *vi* suer **sew-ay I'm sweating.** *Je sue.* **Zhuh sew.** ♦ *n* sueur *f* **sew-uhr** ♦ **sweater** *n* pull *m* **pewl Better bring a sweater.** *Il vaut mieux emmener un pull.* **Eel vo myuh an-muh-nay uhn pewl.** ♦ **sweatshirt** *n* sweat-shirt *m* **swet-shuhrt** ♦ **sweaty** *adj* en sueur **an sew-uhr I'm all sweaty.** *Je suis tout (-e) en sueur.* **Zhuh swee too_t_an sew-uhr. You're all sweaty.** *Vous êtes (Fam: Tu es) tout (-e) en sueur.* *Voo_z_et (Fam: Tew ay)* **too_t_an sew-uhr.**

Swede *n* Suédois, -e *m&f* **Sew-e-dwa, -dwaz** ♦ **Swedish** *adj* suèdois, -e *m&f* **sew-e-dwa, -dwaz**

sweep *vt* 1. *(with a broom)* balayer **ba-lay-yay**; 2. *(s.o. off their feet)* faire tourner la tête **fer toor-nay la tet**; 3. *(win all games / matches)* surpasser **sewr-pa-say I'll sweep it.** *Je vais balayer.* **Zhuh vay ba-lay-yay. You swept me off my feet.** *Vous me faites (Fam: Tu me fais)* tourner la tête. *Voo muh fet (Fam: Tew muh fay)* **toor-nay la tet. We swept them, three matches to zero.** *Nous les avons surpassés, trois matchs à zéro.* **Noo lay_z_a-von sewr-pa-say, trwa matsh_a zay-ro.**

sweet *adj* sucré, -e *m&f* **sew-kray**, doux, douce *m&f* **doo, doos**, gentil, -le *m&f* **zhan-tee, -teey(uh)**, adorable *m&f* **a-do-rabl** ~ **disposition** disposition *f* gentille **dees-po-zee-syon zhan-teey(uh)** ~ **lips** lèvres *fpl* douces **levr doos** ~ **nature** nature *f* douce **na-tewr doos That's (really) sweet of you.** *C'est (vraiment) gentil de votre (Fam: ta)* part. **S'ay (vray-man) zhan-tee de votr (Fam: ta) par. That was a sweet thing to say.** *C'était adorable ce que vous avez (Fam: tu as)* dit. **S'ay-tay_t_a-do-rabl suh kuh** *voo_z_a-vay (Fam: tew a)* **dee. You're the sweetest (1) guy / (2) man I've ever met.** *Vous êtes (Fam: Tu es) (1) le mec / (2)* l'homme le plus gentil que je connaisse. *Voo_z_et (Fam: Tew ay) (1)* **luh mek / (2) l'om luh plew zhan-tee kuh zhuh ko-nes. You're the sweetest (1) girl / (2) woman / (3) person I've ever met.** *Vous êtes (Fam: Tu es)* la *(1)* fille / *(2)* femme / *(3)* personne la plus gentille que je connaisse. *Voo_z_et (Fam: Tew ay,* la *(1)* **feey(uh) / (2) fam / (3) per-son la plew zhan-teey(uh) kuh zhuh ko-nes. What a sweet smile you have.** *Quel sourire adorable vous avez (Fam: Tu as)!* **Kel soo-reer_a-do-rabl** *voo_z_a-vay (Fam: tew a)!* **I have a sweet tooth** *J'aime les sucreries.* **Zh'em lay sew-kruh-ree.** ♦ **sweetheart** *n* amour *m* **a-moor**, chéri, -e *m&f* **shay-ree You're my sweetheart.** *Vous êtes (Fam: Tu es* mon amour. *Voo_z_et (Fam: Tew ay)* **mon_a-moor.** ♦ **sweetness** *n* douceur **doo-suhr The sweetness of your lips is heavenly.** *La douceur de vos (Fam: tes* lèvres est divine. **La doo-suhr duh** *vo (Fam: tay)* **levr_ay dee-veen.** ♦ **sweets** *n pl* douceurs *fpl* **doo-suhr**, bonbons *mpl* **bon-bon I don't care for sweets.** J

In French ch is pronounced like **sh** *in "sheep".*

n'aime pas les bonbons. **Zhuh n'em pa lay bon-bon.** ♦ **sweet-smelling** *adj* parfumé, -e *m&f* **par-few-may**

swelling *n* gonflement *m* **gon-fluh-man**

swim *vi* nager **na-zhay** *(See also phrases under* **like** *and* **love**.*)* **Do you know how to swim?** *Savez-vous (Fam: Sais-tu) nager?* *Sa-vay-voo (Fam: Say-tew) na-zhay?* **I can(not) swim.** Je (ne) sais (pas) nager. **Zhuh (nuh) say (pa) na-zhay. I'll teach you how to swim.** Je vais *vous (Fam: t')* apprendre à nager. **Zhuh vay** *voo_z_(Fam: t')*_**a-prandr_a na-zhay. Let's go swim (in the** *[1]* **ocean /** *[2]* **pool).** Allons nager (dans *[1]* l'océan / *[2]* la piscine). **A-lon na-zhay (dan** *[1]* **l'o-say-an /** *[2]* **la pee-seen). Can we swim here?** Pouvons-nous nager ici? **Poo-von-noo na-zhay ee-see? Is it safe to swim here?** Est-ce que c'est prudent de nager ici? **Es kuh s'ay prew-dan duh na-zhay ee-see?** ♦ *n* baignade *f* **bay-nyad Let's go for a swim.** Allons nager. **A-lon na-zhay.** ♦ **swimmer** *n* nageur, nageuse *m&f* **na-zhuhr, -zhuhz I'm a** *(1)* **good /** *(2)* **poor swimmer.** Je suis *un (1) bon / (2) mauvais nageur (F: une [1] bonne / [2] mauvaise nageuse).* **Zhuh swee_z_uhn** *(1)* **bon /** *(2)* **mo-vay na-zhuhr (F: ewn** *[1]* **bon /** *[2]* **mo-vez na-zhuhz). You're a good swimmer.** *Vous êtes (Fam: Tu es) un bon nageur (F: une bonne nageuse).* *Voo_z_et (Fam: Tew ay) uhn bon na-zhuhr (F: ewn bon na-zhuhz).* ♦ **swimming** *adj* de bain **duh buhn** ~ **pool** piscine *f* **pee-seen** ~ **trunks** caleçon *m* de bain **kal-son duh buhn** ♦ **swimming** *n* natation *f* **na-ta-syon** *(See phrases under* **go**, **like** *and* **love**.*)* **go** ~ faire de la natation **fer duh la na-ta-syon Where can we go swimming?** Où pouvons-nous faire de la natation? **Oo poo-von-noo fer duh la na-ta-syon?** ♦ **swimsuit** *n* maillot *m* de bain **ma-yo duh buhn**

swindle *n* escroquerie *f* **es-krok-ree This is an outrageous swindle!** C'est une atroce escroquerie! **S'ay_t_ewn_a-tros_es-krok-ree!**

swine *n* porc *m* **por**

swing *vt (around)* swing **sweeng Swing the racket like this.** *Faites (Fam: Fais)* un swing avec la raquette de cette façon. *Fet (Fam: Fay)* **uhn sweeng a-vek la ra-ket duh set fa-son.**

Swiss *adj* suisse *m&f* **swees**

switch *vt (exchange)* échanger **ay-shan-zhay** ~ **seats** changer de place **shan-zhay duh plas** ~ **sides** changer de côté **shan-zhay duh ko-tay Okay, let's switch sides.** D'accord, changeons de côté. **D'a-kor, shan-zhon duh ko-tay.**

swollen *adj* gonflé, -e *m&f* **gon-flay**, enflé, -e *m&f* **an-flay** ~ **head** tête *f* enflée **tet_an-flay**

syllable *n* syllabe *f* **see-lab Which syllable is stressed?** Quelle syllabe est accentuée? **Kel see-lab_ay_t_ak-san-tew-ay?**

symbol *n* symbole *m* **suhn-bol** ♦ **symbolize** *vt* symboliser **suhn-bo-lee-zay What does it symbolize?** Qu'est-ce que cela symbolise? **K'es kuh suh-la suhn-bo-leez? It symbolizes...** Cela symbolise… **Suh-la suhn-bo-leez...**

sympathetic *adj* compatissant, -e *m&f* **kon-pa-tee-san, -sant** be ~ être *compatissant (-e)* etr *kon-pa-tee-san (F: kon-pa-tee-sant)* ♦ **sympathize** *vi* compatir **kon-pa-teer**, comprendre **kon-prandr I (** *[1]* **deeply /** *[2]* **truly) sympathize with** *(3)*

Familiar "tu" ("tew") forms in parentheses
can replace italicized polite forms.

you. / *(4)* **your situation.** Je compatis *([1]* profondément / *[2]* sincèrement) *(3)* avec *vous (Fam: toi).* / *(4)* à *votre (Fam: ta)* situation. **Zhuh ko**n**-pa-tee (***[1]* **pro-fo**n**-day-ma**n**)** / *[2]* **suh**n**-ser-ma**n**)** *(3)* **a-vek** *voo (Fam: twa).* / *(4)* **a** *votr (Fam: ta)* **see-tew-a-syo**n**.** ♦ **sympathy** *n* sympathie *f* **suh**n**-pa-tee**, compréhension *f* **ko**n**-pray-a**n**-syo**n

symphony *adj* symphonique **suh**n**-fo-neek** ~ **orchestra** orchestre *m* symphonique **or-kestr suh**n**-fo-neek** ♦ *n* symphonie *f* **suh**n**-fo-nee**

synagogue *n* synagogue *f* **see-na-gog**

synonym *n* synonyme *m* **see-no-neem**

syrup sirop *m* **see-ro** *n* **cough** ~ sirop *m* contre la toux **see-ro ko**n**-truh la too**

system *n* système *m* **sees-tem**, réseau *m* **ray-zo**, méthode *f* **may-tod bus** ~ réseau de bus **ray-zo duh bews electrical** ~ *(automot.)* circuit m électrique **seer-kwee ay-lek-treek foolproof** ~ système infaillible **sees-tem_uh**n**-fa-yeebl good** ~ bonne méthode **bon may-tod new** ~ nouveau système **noo-vo sees-tem old** ~ vieux système **vyuh sees-tem poor** ~ mauvais système **mo-vay sees-tem postal** ~ système postal **sees-tem pos-tal speaker** ~ *(elec.)* système *m* stéréo **sees-tem stay-ray-o**, hauts parleurs *mpl* **o par-luhr subway** ~ réseau de métro **ray-zo duh may-tro transportation** ~ réseau de transport **ray-zo duh tra**n**s-por**

T t

table *n* table *f* **tabl billiard** / **pool** ~ table de billard **tabl duh bee-yar card** ~ table de jeu **tabl duh zhuh clear the** ~ nettoyer la table **nay-twa-yay la tabl coffee** ~ table de salon **tabl duh sa-lo**n **extra** ~ table en rabe **tabl_a**n **rab find a** ~ trouver une table **troo-vay ewn tabl night** ~ table *m* de nuit **tabl duh nwee ping-pong** ~ table de ping-pong **tabl duh peeng-pong reserve a** ~ réserver une table **ray-zer-vay ewn tabl set the** ~ mettre la table **metr la tabl We'd like a table for** *(1)* **two** / *(2)* **three** / *(3)* **four, please.** Nous aimerions une table pour *(1)* deux, / *(2)* trois, / *(3)* quatre, s'il *vous (Fam: te)* plaît. **Noo_z ay-muh-ryo**n **ewn tabl poor** *(1)* **duh,** / *(2)* **trwa,** / *(3)* **katr, s'eel** *voo (Fam: tuh)* **play. Please come to the table.** S'il *vous (Fam: te)* plaît, *joignez-vous (Fam: joins-toi)* à notre table. **S'eel** *voo (Fam: tuh)* **play,** *zhwa-nyay-voo (Fam: zhwuh*n*-twa)* **a no-truh tabl. Come join** *(1)* **me** / *(2)* **us at** *(3)* **my** / *(4)* **our table.** *Venez vous (Fam: Viens te)* joindre à *(1, 3)* ma / *(2, 4)* notre table. *(Vuh-nay voo (Fam: Vyuh*n *tuh)* **zhwuh**n**dr_a** *(1,3)* **ma** / *(2,4)* **notr tabl. Let's get a table outdoors.** Demandons une table dehors. **Duh-ma**n**-do**n **ewn tabl duh-or.** ♦ **tablecloth** *n* nappe *f* **nap**

tablet *n* 1. *(pad of paper)* bloc *m* (de papier) **blok (duh pa-pyay)**; 2. *(medicine)* comprimé *m* **ko**n**-pree-may**

taboo *n* tabou *m* **ta-boo That's strictly taboo.** C'est très tabou. **S'ay tre ta-boo.**

The letter h in French is always silent.

tackle *n (fishing gear)* équipement *m* **ay-keep-man** **fishing ~** équipement de pêche **ay-keep-man duh pesh**

tacky *adj (slang)* 1. *(sticky)* collant, -e *m&f* **ko-lan, -lant**; 2. *(remark)* de mauvais goût **duh mo-vay goo**

tact *n* tact *m* **takt** ♦ **tactful** *adj* délicat, -e *m&f* **day-lee-ka, -kat**, du tact **dew takt**

tactic *n* tactique *f* **tak-teek** **That's a clever tactic.** C'est une tactique astucieuse. **S'ay_t_ewn tak-teek_as-tew-syuhz.** **Those tactics won't work.** Ces tactiques ne marcheront pas. **Say tak-teek nuh marsh-ron pa.**

tactless *adj* sans tact **san takt**

tag *n* étiquette *f* **ay-tee-ket** **price ~** étiquette (avec le prix) **ay-tee-ket (a-vek luh pree)**

tail *n* 1. *(of an animal)* queue *f* **kuh**; 2. *(slang: buttocks)* derrière *m* **der-ryer**

taillight *n (automot.)* feu arrière **fuh a-ryer**

tailor *n* tailleur *m* **ta-yuhr**

take *vt* 1. *(acquire, obtain)* prendre **prandr**; 2. *(occupy)* occuper **o-kew-pay**, prendre **prandr**; 3. *(convey, drive)* venir chercher **vuh-neer sher-shay**, passer prendre **pa-say prandr**, emmener **anm-nay**, conduire **kon-dweer**; 4. *(time: require)* prendre **prandr**, requérir **ruh-kay-reer**

    You'd better take along… *Vous feriez (Fam: Tu ferais)* mieux de prendre… *Voo fuh-ryay (Fam: Tew fuh-ray)* **myuh duh prandr…**
        …a coat. …un manteau. **…_uhn man-to.**
        …a sweater. …un sweat. **…_uhn sweet.**
        …an umbrella. …un parapluie. **…_uhn pa-ra-plwee.**
        …your passport. …*votre (Fam: ton)* passeport. **…*votr (Fam: ton)* pas-por.**
    Did you take (_what_)? Avez-vous *(Fam: As-tu)* pris (-e) (___)? *A-vay-voo (Fam: A-tew)* **pree (F: preez) (___)?**
        Who took it? Qui l'a pris? **Kee l'a pree?**
        I took it. Je l'ai pris. **Zhuh l'ay pree.**
        He took it. Il l'a pris. **Eel l'a pree.**
        She took it. elle l'a *pris (-e)*. **El l'a** *pree (-z)*.
        They took it. Ils *(Fpl: Elles)* l'ont *pris (-es)*. **Eel** *(Fpl: El)* **l'on** *pree (-z)*.
        We took it. Nous l'avons pris. **Noo l'a-von pree.**
        You took it. *Vous l'avez (Fam: Tu l'as)* pris. *Voo l'a-vay (Fam: Tew l'a)* **pree.**

Take some. *Prenez (Fam: Prends)*-en un peu. *Pruh-nay_(Fam: Pran)_z_an uhn puh.* **Is this seat taken?** Est-ce que cette place est prise? **Es kuh set plas_ ay preez?** **This seat is taken.** Cette place est prise. **Set plas_ay preez.**

    Take me to… *Emmenez (Fam: Emmène)*–moi à *Anm-nay (Fam: An-men)* **-mwa a…**
    Take us to… *Emmenez (Fam: Emmène)*–nous à *Anm-nay (Fam: An-men)* **–noo a…**
        …Hotel (_name_). …l'hôtel (___). **…l'o-tel (___).**
        …the airport. …l'aéroport. **…l'a-ay-ro-por.**
        …the bus station. …la gare routière. **…la gar roo-chyer.**

Common occupations are listed on pages 526-533.

| take after | 438 | take back |

> …**the train station.** …la gare. **…la gar.**
> …**this address.** …cette adresse. **…set_a-dres.**

Can you take *(1)* **me /** *(2)* **us to** *(place)*? *Pouvez-vous (Fam: Peux-tu)* venir *(1)* me / *(2)* nous chercher à (___)? *Poo-vay-voo (Fam: Puh-tew)* **vuh-neer** *(1)* **muh /** *(2)* **noo sher-shay a (___)? Where are you taking** *(1)* **me /** *(2)* **us?** Où *(1)* m' / *(2)* nous emmenez-vous *(Fam: emmènes-tu)*? **Oo** *(1)* **m' /** *(2)* **noo_z_an-muh-nay-voo (Fam: an-men-tew)? May I take you home?** Pourrais-je *vous (Fam: te)* raccompagner chez *vous (Fam: toi)*? **Poo-ray-zh voo (Fam: tuh) ra-kon-pa-nyay shay voo (Fam: twa)?** *(1)* **I can take you…** / *(2)* **I'll take you… home (in my car).** *(1)* Je peux passer *vous (Fam: te)*… / *(2)* Je passerai *vous (Fam: te)* prendre… à *votre (Fam: ta)* maison (avec ma voiture). *(1)* **Zhuh puh pa-say voo (Fam: tuh)…** / *(2)* **Zhuh pas-ray voo (Fam: tuh) prandr… a** *votr (Fam: ta)* **may-zon (a-vek ma vwa-tewr).** *(1)* **We can take you…** / *(2)* **We'll take you… home (in our car).** *(1)* Nous pouvons passer *vous (Fam: te)*… / *(2)* Nous passerons *vous (Fam: te)* prendre… à *votre (Fam: ta)* maison (avec ma voiture). *(1)* **Noo poo-von pa-say voo (Fam: tuh)…** / *(2)* **Noo pas-ron voo (Fam: tuh) prandr… a** *votr (Fam: ta)* **may-zon (a-vek ma vwa-tewr). Would you mind if I took your picture?** Est-ce que ça *vous (Fam: te)* dérange si je *vous (Fam: te)* prends en photo? *Es kuh sa voo (Fam: tuh)* **day-ranzh see zhuh voo (Fam: tuh) pran_z_an fo-to? Could you take our picture?** Pourriez-vous *(Fam: Pourrais-tu)* nous prendre en photo? *Poo-ryay-voo (Fam: Poo-ray-tew)* **noo prandr_an fo-to? How long does it take (to get there)?** Combien de temps cela prend-il (pour arriver ici)? **Kon-byuhn duh tan suh-la pran_t-eel (poor_a-ree-vay ee-see)?**

> **It takes about…** Ça prend… **Sa pran…** («about» is at the end)
> …**five minutes.** …cinq minutes… **…suhnk mee-newt…**
> …**ten minutes.** …dix minutes… **…dee mee-newt…**
> …**fifteen minutes.** …quinze minutes… **…kuhnz mee-newt…**
> …**a half hour.** …une demi-heure… **…ewn duh-mee_y_uhr…**
> …**an hour.** …une heure… **…ewn_uhr…**
> …**two hours.** …deux heures… **…duh_z_ uhr…**
> …**three hours.** …trois heures… **…trwa_z_uhr…**
> *(about:)* …environ. **…an-vee-ron.**

How long will it take? Combien de temps cela va-t-il prendre? **Kon-byuhn duh tan suh-la va-t-eel prandr? It will take** *(amount of time)*. Ça prendra (___). **Sa pran-dra (___).**

♦ **take after** *idiom (resemble)* tenir de **tuh-neer duh I take after my** *(1)* **father. /** *(2)* **mother.** Je tiens de *(1)* mon père. / *(2)* ma mère. **Zhuh chyuhn duh** *(1)* **mon per. /** *(2)* **ma mer.**

♦ **take back** *idiom* 1. *(return)* rendre **randr**, restituer **res-tee-tew-ay**, redonner **ruh-do-nay**; 2. *(retract)* retirer **ruh-tee-ray I'll take it back (to the office)** Je le ramenerai (au travail). **Zhuh luh ra-men-ray (o tra-vaee). I take back what I said (about you).** Je retire ce que j'ai dit (sur *vous [Fam: toi]*)

At the end of a word, s, d, t and x are generally silent.

take care of   439   **talk**

Zhuh ruh-teer suh kuh zh'ay dee *(sewr voo [Fam: twa])*.

♦ **take care of** *idiom* prendre soin de **prandr swuhn duh**, s'occuper de **s'o-kew-pay duh** **Do you know someone who could take care of my** *(1)* **daughter?** / *(2)* **son?** *Connaissez-vous (Fam: Connais-tu) quelqu'un qui pourrait s'occuper de (1) ma fille? / (2) mon fils? Ko-nay-say-voo (Fam: Ko-nay-tew)* **kel-kuhn kee poo-ray s'o-kew-pay duh** *(1)* **ma feey(uh)?** / *(2)* **mon fees? Could you take care of it (for** *[1]* **me /***[2]* **us)?** *Pourriez-vous (Fam: Pourrais-tu t') en occuper... pour ([1] moi / [2] nous)? Poo-ryay-voo voo_z_(Fam: poo-ray t')_ **an o-kew-pay… poor (***[1]* **mwa /***[2]* **noo)?**

♦ **take down** *idiom (tents: disassemble)* démonter **day-mon-tay**, désassembler **day-za-san-blay** **I'll take down the tent and pack it.** *Je démonterai la tente et je l'emballerai* **Zhuh day-mont-ray la tant_ay zhuh l'an-bal-ray.**

♦ **take off** *idiom* 1. *(get off work)* partir **par-teer**, s'en aller **s'an_a-lay**, décoller **day-ko-lay**; 2. *(remove)* enlever **anl-vay**; 3. *(leave on foot or by vehicle)* partir **par-teer**, s'en aller **s'an_a-lay**; 4. *(airplanes)* décoller **day-ko-lay** **What time will** *(1)* **we /** *(2)* **you take off (for** *[place]***)?** *(by vehicle) A quelle heure (1) partirons-nous / (2) partirez-vous (Fam: partiras-tu) (pour [___])?* **A kel_uhr** *(1)* **par-tee-ron-noo /** *(2) par-tee-ray-voo (Fam: par-tee-ra-tew)* **(poor [___])?** *(1)* **I'm /** *(2)* **We're going to take off at** *(time)*. *(1) Je partirai… / (2) Nous partirons... à (___). (1)* **Zhuh par-tee-ray… /** *(2)* **Noo par-tee-ron… a (___).** *(1)* **He /** *(2)* **She /** *(3)* **They took off somewhere.** *(1) Il est parti… / (2) Elle est partie… / (3) Ils (Fpl: Elles) sont partis quelque part. (1) Eel_ay par-tee… / (2) El_ay par-tee… / (3) Eel (Fpl: El)* **son par-tee… kel-kuh par. Please take off your** *(1)* **coat. /** *(2)* **shoes.** *Je vous (Fam: t') en prie, enlevez (Fam: enlève) (1) votre (Fam: ton) manteau. / (2) vos (Fam: tes) chaussures.* **Zhuh voo_z_*(Fam: t')_* an pree,** *anl-vay (Fam: an-lev) (1) votr (Fam: ton)* **man-to.** / *(2) vo (Fam: tay)* **sho-sewr.**

♦ **take out** *idiom* 1. *(food: carry out)* emporter **an-por-tay**; 2. *(escort on a date)* emmener **anm-nay** **Let's order something to take out.** *Commandons quelque chose à emporter.* **Ko-man-don kel-kuh shoz_a an-por-tay.** *(1)* **I'd /** *(2)* **We'd like to take you out to dinner (***[3]* **tonight /** *[4]* **tomorrow night).** *(1) J'aimerais… / (2) Nous aimerions… vous (Fam: t') emmener dîner ([3] ce soir. / [4] demain soir.) (1)* **Zh'em-ray… /** *(2)* **Noo_z_ay-muh-ryon…** *voo_z (Fam: t')_* **anm-nay dee-nay (***[3]* **suh swar. /** *[4]* **duh-muhn swar.)**

talent *n* talent *m* **ta-lan You really have a lot of talent (for** *[1]* **music. /** *[2]* **painting.).** *Vous avez (Fam: Tu as) vraiment beaucoup de talent (pour [1] la musique. / [2] la peinture.).* **Voo_z_a-vay** *(Fam: Tew a)* **vray-man bo-koo duh ta-lan (poor** *[1]* **la mew-zeek. /** *[2]* **la puhn-tewr.).** ♦ **talented** *adj* talentueux, talentueuse *m&f* **ta-lan-tew-uh, -uhz**, de talent **duh ta-lan You're very talented.** *Vous avez (Fam: Tu as) beaucoup de talent. Voo_z_a-vay (Fam: Tew a)* **bo-koo duh ta-lan.**

talk *vi* discuter **dees-kew-tay**, parler **par-lay**, s'entretenir **s'an-truh-tuh-neer**, converser **kon-ver-say Please talk (a little)** *(1)* **louder. /** *(2)* **slower.** *Je vous (Fam: t') en prie, parlez (Fam: parle) (un peu) plus (1) fort. / (2) lentement.*

---

*Feminine forms of words in phrases are
usually given in parentheses (italicized).*

| talk | 440 | tank |

Zhuh *voo_z_(Fam: t')_* **an pree,** *par-lay (Fam: parl_)* **(uhn puh) plew** *(1)* **for.** / *(2)* **lant-man. You talk** *(1)* **kind of fast.** / *(2)* **too fast.** *Vous parlez (Fam: Tu parles) (1)* un peu vite. / *(2)* trop vite. **Voo par-lay** *(Fam: Tew parl_)* **(1) uhn puh veet.** / *(2)* **tro veet. What are you talking about?** De quoi *êtes-vous (Fam: es-tu)* en train de parler? **Duh kwa** *et-voo (Fam: ay-tew)* **an truhn duh par-lay? I'm talking about...** Je parle de… **Zhuh parl duh… I enjoy talking with you.** J'aime m'entretenir avec *vous (Fam: toi).* **Zh'em m'an-truh-tuh-neer_a-vek** *voo* (Fam: *twa*). *(1)* **I** / *(2)* **We enjoyed talking with you.** *(1)* J'ai… / *(2)* Nous avons… apprécié parler avec *vous (Fam: toi).* (1) **Zh'ay…** / *(2)* **Noo_z_a-von… a-pray-syay par-lay a-vek** *voo (Fam: twa).* **It was nice talking to you.** Ce fut un plaisir de *vous (Fam: te)* parler. **Suh few_t_uhn play-zeer duh** *voo (Fam: tuh)* **par-lay. It's so nice to talk with you.** C'est tellement agréable de discuter avec *vous (Fam: toi).* **S'ay tel-man a-gray-abl duh dees-kew-tay a-vek** *voo (Fam: twa).* **I could spend hours talking with you.** Je pourrais passer des heures à discuter avec *vous (Fam: toi).* **Zhuh poo-ray pa-say day_z_uhr_a dees-kew-tay a-vek** *voo (Fam: twa).* **Let's go somewhere where we can sit and talk.** Allons quelque part où nous pourrons nous asseoir et parler. **A-lon kel-kuh par_oo noo poo-ron noo_z_a-swar_ay par-lay. Could I talk with you (for a moment)?** Pourrais-je m'entretenir avec *vous (Fam: toi)* (un moment)? **Poo-ray-zh m'an-truh-tuh-neer_a-vek** *voo (Fam: twa)* **(uhn mo-man)? We have to talk.** Il faut que l'on parle. **Eel fo kuh l'on parl. We need to meet and talk together.** Il faut que l'on se voit et que l'on en discute. **Eel fo kuh l'on suh vwa ay kuh l'on_an dees-kewt.** ♦ **talk** *n* conversation *f* **kon-ver-sa-syon**
♦ **talkative** *adj* loquace *m&f* **lo-kas**
tall *adj* grand, -e *m&f* **gran, grand How tall are you?** Combien *mesurez-vous (Fam: mesures-tu)?* **Kon-byuhn** *muh-zew-ray-voo (Fam: muh-zewr-tew)?* **I'm one meter** *(number)* **(centimeters) tall.** *(e.g., 1 m 65 [cm])* Je fais un mètre (___). **Zhuh fay uhn metr (___).** *(See Common Adult Heights, Appendice 7, p. 524)*
tame *adj* docile *m&f* **do-seel**
tampon(s) *n (pl)* tampon(s) *m (pl)* **tan-pon**
tan *vi* bronzer **bron-zay I (don't) tan easily.** Je (ne) bronze (pas) facilement. **Zhuh nuh bronz (pa) fa-seel-man.** ♦ *n* bronzage *m* **bron-zazh golden** ~ bronzage doré **bron-zazh do-ray You have a** *(1)* **gorgeous** / *(2)* **nice tan.** *Vous avez (Fam: Tu as)) (1)* très bien bronzé. / *(2)* un beau bronzage. **Voo_z_a-vay** *(Fam: Tew a) (1)* **tre byuhn bron-zay.** / *(2)* **uhn tre bo bron-zazh. I'm going to work on my tan.** Je vais aller perfectionner mon bronzage. **Zhuh vay a-lay per-fek-syo-nay mon bron-zazh.**
tangled *adj* emmêlé, -e *m&f* **an-may-lay It's (all) tangled.** C'est tout emmêlé. **S'ay too_t_an-may-lay. Don't let it get tangled.** Ne le *laissez (Fam: laisse)* pas s'emmêler. **Nuh luh** *lay-say (Fam: les)* **pa s'an-may-lay.**
tank *n* 1. *(mil.)* tank *m* **tank**; 2. *(auto: gas)* réservoir *m* **ray-zer-vwar gas** ~ réservoir à essence **ray-zer-vwar_a ay-sans Which side is the gas tank on?** De quel côté est le réservoir à essence? **Duh kel ko-tay ay luh ray-zer-vwar_a**

Before a, o, u or a consonant, c is pronounced like **k***.*

ay-sans? How do I open the gas tank? Comment ouvre-t-on le réservoir à essence? **Ko-man oo-vruh-t-on luh ray-zer-vwar_a ay-sans?**

tanned *adj* bronzé, -e *m&f* **bron-zay** get ~ se faire bronzer **suh fer bron-zay**, bronzer **bron-zay**

tantalizing *adj* provocant, -e *m&f* **pro-vo-kan, -kant**

tape *vt* 1. *(seal with tape)* scotcher **skot-shay**; 2. *(tape-record)* enregistrer **an-ruh-zhees-tray** ♦ *n* scotch *m* **skotsh** adhesive ~ ruban adhésif **rew-ban a-day-zeef** cassette ~ cassette *f* **ka-set** measuring ~ mètre *m* **metr** music ~**s** cassette audio **ka-set_o-jo** video ~ cassette vidéo **ka-set vee-day-o** Let's play some tapes. Ecoutons une cassette. **Ay-koo-ton ewn ka-set.** I want you to hear this tape. Je veux *vous (Fam: te)* faire écouter cette cassette. **Zhuh vuh voo** *(Fam: tuh)* **fer_ay-koo-tay set ka-set.** Can I copy your tape? Est-ce que je peux faire une copie de *votre (Fam: ta)* cassette? **Es kuh zhuh puh fer_ewn ko-pee duh** *votr (Fam: ta)* **ka-set?** ♦ **tape-record** *vt* enregistrer **an-ruh-zhees-tray**

target *n* cible *f* **seebl** archery ~ cible *f* de tir à l'arc **seebl duh teer_a l'ark** Did I hit the target? Ai-je touché la cible? **Ay-zh too-shay la seebl?** You hit the target. *Vous avez (Fam: Tu as)* touché la cible. *Voo_z_a-vay (Fam: Tew a)* **too-shay la seebl.** You missed the target. *Vous avez (Fam: Tu as)* manqué la cible. *Voo_z_a-vay (Fam: Tew a)* **man-kay la seebl.**

tarp(aulin) *n* bâche *f* **bash**

task *n* tâche *f* **tash**, mission *f* **mee-syon**, besogne *f* **buh-zony(uh)** difficult ~ tâche difficile **tash dee-fee-seel** easy ~ tâche facile **tash fa-seel**

taste *vt* goûter **goo-tay** Taste this. Goûtez *(Fam: Goûte)*-moi ceci. *Goo-tay (Fam: Goot)*-**mwa suh-see.** Let me taste. Laissez *(Fam: Laisse)*-moi goûter. *Lay-say (Fam: Les)*-**mwa goo-tay.** ♦ *vi* savourer **sa-voo-ray**, avoir du goût **a-vwar dew goo** How does it taste? Est-ce que ça a du goût? **Es kuh sa a dew goo?** It tastes *(1)* awful. / *(2)* good. / *(3)* great. / *(4)* strange. / *(5)* terrible. / *(6)* wonderful. C'est *(1)* affreux. / *(2)* bon. / *(3)* très bon. / *(4)* bizarre. / *(5)* terrible. / *(6)* délicieux. **S'ay *(1)* a-fruh. / *(2)* bon. / *(3)* tre bon. / *(4)* bee-zar. / *(5)* tay-reebl. / *(6)* day-lee-syuh.** ♦ *n* 1. *(sense)* goût *m* **goo**, saveur *f* **sa-vuhr**; 2. *(preference)* goût *m* **goo**, préférence *f* **pray-fay-rans** bad ~ *(preference or food)* mauvais goût **mo-vay goo** good ~ *(preference or food)* bon goût **bon goo** in bad ~ à mauvais goût **a mo-vay goo** in good ~ à bon goût **a bon goo** literary ~ goût littéraire **goo lee-tay-rer** nice ~ *(food)* bon goût **bon goo** same ~**s** même goût **mem goo** strange ~ *(food)* goût bizarre **goo bee-zar** sweet ~ *(food)* goût raffiné **goo ra-fee-nay** wonderful ~ *(food)* goût merveilleux **goo mer-vay-yuh**

You have good taste in… *Vous avez (Fam: Tu as) (1)* bon goût pour…
Voo_z_a-vay (Fam: Tew a) (1) **bon goo poor…**
    …art. …l'art. …**l'ar.**
    …clothes. …l'habillement. …**l'a-bee-man.**
    …decorating. …la décoration. …**la day-ko-ra-syon.**
    …music. …la musique. …**la mew-zeek.**
    …wine. …le vin. …**luh vuhn.**

Before e, i, or y, c is pronounced like **s**.

tasty   442   **teach**

    I have simple tastes. J'ai des goûts simples. Zh'ay day goo suh<u>n</u>pl. ♦ **tasty** *adj* savoureux, -reuse *m&f* sa-voo-ruh, -ruhz, succulent, -e *m&f* sew-kew-la<u>n</u>, -la<u>n</u>t

tattoo *n* tatouage ta-too-azh, tatou *m* ta-too **That's a** *(1)* **beautiful** / *(2)* **fantastic** / *(3)* **unique** / *(4)* **wild tattoo!** C'est un tatouage *(1)* très joli! / *(2)* magnifique! / *(3)* unique en son genre! / *(4)* excentrique! S'ay_t_uh<u>n</u> ta-too-azh *(1)* tre zho-lee! / *(2)* ma-nee-feek! / *(3)* ew-neek_a<u>n</u> so<u>n</u> zha<u>n</u>r! / *(4)* ek-sa<u>n</u>-treek!

    I have a small tattoo on my… J'ai un petit tatouage… Zh'ay uh<u>n</u> puh-tee ta-too-azh…

        …back. …dans le dos. **…da<u>n</u> luh do.**
        …buttock. …en bas du dos. **…a<u>n</u> ba dew do.**
        …leg. …sur la jambe. **…sewr la zha<u>n</u>b.**
        …shoulder. …sur l'épaule. **…sewr l'ay-pol.**
        …stomach. …sur le ventre. **…sewr luh va<u>n</u>tr.**

    Do you want to see my tattoo? *Voulez-vous (Fam: Veux-tu)* voir mon tatouage? *Voo-lay-voo (Fam: Vuh-tew)* vwar mo<u>n</u> ta-too-azh? ♦ **tattooed** *adj* tatoué, -e *m&f* ta-too-ay

Taurus *(Apr. 20 - May 20)* Taureau To-ro

tavern *n* taverne *f* ta-vern

tax *n* impôt *m* uh<u>n</u>-po, taxe *f* taks **federal ~es** impôts uh<u>n</u>-po **income ~** impôts sur le revenu uh<u>n</u>-po sewr luh ruhv-new **property ~** impôts fonciers uh<u>n</u>-po fo<u>n</u>-syay **sales ~** TVA (taxe sur la valeur ajoutée) TayVeA (taks sewr la va-luhr_a-zhoo-tay) **state ~** impôts de région uh<u>n</u>-po duh ray-zhyo<u>n</u> **value-added ~** taxe sur la valeur ajoutée taks sewr la va-luhr_a-zhoo-tay **visitor's ~** taxe pour les étrangers taks poor lay_z_ay-tra<u>n</u>-zhay **What's the rate of the sales tax?** Quel est le pourcentage de TVA? Kel_ay luh poor-sa<u>n</u>-tazh duh TayVeA?

taxi(cab) *n* taxi *m* tak-see **~ fare** tarif *m* pour prendre le taxi ta-reef poor pra<u>n</u>dr luh tak-see **~ meter** compteur *m* ko<u>n</u>-tuhr **Let's take a taxi.** Prenons un taxi Pruh-no<u>n</u>_z_uh<u>n</u> tak-see. **Where can** *(1)* **I** / *(2)* **we get a taxi?** Où *(1)* puis-je… / *(2)* pouvons-nous… prendre un taxi? Oo *(1)* pwee-zh… / *(2)* poo-vo<u>n</u> noo… pra<u>n</u>dr_uh<u>n</u> tak-see? **What's the usual taxi fare from here to** *(1)* **the airport?** / *(2)* **the train station?** / *(3)* **(place)**? Combien ça coûte en général de prendre un taxi d'ici *(1)* à l'aéroport? / *(2)* à la gare? / *(3)* à (___)? Ko<u>n</u>-byuh<u>n</u> sa koot_a<u>n</u> zhay-nay-ral duh pra<u>n</u>dr_uh<u>n</u> tak-see d'ee-see *(1)* a l' a-ay-ro-por? / *(2)* a la gar? / *(3)* a (___)? **Could you call a taxi for** *(1)* **me?** / *(2)* **us?** *Pourriez vous (Fam: Pourrais-tu)* appeler un taxi pour *(1)* moi? / *(2)* nous? *Poo-ryay-voo (Fam: Poo-ray-tew)* a-play uh<u>n</u> tak-see poor *(1)* mwa? / *(2)* noo?

tea *n* thé *m* tay **How about a cup of tea?** Ça *vous (Fam: te)* dit une tasse de thé? Sa *vo (Fam: tuh)* dee ewn tas duh tay? **Let's go somewhere and have a cup of tea.** Allons quelque part boire une tasse de thé. A-lo<u>n</u> kel-kuh par bwar_ewn tas duh tay.

teach *vt* apprendre a-pra<u>n</u>dr, enseigner a<u>n</u>-say-nyay **I'll teach you (how to** *[1]* **dance** / *[2]* **drive** / *[3]* **play** / *[4]* **swim).** Je *vous (Fam: t')* apprendrai (à *[1]* danser / *[2]* conduire / *[3]* jouer / *[4]* nager). Zhuh voo_z_*(Fam: t')*_a-pra<u>n</u>-dray (a *[1]* da<u>n</u>-say / *[2]* ko<u>n</u>-dweer / *[3]* zhoo-ay / *[4]* na-zhay). **Teach me (how to** *[1]*

Numbers in French are given on pages 519-520.

dance / *[2]* **play** / *[3]* **swim).** *Apprenez (Fam: Apprends)-moi (à [1] danser / [2] jouer / [3] nager).* **A-pruh-nay *(Fam: A-pra<u>n</u>)*-mwa (a *[1]* da<u>n</u>-say / *[2]* zhooay / *[3]* na-zhay). Can you teach me (how to play)?** *Pouvez-vous (Fam: Peux-tu) m'apprendre (à jouer)?* **Poo-vay-voo *(Fam: Puh-tew)* m'a-pra<u>n</u>dr (_a zhoo-ay)? Could you teach me how to play** *(1)* **that (song)? /** *(2)* **the guitar?** *Pourriez-vous (Fam: Pourrais-tu) m'apprendre à jouer (1)* (cette chanson)? */ (2)* à la guitare. **Poo-ryay-voo *(Fam: Poo-ray-tew)* m'a-pra<u>n</u>dr_a zhoo-ay *(1)* (set sha<u>n</u>-son) /** *(2)* **a la ghee-tar. I want you to teach me French.** *Je veux que vous m'appreniez (Fam: tu m'aprennes)* le français. **Zhuh vuh kuh voo m'a-pruh-nyay *(Fam: tew m'a-pren)* luh fra<u>n</u>-say. You'll have to teach me a lot of things.** *Il faudra que vous m'appreniez (Fam: Tu m'apprennes)* beaucoup de choses. **Eel fo-dra kuh voo m'a-pruh-nyay *(Fam: Tew m'a-pren)* boo-koo duh shoz. What do you teach?** *Qu'enseignez-vous (Fam: enseignes-tu)?* **K'a<u>n</u>-say-nyay-voo *(Fam: a<u>n</u>-seny(uh)-tew)?* I teach** *(1)* **English. /** *(2)* **history. /** *(3)* **math. /** *(4)* **science. /** *(5)* *(subject).* *J'enseigne (1)* l'anglais. */ (2)* l'histoire. */ (3)* les maths. */ (4)* les sciences. */ (5)* (___). **Zh'a<u>n</u>-seny(uh)** *(1)* **l'a<u>n</u>-glay. /** *(2)* **l'ees-twar. /** *(3)* **lay mat. /** *(4)* **lay sya<u>n</u>s. /** *(5)* (___).
team *n* équipe *f* **ay-keep basketball** ~ équipe *f* de basket-ball **ay-keep duh bas-ket-bol form a** ~ former une équipe **fo-may ewn_ay-keep ice hockey** ~ équipe *f* de hockey sur glace **ay-keep duh o-kay sewr glas opposing** ~ équipe rivale **ay-keep ree-val our** ~ notre équipe **notr_ay-keep soccer** ~ équipe *f* de football **ay-keep duh foot-bol swim(ming)** ~ équipe *f* de natation **ay-keep duh na-ta-syo<u>n</u> volleyball** ~ équipe *f* de volleyball **ay-keep duh vo-lay-bol Which team is your favorite?** *Quelle* équipe est *votre (Fam: ta)* préférée? **Kel_ay-keep_ay** *votr (Fam: ta)* **pray-fay-ray? Are they a good team?** *Forment--ils (elles)* une bonne équipe? **Form_t--eel (-el)_ewn bon_ay-keep? Do you play on a team?** *Jouez-vous (Fam: Joues-tu)* dans une équipe? **Zhoo-ay-voo *(Fam: Zhoo-tew)* da<u>n</u>_z_ewn_ay-keep? I'm on my** *(1)* **school's /** *(2)* **university's** *(3)* **basketball** */ (4)* **soccer /** *(5)* *(sport)* **team.** *Je suis dans l'équipe de (3)* basket-ball *(4)* football */ (5)* (___) *(1)* de l'école. *(2)* de l'université. **Zhuh swee da<u>n</u> l'ay-keep duh** *(3)* **bas-ket-bol /** *(4)* **foot-bol /** *(5)* (___) *(1)* **duh l'ay-kol. /** *(2)* **duh l'ew-nee-ver-see-tay.** *(1)* **I'm /** *(2)* **We're with the team.** *(1)* Je suis */ (2)* Nous sommes avec l'équipe. *(1)* **Zhuh swee_z... /** *(2)* **Noo som_z..._a-vek l'ay-keep. You be on my team.** *Vous êtes (Fam: Tu es)* dans mon équipe. **Voo_z_et *(Fam: Tew ay)* da<u>n</u> mon_ay-keep. I want to be on your team.** *Je veux être dans votre (Fam: ton)* équipe. **Zhuh vuh_z_etr da<u>n</u>** *votr_(Fam: to<u>n</u>)* **ay-keep.**
tear *vt* arracher **a-ra-shay**, déchirer **day-shee-ray I tore it.** *Je l'ai arraché (-e).* **Zhuh l'ay a-ra-shay.**
♦ **tear up** *idiom* arracher en mille morceaux **a-ra-shay a<u>n</u> meel mor-so I tore it up (and threw it away).** *Je l'ai arraché en mille morceaux (et jeté).* **Zhuh l'ay a-ra-shay a<u>n</u> meel mor-so (ay zhuh-tay).**
tear *n (from crying)* larme *f* **larm Why the tears?** *Pourquoi ces larmes?* **Poor-kwa say larm?**
tease *vt* taquiner **ta-kee-nay I'm just teasing you.** *Je vous (Fam: te)* taquine, c'est

technical   444   temper

tout. **Zhuh voo** *(Fam: tuh)* **ta-keen, s'ay too. Stop teasing me.** *Arrêtez (Fam: Arrête)* de m'embêter. **A-re-tay** *(Fam: A-ret)* **duh m'a<u>n</u>-be-tay.**

technical *adj* technique *m&f* **tek-neek** ♦ **technique** *n* technique *f* **tek-neek Let me show you the proper technique.** *Laissez-moi vous (Fam: Laisse-moi te) montrer la bonne technique.* **Lay-say-mwa voo** *(Fam: Les-mwa tuh)* **mo<u>n</u>-tray la bon tek-neek. You have great technique.** *Vous avez (Fam: Tu as)* une bonne technique. **Voo_z_a-vay** *(Fam: Tew a)* **ewn bon tek-neek.**

tee *n (golf: peg)* tee *m* **tee** ♦ **tee off** *idiom (golf)* tirer dans le tee **tee-ray da<u>n</u> luh tee**

teenage(d) *adj* adolescent, -e *m&f* **a-do-lay-sa<u>n</u>, -sa<u>n</u>t** ♦ **teenager** *n* adolescent, -e *m&f* **a-do-lay-sa<u>n</u>, -sa<u>n</u>t**

telephone *adj* téléphonique *m&f* **tay-lay-fo-neek** ~ **card** carte *f* téléphonique **kart tay-lay-fo-neek** ~ **token** jeton *m* de téléphone **zhuh-to<u>n</u> duh tay-lay-fon** ♦ *n* téléphone *m* **tay-lay-fon on the** ~ au téléphone **o tay-lay-fon public** ~ téléphone public **tay-lay-fon pew-bleek** *(See also* **phone.***)*

television *n* télévision *f* **tay-lay-vee-zyo<u>n</u>**, télé *f* **tay-lay** ~ **cable** ~ télévision par câble **tay-lay-vee-zyo<u>n</u> par kabl on** ~ à la télévision **a la tay-lay-vee-zyo<u>n</u> watch** ~ regarder la télévision **ruh-gar-day la tay-lay-vee-zyo<u>n</u> I saw a program on television about** *(subject)*. J'ai vu une émission à la télé sur *( )*. **Zh'ay vew ewn_ay-mee-syo<u>n</u> a la tay-lay sewr *( )*.**

tell *vt* 1. *(say; relate)* dire **deer**, raconter **ra-ko<u>n</u>-tay**; 2. *(discern, distinguish)* dire **deer**, remarquer **ruh-mar-kay** ~ **a lie** dire un mensonge **deer_uh<u>n</u> ma<u>n</u>-so<u>n</u>zh** ~ **a story** raconter une histoire **ra-ko<u>n</u>-tay ewn_ees-twar Tell me (, please)…** *Dites (Fam: Dis)*-moi (, s'il *vous (Fam: te)* plaît)… *Deet (Fam: Dee)*-**mwa (s'eel voo** *(Fam: tuh)* **play)… You told me…** *Vous m'avez (Fam: Tu m'as)* dit… *Voo m'a-vay (Fam: Tew m'a)* dee… **I told you…** Je *vous (Fam: t')* ai dit… **Zhuh voo_z_(Fam: t')_ay dee… What did** *(1)* **he /** *(2)* **she /** *(3)* **they tell you?** Qu'est-ce qu' *(1)* il *vous (Fam: t')* a dit? / *(2)* elle *vous (Fam: t')* a dit? / *(3)* ils *(Fpl:* elles) vous (Fam: t') ont dit? **K'es k'** *(1)* **eel voo_z_(Fam: t')_a dee? /** *(2)* **el voo_z_(Fam: t')_a dee? /** *(3)* **eel** *(Fpl: el)* **voo_z_(Fam: t')_on dee?** *(1)* **He /** *(2)* **She told me…** *(1)* Il / *(2)* Elle m'a dit… *(1)* **Eel /** *(2)* **El m'a dee… They told me…** *Ils (F: Elles)* m'ont dit… **Eel** *(Fpl: el)* **m'o<u>n</u> dee… Tell me** *(1)* **about it. /** *(2)* **about yourself. /** *(3)* **the truth. /** *(4)* **what happened.** *Dites (Fam: Dis)*-moi *(1)* tout. / *(2)* tout à *votre (Fam: ton)* sujet. / *(3)* la vérité. / *(4)* ce qui s'est passé. *Deet (Fam: Dee)*-**mwa** *(1)* **too. /** *(2)* **too a** *votr (Fam: to<u>n</u>)* **sew-zhay. /** *(3)* **la vay-ree-tay. /** *(4)* **suh kee s'ay pa-say. Could you tell** *(1)* **me /** *(2)* **us** *(3)* **how to get to** *(place)***? /** *(4)* **where** *(place)* **is?** *Pourriez-vous (Fam: Pourrais-tu) (1)* me dire / *(2)* nous dire *(3)* comment se rendre à *( )*? / *(4)* où est *( )*? *Poo-ryay-voo (Fam: Poo-ray-tew)* *(1)* **muh deer /** *(2)* **noo deer** *(3)* **ko<u>n</u>-ma<u>n</u> suh ra<u>n</u>dr_a** *( )***? /** *(4)* **oo_ay** *( )***?**

temper *n* tempérament *m* **ta<u>n</u>-pay-ra-ma<u>n</u>**, caractère *m* **ka-rak-ter**, calme *m* **kalm bad** ~ mauvais tempérament **mo-vay ta<u>n</u>-pay-ra-ma<u>n</u> hot** ~ caractère explosif **ka-rak-ter_eks-plo-zeef I'm sorry I lost my temper.** Je suis *désolé (-e)*, j'ai perdu mon calme. **Zhuh swee day-zo-lay, zh'ay per-dew mo<u>n</u> kalm. Temper,**

Final consonants of words are often not pronounced, but usually run together with next words that start with vowels.

temper! Calme-toi! **Kal-muh-twa!**

temperature *n* température *f* **tan-pay-ra-tewr What's the temperature?** Quelle est la température ambiante? **Kel_ay la tan-pay-ra-tewr_an-byant?** *(For temperatures see Metric Measurements, Appendix 6, p. 523)*

temple *n (relig.)* temple *m* **tanpl Buddhist** ~ temple bouddhiste **tanpl boo-deest**

temporarily *adv* temporairement **tan-po-rer-man** ♦ **temporary** *adj* temporaire *m&f* **tan-po-rer**, provisoire *m&f* **pro-vee-zwar** ~ **insanity** folie *f* temporaire **fo-lee tan-po-rer** ~ **job** travail *m* temporaire **tra-vaee tan-po-rer**

tempt *vt* provoquer **pro-vo-kay**, tenter **tan-tay You tempt me.** *Vous m'avez (Fam: Tu m'as)* provoqué. *Voo m'a-vay (Fam: Tew m'a)* **pro-vo-kay. Don't tempt me.** Ne me *provoquez (Fam: provoque)* pas. **Nuh muh** *pro-vo-kay (Fam: pro-vok)* **pa.** ♦ **temptation** *n* tentation *f* **tan-ta-syon big** ~ grande tentation **grand tan-ta-syon enormous** ~ tentation énorme **tan-ta-syon ay-norm resist the** ~ résister à la tentation **ray-zees-tay a la tan-ta-syon I couldn't resist the temptation of** *(1)* **calling you.** / *(2)* **coming to see you.** Je ne pouvais pas résister à la tentation de *(1)* vous *(Fam: t')* appeler. / *(2)* venir *vous (Fam: te)* voir. **Zhuh nuh poo-vay pa ray-zees-tay a la tan-ta-syon duh** *(1)* **voo_z_(Fam: t')_a-play.** / *(2)* **vuh-neer** *voo (Fam: t')* **vwar.** ♦ **tempting** *adj* tentant, -e *m&f* **tan-tan, -tant**, alléchant, -e *m&f* **a-lay-shan, -shant It's a tempting** *(1)* **idea.** / *(2)* **suggestion.** C'est une *(1)* idée / *(2)* suggestion alléchante. **S'ay ewn** *(1)* **ee-day** / *(2)* **sew-zhes-syon a-lay-shant.**

tend (to) *vi* tendre **tandr I tend to** *(1)* **avoid** / *(2)* **ignore such** *(3)* **people.** / *(4)* **things.** Je tends à *(1)* éviter / *(2)* ignorer certaines *(3)* personnes. / *(4)* choses. **Zhuh tan_z_a** *(1)* **ay-vee-tay** / *(2)* **ee-nyo-ray ser-ten** *(3)* **per-son.** / *(4)* **shoz.** ♦ **tendency** *n* tendance *f* **tan-dans have a** ~ **to** avoir tendance à **a-vwar tan-dans_a**

tender *adj* tendre *m&f* **tandr** ♦ **tenderly** *adv* tendrement **tan-druh-man**

tendon *n* tendon *m* **tan-don I pulled a tendon (in my** *[1]* **arm.** / *[2]* **leg.).** Je me suis fait une élongation du tendon *(1)* au bras. / *(2)* à la jambe. **Zhuh muh swee fay ewn_ay-lon-ga-syon dew tan-don** *(1)* **o bra.** / *(2)* **a la zhanb.**

tennis *adj* de tennis **duh tay-nees** ~ **ball** balle *f* de tennis **bal duh tay-nees** ~ **court** court *m* de tennis **koor duh tay-nees** ~ **match** rencontre *m* de tennis **ran-kontr duh tay-nees** ~ **raquet** raquette *f* de tennis **ra-ket dew tay-nees** ♦ *n* tennis *m* **tay-nees** *(See also phrases under* **like, love** *and* **play***.)* **set of** ~ jeu *m* de tennis **zhuh duh tay-nees table** ~ tennis de table **tay-nees duh tabl**, ping-pong *m* **peeng-pong**

tense *adj* tendu, -e *m&f* **tan-dew You're too tense.** *Vous êtes (Fam: Tu es)* trop tendu (-e). *Voo_z_et (Fam: Tew ay)* **tro tan-dew. Don't be so tense.** Ne *soyez (Fam: sois)* pas si *tendu (-e)*. **Nuh** *swa-yay (Fam: swa)* **pa see tan-dew.**

tent *n* tente *f* **tant** ~ **space** parcelle *m* pour étendre la tente **par-sel poor_ay-tandr la tant Help me** *(1)* **fold** / *(2)* **put up** / *(3)* **take down the tent.** Aidez *(Fam: Aide)*-moi à *(1)* plier / *(2)* monter / *(3)* démonter la tente. *Ay-day (Fam: Ed)*-**mwa a** *(1)* **plee-yay** / *(2)* **mon-tay** / *(3)* **day-mon-tay la tant. Where shall we put up the tent?** Où devrions-nous monter la tente? **Oo duh-vree-yon-noo mon-tay la tant?**

term *n* 1. *(expression)* terme *m* **term**, condition *f* **kon-dee-syon**; 2. *pl (relations)*

---

*All syllables of a French word have equal stress.
The last word in a group has a little more.*

terminal 446 **thank**

relations *fpl* **ruh-la-syon**, rapports *mpl* **ra-por technical** ~ terme technique **term tek-neek We're still on friendly terms.** Nous avons toujours des rapports amicaux. **Noo_z_a-von too-zhoor day ra-por a-mee-ko.**

terminal *n (station)* satellite *m* **sa-tay-leet**, terminal *m* **ter-mee-nal air** ~ terminal d'aéroport **ter-mee-nal d'a-ay-ro-por bus** ~ station d'autobus **sta-syon d'o-to-bews cruise ship** ~ quai *m* d'embarquement pour bateau de croisière **kay d'an-bar-kuh-man poor ba-to duh krwa-zyer**

terrace *n* terrasse *f* **tay-ras**

terrain *n* terrain *m* **tay-ruhn rough / rugged** ~ terrain accidenté / désaffecté **tay-ruhn ak-see-dan-tay / day-za-fek-tay**

terrible *adj* terrible *m&f* **tay-reebl That's terrible!** C'est terrible! **S'ay tay-reebl! How terrible!** Qu'est-ce que c'est terrible! **K'es kuh s'ay tay-reebl! It was terrible.** C'était terrible. **S'ay-tay tay-reebl! I'm a terrible player.** Je suis un joueur médiocre. **Zhuh swee_z_uhn zhoo-uhr may-jokr. I feel terrible.** Je me sens très mal. **Zhuh muh san tre mal.** ♦ **terribly** *adv* vraiment **vray-man** terriblement **tay-ree-bluh-man I'm terribly sorry.** Je suis vraiment désolé (-e) **Zhuh swee vray-man day-zo-lay. I want terribly to kiss you right now.** J'ai une envie folle de t'embrasser maintenant. **Zh'ay ewn_an-vee fol duh t'an-bra-say muhnt-nan. I (1) miss / (2) missed you terribly.** Tu (1) me manques / (2) m'as manqué terriblement. **Tew (1) muh mank / (2) m'a man-kay tay-ree-bluh-man.**

terrific *adj* extraordinaire *m&f* **ek-stra-or-dee-ner**, magnifique *m&f* **ma-nee-feek Terrific!** Magnifique! **Ma-nee-feek! You look (absolutely) terrific.** Vous êtes (Fam: Tu es) (absolument) magnifique. **Voo_z_et (Fam: Tew ay) (ab-so-lew-man) ma-nee-feek. You are terrific.** Vous êtes (Fam: Tu es) extraordinaire **Voo_z_et (Fam: Tew ay) ek-stra-or-dee-ner. You were terrific.** Vous avez (Fam: Tu as) été formidable. **Voo_z_a-vay_z_(Fam: Tew a)_ay-tay for-mee-dabl.**

terrified *adj* terrifié, -e *m&f* **tay-ree-fyay I'm terrified of heights.** J'ai le vertige **Zh'ay luh ver-teezh.**

terror *n* terreur *f* **tay-ruhr** ♦ **terrorism** *n* terrorisme *m* **tay-ro-reezm act of** ~ acte *m* de terrorisme **akt duh tay-ro-reezm** ♦ **terrorist** *adj* terroriste *m&f* **tay ro-reest** ~ **attack** attaque *m* terroriste **a-tak tay-ro-reest** ♦ *n* terroriste *m&f* **tay-ro-reest**

test *n* 1. *(trial)* épreuve *f* **ay-pruhv**; 2. *(school exam)* test *m* **test**, examen *m* **eg-za-muhn**; 3. *(med. analysis)* test *m* **test**, analyse *f* **a-na-leez AIDS** ~ test de dépistage du SIDA *m* **test duh day-pees-tazh dew SeeDa blood** ~ analyse sanguine **a-na leez san-gheen final** ~ examen final **eg-za-muhn fee-nal** ~ **of strength** épreuve de force **ay-pruhv duh fors**

text-message *vt* envoyer un texto **an-vwa-yay uhn teks-to**

than *conj* que **kuh That's more than enough.** C'est plus que suffisant. **S'a plews kuh sew-fee-zan. You're bigger than I am.** Vous êtes (Fam: Tu es) plus imposant (-e) que moi. **Voo_z_et (Fam: Tew ay) plew_z_uhn-po-zan (F: -zan) kuh mwa.**

thank *vt* remercier **ruh-mer-syay Thank you (very much).** Merci (beaucoup)

---

ew sounds similar to the "ew" in "pew"

Mer-see (bo-koo). No, thank you. Non, merci. **Non, mer-see.**
  Thank you for... Merci pour... **Mer-see poor...**
  I want to thank you for... Je veux *vous (Fam: te)* remercier pour... **Zhuh vuh** *voo (Fam: tuh)* **ruh-mer-syay poor...**
    ...everything. ...tout. **...too.**
    ...your (kind) hospitality. ...*votre (Fam: ton)* hospitalité (généreuse).
      ...*votr (Fam: ton)* **os-pee-ta-lee-tay (zhay-nay-ruhz).**
    ...your help. ...*votre (Fam: ton)* aide. ...*votr (Fam: ton)* **ed.**
    ...giving me a ride. ...m'avoir raccompagner. **...m'a-vwar ra-kon-pa-nyay.**
  ♦ **thanks** *n pl* remerciements *mpl* **ruh-mer-see-man Thanks (a lot).** Merci (beaucoup). **Mer-see (bo-koo). No, thanks.** Non, merci. **Non, mer-see.**
  ♦ **Thanksgiving** *n (U.S. holiday)* Thanksgiving **Sanks-ghee-veeng**

that *adj* ce, cet *(before a vowel) m* **suh, set**, cette *f* **set** ~ **bus** cet autobus **set_o-to-bews** ~ **direction / way** cette direction / ce chemin **set dee-rek-syon / suh shuh-muhn** ~ **place** cet endroit **set_an-drwa** ~ **station** cette station **set sta-syon** ~ **street** cette rue **set rew** ~ **train** ce train **suh truhn** ~ **way** *(in that manner)* de cette façon **duh set fa-son That way** *(1)* **I /** *(2)* **we can...** *(in that manner)* De cette façon *(1)* je peux... / *(2)* nous pouvons... **Duh set fa-son** *(1)* **zhuh puh... / *(2)* noo poo-von...** ♦ *dem. pron* ce, cet *m* **suh, set**, cette *f* **set**, cela **suh-la**, c' s' **What's that?** Qu'est-ce que c'est? **K'es kuh s'ay? Whose is that?** A qui cela appartient? **A kee suh-la a-par-chyuhn? Who's that?** Qui est-ce? **Kee es? That's really nice of you.** C'est très gentil de *votre (Fam: ta)* part. **S'ay tre zhan-tee duh** *votr (Fam: ta)* **par. That's** *(1)* **mine. /** *(2)* **ours. /** *(3)* **yours.** C'est *(1)* le mien (F: la mienne). / *(2)* le notre (F: la notre). / *(3)* le votre (F: la votre) *(Fam: le tien [F: la tienne]).* **S'ay** *(1)* **luh myuhn (F: la myehn). /** *(2)* **luh notr (F: la notr). /** *(3)* **luh votr (F: la votr)** *(Fam: luh chyuhn [F: la chyehn]).*

theater *n* 1. *(drama)* théâtre *m* **tay-atr**; 2. *(movie)* cinéma *m* **see-nay-ma movie** ~ cinéma **see-nay-ma** ~ **tickets** places de théâtre **plas duh tay-atr**

theft *n* vol *m* **vol I want to report a theft.** J'aimerais déclarer un vol. **Zh'em-ray day-kla-ray uhn vol.**

then *adv* 1. *(afterward, next)* après **a-pre**, ensuite **an-sweet**; 2. *(at that time)* à cette époque **a set_ay-pok**, en ce temps **an suh tan**; 3. *(in that case)* dans ce cas **dan suh ka**, alors **a-lor**, **by** ~ à l'époque **a l'ay-pok now and** ~ de temps en temps **duh tan_z_an tan since** ~ depuis ce temps **duh-pwee suh tan till** ~ jusqu'à maintenant **zhuhsk'a muhnt-nan Then what did you do?** Qu'*avez-vous (Fam: as-tu)* fait après? **K'*a-vay-voo (Fam: a-tew)* fay a-pre? We can take a swim and then go downtown.** On peut nager et ensuite aller en centre-ville. **On puh na-zhay ay an-sweet a-lay an san-truh-veel. I was** *(1)* **married /** *(2)* **single then.** A l'époque, j'étais *(1)* marié (-e). / *(2)* seul (-e). **A l'ay-pok, zh'ay-tay** *(1)* **ma-ryay. /** *(2)* **suhl. Then you'll call me?** Vous *m'appelez (Fam: Tu m'appelles)* après? *Voo m'a-play (Fam: Tew m'a-pel)* **a-pre?**

theory *n* théorie *f* **tay-oh-ree**

Numbers in parentheses always signal choices.

there 1. *(location, motion to / from)* en **an**, y **ee**, là **la**, ici **ee-see**; 2. *(exclamation)* là **la**, ici **ee-see**; 3. *(with* **is** *and* **are***)* y **ee**, là **la It's (over) there.** C'est là(-bas). **S'ay la(-ba). Stop over there.** Arrêtez-vous *(Fam: Arrête-toi)* là. *A-ray-tay-voo (Fam: A-ret-twa)* **la. Just put it there.** Posez *(Fam: Pose)*-le là. *Po-zay (Fam: Poz)*-**luh la. How long will you stay there?** Combien de temps *allez-vous (Fam: vas-tu)* rester ici? **Kon-byuhn duh tan** *a-lay-voo (Fam: va-tew)* **res-tay ee-see?** *(1)* **I'm / (2) We're going to stay there for (3) a few days. / (4) a week.** *(1)* Je vais… / *(2)* Nous allons… y rester *(3)* quelques jours. / *(4)* une semaine. *(1)* **Zhuh vay… / (2) Noo_z_a-lon… ee res-tay (3) ke-kuh zhoor. / (4) ewn suh-men. When are you going there?** Quand y *irez-vous (Fam: iras-tu)?* **Kan_t_ee y_ee-ray-voo** *(Fam: ee-ra-tew)?* *(1)* **I'm / (2) We're going there (3) today. / (4) tomorrow. / (5) (the) day after tomorrow.** *(1)* J'y vais… / *(2)* Nous y allons… *(3)* aujourd'hui. / *(4)* demain. / *(5)* le lendemain. *(1)* **Zh'ee vay… / (2) Noo_y_ee a-lon… (3) o-zhoor-d'wee. / (4) duh-muhn. / (5) luh land-muhn. Where are you going from there?** Où *vous en allez-vous (Fam: t'en vas-tu)?* **Oo voo_z_an_a-lay-voo** *(Fam: t'an va-tew)?* **From there** *(1)* **I'll / (2) we'll probably go to** *(place)*. En partant d'ici, *(1)* j'irai… / *(2)* nous irons… probablement à *(___)*.**an par-tan d'ee-see** *(1)* **zh'ee-ray… / (2) noo_z_ee-ron… pro-ba-bluh-man a** *(___)*. **There you are!** Vous *(Fam: Te)* voilà! *Voo (Fam: Tuh)* **vwa-la! There they are!** Les voilà! **Lay vwa-la! There** *(1)* **he / (2) she is!** *(1)* Le voilà! / *(2)* La voilà! *(1)* **Luh vwa-la! / (2) La vwa-la! There it goes!** Voilà! **Vwa-la!**

♦ **there + be:** Il y a **Eel_ee_y_a Is there another** *(1)* **bus / (2) train today?** Y a-t-il *(1)* un autobus / *(2)* un train aujourd'hui? **Y-a-t-eel** *(1)* **uhn_o-to-bews / (2) uhn truhn o-zhoor-d'wee? There's a show at nine o'clock (9 pm).** Il y a un spectacle à vingt-et-une (21) heures. **Eel_y_a uhn spek-takl_a vuhn_t-ay-ewn_uhr. There's no hope.** C'est sans espoir. **S'ay san_z_es-pwar. Are there any seats left?** Reste-t-il des places de libre? **Rest-eel day plas leebr? There are some seats in the back.** Il y a de la place au fond? **Eel_y_a duh la plas_o fon? There are no more tickets.** Il n'y a plus de places. **Eel n'ee_y_a plew duh plas. Is there a** *(what)* **there?** Y a-t-il *un(e)* *(___)* ici? **Y a-t-eel** *uhn* *(F: ewn)* *(___)* **ee-see? Is there an Internet café around here?** Y a-t-il un café Internet dans le coin? **Y-a-t-eel uhn ka-fay uhn-ter-net dan luh kwuhn? There's plenty of time.** On a plus de temps qu'il n'en faut. **On_a plews duh tan k'eel n'an fo? There's not enough time.** On va manquer de temps. **On va man-kay duh tan. Are there any** *(1)* **seats / (2) tickets available?** Y a-t-il encore des *(1,2)* places disponibles? **Y-a-t-eel_an-kor day** *(1,2)* **plas dees-po-neebl? There are so many things about you that I like.** Il y a tellement de choses que j'aime chez *vous (Fam: toi)*. **Eel_y_a tel-man duh shoz kuh zh'em shay** *voo (Fam: twa)*. **There aren't any more.** Il n'y en a plus. **Eel n'ee_y_an_a plew.**

therefore *adv* par conséquent **par kon-say-kan**
thermal *n (paragliding)* courant *m* ascensionnel **koo-ran a-san-syo-nel**
thermometer *n* thermomètre *m* **ter-mo-metr**

A phrasebook makes a great gift!
See order information on page 552.

thermostat *n (automot.)* thermostat *m* **ter-mos-ta**
these *adj & dem. pron, pl* ces *mfpl* **say** **Are these seats taken?** Est-ce que ces places sont prises? **Es kuh say plas so<u>n</u> preez?** **These are** *(1)* **mine.** / *(2)* **ours.** / *(3)* **yours.** *Ils (Fpl: Elles)* sont à *(1)* moi. / *(2)* nous. / *(3)* vous *(Fam: toi)*. *Eel (Fpl: El)* **so<u>n</u>_t_a** *(1)* **mwa.** / *(2)* **noo.** / *(3)* **voo** *(Fam: twa)*.
they *pron* ils, elles *m&fpl* **eel, el** **them** *(direct object)* eux, elles *m&fpl* **uh, el** **about them** à propos d'*eux (Fpl: elles)* **a pro-po d'*uh (Fpl: el)*** **for them** pour *eux (Fpl: elles)* **poor_*uh (Fpl: _el)*** **to them** à *eux (Fpl: elles)* **a *uh (Fpl: el)*** **with them** avec *eux (Fpl: elles)* **a-vek_*uh (Fpl: _el)*** **They are.** *Ils (Fpl: Elles)* sont. *Eel (Fpl: El)* **so<u>n</u>.** **They were.** *Ils (Fpl: Elles)* étaient. *Eel_(Fpl: El)_z_ay-tay.* **They will be.** *Ils (Fpl: Elles)* seront. *Eel (Fpl: El)* **suh-ro<u>n</u>.**
thick *adj* épais, -e *m&f* **ay-pay, -pes**
thief *n* voleur, voleuse *m&f* **vo-luhr, -luhz**
thigh *n* collant *m* **ko-la<u>n</u>**
thin *adj* fin, -e *m&f* **fuh<u>n</u>, feen**, maigre *m&f* **megr** **get ~** maigrir **may-greer**
thing *n* (1. *object*; 2. *matter*; 3. *creature*) chose *f* **shoz** **a couple ~s** un nombre *m* de choses **uh<u>n</u> no<u>n</u>br duh shoz** **a few ~s** certaines choses **ser-ten shoz** **another ~** une autre chose **ewn_otr shoz** **do the right ~** faire la meilleure chose qu'il soit **fer la me-yuhr shoz k'eel swa** **finish up ~s** achever **a-shuh-vay**, finir quelques chose **fee-neer** **innocent ~** une chose innocente **ewn shoz_ee-no-sa<u>n</u>t** **lovely ~** *(person)* amour *m* **a-moor** **my ~s** mes affaires **may_z_a-fer** **poor (little) ~** mon *(F: ma)* pauvre *mo<u>n</u> (F: ma)* **povr** **real ~** *(slang)* 1. *(true love)* vrai amour **vray a-moor**; 2. *(meaningful relationship)* relation sérieuse **ruh-la-syo<u>n</u> say-ryuhz** **sweet little ~** tout mignon, toute mignonne *m&f* **too mee-nyo<u>n</u>, toot mee-nyo<u>n</u>** **the first ~** la première chose **la pruh-myer shoz** **the last ~** la dernière chose **la der-nyer shoz** **the most important ~** la chose la plus importante **la shoz la plew_z_uh<u>n</u>-por-ta<u>n</u>t** **the only ~** la seule chose **la suhl shoz** **young ~** jeune-fille **zhuh<u>n</u>-feey(uh)** **your ~s** vos *(Fam: tes)* affaires *vo_ (Fam: tay)_z_a-fer* **I need to pick up a few things at a store.** Je dois aller chercher quelques trucs au magasin. **Zhuh dwa_z_a-lay sher-shay kel-kuh trewk_o ma-ga-zuh<u>n</u>.** **I've got a couple things to take care of.** Je dois m'occuper d'un certain nombre de choses. **Zhuh dwa m'o-kew-pay d'uh<u>n</u> ser-tuh<u>n</u> no<u>n</u>br duh shoz.** **How are things?** Comment ça va? **Ko-ma<u>n</u> sa va?** **That's the way things are.** C'est comme ça. **S'ay kom sa.** **You'll have to teach me a lot of things.** Il faudra que *vous m'appreniez (Fam: Tu m'apprennes)* beaucoup de choses. **Eel fo-dra kuh *voo m'a-pruh-nyay (Fam: Tew m'a-pren)* boo-koo duh shoz.** **You're a sweet little thing.** Vous êtes *(Fam: Tu es)* adorable. *Voo_z_et (Fam: Tew ay)_a-do-rabl.*
think *vi* penser **pa<u>n</u>-say** **What do you think?** Qu'est-ce que *vous en pensez (Fam: tu en penses)*? **K'es kuh *voo_z_a<u>n</u> pa<u>n</u>-say (Fam: tew a<u>n</u> pa<u>n</u>s)*?** **I (don't) think…** Je (ne) pense (pas) que… **Zhuh (nuh) pa<u>n</u>s (pa) kuh…** **Do you think so?** Pensez-vous *(Fam: Penses-tu)* que oui? *Pa<u>n</u>-say-voo (Fam: Pa<u>n</u>s-tew)* **kuh wee?** **I (don't) think so.** Je pense que *(1)* oui. / *(2)* non. **Zhuh pa<u>n</u>s kuh *(1)* wee.** / *(2)* **no<u>n</u>.** **I thought (that)…** Je pensais (que)… **Zhuh pa<u>n</u>-say (kuh)…** **I didn't think (that)…** Je ne pensais pas (que)… **Zhuh nuh pa<u>n</u>-say pa (kuh)…**

Articles: m = le, f = la, mpl = les, fpl = les

Think about it and let *(1)* **me /** *(2)* **us know.** *Pensez (Fam: Penses)-y et faites (Fam: fais) (1) -moi / (2) -nous savoir.* <u>Pan-say</u> *(Fam: <u>Pans</u>)* **z-ee ay** *fet (Fam: fay) (1)* **-mwa /** *(2)* **-noo sa-vwar. What do you think of** (<u>what/whom</u>)? *Que pensez-vous (Fam: penses-tu) de (___)?* **Kuh** <u>pan-say-voo</u> *(Fam: <u>pans</u>-tew)* **duh (___)? I thought about you a lot** *(1)* **all day. /** *(2)* **last night. /** *(3)* **yesterday.** *Je n'ai pas arrêté (-e) de penser à vous (Fam: toi) (1) toute la journée. / (2) la nuit dernière. / (3) hier.* **Zhuh n'ay pa_z_a-ray-tay duh** <u>pan</u>**-say a** *voo (Fam: twa)* *(1)* **toot la zhoor-nay. /** *(2)* **la nwee der-nyer. /** *(3)* **ee-yer.**

thirst *n* soif *f* **swaf I have a** *(1)* **monstrous /** *(2)* **raging thirst.** *J'ai une soif (1) incroyable. / (2) de malade.* **Zh'ay ewn swaf** *(1)* **uh<u>n</u>-krwa-yabl. /** *(2)* **duh ma-lad.**
♦ **thirsty** *adj* assoiffé, -e *m&f* **a-swa-fay** ~ avoir soif **a-vwar swaf Are you thirsty?** *Avez-vous (Fam: As-tu)* soif? <u>A-vay-voo</u> *(Fam: <u>A</u>-tew)* **swaf? I'm (really) thirsty.** *J'ai (très) soif.* **Zh'ay (tre) swaf.**

this *adj* ce, cet *m* **suh, set**, cette *f* **set** ~ **bus** cet autobus **set_o-to-bews /** ~ **direction / way** cette direction / ce chemin **set dee-rek-syo<u>n</u> / suh suh-muh<u>n</u>** ~ **place** cet endroit **set** <u>an</u>**-drwa** ~ **station** cette station **set sta-syo<u>n</u>** ~ **street** cette rue **set rew** ~ **time** cette fois-ci **set fwa-see** ~ **train** ce train **suh truh<u>n</u>** ~ **way** *(in this manner)* cette façon **set fa-so<u>n</u> Do it this way.** *Faites (Fam: Fais)* le de cette façon. *Fet (Fam: Fay)* **luh duh set fa-so<u>n</u>.** ♦ *dem. pron* ce, cet *m* **suh, set**, cette *f* **set**, ceci **suh-see**, c' **s' What's this?** Qu'est-ce que c'est? **K'es kuh s'ay? This is really nice.** *C'est vraiment très gentil.* **S'ay vray-ma<u>n</u> tre zha<u>n</u>-tee. Does this belong to you?** Est-ce que ceci *vous (Fam: t')* appartient? **Es kuh suh-see** *voo_z_(Fam: t')* **a-par-chyuh<u>n</u>? This is** *(1)* **mine. /** *(2)* **ours. /** *(3)* **yours.** *C'est (1) le mien (F: la mienne). / (2) le notre (F: la notre). / (3) le votre (F: la votre) (Fam: le tien [F: la tienne]).* **S'ay** *(1) luh myuh<u>n</u> (F: la myen). / (2) luh notr (F: la notr). / (3) luh votr (F: la votr) (Fam: luh chyuh<u>n</u> [F: la chyen]).* **This is for you.** *C'est pour vous (Fam: toi).* **S'ay poor** *voo (Fam: twa).* **This is** *(name) (introducing)* C'est (___). **S'ay (___).**

those *adj & dem. pron* ceux-là, celles-là *mfpl* **suh-la, sel-la Whose are those?** À qui *ceux-là (Fpl: celles-là)* appartiennent-*ils (Fpl: -elles)?* **A kee** *suh-la (Fpl: sel-la)* **a-par-chyen-t-***eel (Fpl: -el)?* **Those are** *(1)* **mine. /** *(2)* **ours. /** *(3)* **yours** *Ce sont les (1) miens (Fpl: miennes). / (2) nôtres. / (3) vôtres (Fam: tiens [Fpl: tiennes]).* **Suh so<u>n</u> lay** *(1) myuh<u>n</u> (Fpl: myen). / (2) notr. / (3) votr (Fam: chyuh<u>n</u> [Fpl: chyen]).*

though *conj* bien que **byuh<u>n</u> kuh**, cependant **suh-pa<u>n</u>-da<u>n</u>**, toutefois **toot-fwa even** ~ bien que **byuh<u>n</u> kuh**

thought *n* pensée *f* **pa<u>n</u>-say**, idée *f* **ee-day nice** ~ pensée attentionnée **pa<u>n</u>-say a ta<u>n</u>-syo-nay original** ~ idée originale **ee-day o-ree-zhee-nal terrible** ~ pensé terrible **pa<u>n</u>-say tay-reebl warm** ~**s** pensée affectueuse **pa<u>n</u>-say a-fek-tew-uh<u>n</u>. The thought of it** *(1)* **fills me with dread. /** *(2)* **makes my mouth water.** *Rien que d'y penser, (1) ça me terrorise. / (2) ça me met l'eau à la bouche.* **Ryuh<u>n</u> kuh d'ee pa<u>n</u>-say,** *(1)* **sa muh tay-ro-reez. /** *(2)* **sa muh me l'o a la boosh. I' give it some thought.** *J'y réfléchirai.* **Zh'ee ray-flay-shee-ray.** ♦ **thoughtfu**

In the pronunciation <u>n</u> *stands for a nasalized* **n**.

adj (considerate) attentionné, -e *m&f* **a-ta<u>n</u>-syo-nay That *(1)* is / *(2)* was very thoughtful of you.** C'*(1)* est / *(2)* était très gentil de *votre (Fam: ta)* part. **S'*(1)* ay / *(2)* ay-tay tre zha<u>n</u>-tee duh** *votr (Fam: ta)* **par. You're such a thoughtful person.** Vous êtes *(Fam: Tu es)* vraiment très *attentionné (-e)*. **Voo_z_et *(Fam: Tew ay)* vray-ma<u>n</u> tre_z_a-ta<u>n</u>-syo-nay.** ♦ **thoughtfulness** *n* attention *f pl* **a-ta<u>n</u>-syo-nay,** plein de bonnes pensées *fpl* **pluh<u>n</u> duh bon pa<u>n</u>-say *(1)* I / *(2)* We appreciate your thoughtfulness (very much).** *(1)* J'apprécie… / *(2)* Nous apprécions…(énormément)*votre(Fam:ton)*attention.***(1)*Zh'a-pray-see…/*(2)* Noo_z_a-pray-syo<u>n</u>… (ay-nor-may-ma<u>n</u>)** *votr (Fam: ton)* **a-ta<u>n</u>-syo<u>n</u>.** ♦ **thoughtless** *adj* non réfléchi, -e *m&f* **non ray-flay-shee,** irréfléchi, -e *m&f* **ee-ray-flay-shee,** sans consideration **sa<u>n</u> ko<u>n</u>-see-day-ra-syo<u>n</u> That was thoughtless of me. I apologize.** C'était sans considération. Je m'en excuse. **S'ay-tay sa<u>n</u> ko<u>n</u>-see-day-ra-syo<u>n</u>. Zhuh m'a<u>n</u>_ek-skewz.**

thrill *vt* ravir **ra-veer** ♦ *n* 1. *(pleasure)* frisson *m* de plaisir **free-so<u>n</u> duh play-zeer,** 2. *(excitement)* sensation *f* forte **sa<u>n</u>-sa-syo<u>n</u> fort incredible ~s** sensations incroyables **sa<u>n</u>-sa-syo<u>n</u> uh<u>n</u>-krwa-yabl *(1)* Paragliding / *(2)* Skydiving / *(3)* Windsurfing really gives you a thrill.** *(1)* La glisse… / *(2)* Le parachutisme… / *(3)* Le surf… procure vraiment des sensations fortes. ***(1)* La glees … / *(2)* Luh pa-ra-shew-teezm… / *(3)* Luh suhrf… pro-kewr vray-ma<u>n</u> day sa<u>n</u>-sa-syo<u>n</u> fort. It's a thrill a minute being with you.** C'est toujours sentionationnel d'être avec *vous (Fam: toi)*. **S'ay too-zhoor sa<u>n</u>-sa-syo-nel d'etr_a-vek** *voo (Fam: twa).* ♦ **thrilled** *adj* ravi, -e *m&f* **ra-vee *(1)* I'm / *(2)* We're thrilled to have you come along.** *(1)* Je suis *ravi (-e)* que *vous veniez (Fam: tu viennes)* avec moi. / *(2)* Nous sommes *ravis (ravies)* que *vous veniez (Fam: tu viennes)* avec nous. ***(1)* Zhuh swee ra-vee kuh** *voo vuh-nyay_z_(Fam: tew vyen)*_**a-vek mwa. / *(2)* Noo som ra-vee kuh** *voo vuh-nyay_z_(Fam: tew vyen)*_**a-vek noo.** ♦ **thrilling** *adj* sensationnel, -le *m&f* **sa<u>n</u>-sa-syo-nel ~ experience** expérience *f* sensationnelle **eks-pay-rya<u>n</u>s sa<u>n</u>-sa-syo-nel**

throat *n* gorge *f* **gorzh I have a sore throat.** J'ai mal à la gorge. **Zh'ay mal_a la gorzh.**

through *adj (finished)* fini, -e *m&f* **fee-nee,** terminé, -e *m&f* **ter-mee-nay Are you through?** Avez-vous *(Fam: As-tu)* fini? **A-vay-voo *(Fam: A-t*ew*)* fee-nee? Are you through playing?** Avez-vous *(Fam: As-tu)* fini de jouer? **A-vay-voo *(Fam: A-tew)* fee-nee duh zhooay? I'm through.** J'ai fini. **Zh'ay fee-nee. We're through.** Nous avons fini. **Noo_z_a-vo<u>n</u> fee-nee.** ♦ *adv (finished)* - **get ~** terminer **ter-mee-nay,** finir **fee-neer When you get through,** *(1)* come over. / *(2)* give *(3)* me / *(4)* us a call. Quand *vous aurez (Fam: tu auras)* fini, *(1)* venez *(Fam: viens).* / *(2,3)* appelez *(Fam: appelle)*-moi / *(2,4)* appelez *(Fam: appelle)*-nous. **Ka<u>n</u>** *voo_z_o-ray (Fam: tew o-ra)* **fee-nee,** *(1) vuh-nay (Fam: vyuh<u>n</u>).* / *(2,3)* **a-play** *(Fam: a-pel)***-mwa.** / *(2,4)* **a-play** *(Fam: a-pel)***-noo.** ♦ *prep* à travers **a tra-ver,** tout au long de **too_t_o lo<u>n</u> duh,** jusqu'à/au **zhewsk'a/o**

throw *vt* jeter **zhuh-tay,** lancer **la<u>n</u>-say Throw it to me.** Lancez *(Fam: Lance)*-le moi. **La<u>n</u>-say** *(Fam: La<u>n</u>s)***-luh mwa.**

♦ **throw away** *idiom* jeter **zhuh-tay Don't throw it away.** Ne le *jetez (Fam:*

A tilde ~ in terms stands for the main entry word.

throw up 452 **ticklish**

jette) pas. Nuh luh *zhuh-tay (Fam: zhet)* **pa. I threw it away.** Je l'ai jeté. Zhuh l'ay zhuh-tay.
- **throw up** *idiom* vomir **vo-meer I feel like I'm going to throw up.** J'ai envie de vomir. Zh'ay an-vee duh vo-meer.

thumb *n* pouce *m* **poos**

thunder *n* tonnerre *m* **to-ner**

Thursday *n* jeudi *m* **zhuh-dee** last ~ jeudi dernier **zhuh-dee der-nyay** next ~ jeudi prochain **zhuh-dee pro-shuhn** on ~ le jeudi **luh zhuh-dee**

ticket *n* place *f* **plas**, ticket *m* **tee-kay** air ~(s) billet(s) *m* d'avion **bee-ye d'a-vyon** ballet ~(s) ticket(-s) pour le bal **tee-kay poor luh bal** bus ~(s) ticket(-s) d'autobus **tee-kay d'o-to-bews** circus ~(s) place(-s) pour le cirque **plas poor luh seerk** concert ~(s) place(-s) de concert **plas duh kon-ser** cruise ~(s) billet(-s) de croisière **bee-yay duh kra-zyer** exhibition ~(s) ticket(-s) pour une exposition **tee-kay poor ewn_ek-po-zee-syon** flight ~(s) billet(-s) d'avion **bee-yay d'a-vyon** game ~(s) ticket(-s) de jeu **tee-kay duh zhuh** movie ~(s) place(-s) de cinéma **plas duh see-nay-ma** skilift ~(s) billet(-s) pour le télésiège **bee-yay poor luh tay-lay-syezh** soccer ~(s) place(-s) de foot **plas duh foot** theater ~(s) place(-s) de théâtre **plas duh tay-atr** ~(s) to the show ticket(-s) pour le spectacle **tee-kay poor luh spek-takl** tour ~(s) ticket(-s) pour un circuit **tee-kay poor_ uhn seer-kwee** train ~(s) billet(-s) de train **bee-yay duh truhn Where can I get a ticket?** Où puis-je acheter un ticket? **Oo pwee-zh_ash-tay uhn tee-kay? Where can we get tickets?** Où pouvons-nous acheter les tickets? **Oo poo-von-noo_z_ash-tay lay tee-kay? How much does a ticket cost?** Combien coûte un ticket? **Kon-byuhn koot_uhn tee-kay? I'll go get tickets. (You wait here).** Je vais prendre les tickets. *(Attendez [Fam: Attends]*-moi ici). **Zhuh vay prandr lay tee-kay** *(A-tan-day [Fam: A-tan]*-mwa ee-see). **Go get tickets. ([1] I / [2] We will wait here.)** Allez *(Fam: Vas)* prendre les tickets. ([1] J'attends… / [2] Nous attendons… ici). **A-lay** *(Fam: Va)* **prandr lay tee-kay. ([1] Zh'a-tan… / [2] Noo_z_a-tan-don… ee-see). Can you (1) get / (2) book (3) a ticket / (4) tickets (for [5] me / [6] us)?** Pouvez-vous *(Fam: Peux-tu)* (1) prendre / (2) reserver (3) un ticket / (4) les tickets (pour [5] moi / [6] nous)? **Poo-vay-voo** *(Fam: Puh-tew)* **(1) prandr / (2) ray-zer-vay (3) uhn tee-kay (poor [5] mwa / [6] noo)? I'll book tickets for (all of) (1) us. / (2) you.** Je prendrai les tickets pour (1) nous… / (2) vous… (tous). **Zhuh pran-dray lay tee-kay poor (1) noo… / (2) voo… (toos). I booked tickets (for us) already.** J'ai déjà réservé les tickets (pour nous). **Zh'ay day-zha ray-zer-vay lay tee-kay (poor noo). (1) I'll / (2) We'll pay for your ticket.** (1) Je paierai… / (2) Nous paierons… pour *votre (Fam: ton)* ticket (1) **Zhuh pay-ray… / (2) Noo pay-ron… votr** *(Fam: ton)* **tee-kay. Tickets are sold out.** Il n'y a plus de tickets. **Eel n'ee_y_a plew duh tee-kay.**

tickle *vt* chatouiller **sha-too-yay**, titiller **tee-tee-yay**. ◆ **ticklish** *adj* chatouilleux, chatouilleuse *m&f* **sha-too-yuh, -yuhz Are you ticklish?** *Etes-vous (Fam: Es-tu) chatouilleux (F: chatouilleuse)?* **Et-voo** *(Fam: Ay-tew)* **sha-too-yuh (F: sha-too-uhz)? I'm (not) (very) ticklish.** Je (ne) suis (pas) (vraiment) *chatouilleux*

---

uh *sounds like the "u" in "but"*

(F: chatouilleuse). **Zhuh (nuh) swee (pa) (vray-man)** *sha-too-yuh (F: sha-too-yuhz).*

tide *n* marée *f* **ma-ray** high ~ marée haute **ma-ray ot** low ~ marée basse **ma-ray bas** The tide is *(1)* coming in. / *(2)* going out. La marée *(1)* monte. / *(2)* descend. **La ma-ray *(1)* mont / *(2)* day-san.** We'll wait for *(1)* high / *(2)* low tide. Nous attendrons marée *(1)* haute / *(2)* basse. **Noo_z_a-tan-dron ma-ray *(1)* ot. / *(2)* bas.**

tie *vt* 1. *(fasten)* lier **lee-yay**, unir **ew-neer**, attacher **a-ta-shay**; 2. *(score even)* égaliser **ay-ga-lee-zay** Can you tie this for me? Pouvez-vous (Fam: Peux-tu) attacher cela pour moi? *Poo-vay-voo (Fam: Puh-tew)* **a-ta-shay suh-la poor mwa?** Tie it down. Liez *(Fam: Lie)* le. **Lee-yay *(Fam: Lee)* luh.** Tie it tightly. Liez *(Fam: Lie)* le bien. **Lee-yay *(Fam: Lee)* luh byuhn.** Tie it to *(1)* this. / *(2)* that. Liez *(Fam: Lie)* le à *(1)* ceci. / *(2)* cela. *Lee-yay (Fam: Lee)* **luh a *(1)* suh-see. / *(2)* suh-la.** Where shall I tie the horse? Où devrais-je attacher le cheval? **Oo duh-vray-zh_a-ta-shay luh shuh-val?** The score is tied. Le score est serré. **Luh skor_ay say-ray.** We tied them, 3-3. On a égalisé, trois à trois. **On_a ay-ga-lee-zay, trwa a trwa.** ♦ *n* 1. *(necktie)* cravate *f* **kra-vat**; 2. *(even score)* égalisation *m* **ay-ga-lee-za-syon**; 3. *pl (bonds)* lien *m* **lyuhn** Do I need to wear a tie? Dois-je porter une cravate? **Dwa-zh por-tay ewn kra-vat?** It was a tie. C'était égalité. **S'ay-tay_t_ay-ga-lee-tay.** I have family ties. On a des liens de parenté. **On_a day lyuhn duh pa-ran-tay.** I have no ties. Je n'ai aucun lien de parenté. **Zhuh n'ay o-kuhn lyuhn duh pa-ran-tay.**

tight *adj* 1. *(rope: taut)* tendu, -e *m&f* **tan-dew**; *(knot, cap, screw)* serré, -e *m&f* **say-ray**; 2. *(stomach)* plein, -e *m&f* **pluhn, plen**, blindé, -e *m&f* **bluhn-day**; 3. *(tight-fitting)* étriqué, -e *m&f* **ay-tree-kay**, moulant, -e *m&f* **moo-lan, -lant**, ceintré, -e *m&f* **suhn-tray**; 4. *(slang) (drunk)* plein, -e *m&f* **pluhn, plen**, ivre *m&f* **eevr** ♦ **tight(ly)** *adv (firmly)* fermement **fer-muh-man**, vigoureusement **vee-goo-ruhz-man**, solidement **so-lee-duh-man** Hold tight! Tenez *(Fam: Tiens)* le fermement! *Tuh-nay (Fam: Chyuhn)* **luh fer-muh-man!** Tie it tight(ly). Attachez *(Fam: Attache)* le vigoureusement. *A-ta-shay (Fam: A-tash)* **luh vee-goo-ruhz-man.** I like it when you hold me tight(ly). J'aime quand tu me serres fort dans tes bras. **Zh'em kan tew muh ser for dan tay bra.**

time *n* 1. *(amount, period)* temps *m* **tan**, période *f* **pay-ryod**; 2. *(hour)* heure *f* **uhr**; 3. *(repetition)* temps *f* **tan**, fois *f* **fwa**; 4. *(episode, occasion, experience)* moment *m* **mo-man**, occasion *f* **o-ka-zyon** a couple ~s à *[2:]* deux *([3:]* trois) reprises a *[2:]* duh *([3:]* trwa) **ruh-preez** a few ~s quelque fois **kel-kuh fwa** all the ~ tout le temps **too luh tan** a long ~ longtemps **lon-tan** a long ~ ago il y a longtemps de ça **eel_ee_y_a lon-tan duh sa** a lot of ~ plusieurs fois **plew-zyuhr fwa** ample ~ plus de temps qu'il n'en faut **plews duh tan k'eel n'an fo** another ~ une autre fois **ewn_o-truh fwa** any ~ n'importe quand **n'uhn-port kan** any ~ now dès que tu as le temps **de kuh tew a luh tan** arrival ~ heure d'arrivée **uhr d'a-ree-vay** a short ~ un peu de temps **uhn puh duh tan** at a certain ~ à un temps donné **a uhn tan do-nay** at a convenient ~ à un bon moment **a uhn bon mo-man** at the ~ à ce moment-là **a suh mo-man-la** at ~s par moments **par**

Common French signs and labels are on pages 547-551.

time   **time**

mo-ma<u>n</u> **bad ~** ça tombe mal **sa to<u>n</u>b mal departure ~** heure de départ **uhr duh day-par difficult ~** moment difficile **mo-ma<u>n</u> dee-fee-seel each ~** chaque fois **shak fwa enough ~** assez de temps **a-say duh ta<u>n</u> every ~** chaque fois **shak fwa extra ~** temps en rabe **ta<u>n</u> a<u>n</u> rab first ~** première fois **pruh-myer fwa for the ~ being** pour le moment **poor luh mo-ma<u>n</u> free ~** temps libre **ta<u>n</u> leebr from ~ to ~** de temps en temps **duh ta<u>n</u>_z_a<u>n</u> ta<u>n</u> good ~** bon moment **bo<u>n</u> mo-ma<u>n</u> great ~** grande occasion **gra<u>n</u>d_o-ka-zyo<u>n</u> half (of) the ~** la moitié du temps **la mwa-chyay dew ta<u>n</u> have ~** avoir le temps **a-vwar luh ta<u>n</u> have a good ~** passer un bon moment **pa-say uh<u>n</u> bo<u>n</u> mo-ma<u>n</u> how many ~s** combien de fois **ko<u>n</u>-byuh<u>n</u> duh fwa in no ~ at all** en moins de deux **a<u>n</u> mwuh<u>n</u> d'duh in ~** à l'heure **a l'uhr lack of ~** manque de temps **ma<u>n</u>k duh ta<u>n</u> last ~** 1. *(final)* la dernière fois **la der-nyer fwa**; 2. *(previous)* l'autre fois **l'o-truh fwa leisure ~** temps libre **ta<u>n</u> leebr little ~** peu de temps **puh duh ta<u>n</u> local ~** heure locale **uhr lo-kal long ~** longtemps **lo<u>n</u>-ta<u>n</u> lots of ~** beaucoup de temps **bo-koo duh ta<u>n</u> lots of ~s** plusieurs fois **plew-zyuhr fwa lovely ~** moment appréciable **mo-ma<u>n</u> a-pray-syabl many ~s** plusieurs fois **plew-zyuhr fwa most of the ~** la plupart du temps **la plew-par dew ta<u>n</u> next ~** la prochaine fois **la pro-shen fwa nice ~** bon moment **bo<u>n</u> mo-ma<u>n</u> not enough ~** pas assez de temps **pa_z_a-say duh ta<u>n</u> not have ~** ne pas avoir le temps **nuh pa_z_a-vwar luh ta<u>n</u> not much ~** pas beaucoup de temps **pa bo-koo duh ta<u>n</u> on ~** à l'heure **a l'uhr**, en temps voulu **a<u>n</u> ta<u>n</u> voo-lew one ~** une fois **ewn fwa pleasant ~** moment agréable **mo-ma<u>n</u> a-gray-abl plenty of ~** plus de temps qu'il n'en faut **plews duh ta<u>n</u> k'eel n'a<u>n</u> fo rest ~** temps de repos **ta<u>n</u> duh ruh-po save ~** gagner du temps **ga-nyay dew ta<u>n</u> second ~** seconde fois **suh-go<u>n</u>d fwa short ~** peu de temps **puh duh ta<u>n</u> some of the ~** pour quelque temps **poor kel-kuh ta<u>n</u> some other ~** une autre fois **ewn_o-truh fwa some ~ ago** il y a quelque temps **eel_y_a kel-kuh ta<u>n</u> spare ~** temps libre **ta<u>n</u> leebr spend ~** passer du temps **pa-say dew ta<u>n</u> the same ~** la même heure **la mem_uhr the whole ~** pendant tout ce temps **pa<u>n</u>-da<u>n</u> too suh ta<u>n</u> this ~** cette fois **set fwa ~ difference** décalage horaire **day-ka-lazh_o-rer ~ limit** temps limité **ta<u>n</u> lee-mee-tay ~ of day** heure de la journée **uhr duh la zhoor-nay ~ of the month** le mois **luh mwa two ~s** deux fois **duh fwa vacation ~** vacances **va-ka<u>n</u>s waste of ~** perte de temps **pert duh ta<u>n</u> waste ~** perdre du temps **perdr dew ta<u>n</u> work(ing) ~** heure de travail **uhr duh tra-vaee wonderful ~** moment merveilleux **mo-ma<u>n</u> mer-vay-yuh What time is it (now)?** Quelle heure est-il (maintenant)? **Kel_uhr ay-t-eel (muh<u>n</u>t-na<u>n</u>)?**

    What time... A quelle heure... **A kel_uhr...**

        ...do you have to go? ...*devez-vous (Fam: dois-tu)* y aller? **...***duh-vay-voo (Fam: dwa-tew)* **ee_y_a-lay?**

        ...does your train leave? ...*votre (Fam: ton)* train part-il? **...***votr (Fam: to<u>n</u>)* **truh<u>n</u> par_t-eel?**

        ...does your flight depart? ...*votre (Fam: ton)* avion décolle-t-il? **...***votr (Fam: to<u>n</u>)* **_a-vyo<u>n</u> day-kol-t-eel?**

        ...does it start? ...ça commence? **...sa ko-ma<u>n</u>s?**

To learn more about French verbs, go to
the Grammar appendix on page 512.

      ...does it finish? ...ça finit? *...sa fee-nee?*
      ...does it open? ...ça ouvre? *...sa oovr?*
      ...does it close? ...ça ferme? *...sa ferm?*
      ...do you finish work? ...*finissez-vous (Fam: finis-tu)* le travail? *...fee-nee-say-voo (Fam: fee-nee-tew) luh tra-vaee?*
      ...do you want to meet? ...*voulez-vous (Fam: veux-tu)* que l'on se rencontre? *...voo-lay-voo (Fam: vuh-tew) kuh l'on suh ran-kontr?*
      ...shall I call? ...puis-je appeler? *...pwee-zh_a-play?*
      ...shall I come? ...puis-je venir? *...pwee-zh vuh-neer?*
      ...will you be there? ...*serez-vous (Fam: seras-tu)* là? *...suh-ray-voo (Fam: suh-ra-tew) la?*
      ...will you come? ...*viendrez-vous (Fam: viendras-tu)*? *...vyuhn-dray-voo (Fam: vyuhn-dra-tew)?*

What's a good time for you? (*Answer:* **How about *[time]*?**) *Donnez (Fam: Donnes)*-moi une heure qui *vous (Fam: te)* convienne? (Que *diriez-vous (Fam: dirais-tu)* de *[___]*?). *Do-nay (Fam: Don)-mwa ewn_uhr kee voo (Fam: tuh) kon-vyen? (Kuh dee-ryay-voo (Fam: dee-ryay tew) duh [___]?)* **Do you have time?** *Avez-vous (Fam: As-tu)* le temps? *A-vay-voo (Fam: A-tew) luh tan?* *(1)* **I** / *(2)* **We (don't) have time.** *(1)* Je (n')ai… / *(2)* Nous (n')avons… (pas) le temps. *(1) Zhuh (n')ay… / (2) Noo_z_(n')a-von… (pa) luh tan.* **How much time do** *(1)* **you** / *(2)* **we have?** Combien de temps *(1) avez-vous (Fam: as-tu)*? / *(2)* avons-nous? *Kon-byuhn duh tan (1) a-vay-voo (Fam: a-tew)? / (2)* **a-von-noo?** *(1)* **I** / *(2)* **We have (about)** *(number)* *(3)* **minutes.** / *(4)* **hours.** *(1)* J'ai… / *(2)* Nous avons… (à peu près) (___) *(3)* minutes. / *(4)* heures. *(1) Zh'ay… / (2) Noo_z_a-von… (a puh pre) (___) (3) mee-newt. / (4) uhr.* **You (don't) have time.** *Vous n'avez (Fam: Tu n'as)* pas le temps. *Voo n'a-vay (Fam: Tew n'a) pa luh tan.* **My time is running out.** Je vais manquer de temps. *Zhuh vay man-kay duh tan.* **You're just in time.** *Vous êtes (Fam: Tu es)* a l'heure. *Voo_z_et (Fam: Tew ay) a l'uhr.* **Take your time.** *Prenez votre (Fam: Prends ton)* temps. *Pruh-nay votr (Fam: Pran ton) tan.* **It's about time!** Il était temps! *Eel_ay-tay tan!* *(1,2)* **Have a good / nice time!** *(1)* Amusez-vous (Fam: Amuse-toi) bien! *A-mew-zay-voo (Fam: A-mewz-twa) byuhn!* / *(2)* Passez (Fam: Passe) un bon moment! *Pa-say (Fam: Pas_) uhn bon mo-man!* **Did you have a good time?** *Avez-vous (Fam: As-tu)* passé un bon moment? *A-vay-voo (Fam: A-tew) pa-say uhn bon mo-man?*

  I had a… J'ai passé… *Zh'ay pa-say…*
    We had a… Nous avons passé… *Noo_z_a-von pa-say…*
      …nice time. …un bon moment. *…uhn bon mo-man.*
      …great time. …un très bon moment. *…uhn tre bon mo-man.*
      …wonderful time. …un moment merveilleux. *…uhn mo-man mer-vay-yuh.*
      …terrific time. …un moment extraordinaire. *…uhn mo-man ek-stra-or-dee-ner.*

When is the best time to go? Quel est le moment opportun pour partir? *Kel_ay*

Some adjectives follow nouns, some precede them.
You'll need to memorize these case by case.

time-consuming   456   **tissue**

luh mo-ma<u>n</u> o-por-tuh<u>n</u> poor par-teer? **You've had a hard time.** *Vous avez (Fam : tu as)* eu une période difficile *Voo̲ ̲z̲ ̲a-vay (Fam: Tew a)* ew ewn pay-ryod dee-fee-seel. **Take your time.** *Prenez votre (Fam: Prends ton)* temps. *Pruh-nay votr (Fam: Pra<u>n</u> to<u>n</u>)* ta<u>n</u>. **Some other time perhaps.** Peut-être une autre fois. Puh̲ ̲t-etr̲ ̲ewn̲ ̲otr fwa. ♦ **time-consuming** *adj* riche en évènements **reesh̲ ̲a<u>n</u>̲ ̲ay-ven-ma<u>n</u>** **It's very time-consuming.** Ça prend beaucoup de temps. Sa pra<u>n</u> bo-koo duh ta<u>n</u>. ♦ **time-out** *n* temps *m* mort ta<u>n</u> mor, pause *f* poz **take a ~** faire une pause fer̲ ̲ewn poz

timid *adj* timide *m&f* **tee-meed**

timing *n* timing *m* **taee-meeng** **That was** *(1)* **bad** / *(2)* **good** / *(3)* **great** / *(4)* **horrible** / *(5)* **perfect timing.** *(1)* Mauvais... / *(2)* Bon... / *(3)* Très bon... / *(4)* Très mauvais... / *(5)* Parfait... timing. *(1)* **Mo-vay...** / *(2)* **Bo<u>n</u>...** / *(3)* **Tre bo<u>n</u>...** / *(4)* **Tre mo-vay...** / *(5)* **Par-fay... taee-meeng.**

tint *n (hair)* reflets *mpl* **ruh-flay**

tiny *adj* tout-petit, -e *m&f* **too-puh-tee**, minuscule *m&f* **mee-news-kewl**

tip *vt (give a gratuity)* donner un pourboire **do-nay uh<u>n</u> poor-bwar** **How much should I tip** *(1)* **her?** / *(2)* **him?** Combien devrais-je *(1,2)* lui donner de pourboire? **Ko<u>n</u>-byuh<u>n</u> duh-vray-zh** *(1,2)* **lwee do-nay duh poor-bwar?** ♦ *n* 1. *(point; end)* pointe *f* **pwuh<u>n</u>t**; 2. *(gratuity)* pourboire *f* **poor-bwar** **leave a ~** laisser un pourboire **lay-say uh<u>n</u> poor-bwar**

tipsy *adj* ivre *m&f* **eevr**, avoir un coup dans le nez **a-vwar uh<u>n</u> koo da<u>n</u> l'nay** **be ~** avoir un coup dans le nez **a-vwar̲ ̲uh<u>n</u> koo da<u>n</u> l'nay** **get ~** se saouler **suh soo-lay** **Are you tipsy?** *Avez-vous (Fam: As-tu)* un coup dans le nez? *A-vay-voo (Fam: A-tew)* uh<u>n</u> koo da<u>n</u> l'nay? **(I think) I'm tipsy.** (Je pense que) j'ai un coup dans le nez. **Zhuh pa<u>n</u>s kuh zh'ay uh<u>n</u> koo da<u>n</u> l'nay.** **I think I'm getting tipsy.** Je pense que l'alcool est en train de me monter à la tête. **Zhuh pa<u>n</u>s kuh l'al-kol ay̲ ̲t̲ ̲a<u>n</u> truh<u>n</u> duh muh mo<u>n</u>-tay a la tet.** **I was tipsy.** J'avais un coup dans le nez. **Zh'a-vay uh<u>n</u> koo da<u>n</u> l'nay.** **I get tipsy easily.** L'alcool me monte à la tête facilement. **L'al-kol muh mo<u>n</u>t fa-seel-ma<u>n</u> a la tet.**

tire *n* pneu *m* **pnuh** **change the ~** changer le pneu **sha<u>n</u>-zhay luh pnuh** **fix the ~** réparer le pneu **ray-pa-ray luh pnuh** **flat ~** pneu crevé **pnuh kruh-vay** **spare ~** pneu de secours **pnuh duh suh-koor**

tired *adj* fatigué, -e *m&f* **fa-tee-gay** **be ~** être *fatigué (-e)* **etr fa-tee-gay** **be ~ of** être *fatigué (-e)* de **etr fa-tee-gay duh** **get ~** commencer à être *fatigué (-e)* **ko-ma<u>n</u>-say a etr fa-tee-gay** **I'm getting tired.** Je commence à être *fatigué (-e)*. **Zhuh ko-ma<u>n</u>s̲ ̲a etr fa-tee-gay** **Are you tired?** *Etes-vous (Fam: Es-tu) fatigué (-e)*? *Et-voo (Fam: Ay-tew)* **fa-tee-gay?** *(1)* **I'm** / *(2)* **We're (not) tired.** *(1)* Je (ne) suis… / *(2)* Nous (ne) sommes… (pas) *fatigué(es)*. *(1)* **Zhuh (nuh) swee…** / *(2)* **Noo (nuh) som… (pa) fa-tee-gay.** **You look tired.** *Vous semblez (Fam: Tu sembles) fatigué (-e)*. *Voo sa<u>n</u>-blay (Fam: Tew sa<u>n</u>bl)* **fa-tee-gay.** **You must be tired.** *Vous devez (Fam: Tu dois)* être *fatigué (-e)*. *Voo duh-vay̲ ̲(Fam: Tew dwa)̲ ̲z̲ ̲* **etr fa-tee-gay.**

tissue *n* mouchoir *m* **moo-shwar** **Do you have any tissues?** *Avez-vous (Fam: As-*

A blue diamond ♦ *signals a different word or a different form of a word.*

tide   **457**   **tonic**

tu) un mouchoir? *A-vay-voo (Fam: A-tew)* **uhn moo-shwar?**
- **title** *n* titre *m* **teetr The title of the book is** *(title)*. Le titre du livre est *(___)*. **Luh teetr dew leevr_ay (___).**
- **TLC** *abbrev* = **tender, loving care** (être) aux petits soins **(etr_) oh puh-tee swuhn**
- **toast** *n* 1. *(salute)* toast *m* **tost**; 2. *(toasted bread)* toast *m* **tost I propose a toast.** Je propose un toast. **Zhuh pro-poz_uhn tost.** ♦ **toaster** *n* grille-pain *m* **greey(uh)-puhn**
- **tobacco** *n* tabac *m* **ta-ba**
- **today** *n & adv* aujourd'hui **o-zhoor-d'wee** later ~ plus tard dans la journée **plew tar dan la zhoor-nay Today is** *(1)* **my** / *(2)* **our last day (here).** C'est *(1)* mon / *(2)* notre dernier jour (ici) aujourd'hui. **S'ay** *(1)* **mon** / *(2)* **notr der-nyay zhoor (ee-see) o-zhoor-d'wee.**
- **toe** *n* orteil *m* **or-tey I broke my toe.** Je me suis *cassé (-e)* l'orteil. **Zhuh muh swee ka-say l'or-tey.**
- **toenail** *n* ongle *f* de pied **ongl duh pyay beautiful** ~s jolis ongles de pied **zho-lee_z_ongl duh pyay**
- **together** *adv* ensemble **an-sanbl Let's go together.** Allons-y ensemble. **A-lon_z-ee an-sanbl. I like doing things together with you.** J'aime faire des choses avec *vous (Fam: toi).* **Zh'em fer day shoz a-vek** *voo (Fam: twa).* **It's so** *(1)* **nice** / *(2)* **wonderful being together with you.** C'est tellement *(1)* agréable / *(2)* merveilleux d'être avec *vous (Fam: toi).* **S'ay tel-man** *(1)* **a-gray-abl.** / *(2)* **mer-vay-yuh d'etr_a-vek** *voo (Fam: twa).*
- **toilet** *n* toilettes *mpl*, toilette *f* **twa-let** ~ **paper** papier *m* toilette **pa-pyay twa-let Where's the toilet?** Où sont les toilettes? **Oo son lay twa-let? I have to go to the toilet.** Je dois aller aux toilettes. **Zhuh dwa_z_a-lay o twa-let.**
- **token** *n* 1. *(tel.)* jeton *m* **zhuh-ton**; 2. *(symbol)* signe *m* **seeny(uh)**, symbole *m* **suhn-bol telephone** ~ jeton *m* de téléphone **zhuh-ton duh tay-lay-fon This is just a small token of** *(1)* **my love for you.** / *(2)* **my** / *(3)* **our appreciation.** C'est juste un petit signe de *(1)* mon amour pour toi. / *(2)* mon / *(3)* notre appréciation. **S'ay zhuhst_uhn puh-tee seeny(uh) duh** *(1)* **mon_a-moor poor twa.** / *(2)* **mon_** / *(3)* **notr_a-pray-sya-syon.**
- **tomb** *n* tombeau *m* **ton-bo**
- **tomorrow** *n & adv* demain *m* **duh-muhn** by ~ pour demain **poor duh-muhn day after** ~ lendemain **lan-duh-muhn See you tomorrow!** A demain! **A duh-muhn!**
- **tongue** *n* langue *f* **lang pierced** ~ langue *f* percée **lang per-say sharp** ~ langue acérée **lang_a-say-ray silver** ~ beau parleur *m&f* **bo par-luhr** ~ **twister** phrase dure à dire **fraz duhur_ah deer It's on the tip of my tongue.** Je l'ai sous le bout de la langue. **Zhuh l'ay soo luh boo duh la lang.** ♦ **tongue-tied** *adj* sans mots **san mo**, qui a le souffle coupé **kee a luh soofl koo-pay be** ~ être sans mots **etr san mo**, avoir le souffle coupé **a-vwar luh soofl koo-pay You've got me tongue-tied.** *Vous m'avez (Fam: Tu m'as)* coupé le souffle. *Voo m'a-vay (Fam: Tew m'a)* **koo-pay luh soofl.**
- **tonic** *n* tonique *m* **to-neek You're a tonic for my soul.** *Vous me donnez (Fam: Tu me*

---

*Familiar "tu" ("tew") forms in parentheses
can replace italicized polite forms.*

tonight   458   **touch**

donnes) de l'énergie. *Voo muh do-nay (Fam: Tew muh don)* **duh l'ay-ner-zhee.**

tonight *adv* ce soir **suh swar**

too *adv* 1. *(also)* aussi **o-see**, trop **tro**; 2. *(too much)* trop **tro You, too?** Vous *(Fam: Toi)* aussi? *Voo (Fam: twa)* **o-see? Me too.** Moi aussi. **Mwa_z_o-see.**

tooth *n* dent *f* **dan I've broken a tooth.** Je me suis *cassé (-e)* une dent. **Zhuh muh swee ka-say ewn dan**. **I have a sweet tooth.** J'aime les sucreries. **Zh'em lay sew-kruh-ree.** ♦ **toothache** *n* mal *m* de dents **mal duh dan** ♦ **toothbrush** *n* brosse *f* à dents **bros_a_dan** ♦ **toothpaste** *n* dentifrice *m* **dan-tee-fres** ♦ **toothpick** *n* cure-dents *m* **kewr-dan**

top *adj* supérieur, -e *m&f* **sew-pay-ryuhr** ♦ *n* 1. *(peak)* haut *m* **o**; 2. *(upper part)* partie *f* supérieure **par-tee sew-pay-ryuhr**; 3. *(highest position / rank)* top **top**; 4. *(upper outer garment)* top *m* **top**; 5. *(car roof)* capote *f* **ka-pot**. **on** ~ *adv* en plus **an plews**; *prep* sur **sewr**; *(hair)* dessus **duh-sew Let's climb to the top.** Allons jusqu'en haut. **A-lon zhuhs-k'an o.**

topic *n* *(conversation)* sujet *m* **sew-zhay**; *(essay, project)* thème *m* **tem**

topless *adj* topless *m* **top-les go around** ~ se promener sans haut **suh pro-muh-nay san o** ~ **beach** plage seins nus **plazh suhn new**

topsy-turvy *adv* sens dessus dessous **san duh-sew duh-soo You've turned my whole world topsy-turvy.** Vous avez *(Fam: Tu as)* mis mon monde sens dessus dessous. *Voo_z_a-vay (Fam: Tew a)* **mee mon mond san duh-sew duh-soo.**

torch *n* *(Brit.: flashlight)* lampe *f* de poche **lanp duh posh**, torche *f* **torsh**

torment *vt* tourmenter **toor-man-tay**, affliger **a-flee-zhay** ♦ *n* tourment *m* **toor-man be in** ~ être tourmenté *(-e)* etr **toor-man-tay constant** ~ constante *f* torture **kons-tant tor-tewr**

torn *adj* en mille morceaux *m&f* **an meel mor-so**

torture *vt* torturer **tor-tew-ray You torture me.** Vous me *torturez (Fam: Tu me tortures)*. *Voo muh tor-tew-ray (Fam: Tew muh tor-tewr).* **Why do you torture me like this?** Pourquoi me *torturez-vous (Fam: tortures-tu)* comme cela? **Poor-kwa muh** *tor-tew-ray-voo (Fam: tor-tewr-tew)* **kom suh-la?** ♦ *n* torture *f* **tor-tewr This is absolute torture.** C'est une vraie torture. **S'ay_t_ewn vray tor-tewr.**

total *adj* total, -e *m&f* **to-tal**, complet, complète *m&f* **kon-play, -plet** ~ **disappointment** désillusion *f* totale **day-zee-lew-zyon to-tal** ~ **waste of time** perte *f* de temps totale **pert duh tan to-tal What will the total cost be?** Combien ça va me coûter au total? **Kon-byuhn sa va muh koo-tay o to-tal? What's** *(1)* **my** / *(2)* **our** / *(3)* **your total score?** Quel est *(1)* mon / *(2)* notre / *(3)* votre *(Fam ton)* score *m* total? **Kel_ay** *(1)* **mon** / *(2)* **notr** / *(3)* **votr** *(Fam: ton)* **skor to-tal?** ♦ *n* total *m*, totale *f* **to-tal What's the total?** Quel est le total? **Kel_ay luh to-tal?** ♦ **totally** *adv* totalement **to-tal-man**, complètement **kon-plet-man You are totally beautiful.** Vous êtes *(Fam: Tu es)* vraiment très *beau (F: belle)*. *Voo_z_e (Fam: Tew ay)* **vray-man tre bo** *(F: bel)*. **I'm totally wiped out.** *(slang: exhausted)* Je suis complètement crevé *(-e)*. **Zhuh swee k on-plet-man kruh-vay.**

touch *vt* *(with the hand; come in contact with; emotionally)* toucher **too-shay** ~ **my heart** toucher mon cœur **too-shay mon kuhr Don't let anybody touch**

---

*Learn a new French phrase every day! Subscribe to the free **Daily Dose of French**, www.phrase-books.com.*

this. Ne laisse personne toucher! **Nuh les per-son too-shay! I love it when you touch me.** J'adore lorsque *vous me touchez (Fam: tu me touches)*. **Zh'a-dor lors-kuh** *voo muh too-shay (Fam: tew muh toosh)*. **Don't touch me.** Ne me *touchez (Fam: touches)* pas. **Nuh muh** *too-shay (Fam: toosh)* **pa.** ♦ **touch** *n* 1. *(physical contact)* toucher *m* **too-shay**; 2. *(contact)* contact *m* **kon-takt**, rapport *m* **ra-por feminine** ~ toucher féminin **too-shay fay-mee-nuhn** magic ~ toucher magique **too-shay ma-zheek How can** *(1)* **I** / *(2)* **we get in touch with you?** Comment *(1)* puis-je… / *(2)* pouvons-nous… *vous (Fam: te)* contacter? **Ko-man** *(1)* **pwee-zh…** / *(2)* **poo-von-noo…** *voo (Fam: tuh)* **kon-tak-tay? You can get in touch with** *(1)* **me** / *(2)* **us at** (<u>number or address</u>). Vous pouvez *(Fam: Tu peux)* *(1)* me… / *(2)* nous… contacter au (___). *Voo poo-vay (Fam: Tew puh)* *(1)* **muh…** / *(2)* **noo… kon-tak-tay o** (___). *(1)* **I'll** / *(2)* **We'll get in touch with you** *(3)* **as soon as** *(4)* **I** / *(5)* **we can.** / *(6)* **tomorrow.** / *(7)* **on Monday** / **etc.** *(1)* Je *vous (Fam: te)* contacterai… / *(2)* Nous *vous (Fam: te)* contacterons… *(3)* dès que *(4)* je peux. / *(6)* demain. / *(7)* lundi. / *etc.* *(1)* **Zhuh** *voo (Fam: tuh)* **kon-tak-tray…** / *(2)* **Noo** *voo (Fam: tuh)* **kon-takt-ron…** *(3)* **de kuh** *(4)* **zhuh puh.** / *(5)* **noo poo-von.** / *(6)* **duh-muhn.** / *(7)* **luhn-dee. Please keep in touch.** On reste en contact, d'accord? **On rest_an kon-takt, d'a-kor?** ♦ **touched** *adj (affected emotionally)* touché, -e *m&f* **too-shay I'm deeply touched by your** *(1)* **concern.** / *(2)* **gift.** / *(3)* **thoughtfulness.** Je suis profondément *touché (-e)* par *(1)* votre *(Fam: ton)* inquiétude. / *(2)* votre *(Fam: ton)* cadeau. / *(3)* votre *(Fam: ta)* considération. **Zhuh swee pro-fon-day-man too-shay par** *(1)* votr *(Fam: ton)* **uhn-kyay-tewd.** / *(2)* votr *(Fam: ton)* **ka-do.** / *(3)* votr *(Fam: ta)* **kon-see-day-ra-syon.** ♦ **touching** *adj* touchant *m&f* **too-shan How touching.** Qu'est-ce que c'est touchant! **K'cs kuh s'ay too-shan!** ♦ **touchy** *adj* 1. *(irritable)* irritable *m&f* **ee-ree-tabl**; 2. *(highly sensitive)* sensible *m&f* **san-seebl**, délicat, -e *m&f* **day-lee-ka, -kat** ~ **subject** sujet *m* délicat **sew-zhay day-lee-ka**

tough *adj* 1. *(rugged)* dur, -e *m&f* **dewr**; 2. *(difficult)* difficile *m&f* **dee-fee-seel** ~ **time** moment *m* difficile **mo-man dee-fee-seel**

tour *adj* de circuit **duh seer-kwee** ~ **bus** autobus *m* pour les touristes **o-to-bews poor lay too-reest** ~ **guide** guide *m&f* de circuit **gheed duh seer-kwee** ~ **program** programme *m* du circuit **pro-gram dew seer-kwee** ♦ *n* tour *m* **toor**, circuit *m* **seer-kwee go on a** ~ faire un circuit **fer_uhn seer-kwee guided** ~ circuit guidé **seer-kwee ghee-day sightseeing** ~ circuit touristique **seer-kwee too-rees-teek take a** ~ faire un circuit **fer_uhn seer-kwee walking** ~ circuit à pied **seer-kwee a pyay Come on the tour with** *(1)* **me.** / *(2)* **us.** Faites *(Fam: Fais)* le circuit avec *(1)* moi. / *(2)* nous. *Fet (Fam: Fay)* **luh seer-kwee a-vek** *(1)* **mwa.** / *(2)* **noo. How much does the tour cost?** Combien coûte le circuit? **Kon-byuhn koot luh seer-kwee. What does the tour include?** Qu'est-ce que le circuit comprend? **K'es- kuh luh seer-kwee kon-pran? The tour includes...** Le circuit comprend... **Luh seer-kwee kon-pran…** *(1)* **I'm** / *(2)* **We're with the tour.** *(1)* Je fais… / *(2)* Nous faisons… partie du circuit. *(1)* **Zhuh fay…** / *(2)*

---

*Underlines between letters indicate
the sounds are joined together.*

Noo fuh-zon… par-tee dew seer-kwee. ♦ **tourism** *n* tourisme *m* **too-reezm** ♦ **tourist** *adj* touristique *m&f* **too-rees-teek** ~ **information office** syndicat *m* d'initiative **suhn-dee-ka d'ee-nee-sya-teev** ~ **prices** prix pour les touristes **pree poor lay too-reest** ~ **trap** pièges à touristes **pyezh_a too-reest** ♦ *n* touriste *m&f* **too-reest**

tournament *n* tournoi *m* **toor-nwa**

tow *adj* à remorque **a ruh-mork** ~ **truck** camion *m* à remorque **ka-my on a ruh-mork** ♦ *vt* remorquer **ruh-mor-kay** ♦ *n*: **ski** ~ téléski *m* **tay-lay-skee**

toward *prep* vers *ver*, en direction de **an dee-rek-syon duh**

towel *n* serviette *f* **ser-vyet** **bath** ~ serviette *m* de bain **ser-vyet duh buhn** **beach** ~ serviette *m* de plage **ser-vyet duh plazh**

tower *n* tour *f* **toor**

towing *n* remorquage *m* **ruh-mor-kazh**

town *n* ville *f* **veel** **home** ~ 1. *(where born)* lieu de naissance **lyuh duh nay-sans**; 2. *(where currently living)* lieu de résidence **lyuh duh ray-zee-dans** **small** ~ petite ville **puh-teet veel** **What town is this?** *(question on a train)* De quelle ville s'agit-il? **Duh kel veel s'a-zhee_t-eel?** **I live out of town.** Je vis en province. **Zhuh vee an pro-vuhns.**

towrope *n* câble *m* de remorquage **kabl duh ruh-mor-kazh**

toy *n* jouet *m* **zhoo-ay** **sex** ~ jouet *m* érotique **zhooay ay-ro-teek**

track *n* 1. *(trains)* voie *f* **vwa**, rails *mpl* **raee**; 2. *(platform number)* voie *f* **vwa**, quai *m* **kay**; 3. *(sport)* piste *f* **peest**; 4. *(running path)* piste *f* **peest** ~ **meet** meeting *m* d'athlétisme **mee-teeng d'at-lay-teezm** **Which track does** *(1)* **my** / *(2)* **our train arrive on?** Sur quelle voie *(1)* mon / *(2)* notre train arrive-t-il? **Sewr kel vwa** *(1)* **mon** / *(2)* **notr truhn a-reev-t-eel?** **Which track does** *(1)* **my** / *(2)* **our train depart from?** Quelle est la voie de départ de *(1)* mon / *(2)* notre train? **Kel_ay la vwa duh day-par duh** *(1)* **mon** / *(2)* **notr truhn?** **I ran track in** *(1)* **high school.** / *(2)* **college.** J'ai fait de la course *(1)* au lycée. / *(2)* à l'université. **Zh'ay fay duh la koors** *(1)* **o lee-say.** / *(2)* **a l'ew-nee-ver-see-tay.**

trade *vt* vendre **vandr**, changer **shan-zhay**, échanger **ay-shan-zhay** ~ **places (with)** *(seats)* changer de place (avec) **ay-shan-zhay duh plas (a-vek)** ~ **stamps** échanger les timbres **ay-shan-zhay lay tuhnbr**

tradition *n* tradition *f* **tra-dee-syon** **by** ~ par tradition **par tra-dee-syon** **old** ~ vielle tradition **vyey tra-dee-syon**

trail *n* piste *f* **peest**, sentier *m* **san-chyay** **bike** ~ piste cyclable **peest see-klabl** **easy** ~ piste facile **peest fa-seel** **good** ~ bonne piste **bon peest** **hiking** ~ piste d'excursion **peest d'eks-kewr-syon** **horse** ~ piste pour les balades à cheval **peest poor lay ba-lad_a shu-val** **poor** ~ piste en mauvais état **peest an mo-vay_z_ay-ta** **rocky** ~ piste rocailleuse **peest ro-ka-yuhz** **steep** ~ piste en pente **san-chyay an pant** **well-maintained** ~ piste en bonnes conditions **peest an bor kon-dee-syon** **Stay on the trail.** Reste sur la piste. **Rest sewr la peest.** **How far does the trail go?** Jusqu'à où va la piste? **Zhuhs-k'a oo va la peest?** **What kind of trail is it?** Quel type de piste est-ce? **Kel teep duh peest es?** Does the trail

---

Like English, French has both regular and irregular verbs. Learn more about them on page 514.

have signs? Est-ce que la piste est indiquée? **Es kuh la peest ay uhn-dee-kay?**
What should *(1)* **I** / *(2)* **we look out for on the trail?** A quoi *(1)* devrais-je… / *(2)* devrions-nous… porter attention sur la piste? **A kwa** *(1)* **duh-vray-zh…** / *(2)* **duh-vree-yon-noo… por-tay a-tan-syon sewr la peest?**

trailer *n* remorque *f* **ruh-mork** **boat ~** remorque à bateau **ruh-mork_a ba-to** **camping ~** caravane **ka-ra-van** **horse ~** remorque pour chevaux **ruh-mork poor shuh-vo** **~ hitch** attache *f* pour la remorque **a-tash poor la ruh-mork**

train *adj* de train *m* **duh truhn** **~ schedule** horaire *m* de train **o-rer duh truhn** **~ station** gare **gar** **~ ticket** billet de train **bee-ye duh truhn** ♦ *vt* se préparer **suh pray-pa-ray**, s'entraîner **s'an-tray-nay**, s'exercer **s'ek-zer-say**, former **for-may** **I can see I have to train you.** Apparemment, je dois *vous (Fam: te)* former. **A-pa-ra-man, zhuh dwa** *voo (Fam: tuh)* **for-may.** ♦ *n* train *m* **truhn** **Corail Téoz ~** train *m* Corail Téoz **truhn Ko-raee Tay-oz** **direct ~** train *m* direct **truhn dee-rekt** **express ~** train *m* express **truhn eks-pres** **high-speed / TGV ~** train à grande vitesse (TGV) **truhn a grand vee-tes (TayZhayVe)** **intercity / Corail Intercités ~** train *m* régional **truhn ray-zhyo-nal** **local / short-distance ~** 1. *(regional)* Transport Express Régional **Trans-por Eks-pres Ray-zhyo-nal (TeUhEr)**; 2. *(suburbs / Paris)* Reseau Express Régional (RER) **Ray-zo Eks-pres Ray-gyo-nal (ErUhEr)** **express ~** train express **truhn eks-pres** **pullman / sleeper / Corail Lunéa ~** train de nuit **truhn duh nwee** **Which train is this?** C'est quel train? **S'ay kel truhn?** **Is this the train to** *(place)*? Est-ce le train pour (___)? **Es luh truhn poor (___)?** **Does this train stop at** *(place)*? Est-ce que ce train s'arrête à (___)? **Es kuh suh truhn s'a-ret_a (___)?** **How often do the trains run?** Ce train passe tous les combien? **Suh truhn pas too lay kon-byuhn?** **What time is the** *(1)* **first /** *(2)* **last train?** A quelle heure est le *(1)* premier / *(2)* dernier train? **A kel_uhr_ay luh** *(1)* **pruh-myay** / *(2)* **der-nyay truhn?** **What time does your train leave?** A quelle heure *votre (Fam: ton)* train part-il? **A kel_uhr** *votr (Fam: ton)* **truhn par_t-eel?** *(1)* **My /** *(2)* **Our train leaves at** *(time)*. *(1)* Mon / *(2)* Notre train part à (___). *(1)* **Mon /** *(2)* **Notr truhn par_a (___).** *(1)* **I /** *(2)* **We have to catch a train** (at *time*). *(1)* Je dois… / *(2)* Nous devons… prendre le train à (___). *(1)* **Zhuh dwa… /** *(2)* **Noo duh-von… prandr luh truhn a (___).** **When is the next train to** *(place)*? A quelle heure est le prochain train pour (___)? **A kel_uhr_ay luh pro-shuhn truhn poor (___)?** **Do** *(1)* **I /** *(2)* **we have to change trains?** *(1)* Dois-je… / *(2)* Devons-nous… changer de train? *(1)* **Dwa-zh… /** *(2)* **Duh-von-noo… shan-zhay duh truhn?** ♦ **trainer** *n (fitness)* entraîneur *m* **an-tray-nuhr**, entraîneuse *f* **an-tray-nuhz**, instituteur *m* **uhns-tee-tew-tuhr**, institutrice *f* **uhns-tee-tew-trees** **personal ~** entraîneur personnel **an-tray-nuhr per-so-nel**

trait(s) *n (pl)* trait, -s *m&mpl* **tray** **family ~(s)** trait(-s) de famille **tray duh fa-meey(uh)** **You have many fine traits (that I admire).** J'aime les traits de *votre (Fam: ton)* visage. **Zh'em lay tray duh** *votr (Fam: ton)* **vee-zazh.**

trampoline *n* trampoline *m* **tran-po-leen**

tramway *n (cable railway)* tramway *m* **tram-way**, funiculaire *m* **few-nee-kew-ler**

---

a always sounds like the "a" in "father"

aerial ~ téléphérique *m* **tay-lay-fay-reek Let's take the tramway (to the top).** Prenons le tramway (jusqu'au bout). **Pruh-no͟n luh tram-way (zhuhs-k'o boo).**

trance *n* transe *f* **tra͟ns in a** ~ en transe **a͟n tra͟ns**

transfer *vt (funds)* transférer **tra͟ns-fay-ray**, virer **vee-ray** ~ **money** *(1)* virer / *(2)* transférer de l'argent *(1)* **vee-ray…** / *(2)* **tra͟ns-fay-ray… duh l'ar-zha͟n** ♦ *vt (change buses / trains)* changer **sha͟n-zhay**, transférer **tra͟ns-fay-ray Where do *(1)* I / *(2)* we have to transfer?** Où *(1)* dois-je… / *(2)* devons-nous changer? **Oo *(1)* dwa-zh… / *(2)* duh-vo͟n-noo sha͟n-zhay?** ♦ *n (funds)* virement *m* **veer-ma͟n bank** ~ changement de banque **sha͟nzh-ma͟n duh ba͟nk money** ~ virement d'argent **veer-ma͟n d'ar-zha͟n**

transformer *n (elec.)* transformateur *m* **tra͟ns-for-ma-tuhr**

translate *vt* traduire **tra-dweer** ~ **from English to French** traduire de l'anglais au français **tra-dweer duh l'a͟nglay o fra͟n-say** ~ **from French to English** traduire du français à l'anglais **tra-dweer dew fra͟n-say a l'a͟n-glay Could you translate this (into *[1]* English / *[2]* French) for me?** Pourriez-vous *(Fam. Pourrais-tu)* traduire ceci (en *[1]* anglais / *[2]* français) pour moi? *Poo-ryay-voo (Fam: Poo-ray-tew)* **tra-dweer suh-see (a͟n *[1]* _a͟n-glay / *[2]* fra͟n-say) poor mwa?** *(1)* **Is there somebody…** / *(2)* **Do you know somebody… who could translate it?** *(1)* Est-ce quelqu'un… / *(2)* Connaissez-vous *(Fam: Connais-tu,* quelqu'un qui… pourrait le traduire? *(1)* **Es kuh kel-k'uh͟n…** / *(2)* **Ko-nay-say-voo** *(Fam: Ko-nay-tew)* **kel-k'uh͟n kee… poo-ray luh tra-dweer?** *(1)* **I** / *(2)* **We need to have this translated (into *[3]* English / *[4]* French).** *(1)* J'ai besoin… / *(2)* Nous avons besoin… de traduire ceci (en *[3]* anglais / *[4]* français). *(1)* **Zh'ay buh-zwuh͟n…** / *(2)* **Noo_z_a-vo͟n buh-zwuh͟n… duh tra-dweer suh-see (a͟n *[3]* _a͟n-glay.** / *[4]* **fra͟n-say). Thank you for translating this for *(1)* me.** / *(2)* **us.** Merci de traduire ceci pour *(1)* moi. / *(2)* nous. **Mer-see duh tra-dweer suh-see poor *(1)* mwa.** / *(2)* **noo.** ♦ **translation** *n* traduction *f* **tra-dewk-syo͟n accurate** ~ traduction fidèle **tra-dewk-syo͟n good** ~ bonne *f* traduction **bon tra-dewk-syo͟n incorrect** ~ traduction incorrecte **tra-dewk-syo͟n uh͟n-ko-rekt literal** ~ traduction littérale **tra-dewk-syo͟n lee-tay-ral notarized** ~ traduction officielle **tra-dewk-syo͟n o-fee-syel poor** ~ mauvaise *f* traduction **mo-vez tra-dewk-syo͟n** ~ **from English into French** traduction de l'anglais au français **tra-dewk-syo͟n duh l'a͟n-glay o fra͟n-say** ~ **from French into English** traduction du français à l'anglais **tra-dewk-syo͟n dew fra͟n-say a l'a͟n-glay How much is the translation fee?** Combien coûte la traduction? **Ko͟n-byuh͟n koot la tra-dewk-syo͟n?** ♦ **translator** *n* traducteur, traductrice *m&f* **tra-dewk-tuhr, -tree find a** ~ trouver *un traducteur (F: une traductrice)* **troo-vay** *uh͟n tra-dewk-tuh͟r (F: ewn tra-dewk-trees)* **hire a** ~ engager *un traducteur (F: une traductrice)* **a͟n-ga-zhay** *uh͟n tra-dewk-tuhr (F: ewn tra-dewk-trees)*

transmission *n (automot.)* transmission *f* **tra͟ns-mee-syo͟n Something is wrong with the transmission.** *(automot.)* Quelque chose ne va pas avec la transmission **Kel-kuh shoz nuh va pa a-vek la tra͟ns-mee-syo͟n. The transmission is out** La transmission ne fonctionne plus. **La tra͟ns-mee-syo͟n nuh fo͟nk-syon plew.**

French pronunciation and phonetics are on pages 510-511.

transportation *n* transport *m* **trans-por**, moyen(s) *m(pl)* de transport **mwa-yuhn duh trans-por arrange for** ~ mis en place pour le transport **mee_z_an plas poor luh trans-por public** ~ transport publique **trans-por pew-bleek** *(1)* **I** / *(2)* **We need transportation** *(3)* **downtown.** / *(4)* **to** *(place)*. *(1)* J'ai… / *(2)* Nous avons… besoin d'un moyen de transport pour aller *(3)* en centre ville. / *(4)* à (___). *(1)* **Zh'ay…** / *(2)* **Noo_z_a-von… buh-zwuhn d'uhn mwa-yuhn duh trans-por poor_a-lay** *(3)* **an san-truh-veel.** / *(4)* **a** (___).

trap *vt* piéger **pyay-zhay**, coincer **kwuhn-say You trapped me!** *Vous m'avez (Fam: Tu m'as)* piégé! **Voo m'a-vay** *(Fam: Tew m'a)* **pyay-zhay! I trapped you!** Je *vous (Fam: t')* ai piégé! **Zhuh voo_z_** *(Fam: t')* **_pyay-zhay!** ♦ *n* piège *f* **pyayzh This must be some kind of trap.** Ça doit être un piège. **Sa dwa_t_ etr_uhn pyayzh.**

trash *n* poubelle *f* **poo-bel** ~ **can** poubelle **poo-bel Where can I throw this trash?** Où puis-je jeter cette poubelle? **Oo pwee-zh zhuh-tay set poo-bel?**

travel *adj* de voyage ~ **duh vwa-yazh agency** agence *f* de voyage **a-zhans duh vwa-yazh** ~ **agent** agent *m&f* de voyage **a-zhan duh vwa-yazh** ~ **companion** compagnon *(F:* compagne*)* de voyage **kon-pa-nyon** *(F:* **kon-pany[uh])** **duh vwa-yazh** ~ **diary** journal *m* de voyage **zhoor-nal duh vwa-yazh** ~ **itinerary** itinéraire *m* de voyage **ee-tee-nee-rer duh vwa-yazh** ~ **plans** projets *mpl* de voyage **pro-zhe duh vwa-yazh** ~ **site** *(www)* site Internet *m* de voyage **seet_ uhn-ter-net duh vwa-yazh** ♦ *vi* voyager **vwa-yah-zhay** *(See also phrases under* **like** *and* **love.***)* **Do you travel** *(1)* **often?** / *(2)* **a lot?** *Voyagez-vous (Fam: Voyages-tu)* *(1)* souvent? / *(2)* beaucoup? *Vwa-ya-zhay-voo (Fam: Vwa-yazh-tew)* *(1)* **soo-van?** / *(2)* **bo-koo? I travel** *(1)* **often.** / *(2)* **sometimes.** / *(3)* **a lot.** Je voyage *(1)* souvent. / *(2)* parfois. / *(3)* beaucoup. **Zhuh vwa-yazh** *(1)* **soo-van.** / *(2)* **par-fwa.** / *(3)* **bo-koo. Have you traveled a lot?** *Avez-vous (Fam: As-tu)* beaucoup voyagé? *A-vay-voo (Fam: A-tew)* **bo-koo vwa-ya-zhay?** *(1)* **I've** / *(2)* **We've traveled** *(3)* **quite a lot.** / *(4)* **to many countries.** / *(5)* **a little.** *(1)* J'ai… / *(2)* Nous avons… voyagé *(3)* pas mal. / *(4)* dans beaucoup de pays. / *(5)* peu. *(1)* **Zh'ay…** / *(2)* **Noo_z_a-von… vwa-ya-zhay** *(3)* **pa mal.** / *(4)* **dan bo-koo duh pay-ee.** / *(5)* **puh.** *(1)* **I** / *(2)* **We haven't traveled** *(3)* **much.** / *(4)* **before.** *(1)* Je n'ai pas… / *(2)* Nous n'avons pas… voyagé *(3)* des masses. / *(4)* jusqu'à présent. *(1)* **Zhuh n'ay pa…** / *(2)* **Noo n'a-von pa… vwa-ya-zhay** *(3)* **day mas.** / *(4)* **zhuhs-k'a pray-zan.** *(1)* **I've** / *(2)* **We've never traveled to France before.** *(1)* Je n'ai… / *(2)* Nous n'avons… jamais voyagé en France jusqu'à présent. *(1)* **Zhuh n'ay…** / *(2)* **Noo n'a-von… zha-may vwa-ya-zhay an Frans zhews-k'a pray-zan. Have you ever traveled to** *(1)* **the U.S.?** / *(2)* **Australia?** / *(3)* **Canada?** / *(4)* **England?** *Avez-vous (Fam: As-tu)* déjà voyagé *(1)* aux Etats-Unis? / *(2)* en Australie? / *(3)* au Canada? / *(4)* en Angleterre? *A-vay-voo (Fam: A-tew)* **day-zha vwa-ya-zhay** *(1)* **o Ay-ta_z-Ew-nee?** / *(2)* **an_Os-tra-lee?** / *(3)* **o Ka-na-da?** / *(4)* **an_An-gluh-ter ?** *(1)* **I** / *(2)* **We love to travel.** *(1)* J'adore… / *(2)* Nous adorons… voyager. *(1)* **Zh'a-dor…** / *(2)* **Noo_z_a-do-ron… vwa-ya-zhay.** *(1)* **Would you like to…** / *(2)* **Could you… travel with me?** *(1)* Aimeriez-

---

*Learn a new French phrase every day! Subscribe to the free **Daily Dose of French**, www.phrase-books.com.*

vous (Fam: Aimerais-tu)…/ (2) Pourriez-vous (Fam: Pourrais-tu)… voyager avec moi? *(1) Ay-muh-ryay-voo (Fam: Em-ray-tew)… / (2) Poo-ryay-voo (Fam: Poo-ray-tew)…* **vwa-ya-zhay a-vek mwa? Let's travel (there) together.** Partons en voyage (là-bas) ensemble. **Par-ton_z_an vwa-yazh (la-ba) an-sanbl. I would love to travel with you.** J'adorerais voyager avec *vous (Fam: toi).* **Zh'a-do-ray vwa-ya-zhay a-vek** *voo (Fam: twa).* ♦ *n* voyage *m* **vwa-yazh world** ~ voyage pour parcourir le monde **vwa-yazh poor par-koo-reer luh mond** ♦ **traveler** *n* voyageur, voyageuse *m&f* **vwa-ya-zuhr, -zhuhr experienced** ~ *voyageur expérimenté (F: voyageuse expérimentée) vwa-ya-zhuhr_eks-pay-ree-man-tay (F: vwa-ya-yuhz_eks-pay-ree-man-tay)* **world** ~ *voyageur (F: voyageuse)* qui parcourt le monde *vwa-ya-zhuhr (F: vwa-ya-zhuhz)* **kee par-koor luh mond**

treadmill *n (exercise)* tapis *m* roulant **ta-pee roo-lan**

treasure *vt (cherish) (person, gift)* chérir **shay-reer**; *(friendship)* tenir beaucoup à **tuh-neer bo-koo_p_a I will always treasure *(1) this. / (2)* the memories of this wonderful time with you.** Je chérirai toujours *(1) ceci. / (2)* le souvenir de ces merveilleux moments avec *vous (Fam: toi).* **Zhuh shay-ree-ray too-zhoor *(1)* suh-see. / *(2)* luh soo-vuh-neer duh say mer-vay-yuh mo-man a-vek** *voo (Fam: twa).* ♦ *n* trésor *m* **tray-zor go ~ hunting** aller à la chasse au trésor **a-lay a la shas_o tray-zor hunt for** ~ chercher un trésor **sher-shay uhn tray-zor What a treasure you are.** Tu es un véritable trésor. **Tew ay uhn vay-ree-tabl tray-zor. You're a treasure chest of brilliant ideas.** Vous regorgez *(Fam: Tu regorges)* d'idées brillantes. *Voo ruh-gor-zhay (Fam: Tew ruh-gorzh)* **d'ee-day bree-yant.**

treat *vt* 1. *(have as a guest)* offrir **o-freer**, donner **do-nay**, inviter **ew-vee-tay**; 2 *(act toward)* récompenser **ray-kon-pan-say *(1,3)* I / *(2,4)* We want to treat you.** *(1)* Je veux… / *(2)* Nous voulons… *vous (Fam: t')* inviter chez *(3)* moi. *(4)* nous. *(1)* **Zhuh vuh…** / *(2)* **Noo voo-lon…** *voo_z_(Fam: t'uh)* **uhn-vee-tay shay *(3)* mwa. / *(4)* noo. I'm sorry for the way I treated you.** Je suis désolé *(-e)* de la façon dont je *vous (Fam: t')* ai traité *(-e).* **Zhuh swee day-zo-lay duh la fa-son don zhuh** *voo_z_(Fam: t')_***ay tray-tay. I treated you badly and I apologize.** Je *vous (Fam: t')* ai traité *(-e)* mal et je m'en excuse. **Zhuh** *voo_z_(Fam: t')_***ay tray-tay mal_ay zhuh m'an_eks-kewz. Treat others the same way you want to be treated.** Traite les gens de la même façon dont tu aimerais être *traité (-e).* **Tret lay zhan duh la mem fa-son don tew em-ray etr tray-tay** ♦ *n* récompense *f* **ray-kon-pans nice** ~ bonne récompense **bon ray-kon-pans special** ~ récompense spéciale **ray-kon-pans spay-syal**

tree *n* arbre *m* **arbr Christmas** ~ arbre de Noël **arbr duh No-el climb the** ~ monter à l'arbre **mon-tay a l'arbr family** ~ arbre généalogique **arbr zhay-nay-a-lo-zheek put up a Christmas** ~ monter l'arbre de Noël **mon-tay l'arbr duh No-el shady** ~ arbre à ombre **arbr a onbr *(1)* Let's have our picnic… / *(2)* Let's sit… under that tree.** *(1)* Pique-niquons… / *(2)* Asseyons-nous… en dessous de ce' arbre. *(1)* **Peek-nee-kon… / *(2)* A-say-yon-noo… an duh-soo duh set_arbr.**

tremendous *adj* extrême *m&f* **ek-strem**, imposant, *-e m&f* **uhn-po-zan, -zant**
♦ **tremendously** *adv* extrêmement **eks-trem-man**

---

oo sounds like the "oo" in "shoot".

trick *vt* avoir **a-vwar**, jouer un tour **zhoo-ay uhn toor You tricked me!** *Vous m'avez (Fam: Tu m'as) eu (-e)!* **Voo m'a-vay (Fam: Tew m'a) ew!** ♦ *n* 1. *(skillful act)* ruse *f* **rewz**, tour *m* **toor**, tactique *f* **tak-teek**; 2. *(cards won)* tour *m* **toor play a ~** *(on someone)* jouer un tour *(à quelqu'un)* **zhoo-ay uhn toor** *(a kel-kuhn)* **No tricks!** *Pas de magouilles!* **Pa duh ma-gooy(uh)! What a dirty trick!** *Quelle sale tour!* **Kel sal toor! You're full of tricks, aren't you?** *Vous regorgez (Fam: Tu regorges) de ruses, n'est-ce pas?* **Voo ruh-gor-zhay (Fam: Tew ruh-gorzh) duh rewz, n'es pa? You don't miss a trick, do you?** *Vous n'en manquez (Fam: Tu n'en manques) pas une, n'est-ce pas?* **Voo n'an man-kay (Fam: Tew n'an mank) pa ewn, n'es pa? Let me show you a card trick.** *Je vais vous (Fam: te) montrer une ruse au jeu de cartes.* **Zhuh vay voo (Fam: tuh) mon-tray ewn ruhz_o zhuh duh kart.** ♦ **tricky** *adj* 1. *(difficult)* difficile *m&f* **dee-fee-seel**; *(situation)* délicat, délicate *m&f* **de-lee-ka, -kat;** 2. *(devious, sly)* malin, maligne *m&f* **ma-luhn, -leenyuh**

tricycle *n* tricycle *m* **tree-seekl**

trim *adj (slender)* maigre *m&f* **megr**

trip *n* voyage *m* **vwa-yazh**, séjour *m* **say-zhoor**, balade *f* **ba-lad bike ~** balade en vélo **ba-lad_an vay-lo boat ~** balade en bateau **ba-lad_an ba-to bus ~** balade en bus **ba-lad_an bews business ~** voyage d'affaire **vwa-yazh d'a-fer camping ~** voyage au camping **vwa-yazh_o kan-peeng car ~** voyage en voiture **vwa-yazh_an vwa-tewr field ~** voyage d'étude **vwa-yazh d'ay-tewd go on a ~** partir en voyage **par-teer_an vwa-yazh honeymoon ~** voyage de noces **vwa-yazh duh nos long ~** long séjour **lon say-zhoor motorcycle ~** voyage en moto **vwa-yazh_an mo-to nice ~** agréable séjour **a-gray-abl say-zhoor on this ~** pendant le voyage **pan-dan luh vwa-yazh pleasant ~** voyage agréable **vwa-yazh_a-gray-abl pleasure ~** voyage de loisir **vwa-yazh duh lwa-zeer round ~** voyage aller-retour **vwa-yazh a-lay-ruh-toor short ~** court séjour **koor say-zhoor take a ~** faire un voyage **fer_uhn vwa-yazh train ~** voyage en train **vwa-yazh_an truhn Would you like to go on a trip (with *[1]* me / *[2]* us)?** *Aimeriez-vous (Fam: Aimerais-tu) partir en voyage (avec [1] moi / [2] nous)?* **Ay-muh-ryay-voo (Fam: Em-ray-tew) par-teer_an vwa-yazh (a-vek [1] mwa / [2] noo)? Let's go on a trip (together) to** *(place)*. *Partons en voyage (ensemble) à (___).* **Par-ton_z_an vwa-yazh (_an-sanbl) a (___).** *(1)* **I'm /** *(2)* **We're going on a (short) trip (to** *[place]*). *(1) Je pars… / (2) Nous partons… faire un (court) voyage à (___).* *(1)* **Zhuh par… /** *(2)* **Noo par-ton… fer_uhn (koor) vwa-yazh_a (___). Enjoy your trip!** *Profitez (Fam: Profite) de votre (Fam: ton) voyage!* **Pro-fee-tay (Fam: Pro-feet) duh *votr* (Fam: *ton*) vwa-yazh!** *(1,2)* **Have a good trip!** *(1) Bon voyage!* **Bon vwa-yazh!** / *(2) Passez (Fam: Passe) un bon séjour!* **Pa-say_z_ (Fam: Pas)_ uhn bon say-zhoor!**

tripod *n* tripode *m* **tree-pod**, trépied *m* **tray-pyay**

triumph *vi* triompher **tree-on-fay**, vaincre **vuhnkr** *(1)* **I /** *(2)* **We triumphed again!** *(1) J'ai… / (2) Nous avons… triomphé encore une fois!* *(1)* **Zh'ay… /** *(2)* **Noo_z_a-von… tree-on-fay an-kor_ewn fwa!**

English-French and French-English glossaries of food and drink are on pages 534-546.

trolleybus *n* navette *f* na-vet, trolleybus *m* tro-lay-bews ♦ **trolleycar** *n* tram(way) *m* tram(-way)

trophy *n* trophée *m* tro-fay

trouble *vt (bother)* déranger day-ran-zhay, perturber per-tuhr-bay **I'm sorry to trouble you.** Je suis *désolé (-e)* de *vous (Fam: te)* déranger. Zhuh swee day-zo-lay duh *voo (Fam: tuh)* day-ran-zhay. ♦ *n* 1. *(unpleasantness)* problème *m* pro-blem, préoccupation *f* pray-o-kew-pa-syon; 2. *(difficulties, inconvenience, bother)* dérangement *m* day-ranzh-man, souci(s) *m(pl)* soo-see *(1)* **I** / *(2)* **We don't want to make any trouble (for you).** *(1)* Je ne veux... / *(2)* Nous ne voulons... pas causer de soucis (pour *vous [Fam: toi]*). *(1)* Zhuh nuh vuh... / *(2)* Noo nuh voo-lon... pa ko-zay duh soo-see (poor *voo [Fam: twa]*). **Please don't go to a lot of trouble.** Je *vous (Fam: t')* en prie, ne *vous mettez (Fam: te mets)* pas dans une mauvaise situation. Zhuh *voo_z_(Fam: t')_* an pree, nuh *voo may-tay (Fam: tuh me)* pa dan_z_ewn mo-vez see-tuh-a-syon. **You shouldn't have gone to so much trouble.** *Vous n'auriez (Fam: Tu n'aurais)* pas dû rencontrer tant de difficultés. *Voo n'o-ryay (Fam: Tew n'o-ray)* pa dew ran-kon-tray tan duh dee-fee-kewl-tay. **That's too much trouble.** C'est trop problématique. S'ay tro pro-blay-ma-teek. **It's no trouble at all.** Pas de souci. Pa duh soo-see. **I don't want to get in trouble.** Je ne veux pas avoir de problèmes. Zhuh nuh vuh pa_z_a-vwar duh pro-blem. **Try to stay out of trouble, okay?** *Essayez (Fam: Essaie)* de rester en dehors des problèmes, *vous m'avez (Fam: tu m'as)* compris? *Ay-say-yay (Fam: Ay-say)* duh res-tay an duh-or day pro-blem, *voo m'a-vay (Fam: tew m'a)* kon-pree? ♦ **troublemaker** *n* perturbateur, perturbatrice *m&f* per-tewr-ba-tuhr, -treess

trousers *n pl* pantalon *m* pan-ta-lon **pair of ~** pantalon pan-ta-lon

trout *n* truite *f* trweet

truck *n* camion *m* ka-myon, autocar *m* o-to-kar **tow ~** camion de dépannage ka-myon duh day-pa-nazh

true *adj* 1. *(not false)* vrai, -e *m&f* vray; 2. *(loyal)* loyal, -e *m&f* lwa-yabl, fidèle *m&f* fee-del **Is that (really) true?** Est-ce que c'est vrai? Es kuh s'ay vray? **It's (not) true. (I swear.)** Ce (n')est (pas) vrai. (Je te le jure.) Suh (n')ay (pa) vray. (Zhuh tuh luh zhuhr.) **Tell me true.** *Dites (Fam: Dis)*-moi la vérité. Dee *(Fam: Dee)*-mwa la vay-ree-tay. **I will always be true to you.** Je serai toujours honnête avec *vous (Fam: toi)*. Zhuh suh-ray too-zhoor o-net a-vek *voo (Fam: twa).* ♦ **truly** *adv (sincerely)* sincèrement suhn-ser-man, vraiment vray-man

trunk *n (automot.)* coffre *m* kofr

trunks *n, pl:* **swimming ~** caleçon *m* de bain kal-son duh buhn

trust *vt* avoir confiance a-vwar kon-fyans, croire krwar **(Please) trust me.** (Je) *vous (Fam: t')* en prie) *croyez (Fam: crois)*-moi. (Zhuh *voo_z_(Fam: t')_ an* pree) krwa-yay *(Fam: krwa)*-mwa. **Don't you trust me?** Vous ne me *croyez (Fam: Tu ne me crois)* pas? *Voo nuh muh krwa-yay (Fam: Tew nuh muh krwa pa?* **I (don't) trust you.** Je (ne) *vous (Fam: te)* crois (pas). Zhuh (nuh) vo *(Fam: tuh)* krwa (pa). ♦ **trust** *n* confiance *f* kon-fyans, foi *f* fwa, espéranc

---

Questions about the metric system? See page 523.

trusted *f* **es-pay-ra<u>ns</u> complete** ~ confiance totale **ko<u>n</u>-fya<u>ns</u> to-tal I would never betray your trust.** Je ne trahirai jamais *votre (Fam: ta)* confiance. **Zhuh nuh tra-ee-ray zha-may** *votr (Fam: ta)* **ko<u>n</u>-fya<u>ns</u>. You have shattered my trust in you.** *Vous avez (Fam: Tu as)* perdu la confiance que j'avais en *vous (Fam: toi)*. *Voo_z_a-vay (Fam: Tew a)* **per-dew la ko<u>n</u>-fya<u>ns</u> kuh zh'a-vay a<u>n</u>** *voo (Fam: twa)*. ♦ **trusted** *adj* digne de confiance **deeny(uh) duh ko<u>n</u>-fya<u>ns</u> Can you be trusted?** *Etes-vous (Fam: Es-tu)* digne de confiance? *Et-voo (Fam: Ay-tew)* **deeny(uh) duh ko<u>n</u>-fya<u>ns</u>?** ♦ **trusting** *adj* candide *m&f* **ka<u>n</u>-deed** ~ **soul** âme *f* candide **am ka<u>n</u>-deed** ♦ **trustworthy** *adj* de confiance **duh ko<u>n</u>-fya<u>ns</u>**, digne de confiance **deeny(uh) duh ko<u>n</u>-fya<u>ns</u>**

truth *n* vérité *f* **vay-ree-tay absolute** ~ stricte vérité **streekt vay-ree-tay honest** ~ simple vérité **suh<u>n</u>pl vay-ree-tay plain** ~ pure vérité **pewr vay-ree-tay real** ~ stricte vérité **streekt vay-ree-tay simple** ~ simple vérité **suh<u>n</u>pl vay-ree-tay tell the** ~ dire la vérité **deer la vay-ree-tay whole** ~ toute la vérité **toot la vay-ree-tay Are you telling me the truth?** Est-ce que *vous me dites (Fam: tu me dis)* la vérité? **Es kuh** *voo muh deet (Fam: tew muh dee)* **la vay-ree-tay? You're not telling me the truth.** *Vous ne me dites (Fam: Tu ne me dis)* pas la vérité. *Voo nuh muh deet (Fam: Tew nuh muh dee)* **pa la vay-ree-tay. I'm telling you the truth.** Je *vous (Fam: te)* dis la vérité. **Zhuh** *voo (Fam: tuh)* **dee la vay-ree-tay. Tell me the truth.** *Dites (Fam: Dis)*-moi la vérité. *Deet (Fam: Dee)*-**mwa la vay-ree-tay. I'll tell you the whole truth.** Je *vous (Fam: te)* dirai toute la vérité. **Zhuh** *voo (Fam: tuh)* **dee-ray toot la vay-ree-tay. Is that the truth?** Est-ce que c'est la vérité? **Es kuh s'ay la vay-ree-tay? That's (not) the truth.** Ce (n')est (pas) la vérité. **Suh (n')ay (pa) la vay-ree-tay. The truth is** *(1)* **I love you very much.** / *(2)* **I'm married.** En vérité, *(1)* je t'aime énormément. / *(2)* je suis *marié (-e)*. **A<u>n</u> vay-ree-tay,** *(1)* **zhuh t'em_ay-nor-may-ma<u>n</u>.** / *(2)* **zhuh swee ma-ryay.**

try *vt* essayer **ay-say-yay**, tenter **ta<u>n</u>-tay I'll try (almost) anything once.** Je ferai (, au mieux,) tout mon possible. **Zhuh fuh-ray (, o myuh,) too mo<u>n</u> po-seebl. Go ahead, try** *(1)* **it.** / *(2)* **some.** Vas-y, *(1)* essayez *(Fam: essaie)* le. / *(2)* en quelques uns *(Fpl:* unes*)*. **Va_z-ee,** *(1)* **ay-say-yay** *(Fam: ay-say)* **luh.** / *(2)* **_z_a<u>n</u> kel-kuh_z_uh<u>n</u> (_ewn). I want to try everything with you.** Je veux tout essayer avec *vous (Fam: toi)*. **Zhuh vuh too_t_ay-say-yay a-vek** *voo (Fam: twa)*. ♦ *vi* essayer **ay-say-yay** ~ **hard** essayer assidûment **ay-say-yay a-see-dew-ma<u>n</u>**, essayer sans relâche **ay-say-yay sa<u>n</u> ruh-lash Please try.** Je *vous (Fam: t')* en prie, essayez *(Fam: essaie)*. **Zhuh** *voo_z_(Fam: t')_* **a<u>n</u> pree,** *ay-say-yay (Fam: ay-say)*. **I'll try.** J'essaierai. **Zh'ay-say-ray. We'll try.** Nous essaierons. **Noo_z_ay-say-ro<u>n</u>. I tried.** J'ai essayé. **Zh'ay ay-say-yay. Just keep on trying.** Essayez *(Fam: Essaie)* encore. *Ay-say-yay (Fam: Ay-say)* **a<u>n</u>-kor.**

T-shirt *n* T-Shirt *m* **tee-shuhrt**, maillot *m* **ma-yo souvenir** ~ T-Shirt souvenir **tee-shuhrt soov-neer**

tub *n* baignoire *f* **bay-nwar hot** ~ jacuzzi *m* **zha-koo-zee**

Tuesday *n* mardi *m* **mar-dee last** ~ mardi dernier **mar-dee der-nyay next** ~ mardi prochain **mar-dee pro-shuh<u>n</u> on** ~ le mardi **luh mar-dee**

Articles, adjectives and nouns must agree in gender and number (singular or plural).

tune *n (melody)* mélodie *f* **may-lo-dee whistle the ~** fredonner la mélodie **fruh-do-nay la may-lo-dee Do you know the tune?** Connaissez-vous *(Fam: Connais-tu)* la mélodie? *Ko-nay-say-voo (Fam: Ko-nay-tew)* **la may-lo-dee?**

Tunisian *adj* tunisien, -ne *m&f* **tew-nee-zyun, -zyen** ♦ *n* Tunisien, -ne *m&f* **Tew-nee-zyun, -zyen**

turbulent *adj* turbulent, -e *m&f* **tewr-bew-lan, -lant**

Turk *n* Turc, -que *m&f* **Tewrk** ♦ **Turkish** *adj* turque *m&f* **tewrk**

turn *vt* tourner **toor-nay Turn it** *(1)* **this way.** / *(2)* **to the left** / *(3)* **right.** Tournez *(Fam: Tourne)* le *(1)* de cette façon. / *(2)* vers la gauche. / *(3)* vers la droite. *Toor-nay (Fam: Toorn)* luh *(1)* duh set fa-son. / *(2)* ver la gosh. / *(3)* ver la drwat. **You've turned my whole world upside down.** Vous avez *(Fam: Tu as)* complètement chamboulé ma vie. *Voo_z_a-vay (Fam: Tew a)* kon-plet-man shan-boo-lay ma vee. ♦ *vi* tourner **toor-nay Turn** *(1)* **left** / *(2)* **right (at the next street).** Tournez *(Fam: Tourne)* à *(1)* gauche / *(2)* droite (à la prochaine rue). *Toor-nay (Fam: Toorn)_a (1) gosh. / (2) drwat (a la pro-shen rew).* ♦ *n (occasion, opportunity)* tour *m* **toor Whose turn is it?** C'est à qui? **S'ay_t_a kee? It's** *(1)* **her** / *(2)* **his** / *(3)* **my** / *(4)* **your turn.** C'est à *(1,2)* son / *(3)* mon / *(4)* votre *(Fam: ton)* tour. **S'ay_t_a** *(1,2)* **son** / *(3)* **mon** / *(4)* **votr** *(Fam: ton)* **toor. You played out of turn.** Vous avez *(Fam: Tu as)* perdu plusieurs tours. *Voo_z_a-vay (Fam: Tew a)* per-dew plew-zyuhr toor. **Everybody take turns.** Tout le monde l'un après l'autre. **Too luh mond l'uhn_a-pre l'otr.**

♦ **turn around** *idiom* se retourner **suh ruh-toor-nay Turn around.** Retournez-vous *(Fam: Retourne-toi). Ruh-toor-nay-voo (Fam: Ruh-toorn-twa).*

♦ **turn back** *idiom (go back)* retourner sur ses pas **ruh-toor-nay suhr say pa I think we ought to turn back.** Je pense que nous devrions retourner sur nos pas. **Zhuh pans kuh noo duh-vree-yon ruh-toor-nay sewr no pa.** *(1)* **I'm** / *(2)* **We're going to turn back.** *(1)* Je vais… / *(2)* Nous allons… retourner en arrière. *(1)* **Zhuh vay…** / *(2)* **Noo_z_a-lon… ruh-toor-nay an_a-ryer. Let's turn back.** Retournons en arrière. **Ruh-toor-non an_a-ryer.**

♦ **turn down** *idiom* 1. *(reduce volume)* baisser (le volume) **bay-say (luh vo-luhm)**; 2. *(refuse, decline)* refuser **ruh-few-zay**, laisser en plan **lay-say an plan Turn it down.** Baissez *(Fam: Baisse)* le volume. *Bay-say (Fam: Bes) luh vo-lewm.* **Turn down the** *(1)* **CD.** / *(2)* **radio.** / *(3)* **TV.** Baissez *(Fam: Baisse)* le volume *(1)* du lecteur CD. / *(2)* de la radio. / *(3)* de la télévision. *Bay-say (Fam: Bes)* **luh vo-lewm** *(1)* **dew lek-tuhr (SayDay).** / *(2)* **duh la ra-jo.** / *(3)* **duh la tay-lay-vee-zyon. I was afraid you'd turn me down.** J'avais peur que vous me laissiez *(Fam: tu me laisses)* en plan. **Zh'a-vay puhr kuh** *voo muh lay-syay (Fam: tew muh les)_* **an plan.**

♦ **turn off** *idiom* 1. *(switch off)* éteindre **ay-tuhndr**; 2. *(exit)* tourner **toor-nay** sortir **sor-teer Turn it off.** Eteignez *(Fam: Eteins)* le *(F: la). Ay-tay-nyay (Fam: Ay-tuhn) luh (F: la).* **Turn off the** *(1)* **light.** / *(2)* **TV.** Eteignez *(Fam: Eteins)* *(1)* la lumière. / *(2)* la télévision. *Ay-tay-nyay (Fam: Ay-tuhn)* *(1)* **la lew-myer.** / *(2)* **la tay-lay-vee-zyon. Turn off** *(1)* **on that road.** / *(2)* **over**

A phrasebook makes a great gift!
See order information on page 552.

there. *Tournez (Fam: Tourne) (1)* dans cette rue. / *(2)* là-bas. *Toor-nay (Fam: Toorn) (1)* da**n** set rew. / *(2)* la-ba.

♦ **turn on** *idiom* 1. *(switch on)* allumer **a-lew-may**; 2. *(excite)* exciter **ek-see-tay**, allumer **a-lew-may Turn it on.** *Allumez (Fam: Allume). A-lew-may (Fam: A-lewm).* **Turn on the** *(1)* **light.** / *(2)* **TV.** *Allumez (Fam: Allume) (1)* la lumière. / *(2)* la télévision. *A-lew-may (Fam: A-lewm) (1)* **la lew-myer.** / *(2)* **la tay-lay-vee-zyon. You (really) turn me on.** *Vous m'allumez (Fam: Tu m'allumes)* (vraiment). *Voo m'a-lew-may (Fam: Tew m'a-lewm)* **(vray-ma**n**).**

♦ **turn out** *idiom (result, develop, come out)* passer **pa-say**, finir **fee-neer**, résulter **ray-zewl-tay How did it turn out?** *Comment ça s'est fini?* **Ko-ma**n **sa s'ay fee-nee? Everything turned out okay.** *Tout s'est bien passé.* **Too s'ay byuh**n **pa-say. It didn't turn out so well.** *Ça ne s'est pas très bien passé.* **Sa nuh s'ay pa tre byuh**n **pa-say.**

♦ **turn over** *idiom* 1. *(cards: uncover)* révéler **ray-vay-lay**; 2. *(roll over)* retourner **ruh-toor-nay Turn over. (I'll put some lotion on your back.)** *Retourne-toi. (Je vais étaler de la crème sur ton dos.)* **Ruh-toorn-twa. (Zhuh vay ay-ta-lay duh la krem sewr to**n **do.)**

♦ **turn up** *idiom (increase volume)* augmenter (le volume) **og-ma**n**-tay (luh vo-luhm)**, monter (le son) **mo**n**-tay (luh so**n**) Turn it up.** *Montez (Fam: Monte)* le son. *Mo*n*-tay (Fam: Mo*n*t)* **luh so**n**. Turn up the** *(1)* **CD.** / *(2)* **radio.** / *(3)* **TV.** *Augmentez (Fam: Augmente)* le volume *(1)* du lecteur CD. / *(2)* de la radio. / *(3)* de la télévision. **Og-ma**n**-tay (Fam: Og-ma**n**t) luh vo-lewm** *(1)* **dew lek-tuhr (SayDay).** / *(2)* **duh la ra-jo.** / *(3)* **duh la tay-lay-vee-zyo**n**.**

turtle *n* tortue *f* **tor-tew slow as a ~** *lent (F: lente)* comme une tortue *la*n *(F: la*n*t)* **kom_ewn tor-tew**

tutor *vt* donner des cours **do-nay day koor**, faire le tuteur **fer luh tew-tuhr Could you tutor me?** *Pourriez-vous (Fam: Pourrais-tu)* me donner des cours? *Poo-ryay-voo (Fam: Poo-ray-tew)* **muh do-nay day koor? I'd be more than happy to tutor you.** Je serai *ravi (-e)* de *vous (Fam: te)* donner des cours. **Zhuh suh-ray ra-vee duh voo (Fam: tuh) do-nay day koor.** ♦ *n* tuteur, tutrice *m&f* **tew-tuhr, -trees Would you like to be my tutor?** *Accepteriez-vous (Fam: Accepterais-tu)* d'être *mon tuteur (F: ma tutrice)*? *Ak-sep-tuh-ryay-voo (Fam: Ak-sep-tuh-ray-tew)* **d'etr mo**n **tew-tuhr (F: ma tew-trees)? I'll be your tutor.** Je serai *votre (Fam: ton)* tuteur *(F: ta tutrice)*. **Zhuh suh-ray votr (Fam: to**n**) tew-tuhr (F: ta tew-trees).**

tweezers *n pl* pince *f* à épiler **puh**n**s_a ay-pee-lay**

twice *adv* deux fois **duh fwa ~ as many** deux fois plus **duh fwa plews ~ as much** deux fois plus **duh fwa plews**

twin *adj* jumeau, jumelle *m&f* **zhew-mo, -mel ~ bed** lit *m* une personne **lee ewn per-son ~ brother** frère *m* jumeau **frer zhew-mo ~ sister** sœur *f* jumelle **suhr zhuh-mel** ♦ **twins** *n pl* jumeaux *mpl*, jumelles *fpl* **zhew-mo, -mel**

A slash always means "or".

twine *n* ficelle *f* **fee-sel**
twist *vt* enrouler **an-roo-lay** Twist it. *Enroulez (Fam: Enroule) le.* **An-roo-lay (Fam: An-rool) luh.**
two-faced *adj* double-jeu *m&f* **doo-bluh-zhuh**, faux, fausse *m&f* **fo, fos**
type *vt & vi (on a keyboard)* taper **ta-pay** ♦ *n* type *m* **teep**, genre *m* **zhanr** body ~ qui plait physiquement **kee play fee-zeek-man** my ~ mon type **mon teep** silent ~ de type silencieux **duh teep see-lan-syuh** that ~ ce type **suh teep** this ~ ce type **suh teep** what ~ quel type **kel teep** ♦ **typical** *adj* typique *m&f* **tee-peek**

U u

ugly *adj* laid, -e *m&f* **lay, led**, moche *m&f* **mosh** ~ **duckling** vilain petit canard *m* **vee-luhn puh-tee ka-nar** You're not ugly! You're beautiful! *Vous n'êtes (Fam: Tu n'es) pas moche! Vous êtes (Fam: Tu es) magnifique!* **Voo n'et (Fam: Tew n'ay) pa mosh! Voo_z_et (Fam: Tew ay) ma-nee-feek!**
Ukrainian *adj* ukrainien, -ienne *m&f* **ew-kra-nyuhn, -nyen** ♦ *adj* Ukrainien, -ienne *m&f* **Ew-kra-nyuhn, -nyen**
umbrella *n* parapluie *m* **pa-ra-plwee** beach ~ parasol *m* de plage **pa-ra-sol duh plazh** sun ~ ombrelle *f* **on-brel**, parasol *m* **pa-ra-sol**
unable *adj* pas capable **pa ka-pabl** be ~ ne pas pouvoir **nuh pa poo-vwar** I'm **unable to stay longer.** Je ne peux pas rester plus longtemps. **Zhuh nuh puh pa res-tay plew lon-tan.** We're unable to go. Nous ne pouvons pas y aller. **Noo nuh poo-von pa_z_ee_y_a-lay.**
unaccustomed *adj* non habitué, -e *m&f* **non_a-bee-tew-ay**, non accoutumé, -e *m&f* **non_a-koo-tew-may** be ~ ne pas être *habitué (-e)* **nuh pa_z_etr_a-bee-tew-ay**
unattached *adj* célibataire *m&f* **say-lee-ba-ter**, libre *m&f* **leebr** I'm unattached **(at the present time).** Je suis libre (en ce moment). **Zhuh swee leebr (_an suh mo-man).** I hope you're unattached. Are you? J'espère que *vous êtes (Fam: tu es)* libre. *L'êtes-vous (Fam: es-tu)*? **Zh'es-per kuh voo_z_et (Fam: tew ay) leebr. L'et-voo (Fam: ay-tew)?**
unbearable *adj* insoutenable *m&f* **uhn-soot-nabl**
unbelievable *adj* incroyable *m&f* **uhn-krwa-yabl** ♦ **unbelievably** *adv* incroyablement **uhn-krwa-ya-bluh-man**
unbutton *vt* déboutonner **day-boo-to-nay**
uncalled-for *adj* 1. *(unnecessary; undeserved)* inutile *m&f* **ee-new-teel**; 2. *(out of place)* malvenu, -e *m&f* **mal-vuh-new**
uncanny *adj* étrange *m&f* **ay-tranzh** You have uncanny luck. *Vous avez (Fam: Tu as)* une chance étonnante. **Voo_z_a-vay (Fam: Tew a)_z_ewn shans_ay-to-nant**

In the pronunciation **n** *stands for a nasalized* **n**.

uncertain *adj* incertain, -e *m&f* **uhn-ser-tuhn, -ten**

uncivilized *adj* non civilisé, -e *m&f* **non see-vee-lee-zay**, sauvage *m&f* **so-vazh**

uncle *n* oncle *m* **onkl** **rich ~** oncle riche **onkl reesh**

uncomfortable *adj* inconfortable **uhn-kon-for-tabl** **It makes me uncomfortable when you *(1)* talk like that. / *(2)* do that.** Ça me met mal à l'aise quand *vous (Fam: tu) (1) parlez (Fam: parles)* comme ça. / *(2) faites (Fam: fais)* ça. **Sa muh may mal_a l'ez kan** *voo (Fam: tew) (1) par-lay (Fam: parl)* **kom sa.** / *(2) fet (Fam: fay)* **sa.**

uncommon *adj* rare *m&f* **rar**, insolite *m&f* **uhn-so-leet**, peu commun, -e *m&f* **puh ko-muhn, -mewn**

unconscious *adj* 1. *(having lost consciousness)* inconscient, -e *m&f* **uhn-kon-syan, -syant**; 2. *(involuntary)* involontaire *m&f* **uhn-vo-lon-ter** ♦ **unconsciously** *adv* inconsciemment **uhn-kon-sya-man**, involontairement **uhn-vo-lon-ter-man**

uncontrollable *adj* incontrôlable *m&f* **uhn-kon-tro-labl** **~ desire** désir *m* incontrôlable **day-zeer_uhn-kon-tro-labl** **~ impulse** pulsion *f* incontrôlable **pewl-syon uhn-kon-tro-labl**

undecided *adj* indécis, -e *m&f* **uhn-day-see, -seez** **I'm (still) undecided.** Je suis (toujours) *indécis (-e)*. **Zhuh swee (too-zhoor)** *uhn-day-see (F: -seez)*. **We're (still) undecided.** Nous sommes (toujours) *indécis(e)s*. **Noo som (too-zhoor)** *uhn-day-see (F: -seez)*.

under *prep* sous **soo** **~ the water** sous l'eau **soo l'o** **Let's sit under the tree.** Allons nous asseoir sous l'arbre. **A-lon noo_z_a-swar soo l'arbr.**

underage(d) *adj* mineur, -e *m* **mee-nuhr**

underbrush *n* sous-bois *m* **soo-bwa**

underestimate *vt* sous-estimer **soo_z-es-tee-may** **I underestimated you.** Je *vous (Fam: t')* ai *sous-estimé (-e)*. **Zhuh** *voo_z_(Fam: t')_ay* **soo_z-es-tee-may.** **Don't underestimate me.** Ne me *sous-estimez (Fam: sous-estime)* pas. **Nuh muh** *soo_z-es-tee-may (Fam: soo_z-es-teem)* **pa.**

underpants *n pl* sous-vêtements *mpl* **soo-vet-man**

understand *vt* comprendre **kon-prandr** **Do you understand (*[1]* me / *[2]* it)?** Est-ce que *vous (Fam: tu) ([1]* me *[2]* le *[F: la])* comprenez *(Fam: comprends)*? **Es kuh** *voo (Fam: tew) ([1] muh / [2] luh [F: la])* **kon-pruh-nay (Fam: kon-pran)?** **I (don't) understand (*[1]* you / *[2]* it).** Je (ne) *([1]* vous *(Fam: te)* / *[2]* le *[F: la])* comprends (pas). **Zhuh (nuh)** *([1] voo (Fam: tuh) / [2] luh [F: la])* **kon-pran (pa).** **I didn't understand what you said.** Je n'ai pas compris ce que *vous avez (Fam: tu as)* dit. **Zhuh n'ay pa kon-pree suh kuh** *voo_z_a-vay (Fam: tew a)* **dee.** **I can(not) understand that.** J'(e n') arrive (pas) à comprendre. **Zh'(uh n') a-reev (pa) a kon-prandr.** **I hope you understand.** J'espère que *vous comprendrez (Fam: tu comprendras)*. **Zh'es-per kuh** *voo kon-pran-day (Fam: tew kon-pran-dra)*. ♦ **understandable** *adj* compréhensible *m&f* **kon-pray-an-seebl** ♦ **understanding** *adj* compréhensif, -sive *m&f* **kon-pray-an-seef, -seev** **You're very understanding.** Vous êtes *(Fam: Tu es)* compréhensif *(F: compréhensive)*. *Voo_z_et (Fam: Tew ay)* **kon-pray-an-seef** *(F: -seev)*.

Time expressions are given on pages 521-522.

understatement *n* euphémisme **uh-fay-meezm** **That's the understatement of the year.** C'est l'euphémisme de l'année. **S'ay l'uh-fay-meezm duh l'a-nay.**

undertow *n* courant *m* marin **koo-ra͟n ma-ruh͟n**

undoubtedly *adv* indubitablement **uh͟n-dew-bee-ta-bluh-ma͟n**

undress *vt* déshabiller **day-za-bee-yay** ♦ *vi* se déshabiller **suh day-za-bee-yay**

unemployed *adj* au chômage *m&f* **o sho-mazh** ♦ **unemployment** *n* chômage *n* **sho-mazh**

unenthusiastic *adj* maussade *m&f* **mo-sad**, peu enthousiaste *m&f* **pu͟_z_a͟n-too-zyast**

unequal *adj* inégal, -e *m&f* **ee-nay-gal**

unexpected *adj* inattendu, -e *m&f* **ee-na-ta͟n-dew**, imprévu, -e *m&f* **uh͟n-pray-vew** **That was unexpected.** C'était inattendu. **S'ay-tay_t_ee-na-ta͟n-dew.**

unfair *adj* injuste *m&f* **uh͟n-zhewst**

unfaithful *adj* infidèle *m&f* **uh͟n-fee-del** **I will never be unfaithful to you.** Je ne *vous (Fam: te)* serai jamais infidèle. **Zhuh nuh** *voo (Fam: tuh)* **suh-ray zha-may uh͟n-fee-del.**

unfamiliar *adj* inconnu, -e *m&f* **uh͟n-ko-new**, non familier, non familière *m&f* **no͟n fa-mee-lyay, -lyer**

unfasten *vt* défaire **day-fer**, dégrafer **day-gra-fay** **Can you unfasten this (for me)?** *Pouvez-vous (Fam: Peux-tu)* défaire ça (pour moi)? **Poo-vay-voo** *(Fam: Puh-tew)* **day-fer sa (poor mwa)?**

unforgettable *adj* inoubliable *m&f* **ee-noo-blee-yabl**

unforgivable *adj* impardonnable *m&f* **uh͟n-par-do-nabl**

unfortunate *adj* malchanceux, -ceuse *m&f* **mal-sha͟n-suh, -suhz** ♦ **unfortunately** *adv* malheureusement **ma-luh-ruhz-ma͟n** **Unfortunately, (1) I / (2) we can't make it.** Malheureusement, *(1)* je ne peux... / *(2)* nous ne pouvons... pas le faire. **Ma-luh-ruhz-ma͟n** *(1)* **zhuh nuh puh… /** *(2)* **noo nuh poo-vo͟n… pa luh fer.**

unfriendly *adj* peu sympathique *m&f* **puh suh͟n-pa-teek**

ungrateful *adj* ingrat, -e *m&f* **uh͟n-gra, -grat**

unhappiness *n* tristesse *f* **trees-tes**, malheur *m* **ma-luhr** ♦ **unhappy** *adj* triste *m&f* **treest**, malheureux, -reuse *m&f* **ma-luh-ruh, -ruhz** **I'm sorry I made you unhappy.** Je suis *désolé (-e)* de *vous (Fam: t')* avoir *rendu (-e)* triste. **Zhuh swee day-zo-lay duh** *voo_z_(Fam: t')_***a-vwar ra͟n-dew treest.** **Why are you unhappy?** Pourquoi *êtes-vous (Fam: es-tu)* triste? **Poor-kwa** *et-voo (Fam: ay-tew)* **treest?** **I don't want you to be unhappy.** Je ne veux pas que *vous soyez (Fam: tu sois) malheureux (F: malheureuse)*. **Zhuh nuh vuh pa kuh** *voo swa-yay (Fam: tew swa)* **ma-luh-ruh** *(F: ma-luh-ruhz)*.

unhealthy *adj* malsain, -e *m&f* **mal-suh͟n, -sen**, malade *m&f* **ma-lad**

uniform *n (mil.)* uniforme *m* **ew-nee-form** **in ~** en uniforme **a͟n_ew-nee-form**

unimaginable *adj* inimaginable *m&f* **ee-nee-ma-zhee-nabl**

uninhabited *adj* désert, -e *m&f* **day-zer, -zert**, inhabité, -e *m&f* **ee-na-bee-tay**

uninhibited *adj* désinhibé, -e *m&f* **day-zee-nee-bay**, sans complexe *m&f* **sa͟n ko͟n-pleks**

unique *adj* unique *m&f* **ew-neek**

French q always sounds like **k**.

United States of America *n pl* Les Etats-Unis d'Amérique **Lay_z_Ay-ta_z-Ew-nee d'A-may-reek**

universal *adj* universel, -le *m&f* **ew-nee-ver-sel** ♦ **universe** *n* univers *m* **ew-nee-ver**

university *n* université *f* **ew-nee-ver-see-tay** enter the ~ entrer à l'université **an-tray a l'ew-nee-ver-see-tay** Which university do you go to? A quelle université *allez-vous (Fam: vas-tu)*? **A kel_ew-nee-ver-see-tay** *a-lay-voo (Fam: va-tew)*? **I go to** *(name)* **University.** Je vais à l'Université de *(___)*. **Zhuh vay_z_a l'Ew-nee-ver-see-tay duh (___). What are you studying at the university?** Qu'*étudiez-vous (Fam: étudies-tu)* à l'université? **K'***ay-tew-jay-voo (Fam: ay-tew-dee-tew)* **a l'ew-nee-ver-see-tay? I graduated from the university** *(1)* **in** *(year).* / *(2)* **last year.** J'ai obtenu mon diplôme universitaire *(1)* en *(___).* / *(2)* l'an dernier. **Zh'ay ob-tuh-new mon dee-plom_ew-nee-ver-see-ter** *(1)*_**an (___).** / *(2)* **l'an der-nyay.**

unkind *adj* méchant, -e *m&f* **may-shan, -shant**, cruel, -le *m&f* **krew-el**

unless *conj* à moins que... **a mwuhn kuh... ...unless it rains.** ...à moins qu'il pleuve. **a mwuhn k'eel pluhv.**

unlike *adj* différent, -e *m&f* **dee-fay-ran, -rant You're unlike anyone I've ever met.** Vous êtes *(Fam: Tu es)* différent *(-e)* des gens que j'ai connus. *Voo_z_et (Fam: Tew ay)* **dee-fay-ran** *(F: dee-fay-rant)* **day zhan kuh zh'ay ko-new.**

unlikely *adj* improbable *m&f* **uhn-pro-babl**

unlock *vt* déverouiller **day-vay-roo-yay**

unlucky *adj* malchanceux, -ceuse *m&f* **mal-shan-suh, -suhz**

unmarried *adj* pas marié, -e *m&f* **pa ma-ryay**, célibataire *m&f* **say-lee-ba-ter**

unmerciful *adj* impitoyable *m&f* **uhn-pee-twa-yabl**, sans pitié *m&f* **san pee-chyay You're unmerciful.** Vous êtes *(Fam: Tu es)* sans pitié. *Voo_z_et (Fam: Tew ay)* **san pee-chyay.**

unnatural *adj* anormal, -e *m&f* **a-nor-mal**

unnecessary *adj* inutile *m&f* **ee-new-teel**

unpack *vt & vi* déballer **day-ba-lay**, défaire **day-fer** ~ *(1)* **my** / *(2)* **your suitcase** défaire *(1)* ma / *(2)* votre *(Fam: ta)* valise **day-fer** *(1)* **ma** / *(2)* **votr** *(Fam: ta)* **va-leez** ~ **our suitcases** défaire nos valises **day-fer no va-leez** *(1)* **I** / *(2)* **We (still) have to unpack.** *(1)* Je dois / *(2)* Nous devons (encore) défaire les valises. *(1)* **Zhuh dwa** / *(2)* **Noo duh-von (an-kor) day-fer lay va-leez.**

unpleasant *adj* désagréable *m&f* **day-za-gray-abl**

unpredictable *adj* imprévisible *m&f* **uhn-pray-vee-zeebl You're really unpredictable.** Vous êtes *(Fam: Tu es)* vraiment imprévisible. *Voo_z_et (Fam: Tew ay)* **vray-man uhn-pray-vee-zeebl.**

unreal *adj* irréel, -le *m&f* **ee-ray-el**

unreasonable *adj* déraisonnable *m&f* **day-ray-zo-nabl**

unsaddle *vt* desceller **day-say-lay**

unsafe *adj* dangereux, -reuse *m&f* **dan-zhuh-ruh, -ruhz**

unshaven *adj* non rasé, -e **non-ra-zay**, hirsute *m&f* **eer-sewt**

unsociable *adj* asocial, -e *m&f* **a-so-syal**, antisocial, -e *m&f* **an-tee-so-syal**

Words in parentheses (not italicized) are optional.

unsophisticated *adj* simple *m&f* **suhnpl**, non sophistiqué, -e *m&f* **non so-fees-tee-kay**

unspeakable *adj* innommable *m&f* **ee-no-mabl**

unsuccessful *adj* infructueux, infructueuse *m&f* **uhn-frewk-tew-uh, -uhz**

unthinking *adj* irréfléchi **ee-ray-flay-shee**

untie *vt* défaire **day-fer**, dénouer **day-noo-ay Can you untie this for me?** *Pouvez-vous (Fam: Peux-tu)* dénouer ça pour moi? *Poo-vay-voo (Fam: Puh-tew)* **day-noo-ay sa poor mwa?**

until 1. *prep* jusqu'à **zhewsk'a**; 2. *conj* avant **a-van until** *(number)* **o'clock** jusqu'à (___) heures **zhews-k'a (___)_uhr ~ Friday** *(etc)* jusqu'à vendredi **zhews-k'a van-druh-dee Until tomorrow!** A demain! **A duh-muhn! I can't get it until** *(day/date)*. Je ne peux pas l'avoir avant (___). **Zhuh nuh puh pa l'a-vwar_a-van (___). Can you keep it until then?** *Pouvez-vous (Fam: peux-tu)* garder ça d'ici là? *Poo-vay-voo (Fam: Puh-ton)* **gar-day sa d'ee-see la?**

untrue *adj* 1. *(false)* faux, fausse *m&f* **fo, fos**; 2. *(disloyal)* déloyal, -e *m&f* **day-lwa-yal**

unused *adj (never used)* inutilisé, -e *m&f* **ee-new-tee-lee-zay**, neuf, neuve *m&f* **nuhf, nuhv**

unusual *adj* insolite *m&f* **uhn-so-leet**

unwind *vi (relax)* se reposer **suh ruh-po-zay** *(1)* **I / *(2)* We just want to unwind for a few days.** *(1)* Je veux juste me.../ *(2)* Nous voulons juste nous... reposer quelques jours. *(1)* **Zhuh vuh zhewst muh... / *(2)* Noo voo-lon zhewst noo... ruh-po-zay kel-kuh zhoor.**

unwise *adj* imprudent, -e *m&f* **uhn-prew-dan, -dant**

unzip *vt* défaire **day-fer**, ouvrir **oo-vreer**

up *adv (upward)*: **go ~ the mountain** gravir la montagne **gra-veer la mon-tanyuh What's up?** Quoi de neuf? **Kwa duh nuhf?**

 ♦ **up for** 1. *(slang: ready, willing to try)* prêt, -e *m&f* **pre, pret**; 2. *(motivated, fired up)* motivé, -e *m&f* **mo-tee-vay**, enthousiaste *m&f* **an-too-zyast I'm up for (almost) anything.** Je suis prêt *(-e)* a faire (presque) n'importe quoi. **Zhuh swee** *pre (F: pret)* **a fer (presk) n'uhn-por-tuh kwa. I'm up for this match.** Je suis motivé *(-e)* pour ce match. **Zhuh swee mo-tee-vay poor suh match.**

 ♦ **up on** *idiom (informed, knowledgeable)* informé, -e *m&f* **uhn-for-may I try to stay up on current events.** J'essaie de rester *informé (-e)* des actualités. **Zh'ay-say duh res-tay uhn-for-may day_z_ak-tew-a-lee-tay.**

 ♦ **up to** *idiom* 1. *(engaged in)* faire **fer**; 2. *(depend on)* dépendre **day-pandr What are you up to?** Qu'est que *vous faites (Fam: tu fais)*? **K'es kuh** *voo fet (Fam: tew fay)*? **You're up to no good, I know.** Vous ne faites *(Fam: Tu ne fais)* rien de bien, j'en suis convaincu. *Voo nuh fet (Fam: Tew nuh fay)* **ryuhn duh byuhn, zh'an swee kon-vuhn-kew. That's up to you.** Ça dépend de vous *(Fam: toi)*. **Sa day-pan duh** *voo (Fam: twa)*. **It's not up to me.** Ça ne dépend pas de moi. **Sa nuh day-pan pa duh mwa.**

upbeat *adj (slang: positive)* optimiste *m&f* **op-tee-meest**, enjoué, -e *m&f* **an-zhooay**

In French ch is pronounced like **sh** *in "sheep".*

up-front *adj (slang: forthright)* direct, -e *m&f* **dee-rekt**
uphill *adv* qui monte **kee mont**
upper *adj* supérieur, -e *m&f* **sew-pay-ryuhr** ~ **berth** couchette *f* supérieure **koo-shet sew-pay-ryuhr**
uproar *n* tumulte *m* **tew-mewlt**, fracas **fra-ka** **What's all the uproar?** Qu'est-ce que tout ce fracas? **K'es kuh too suh fra-ka?**
upset *adj* contrarié, -e *m&f* **kon-tra-ryay** **get** ~ être *contrarié (-e)* **etr kon-tra-ryay** **What are you upset about?** Pourquoi *êtes-vous (Fam: es-tu)* contrarié *(-e)*? **Poor-kwa** *et-voo (Fam: ay- tew)* **kon-tra-ryay? You sound (a little) upset.** *Vous semblez (Fam: Tu sembles)* (un peu) *contrarié (-e)*. *Voo muh san-blay (Fam: Tew muh sanbl_)* **(uhn puh) kon-tra-ryay. I'm (not) upset.** Je (ne) suis (pas) *contrarié (-e)*. **Zhuh (nuh) swee (pa) kon-tra-ryay.**
upside down *idiom* à l'envers **a l'an-ver** **You've turned my world upside-down.** *Vous avez (Fam: Tu as)* chamboulé mon monde. *Voo_z_a-vay (Fam: Tew a)* **shan-boo-lay mon mond.**
upstairs *adv* à l'étage **a l'ay-tazh**, en haut **an o** **go** ~ aller à l'étage **a-lay a l'ay-tazh** *(1)* **He** / *(2)* **She** / *(3)* **It is...** / *(4)* **They are... upstairs.** *(1)* Il /*(2)* Elle / *(3)* C'est… / *(4)* Ils *(Fpl:* Elles*)* sont… en haut. *(1)* **Eel_** / *(2)* **El_** / *(3)* **S'ay_t_…** / *(4)* **Eel** *(Fpl: El)* **son_t_… an o.**
upstream *adv* en amont **an_a-mon**
uptight *adj (slang: tense)* tendu, -e *m&f* **tan-dew**
urge *n* envie *f* **an-vee**, besoin *m* **buh-zwuhn** **overpowering** ~ besoin irrésistible **buh-zwuhn ee-ray-zees-teebl** **tremendous** ~ envie immense **an-vee ee-mans**
urgent *adj* urgent, -e *m&f* **uhur-zhan, -zhant** ~ **matter** question *f* urgente **kes-chyon ewr-zhant** ~ **message** message *m* urgent **may-sazh_ewr-zhan** ~ **request** requête *f* urgente **ruh-ket_ewr-zhant**
urinate *vi* uriner **ew-ree-nay** **It** *(1)* **hurts** / *(2)* **stings when I urinate.** Ça *(1)* fait mal / *(2)* pique quand j'urine. **Sa** *(1)* **fay mal...** / *(2)* **peek... kan zh'ew-reen.**
U.S.A. *abbrev* U.S.A. **Ew.Es.A.**
use *vt* utiliser **ew-tee-lee-zay** **Could I (please) use** *(1)* **this?** / *(2)* **that?** Pourrais-je utiliser *(1)* ça / *(2)* cela (s'il *vous [Fam: te]* plaît)? **Poo-ray-zh_ew-tee-lee-zay** *(1)* **sa** / *(2)* **suh-la (s'eel voo** *[Fam: tuh]* **play)?**

    Could I (please) use your... Pourrais-je utiliser… **Poo-ray-zh_ew-tee-lee-zay…**
        ...bathroom? …*vos (Fam: tes)* toilettes… **…*vo (Fam: tay)* twa-let…**
        ...computer? …*votre (Fam: ton)* ordinateur… **…*votr_(Fam: ton)*_or-dee-na-tuhr…**
        ...dictionary? *votre (Fam: ton)* dictionnaire… **…*votr (Fam: ton)* deek-syo-ner…**
        ...map? …*votre (Fam: ta)* plan… **…*votr (Fam: ta)* plan…**
        ...pen? …*votre (Fam: ton)* stylo… **…*votr (Fam: ton)* stee-lo…**
        ...telephone? …*votre (Fam: ton)* téléphone… **…*votr (Fam: ton)* tay-lay-fon…**
        ...(s'il *vous [Fam : te]* plaît)? **…(*s'eel voo [Fam: tuh]* play)?**

Familiar "tu" ("tew") forms in parentheses
can replace italicized polite forms.

Here, use *(1)* **this.** / *(2)* **mine.** Tenez, utilisez (Fam: Tiens, utilise) *(1)* ça. *(2)* le mien (F: la mienne). *Tuh-nay, ew-tee-lee-zay (Fam: Chyuhn, ew-tee-leez) (1) sa. / (2) luh myuhn (F: la myen).* **Could you show me how to use this?** Pourriez-vous (Fam: Pourrais-tu) me montrer comment utiliser ça? *Poo-ryay-voo (Fam: Poo-ray- tew) muh mon -tray ko-man ew-tee-lee-zay sa?* **I'll show you how to use it.** Je vais vous (Fam: te) montrer comment l'utiliser. *Zhuh vay voo (Fam: tuh) mon-tray ko-man l'ew-tee-lee-zay.* **Do you know how to use this?** Savez-vous (Fam: Sais-tu) comment l'utiliser? *Sa-vay-voo (Fam: Say-tew) ko-man l'ew-tee-lee-zay?* **I (don't) know how to use this.** Je (ne) sais (pas) comment l'utiliser. *Zhuh (nuh) say (pa) ko-man l'ew-tee-lee-zay.* ♦ **used** *adj* usé, -e *m&f* **ew-zay** ~ **car** voiture *f* d'occasion **vwa-tewr d'o-ka-zyon**

used to *idiom* 1. *(accustomed to)* habitué, -e *m&f* **a-bee-tew-ay**; 2. *(formerly)* avant **a-van get** ~ s'habituer **s'a-bee-tew-ay I'm not used to** *(1)* **this.** / *(2)* **the weather.** Je ne suis pas habitué (-e) *(1)* à ça. / *(2)* au temps. **Zhuh nuh swee pa a-bee-tew-ay** *(1)* **a sa.** / *(2)* **o tan. We're not used to** *(1)* **that.** / *(2)* **the weather.** Nous ne somme pas habitué(e)s *(1)* à ça. / *(2)* au temps. **Noo nuh som pa a-bee-tew-ay** *(1)* **a sa.** / *(2)* **o tan. I used to go camping a lot, but I don't anymore.** J'allais souvent faire du camping avant, mais plus maintenant. **Zh'a-lay soo-van fer dew kan-peeng a-van, may plew muhnt-nan.**

useful *adj* utile *m&f* **ew-teel** ♦ **useless** *adj* inutile *m&f* **ee-new-teel**
username *n (comp.)* nom *m* d'utilisateur **non d'ew-tee-lee-za-tuhr**
usual *adj* habituel, -le *m&f* **a-bee-tew-el**, commun, -e *m&f* **ko-muhn, -mewn** ♦ **usually** *adv* d'habitude **d'a-bee-tewd**, habituellement **a-bee-tew-el-man**
utensil *n* ustensile *m* **ews-tan-seel eating** ~**s** ustensiles de cuisine **ews-tan-seel duh kwee-zeen**

V v

vacancy *n* place *f* libre **plas leebr There's a vacancy.** Il y a de la place. **Eel_ee_y_a duh la plas. There are no vacancies.** Il n'y a pas de place. **Eel n'ee_y_a pa duh plas.** ♦ **vacant** *adj* libre *m&f* **leebr**, inoccupé, -e *m&f* **ee-no-kew-pay** ~ **apartment** appartement *m* libre **a-par-tuh-man leebr** ~ **cabin** cabane *f* inoccupée **ka-ban_ee-no-kew-pay** ~ **house** maison *f* inoccupée **may-zon_ee-no-kew-pay** ~ **room** chambre *f* libre **shanbr leebr**
vacation *n* vacances *fpl* **va-kans**, congé *m* **kon-zhay go on a** ~ aller en vacances **a-lay an va-kans nice** ~ belles vacances **bel va-kans one-month** ~ un mois de vacances **uhn mwa duh va-kans one-week** ~ une semaine de vacances **ewn suh-men duh va-kans school** ~ vacances scolaires **va-kans sko-ler summer** ~ vacances d'été **va-kans d'ay-tay take a** ~ prendre des vacances **prandr day va-kans three-week** ~ trois semaines de vacances **trwa suh-men duh va-kans two-week** ~ deux semaines de vacances **duh suh-men duh va-kans wonderful**

The letter h in French is always silent.

~ vacances merveilleuses **va-ka̱ns mer-vay-yuhz Are you on vacation?** *Etes-vous (Fam: Es-tu) en vacances? Et-voo (Fam: Ay-tew)* **a̱n va-ka̱ns?** *(1)* **I'm /** *(2)* **We're on vacation.** *(1)* Je suis / *(2)* Nous sommes en vacances. *(1)* **Zhuh swee_z... /** *(2)* **Noo som_z... _a̱n va-ka̱ns.** *(1)* **I'm /** *(2)* **We're taking a short vacation.** *(1)* Je prends / *(2)* Nous prenons des vacances courtes. *(1)* **Zhuh pra̱n... /** *(2)* **Noo pruh-no̱n... day va-ka̱ns koort. How long is your vacation?** Combien de temps durent *vos (Fam: tes)* vacances? **Ko̱n-byuhn duh ta̱n dewr** *vo (Fam: tay)* **va-ka̱ns?** *(1)* **My /** *(2)* **Our vacation is for** *(number)* **weeks.** *(1)* Mes / *(2)* Nos vacances sont de (___) semaines. *(1)* **May /** *(2)* **No va-ka̱ns so̱n duh (___) suh-men.**

vacuum *vt* 1. *(room, house)* passer l'aspirateur **pa-say l'as-pee-ra-tuhr**; 2. *(carpet, sofa)* passer l'aspirateur sur *le (F: la)* (___) **pa-say l'as-pee-ra-tuhr sewr** *luh (F: la)* (___) ♦ **vacuum (cleaner)** *n* aspirateur *m* **as-pee-ra-tuhr**

vague *adj* vague *m&f* **vag** ~ **idea** vague idée *f* **vag_ee-day** ~ **recollection** mémoire *f* vague **may-mwar vag** ♦ **vaguely** *adv* vaguement **vag-ma̱n** ~ **recall** se souvenir vaguement **suh soov-neer vag-ma̱n**

vain *adj* 1. *(futile)* vain, -e *m&f* **vuẖn, ven**; 2. *(conceited)* vaniteux, -teuse *m&f* **va-nee-tuh, -tuhz**

Valentine *n* 1. *(sweetheart)* Valentin, -e *m&f* **Va-la̱n-tuẖn, -teen**; 2. *(Valentine's Day card)* carte *f* de Saint Valentin **kart duh Suẖn Va-la̱n-tuẖn Valentine's Day** la Saint Valentin *f* **la Suẖn Va-la̱n-tuẖn**

valley *n* vallée *f* **va-lay**

valuable *adj* précieux, -cieuse *m&f* **pray-syuh, -syuhz,** de valeur **duh va-luhr Is it valuable?** Cela a-t-il de la valeur? **Suh-la a-t-eel duh la va-luhr? It's (very) valuable.** C'est de (grande) valeur. **S'ay duh (gra̱nd) va-luhr. It's not valuable.** Ça n'a pas de valeur. **Sa n'a pa duh va-luhr.** ♦ **value** *vt* apprécier **a-pray-syay I value your** *(1)* **friendship /** *(2)* **opinion.** J'apprécie *votre (Fam: ton) (1)* amitié. / *(2)* opinion. **Zh'a-pray-see** *votṟ (Fam: to̱n_) (1)* **a-mee-chyay. /** *(2)* **o-pee-nyo̱n.** ♦ *n* valeur *f* **va-luhr Christian ~s** valeurs Chrétiennes **va-luhr Kray-chyen cultural ~s** valeurs culturelles **va-luhr kewl-tew-rel family ~s** valeurs familiales **va-luhr fa-mee-lyal good moral ~s** bonnes valeurs morales **bon va-luhr mo-ral old-fashioned ~s** anciennes valeurs **a̱n-syen va-luhr spiritual ~s** valeurs spirituelles **va-luhr spee-ree-twel strong ~s** valeurs solides **va-luhr so-leed traditional ~s** valeurs traditionnelles **va-luhr tra-dee-syo-nel It seems we share the same values.** Il semble que nous partagions les mêmes valeurs. **Eel sa̱nbl kuh noo par-ta-zhyo̱n lay mem va-luhr.**

valve *n (automot.)* soupape *f* **soo-pap**

vampire *n* vampire *m* **va̱n-peer**

van *n* van *m* **va̱n**, fourgon *m* **foor-go̱n**, camionnette *f* **ka-myo-net**

vanish *vi* disparaître **dees-pa-retr**

variety *n* variété *f* **va-ryay-tay a lot of** ~ beaucoup de variétés **bo-koo duh va-ryay-tay not much** ~ peu de variétés **puh duh va-ryay-tay wide** ~ variété large **va-ryay-tay larzh Variety is the spice of life.** La variété donne du piment à la

---

Common occupations are listed on pages 526-533.

vie. **La va-ryay-tay don dew pee-ma<u>n</u> a la vee.** ♦ **various** *adj* divers, -e *m&f* **dee-ver, -vers,** varié, -e *m&f* **va-ryay**

vast *adj* vaste *m&f* **vast,** grand, -e *m&f* **gra<u>n</u>, gra<u>n</u>d** ~ **difference** grande différence *f* **gra<u>n</u>d dee-fay-ra<u>n</u>s**

vegetarian *n* végétarien, -ne *m&f* **vay-zhay-ta-ryuh<u>n</u>, -ryen** ♦ *adj* végétarien, -ne *m&f* **vay-zhay-ta-ryuh<u>n</u>, -ryen**

velvet(y) *adj* velouté, -e *m&f* **vuh-loo-tay,** en velours **a<u>n</u> vuh-loor,** de velours **duh vuh-loor** ♦ **velvet** *n* velours *m* **vuh-loor**

vendor *n* marchand, -e *m&f* **mar-sha<u>n</u>, -sha<u>n</u>d ice cream** ~ marchand (-e) de glace *mar-sha<u>n</u> (F: mar-sha<u>n</u>d)* **duh glas**

vengeance *n* vengeance *f* **va<u>n</u>-zha<u>n</u>s Vengeance is mine!** Je me vengerai! **Zhuh muh va<u>n</u>zh-ray!**

verb *n* verbe *m* **verb Excuse me, could you tell me how to conjugate this verb (in the** *[1]* **future /** *[2]* **past /** *[3]* **present tense)?** Excusez *(Fam: Excuse)*-moi pourriez-vous *(Fam: pourrais-tu)* me dire comment conjuguer ce verbe (au *[1]* futur / *[2]* passé / *[3]* présent)? *Eks-kew-zay (Fam: Eks-kewz)*-**mwa,** *poo-ryay-voo (Fam: poo-ray-tew)* **muh deer ko-ma<u>n</u> ko<u>n</u>-zhew-gay suh verb (_o** *[1]* **few-tewr /** *[2]* **pa-say /** *[3]* **pray-za<u>n</u>)?**

verse *n (music)* vers *m* **ver**

versus *prep* contre **ko<u>n</u>tr It's the good guys versus the bad guys.** C'est les gentils contre les méchants. **S'ay lay zha<u>n</u>-tee ko<u>n</u>tr lay may-sha<u>n</u>.**

vertical *adj* vertical, -e *m&f* **ver-tee-kal**

very *adv* très **tre** ~ **much** beaucoup **bo-koo That's very nice of you.** C'est très gentil de *votre (Fam: ta)* part. **S'ay tre zha<u>n</u>-tee duh** *votr (Fam: ta)* **par. Thank you very much.** Merci beaucoup. **Mer-see bo-koo.**

veteran *n* vétéran *m* **vay-tay-ra<u>n</u> military** ~ vétéran militaire **vay-tay-ra<u>n</u> mee-lee-ter war** ~ aancien combattant *m* **a<u>n</u>-syuh<u>n</u> ko<u>n</u>-ba-ta<u>n</u>,** vétéran de guerre **vay-tay-ra<u>n</u> duh ger**

via *prep* par **par,** via **vee-ya**

vice versa vice-versa **vees-ver-sa**

vicinity *n* parages *mpl* **pa-razh,** voisinage *m* **vwa-zee-nazh in the** ~ **of** dans le voisinage de **da<u>n</u> luh vwa-zee-nazh duh What do they have in this vicinity?** Qu'est-ce qu'ils ont dans les parages? **K'es k'eel_z_o<u>n</u> da<u>n</u> lay pa-razh?**

victim *n* victime *f* **veek-teem**

victorious *adj* victorieux, -rieuse *m&f* **veek-to-ryuh, -ryuhz Victorious again!** A nouveau *victorieux (F: victorieuse)*! **A noo-vo** *veek-to-ryuh (F: veek-to-ryuhz)* ♦ **victory** *n* victoire *f* **veek-twar Another victory for the champion.** Une nouvelle victoire pour *le (F: la)* champion (-ne). **Ewn noo-vel veek-twar poor** *luh sha<u>n</u>-pyo<u>n</u> (F: la sha<u>n</u>-pyo<u>n</u>).*

video *n (tape)* vidéo *f* **vee-day-o return the** ~ rendre la vidéo **ra<u>n</u>dr la vee-day-o** ~ **camera** camescope *m* **ka-mes-kop** ~ **cassette recorder (VCR)** magnétoscope *m* **ma-nyay-tos-kop** ~ **shop** magasin *m* de vidéos **ma-ga-zuh<u>n</u> duh vee-day o** ~ **tape** cassette *f* vidéo **ka-set vee-day-o Where can we rent a video?** O

At the end of a word, s, d, t and x are generally silent.

pouvons-nous louer une vidéo? **Oo poo-von-noo loo-ay ewn vee-day-o?** **Let's watch a video.** Regardons une vidéo. **Ruh-gar-don ewn vee-day-o.** **Have you seen this video?** *Avez-vous (Fam: As-tu)* vu ce film? *A-vay-voo (Fam: A-tew)* **vew suh feelm?**

view *n* 1. *(sight, panorama)* vue *f* **vew**, panorama *m* **pa-no-ra-ma**; 2. *(conception)* opinion *f* **o-pee-nyon** **magnificent** ~ vue magnifique **vew ma-nee-feek** **panoramic** ~ vue panoramique **vew pa-no-ra-meek** **personal** ~ opinion personnelle **o-pee-nyon per-so-nel** ~ **of the sea** vue sur la mer **vew sewr la mer** **Let's look at the view from there.** Regardons la vue d'ici. **Ruh-gar-don la vew d'ee-see.** **What a *(1)* beautiful / *(2)* great view!** Quelle vue *(1)* splendide! / *(2)* phénoménale! **Kel vew *(1)* splan-deed! / *(2)* fay-no-may-nal!**

villa *n* villa *f* **vee-la** **rent a** ~ louer une villa **loo-ay ewn vee-la** ~ **by the sea** villa en bord de mer **vee-la an bor duh mer**

village *n* village *m* **vee-lazh** **small** ~ petit village **puh-tee vee-lazh**

vineyard *n* vignoble *m* **vee-nyobl**, vigne *f* **veeny(uh)**

vintage *n* vendange *f* **van-danzh** **What vintage is this wine?** De quel cru est ce vin? **Duh kel krew ay suh vuhn?**

violence *n* violence *f* **vyo-lans** **No violence, please.** Pas de violence, s'il *vous (Fam: te)* plaît. **Pa duh vyo-lans, s'eel *voo (Fam: tuh)* play.** **I abhor violence (in any form).** Je déteste la violence (sous n'importe quelle forme). **Zhuh day-test la vyo-lans (soo n'uhn-port kel form).** ♦ **violent** *adj* violent, -e **vyo-lan, -lant** **I found it too violent.** J'ai trouvé ça trop violent. **Zh'ay troo-vay sa tro vyo-lan.**

violin *n* violon *m* **vyo-lon** **I play the violin.** Je joue du violon. **Zhuh zhoo dew vyo-lon.**

virgin *n* vierge *f* **vyerzh** **Are you a virgin?** Etes-vous (Fam: Es-tu) vierge? *Et-voo (Fam: Ay-tew)* **vyerzh?** **I'm (not) a virgin.** Je (ne) suis (pas) vierge. **Zhuh (nuh) swee (pa) vyerzh.**

virtue *n* vertu *f* **ver-tew** **It's one of my many virtues.** C'est une de mes nombreuses vertus. **S'ay_t_ewn duh may non-bruhz veh-tew.**

virus *n (med., comp.)* virus *m* **vee-rews**

visa *n* visa *m* **vee-za** **business** ~ visa de travail **vee-za duh tra-vaee** **fiancee** ~ visa pour conjoint **vee-za poor kon-zhwuhn** **get a** ~ **(to)** avoir un visa (pour) **a-vwar_ uhn vee-za (poor)** **tourist** ~ visa touriste **vee-za too-reest** ~ **service** service *m* visa **ser-vees vee-za**

visit *vt* render visite **randr vee-zeet**, visiter **vee-zee-tay** ~ **again** revisiter **ruh-vee-zee-tay** *(1)* **I** / *(2)* **We want to visit** *(place)*. *(1)* Je veux / *(2)* Nous voulons visiter (___). *(1)* **Zhuh vuh** / *(2)* **Noo voo-lon vee-zee-tay** (___). *(1)* **I** / *(2)* **We visited** *(place)*. *(1)* J'ai / *(2)* Nous avons visité (___). *(1)* **Zh'ay** / *(2)* **Noo_z_a-von vee-zee-tay** (___). **Let's go visit** *(place)*. Allons visiter (___). **A-lon vee-zee-tay** (___). **Can I come visit you (in your home)?** Est-ce que je peux *vous (Fam: te)* rendre visite? **Es kuh zhuh puh *voo (Fam: tuh)* randr vee-zeet?** **Please come visit** *(1)* **me.** / *(2)* **us.** S'il *vous (Fam : te)* plaît, *venez (Fam: viens) (1)* me / *(2)* nous rendre visite. **S'eel *voo (Fam: tuh)* play, *vuh-nay (Fam: vyuhn) (1)* muh /

Feminine forms of words in phrases are usually given in parentheses (italicized).

(2) **noo ra<u>n</u>dr vee-zeet.** ♦ **visit** *n* visite *f* **vee-zeet first ~** première visite **pruh-myer vee-zeet long ~** longue visite **long vee-zeet my ~** ma visite **ma vee-zeet next ~** prochaine visite **pro-shen vee-zeet nice ~** visite sympathique **vee-zeet suh<u>n</u>-pa-teek our ~** notre visite **no-truh vee-zeet pleasant ~** visite agréable **vee-zeet_a-gray-abl second ~** seconde visite **suh-go<u>n</u>d vee-zeet short ~** visite brève **vee-zeet brev social ~** visite sociale **vee-zeet so-syal your ~** *votre (Fam: ta)* visite *votr (Fam: ta)* **vee-zeet** *(1)* **I /** *(2)* **We want to pay a visit to** *(place)*. *(1)* Je veux / *(2)* Nous voulons rendre visite à (___). *(1)* **Zhuh vuh... /** *(2)* **Noo voo-lo<u>n</u>... ra<u>n</u>dr vee-zeet_a (___).** ♦ **visitor** *n* visiteur, visiteuse *m&f* **vee-zee-tuhr, -tuhz**

vitality *n (liveliness)* vitalité *f* **vee-ta-lee-tay**; *(energy)* énergie *f* **ay-ner-zhee full of ~** *plein (-e)* de vitalité *pluh<u>n</u> (F: plen)* **duh vee-ta-lee-tay**

vivacious *adj* vivace *m&f* **vee-vas ~ personality** personnalité vive **per-so-na-lee-tay veev**

vocabulary *n* vocabulaire *m* **vo-ka-bew-ler large ~** large vocabulaire **larzh vo-ka-bew-ler My French vocabulary is small.** Mon vocabulaire français est limité. **Mo<u>n</u> vo-ka-bew-ler fra<u>n</u>-say ay lee-mee-tay. I need to build my vocabulary.** J'ai besoin d'élargir mon vocabulaire. **Zh'ay buh-zwuh<u>n</u> d'ay-lar-zheer mo<u>n</u> vo-ka-bew-ler.**

voice *n* voix *f* **vwa deep ~** voix grave **vwa grav familiar ~** voix familière **vwa fa-mee-lyer gentle ~** voix douce **vwa doos good ~** bonne voix **bon vwa melodic ~** voix mélodieuse **vwa may-lo-juhz my ~** ma voix **ma vwa pleasant ~** voix agréable **vwa a-gray-abl soft ~** voix douce **vwa doos soothing ~** voix apaisante **vwa a-pay-za<u>n</u>t sweet ~** voix douce **vwa doos warm ~** voix chaleureuse **vwa sha-luh-ruhz your ~** *votre (Fam: ta)* voix *votr (Fam: ta)* **vwa You have a** *(1)* **beautiful /** *(2)* **nice /** *(3)* **sexy voice.** Vous avez *(Fam: Tu as)* une *(1)* belle voix. / *(2)* voix sympathique. / *(3)* voix sensuelle. *Voo_z_a-vay_z_(Fam: Tew a_z_)* **ewn** *(1)* **bel vwa. /** *(2)* **vwa suh<u>n</u>-pa-teek. /** *(3)* **vwa sa<u>n</u>-sew-el. I like to listen to your voice.** J'aime écouter *votre (Fam: ta)* voix. **Zh'em_ay-koo-tay** *votr (Fam: ta)* **vwa.**

volcano *n* volcan *m* **vol-ka<u>n</u>**

volleyball *n* volley *m* **vo-lay** *(See also phrases under* **like, love** *and* **play***.)*

volume *n (loudness)* volume *m* **vo-lewm Please turn the volume down.** S'il *vous (Fam : te)* plaît, baissez *(Fam: baisse)* le volume. **S'eel** *voo (Fam: tuh)* **play, bay-say** *(Fam: bes)* **luh vo-lewm.**

volunteer *vi* se porter volontaire **suh por-tay vo-lo<u>n</u>-ter I volunteer.** Je me porte volontaire. **Zhuh muh port vo-lo<u>n</u>-ter.** ♦ *n* volontaire *m&f* **vo-lo<u>n</u>-ter We need a volunteer. I pick you.** Nous avons besoin d'un volontaire. Je *vous (Fam: te)* choisi (-e). **Noo_z_a-vo<u>n</u> buh-zwuh<u>n</u> d'uh<u>n</u> vo-lo<u>n</u>-ter. Zhuh** *voo (Fam: tuh)* **shwa-zee.**

voluptuous *adj* voluptueux, voluptueuse *m&f* **vo-lewp-tew-uh, -uhz**

vomit *vi* vomir **vo-meer I feel like I'm going to vomit.** J'ai l'impression que je vais vomir. **Zh'ay l'uh<u>n</u>-pray-syo<u>n</u> kuh zhuh vay vo-meer.**

vote *vi* voter **vo-tay I vote for** *(whom/what)*. Je vote pour (___). **Zhuh vot poor**

Before a, o, u or a consonant, c is pronounced like **k**.

♦ **vote** *n* vote *m* **vot** **Let's take a vote.** Votons. **Vo-ton**. **You have my vote.** *Vous avez (Fam: Tu as)* mon vote. *Voo_z_a-vay (Fam: Tew a)* **mon vot**.

voyage *n* voyage *m* **vwa-yazh** **long ~** long voyage **lon vwa-yazh** **short ~** voyage court **vwa-yazh koor**

vulgar *adj* vulgaire *m&f* **vewl-ger** **How vulgar!** Quelle vulgarité! **Kel vewl-ga-ree-tay!**

W w

wackiness *n* excentricité *f* **ek-san-tree-see-tay**, extravagance *f* **eks-tra-va-gans** **There's no limit to your wackiness, is there?** Il n'y a aucune limite à *votre (Fam: ton)* excentricité, n'est-ce pas? **Eel n'ee_y_a o-kewn lee-meet a** *votr_(Fam: ton)*_**ek-san-tree-see-tay, n'es pa?** ♦ **wacko, wacky** *adj* (slang: zany, foolish) excentrique *m&f* **ek-san-treek**, bizarre *m&f* **bee-zar**

wade *vi* marcher dans l'eau **mar-shay dan l'o** **~ across the stream** marcher à contre courant **mar-shay a kontr koo-ran** **~ into the sea** marcher dans la mer **mar-shay dan la mer**

wagon *n* wagon *m* **va-gon**

waist *n* taille *f* **taee**, ceinture *f* **sun-tewr**, slim **~** taille fine **taee feen** ♦ **waistline** *n* tour *m* de taille **toor duh taee**

wait *vi* attendre **a-tandr** **(Please) wait (a** *[1]* **minute /** *[2]* **moment).** Attendez *(Fam: Attends)* (*[1]* une minute / *[2]* un moment) (s'il *vous [Fam: te]* plait). **A-tan-day** *(Fam: A-tan)* **(***[1]* **ewn mee-newt /** *[2]* **un mo-man)** (s'eel *voo [Fam: tuh]* play). **Wait, I'll be right over.** Attendez *(Fam: Attends)*, je reviens. **A-tan-day** *(Fam: A-tan)*, **zhuh ruh-vyun**. **Where shall** *(1)* **I /** *(2)* **we wait (for you)?** Où *(1)* dois-je… / *(2)* devons-nous… *vous (Fam: t')* attendre? **Oo** *(1)* **dwa-zh…** **/** *(2)* **duh-von-noo…** *voo_z_(Fam: t')*_**a-tandr?** **Where will you wait for** *(1)* **me? /** *(2)* **us?** Où *(1)* m' / *(2)* nous attendrez-vous *(Fam: attendras-tu)*? **Oo** *(1)* **m' /** *(2)* **noo_z_a-tan-dray-voo** *(Fam: a-tan-dra-tew)*?

    Please wait for me… Je *vous (Fam: t')* en prie, attendez *(Fam: attends)*-moi… **Zhuh** *voo_z_(Fam: t')*_**an pree, a-tan-day** *(Fam: a-tan)*-**mwa…**
    Please wait for us… Je *vous (Fam: t')* en prie, attendez *(Fam: attends)*-nous… **Zhuh** *voo_z_(Fam: t')*_**an pree, a-tan-day** *(Fam: a-tan)*-**noo…**
    I'll wait for you… Je *vous (Fam: t')* attendrai… **Zhuh** *voo_z_(Fam: t')*_**a-tan-dray…**
    We'll wait for you… Nous *vous (Fam: t')* attendrons … **Noo** *voo_z_(Fam: t')*_**a-tan-dron…**
        …at *(name of café or club)*. …au *(___)*. **…o** *(___)*.
        …at the airport. …à l'aéroport. **…a l'a-ay-ro-por.**
        …at the train station. …à la gare. **…a la gar.**
        …at the bus station. …à la station de bus. **…a la sta-syon duh bews.**

Before e, i, or y, c is pronounced like **s**.

...by the *(place)* **entrance.** ...à l'entrée de *(___)*. **...a l'an-tray duh (___).**
...here. ...ici. **...ee-see.**
...in the lobby. ...à la réception. **...a la ray-sep-syon.**
...outside. ...dehors. **...duh-or.**
...on the corner. ...au coin de la rue. **...o kwun duh la rew.**
...there. ...là. **...la.**

I'll be waiting *(1)* **for your letter** / *(2)* **call.** / *(3)* **to hear from you.** J'attendra *(1)* votre *(Fam: ta)* lettre. / *(2)* votre *(Fam: ton)* appel. / *(3)* d'avoir de vos *(Fam. tes)* nouvelles. **Zh'a-tan-dray** *(2)* **votr** *(Fam: ta)* **letr.** / *(2)* **votr** *(Fam: ton) a-pel.** / *(3)* **d'a-vwar duh** vo *(Fam: tay)* **noo-vel. I hope you'll wait for me.** J'espère que *vous m'attendrez (Fam: tu m'attendras).* **Zh'es-per kuh voo m'a-tan-dray** *(Fam: tew m'a-tan-dra).* *(1)* **I** / *(2)* **We waited for you** *([3]* **30 minute** / *[4]* **one hour** / *[5]* **a long time).** *(1)* Je *vous (Fam: t')* ai... *(2)* Nous *vou (Fam: t')* avons... attendu / *([3]* trente minutes / *[4]* une heure / *[5]* longtemps) *(1)* **Zhuh voo_z_***(Fam: t')* **_ay...** *(2)* **Noo voo_z_ (Fam: t') a-von... a-tan-dev** / *([3]* **trant mee-newt** / *[4]* **ewn_uhr** / *[5]* **lon-tan).** *(1)* **I** / *(2)* **We couldn'** **wait (any longer).** *(1)* Je ne pouvais... / *(2)* Nous ne pouvions... pas attendr (plus longtemps). *(1)* **Zhuh nuh poo-vay...** / *(2)* **Noo nuh poo-vyon... pa_z_a tandr (plew lon-tan). What are you waiting for?** Qu'*attendez-vous (Fam attends-tu)?* **K'a-tan-day-voo** *(Fam: a-tan-tew)?* **What are we waiting for** Qu'est-ce que l'on attend? **K'es kuh l'on_a-tan? I can hardly wait.** Je suis très *impatient (-e).* **Zhuh swee tre_z_uhn-pa-syan** *(F: uhn-pa-syant).* **I can't wait** 1. *(I have to go)* Je ne peux pas attendre. **Zhuh nuh puh pa_z_a-tandr.**; 2. *(I'n looking forward to)* Je suis *impatient (-e).* **Zhuh swee_z_uhn-pa-syan** *(F: uhr pa-syant).* ♦ **wait** *n* attente *f* **a-tant long** ~ longue attente **long_a-tant short** courte attente **koort_a-tant It's going to be a long wait.** On va devoir attendr un bon moment. **On va duh-vwar_a-tandr_uhn bon mo-man. The wait wa worth it.** Ça valait la peine d'attendre. **Sa va-lay la pen d'a-tandr.**

waiter *n* serveur *m* **ser-vuhr** ♦ **waitress** *n* serveuse *f* **ser-vuhz**

wake up *vt* réveiller **ray-ve-yay Wake** *(1)* **me** / *(2)* **us up at** *(time).* *(1)* Réveille *(Fam: Réveille)*-moi... / *(2)* -nous... à *(___).* *(1)* **Ray-ve-yay** *(Fam: Ray-vey mwa)* / *(2)* **-noo... a (___).** *(1)* **I'll** / *(2)* **We'll wake you up at** *(time).* *(1)* Je *vo (Fam: te)* réveillerai... / *(2)* Nous *vous (Fam: te)* réveillerons... à *(___).* *(* **Zhuh voo** *(Fam: tuh)* **ray-vey-ray...** / *(2)* **Noo voo** *(Fam: tuh)* **ray-vey-ron a (___). I'm sorry I woke you up.** Je suis *désolé (-e)* de *vous (Fam: t')* avo réveiller. **Zhuh swee day-zo-lay duh voo_z_** *(Fam: t')* **_a-vwar ray-ve-ya** ♦ *vi* se réveiller **suh ray-ve-yay Wake up!** Réveillez-vous *(Fam: Réveille-to Ray-ve-yay-voo (Fam: Ray-vey-twa)!* **What time do you want to wake up** A quelle heure *voulez-vous (Fam: veux-tu)* te reveiller? **A kel_uhr voo-lay-vo voo** *(Fam: vuh-tew tuh)* **ray-ve-yay? What time did you wake up?** A quel heure *vous êtes-vous (Fam: t'es-tu)* réveillé *(-e)?* **A kel_uhr voo_z_et-voo** *(Far t'ay-tew)* **ray-ve-yay?** *(1)* **I** / *(2)* **We woke up at** *(time).* *(1)* Je me suis *révei (-e)...* / *(2)* Nous nous sommes *réveillé(e)s...* à *(___).* *(1)* **Zhuh muh swee ra**

Numbers in French are given on pages 519-520.

ve-yay… / (2) **Noo noo som ray-ve-yay… a (___)**.

walk *vt (escort)* raccompagner (à pied) **ra-ko<u>n</u>-pa-nyay (a pyay) Can I walk you home?** Est-ce que je peux *vous (Fam: te)* raccompagner chez *vous (Fam: toi)*? **Es kuh zhuh puh** *voo (Fam: tuh)* **ra-ko<u>n</u>-pa-nyay shay** *voo (Fam: twa)*? **I'll walk you home.** Je *vous (Fam: te)* raccompagnerai (1) chez *vous (Fam: toi)*. **Zhuh** *voo (Fam: tuh)* **ra-ko<u>n</u>-pa-nyuh-ray (1) shay** *voo (Fam: twa).* **I'll walk you there.** Je *vous (Fam: te)* ramènerai. **Zhuh** *voo (Fam: tuh)* **ra-men-ray.**
♦ *vi* marcher **mar-shay**, se promener **suh prom-nay**, faire un tour à pied **fer_uh<u>n</u> toor a pyay**, se balader **suh ba-la-day** *(See also phrases under* **like** *and* **love**.) **I like to walk (*[1]* in the countryside. / *[2]* in the park. / *[3]* in the woods. / *[4]* downtown. / *[5]* on the beach.)** J'aime me promener (*[1]* à la campagne. / *[2]* au parc. / *[3]* dans les bois. / *[4]* en centre-ville / *[5]* sur la plage). **Zh'em muh prom-nay** *([1]* **a la ka<u>n</u>** **-pany(uh)**. / *[2]* **o park** . / *[3]* **da<u>n</u> lay bwa**. / *[4]* **a<u>n</u> sa<u>n</u>-truh-veel**. / *[5]* **sewr la plazh). Can I walk with you?** Est-ce que je peux faire un tour avec *vous (Fam: toi)*? **Es kuh zhuh puh fer_uh<u>n</u> toor_a-vek** *voo (Fam: twa)*? **Let's walk (there).** Allons faire un tour à pied (là-bas). **A-lo<u>n</u> fer_uh<u>n</u> toor_a pyay (la-ba). Can we walk there?** Peut-on se promener ici? **Puh_t- o<u>n</u> suh prom-nay ee-see? We can(not) walk there.** On (ne) peut (pas) se promener ici. **O<u>n</u> (nuh) puh (pa) suh prom-nay ee-see. I can't walk.** Je ne peux pas marcher. **Zhuh nuh puh pa mar-shay.** ♦ *n* balade *f* **ba-lad**, promenade *f* **prom-nad**, tour *m* **toor** *(See phrases under* **go**, **like** *and* **love**.) **Let's go for a walk.** Allons faire un tour. **A-lo<u>n</u> fer_uh<u>n</u> toor. Would you like to go for a walk?** Aimeriez-vous *(Fam: Aimerais-tu)* faire un tour? **Em-ryay-voo** *(Fam:* **Em-ray-tew)** **fer_uh<u>n</u> toor? Do you like to take walks?** Aimez-vous *voo (Fam: Aimes-tu te)* balader? *Ay-may-voo* **voo** *(Fam:* **Em-tew tuh)** **ba-la-day? I like to take (long) walks (*[1]* in the countryside. / *[2]* in the park. / *[3]* in the woods. / *[4]* downtown. / *[5]* on the beach.)** J'aime faire de (longues) promenades (*[1]* à la campagne. / *[2]* au parc. / *[3]* dans les bois. / *[4]* en centre-ville / *[5]* sur la plage.) **Zh'em fer duh (long) prom-nad** *([1]* **a la ka<u>n</u>-pany(uh)**. / *[2]* **o park**. / *[3]* **da<u>n</u> lay bwa**. / *[4]* **a<u>n</u> sa<u>n</u>-truh-veel**. / *[5]* **sewr la plazh.)** ♦ **walker** *n (for infirm people)* aide *f* pour marcher **ed poor mar-shay**

wall *n* mur *m* **mewr on the ~** sur le mur **sewr luh mewr stone ~** mur en pierres **mewr_a<u>n</u> pyer**

wallet *n* porte-monnaie *m* **port-mo-nay**, portefeuille *m* **por-tuh-fuhy It's in my wallet.** C'est dans mon porte-feuille. **S'ay da<u>n</u> mo<u>n</u> por-tuh-fuhy. Have you seen my wallet?** Avez-vous *(Fam: As-tu)* vu mon portefeuille? **A-vay-voo** *(Fam:* **A-tew)** **vew mo<u>n</u> por-tuh-fuhy? I lost my wallet.** J'ai perdu mon portefeuille. **Zh'ay per-dew mo<u>n</u> por-tuh-fuhy.**

waltz *vi* danser la valse **da<u>n</u>-say la vals**, valser **val-say I love to waltz.** J'aime danser la valse. **Zh'em da<u>n</u>-say la vals.** ♦ *n* valse *f* **vals** *(1)* **dance** / *(2)* **do a ~** *(1,2)* danser la valse **da<u>n</u>-say la vals**

wand *n* baguette *f* **ba-get magic ~** baguette magique **ba-get ma-zheek**

wander *vi* errer **ay-ray Let's wander around (town) for a while.** Errons un peu

---

Learn a new French phrase every day! Subscribe to the free **Daily Dose of French**, *www.phrase-books.com.*

dans les environs (de la ville) pour un moment. **Ay-ro<u>n</u> uh<u>n</u> puh da<u>n</u> lay_z_an-vee-ro<u>n</u> (duh la veel) poor uh<u>n</u> mo-ma<u>n</u>.**

want *vt* vouloir **voo-lwar What do you want?** Qu'est-ce que *vous voulez (Fam: tu veux)*? **K'es kuh** *voo voo-lay (Fam: tu vuh)*? **What do you want to do?** Qu'est-ce que *vous voulez (Fam: tu veux)* faire? **K'es kuh** *voo voo-lay (Fam: tuh vuh)* **fer? I (don't) want...** Je (ne) veux (pas)… **Zhuh (nuh) vuh (pa)… We (don't) want...** Nous (ne) voulons (pas)… **Noo (nuh) voo-lo<u>n</u> (pa)… Is that what you (really) want?** Est-ce que c'est (vraiment) ce que *vous voulez (Fam: tu veux)*? **Es kuh s'ay (vray-ma<u>n</u>) suh kuh** *voo voo-lay (Fam: tew vuh)*? **That's (not) what I want.** Ce (n')est (pas) ce que je veux. **Suh (n')ay (pa) suh kuh zhuh vuh. I want (so much) to** *(1)* **hold /** *(2)* **kiss you.** Je veux (tant) *(1)* te serrer dans mes bras. / *(2)* t'embrasser. **Zhuh vuh (ta<u>n</u>)** *(1)* **tuh say-ray da<u>n</u> may bra. /** *(2)* **t'a<u>n</u>-bra-say. I want you more than anything.** Je te veux plus que tout au monde. **Zhuh tuh vuh plews kuh too_t_o mo<u>n</u>d. I'll do whatever you want.** Je ferai tout ce que *vous voulez (Fam: tu veux)*. **Zhuh fuh-ray too suh kuh** *voo voo-lay (Fam: tew vuh)*.

war *n* guerre *f* **gher after the ~** après la guerre **a-pre la gher during the ~** pendant la guerre **pa<u>n</u>-da<u>n</u> la gher in the ~** en période de guerre **a<u>n</u> pay-ryod duh gher I fought in the** *(name)* **war.** J'ai combattu pendant la guerre (___). **Zh'ay ko<u>n</u> ba-tew pa<u>n</u>-da<u>n</u> la gher (___)**.

wardrobe 1. *(cabinet)* armoire *f* **ar-mwar**; 2. *(clothes)* garde-robe *f* **gar-duh-rob**

warm *adj* 1. *(day, water)* tempéré, -e *m&f* **ta<u>n</u>-pay-ray**, chaud, -e *m&f* **sho, shod** *(food, drink)* tiède *m&f* **chyed**, chaud *m&f* **sho**; *(clothes)* chaud, -e *m&f* **sho, shod**, qui tient chaud **kee chyuh<u>n</u> sho**; 2. *(cordial; affectionate)* cordial, -e *m&f* **kor-jal**, affectueux, -euse *m&f* **a-fek-tew-uh, -uhz get ~** se réchauffer **suh ray-sho-fay ~ clothes** vêtements *mpl* qui tiennent chaud **vet-ma<u>n</u> kee chyen sho ~ coat** manteau *m* chaud **ma<u>n</u>-to sho ~ day** jour *m* tempéré **zhoor ta<u>n</u>-pay-ray ~ drink** boisson *f* chaude **bwa-so<u>n</u> shod ~ heart** cœur *m* chaleureux **kuhr sha-luh-ruh ~ water** eau *f* tiède **o chyed ~ welcome** radoucissement *m* bienvenu **ra-doo-sees-ma<u>n</u> byuh<u>n</u>-vuh-new You're so warm and cuddly.** *Vous êtes (Fam: Tu es)* tellement cordiale et *affectueux (F: affectueuse)*. **Voo_z_et (Fam: Tew ay) te-ma<u>n</u> kor-jal ay** *a-fek-tew-uh (F: a-fek-tew-uhz)*. **You'd better wear something warm.** *Vous feriez (Fam: Tu ferais)* mieux de mettre *(1)* quelque chose de chaud *Voo fuh-ryay (Fam: Tew fuh-ray)* **myuh duh metr** *(1)* **kel-kuh shoz duh sho This will keep you warm.** Cela *vous (Fam: te)* tiendra chaud. **Suh-la** *voo (Fam: tuh)* **chyuh<u>n</u>-dra sho.** ♦ *vt* réchauffer **ray-sho-fay**, réconforter **ray-ko<u>n</u>-for-ta That warms my heart.** Ça me réchauffe le cœur. **Sa muh ray-shof luh kuh**
  ♦ **warm-hearted** *adj* affectueux, -euse *m&f* **a-fek-tew-uh, -uhz**, chaleureu -reuse *m&f* **sha-luh-ruh, -ruhz** ♦ **warming** *n* réchauffement *m* **ray-shof-ma global ~** réchauffement de la planète **ray-shof-ma<u>n</u> duh la pla-net** ♦ **warmth** chaleur *m* **sha-luhr**, sympathie *f* **suh<u>n</u>-pa-tee**, enthousiasme *m* **a<u>n</u>-too-zyazr** cordialité *f* **kor-ja-lee-tay genuine ~** vraie sympathie **vray suh<u>n</u>-pa-tee**
  ♦ **warm up** *idiom (get ready)* s'échauffer **s'ay-sho-fay Let's warm up firs** Echauffons-nous au préalable. **Ay-sho-fo<u>n</u>-noo o pray-a-labl. I'm ju**

Final consonants of words are often not pronounced, but usually run together with next words that start with vowels.

warming up. Je suis en train de m'échauffer. **Zhuh swee_z_an truhn duh m'ay-sho-fay.**

warn *vt* avertir **a-ver-teer**, mettre en garde **metr_an gadr**, prévenir **pray-vuh-neer I'm warning you (for the last time).** Je *vous (Fam: t')* avertis (une dernière fois). **Zhuh voo_z_(Fam: t')_a-ver-tee (ewn der-nyer fwa). I warned you.** Je *vous (Fam: t')* aurai prévenu. **Zhuh voo_z_(Fam: t')_o-ray prev-new.** ♦ **warning** *n* avertissement *m* **a-ver-tees-man**, mise en garde *f* **meez_an gard** fair ~ avertissement salutaire **a-ver-tees-man sa-lew-ter**

warranty *n* garantie *f* **ga-ran-tee Does it have a warranty?** Y-a-t-il une garantie? **Ee_y_a-t-eel_ewn ga-ran-tee? How long is the warranty for?** Quelle est la durée de garantie? **Kel_ay la dew-ray duh ga-ran-tee?**

wart *n* verrue *f* **vay-rew**

wash *vt* laver **la-vay** ~ **dishes** faire la vaisselle **fer la vay-sel I have to wash my hair.** Je dois me laver les cheveux. **Zhuh dwa muh la-vay lay shuh-vuh.** *(1)* **I** / *(2)* **We have to wash clothes.** *(1)* Je dois… / *(2)* Nous devons… laver nos vêtements. *(1)* **Zhuh dwa…** / *(2)* **Noo duh-von… la-vay no vet-man. Where can** *(1)* **I** / *(2)* **we wash clothes?** Où *(1)* puis-je… / *(2)* pouvons-nous… laver nos vêtements? **Oo** *(1)* **pwee-zh…** / *(2)* **poo-von-noo… la-vay no vet-man?** ♦ *n:* **body** ~ *(liquid soap for shower)* gel *m* douche **zhel doosh mouth** ~ bain *m* de bouche **buhn duh boosh**
  ♦ **washcloth** *n* 1. *(for bathing)* gant *m* de toilette **gan duh twa-let**; 2. *(for dishes)* torchon *m* pour faire la vaisselle **tor-shon poor fer la vay-sel**
  ♦ **wash off** *idiom* laver **la-vay I need to wash off my** *(1)* **feet.** / *(2)* **things.** Je dois *(1)* me laver les pieds. / *(2)* laver des choses. **Zhuh dwa** *(1)* **muh la-vay lay pyay.** / *(2)* **la-vay day shoz.**
  ♦ **wash up** *idiom* se laver les mains **suh la-vay lay muhn** *(1)* **I'm** / *(2)* **We're going to go wash up.** *(1)* Je vais me… / *(2)* Nous allons nous… laver les mains. *(1)* **Zhuh vay muh…** / *(2)* **Noo_z_a-lon noo… la-vay lay muhn.**

wasp *n* guêpe *f* **gep** ~ **nest** nids *m* de guêpes **nee duh gep**

waste *vt* perdre **perdr**, gaspiller **gas-pee-yay** ~ **money** perdre de l'argent **perdr duh l'ar-zhan** ~ **time** perdre du temps **perdr dew tan We're wasting time.** Nous sommes en train de perdre notre temps. **Noo som_z_an truhn duh perdr no-truh tan.** ♦ *n* perte *m* **pert**, gaspillage *m* **gas-pee-yazh That's a waste of** *(1)* **money.** / *(2)* **time.** C'est une perte… *(1)* d'argent. / *(2)* de temps. **S'ay_t_ewn pert…** *(1)* **d'ar-zhan.** / *(2)* **duh tan.**

wastepaper basket *n* corbeille *f* à papier **kor-bey a pa-pyay**

watch *vt* 1. *(look at)* regarder **ruh-gar-day**, observer **ob-ser-vay**; 2. *(take care of)* faire attention à **fer_a-tan-syon a**

  Do you like to watch… *Aimez-vous (Fam: Aimes-tu)* regarder… *Ay-may-voo (Fam: Em-tew)* **ruh-gar-day…**
  …**ballet?** …le ballet? …**luh ba-le?**
  …**movies?** …les films? …**lay feelm?**
  …**sports?** …le sport? …**luh spor?**
  …**videos?** …les vidéos? …**lay vee-day-o?**

---

*All syllables of a French word have equal stress.
The last word in a group has a little more.*

watch 486 **way**

...TV? ...la télévision? **...la tay-lay-vee-zyon?**
I (don't) like to watch... *(See above choices.)* J'(en')aime (pas) regarder... **Zh'(uh n') em (pa) ruh-gar-day... Let's watch a** *(1)* **movie.** / *(2)* **video.** Regardons *(1)* un film. / *(2)* une vidéo. **Ruh-gar-don** *(1)* **uhn feelm.** / *(2)* **ewn vee-day-o. Could you watch this for me?** Pourriez-vous *(Fam: Pourrais-tu)* jeter un coup d'œil? **Poo-ryay-voo** *(Fam: **Poo-ray-tew**)* **zhuh-tay uhn koo d'uhy? I'll watch it for you.** Je jetterai un coup d'œil pour *vous (Fam: toi)*. **Zhuh zhet-ray uhn koo d'uhy poor** *voo (Fam: twa)*. **Watch it!** Attention! **A-tan-syon! Watch out!** Faites *(Fam: Fais)* attention! **Fet** *(Fam: **Fay_z_**)* **a-tan-syon!** ♦ *n (wristwatch)* montre *m* **montr** ♦ **watchmaker** *n* horloger, -gère *m&f* **or-lo-zhay, -zher water** *adj* d'eau *m&f* **d'o** ~ **bottle** bouteille *f* d'eau **boo-tey d'o** ~ **faucet** robinet *m* **ro-bee-ne I'll boil some water.** Je vais faire bouillir de l'eau. **Zhuh vay fer boo-yeer duh l'o.** ♦ *n* eau *f* **o** ~ **bottle of** ~ bouteille *f* d'eau **boo-tey d'o** ~ **drink of** ~ boisson *f* à base d'eau **bwa-son a baz d'o** ~ **drinking** ~ eau potable **o po-tabl fresh** ~ eau fraîche **o fresh glass of** ~ verre *m* d'eau **ver d'o ice** ~ eau glacée **o gla-say play in the** ~ jouer dans l'eau **zhooay dan l'o salt** ~ eau salée **o sa-lay some** ~ un peu d'eau **uhn puh d'o Let's go in the water.** Allons dans l'eau. **A-lon dan l'o. Is the water deep** *(1)* **here?** / *(2)* **there?** Est-ce que les eaux sont profondes *(1)* ici? / *(2)* là? **Es kuh lay_z_o son pro-fond** *(1)* **ee-see?** / *(2)* **la? The water is (not) deep.** Les eaux (ne) sont (pas) profondes. **Lay_z_o (nuh) son (pa) pro-fond. The water is (not)** *(1)* **clean.** / *(2)* **cold.** / *(3)* **dirty.** / *(4)* **warm.** L'eau (n') est (pas) *(1)* propre. / *(2)* froide. / *(3)* sale. / *(4)* chaude. **L'o (n')ay (pa)** *(1)* **propr** / *(2)* **frwad.** / *(3)* **sal.** / *(4)* **shod. Is the water okay to drink?** Est-ce que l'eau est potable? **Es kuh l'o ay po-tabl?** ♦ **waterfall** *n* cascade *f* **kas-kad** ♦ **waterfront** *n* littoral *m* **lee-to-ral**, côte *f* **kot Let's walk along the waterfront.** Allons-nous promener sur la côte. **A-lon-noo prom-nay sewr la kot.** ♦ **waterski** *vi* faire du ski nautique **fer dew skee no-teek** ♦ **waterskiing** *n* ski *m* nautique **skee no-teek go** ~ aller faire du ski nautique **a-lay fer dew skee noo-teek**

wave *n* 1. *(ocean)* vague *f* **vag**; 2. *(radio, TV)* onde *f* **ond** ♦ **wavelength** *n* longueur *f* d'onde **lon-guhr d'ond You and I are truly on the same wavelength.** Vous êtes *(Fam: Tu es)* sur la même longueur d'onde que moi. **Voo_z_et** *(Fam: **Tew ay**)* **sewr la mem lon-guhr d'ond kuh mwa.**

wax *n*: **ski** ~ fart *m* (pour ski) **far (poor skee)**

way *adv (far)* - **It's way out in the** *(1)* **country.** / *(2)* **mountains.** C'est trop loin *(1)* dans la campagne. / *(2)* dans les montagnes. **S'ay tro lwuhn** *(1)* **dan la kan-pany(uh).** / *(2)* **dan lay mon-tany(uh). It's way on the other side of the city.** C'est à l'autre bout de la ville. **S'ay_t_a l'otr boo duh la veel. They're way** *(1)* **ahead of us.** / *(2)* **behind us.** Ils sont loin *(1)* devant nous. / *(2)* derrière nous. **Eel son lwuhn** *(1)* **duh-van noo.** / *(2)* **der-ryer noo. That's way beyond me.** C'est au-delà de mon entendement. **S'ay_t_o duh-la duh mon an-tand-man.** ♦ *n* 1. *(route)* chemin *m* **shuh-muhn**, voie *f* **vwa**, route **root**; 2. *(direction)* direction *f* **dee-rek-syon**; 3. *(distance)* distance *f* **dees-tans**; 4. *(manner)* façon *f* **fa-son**, manière *f* **ma-nyer**, mode *m* **mod**; 5. *(characteristic)* caractéristique

---

ew sounds similar to the "ew" in "pew"

ka-rak-tay-rees-teek; *(tradition, custom)* coutume *f* **koo-tuhm**, tradition *f* **tra-dee-syon** a long ~ un long périple **uhn lon pay-reepl** better ~ meilleure façon **me-yuhr fa-son** different ~ 1. *(route)* chemin différent **shuh-muhn dee-fay-ran**; 2. *(method)* autre façon **otr fa-son** different ~s autres façons **otr fa-son** in a different ~ d'une autre façon **d'ewn_otr fa-son** in a family ~ *(pregnant)* en période de grossesse **an pay-ryod duh gro-ses** in *(1)* this / *(2)* that ~ de *(1,2)* cette façon **duh set fa-son** shorter ~ *(route)* chemin plus rapide **shuh-muhnplew ra-peed** some ~ certaines façons **ser-ten fa-son** the same ~ même manière **mem ma-nyer** ~ of life mode de vie **mod duh vee** Do you know the way? Connaissez-vous *(Fam: Connais-tu)* la route? *Ko-nay-say-voo (Fam: Ko-nay-tew)* **la root?** *(1)* I / *(2)* We (don't) know the way. *(1)* Je (ne) connais… / *(2)* Nous (ne) connaissons… pas la route. *(1) Zhuh (nuh) ko-nay… / (2) Noo (nuh) ko-nay-son … pa la root.* Which way should *(1)* I / *(2)* we go? Dans quelle direction *(1)* devrais-je… / *(2)* devrions-nous… aller? **Dan kel dee-rek-syon** *(1)* **duh-vray-zh(uh)…** / *(2)* **duh-vree-yon-noo… a-lay?** Is this the right way to the post office? Est-ce que c'est la bonne direction pour aller à la poste? **Es kuh s'ay la bon dee-rek-syon poor_a-lay a la post?** Are you sure this is the right way? Etes-vous *(Fam: Es-tu)* sûr *(-e)* que nous allons dans la bonne direction? *Êt-voo (Fam: Ay-tew)* **sewr kuh noo_z_a-lon dan la bon dee-rek-syon?** This is the *(1)* right / *(2)* wrong way. C'est *(1)* la bonne… / *(2)* la mauvaise… route? **S'ay** *(1)* **la bon…** / *(2)* **la mo-vez… root?** Let's go this way. Allons dans cette direction. **A-lon dan set dee-rek-syon.** Let's go back the way we came. Retournons sur nos pas. **Ruh-toor-non sewr no pa.** This way. Par-ici. **Par ee-see.** I'm on my way to *(place)*. Je suis sur le chemin vers (___). **Zhuh swee sewr luh shuh-muhn ver (___).** We're on our way to *(place)*. Nous sommes sur le chemin vers (___). **Noo som sewr luh shuh-muhn ver (___).** Lead the way. Montrez *(Fam: Montre)*-moi le chemin. *Mon-tray (Fam: Montr)*-**mwa luh shuh-muhn.** What's the best way to get to *(place)*? Quelle est la meilleure façon pour se rendre à (___)? **Kel_ay la me-yuhr fa-son poor suh randr_a (___)?** Which way is the city center? Dans quelle direction est le centre-ville? **Dan kel dee-rek-syon ay luh san-truh-veel?** Which way are you going? Dans quelle direction allez-vous *(Fam: vas-tu)*? **Dan kel dee-rek-syon** *a-lay-voo (Fam: va-tew)*? Do you have a long way to go? Est-ce que ça va *vous (Fam: te)* prendre longtemps? **Es kuh sa va voo (Fam: tuh) prandr lon-tan?** *(1)* I / *(2)* We have a long way to go. Ça va *(1)* me… / *(2)* nous… prendre pas mal de temps. **Sa va** *(1)* **muh…** / *(2)* **noo… prandr pa mal duh tan.**

I like the way you… J'aime *votre (Fam: ta)* manière… **Zh'em** *votr (Fam: ta)* **ma-nyer…**

…hold me. …de me serrer dans *vos (Fam: tes)* bras. **…duh muh say-ray dan** *vo (Fam: tay)* **bra.**
…kiss. …d'embrasser. **…d'an-bra-say.**
…look at me. …de me regarder. **…duh muh ruh-gar-day.**
…move. …de bouger. **…duh boo-zhay.**

Numbers in parentheses always signal choices.

...smile. ...de sourire. **...duh soo-reer.**
   ...talk. ...de parler. **...duh par-lay.**
   ...walk. ...de marcher. **...duh mar-shay.**
   ...wear your hair. ...de vous *(Fam: te)* coiffer. **...duh voo** *(Fam: tuh)* **kwa-fay.**
 In what way? De quelle façon? **Duh kel fa-son? I'll show you the way to do it.** Je vous *(Fam: te)* montrerai comment faire. **Zhuh voo** *(Fam: tuh)* **mon-tray ko-man fer. We'll find a way (to do it).** Nous trouverons un moyen (de le faire). **Noo troov-ron uhn mwa-yuhn (duh luh fer). Is there some way I can** *(1)* **contact** / *(2)* **reach you?** Est-ce qu'il y a un moyen de *(1)* vous *(Fam: te)* contacter? / *(2)* vous *(Fam: te)* joindre? **Es k'eel_y_a uhn mwa-yuhn duh** *(1)* **voo** *(Fam: tuh)* **kon-tak-tay?** / *(2)* **voo** *(Fam: tuh)* **zhwuhndr? That's the way things are.** C'est comme ça. **S'ay kom sa. No way!** Pas question! **Pa kes-chyon! By the way, ...** Au fait, ... **O fet, ... Way to go!** Bien joué! **Byuhn zhoo-ay!**
we *pron* nous **noo us** nous **noo about us** à propos de nous **a pro-po duh noo for us** pour nous **poor noo to us** à nous **a noo with us** avec nous **a-vek noo We are.** Nous sommes. **Noo som. We were.** Nous étions. **Noo ay-chyon. We will be.** Nous serons. **Noo suh-ron.**
weak *adj* faible *m&f* **febl**, fragile *m&f* **fra-zheel** inconsistant, -e *m&f* **uhn-kon-syan, -syant** ~ **excuse** une excuse peu convaincante **ewn_eks-kewz puh kon-vuhn-kant** ~ **heart** cœur *m* faible **kuhr febl I feel (so) weak.** Je me sens (si) faible. **Zhuh muh san (see) febl. You're taking advantage of my weak will** Vous tirez *(Fam: Tu tires)* avantage de ma faible volonté. *Voo tee-ray (Fam: Tev teer_)* **a-van-tazh duh ma febl vo-lon-tay.** ♦ **weakling** *n* personne *f* faible **per son febl** ♦ **weakness** *n* faiblesse *f* **fay-bles** **You've discovered my weakness** Vous avez *(Fam: Tu as)* découvert ma faiblesse. *Voo_z_a-vay (Fam: Tew a)* **day koo-ver ma fay-bles. It's a weakness of mine.** C'est ma faiblesse. **S'ay ma fay-bles.** ♦ **weak-willed** *adj* faible volonté *m&f* **febl vo-lon-tay**
wealth *n* richesse *f* **ree-shes** ♦ **wealthy** *adj* riche *m&f* **reesh**
weapon *n* arme *f* **arm Careful, my hands are registered as lethal weapons** Attention, mes mains sont de véritables "armes fatales". **A-tan-syon, ma muhn son duh vay-ree-tabl_z_"arm fa-tal".**
wear *vt* porter **por-tay**, mettre **metr What should** *(1)* **I** / *(2)* **we wear?** Qu'est-ce que *(1)* je devrais… *(2)* nous devrions… porter? **K'es kuh** *(1)* **zhuh duh-vray..** / *(2)* **noo duh-vree-yon… por-tay? What are you going to wear?** Qu'est-ce que vous allez *(Fam: tu vas)* porter? **K'es kuh voo_z_a-lay** *(Fam: tew va)* **por-tay?**
 I think I'll wear... Je pense que je mettrai... **Zhuh pans kuh zhuh me-tray.. You should wear...** Vous devriez *(Fam: Tu devrais)* mettre... **Voo duh-vree-yay** *(Fam: Tew duh-vray)* **metr...**
   ...a coat. ...un manteau. **..._uhn man-to.**
   ...a dress. ...une robe. **..._ewn rob.**
   ...a long gown. ...une longue robe de soirée. **..._ewn long rob duh swa-ray.**
   ...shorts. ...un short. **..._uhn short.**

A phrasebook makes a great gift!
See order information on page 552.

...**a skirt.** …une jupe. **..._ewn zhewp.**
...**slacks.** …un pantalon. **..._uhn pan-ta-lon.**
...**a sport coat.** …un jogging. **..._uhn jo-geen.**
...**a suit.** …un costard. **..._uhn kos-tar.**
...**a sweater** …un sweat. **..._uhn sweet.**
...**a tie.** …une cravate. **..._ewn kra-vat.**

weather *n* temps *m* **tan bad** ~ mauvais temps **mo-vay tan freezing** ~ temps *m* glacial **tan gla-syal good** ~ beau temps **bo tan ideal** ~ temps idéal **tan ee-day-al lousy** ~ temps mitigé **tan mee-tee-zhay nice** ~ temps *m* agréable **tan a-gray-abl perfect** ~ temps parfait **tan par-fay** ~ **forecast** prévisions *fpl* **pray-vee-zyon**, bulletin *m* météo **bewl-tuhn may-tay-o I hope we have good weather.** J'espère qu'il fera beau (temps). **Zh'es-per k'eel fuh-ra bo (tan). What's the weather forecast for** *(1)* **today?** / *(2)* **tomorrow?** Quel temps prévoit-il pour *(1)* aujourd'hui / *(2)* demain? **Kel tan pray-vwa_t-eel poor** *(1)* **o-zhoor-d'wee** / *(2)* **duh-muhn? According to the weather forecast...** Selon les prévisions météorologiques… **Suh-lon lay pray-vee-zyon may-tay-o-ro-lo-zeek… The weather is supposed to be…** *(1)* **cloudy.** / *(2)* **cool.** / *(3)* **cold.** / *(4)* **foggy.** / *(5)* **hot.** / *(6)* **nice.** / *(7)* **rainy.** / *(8)* **snowy.** / *(9)* **sunny.** / *(10)* **warm.** / *(11)* **windy.** Le temps est supposé être *(1)* nuageux. / *(2)* frais. / *(3)* froid. / *(4)* brumeux. / *(5)* très chaud. / *(6)* agréable. / *(7)* pluvieux. / *(8)* enneigé. / *(9)* ensoleillé. / *(10)* chaud. / *(11)* venteux. **Luh tan ay sew-po-zay etr** *(1)* **new-a-zhuh.** / *(2)* **fray.** / *(3)* **frwa.** / *(4)* **brew-muh.** / *(5)* **tre sho.** / *(6)* **a-gray-abl.** / *(7)* **phuh-vyuh.** / *(8)* **an-nay-zhay.** / *(9)* **an-so-le-yay.** / *(10)* **sho.** / *(11)* **van-tuh.**

web *n* 1. *(spider's)* toile *f* **twal**; 2. *(Internet)* Internet *f* **uhn-ter-net search the** ~ chercher sur Internet **sher-shay sewr_uhn-ter-net surf the** ~ naviguer / surfer sur Internet **na-vee-gay / suhr-fay sewr_uhn-ter-net** ~ **page** page Internet **pazh_uhn-ter-net** ~ **site** site Internet **seet_uhn-ter-net** ♦ **webcam** *n (comp.)* webcam *f* **web-kam**

wedding *adj* de mariage **duh ma-ryazh**, de mariée **duh ma-ryay** ~ **ceremony** cérémonie de mariage **say-ray-mo-nee duh ma-ryazh** ~ **dress** robe de mariée **rob duh ma-ryay** ~ **reception** réception *f* de mariage **ray-sep-syon duh ma-ryazh** ♦ *n* mariage *m* **ma-ryazh**, noce *f* **nos call off the** ~ annuler le mariage **a-new-lay luh ma-ryazh celebrate the** ~ célébrer le mariage **say-lay-bray luh ma-ryazh church** ~ mariage religieux **ma-ryazh ruh-lee-zhuh**, mariage à l'église **ma-ryazh a l'ay-gleez have the** ~ célébrer le mariage **say-lay-bray luh ma-ryazh outdoor** ~ mariage à l'extérieur **ma-ryazh a l'ek-stay-ryuhr perform the** ~ officialiser le mariage **o-fee-sya-lee-zay luh ma-ryazh plan the** ~ planifier le mariage **pla-nee-fyay luh ma-ryazh postpone the** ~ reporter le mariage **ruh-por-tay luh ma-ryazh We need to plan the wedding.** Nous devons planifier le mariage. **Noo duh-von pla-nee-fyay luh ma-ryazh. What kind of wedding do you want to have?** Quel genre de mariage *voulez-vous (Fam: veux-tu)* avoir? **Kel zhanr duh ma-ryazh** *voo-lay-voo (Fam: vuh-tew)* **a-vwar? Do you want to have a small wedding or a large one?** Est-ce que *vous voulez (Fam: tu veux)* faire un mariage simple ou grandiose? **Es kuh** *voo voo-lay*

Articles: m = le, f = la, mpl = les, fpl = les

(Fam: tew vuh) **fer_uhn ma-ryazh suhnpl_oo gran-joz?** **I want to have a(n) *(1)* small / *(2)* intimate / *(3)* large wedding.** Je veux un mariage *(1)* simple. / *(2)* intime. / *(3)* grandiose. **Zhuh vuh uhn ma-ryazh *(1)* suhnpl. / *(2)* uhn-teem. / *(3)* gran-joz.** *(1)* **When** / *(2)* **Where shall we have the wedding?** *(1)* Quand / *(2)* Où devrions-nous faire le mariage? *(1)* **Kan** / *(2)* **Oo duh-vree-yon-noo fer luh ma-ryazh? Who should we invite to the wedding?** Qui devrions-nous inviter au mariage? **Kee duh-vree-yon-noo uhn-vee-tay o ma-ryazh? Who will perform the wedding?** Qui officialisera le mariage? **Kee o-fee-sya-leez-ra luh ma-ryazh? Who will witness the wedding (for us)?** Qui sera notre témoin de mariage? **Kee suh-ra notr tay-mwuhn duh ma-ryazh? We can't have the wedding until...** Nous ne pouvons pas organiser le mariage avant... **Noo nuh poo-von pa_z_or-ga-nee-zay luh ma-ryazh a-van...**

Wednesday *n* mercredi *m* **mer-kruh-dee** last ~ mercredi dernier **mer-kruh-dee der-nyay** next ~ mercredi prochain **mer-kruh-dee pro-shuhn** on ~ le mercredi **luh mer-kruh-dee**

week *n* semaine *f* **suh-men** all ~ toute la semaine **toot la suh-men** a ~ ago il y a une semaine **eel_y_a ewn suh-men**, ça fait une semaine **sa fay ewn suh-men** a ~ **from now** ça fait une semaine à compter d'aujourd'hui **sa fay ewn suh-men_a kon-tay d'o-zoor-d'wee** a whole ~ une semaine entière **ewn suh-men_an-chyer** during the ~ pendant la semaine **pan-dan la suh-men** every ~ toutes les semaines **toot lay suh-men** for a (whole) ~ tout au long de la semaine **too_t_o lon duh la suh-men** or *(1)* two / *(2)* three / *(3)* four ~s pour *(1)* deux / *(2)* trois / *(3)* quatre semaines **poor *(1)* duh / *(2)* trwa / *(3)* katr suh-men** in *(1)* a / *(2)* one ~ 1. *(after)* dans *(1,2)* une semaine **dan *(1,2)*_z_ewn suh-men**; 2. *(in the space of)* dans le courant de *(1,2)* la semaine **dan luh koo-ran duh *(1,2)* la suh-men** in *(1)* two / *(2)* three / *(3)* four ~s 1. *(after)* dans *(1)* deux / *(2)* trois / *(3)* quatre semaines; 2. *(in the space of)* pendant *(1)* deux / *(2)* trois / *(3)* quatre semaines **dan *(1)* duh / *(2)* trwa / *(3)* katr suh-men**; *2.* **pan-dan *(1)* duh / *(2)* trwa / *(3)* katr suh-men** last ~ la semaine dernière **la suh-men der-nyer** next ~ la semaine prochaine **la suh-men pro-shen** once a ~ une fois par semaine **ewn fwa par suh-men** this ~ cette semaine **set suh-men** the whole ~ toute la semaine **toot la suh-men** this coming ~ cette semaine-ci **set suh-men** ~ **after** ~ semaine après semaine **suh-men_a-pre suh-men** ♦ **weekend** *n* week-end *m* **week-end**, fin *f* de semaine **fuhn duh suh-men** for *(1)* a / *(2)* the ~ pour *(1)* un / *(2)* le week-end **poor *(1)*_uhn / *(2)* luh week-end** next ~ le week-end prochain **luh week-end pro-shuhn** on the ~ pendant le week-end **pan-dan luh week-end** on ~s le week-end **luh week-end** this (coming) ~ ce week-end(-ci) **suh week-end(-see)** ♦ **weekly** *adj* hebdomadaire *m&f* **eb-do-ma-der**

weigh *vi* peser **puh-zay How much do you weigh?** Combien *pesez-vous (Fam: pèses-tu)*? **Kon-byuhn** *puh-zay-voo (Fam: pez-tew)*? **I weigh about 140 pounds.** *(2.2 lbs = 1 kilogram)* Je pèse 63 kilos. *(1 kg = 2.2 lb)* **Zhuh pez swa-sant trwa kee-lo.** *(See Common Adult Weights, p. 525)* ♦ **weight** *n* 1. *(quantity)* poids *m* **pwa**; 2. *pl (barbells)* poids *fpl* **pwa gain** ~

In the pronunciation **n** *stands for a nasalized* **n**.

prendre du poids **prandr dew pwa lose** ~ perdre du poids **perdr dew pwa perfect** ~ poids idéal **pwa ee-day-al I'm trying to lose weight.** J'essaie de perdre du poids. **Zh'ay-say duh perdr dew pwa. I want to lose some more weight.** Je veux perdre un peu plus de poids. **Zhuh vuh perdr_uhn puh plews duh pwa. I try to watch my weight.** J'essaie de faire attention à mon poids. **Zh'ay-say duh fer_a-tan-syon a mon pwa. I gained weight (lately).** J'ai pris du poids (récemment). **Zh'ay pree dew pwa (ray-sa-man). I lift weights.** Je soulève des poids. **Zhuh soo-lev day pwa.** ♦ **weightlifting** *n* haltérophilie *f* **al-tay-ro-fee-lee**

weird *adj* bizarre *m&f* **bee-zar It was totally weird.** C'était vraiment bizarre. **S'ay-tay vray-man bee-zar.** ♦ **weirdly** *adv* bizarrement **bee-zar-man** ~ **dressed** bizarrement *affublé (-e)* **bee-zar-man a-few-blay** ♦ **weirdo** *n (slang: strange-acting person)* personne *f* bizarre **per-son bee-zar**, zigoto *m* **zee-go-to What are you, some kind of weirdo?** Qui *êtes-vous (Fam: es-tu)*, un zigoto? **Kee** *et-voo (Fam: ay-tew),* **uhn zee-go-to?**

welcome *n* accueil *m* **a-kuhy friendly** ~ accueil amical **a-kuhy_a-mee-kal nice** ~ agréable accueil **a-kuhy_a-gray-abl warm** ~ accueil chaleureux **a-kuhy sha-luh-ruh** ♦ *interj.* Bienvenue *f* **Byuhn-vuh-new You're welcome.** *(Response to thanks.)* De rien. **Duh ryuhn. Welcome (to Paris)!** Bienvenue (à Paris)! **Byuhn-vuh-new (a Pa-ree)!**

welfare *n (govt support of the poor)* assistance *f* sociale **a-sees-tans so-syal be on** ~ bénéficier de l'assistance sociale **bay-nay-fee-syay duh l'a-sees-tans so-syal**

well *adj (not sick)* bien *m&f* **byuhn I don't feel well.** Je ne me sens pas bien. **Zhuh nuh muh san pa byuhn. I hope you get well soon.** J'espère que *vous irez (Fam: tu iras)* mieux bientôt. **Zh'es-per kuh** *voo_z_ee-ray (Fam: tew ee-ra)* **myuh byuhn-to.** ♦ *adv (in a good way)* bien **byuhn** ~ **done** *(fully cooked)* bien cuit **byuhn kwee You** *(1)* **play /** *(2)* **sing very well.** *Vous (Fam: Tu) (1) jouez (Fam: joues)… / (2) chantez (Fam: chantes)…* très bien. *Voo (Fam: Tew) (1) zhoo-ay (Fam: zhoo)… / (2) shan-tay (Fam: shant)…* **tre byuhn. Everything went well.** Tout s'est bien passé. **Too s'ay byuhn pa-say. Well done!** Bien joué! **Byuhn zhoo-ay!** ♦ *n* foreuse *f* **fo-ruhz**, tuyau *m* **twee-yo** ♦ **well-built** *adj* bien construit, -e *m&f* **byuhn kons-trwee, -trweet** ♦ **well-dressed** *adj* bien habillé, -e *m&f* **byuhn_a-bee-yay** ♦ **well-educated** *adj* bien éduqué, -e *m&f* **byuhn_ay-dew-kay** ♦ **well-informed** *adj* bien informé, -e *m&f* **byuhn_uhn-for-may** ♦ **well-off** *adj* aisé, -e *m&f* **ay-zay**, riche *m&f* **reesh** ♦ **well-organized** *adj* bien organisé, -e *m&f* **byuhn_or-ga-nee-zay** ♦ **well-written** *adj* bien écrit, -e *m&f* **byuhn_ay-kree, -kreet**

west *adj* occidental, -e *m&f* **ok-see-dan-tal,** de l'ouest **duh l'west** ♦ *n* ouest *m* **west from the** ~ qui vient de l'ouest **kee vyuhn duh l'west in the** ~ dans l'ouest **dan l'west to the** ~ à l'ouest **a l'west** ♦ **western** *adj* occidental, -e *m&f* **ok-see-dan-tal,** de l'ouest **duh l'west** ♦ *n (cowboy movie)* western *m* **wes-tern**

wet *adj* mouillé, -e *m&f* **moo-yay**, humide *m&f* **ew-meed My clothes are all wet.** Mes habits *mpl* sont tout mouillés. **May_z_a-bee son too moo-yay. My** *(1)* **pants /** *(2)* **shoes /** *(3)* **socks are all wet.** *(1)* Mon pantalon *m* est tout mouillé. /

A tilde ~ in terms stands for the main entry word.

(2) Mes chaussures *fpl* sont toutes mouillés. / *(3)* Mes chaussettes *mpl* sont toutes mouillées. *(1)* **Mon pan-ta-lon ay too… /** *(2)* **May sho-sewr son toot… /** *(3)* **May sho-set son toot… moo-yay.**

wharf *n* quai *m* **kay**

what *adj* que, quel *m* **kuh, kel**, quelle *f* **kel**, quels, quelles *m&fpl* **kel** about ~ *(or* ~ **about)** à propos de quoi **a pro-po duh kwa** for ~ *(or* ~ **for)** pour quelle raison **poor kel ray-zon**, pour quoi faire **poor kwa fer** with ~ *(or* ~ **with)** avec quoi **a-vek kwa** What a…! Quelle…! **Kel…! What time is it?** Quelle heure est-il? **Kel_uhr ay-t-eel? What kind do you want?** Quel genre *voulez-vous (Fam: veux-tu)*? **Kel zhanr** *voo-lay-voo (Fam: vuh-tew)*? **For what reason?** Quelles sont *vos (Fam: tes)* raisons? **Kel son** *vo (Fam: tay)* **ray-zon? What days are you off?** Quels sont *vos (Fam: tes)* jours de congé? **Kel son** *vo (Fam: tay)* **zhoor duh kon-zhay? What beautiful eyes you have.** Qu'est-ce que *vous avez (Fam: tu as)* des yeux magnifiques. **K'es kuh** *voo_z_a-vay (Fam: tew a)* **day_z_yuh ma-nee-feek. What a surprise!** Quelle surprise! **Kel sewr-preez! What's in it for me?** Quel est mon intérêt? **Kel_ay mon_uhn-tay-ray?** ♦ *adv* que, quoi **kuh, kwa** about ~ *(or* ~ **about)** à propos de quoi **a pro-po duh kwa** for ~ *(or* ~ **for)** pour quelles raisons **poor kel ray-zon** with ~ *(or* ~ **with)** avec quoi **a-vek kwa** What did you *(1)* do? / *(2)* say? Qu'*avez-vous (Fam: as-tu)* *(1)* fait? / *(2)* dit? **K'***a-vay-voo (Fam: a-tew)* *(1)* **fay? /** *(2)* **dee? I'll tell you what…** Je *vous (Fam: te)* dirai de quoi… **Zhuh** *voo (Fam: tuh)* **dee-ray duh kwa…** ♦ *pron* quoi **kwa**, que **kuh**, quel, quelle, quels, quelles **kel**, qu'est-ce **k'es What is it?** Qu'est-ce qu'il y a? **K'es k'eel_y_a? What is** *(1)* this? / *(2)* that? Qu'est-ce que *(1,2)* c'est? **K'es kuh** *(1,2)* **s'ay? What are they?** Que sont-ils? **Kuh son_t-eel? What happened?** Qu'est-ce qui s'est passé? **K'es kee s'ay pa-say? What do you want?** Que *voulez-vous (Fam: veux-tu)*? **Kuh** *voo-lay-voo (Fam: vuh-tew)*? **What do you have?** Qu'*avez-vous (Fam: as-tu)*? **K'***a-vay-voo (Fam: a-tew)*? **What's a good restaurant?** Qu'est-ce qu'un bon restaurant? **K'es k'uhn bon res-to-ran? What's your name?** Quel est *votre (Fam: ton)* nom? **Kel_ay** *votre (Fam: ton)* **non?** ♦ **whatever** *pron* quel que soit **kel kuh swa**, n'importe quoi **n'uhn-port kwa Whatever.** Peu importe. **Puh uhn-port.**

wheel *n* roue *f* **roo** steering ~ *(automot.)* volant *m* **vo-lan** ♦ **wheelchair** *n* fauteuil *m* roulant **fo-tuhy roo-lan**

when *adv & conj* quand **kan When?** Quand? **Kan? When are you going?** Quand y *allez-vous (Fam: vas-tu)*? **Kan_t_ee_y_a-lay-voo (Fam: va-tew)? When will it be?** Quand cela aura-t-il lieu? **Kan suh-la o-ra-t-eel lyuh? When is your birthday?** Quel est le jour de *votre (Fam: ton)* anniversaire? **Kel_ay luh zhoor duh** *votr_(Fam: ton)*_**a-nee-ver-ser? Call** *(1)* **me** / *(2)* **us when you get home.** *Appelez (Fam: Appelle)* *(1)* -moi / *(2)* -nous quand *vous arrivez (Fam: tu arrives)* à la maison. *A-play (Fam: A-pel)* *(1)* -**mwa** / *(2)* -**noo kan** *voo_z_a-ree-vay_z_(Fam: tew a-reev)*_**a la may-zon.** ♦ **whenever** *adv* n'importe quand **n'uhn-port kan Whenever you want.** Quand *vous voulez (Fam: tu veux)*. **Kan** *voo voo-lay (Fam: tew vuh)*.

where *adv* où **Where?** Où? **Oo? Where shall we meet?** Où pourrions-nous nous

---

uh *sounds like the "u" in "but"*

rencontrer? **Oo poo-ro<u>n</u> noo noo ra<u>n</u>-ko<u>n</u>-tray? Where shall I meet you?** Où pourrais-je *vous (Fam: te)* rencontrer? **Oo poo-ray-zh** *voo (Fam: tuh)* **ra<u>n</u>-ko<u>n</u>-tray? Where do you** *(1)* **live?** */(2)* **work?** Où *(1) vivez-vous (Fam: vis-tu)*? / *(2) travaillez-vous (Fam: travailles-tu)*? **Oo** *(1) vee-vay-voo (Fam: vee-tew)***?** / *(2) tra-vaee-yay-voo (Fam: tra-vaee-tew)***? Where are you staying?** Où *logez-vous (Fam: loges-tu)*? **Oo** *lo-zhay-voo (Fam: lozh-tew)***? Where** *(1)* **is it?** / *(2)* **are they?** Où *(1) est-ce*? / *(2) sont-ils*? **Oo** *(1) es***?** / *(2) so<u>n</u>_t-eel***? Where are you?** Où *êtes-vous (Fam: Es-tu)*? **Oo_w**_*et-voo (Fam: Ay-tew)***? Where are we?** Où sommes-nous? **Oo som-noo?**

    Where's the nearest… Où se trouve… **Oo suh troov…**
        …bank? …la banque la… **…la ba<u>n</u>k la…**
        …cash machine? …le distributeur le… **…luh dees-tree-bew-tuhr luh…**
        …Internet café? …le café Internet le… **…luh ka-fay uh<u>n</u>-ter-net luh…**
        …pharmacy? …la pharmacie la… **…la far-ma-see la…**
        …shopping center? …le centre commercial le… **…luh sa<u>n</u>tr ko-mer-syal luh…**
        …supermarket? …le supermarché le… **…luh sew-per-mar-shay luh…**
            …plus proche? **…plew prosh?**

Where to? Dans quelle direction? **Da<u>n</u> kel dee-rek-syo<u>n</u>? Where are you going?** Où *allez-vous (Fam: vas-tu)*? **Oo** *a-lay-voo (Fam: va-tew)***? Where are you from?** D'où *venez-vous (Fam: viens-tu)*? **D'oo** *vuh-nay-voo (Fam: vyuh<u>n</u>-tew)***? Where are you coming from?** D'où *revenez-vous (Fam: reviens-tu)*? **D'oo** *ruh-vuh-nay-voo (Fam: ruh-vyuh<u>n</u>-tew)***? Where is the** *(1)* **bus** / *(2)* **subway** / *(3)* **train station?** Où est la station *(1)* de bus? /*(2)* de métro? / *(3)* ferroviaire? **Oo_w_ay la sta-syo<u>n</u>** *(1)* **duh bews?** / *(2)* **duh may-tro?** / *(3)* **fay-ro-vyer?** ♦ **wherever** *adv & conj (it is)* partout **par-too**, n'importe où **n'uh<u>n</u>-port_oo**; *(desired)* n'importe où **n'uh<u>n</u>-port_oo We can go wherever you want.** Nous pouvons aller où *vous voulez (Fam: tu veux)*. **Noo poo-vo<u>n</u>_z_a-lay oo** *voo voo-lay (Fam: tew vuh)*.

whether *conj* si *see* **I don't know whether** *(1)* **I** / *(2)* **we can or not.** Je ne sais pas si *(1)* je peux… / *(2)* nous pouvons… ou pas. **Zhuh nuh say pa see** *(1)* **zhuh puh…** / *(2)* **noo poo-vo<u>n</u>… oo pa.**

which *pron & adj* quel *m* **kel**, lequel *m* **luh-kel**, quelle *f* **kel**, laquelle *f* **la-kel**, quels *mpl* **kel**, lesquels *mpl* **lay-kel**, quelles *fpl* **kel**, lesquelles *fpl* **lay-kel Which one would you like?** Lequel (F: Laquelle) aimeriez-vous (Fam: aimerais-tu)? *Luh-kel_ (F: La-kel)_ay-muh-ryay-voo (Fam: em-ray-tew)*? **Which hotel are you staying in?** Dans quel hôtel *logez-vous (Fam: loges-tu)*? **Da<u>n</u> kel_o-tel** *lo-zhay-voo (Fam: lozh-tew)***? Which way should** *(1)* **I** / *(2)* **we go?** Dans quelle direction *(1)* devrais-je… / *(2)* devrions-nous… aller? **Da<u>n</u> kel dee-rek-syo<u>n</u>** *(1)* **duh-vray-zh…** / *(2)* **duh-vree-yo<u>n</u>-noo… a-lay?**

while *conj* pendant que **pa<u>n</u>-da<u>n</u> kuh**, en attendant que **a<u>n</u> a-ta<u>n</u>-da<u>n</u> kuh**, tandis que **ta<u>n</u>-dee kuh Wait here while I** *(1)* **get it.** / *(2)* **go to the bank.** *Attendez (Fam: Attends)* ici pendant que *(1)* je vais le chercher. / *(2)* je vais à la banque.

Common French signs and labels are on pages 547-551.

| while | 494 | why |

A-tan-day (Fam: A-tan) ee-see pan-dan kuh *(1)* zhuh vay luh sher-shay. / *(2)* zhuh vay a la bank. *(1)* **I'll** / *(2)* **We'll sit outside while you're getting ready.** *(1)* Je m'assiérai… / *(2)* Nous nous assiérons… dehors en attendant que *vous vous prépariez (Fam: tu te prépares)*. *(1)* **Zhuh m'a-syay-ray…** / *(2)* **Noo noo a-syay-ron… duh-or an a-tan-dan kuh** *voo voo pray-pa-ryay (Fam: tew tuh pray-par)*. **While** *(1)* **I'm** / *(2)* **we're there I'd like to visit the** *(place)*. Pendant que *(1)* j'y suis… / *(2)* nous y sommes, j'aimerais visiter (___). **Pan-dan kuh** *(1)* **zh'ee swee…** / *(2)* **noo_z_ee som, zh'em-ray vee-zee-tay** (___). ♦ **while** *n* temps *m* **tan**, moment *m* **mo-man** **a little ~ ago** il y a un moment **eel_y_a uhn mo-man**, ça fait un moment **sa fay uhn mo-man** **for a ~** pendant un moment **pan-dan uhn mo-man** **once in a ~** de temps en temps **duh tan_z_an tan**

whip *n* fouet *m* **fwe** **Where's my whip?** Où est mon fouet? **Oo_w_ay mon fwe?**

whisper *vt & vi* murmurer **mewr-mew-ray**, susurrer **sew-sew-ray** **Why are you whispering?** Pourquoi *murmurez-vous (Fam: murmures-tu)*? **Poor-kwa** *mewr-mew-ray-voo (Fam: mewr-mewr-tew)*? ♦ *n* murmure *m* **mewr-mewr**, susurre *m* **sew-sewr** **in a ~** murmurant **mewr-mew-ran**

whistle *vt* siffler **see-flay** **I'll whistle a tune outside your window.** Je sifflerai un air en dessous de *votre (Fam: ta)* fenêtre. **Zhuh see-fluh-ray uhn_er_an duh-soo duh** *votr (Fam: ta)* **fuh-netr.** ♦ *n (small pipe)* sifflet *m* **see-flay**

white *adj* blanc, blanche *m&f* **blan, blansh**

who *pron* qui **kee** **Who?** Qui? **Kee?** **Who is** *(1)* **he?** / *(2)* **she?** *(1,2)* Qui est-ce? **Kee es?** **Who are they?** Qui sont-ils? **Kee son_t-eel?** **Who knows?** Qui sait? **Kee s'ay?** **Who's there?** Qui est-ce? **Kee es?** **Who's in it?** *(movies)* Qui joue dans ce film? **Kee zhoo dan suh feelm?** **Who did you give it to?** A qui l'*avez-vous (Fam: as-tu)* donné? **A kee l'***a-vay-voo (Fam: a-tew)* **do-nay?** **Who wants to** *(1)* **come?** / *(2)* **go?** / *(3)* **play?** Qui veut *(1)* venir? / *(2)* y aller? / *(3)* jouer? **Kee vuh** *(1)* **vuh-neer?** / *(2)* **ee_y_a-lay?** / *(3)* **zhooay?** **Do you know someone who has a car?** *Connaissez-vous (Fam: Connais-tu)* quelqu'un qui a une voiture? *Ko-nay-say-voo (Fam: Ko-nay-tew)* **ke-kuhn kee a ewn vwa-tewr?** ♦ **whoever** *pron* n'importe qui **n'uhn-port kee** **Whoever wants to go, let's go!** Quiconque veut venir avec moi, on y va! **Kee-konk vuh vuh-neer_a-vek mwa, on_ee va!**

whole *adj* complet, complète *m&f* **kon-play, -plet**, entier, entière *m&f* **an-chyay, -chyer**, tout, -e *m&f* **too, toot** **a ~ month** un mois entier **uhn mwa an-chyay** **a ~ week** une semaine entière **ewn suh-men_an-chyer** **the ~ day** toute la journée **toot la zhoor-nay** **the ~ time** tout ce temps **too suh tan**

wholehearted *adj* sincère *m&f* **suhn-ser**, de tout cœur **duh too kuhr**

whose *pron* dont **don**, de qui **duh kee**, à qui **a kee** **Whose is it?** A qui est-ce? **A kee es?** **Whose are they?** A qui sont-ils? **A kee son_t-eel?** **Whose is** *(1)* **this?** / *(2)* **that?** *(1,2)* A qui est-ce? **A kee es?** **Whose car are we going in?** A qui appartient la voiture dans laquelle nous montons? **A kee a-par-chyuhn la vwa-tewr dan la-kel noo mon-ton?** **Whose side are you on?** De quel côté *êtes-vous (Fam: es-tu)*? **Duh kel ko-tay** *et-voo (Fam: ay-tew)*?

why *adv* pourquoi **poor-kwa** **Why (not)?** Pourquoi (pas)? **Poor-kwa (pa)?** **Why**

To learn more about French verbs, go to the Grammar appendix on page 512.

do you say that? Pourquoi *dites-vous (Fam: dis-tu)* cela? **Poor-kwa** *deet-voo (Fam: dee-tew)* **suh-la? Why did you do that?** Pourquoi *avez-vous (Fam: as-tu)* fait cela? **Poor-kwa** *a-vay-voo (Fam: a-tew)* **fay suh-la? Why can't you (1) come? / (2) go?** Pourquoi ne *pouvez-vous (Fam: peux-tu)* pas *(1)* venir? / *(2)* y aller? **Poor-kwa nuh** *poo-vay-voo (Fam: puh-tew)* **pa (1) vuh-neer? / (2) ee_y_a-lay? Why don't we go to (*place*)?** Pourquoi n'irions-nous pas à (___)? **Poor-kwa n'ee-ryon-noo pa_z_a (___)? I don't know why (I love you).** Je ne sais pas pourquoi (je t'aime). **Zhuh nuh say pa poor-kwa (zhuh t'em).**

wicked *adj* malveillant, -e *m&f* **mal-vay-yan, -yant,** désobligeant, -e *m&f* **day-zo-blee-zhan, -zhant,** vicieux, vicieuse *m&f* **vee-syuh, -syuhz ~ thoughts** pensées malveillantes **pan-say mal-vay-yant You wicked girl!** Tu es malveillante! **Tew ay mal-vay-yant!**

wide *adj* large *m&f* **larzh,** ample *m&f* **anpl** ♦ *adv* largement **lar-zhuh-man,** complètement **kon-plet-man I'm wide awake.** Je suis complètement *éveillé (-e)*. **Zhuh swee kon-plet-man ay-vay-yay.**

widow *n* veuve *f* **vuhv** ♦ **widower** *n* veuf *m* **vuhf**

wife *n* femme *f* **fam,** épouse *f* **ay-pooz my ex-wife** mon ex-femme **mon_eks-fam perfect ~** épouse parfaite **ay-pooz par-fet your ~** *votre (Fam: ta)* femme *votr (Fam: ta)* **fam Do you have a wife?** *Avez-vous (Fam: As-tu)* une femme? *A-vay-voo (Fam: A-tew)* **ewn fam? I (don't) have a wife.** J' (n')ai (pas) de femme. **Zh' (n')ay (pa) duh fam. This is my wife, (*name*).** C'est ma femme, (___). **S'ay ma fam, (___). This is a picture of my wife.** C'est une photo de ma femme. **S'ay_t_ewn fo-to duh ma fam. Your wife is very attractive.** *(photo) Votre (Fam: Ta)* femme est très attirante. *Votr (Fam: Ta)* **fam ay tre_z_a-tee-rant. My wife passed away (in *[year]*).** Ma femme est décédée (en ___). **Ma fam_ay day-say-day (an ___).**

wi-fi *n (internet)* wi-fi *m* **wee-fee**

wild *adj* sauvage *m&f* **so-vazh,** déjanté, -e *m&f* **day-zhan-tay,** de folie **duh fo-lee ~ idea** idée *f* déjantée **ee-day day-zhan-tay ~ party** fête *f* déjantée **fet day-zhan-tay ~ time** moment *m* de folie **mo-man duh fo-lee Are you always this wild?** *Etes-vous (Fam: Es-tu)* toujours aussi *déjanté (-e)*? *Ay-voo (Fam: Ay-tew)* **too-zhoor_o-see day-zhan-tay?** ♦ *adv* impulsivement **uhn-pewl-seev-man You drive me wild.** *Vous me rendez (Fam: Tu me rends)* fou *(F: folle)*. *Voo muh ran-day (Fam: Tew muh ran) foo (F: fol).* ♦ **wildlife** *n* flore *f* **flor;** faune *f* **fon**

will *n* 1. *(desire, volition, power)* volonté *f* **vo-lon-tay;** 2. *(last testament)* dernières volontés *fpl* **der-nyer vo-lon-tay against (1) my / (2) your ~** contre *(1)* ma / *(2)* votre *(Fam: ta)* volonté **kontr (1) ma / (2) votr (Fam: ta) vo-lon-tay good ~** bonne volonté **bon vo-lon-tay ill ~** malveillance *f* **mal-ve-yans iron ~** volonté à toute épreuve **vo-lon-tay a toot_ay-pruhv of (1) my / (2) your own free ~** de *(1)* mon / *(2)* votre *(Fam: ton)* plein gré **duh (1) mon / (2) votr (Fam: ton) pluhn gray strong ~** forte volonté **fort vo-lon-tay weak ~** volonté faible **vo-lon-tay febl ~ power** force *f* de volonté **fors duh vo-lon-tay Where there's a will, there's a way.** Quand on veut, on peut. **Kan_t_on vuh, on puh. You've**

---

*Some adjectives follow nouns, some precede them.
You'll need to memorize these case by case.*

willing   496   **windskating**

found my weak spot - my will power. *Vous avez (Fam: Tu as)* trouver ma plus grande faiblesse: Ma force de volonté. *Voo_z_a-vay (Fam: Tew a)* **troo-vay ma plew gra<u>n</u>dr fay-bles: Ma fors duh vo-lo<u>n</u>-tay.** Come on, use a little will power. Allez, un peu de volonté! **A-lay, uh<u>n</u> puh duh vo-lo<u>n</u>-tay!** ♦ **willing** *adj* disposé, -e *m&f* **dees-po-zay** Would you be willing to share the cost? *Seriez-vous (Fam: Serais-tu)* disposé *(-es)* à partager le coût? *Suh-ryay-voo (Fam: Suh-ray-tew)* **dees-po-zay a par-ta-zhay luh koo?** *(1)* I'd / *(2)* We'd be willing to share the cost. *(1)* Je serais... / *(2)* Nous serions... *disposé (-es)* à partager le coût. *(1)* **Zhuh suh-ray…** / *(2)* **Noo suh-ryo<u>n</u>… dees-po-zay a par-ta-zhay luh koo.** I'm willing to try. Je suis *disposé (-e)* à essayer. **Zhuh swee dees-po-zhay a ay-say-yay.**

wimp *n (slang: weak person)* incapable *m&f* **uh<u>n</u>-ka-pabl**

win *vt* gagner **ga-nyay**, battre **batr**, vaincre **vuh<u>n</u>kr** Who's winning? Qui est en train de gagner? **Kee ay a<u>n</u> truh<u>n</u> duh ga-nyay?** *(1)* I'm / *(2)* You're / *(3)* He's / *(4)* She's / *(5)* They're / *(6)* We're winning. *(1)* Je suis / *(2)* Vous êtes *(Fam: Tu es)* / *(3)* Il est / *(4)* Elle est / *(5)* Ils sont / *(6)* Nous sommes en train de gagner *(1)* **Zhuh swee** / *(2)* **Voo_z_et** *(Fam: Tew ay)* / *(3)* **Eel_ay** / *(4)* **El_ay** / *(5)* **Eel so<u>n</u>** / *(6)* **Noo som a<u>n</u> truh<u>n</u> duh ga-nyay.** Who won? Qui a gagné? **Kee a ga-nyay?** *(1)* I / *(2)* You / *(3)* He / *(4)* She / *(5)* They / *(6)* We won. *(1)* J'ai... / *(2)* Vous avez *(Fam: Tu as)*... / *(3)* Il a... / *(4)* Elle a... / *(5)* Ils ont… / *(6)* Nous avons… gagné. *(1)* **Zh'ay…** / *(2)* **Voo_z_a-vay** *(Fam: Tew a)…* / *(3)* **Eel_a…** / *(4)* **El_a…** / *(5)* **Eel_z_o<u>n</u>…** / *(6)* **Noo_z_a-vo<u>n</u> ga-nyay.** Did you win anything. *(gambling)* Avez-vous *(Fam: As-tu)* gagné quelque chose? *A-vay-voo (Fam: A-tew)* **ga-nyay kel-kuh shoz?** I won *(amount)*. *(gambling)* J'ai gagné *(___)*. **Zh'ay ga-nyay (___).** ♦ *n* victoire *f* **veek-twar** They have 3 wins and 2 losses. Ils ont connu trois victoires et deux défaites. **Eel_z_o<u>n</u> ko-new trwa veek-twar_ay duh day-fet.**

winch *n* treuil *m* **truhy**

wind *n* vent *m* **va<u>n</u>** strong ~ vent fort **va<u>n</u> for**

window *n* fenêtre *f* **fuh-netr** sit by the ~ s'asseoir sur le bord de la fenêtre **s'a-swar sewr luh bor duh la fuh-netr** table by the ~ table à côté de la fenêtre **tabl a ko-tay duh la fuh-netr** *(1)* Close / *(2)* Open the window. *(1)* Fermez *(Fam: Ferme)* / *(2)* Ouvrez *(Fam: Ouvre)* la fenêtre. *(1)* **Fer-may** *(Fam: Ferm)* / *(2)* **Oo-vray** *(Fam: Oovr)* **la fuh-netr.** Do you mind if I *(1)* close / *(2)* open the window? (Reply: *[1]* No, go right ahead. / *[2]* I'd rather you didn't.) Ça *vous (Fam: te)* dérange si *(1)* je ferme / *(2)* j'ouvre la fenêtre? *([1]* Non, allez (Fam: vas)-y. / *[2]* Je ne préférais pas.) **Sa voo** *(Fam: tuh)* **day-ra<u>n</u>zh see** *(1)* **zhuh ferm...** / *(2)* **zh'oovr... la fuh-netr?** *([1]* **No<u>n</u>, a-lay** *(Fam: va)*_**z_ee.** / *[2]* **Zhuh nuh pray-fer-ray pa.**) Can we get a table by the window? Pouvons-nous avoir une table prés de la fenêtre? **Poo-vo<u>n</u>-noo_z_a-vwar_ewn tabl pray duh la fuh-netr?**

windshield wipers *(automot.)* essuie-glaces *mpl* **ay-swee-glas**

windskate *vi* faire du skate aérien **fer dew sket a-ay-ryuh<u>n</u>** ♦ **windskating** *n* skate aérien **sket a-ay-ryuh<u>n</u>**

A blue diamond ♦ *signals a different word or a different form of a word.*

windsurf *vi* faire de la planche à voile **fer duh la plansh_a vwal.** ♦ **windsurfing** *n* planche à voile *f* **plansh_a vwal**

windy *adj* venteux, -teuse *m&f* **van-tuh, -tuhz** It's *(1)* windy. / *(2)* too windy. Il y a *(1)* du vent. / *(2)* trop de vent. **Eel_ee_y_a** *(1)* **dew van.** / *(2)* **tro duh van.**

wine *n* vin *m* **vuhn** **bottle of** ~ bouteille *f* de vin **boo-tey duh vuhn** **dry** ~ vin sec **vuhn sek** **local** ~ vin du terroir **vuhn dew tay-rwar** **red** ~ vin rouge **vuhn roozh** **sweet** ~ vin doux **vuhn doo** **white** ~ vin blanc **vuhn blan** ~ **list** carte *f* des vins **kart day vuhn** **Would you care for a glass of wine?** *Aimeriez-vous (Fam: Aimerais-tu)* un verre de vin? *Ay-muh-ryay-voo (Fam: Em-ray-tew)* **uhn ver duh vuhn? What wine do you recommend?** Quel vin *recommandez-vous (Fam: recommandes-tu)*? **Kel vuhn ruh-ko-man-day-voo (Fam: ruh-ko-mand-tew)?** ♦ **winery** *n* entreprise *f* vinicole **an-truh-preez vee-nee-kol,** vignoble *m* **vee-nyobl**

winner *n* gagnant, -e *m* **ga-nyan, -nyant,** vainqueur **vuhn-kuhr** **You're the winner!** *Vous êtes (Fam: Tu es)* le gagnant (la gagnante)! *Voo_z_et (Fam: Tew ay)* **luh ga-nyan (la ga-nyant)!** ♦ **winning** *adj* gagnant, -e *m&f* **ga-nyan, -nyant,** vainqueur *m* **vuhn-kuhr** ~ **number** numéro *m* gagnant **new-may-ro ga-nyan** ~ **streak** série *f* gagnante **say-ree ga-nyant** ~ **team** équipe *f* gagnante **ay-keep ga-nyant** ~ **ticket** ticket *m* gagnant **tee-ke ga-nyan**

winter *adj* hivernal, -e *m&f* **ee-ver-nal** ~ **sports** sports *mpl* d'hiver **spor d'ee-ver** ♦ *n* hiver *m* **ee-ver** **in the** ~ en hiver **an_ee-ver** **last** ~ l'hiver dernier **l'ee-ver der-nyay** **next** ~ l'hiver prochain **l'ee-ver pro-shuhn**

wipe *vt* essuyer **ay-swee-yay,** éponger **ay-pon-zhay,** nettoyer **nay-twa-yay** ~ **off** *(subtract)* perdre **perdr** ~ **up** nettoyer avec un chiffon **nay-twa-yay a-vek_uhn shee-fon**

wiped out *adj (slang: exhausted)* crevé, -e *m&f* **kruh-vay** **I'm totally wiped out.** Je suis trop *crevé (-e)*. **Zhuh swee tro kruh-vay.**

wire *vt (transfer, usually money)* transférer **trans-fay-ray** ♦ *n* 1. *(binding)* fil *m* (métallique) **feel (may-ta-leek)**; 2. *(elec)* fil *m* (électrique) **feel (_ay-lek-treek)**; 3. *(money)* virement *m* électronique / bancaire **veer-man ay-lek-tro-neek / ban-ker electrical** ~ fil électrique **feel_ay-lek-treek** **piece of** ~ morceau *m* de fil **mor-so duh feel** **send a** ~ *(money)* faire un transfert d'argent **fer uhn trans-fer d'ar-zhan** **You're a live wire.** *Vous êtes (Fam: Tu es)* une personne qui regorge d'énergie. *Voo_z_et (Fam: Tew ay)* **ewn per-son kee ruh-gorzh d'ay-ner-zhee.** ♦ **wireless** *adj (internet)* sans fil *m* **san feel**

wisdom *n* sagesse *f* **sa-zhes**

wise *adj* avisé, -e *m&f* **a-vee-zay**, sage *m&f* **sazh,** judicieux, -cieuse *m&f* **zhuh-dee-syuh, -syuhz** ~ **decision** sage décision **sazh day-see-zyon** ~ **thing to do** meilleure chose à faire **me-yuhr shoz_a fer** **I think that's very wise of you.** Je pense que c'était très sage de *votre (Fam: ta)* part. **Zhuh pans kuh s'ay-tay tre sazh duh** *votr (Fam: ta)* **par.** **That would (not) be wise.** Ça (ne) serait (pas) judicieux. **Sa (nuh) suh-ray (pa) zew-dee-syuh.**

wish *vt* souhaiter **swoo-tay,** désirer **day-zee-ray**
 I wish you… Je *vous (Fam: te)* souhaite… **Zhuh** *voo (Fam: tuh)* **swet…**

Familiar "tu" ("tew") forms in parentheses can replace italicized polite forms.

| wish | 498 | woman |

We wish you... Nous *vous (Fam: te)* souhaitons... **Noo** *voo (Fam: tuh)* **sway-ton...**

  ...lots of luck. ...beaucoup de chance. **...bo-koo duh sha̱ns.**
  ...all the luck in the world. ...toute la chance au monde. **...toot la sha̱ns_o mond.**
  ...all the best. ...le meilleur. **...luh me-yuhr.**
  ...happiness. ...du bonheur. **...dew bo-nuhr.**
  ...success. ...du succès. **...dew sewk-se.**

♦ **wish** *n* souhait *m* **sway**, vœu, vœux *m&mpl* **vuh**, désir *m* **day-zeer** best ~ meilleurs vœux **me-yuhr vuh** my fervent ~ mes fervents vœux **may fer-va̱n vuh** my only ~ mon seul souhait **mo̱n suhl sway** sincere ~ vœu sincère **vuh suhn-ser** your (every) ~ (tous) vos *(Fam: tes)* vœux (too) *vo (Fam: tay)* **vuh Make a wish. (Then blow out the candles.)** *Faites (Fam: Fais)* un vœu. (*e soufflez [Fam: souffle] les bougies.*) **Fet** *(Fam: Fay)* **uẖn vuh (ay soo-fla̱ [Fam: soofl] lay boo-zhee.) My secret wish is...** Mon souhait secret est... **Mo̱n sway suh-kre ay... Your wish is my command.** Vos *(Fam: Tes)* désirs son des ordres. *Vo (Fam: Tay)* **day-zeer so̱n day_z_ordr.** ♦ **wishful** *adj* désireux désireuse *m&f* **day-zee-ruh, -ruhz** That's wishful thinking. Vous rêvez *(Fam Tu rêves)* un peu. *Voo ray-vay (Fam: Tew rev_)* **uẖn puh.**

wishy-washy *adj* fade *m&f* **fad**, insipide *m&f* **uhn-see-peed**
wit *n* 1. *(cleverness at humor)* esprit *m* **es-pree**; 2. *(intelligence, sense) (often p* vivacité *f* (d'esprit) **vee-va-see-tay (d'es-pree)**; 3. *(witty person)* esprit **es-pre You really have a (1) quick / (2) sarcastic / (3) sharp wit.** Vous êtes *(Fam Tu es)* vraiment une personne à l'esprit (1) vif. / (2) sarcastique. / (3) mordan *Voo_z_et (Fam: Tew ay)* **vray-ma̱n ewn per-son_a l'es-pree (1) veef. / (2) sa kas-teek. / (3) mor-da̱n.**

witch *n* sorcière *f* **sor-syer**
with *prep* 1. *(together)* avec **a-vek**; 2. *(by means of)* avec **a-vek**, par **par**
without *prep* sans **sa̱n** ~ **a doubt** sans un doute **sa̱n_z_uẖn doot What woul (1) I / (2) we do without you?** Qu'est-ce que *(1)* je deviendrais... / *(2)* no deviendrions sans *vous (Fam: toi)*? **K'es kuh (1) zhuh duh-vyuẖn-dray... (2) noo duh-vyuẖn-dree-yo̱n... sa̱n voo (Fam: twa)? Without you I would b totally bored.** Sans *vous (Fam: toi)*, je m'ennuierais à mourir. **Sa̱n voo (Far twa), zhuh m'a̱n-nwee-ray a moo-reer. We can get along without it.** On pe survivre sans. **O̱n puh sewr-vreer sa̱n.**

witness *n* témoin *m&f* **tay-mwuẖn You're my witness.** Vous êtes *(Fam: es)* mon témoin. *Voo_z_et (Fam: Tew ay)* **mo̱n tay-mwuẖn. We need tw witnesses.** Nous avons besoin de deux témoins. **Noo_z_a-vo̱n buh-zwuẖn du duh tay-mwuẖn.**

witty *adj* plein, -e *m&f* d'esprit **pluẖn, plen d'es-pree**, vif, vive *m&f* **veef, veev**
wizard *n* magicien *m* **ma-zhee-syuẖn**
woman *n* femme *f* **fam another** ~ une autre femme **ewn_o-truh fam beautif** ~ belle femme **bel fam good** ~ femme généreuse **fam zhay-nay-ruhz goo**

---

*Learn a new French phrase every day! Subscribe to the free **Daily Dose of French**, www.phrase-books.com.*

looking ~ belle femme **bel fam good-natured** ~ femme accommodante **fam_a-ko-mo-dant intelligent** ~ femme intelligente **fam_uhn-tay-lee-zhant interesting** ~ femme intéressante **fam_uhn-tay-ray-sant lovely** ~ femme adorable **fam_a-do-rabl married** ~ femme mariée **fam ma-ryay nice** ~ gentille femme **zhan-teey(uh) fam remarkable** ~ femme remarquable **fam ruh-mar-kabl sweet** ~ femme douce **fam doos** ~ **friend** amie **a-mee Who's that woman?** Qui est cette femme? **Kee ay set fam? You're a very beautiful woman.** Vous êtes (Fam: Tu es) une très belle femme. *Voo_z_et_(Fam: Tew ay)_z_ewn tre bel fam.* **What a wonderful woman you are.** Quelle femme extraordinaire vous êtes (Fam: tu es). **Kel fam_eks-tra-or-dee-ner** *voo_z_et (Fam: tew ay).* **You're the nicest woman I've ever met.** Vous êtes (Fam: Tu es) la femme la plus gentille qui m'ait été donné de rencontrer. *Voo_z_et (Fam: Tew ay)* **la fam la plew zhan-teey(uh) kee m'ay_t_ay-tay do-nay duh ran-kon-tray. You're the woman for me.** Vous êtes (Fam: Tu es) la femme de ma vie. *Voo_z_et (Fam: Tew ay)* **la fam duh ma vee. (1,2) What kind of a woman do you think I am?** *(1)* Quel genre de femme *pensez-vous (Fam: penses-tu)* que je suis? / *(2)* Pour quel genre de femme *m'avez-vous (Fam: m'as-tu)* prise? *(1)* **Kel zhanr duh fam** *pan-say-voo (Fam: pans-tew)* **kuh zhuh swee?** / *(2)* **Poor kel zhanr duh fam** *m'a-vay-voo (Fam: m'a-tew)* **preez?** ♦ **womanizer** *n* homme *m* à femmes **om_a fam,** coureur *m* de jupons **koo-ruhr duh zhew-pon,** Casanova *m* **Ka-za-no-va,** Don Juan *m* **Don Zhew-an** ♦ **women's** *adj* pour femme **poor fam** ~ **clothing** vêtements pour femme **vet-man poor fam** ~ **restroom** toilettes pour femme **twa-let poor fam**

wonder *vi* se demander **suh duh-man-day,** s'interroger **s'uhn-tay-ro-zhay I wonder...** Je me demande... **Zhuh muh duh-mand...**
  ...what that is. ...ce que c'est. **...suh kuh s'ay.**
  ...what they're doing. ...ce qu'ils font. **...suh k'eel fon.**
  ...why they stopped. ...pourquoi ils ont arrêté. **...poor-kwa eel_z_on a-ray-tay.**
  ...when it will start. ...quand ça va commencer. **...kan sa va ko-man-say.**
  ...how long we'll have to wait. ...combien de temps nous allons attendre. quand ça va commencer. **...kon-byuhn duh tan noo_z_a-lon a-tandr.**
♦ *n* 1. *(miracle)* miracle *m* **mee-rakl,** prodige *m* **pro-deezh;** 2. *(surprise)* merveilles *fpl* **mer-vey,** surprise *f* **sewr-preez no** ~ pas étonnant **pa_z_ay-to-nan,** pas surpris **pa sewr-pree Wonders never cease.** Vous n'arrêtez (Fam: Tu n'arrêtes) pas de me surprendre. *Voo n'a-ray-tay (Fam: Tew n'a-ret)* **pa duh muh sewr-prandr. No wonder you're still single - you work all the time.** Pas étonnant que *vous soyez (Fam: tu sois)* encore *seul (-e) - Vous travaillez (Fam: Tu travailles)* tout le temps. **Pa_z_ay-to-nan kuh** *voo swa-yay (Fam: tew swa)* **an-kor suhl -** *Voo tra-va-yay (Fam: Tew tra-vaee)* **too luh tan.** ♦ **wonderful** *adj* merveilleux, merveilleuse *m&f* **mer-vey-yuh, -yuhz How wonderful!** Quelle merveille! **Kel mer-vey! This is wonderful!** C'est magnifique! **S'ay ma-**

Underlines between letters indicate the sounds are joined together.

nee-feek! That was wonderful! C'était magnifique! **S'ay-tay ma-nee-feek!** *(1)* **I** / *(2)* **We had a wonderful time.** *(1)* J'ai… / *(2)* Nous avons… passé un moment merveilleux. *(1) Zh'ay…* / *(2)* **Noo_z_a-von… pa-say uhn mo-man mer-vay-yuh. What a wonderful place!** Quel endroit merveilleux! **Kel_an-drwa mer-vay-yuh! You're wonderful.** *Vous êtes (Fam: Tu es) merveilleux F: merveilleuse).* **Voo_z_et** *(Fam: Tew ay)* **mer-vay-yuh** *(F: mer-vay-yuhz).* **You're (such a) wonderful lover!** Tu es *un amoureux (une amoureuse)* (tellement) *merveilleux (F: merveilleuse)!* **Tew ay** *uhn_a-moo-ruh (ewn_a-moo-ruhz)* **(tel-man)** *mer-vay-yuh (mer-vay-yuhz)!* **You're the most wonderful person I've ever met.** *Vous êtes (Fam: tu es)* la personne la plus merveilleuse qu'il ne m'ait jamais été donné de rencontrer. *Voo_z_et (Fam: Tew ay)* **la per-son la plew mer-vay-yuhz k'eel nuh m'ay zha-may_z_ay-tay do-nay duh ran-kon-tray.**

wood(en) *adj* en bois **an bwa** ♦ **wood** *n* bois *m* **bwa gather** ~ collecter du bois **ko-lek-tay dew bwa work with** ~ travailler avec le bois **tra-va-yay a-vek luh bwa Put some more wood on the fire.** Rajouter du bois dans le feu. **Ra-zhoo-tay dew bwa dan luh fuh.** ♦ **woods** *n pl* bois *mpl* **bwa in the** ~ dans les bois **dan lay bwa** ♦ **woodworking** *n* travail du bois *m* **tra-vaee dew bwa**

wool *n* laine *f* **len** ♦ **wool(en)** *adj* en laine **an len**

word *n* mot *m* **mo**, parole *f* **pa-rol**, terme *m* **term beautiful** ~**s** jolis mots *m* **zho-lee mo beyond** ~**s** indescriptibles **uhn-des-kreep-teebl**, grandiose **gran-joz dirty** ~ mot déplacé **mo day-pla-say English** ~ mot anglais **mo an-glay exact** ~**s** mots exacts **mo eg-zakt express in** ~**s** s'exprimer par les mots **s'eks-pree-may par lay mo fancy** ~**s** mots recherchés **mo ruh-sher-shay find the** ~**s** trouver ses mots **troo-vay say mo flowery** ~**s** mots du langage soutenu **mo dew lan-gazh soo-tuh-new French** ~ mot français **mo fran-say kind** ~ mot gentil **mo zhan-tee mean** ~**s** méchantes paroles **may-shant pa-rol my** ~ **of honor** ma parole d'honneur **ma pa-rol d'o-nuhr nice** ~**s** mots gentils **mo zhan-tee put into** ~**s** retranscrire par les mots **ruh-trans-kreer par lay mo right** ~ bon mot **bon mo slang** ~ mot argotique **mo ar-go-teek such** ~**s** de tels mots **duh te mo swear** ~ parole solennelle **pa-rol so-la-nel sweet** ~**s** mots doux **mo doo the** ~ **to the music** les mots à l'origine de la musique **lay moz_a l'o-ree-zheer duh la mew-zeek warm** ~**s** mots chaleureux **mo sha-luh-ruh wise** ~ sage paroles **sazh pa-rol your** ~**s** vos *(Fam: tes)* mots *vo (Fam: tay)* **mo That's a word I don't** *(1)* **know.** / *(2)* **understand.** C'est un mot que *(1)* je ne connai pas. / *(2)* je ne comprends pas. **S'ay_t_uhn moh kuh** *(1)* **zhuh nuh ko-nay pa.** / *(2)* **zhuh nuh kon-pran pa. Is that the right word?** Est-ce le bon mot **Es luh bon mo? What does the word** *(word)* **mean?** Qu'est-ce que le mo (__) veut dire? **K'es kuh luh mo (__) vuh deer? Wait, I have to look up a word (in the dictionary).** *Attendez (Fam: Attends),* je dois chercher un mo (dans le dictionnaire). *A-tan-day (Fam: A-tan),* **zhuh dwa sher-shay uhn mo (dan luh deek-syo-ner). Those are fighting words!** Ce sont des mots sourc de dispute! **Suh son day mo soors duh dees-pewt! You took the words righ out of my mouth.** *Vous m'avez (Fam: Tu m'as)* volé les mots de la bouche. *Vo*

Like English, French has both regular and irregular verbs.
Learn more about them on page 514.

m'a-vay (Fam: Tew m'a) **vo-lay lay mo duh la boosh. You have a *(1)* great / *(2)* wonderful way with words.** *Vous avez (Fam: Tu as)* un don *(1)* formidable / *(2)* merveilleux pour utiliser les mots. *Voo_z_a-vay (Fam: Tew a)* **uhn don *(1)* for-mee-dabl / *(2)* mer-vay-yuh poor ew-tee-lee-zay lay mo. I give you my word.** Je *vous (Fam: te)* donne ma parole. **Zhuh** *voo (Fam: tuh)* **don ma pa-rol. You gave me your word.** *Vous m'avez donné votre (Fam: Tu m'as donné ta)* parole. *Voo m'a-vay do-nay votr (Fam: Tew m'a do-nay ta)* **pa-rol. In other words...** En d'autres termes… **An d'otr term…**

work *vi* 1. *(labor)* travailler **tra-va-yay**; 2. *(function)* marcher **mar-shay**, fonctionner **fonk-syo-nay**, aller **a-lay** ~ **as** travailler en tant que **tra-va-yay an tan kuh** ~ **fulltime** travailler à temps complet **tra-va-yay a tan kon-ple** ~ **hard** travailler dur **tra-va-yay dewr** ~ **part-time** travailler à temps partiel **tra-va-yay a tan par-syel Where do you work?** Où *travaillez-vous (Fam: travailles-tu)*? **Oo** *tra-va-yay-voo (Fam: tra-vaee-tew)*? **I work *(1)* for *(company)* . / *(2)* at / *(3)* in a *(type of business)*.** Je travaille *(1)* pour *(___)*. / *(2)* à *(___)*. / *(3)* dans *un (F: une)* *(___)*. **Zhuh tra-vaee *(1)* poor *(___)*. / *(2)* a *(___)*. / *(3)* dan** *uhn (F: ewn)* *(___)*. **I work as a *(job title)*.** Je travaille en tant que *(___)*. **Zhuh tra-vaee an tan kuh *(___)*. What hours do you work?** Quelles sont *vos (Fam: tes)* horaires de travail? **Kel son** *vo_(Fam: tay)_z_o-rer* **duh tra-vaee? How long have you worked there?** Combien ça fait de temps que *vous y travaillez (Fam: tu y travailles)*? **Kon-byuhn sa fay duh tan kuh** *voo_z_ee tra-va-yay (Fam: tew ee tra-vaee)*? **I've worked there for *(number)* years.** J'ai y travaillé pendant *(___)* an(s). **Zh'ee ay tra-va-yay pan-dan *(___)* an. Is it a good place to work?** Est-ce un bon endroit pour travailler? **Es_uhn bon an-drwa poor tra-va-yay? How does it work?** Comment ça marche? **Ko-man sa marsh? It doesn't work.** Ça ne marche pas. **Sa nuh marsh pa. It won't work.** *(plan, idea, effort)* Ça ne marchera pas. **Sa nuh mar-shra pa. It didn't work.** Ça n'a pas marché. **Sa n'a pa mar-shay.** ♦ *n* travail *m* **tra-vaee ask to get off** ~ demander la permission de partir du travail **duh-man-day la per-mee-syon duh par-teer dew tra-vaee hard** ~ travail dur **tra-vaee dewr out of** ~ sans emploi **san_z_an-plwa What kind of work do you do?** Quel genre de travail *faites-vous (Fam: fais-tu)*? **Kel zhanr duh tra-vaee fet-voo *(Fam: fay-tew)*?** *(For replies, see under* **be** *and* **work** *[vi])* **What time do you *(1)* start / *(2)* finish / *(3)* get off work?** A quelle heure *(1)* commencez-vous *(Fam: commences-tu)* le... / *(2)* finissez-vous *(Fam: finis-tu)* le... / *(3)* sortez-vous *(Fam: sors-tu)* du... travail? **A kel_uhr *(1)* ko-man-say-voo *(Fam: ko-mans-tew)* luh… / *(2)* fee-nee-say-voo *(Fam: fee-nee-tew)* luh… / *(3)* sor-tay-voo *(Fam: sor-tew)* dew… tra-vaee? I have to go to work *([1]* now / *[2]* at *[time])*.** Je dois aller au travail *([1]* maintenant / *[2]* à __). **Zhuh dwa_z_a-lay o tra-vaee *([1]* muhnt-nan / *[2]* a *[___]*). I'm going to work.** Je vais travailler. **Zhuh vay tra-va-yay. I *(1)* finish / *(2)* get off work at *(time)*.** *(1)* Je finis le… / *(2)* Je sors du… travail à *(___)*. *(1)* **Zhuh fee-nee luh… / *(2)* Zhuh sor dew… tra-vaee a *(___)*. I'm going to work.** Je vais au travail. **Zhuh vay_z_o tra-vaee. Are you *(1)* busy / *(2)* free after work?** *Etes-vous*

---

a *always sounds like the "a" in "father"*

(Fam: Es-tu) (1) occupé (-e)… / (2) libre… après le travail? Et-voo *(Fam: Ay-tew) (1)* **o-kew-pay… / (2) leebr_… a-pre luh tra-vaee?** **What are you doing (1) after work? / (2) after you get off work?** *Que faites-vous (Fam: fais-tu) (1) apres le travail? / (2) après être sorti (-e) du travail?* **Kuh** *fet-voo (Fam: fay-tew) (1)* **a-pre luh tra-vaee? / (2) a-pre_z_etr sor-tee dew tra-vaee?** ♦ **workaholic** *n* personne *m&f* qui voue sa vie au travail **per-son kee voo sa vee o tra-vaee**
♦ **worker** *n* travailleur *m*, travailleuse *f* **tra-va-yuhr, -yuhz hard** ~ *travailleur assidu (F: travailleuse assidue)* tra-va-yuhr_a-see-dew *(F: tra-va-yuhz_a-see-dew)*

♦ **work out** *idiom* 1. *(exercise)* s'entraîner **s'an-tray-nay**, faire de l'exercice **fer duh l'eg-zer-sees**; 2. *(turn out)* s'organiser **s'or-ga-nee-zay**, se dérouler **suh day-roo-lay**; 3. *(turn out successfully)* aller bien **a-lay byuhn**, se passer bien **suh pa-say byuhn**, se dérouler bien **suh day-roo-lay byuhn I hope everything works out okay for you.** *J'espere que tout se déroulera bien pour vous (Fam: toi).* **Zh'es-per kuh too suh day-roo-luh-ra byuhn poor** *voo (Fam: twa).* **Don't worry, everything will work out.** *Ne vous inquiétez (Fam: t'inquiète) pas, tout ira bien.* **Nuh** *voo_z_uhn-kyay-tay (Fam: t'uhn-kyet)* **pa, too_t_ee-ra byuhn. I don't think it's working out between us.** *Je ne pense pas que ça marche entre nous.* **Zhuh nuh pans pa kuh sa marsh an-truh noo. I work out regularly (*[1]* at home. / *[2]* at a health club.)** *Je fais de l'exercice régulièrement (*[1]* chez moi. / *[2]* en club).* **Zhuh fay duh l'eg-zer-sees ray-gew-lyer-man (*[1]* shay mwa. / *[2]* an kluhb). Let's go work out (together).** *Allons faire de l'exercice (ensemble).* **A-lon fer duh l'eg-zer-sees (_an-sanbl). Do you want to go work out (*[1]* tomorrow morning / *[2]* this afternoon / *[3]* this evening)?** *Voulez-vous (Fam: Veux-tu) faire de l'exercice (*[1]* demain matin / *[2]* cet après-midi / *[3]* ce soir)?* **Voo-lay-voo** *(Fam: Vuh-tew)* **fer duh l' eg-zer-sees (*[1]* duh-muhn ma-tuhn / *[2]* set_a-pre mee-dee / *[3]* suh swar)? Where's a (good) place to work out?** *Connaissez-vous (Fam: Connais-tu) un bon endroit pour faire de l'exercice?* **Ko-nay-say-voo** *(Fam: Ko-nay-tew)* **uhn bon_an-drwa poor fer duh l'egs-zer-sees?**

world *n* monde *m* **mond big** ~ *monde vaste* **mond vast crazy** ~ *monde fou* **mond foo crowded** ~ *monde sur-peuplé* **mond sewr-puh-play entire** ~ *monde entier* **mond_an-chyay in the whole** ~ *dans le monde entier* **dan luh mond_an-chyay nothing in the** ~ *rien au monde* **ryuhn_o mond out of this** ~ *au-delà de tout* **o duh-la duh too wacky** ~ *monde étrange* **mond ay-tranzh vast** ~ *monde m* vaste **mond vast** ~ **champion** *champion du monde* **shan-pyon dew mond I'd like to travel around the world with you.** *J'aimerais faire le tour du monde avec vous (Fam: toi).* **Zh'em-ray fer luh toor dew mond_a-vek** *voo (Fam: twa).* **You mean the world to me.** *Vous êtes (Fam: Tu es) ce que j'ai de plus cher au monde.* **Voo_z_et** *(Fam: Tew ay)* **suh kuh zh'ay duh plew sher_o mond. You are all I want in this world.** *Vous êtes (Fam: Tu es) tout ce que je voulais au monde.* **Voo_z_et** *(Fam: Tew ay)* **too suh kuh zhuh voo-lay o mond. You're the *(1)* nicest / *(2)* sweetest person in the whole world.** *Vous êtes (Fam: Tu es)*

French pronunciation and phonetics are on pages 510-511.

la personne la plus *(1)* gentille / *(2)* douce au monde. *Voo_z_et (Fam: Tew ay)* **la per-son la plew** *(1)* **zhan-teey(uh)** / *(2)* **doos_o mond.** **The food is out of this world!** La nourriture est grandiose! **La noo-ree-tewr_ay gran-joz. I'm King of the World!** Je suis le roi du monde! **Zhuh swee luh rwa dew mond! And now, ladies and gentleman, the world's greatest** *(1)* **diver.** / *(2)* **player.** / *(3)* **swimmer.** Et maintenant, Mesdames et Messieurs, voici *le plus grand (F: la plus grande) (1) plongeur (F: plongeuse) / (2) joueur (F: joueuse) / (3) nageur (F: nageuse)* au monde. **Ay muhnt-nan, may-dam_z_ay may-syuh, vwa-see** *luh plew gran (F: la plew grand) (1) plon-zhuhr (F: plon-zhuhz)_ / (2) zhoo-uhr (F: zhoo-uhz)_ / (3) na-zhuhr (F: na-zhuhz)_o* **mond.**

worm(s) *n(pl)* ver(s) *m&mpl* **ver**

worn out *adj (exhausted)* épuisé *m&f* **ay-pwee-zay** **You must be worn out.** *Vous devez (Fam: Tu dois)* être *épuisé (-e).* **Voo duh-vay (Fam: Tew dwa) etr_ay-pwee-zay. I'm (totally) worn out.** Je suis complètement *épuisé (-e).* **Zhuh swee (k on-plet-man) ay-pwee-zay.**

worried *adj* préoccupé, -e *m&f* **pray-o-kew-pay** **Are you worried?** *Etes-vous (Fam: Es-tu) préoccupé (-e)?* **Et-voo (Fam: Ay-tew) pray-o-kew-pay? I'm (not) worried (about...).** Je (ne) me fais (pas) de souci (au sujet de… / pour…). **Zhuh (nuh) muh fay (pa) duh soo-see (o sew-zhay duh… / poor…). What are you worried about?** Qu'est-ce qui *vous (Fam: te)* préoccupe? **K'es kee** *voo (Fam: tuh)* **pray-o-kewp? Don't be worried.** Ne *vous faites (Fam: te fais)* pas de souci. **Nuh** *voo fet (Fam: tuh fay)* **pa duh soo-see.** ♦ **worry** *vi* se soucier **suh soo-syay,** se préoccuper **suh pray-o-kew-pay I (don't) worry (about** *[1]* **you /** *[2]* **him /** *[3]* **her /** *[4]* **us /** *[5]* **them).** Je (ne) me fais (pas) de souci (pour *[1]* toi / *[2]* lui / *[3]* elle / *[4]* nous / *[5]* eux). **Zhuh (nuh) muh fay (pa) duh soo-see (poor** *[1]* **twa /** *[2]* **lwee /** *[3]* **el /** *[4]* **noo /** *[5]* **uh). Don't worry.** Ne te fais pas de souci. **Nuh tuh fay pa duh soo-see.** *(1,2)* **There's nothing to worry about.** *(1)* Il n'y a pas lieu de se faire du souci. / *(2)* Il n'y a aucune raison de se faire du souci. *(1)* **Eel n'ee_y_a pa lyuh duh suh fer duh soo-see.** / *(2)* **Eel n'ee_y_a o-kuhn ray-zon duh suh fer dew soo-see.** ♦ **worry-wart** *n (slang)* personne *f* qui se ronge l'esprit constamment **per-son kee suh ronzh l'es-pree kons-ta-man**

worse *adj* pire **peer** **It could have been worse.** Ça aurait pu être pire. **Sa o-ray pew etr peer. Finally I found someone who** *(1)* **plays /** *(2)* **sings worse than I do.** Finalement, j'ai trouvé quelqu'un qui *(1)* joue / *(2)* chante pire que moi. **Fee-nal-man, zh'ay troo-vay kel-kuhn kee** *(1)* **zhoo /** *(2)* **shant peer kuh mwa. I'm bad, but you're worse.** Je suis mauvais, mais *vous êtes (Fam: tu es)* pire. **Zhuh swee mo-vay, may** *voo_z_et (Fam: tew ay)* **peer.**

worship *vt* vénérer **vay-nay-ray I worship you.** Je te vénère. **Zhuh tuh vay-ner.**

worst *adj* le pire, la pire *m&f* **luh peer, la peer** ~ **case scenario** le pire des scénario **luh peer day say-na-ryo** **What's the worst thing that could happen?** Quelle est la pire chose qui pourrait arriver? **Kel_ay la peer shoz kee poo-ray a-ree-vay? I'm the worst** *(1)* **dancer /** *(2)* **swimmer you ever saw.** Je suis *(1)* le pire danseur (F: la pire danseuse) / (2) le pire nageur (F: la pire nageuse)* que *vous*

---

*Learn a new French phrase every day! Subscribe to the free **Daily Dose of French**, www.phrase-books.com.*

n'avez (Fam: tu n'as) jamais vu. **Zhuh swee** *(1) luh peer da̱n-suhr (F: la peer da̱n-suhz) / (2) luh peer na-zhuhr (F: la peer na-zhuhz)* **kuh** *voo n'a-vay (Fam: tew n'a)* **zha-may vew.**

- **worth** *adj* qui vaut la peine **kee vo la pen**, qui a de la valeur **kee a duh la va-luhr** **What's it worth?** Qu'est-ce que ça vaut? **K'es kuh sa vo?** **It's worth** *(value)*. Ça vaut (___). **Sa vo (___). It's not worth it.** Ça n'en vaut pas la peine. **Sa n'a̱n vo pa la pen. It was worth it.** Ça en valait la peine. **Sa a̱n va-lay la pen.**
  ♦ **worthless** *adj* sans valeur **sa̱n va-luhr absolutely** ~ absolument sans valeur **ab-so-lew-ma̱n sa̱n va-luhr**
- **would** *v aux* **I would** *(1)* **do it...** */ (2)* **go...** */ (3)* **stay...,** **if I could.** *(1)* Je le ferais... / *(2)* J'irais... / *(3)* Je resterais... si je pouvais. *(1)* **Zhuh luh fuh-ray…** */ (2)* **Zh'ee-ray…** */ (3)* **Zhuh res-tuh-ray… see zhuh poo-vay. Would you care to join** *(1)* **me?** */ (2)* **us?** Aimeriez-vous (Fam: Aimerais-tu) te joindre à *(1)* moi? / *(2)* nous? *Ay-muh-ryay-voo (Fam: Em-ray-tew)* **tuh zhwuhndr_a** *(1)* **mwa?** */ (2)* **noo? I wouldn't mind.** Ça ne me dérangerait pas. **Sa nuh muh day-ra̱nzh-ray pa. I wouldn't do that if I were you.** Je ne le ferais pas ça si j'étais *vous (Fam: toi)*. **Zhuh nuh luh fuh-ray pa see zh'ay-tay** *voo (Fam: twa)*.
- **wrap** *vt* emballer **a̱n-ba-lay** ~ **a gift** emballer un cadeau **a̱n-ba-lay uẖn ka-do** ~ **a package** faire un paquet **fer_uẖn pa-ke** ♦ **wrapping** *adj* à emballer **a a̱n-ba-lay** ~ **paper** papier *m* à emballer **pa-pyay a a̱n-ba-lay**
- **wrecked** *adj* tombé, -e *m&f* à l'eau **to̱n-bay a l'o All** *(1)* **my** */ (2)* **our plans are wrecked.** Tous *(1)* mes / *(2)* nos plans sont tombés à l'eau. **Too** *(1)* **may** */ (2)* **no plan so̱n to̱n-bay a l'o. The car is wrecked.** La voiture est une épave. **La vwa-tewr_ay ewn_ay-pav.**
- **wrench** *n* clef *f* anglaise **klay a̱n-glez crescent** ~ clef à molette **klay a mo-let socket** ~ clef anglaise formant un tube **klay a̱n-glez for-ma̱n uẖn tewb**
- **wrestle** *vi* combattre **ko̱n-batr**, prendre partie pour **pra̱ndr par-tee poor** ♦ **wrestler** *n* combattant, -e *m&f* **ko̱n-ba-ta̱n, -ta̱nt** ♦ **wrestling** *n* lutte *f* **lewt**, combat *m* **ko̱n-ba** ~ **match** tournoi *m* de lutte **toor-nwa duh lewt professional** ~ lutte professionnelle **lewt pro-fay-syo-nel**
- **wrinkled** *adj* ridé, -e *m&f* **ree-day**, froissé, -e *m&f* **frwa-say My clothes are all wrinkled.** Mes vêtements sont tout froissés. **May vet-ma̱n o̱n too frwa-say.**
- **wrist** *n* poignet *m* **pwa-nyay sprained** ~ entorse *f* au poignet **a̱n-tors_o pwa-nyay**
- **write** *vt* écrire **ay-kreer** ~ **in** *(1)* **English** */ (2)* **French** écrire en *(1)* anglais. / *(2)* français. **Ay-kreer_a̱n** *(1)* **_a̱n-glay.** */ (2)* **fra̱n-say.**

    (I promise) I'll write to you… (Je te promets.) Je *vous (Fam: t')* écrirai… **(Zhuh tuh pro-me.) Zhuh** *voo_z_(Fam: t')* **ay-kree-ray...**

    …**often.** …souvent. **...soo-va̱n.**
    …**soon.** …bientôt. **...byuẖn-to.**
    …**every day.** …tous les jours. **...too lay zhoor.**
    …**every week.** …toutes les semaines. **...toot lay suh-men.**
    …**as soon as I can.** …dès que je peux. **...de kuh zhuh puh.**
    …**as often as I can.** …aussi souvent que je peux. **...o-see soo-va̱n kuh**

---

oo sounds like the "oo" in "shoot".

    zhuh puh.
- **…(at least) once or twice a week.** …(au moins) une à deux fois par semaine. **...(o mwuhn) ewn_a duh fwa par suh-men.**
- **…every chance I get.** …à chaque fois que j'en ai l'occasion. **...a shak fwa kuh zh'an_ay l'o-ka-zyon.**

Write to me (*[1]*often / *[2]* soon), okay? Ecrivez (Fam: Ecris)-moi (*[1]* souvent / *[2]* bientôt), d'accord? **Ay-kree-vay (Fam: Ay-kree)-mwa (*[1]* soo-van. / *[2]* byuhn-to), d'a-kor.** **I wrote (a *[1]* letter / *[2]* postcard) to you (from...).** Je vous (Fam: t') ai écrit une (*[1]* lettre / *[2]* carte postale) (de...). L'avez-vous (Fam: as-tu) reçue? **Zhuh voo_z_(Fam: t')_ay ay-kree ewn (*[1]* letr / *[2]* kart pos-tal) (duh...). L'a-vay-voo (Fam: a-tew) ruh-sew?** **Write down your (1) address / (2) phone number / (3) e-mail address for me.** Ecrivez (Fam: Ecris)-moi votre (Fam: ton) (1) adresse. / (2) numéro de téléphone. / (3) e-mail. **Ay-kree-vay (Fam: Ay-kree)-mwa votr (Fam: ton) (1) _a-dres. / (2) new-may-ro duh tay-lay-fon. / (3) ee-mayl.** **How do you write your name?** Comment écrivez-vous (Fam: écris-tu) votre (Fam: ton) nom? **Ko-man ay-kree-vay-voo (Fam: ay-kree-tew) votr (Fam: ton) non?** **Who wrote it?** *(book)* Qui l'a écrit? **Kee l'a ay-kree?** **It was written by *(author)*.** Ça a été écrit par (___). **Sa a ay-tay ay-kree par (___).** ♦ **writer** *n* écrivain *m&f* **ay-kree-vuhn**

wrong *adj* 1. *(incorrect)* faux, fausse *m&f* **fo, fos**, mauvais, -e *m&f* **mo-vay, -vez**, tort *m* **tor**, incorrect, -e *m&f* **uhn-ko-rekt**; 2. *(inappropriate)* inadéquat, -e *m&f* **ee-na-day-kwa, -kwat**; 3. *(amiss, not normal)* mal *m* **mal** ~ **road** mauvaise route **mo-vez root** ~ **street** mauvaise rue **mo-vez rew** ~ **time** mauvais moment **mo-vay mo-man** **You're wrong.** Vous avez (Fam: Tu as) tort. **Voo_z_a-vay (Fam: Tew a) tor.** **I'm sorry, I was wrong.** Je suis désolé (-e), j'avais tort. **Zhuh swee day-zo-lay, zh'a-vay tor.** **(1) My / (2) Your watch is wrong.** (1) Ma / (2) Votre (Fam: Ta) montre est déréglée. **(1) Ma / (2) Votr (Fam: Ta) montr_ay day-ray-glay.** **We're going the wrong way.** Nous allons dans le mauvais sens. **Noo_z_a-lon dan luh mo-vay sans.** **(1) I / (2) We took the wrong (3) bus. / (4) subway. / (5) train.** (1) J'ai… / (2) Nous avons… pris le mauvais (3) bus. / (4) métro. / (5) train. **(1) Zh'ay… / (2) Noo_z_a-von… pree luh mo-vay (3) bews / (4) may-tro / (5) truhn.** **We got on the wrong (1) highway. / (2) road. / (3) street.** Nous avons atterri sur la mauvaise (1) autoroute. / (2) route. / (3) rue. **Noo_z_a-von a-tay-ree sewr la mo-vez (1) o-to-root. / (2) root. / (3) rew.** **That's the wrong way (to do it).** On ne fait pas comme ça. **On nuh fay pa kom sa.** **Don't get the wrong idea.** Ne vous faites (Fam: te fais) pas de mauvaises idées. **Nuh voo fet (Fam: tuh fay) pa duh mo-vez_ee-day.** **What's wrong?** Qu'est-ce qui ne va pas? **K'es kee nuh va pa?** **Nothing is wrong.** Tout va bien. **Too va byuhn.** **Something is wrong.** Quelque chose ne tourne pas rond. **Kel-kuh shoz nuh toorn pa ron.** **I think something is wrong with *(item)*.** *(automot.)* Je pense qu'il y a un problème avec le (F: la) (___). **Zhuh pans k'eel_ee_y_a uhn pro-blem_a-vek luh (F: la) (___).** ♦ *adv* mal **mal** **You're doing it wrong. Let me show you.** Vous le faites (Fam: Tu le fais) de la mauvaise façon. Laissez-moi

---

English-French and French-English glossaries
of food and drink are on pages 534-546.

vous (Fam: Laisse-moi te) montrer. *Voo luh fet (Fam: Tew luh fay)* **duh la mo-vez fa-son.** **Lay-say-mwa voo (Fam: Les-mwa tuh) mon-tray. Don't get me wrong.** *Comprenez (Fam: Comprends)-moi.* **Kon-pruh-nay (Fam: Kon-pran)-mwa. I hope nothing goes wrong (with our plans).** J'espère que tout ira bien. (J'espère que tout ira comme prévu.) **Zh'es-per kuh too va byuhn. (Zh'es-per kuh too_t_ee-ra kom pray-vew). Everything went wrong.** Tout est allé de travers. **Too_t_ay a-lay duh tra-ver. I read the schedule wrong.** J'ai mal lu le programme. **Zh'ay mal lew luh pro-gram. Did I do something wrong?** Est-ce que j'ai fait quelque chose de mal? **Es kuh zh'ay fay kel-kuh shoz duh mal?**

X x

x-ray *vt* passer aux rayons X **pa-say o ray-yon Eeks**, faire une radio **fer_ewn ra-jo** *(1)* **I'd** / *(2)* **You'd better get it x-rayed.** (1) Je ferais… / (2) Vous feriez… mieux de faire une radio. *(1)* **Zhuh fuh-ray…** / *(2)* **Voo fuh-ryay… myuh duh fer_ewn ra-jo.** ♦ *n* rayon X *m* **ray-yon Eeks**

Y y

yacht *n* yacht *m* **yot power** ~ yacht motorisé **yot mo-to-ree-zay sailing** ~ yacht à voile **yot_a vwal** ♦ **yachting** *n* balade *f* en yacht **ba-lad_an yot**
yard *n* 1. *(of a house)* jardin *m* **zhar-duhn**; 2. *(36 inches)* yard *m* **yard front** ~ jardin de devant **zhar-duhn duh duh-van back** ~ jardin de derrière **zhar-duhn duh der-ryer**
yarn *n* fil *m* **feel ball of** ~ pelote *f* de fil **puh-lot duh feel**
yawn *vi* bâiller **ba-yay No yawning!** Pas de bâillements! **Pa duh baee-man! I'm sorry, I can't stop yawning.** Je suis *désolé (-e)*, je ne peux m'empêcher de bâiller. **Zhuh swee day-zo-lay, zhuh nuh puh m'an-pay-shay duh ba-yay.**
year *n* an *m* **an**, année *f* **a-nay a** ~ **ago** il y a un an **eel_y_a uhn_an**, ça fait un an **sa fay uhn_an all** ~ toute l'année **toot l'a-nay every** ~ chaque année **shak_a-nay in a** ~ dans un an **dan_z_uhn_an**; pendant une année **pan-dan_z_ewn_a-nay last** ~ l'année dernière **l'a-nay der-nyer** New Year la Nouvelle Année *f* **la Noo-vel_A-nay next** ~ l'année prochaine **l'_a-nay pro-shen once a** ~ une fois par an **ewn fwa par_an**, une fois dans l'année **ewn fwa dan l'a-nay this** ~ cette année **set_a-nay two** ~**s ago** il y a deux ans **eel_y_a duh_z_an**, ça fait deux ans **sa fay duh_z_an In what year?** En quelle année? **An kel_a-nay? How many years have you** *(1)* **lived** / *(2)* **worked** *(3)* **here?** / *(4)* **there?** Combien d'années *avez vous (Fam: as-tu)* (1) habité / (2) travaillé (3,4) ici? **Kon-byuhn d'a-nay** *a-vay voo (Fam: a-tew)* *(1)* **a-bee-tay** / *(2)* **tra-va-yay** *(3,4)* **ee-see? I've** *(1)* **lived** / *(2*

Questions about the metric system? See page 523.

worked there for *(number)* **years.** J'y ai *(1)* habité / *(2)* travaillé *(___)* ans. **Zh'ee_y_ay** *(1)* **a-bee-tay** / *(2)* **tra-va-yay** *(___)_an.* **We've lived there for** *(number)* **years.** Nous y avons habité *(___)* ans. **Noo_z_ee a-von a-bee-tay** *(___)_an.* **I'm** *(number)* **years old.** J'ai *(___)* ans. **Zh'ay** *(___)_an.* *(1)* **He** / *(2)* **She is** *(3)* **one year old.** / *(4)* *(number)* **years old.** *(1)* Il… / *(2)* Elle… a *(3)* un an. / *(4)* *(___)* ans. *(1)* **Eel…** / *(2)* **El…_a** *(3)* **uhn_an** / *(4)* *(___)_an.* **Happy New Year!** Bonne Année! **Bon_A-nay!**

yearly *adj* annuel, -le *m&f* **a-new-el** ~ **salary** salaire *m* annuel **sa-ler_a-new-el**

yearn *vi* mourir d'envie **moo-reer d'an-vee I yearn to** *(1)* **hold** / *(2)* **kiss you.** Je meurs d'envie de… *(1)* vous *(Fam: te)* serrer. / *(2)* vous *(Fam: t')* embrasser. **Zhuh muhr d'an-vee duh…** *(1)* voo *(Fam: tuh)* **say-ray.** / *(2)* voo_z_ *(Fam: t')_* **an-bra-say.**

yell *vi* crier **kree-yay**, hurler **ewr-lay Don't yell!** N'*hurlez (Fam: hurle)* pas! **N'***ewr-lay (Fam: ewrl)* **pa!**

yellow *adj* jaune *m&f* **zhon**

yes *adv* oui **wee Yes, I do.** Oui. **Wee. Yes, I was.** Oui. **Wee. Yes, I will.** Oui, je le ferai. **Wee, zhuh luh fuh-ray. Say yes.** Dites *(Fam: Dis)* oui. **Deet *(Fam: Dee)* wee. I'll take that as a yes.** Je prends ça pour un oui. **Zhuh pran sa poor_uhn wee.**

yesterday *n & adv* hier *m* **ee-yer day before ~** avant-hier *m* **a-van_ch-yer**

yet *adv* encore **an-kor**, toujours **too-zhoor**, déjà **day-zha Aren't you ready yet?** Vous n'êtes *(Fam: Tu n'es)* pas encore prêt (-e)? *Voo n'et (Fam: Tew n'ay)* **pa_z_an-kor** *pre (F: pret)?* **Have you seen it yet?** L'avez-vous *(Fam: as-tu)* déjà vu? *L'a-vay-voo (Fam: L'a-tew)* **day-zha vew?** *(1)* **I** / *(2)* **We haven't seen it yet.** *(1)* Je ne l'ai… / *(2)* Nous ne l'avons… pas encore vu. *(1)* **Zhuh nuh l'ay...** / *(2)* **Noo nuh l'a-von_ pa_z_an-kor vew. Have you been there yet?** Y êtes-vous *(Fam: es-tu)* déjà allé (-es)? **Ec_y_et-voo** *(Fam: ay-tew)* **day-zha_z_a-lay?** *(1)* **I** / *(2)* **We haven't been there yet.** *(1)* Je n'y suis jamais allé (-e). / *(2)* Nous n'y sommes jamais allé(e)s. *(1)* **Zhuh n'ee swee zha-may_z_a-lay.** / *(2)* **Noo n'ee som zha-may_z_a-lay.**

yoga *n* yoga *m* **yo-ga I practice yoga (***[1]* **everyday** / *[2]* **often).** Je fais du yoga *([1]* tous les jours. / *[2]* souvent.) **Zhuh fay dew yo-ga (***[1]* **too lay zhoor** / *[2]* **soo-van.)**

you *pron (Pol:)* vous **voo**; *(Fam:)* tu **tew**; *(Pl:)* vous **voo you** *(direct object) (Pol:)* vous **voo**; *(Fam:)* toi **twa**; *(Pl:)* vous **voo about you** *(Pol:)* à propos de vous **a pro-po duh voo**; *(Fam:)* à propos de toi **a pro-po duh twa**; *(Pl:)* à propos de vous **a pro-po duh voo for you** *(Pol:)* pour vous **poor voo**; *(Fam:)* pour toi **poor twa**; *(Pl:)* pour vous **poor voo to you** *(Pol:)* à vous **a voo**; *(Fam:)* à toi **a twa**; *(Pl:)* à vous **a voo with you** *(Pol:)* avec vous **a-vek voo**; *(Fam:)* avec toi **a-vek twa**; *(Pl:)* avec vous **a-vek voo You are.** Vous êtes *(Fam: Tu es)*. *Voo_z_et (Fam: Tew ay)*. **You were.** Vous étiez *(Fam: Tu étais)*. *Voo_z_ay-chyay (Fam: Tew ay-tay)*. **You will be.** Vous serez *(Fam: Tu seras)*. *Voo suh-ray (Fam: Tew suh-ra)*. **Would you mind if I used "familiar you" with you?** Est-ce que ça vous dérange si je vous tutoie? **Es kuh sa voo day-ranzh see zhuh voo tew-twa? I** *(1)* **need** / *(2)* **want you.** *(1)* J'ai besoin de vous *(Fam: toi)*. / *(2)* Je vous *(Fam: te)* veux. *(1)* **Zh'ay buh-zwuhn duh** voo *(Fam: twa)*. / *(2)* **Zhuh voo** *(Fam: tuh)* **vuh. I**

Articles, adjectives and nouns must agree in gender and number (singular or plural).

young   **508**   **yourself**

---

missed you. *Vous me manquez (Fam: Tu me manques). Voo muh man-kay (Fam: Tew muh mank).* **It's so nice to be with you.** C'est tellement agréable d'être avec *vous (Fam: toi).* **S'ay tel-man a-gray-abl d'etr_a-vek** *voo (Fam: twa).*

young *adj* jeune *m&f* **zhuhn** ~ **boy** jeune homme **zhuhn_om** ~ **girl** jeune fille **zhuhn feey(uh)** ~ **man** jeune homme **zhuhn_om** ~ **woman** jeune femme **zhuhn fam** *(1)* **My** / *(2)* **Our children are still young.** *(1)* Mes... / *(2)* Nos... enfants sont encore jeunes. *(1)* **May...** / *(2)* **No..._z_an-fan son_t_an-kor zhuhn. You're still young.** *Vous êtes (Fam: Tu es)* encore jeune. *Voo_z_et (Fam: Tew ay)* **an-kor zhuhn. You look so young.** *Vous faites (Fam: Tu fais)* tellement jeune. *Voo fet (Fam: Tew fay)* **tel-man zhuhn. I'm still (very) young at heart.** Je suis toujours (aussi) jeune d'esprit.. **Zhuh swee too-zhoor (o-see) zhuhn d'es-pree.**

younger *comp adj* plus jeune *m&f* **plew zhuhn You're younger than I am.** *Vous êtes (Fam: Tu es)* plus jeune que moi. *Voo_z_et (Fam: Tew ay)* **plew zhuhn kuh mwa. I'm younger than you are.** Je suis plus jeune que *vous (Fam: toi).* **Zhuh swee plew zhuhn kuh** *voo (Fam: twa). (1)* **He** / *(2)* **She is younger than** *(3)* **he** / *(4)* **she (is).** *(1)* Il / *(2)* Elle est plus jeune *(3)* qu'elle. / *(4)* que lui. *(1)* **Eel** / *(2)* **El _ay plew zhuhn** *(3)* **k'el.** / *(4)* **kuh lwee.**

your *poss. adj (Pol:)* votre *m&f* **votr**; *(Fam:)* ton *m* **ton**, ta *f* **ta**; *(Pol. pl:)* vos *mfpl* **vo**; *(Fam. pl:)* tes *mfpl* **tay** ~ **apartment** votre *(Fam: ton)* appartement *votr (Fam: ton)* **_a-par-tuh-man** ~ **car** votre *(Fam: ta)* voiture *votr (Fam: ta)* **vwa-tewr** ~ **house** votre *(Fam: ta)* maison *votr (Fam: ta)* **may-zon** ~ **job** votre *(Fam: ton)* travail / job *votr (Fam: ton)* **tra-vaee** / **job** ~ **parents** vos *(Fam: tes)* parents *vo (Fam: tay)* **pa-ran** ~ **school** votre *(Fam: ton)* école *votr (Fam: ton)* **_ay-kol Is this your bag?** Est-ce votre *(Fam: ton)* sac? **Es votr** *(Fam: ton)* **sak? What's your address?** Quelle est votre *(Fam: ton)* adresse? **Kel_ay** *votr (Fam: ton)* **_a-dres? Write down your phone number.** *Ecrivez-moi votre (Fam: Ecris-moi ton)* numéro de téléphone. **Ay-kree-vay-mwa votr** *(Fam: Ay-kree-mwa ton)* **new-may-ro duh tay-lay-fon. I like your blouse.** J'aime votre *(Fam: ta)* combinaison. **Zh'em** *votr (Fam: ta)* **kon -bee-nay-zon.**

yours *poss. pron (Pol:)* le vôtre *m* **luh votr**, la vôtre *f* **la votr**; *(Fam:)* le tien *m* **luh chyuhn**, la tienne *f* **la chyuhn**; *(Pol. Pl:)* les vôtres *mfpl* **lay votr**; *(Fam. pl:)* les tiens *mpl* **lay chyuhn**, les tiennes *fpl* **lay chyen Is this yours?** Est-ce le *(F: la)* vôtre *(Fam: le tien / la tienne)*? **Es** *luh (F: la)* **votr** *(Fam: luh chyuhn / la chyen)?* **I believe this is yours.** Je pense que c'est le *(F: la)* vôtre *(Fam: le tien / la tienne)* **Zhuh pans kuh s'ay** *luh (F: la)* **votr** *(Fam: luh chyuhn / la chyen).* **Is** *(1)* **he** / *(2)* **she a friend of yours?** *(1)* Est-il votre *(Fam: ton)* ami? / *(2)* Est-elle votre *(Fam: ton)* amie? *(1)* **Ay-t'eel** *votr (Fam: ton)* **_a-mee?** / *(2)* **Ay-t'el** *votr_(Fam: ton)* **_a-mee?**

yourself *pers. pron (reflexive) (Pol:)* vous **voo**, vous-même **voo-mem**; *(Fam:)* toi **twa**, toi-même **twa-mem Don't hurt yourself.** Ne *vous faites (Fam: te fais)* pas mal. **Nuh** *voo fet (Fam: tuh fay)* **pa mal. Did you hurt yourself?** *Vous êtes-vous (Fam: T'es-tu)* fait (-e) mal? *Voo_z_et-voo (Fam: T'ay-tew) fay (F: fet)* **mal You should be ashamed of yourself.** *Vous devriez (Fam: Tu devrais)* avoir honte de *vous (Fam: toi). Voo duh-vree-yay (Fam: Tew duh-vray)* **a-vwar on**

A phrasebook makes a great gift!
See order information on page 550.

duh voo *(Fam: twa)*. **You have to believe in yourself.** *Vous devez (Fam: Tu dois) avoir confiance en vous (Fam: toi).* **Voo duh-vay** *(Fam: Tew dwa)*_**z_a-vwar kon-fyans_an** voo *(Fam: twa)*. **Are you going by yourself?** *Y allez-vous (Fam: vas-tu) par vous-même (Fam: toi-même)?* **Ee_y_a-lay-voo** *(Fam: va-tew)* **par** voo-mem *(Fam: twa-mem)*? **Did you make that yourself?** *L'avez-vous (Fam: as-tu) fait par vous-même (Fam: toi-même)?* **L'a-vay-voo** *(Fam: a-tew)* **fay par** voo-mem *(Fam: twa-mem)*?

youth *n* jeunesse *f* **zhuh-nes** **in my ~** dans ma jeunesse **dan ma zhuh-nes**
youthful *adj* juvénile *m&f* **zhew-vay-neel**

Z z

zealot *n* passionné, -e *m&f* **pa-syo-nay**, fanatique *m&f* **fa-na-teek**
zenith *n* zénith *m* **zay-neet**, apogée *f* **a-po-zhay**, summum *m* **so-mom**
zero *n* zéro *m* **zay-ro** **~ chance** aucune chance **o-kewn shans** **~ points** zéro point **zay-ro pwuhn**
zip (up) *vt* remonter sa fermeture-éclair *f* **ruh-mon-tay sa fer-muh-tewr-ay-kler**
zipper *n* fermeture-éclair *f* **fer-muh-tewr-ay-kler**
zit *n (slang: blackhead, pimple)* bouton *m* **boo-ton**, point *m* noir **pwuhn nwar**, furoncle *m* **few-ronkl**
zodiac *n* zodiac *m* **zo-jak** **What's your** *(1,2)* **zodiac sign?** *Quel est votre (Fam: ton) signe (1) du zodiac? / (2) astrologique?* **Kel_ay votr** *(Fam: ton)* **seenyuh** *(1)* **dew zo-jak?** / *(2)* **as-tro-lo-zheek?**

 My (zodiac) sign is… Mon signe (du zodiac) est… **Mon seenyuh (dew zo-jak) ay…**

  …Capricorn *(Dec. 22 - Jan. 19).* …Capricorne. **Ka-pree-korn.**
  …Aquarius *(Jan. 20 - Feb. 18).* …Verseau. **…Ver-so.**
  …Pisces *(Feb. 19 - Mar. 20).* …Poissons. **…Pwa-son.**
  …Aries *(Mar. 21 - Apr. 19).* …Bélier. **…Bay-lyay.**
  …Taurus *(Apr. 20 - May 20).* …Taureau. **…To-ro.**
  …Gemini *(May 21 - Jun. 20).* …Gémeaux. **…Zhay-mo.**
  …Cancer *(Jun. 21 - Jul. 22).* …Cancer. **…Kan-ser.**
  …Leo *(Jul. 23 - Aug. 22).* …Lion. **…Lyon.**
  …Virgo *(Aug. 23 - Sep. 22).* …Vierge. **…Vyerzh.**
  …Libra *(Sep. 23 - Oct. 22).* …Balance. **…Ba-lans.**
  …Scorpio *(Oct. 24 - Nov. 21).* …Scorpion. **…Skor-pyon.**
  …Sagittarius *(Nov. 22 - Dec. 21).* …Sagittaire. **…Sa-zhee-ter.**

zombie *n* zombie *m* **zon-bee**
zone *n* zone *f* **zon** **erogenous ~** zone érogène **zon_ay-ro-zhen** **time ~** fuseau *m* horaire **few-zo o-rer**
zoo *n* zoo *m* **zo**

A slash always means "or".

French Alphabet & Pronunciation

Monothongs

Printed	Phonetic Spelling	Phonetic Value
A a, à, á	A, a	a (f<u>a</u>ther, t<u>a</u>lk)
B b	B, b	b (<u>b</u>oy, ca<u>b</u>)
C c	1. S, s,	1. s *(before e, i, y)* (<u>c</u>eiling)
	2. K, k	2. k *(before a, o, u)* (<u>c</u>at, cra<u>c</u>k)
Ç ç	S, s	s *(before a, o, u)* (fa<u>ç</u>ade)
D d	D, d	d (<u>d</u>ime, ba<u>d</u>)
E é	1. ay	1. ay (pl<u>ay</u>, st<u>ay</u>)
E e, è, ê	2. e	2. e (g<u>e</u>t, <u>e</u>ver)
E e	3. uh	3. uh (pl<u>u</u>m, c<u>u</u>t)
F f	F, f	f (<u>f</u>ar, stu<u>ff</u>)
G g	1. Zh, zh	1. zh *(before e, i, y)* (mira<u>g</u>e, <u>g</u>arage)
	2. G, g	2. *(before a, o, u)* (<u>g</u>auge, ba<u>g</u>)
Gn, gn	Ny, ny	nyuh (ca<u>ny</u>on, jalape<u>ñ</u>o)
H h	--	Always silent
I i	1. ee	1. ee (f<u>ee</u>t, h<u>ea</u>t)
	2. y	2. y + *vowel* (<u>y</u>es, <u>y</u>acht)
J j	Zh, zh	zh (plea<u>s</u>ure, sei<u>z</u>ure)
K k	K, k	k (<u>c</u>ode, ba<u>ck</u>)
L l	L, l	l (<u>l</u>ow, ba<u>ll</u>)
M m	M, m	m (<u>m</u>ost, ho<u>m</u>e)
N n	1. N, n	1. n (<u>n</u>ight, ma<u>n</u>)
	2. <u>n</u>	2. nasal n
O o	O, o	o (v<u>o</u>te, c<u>o</u>ne)
P p	P, p	p (sto<u>p</u>, <u>p</u>ark)
Q q	K, k	k *(qu, final q)*
R r	R, r	1. **rolled r** *(roll at top back of mouth)*
		2. Silent when infinitive of first-group verbs
S s	1. S, s,	1. s (<u>s</u>oak) *(Sometimes silent)*
	2. Z, z	2. z (ro<u>s</u>e, ga<u>z</u>e) *(Sometimes silent)*
	3. ss	3. s (mi<u>ss</u>, <u>s</u>ake)
T t	T, t	t (<u>t</u>est, <u>t</u>oken) *(Sometimes silent)*
Th, th	T, t	th (<u>Th</u>omas); t (<u>t</u>oken)
U u	ew	Say e and u together. Closest in English is few.
V v	V, v	v (<u>v</u>est, li<u>v</u>e)
X x	1. Ks, ks	1. x (ta<u>x</u>, si<u>x</u>) *(Sometimes silent)*
	2. Gz, gz	2. x (e<u>x</u>ample, e<u>x</u>am)
	3. S, s	3. s *(in these French words:* si<u>x</u>, di<u>x</u>, soi<u>x</u>ante*)*
Y y	Y, y	y (<u>y</u>ard, so<u>y</u>)
Z z	Z, z	z (<u>z</u>one, Rodrigue<u>z</u>) *(Sometimes silent)*

Appendix 1 (cont'd)   **French Pronunciation**

Dipthongs and Combinations

ai	ay	ent	a<u>n</u>, uh	ien	yuh<u>n</u>	oui	wee
aî	ay	*(third-person*		ienne	yen	oul	oo
aï	aee	*plural of first-*		il	eel	ouls	oo
aie	ay	*group verbs)*		ile	eel	ous	oo
aïe	aee	ente	a<u>nt</u>	ille	eey(uh)	oux	oo
ail	aee	er	er, ay	ils	ees	oy	wa
aille	aee	*(end of first-*		io	yo	ue	ew
ailles	aee	*group verbs)*		ion	yo<u>n</u>	ueil	uhy
ais	ay	ére	er	ionne	yon	ui	wee, ee
aîs	ay	ère	er	is	ee, ees	uit	weet
aïs	aees	erre	er	isse	ees	un	uh<u>n</u>
air	er	es	es, uh	it	ee	une	ewn
aire	er	*(second-person*		ite	eet	uns	uh<u>n</u>
ait	ay, et	*singular of first-*		iz	ee, eez	uoi	wa
aît	ay	*group verbs)*		œ	uh	us	ew
aix	ay, eks	esse	es	œil	uhy	ûs	ew
am	a<u>n</u>	ès	e	oël	oel	usse	ews
an	a<u>n</u>	et	e, et	oi	wa	ûsse	ews
ans	a<u>n</u>	ette	et	oie	wa	ut	ew
ant	a<u>n</u>	êt	e	oigt	wa	ût	ew
ante	a<u>nt</u>	ête	et	ois	wa	utte	ewt
as	a, as	êtes	et	oisse	was	ûtes	ewt
asse	as	eu	uh, ew	oit	wa, wat		
at	a	euil	uhy	oix	wa		
atte	at	euille	uhy	om	o<u>n</u>		
au	o	eus	uh	on	o<u>n</u>		
ault	o	eux	uh	ons	o<u>n</u>		
aus	o, os	ey	ay	ont	o<u>n</u>		
aux	o	ez	e, ez	or	or		
eau	o	ia	ya	ors	or		
eaux	o	ie	ee	orse	ors		
ée	ay	ié	yay	os	o, os		
ei	e	iè	ye	osse	os		
eî	e	ieu	yuh	ot	o		
eil	ey	im	uh<u>n</u>	otte	ot		
eille	ey	in	uh<u>n</u>	ou	oo		
el	el	ingt	uh<u>n</u>	où	oo		
elle	el	ins	uh<u>n</u>, uh<u>ns</u>	oû	oo		
em	a<u>n</u>			oue	oo		
en	a<u>n</u>	inse	uh<u>ns</u>	oué	way, ooay		
end	a<u>n</u>	int	uh<u>nt</u>	ouer	way, ooay		
ends	a<u>n</u>	inte	uh<u>nt</u>	ouet	way, ooay		
ens	a<u>n</u>			ouez	way, ooay		

French Grammar

A rich and beautiful language, French, like any other language, requires considerable study and practice in order to become fluent in it. What follows here is a very cursory overview of its main characteristics.

Articles: Like English, French has articles that correspond to "a" and "the", with masculine, feminine and plural forms of each.

"a"	Masculine	Feminine
<u>Singular</u>	**un**	**une**
<u>Plural</u>	**des**	

"the"	Masculine	Feminine
<u>Singular</u>	**le** (l' before vowels and silent «h»s)	**la** (l' before vowels and silent «h»s)
<u>Plural</u>	**les**	

Nouns: Nouns in French are either masculine or feminine; for some reason «soap» is masculine in French; «fork» is feminine, so the best thing to do is to memorize words with their gender, for example the word «soap» should be memorized as "le savon".

Plural forms of nouns are generally made by adding an «s» to their end. The «s», however, is silent. Exceptions are listed below:

<u>Singular</u> *Plural*
-eu, -eau, -au, -œu *-eux, -eaux, -aux, -œux*
berimbau, donau, karbau, landau, pilau, sarrau, unau, bleu, émeu, enfeu, pneu *berimbaus, donaus, karbaus, landaus, pilaus, sarraus, unaus, bleus, émeus, enfeus, pneus*
-al (minus a hundred exceptions or so) *-aux*
corail, bail, émail, soupirail, travail, vantail, vitrail *coraux, baux, émaux, soupiraux, travaux, vantaux, vitraux*

Singular _Plural_ (continued)
-s, -x, -z _(do not change)_
hibou, joujou, bijou, caillou, chou, genou, pou   _hiboux, joujoux, bijoux, cailloux, choux, genoux, poux_
aïeul, ail, ciel, œil, vieil   _aïeux, aulx, cieux, yeux, vieux_

Adjectives: In French, adjectives must agree with nouns in gender and number.

Pronouns: The French pronouns, with forms for direct and indirect objects, are as follows:

Subject	Direct Object	Indirect Object
_I_ = **je**	_me_ = **me**	to _me_ = à **moi**
you = **tu**	_you_ = **te**	to _you_ = à **toi**
_he_ = **il**	_him_ = **lui**	to _him_ = à **lui**
she = **elle**	_her_ = **lui**	to _her_ = à **elle**
_it_ = **ça**	_it_ = **le**	to _it_ = à **ça**
(**c'** _before vowels_)	(**l'** _before vowels and silent «h»s_)	
_we_ = **nous**	_us_ = **nous**	to _us_ = à **nous**
_you_* = **vous**	_you_* = **vous**	to _you_* = à **vous**
they = **ils**	_them_ = **leur**	to _them_ = à **eux**
they = **elles**	_them_ = **leur**	to _them_ = à **elles**

*_Plural and Polite forms_

Verbs: French verbs have regular and irregular types. The regular ones have 3 types of conjugation:

Conjugations of Regular Verbs in the present tense

FIRST GROUP	SECOND GROUP
Chanter (To Sing)	**Finir** (To Finish)
Je chant**e**	Je fin**is**
Tu chant**es**	Tu fin**is**
Il/Elle chant**e**	Il/Elle fin**it**
Nous chant**ons**	Nous fin**issons**
Vous chant**ez**	Vous fin**issez**
Ils/Elles chant**ent**	Ils/Elles fin**issent**

THIRD GROUP		
Prendre (To Take)	**Permettre** (To Allow)	**Venir** (To Come)
Je pr**ends**	Je perm**ets**	Je v**iens**
Tu pr**ends**	Tu perm**ets**	Tu v**iens**
Il/Elle pr**end**	Il/Elle perm**et**	Il/Elle v**ient**
Nous pr**enons**	Nous perm**ettons**	Nous v**enons**
Vous pr**enez**	Vous perm**ettez**	Vous v**enez**
Ils/Elles pr**ennent**	Ils/Elles perm**ettent**	Ils/Elles v**iennent**

AUXILIARY		
Etre (To Be)	**Avoir** (To Have)	**Aller** (To Go)
Je **suis**	J'**ai**	Je **vais**
Tu **es**	Tu **as**	Tu **vas**
Il/Elle **est**	Il/Elle **a**	Il/Elle **va**
Nous **sommes**	Nous **avons**	Nous **allons**
Vous **êtes**	Vous **avez**	Vous **allez**
Ils/Elles **sont**	Ils/Elles **ont**	Ils **vont**

*As in English, irregular verbs have to be learned individually.

Appendix 2 (cont'd) **French Grammar**

There are also **reflexive verbs** in French. These would be akin to such things as «I hurt myself» in English. Similarly, when conjugated, they have a subject pronoun, a reflexive pronoun (same as a direct object) and the conjugated verb in the desired tense. If past tense, the auxiliary must be **être** (to be). The infinitives of reflexive verbs are preceded by **se**.

<u>SUBJECT</u> + <u>REFLEXIVE PRONOUN</u> + <u>VERB</u>

Example: I cut hair = Je coupe les cheveux
I cut his hair yesterday = Je lui ai coupé les cheveux hier
I cut *myself* all the time (present) = Je **me** coupe tout le temps
I cut *myself* (past) = Je **me** <u>suis</u> coupé *(-e)*

To cut *oneself* = **se** couper

For the **past tense** French uses the form that English calls *present perfect*. It's made up of the subject noun or pronoun, the present tense of the verb **avoir** (to have) or **être** (to be) known as the auxiliary, and the past participle of the verb.

<u>SUBJECT</u> + <u>AUXILIARY</u> + <u>PAST PARTICIPLE OF THE VERB</u>

Example: **Je suis *allé (-e)*** = I went
J'ai mangé = I ate
Tu as pleuré = You cried

Avoir (to have) is used with verbs that take a direct object (*transitive verbs*) whereas **être** (to be) is used with those that don't (*intransitive verbs*). Endings of past participles that go with **être** (to be) can be feminine *(-e)* or plural *(-s)*.

Example: **J'ai mangé de la viande** = I ate meat
Avoir **Nous avons regardé la télévision** = We watched TV
Je t'ai posé une question = I asked you a question

Example: **Je suis *allé (-e)* au cinéma** = I went to the movies
Etre **Nous sommes *parti(e)s* tôt** = We left early

Demonstrative pronouns: This group, which includes «this», «that», «these», and «those», also incorporates masculine and feminine forms, both singular and plural.

	Masculine	Feminine
Singular	**ce** **cet** (before vowels and silent «h»s)	**cette**
Plural	**ces**	

Demonstrative adjectives: This group, which also incorporates masculine and feminine forms, both singular and plural, consists of:

	Masculine		Feminine	
	this	that	this	that
Singular	**celui-ci**	**celui-là**	**celle-ci**	**celle-là**

	Masculine		Feminine	
	these	those	these	those
Plural	**ceux-ci**	**ceux-là**	**celles-ci**	**celles-là**

Possession: Whereas we have apostrophes in English, French uses **de** («of») as their workhorse. Joined to pronouns they are spelled as follows:

de	Masculine	Feminine
Singular	de + le = **du** **d'** (before vowels and silent «h»s)	**de la** **d'** (before vowels and silent «h»s)
Plural	de + les = **des**	

The other way of expressing possession is with possessive pronouns. These are both singular and plural, masculine and feminine, and are used together with articles meaning "the". Hence, French people say "the mine". Here is a list of **possessive pronouns**:

	Masculine		Feminine	
	Singular	Plural	Singular	Plural
mine	**le mien**	**les miens**	**la mienne**	**les miennes**
yours	**le tien**	**les tiens**	**la tienne**	**les tiennes**
his/hers	**le sien**	**les siens**	**la sienne**	**les siennes**
ours	**le nôtre**	**les nôtres**	**la nôtre**	**les nôtres**
yours	**le vôtre**	**les vôtres**	**la vôtre**	**les vôtres**
theirs	**le leur**	**les leurs**	**la leur**	**les leurs**

<u>**Comparatives:**</u> To convey the idea of «more» and «-er», put **plus** in front of adjectives. For the idea of «less», put **moins**. To express «than», use **que**.

Here's how the following constructions work:
- for «as… as», use **aussi… que…**
- for «twice as … as…», use **deux fois plus… que…** («twice more… than…»)

Comperatives and Superlatives for "good" and "bad"

good	Masculine		Feminine	
	Singular	Plural	Singular	Plural
Normal	**bon**	**bons**	**bonne**	**bonnes**
Comparative	**meilleur**	**meilleurs**	**meilleure**	**meilleures**
Superlative	**le meilleur**	**les meilleurs**	**la meilleure**	**les meilleures**

bad	Masculine		Feminine	
	Singular	Plural	Singular	Plural
Normal	**mauvais**	**mauvais**	**mauvaise**	**mauvaises**
Comparative	**pire**	**pires**	**pire**	**pires**
Superlative	**le pire**	**les pires**	**la pire**	**les pires**

Adverbs: To form most adverbs, just add **–ment** to the adjective. Some adverbs have their own form, though. You'll find them in the phrasebook.

Negatives: Use **ne... pas** as follows:

Examples: Nous **ne** parlons **pas** français = We do not speak French
Je **n'**ai **pas** entendu ce que tu as dit = I didn't hear what you said
Je **ne** suis **pas** allé *(-e)* au cinéma = I didn't go to the movies

Questions: You can make questions *(1)* by inflecting the voice with a regular sentence, *(2)* by using a question word («Who», «What», etc…) and inverting the subject and the predicate, and *(3)* by making a statement and putting a tag question on the end.

(2) <u>VERB</u> + <u>SUBJECT</u> + PHRASE?

Example: *(1)* **Tu vas** manger? = «You're going to eat?»

(2) **Aimes-tu** chanter?
or **Est-ce que tu aimes** chanter? = Do you enjoy singing?

(3) Tu as peur, **n'est-ce pas**? = You're scared, right?

Word order: This is not too much different than it is in English. The big exception is that adjectives can follow or precede nouns. Unfortunately there is no rule to figure how this works. Everything has to be learned by heart.

Cardinal Numbers

0	zéro	**zay-ro**	50	cinquante	**suh<u>n</u>-ka<u>n</u>t**
1	un	**uh<u>n</u>**	60	soixante	**swa-sa<u>n</u>t**
2	deux	**duh**	70	soixante-dix	**swa-sa<u>n</u>t dees**
3	trois	**trwa**	80	quatre-vingt	**ka-truh va<u>n</u>**
4	quatre	**katr**	90	quatre-vingt-dix	**ka-truh vuh<u>n</u> dees**
5	cinq	**suh<u>n</u>k**			
6	six	**sees**	100	cent	**sa<u>n</u>**
7	sept	**set**	200	deux cents	**duh sa<u>n</u>**
8	huit	**weet**	300	trois cents	**trwa sa<u>n</u>**
9	neuf	**nuhf**	400	quatre cents	**katr sa<u>n</u>**
10	dix	**dees**	500	cinq cents	**suh<u>n</u>k sa<u>n</u>**
11	onze	**o<u>n</u>z**	600	six cents	**see sa<u>n</u>**
12	douze	**dooz**	700	sept cents	**set sa<u>n</u>**
13	treize	**trez**	800	huit cents	**weet sa<u>n</u>**
14	quatorze	**ka-torz**	900	neuf cents	**nuhf sa<u>n</u>**
15	quinze	**kuh<u>n</u>z**	1000	mille	**meel**
16	seize	**sez**	2000	deux mille	**duh meel**
17	dix-sept	**dees set**	3000	trois mille	**trwa meel**
18	dix-huit	**dee_z_weet**	4000	quatre mille	**katr meel**
19	dix-neuf	**dees nuhf**	5000	cinq mille	**suh<u>n</u>k meel**
20	vingt	**vuh<u>n</u>**	6000	six mille	**see meel**
21	vingt et un	**vuh<u>n</u>_t_ay uh<u>n</u>**	7000	sept mille	**set meel**
			8000	huit mille	**wee meel**
22	vingt-deux	**vuh<u>n</u>_t duh**	9000	neuf mille	**nuhf meel**
23	vingt-trois	**vuh<u>n</u>_t trwa**	10,000	dix mille	**dee meel**
24	vingt-quatre	**vuh<u>n</u>_t katr**	100,000	cent mille	**sa<u>n</u> meel**
25	vingt-cinq	**vuh<u>n</u>_t suh<u>n</u>k**	1,000,000	un million	**uh<u>n</u> mee-lyon**
26	vingt-six	**vuh<u>n</u>_t sees**			
27	vingt-sept	**vuh<u>n</u>_t set**			
28	vingt-huit	**vuh<u>n</u>_t weet**			
29	vingt-neuf	**vuh<u>n</u>_t nuhf**			
30	trente	**tra<u>n</u>t**			
40	quarante	**ka-ra<u>n</u>t**			

Ordinal Numbers

first	*premier (F: première)*	pruh-myay (F: pruh-myer)
second	*second (F: seconde)*	suh-go<u>n</u> (F: suh-gond)
third	troisième	trwa-zyem
fourth	quatrième	ka-tryem
fifth	cinquième	suh<u>n</u>-kyem
sixth	sixième	see-zyem
seventh	septième	se-chyem
eighth	huitième	wee-chyem
ninth	neuvième	nuh-vyem
tenth	dixième	dee-zyem
eleventh	onzième	o<u>n</u>-zyem
twelfth	douzième	doo-zyem
thirteenth	treizième	tre-zyem
fourteenth	quatorzième	ka-tor-zyem
fifteenth	quinzième	kuh<u>n</u>-zyem
sixteenth	seizième	se-zyem
seventeenth	dix-septième	dee se-chyem
eighteenth	dix-huitième	dee_z_wee-chyem
nineteenth	dix-neuvième	dee_z_nuh-vyem
twentieth	vingtième	vuh<u>n</u>-chyem
twenty first	vingt et unième	vuh<u>nt</u>_ay ew-nyem
twenty second	vingt-deuxième	vuh<u>nt</u> duh_zyem
twenty third	vingt-troisième	vuh<u>nt</u> trwa-zyem
twenty fourth	vingt-quatrième	vuh<u>nt</u> ka-tree-yem
twenty fifth	vingt-cinquième	vuh<u>nt</u> suh<u>n</u>-kyem
twenty sixth	vingt-sixième	vuh<u>nt</u> see-zyem
twenty seventh	vingt-septième	vuh<u>nt</u> se-chyem
twenty eighth	vingt-huitième	vuh<u>nt</u> _wee-chyem
twenty ninth	vingt-neuvième	vuh<u>nt</u> nuh-vyem
thirtieth	trentième	tra<u>n</u>-chyem
thirty first	trente et unième	tra<u>nt</u>_ay ew-nyem

Clock & Calendar Time
Clock Time
(France uses a 24-hour clock.)

1:00 une heure **ewn_uhr**
2:00 deux heures **duh_z_uhr**
3:00 trois heures **trwa_z_uhr**
4:00 quatre heures **katr_uhr**
5:00 cinq heures **suhnk_uhr**
6:00 six heures **see_z_uhr**
7:00 sept heures **set_uhr**
8:00 huit heures **weet_uhr**
9:00 neuf heures **nuhv_uhr**
10:00 dix heures **dee_z_uhr**
11:00 onze heures **onz_uhr**
12:00 midi **mee-dee**

13:00 treize heures **trez_uhr**
14:00 quatorze heures **ka-torz_uhr**
15:00 quinze heures **kuhnz_uhr**
16:00 seize heures **sez_uhr**
17:00 dix-sept heures **dees set_uhr**
18:00 dix-huit heures **dee_z_weet_uhr**
19:00 dix-neuf heures **dees nuhf_uhr**
20:00 vingt heures **vuhn_t_uhr**
21:00 vingt et une heures **vuhn_t_ay ewn_uhr**
22:00 vingt-deux heures **vuhn_t duh_z_uhr**
23:00 vingt-trois heures **vuhn_t trwa_z_uhr**
24:00 minuit **mee-nwee**

For **15 minutes past** the hour, add "et quart **ay kar**" (*Example:* 2:15 AM = deux heures et quart **duh_z_uhr_ay kar**)

For **half past** the hour, add "et demie **ay duh-mee**" (*Example:* 8:30 AM = huit heures et demie **weet_uhr_ay duh-mee**)

For **45 minutes past** the hour, add "quarante cinq **ka-rant suhnk**" (*Example:* 9:45 PM = vingt et une heures quarante cinq **vuhn_t_ay ewn_uhr ka-rant suhnk**)

Time phrases

What time is it? Quelle heure est-il? **Kel_uhr e-t-eel?**
It's 5:00. Il est cinq heures. **Eel_ay suhnk_uhr.**
At 6:00. A six heures. **A seez_uhr.**
By 7:00. Avant sept heures. **A-van set_uhr.**
After 8:00. Après huit heures. **A-pre weet_uhr**.
Since 9:00. Depuis neuf heures. **Duh-pwee nuhv_uhr.**
Until 10:00. Jusqu'à dix heures. **Zhewsk'a deez_uhr.**

Days of the Week

English Name	French Name	Pronunciation
Monday	lundi	luh<u>n</u>-dee
Tuesday	mardi	mar-dee
Wednesday	mercredi	mer-kruh-dee
Thursday	jeudi	zhuh-dee
Friday	vendredi	va<u>n</u>-druh-dee
Saturday	samedi	sam-dee
Sunday	dimanche	dee-ma<u>n</u>sh

(Note: The days of the week are not capitalized in French.)

<u>Phrases with days of the week</u>

On what day? Quel jour? **Kel zhoor?**
On Friday. Vendredi. **Va<u>n</u>-druh-dee.**
On Friday morning. Vendredi matin. **Va<u>n</u>-druh-dee ma-tuh<u>n</u>.**
On Friday afternoon. Vendredi après-midi. **Va<u>n</u>-druh-dee apre-mee-dee.**
On Friday evening. Vendredi soir. **Va<u>n</u>-druh-dee swar.**

Dates

The word order for dates in French is: **day, month, year.** Thus,
in 1988 en mille neuf cent quatre-vingt huit **a<u>n</u> meel nuhf san ka-truh vuh<u>n</u>t weet**
in March 1988 en mars mille neuf cent quatre-vingt huit **a<u>n</u> mars meel nuhf san ka-truh vuh<u>n</u>t weet**
on March 14, 1988 le quatorze mars mille neuf cent quatre-vingt huit **luh ka-torz mars meel nuhf san ka-truh vuh<u>n</u>t weet**

Months of the Year

English Name	French Name	Pronunciation
January	Janvier	Zha<u>n</u>-vyay
February	Février	Fay-vree-yay
March	Mars	Mars
April	Avril	A-vreel
May	Mai	May
June	Juin	Zhwuh<u>n</u>
July	Juillet	Zhwee-yay
August	Août	Oot
September	Septembre	Sep-ta<u>n</u>br
October	Octobre	Ok-tobr
November	Novembre	No-va<u>n</u>br
December	Décembre	Day-sa<u>n</u>br

Metric Measurements

Length
1 millimeter, mm *(mee-lee-metr)* = 0.04 inches
10 mm = 1 centimeter, cm *(sa<u>n</u>-tee-metr)* = 0.4 inches
1000 mm = 100 cm = 1 meter, m *(metr)* = 3.3 feet
1000 m = 1 kilometer, km *(kee-lo-metr)* = 0.6 miles
8 km = 5 miles

1 inch = 2.5 centimeters = 25 millimeters
1 foot = 30 centimeters = 300 millimeters
1 yard = 90 centimeters = 0.9 meters
1 mile = 1.6 kilometers = 1609 meters

Weight
1 gram, g *(gram)* = 0.035 ounces
500 g = ½ kilogram *(duh-mee kee-lo)* = 1.1 pounds
1000 g = 1 kilogram, kg *(kee-lo-gram)* = 2.2 pounds

1 ounce = 28 grams
1 pound = 450 grams = 0.45 kilograms

Volume
1 liter, l *(leetr)* = 1.06 quarts
4 liters = 1.06 U.S. gallons

1 quart = 0.95 liters
1 U.S. gallon = 3.8 liters

Temperature
Fahrenheit, F = °Centigrade x 9/5 + 32   *(9/5 = 1.8)*
Centigrade, C = (°Fahrenheit - 32) x 5/9   *(5/9 = 0.5555)*

Boiling point: 212°F = 100°C
Body temperature: 98.6°F = 37°C
Pleasant temperature: 72°F = 22°C
Freezing point: 32°F = 0°C

Common Adult Heights

The following height equivalents are approximate. 1 inch = 2.54 cm

Metric	U.S.	Metric	U.S.
150 cm	4' 11"	175 cm	5' 9"
151 cm	4' 11 ½"	176 cm	5' 9"
		177 cm	5' 9 ½"
152 cm	5' 0'		
153 cm	5' 0"	178 cm	5' 10"
154 cm	5' ½"	179 cm	5' 10 ½"
155 cm	5' 1"	180 cm	5' 11"
156 cm	5' 1 ½"	181 cm	5' 11"
		182 cm	5' 11 ½"
157 cm	5' 2"		
158 cm	5' 2"	183 cm	6' 0"
159 cm	5' 2 ½"	184 cm	6' ½"
160 cm	5' 3"	185 cm	6' 1"
161 cm	5' 3 ½"	186 cm	6' 1"
		187 cm	6' 1 ½"
162 cm	5' 4"		
163 cm	5' 4"	188 cm	6' 2"
164 cm	5' 4 ½"	189 cm	6' 2 ½"
165 cm	5' 5"	190 cm	6' 3"
166 cm	5' 5 ½"	191 cm	6' 3"
		192 cm	6' 3 ½"
167 cm	5' 6"		
168 cm	5' 6"	193 cm	6' 4"
169 cm	5' 6 ½"	194 cm	6' 4 ½"
170 cm	5' 7"	195 cm	6' 5"
171 cm	5' 7 ½"	196 cm	6' 5"
		197 cm	6' 5 ½"
172 cm	5' 8"		
173 cm	5' 8"	198 cm	6' 6"
174 cm	5' 8 ½"	199 cm	6' 6 ½"

Common Adult Weights

The following height equivalents are approximate. 1 kg = 2.2 lbs and 1 lb = 0.455 kg.

Metric	U.S.	U.S.	Metric
40 kg	88 lbs	90 lbs	41 kg
42 kg	92 lbs	95 lbs	43 kg
45 kg	99 lbs	100 lbs	45 kg
47 kg	103 lbs	105 lbs	48 kg
50 kg1	110 lbs	110 lbs	50 kg
52 kg	114 lbs	115 lbs	52 kg
55 kg	121 lbs	120 lbs	55 kg
57 kg	125 lbs	125 lbs	57 kg
60 kg	132 lbs	130 lbs	59 kg
62 kg	136 lbs	135 lbs	61 kg
65 kg	143 lbs	140 lbs	64 kg
67 kg	147 lbs	145 lbs	66 kg
70 kg	154 lbs	150 lbs	68 kg
72 kg	158 lbs	155 lbs	70 kg
75 kg	165 lbs	160 lbs	73 kg
77 kg	169 lbs	165 lbs	75 kg
80 kg	176 lbs	170 lbs	77 kg
82 kg	180 lbs	175 lbs	80 kg
85 kg	187 lbs	180 lbs	82 kg
87 kg	191 lbs	185 lbs	84 kg
90 kg	198 lbs	190 lbs	86 kg
92 kg	202 lbs	195 lbs	89 kg
95 kg	209 lbs	200 lbs	91 kg
97 kg	213 lbs	205 lbs	93 kg
100 kg	220 lbs	210 lbs	95 kg
102 kg	224 lbs	215 lbs	98 kg
105 kg	231 lbs	220 lbs	100 kg
107 kg	235 lbs	225 lbs	102 kg
110 kg	242 lbs	230 lbs	105 kg
112 kg	246 lbs	235 lbs	107 kg
115 kg	253 lbs	240 lbs	109 kg
117 kg	257 lbs	245 lbs	111 kg
120 kg	264 lbs	250 lbs	114 kg

Common Occupations

accountant comptable *m&f* **kon-tabl**
accounting clerk aide-comptable *m&f* **ed-kon-tabl**
administrative assisstant assistant administratif, assistante admistrative *m&f* **a-sees-tan ad-mee-nees-tra-teef, a-sees-tant_ad-mee-nees-tra-teev**
administrator administrateur, -trice *m&f* **ad-mee-nees-tra-tuhr, -trees**
advertising agent agent publicitaire *m&f* **a-zhan pew-blee-see-ter**
advertising manager publicitaire *m&f* **pew-blee-see-ter**
advertising writer rédacteur, -trice *m&f* publicitaire **ray-dak-tuhr, -trees pew-blee-see-ter**
airport worker employé, -e *m&f* à l'aéroport **an-plwa-yay a l'a-ay-ro-por**
analytical scientist analyste *m&f* **a-na-leest**
apartment manager superviseur, -euse *m&f* **sew-per-vee-zuhr, -zuhz**
architect architecte *m&f* **ar-shee-tekt**
artist / painter artiste *m&f* **ar-teest**, peintre *m&f* **puhntr**
assembler assembleur *m* **a-san-bluhr**
auditor commissaire *m&f* aux comptes **ko-mee-ser_o kont**
auto mechanic mécanicien, -ienne *m&f* **may-ka-nee-syuhn, -syen**
baker boulanger, -ère *m&f* **boo-lan-zhay, -zher**
bank employee employé, -e *m&f* de banque **an-plwa-yay duh bank**
bank manager directeur, -trice *m&f* de banque **dee-rek-tuhr, -trees duh bank**
bank teller caissier, -ière *m&f* de banque **kay-syay, -syer duh bank**
barber coiffeur *m* (pour hommes) **kwa-fuhr (poor_om)**, coiffeur barbier *m* **kwa-fuhr bar-byay**
barrister *(GB: law)* avocat, -e *m&f* **a-vo-ka, -t**
bartender barman *m* **bar-man**, barmaid *f* **bar-mayd**
beautician esthéticien, -ienne *m&f* **es-tay-tee-syuhn, syen**
biostatistician biostatisticien, -ienne *m&f* **byo-sta-tees-tee-syuhn, -syen**
bookkeeper comptable *m&f* **kon-tabl**
builder *(contractor)* entrepreneur *m* en bâtiment **an-truh-puh-nuhr an ba-tee-man**
bus driver conducteur, -trice *m&f* d'autobus **kon-dewk-tuhr, -trees d'o-to-bews**
businessman homme *m* d'affaires **om d'a-fer**
businesswoman femme *f* d'affaires **fam d'a-fer**
butcher boucher, -ère *m&f* **boo-shay, -sher**
cabinet maker ébéniste *m&f* **ay-bay-neest**
camera operator caméraman *m* **ka-may-ra-man**
car dealer / salesman concessionnaire *m* **kon-say-syo-ner** / vendeur, -euse *m&f* de voiture **van-duhr, -duhz duh vwa-tewr**
carpenter charpentier *m* **shar-pan-chyay**
cashier caissier, -ière *m&f* **kay-syay, -syer**
caterer traiteur *m* **tray-tuhr**
CEO (chief executive officer) directeur, -trice *m&f* général, -e **dee-rek-tuhr, -trees zhay-nay-ral**
chef chef *m* cuisinier **shef kwee-zee-nyay**

chemical engineer ingénieur *m* chimiste **uhn-zhay-nyuhr shee-meest**
chiropractor chiropracticien, -ienne *m&f* **kee-ro-prak-tee-syuhn, -syen**
choreographer chorégraphe *m&f* **ko-ray-graf**
civil engineer ingénieur *m* des travaux publics **uhn-zhay-nyuhr day tra-vo pew-bleek**
clergyman ecclésiastique *m* **ay-klay-zyas-teek**
coach entraîneur, -euse *m&f* **an-tray-nuhr, -nuhz**
computer engineer ingénieur *m&f* informatique **uhn-zhay-nyuhr uhn-for-ma-teek**
computer operator pupitreur *m* **pew-pee-truhr**
construction engineer ingénieur *m* en génie civil **uhn-zhay-nyuhr an zhay-nee see-veel**
construction manager directeur, -trice *m&f* des travaux publiques et bâtiments **dee-rek-tuhr, -trees day tra-vo pew-bleek_ay ba-tee-man**
construction worker ouvrier, -ière *m&f* en bâtiment **oo-vree-yay, -yer_an ba-tee-man**
consultant consultant, -e *m&f* **kon-sewl-tan, -t**, conseiller, -ère *m&f* **kon-say-yay, -yer**
cook cuisinier, -ière *m&f* **kwee-zee-nyay, nyer**
coroner médecin légiste *m* **med-suhn lay-zheest**
correctional officer surveillant, -e *m&f* de prison **sewr-vay-yan, -t duh pree-zon**
cosmetologist esthéticien, -ienne **es-tay-tee-syuhn, -syen**
court reporter greffier, -ière *m&f* **gray-fyay, -fyer**
CPA (certified public accountant) expert-comptable *m* agréé **eks-per kon-tabl_a-gray-ay**
crane operator conducteur, -trice *m&f* de grue **kon-dewk-tuhr, -trees duh grew**
customer support rep(resentative) responsable *m&f* (au) service client **res-pon-sabl (_o) ser-vees klee-an**
dancer danseur, -euse *m&f* **dan-suhr, -suhz**
data entry / processing clerk informaticien, -ienne *m&f* **uhn-for-ma-tee-syuhn, -syen**
delivery person livreur *m* **lee-vruhr**
dental assistant assistant, -e *m&f* dentaire **a-sees-tan, -t dan-ter**
dental hygienist auxiliaire *m&f* dentaire **ok-see-lyer dan-ter**
dental technician assistant, -e *m&f* dentaire **a-sees-tan, -t dan-ter**
dentist dentiste *m&f* **dan-teest**
dermatologist dermatologue *m&f* **der-ma-to-log**
designer *(gen)* concepteur, -trice *m&f* **kon-sep-tuhr, -trees**, designer *m* **dee-zaee-nuhr**; *(fashion)* designer *m&f* **dee-zaee-nuhr**
developer *(property)* promoteur *m* **pro-mo-tuhr**
director directeur, -trice *m&f* **dee-rek-tuhr, -trees**; *(movies)* réalisateur, -trice *m&f* **ray-a-lee-za-tuhr, -trees**; *(orchestra)* chef *m* d'orchestre **shef d'or-kestr**
doctor médecin *m* **med-suhn**, docteur, -e *m&f* **dok-tuhr**
documentation specialist spécialiste *m&f* en documentation **spay-sya-leest_an do-kew-man-ta-syon**
document control specialist spécialiste *m&f* en certification de documents **spay-sya-leest_an ser-tee-fee-ka-syon duh do-kew-man**
dog groomer toiletteur *m* pour chiens **twa-lay-tuhr poor shyuhn**
draftsman dessinateur, -trice *m&f* **day-see-na-tuhr, -trees**
ecologist écologiste *m&f* **ay-ko-lo-zheest**
editor rédacteur, -trice *m&f* **ray-dak-tuhr, -trees**

Appendix 9 (cont'd) **528** **Common Occupations**

electrical engineer ingénieur électricien *m* **uhn-zhay-nyuhr ay-lek-tree-syuhn**
electrician électricien, -ienne *m&f* **ay-lek-tree-syuhn, -syen**
electronic assembler assembleur *m* **a-san-bluhr**
electronic(s) engineer électronicien, -ienne *m&f* **ay-lek-tro-nee-syuhn, -syen**
engineer ingénieur *m* **uhn-zhay-nyuhr**
entrepreneur entrepreneur, -euse *m&f* **an-truh-puh-nuhr, -nuhz**
environmental specialist / environmentalist écologiste *m&f* **ay-ko-lo-zheest**
exterminator employé, -e *m&f* des services de désinsectisation **an-plwa-yay day ser-vees duh day-zuhn-sek-tee-za-syon**
factory worker ouvrier, -ière *m&f* d'usine **oo-vree-yay, -yer d'ew-zeen**
farmer fermier, -ière *m&f* **fer-myay, -myer**
fashion designer designer *m&f* **dee-zaee-nuhr**, modéliste *m&f* **mo-day-leest**
financial adviser / planner conseillier, -ière *m&f* financier, -ière **kon-say-yay, -ye fee-nan-syay, -yer**
firefighter pompier *m* **pon-pyay**
fisherman pêcheur *m* **pay-shuhr**
flight attendant hôtesse *f* de l'air **o-tess duh l'er**, steward *m* **stee-wart**
flight engineer ingénieur *m* de bord **uhn-zhay-nyuhr duh bor**
flight instructor instructeur *m* de vol **uhns-trewk-tuhr duh vol**
florist fleuriste *m&f* **fluh-reest**
forensic technician technicien, -ienne *m&f* médico-légal **tek-nee-syuhn, syen may dee-ko-lay-gal**
forklift operator cariste *m* **ka-reest**
furniture salesman vendeur *m* de meubles **van-duhr duh muhbl**
furniture saleswoman vendeuse *f* de meubles **van-duhz duh muhbl**
garbage collector éboueur *m* **ay-boo-uhr**
gardener jardinier, -ière *m&f* **zhar-dee-nyay, nyer**
gemcutter tailleur *m* de pierres précieuses **ta-yuhr duh pyer pray-syuhz**
geologist géologue *m&f* **zhay-o-log**
glazier vitrier, -ière *m&f* **vee-tree-yay, -yer**
governess gouvernante *f* **goo-ver-nant**
government employee agent *m* du secteur public **a-zhan dew sek-tuhr pew-bleek**
graphic artist graphiste *m&f* **gra-feest**
guitarist guitariste *m&f* **ghee-ta-reest**
hairstylist coiffeur, -euse *m&f* **kwa-fuhr, fuhz**
headmaster directeur *m* **dee-rek-tuhr**
headmistress directrice *f* **dee-rek-trees**
hotel desk clerk réceptionniste *m&f* **ray-sep-syo-neest**
hotel manager directeur, -trice *m&f* d'hôtel **dee-rek-tuhr, -trees d'o-tel**
hotel receptionist réceptionniste *m&f* **ray-sep-syo-neest**
housekeeper femme *f* de ménage **fam duh may-nazh**
house painter peintre en bâtiment **puhntr_an ba-tee-man**
housewife femme *f* au foyer **fam_o fwa-yay**
human resources manager directeur, -trice *m&f* des ressources humaines **dee-rek-tuhr, -trees day ruh-soors_z_ew-men**
illustrator illustrateur, -trice *m&f* **ee-lews-tra-tuhr, -tuhz**

inspector inspecteur, -trice *m&f* **uhns-pek-tuhr, -trees**
importer importateur, -trice *m&f* **uhn-por-ta-tuhr, -trees**
information technology (IT) manager directeur, -trice *m&f* en communication **dee-rek-tuhr, trees_an ko-mew-nee-ka-syon**
insurance agent agent *m* d'assurances **a-zhan d'a-sew-rans**
interior decorator décorateur, -trice *m&f* d'intérieur **day-ko-ra-tuhr, -trees d'uhn-tay-ryuhr**
interior designer designer *m* d'intérieur **dee-zaee-nuhr d'uhn-tay-ryuhr**
interpreter interprète *m&f* **uhn-ter-pret**
investigator (private) détective (privé) **day-tek-teev (pree-vay)**
jeweler bijoutier, -ière *m&f* **bee-zhoo-chyay, -chyer**
jewelry designer créateur, -trice *m&f* de bijoux **kray-a-tuhr duh bee-zhoo**
journalist journaliste *m&f* **zhoor-na-leest**
judge juge *m* **zhewzh**
kitchen worker employé, -e *m&f* de cuisine **an-plwa-yay duh kwee-zeen**
laboratory technician technicien, -ienne *m&f* de laboratoire **tek-nee-syuhn, -syen duh la-bo-ra-twar**
landlady proprietaire *m&f* **pro-pree-yay-ter**
landlord proprietaire *m&f* **pro-pree-yay-ter**
landscaper paysagiste *m&f* **pay-ee-za-zheest**
lawyer avocat, -e *m&f* **a-vo-ka, -t**
librarian bibliothécaire *m&f* **bee-blee-o-tay-ker**
linesman responsable *m&f* de lignes **res-pon-sabl duh leenyuh**
loan officer responsable *m&f* des prêts **res-pon-sabl day pray**
locksmith serrurier *m* **say-rewr-ryay**
longshoreman docker *m* **do-kuhr**, manutentionnaire *m* **ma-new-tan-syo-ner**
machine programmer programmateur *m* de machine **pro-gra-ma-tuhr duh ma-sheen**
machine tool operator / machinist machiniste *m&f* **ma-shee-neest**
magazine editor rédacteur, -trice *m&f* de magazine **ray-dak-tuhr, -trees duh ma-ga-zeen**
mail carrier préposé, -e *m&f* **pray-po-say**
maintenance technician technicien, -ienne *m&f* de maintenance **tek-nee-syuhn, -syen duh muhnt-nans**
manager directeur, -trice *m&f* **dee-rek-tuhr, -trees**
marketing director / manager directeur, -trice *m&f* marketing **dee-rek-tuhr, -tress mar-kay-teeng**
market researcher chargé, -e *m&f* d'études de marketing **shar-zhay d'ay-tewd duh mar-kay-teeng**
mason maçon *m* **ma-son**
masseur masseur *m* **ma-suhr**
masseuse masseuse *f* **ma-suhz**
material engineer ingénieur *m* matériel **uhn-zhay-nyuhr ma-tay-ryel**
mechanic mècanicien, -ienne *m&f* **may-ka-nee-syuhn, -syen**
mechanical assembler assembleur *m* en mécanique **a-san-bluhr_an may-ka-neek**
mechanical engineer ingénieur *m* mécanicien **uhn-zhay-nyuhr may-ka-nee-syuhn**
medical billing specialist spécialiste *m&f* en dépenses médicales **spay-sya-leest_an day-pans may-dee-kal**

Appendix 9 (cont'd) 530 **Common Occupations**

medical records specialist spécialiste *m&f* en maintenance des dossiers patients spay-sya-leest_a<u>n</u> muh<u>nt</u>-na<u>ns</u> day do-syay pa-sya<u>n</u>
medical technologist ingénieur *m* médical uh<u>n</u>-zhay-nyuhr may-dee-kal
medical writer rédacteur, -trice *m&f* dans le domaine médical ray-dak-tuhr, -trees da<u>n</u> luh do-men may-dee-kal
metalworker ferronnier *m* fay-ro-nyay
meteorologist météorologue *m&f* may-tay-ro-log
microbiologist microbiologiste *m&f* mee-kro-byo-lo-zheest
miner mineur *m* mee-nuhr
model *(artistic)* modèle *m&f* mo-del; *(fashions)* mannequin *m&f* man-kuh<u>n</u>
mortgage broker courtier *m* en prêts hypothécaires koor-chyay a<u>n</u> pray ee-po-tay-ker
musician musicien, -ienne *m&f* mew-zee-syuh<u>n</u>, syen
newspaper editor rédacteur, -trice *m&f* ray-dak-tuhr, -trees
newspaper reporter journaliste *m&f* zhoor-na-leest, reporter *m&f* ruh-por-tuhr
nuclear engineer ingénieur *m* dans le nucléaire uh<u>n</u>-zhay-nyuhr da<u>n</u> luh new-klay-e
nuclear physicist / scientist chercheur, -euse *m&f* en physique nucléaire sher-shuh -shuhz_a<u>n</u> fee-zeek new-klay-er
nurse infirmier, -ière *m&f* uh<u>n</u>-fer-myay, -myer
office clerk / worker employé, -e *m&f* de bureau a<u>n</u>-plwa-yay duh bew-ro
optician opticien, -ienne *m&f* op-tee-syuh<u>n</u>, -syen
optometrist optométriste *m&f* op-to-may-treest
painter peintre *m* puh<u>n</u>tr
paramedic auxiliaire *m&f* médical, -e ok-see-lyer may-dee-kal
park ranger garde forestier *m* gard fo-res-chyay
patent law clerk avocat, -e *m&f* adjoint, -e a-vo-ka, -t ad-zhwuh<u>n</u>, -t
pediatrician pédiatre *m&f* pay-jatr
personal trainer entraîneur, -euse *m&f* personnel, -le a<u>n</u>-tray-nuhr, -nuhz per-so-ne
pharmacist pharmacien, -ienne *m&f* far-ma-syuh<u>n</u>, syen
photographer photographe *m&f* fo-to-graf
physical therapist kinésithérapeute *m&f* kee-nay-zee-tay-ra-puht
physicist physicien, -ienne *m&f* fee-zee-syuh<u>n</u>, -syen
pianist pianiste *m&f* pya-neest
piano tuner accordeur *m* de piano a-kor-duhr duh pya-no
pilot pilote *m* pee-lot
pipefitter tuyoteur *m* twee-yo-tuhr
planner organisateur, -trice *m&f* or-ga-nee-za-tuhr, -trees
plastic surgeon chirurgien *m* esthétique shee-rewr-zhyuh<u>n</u> es-tay-teek
plumber plombier *m* plo<u>n</u>-byay
police officer policier, -ière *m* po-lee-syay, -syer
postal worker employé, -e *m&f* de la poste a<u>n</u>-plwa-yay duh la post
principal *(school)* principal, -e *m&f* pruh<u>n</u>-see-pal, proviseur *m* pro-vee-zuhr
printer imprimeur *m* uh<u>n</u>-pree-muhr
process scientist ingénieur *m* scientifique uh<u>n</u>-zhay-nyuhr sya<u>n</u>-tee-feek
production manager directeur *m* de production dee-rek-tuhr duh pro-dewk-syo
production supervisor superviseur *m* de production sew-per-vee-suhr duh pr dewk-syo<u>n</u>

professional
 ~ **baseball player** joueur *m* de baseball professionnel **zhoo-uhr duh bez-bol pro-fay-syo-nel**
 ~ **basketball player** joueur *m* de basketball professionnel **zhoo-uhr duh bas-ket-bol pro-fay-syo-nel**
 ~ **bowler** joueur *m* de bowling professionnel **zhoo-uhr duh boo-leeng pro-fay-syo-nel**
 ~ **boxer** boxer *m* professionnel **bok-suhr pro-fay-syo-nel**
 ~ **card player** joueur *m* de carte professionnel **zhoo-uhr duh kart pro-fay-syo-nel**
 ~ **car racer** pilot *m* de course professionnel **pee-lot duh koors pro-fay-syo-nel**
 ~ **cricket player** joueur *m* de cricket professionnel **zhoo-uhr duh kree-kay pro-fay-syo-nel**
 ~ **football player** *(U.S.)* joueur *m* de football américain professionnel **zhoo-uhr duh foot-bol_a-may-ree-kuhn pro-fay-syo-nel**
 ~ **golfer** joueur *m* de golf professionnel **zhoo-uhr duh golf pro-fay-syo-nel**
 ~ **ice hockey player** joueur *m* de hockey professionnel **zhoo-uhr duh o-kay pro-fay-syo-nel**
 ~ **rugby player** joueur *m* de rugby professionnel **zhoo-uhr duh rug-bee pro-fay-syo-nel**
 ~ **soccer player** joueur *m* de football professionnel **zhoo-uhr duh foot-bol pro-fay-syo-nel**
 ~ **tennis player** joueur *m* de tennis professionnel **zhoo-uhr duh tay-nees pro-fay-syo-nel**
 ~ **wrestler** catcheur *m* professionnel **kat-shuhr pro-fay-syo-nel**
professor professeur, -e *m&f* **pro-fay-suhr**
program(m)er programmateur, -trice *m&f* **pro-gra-ma-tuhr, -trees**
program manager superviseur *m* de programme **sew-per-vee-zuhr duh pro-gram**
project manager superviseur *m* de projet **sew-per-vee-zuhr duh pro-jay**
psychiatrist psychiatre *m&f* **psee-kyatr**
psychologist psychologue *m&f* **psee-ko-log**
publisher éditeur, -trice *m&f* **ay-dee-tuhr, -trees**
quality assurance / control manager superviseur *m* des travaux finis **sew-per-vee-zuhr day tra-vo fee-nee**
radiologist radiologue *m&f* **ra-jo-log**
railroad / railway worker travailleur *m* sur les chemins de fer **tra-va-yuhr sewr lay shuh-muhn duh fer**
real estate agent agent *m* immobilier **a-zhan ee-mo-bee-lyay**
receptionist réceptionniste *m&f* **ray-sep-syo-neest**
regulatory (affairs) specialist spécialiste *m&f* en terme de régulation **spay-sya-leest_an term duh ray-gew-la-syon**
repair(wo)man réparateur, -trice *m&f* **ray-pa-ra-tuhr, -trees**
reporter journaliste *m&f* **ruh-por-tuhr**, reporter *m&f* **zhoor-na-leest**
research analyst analyste *m&f* **a-na-leest**
research scientist chercheur, -euse *m&f* **sher-shuhr, -shuhz**
restaurant manager manager *m&f* de restaurant **ma-na-juhr duh res-to-ran**
restaurant owner restaurateur, -trice *m&f* **res-to-ra-tuhr, -trees**
sailor marin *m* **ma-ruhn**

Appendix 9 (cont'd) **Common Occupations**

salesclerk vendeur, -euse *m&f* **van-duhr, -duhz**
sales manager directeur, -trice *m&f* commercial, -e **dee-rek-tuhr, -trees ko-mer-syal**
sales representative représentant, -e *m&f* **ruh-pray-zan-tan, -t**
scientist scientifique *m&f* **syan-tee-feek**
seaman matelot *m* **mat-lo**
seamstress couturière *f* **koo-tew-ryer**
secretary secrétaire *m&f* **suh-kray-ter**
shipyard worker ouvrier, -ière *m&f* de chantier naval **oo-vree-yay, -yer duh shan-chyay na-val**
shoemaker cordonnier, -ière *m&f* **kor-do-nyay, -nyer**
singer chanteur, -euse *m&f* **shan-tuhr, -tuhz**
social worker travailleur, -euse *m&f* social, -e **tra-va-yuhr, -yuhz so-syal**
software developer créateur, -trice *m&f* de logiciel **kray-a-tuhr, -trees duh lo-zhee-syel**
soldier soldat *m* **sol-da**, femme soldat *f* **fam sol-da**
solicitor *(GB: law)* avocat, -e *m&f* **a-vo-ka, -t**
sommelier sommelier, -ière *m&f* **so-muh-lyay, -lyer**
speech therapist orthophoniste *m&f* **or-to-fo-neest**
sport instructor entraineur, -euse *m&f* **an-tray-nuhr, -nuhz**
statistician statisticien, -ienne *m&f* **sta-tees-tee-syuhn, -syen**
stockbroker agent *m* de change **a-zhan duh shanzh**
store clerk employé, -e *m&f* de magasin **an-plwa-yay duh ma-ga-zuhn**
store manager directeur, -trice *m&f* de magasin **dee-rek-tuhr, -trees duh ma-ga-zuhn**
structural engineer ingénieur *m* des ponts et chaussées **uhn-zhay-nyuhr day pon_z_ay sho-say**
supermarket employee employé, -e *m&f* de supermarché **an-plwa-yay duh sew-per-mar-shay**
supermarket manager directeur, -trice *m&f* de supermarché **dee-rek-tuhr, -trees duh sew-per-mar-shay**
supervisor superviseur *m* **sew-per-vee-zuhr**; *(factory)* contremaître **kon-truh-metr**
surgeon chirurgien *m* **shee-rewr-zhyuhn**
surveyor topographe *m&f* **to-po-graf**
systems analyst analyste *m&f* de systèmes **a-na-leest duh sees-tem**
systems engineer ingénieur *m* système **uhn-zhay-nyuhr sees-tem**
tailor tailleur *m* **ta-yuhr**
taxi driver chauffeur *m* de taxi **sho-fuhr duh tak-see**
teacher *(gen.)* enseignant, -e *m&f* **an-say-nyan, -t**; *(primary)* instituteur, -trice *m&f* **uhns-tee-tew-tuhr, -trees**; *(secondary)* professeur, -e *m&f* **pro-fay-suhr**
technical writer rédacteur, -trice *m&f* technique **ray-dak-tuhr, -trees tek-neek**
technician technicien, -ienne *m&f* **tek-nee-syuhn, -syen**
telemarketer téléprospecteur, -euse *m&f* **tay-lay-pros-pek-tuhr, -tuhz**
trainer *(sports)* entraîneur, -euse *m&f* **an-tray-nuhr, -nuhz**; *(animals)* dresseur **dray-suhr**
translator traducteur, -trice *m&f* **tra-dewk-tuhr, -trees**
travel agent agent *m* de voyage **a-zhan duh vwa-yazh**
truck driver camionneur *m* **ka-myo-nuhr**

undertaker responsable *m&f* des pompes funèbres **res-po<u>n</u>-sabl day po<u>n</u>p few-nebr**
veternarian vétérinaire *m&f* **vay-tay-ree-ner**
video editor éditeur *m* de vidéo **ay-dee-tuhr duh vee-day-o**
video game developer créateur, -trice *m&f* de jeux vidéos **kray-a-tuhr, -trees duh zhuh vee-day-o**
violinist violiniste *m&f* **vyo-lo-neest**
waiter serveur *m* **ser-vuhr**
waitress serveuse *f* **ser-vuhz**
warehouse worker manutentionnaire *m* **ma-new-ta<u>n</u>-syo-ner**
webmaster webmester *m* **web-mas-tuhr**, administrateur, -trice *m&f* de site internet **ad-mee-nees-tra-tuhr, -trees duh seet_<u>uh</u>n-ter-net**
website developer créateur, -trice *m&f* de site internet **kray-a-tuhr, -trees duh seet_<u>uh</u>n-ter-net**
welder soudeur *m* **soo-duhr**
wine broker / merchant marchand *m* de vin **mar-sha<u>n</u> duh vuh<u>n</u>**
winemaker / wine producer viticulteur, -trice *m&f* **vee-tee-kewl-tuhr, -trees**
writer écrivain *m* **ay-kree-vuh<u>n</u>**
x-ray technician technicien, -ienne *m&f* spécialisé, -e en rayons X **tek-nee-syuh<u>n</u>, -yen spay-sya-lee-zay a<u>n</u> ray-yo<u>n</u> Eeks**
youth worker éducateur, -trice *m&f* **ay-dew-ka-tuhr, -trees**
zookeeper gardien, -ienne *m&f* de zoo **gar-juh<u>n</u>, -jen duh zo**
zoologist zoologue *m&f* **zo-o-log**, zoologiste *m&f* **zo-o-lo-zheest**

Food & Drink
English-French Glossary

abalone ormeau *m* **or-mo**
almonds amandes *fpl* **a-mand**
anchovies anchois *m* **an-shwa**
appetizer entrée *f* **an-tray**
apple(s) pomme(s) *f(pl)* **pom**
apricot(s) abricot(s) *m(pl)* **a-bree-ko**
artichoke(s) artichaut(s) *m(pl)* **ar-tee-sho**
avocado avocat *m* **a-vo-ka**
bacon lard *m* **lar**, bacon *m* **bay-kon**
bagel bagel *m* **ba-guhl**
baked au four **o foor**
banana(s) banane(s) *f(pl)* **ba-nan**
barbacue *(food)* grillade *f* **gree-yad**
bass *(freshwater)* perche *f* **persh**; *(sea)* bar *m* **bar**
beans haricots *mpl* **a-ree-ko**
  baked ~s haricots blancs **a-ree-ko blan**
  black ~s haricots noirs **a-ree-ko nwar**
  green ~s *(long)* haricots verts **a-ree-ko ver**
beef bœuf *m* **buhf**
beer bière *f* **byer**
beet(s) betterave(s) *f(pl)* **bay-trav**
bitter amer, -ère *m&f* **a-mer**
blackberries mûres *fpl* **mewr**
blueberries myrtilles *fpl* **meer-teeyuh**
boiled:
  ~ chicken poule *f* au pot **pool_o po**
  ~ egg œuf *m* à la coque **uhf_a la kok**
  ~ potatoes pommes *fpl* de terre à la vapeur **pom duh ter_a la va-puhr**
brandy cognac *m* **ko-nyak**
bread pain *m* **puhn**
  ~ sticks gressins *mpl* **gray-suhn**
  multigrain ~ pain *m* aux céréales **puhn o say-ray-al**
  pumpernickel ~ pain *m* noir **puhn nwar**
  rye ~ pain *m* de seigle **puhn duh segl**
  white ~ pain *m* blanc **puhn blan**
  whole wheat ~ pain *m* complet **puhn kon-play**
bream daurade *f* **do-rad**
broccoli brocolis *mpl* **bro-ko-lee**
brussels sprouts choux *mpl* de Bruxelles **shoo d'Brewk-sel**
butter beurre *m* **buhr**
cabbage chou *m* **shoo**
cake gâteau *m* **ga-to**
cantaloupe (melon *m*) cantaloup *m* **(muh-lon) kan-ta-loop**
capers câpres *fpl* **kapr**
carbonated gazeuse **ga-zuhz**
carrot(s) carotte(s) *f(pl)* **ka-rot**
catsup ketchup *m* **ket-shuhp**
cauliflower chou-fleur *m* **shoo-fluhr**
celery céleri *m* **sel-ree**
cereal céréales *fpl* **say-ray-al**
cheese fromage *m* **fro-mazh**
cherries cerises *fpl* **suh-reez**
chestnuts marrons *mpl* **ma-ron**
chicken poulet *m* **poo-lay**
chives ciboulette *f* **see-boo-let**
chocolate chocolat *m* **sho-ko-la**
  hot ~ chocolat *m* chaud **sho-ko-la sho**
cinnamon cannelle *f* **ka-nel**
clam(s) palourde(s) *f(pl)* **pa-loord**
cloves clou(s) *m(pl)* de girofle **kloo duh zhee-rofl**
coconut noix *f&fpl* de coco **nwa d'ko-ko**
cod cabillaud *m* **ka-bee-yo**
coffee café *m* **ka-fay**
  black ~ café noir **ka-fay nwar**
  ~ with cream café-crème **ka-fay-krem**
  ice(d) ~ café glace **ka-fay glas**
cognac cognac *m* **ko-nyak**
cola coca *m* **ko-ka**
cookies biscuits *mpl* **bees-kwee**
corn maïs *m* **ma-ees**
crab crabe *m* **krab**
crackers crackers *mpl* **kra-kuhr**, biscuits *mpl* salés **bees-kwee sa-lay**
cream crème *f* **krem**
  whipped ~ crème chantilly **krem shan-tee-yee**
creamed crème *f* de **krem duh**
creamer *(nondairy)* succédané *m* de crème **sew-say-da-nay duh krem**
cucumber(s) concombre(s) *m(pl)* **kon-konbr**

cutlet côtelette *f* **kot-let**
date(s) datte(s) *f(pl)* **dat**
decaffeinated décaféiné **day-ka-fay-ee-nay**
dessert dessert **day-ser**
diabetic menu menu *m* sans sucre **muh-new sa<u>n</u> sewkr**
doughnut beignet *m* **bay-nyay**
dressing, salad assaisonnement **a-say-zon-ma<u>n</u>**
duck canard *m* **ka-nar**
eel anguille *f* **a<u>n</u>-gheeyuh**
eggplant aubergine *f* **o-ber-zheen**
eggs œufs *mpl* **uh**
  fried ~ œufs *mpl* sur le plat **uh sewr l'pla**
  hard-boiled ~ œufs *mpl* dur **uh dewr**
  scrambled ~ œufs *mpl* brouillés **uh broo-yay**
espresso café-express **ka-fay-eks-pres**
fat-free sans matières grasses **sa<u>n</u> ma-chyer gras**
figs figues *fpl* **feeg**
French fries frites *fpl* **freet**
fried frit **free**
fruit fruit *m* **frwee**
  passion ~ fruit *m* de la passion **frwee duh la pa-syo<u>n</u>**
garlic ail *m* **aee**
gin gin *m* **jeen**
gluten-free sans gluten **sa<u>n</u> glew-ten**
goose oie *f* **wa**
grapefruit pamplemousse *m* **pa<u>n</u>-pluh-moos**
grapes raisin *m* **ray-zuh<u>n</u>**
gravy sauce *f* **sos**
grilled grillé, -e *m&f* **gree-yay**
guava goyave *f* **go-yav**
hake colin *m* **ko-luh<u>n</u>**
ham jambon *m* **zha<u>n</u>-bon**
hamburger hamburger *m* **a<u>n</u>m-buhr-guhr**
herb(s) herbe(s) *f(pl)* **erb**
herring hareng *m* **a-ra<u>n</u>**
honey miel *m* **myel**
hot *(spicy)* épicé, -e *m&f* **ay-pee-say**
  not too ~ pas trop épicé **pa tro_p_ ay-pee-say**
ice glaçons *mpl* **gla-so<u>n</u>**
ice cream glace *f* **glas**
  ~ bar esquimau *m* **es-kee-mo**, glace glas, ski *m* **skee**
  ~ cone (cornet *m* de) glace *f* **(kor-nay duh) glas**
jam confiture *f* **kon-fee-tewr**
juice jus *m* **zhew**
  apple ~ jus de pomme **zhew d'pom**
  grapefruit ~ jus de pample-mousse **zhew duh pa<u>n</u>-pluh-moos**
  orange ~ jus d'orange **zhew d'o-ra<u>n</u>zh**
  pineapple ~ jus d'ananas **zhew d'a-na-na**
  tomato ~ jus de tomates **zhew duh to-mat**
kale chou *m* frisé **shoo free-zay**
lamb agneau *m* **a-nyo**
lemon citron *m* **see-tro<u>n</u>**
lemonade limonade *f* **lee-mo-nad**; citronnade *f* **see-tro-nad**; *(fresh)* citron pressé **see-tro<u>n</u> pray-say**
lentils lentilles *fpl* **la<u>n</u>-teeyuh**
lettuce salade *f* **sa-lad**
liqueur liqueur *f* **lee-kuhr**
liver foie *m* **fwa**
  ~ paste / paté pâté *m* de foie **pa-tay duh fwa**
lobster homard *m* **o-mar**
macaroni macaronis *mpl* **ma-ka-ro-nee**
mackerel maquereau *m* **ma-kro**
mandarin (orange) mandarine *f* **ma<u>n</u>-da-reen**
mango mangue *f* **ma<u>n</u>g**
margarine margarine *f* **mar-ga-reen**
mayonnaise mayonnaise *f* **ma-yo-nez**
meat viande *f* **vya<u>n</u>d**
medium à point **a pwuh<u>n</u>**
medium-rare légèrement saignant **lay-zher-ma<u>n</u> say-nya<u>n</u>**
melon melon *m* **muh-lo<u>n</u>**
milk lait *m* **lay**
milkshake milk-shake *m* **meelk-shek**
mint menthe *f* **ma<u>n</u>t**
monkfish lotte *f* **lot**
mo(u)ldy moisi, -e *m&f* **mwa-zee**
mullet mulet *m* **mew-lay**
  red ~ rouget *m* **roo-zhay**
mushrooms champignons *mpl* **sha<u>n</u>-pee-nyo<u>n</u>**
mussels moules *fpl* **mool**

Appendix 10 (cont'd) — **Food & Drink, E-F**

mustard moutarde *f* **moo-tard**
mutton mouton *m* **moo-ton**
nectarine(s) nectarine(s) *f(pl)* **nek-ta-reen**
noncarbonated non gazeuse **non ga-zuhz**
noodles nouilles *fpl* **nooyuh**
nut *Must be specific in French*
octopus poulpe *m* **poolp**
oil huile *f* **weel**
  olive ~ huile d'olive **weel d'o-leev**
  vegetable ~ huile végétale **weel vay-zhay-tal**
olives olives *fpl* **o-leev**
omelet(te) omelette *f* **om-let**
onions oignons *mpl* **o-nyon**
  green ~**s** ciboulette *f* **see-boo-let**
orange(s) orange(s) *f(pl)* **o-ranzh**
oysters huîtres *fpl* **weetr**
pancake(s) pancake(s) *f(pl)* **pan-kek**, *(thinner)* crêpe(s) *f(pl)* **krep**
papaya papaye *f* **pa-paee**
parsley persil *m* **per-seel**
pasta pâtes *fpl* **pat**
pastry (-ies) pâtisserie(s) *f(pl)* **pa-tees-ree**
peach(es) pêche(s) *f(pl)* **pesh**
peanuts cacahuètes *fpl* **ka-ka-wet**
pear(s) poire(s) *f(pl)* **pwar**
peas pois *m&mpl* **pwa**
  sugar ~**s** gros haricots verts *mpl* **gro a-ree-ko ver**
pepper *(spice)* poivre *m* **pwavr**; *(veg.)* poivron *m* **pwa-vron**
  black ~ poivre *m* noir **pwavr nwar**
  green ~ poivron *m* vert **pwa-vron ver**
  hot ~ piment *m* **pee-man**
  red ~ poivron *m* rouge **pwa-vron roozh**
pie tarte *f*, tourte *f* **toort**
  apple ~ tarte aux pommes **tart_o pom**
  meat ~ tourte à la viande **toort_a la vyand**
pineapple ananas *m* **a-na-na**
plantain banane *f* plantain **ba-nan plan-tuhn**
plum(s) prune(s) *f(pl)* **prewn**
pomegranate grenade *f* **gruh-nad**
popcorn pop-corn *m* **pop-korn**
pork (viande *f* de) porc *m* **(vyand duh) por**
porridge porridge *m* **po-reej**, bouillie *f* de flocons d'avoine **boo-yee duh flo-kon d'a-vwan**

port porto *m* **por-to**
potato(es) pomme(s) *f(pl)* de terre **pom duh ter**
  boiled ~**es** pommes *fpl* de terre à la vapeur **pom duh ter a la va-puhr**
  mashed ~**es** purée *f* de pommes de terre **pew-ray duh pom duh ter**
  ~ **chips** / **crisps** chips *fpl* **sheeps**
  sweet ~ pommes *f* de terre douces **pom duh ter doos**
pretzels bretzel *m* **bret-zel**
prune(s) pruneau(s) *m(pl)* **prew-no**
pumpkin citrouille *f* **see-trooyuh**
rabbit lapin *m* **la-puhn**
radish(es) radis *m&mpl* **ra-dee**
raisins raisins *mpl* secs **ray-zuhn sek**
rare saignant **say-nyan**
raspberries framboises *fpl* **fran-bwaz**
rice riz *m* **ree**
roast(ed) rôti **ro-tee**
roll(s) petit(s) pain(s) *m(pl)* **puh-tee puhn**
rum rhum *m* **rom**
salad salade *f* **sa-lad**
  fruit ~ salade de fruits **sa-lad duh frwee**
  mixed ~ salade composée **sa-lad kon-po-zay**
  potato ~ salade de pommes de terre **sa-lad duh pom duh ter**
  shrimp ~ salade de crevettes **sa-lad duh kruh-vet**
salmon saumon *m* **so-mon**
salt sel *m* **sel**
sandwich sandwich *m* **san-dweech**
sardines sardines *fpl* **sar-deen**
sauce sauce *f* **sos**
  soy ~ sauce soja **sos so-zha**
  tomato ~ sauce tomate **sos to-mat**
sausage(s) saucisse(s) *f(pl)* **so-sees**
scallops coquilles *fpl* Saint-Jacques **ko-keeyuh Suhn-Zhak**
Scotch scotch *m* **skoch**
seafood fruits *mpl* de mer **frwee duh mer**
sherry xérès *m* **xay-res**, sherry *m* **shay-ree**
shrimp crevette *f* grise **kruh-vet greez**
smoked fumé, -e *m&f* **few-may**
snapper, red vivaneau *m* **vee-va-no**
soft drink boisson *f* non-alcoolisée **bwa-son non-al-ko-lee-zay**
sole sole *f* **sol**

sorbet sorbet *m* **sor-bay**
soup soupe *f* **soop**, potage *m* **po-tazh**
  mushroom ~ soupe aux champignons **soop_o shan-pee-nyon**
  onion ~ soupe à l'oignon **soop_a l'o-nyon**
  pea ~ soupe aux pois **soop_o pwa**
  tomato ~ soupe à la tomate **soop_a la to-mat**
  vegetable ~ soupe de légumes **soop_o lay-gewm**
sour aigre *m&f* **egr**, acide *m&f* **a-seed**
spaghetti spaghetti *mpl* **spa-ghe-tee**
spice(s) épice(s) *f(pl)* **ay-pees**
spicy épicé, -e *m&f* **ay-pee-say**
spinach épinards *mpl* **ay-pee-nar**
squash courge *f* **koorzh**
squid calmar *m* **ka-la-mar**
steak steak *m* **stek**
steamed à la vapeur **a la va-puhr**
stew ragoût *m* **ra-goo**
  seafood ~ bisque aux fruits de mer **beesk_o frwee duh mer**
strawberries fraises *fpl* **frez**
stuffed farci, -e *m&f* **far-see**
sugar sucre *m* **sewkr**
sugar-free sans sucre **san sewkr**
sweetener *(artificial)* sucre sans calories **sewkr san ka-lo-ree**
syrup sirop *m* **see-ro**
tangerine mandarine *f* **man-da-reen**
tea thé *m* **tay**
  green ~ thé vert **tay ver**
  herbal ~ tisane *f* **tee-zan**, infusion *f* **uhn-few-zyon**
  jasmine ~ thé au jasmin **tay o zhas-muhn**
toast pain *m* grillé **puhn gree-yay**, toast *m* **tost**
  French ~ pain perdu **puhn per-dew**
tofu tofu *m* **to-foo**
tomato(es) tomate(s) *f(pl)* **to-mat**
trout truite *f* **trweet**
tuna thon *m* **ton**
turbot turbot *m* **tewr-bo**
turkey dinde *f* **duhnd**
turnip(s) navet(s) *m(pl)* **na-ve**
vanilla vanille *f* **va-neeyuh**
veal veau *m* **vo**
vegetable(s) légume(s) *m(pl)* **lay-gewm**
vinegar vinaigre *m* **vee-negr**
vitamin(s) vitamine(s) *f(pl)* **vee-ta-meen**
vodka vodka *f* **vod-ka**
walnuts noix *f&fpl* **nwa**
water eau *f* **o**
  carbonated ~ eau gazeuse **o ga-zuhz**
  mineral ~ eau minérale **o mee-nay-ral**
  natural ~ *(noncarbonated)* eau de source **o duh soors**
watermelon pastèque *f* **pas-tek**
well-done bien cuit **byuhn kwee**
whiskey whisky *m* **wees-kee**
wine vin *m* **vuhn**
  dry ~ vin sec **vuhn sek**
  red ~ vin rouge **vuhn roozh**
  rosé ~ rosé *m* **ro-zay**
  sweet ~ vin sucré **vuhn sew-kray**
  white ~ vin blanc **vuhn blan**
yam patate *f* douce **pa-tat doos**
yog(h)urt yaourt *m* **ya-oort**
zucchini courgette *f* **koor-zhet**

Food & Drink
French-English Glossary

abricot(s) *m(pl)* a-bree-ko apricot(s)
  ~s à la crème a-bree-ko a la krem apricot cream with gelatin & whipping cream & canned apricots
acide *m&f* a-seed sour
agneau *m* a-nyo lamb
  carré d'~ à la Provençale ka-ray d'a-nyo a la Pro-van-sal rack of lamb with garlic, onions & tomatoes
  côtes d'~ à la ratatouille kot d'a-nyo a la ra-ta-tooy lamb ribs with a vegetable dish of onions, zucchini, tomatoes, eggplant & peppers, fried & stewed in oil
  côtelettes d'~ en papillote kot-let d'a-nyo an pa-pee-yot lamb chops cooked in a greased paper wrapper
  épaules d'~ farcies ay-pol d'a-nyo far-see stuffed lamb shoulder
  gigot d'~ zhee-go d'a-nyo leg of lamb
  navarin d'~ na-va-ruhn d'a-nyo lamb stew with vegetables
  rognons d'~ ro-nyon d'a-nyo lamb kidneys
  selle d'~ sel d'a-nyo saddle of lamb
aigre *m&f* egr sour
ail *m* aee garlic
aïoli *m* aee-o-lee garlic-flavored mayonnaise
à la vapeur a la va-puhr steamed
alsacienne al-za-syen with sauerkraut
amande(s) *f(pl)* a-mand almond(s)
amer, -ère *m&f* a-mer bitter
ananas *m* a-na-na pineapple
anchois *m* an-shwa anchovies
andouille(s) *f(pl)* an-dooy pork sausage(s)
andouillettes *fpl* an-doo-yet a very small spicy pork sausage seasoned with garlic
anguille *f* an-gheeyuh eel
apéritif *m* a-pay-ree-teef appetizer
à point a pwuhn medium *(cooked)*
araignées *fpl* **de mer farcies** a-ray-nyay duh mer far-see stuffed spider crab
artichaut(s) *m(pl)* ar-tee-sho artichoke(s)
  ~s à la vinaigrette ar-tee-sho a la vee-nay-gret arthichokes in a vinaigrette dressing
aubergine *f* o-ber-zheen eggplant
au four o foor baked
avocat *m* a-vo-ka avocado

  ~s à la macédoine a-vo-ka a la ma-say-dwan avocados with a mixture of vegetables cut into small pieces & served as a salad
  ~s au crabe a-vo-ka o krab avocados with crab
  ~s aux crevettes a-vo-ka o kruh-vet avocados with shrimp
  ~s en cocktail a-vo-ka an kok-tel avocado cocktail (consisting of small cold pieces)
bacon *m* bay-kon bacon
bagel *m* ba-guhl bagel
banane(s) *f(pl)* ba-nan banana(s)
  ~s flambées ba-nan flan-bay banana slices covered with liquor & set alight briefly
  ~ plantain ba-nan plan-tuhn plantain
bar *m* bar bass *(sea)*
  ~ flambé bar flan-bay sea bass fillet covered with liquor & set alight briefly
barbue *f* bar-bew brill *(fish)*
baudroie *f* bo-drwa monkfish, angler fish
Bavarois *m* **au chocolat et à la framboise** Ba-va-rwa o sho-ko-la ay a la fran-brwaz chocolate & raspberry mousse cake
beignet *m* bay-nyay do(ugh)nut; fritter
betterave(s) *f(pl)* bay-trav beet(s)
  ~ ménagère bay-trav may-na-zher cooked dish of beets with olive oil, parsley, and lemon juice
beurre *m* buhr butter
bien cuit, -e *m&f* byuhn kwee (F: kweet) well-done
bière *f* byer beer
bifteck *m* beef-tek steak
biscuits *mpl* bees-kwee cookies
  ~ salés bees-kwee sa-lay crackers
bisque *f* beesk bisque, creamy soup, stew
  ~ aux fruits de mer beesk o frwee duh mer seafood stew
  ~ d'écrevisses beesk d'ay-kruh-vees creamy crawfish soup
  ~ de homard beesk duh o-mar a rich creamy lobster soup
blanquette *f* **de veau** blan-ket duh vo a veal dish in a white sauce
Bleu d'Auvergne Bluh d'O-verny(uh) A soft, sharp cheese from cow's milk.

Food & Drink, F-E

bœuf *m* buhf beef
~ **à la cocotte** buhf a la ko-kot braised beef
~ **aux carottes** buhf_o ka-rot stew made with beef cooked with carrots
~ **Bourguignon** buhf Boor-ghee-nyon stew prepared with beef braised in red wine flavored with garlic, onions, carrots, a bouquet garni, & garnished with pearl onions & mushrooms
~ **en daube à la Provençale** buhf_an dob a la Pro-van-sal beef stew made with garlic, onions & tomatoes
côte de ~ kot duh buhf rib steak
côte de ~ à l'armagnac kot duh buhf a l'ar-ma-nyak rib steak cooked in armagnac
côte de ~ au barbecue kot duh buhf o bar-buh-kwew barbecued rib steak
filet de ~ fee-lay duh buhf beef fillet
boisson *f* **non-alcoolisée** bwa-son non-al-ko-lee-zay soft drink
bombe *f* bonb ice cream treat of different flavors
bordelaise prepared with Bordeaux wine
boudin *m* **aux pommes** boo-duhn o pom a type of blood sausage served with apples
bouillabaisse *f* boo-ya-bes bouillabaisse, seafood stew
bouilli, -e *m&f* boo-yee boiled
bouillie *f* **de flocons d'avoine** boo-yee duh flo-kon d'a-vwan porridge
Boursin Boor-suhn A soft, mild cheese from cow's milk.
braisé, -e *m&f* bre-zay braised
bretzel *m* bret-zel pretzels
brie Bree A variety of cow milk cheeses from the Brie region
brioches *fpl* **aux amandes** bree-yosh_o_z_a-mand light, sweet yeast bread in the form of small, round rolls, with almonds
brochet *m* **farci** bro-shay far-see stuffed pike fillet
brochettes de bœuf Méditerranéennes bro-shet duh buhf May-dee-tay-ra-nay-en Mediterranean garlic herb beef skewers
brocolis *mpl* bro-ko-lee broccoli
bûche de *f* **Noël** bewsh duh No-el a log-shaped Christmas cake consisting of a flourless chocolate cake rolled with chocolate whipped cream
cabillaud *m* ka-bee-yo cod
~ **grillé à la moutarde** ka-bee-yo gree-yay a la moo-tard grilled cod fillet in mustard sauce
cacahuètes *fpl* ka-ka-wet peanuts
café *m* ka-fay coffee
café-crème ka-fay-krem coffee with cream
café-express ka-fay-eks-pres espresso
~ **glace** ka-fay glas ice(d) coffee
~ **noir** ka-fay nwar black coffee
caille(s) *f(pl)* kaee quail(s)
~ **s au Porto** kaee o Por-to quails with Porto wine
calmar *m* ka-la-mar squid
~ **s à la Romaine** ka-la-mar_a la Ro-men lightly breaded squid with a tomato dip
Camembert Ka-man-ber A cheese from cow's milk.
canard *m* ka-nar duck
~ **aux pêches** ka-nar o pesh peach glazed roast duck
confit de ~ kon-fee duh ka-nar braised duck leg
cannelle *f* ka-nel cinnamon
Cantal Kan-tal A variety of cow milk cheese with flavor according to aging.
câpres *fpl* kapr capers
carotte(s) *f(pl)* ka-rot carrot(s)
carpe *f* karp carp
carrelet *m* kar-lay flounder
cassis *m* ka-sees black currant(s)
céleri *m* sel-ree celery
céréales *fpl* say-ray-al cereal
cerf *m* ser venison
cerise(s) *f(pl)* suh-reez cherry (-ies)
cervelas *m* ser-vuh-la cooked dry pork sausage with garlic flavor, saveloy
cervelle *f* ser-vel brains
~ **d'agneau** ser-vel d'ag-nyo lamb's brains
~ **de veau** ser-vel duh vo calf's brains
champignons *mpl* shan-pee-nyon mushrooms
~ **à la Grecque** shan-pee-nyon a la Grek mushrooms served in a sauce of olive oil, lemon juice, and several other seasonings, such as fennel, coriander, sage and thyme
~ **crus en salade** shan-pee-nyon krew an sa-lad raw mushroom salad
chapon *m* sha-pon capon
charcuteries *fpl* shar-kewt-ree cold cuts
Charlotte *f* **au chocolat** Shar-lot_o sho-ko-la a dessert made of chocolate mousse & sponge cake covered with ladyfingers
chateaubriand *m* sha-to-bree-an porter-

house steak
chèvre *f* **she-vruh** goat
chevreuil *m* **shuh-vruhy** venison
   filet de ~ aux airelles fee-lay duh shuh-vruhy_o_z_ay-rel seared venison loin with balsamic blueberry sauce
chiffonnade de chou shee-fo-nad duh shoo salad of finely cut leaf cabbage
chipolatas *fpl* **shee-po-la-ta** fresh thin sausages made from coarse-ground pork seasoned with salt & pepper together with herbs
chips *fpl* **sheeps** potato chips / crisps
chocolat *m* **sho-ko-la** chocolate
  ~ **chaud sho-ko-la sho** hot chocolate
chou *m* **shoo** cabbage
  ~ **frisé shoo free-zay** kale
chou-fleur *m* **shoo-fluhr** cauliflower
  ~ **en salade shoo-fluhr_an sa-lad** cauliflower salad
choux *mpl* **de Bruxelles shoo d'Brewk-sel** brussels sprouts
ciboulette *f* **see-boo-let** chives; green onions
cidre *m* **see-druh** cider *(alcoholic)*
citron *m* **see-tron** lemon
  ~ **pressé see-tron pray-say** lemonade *(fresh)*
citronnade *f* **see-tro-nad** lemonade
citrouille *f* **see-trooyuh** pumpkin
civet *m* **see-vay** stew
  ~ **de lapin duh la-puhn** rabbit stew
  ~ **de lièvre duh lyevr** hare stew
clafoutis *m* **aux cerises kla-foo-tee o suh-reez** tart made of cherries, baked in a sweet batter
clou(s) *m(pl)* **de girofle kloo duh zhee-rofl** cloves
coca *m* **ko-ka** cola
cochon *m* **de lait ko-shon duh lay** suckling pig
cognac *m* **ko-nyak** brandy, cognac
colin *m* (*fish*) **ko-luhn** hake
  ~ **grillé ko-luhn gree-yay** grilled fillet hake
compote *f* **de pommes kon-pot duh pom** stewed apples, apple compote
Comté Kon-tay A variety of cheese.
concombre(s) *m(pl)* **kon-konbr** cucumber(s)
confiture *f* **kon-fee-tewr** jam
coq *m* **au vin kok_o vuhn** a casserole of chicken pieces cooked in red wine
coquilles *fpl* **Saint-Jacques ko-keeyuh Suhn-Zhak** scallops
  ~ **à la crème ko-kyuh Suhn Zhak a la krem** scallops in cream sauce
  ~ **à la Provençale ko-kyuh Suhn Zhak a la Pro-van-sal** scallops cooked in a sauce made with tomatoes, garlic, and olive oil
  ~ **au gratin ko-kyuh Suhn Zhak o gra-tuhn** scallops with a light browned crust of melted cheese
  ~ **farcies ko-kyuh Suhn Zhak far-see** stuffed scallops
cornet *m* **de glace kor-nay duh glas** ice cream cone
côte(s) *f(pl)* **kot** chop(s)
côtelette *f* **kot-let** cutlet
courge *f* **koorzh** squash
courgette *f* **koor-zhet** zucchini
crabe *m* **krab** crab
crackers *mpl* **kra-kuhr** crackers
crème *f* **krem** 1. cream; 2. creamy soup
  ~ **brûlée krem brew-lay** a dessert of custard topped with caramelized sugar
  ~ **caramel krem ka-ra-mel** egg custard with caramel sauce
  ~ **chantilly krem shan-tee-yee** whipped cream
  ~ **d'Argenteuil krem d'Ar-zhan-tuhy** cream of asparagus soup
  ~ **de krem duh** creamed
  ~ **de champignons krem duh shan-pee-nyon** cream of mushroom soup
  ~ **de volaille krem duh vo-laee** creamy chicken soup
crêpe(s) *f(pl)* **krep** *(thin)* pancake(s)
  ~**s au sucre krep_o sewkr** thin pancake topped with sugar
crépinette(s) *m(pl)* **kray-pee-net** small sausage(s)
crevette *f* **grise kruh-vet greez** shrimp
  ~**s à la crème kruh-vet_ a la krem** shrimps in cream sauce
  ~**s à la mayonnaise kruh-vet_a la ma-yo-nez** shrimps in mayonnaise sauce
  ~**s au poivre vert kruh-vet_ o pwavr ver** shrimps with green peppercorns
Croque Monsieur Krok Muh-syuh a classic French ham sandwich accented with cream sauce and Swiss, baked to a golden brown
croustades au fromage kroos-tad o fro-mazh a crisp piece of bread hollowed and filled with cheese
crudités *fpl* **variées krew-dee-tay va-rya** vegetables in a vinaigrette dressing

cuisses de grenouille kwees duh gruh-nooyuh frog legs
 ~ **à la crème** kwees duh gruh-nooyuh a la krem frog legs in cream sauce
 ~ **au persil et au citron** kwees duh gruh-nooyuh o per-seel_ay o see-tron frog legs with parsley and lemon juice

datte(s) *f(pl)* dat date(s)
daube *f* dob casserole
daurade *f (fish)* do-rad bream
 ~ **au vin blanc** do-rad_o vuhn blan sea bream fillet in white wine

décaféiné day-ka-fay-ee-nay decaffeinated
dessert day-ser dessert
dinde *f* duhnd turkey
 ~ **farcie aux marrons** duhnd far-see o ma-ron roast turkey with chestnut stuffing

eau *f* o water
 ~ **de source** o duh soors natural water *(noncarbonated)*
 ~ **gazeuse** o ga-zuhz carbonated water
 ~ **minérale** o mee-nay-ral mineral water

écrevisse(s) *f(pl)* ay-kruh-vees crawfish
entrecôtes *fpl* an-truh-kot rib-eye steak
 ~ **à la Bordelaise** an-truh-kot a la Bor-duh-lez rib-eye steak cooked in a French sauce from Bordeaux made with red wine, brown stock, bonemarrow, shallots, parsley & herbs
 ~ **à la Niçoise** an-truh-kota la Nee-swaz rib-eye steak cooked in a French sauce from Nice made with tomatoes, black olives, garlic & anchovies

épicé, -e *m&f* ay-pee-say hot, spicy
épice(s) *f(pl)* ay-pees spice(s)
épinards *mpl* ay-pee-nar spinach
escalope(s) *f(pl)* es-ka-lop escalope(s)
 ~ **de dinde** es-ka-lop duh duhnd turkey escalope
 ~ **de veau** es-ka-lop duh vo veal escalope

escargot(s) *m(pl)* es-kar-go snail(s)
 ~s **à la bourguignonne** es-kar-go a la boor-ghee-nyon snails in the shell with garlic, shallot & parsley butter
 ~s **au beurre d'ail** es-kar-go o buhr d'aee snails in garlic butter

esquimau *m* es-kee-mo ice cream bar
estragon *m* es-tra-gon tarragon
faisan *m* **aux raisins** fuh-san_o ray-zuhn breast of pheasant with grapes

farci, -e *m&f* far-see stuffed
fenouil *m* fuh-nooy fennel
figue(s) *f(pl)* feeg fig(s)
filet *m* fee-lay
 ~ **de bœuf aux échalotes** fee-lay duh buhf_o ay-sha-lot flank steak with shallots
 faux ~ fo fee-lay sirloin stea*k*

flageolet(s) *m(pl)* fla-zho-le flageolet, green shell beans
flammiche aux poireaux fla-meesh_o pwa-ro leek stuffed pie
florentine *m* flo-ran-teen a dish with spinach
foie *m* fwa liver
 ~ **gras** fresh liver of a force-fed goose

fondue fon-dew A pot of hot, melted cheese into which one dips chunks of French bread.
forrestière fo-res-chyer made with wild mushrooms
 poulet ~ poo-lay fo-res-chyer chicken with wild mushrooms

fraise(s) *f(pl)* frez strawberry (-ies)
 ~s **à la Chantilly** frez_a la Shan-tee-yee strawberries covered with whipped cream

fraisier fray-zyay strawberry gateau
framboises *fpl* fran-bwaz raspberries
 meringues aux ~ muh-ruhng_o fran-bwaz raspberry meringue

frit free fried
frites *fpl* freet French fries
foie gras fwa gra fresh liver of a force-fed goose
fromage *m* fro-mazh cheese
 ~ **blanc aux fruits** fro-mazh blan o frwee a soft cheese made from cow's milk served with a selection of fresh fruit
 ~ **de brebis** fro-mazh duh bruh-bee A cheese made from ewe's milk.
 ~ **de chèvre** fro-mazh duh shevr A cheese made from goat's milk.

fruit *m* frwee fruit
 ~ **de la passion** frwee duh la pa-syon passion fruit
 ~s *mpl* **de mer** frwee duh mer seafood

fumé, -e *m&f* few-may smoked
galettes *fpl* **des rois** ga-let day rwa almond filling between rounds of puff pastry makes a cake with a secret inside
gâteau *m* ga-to layer cake
 ~ **roulé au chocolat** ga-to roo-lay o sho-ko-la chocolate roll cake

gazeuse ga-zuhz carbonated
gibiers *mpl* zhee-byay game
glace *f* glas ice cream; ice cream bar; ice cream cone
glaçons *mpl* gla-so<u>n</u> ice
goyave *f* go-yav guava
granité *m* gra-nee-tay fruit ice
gratin *m* gra-tuh<u>n</u> a dish with a crust of breadcrumbs & cheese
 ~ **de langoustines** gra-tuh<u>n</u> duh la<u>n</u>-goos-teen scampi topped with a light browned crust of melted cheese
 ~ **de queue d'écrevisses** gra-tuh<u>n</u> duh kuh d'ay-kruh-vees crawfish tail meat topped with a light browned crust of melted cheese
grenade *f* gruh-nad pomegranate
gressins *mpl* gray-suh<u>n</u> bread sticks
grillade *f* gree-yad barbacue *(food)*
grillé, -e *m&f* gree-yay grilled
groseille(s) *f(pl)* gro-sey red currant(s)
 ~s a maquereau gro-sey a ma-kro gooseberries
 ~s blanche gro-sey bla<u>n</u>sh white currants
 ~s rouge gro-sey roozh red currants
gros haricots verts *mpl* gro a-ree-ko ver sugar peas
Gruyère Grwee-yer A variety of Swiss cheese.
hachis *m* a-shee minced meat
 ~ **du viande** a-shee du vya<u>n</u>d minced meat
 ~ **Parmentier** a-shee Par-muh<u>n</u>-tyay shepherd's pie, cottage pie, dish made with mashed, baked potato & diced meat served in potato shells
hareng(s) *m(pl)* a-ra<u>n</u> herring
 ~s fumés a-ra<u>n</u> few-may smoked herring
haricots *mpl* a-ree-ko beans
 ~ **blancs** a-ree-ko bla<u>n</u> baked beans
 ~ **noirs** a-ree-ko nwar black beans
 ~ **verts** a-ree-ko ver green beans *(long)*
herbe(s) *f(pl)* erb herb(s)
homard *m* o-mar lobster
 ~s à la diable o-mar_a la jabl fresh lobster meat served in a hot sauce, onions, green peppers & tomatoes
huile *f* weel oil
 ~ **d'olive** weel d'o-leev olive oil
 ~ **végétale** weel vay-zhay-tal veg. oil
huître(s) *f(pl)* weetr oyster(s)
ile flottante eel flo-ta<u>n</u>t a traditional French dessert composed of baked meringue served over crème anglaise
infusion *f* uh<u>n</u>-few-syo<u>n</u> herbal tea
jambon *m* zha<u>n</u>-bo<u>n</u> ham
 ~ **à l'orange** zha<u>n</u>-bon a l'o-ra<u>n</u>zh orange glazed ham
jus *m* zhew juice
 ~ **d'ananas** zhew d'a-na-na pineapple juice
 ~ **d'orange** zhew d'o-ra<u>n</u>zh orange juice
 ~ **de pamplemousse** zhew duh pa<u>n</u>-pluh-moos grapefruit juice
 ~ **de pomme** zhew d'pom apple juice
 ~ **de tomates** zhew duh to-mat tomato juice
ketchup *m* ket-shuhp catsup
lait *m* lay milk
langouste *f* **grillées au Porto** la<u>n</u>-goost gree-yay o Por-to grilled crayfish in Porto wine
langoustine(s) *f(pl)* la<u>n</u>-goo-steen scampi, large shrimp
langue *f* lang tongue
 ~ **de bœuf** lang duh buhf boiled beef tongue seasoned with onion & spices
 ~ **de veau aux légumes nouveaux** lang duh vo o lay-gewm noo-vo boiled veal tongue with mixed vegetables
lapin *m* la-puh<u>n</u> rabbit
 civet de ~ duh la-puh<u>n</u> rabbit stew
 ~ **en fricassée** la-puh<u>n</u> a<u>n</u> free-ka-say stewed pieces of rabbit served in a thick white sauce
 sauté de ~ so-tay duh la-puh<u>n</u> sauteed rabbit
lard *m* lar bacon
légèrement saignant lay-zher-ma<u>n</u> say nya<u>n</u> medium-rare
légume(s) *m(pl)* lay-gewm vegetable(s)
lentilles *fpl* la<u>n</u>-teeyuh lentils
lieu *m* **noir aux olives** lyuh nwar_o_z_o-leev coley fillet cooked with olives
lièvre *m* lyevr (wild) hare
 terrine de ~ tay-reen duh lyevr slices of a wild hare mixture
limette *f* lee-met lime
limonade *f* lee-mo-nad lemonade
liqueur *f* lee-kuhr liqueur
lotte *f* lot (sea) monkfish; (river) burbot
 ~ **à l'Américaine** lot_a l'A-may-ree-ken burbot fillet simmered in a tomato sauce with shallots, garlic, tarragon &

thyme, flamed with cognac
loup *m* **de mer** *loo duh mer* sea bass
macaronis *mpl* *ma-ka-ro-nee* macaroni
maïs *m* *ma-ees* corn
mandarine *f* *man-da-reen* mandarin (orange); tangerine
mangue *f* *mang* mango
maquereau *m* *ma-kro* mackerel
margarine *f* *mar-ga-reen* margarine
marmite *f* *mar-meet* casserole; pot
   petite ~ *puh-teet mar-meet* rich consomme with meat & vegetables
marron(s) *m(pl)* *ma-ron* chestnut(s)
médaillon de foie gras *may-da-yon duh fwa gra* fresh goose liver terrine
melon *m* *muh-lon* melon
   ~ au Muscat *muh-lon o Mews-ka* fresh melon combined with a hint of Muscat
menthe *f* *mant* mint
menu *m* **sans sucre** *muh-new san sewkr* diabetic menu
merlan *m* *mer-lan* whiting *(fish)*
miel *m* *myel* honey
millefeuille *m* *meel-fuhy* small layer cake filled with custard & cream
morue *f* *mo-rew* cod
   ~ à la Marseillaise *mo-rew a la Marsay-yez* Mediterranean cod stew
moule(s) *f(pl)* *mool* mussel(s)
   ~s à la marinière *mool_a la ma-ree-nyer* mussels with white wine & meyer lemon
mousse *f* *moos* mousse
   ~ au chocolat *moos_o sho-ko-la* chocolate mousse
   ~ aux fruits *moos_o frwee* fruit mousse
moutarde *f* *moo-tard* mustard
mouton *m* *moo-ton* mutton
   ragoût de ~ *ra-goo duh moo-ton* a highly seasoned dish of mutton cut into small pieces & stewed with vegetables
mulet *m (fish)* *mew-lay* mullet
Munster *Muhns-ter* A soft, spicy cheese from cow's milk.
mûre(s) *f(pl)* *mewr* blackberry (-ies)
myrtille(s) *f(pl)* *meer-teeyuh* blueberry (-ies)
navet(s) *m(pl)* *na-ve* turnip(s)
nectarine(s) *f(pl)* *nek-ta-reen* nectarine(s)
noisette(s) *f(pl)* *nwa-zet* 1. hazelnut; 2. small fillet(s)
noix *f&fpl* *nwa* walnuts
   ~ de coco *nwa d'ko-ko* coconut

non gazeuse *non ga-zuhz* noncarbonated
nouilles *fpl* *nooyuh* noodles
œuf *m* *uhf* (**œufs** *mpl* *uh*) egg(s)
   ~ à la coque *uhf_a la kok* boiled egg
   ~s bercy *uhf ber-see* eggs baked with sausage in tomato sauce
   ~s brouillés *uh broo-yay* scrambled eggs
   ~s brouillés au Parme *uh broo-yay o Parm* scrambled eggs with Parma ham
   ~ dur *uhf dewr* hard-boiled egg
   ~s durs farcis à la tapenade *uh dewr far-see a la ta-puh-nad* hard-boiled eggs stuffed with a Provençal paste made from black olives, capers, and anchovies
   ~s durs mayonnaise *uh dewr_a la ma-yo-nez* hard-boiled eggs with mayonnaise
   ~s en cocotte *uhf_an ko-kot* baked eggs in cups
   ~s en gelée *uh an zhuh-lay* eggs in aspic (a savory jelly containing eggs set in a mold)
   ~s pochés *uh po-shay* poached eggs
   ~s sur le plat *uh sewr l'pla* fried eggs
oie *f* *wa* goose
   ~ à la paysanne *wa a la pay-ee-zan* braized goose with a garnish of sliced carrots, celery, onions, turnip, sauteed in butter
oignons *mpl* *o-nyon* onions
olive(s) *f(pl)* *o-leev* olive(s)
omelette *f* *om-le* omelet(te)
   ~ norvégienne *om-let nor-vay-zhyen* baked Alaska
orange(s) *f(pl)* *o-ranzh* orange(s)
oreille *f* **de mer** *o-rey duh mer* abalone
ormeau *m* *or-mo* abalone
pain *m* *puhn* bread
   ~ aux céréales *puhn o say-ray-al* multigrain bread
   ~ blanc *puhn blan* white bread
   ~ complet *puhn kon-play* whole wheat bread
   ~ de seigle *puhn duh segl* rye bread
   ~ grillé *puhn gree-yay* toast
   ~ noir *puhn nwar* pumpernickel bread
   ~ perdu *puhn per-dew* French toast
   petit(s) ~(s) *m(pl)* *puh-tee puhn* roll(s)
palourde(s) *f(pl)* *pa-loord* clam(s)
pamplemousse *m* *pan-pluh-moos* grapefruit
pancake(s) *f(pl)* *pan-kek* pancake(s)
papaye *f* *pa-paee* papaya
parfait *m* *par-fay* a dessert of layers of ice cream & fruit, served in a tall glass

Appendix 11 (cont'd) **Food & Drink, F-E**

pastèque *f* pas-tek watermelon
patate *f* douce pa-tat doos yam
pâté *m* de foie pa-tay duh fwa liver paste / paté
  ~ en croûte pa-tay an kroot a rich, savory meat paste in a pastry crust
pâtes *fpl* pat pasta
pâtisserie(s) *f(pl)* pa-tees-ree pastry (-ies)
pêche(s) *f(pl)* pesh peach(es)
  ~ Melba pesh Mel-ba a classic French dessert of peaches & raspberry sauce on vanilla ice cream
perche *f* persh bass *(freshwater)*
perdreau *m* per-dro partridge
persil *m* per-seel parsley
petit(s) pain(s) *m(pl)* puh-tee puhn roll(s)
Petit Suisse Puh-tee Swees A heart-shaped cheese sprinkled with sugar.
pigeons *mpl* **aux raisins** pee-zhon o ray-zuhn pigeons with grapes
piment *m* pee-man hot pepper
pintade *f* **en cocotte** puhn-tad _an ko-kot guinea fowl cooked in a covered, heat-proof dish
piperade *f* pee-puh-rad Spanish omelette
poché, -e *m&f* po-shay poached
poireau *m* pwa-ro leek
poire(s) *f(pl)* pwar pear(s)
  ~s Hélène pwar Ay-len poached pear with vanilla ice cream & chocolate sauce
poireau *m* pwa-ro leek
pois *m&mpl* pwa peas
poivre *m* *(spice)* pwavr pepper
  ~ noir pwavr nwar black pepper
poivron *m* *(veg.)* pwa-vron pepper
  ~ rouge pwavr roozh red pepper
  ~ vert pwavr ver green pepper
pomme(s) *f(pl)* pom apple(s)
  beignets aux ~ bay-nyay o pom apple fritters
  ~(s) de terre pom duh ter potato(es)
  ~(s) de terre à la vapeur pom duh ter_ a la va-puhr boiled potato(es)
  ~(s) de terre douces pom duh ter doos sweet potato(es)
  ~s meringuées pom muh-ruhn-gay apple meringue
porc *m* por pork
  côtes de ~ kot duh por pork chops
  côtes de ~ braisées kot duh por bray-say pork rib roasts
  echine de ~ au four ay-sheen duh por o foor pork chine
  pieds de ~ pyay duh por pig's feet
  ~ rôti aux pommes por ro-tee o pom apple pork roast
  travers de ~ grillés à la citronelle tra-ver duh por gree-yay a la see-tro-nel grilled pork spareribs with lemongrass
porridge *m* po-reej porridge
porto *m* por-to port
potage *m* po-tazh soup
  ~ aux cèpes po-tazh_o sep cep mushroom soup
  ~ au cresson po-tazh_o kray-son watercress soup
poule *f* pool chicken
  ~ au pot pool_o po boiled chicken
  ~ au riz pool_o-ree chicken and rice
poulet *m* poo-lay chicken
  ~ Basquaise poo-lay Bas-kez chicken with peppers & smoky spices
  ~ forrestière poo-lay fo-res-chyer chicken with wild mushrooms
poulpe *m* poolp octopus
profiteroles *fpl* pro-fee-tay-rol cream puffs - small hollow pastries typically filled with
cream & covered with chocolate sauce
prune(s) *f(pl)* prewn plum(s)
pruneau(s) *m(pl)* prew-no prune(s)
purée *f* **de pommes de terre** pew-ray duh pom duh ter mashed potatoes
quenelle(s) *f(pl)* kuh-nel dumpling(s) made
of flour, egg & usually pike, in white sauce
quiche *f* **Lorraine** keesh Lo-ren a baked tart with a cheese filling thickened with eggs
Raclette Ra-klet A hard cheese melted onto pieces of French bread.
radis *m&mpl* ra-dee radish(es)
  ~ au fromage blanc ra-dee o fro-mazh blan radishes served in a soft, creamy, sour tasting cheese from cow's milk
ragoût *m* ra-goo stew
raie *f* **au beurre noir** ray o buhr nwar skate (flat ray fish with a long thin tail) wings with black butter sauce
raifort *m* ray-for horseradish
raisin *m* ray-zuhn grapes
  ~s *mpl* **secs** ray-zuhn sek raisins
rascasse *f* ras-kas scorpionfish
Reblochon Ruh-blon-shon A creamy, mild cheese from cow's milk.
rhum *m* rom rum

rillettes *fpl* ree-yet potted pork mixture
riz *m* ree rice
  ~ **au lait** ree o lay baked rice pudding
rognons *mpl* ro-nyon kidneys
  ~ **d'agneau** ro-nyon d'a-nyo lamb kidneys
  ~ **de veau à la moutarde** ro-nyon duh vo a la moo-tard veal kidneys with mustard sauce
Roquefort Rok-for A soft cheese from sheep's milk.
rosbif *m* ros-beef roast beef
rosé *m* ro-zay rosé (wine)
rôti, -e *m&f* ro-tee roast(ed)
rouget *m* roo-zhay red mullet, goatfish
  ~**s à l'anis** Roo-zhay a l'a-nee goatfish fillet in anise sauce
rumsteck ruhm-stek rump steak
saignant say-nyan rare *(cooked)*
salade *f* sa-lad lettuce; salad
  ~ **au crabe** sa-lad_o krab crab salad
  ~ **composée** sa-lad kon-po-zay mixed salad
  ~ **aux fromages** sa-lad_o fro-mazh cheese salad
  ~ **aux noix** sa-lad_o nwa walnut salad
  ~ **de chèvre chaud** sa-lad duh shevr sho warm goat cheese salad
  ~ **de crevettes** sa-lad duh kruh-vet shrimp salad
  ~ **de fruits** sa-lad duh frwee fruit salad
  ~ **de pissenlits au lard et au fromage** sa-lad pee-san-lee o lar ay o fromazh dandelion salad with chunks of slab bacon and cheese
  ~ **de pommes de terre** sa-lad duh pom duh ter potato salad
sans *prep* san without, -free
  ~ **gluten** san glew-ten gluten-free
  ~ **matières grasses** san ma-chyer gras fat-free
  ~ **sucre** san sewkr sugar-free
sardine(s) *f(pl)* sar-deen sardine(s)
sauce *f* sos sauce; gravy; dressing
  ~ **à l'estragon** sos_a l'es-tra-gon tarragon sauce
  ~ **au beurre blanc** sos_o buhr blan butter sauce with shallots & wine
  ~ **au beurre noir** sos_o buhr nwar browned butter sauce
  ~ **béarnaise** sos bay-ar-nez a butter & egg sauce with wine, shallots & tarragon
  ~ **bordelaise** sos bor-duh-lez sauce with Bordeaux wine
  ~ **borguignonne** sos boor-ghee-nyon Burgundy wine sauce
  ~ **pour salade** sos poor sa-lad salad dressing
  ~**hollandaise** sos_o-lan-dez sauce made of egg yolk, butter & lemon juice
  ~ **lyonnaise** sos lyon-nayz sauce of white wine, vinegar & onions
  ~ **madère (sos)** ma-der sauce using madeira wine
  ~ **normande** sos nor-mand fish sauce
  ~ **soja** sos so-zha soy sauce
  ~ **tomate** sos to-mat tomato sauce
saucisse(s) *f(pl)* so-sees sausage(s)
saumon *m* so-mon salmon
  ~ **braisé** so-mon bray-zay braised salmon fillet
  ~ **fumé à l'aneth** so-mon few-may smoked salmon with dill
scampi *mpl* skan-pee scampi, large shrimp
sel *m* sel salt
sirop *m* see-ro syrup
ski *m* skee ice cream bar
sole *f* sol sole
  ~ **à la Normande** sol_a la Nor-mand "Normandy-style" fillet of sole garnished with oysters, mussels & mushrooms
  ~ **Meunière** sol Muh-nyer a classic French dish consisting of fillet of sole served with a brown butter sauce & lemon
sorbet *m* sor-bay sorbet
soufflé *m* **au fromage** soo-flay o fro-mazh a light, spongy baked dish made with beaten egg whites and cheese
soupe *f* soop soup
  ~ **à l'ail** soop_a l'aee garlic soup
  ~ **à la tomate** soop_a la to-mat tomato soup
  ~ **à l'oignon** soop_a l'o-nyon onion soup
  ~ **aux champignons** soop_o shan-pee-nyon mushroom soup
  ~ **aux choux** soop_o shoo cabbage soup
  ~ **aux poireaux** soop_o pwa-ro leek soup
  ~ **aux pois cassés** soop_o pwa ka-say pea soup
  ~ **de légumes** soop_o lay-gewm vegetable soup
  ~ **de poissons** soop duh pwa-son fish soup
  ~ **du jour** soop dew zhoor soup of the day
succédané *m* **de crème** sew-say-da-nay

duh krem creamer *(nondairy)*
sucre *m* **sewkr** sugar
  ~ **sans calories sewkr san ka-lo-ree** sweetener *(artificial)*
tarte *f* **tart** pie
  ~ **à la rhubarbe tart_a la rew-barb** an open pastry case filled with rhubarb
  ~ **au citron tart_o see-tron** lemon pie
  ~ **aux pommes tart_o pom** apple pie
  ~ **Tatin tart Ta-tuhn** traditional French upside down warm apple pie with vanilla ice cream
tendre *m&f* **tan-druh** tender
terrine *f* **tay-reen** terrine, a type of paté
  ~ **de canard tay-reen duh ka-nar** duck terrine
  ~ **de saumon tay-reen duh so-mon** salmon terrine
thé *m* **tay** tea
  ~ **au jasmin tay o zhas-muhn** jasmine tea
  ~ **vert tay ver** green tea
terrine *f* **de saumon tay-reen duh so-mon** salmon terrine
thon *m* **ton** tuna
  ~ **grillé ton gree-yay** grilled tuna
tisane *f* **tee-zan** herbal tea
tomate(s) *f(pl)* **to-mat** tomato(es)
  ~s **farcies to-mat far-see** stuffed tomatoes
  ~s **farcies aux anchois to-mat far-see o_z_an-shwa** stuffed tomatoes with anchovies
  ~s **farcies aux sardines to-mat far-see o sar-deen** stuffed tomatoes with sardines
  ~s **farcies Provençales to-mat far-see Pro-van-sal** stuffed tomatoes cooked in a sauce made with garlic and olive oil
Tomme de Savoie Tom duh Sa-vwa A mild, nut-flavored cheese from cow's milk.
tournedos *m* **au Madère toor-nuh-do o Ma-der** sirloin steak with Madeira sauce topped with pate de foie gras
tourte *f* **toort** pie
  ~ **à la viande toort_a la vyand** meat pie
tripe *f* **treep** tripe
  ~s **au cidre treep_o seedr** tripe with cider & sautéed apples
truite *f* **trweet** trout
  ~ **au bleu trweet_o bluh** baked trout fillet with blue cheese sauce
turbot *m* *(fish)* **tewr-bo** turbot
  ~ **gratiné tewr-bo gra-tee-nay** breaded turbot fillet
vanille *f* **va-neeyu** vanilla
veau *m* **vo** veal
  blanquette de ~ blan-ket duh vo a veal dish in a white sauce
  côtes de ~ Dijonnaise kot duh vo Dee-zho-nez veal chops with mustard
  escalopes de ~ es-ka-lop duh vo veal escalopes
  foie de ~ au basilic fwa duh vo o ba-zee-leek basil veal liver
  médaillons de ~ may-da-yon duh vo veal medallions *(small round chunks)*
  noix de ~ nwa duh vo cushion of veal
  paupiettes de ~ po-pyet duh vo long thin slices of veal, rolled and stuffed with a filling
  rôti de ~ Orloff ro-tee duh vo Or-lof braised loin of roasted veal, thinly sliced, filled with a thin layer of pureed mushrooms & onions between each slice, & stacked back. Topped with bechamel sauce & cheese browned in the oven.
  sauté de ~ Marengo so-tay duh vo Ma-ran-go veal sautéed in oil, served with tomato sauce & garnished with eggs & crayfish
  ~ **en daube vo an dob** stew of veal braised slowly in wine
velouté *m* **d'asperge vuh-loo-tay d'as-perzh** cream of asparagus (soup)
velouté *m* **vuh-loo-tay** creamy soup
  ~ **de potimarron vuh-loo-tay duh po-tee-ma-ron** soup made from potimarron, a variety of pumpkin with a light chestnut flavor
  ~ **de tomate vuh-loo-tay duh to-mat** creamy tomato soup
  ~ **de volaille vuh-loo-tay duh vo-laee** cream of chicken soup
viande *f* **vyand** meat
  ~ **de porc** *m* **vyand duh por** pork
vin *m* **vuhn** wine
  ~ **blanc vuhn blan** white wine
  ~ **rouge vuhn roozh** red wine
  ~ **sec vuhn sek** dry wine
  ~ **sucré vuhn sew-kray** sweet wine
vinaigre *m* **vee-negr** vinegar
vivaneau *m* **vee-va-no** red snapper
volailles *fpl* **vo-laee** poultry
xérès *m* **xay-res** sherry
yaourt *m* **ya-oort** yog(h)urt

Common French Signs & Labels

(continuous alphabetization)

18 ANS ET PLUS MUST BE OVER 18
A CONSOMMER DE PREFERENCE AVANT… NOT GOOD AFTER…
AGENCE D'EMPLOI EMPLOYMENT AGENCY
A LOUER FOR RENT
ANNONCE ANNOUNCEMENT
ANNULE CANCELLED
APPELER… CALL…
ARRIVEES ARRIVALS
ATTENTION! ATTENTION!; BEWARE!
ATTENTION À LA MARCHE WATCH STEP
ATTENTION À LA TÊTE WATCH HEAD
ATTENTION, CHIEN MECHANT BEWARE OF DOG
AUCUN SAUVEUTEUR EN SERVICE NO LIFEGUARD ON DUTY
AUTORISE PERMITTED
A VENDRE FOR SALE
AVERTISSEMENT CAUTION
AVIS NOTICE
BAGAGES BAGGAGE (STORAGE)
BAIGNADE INTERDITE NO SWIMMING
BESOIN D'AIDE HELP WANTED
BILLETS TICKETS
BOÎTE AUX LETTERS POST BOX, MAILBOX *(for pickup)*
BON COMPTE EXACT CHANGE (ONLY)
BUREAU DE CHANGE CURRENCY EXCHANGE
BUREAU D'INSCRIPTION REGISTRATION OFFICE
CABINE D'ESSAYAGE FITTING ROOM
CAISSE CASHIER
CAMPING CAMPGROUND, CAMPING
CAMPING INTERDIT NO CAMPING ALLOWED
CARREFOUR CONTRÔLE PAR CAMERA PHOTO-CONTROLLED INTERSECTION
CARTES BANCAIRES UNIQUEMENT BANK CARDS ONLY
CARTES DE CREDIT NON ACCEPTEES NO CREDIT CARDS
CARTES DE CREDIT UNIQUEMENT CREDIT CARDS ONLY
CHAMBRES LIBRES VACANCY
CHASSE INTERDITE NO HUNTING
CHAUD HOT
CHIEN MECHANT BEWARE OF DOG
COMPLET NO VACANCY *(hotels, motels)*; SOLD OUT *(theater)*; FULL *(car park)*
CONSEILLER *m*, **CONSEILLERE** *f* TELLER, BANK CLERK, AGENT
CONTROLE INSPECTION
COURANT(S) DANGEREUX DANGEROUS CURRENT(S)
CRITERES REQUIREMENTS
DANGER! DANGER!
DATE LIMITE, DÉLAI DEADLINE (FOR SUBMISSIONS)
DÉCHARGE INTERDITE NO DUMPING; NO LITTERING
DEFENSE D'ENTRER NO ENTRY
DEFENSE DE FUMER NO SMOKING

18 ANS ET PLUS MUST BE OVER 18
A CONSOMMER DE PREFERENCE AVANT… NOT GOOD AFTER…
AGENCE D'EMPLOI EMPLOYMENT AGENCY
A LOUER FOR RENT
ANNONCE ANNOUNCEMENT
ANNULE CANCELLED
APPELER… CALL…
ARRIVEES ARRIVALS
ATTENTION! ATTENTION!; BEWARE!
ATTENTION À LA MARCHE WATCH STEP
ATTENTION À LA TÊTE WATCH HEAD
ATTENTION, CHIEN MECHANT BEWARE OF DOG
AUCUN SAUVEUTEUR EN SERVICE NO LIFEGUARD ON DUTY
AUTORISE PERMITTED
A VENDRE FOR SALE
AVERTISSEMENT CAUTION
AVIS NOTICE
BAGAGES BAGGAGE (STORAGE)
BAIGNADE INTERDITE NO SWIMMING
BESOIN D'AIDE HELP WANTED
BILLETS TICKETS
BOÎTE AUX LETTERS POST BOX, MAILBOX *(for pickup)*
BON COMPTE EXACT CHANGE (ONLY)
BUREAU DE CHANGE CURRENCY EXCHANGE
BUREAU D'INSCRIPTION REGISTRATION OFFICE
CABINE D'ESSAYAGE FITTING ROOM
CAISSE CASHIER
CAMPING CAMPGROUND, CAMPING
CAMPING INTERDIT NO CAMPING ALLOWED
CARREFOUR CONTRÔLE PAR CAMERA PHOTO-CONTROLLED INTERSECTION
CARTES BANCAIRES UNIQUEMENT BANK CARDS ONLY
CARTES DE CREDIT NON ACCEPTEES NO CREDIT CARDS
CARTES DE CREDIT UNIQUEMENT CREDIT CARDS ONLY
CHAMBRES LIBRES VACANCY
CHASSE INTERDITE NO HUNTING
CHAUD HOT
CHIEN MECHANT BEWARE OF DOG
COMPLET NO VACANCY *(hotels, motels)*; SOLD OUT *(theater)*; FULL *(car park)*
CONSEILLER *m*, **CONSEILLERE** *f* TELLER, BANK CLERK, AGENT
CONTROLE INSPECTION
COURANT(S) DANGEREUX DANGEROUS CURRENT(S)
CRITERES REQUIREMENTS
DANGER! DANGER!
DATE LIMITE, DÉLAI DEADLINE (FOR SUBMISSIONS)
DÉCHARGE INTERDITE NO DUMPING; NO LITTERING
DEFENSE D'ENTRER NO ENTRY
DEFENSE DE FUMER NO SMOKING
DÉFENSE DE MARCHER SUR LA PELOUSE KEEP OFF (GRASS)
DEFENSE DE PHOTOGRAHIER NO PHOTOGRAPHY
DEPARTS DEPARTURES
DEUXEME CLASSE SECOND CLASS
DOUANE CUSTOMS

EAU NON POTABLE NOT FOR DRINKING
EAU POTABLE DRINKING WATER
EMPLOI EMPLOYMENT; JOB TITLE
EN CAS D'INCENDIE IN CASE OF FIRE
EN PANNE OUT OF ORDER
ENTRÉE ENTRANCE
ENTREE INTERDITE STAY OUT, NO TRESPASSING
ENVOI EN FRANCE DOMESTIC MAIL
ENVOI INTERNATIONAL INTERNATIONAL MAIL
EPICERIE GROCERIES
EPUISÉ SOLD OUT
ESPECES UNIQUEMENT CASH ONLY
ETEIGNEZ VOTRE TELEPHONE PORTABLE TURN OFF CELLPHONES
EXTINCTEUR D'INCENDIE FIRE EXTINGUISHER
FAIBLE EN CALORIES LOW-CALORIE
FAIBLE EN MATIERES GRASSES LOW- FAT
FAIRE L'APPOINT EXACT CHANGE (ONLY)
FEMME WOMEN
FERME CLOSED
FEUX DE CAMP INTERDITS NO (CAMP)FIRES
FORMATION REQUIREMENTS
FORMER UNE QUEUE FORM ONE LINE
FORMULAIRE APPLICATION
FRAIS DE SERVICE SERVICE CHARGE
FROID COLD
GALLERIE D'ART ART GALLERY
GARAGE SERVICE GARAGE *(automotive)*
GRATUIT FREE
HAUT VOLTAGE HIGH VOLTAGE
HEURE DE DEPART CHECKOUT TIME
HEURES D'OPERATION HOURS OF OPERATION
HOMME MEN
IMPORTANT IMPORTANT
INFLAMMABLE INFLAMMABLE
INFORMATION TOURISTIQUE TOURIST INFORMATION
INSTRUCTIONS INSTRUCTIONS, DIRECTIONS
INTERDICTION DE DOUBLER NO PASSING
INTERDICTION DE POLLUER NO DUMPING
INTERDIT PROHIBITED
INTERDIT AUX ENFANTS / MINEURS NO CHILDREN / MINORS ALLOWED
KIT DE PREMIERS SECOURS FIRST AID KIT
KLAXON INTERDIT NO HONKING
LAISSER LES COLIS ICI CHECK PARCELS HERE
LAVAGE DE VOITURES CAR WASH
LIMITATION DE VITESSE SPEED LIMIT
LOCATION DE VÉLOS BICYCLE RENTAL
LOCATION DE VOITURES CAR RENTAL
LOCATION DE VOITURES: RETOUR RENTAL CAR RETURN
MAGASIN DE SECONDE MAIN SECOND-HAND STORE, THRIFT SHOP
MARCHÉ AUX PUCES FLEA MARKET
MARCHÉ (DES PRODUCTEURS) FARMERS MARKET
NE PAS COURIR NO RUNNING
NE PAS ENTRER DO NOT ENTER, STAY OUT

NE PAS JETER DE DÉTRITUS NO LITTERING
NE PAS LAISSER LES BAGAGES SANS SURVEILLANCE DO NOT LEAVE LUGGAGE UNATTENDED
NE PAS NOURRIR (LEX ANIMAUX) DO NOT FEED (THE ANIMALS)
NE PAS OUVRIR DO NOT OPEN
NE PAS PLONGER NO DIVING
NE PAS TOUCHER DO NOT TOUCH
NONPOTABLE NOT FOR DRINKING, NONPOTABLE
NORMAL REGULAR GASOLINE
NOURRITURE ET BOISSONS NON AUTORISÉES NO FOOD OR BEVERAGES
OBJETS TROUVÉS LOST & FOUND
OCCUPE OCCUPIED, IN USE
ORGANIQUE ORGANIC
OUVERT OPEN
PARKING À L'ARRIERE PARKING IN BACK
PARKING POUR LES HANDICAPÉS HANDICAPPED PARKING
PAUVRE EN MATIÈRES GRASSES LOW-FAT
PEAGE TOLL BOOTH; TOLL ROAD
PECHE INTERDITE NO FISHING
PÉRISSABLE PERISHABLE
PERMIS OBLIGATOIRE PERMIT NEEDED
PLAFOND BAS LOW CEILING
PONT AVEC PÉAGE TOLL BRIDGE
POTABLE DRINKING WATER
POUBELLE GARBAGE
POURBOIRE TIP, GRATUITY
POUR HANDICAPPÉS FOR HANDICAPPED (ONLY)
POUSSER PUSH
PREMIERE CLASSE FIRST CLASS
PREMIERS SECOURS FIRST AID
PRENEZ UN NUMERO, S'IL VOUS PLAIT PLEASE TAKE A NUMBER
PRESSION AIR PRESSURE
QUAI TRACK / PLATFORM *(trains)*
QUARANTAINE QUARANTINE
RALENTIR SLOW; REDUCE SPEED
RAMPE POUR BATEAU BOAT RAMP *(for lowering boats into water)*
RECEPTION FRONT DESK, RECEPTION
RECYCLAGE RECYCLING
RECYCLAGE DES BOUTEILLES BOTTLES
RECYCLAGE DU PAPIER PAPER
RECYCLAGE DU PLASTIQUE PLASTIC
RÉDUCTION DISCOUNT
REFRIGERER APRÈS OUVERTURE REFRIGERATE AFTER OPENING
RÉPARATION REPAIR
RÉPARATION DE PNEUS TIRE REPAIR
REPLANNIFIE RESCHEDULED
REPLANNIFIER RESCHEDULING, REBOOKING
REPORTE POSTPONED
RESERVATIONS RESERVATIONS
RESERVE RESERVED
RÉSERVÉ AUX ADULTES ADULTS ONLY
RESERVE AUX EMPLOYES STAFF ONLY
RESERVE AUX PIETONS PEDESTRIANS ONLY

RESERVE POUR LES HANDICAPES RESERVED FOR HANDICAPPED
RESERVE POUR LES MOTOS MOTORCYCLES ONLY
RESERVE POUR LES PERSONNES ÂGES RESERVED FOR ELDERLY
RESERVE POUR LES VELOS BICYCLES ONLY
RESPONSABILITES (JOB) DUTIES
RETARD DELAY
ROUTE EN CONSTRUCTION ROAD CONSTRUCTION
SALAIRE DE BASE STARTING SALARY
SALLE D'ATTENTE WAITING ROOM
SANS GLUTEN NO GLUTEN
SANS SUCRE (AJOUTÉ) NO SUGAR (ADDED)
SAUVEUTEUR EN SERVICE LIFEGUARD ON DUTY
SECOUER AVANT UTILISATION SHAKE BEFORE USING
SÉCURITÉ SECURITY
SELF-SERVICE SELF SERVICE
SENS UNIQUE ONE WAY (TRAFFIC)
SENTIERS BATTUS ROAD OUT
SERRER À DROITE KEEP RIGHT
SERRER À GAUCHE KEEP LEFT
SOLDES SALE
SOL GLISSANT SLIPPERY (WHEN WET)
SOLLICITATION INTERDITE NO SOLICITING
SORTIE EXIT
SORTIE DE SECOURS; ISSUE DE SECOURS EMERGENCY EXIT
STATION DE BUS BUS STOP
STATIONNEMENT INTERDIT NO PARKING
STRITEMENT RESERVE AU PERSONNEL AUTHORIZED (PERSONNEL) ONLY
SUPER PREMIUM GASOLINE
TAXES À VALEUR AJOUTÉE VALUE-ADDED TAX, T.V.A
TAXES COMPRISES INCLUDES TAX
TAXES NON COMPRISES TAX NOT INCLUDED, TAX EXTRA
TÉLÉPHONE D'URGENCE EMERGENCY TELEPHONE
TÉLÉPHONE PUBLIC PUBLIC TELEPHONE
TENIR LA DROITE KEEP RIGHT
TENIR LA GAUCHE KEEP LEFT
TIRER PULL
TOILETTES TOILETS, RESTROOMS
TUYAU D'AIR AIR (HOSE) *(for cars)*
TUYAU D'EAU WATER (HOSE) *(for cars)*
T.V.A (=TAXES À VALEUR AJOUTÉE) VALUE-ADDED TAX
UTILISER L'AUTRE PORTE USE OTHER DOOR
VESTIAIRE CLOAK ROOM
VIDE-GRENIER YARD SALE
VITESSE CONTRÔLEE PAR RADAR SPEED CONTROLLED BY RADAR
ZONE DE LIVRAISON: 30 MINUTES 30 MINUTES LOAD / UNLOAD
ZONE MILITAIRE MILITARY ZONE

Phrasebooks make great presents for holidays and birthdays!

Surprise your traveling friends and relatives with one of our unique language guides!

Choose from our array of phrase-packed phrasebooks *(more than twice as many phrases as any other phrasebooks)*:

1. **Spanish Phrasebook for Tourism, Friendship & Fun (in Spain),** C 2010, 480 pp, $9.95
2. **French Phrasebook for Tourism, Friendship & Fun,** C 2010, 550 pp, $10.95
3. **Russian Phrasebook for Tourism, Friendship & Fun,** C 2007, 496 pp, $10.95
4. **English-Dari Phrasebook for Aid Workers,** C 2006, 536 pp, $12.95
5. **Making Friends in Italy; An Italian Phrasebook,** C 2005, 424 pp, $9.95
6. **Making Friends in Mexico; A Spanish Phrasebook,** C 2003, 432 pp, $9.95
7. **English-Russian Dictionary-Phrasebook of Love,** C 2000, 800 pp, $24.95

To order, visit our website at **www.phrase-books.com,** or call us at 1-206-937-5189.

Visa, MasterCard and Discover cards accepted.

Rodnik Publishing Company
P.O. Box 46956
Seattle, WA 98146-0956, USA
E-mail: info@rodnikpublishing.com